तुलसी-काव्य-मीमांसा

तुलसी-काव्य-मीमांसा

उदयभानु सिंह

पी-एच.डी.,डी.लिट्.

राधाकृष्ण प्रकाशन

ISBN : 978-81-7119-686-9

तुलसी-काव्य-मीमांसा

पहला संस्करण : 1977
पाँचवाँ संस्करण : 2018
पहली आवृत्ति : 2024

मूल्य : ₹1295

प्रकाशक
राधाकृष्ण प्रकाशन प्राइवेट लिमिटेड
जी-17, जगतपुरी, दिल्ली-110 051
शाखाएँ : अशोक राजपथ, साइंस कॉलेज के सामने, पटना-800 006
पहली मंजिल, दरबारी बिल्डिंग, महात्मा गांधी मार्ग, प्रयागराज-211 001
1, अनमोल सोराबजी संतुक लेन, धोबी तलाव, मरीन लाइंस, मुम्बई-400 002
वेबसाइट : www.radhakrishnaprakashan.com
ई-मेल : info@radhakrishnaprakashan.com

मुद्रक
राजकमल प्रकाशन प्रा. लि.
नई दिल्ली-110 002

TULSI-KAVYA-MIMANSA
by Uday Bhanu Singh

प्राक्कथन

लगभग चार वर्ष पूर्व लखनऊ विश्वविद्यालय से मेरे डी. लिट्. के शोधप्रबंध **'तुलसी-दर्शन-मीमांसा'** का प्रकाशन हुआ था। उसमें तुलसीदास-विषयक अध्ययन को उनके दार्शनिक विचारों तक ही सीमित रखा गया था। **'तुलसी-काव्य-मीमांसा'** उसका अनुपूरक ग्रंथ है। इसके विवेच्य विषय हैं—अध्ययन-सामग्री, तुलसीकृत रचनाओं की प्रामाणिकता, तुलसीदास का जीवनचरित, उनकी आत्मकहानी, उन पर परिस्थितियों का प्रभाव एवं उनके साहित्य में युग की अभिव्यक्ति, उनके काव्य-सिद्धांत, उनके काव्य का भावपक्ष अर्थात् प्रतिपाद्य विषय, कला-पक्ष अर्थात् प्रतिपादन-शैली, और गौरव-ग्रंथ—'रामचरितमानस', 'गीतावली', 'विनयपत्रिका तथा 'कवितावली'। 'जीवनचरित' और 'आत्मकहानी' को एक ही अध्याय में सम्मिलित किया जा सकता था, किंतु कवि की स्वकथित जीवनी के महत्त्वपूर्ण वैशिष्ट्य के कारण उसका स्वतंत्र निरूपण समीचीन प्रतीत हुआ। 'विचारा-धारा' के अंतर्गत तुलसीदास की दार्शनिक मान्यताओं का संकेत मात्र किया गया है; उनका विशद विवेचन 'तुलसी-दर्शन-मीमांसा' में द्रष्टव्य है।

तुलसी की प्रामाणिक कृतियाँ हैं—वैराग्यसंदीपनी, रामाज्ञाप्रश्न, रामललानहछू, जानकीमंगल, रामचरितमानस, पार्वतीमंगल, कृष्णगीतावली, गीतावली, विनयपत्रिका, दोहावली, बरवैरामायण और कवितावली-हनुमानबाहुक। श्री कृष्णाचार्य ने उनके प्रथम मुद्रण का विवरण इस प्रकार दिया है :[1]

कृष्णगीतावली	संस्कृत प्रेस, कलकत्ता	1807 ई.
रामसगुनावली (रामाज्ञाप्रश्न)	संस्कृत प्रेस, कलकत्ता	1807 ई.
रामायण (रामचरितमानस)	संस्कृत प्रेस, कलकत्ता	1811 ई.
कवित्तरामायण	संस्कृत प्रेस, कलकत्ता	1815 ई
विनयपत्रिका	गणेश छापाखाना, बनारस	1850 ई.
दोहावली	केदार प्रभाकर छापाखाना, बनारस	1859 ई.
गीतावली	दिवाकर छापाखाना, बनारस	1862 ई.
पंचरतन[2]	सं. दुर्गाप्रसाद, बनारस	1864 ई.
हनुमानबाहुक	लखनऊ	1868 ई.

उक्त कृतियों में से केवल **रामचरितमानस** का विधिवत् पाठानुसंधान हुआ है। उस पर स्वतंत्र समीक्षा-ग्रंथ और शोधप्रबंध लिखे गए हैं। अन्य रचनाओं का वैज्ञानिक पाठालोचन अपेक्षित है; उनके विभिन्न पक्षों के सूक्ष्म समालोचन की आवश्यकता है। इसके अतिरिक्त,

1. क्रमशः देखिए : हिंदी के आदिमुद्रित ग्रंथ, पृ. 5, 5, 9, 10, 65, 60, 59, 60, 65
2. जानकीमंगल बरवै-नहछू-वैराग्यसंदीपनी-उमामंगल (पार्वतीमंगल)

तुलसीदास पर शोधकार्य करने के लिए अभी विस्तृत क्षेत्र पड़ा हुआ है—तुलसी की अवधी और ब्रजभाषा का अलग-अलग भाषावैज्ञानिक एवं व्याकरणिक अध्ययन; व्युत्पत्ति, अर्थ-विकास, पर्याय-प्रयोग और संस्कृति की दृष्टि से उनकी शब्दावली का अनुशीलन; तुलसी-संबंधी ग्रंथपुटी (बिब्लियोग्राफ़ी) का निर्माण आदि।

प्रस्तुत ग्रंथ में 'रामचरितमानस' के संदर्भ डॉ. माताप्रसाद गुप्त द्वारा संपादित संस्करण से दिए गए हैं। उद्धरणों में अनेक स्थानों पर आचार्य विश्वनाथप्रसाद मिश्र द्वारा संपादित संस्करण का पाठ ग्रहण किया गया है। अन्य कृतियों के संदर्भ गीता प्रेस से प्रकाशित संस्करणों के अनुसार हैं। उद्धरणों में 'तुलसी के चार दल' और पं. श्रीकांतशरण द्वारा संपादित 'विनयपत्रिका' आदि का भी अनुसरण किया गया है। कुछ शब्दों की वर्तनी के दो-दो वैकल्पिक रूप प्रचलित हैं, जैसे—**कोश** और **कोष, कौशल्या** और **कौसल्या, शूर्पणखा** और **सूर्पणखा**। दोनों शुद्ध हैं, अतः दोनों का प्रयोग मान्य है।

तुलसी-साहित्य के विपश्चित् व्याख्याकारों, मर्मज्ञ आलोचकों और मनीषी अनुसंधाताओं की कृतियों से मैंने यथेष्ट लाभ उठाया है। मैं उनका आभारी हूँ। जिन विद्वानों की मान्यताओं से सहमत नहीं हो सका हूँ उनके प्रति मेरा आदर-भाव कम नहीं है। मत-भेद स्वाभाविक है। सबने अपनी-अपनी रुचि, प्रतीति और दृष्टि के अनुसार तुलसीदास के काव्य का विवेचन किया है। प्रस्तुत **मीमांसा** उसी शृंखला की एक कड़ी है। अध्ययन का यह क्रम उपादेय है। अधिकस्य अधिकं फलम्।

पूर्वप्रकाशित 'तुलसी-काव्य-मीमांसा' में यथास्थान थोड़ा-बहुत संशोधन-परिवर्धन करके इस नवीन संस्करण को अधिक ग्राह्य बनाने का प्रयत्न किया गया है।

—उदयभानु सिंह

विषय-सूची

1. अध्ययन-सामग्री

2. तुलसी-साहित्य

3. जीवन-चरित

4. तुलसी की आत्मकहानी

5. युग का प्रभाव

6. काव्य-सिद्धांत

7. भाव-पक्ष

8. विचार-धारा

10. गौरव-ग्रंथ

1. अध्ययन-सामग्री

तुलसीदास-विषयक अध्ययन तत्त्वतः उनकी कृतियों पर ही आश्रित है। जीवनी-संबंधी बाह्य सामग्री आनुषंगिक रूप से उपयोगी है। किसी कवि के जीवनवृत्त और उसके व्यक्तित्व-निर्मायक तत्त्वों के परिज्ञान से उसकी काव्य-कृतियों को विधिवत् समझने-समझाने में पर्याप्त सहायता मिलती है। कवि की प्रवृत्तियाँ उसके व्यक्तिगत अनुभवों एवं सुख-दुःखात्मक अनुभूतियों के संस्कारों से संचालित होती हैं। उसका दृष्टिकोण उसके पैतृक गुणों, पारिवारिक जीवन, शिक्षा-दीक्षा, स्वाध्याय-देशाटन, सामाजिक स्थिति आदि के संकलित प्रभावों से निर्मित होता है। काव्य में कवि के व्यक्तित्व, दृष्टिकोण और प्रवृत्तियों का व्यक्ताव्यक्त रूप से प्रतिफलन अनिवार्य है। जिस प्रकार बिंब से अभिज्ञ द्रष्टा उसके प्रतिबिंब को अनायास पहचान लेता है, उसी प्रकार कर्ता के समग्र व्यक्तित्व का ज्ञाता उसकी कृति के मर्म को उसके यथार्थ परिप्रेक्ष्य में ग्रहण कर सकने में समर्थ होता है। इसीलिए आधुनिक साहित्यालोचन में जीवनीमूलक समीक्षा को इतना महत्त्व दिया जाता है।

अन्य भारतीय प्राचीन महाकवियों की भाँति तुलसीदास का पूर्ण जीवनचरित अज्ञात है। यद्यपि एकाध अनुसंधायकों का दावा है कि उन्होंने तुलसी के संपूर्ण जीवनचरित का अन्वेषण कर लिया है और जो कुछ कहा है वह सर्वांश में प्रत्याख्यान के परे है। परंतु, तटस्थ आलोचक को उनके सभी तर्क अकाट्य प्रतीत नहीं होते। बीसवीं शताब्दी के विगत कुछ दशाब्दों में तुलसीदास के जीवन-चरित से संबंध रखनेवाली प्रचुर सामग्री प्रकाश में आई है। उसकी प्रामाणिकता के विषय में विशेषज्ञ विद्वान् तीव्र मतभेद रखते हैं। कवि के जीवन-वृत्त के विषय में जो भी बहिस्साक्ष्य उपलब्ध है वह असंदिग्ध नहीं है। उसकी रचनाओं में आत्मकथात्मक उक्तियों के रूप में जो अंतस्साक्ष्य मिलता है वह अपर्याप्त है, और उसका भी अधिकांश भिन्न प्रकार से व्याख्येय है। ऐसी स्थिति में इन सब सामग्रियों के आधार पर तुलसीदास की जीवनी की कामचलाऊ रूपरेखा ही प्रस्तुत की जा सकती है।

तुलसीदास के जीवन-वृत्त की सामग्री मूलतः दो रूपों में पाई जाती है : अंतस्साक्ष्य और बहिस्साक्ष्य। कवि की अनेक कृतियों में यत्र-तत्र आत्मचरितात्मक उल्लेख मिलते हैं जिनसे उसके जीवन पर किंचित् प्रकाश पड़ता है। अत्यंत न्यून होने पर भी कवि की जीवनी का तत्त्वतः प्रामाणिक आधार वही है। दूसरों ने तुलसी का जीवन-चरित लिखा है। तथाकथित जीवनचरित लिखनेवालों में पाँच के नाम विशेष रूप से उल्लेखनीय हैं : रघुबरदास, वेणीमाधवदास, कृष्णदत्त मिश्र, अविनाशराय और तुलसीसाहब। प्रथम दो ने अपने को तुलसीदास का शिष्य कहा है। तीसरे ने अपने को उनका गुरु-भाई माना है। चौथे सज्जन ने तुलसीदास के साथ कई महीने तक निवास किया था और उनके जीवन से भली-भाँति परिचित थे। इस प्रकार इन चारों ने तुलसी के साथ सामीप्य-संबंध जताने का प्रयत्न किया है। तुलसीसाहब तुलसीदास से तादात्म्य स्थापित करके अन्य सभी लेखकों के मूर्धन्य पर विराजमान हो गए हैं। स्वकथनानुसार वे पूर्वजन्म में तुलसीदास थे। इस प्रकार अपने को प्रामाणिक

बनाने के लिए लेखकों में होड़-सी मची हुई है। अनेक रचनाओं में तुलसी के चरित्र के पक्षविशेष का निर्देश किया गया है, अथवा उन पर मुक्तक-सूक्तियाँ रची गई हैं। मंदिर, पंचनामा आदि के रूप में अध्ययन के कुछ फुटकल आधार भी विद्यमान हैं। श्रुति-परंपरा से चली आती हुई और अब लेखबद्ध किंवदंतियों का भंडार भी है। पर-वर्णित वाङ्मय के रूप में उपलब्ध विपुल सामग्री परस्पर-विरोधी उक्तियों से आक्रांत है। कहीं-कहीं चमत्कार-वर्णन की अतिरंजना है। इस प्रभूत राशि को छानकर वास्तविक तथ्यों का उद्‌घाटन अत्यंत दुष्कर है। इनके महाजाल में उलझकर सत्यान्वेषक दिग्गजों की मति भी दलदल में फँसी हुई गाय की भाँति अवसन्न रह जाती है। बेचारे सुकुमारबुद्धि विद्यार्थियों की दयनीय दशा तो अनिर्वचनीय है।

तुलसीदास-संबंधी विपुल सामग्री-संभार पर चिंता व्यक्त करते हुए पं. हजारीप्रसाद द्विवेदी ने कहा है, "यह खेद की बात है कि इतने बड़े महापुरुष की जन्म-तिथि और जन्म-स्थान का कुछ निश्चित पता नहीं चलता। इधर इस प्रकार की प्रवृत्ति बढ़ने लगी है कि तुलसीदास के साथ अपने गाँव या कुल या प्रदेश का कोई-न-कोई संबंध स्थापित कर लिया जाए। इसका परिणाम यह हुआ कि तुलसीदास के शिष्यों की 'डायरी' से लेकर उनके सगे-संबंधियों के ग्रंथ तक उपलब्ध होने लगे हैं। नए-नए दावे और नई गढ़ी हुई अनुश्रुतियाँ इतिहास-लेखक के मार्ग को निरंतर कंटकाकीर्ण करती जा रही हैं। तुलसीदास के साहित्य के उन शक्तिशाली तत्त्वों की आलोचना गौण हो जाती है, जो इतने दिनों से लोक-चित्त को प्रभावित, उन्नीत और महिमान्वित करते रहे हैं, और केवल उनकी भौतिक काया के कपोल-कल्पित संबंधों पर विचार ही मुख्य हो उठता है। झूठी पुस्तकों, अर्थहीन दावों और बेबुनियाद स्थापनाओं को महत्त्व देने का परिणाम यह हुआ कि नित्य नवीन दावों की बाढ़ आती जा रही है। इतिहास की पुस्तकों में ऐसी पुस्तकों की उपेक्षा ही वांछनीय है।"[1]

तुलसीदास के जीवन-चरित के संबंध में प्रायः चर्चित अध्ययन-सामग्री का स्थूल वर्गीकरण-विभाजन इस प्रकार किया जा सकता है :

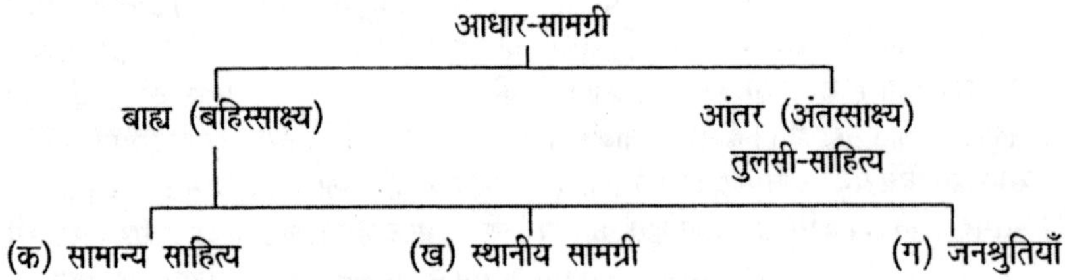

[क] बहिस्साक्ष्य : सामान्य साहित्य

[1] तुलसीचरित : रघुबरदास

कहा जाता है कि इसके रचयिता महात्मा रघुबरदास तुलसी के शिष्य थे; यह महत्त्वपूर्ण ग्रंथ महाभारत से कम नहीं है; इसमें एक लाख तैंतीस हजार नौ सौ बासठ छंद हैं और इसकी कविता 'रामचरितमानस' के टक्कर की है। इस अज्ञात महाग्रंथ का ज्ञापन सं. 1969 में श्री इंद्रदेवनारायण ने किया।[2] इसकी केवल 42 चौपाइयाँ और 11 दोहे प्रकाशित हुए। इसमें रघुबरदास-वर्णित चरित के अतिरिक्त स्वयं तुलसीदास ने किसी रघुनाथ पंडित से अपना जीवन-वृत्तांत

1. हिंदी साहित्य, पृ. 221-22
2. देखिए—मर्यादा, ज्येष्ठ, सं. 1969

कहा है। उसका सारांश इस प्रकार है :

1. सरवार (सरयू-पार) के निवासी परशुराम मिश्र चित्रकूट गए थे। स्वप्न में हनुमान जी का आदेश पाकर वे राजापुर में जा बसे।
2. उनके पुत्र शंकर मिश्र हुए। शंकर मिश्र के पौत्र मुरारी मिश्र के पुत्र तुलाराम (तुलसीदास) हुए।
3. तुलसी के तीन विवाह हुए। पहली पत्नी के मरने पर दूसरा, और दूसरी के मरने पर तीसरा हुआ।
4. पहले में तीन हजार मुद्राएँ मिली थीं और तीसरे में छः हजार।
5. तीसरा विवाह कंचनपुर के लक्ष्मण उपाध्याय की कन्या बुद्धिमती से हुआ था। उसी के उपदेश से तुलसी विरक्त हुए थे।

इस ग्रंथ की अविश्वसनीयता के तीन प्रमुख कारण हैं : (1) इस महाग्रंथ की रचना और संरक्षण की कहानी विचित्रताओं से भरी हुई है। तुलसी के किसी शिष्य द्वारा इसके रचित होने का कोई साक्ष्य नहीं है। (2) महाभारत और रामचरितमानस के समान महामहिम कहा जाने वाला यह ग्रंथरत्न सं. 1969 तक अज्ञात रहा और अब भी गोपनीय है। (3) इसमें वर्णित वृत्त स्वयं कवि द्वारा किए गए आत्मोल्लेखों के सर्वथा प्रतिकूल है। इसलिए, यह कृति कल्पना-प्रसूत और अप्रामाणिक है।

[2] मूलगोसाईंचरित : वेणीमाधवदास

बतलाया गया है कि वेणीमाधवदास तुलसी के अंतेवासी थे; उन्होंने गोस्वामी तुलसीदास का पद्यबद्ध वृहद् जीवनचरित लिखा था जिसका नाम था 'गोसाईंचरित', और उन्होंने नित्य पाठ के लिए उसका एक संक्षिप्त संस्करण 'मूलगोसाईंचरित' के नाम से तैयार किया था।[1] वेणीमाधवदास की कृति का सर्वप्रथम उल्लेख शिवसिंह सेंगर ने अपने कवि-वृत्त-संग्रह 'शिवसिंहसरोज'[2] में किया है। उनका कथन है कि पस्का-ग्राम-वासी वेणीमाधवदास (मृत्यु-संवत् 1699) ने अपने 'गोसाईंचरित' में तुलसीदास का जीवन-चरित विस्तारपूर्वक लिखा है जिसका संक्षिप्त वर्णन भी प्रस्तुत पुस्तक में संभव नहीं है।[3] उन्होंने उक्त 'गोसाईंचरित' से केवल दो पंक्तियाँ उद्धृत की हैं[4], जिनसे तुलसी के जीवन-संबंधी विवादग्रस्त विषयों पर कुछ प्रकाश नहीं पड़ता। डॉ. ग्रियर्सन आदि विद्वानों ने इस ग्रंथ के अन्वेषण का बहुत प्रयास किया, परंतु सफलता नहीं मिली। सन् 1925 में पं. रामकिशोर शुक्ल ने एक 'मूलगोसाईंचरित' प्रकाशित किया।[5]

इस बहुचर्चित 'मूलगोसाईंचरित' के अनुसार तुलसी के जीवन-चरित का विवरण निम्नांकित है :

1. तुलसी का जन्म रजियापुर (राजापुर) में सं. 1554 में हुआ।
2. उनके पुरखे सरयूपारीण थे, पत्योजा के दूबे थे और पराशरगोत्री थे।

---

1. गोस्वामी तुलसीदास (श्यामसुंदरदास), पृ. 17-18
2. रचना-काल- सं. 1940, हिंदी-साहित्य का इतिहास, पृ. 579
3. सरोज, पृ. 427, 429
4. यहि भाँति कछू दिन बीति गए। अपने अपने रसरंग रए॥
मुखिया इक जूथप माँझ रहे। हरिदासन को अपमान गहे॥—सरोज, पृ. 131
5. देखिए—रामचरितमानस (सं. रामकिशोर शुक्ल, प्र. नवलकिशोर प्रेस, लखनऊ) का आरंभ

3. वे हुलसी की कोख से उत्पन्न हुए। प्रसव के चौथे दिन हुलसी का देहांत हो गया।
4. जन्म के समय उनके बत्तीसों दाँत थे, वे रोए नहीं और 'राम'-नाम का उच्चारण किया।
5. हुलसी की मृत्यु के कुछ घंटे पूर्व उसकी प्रार्थना पर दासी मुनिया 'अपशकुनी' शिशु को रातोंरात अपनी सास चुनिया के पास हरिपुर पहुँचा आई। चुनिया ने बालक का स्नेह से पालन-पोषण किया। पैंसठ महीने बाद चुनिया की मृत्यु हो गई।
6. तत्पश्चात् दो वर्ष तक पार्वतीजी उस बालक (तुलसी) को खिलाती-पिलाती रहीं।
7. शिव की प्रेरणा से स्वामी नरहर्यानंद हरिपुर पधारे। उन्होंने बालक को 'रामबोला' कहकर संबोधित किया। उसे लेकर अयोध्या चले गए। उसके पंच-संस्कार किए। संभवतः तभी नामकरण किया : तुलसी।
8. दस महीने बाद तुलसी को साथ लेकर नरहरि 'सूकरखेत' (घाघरा और सरयू के संगम पर) चले गए। वहाँ पाँच वर्ष रहे। तुलसी को पढ़ाया।
9. जब सिष्य सुबोध भयो पढ़ि कै। मति जुक्ति प्रबीन भई गढ़ि कै॥
तब मानस रामचरित्र कहे। सुनि कै मुनि बालक तत्त्व गहे॥
पुनि पुनि मुनि ताहि सुनावत भे। अति गूढ़ कथा समुझावत भे॥[1]
10. तदनंतर तुलसी गुरु के साथ काशी पहुँचे। वहाँ पर पंद्रह वर्ष तक शेषसनातन से वेद-वेदांग, इतिहास-पुराण, काव्यकला आदि का गंभीर अध्ययन किया।
11. अब वे अपनी जन्मभूमि रजियापुर (राजापुर) लौटे। वहाँ केवल ध्वंसावशेष मिले। इसका कारण यह था कि तुलसी के प्रति किए जानेवाले अन्याय को सुनकर एक तपस्वी ने उनके पिता को शाप दे दिया था।
12. तुलसी वहीं बसकर कथावाचक का जीवन बिताने लगे।
13. यमुना-पार के एक ब्राह्मण ने उनके पांडित्य, रूप और गुण पर मुग्ध होकर उन्हें सं. 1583 में आग्रहपूर्वक अपना दामाद बनाया।
14. 'रसकेलि' में पाँच वर्ष बीत गए। एक दिन शाम को घर आने पर तुलसी ने सुना कि उनकी पत्नी भाई के साथ मायके चली गई है। वे तत्काल चल पड़े, नदी पार की, सूता पड़ने पर ससुराल पहुँचे और गोहार लगाई।
15. पत्नी के उपदेश[2] से वैराग्य जाग्रत हुआ। वे उलटे पाँव लौट पड़े। साले के बहुत मनाने पर भी फिरे नहीं। उसी दिन पत्नी ने शरीर-त्याग किया—सं. 1589 में।
16. 14 वर्ष 10 महीने और 17 दिन तक प्रयाग, अयोध्या, जगन्नाथपुरी, रामेश्वरम्, द्वारावती, बदरिकाश्रम, मानसरोवर, रूपाचल और नीलाचल की यात्रा करके वे चित्रकूट के पास रहने लगे।
17. बदरिकाश्रम में नारायण और नीलाचल (पर्वत) पर भुशुंडि के दर्शन हुए।
18. एक प्रेत की सहायता और हनुमानजी की कृपा से उन्हें चित्रकूट में राम के अनेक बार दर्शन हुए।
19. सं. 1616 में गोकुलनाथ के द्वारा भेजे गए सूरदास तुलसी से मिले और उन्हें अपना 'सागर' दिखाया।

---

1. गोस्वामी तुलसीदास (श्यामसुंदरदास), पृ. 196
2. हाड़ मांस को देह मम तापर जितनी प्रीति।
तिसु आधी जो राम प्रति अवसि मिटिहि भवभीति॥—17

20. एक ब्राह्मण मीराँबाई का पत्र लाया। तुलसी ने 'गीत कवित्त' बनाकर उसका उत्तर लिखा।

21. वे गीत रचते रहे। सं. 1628 में 'रामगीतावली' और 'कृष्णगीतावली' का संग्रह किया और उन्हें हनुमान को सुनाया।

22. वे पुनः तीर्थाटन के लिए निकले। प्रयाग में याज्ञवल्क्य का साक्षात्कार हुआ। उन्होंने बताया कि जो कथा शिव ने भवानी और भुशुंडि को सुनाई थी वह भुशुंडि से प्राप्त कर मैंने भरद्वाज को सुनाई।

23. सीतामढ़ी होते हुए वे काशी पहुँचे। शिव के आदेश से अयोध्या जाकर सं. 1631 में 'रामचरितमानस' का आरंभ किया। दो वर्ष, सात महीने और छब्बीस दिन में उसकी रचना पूर्ण हुई। हनुमान ने अथ से इति तक उसे सुना।

24. भगवान् के अनुशासन पर काशी जा पहुँचे। रात को पाठ समाप्त करके पोथी शिव-लिंग के समीप रख दी। सबेरे देखा गया कि शंकर ने उस पर सही करके दिव्याक्षरों में लिखा है, 'सत्यं शिवं सुंदरम्।'

25. खिसियाए हुए पंडितों ने पोथी को चोरी कराने का प्रयास किया, किंतु वहाँ श्यामलगौर धनुर्धर पहरा देते मिले। तांत्रिक बटेश्वर मिश्र ने तुलसी पर मारण प्रयोग किया। हनुमान जी ने उनको धर पटका। पं. रविदत्त ने लाठी से मारना चाहा, हनुमान ने पुनः रक्षा की।

26. पंडितों ने मधुसूदन सरस्वती को निर्णायक माना। उन्होंने तुलसी की प्रशस्ति की।

27. कोटि-क्रम निर्धारण के लिए शिव के मंदिर में 'रामचरितमानस' वेद-शास्त्र-पुराण के नीचे रखा गया। प्रातः कपाट खोलने पर वह सबके ऊपर था।

28. अब कलि कृपाण लेकर खड़ा हुआ। तुलसी से बोला कि 'रामचरितमानस' को डुबा दो। रक्षण में स्वयं असमर्थ हनुमान ने तुलसी को सुझाव दिया कि 'रामविनयावली' (विनयपत्रिका) लिखो, तब मैं कलि को दंड दिलाऊँगा।

29. तुलसी ने अनेक अद्‌भुत चमत्कार करते हुए मिथिला की यात्रा की। सीता ने बालिका का रूप धारण करके उन्हें खीर खिलाई। वहाँ 'नहछू' और 'मंगल' की रचना करके वे काशी लौट आए। सं. 1640 लगा। 'दोहावली' का संग्रह किया।

30. पाठ करने के लिए सं. 1641 में वाल्मीकि-रामायण की प्रतिलिपि की।

31. सं. 1642 में 'सतसई' रची।

32. काशी में 'मीन की सनीचरी' का प्रकोप हुआ, 'तंत्र कवित्त' बनाकर उसे भगा दिया।

33. 'बड़े रसिया' कवि केशवदास दर्शनार्थ गए। तुलसी ने कहला दिया : प्राकृत कवि केशव को आने दो। केशव लौट पड़े, रात-भर में 'रामचंद्रिका' रचकर दूसरे दिन मिले।

34. नैमिषारण्य के एक प्रेत ने काशी पहुँचकर तुलसी के दर्शन से बैकुंठ-लाभ किया।

35. उन्होंने अयोध्या, लखनऊ आदि की यात्रा की। मलीहाबाद में व्रजवल्लभ भट्ट को 'रामचरितमानस' दिया।

36. वृंदावन में वे नाभादास से मिले। तुलसी को रामोपासक जानकर कृष्ण ने धनुर्धर-रूप धारण कर लिया। वहाँ पर तुलसी के गुरु-बंधु नंददास उनसे मिले।

37. बादशाह ने खवास भेजकर उन्हें चित्रकूट से दिल्ली बुलाया। मार्ग में उन्होंने केशवदास के प्रेत का उद्धार किया और एक लड़की को पुरुष बना दिया। उस बेचारी का विवाह दूसरी लड़की से कर दिया गया था।

38. दिल्लीपति ने उनसे करामात दिखाने को कहा। वे मुकर गए, अतः कैद कर लिए गए। वानरों ने उत्पात किया, बेगमों के वस्त्रों की धज्जियाँ उड़ा डालीं और बादशाह को उठाकर पटक दिया। आतंकित बादशाह ने उन्हें सादर विदा किया।

39. काशी लौटते समय मार्ग में मलूकदास के साथ मुरारीदेव तुलसी से मिले।

40. इसके बाद मृत्यु-पर्यंत वे काशी में रहे। उनके वस्त्र के जल-बिंदु पड़ने से एक वेश्या विरक्त हो गई। एक कलारिन को सुहागिन रहने का आशीर्वाद दिया, उसका मृत पति पुनर्जीवित हो गया। तीन दर्शनार्थी कुमारों ने शरीर त्याग दिया था, उन्हें चरणोदक से जिला दिया।

41. सं. 1669 में उनके मित्र टोडर का देहावसान हुआ। पाँच महीने बाद उनके दोनों पुत्रों में घर-बार का बँटवारा किया।

42. गंग ने उन्हें कठमलिया वंचक-भक्त कहा। तुलसी ने शाप दिया। गंग को हाथी ने कुचल डाला।

43. रहीम ने 'बरवा' रचकर मुनि तुलसीदास के पास भेजे। उसे सुंदर छंद समझकर उन्होंने उसमें (बरवैरामायण की) रचना की।

44. बाहुपीड़ा से व्याकुल होने पर 'बाहुक' रचा।

45. तत्पश्चात् 'विरागसंदीपनी' और 'रामाज्ञा सकुंनीर' का निर्माण किया।

46. पूर्व-रचित लघु-ग्रंथों को दोहराया और स्वयं अतिक्षीण होने के कारण दूसरों से लिखवाया।

47. सं. 1670 बीतने पर जहाँगीर आया। तुलसी ने उससे कुछ ग्रहण नहीं किया।

48. एक हत्यारे को 'राम-राम' बोलने पर हृदय से लगा लिया। उसके हाथ से शिव के नंदी को भोजन कराया।

49. महाप्रस्थान की शुभ घड़ी निकट जानकर तुलसी ने कहा :
रामचंद्र जस बरनि के भयो चहत अब मौन।
तुलसी के मुख दीजिए अब ही तुलसी सोन॥[1]

50. संवत सोरह सै असी असी गंग के तीर।
सावन स्यामा तीज सनि तुलसी तज्यो सरीर।[2]

51. 'मूलगोसाईंचरित' सं. 1687 की कार्तिक-शुक्ला नवमी को रचा गया।

'मूलगोसाईंचरित' अप्रामाणिक पुस्तक है। इसकी अविश्वसनीयता के मुख्य कारण हैं :

1. यह पुस्तक ऐसे अलौकिक चमत्कारों से भरी पड़ी है जिन पर विश्वास करना किसी विवेकशील के लिए असंभव है।

2. इसमें कहा गया है कि तुलसी के बाल्यकाल में उनके भरण-पोषण की चिंता चुनिया, पार्वती, शिव और नरहर्यानंद ने की। स्पष्ट है कि तुलसी जीविका के विषय में निश्‍चिंत रहे। इसके विपरीत, कवि के स्वर में स्वर मिलाकर यह भी कह दिया गया है कि उस बालक का द्वार-द्वार डोलना हृदय-विदारक था। ये परस्पर-विरोधिनी उक्तियाँ असंगत हैं।

3. इसके अनुसार एक प्रेत ने तुलसी को हनुमान का दर्शन कराकर राम-दर्शन का मार्ग प्रशस्त किया। किंतु अंतस्साक्ष्य से सिद्ध है कि तुलसी भूत-प्रेत-पूजा के विरोधी हैं।[3]

4. इसमें 'विनयपत्रिका' को 'रामविनयावली' नाम दिया गया है। कोई ऐसी प्रति नहीं मिलती

---

1. मूलगोसाईंचरित, दोहा 118
2. वही, दोहा 119
3. देखिए—दोहावली, 65; रामचरितमानस, 2/167

जिसमें यह नाम उपलब्ध हो। हाँ, 'रामगीतावली' नाम अवश्य पाया जाता है।

5. इसके अनुसार 'गीतावली' (सं. 1616-18) कवि की सर्वप्रथम कृति है। 'कृष्णगीतावली' (सं. 1628), 'कवितावली' (1628-42), 'रामचरितमानस' (1631-33), 'विनयपत्रिका' (1639), 'रामललानहछू' (1639), 'जानकीमंगल' (1639), 'पार्वतीमंगल' (1639) और 'दोहावली' (1640) बारह वर्षों के आयाम में लिखी गईं। सं. 1670 में चार पुस्तकों की रचना हुई : 'बरवैरामायण', 'हनुमान-बाहुक', 'वैराग्यसंदीपनी' तथा 'रामाज्ञाप्रश्न'। इसमें अनेक असंगतियाँ अवेक्षणीय हैं। 'गीतावली'—जैसी प्रौढ़ कृति प्रारंभिक बतलाई गई है और 'वैराग्यसंदीपनी' एवं 'रामाज्ञाप्रश्न' के सदृश अप्रौढ़ कृतियाँ अंतिम। तीस वर्षों (1640-70) तक कवि ने कोई रचना नहीं की। क्या उसकी प्रतिभा मूर्च्छित हो गई थी ?

6. इसमें 'रजियापुर' (राजापुर) को तुलसी का जन्मस्थान कहा गया है। लेकिन ऐतिहासिक स्रोतों से सिद्ध है कि सं. 1813 तक उस स्थान का नाम 'विक्रमपुर' रहा है।

7. इसके अनुसार सं. 1616 में सूरदास ने चित्रकूट पहुँचकर तुलसी को 'सागर' दिखाया और आशिष माँगा। सं. 1616 तक तो तुलसी ने एक भी रचना नहीं की थी और उनकी कीर्ति 'रामचरितमानस' की रचना (सं. 1631) के बाद फैली। उन्हें 'सागर' दिखाने की क्या तुक थी ? यह भी हास्यास्पद लगता है कि वयोवृद्ध, प्रतिष्ठित और अंधे सूरदास ने चित्रकूट जाकर उन्हें 'सागर' दिखाया।

8. इसमें वर्णित है कि सं. 1616 में मीराँबाई ने तुलसी को पत्र लिखा था। मीराँ सं. 1603 तक दिवंगत हो चुकी थीं, 1616 में उन्होंने पत्र कैसे लिखा ?

9. यद्यपि लेखक ने केशवदास-संबंधी घटनाओं के निश्चित समय का स्पष्ट निर्देश नहीं किया है तथापि संदर्भ से अवगत है कि वे सं. 1643 के लगभग तुलसी से मिले और सं. 1650 के लगभग केशव के प्रेत ने तुलसी को घेरा। स्वयं केशवदास के अनुसार 'रामचंद्रचंद्रिका' का रचना-काल सं. 1658 है,[1] न कि सं. 1643। और, यह गप्प की हद है कि केशव ने रात-भर में 'रामचंद्रचंद्रिका' का निर्माण कर डाला—अपने को अप्राकृत कवि सिद्ध करने के लिए। इसके अतिरिक्त, सं. 1651 के लगभग केशव का प्रेत तुलसी को कैसे मिला ? यह तथ्य निर्विवाद है कि उनका देहांत सं. 1670 के बाद हुआ। उन्होंने अपनी 'जहाँगीरजसचंद्रिका' का रचना-काल सं. 1669 बतलाया है।[2]

10. दिल्लीपति (अकबर) और जहाँगीर वाली महत्त्वपूर्ण घटनाओं का इतिहास में कोई संकेत नहीं मिलता। अतः वे तथ्य-विरुद्ध हैं।

11. 'चरित' के अनुसार टोडर की संपत्ति का बँटवारा उनके उत्तराधिकारी पुत्रों के बीच किया गया। परंतु पंचायतनामे से प्रमाणित है कि वह बँटवारा उनके पुत्र और पौत्र के बीच हुआ था।[3]

12. इसमें कहा गया है कि तुलसी के शाप के फलस्वरूप हाथी ने गंग को कुचल डाला। ऐतिहासिक तथ्य यह है कि जिस गंग को हाथी से कुचलवाया गया था वे औरंगजेब के समकालीन

---

1. सोरह सै अट्ठावना कातिक सुदि बुधवार।
   रामचंद्र की चंद्रिका तब लीनो अवतार ॥—रामचंद्रचंद्रिका, 1/6
2. सोरह सै उनहत्तराँ माधव मास बिचारु।
   जहाँगीर सक साहि की करी चंद्रिका चारु ॥—जहाँगीरजसचंद्रिका, 2
3. पंचायतनामे के शब्द हैं—अनंदराम विन टोडर बिन देवराय व कँधई बिन रामभद्र बिन टोडर मजकूर।

थे। औरंगजेब सं. 1715 में बादशाह हुआ था। इसलिए सं. 1669 में गंग की कथित दुर्घटना संभव नहीं हो सकती।

13. इसके अनुसार नाभादास 'विप्रसंत' थे। इस विषय में कोई साक्ष्य नहीं है। परंपरा में उनको 'हनुमानवंशी' अथवा डोम माना गया है।

14. 'चरित' में उल्लिखित तिथियों में से तुलसी के **जन्म** (सं. 1554, श्रावण शुक्ला 7, कर्क के वृहस्पति-चंद्रमा, वृश्चिक के शनि), **यज्ञोपवीत** (सं. 1651, माघ शुक्ला 5, शुक्रवार), **विवाह** (सं. 1583, ज्येष्ठ शुक्ला 13, गुरुवार); **पत्नी-निधन** (सं. 1589, आषाढ़ कृष्ण 10, बुधवार), **मानस-समाप्ति** (सं. 1633, मार्गशीर्ष शुक्ला 5, मंगलवार), और **स्वर्गवास** (सं. 1680, श्रावण कृष्णा 3, शनिवार) की तिथियाँ गणना-योग्य हैं। पुरातत्त्व-विभाग से जाँच करवाकर डॉ. रामदत्त भारद्वाज ने बतलाया है[1] कि इनमें से केवल यज्ञोपवीत और विवाह की तिथियाँ ही सत्यापित हैं। डॉ. माताप्रसाद गुप्त ने पत्नी-देहांत की तिथि को भी शुद्ध माना है।[2] शेष चार तिथियाँ किसी भी गणना-प्रणाली से शुद्ध नहीं उतरतीं। तुलसी के अंतेवासी की यह अनभिज्ञता 'चरित' की प्रामाणिकता को खंडित करती है।

उक्त विप्रतिपत्तियों को दृष्टि-पथ में रखते हुए हम इस निष्कर्ष पर पहुँचते हैं कि 'मूलगोसाईंचरित' प्रमाण्य नहीं है। यह सं. 1687 की रचना नहीं है। संभव है कि मोहनसिंह सेंगर ने जिस 'गोसाईंचरित' का उल्लेख किया है वह प्रामाणिक रहा हो। ऐसा प्रतीता होता है कि उस नाम का लाभ उठाकर किसी कल्पनाशील लेखक ने वेणी-माधवदास के नाम से 'मूलगोसाईंचरित' का निर्माण कर दिया है।

[3] **गोसाईंचरित** : भवानीदास

रामचरणदासजी की टीका के साथ प्रकाशित 'रामचरितमानस'[3] की भूमिका के रूप में तुलसीदास का एक विस्तृत जीवनचरित छपा है। डॉ. माताप्रसाद गुप्त ने इसका रचनाकाल सं. 1810 निर्धारित किया है।[4] यद्यपि कृति का अभिधान उसमें नहीं है, तथापि लेखक के प्रतिज्ञा-वचन[5] से स्पष्ट है कि इसका नाम 'गोसाईंचरित' होना चाहिए। लेखक ने अपना नाम भवानीदास दिया है।[6] इस 'चरित' और पूर्वोक्त 'मूलगोसाईंचरित' की प्रतिपाद्य-वस्तु और प्रतिपादन-शैली में अद्भुत सादृश्य है। विवरण की दृष्टि से, तुलसी के जीवन की सभी महत्त्व-युक्त घटनाएँ दोनों में परिगणित हैं। अनेक स्थलों पर दोनों में अर्थ-साम्य के साथ ही शब्द-साम्य भी है। तात्त्विक भेद इस बात में है कि 'मूलगोसाईंचरित' में प्रसंगों का वर्णन उनके कालक्रमानुसार किया गया है और विभिन्न घटनाओं की तिथियाँ दी गई हैं, किंतु 'गोसाईंचरित' में काल-निर्देश नहीं है और वर्णित प्रसंगों का क्रम भी यत्र-तत्र भिन्न है।

दोनों की अतिशय समरूपता से सहज निष्कर्ष निकलता है कि 'गोसाईंचरित' भी 'मूलगोसाईंचरित' की भाँति ही अविश्वसनीय है। कालक्रम की दृष्टि से अधिक संगत यह प्रतीत

1. गोस्वामी तुलसीदास, पृ. 48
2. तुलसीदास, पृ. 47
3. तृतीय संस्करण, 1924 ई., नवलकिशोर प्रेस, लखनऊ
4. तुलसीदास, पृ. 43
5. यह बल मनहिं दृढ़ाइ रामचरन सिर नाइ के
   कहौं कछू इक गाइ श्रीगोसाईं अद्भुत चरित ॥—जीवनचरित्र, पृ. 6
6. धरि आश संज्ञा नाम की याचै भवानीदास हो।—जीवनचरित्र, पृ. 2

होता है कि 'मूलगोसाईंचरित' परवर्ती कृति है। उसके लेखक ने 'गोसाईंचरित' का अनुकरण करते हुए अपनी रचना को अधिक विश्वसनीय बनाने के लिए उसमें तिथियों का अंतर्निवेश किया है। असंभव नहीं है कि ये दोनों कृतियाँ किसी तीसरे चरित के अनुकरण पर लिखी गई हों।

[4-7] चार अन्य चरित्र-ग्रंथ[1]

(क) **तुलसीदासचरित्र**—इसके लेखक जनकराजकिशोरीशरण हैं। इसका रचनाकाल अज्ञात है, लिपि-काल सं. 1930 है। इसमें तिथियों का उल्लेख नहीं है।

(ख) **तुलसीचरित्र**—इसके लेखक रघुवीरसिंह हैं, रचनाकाल सं. 1910 और लिपिकाल सं. 1955 है।

(ग) **तुलसीचरित्र**—इसके रचयिता दासान्यदास हैं। रचनाकाल अज्ञात है, लिपि-काल सं. 1921 है।

(घ) **गोसाईंचरित्र**—यह दासान्यदास-लिखित है। रचनाकाल अज्ञात है। उपलब्ध प्रति में दिया हुआ लिपिकाल सं. 1921 है। इसके एक पद्य में 'भवानीदास' नाम का उल्लेख है। इससे डॉ. रामदत्त भारद्वाज ने संकेत किया है कि भवानीदास और दासान्यदास अभिन्न हैं।

ये सब 'चरित्र' प्राचीन नहीं हैं। विद्वानों ने इनके परीक्षण की आवश्यकता का भी अनुभव नहीं किया। इसका कारण यही है कि इनमें कोई महत्त्वयुक्त विशेष बात नहीं है। प्रथम तीन पर विचार करते हुए डॉ. माताप्रसाद गुप्त ने बतलाया है कि ये तीनों चरित्र भवानीदास के 'गोसाईंचरित्र' की परंपरा में ही ज्ञात होते हैं, और असंभव नहीं कि उसकी सहायता लेकर रचे भी गए हों।[2] उन्होंने 'गोसाईंचरित्र' का उल्लेख नहीं किया। डॉ. रामदत्त भारद्वाज ने उसकी चर्चा की है और उसे 'भ्रांत-साहित्य' के अंतर्गत रखा है।

[8] घटरामायन : तुलसीसाहब का आत्मचरित

तुलसीसाहब हाथरस में आकर बस गए थे। इसलिए वे 'तुलसीसाहब हाथरस वाले' कहलाते हैं। उनका जीवन-काल सं. 1820-1900 है। उनका एक ग्रंथ है 'घटरामायन'। उस ग्रंथ में उन्होंने उसका रचना-काल बारंबार सं. 1618 बतलाया है। 'घटरामायन' के अंत में उन्होंने अपने पूर्वजन्म का वृत्तांत लिखा है। वे पूर्वजन्म में तुलसीदास थे। 'घटरामायन' के अनुसार तुलसीदास का संक्षिप्त जीवनवृत्त है :

1. यमुना के किनारे राजापुर में मंगलवार, भादौं सुदी 11, सं. 1589 को तुलसी का जन्म हुआ।
2. वे जाति के कान्यकुब्ज ब्राह्मण थे। उन्हें अपने कुल का अभिमान था।
3. वे अपनी पत्नी पर आसक्त रहते थे। सत्संग में उनकी बड़ी रुचि रहती थी।
4. सं. 1614, सावन सुदी 9 को उनका 'अगम का सौदा' (ज्ञानोदय) हुआ। 'सुरति' की अनिर्वचनीय प्रीति में उनकी नींद हराम हो गई।
5. उनके इस ज्ञान-मार्ग का निर्देश कंज-गुरु (घटघटवासी ईश्वर) ने किया, किसी देह-गुरु ने नहीं।
6. उनकी ख्याति चारों ओर फैल गई और राजापुर में दर्शनार्थियों की भीड़ होने लगी।

---

1. देखिए—गोस्वामी तुलसीदास (डॉ. रामदत्त भारद्वाज), पृ. 75-76; तुलसीदास, पृ. 64-65
2. तुलसीदास, पृ. 65

7. काशी का एक अहीर हिरदै राजापुर में नौकर था। वह उनका परमभक्त था। वह काशी चला गया। अत्यंत स्नेहवश उससे मिलने के लिए वे सं. 1615, चैत्र 12, मंगलवार को काशी पहुँचे। गंगा के निकट कुटी बनाकर अंतिम समय तक वहीं रहे।
8. सं. 1616 में कातिक बदी 5 को एक नानक-पंथी संत पलकराम से उनकी गोष्ठी हुई।
9. मौज में आकर उन्होंने सं. 1618, भादौ सुदी 11, मंगलवार को 'घटरामायन' की रचना आरंभ की। लोग आश्चर्यचकित थे। सारे नगर में शोर मच गया। पंडितों, जैनियों और तुर्कों ने झगड़ा खड़ा कर दिया था। अतएव उन्होंने ग्रंथ को गुप्त कर दिया और उसे प्रचलित नहीं होने दिया। इसलिए अज्ञ जगत् संत-मत की प्रीति-रीति से अनभिज्ञ रह गया।[1]
10. सं. 1631 में 'रामचरित' (रामचरितमानस) की रचना की। उससे पंडित और जनसाधारण सभी सुखी हुए। इस प्रकार 'घटरामायन' को गुप्त कराकर अंधों को अंधे की विधि से समझाया।[2]
11. सं. 1680 में श्रावण शुक्ला 7 को वरुणा नदी के तीर पर उन्होंने शरीर-त्याग किया।

'घटरामायन' में तुलसीदास-विषयक जो वृत्त उपलब्ध है उसका अधिकांश अप्रामाणिक है। निम्नांकित कारणों से इस कृति की संदिग्धता प्रमाणित होती है :

1. 'घटरामायन' में तुलसीसाहब का पूर्वजन्म-वृत्तांत-वर्णन आधुनिक वैज्ञानिक-युग के आलोचक की दृष्टि में बेपर की उड़ान है। अलौकिकता पर आश्रित होने के कारण उसका ऐतिहासिक महत्त्व शून्य-सा है।

2. 'घटरामायन' के विषय में कही गई बातें भी प्रतीतिजनक नहीं हैं। वह कोई क्रांतिकारिणी रचना नहीं है। उसमें ऐसा कुछ भी नहीं है जिसके कारण चारों ओर बड़ा भारी तहलका मच जाए। वेदशास्त्र की अवहेलना, दशावतार-खंडन, तीर्थ-व्रत की निंदा आदि नई बातें नहीं हैं। 15वीं-16वीं शती के निर्गुण-संतों ने खूब डटकर इन सबका कट्टर विरोध किया है। कहीं भूकंप नहीं आया, कोई तूफान नहीं खड़ा हुआ। तुलसीसाहब में तो कबीर का-सा बेलाग अक्खड़पन भी नहीं है। कबीर की काशी तुलसीदास की काशी से कम परंपरानिष्ठ नहीं थी। अतएव प्रचंड विरोध के परिणामस्वरूप 'घटरामायन' के गोपन की बात हास्यास्पद है। लेखक का दावा है कि इस ग्रंथ के गोपन से विश्व संत-मत की रीति से परिचित नहीं हो सका। वास्तविकता यह है कि संत-मत के प्रतिष्ठापन में 'घटरामायन' का योगदान नगण्य है।

3. अपने को तुलसी का अवतार बतानेवाले तुलसीसाहब को उनकी केवल एक कृति (रामचरितमानस) का पता है, और उसके भी यथार्थ नाम की जानकारी उन्हें नहीं है। 'विनयपत्रिका', 'कवितावली', 'गीतावली' आदि का अनुल्लेख उनके अज्ञान का सूचक है। वे 'रामचरितमानस' के सिद्धांतों और उसके पात्रों के स्वरूप तक से अनभिज्ञ हैं। उनके नामों की अंड-बंड निरुक्ति[3] लेखक के व्यामोह का प्रमाण है। बड़ी विचित्र बात है कि उसे पूर्वजन्म के बहुत से महत्त्वहीन विवरण याद रहे, ऐरे-गैरे-नत्थू-खैरे नहीं विस्मृत हुए; किंतु अपने माता-पिता और पत्नी के नामोल्लेख की सुधि नहीं आई।

---

1. ता से ग्रंथ गुप्त हम कीन्हा। घटरामायन चलन न दीन्हा ॥
   या से संत मते की रीती। जग्त अजान न जानै प्रीती ॥—भाग 2, पृ. 188
2. अंधा अंधे विधि समझावा। घटरामायन गुप्त करावा ॥—भाग 2, पृ. 188
3. रावन ब्रह्म बसै मन दौरी ता को मंदोदरी बनाई।
   गो में रूढ़ गरूढ़ गिनाई भय ले भसुंड भुलाई ।—भाग 2, पृ. 6

4. 'घटरामायन' के अनुसार तुलसीदास का पथ-प्रदर्शन किसी देहधारी गुरु ने नहीं किया, लेकिन तुलसीदास की कृतियों से सिद्ध है कि उन्होंने अपने अज्ञानांधकार-निरोधक गुरु की बारंबार चर्चा की है, और गुरु-महिमा का बखान करते हुए वे अघाते नहीं हैं।

5. ऐतिहासिक प्रमाद भी अनेक हैं। उदाहरण के लिए—सं. 1618 में रचित बताए जाने वाले 'घटरामायन' में दरिया और गुरु गोविंदसिंह का भी बहुत वार उल्लेख हुआ है। यह झूठ समाने लायक नहीं है। सभी मानते हैं कि तुलसीदास सं. 1680 में स्वर्गवासी हो गए थे। बिहारी दरिया साहब सं. 1731 में और मारवाड़ी दरियासाहब सं. 1733 में जन्मे थे।[1] गुरु गोविंदसिंह का जन्म सं. 1723 में हुआ था।[2] शताधिक वर्ष पूर्व लिखित ग्रंथ में इन परवर्ती लेखकों का समावेश किसी जादूगर की करामात से कम नहीं है।

6. 'घटरामायन' में तुलसी-संबंधी सात तिथियों का उल्लेख है। उनमें से चार ऐसी हैं जिनके दिन आदि के विवरण नहीं दिए गए हैं। अतः उनकी जाँच का प्रश्न नहीं उठता। केवल तीन तिथियाँ परीक्षणीय हैं :

(i) जन्म—सं. 1589, भादौं सुदी 11, मंगलवार
(ii) काशी-आगमन—सं. 1615, चैत्र 12, मंगलवार
(iii) घटरामायन का आरंभ—सं. 1618, भादौं सुदी 11, मंगलवार

डॉ. माताप्रसाद गुप्त ने बतलाया है कि केवल जन्म-तिथि गणनानुसार शुद्ध है, शेष दोनों किसी भी प्रणाली से गणना करने पर शुद्ध नहीं उतरतीं।[3]

'घटरामायन' वस्तुतः किस सन्-संवत् में लिखा गया, वह तुलसीसाहब की कृति है या किसी अन्य व्यक्ति की, और उसमें निरूपित तुलसीदास का जीवनवृत्त प्रक्षिप्त है अथवा मूललेखक की रचना है—ये सब प्रश्न प्रस्तुत प्रकरण में विशेष महत्त्व के नहीं हैं। हमें देखना यह है कि क्या वह वृत्तांत तुलसीदास के जीवनचरित-निर्माण में किसी सीमा तक उपयोगी है या नहीं। इतना निश्चित है कि 'घटरामायन' की रचना तुलसीदास के देहावसान के लगभग डेढ़ सौ वर्ष बाद हुई है। उसके अध्ययन से यह निश्चित धारणा बनती है कि 'घटरामायन'-जैसे निकृष्ट ग्रंथ की ओर समाज का ध्यान आकृष्ट करने के लिए रचयिता ने उसके कर्तृत्व का आरोप 'रामचरितमानस' के लोकविश्रुत कवि तुलसीदास पर किया है। पाठक-वर्ग को अंधा समझने के भ्रम से प्रेरित लेखक ने 'घटरामायन' के अतिमूल्यन के क्रम में 'रामचरितमानस' का अवमूल्यन भी कर दिया है। उसमें तथ्य-विरोध है, ऐतिहासिक व्यतिक्रम है; तिथियों की अशुद्धता है; और स्वयं तुलसीदास द्वारा अनुपेक्षणीय माने गए माता-पिता, कष्टमय बालपन, उद्धारक गुरु, 'विनयपत्रिका' आदि कृतियों तथा दयनीय वृद्धावस्था का नितांत विस्मरण है। इन सबसे 'घटरामायन' की अप्रामाणिकता सिद्ध होती है।

कल्पना-रंजित होने पर भी वह एक दृष्टि से कुछ महत्त्व का है। उसमें तुलसी के जीवन-वृत्त से संबंध रखनेवाली तत्कालीन और तद्देशीय जनश्रुतियों की निबंधना की गई है, यह दूसरी बात है कि ये अलौकिकता और उद्भावना के बेठन में लपेटी हुई हैं। उनमें से तीन विवरण विचारणीय हैं—1. तुलसीदास का जन्म सं. 1589 में हुआ, 2. वे पत्नी-निरत थे, और 3. उनका निधन सं. 1680 की श्रावण शुक्ला सप्तमी को हुआ।

---

1. देखिए—उत्तरी भारत की संत-परंपरा, पृ. 569, 578
2. देखिए—गुरु गोविंदसिंह और उनका काव्य, पृ. 33
3. तुलसीदास, पृ. 63

[9] गौतमचंद्रिका : कृष्णदत्त मिश्र

'गौतमचंद्रिका' के अनुसार उसके रचयिता कृष्णदत्त मिश्र हैं और उसका रचनाकाल सं. 1681 है। उसके अंत में ('घटरामायन' की भाँति) तुलसीदास का जीवन-वृत्त प्रस्तुत किया गया है। उसमें पूर्वापर-संगति का निर्वाह नहीं है।[1] 'गौतमचंद्रिका' में आगे-पीछे वर्णित वृत्त के उल्लेखनीय अंश कुछ व्यवस्थित क्रम से इस प्रकार उपस्थित किए जा सकते हैं :

1. तुलसीदास हुलसी के पुत्र थे।[2]
2. तुलसी के प्रथम गुरु शांडिल्योगत्रीय नरहरि स्वामी थे। वे अयोध्या के निकट सरयू-घाघरा के संगम पर सूकरखेत में रहते थे।
3. नरहरि नर्मदा के किनारे चले गए थे। उनसे मिलने के लिए जाते हुए तुलसी ने यमुना-तट पर यमुना नाम की स्त्री से विवाह कर गृहस्थाश्रम में प्रवेश किया। एक वर्ष तक कामदेव का गीत गाते रहे। तत्पश्चात् यमुना की सीख से राम-भक्ति की ओर प्रेरित हुए।[3]
4. काशी में आनंदकानन ब्रह्मचारी रहते थे। ('गौतमचंद्रिका' के रचयिता) कृष्णदत्त मिश्र उनके शिष्य थे। एक बार तुलसीदास वहाँ आए। उन्होंने ब्रह्मचारीजी को प्रणाम किया और अपना तथा अपने गुरु नरहरि का वृत्तांत सुनाया। कृष्णदत्त ने अपना परिचय दिया। उनकी माता की मृत्यु का समाचार सुनकर तुलसी को बड़ा दुःख हुआ।
5. उजैनीदास ने सूर और मीराँ के कृष्णभक्ति-विषयक पद गाए। तुलसी ने भी कृष्णपरक पद सुनाए।
6. कृष्ण-महिमा की पताका फहराकर तुलसीदास गोसाईं हो गए। इस पर लोगों ने उन्हें बहुत बुरा-भला कहा। तुलसी ने पतितपावन राम का गुणगान किया।
7. अठारह वर्ष की आयु में तुलसी ने काशीनाथ पंडित, कैलाश कवि, मेघा भगत आदि के साथ मानसरोवर की यात्रा की। वहाँ से लौटकर अयोध्या पहुँचे।
8. एकतीस वर्ष की अवस्था में उन्होंने अयोध्या में 'रामचरितमानस' की रचना की।
9. एक बार वे मिथिला गए। वहाँ पर विद्यापति के वंशज रमाबंधु ठाकुर से उनकी भेंट हुई।
10. तुलसी ने नैमिषारण्य, गंगासागर, जगन्नाथपुरी, रामेश्वर, द्वारका, प्रभास, कुरुक्षेत्र, वृंदावन आदि की यात्रा की। अंत में काशी लौट आए। वहाँ उन्होंने राम-लीला का विस्तार किया।
11. तुलसी के गुरु नरहरि चौथेपन में काशी चले आए। उनका स्वर्गवास होने पर तुलसी ने उनका 'उत्तर-कृत्य' किया।
12. सभी वर्गों के लोग तुलसी के संगी-साथी थे :

---

1. लेखक ने स्वयं कहा है—पूर्वापर संगति रहित सब्द करत मति आन।
   स्रवन बदन दृग जोरि मति सोधु सब्द अनुमान॥
2. रामकृपा हुलसी जनित तुलसी बिरवा सोइ।
   लै हलरावति सुरधुनी जल अंचल में गोइ॥
3. वर्ष पंचसर गीता गाई। जमुना सिप सरऊ सुधि आई॥
   —'मानस' की रूसी भूमिका, वक्तव्य, पृ. 32

पंडित कासीनाथ महामति। समरसिंह रजपूत ग्रामपति॥
गंगाराम परम सतसंगी। कवि कैलास कवित्त उमंगी॥
उज्जैनी संगीत प्रबीना। भजन गोप हरिबंस कुलीना॥
नगरसेठ जैराम उजागर। तांबूली सियराम गुनागर॥
नाथू नापित केवट रामू। अरु रैदास षेलावन नामू॥
बोधी गोड़ हरी हरवाहू। धाड़ी मीर जसन जोलहाहू॥

13. टोडर की मृत्यु पर तुलसी को बहुत शोक हुआ। टोडर के उत्तराधिकारियों में संपत्ति के बँटवारे का झगड़ा था। तुलसी ने उनके पुत्र अनंतराम और रामभद्र के पुत्र (टोडर के पौत्र) कन्हईराम के उस विवाद में पंच बनकर काजी से सर्वमान्य निर्णय कराया।
14. आधे आषाढ़ में तुलसी को बाहु-पीड़ा हुई जो आधे सावन में दूर हो गई। यह घटना सं. 1668 के बाद की है।
15. सं. 1668 के पश्चात् काशी में रुद्रबीसी और 'मीन की सनीचरी' का प्रकोप हुआ। तुलसी ने रामभक्ति के प्रभाव से उसका शमन किया।
16. तुलसी का देहावसान अस्सी वर्ष की आयु में सं. 1680 की श्रावण कृष्णा तीज को हुआ। इससे यह निष्कर्ष निकलता है कि उनका जन्म सं. 1600 में हुआ था।
17. तुलसीदास की रचना का अष्टांगयोग है : कृष्णगीतावली, रामगीतावली, पदावली, बरवै, दोहावली, सुगुनमाला, कवितावली और सोहिलोमंगल।
18. कृष्णदत्त मिश्र ने टोडर के घर से 'रामचरितमानस' की प्रति प्राप्त की।

तुलसीदास की जीवनी का विवरण प्रस्तुत करनेवाली 'गौतमचंद्रिका' में ऐसी बहुत सी चीजें हैं जो उसकी प्रामाणिकता के विषय में संदेह उत्पन्न करती हैं :

1. चंद्रिकाकार ने उसमें वर्णित घटनाओं के पूर्वापरसंबंध के निर्वाह का उत्तरदायित्व स्वीकार नहीं किया। यदि लेखक तुलसीदास का गुरु-भाई होता तो उसे घटनाओं के क्रमबद्ध वर्णन में कोई कठिनाई न होती और वह तुलसीदास के जीवन-वृत्त का व्यवस्थित निरूपण करता।
2. उसमें संवत्, पक्ष और तिथि का एक-साथ प्रयोग केवल एक बार किया गया है। उसमें भी वार का उल्लेख नहीं है। समसामयिक लेखक तुलसी के जीवन की महत्त्वपूर्ण घटनाओं का तिथिवार-सहित विवरण सरलता से प्रस्तुत कर सकता था।
3. लेखक ने तुलसीदास के पंद्रह संगी-साथियों के नाम गिनाए हैं, किंतु पिता आदि का उल्लेख नहीं किया। तुलसीसाहब ने भी 'घटरामायन' में अपने पूर्वजन्म के (अर्थात् तुलसीदास के) सत्संगियों का नामोल्लेख किया है—हिरदे अहीर, नैनू पंडित, फूलदास आदि।[1] कृष्णदत्त मिश्र और तुलसीसाहब द्वारा दी गई सूचियों में एक भी नाम उभयनिष्ठ नहीं है—एक तुलसीदास का गुरु-भाई था और दूसरा स्वयं तुलसीदास था; फिर भी दोनों की सूचनाएँ मेल नहीं खातीं।
4. 'गौतमचंद्रिका' में कहीं-कहीं उलझनमयी ग्रंथियाँ दृष्टिगोचर होती हैं जिनको सुलझाना दुष्कर है, उदाहरणार्थ :

(i) सूधी सहिदानी बानी सुनि। तुलसी व्याकुल बोलि उठे पुनि॥
हा कुलदेव गौतमी माता। तोहि ग्रसि काल ग्रसेउ कुलनाता॥
पितु सपना सुषुमि मह माई। श्रुति परिवात सिमृति बनि आई॥

1. देखिए—घटरामायन, भाग 2, पृ. 183

(ii) तुलसी सत्संगी बहुतेरे। सुकृती सकल राम के चेरे॥
ब्राह्मन कासीवार जो मम पितु तन भगवान।
तोडर सदन समान सो तुलसी बाग बितान॥

पहले उद्धरण की दूसरी पंक्ति से यह स्पष्ट नहीं होता कि 'गौतमी माता' के साथ तुलसी का क्या संबंध था और उनके काल-ग्रस्त होने से कुल का नाता किस प्रकार छिन्न हो गया। उसकी तीसरी पंक्ति का अर्थ और भी अधिक अस्पष्ट है। दूसरे उद्धरण में 'तन भगवान' और 'बाग बितान' की क्लिष्टता के अतिरिक्त समस्या यह है कि कृष्णदत्त मिश्र के पिता तुलसी के सत्संगी कैसे हुए।

5. 'आनंदकानन' का वर्णन भी संशयजनक है। 'आनंदकानन' कौन थे ? गुरु 'आनंदकानन' और वन 'आनंदकानन' में क्या संबंध था ? क्या ब्रह्मचारी आनंदकानन आनंद-कानन-वासी थे ? क्या वे मधुसूदन सरस्वती से अभिन्न थे ? कृष्णदत्त मिश्र की उक्ति है :

आनंदकानने ह्यस्मिन् जंगमस्तुलसीतरुः।
कवितामंजरी यस्य रामभ्रमरभूषिता॥

परंपरा में प्रसिद्ध है कि उपर्युक्त श्लोक मधुसूदन सरस्वती ने तुलसी की प्रशंसा में कहा था।

6. 'गौतमचंद्रिका' में तुलसीदास की रचनाओं का व्यवस्थित विवरण नहीं है। उनके गुरु-भाई को तुलसी के साहित्यिक जीवन की भली-भाँति जानकारी रही होगी। फिर भी वे कवि तुलसी के कर्तृत्व का सम्यक् निरूपण नहीं कर सके। उन्होंने केवल 'रामचरितमानस' के रचना-समय का उल्लेख किया है जो कवि ने अपने ग्रंथ की प्रस्तावना में स्वयं दे रखा है। 'गीतावली', 'विनयपत्रिका' आदि का निर्माण-काल बताने की आवश्यकता थी, किंतु लेखक ने उन उल्लेखनीय तिथियों का उल्लेख नहीं किया।
7. तुलसी के गुरुभाई को उनकी असाधारण उपलब्धियों का सबसे अधिक ज्ञान रहा होगा। आश्चर्य है कि ऐसे समीपी व्यक्ति के पास 'रामचरितमानस'-जैसे अप्रतिम ग्रंथ की कोई प्रति नहीं थी और उसे तोडर के घर से प्राप्त करनी पड़ी :

तोडर घर ते पुस्तक पाई। रामचरितमानस अपनाई॥

8. 'गौतमचंद्रिका' की हस्तलिखित प्रति के स्वामी की आँख बचाकर चौधरी छुन्नीसिंह ने उसकी नकल अपनी बहियों के दाहिने-बाएँ पार्श्वों पर की थी। चोरी-छिपे प्रतिलिपि तैयार करने का यह ढंग असंभव न होने पर भी विश्वसनीय नहीं जँचता।

इन सब कारणों से 'गौतमचंद्रिका' संदिग्ध प्रतीत होती है। उसमें भी 'तुलसीचरित', 'मूलगोसाईंचरित', 'घटरामायन' आदि की भाँति जनश्रुतियों और लेखक की कल्पना का सम्मिश्रण है। परंतु, उसमें दिया गया एक तथ्य अनुपेक्षणीय है। उसके अनुसार तुलसीदास की निधन-तिथि श्रावण कृष्णा तीज, सं. 1680 है। अन्य साक्ष्यों से समर्थित होने के कारण 'श्रावण कृष्णा तीज' का उल्लेख महत्त्वपूर्ण है।

[10] भविष्यपुराण

'भविष्यपुराण' में तुलसीदास के दो जन्मों का संक्षिप्त वृत्त प्रस्तुत किया गया है।

1. ब्रह्मचारी मुकुंद शंकराचार्य के गोत्रज थे। बाबर द्वारा देवताओं के भ्रष्ट किए जाने पर वे और उनके बीस शिष्य आग में जल मरे। मुकुंद ने हुमायूँ-पुत्र अकबर के रूप में जन्म लिया।
2. मुकुंद के शास्त्रज्ञ शिष्य श्रीधर ने अनूप के पुत्र के रूप में जन्म लिया। उनका नाम

तुलसी शर्मा हुआ।

3. तुलसी शर्मा (तुलसीदास) पुराण-निपुण कवि के रूप में विख्यात हुए।
4. नारी से शिक्षा ग्रहण करके वे राघवानंद के पास आए।
5. शिष्य होकर काशी में रहने लगे।
6. वे रामानंद-मत के दृढ़ अनुयायी थे।

तुलसी के जीवनवृत्त से संबंधित यह सामग्री महत्त्वहीन है। भविष्यपुराण का प्रामाण्य अमान्य है :

1. यों तो सभी पुराण सत्यान्वेषी इतिहासकार की दृष्टि में अर्धप्रामाणिक हैं : उनमें भी भविष्यपुराण अपेक्षाकृत अधिक गल्पात्मक है। अतीत की कथाएँ अंधविश्वासियों को आकृष्ट करने के लिए भविष्यवाणी के माध्यम से प्रस्तुत की गई हैं। ज्यों-ज्यों इतिहास आगे बढ़ा है, त्यों-त्यों कल्पना-प्रवण पंडित लोग उसमें महापुरुषों के वास्तविक और कल्पित वृत्त समय-समय पर जोड़ते गए हैं।
2. तर्क किया गया है कि 'भविष्यपुराण' में दी गई मुगल-सम्राटों की नामावली इतिहास-सम्मत है, अतः तुलसी-विषयक सामग्री भी प्रामाणिक मानी जानी चाहिए। यह उचित नहीं है, क्योंकि इस तर्क के अनुसार उसकी सभी बातों को प्रामाणिक मानना पड़ेगा। तुलसी के पूर्व-जन्म की बात तो निरी गप्प है। अकबर के नामकरण की व्याख्या कितनी हास्यास्पद है : जब होमायु (हुमायूँ) के पुत्र उत्पन्न हुआ तब आकाशवाणी हुई—हे होमायु, तुम्हें अकस्मात् वर (पुत्र) प्राप्त हुआ है, इसलिए तुम्हारे पुत्र का नाम 'अकवर' है। ध्यान दीजिए, 'अकस्मात्' के 'अक' और 'वर' को मिलाकर 'अकवर' नाम व्युत्पन्न हुआ है।
3. पुराण-निपुण कवि के रूप में तुलसी की ख्याति के लिए 'भविष्यपुराण' का साक्ष्य निरर्थक है। कवि की रचनाएँ स्वयं प्रमाण हैं।
4. नारी से शिक्षा प्राप्त करने की बात जनश्रुति पर अवलंबित है। इस विषय में कोई आप्त प्रमाण उपलब्ध नहीं है। औरों की भाँति भविष्यपुराणकार ने भी उस दंतकथा को इतिहास का वसन पहना दिया है।
5. तुलसी का राघवानंद के पास जाना किसी विश्वसनीय साक्ष्य द्वारा समर्थित नहीं है। प्रसंग[1] से स्पष्ट है कि इस राघवानंद का रामानंद से कोई-न-कोई संबंध अवश्य था। रामानंद की संबंध-परंपरा में (तुलसी के समय तक) एक ही राघवानंद का उल्लेख मिलता है। वे रामानंद (सं. 1356-1467) के गुरु हैं। उनका जीवनकाल पंद्रहवीं शती के पूर्वार्ध के बाद नहीं माना जा सकता। अतः तुलसी का उनके पास जाना असंभव है। तुलसी के समसामयिक किसी राघवानंद के विषय में कोई साक्ष्य नहीं है। यदि रामानंद की शिष्य-परंपरा में राघवानंद नाम के कोई अन्य आचार्य हुए होते तो तुलसी के समकालीन और रामानंद-संप्रदाय के विद्वान-भक्त नाभादास अपने 'भक्तमाल' में उनका उल्लेख अवश्य करते।

'भविष्यपुराण' की उक्ति है—रामानंदमते स्थितः। डॉ. माताप्रसाद गुप्त ने इसका अर्थ किया है कि तुलसी 'रामानंदी संप्रदाय में दीक्षित' हुए, और इस तथ्य को अप्रामाणिक बतलाते हुए उन्होंने

1. शिष्यो भूत्वा स्थितः काश्यां रामानंदमते स्थितः।

'भविष्यपुराण' के साक्ष्य की उपयोगिता को अत्यंत संदिग्ध माना है।[1] डॉ. रस्तोगी ने उनका खंडन करते हुए कहा है कि 'स्थित' का अर्थ 'दीक्षित' नहीं है; रामानंदी सिद्धांतों को मान्यता देना एक बात है और दीक्षा लेना दूसरी बात।[2] ठीक है; परंतु, 'स्थित' की व्यंजना क्या है ? यहाँ पर यह शब्द दृढ़ता और सिद्धांत-स्वीकार का द्योतक है। पुराणकार का आशय स्पष्ट है : वे रामानंद-संप्रदाय के निष्ठावान् अनुयायी हुए, औपचारिक रूप से उसमें दीक्षित हुए हों या न हुए हों। पुराण की यह मान्यता किसी ऐतिहासिक तथ्य पर नहीं, अपितु उस परंपरा पर आश्रित प्रतीत होती है जो तुलसी को रामानंदी मानती आई है। इस अविश्वसनीय परंपरा पर विश्वास करके अनेक विद्वानों ने तुलसी को रामानंदी घोषित किया है। वैज्ञानिक अनुसंधान से सिद्ध है कि वे रामानंदी नहीं थे।[3]

डॉ. रस्तोगी का अनुमान है कि तुलसी के उक्त गुरु (राघवानंद) रामांनद के प्रसिद्ध गुरु राघवानंद से भिन्न कोई अन्य उदारचेता विद्वान् थे; बहुत संभव है कि वे रामानंदी संप्रदाय के न रहे हों।[4] यह संभावना असंभव नहीं है, परंतु संभाव्य वस्तु को ऐतिहासिक तथ्य का पद नहीं दिया जा सकता। तुलनात्मक दृष्टि से पुराण-लेखक की एक बात ध्यान आकृष्ट किए बिना नहीं रह सकती। उसका कहना है कि रामानंद राम-नामपरायण थे, माता-पिता से परित्यक्त होने पर वे राघव की शरण में गए।[5] तुलसी भी माता-पिता से परित्यक्त थे : 'मातु पिता जग जाई तज्यो'; वे भी रामनामपरायण—'रामबोला' थे; अतः वे भी राघव (राघवानंद) के पास पहुँचा दिए गए। इससे सूचित होता है कि लेखक को तुलसी का भक्तोचित चित्रण करना था; राघवानंद नाम प्रसिद्ध था, तुलसी के रामानंदी होने की जनश्रुति प्रचलित थी; उसने सबको मिलाकर समान इतिवृत्त गढ़ लिया।

[11-13] भक्तमाल, टीका और टिप्पणी

भक्तमाल का रचना-काल सं. 1715 है। उसके रचयिता नाभादास तुलसी के समकालीन थे। यह तथ्य निर्विवाद है। इसलिए उनकी प्रामाणिकता में संदेह के लिए अवकाश नहीं है। परंतु, लाचारी यह है कि 'भक्तमाल' में तुलसी-विषयक केवल एक पद्य है। उसमें भी कवि के जीवन-वृत्त-संबंधी किसी विवरण अथवा किसी विवादग्रस्त प्रसंग का उल्लेख नहीं है। उससे इतना ही व्यक्त होता है कि तुलसी रामायणकार वाल्मीकि के अवतार हैं, वे रामभक्ति में निरंतर तन्मय रहते हैं और उन्होंने भगवान् की लीला का गान करके संसार-सागर को पार करने के लिए सगुण-रूप की सुगम मौका का निर्माण किया है।[6] यह सामान्य प्रशस्ति है। इससे कवि के जीवन-चरित की

---

1. तुलसीदास, पृ. 85-86
2. तुलसीदास : जीवनी और विचारधारा, पृ. 39
3. देखिए—रामानंद-संप्रदाय तथा हिंदी-साहित्य पर उसका प्रभाव, पृ. 336-37
4. तुलसीदास : जीवनी और विचारधारा, पृ. 39
5. बाल्यात्प्रभृति स ज्ञानी रामनामपरायणः।
   पित्रा मात्रा यदा त्यक्तो राघवं शरणं गतः॥
6. त्रेता काव्य निबंध करी सतकोटि रमायन।
   इक अक्षर उच्चरे ब्रह्महत्यादि परायन।
   अब भक्तन सुखदेन बहुरि लीला बिस्तारी।
   रामचरन रसमत्त रहत अहनिसि व्रतधारी।
   संसार अपार के पार को सुगम रूप नौका लियो।
   कलि कुटिल जीव निस्तार हित बालमीकि तुलसी भयो॥

रूपरेखा तैयार करने में कोई सहायता नहीं मिलती।

प्रियादास की टीका : सं. 1769 में प्रियादास ने 'भक्तमाल' पर भक्तिरसबोधिनी टीका लिखी। नाभादास के तुलसी-विषयक छप्पय पर उन्होंने ग्यारह छंद लिखे हैं। उन छंदों में उन्होंने तुलसी के जीवन-वृत्त की अनेक महत्त्वपूर्ण बातों का वर्णन किया है :

1. तुलसीदास अपनी पत्नी में अत्यंत अनुरक्त थे। उसकी फटकार से उनके मन में वैराग्य उत्पन्न हुआ। विरक्त होकर वे काशी चले गए।
2. काशी में एक प्रेत के प्रसाद से उन्हें हनुमानजी का दर्शन प्राप्त हुआ।
3. हनुमान की कृपा से उन्हें अश्वारोहियों के रूप में राम-लक्ष्मण के दर्शन हुए।
4. उन्होंने राम-नाम लेने वाले एक हत्यारे के साथ भोजन किया। इससे काशी के पंडित खौंखिया उठे।
5. शिव के नंदी ने उस हत्यारे के द्वारा अर्पित आहार ग्रहण कर लिया। इससे पंडितों को हार माननी पड़ी।
6. तुलसी के स्थान पर चोरी करने के लिए आए हुए चोरों ने वहाँ पर पहरा देते हुए राम-लक्ष्मण को देखा।
7. तुलसी ने एक मृत व्यक्ति को पुनर्जीवन प्रदान किया।
8. उनकी कीर्ति सुनकर बादशाह ने उन्हें बुलवाया। उसने उनसे करामात दिखाने का आग्रह किया; उनके मना करने पर उन्हें कैद करा लिया। उन्होंने हनुमान की स्तुति की। बंदरों के भयंकर उत्पात से भयभीत बादशाह ने क्षमा-याचना की और उन्हें सादर मुक्त कर दिया।
9. लौटते समय उन्होंने वृंदावन की यात्रा की। वहाँ पर उनका नाभादास से साक्षात्कार हुआ।
10. वृंदावन में वे मदनगोपाल का दर्शन करने गए। कृष्ण-मूर्ति उनकी राम-भक्ति के अनुरूप राम-मूर्ति के रूप में परिवर्तित हो गई।

उपर्युक्त रूप-रेखा से स्पष्ट है कि प्रियादास की टीका में किंवदंतियों के आधार पर वृत्तांतों एवं अलौकिक चमत्कारों का वर्णन किया गया है। भक्त लोग भक्तों के अतिशयोक्तिपूर्ण चित्रण में भक्ति-मत का गौरव समझते हैं। प्रियादास ने उसी परंपरा का पालन किया है। अन्य चरित्र-ग्रंथों में भी इसी प्रकार के लोकोत्तर चरित्र का निरूपण है।

वैष्णवदास की टिप्पणी : सं. 1800 में वैष्णवदास ने प्रियादास की उक्त टीका पर अपनी टिप्पणी लिखी। इस टिप्पणी की विशेषता यह है कि टिप्पणीकार ने 'टीका' के अनेक स्थलों का सोदाहरण स्पष्टीकरण करने के लिए तुलसी के कथित पद्य उद्धृत किए हैं। ऐसे स्थल पाँच हैं। उनमें केवल एक उद्धरण वस्तुतः तुलसी-रचित है।[1] शेष चार कवि की प्रामाणिक कृतियों में नहीं मिलते। एक टिप्पणी के तीन दोहों में कवि ने पत्नी के प्रति अपनी आसक्ति का निवेदन किया है।[2] एक गीत में कवि ने राम के (दर्शन देकर) अंतर्हित हो जाने पर अपनी विरहावस्था का निरूपण

---

1. टीका के छंद 516 की टिप्पणी में, 'विनयपत्रिका' का 32वाँ पद
2. तन तरफत तुम मिलन बिन दरसन बिन ये नैन।
   श्रुति तरफत तुव वचन बिन सुन तरुणी रस अैन॥
   वड़ो नेह तुमसों लग्यो और न कछू सुहाय।
   तुलसी चंद्र चकोर ज्यों तलफत रैनि बिहाय॥

किया है।[1] अंतिम दो टिप्पणियों में एक-एक दोहे हैं जिनमें मदनगोपाल की मूर्ति के समक्ष कवि की राम-निष्ठा एवं तदनुसार मूर्ति के रूप-परिवर्तन का वर्णन है :

कहा कहौं छबि आज की भले बने हौ नाथ।
तुलसी मस्तक तब नवै धनुष बान लेहु हाथ॥
क्रीट मुकुट माथै धर्‌यौ धनुष बान लयौ हाथ।
तुलसी जन के कारनै नाथ भए रघुनाथ॥

ऐसा प्रतीत होता है कि तुलसी-ग्रंथावली में अनुपलब्ध ये पद्य किंवदंतियों का आश्रय लेकर रचे गए थे और लोक-प्रवाह में तुलसीदास के नाम पर चल पड़े। इनसे तुलसी के जीवनचरित-संबंधी प्रश्नों को सुलझाने में कोई सहायता नहीं मिलती।

[14] पदप्रसंगमाला

तुलसीदास के जीवन-वृत्त की दृष्टि से नागरीदास (सं. 1756-1821) की 'पदप्रसंगमाला' (रचना-काल : लगभग सं. 1819) विचारणीय है। उसमें उन्होंने तुलसी-संबंधी तीन प्रसंगों का विवरण प्रस्तुत किया है :

1. एक प्रेत की सहायता से तुलसी को हनुमान का दर्शन प्राप्त हुआ। उनकी कृपा से उन्हें अहेरियों के रूप में राम-लक्ष्मण के दर्शन हुए। उनके अंतर्धान के बाद तुलसी ने अपनी विरहाकुलता का निवेदन एक पद में किया।
2. तुलसी ने एक मृत व्यक्ति को जीवित कर दिया। उनकी ख्याति सुनकर जहाँगीर ने उन्हें दिल्ली बुलाया और उनसे कुछ करामात दिखाने को कहा। इनकार करने पर उन्हें कैद कर लिया। तुलसी ने हनुमान की दुहाई देते हुए विनय का पद कहा। बंदरों के उत्पात से भयभीत बादशाह ने तुलसी से क्षमा माँगी।
3. लौटती बार उन्होंने वृंदावन की यात्रा की। वे गोसाईं विट्ठलनाथ के साथ श्रीनाथ के मंदिर में गए। तुलसी ने श्रीनाथ को संबोधित करके एक दोहा कहा। भक्त की भावना के अनुसार मूर्ति ने राम-रूप धारण कर लिया।

ये उपाख्यान किंवदंतियों पर अवलंबित हैं। भक्तमाल-टीका की बातें कुछ हेर-फेर के साथ प्रस्तुत की गई हैं। अलौकिक तत्त्व तो अविश्वसनीय हैं ही, सत्यापनीय घटनाएँ भी इतिहास-समर्थित नहीं हैं। जहाँगीर के शासनकाल में विट्ठलनाथ का उल्लेख इतिहास-विरुद्ध है। विट्ठलनाथ की मृत्यु सं. 1642 में हुई और जहाँगीर का शासनकाल सं. 1662 से आरंभ हुआ।

[15] दो सौ बावन वैष्णवन की वार्ता

'दो सौ बावन बैष्णवन की वार्ता' के कर्ता और रचनाकाल के विषय में संदेह है। कुछ लोग मानते हैं कि उसके रचयिता गोकुलनाथ थे और उसकी रचना सत्रहवीं शती विक्रमी के

1. लोचन रहे बैरी होय।
जानि बूझि अकाज कीनौं दए भुव मैं गोइ॥
अविगत जु तेरी गति न जानी रही जागति सोइ।
सबै रूप की अवधि मेरैं निकसि गए ढिग होइ॥
कर्महीन हौं पाय हीरा दयौ छिन मै षोइ।
तुलसीदास जु राम बिछुरे कहौ कैसी होइ॥

उत्तरार्ध में हुई।[1] डॉ. धीरेंद्र वर्मा और डॉ. माताप्रसाद गुप्त उसे गोकुलनाथ की कृति नहीं मानते।[2] उनका प्रधान तर्क यह है कि गोकुलनाथ की मृत्यु सं. 1692 के लगभग हुई और 'वार्ता' में सं. 1736 की घटनाओं का उल्लेख है। अनुमान के आधार पर इन उल्लेखों को प्रक्षिप्त मानकर प्रत्यक्ष प्रमाण की अवहेलना नहीं की जा सकती। अतएव वह अठारहवीं शती की रचना है। पं. रामचंद्र शुक्ल का कथन है कि उक्त वार्ता की बातों को, जो वास्तव में भक्तों का गौरव प्रचलित करने और वल्लभाचार्यजी की गद्दी की गरिमा प्रकट करने के लिए पीछे से लिखी गई हैं, प्रमाणकोटि में नहीं ले सकते।[3]

इस 'वार्ता' में 252 वैष्णवों के विवरण दिए गए हैं। उनमें से एक तुलसीदास हैं। वार्ताकार ने तुलसी की ब्रज-यात्रा के प्रसंग में उनके जीवनचरित से संबंधित कुछ नई सामग्री प्रस्तुत की है। उसके अनुसार :

1. नंददास के बड़े भाई तुलसीदास काशी में रहते थे।
2. वे नंददास से मिलने के लिए ब्रज में आए।
3. वहाँ पर नंददास उन्हें श्रीनाथजी के दर्शन के लिए ले गए।
4. मंदिर में मूर्ति के समक्ष नंददास ने यह विनती की :

   कहा कहौं छबि आज की भले बने हो नाथ।
   तुलसी मस्तक तब नमे धनुष बान लेहु हाथ॥

   श्रीनाथजी ने यह सोचकर कि नंददास 'गोसाईंजी के सेवक हैं', राम-रूप धारण कर लिया।
5. मंदिर से निकलकर तुलसी ने विट्ठलनाथ को साष्टांग प्रणाम किया।
6. विट्ठलनाथ के यहाँ तुलसी ने नंददास से राम का पुनः दर्शन कराने को कहा। फलतः विट्ठलनाथ के पुत्र रघुनाथलाल और उनकी जानकी बहू ने तुलसी को राम-सीता के रूप में दर्शन दिया।
7. तब तुलसी ने 'बरनौं अवध गोकुल गाम'[4] वाला पद रचा।

वार्ता का यह तुलसी-विषयक प्रसंग अपने मूल रूप में 'पदप्रसंगमाला' के समान है, किंतु उपर्युक्त सातों विवरण 'माला' में दिए गए विवरणों से भिन्न हैं। इस भिन्नता का कारण क्या है ? डॉ. माताप्रसाद गुप्त का उत्तर है, "ज्ञात होता है कि 'माला' की रचना 'वार्ता' के पूर्व हो गई थी, और 'माला' के विभिन्न प्रसंगों में आए हुए पदादि लेते हुए भी 'वार्ता' के लेखक ने प्रसंगों को पुष्टिमार्गीय रूप दे दिया।"[5]

इस विवेचन-क्रम में तुलसी-संबंधी दो प्रसंगों का वार्ताकार द्वारा अन्यांतरण भी समीक्ष्य है। प्रियादास की टीका में कहा गया है कि तुलसी अपनी स्त्री पर आसक्त थे, जिसकी भर्त्सना से वे

---

1. तुलसीदास : जीवनी और विचारधारा, पृ. 39-40
2. हिंदुस्तानी, 1932 ई., पृ. 183; तुलसीदास, पृ. 72
3. हिंदी-साहित्य का इतिहास, पृ. 211
4. बरनौं अवध गोकुल गाम।
   उत बिराजत जानकी बर इतहि स्यामा स्याम।...
   भक्त हित श्री राम कृष्ण सु धर्यो नर अवतार।
   दास तुलसी दोउ आसा कोउ उबारो पार॥
5. तुलसीदास, पृ. 84

विरक्त हुए, और काशी में एक हत्यारे के हाथ से उन्होंने नंदी को भोजन कराया था। 'वार्ता' में राग-विराग-विषयक कथा के नायक कोई यदुनाथदास हैं, और नंदीवाला चमत्कार लाहौर के किसी पंडित ने किया है। डॉ. गुप्त ने सांप्रदायिकता को ही इस परिवर्तन का कारण ठहराते हुए अनुमान किया है कि 'वार्ता' ने इन आख्यानों को 'टीका' से लेकर पुष्टिमार्गीय संतों से संबंध रखनेवाले वृत्तों में स्थान दिया है।[1] उनका अनुमान अयुक्त नहीं है। परंतु, यह भी संभाव्य है कि वे आख्यान जनश्रुतियों के रूप में प्रचलित थे और विभिन्न लेखकों ने अपनी-अपनी रुचि और उद्‌देश्य के अनुसार उनका उपयोग किया।

अस्तु। अंधविश्वास से पूर्ण, सांप्रदायिकता से रंजित, अज्ञातकर्तृक, अनिश्चितकालीन और जनश्रुतियों पर आश्रित 'दो सौ बावन वैष्णवन की वार्ता' तुलसी के जीवन-वृत्त के विषय में कोई प्रामाणिक साक्ष्य उपस्थित नहीं करती।

[ख] बहिस्साक्ष्य : स्थानीय सामग्री

[1] काशी की सामग्री

1. गंगा और अस्सी के नाले के संगम पर एक पक्का घाट है। उसका नाम तुलसी-घाट है।
2. उस घाट से मिली हुई एक इमारत है जो अंशतः प्राचीन है। उसके निचले खंड में एक कोठरी है जो तुलसी के समय की बताई जाती है।
3. उस कोठरी में हनुमान की एक प्राचीन मूर्ति है। कहते हैं कि उसमें तुलसी की एक पाषाण-प्रतिमा भी है।
4. इमारत के ऊपरी खंड में कुछ प्राचीन मूर्तियाँ हैं। उनमें से कुछ तुलसी के समय की बताई जाती हैं।
5. वहाँ पर काठ का एक टुकड़ा है। कहा जाता है कि वह उस नाव का अवशेष है जिससे तुलसी गंगा पार किया करते थे। इसमें सत्यता नहीं दिखाई देती।
6. वहाँ पर एक जोड़ी खड़ाऊँ हैं। वे तुलसीदास की कही जाती हैं, किंतु उनमें अपेक्षित प्राचीनता के कोई लक्षण नहीं हैं।
7. वहाँ एक चित्र भी है। वह तुलसी का चित्र कहा जाता है। उसकी प्रामाणिकता संदिग्ध है। रंग आदि से उसकी अर्वाचीनता स्पष्ट झलकती है।
8. वहाँ पर कुछ कागज-पत्र भी हैं। तुलसी से उनका कोई संबंध नहीं प्रतीत होता।
9. गोपाल-मंदिर के अहाते में एक नीची कोठरी है। लोक-प्रसिद्धि है कि उसी में तुलसी ने 'विनयपत्रिका' के अधिकांश पद रचे थे।
10. प्रह्लाद-घाट पर गंगाराम ज्योतिषी का स्थान है। कहते हैं कि काशी पहुँचने पर तुलसी सर्वप्रथम वहीं ठहरे थे। गंगाराम के उत्तराधिकारियों के पास एक चित्र है जिसमें मसनद के सहारे गद्‌दे पर विराजमान एक महात्मा माला फेरते हुए अंकित किए गए हैं। कहा जाता है कि यह चित्र तुलसीदास का है जिसको जहाँगीर ने सं. 1655 में उस समय बनवाया था जब वे दिल्ली बुलाए गए थे। चित्र निःसंदेह पुराना है, परंतु सं. 1655 का प्रतीत नहीं होता। इसमें केवल संवत् का उल्लेख किया गया है, तिथि का पूरा

---

1. तुलसीदास, पृ. 80

विवरण नहीं है। इमारत की शैली भी तुलसीकालीन प्रासाद-निर्माण-शैली के अनुरूप नहीं है। इससे ज्ञात होता है कि यह चित्र तुलसी के परवर्ती काल की रचना है।

11. काशिराज के निजी संग्रह में सं. 1669 का लिखा हुआ एक पंचायतनामा है जिसमें दिवंगत टोडर के उत्तराधिकारी पुत्र आनंदराम और आनंदराम के भतीजे कन्हई के बीच जायदाद का बँटवारा कराया गया है। पंचायतनामा फ़ारसी-लिपि में है, किंतु उसके ऊपर कुछ पंक्तियाँ देवनागरी में लिखी हुई हैं। उनमें तुलसी-रचित एक दोहा भी है। कहा जाता है कि उक्त पंक्तियाँ तुलसीदास की लिखी हुई हैं। पंचायतनामा विश्वसनीय है, उस पर दी हुई तिथि गणना से शुद्ध उतरती है, टोडर के वंशज अब भी अपनी कुल-परंपरा के अनुसार श्रावण-श्यामा-तीज को तुलसी के नाम पर सीधा दिया करते हैं। इन सबसे पंचायतनामे की प्रामाणिकता पुष्ट होती है। यह अनुमान उचित है कि टोडर और तुलसीदास का संबंध बहुत कुछ घरेलू ढंग का रहा होगा। यह असंभव नहीं है कि कवि ने उनके उत्तराधिकारियों के बँटवारे में कुछ हाथ बँटाया हो, और पंचायतनामे की प्रथम छः पंक्तियाँ लिख दी हों।

12. वाल्मीकि-रामायण की एक हस्तलिखित प्रति काशी के सरस्वती-भवन में है। इसकी पुष्पिका में दी हुई तिथि गणना से शुद्ध है। पुष्पिका से प्रकट है कि यह किसी तुलसीदास की लिखी हुई है। कहा जाता है कि इसके लिपिक रामचरितमानसकार तुलसीदास हैं। इस मान्यता के विरुद्ध कई आपत्तियाँ हैं। इसकी लिखावट उक्त पंचायतनामे के सिरनामे की लिखावट से नहीं मिलती। पुष्पिका के नीचे लिखे गए श्लोक की लिखावट पूरी प्रति की लिखावट से भिन्न है। उस श्लोक[1] में कहा गया है कि दत्तात्रेय ने लेखक से लिपि-कर्म करवाया। यह बात अविश्वसनीय जँचती है कि तुलसीदास-जैसे विख्यात महाकवि और संत-महात्मा से किसी ने लिपि-कर्म करवाया होगा। अतएव इस प्रति का तुलसी-लिखित होना असंदिग्ध नहीं है।

13. रामनगर के चौधरी छुन्नीसिंह के पास 'रामगीतावली' (विनयपत्रिका) की एक हस्तलिखित प्रति है जिसका लिपिकाल सं. 1666 है। उसके एक पृष्ठ पर संशोधन किया गया है। कहते हैं कि यह संशोधन कवि ने स्वयं किया है। डॉ. माताप्रसाद गुप्त का मत है कि उस संशोधन की लिखावट पंचायतनामे आदि की लिखावट से भिन्न है।[2] केवल एक पृष्ठ पर संशोधन किया जाना भी संदेह की बात है।

[2] अयोध्या की सामग्री

1. अयोध्या में एक स्थान **'तुलसी-चौरा'** है। जनश्रुति और उस पर आश्रित मोहनसाईं के गीत से विदित है कि तुलसीदास ने उस स्थान पर निवास किया था और वहीं पर 'रामचरितमानस' की रचना की थी। कवि ने स्वयं कहा है—**अवधपुरी यह चरित प्रकासा।** अयोध्या में 'रामचरितमानस' की समाप्ति मान्य नहीं है, परंतु तुलसी और तुलसी-चौरा का संबंध निस्संदेह मान्य है।

2. रामचरितमानस के बालकांड की एक हस्तलिखित प्रति अयोध्या के 'श्रावण-कुंज' मंदिर

---

1. श्री मद्येदिलशाहभूमिपसभासभ्येंद्रभूमीसुरश्रेणीमंडनमंडलीधुरि दयादानादिभाजिप्रभुः।
वाल्मीकेः कृतिमुत्तमां पुररिपोः पुर्यां पुरोगःकृतीव् दत्तात्रेयसम्माह्वयो लिपिकृतेः कर्मत्वमार्चीकरन्॥
2. तुलसीदास, पृ. 196-99

में परिरक्षित है। वह सं. 1661 की बताई जाती है। उसके तीन पृष्ठों पर संशोधन किए गए हैं। वे संशोधन प्रतिलिपिकार के हाथ के नहीं हैं। कहा जाता है कि वे तुलसीकृत हैं। डॉ. माताप्रसाद गुप्त का मत[1] है कि वे संशोधन कवि के द्वारा किए गए नहीं हैं। इसके दो कारण हैं। एक यह कि उसका लिपिकाल वस्तुतः 1691 है, 1661 नहीं; 9 का 6 बना दिया गया है।[2] अतः सं. 1680 में दिवंगत तुलसी द्वारा सं. 1691 में लिखित प्रति का संशोधन असंभव है। दूसरा कारण यह है कि उक्त संशोधनों की लिखावटें तुलसीदास की कही जाने वाली किसी अन्य लिखावट से मेल नहीं खातीं। उस प्रति का महत्त्व इस बात में है कि वह 'रामचरितमानस' की अब तक उपलब्ध प्रतियों में प्राचीनतम है।

[3] राजापुर की सामग्री

1. राजापुर में यमुना के किनारे एक मंदिर है। कहते हैं कि उसी स्थान पर तुलसीदास रहते थे। उन्होंने नदी के कगार पर एक मंदिर बनवाया था जो बाढ़ में विलीन हो गया। उसका एक चित्र सन् 1887 में लिया गया था जिसका प्रकाशन लाला सीताराम ने स्वसंपादित 'रामचरितमानस' के अयोध्याकांड की भूमिका में किया। वर्तमान मंदिर पहले स्थान से कुछ दूर पर बनाया गया है।
2. उस मंदिर में काले पत्थर की एक मूर्ति है।[3] उसमें चित्रित महात्मा श्रीवैष्णवों के सदृश छाया तिलक लगाए हुए, सिर पर जटाजूट और टोपी तथा गले में तुलसी-माला धारण किए हुए सुखासन-मुद्रा में माला फेर रहे हैं। कहते हैं कि वह मूर्ति तुलसीदास की है जो यमुना की रेत से लाकर मंदिर में प्रतिष्ठापित की गई थी। उसकी मूर्ति-कला और भुजाओं तथा वक्षःस्थल पर के घिसे हुए तिलक-चिह्न से सूचित होता है कि वह निश्चय ही बहुत पुरानी है। बहुत संभव है कि बाढ़ के समय पुराने मंदिर के बह जाने पर उसकी मूर्ति नदी में डूब गई हो और कुछ काल के पश्चात् रेत में से पुनः प्राप्त हो गई हो। तुलसी ने राजापुर में बहुत समय तक निवास किया था। उनकी असाधारण प्रतिष्ठा थी। अतएव वहाँ के निवासियों द्वारा उनकी मूर्ति का निर्माण करवाना स्वाभाविक प्रतीत होता है।
3. राजापुर में एक उपाध्याय-कुल है। उपाध्यायों के पूर्वपुरुष गणपति उपाध्याय थे। कहा जाता है कि वे तुलसी के शिष्य थे। उपाध्याय-कुल के अधिकार में तुलसी-मंदिर, 'रामचरितमानस' की प्रति और कुछ पुराने फर्मान-पट्टे हैं। इनसे अनुमान होता है कि तुलसी और गणपति में गुरु-शिष्य-संबंध था।
4. उपर्युक्त गणपति उपाध्याय के वंशज पं. मुन्नीलाल उपाध्याय के पास 'रामचरितमानस' के अयोध्याकांड की एक प्रति है। वह प्रति तुलसी के हाथ की लिखी हुई बताई जाती है। उसमें पुष्पिका नहीं है। अतः लिपि-काल अज्ञात है। डॉ. माताप्रसाद गुप्त तुलनात्मक

---

1. तुलसीदास, पृ. 195, 212-13
2. यह बात ध्यान देने योग्य है कि उसमें दिए गए तिथि-वार गणना करने पर सं. 1661 और सं. 1691 दोनों में शुद्ध उतरते हैं।
3. उसका सर्वप्रथम उल्लेख सन् 1909 में बाँदा जिले के गज़ेटियर (पृ. 284) में मिलता है।

परीक्षण करके इस निष्कर्ष पर पहुँचे हैं कि उसकी लिखावट उन कृतियों की लिखावट से मेल नहीं खाती जिनके लिपिकार तुलसीदास कहे जाते हैं।[1]

5. उपाध्याय-कुल के पास एक शाही फर्मान की नकल और चार पट्टे हैं। उनका संबंध उन मुआफियों से है जो उस कुल को मिली हुई हैं। कहा जाता है कि वे मुआफियाँ अकबर द्वारा दी गई थीं और तुलसी के समय से चली आ रही हैं। फर्मान और पट्टे इस तथ्य के पोषक हैं। डॉ. माताप्रसाद गुप्त ने बतलाया है कि शाही फर्मान की नकल सबसे प्राचीन है जो "आलमगीर बादशाह औरंगजेब के समय में उसकी मुहर से दी हुई है। असल फर्मान को इलाही सन् 3 का और इसलिए अकबर के शासन-काल का होना चाहिए।"[2] इससे सूचित होता है कि बादशाह ने तुलसीदास को कुछ मुआफी दी थी, उनका कोई वंशज नहीं था अतः शिष्यों ने उस पर अधिकार कर लिया, और परंपरया उन शिष्यों के वंशजों के अधिकार में आज भी है। इस सामग्री के संबंध में कोई ऐसी बात नहीं है जो इसकी प्रामाणिकता के विरुद्ध हो।
6. राजापुर के पास 'खटवारा' नाम का एक गाँव है। वहाँ के बलदेवप्रसाद ने एक पुस्तक लिखी है—'कानूनगोय कायस्थ वंशावली'। उसके अनुसार लेखक के पूर्व-पुरुष तुलसी के समकालीन थे। इतनी ही जानकारी प्राप्त है। यदि पुस्तक प्रामाणिक हो तो भी उससे तुलसीदास के अध्ययन में कोई सहायता नहीं मिलती।

[4] सोरों की सामग्री

व्यापक अर्थ में 'सोरों-सामग्री' का तात्पर्य उस संपूर्ण सामग्री से है जो सोरों के पक्ष का समर्थन करती है, अतः सोरों क्षेत्र को तुलसीदास का जन्म-स्थान बतलाती है, उसका प्राप्ति-स्थान चाहे जहाँ हो। सीमित अर्थ में, सोरों के पक्ष का समर्थन करनेवाली जो सामग्री सोरों में अथवा उसके आसपास उपलब्ध हुई है उसके लिए 'सोरों-सामग्री' का व्यवहार किया जाता है। इस दृष्टि से सोरों-सामग्री के अंतर्गत बारह लिखित रचनाएँ हैं, सोरों-क्षेत्र में पाई जानेवाली कुछ जनश्रुतियाँ हैं और रामपुर गाँव, नरसिंह-मंदिर, तुलसी का गृह-स्थान, सीताराम-मंदिर, बदरिया गाँव, नरसिंह के वंशज तथा नंददास के वंशज हैं। इनके अतिरिक्त (व्यापक अर्थ में) तुलसी के आत्मोल्लेखों, अन्यत्र पाई जानेवाली जनश्रुतियों और वैष्णव वार्ताओं आदि में उपलब्ध तथ्यों के आधार पर सोरों-पक्ष का समर्थन किया गया है।

सोरों-सामग्री पर अगूढ़ व्यंग्य करते हुए आचार्य हजारीप्रसाद द्विवेदी ने लिखा है, "इधर पं. रामनरेश त्रिपाठी ने अनेक खोज के बाद यही निर्णय दिया है कि सोरों (सूकरखेत) ही तुलसीदास का जन्मस्थान है। जब से यह बात कुछ बल पकड़ने लगी है, तब से कुछ ऐसी नई सामग्रियों का पता लगा है जो आश्चर्यजनक ढंग से संगति रखनेवाली और ऐतिहासिक तथ्यों को प्रकाश में ले आनेवाली सिद्ध हुई हैं। इधर नंददास के एक पुत्र कृष्णदास का भी पता चला है। उनकी लिखी दो पोथियाँ भी प्राप्त हुई हैं जिनमें एक का नाम 'सूकरक्षेत्र माहात्म्य' और दूसरी का 'वर्षफल' है। दोनों में ही कृष्णदास ने सावधानी के साथ अपने पिता के नाम के साथ अपने बड़े चाचा का उल्लेख किया है और अपनी माता कमला और चाची रत्नावली के चरणों

1. तुलसीदास, पृ. 196-99
2. वही, पृ. 91

की वंदना भी की है। सब मिलाकर सोरों से प्राप्त होनेवाली सामग्री जितनी साफ़-सुथरी और सुंदर योजना-समन्वित है उतनी अब तक हिंदी-साहित्य के इतिहास में अन्यत्र नहीं देखी गई। इस सामग्री में ऐसी कोई बात आई ही नहीं है जिसके विषय में आधुनिक पंडितों में मतभेद हो सके। ये सिर्फ एक बात का पक्का समर्थन करती हैं कि तुलसीदास सोरों के निवासी थे। और तो और, स्वयं माता रत्नावली के लिखे दोहे भी मिल गए हैं, और उसमें देवर नंद की चर्चा छूटने नहीं पाई है। इस प्रकार के एक-मन, एक-चित्त, एक-प्राण लेखक साहित्य में दुर्लभ ही हैं। मुझे सोरों के प्रामाणिक या अप्रामाणिक होने के पक्ष में कुछ भी नहीं कहना है। जहाँ तक पुस्तकों से पढ़कर समझने का प्रश्न है, मेरा विचार है कि सोरों के पक्ष में दिए जानेवाले प्रमाण बहुत महत्त्वपूर्ण न होते हुए भी वजनदार हैं। उनको यों ही टाल नहीं दिया जा सकता। परंतु यदि इस प्रकार सुचिंतित योजना के साथ प्रमाणों की वृद्धि होती गई तो यह निर्णय करना कठिन हो जाएगा कि सोरों की वास्तविक जनश्रुति और अनुश्रुति क्या है। तुलसीदास और नंददास के जन्म-स्थान का प्रश्न हमेशा के लिए धूमिल हो जाएगा।"[1]

तुलसी-संबंधी विभिन्न सामग्रियों का आमूलचूल विवेचन करनेवाले डॉ. माताप्रसाद गुप्त ने सोरों-सामग्री का सबसे अधिक मनोयोगपूर्वक जमकर प्रतिवाद किया है।[2]

सोरों-सामग्री का विवेचन-प्रत्यालोचन करते हुए उसका सर्वाधिक विशद उपस्थापन डॉ. रामदत्त भारद्वाज ने अपने शोध-प्रबंध 'गोस्वामी तुलसीदास'[3] में किया है। यहाँ पर उस सामग्री का संक्षिप्त परिचय और उसके खंडन-मंडन का सारांश प्रस्तुत कर देना ही अभीष्ट है।

(1) सोरों में 'रामचरितमानस' के बालकांड की एक हस्तलिखित खंडित प्रति है।[4] पुष्पिका में बतलाया गया है कि यह प्रति नंददास के पुत्र कृष्णदास के लिए काशी में तैयार की गई।

डॉ. गुप्त ने उसमें अनेक बहिरंग-दोष बतलाए हैं[5] : अंतिम पंक्ति की लिखावट शेष प्रति और पुष्पिका की लिखावट से पूर्णतः मेल नहीं खाती; उसमें दिए हुए प्रतिलिपि-काल की तिथि के अंकों में अस्वाभाविक अंतर है; तिथि में केवल संवत् का उल्लेख और मिति-वार का अभाव संदेहजनक है। उसमें अंतरंग भूलें भी हैं[6] : केवल अंतिम पृष्ठ में ही आधे दर्जन अशुद्धियाँ हैं, अंत के तीनों सोरठे प्रक्षिप्त हैं जो 'मानस' की प्राचीन प्रतियों में नहीं मिलते; उनमें भरती की और असंगत शब्दावली भरी पड़ी है। "यह है उस प्रति के अंतिम पृष्ठ की दशा जिसे महाकवि तुलसीदास ने अपने भतीजे और 'महाकवि' नंददास के पुत्र और स्वतः भी एक सुकवि कृष्णदास के लिए—जिनकी अनेक रचनाओं को स्वतः सोरों के विद्वानों ने खोज निकाला है—काशीपुरी में अपने शिष्यों द्वारा लिखवाकर और स्वयं शोधकर भेंट किया था। सोरों के पंडितों के अतिरिक्त ऐसा कौन कहेगा!"[7]

डॉ. भारद्वाज ने उक्त आक्षेपों का उत्तर दिया है।[8] डॉ. गुप्त ने प्रति की प्राचीनता स्वयं

1. हिंदी-साहित्य, पृ. 230-32
2. तुलसीदास, पृ. 92-127
3. गोस्वामी तुलसीदास, पृ. 191-256
4. प्रतिलिपिकार-रघुनाथदास, लिपि-काल-सं. 1643
5. तुलसीदास, पृ. 98-99
6. वही, पृ. 103-04
7. वही, पृ. 104
8. गोस्वामी तुलसीदास, पृ. 227-28, 567

स्वीकार की है। हस्तलेख-विशेषज्ञ पुष्पिका समेत संपूर्ण प्रति को एक ही लिपिकार द्वारा लिखित मानते हैं। अंकों या अक्षरों के बीच का अंतर प्रति के अन्य स्थलों पर भी पाया जाता है। विरल लेख प्रतिलिपिकार की स्वाभाविक विशेषता है। बहुत सी कथित अशुद्धियाँ वस्तुतः अशुद्धियाँ नहीं हैं। प्रस्तुत प्रति सं. 1643 की है। आगे चलकर कवि ने अपनी कृति में बहुत काट-छाँट और संशोधन-परिवर्तन किए होंगे, फलतः बाद की हस्तलिखित प्रतियों में पाठ-भिन्नता स्वाभाविक है।

(2) 'रामचरितमानस' के अरण्यकांड की एक हस्तलिखित खंडित प्रति है।[1] पुष्पिका में कहा गया है कि लिपिकार लक्ष्मणदास ने काशी में गुरु तुलसीदास की आज्ञा से उसके भ्राता-सुत और सोरों-क्षेत्र-निवासी कृष्णदास के लिए यह प्रति तैयार की।

डॉ. माताप्रसाद गुप्त ने अति विस्तार से इसके दोषों का उद्‌घाटन किया है।[2] शैली, गति और आकार की दृष्टि से पुष्पिका के उत्तरार्ध की लिखावट शेष प्रति की लिखावट से भिन्न है। सं. '1643' के प्रथम तीन अंक अपेक्षाकृत बहुत बड़े हैं जिससे अनुमित होता है कि वे किन्हीं अंकों को बिगाड़कर लिखे गए हैं। पुष्पिका में 'आसाढ़ सुद्ध' का प्रयोग सर्वथा अशुद्ध है, क्योंकि उस वर्ष मलमास नहीं लगा था। पुष्पिका का कुछ अंश पहले लाल स्याही से लिखा हुआ था, बाद में उस पर चमकदार काली स्याही फेरी गई है। हरताल लगाकर प्रति के पाठ में अनेक संशोधन किए गए हैं, कुछ प्रतिलिपिकार की लिखावट में हैं और कुछ किसी अन्य व्यक्ति की। 'रामचरितमानस' के प्रामाणिक पाठ से मिलान करने पर ज्ञात होता है कि अरण्यकांड के उस उपलब्ध अंश में लगभग पचास अतिरिक्त पंक्तियाँ समाविष्ट कर ली गई हैं और चौपाइयों के ग्यारह चरण छोड़ दिए गए हैं। उसमें असंभव उक्तियों एवं प्रयोगों का बाहुल्य है। जैसे—'सदासंतत', 'महाअति', 'जहीते', 'बिबिधि बिधाता', 'संतत सदा', 'बरल', 'गँजरि कुंजहिं', 'जो नहिं प्रीति तदपि अनुरागे' आदि। कहा जाता है कि उक्त प्रति स्वतः तुलसीदास द्वारा संशोधित है।[3] एक स्थल पर हाशिये में संशोधन करके लिखा गया है :

अहे सदा अघ खग गन बधिका।

[प्रामाणिक पाठ—होउ नाथ अघ खगगन बधिका।[4]]

"यह तुलसीदास का किया हुआ संशोधन है, यह सोरों के पंडित ही कह सकते हैं। पाठ-संबंधी अन्य प्रकार की भूलों और पाठ-भेदों का तो हिसाब ही नहीं है।"[5] डॉ. गुप्त का निष्कर्ष यह है कि 'पाठवृद्धि, पाठलोप और पाठप्रमाद से भरी हुई ऐसी भ्रष्ट' प्रति को तुलसीदास द्वारा संशोधित और प्रामाणिक नहीं माना जा सकता।

डॉ. रामदत्त भारद्वाज का उत्तर[6] है कि पुष्पिका-समेत संपूर्ण प्रति एक ही हाथ की लिखी हुई है। अपने पक्ष के समर्थन में उन्होंने राष्ट्रीय अभिलेखागार के निदेशक का मत भी उद्‌धृत किया है। लाल स्याही फीकी थी, अतः काली स्याही से फीके अक्षरों को चटकीला बनाया गया। संवत् के अंकों के विषय में की गई शंका भी निर्मूल है। '1643' के '164' पर संदेह किया गया है। '1' को बदलने का प्रश्न नहीं उठता। यदि '6' और '4' को बदला जाए तो उसके अनुसार 1643

1. लिपिकार लछमनदास, लिपि-काल सं. 1643
2. तुलसीदास, पृ. 94, 99, 104-08
3. नवीन भारत: अप्रैल-जून, 1942, पृ. 31
4. रामचरितमानस, 3/42, 4
5. तुलसीदास, पृ. 107-08
6. गोस्वामी तुलसीदास, पृ. 228-30, 567

के साथ दिए गए मिति-वार का भी मेल होना चाहिए, किंतु ऐसा नहीं है। वे तिथि-वार सं. 1643 के साथ ही शुद्ध उतरते हैं। यह मान्यता पुरालेखविद् और पुरातत्त्व-विभाग के संयुक्त निदेशक द्वारा समर्थित है। '6' का अपेक्षाकृत बड़ा आकार अस्वाभाविक नहीं है, प्रतिलिपिकार ने अन्य स्थलों पर भी ऐसा किया है। 'सुद्ध' शब्द को लेकर की गई क्लिष्ट-कल्पना असंगत है। उसका मलमास से कोई संबंध नहीं है। 'सुद्ध' का अर्थ है—शुक्ल पक्ष। किसी कोश से इसका समाधान किया जा सकता है। "इस प्रकार यह पुष्पिका वैज्ञानिक एवं साहित्यिक परीक्षण से सर्वथा प्रामाणिक सिद्ध होती है।" डॉ. गुप्त ने स्वयं स्वीकार किया है, "देखने में यह इतनी काफी पुरानी जान पड़ती है कि विक्रमीय सत्रहवीं शताब्दी की कही जा सके।"

(3) सूकरक्षेत्रमाहात्म्य भाषा[1] की दो प्रतियाँ उपलब्ध हैं—एक सं. 1809 की और दूसरी 1870 की। वराहपुराण के अनुसार सूकरक्षेत्र का माहात्म्य वर्णित है। तुलसी के विषय में भी कुछ आनुषंगिक कथन हैं। उससे सूचित होता है कि तुलसीदास सुकुल ब्राह्मण थे। वे कृष्णदास के पिता नंददास के बड़े भाई थे। रत्नावली कृष्णदास की ताई थी। तुलसीदास और नंददास के गुरु नरसिंह थे।

डॉ. गुप्त की आलोचना सं. 1870 वाली प्रति पर आधारित है। उसका रचनाकाल देते समय रचनाकार कृष्णदास ने केवल संवत् (1870), मास (माघ) और पक्ष (शुक्ल) का निर्देश किया है; मिति और वार का उल्लेख नहीं है। रचना-तिथि देने का यह अपूर्व ढंग तत्कालीन हस्तलिखित प्रतियों की प्रणाली से मेल नहीं खाता। प्रतिलिपि की लेखन-शैली भी स्वकालीन प्रतियों की शैली से भिन्न है, क्योंकि उसमें प्रत्येक शब्द दूसरे शब्द से अलग लिखा गया है और प्रत्येक शब्द के अक्षर एक शिरोरेखा के नीचे रखे गए हैं।[2]

प्रस्तुत रचना की प्राचीनता सिद्ध करने के लिए डॉ. भारद्वाज ने दो तर्क दिए हैं 'सूकरक्षेत्रमाहात्म्यभाषा' की एक ही प्रति के आधार पर निर्णय देना न्यायसंगत नहीं है। उसकी दूसरी (खंडित) प्रति भी उपलब्ध है जो सं. 1809 की है। उसकी लेखन-शैली निस्संदेह प्राचीन है। इसके अतिरिक्त, 'सूकरक्षेत्रमाहात्म्य' सं. 1927 में ही छप चुका था।[3]

(4) उपर्युक्त 'सूकरक्षेत्रमाहात्म्य भाषा' की सं. 1870 वाली प्रति की पुष्पिका के नीचे मुरलीधर चतुर्वेदी-रचित पाँच **छप्पय** भी सम्मिलित हैं। उनका पाठ शुद्ध है। उनकी लिखावट आदि शेष प्रति के समान है। अतएव पक्ष-विपक्ष के तर्क भी वे ही हैं। एक बात सविशेष है। चौथे छप्पय की एक पंक्ति है :

एक बसे सो रामपुर एक स्यामपुर में रहे।

अर्थ यह है कि तुलसीदास रामपुर के वासी थे और नंददास श्यामपुर में रहते थे। डॉ. गुप्त की वक्रोक्तिगर्भित समीक्षा है, "इस छंद में आया हुआ रामपुर भी एक पहेली है। यदि इससे आशय उसी रामपुर से लिया जावे जो सोरों के पास था तो गलत है, क्योंकि सोरों के विद्वानों के अनुसार रामपुर और श्यामपुर एक ही स्थान के आगे-पीछे पड़े हुए दो नाम थे, और नंददास ने रामपुर को बदलकर श्यामपुर कर दिया था—और वे ऐसा क्यों न करते जब उनके चचेरे भाई तुलसीदास ने उनके श्याम की मूर्ति राम की मूर्ति में परिवर्तित कर दी थी।"[4] इस

---

1. लेखक कृष्णदास हैं। रचना-काल सं. 1670 है।
2. तुलसीदास, पृ. 99, 108
3. गोस्वामी तुलसीदास, पृ. 230
4. तुलसीदास, पृ. 109

आक्षेप का प्रत्याख्यान दुष्कर है।

(5) उपर्युक्त छप्पयों के आगे दस दोहों में कृष्णदास-रचित 'कृष्णदासबंसावली' भी दी हुई है। उसकी लिखावट शेष प्रति की लिखावट के समान है। वह 'वंशावली' मुरलीधर चतुर्वेदी के 'रत्नावलीचरित' के अंत में भी सम्मिलित है। उसके अनुसार कृष्णदास की वंशावली इस प्रकार है :

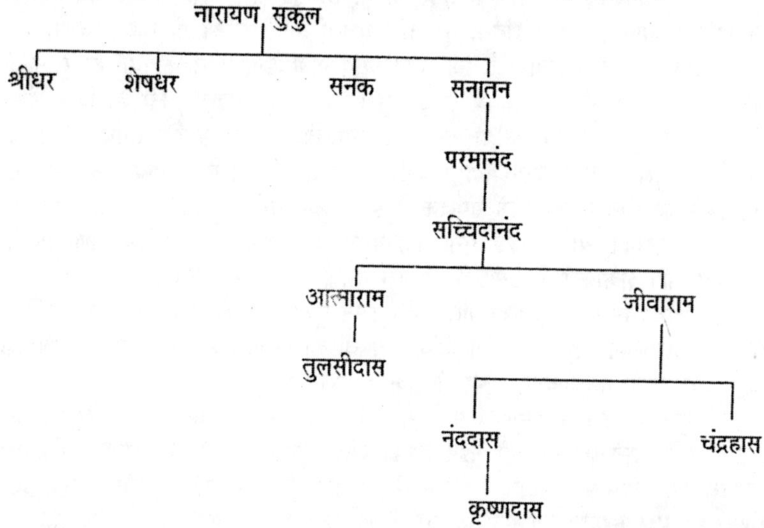

डॉ. गुप्त का कथन है कि 'बंसावली' उसी लेखक द्वारा बाद में लिखी गई है, क्योंकि स्याही कुछ गाढ़ी है और अक्षर कुछ छोटे हैं। मुद्रित 'सूकरक्षेत्रमाहात्म्यभाषा' में मुरलीधर चतुर्वेदी के छप्पय और 'कृष्णदासबंसावली' संकलित नहीं हैं। लिखावट 'सूकरक्षेत्रमाहात्म्यभाषा' की भाँति ही उस युग की शैली से भिन्न है। उसमें नंददास को 'बल्लभकुलबल्लभ' कहा गया है। "नंददास 'वल्लभ-कुल-वल्लभ' कैसे हुए ? सोरों के अन्य साक्ष्यों के अनुसार और इस 'बंसावली' के अनुसार भी वे तो सनाढ्यशुक्ल-कुल-वल्लभ थे।"[1]

(6) सं. 1829 में रचित **रत्नावलीचरित** की दो प्रतियाँ प्राप्त हैं। एक प्रति उसके मूल लेखक मुरलीधर चतुर्वेदी की हस्तलिखित है। दूसरी मुरलीधर के शिष्य रामवल्लभ मिश्र द्वारा सं. 1864 में की गई 'रत्नावलीचरित' की प्रतिलिपि है जिसको 'रतनावली' नाम दिया गया है। प्रतिलिपि में मूल के कुछ पद्य छोड़ दिए गए हैं। मुरलीधर चतुर्वेदी के छः छप्पयों में से केवल तीन का संकलन किया गया है।

डॉ. गुप्त ने सं. 1864 वाली प्रतिलिपि (रतनावली) की जाँच करके खटकनेवाली बातों का निर्देश किया है।[2] उसमें 'ख' आधुनिक 'ख' की भाँति ही लिखा गया है, प्राचीन प्रतियों में पाए जाने वाले 'ष' की भाँति नहीं है। सारी प्रति में 'न्' का प्रयोग अनुस्वार की ही भाँति किया गया है। 'रतनावली' के दो संस्करण प्रकाशित हुए हैं। एटावाले संस्करण के अंत में चार छप्पय

---

1. तुलसीदास, पृ. 109
2. वही, पृ. 95-96, 99, 109

दिए हुए हैं, जिनमें से चौथा छप्पय 'रतनावली' की हस्तलिखित प्रति में नहीं है। रत्नावली के विषय में असंभव और अविश्वसनीय बातें कही गई हैं—ग्यारह वर्ष की आयु में ही व्याकरण, कोश, वाल्मीकि-रामायण, पिंगल-शास्त्र आदि का ज्ञान प्राप्त करके वह काव्य-रचना में अभ्यस्त हो गई। ये सब बातें उसकी अप्रामाणिकता प्रकट करती हैं।

आधुनिकता-संबंधी आपत्ति को निराधार बताते हुए डॉ. भारद्वाज[1] ने थेघ (सोलहवीं शती), हरिराम व्यास (सत्रहवीं शती), सूर और तुलसी की रचनाओं के साथ 'रतनावली' की सोदाहरण तुलना करके दिखलाया है कि उसकी छंद-भाषा-शैली उक्त कवियों की रचना-शैली के समान ही है। संस्करणों के विषय में डॉ. गुप्त का 'कथन वस्तुतः सत्य है, किंतु शंकाओं के बीच में वह कुछ भ्रमोत्पादक हो गया है।' वास्तविकता यह है कि रामवल्लभ मिश्र ने 'रतनावली' में मूल 'रत्नावलीचरित' के साथ दिए गए छः छप्पयों में से केवल तीन को ग्रहण किया। उक्त प्रकाशित संस्करण के संपादक ने इन तीन छप्पयों के अतिरिक्त चौथा छप्पय भी सम्मिलित कर लिया। 'या तो उन्हें ऐसा नहीं करना चाहिए था, अथवा उन्हें पाद-टिप्पणी दे देनी चाहिए थी। शंकाकार ने इस ओर इशारा करके अच्छा ही किया।'

(7) **'दोहारतनावली'** की दो प्रतियाँ हैं। उसमें तुलसीदास की कथित पत्नी रत्नावली द्वारा लिखित 201 दोहों का संग्रह है। उनमें विविध विषयों का निरूपण है। मुख्य उद्देश्य स्त्री-शिक्षा है। कुछ दोहे तुलसी के जीवनवृत्त पर भी प्रकाश डालते हैं।

डॉ. गुप्त को उसकी प्रामाणिकता में संदेह है।[2] उनकी सोरों-यात्रा के अवसर पर उसकी कोई प्रति उन्हें देखने को नहीं दी गई। उसकी अंतरंग परीक्षा से विदित होता है कि उसकी विचारधारा और भाषा ऊटपटांग है। परमार्थ-पथ-गामी विरक्त पति के लिए 'काग उड़ाना' अश्रुतपूर्व है। परसर्ग-रहित 'मो मन' का प्रयोग शोचनीय है। 'अगिनि' के रहते हुए 'तूल' और 'चकमक' को आवश्यक बताना हास्यास्पद है। यह बात अविश्वसनीय प्रतीत होती है कि "अपने वृद्ध विरक्त चाचा को वापस बुलाकर गृहस्थी में लगाने के लिए कृष्णदास दूर देश काशी गए, किंतु अपेक्षाकृत बहुत निकटवर्ती और कम अवस्था के अपने विरक्त पिता को गृहस्थी में लगाने के लिए वापस बुलाने वे कभी नहीं गए।"

डॉ. भारद्वाज का उत्तर है कि 'यदि कोई वस्तु शंकाकार को देखने को न मिल सकी तो क्या वह संसार में ही नहीं थी ?' अन्य विद्वानों ने 'दोहारतनावली' की जाँच की है और उसे प्रामाणिक माना है। डॉ. दीनदयालु गुप्त ने दो बार उसकी परीक्षा करके उसकी प्रामाणिकता का स्थापन किया है।[3]

(8) **रत्नावली लघु दोहासंग्रह** की दो प्रतियाँ हैं। उक्त 'संग्रह' में 'दोहारतनावली' के चुने हुए 111 दोहों का संकलन है। अतः 'दोहारतनावली' के संबंध में डॉ. गुप्त द्वारा उपस्थित की गई आपत्तियाँ उस पर भी लागू होती हैं। पहली प्रति की अविश्वसनीयता के दो विशिष्ट कारण बताए गए हैं। उसकी लिखावट आधुनिक है, आधुनिक 'ख' की भाँति 'ख' लिखा गया है, हाशियों पर लाल-काली स्याही से बेल-बूटे बनाए गए हैं; और उसमें दी गई प्रतिलिपि-काल की तिथि गणना में अशुद्ध ठहरती है। परंतु, दूसरी प्रति की तिथि गणना से शुद्ध है।

(9) **भ्रमरगीत :** नंददास द्वारा रचित 'भ्रमरगीत' की प्रतिलिपि के दो खंडित पत्र उपलब्ध

1. गोस्वामी तुलसीदास, पृ. 231-33
2. तुलसीदास, पृ. 100, 110-12
3. गोस्वामी तुलसीदास, पृ. 233-34; हिंदुस्तानी, जनवरी, 1941, पृ. 296

हैं। पुष्पिका भी खंडित है। उसमें दी गई वंश-परंपरा इस प्रकार है :

- (श्यामपुरी) सच्चिदानंद
  - आत्माराम
    - तुलसीदास
  - जीवाराम
    - नंददास
      - कृष्णदास
    - चंद्रहास

कृष्णदास के शिष्य बालकृष्ण की आज्ञा से ब्रजचंद ने 'माघ...ज चंद्रवार संवत् 1672' को 'भ्रमरगीत' की प्रतिलिपि की।

उसकी प्रामाणिकता के संबंध में डॉ. गुप्त की वक्रोक्ति है—'इसमें ध्यान देने की बात यह है कि प्रति के प्रतिलिपिकार को अपना और अपने गुरु का नाम देना ही पर्याप्त नहीं ज्ञात हुआ, गुरु के पिता, गुरु के चाचा, गुरु के पितामह, एक दूसरी शाखा से गुरु के चाचा, उन चाचा के पिता और उन चाचा के भी पितामह, दोनों शाखाओं के भारद्वाजगोत्री सनाढ्य शुक्ल और श्यामपुरी होने और फिर गुरु के पुत्र तथा और कुछ बातों का उल्लेख भी उसे आवश्यक प्रतीत हुआ है। फिर भी हिंदी-जगत् के दुर्भाग्य से जहाँ पर तिथि आती थी, वहाँ पर संवत्, मास और दिन मात्र शेष रहे, पक्ष और तिथि के स्थान पर कागज़ निकल गया। पहले ही प्रकाशित पुष्पिकाएँ क्या कम आँखें खोलनेवाली थीं ? किंतु इस पुष्पिका ने तो अपनी व्यापकता से पूर्ववर्ती सोरों की प्रायः समस्त सामग्री को अनावश्यक कर दिया। पुष्पिकाओं की ऐसी उदार प्रथा संसार में अन्यत्र न मिलेगी। ऐसा लगता है कि सोरों के तुलसीदास और नंददास ने जो काम स्वतः नहीं किया, उसके लिए उन्होंने अपने बेटों-भतीजों को और इन बेटों-भतीजों ने अपने शिष्य-प्रशिष्यादि को उपदेश कर दिया था, ताकि उनके दिवंगत हो जाने के बाद भी उनके जन्म-स्थान, जाति-पाँति, वंश-परंपरादि का इतिहास केवल काव्य-संग्रहों, चरितों, अन्य प्रकार की कृतियों और वर्षफलों में ही नहीं, पुष्पिकाओं में भी सुरक्षित रहे।"[1] तात्पर्य यह है कि 'भ्रमरगीत' की उक्त प्रतिलिपि तिरस्करणीय है।

(10) **वर्षफल :** कृष्णदास ने सं. 1657 में फलित-ज्योतिष पर 'वर्षफल' नाम की पुस्तिका लिखी थी। उसकी प्रतिलिपि रुद्रनाथ ने सं. 1872 में की। उसमें तुलसी के जीवन-वृत्त से संबंध रखनेवाली दो बातें कही गई हैं—(1) नंददास ने रामपुर का नाम बदलकर श्यामपुर कर दिया था, और (2) सं. 1657 की बाढ़ में रत्नावली की जन्मभूमि 'बदरी' गंगा-मग्न हो गई तथा उसका कोई चिह्न शेष न रहा।

डॉ. गुप्त ने 'वर्षफल' की प्रामाणिकता का प्रत्याख्यान किया है। एतदर्थ उन्होंने तीन तर्क दिए हैं—(क) उसमें दी गई प्रतिलिपि-तिथि गणना से शुद्ध नहीं ठहरती। (ख) उसके रचना-काल सं. 1657 के पूर्व ही नंददास ने रामपुर को श्यामपुर बना दिया था। परंतु सं. 1715 के आसपास लिखित 'भक्तमाल' में नाभादास ने नंददास को 'रामपुर ग्राम निवासी' कहा है। यदि 'वर्षफल' की बात सत्य होती तो वे नंददास को 'श्यामपुर ग्राम निवासी' कहते। (ग) "बदरिया के जलप्लावन का उपुर्यक्त इतिहास भी अन्यत्र कहीं नहीं मिलता, केवल इसी सोरों-सामग्री में मिलता है।"[2]

1. तुलसीदास, पृ. 123-24
2. वही, पृ. 124

(11) **सेवादास की टीका :** नाभादास के 'भक्तमाल' पर प्रियादास ने 'भक्ति-रसबोधिनी' नाम की टीका लिखी थी। उस टीका पर सेवादास ने टीका (टिप्पणी) लिखी है। उसके एक छंद में कहा गया है कि घर को सूना देखकर तुलसीदास (अपनी पत्नी) रत्नावली के दर्शन के लिए व्याकुल हो उठे, वे सूकरखेत से चल पड़े, शव पर सवार होकर गंगा को पार किया और अपनी ससुराल बदरी पहुँचकर लोगों को नींद से जगाया। शव पर सवार होकर गंगा पार करने का वर्णन ही उक्त टीका की अप्रामाणिकता सिद्ध करने के लिए पर्याप्त है।

(12) **तुलसीप्रकास :** इसके रचयिता अविनाश राय हैं। पुस्तक में दिया हुआ रचना-काल सं. 1677 है। पं. वेदव्रत शर्मा और सोरों की तुलसी-समिति द्वारा इसके दो संस्करण क्रमशः 1953 और 1954 ई. में प्रकाशित हुए। इसमें कुल 201 पद्य हैं। इसकी कथावस्तु का सारांश इस प्रकार है :

1. सनाढ्य-सुकुल सच्चिदानंद सोरों के निकटस्थ रामपुर गाँव के वासी थे। उनके दो पुत्र थे—आत्माराम और जीवाराम।
2. आत्माराम का विवाह तारी में अयोध्यानाथ दुबे की कन्या हुलसी से हुआ।
3. गृह-कलह के कारण आत्माराम अपनी माता और पत्नी के साथ सोरों के योगमार्ग मोहल्ले में अपने नाना के खाली मकान में रहने लगे।
4. सं. 1568 में श्रावण शुक्ला सप्तमी, शुक्रवार को तुलसी का जन्म हुआ।
5. हुलसी की तुलसी-भक्ति के कारण पुत्र का नाम 'तुलसीदास' रखा गया।
6. जब तुलसी दस महीने के थे तब हैजे से हुलसी का देहांत हो गया। पंद्रह दिन बाद आत्माराम भी चल बसे।
7. कुछ समय बाद जीवाराम की मृत्यु हो जाने पर आर्थिक संकट आ पड़ा। तुलसी 'राम' का नाम लेकर भीख माँगने लगे। लोगों ने उनका नाम 'रामबोला' रख दिया।
8. सं. 1576 में आचार्य नृसिंह की दृष्टि उन पर पड़ी। वे उन्हें अपनी पाठशाला में ले आए, उनके पढ़ने और जीविका का प्रबंध कर दिया।
9. तुलसीदास और नंददास ने नृसिंहजी से व्याकरण कोश, काव्य, पिंगल, रामायण, गणित, दर्शनशास्त्र और पुराण का अध्ययन किया। सीताराम-मंदिर के हरिहर स्वामी से संगीत सीखा।
10. सं. 1589 में तुलसी का विवाह बदरिका गाँव के दीनबंधु पाठक की द्वादशवर्षीया कन्या रत्नावली से हुआ। वह काव्य-पुराण में विशेष रुचि रखती थी।
11. तुलसीदास ने रत्नावली एवं नंददास के साथ अयोध्या, प्रयाग तथा काशी की यात्रा की। काशी में कथा बाँचकर यश और धन प्राप्त किया।
12. तुलसी रामभक्त थे और नंददास कृष्णभक्त। सोरों में रहकर दोनों भगवद्भजन करते, काव्य रचते, कथा बाँचते और आनंदपूर्वक खेती कराते थे।
13. सं. 1604 में रत्नावली के पुत्र हुआ। उसका नाम तारापति रखा गया। अड़तीस महीने बाद उसकी मृत्यु हो गई। समय ने दंपति के घाव को भर दिया। तुलसी अपनी पत्नी में अतिशय अनुरक्त रहने लगे।
14. एक दिन उनसे आज्ञा लेकर रत्नावली अपने भाई के साथ नैहर चली गई। वे स्वयं कथा बाँचने निकल पड़े। ग्यारहवें दिन लौटकर बड़े बेचैन हुए। अँधेरी रात में तैर कर गंगा पार की और ससुराल पहुँच गए। एकांत में पत्नी ने पति से प्रेमपूर्वक कहा—'मेरे

प्रेम से आपने गंगा पार कर ली, भगवत्प्रेम से लोग भवसागर पार हो जाते हैं।"[1]

15. उन्हें निद्रा-मग्न समझकर रत्नावली चली गई। वे चुपके से उठे और घर से बाहर हो गए। सवेरा होने पर बहुत खोज की गई, किंतु पता न चला।
16. रत्नावली कभी भाइयों के यहाँ और कभी देवर के यहाँ रहती; फिर सोरों में रहने लगी।
17. तुलसी अयोध्या, प्रयाग और चित्रकूट होते हुए काशी में रहने लगे। कुछ समय बाद पुनः अयोध्या आदि तीर्थस्थानों की यात्रा करके काशी लौट आए। वे कथा बाँचते, भगवद्भजन करते और कभी-कभी तीर्थाटन किया करते थे।
18. नंददास वैराग्य लेकर ब्रजवासी हो गए थे। उनसे मिलने के लिए तुलसी सं. 1626 में मथुरा पहुँचे। नंददास ने उनको सूरदास का दर्शन कराया। फिर उन्हें गोवर्धन ले गए। उन्होंने वंशीधर-रूप में धनुर्धर राम का दर्शन किया।
19. दोनों विट्ठलनाथ के दर्शनार्थ गोकुल गए। तुलसी ने उनका अभिवादन किया, उनके पुत्र रघुनाथ और पुत्रवधू जानकी को सहर्ष प्रणाम किया।
20. वहीं पर उन्होंने 'कृष्णपदावली' की रचना की। तदनंतर काशी लौट आए।
21. सं. 1631 में अयोध्या जाकर 'रामचरितमानस' की रचना आरंभ की। चार वर्षों में उसे पूरा किया। इस बीच वे कभी अयोध्या में और कभी काशी में रहे।
22. सं. 1644 में वे चित्रकूट-वास कर रहे थे। वहाँ से कुछ दूर यमुना के किनारे राजा नाम का एक भक्त रहता था। वह आग्रह करके तुलसीदास को अपने यहाँ ले गया। वे कुछ दिन वहाँ रहे और राजा साधु पर प्रसन्न होकर राजापुर बसाया। उसकी मृत्यु होने पर उसकी प्रस्तर-मूर्ति बनवाई और उसे हनुमान-मंदिर में स्थापित किया।
23. स्वयं अविनाशराय ने चित्रकूट और राजा की कुटी में तुलसीदास के दर्शन किए। एक बार एक महीने तक और दूसरी बार ढाई महीने तक उनके साथ रहे। फिर दर्शन का सौभाग्य नहीं मिला।
24. तुलसीदास काशी जाकर वहीं रहने लगे। नंददास के पुत्र कृष्णदास उन्हें बुलाने के लिए कई बार गए, किंतु वे आए नहीं।
25. सं. 1677 में अविनाश राय ने तुलसीदास का जैसा चरित गुरुजनों के मुख से सुना था और जैसा स्वयं देखा था वैसा संक्षेप में लिख दिया।

निम्नांकित कारणों से 'तुलसीप्रकास' की अप्रामाणिकता सिद्ध होती है :

1. पुस्तक के दोनों प्रकाशित संस्करणों में कई स्थलों पर पाठ-भेद है। उसकी संगति नहीं बैठती। इससे साफ जाहिर है कि उसमें कुछ गड़बड़घोटाला है।

2. उसमें तिथियों की बुरी तरह भरमार है। चौबीस में से तीन तिथियों के सत्यापन का प्रश्न नहीं उठता, क्योंकि उनमें तिथि-वार का उल्लेख नहीं है। छः तिथियाँ गणना से अशुद्ध ठहरती हैं। उनमें वह तिथि भी है जिस दिन लेखक स्वयं तुलसीदास से मिला था। छोटी-छोटी बातों के संबंध में भी तिथियों का जमघट है। उनमें प्रचलित और विगत संवत्-प्रणालियों का घाल-मेल भी है। 'रामचरितमानस' और 'कृष्णगीतावली' को छोड़कर किसी अन्य रचना या उसके रचना-काल का उल्लेख नहीं है।

3. पुस्तक का नाम भी संदेहकारक है। म. बालकराम विनायक ने 1936 ई. में एक लेख[2]

---

1. मो तन प्रेम करी सरि पार करें हरि प्रेम तरें भव प्रानी। 109
2. 'श्रीगोस्वामीजी के नामराशि', कल्याण, अक्टूबर, 1936

लिखा था। उसमें उन्होंने किसी 'तुलसीतत्त्वप्रकास' का उल्लेख किया था। ऐसा लगता है कि उसी आधार पर 'तुलसीप्रकास' की उद्‌भावना की गई। 'तुलसीप्रकास' और 'तुलसीतत्त्वप्रकास' की अभिन्नता सिद्ध करने के लिए रचना के अंत में दोनों नामों का उल्लेख कर दिया गया है।[1]

4. लेखक ने तुलसी की उक्तियों को पकड़कर तद्वत् निबंधना की है, जैसे

होत न भूतल भाउ भरत को। अचर सचर चर अचर करत को॥[2]

होत न जों तुलसी जग में हिंदुआन की कानहि को धरतो।[3]

'सूर सूर तुलसी ससी' की सूक्ति का प्रचलन होने के पूर्व ही अविनाश राय ने लिख दिया था:

छहरै छबीलो छित छेत्र में छपाकर सो।[4]

तुलसी की भावी कीर्ति का भी गान कर दिया गया है :

धनि धन्य भये तुलसी जग में कल कीरति जासु रहे थिर थाई।[5]

इन सब कारणों से 'तुलसीप्रकास' को आप्त नहीं माना जा सकता। यद्यपि वह सोरों के पक्ष का पोषक है तथापि उसकी अप्रामाणिकता के कारण डॉ. रामदत्त भारद्वाज ने उसका परिगणन 'भ्रांत-साहित्य' के अंतर्गत किया है और उसको सोरों-सामग्री का 'दिठौना' कहा है।[6]

(13) रामपुर : एटा जिले में सोरों से डेढ़ मील पूर्व रामपुर नाम का एक गाँव है। कहा जाता है कि वह तुलसीदास और नंददास की जन्मभूमि है। 'कृष्णदासवंसावली', 'रत्नावलीचरित' आदि में उसका उल्लेख किया गया है। "नंददासजी ने कृष्ण-भक्ति के आवेश में रामपुर का श्यामपुर नाम रख दिया था।"[7]

(14) नरसिंह-मंदिर : सोरों के चक्रतीर्थ मोहल्ले में नरसिंह का मंदिर है। वहाँ पर हनुमान की एक मूर्ति है। कहा जाता है कि उसी स्थान पर तुलसीदास एवं नंददास के गुरु नरसिंह का विद्याभवन था और गुरु-शिष्य उस मूर्ति की अर्चना किया करते थे।

(15) तुलसी का मकान : सोरों के योगमार्ग मोहल्ले में एक टूटा-फूटा कच्चा मकान है जो एक मुसलमान के अधिकार में है। कहा जाता है कि वहीं पर तुलसीदास का घर था। पहले उस घर में तुलसी की दादी की ननसाल थी। दादी अपने पुत्र, पुत्रवधू और पौत्र शिशु (तुलसी) को लेकर वहाँ चली आई थीं। वहीं पर तुलसी का विवाह हुआ। वे अपनी पत्नी रत्नावली के साथ उसी मकान में रहे।

(16) सीताराम का मंदिर : सोरों में सीताराम का एक मंदिर है। कहते हैं कि वहाँ पर हरिहर स्वामी नाम के एक साधु रहते थे जिन्होंने तुलसीदास और नंददास को संगीत की शिक्षा दी थी।

(17) बदरिया गाँव : कहा जाता है कि सोरों के समीप स्थित बदरिया गाँव में तुलसी की ससुराल थी। डॉ. गुप्त का कहना है कि वहाँ पर कोई मकान तुलसीदास की ससुराल का बताया नहीं जाता और न ही कोई इतना पुराना मकान या मकान का अवशेष है जो तुलसी के समय का माना जा सके। वहाँ के बड़े-बूढ़ों से पूछताछ करने पर उन्हें विदित हुआ कि किसी ने कभी

---

1. तुलसीप्रकास, 198-99
2. रामचरितमानस. पृ. 2/237/4
3. तुलसीप्रकास, 194
4. वही, 198
5. वही, 196
6. डॉ. भारद्वाज : गोस्वामी तुलसीदास, पृ. 88-100
7. गोस्वामी तुलसीदास, पृ. 191

यह नहीं सुना कि बदरिया में तुलसीदास की ससुराल थी।[1] डॉ. भारद्वाज का कथन है कि तुलसी के 'श्वसुरालयवाला घर जो रामनरेश त्रिपाठीजी ने देखा था अब एक मंदिर के रूप में है। 1657 वि. में गंगाजी में बाढ़ आई थी जिसमें बदरिया डूब गई, अतः वर्तमान मकान को प्रतीक-मात्र समझना चाहिए।'[2]

(18) नरसिंह के वंशज : कुछ समय पूर्व सोरों में रंगनाथ चौधरी विद्यमान थे। डॉ. गुप्त, डॉ. भारद्वाज आदि विद्वान उनसे मिल चुके हैं। रंगनाथ चौधरी को तुलसी के गुरु नरसिंह चौधरी का वंशज बताया जाता है। डॉ. गुप्त ने लिखा है कि "उनसे प्रश्न करने पर ज्ञात हुआ कि उन्हें केवल आठ पूर्वपुरुषों के नाम ज्ञात हैं, और इनमें से नरसिंह चौधरी नहीं है।"[3] इसके विरुद्ध, डॉ. भारद्वाज ने नरसिंह चौधरी से लेकर रंगनाथ के पुत्र दशरथ तक की पूरी वंश-परंपरा प्रस्तुत की है।[4]

(19) नंददास के वंशज : डॉ. भारद्वाज ने बतलाया है कि वर्तमान पं. बाबूराम शुक्ल और उनके भतीजे श्री शिवनारायण शुक्ल नंददास के वंशज हैं। नंददास की 'वंशावली अभी तक प्राप्त नहीं हो सकी है, किंतु सुना गया है कि वह विद्यमान है।'[5]

(20) किंवदंतियाँ : सोरों और उसके आसपास में निम्नांकित जनश्रुतियाँ पाई जाती हैं जिनसे सोरों-पक्ष का समर्थन होता है :

(क) कहते हैं कि तुलसीदास का घर सोरों के योगमार्ग मोहल्ले में कसाइयों के निकट था। पं. रामनरेश त्रिपाठी को इस प्रकार के कई दोहे सुनने को मिले थे। उनमें से एक दोहा यह है :

तुलसी तेरी झोंपड़ी गलकटियों के पास।
जौन कढ़ै सोई भरै तू कत होत उदास॥[6]

डॉ. गुप्त की आपत्ति है कि "यह दोहा तो कबीर का प्रसिद्ध है और 'तुलसी-ग्रंथावली' में मिलता भी नहीं है।"[7]

(ख) लोगों का विश्वास है कि सोरों के जिस मकान में रत्नावली अपने पति तुलसीदास के साथ रहती थीं उसकी मिट्टी लगाने से कर्णमूल रोग दूर हो जाता है। अब भी लोग आरोग्य-लाभ के लिए उस स्थान से मिट्टी ले जाया करते हैं।

(ग) नरसिंह-मंदिर के विषय में कहा जाता है कि वहाँ पर तुलसी के गुरु नरसिंह की पाठशाला थी। मंदिर के सामने बरगद का एक वृक्ष है जो तुलसीदास के समय के वट-वृक्ष की जटा से उत्पन्न बताया जाता है। मंदिर के समीप एक कुआँ है जिसको नरसिंह जी का कुआँ कहते हैं।

(घ) तारी (एटा) की, एक जनश्रुति के अनुसार, वहाँ तुलसीदास का ननिआउर था।

---

1. तुलसीदास, पृ. 102
2. गोस्वामी तुलसीदास, पृ. 193
3. तुलसीदास, पृ. 102
4. गोस्वामी तुसलीदास, पृ. 193-94
5. वही, पृ. 194
6. तुलसीदास और उनका काव्य, पृ. 70: उक्त दोहे का किंचित् भिन्न रूप है :

   तुलसी घर मरघट्ट में गलकटियन के पास।
   अपनी करनी आप सँग तू कत होत उदास॥
7. तुलसीदास, पृ. 100

[ग] बहिस्साक्ष्य : जनश्रुतियाँ

महापुरुषों का जीवन असाधारण होता है। चमत्कारों और अतिशयोक्तियों में जनसाधारण को विशेष रस मिला करता है। इसलिए असामान्य महापुरुषों के चरित्र के चारों ओर अलौकिक कहानियों का चकाचौंध कर देनेवाला प्रभा-मंडल तैयार हो जाया करता है। कभी देखी-सुनी बातों को अतिरंजना तथा चमत्कार के पुट से आकर्षक बना दिया जाता है, और कभी चरित-नायक की दिव्यता प्रकट करने के लिए अनदेखी-अनसुनी असंभव घटनाओं की उद्‌भावना कर ली जाती है। कभी-कभी प्रयत्न-लाघव-प्रेमी लोग अन्य महात्माओं की लोक-प्रसिद्ध करामातों को अपने चरित-नायक से संबद्ध कर दिया करते हैं। परात्परवाद की भावना भी कुछ रंग लाती है। अंधभक्त अपने श्रद्धेय पुरुष को महत्तम सिद्ध करने के लिए उसे भू पर से उठाकर ऊपर के कल्पना-लोक में प्रतिष्ठित कर देते हैं।

तुलसीदास महापुरुष थे, महात्मा थे, महाकवि थे। वे उस मध्ययुग में हुए थे जब ज्ञान की अपेक्षा भक्ति अधिक प्रभावशालिनी थी, जब तर्क की अपेक्षा श्रद्धा-विश्वास का अधिक समादर था। अतएव उनके यशःप्रसार के साथ ही उनके संबंध में बहुत सी संभाव्य-असंभाव्य कथाएँ चल पड़ीं।

विभिन्न लेखकों एवं संपादकों को तुलसी-संबंधी जो जनश्रुतियाँ, दंतकथाएँ अथवा किंवदंतियाँ विभिन्न स्रोतों से उपलब्ध हुईं उन्हें उन्होंने अपने द्वारा लिखित एवं संपादित कृतियों में निबद्ध कर दिया है। इसलिए आज के अध्येता को कभी-कभी जनश्रुति और ऐतिहासिक तथ्य का अंतर समझने में कठिनाई होती है। वह जनश्रुति को ही प्रमाण मान बैठता है। यद्यपि यह बात सही है कि जनश्रुतियाँ शून्य में नहीं बना करतीं तथापि इससे यह सिद्ध नहीं होता कि वे सत्य ही हैं। मिथ्या भी निराधार नहीं होती, उसका आधार भी कोई-न-कोई सत्य ही होता है। जगन्मिथ्यावादी ब्रह्मवादी भी सत्य ब्रह्म को मायिक जगत् का अधिष्ठान मानकर उसकी सत्ता का अध्यारोपापवादन्याय से निराकरण करता है। अतएव सत्य-मूल से उत्पन्न मिथ्या-जनश्रुतियों का वाक्यार्थ-ग्रहण अवांछनीय है। उनके अभिप्राय को अन्य प्रमाणों के प्रकाश में ही महत्त्व दिया जा सकता है। जो जनश्रुति प्रत्यायक साक्ष्यों द्वारा पुष्ट नहीं है उसका मूल्य नगण्य है।

प्रस्तुत संदर्भ में तुलसी-संबंधी कुछ जनश्रुतियाँ प्रस्तुत की जा रही हैं :

1. एक जनश्रुति के अनुसार तुलसीदास का जन्म राजापुर में हुआ था। जन्म के समय उनके बत्तीसों दाँत थे, वे रोए नहीं और 'राम' का उच्चारण किया। उनकी माता हुलसी चौथे दिन स्वर्ग सिधारीं। हुलसी की दासी मुनियाँ की सास चुनियाँ ने शिशु तुलसी का पालन-पोषण किया। उसकी मृत्यु के बाद दो वर्ष तक पार्वतीजी ने तुलसी को खिलाया-पिलाया। शिव की प्रेरणा से नरहर्यानंद उन्हें अयोध्या ले गए। सरयू-घाघरा के संगम पर 'सूकरखेत' में उन्होंने तुलसी को राम-कथा सुनाई। विद्वान् होकर तुलसी राजापुर लौटे। उन्होंने कथावाचक की वृत्ति अपनाई। विवाह करके पाँच वर्ष तक 'रस-केलि' में लीन रहे। अपनी अनुपस्थिति में पत्नी के नैहर चले जाने पर अत्यंत विरह-व्याकुल हुए। रात को ही यमुना पारकर ससुराल पहुँचे। पत्नी के उपदेश से उनके मन में वैराग्य जाग उठा। वे चल पड़े। बहुत मनाने पर भी वापस नहीं लौटे। शोक-विह्वल पत्नी का उसी दिन प्राणांत हो गया।

2. एक दूसरी जनश्रुति के अनुसार तुलसीदास ने सोरों-क्षेत्र में जन्म लिया था। वे आत्माराम शुक्ल और हुलसी के पुत्र थे। जन्म के दस मास बाद माता-पिता का देहांत हो गया। उनका पालन-पोषण दादी ने किया। पिता और चाचा की मृत्यु के कारण उन्हें आर्थिक संकट झेलने पड़े। वे 'राम' नाम

बोला करते थे, इसलिए उनका मुँहबोला नाम 'रामबोला' हुआ। सोरों के चक्रतीर्थ मोहल्ले में नरसिंह जी की पाठशाला में तुलसी और उनके चचेरे भाई नंददास ने शिक्षा प्राप्त की। गंगा के उस पार बदरी ग्राम के दीनबंधु पाठक ने अपनी कन्या रत्नावली का विवाह तुलसी से किया। उनके एक पुत्र हुआ। उसका नाम तारापति रखा गया। उसकी अकाल-मृत्यु हो गई।

तुलसी पुराण-कथा-वाचक थे। एक बार वे कथा बाँचने गए हुए थे। पत्नी नैहर चली गई। उन्हें अकेलापन बहुत अखरा। वे नदी पारकर ससुराल पहुँचे। पत्नी ने उन्हें भगवत्प्रेम का उपदेश दिया :

अस्थि चर्म मय देह मम तामैं जैसी प्रीति।
तैसी जो श्री राम महँ होत न तौं भवभीति॥

उसका इतना प्रभाव पड़ा कि वे विरक्त हो गए। फिर नहीं लौटे।

3. एक बार तुलसी की पत्नी ने उनके पास यह दोहा लिखकर भेजा :

कटि की खीनी कनक सी रहत सखिन सँग सोय।
मोहि फटे की डर नहीं अनत कटे डर होय॥

इसका उन्होंने इस प्रकार उत्तर भेजा था :

कटे एक रघुनाथ सँग बाँधि जटा सिर केस।
हम तो चाखा प्रेम रस पतिनी के उपदेस॥

4. तुलसी के विरक्त हो जाने के बाद उनकी पत्नी अपने मायके में ही रहती थी। वृद्धावस्था में एक बार भूल से तुलसीदास अपनी ससुराल में पहुँच गए। भोजन कराते समय पत्नी ने पति को कुछ-कुछ पहचान लिया। सबेरे जब तुलसी चलने लगे तब पत्नी ने वास्तविकता प्रकट करते हुए उनके साथ चलने की अनुमति माँगी। तुलसी ने इसका निषेध किया। तब पत्नी ने कहा :

खरिया खरी कपूर सब उचित न पिय तिय त्याग।
कै खरिया मोहिं मेलि कै बिमल बिवेक बिराग।[1]

इस पर तुलसी अपने झोले की सारी सामग्री ब्राह्मणों को बाँटकर अकिंचन हो गए।

5. ऐसी प्रसिद्धि है कि तुलसीदास सोरों के संत थे। एक समय वे उस स्थान पर आए जहाँ आजकल राजापुर स्थित है। उन्होंने 'राजापुर' को बसाया। एक किंवदंती के अनुसार वहाँ 'राजा' नामक एक साधु रहते थे। वे तुलसी के भक्त थे। उन्हीं के नाम पर तुलसी ने 'राजापुर' की नींव डाली।

6. कहते हैं कि जब तुलसीदास राजापुर से काशी जाने लगे तब वे 'रामचरितमानस' की एक स्वहस्तलिखित प्रति अपने शिष्य गणपति को दे गए थे। वह प्रति राजापुर के तुलसी-मंदिर में रखी रहती थी। एक पुजारी अथवा दूसरी किंवदंती के अनुसार चोर उस प्रति को चुरा ले गया। शिष्यों को स्वप्न हुआ। उन्होंने उसका पीछा किया। डर के मारे उसने पुस्तक नदी में फेंक दी। वह नदी में से निकलवायी गई। उसके अधिकांश पन्ने गल गए थे। केवल अयोध्याकांड बच गया था। सुरक्षा के विचार से वह पुस्तक एक उपाध्यायजी के यहाँ रखी रहने लगी। वह उनके वंशजों के पास आज भी सुरक्षित है।

7. विल्सन ने किसी जनश्रुति के आधार पर बतलाया है कि तुलसीदास सरवरिया ब्राह्मण थे। वे चित्रकूट के समीप हाजीपुर के निवासी थे। वयस्क होने पर काशी में रहने लगे। उस नगर के राजा ने उन्हें दीवान नियुक्त किया। तुलसी के आध्यात्मिक गुरु जगन्नाथदास और नाभादास थे, जो अग्रदास के शिष्य थे। उन्होंने अपने गुरु नाभादास का वृंदावन के समीप गोवर्धन तक

---

1. दोहावली, 255

अनुसरण किया। बाद में 31 वर्ष की आयु में उन्होंने 'रामायण' का हिंदी-भाषांतर आरंभ किया।

8. आजकल अयोध्या में जिस स्थान को 'तुलसी-चौरा' कहते हैं वहाँ पर किसी समय एक प्रसिद्ध योगिराज मुनि ने आसन जमाया था। जब तुलसीदास काशी से अयोध्या पधारे तब योगिराज ने उन्हें अपने गुरु का आदेश सुनाकर वह स्थान उन्हें सौंप दिया, और अपने शरीर को योगाग्नि में भस्म कर दिया। गोसाईंजी ने सं. 1631 में रामनवमी के दिन 'रामचरितमानस' की रचना उसी स्थान पर आरंभ की और सं. 1633 में राम-विवाह की तिथि को उसे समाप्त किया। तुलसी ने वहाँ पर कुछ मूर्तियाँ प्रतिष्ठापित की थीं। मिर्ज़ा मानसिंह ने फर्श और छत्री बनवाई थी।

9. काशी में तुलसीदास बहुत समय तक प्रह्लादघाट पर गंगाराम ज्योतिषी के यहाँ ठहरे थे। 'रामाज्ञाप्रश्न' के इस दोहे में उनका निर्देश किया गया है :

सगुन प्रथम उनचास सुभ तुलसी अति अभिराम।
सब प्रसन्न सुर भूमिसुर गो गन गंगाराम॥[1]

कहा जाता है कि गंगाराम के उत्तराधिकारियों के पास तुलसी का जो चित्र है वह जहाँगीर का बनवाया हुआ है।

10. गंगाराम राजाश्रित ज्योतिषी थे। राजा ने सुना कि शिकार के लिए गए हुए राजकुमार को शेर ने फाड़ डाला है। उसने गंगाराम को बुलाकर कहा—सच्चा हाल बताओ, अन्यथा मृत्युदंड मिलेगा। वे घबराकर तुलसी के पास पहुँचे। तुलसी ने 'रामशलाका' बनाकर उत्तर दिया कि राजकुमार कल सकुशल लौट आएँगे। गंगाराम ने जाकर राजा को यही उत्तर दिया। वे बंदी बना लिए गए। राजकुमार लौट आया। राजा ने प्रसन्न होकर गंगाराम को एक लाख रुपए का पुरस्कार दिया। उन्होंने सारा धन तुलसी को दे देना चाहा। बहुत आग्रह करने पर तुलसी ने बारह हजार रुपए लिये और उनसे हनुमान के 12 मंदिर बनवाए जिनमें से संकटमोचन और अस्सी के मंदिर विशेष प्रसिद्ध हैं।

11. काशी में कुछ समय तक तुलसी हनुमान फाटक पर रहे थे। वहाँ पर भक्तों की भीड़ होने लगी। कट्टर नवमुसलमानों को यह बात असह्य लगी। वे उपद्रव मचाने लगे। उनकी परेशानी से बचने के लिए तुलसीदास गोपाल-मंदिर के अहाते में रहने लगे। उसकी एक कोठरी उनकी बैठक थी। उसी में बैठकर उन्होंने 'विनयपत्रिका' के बहुत से गीत लिखे। वहाँ पर वल्लभसंप्रदाय के गोसाइयों ने उन्हें तंग किया। उस मंदिर को छोड़कर वे अस्सी घाट पर रहने लगे। कहते हैं कि तुलसी के मित्र टोडर अस्सी घाट पर एक मंदिर बनवाकर उन्हें आग्रहपूर्वक वहाँ ले गए थे। अतः गोसाइयों ने उनसे बैर ठान लिया। एक बार तुलसी ब्रज-यात्रा पर गए हुए थे। लौटने पर सुना कि उनके परममित्र रामभक्त टोडर को द्वेषी गोसाइयों ने मार डाला है। उनकी मृत्यु पर शोक-संतप्त होकर उन्होंने कई दोहे लिखे थे।[2]

12. अस्सी घाट पर एक अंशतः प्राचीन इमारत है। वहाँ पर एक जोड़ी खड़ाऊँ, एक चित्र और लकड़ी का एक टुकड़ा है। खड़ाऊँ और चित्र तुलसी के बताए जाते हैं। टुकड़ा उस नाव का कहा जाता है जिस पर चढ़कर वे गंगा-पार जाया करते थे।

13. काशी में प्रह्लाद-घाट पर रहते हुए तुलसीदास शौच के लिए गंगा पार जाया करते थे। लौटती बार बचा हुआ जल आम के एक वृक्ष की जड़ में डाल दिया करते थे। उस वृक्ष में एक प्रेत का निवास था। जल से उसकी तृप्ति होती थी। एक दिन प्रसन्न होकर उसने तुलसीदास से वर

---

1. रामाज्ञाप्रश्न, 1/7/7
2. तुलसी-उर थाला विमल टोडर गुनगन बाग।
   ये दोउ नैनन सींचिहौं समुझि समुझि अनुराग॥

माँगने को कहा। वे बोले, "मैं भगवान् राम का दर्शन चाहता हूँ।" उसने उत्तर दिया, "मैं असमर्थ हूँ, किंतु उपाय बताता हूँ। रामायण की कथा सुनने के लिए अमुक स्थान पर कोढ़ी के वेश में हनुमान आया करते हैं। उन्हें पकड़ो, दर्शन करा देंगे।" तुलसी ने वही किया। कोढ़ी के चरणों से लिपट गए। उसे कहना पड़ा, "चित्रकूट जाओ दर्शन मिल जाएगा।" वे चित्रकूट जाकर मंदिर के पास रहने लगे। एक दिन उन्होंने दो अश्वारोही श्याम-गौर राजकुमारों को अहेरी के वेश में जाते देखा। कोई कहता है कि वे उन्हें मुग्ध दृष्टि से देखते रह गए; कोई कहता है कि उन्हें देखकर दृष्टि फेर ली। हनुमान ने ब्राह्मण-वेश में (किसी-किसी के अनुसार सपने में) आकर तुलसी को बताया कि वे घुड़सवार राम-लक्ष्मण थे।

14. विरक्त तुलसीदास क़ाशी में रहने लगे थे। वहाँ पर उन्होंने संस्कृत में काव्य-रचना करना आरंभ किया। वे दिन में जो कुछ लिखते थे वह सब रात में उनके सो जाने पर गायब हो जाया करता था। एक सप्ताह तक यह अद्भुत घटना घटती रही। वे बड़े परेशान हुए। शिवजी ने स्वप्न में उन्हें आदेश दिया कि लोक-भाषा में रचना करो, संस्कृत के चक्कर में मत पड़ो। तब उन्होंने अवधी में 'रामचरितमानस' की रचना की।

15. तुलसी काशी में प्रह्लाद-घाट पर रहते थे। एक रात चोर चोरी करने आए। उन्होंने देखा कि एक साँवला धनुर्धर सजग होकर पहरा दे रहा है। वे लौट गए। दूसरी रात फिर आए। फिर वही पहरेदार दिखाई पड़ा। सवेरे उन्होंने तुलसी से उस प्रहरी के विषय में पूछा। भगवान् राम के कष्ट का स्मरण कर तुलसी की आँखों में आँसू आ गए। उन्होंने अपना सब कुछ लुटा दिया। उनकी महिमा से अभिभूत चोर भी उनके शिष्य हो गए।

16. एक बार वे कहीं से अकेले आ रहे थे। अँधेरी रात थी। चोरों ने उन्हें घेर लिया। आत्मरक्षा का दूसरा उपाय न देखकर उन्होंने हनुमानजी का स्मरण किया। हनुमानजी ने अपना विकराल रूप दिखाकर चोरों को भगा दिया। उस समय का वर्णन कवि के निम्नांकित दोहे में मिलता है :

बासर ढासनि के ढका रनजी चहुँ दिसि चोर।
संकर निज पुर राखिए चितै सुलोचन कोर॥[1]

17. एक बार रास्ते में आधी रात के समय चोरों से उनकी भेंट हो गई। एक चोर ने कड़क कर पूछा—तुम कौन हो ? उन्होंने नम्रता से उत्तर दिया—भाई, जो तुम हो सो मैं हूँ। फिर प्रश्न हुआ—अकेला ही है ? उनका उत्तर था—हाँ। चोरों ने कहा—जान पड़ता है कि पहली बार निकले हो, अच्छा, हमारे साथ चलो। तुलसी उनके साथ चल पड़े। चोरों ने उन्हें पहरे पर खड़ा कर दिया और स्वयं सेंध लगाकर अंदर घुसे। उसी समय तुलसी ने शंख बजाया। सब निकल भागे। दूसरे स्थान पर जाकर उन सबने फिर वैसा ही किया। तुलसी ने फिर शंख बजाया। एक चोर ने उन्हें ऐसा करते हुए देख लिया था। एकांत में पहुँचकर चोरों ने उन्हें इस हरकत के कारण डाँटा। तुलसी ने इस कार्य का औचित्य सिद्ध करते हुए कहा—मैंने अनुभव किया कि भगवान् राम तुम्हें चोरी करते हुए देख रहे हैं, इस कारण तुम्हें विपत्ति से बचाने के लिए मैंने शंख बजा दिया। चोरों का अज्ञानांधकार दूर हो गया। चोरी छोड़कर वे तुलसी के शिष्य हो गए।

18. एक वैरागी किसी तांत्रिक की स्त्री को लेकर चंपत हो गया। जब स्त्री नहीं मिली तब उस तांत्रिक ने तंत्र-बल से बादशाह को ही पकड़ मँगाया और उससे यह आज्ञा जारी कराई कि वैरागी-वेश में पाए जानेवाले सभी व्यक्ति पकड़ लिये जाएँ। इससे सारे वैरागी-समाज पर आपत्ति का पहाड़ टूट पड़ा। राजपुरुष तुलसी को भी पकड़ने के लिए पहुँचे। वहाँ पर उन्होंने भयंकर देवताओं

---

1. दोहावली, पृ. 239

को पहरा देते पाया। इससे वे बहुत भयभीत हुए और पकड़े गए वैरागियों को मुक्त कर दिया।

19. एक बार जब वे काशी से भृगु आश्रम जा रहे थे तब कांत गाँव के मँगरू अहीर ने उनकी बड़ी आवभगत की। तुलसी ने उसे आशीर्वाद दिया—यदि तुम्हारे वंशज चोरी और परपीड़न से दूर रहेंगे तो उनका उत्कर्ष होता रहेगा। मँगरू के वंशज आज भी विद्यमान हैं। वे अस्तेयपरायण और संतसेवी हैं। बेलापनौत गाँव के रघुनाथसिंह ने तुलसी का बड़ा सत्कार किया। उन्होंने उस गाँव का नाम रघुनाथपुर कर दिया।

20. काशी में भुलई नाम का एक साधु-निंदक कलवार था। वह मर गया। लोग उसके शव को ले जा रहे थे। उसकी सती स्त्री भी जा रही थी। मार्ग में उसने तुलसीदास को प्रणाम किया। अपने अभ्यास के अनुसार तुलसी ने उसके सौभाग्यवती होने का आशीर्वाद दिया। उसने अपने पति की शव-यात्रा की बात बताई। अपने वचन को अमोघ करने के लिए तुलसी ने शव को वापस मँगाया और चरणामृत से उस कलवार को जिला दिया।

21. एक बार रास्ते में उन्हें एक ब्राह्मणी मिली। वह पति के साथ सती होने जा रही थी। उसने तुलसी को देखकर प्रणाम किया। उन्होंने आशीर्वाद दिया—सौभाग्यवती हो। स्त्री ने बताया—मैं तो विधवा हो गई हूँ। तुलसी ने उपदेश किया—'राम-नाम जपो, उससे तुम्हारे स्वामी भी मिलेंगे और स्वामियों के स्वामी राम भी।' वे सब शव के साथ 'राम-नाम' कहते हुए घाट पर पहुँचे। वहाँ ब्राह्मण जी उठा। वे सब तुलसी के शिष्य हो गए। रामदास गौड़ का कहना है कि "शायद तभी से मुर्दे के साथ 'राम-नाम सत्य है' कहने की प्रथा चल पड़ी।"[1]

22. जाड़े की ऋतु थी। तुलसीदास गंगा की धारा में छाती तक पानी में खड़े होकर जप कर रहे थे। उधर से एक वेश्या निकली। वह चकित होकर यह दृश्य देखती रही। तुलसी बाहर आए। वे अपने वस्त्रों पर गंगाजल छिड़कने लगे। दो-चार बूँदें उस वेश्या पर भी पड़ गईं। इसके प्रभाव से उसके मन में वैराग्य उत्पन्न हो गया। उसने उनसे उपदेश प्राप्त किया और विरक्त होकर रामभजन करने लगी।

23. एक ब्रह्महत्यारा ब्राह्मण था। एक दिन उसने आवाज लगाई, 'है कोई राम का प्यारा जो इस हत्यारे को भी कुछ भोजन दे।" तुलसी ने उसे पाप-मुक्त मानकर उसके साथ प्रसाद-भोजन किया। काशी के पंडितों को उनका यह आचरण हिंदू-धर्म पर कुठाराघात-सा लगा। उन्होंने पंचायत में तुलसी को बुलाकर उनसे जवाब तलब किया। तुलसी ने राम-नाम की महिमा और पावनता का बखान किया। ब्राह्मण पंडितों को इससे संतोष नहीं हुआ। उन्होंने कहा कि यदि शिव का पत्थर का नंदी हत्यारे के हाथ से भोजन कर ले तो उसे पवित्र मान लिया जाएगा। तुलसी ने उसके हाथ से नंदी को भोजन करा दिया। इससे विरोधियों के मुँह बंद हो गए।

24. तुलसी चित्रकूट जा रहे थे। मार्ग में विंध्य के राजा ने उन्हें आदर से ठहराया। इसी समय बादशाह ने राजा को दिल्ली पकड़ मँगाया। तुलसी उसके लिए भगवान् से प्रार्थना करते रहे। फल यह हुआ कि बादशाह ने राजा को दंड देने के बदले बहुत सा पुरस्कार देकर और उसका अधिकार बढ़ाकर वापस भेजा। लौटकर राजा ने कुछ दिनों तक तुलसी को आग्रह के साथ अपने यहाँ रोका और उनके सत्संग का लाभ उठाया।

25. विंध्य की तराई में दो अन्य राजा रहते थे। वे परस्पर वचन-बद्ध थे कि संतान होने पर एक के लड़के का विवाह दूसरे की लड़की से होगा। संयोग से दोनों के लड़कियाँ हुईं। लालची राजा ने अपनी पुत्री को पुत्र घोषित किया। उसी प्रकार उसका पालन आदि हुआ।

---

1. रामचरितमानस की भूमिका, खंड 5, पृ. 19

समय आने पर दोनों का विवाह हो गया। तत्पश्चात् इस रहस्य का उद्घाटन हुआ। लड़की के पिता ने प्रतिशोध लेने के लिए लोभी राजा पर चढ़ाई कर दी। वह भागकर तुलसी की शरण में पहुँचा। तुलसी ने 'रामचरितमानस' का नवाह्निक पाठ किया और उसकी पुरुषवेषधारिणी कन्या को चरणामृत पिलाया। वह पुरुष हो गई। इसी समय दूसरा राजा भी अपनी सेना के सहित वहाँ पहुँचा। दोनों में संधि करा दी गई।

26. चित्रकूट में तुलसीदास रामघाट पर बैठे थे। एक मनोहर युवक ने आकर कहा—बाबा, चंदन दो। वे चंदन घिसने लगे। इतने में उन्हें सूचित करने के लिए हनुमानजी शुक का वेश धारण कर आकाश से बोले :

चित्रकूट के घाट पर भइ संतन की भीर।
तुलसिदास चंदन घिसें तिलक देत रघुबीर।।

वे आत्मविस्मृत होकर राम की शोभा निरखने लगे और कुछ ही क्षणों में मूर्च्छित हो गए। राम ने स्वयं चंदन लगाया और अंतर्धान हो गए।

27. तुलसी चित्रकूट में घूम रहे थे। एक स्थान पर उन्होंने रामलीला का दृश्य देखा। लक्ष्मण आदि के साथ राम भी दिखाई दिए। राह में तुलसी को एक ब्राह्मण मिला। उन्होंने उससे रामलीला की प्रशंसा की। उसने कहा कि यह समय रामलीला का नहीं है, और अंतर्धान हो गया। तुलसी समझ गए कि हनुमानजी ने अपनी प्रतिज्ञा के अनुसार दर्शन करा दिया।

28. चित्रकूट में एक दरिद्रमोचन घाट है। एक बार उस स्थान पर तुलसी की किसी दरिद्र ब्राह्मण से भेंट हुई। वह दरिद्रता से पीड़ित होकर आत्महत्या करने जा रहा था। तुलसी को उस पर दया आ गई। उन्होंने राम और मंदाकिनी की स्तुति की। उससे 'दरिद्र-मोचन' शिला प्रकट हुई जिससे ब्राह्मण की दरिद्रता दूर हो गई। तभी से वह घाट 'दरिद्र-मोचन घाट' कहलाने लगा।

29. तुलसी के लोकोत्तर चमत्कारों की अद्भुत कहानियाँ सुनकर बादशाह ने उन्हें दिल्ली बुलवाया। उनसे कहा कि कुछ करामात दिखलाओ। तुलसी ने उत्तर दिया—मुझे करामात दिखाना नहीं आता। रुष्ट होकर बादशाह ने उन्हें बंदीगृह में डलवा दिया। विवश होकर तुलसी ने हनुमान की स्तुति की।

उनके उद्धार के लिए हनुमानजी की वानर-सेना पिल पड़ी। बानरों ने किले को घेर लिया, बेगमों के वस्त्र नोंच डाले। दिल्लीपति की दुर्गति कर डाली। वह तुलसी के पैरों पड़ा। उन्होंने हनुमान की पुनः स्तुति की। उत्पात बंद हो गया। बादशाह को वह किला हनुमानजी के लिए छोड़ देना पड़ा। उसने तुलसी को सादर विदा किया।

30. एक प्रोफेसर ने पं. रामनरेश त्रिपाठी को बतलाया था कि जयपुर में 'अकबरनामा' की एक हस्तलिखित प्रति है। उसमें लिखा है कि तुलसी अकबर के साथ शतरंज खेला करते थे।[1]

31. नाभादास की तुलसी पर बड़ी श्रद्धा थी। एक बार वे वृंदावन से काशी गए। लौटने के दिन तुलसी से मिलने गए। उस समय तुलसी विनय में मग्न थे और बहुत समय तक कोठरी से बाहर नहीं निकले। नाभादास निराश होकर वृंदावन लौट गए। पता चलने पर तुलसी दुखी हुए, और उनसे मिलने के लिए वृंदावन पहुँचे। उस समय वहाँ पर साधुओं का भंडारा हो रहा था। तुलसी पंक्ति के अंत में संतों के जूतों और खड़ाउँओं के पास बैठ गए। एक महात्मा ने वह पत्तल जिस पर वे पैर रखकर बैठे हुए थे तुलसी की ओर बैठने के लिए बढ़ा दी। परोसते हुए किसी ने उनसे पूछा—आपको किस पात्र में प्रसाद दूँ ? तुलसी ने वही पत्तल आगे बढ़ाते हुए कहा, "इससे अधिक

1. तुलसीदास और उनका काव्य, पृ. 102

पवित्र पात्र दूसरा नहीं हो सकता।" यह देखकर नाभाजी उन्हें गले से लगाते हुए बोले, "आप भक्तमाल के सुमेरु हैं।"

32. कहते हैं कि वृंदावन में तुलसी को सर्वत्र कृष्ण का ही नाम सुनकर अचंभा हुआ। वहाँ पर कोई राम का नाम नहीं लेता था। इस पर उन्होंने अपनी मनोदशा इस प्रकार व्यक्त की :

राधा-कृष्ण सबै कहैं आक ढाक अरु कैर।
तुलसी या ब्रज मो कहा सिया-राम सों बैर॥

गोपाल मंदिर में उन्होंने अपनी राम-भक्ति प्रकट करते हुए कृष्ण-मूर्ति के सामने कहा, "...तुलसी मस्तक तव नवै धनुप-बान लो हाथ।"

कृष्ण-मूर्ति राम-रूप में परिवर्तित हो गई और तब तुलसी ने भगवान् की वंदना की।

33. तुलसी के समसामयिक अद्वैतवेदांती मधुसूदन सरस्वती भी काशी-निवासी थे। भाषा-निबद्ध 'रामचरितमानस' की लोकप्रियता से काशी के पंडित बौखला रहे थे। उन्होंने तुलसी की प्रतिष्ठा को मटियामेट करने का एक उपाय सोचा—शंकर मतानुयायी मधुसूदन सरस्वती को उनसे शास्त्रार्थ के लिए भिड़ा दिया जाए। तुलसी के वाद से वे इतने प्रसन्न हुए कि उन्होंने एक श्लोक के द्वारा तुलसी की प्रशस्ति की :

आनंदकानने ह्यस्मिन् जंगमस्तुलसीतरुः।
कवितामंजरी यस्य रामभ्रमरभूषिता॥

34. एक बंगाली पंडित थे रविदत्त शास्त्री। वे प्रचंड क्रोधी थे। कुटिल पंडितों ने तुलसी के साथ उनकी मुठभेड़ कराने की सोची। रविदत्त ने तुलसी से शास्त्रार्थ किया, हार जाने पर लाठी लेकर सिर फोड़ने पर उतारू हो गए। सामने हनुमान के भयंकर रूप को देखकर भाग खड़े हुए। छली पंडित ने अपनी विजय का दूसरा उपाय निकाला। तुलसी की बहुत अनुनय-विनय की। प्रसन्न तुलसी ने उनसे वर माँगने को कहा। उन्होंने वर माँगा—आप काशी छोड़कर चले जाइए। बेचारे तुलसीदास वचन-पालन के लिए काशी छोड़कर चल पड़े। स्वप्न में शिवजी ने काशी-वासियों को उन्हें मना लाने के लिए प्रेरित किया। वे टोडर को आगे करके चले और तुलसी को मनाकर वापस ले आए। तब से तुलसी ने अस्सी घाट को अपना निवास-स्थान बनाया।

35. काशी के पराजित पंडितों ने तुलसी के प्राण लेने की ठान ली। उनके कहने से तांत्रिक वटेश्वर ने मंत्र-तंत्र के द्वारा उनके जीवन का अंत करने की चेष्टा की। उसने तुलसी की हत्या के लिए काशी के कोतवाल कहे जानेवाले भैरव को प्रेरित किया। उधर तुलसी की रक्षा के लिए बजरंगबली पहले से सन्नद्ध खड़े थे। देखते ही भैरव को ललकारा। वे उल्टे पाँव भाग खड़े हुए और लौटकर बटेश्वर की जीवन-लीला समाप्त कर दी।

36. 'रामचरितमानस' की लोकप्रियता बढ़ रही थी। संस्कृत के पंडित हैरान थे। उन्हें एक चाल सूझी। वे बोले, "यदि शिवजी उस पर सही कर दें तो हम लोग उसे प्रामाणिक ग्रंथ मान लें।" परीक्षा के लिए 'रामचरितमानस' की एक प्रति विश्वनाथ के मंदिर में रात को रख दी गई। सवेरे मंदिर का द्वार खुलने पर देखा गया कि उस पर शिवजी ने सही कर दी है।

इस बात से पंडितों ने हार नहीं मानी। उन्होंने यह आपत्ति की कि वेद, पुराण आदि से तुलना में 'रामचरितमानस' का स्थान तो निर्धारित ही नहीं हुआ। इस प्रकार का निर्णय जानने के लिए 'रामचरितमानस' को नीचे रखकर उसके ऊपर संस्कृत के पुराण आदि ग्रंथ रखे गए। प्रातःकाल द्वार खोलकर देखा गया तो 'रामचरितमानस' सब ग्रंथों के ऊपर था।

37. 'रामचरितमानस' की जिस प्रति पर शंकरजी ने सही की थी, ईर्ष्यालु पंडितों ने उसको उड़ा देने की बड़ी चेष्टा की। उन्हें सफलता नहीं मिली, क्योंकि राम-लक्ष्मण और हनुमान उसकी

रक्षा करते रहे। आज वह प्रति अप्राप्य है। इस रहस्य के संबंध में भी एक किंवदंती है। सुरक्षा की दृष्टि से वह प्रति तुलसी ने अपने मित्र टोडर के यहाँ रखवा दी और कहला दिया कि तुम्हारे घर से बाहर होने पर यह प्रति लुप्त हो जाएगी। विधि का विधान अमिट है। टोडर के वंशज अनंतमल की लाड़ली कन्या उससे बड़ा प्रेम रखती थी, नियम से उसकी पूजा करती थी। विवाह के बाद ससुराल जाते समय उसने चुपके से वह प्रति अपनी डोली में रख ली। ससुराल पहुँचने के साथ ही वह प्रति लुप्त हो गई। इस शोक में कन्या ने भी प्राण त्याग दिए।

38. एक पंडित थे। उनका नाम घनश्याम शुक्ल था। वे संस्कृत के कवि थे। 'भाषा' में भी काव्य-रचना करते थे। पंडितों ने उनके 'भाषा' में लिखने पर आपत्ति की। उन्होंने तुलसी से परामर्श किया। तुलसी ने उत्तर दिया :

का भाषा का संस्कृत प्रेम चाहिए साँच।
काम जो आवै कामरी का लै करै कुमाच ॥[1]

39. एक दिन मणिकर्णिका घाट पर एक संस्कृत-प्रेमी पंडित ने पूछा—आप तो संस्कृत के विद्वान् हैं, फिर आप देववाणी को छोड़कर 'भाषा' में रचना क्यों करते हैं ? उन्होंने उत्तर दिया :

मनि भाजन मधु पारई पूरन अमी निहारि।
का छाँड़िअ का संग्रहिअ कहहु बिबेक बिचारि ॥[2]

40. आमेर के राजा मानसिंह और उनके भाई जगतसिंह तुलसीदास के पास प्रायः आया करते थे। एक दिन किसी ने तुलसीदास से प्रश्न किया—महाराज, पहले तो आपके पास कोई नहीं आता था, और अब इतने बड़े-बड़े लोग आया करते हैं; इसका क्या कारण है ? तुलसी ने उत्तर दिया :

लहै न फूटी कौड़िहूँ को चाहै केहि काज।
सो तुलसी महँगो कियो राम गरीबनेवाज ॥
घर-घर माँगे टूक पुनि भूपति पूजे पाय।
जे तुलसी तब राम बिनु तेअब राम सहाय ॥[3]

41. एक गरीब ब्राह्मण था। उसे अपनी कन्या का विवाह करना था। तुलसी ने उसको आर्थिक सहायता-प्राप्ति के लिए अब्दुर्रहीम खानखाना के पास भेजा। रहीम को उन्होंने एक पत्र लिखा। उसमें दोहे की एक पंक्ति थी :

सुरतिय नरतिय नागतिय अस चाहत सब कोय।

रहीम ने उस ब्राह्मण की यथेष्ट सहायता की और पत्रोत्तर में दोहे की दूसरी पंक्ति लिखी :

गोद लिये हुलसी फिरैं तुलसी सो सुत होय ॥

42. तुलसीदास चित्रकूट में थे। सूरदास स्वतः अथवा गोकुलनाथ के आदेशानुसार उनसे मिलने के लिए चित्रकूट गए। उन्होंने अपना 'सागर' तुलसी को दिखाया।

43. एक बार केशवदास तुलसी के दर्शनार्थ काशी गए। तुलसी अंदर कोठरी में थे। उन्हें केशव के आगमन की सूचना दी गई। उन्होंने कहा—प्राकृत कवि केशव को आने दो ! केशव ने सुन लिया। वे तत्काल लौट पड़े। उन्होंने रात-भर में 'रामचंद्रचंद्रिका' लिख डाली और दूसरे दिन उसे लेकर तुलसी से मिले।

44. अपने देवर महाराणा के अत्याचारों से तंग आकर मीराँबाई ने तुलसीदास को एक

---

1. दोहावली, 572
2. वही, 351
3. वही, 108, 109

पत्र लिखकर अपने कर्त्तव्य के विषय में उनकी सम्मति माँगी। मीराँ का पत्र था :

स्वस्तिश्री तुलसी गुन दूषनहरन गुसाईं...
मेरे मात-पिता के सम हौ हरि-भगतन सुखदाई।
हम कूँ कहा उचित करिबो है सो लिखियो समुझाई॥

तुलसी ने उसके उत्तर में यह पत्र लिखकर भेजा :

जाके प्रिय न राम बैदेही।
तजिए ताहि कोटि बैरी सम जद्यपि परम सनेही॥[1] **आदि**

45. एक बार तुलसीदास की भेंट उनके समसामयिक जैन-कवि बनारसीदास से हुई। तुलसी ने उनको 'रामचरितमानस' की एक प्रति दी। और उन्होंने तुलसी को पार्श्वनाथ की स्तुति दी। दूसरी बार भेंट होने पर बनारसीदास ने रामायण पर एक कविता लिखकर उन्हें दी :

विराजै रामायण घटमाहीं।
मरमी होय मरम सो जानै मूरख मानै नाहीं॥
आतम राम ज्ञान गुन लक्ष्मण सीता सुमति समेत।
शुभ प्रयोग वानरदल मंडित बर बिबेक रन खेत॥
ध्यान धनुष टंकार सोर सुनि गई विषय दिति भाग।
भई भस्म मिथ्या मत लंका उठी धारना आग॥
जरे अज्ञान भाव राक्षस कुल लरे निसंकित सूर।
जूझे राग द्वेष सेनापति संसय गढ़ चकचूर॥
बिलखत कुंभकरन भव बिभ्रम पुलकित मन दरियाव।
थकित उदार बीर महिरावन सेतुबंध समभाव॥
मूर्च्छित मंदोदरी दुरासा सजग चरन हनुमान।
घटी चतुर्गति परनति सेना छुटे छपक गुन बान॥
निरखि सकति गुन चक्र सुदर्सन उदय बिभीषन दीन।
फिरै कबंध महीरावन को प्रान भाव सिरहीन॥
इति बिधि साधु सकल घटे अंतर होय सहज संग्राम।
यह बिवहार दृष्टि रामायण केवल निश्चय राम॥

और उन्होंने उत्तर में पार्श्वनाथ की स्तुति लिखकर बनारसीदास को दी :

पदजलज श्रीभगवान जू के बसत हैं उर माहिं।
चहुँ गति विहंडन तरनतारन देखि बिघन बिलाहिं॥
थकि धरनिपति नहिं पार पावत वर सु बपुरा कौन।
तिहिं लसत करुना जन पयोधर भजहिं भवि जन तौन॥
दुति उदित त्रिभुवन मध्य भूषन जलधि ज्ञात गँभीर।
जिहि भाल ऊपर छत्र सोहत दहत दोप अधीर॥
जिहि नाथ पारस जुगल पंकज चित्त चरनन जास।
रिधि सिद्धि कमला अजर राजति भजत तुलसीदास॥

46. कहा जाता है कि केशवदास प्रेत-यज्ञ में जल मरे थे। उनकी प्रेतात्मा बहुत समय तक भटकती रही। अपनी दिल्ली-यात्रा के क्रम में तुलसी एक कुएँ पर पहुँचे। उन्होंने डोरी-लोटा से

1. देखिए : विनयपत्रिका, 174

पानी निकालना चाहा। केशव का प्रेत उसी कुएँ में था। उसने लोटा पकड़ लिया। केशव बोले, "मुझे प्रेत-योनि से छुड़ाओ, तब मैं तुम्हारा लोटा छोड़ूँगा।" तुलसी ने कहा, "अपनी 'रामचंद्रचंद्रिका' का इक्कीस बार पाठ करो, मनोरथ सिद्ध हो जाएगा।" केशव को उसका पहला शब्द भूल गया था। तुलसी ने याद दिलाया। पाठोपरांत केशव प्रेत-योनि से मुक्त हुए।

47. एक बार तुलसी की भेंट भक्त-कवि अनन्यमाधव से हुई। उन्होंने विनय का एक पद लिखकर अनन्यमाधव को सुनाया :

मैं हरि पतिपावन सुने।
मैं पतित तुम पतितपावन दोउ बानक बने॥[1]

अनन्यमाधव ने भी उत्तर में एक पद रचकर तुलसी को सुनाया :

तब तें कहाँ पतित नर रह्यो।
जब तें गुरु उपदेस दीन्हों नाम नौका गह्यो॥ आदि[2]

48. एक दिन एक अलखिया जोगी आया। उसने 'अलख-अलख' की आवाज लगाई। तुलसी को बुरा लगा। उन्होंने उसको करारी डाँट पिलाई :

हम लखि लखहि हमार लखि हम हमार के बीच।
तुलसी अलखहि का लखहि राम नाम जपु नीच॥[3]

49. तुलसी के समकालीन मेघाभगत का नाम बहुत प्रसिद्ध है। उन्होंने काशी में रामलीला का प्रचार किया। चित्रकूट की रामलीला काशी में मेघाभगत की रामलीला समझी जाती थी। उनकी रामलीला में वाल्मीकि-रामायण का पाठ होता था। तुलसी ने अस्सी पर 'रामचरितमानस' के आधार पर रामलीला का आरंभ किया। उसमें 'रामचरितमानस' के गान की व्यवस्था की। उसका इतना अधिक प्रचार हुआ कि विभिन्न स्थानों पर मनाई जानेवाली विजयदशमी के अवसर पर लोग 'रामचरितमानस' ही गाते हैं। आज भी तुलसी द्वारा प्रवर्तित रामलीला अस्सी पर हुआ करती है। उनके द्वारा निर्धारित किए हुए स्थान भी हैं। काशी विश्वविद्यालय और अस्सी के बीच का प्रसिद्ध स्थान लंका तुलसी की रामलीला की 'लंका' है।

50. लोक-प्रसिद्धि है कि तुलसीदास का देहावसान संवत् 1680 में हुआ था। इस संबंध में एक दोहा प्रचलित है :

संबत सोरह सै असी असी गंग के तीर।
सावन सुकला सप्तमी तुलसी तज्यो सरीर॥

दूसरी पंक्ति का रूपांतर भी पाया जाता है :

सावन स्यामा तीज सनि तुलसी तज्यो सरीर।

इसका एक रूप ऐसा भी है जिसमें दिन का उल्लेख नहीं है :

सावन स्यामा तीज को तुलसी तज्यो सरीर।

परंतु, सभी में संवत् 1680 का उल्लेख निर्विवाद है।

तुलसी के जीवन-चरित से संबंधित सभी जनश्रुतियों में उपर्युक्त अंतिम दो जनश्रुतियाँ ऐतिहासिक महत्त्व की हैं। तुलसी द्वारा प्रचलित रामलीला असंदिग्ध मानी जाती है। आज भी उसका तथैव प्रचलन इस बात का प्रमाण है। देहावसान-संबंधी संवत् सभी परंपराओं में स्वीकृत

---

1. देखिए—विनयपत्रिका, 160
2. देखिए—रामचरितमानस की भूमिका, खंड 5, पृ. 24
3. दोहावली, 19

है। इस विषय में सभी विशेषज्ञ विद्वान् एकमत हैं कि तुलसीदास का शरीरांत संवत् 1680 में हुआ।

तुलसीदास के चित्र

तुलसीदास के रूप-रंग और आकार-प्रकार का निदर्शक कोई समकालीन प्रमाण नहीं मिलता। 'रतनावलीचरित', 'तुलसीप्रकास', 'प्रेमरामायण', 'गौतमचंद्रिका' आदि में उनके वर्ण, आकृति और वेशभूषा का चित्रांकन किया गया है।[1] इन रचनाओं का प्रामाण्य विवादग्रस्त है। परंतु इनके रूप-निरूपक वर्णन सर्वथा तिरस्करणीय नहीं है, क्योंकि ये तुलसी के उपलब्ध चित्रों के बहुत-कुछ अनुरूप प्रतीत होते हैं।

तुलसी के अनेक चित्र पाए जाते हैं।[2] उनमें से निम्नांकित चित्र महत्त्वपूर्ण हैं :

1. काशी के प्रह्लाद-घाट-निवासी श्री रणछोड़लाल व्यास के यहाँ परिरक्षित चित्र सं. 1655 का बताया जाता है। रायकृष्णदास का मत है कि वह चित्र इतना प्राचीन नहीं हो सकता क्योंकि उसमें जो इमारत बनी है, उसकी शैली मुहम्मदशाह के बाद की है। उसके आधार पर बने हुए अनेक चित्र प्रचलित हैं। उनका अनुमान है कि वह तुलसी के किसी मूल चित्र की प्रतिकृति है। उस चित्र में तुलसीदास का शरीर कुछ रुग्ण-सा दिखाई देता है।
2. उसी चित्र से मिलता-जुलता एक चित्र भारत-कला-भवन, काशी में है जो 1800 ई. के आसपास का प्रतीत होता है। अनुमान है कि ये दोनों चित्र किसी अन्य मूल चित्र के आधार पर बनाए गए हैं।
3. श्री मायाशंकर याज्ञिक के निजी संग्रहालयवाला चित्र भी दूसरे चित्र के समान ही प्राचीन है और पहले दो चित्रों के अनुरूप है। ऐसा प्रतीत होता है कि ये तीनों चित्र किसी एक मूल परंपरा में निर्मित हुए हैं।
4. जार्ज ग्रियर्सन को अयोध्या के किसी अखाड़े से एक चित्र प्राप्त हुआ था। यह चित्र खड्‌गविलास प्रेस, बाँकीपुर से प्रकाशित 'रामचरितमानस' में दिया हुआ है। इसमें तुलसीदास का शरीर मोटा-ताजा दिखाया गया है। इस चित्र में अंकित व्यक्ति की रूपरेखा उपर्युक्त तीन चित्रों के साथ सादृश्य रखती है। इससे ज्ञात होता है कि यह तुलसी की अधेड़ अवस्था का है, और वे चित्र उनकी वृद्धावस्था के हैं।
5. काशिराज के यहाँ 'रामचरितमानस' की एक सचित्र प्रति है जो अठारहवीं शताब्दी की है। उसमें दिया गया चित्र प्रथम दो चित्रों के सदृश्य है।
6. काशी के अस्सी घाट पर तुलसी के स्थान में उनका एक दाढ़ीवाला चित्र भी मिलता है। रायकृष्णदास का कहना है कि वह किसी आधुनिक चित्रकार की कृति है। अन्य चित्रों के साथ उसकी तुलना करने पर विदित होता है कि उसकी रचना उपर्युक्त प्रथम चित्र पर दाढ़ी का आरोप करके की गई है।

अंतस्साक्ष्य : तुलसी-साहित्य

तुलसीदास की प्रामाणिक रचनाओं की विचार-चर्चा एक स्वतंत्र अध्याय का विषय है। अगले अध्याय में उन पर विचार किया जाएगा। 'अंतस्साक्ष्य' का विवेचन **तुलसी की आत्मकहानी** नामक चतुर्थ अध्याय में द्रष्टव्य है।

---

1. देखिए—गोस्वामी तुलसीदास (डॉ. भारद्वाज), पृ. 174
2. देखिए—तुलसीदास और उनका काव्य, पृ. 89-90; गोस्वामी तुलसीदास (डॉ. भारद्वाज), पृ. 175-81

2. तुलसी-साहित्य

तुलसीदास की रचनाएँ

तुलसीदास के अध्येताओं ने उनकी रचनाओं के विषय में श्रमसाध्य ऊहापोह किया है। उनके द्वारा की गई गहरी छान-बीन का पुंखानुपुंख लेखा-जोखा प्रस्तुत कर देने से कोई स्पृहणीय सिद्धि नहीं मिलेगी। एतद्विषयक विवेचन-विश्लेषण की आधार-भूमि बड़ी कमजोर है। तुलसी का 'रामचरितमानस' ही एकमात्र ऐसा ग्रंथ है जिसकी हस्तलिखित प्रतियों की व्यापक खोज हुई है और उन प्रतियों का वैज्ञानिक रीति से पाठालोचन करके संपादन किया गया है। अन्य रचनाओं की हस्तलिखित प्रतियों का न तो सम्यक् अन्वेषण किया गया है और न ही उपलब्ध प्रतियों का पाठानुसंधान करके उनके सुसंपादित संस्करण प्रकाशित किए गए हैं। जब तक यह कार्य संपन्न नहीं हो जाता तब तक तुलसी के नाम से प्रचारित दर्जनों कृतियों के तुलसी-रचित होने की प्रामाणिकता-अप्रामाणिकता और तुलसी-कृत माने जानेवाले विभिन्न ग्रंथों के प्रक्षिप्तांशों की समालोचना संशयमुक्त नहीं हो सकेगी। अध्ययन की इस परिसीमित पृष्ठभूमि में ही तुलसीदास की रचनाओं के कर्तृत्व का निर्धारण किया जाएगा।

शिवसिंह सेंगर, शिवनंदन सहाय, मिश्रबंधु, पं. रामनरेश त्रिपाठी, डॉ. रामकुमार वर्मा, डॉ. माताप्रसाद गुप्त आदि ने विभिन्न स्रोतों द्वारा तुलसी-रचित बताए जानेवाले ग्रंथों की विस्तृत सूची प्रस्तुत की है, उनकी प्रामाणिकता पर भी विचार किया है।

उन बहुधा चर्चित रचनाओं को हम निम्नांकित वर्गों में रख सकते हैं :

[क] अप्रामाणिक रचनाएँ

1. अंकावली
2. आरती
3. उपदेशदोहा
4. कड़खारामायण
5. कलिधर्मनिरूपण
6. कुंडलियारामायण
7. कृष्णचरित
8. गीताभाष्य या गीताभाषा
9. छंदावली या छंदावलीरामायण
10. छप्पयरामायण
11. ज्ञान कौ प्रकरण या ज्ञानपरिकरण
12. ज्ञानदीपिका
13. झूलनारामायण
14. तुलसीदासजी की बानी
15. धर्मराय की गीता
16. ध्रुवप्रश्नावली
17. पदबंदरामायण
18. बजरंगबाण
19. बजरंगसाठिका
20. बारहमासी
21. बाहुसर्वांग
22. भगवद्गीताभाष्य

23. भरतमिलाप
24. मंगलरामायण या मंगलावली
25. रसकल्लोल
26. रसभूषण
27. रामनामकलामणिकोषमंजूषा या नामकलाकोषमणि
28. राममुक्तावली या राममंत्रमुक्तावली
29. रामलला
30. रोलारामायण
31. बिजयदोहावली
32. वृहस्पतिकांड
33. संकटमोचन
34. सतभक्त उपदेश
35. साखी तुलसीदासजी की
36. सूरजपुराण या सूर्यपुराण
37. हनुमानचालीसा
38. हनुमानपंचक
39. हनुमानस्तोत्र

[ख] अर्धप्रामाणिक रचना

1. सतसई (तुलसी-सतसई या रामसततसई)

[ग] प्रामाणिक रचनाएँ

(i) बहुमान्य :

1. वैराग्यसंदीपनी
2. रामाज्ञाप्रश्न
3. रामललानहछू

(ii) सर्वमान्य :

1. रामचरितमानस
2. जानकीमंगल
3. पर्वतीमंगल
4. गीतावली (रामगीतावली, पदावलीरामायण)
5. कृष्णगीतावली
6. विनयपत्रिका (विनयावली, रामगीतावली)
7. दोहावली
8. बरवैरामायण (बरवा)
9. कवितावली या कबित्तावली (हनुमानबाहुक-समेत)

[क] अप्रामाणिक रचनाएँ

प्रथम वर्ग की 'अंकावली' आदि उनतालीस रचनाओं को अप्रामाणिक मानने के अनेक कारण हैं। सबसे महत्त्वपूर्ण बात यह है कि रामायणी व्यासों की परंपरा में उन्हें तुलसीकृत नहीं माना गया है। आचार्य विश्वनाथप्रसाद मिश्र की यह धारणा मान्य है कि तुलसीदास स्वयं 'मानस' के प्रथम व्यास थे। यह तथ्य उनके द्वारा चलाई गई रामलीला से भी समर्थित होता है। उनका अनुसरण करते हुए उनके शिष्य-अशिष्य व्यासों की निरंतर परंपरा चल पड़ी जो आज भी जीवित है। उन व्यासों ने 'रामचरितमानस' की सूक्ष्मातिसूक्ष्म व्याख्या के लिए कवि की अन्य कृतियों का अवश्यमेव परिशीलन किया होगा। उनके पास तुलसी-रचित ग्रंथों की हस्तलिखित प्रतियाँ भी रही होंगी। इसलिए प्रस्तुत विषय में उनकी जानकारी अनुपेक्षणीय है। 'रूढ़िर्योगाद्बलीयसी'।

दूसरी बात यह है कि 'अंकावली' आदि रचनाओं की विश्वसनीय प्रतियाँ नहीं मिलतीं। तुलसी के जीवन-काल की तो एक भी नहीं है। सत्रहवीं शताब्दी (सं. 1689) की अकेली-प्रति 'राममुक्तावली' की है। शेष प्रतियाँ अठारहवीं शताब्दी और उसके बाद की हैं। ऐसा लगता है कि श्रद्धालु रचनाकारों ने तुलसी को विविधपांडित्यपारावारपारीण एवं सर्व-शैली-सिद्ध कवि सिद्ध करने के उद्देश्य से और साथ ही आत्माभिव्यक्ति के आकर्षक प्रचार के लिए तुलसी के नाम पर मनमानी कृतियों की सृष्टि कर डाली। तीसरी बात उन रचनाओं के अंतस्साक्ष्य से संबद्ध है। उनके सामान्य परीक्षण से पता चलता है कि वे तुलसीदास की विचारधारा, काव्य-प्रवृत्ति और भाषा-शैली के अनुरूप नहीं हैं।

उक्त उनतालीस रचनाओं में से 'कलिधर्माधर्मनिरूपण' और 'ज्ञान-दीपिका' विचारणीय हैं। पहली कृति को मिश्रबंधुओं ने तुलसी-रचित माना है। उनके विचार से 'इसकी रचना और भाषा रामायण से बहुत मिलती-जुलती है। यह एक मनोहर प्रशंसनीय ग्रंथ हैं। इसके तुलसीकृत होने में कोई संदेह नहीं है।'[1] उनसे सहमत होना कठिन है। विश्वसनीय परंपरा में इस रचना का उल्लेख नहीं मिलता। प्राचीन प्रतियाँ भी नहीं मिलतीं। 'रामचरितमानस', 'विनयपत्रिका', 'कवितावली' और 'दोहावली' में तुलसी ने कलिकाल के जो प्रभावशाली वर्णन किए हैं, उनके अतिरिक्त रची गई इस शिथिल कृति की निरर्थकता स्वयंसिद्ध है। ऐसा लगता है कि 'दोहावली' आदि के कुछ पद्य लेकर और कुछ स्वरचित पद्यों को मिलाकर किसी ने यह संग्रह तैयार कर दिया है। 'ज्ञानदीपिका' का वैशिष्ट्य उसमें उल्लिखित रचना-काल के कारण है। उसमें दिया हुआ रचनाकाल है—सं. 1631, आषाढ़-शुक्ल 2, गुरुवार। डॉ. माताप्रसाद गुप्त ने छानबीन करके बतलाया है कि किसी भी प्रकार से गणना करने पर यह तिथि शुद्ध नहीं उतरती।[2] 'रामचरितमानस' की समकालीन कही जानेवाली इस कृति में 'मानस' की शैली दृष्टिगोचर नहीं होती।[3] अतएव इन दोनों रचनाओं को प्रामाणिक नहीं माना जा सकता।

[ख] अर्धप्रामाणिक रचना

द्वितीय वर्ग में एक ग्रंथ है—**सतसई**। उसे कवि के नामानुसार 'तुलसी-सतसई' और आराध्य के नामानुसार 'रामसतसई' भी कहा गया है। डॉ. माताप्रसाद गुप्त ने 'सतसई' और 'दोहावली' का संयोग करके 'सतसई-दोहावली' नाम दिया है।[4] विवाद-ग्रस्त 'सतसई' की प्रामाणिकता पर थोड़ा विस्तार से विचार करने की अपेक्षा है। मैंने उसे 'अर्धप्रामाणिक' कहा है। तात्पर्य यह है कि 'सतसई' का कुछ अंश प्रामाणिक अर्थात् तुलसी-रचित है और शेष अंश अप्रामाणिक अर्थात् तुलसी-रचित नहीं है। 'दोहावली' के सौ-सवा सौ दोहे 'सतसई' में पाए जाते हैं। वे असंदिग्ध रूप से तुलसी-रचित हैं। इस प्रसंग में लक्ष्य करने योग्य एक रोचक बात यह है कि 'सतसई' में 'दोहावली' से ऐसा

---

1. हिंदी-नवरत्न, पृ. 98
2. तुलसीदास, पृ. 134
3. उदाहरणार्थ :

   संवत् सोरा सै गए इकतिस अधिक विचार।
   मुकल पक्ष आषाढ़ की दोज पुण्य गुरवार॥
   ता दिन उपजी दीपिका पाँच जोत परवान।
   धर्म ज्ञान अरु ब्रह्म पुनि परमसरूप विकान॥
4. तुलसीदास, पृ. 129, 276

एक भी दोहा नहीं लिया गया है[1] जो तुलसी की रचना-शैली के प्रतिकूल पड़ता हो। सतसई के जो दोहे 'दोहावली' में नहीं मिलते उनका कर्तृत्व संदिग्ध है। हो सकता है कि उनके कर्ता गाजीपुर निवासी तुलसीदास कायस्थ हों (जैसा कि पं. सुधाकर द्विवेदी ने बतलाया है) अथवा कोदोराम के गुरु के पिता शेषदत्त[2] हों या कोई अन्य तुलसी-भक्त महानुभाव। 'सतसई' को तुलसीकृत मानने के पक्ष में निम्नांकित तर्क उपस्थित किए गए हैं :

1. 'सतसई' में 'दोहावली' के सौ से अधिक दोहे पाए जाते हैं। दोनों की शैली समान है। यदि 'दोहावली' तुलसी-रचित हो तो सतसई को भी तुलसी-रचित मानना समीचीन है।
2. 'सतसई' के एक दोहे में उसका रचना-काल दिया हुआ है :

अहि रसना धन धेनु रस गणपति द्विज गुरुवार।
माधव सित सिय जन्म तिथि सतसैया अवतार ॥[3]

अहि-रसना=2, धेनु-थन=4, रस=6, गणपति-द्विज=1।
'अंकानां वामतो गतिः' के अनुसार उसका रचना-काल सं. 1642 है।
यह तुलसीदास का समय है।

3. 'सतसई' में सीता-भक्ति की प्रधानता है। 'वेणीमाधवदास' ने सं. 1640 में तुलसी की मिथिला-यात्रा का उल्लेख किया है। मिथिला के वातावरण का प्रभाव 'सतसई' में प्रतिफलित हुआ है। उसकी रचना भी सीताजी की जन्मतिथि को हुई।
4. सतसई की अनेक हस्तलिखित प्रतियाँ मिलती हैं। इससे सूचित होता है कि वह लोक में तुलसीदास की कृति के रूप में समादृत और परिरक्षित हुई।
5. सतसई पर कई टीकाएँ भी लिखी गईं[4] हैं। यदि वह तुलसी-कृत न होकर किसी निकृष्ट कवि की रचना होती तो टीकाकार उसकी व्याख्या की ओर प्रवृत्त न होते।

ये तर्क अकाट्य नहीं हैं। इनका निरसन किया जा सकता है :

---

1. जैसे—दोहावली, 456-57-58-59; बहुत संभव है कि वैज्ञानिक रीति से 'दोहावली' का पाठानुसंधान होने पर ये दोहे प्रक्षिप्त साबित हो जाएँ।
2. शेषदत्त तुलसी की शिष्य-परंपरा में थे। उन्होंने सतसई पर टीका भी लिखी है। उनके पुत्र के शिष्य कोदोराम ने तुलसी की रचनाओं के विषय में एक कवित्त लिखा है :

मानस गीतावली कवितावली बनाई कृष्ण-
गीतावली गाई सतसई निरमाई है।
पार्वतीमंगल कही मंगल कही जानकी की
रामाज्ञा नहछू अनुरागयुक्त गाई है॥
बरवै वैराग्यसंदीपनी बनाई बिनैपत्रिका बनाई
जामें प्रेम परा छाई है॥
नाम कला कोप मणि तुलसीकृत नेरा काव्य
नहिं कलि में काऊ कवि की कविताई है॥

इस कवित्त में 'दोहावली' का नाम नहीं है। उसके बदले 'सतसई' का उल्लेख है। यह असंभव नहीं है कि तुलसी को सर्वप्रथम सतसईकार सिद्ध करने के लिए शेषदत्त ने स्वयं या उनके किसी समानधर्मा ने 'सतसई' का सर्जन किया हो।

3. सतसई, 1/21
4. 'तुलसी सतसई' का एक संस्करण पं. रामचंद्र द्विवेदी की 'सुबोधिनी टीका' के सहित सं. 1985 में पटना के सरस्वती भंडार से प्रकाशित हुआ। उसकी प्रस्तावना (पृ. 46) में उन्होंने शेषदत्त शर्मा 'फनेश', बैजनाथदास वैष्णव और सुधाकर द्विवेदी (कुंडलिया-छंद में 'तुलसी-सुधाकर') की टीकाओं का उल्लेख किया है।

1. 'दोहावली' के लगभग सवा सौ दोहों का सतसई में अस्तित्व होने से उसके शेष सवा छः सौ दोहों का कर्तृत्व तुलसीदास पर आरोपित नहीं किया जा सकता। उन दोहों का समावेश सतसई-लेखक का करतब हो सकता है, जो तुलसी के दोहों के साथ स्वरचित दोहों को भी उनके नाम पर चला देना चाहता था। यदि सभी दोहे तुलसी ने लिखे होते तो घालमेल करके दो संग्रह बनाने का क्या प्रयोजन था ? कवि सभी दोहों का एक संग्रह बनाकर 'सतसई' के बदले 'हजारा' तैयार कर देता जिसका प्रभाव अधिक चमत्कारी होता। शैली की समानता की बात तो और भी लचर है। कतिपय उदाहरणों से प्रमाणित हो जाएगा कि उसकी शैली तुलसी के मार्ग से कितनी दूर है। पहला ही दोहा लीजिए :

नमो नमो श्रीराम प्रभु परमातम परधाम।
जेहि सुमिरत सिधि होत है तुलसी जन मन काम ॥[1]

'नमो नमो' का प्रयोग विलक्षण है। तुलसी ने 'नम्' धातु से व्युत्पन्न बहुत से रूपों का व्यवहार किया है, लेकिन यह रूप उनके अन्य प्रयोगों से भिन्न है। 'जेहि सुमिरत-सिधि होइ' के अनुकरण पर दोहे का तीसरा चरण गढ़ा गया है। उसके 'सिधि' शब्द का पदान्वय क्या होगा ? टीकाकार अपने मन से उसे 'सिध' (सिद्ध) मानकर अर्थ कर लेते हैं—'...मनोकामनाएँ सिद्ध हो जाती हैं।'

पाठक की शक्ति का अपव्यय और बौद्धिक व्यायाम करानेवाले दोहों की कमी नहीं है। तृतीय सर्ग तो दृष्टिकूटकों से भरा पड़ा है। स्थालीपुलाकन्याय से उसकी बानगी देखिए :

द्वितिय कोल राजिव प्रथम बाहन निश्चय माहि।
आदि एक कल दै भजहु बेद बिदित गुण जाहि ॥[2]

दोहे का प्रतिपाद्य है—'राम-जानकी को भजो'। यह अर्थ कहाँ से आया ? इसके अनुसंधान के लिए शीर्षासन करना पड़ेगा। 'कोल' का पर्यायवाची 'वाराह' है। उसका दूसरा अक्षर 'रा' है। 'राजिव' का 'प्रथम' व्यर्थ है। सीधी अँगुली से घी नहीं निकलेगा। राजीव से निकालिए—मकरंद। 'मकरंद' का प्रथम वर्ण है 'म'। इस 'म' को पूर्वोक्त 'रा' में जोड़कर बनाइए—**राम**। अब 'जानकी' की व्युत्पत्ति पर माथापच्ची कीजिए। 'वाहन' का पर्यायवाची शब्द **'यान'** है। उसका विकृत रूप है—**जान**। 'निश्चय माहि आदि' क्या है ? निश्चय की अर्थ-व्यंजना के लिए संस्कृत में प्रयुक्त एक अव्यय है 'किल'। उसके आदि में **'कि'** है। उसको 'एक कल' दीजिए अर्थात् ह्रस्व मात्रा को दीर्घ कर दीजिए। इस प्रकार **'की'** की निष्पत्ति हुई। उपर्युक्त **'जान'** और इस **'की'** के संयोग से **'जानकी'** का संघटन हुआ।

व्याकरण के जाल में उलझी हुई 'भंगी भणिति' देखिए :

हल ञम मध्य समान युत याते अधिक न आन।
तुलसी ताहि बिसारि सठ भरमत फिरत भुलान ॥[3]

पहले चरण का अर्थ बूझिए। 'हल' और 'ञम' के 'मध्य' को 'समान-युत' करके शब्द बनाइए। इस यांत्रिक प्रक्रिया में पाणिनीय सूत्रों की खाल उधेड़नी पड़ेगी। सतसई-लेखक का 'हल' पाणिनि के प्रत्याहार 'हल्' से भिन्न है। टीकाकार के अनुसार इस 'हल' का अर्थ है—ह-य-व-र-ल (हयवरट्, लण्)। उसमें से एक वर्ण लीजिए। लेखक को **'र'** अभीष्ट है। 'ञम' अर्थात् 'ञम्' प्रत्याहार के सूत्र 'ञमङणनम्' में से भी एक वर्ण ले लीजिए। यहाँ **'म'** अभिप्रेत है। इस रीति से

---

1. सतसई, 1/1
2. वही, 3/12
3. वही, 3/58

उपलब्ध **'र'** और **'म'** को 'समान-युत' कर दीजिए। लेखक के निगूढ़ आशय तक पहुँचने के लिए गोता लगाना होना। व्याकरणशास्त्र के अनुसार अ, इ, उ, ऋ और लृ 'समान' हैं। अपने बुद्धि-बल से जहदजहल्लक्षणा के सहारे इनमें से 'अ' को लेकर 'र' और 'म' के मध्य में डाल दीजिए। इस ढंग से 'राम' शब्द की रचना हुई। पिंगल-पांडित्य-प्रदर्शन का भी एक नमूना द्रष्टव्य है :

इंद्र रवनि सुर देव ऋषि रुकुमिणि पति शुभ जान।
भोजन दुहिता काक अलि आनंद अशुभ समान।।[1]

दोहे का अर्थ यह है कि मगण, नगण, भगण तथा यगण शुभ हैं और जगण, रगण, सगण एवं तगण अशुभ हैं। किंतु, इस अर्थलोक की यात्रा में आकाश-पाताल एक कर देना होगा। 'इंद्ररवनि' से **'इंद्राणी'**, 'सुर' से **'अमर'**, देवऋषि' से **'नारद'**, 'रुकुमिणि पति' से **'विहारी'**, 'भोजन' से **'आहार'**, 'दुहिता' से **'पुत्रिका'**, 'काक' से **'बलिभुक्'** और 'आलि' से **'शारंग'** शब्दों का ग्रहण कीजिए। तत्पश्चात् इन शब्दों की गुरु-लघु मात्राओं के अनुसार क्रमशः उपर्युक्त आठ गणों का अर्थ निकाल लीजिए।

इन उदाहरणों से निर्भ्रांत धारणा बनती है कि यह कृति रामचरितमानसकार तुलसीदास की नहीं है, विशेषकर ऐसी स्थिति में जबकि इसकी रचना इसकी अपनी उक्ति के अनुसार (सं. 1642 में) रामचरितमानस के अनंतर ही हुई है। कहा जा सकता हैं कि उक्त प्रकार के 'कुछ' दोहे प्रक्षिप्त हैं, वैज्ञानिक पाठालोचन द्वारा इन प्रक्षिप्त अंशों को छाँट देने पर 'सतसई' की प्रामाणिकता स्वीकार्य होनी चाहिए। इसका उत्तर है कि ऐसे दोहों की संख्या 'कुछ' ही नहीं है। अभिव्यंजना-पद्धति और भाषा-शैली की दृष्टि से तुलसी की प्रवृत्ति के प्रतिकूल पड़नेवाले बहुसंख्यक दोहों को निकाल देने पर 'सतसई' ही तिरोहित हो जाएगी।

2. प्रमाण-रूप में उद्धृत रचना-काल संबंधी दोहा स्वयं प्रक्षिप्त एवं अप्रामाणिक है। तुलसी ने अपने प्रामाणिक ग्रंथों 'रामचरितमानस' और 'पार्वतीमंगल' में उनकी रचना-तिथि दी है। उनमें उन्होंने विगत-संवत्-वर्ष का व्यवहार किया है। 'सतसई' का उक्त दोहा इस गणना-प्रणाली के विरुद्ध पड़ता है। दूसरी बात यह है कि 'सतसई' में रचनाकाल-निर्देश के लिए जिस शैली का उपयोग किया गया है वह (कवि-प्रथा के अनुरूप होने पर भी) उक्त दोनों कृतियों में तुलसी द्वारा अपनाई गई शैली से बिल्कुल भिन्न है।
3. यदि सतसई में सीता-भक्ति की प्रधानता सापत्ति स्वीकार कर ली जाए तो भी वह तुलसी की प्रवृत्ति के विरुद्ध है। तुलसी की दृष्टि में जितने भी अन्य भजनीय हैं उनकी भक्ति राम-भक्ति का ही साधन है। उनके आराध्य राम हैं, राम-भक्ति ही प्रधान है। यह और बात है कि उन्होंने सीता-लक्ष्मण-सहित राम की भक्ति का अनेकशः उल्लेख किया है।
4. यह ठीक है कि 'सतसई' की अनेक अर्थात् एक से अधिक हस्तलिखित प्रतियाँ मिलती हैं, परंतु वे संख्या में बहुत थोड़ी हैं। अधिक महत्त्व की बात यह है कि वे प्रतियाँ प्राचीन नहीं हैं। डॉ. माताप्रसाद गुप्त को जो प्राचीनतम प्रति प्राप्त हुई है वह सं. 1903 की है।[2] यह तथ्य भी सतसई की अप्रामाणिकता सूचित करता है।
5. 'सतसई' पर लिखित टीकाओं से उसका तुलसी-रचित होना सिद्ध नहीं होता। टीकाएँ तो 'कुंडलिया-रामायण' और 'हनुमानचालीसा' पर भी मिलती हैं। इस दृष्टि से उन्हें भी तुलसी-कृत मानना पड़ेगा। लोक में अंधानुकरण बहुत होता है। किसी प्रतिष्ठित रामायणी

---

1. सतसई, 3/77
2. तुलसीदास, पृ 226

ने तुलसी को सतसईकार के रूप में विख्यात करने के लिए टीका लिख दी तो भक्तों द्वारा उसका अनुसरण भी होने लगा।

डॉ. माताप्रसाद गुप्त की मान्यता है कि "सतसई और दोहावली के मूल में कवि के दोहों का ऐसा तरल संग्रह था जिसको उसके देहावसान के बाद अलग-अलग ढंग से बढ़ाकर इस प्रकार के दो एक-दूसरे से किंचित् भिन्न संग्रहों के रूप में उपस्थित किया गया।"[1] इसका तात्पर्य यह हुआ कि ये दोनों ही कवि की प्रामाणिक कृतियाँ हैं, तुलसी-रचित मूलदोहों में क्षेपक मिलाने की दो स्वतंत्र परंपराएँ चल पड़ीं, और फलस्वरूप दो 'किंचित् भिन्न' संग्रहों का निर्माण हो गया। वास्तविकता यह है कि ये दोनों संग्रह एक-दूसरे से 'किंचित् भिन्न' न होकर बहुधा भिन्न हैं। सतसई के पचहत्तर प्रतिशत से अधिक दोहे 'दोहावली' में नहीं हैं, और अधिकांश दोहों की शैली तुलसी की अभिव्यंजना-पद्धति से सादृश्य नहीं रखती।

आचार्य विश्वनाथप्रसाद मिश्र का अभिमत है कि "तुलसीसतसई किसी करामाती की कृपा है जिसने 'सतसई' की पूर्ति के लिए प्रयास किया है। हो सकता है कि बिहारी-सतसई का प्रचार बहुत अधिक होने पर यह प्रेरणा किसी के मन में जगी हो। 'रहीम की सतसई' भी ऐसे ही लोगों ने प्रसिद्ध कर रखी है।"[2] ऐतिहासिक तथ्य है कि बिहारी हिंदी के प्रथम सतसईकार हैं।[3] यही धारणा तर्कसंगत जँचती है कि किसी परात्परवादी भक्त के मन में इस बात की प्रबल लालसा जाग उठी कि तुलसीदास को सतसई का भी निर्माता और हिंदी का सर्वप्रथम सतसईकार प्रसिद्ध किया जाए। इसी आवश्यकता की पूर्ति के निमित्त 'तुलसी-सतसई' का प्रादुर्भाव हुआ।

[ग] प्रामाणिक रचनाएँ

प्रामाणिक रचनाओं के भी दो उपवर्ग हैं। दूसरे उपवर्ग की पूर्वोक्त 'रामचरितमानस' आदि आठ रचनाओं को सभी विद्वान् तुलसी-रचित मानते हैं। केवल 'कवितावली' के कुछ पद्यों के कर्तृत्व का आरोप 'भृंग' नामक कवि पर किया गया है। "कुछ लोगों का अनुमान है कि गोसाईंजी के 'भृंग' नामक एक शिष्य ने उनके फुटकल रामचरित्र-संबंधी कवित्त-सवैयों का 'कवित्तरामायण' के नाम से संग्रह किया था। शिवसिंह सेंगर ने अपने 'सरोज' में 'भृंग' का उल्लेख किया है और उसे 1708 संवत् में विद्यमान बताते हुए उसकी कविता के उदाहरण रूप में निम्नलिखित दो सवैये दिए हैं"[4] जो 'कवितावली' में भी पाए जाते हैं :

पग नूपुर औ पहुँची कर कंजनि मंजु बनी मनिमाल हिये।
नवनील कलेवर पीत झगा झलकैं पुलकैं नृप गोद लिये॥
अरबिंद सों आनन रूप मरंद अनंदित लोचन भृंग पिये।
मन मों न बस्यौ अस बालक जौ तुलसी जग में फल कौन जिये॥
जब नयनन प्रीति टई ठग स्याम सों स्यानी सखी हठि हौं बरजी।
नहिं जान्यो बियोग सो रोग है आगे झुकी तब हौं तेहि सौं तरजी॥
अब देह भई पट नेह के घाले सों ब्योंत करै बिरहा दरजी।
ब्रजराजकुमार बिना सुनु भृंग अनंग भयो जिय को गरजी॥[5]

---

1. तुलसीदास, पृ. 227
2. हिंदी-साहित्य का अतीत, पृ. 237
3. उनके पूर्व संस्कृत और प्राकृत में सतसई-साहित्य उपलब्ध है—दुर्गासप्तशती, आर्यासप्तशती, गाहासत्तसई आदि।
4. बाबू श्यामसुंदरदास : गोस्वामी तुलसीदास, पृ. 72
5. कवितावली, क्रमशः 1/2; 7/133

शिवसिंह सेंगर के कथन में कोई सार नहीं दृष्टिगोचर होता। परंपरा इन पद्यों को तुलसी-रचित मानती आई है। 'कवितावली' की प्रतियों में इन पद्यों का अन्य पद्यों की भाँति ही समावेश मिलता है। शैली की दृष्टि से पहला पद्य सोलहों आने तुलसी के अनुकूल है। उसमें तुलसी के नाम की छाप भी विद्यमान है। लोचन के उपमान-रूप में 'भृंग' का सार्थक प्रयोग रूपक की सहज निबंधना का सूचक है। दूसरे पद्य की शैली में जो किंचिद्‌भिन्नता दिखाई देती है वह विषय की भिन्नता के फलस्वरूप स्वाभाविक है। भ्रमरगीत-परंपरा में गोपियों ने उद्धव को 'भृंग' कहकर संबोधित किया है। तुलसी ने यहाँ पर उसी परंपरा का अनुसरण किया है। इसलिए 'भृंग' के इन सहज-सार्थक प्रयोगों में किसी अन्य कवि के नाम की अंतर्हित छाप खोजना अनावश्यक है। इन्हें तुलसी-कृत मानना ही समीचीन है।

पहले उपवर्ग की 'वैराग्यसंदीपनी', 'रामललानहछू' और 'रामाज्ञाप्रश्न' की प्रामाणिकता पर संदेह प्रकट किया गया है। उन पर विचार किया जाएगा।

1. वैराग्यसंदीपनी

प्रामाणिकता

'वैराग्यसंदीपनी' को तुलसीकृत मानने का मुख्य आधार यह है कि परंपरा ने उसके कर्तृत्व के संबंध में कोई संदेह नहीं किया। रामायणी पंडितों और टीकाकारों—श्री वंदनपाठक, पं. रामगुलाम द्विवेदी, श्री बैजनाथदास, पं. महादेवप्रसाद, श्री कोदोराम, महात्मा अंजनीनंदनशरण, पं. श्रीकांतशरण आदि ने एक स्वर से तुलसी को उसका रचयिता माना है। हिंदी-साहित्य के आलोचकों—मिश्रबंधु, बाबू शिवनंदन सहाय, बाबू श्यामसुंदरदास, पं. रामचंद्रशुक्ल, पं. रामनरेश त्रिपाठी, डॉ. रामकुमार वर्मा, आचार्य विश्वनाथप्रसाद मिश्र आदि के मतानुसार भी वह तुलसी की रचना है।

डॉ. माताप्रसाद गुप्त ने इसे गड्डलिकाप्रवाह समझा है। उनका संशय तर्क-बुद्धि पर आश्रित है। उनका अन्वीक्षण है, "व्यापक रूप से यह तुलसीदास-कृत मानी गई है। किंतु केवल इसी कारण इसे तुलसीदास की प्रामाणिक रचना मानना उचित नहीं जान पड़ता है।"[1] अपने पक्ष-पोषण में उन्होंने दो तर्क दिए हैं—(1) इसकी कोई प्रति कवि के जीवनकाल की अथवा विशेष प्राचीन नहीं है। अधिक-से-अधिक प्राचीन प्रति भी प्रायः डेढ़ सौ वर्ष पुरानी है। (2) इसकी शैली और विचारधारा तुलसीदास के अन्य ग्रंथों के समान नहीं है।

ये तर्क सर्वथा निरालंब न होते हुए भी सबल नहीं हैं। जहाँ तक प्रतियों की प्राचीनता का प्रश्न है, डॉ. गुप्त ने 'सतसई' की लगभग सौ वर्ष पुरानी प्रति को गौरव दिया है और प्रक्षेपों के साथ उसकी प्रामाणिकता स्वीकार की है।[2] तो फिर यह न्यायसंगत नहीं है कि डेढ़ सौ वर्ष पुरानी प्रति को जाली मान लिया जाए। तुलसी की महनीय कृतियों की तुलना में 'वैराग्यसंदीपनी' निश्चय ही महत्त्वहीन है। अतः उसकी प्राचीन प्रतियों का परिरक्षित न होना आश्चर्य की बात नहीं है।

अपने दूसरे तर्क का समर्थन उन्होंने 'वैराग्यसंदीपनी' से पंद्रह उद्धरण देकर उनके दोष-दर्शन द्वारा किया है।[3] केवल तीन की प्रतिसमीक्षा पर्याप्त होगी :

1. परसै बिना निकेत।

---

1. तुलसीदास, पृ. 134
2. वही, पृ. 226-27
3. वही, पृ. 134-36

2. कोमल बानी संत की स्रवै अमृतमय आइ।

3. मोह अंध रबि बचन बहावै।[1]

पहले उद्धरण पर आक्षेप है कि यहाँ पर 'निकेत' शब्द शरीर के लिए आया है किंतु तुलसीदास के अन्य ग्रंथों में वह केवल घर के अर्थ में प्रयुक्त हुआ है, इसलिए यह दोहा तुलसी-रचित नहीं हो सकता। उत्तर में निवेदन है कि यह अपने में पर्याप्त कारण नहीं है। इस प्रकार के एकाकी प्रयोग तुलसी ने बहुत किए हैं। इस गलत कसौटी पर उन सब अंशों को प्रक्षिप्त मानना पड़ेगा। एक-दो उदाहरणों से मेरे कथन की समीचीनता उपपन्न हो जाएगी। 'विनयपत्रिका' की एक पंक्ति है :

बुद्धि मन इंद्रिय प्राण चित्तातमा काल परमाणु चिच्छक्ति गुर्वी।[2]

यहाँ पर अंतःकरण चतुष्टय के प्रसंग में **'आतमा'** का प्रयोग 'अहंकार' के लिए किया गया है। तुलसी के संपूर्ण साहित्य में यह प्रयोग अकेला है। केश[3] (ब्रह्मा, महादेव), अमी[4] (जल), लोचहिं[5] (अभिलाषहिं, देखहिं), गम[6] (गमन) आदि इसी प्रकार के अपवाद हैं। इन पदों को सभी प्रामाणिक मानते हैं। 'रामचरितमानस' में मोरनी के लिए **'भरनी'**[7], वक्रोक्ति के लिए 'अवरेब',[8] 'दयालु' के लिए 'घृनी'[9] आदि का एकाकी प्रयोग तुलसी की शैली की विशेषता है। 'निकेत' का प्रयोग भी ऐसा ही है। पूरे दोहे का 'रामचरितमानस' की समशील पंक्तियों से मिलान करने पर साम्य ही दिखाई पड़ता है :

सुनत लखत श्रुति नयन बिनु रसना बिनु रस लेत।
बास नासिका बिनु लहै परसै बिना निकेत॥[10]

तुलना करके देखिए :

बिनु पद चलै सुनै बिनु काना। कर बिनु करम करै बिधि नाना॥
आनन रहित सकल रस भोगी। बिनु बानी बकता बड़ जोगी॥
तन बिनु परस नयन बिनु देखा। ग्रहै प्रान बिनु बास असेषा॥[11]

दूसरे उद्धरण का पूरा दोहा इस प्रकार है :

कोमल बानी संत की स्रवत अमृतमय आइ।
तुलसी ताहि कठोर मन सुनत मैन होइ जाइ॥

डॉ. गुप्त के मतानुसार इस दोहे में 'आइ' तो निरर्थक है ही, 'अमृतमय' का 'मय' भी कुछ कम निरर्थक नहीं है। मेरे विचार से इस पद्य में अन्य दोष तो हैं, किंतु निरर्थकता का दोष कतई नहीं है। 'आइ' का अर्थ है—अनल (अग्नि> अग्गि> आगि>आइ)। 'अमिअँ मूरि मय चूरनु चारू' की भाँति

1. वैराग्यसंदीपनी, क्रमशः 3, 19, 22
2. विनयपत्रिका, 54/2
3. वही, 46/5
4. पार्वतीमंगल, 135
5. वही, 4
6. वही, 31
7. रामचरितमानस, 1/31/3
8. वही, 1/37/5
9. वही, 7/21/4
10. वैराग्यसंदीपनी, 3
11. रामचरितमानस, 1/118/3-4

ही यहाँ भी 'मय' (संस्कृत के 'मयट्' प्रत्यय) का व्यवहार हुआ है। दोहे का अर्थ है—संत की कोमल वाणी से अमृतमयी (सुधा-निर्मित) आग की धारा निकलती है, जो श्रोताओं के कठोर मन को मोम की भाँति पिघला देती है। अमृतमयी होने के कारण उसमें दाहकता न होकर जीवनदायिनी शक्ति है। विरोधाभास के चमत्कार से युक्त इस चित्रात्मक उक्ति में भाव का मनोवैज्ञानिक निरूपण है। मधुसूदन सरस्वती ने इस चित्त-द्रुति का सहृदय-संवेद्य सारगर्भित विवेचन किया है। भावक का चित्त लाख की भाँति स्वभावतः कठिन होता है। भाव्य वस्तु के भावन से वह उसी प्रकार द्रुत हो जाता है जिस प्रकार आग की आँच से लाख[1]। (भगवद्धर्म के कारण द्रुत चित्त की ईश्वरविषयक धारावाहिक वृत्ति ही भक्ति है।[2]) तुलसी के काव्य में द्रुति का बहुधा उल्लेख हुआ है।[3] अतएव उक्त दोहा तुलसी की विचारधारा और शैली के प्रतिकूल नहीं है।

तीसरे उद्धरण का संदर्भ है :

सीतल बानी संत की ससिहू ते अनुमान।
तुलसी कोटि तपन हरै जो कोउ धारै कान॥
पाप ताप सब सूल नसावै। मोह अंध रबि बचन बहावै॥
तुलसी ऐसे सदगुन साधू। बेद मध्य गुन बिदित अगाधू।।[4]

अंतिम चरण पर डॉ. गुप्त की आलोचनात्मक टिप्पणी है, "अंध का प्रयोग 'अंधकार' के अर्थ में हुआ है, जो तुलसी-ग्रंथावली में अन्यत्र नहीं मिलता। उसको भी 'बचन रबि' नहीं 'रवि वचन' 'बहा' भर देता है, नष्ट नहीं करता।" उनकी यह टिप्पणी चिंत्य है। किसी कवि की अप्रौढ़ रचना में 'अंध'-जैसा प्रयोग संभाव्य है। दूसरे, जो बात 'निकेत' के संबंध में कही गई है वह 'अंध' पर भी लागू होती है। डॉ. गुप्त के अनुसार 'रबि बचन' का प्रयोग तुलसी-कृत नहीं हो सकता; यदि 'वैराग्यसंदीपनी' तुलसी की रचना होती तो वे 'बचन रबि' लिखते अर्थात् उपमेय का प्रयोग उपमान के पूर्व करते। इस अवधारणा में दो भ्रांतियाँ हैं—एक तो, जहाँ रूपक नहीं है वहाँ रूपक मान लिया गया है। यहाँ उपमा है। 'रबि बचन' का अर्थ है—रवि-सदृश वचन। यह वाचकलुप्तोपमा का विशिष्ट रूप है। दूसरे, तुलसी-साहित्य की उपेक्षा करके यह धारणा बना ली गई है कि कवि ने ऐसे प्रयोग कहीं नहीं किए हैं। सच यह है कि तुलसी ने स्वच्छंदतया ऐसे प्रयोग किए हैं, जैसे :

मन अगहुँड़ तनु पुलक सिथिल भए नलिन नयन भरे नीर।[5]

'नलिन नयन' का अर्थ है—नलिन-सदृश्य नयन।

डॉ. गुप्त द्वारा संपादित 'रामचरितमानस' से उदाहरण लीजिए :

(क) सरद मयंक बदन छबि सीवाँ।
(ख) नव अंबुज अंबक छबि नीकी।[6]

डॉ. गुप्त की 'रवि-वचन'-विषयक समीक्षा के अनुसार ये पंक्तियाँ तुलसीकृत नहीं

---

1. चित्तद्रव्यं हि जतुवत् स्वभावात् कठिनात्मकम्।
   तापकैर्विषयैर्योगे द्रवत्वम्प्रतिपद्यते ॥—भक्तिरसायन, 1/4
2. भक्तिरसायन, 1/3
3. रामचरितमानस, 1/112/2, 2/220/4, 3/16/1, 7/125/4 आदि
4. वैराग्यसंदीपनी, 21, 22
5. गीतावली, 2/69/3
6. रामचरितमानस, 1/147/1, 1/147/2

मानी जानी चाहिए, क्योंकि तुलसीदास 'बदन मयंक' और 'अंबक अंबुज' ही लिखते। रोचक बात यह है कि उपर्युक्त तीनों उदाहरणों में उपमेय-उपमान का क्रम अनायास बदला जा सकता था, गीत और चौपाइयों को कोई व्याघात न पहुँचता। फिर भी कवि ने ऐसा नहीं किया। क्योंकि, वह आग्रह-बद्ध नहीं है। यह उसकी स्वाभाविक शैली है।

'बहावै' पर विचार कीजिए। लक्षणा और व्यंजना का तिरस्कार करके डॉ. गुप्त ने उसका अर्थ किया है—बहाता है, नष्ट नहीं करता। प्रस्तुत प्रसंग में उक्त क्रिया का मुख्यार्थबाध है। यहाँ पर लक्षणा-व्यंजना से 'बहावै' का अर्थ है—दूर करता है, नष्ट करता है। कोश-ग्रंथों में 'बहाना' क्रिया का यह अर्थ दिया हुआ है। तुलसीदास ने स्वयं भी इसका बहुशः प्रयोग किया है; जैसे :

1. नातो नेह नाथ सों करि सब नातो नेह बहैहौं।[1]
2. दुष्ट तर्क सब दूरि बहाई।[2]

कहा गया है कि विचारधारा की दृष्टि से भी 'वैराग्यसंदीपनी' तुलसी-रचित नहीं है। इस धारणा के पोषणार्थ दो तर्क दिए गए हैं—एक तो यह कि 'वैराग्यसंदीपनी' में जिस 'सांतिपद' की महत्ता प्रतिपादित की गई है वह तुलसी-ग्रंथावली में अन्यत्र नहीं मिलता, और दूसरा यह कि तुलसी-ग्रंथावली में प्रतिपादित वर्णव्यवस्था-समर्थक विचारों का 'वैराग्यसंदीपनी' में निराकरण किया गया है।[3] दोनों ही तर्क निर्मूल हैं। एक-एक पर विचार कीजिए।

1. 'शांति' का अर्थ है—काम, क्रोध आदि चित्तवृत्तियों का शमन। 'शांति' और 'शम' पर्यायवाची हैं।[4] 'वैराग्यसंदीपनी' के अंतर्गत संत-स्वभाव और शांति के वर्णन में इसी वस्तु का प्रतिपादन है। 'रामचरितमानस' के विभिन्न स्थलों पर और 'विनयपत्रिका' में संतों के लक्षणों का निरूपण करते समय इस विशेषता पर विशेष बल दिया गया है। 'शांति' और 'सम' शब्दों का प्रयोग भी मौजूद है, उदाहरण के लिए :

(क) संतन्ह के लच्छन सुनु भ्राता। अगनित श्रुति पुरान बिख्याता॥
बिगत काम मम नाम परायन। सांति बिरति बिनती मुदितायन॥[5]

(ख) श्री रघुनाथ कृपालु कृपा तें संत सुभाव गहौंगो॥
बिगत मान समसीतल मन परगुन नहिं दोष कहौंगो॥[6]

प्रौढ़ रचनाओं में प्रारंभिक रचना का अविकल सादृश्य खोजना अनुचित है। और, एक कृति में प्रतिपादित वस्तु का अन्य कृतियों में ज्यों-का-त्यों वर्णन कवि-कर्म की आवश्यकता नहीं है। 'बरवैरामायण' में अंकित सखियों का हास्य-विनोद, 'कवितावली' में सीता द्वारा किया गया परिहास, 'गीतावली' के उत्तरकांड में वर्णित वसंत-विहार और सीता-वनवास 'रामचरितमानस' में कहाँ हैं ?

2. दूसरे तर्क में तुलसी की विचार-धारा को गलत समझा गया है। वर्ण-व्यवस्था का संबंध सामाजिक लोक-व्यवहार से है। सामाजिक दृष्टिकोण से ही कवि ने ब्राह्मण को अन्य वर्णों से श्रेष्ठ

---

1. विनयपत्रिका, 104/4
2. रामचरितमानस, 7/46/4
3. उदाहरण-रूप में उद्धृत अंश हैं :
   (i) पूजिअ विप्र सील गुण हीना। सूद्र न गुन गन ज्ञान प्रबीना॥—रामचरितमानस, 3/34/1
   (ii) तुलसी भगत सुपच भलौ भजै रैन दिन राम।
   ऊँचो कुल केहि काम को जहाँ न हरि को नाम॥
   जदपि साधु सब ही विधि हीना। तद्यपि समता के न कुलीना॥—वैराग्यसंदीपनी, 38, 40
4. देखिए—शब्दकल्पद्रुम, शान्तिः कामक्रोधादिप्रशमः।
5. रामचरितमानस, क्रमशः, 7/37/3, 7/38/3
6. विनयपत्रिका, 172/1,3

कहा है। जहाँ तक भक्त का प्रश्न है, वह सभी जातियों और वर्णों के मूर्धन्य पर प्रतिष्ठित है। इसका एक उत्कृष्ट उदाहरण शबरी है। वह 'अधमजाति' ही नहीं है, 'अधम ते अधम अधम अति नारी'[1] भी है। फिर भी वह 'हरिपदलीन' हो गयी[2] और 'कुलीन' समझे जाने वाले भ्रम-जाल में ही फँसे रहे। 'वैराग्यसंदीपनी' में प्रयुक्त 'सुपच' (श्वपच, चंडाल) शब्द से भी बिचकने की जरूरत नहीं है। मनुष्य-चंडाल से पक्षी-चंडाल (कौवा) कहीं निम्नतर है, तथापि भक्त होने के कारण वह **'पक्षी-चंडाल'**[3] (काकभुशुंडि) 'रामचरितमानस' में महामहिम उच्चतर आसन पर विराजमान है। तुलसी के राम ने जीवों का तारतम्य निरूपित करते हुए भक्त को उच्चतम ब्राह्मण से भी तीन सीढ़ी ऊपर स्थान दिया है :

मम माया संभव संसारा। जीव चराचर बिबिध प्रकारा॥
सब मम प्रिय सब मम उपजाए। सब तें अधिक मनुज मोहि भाए॥
तिन्ह महँ द्विज द्विज महँ श्रुतिधारी। तिन्ह महँ निगम धर्म अनुसारी॥
तिन्ह महुँ प्रिय बिरक्त पुनि ज्ञानी। ज्ञानिहुँ तें अति प्रिय बिज्ञानी॥
तिन्ह तें पुनि मोहि प्रिय निज दासा। जेहि गति मोरि न दूसरि आसा॥
पुनि पुनि सत्य कहौं तोहि पाहीं। मोहि सेवक सम प्रिय कोउ नाहीं॥
भगति हीन बिरंचि किन होई। सब जीवहु सम प्रिय मोहि सोई॥
भगतिवंत अति नीचौ प्रानी। मोहि प्रान प्रिय असि मम बानी॥[4]

इतना ही नहीं, वे संत को अपने से भी अधिक मानते हैं :

सातव सम मोहिं मय जग देखा। मो तें संत अधिक करि लेखा॥[5]

इन प्रबल साक्ष्यों से प्रमाणित है कि 'वैराग्यसंदीपनी' में तुलसी के विचार का निराकरण नहीं है, अपितु समर्थन है।

प्रतियाँ और प्रकाशित संस्करण

'वैराग्यसंदीपनी' की अनेक हस्तलिखित प्रतियाँ पाई जाती हैं, किंतु उनमें से कोई भी प्रति तुलसीदास के जीवन-काल की अथवा उन्नीसवीं शताब्दी के पूर्व की नहीं है। 'वैराग्यसंदीपनी' का विधिवत् संपादन नहीं हुआ है। उसके पाँच संस्करण उल्लेखनीय हैं :

1. मूलमात्र—'तुलसी-ग्रंथावली' में संकलित
2. पं. वंदनपाठक की टीका और बाबू महादेवप्रसाद की टिप्पणी के साथ
3. श्री बैजनाथदास की टीका के सहित
4. गीता प्रेस से प्रकाशित सटीक संस्करण
5. पं. श्रीकांतशरण के 'सिद्धांत-तिलक' से समन्वित

व्याख्या की दृष्टि से केवल अंतिम संस्करण महत्त्वपूर्ण है।

रचना-काल

बाबू श्यामसुंदरदास का अनुमान है कि 'वैराग्यसंदीपनी' की रचना सं. 1636 और 1639 के बीच

---

1. रामचरितमानस, 3/35/2
2. वही, 3/36/7
3. वही, 7/112/8
4. वही, 7/86/3-10
5. वही, 3/36/3

किसी समय हुई। उनका तर्क है कि उसमें गोसाईंजी बारंबार अपने मन को राग-द्वेष से अलग रहने को कहते हैं और शांति की महिमा गाते हैं। उनके 'हृदय में राग-द्वेष की सबसे अधिक संभावना उस समय थी जिस समय उनके 'रामचरितमानस' के विरुद्ध काशी में एक बवंडर-सा उठ रहा था और पंडित लोग उनको कई प्रकार से नीचा दिखाने का प्रयत्न कर रहे थे। इसमें संदेह नहीं कि उत्तेजना का अवसर होने पर भी वे उत्तेजित नहीं हुए।'[1] दूसरी ओर पं. रामनरेश त्रिपाठी के विचार से 'तुलसीदास की सबसे पहली रचना 'वैराग्यसंदीपनी' जान पड़ती है। यह उस समय की रचना है जब तुलसीदास का झुकाव संत-मत की तरफ रहा होगा। संत-मत का प्रचार उन दिनों जोरों पर था। पर इसका कोई ठीक संवत् बताना असंभव है। अनुमान से इसकी रचना संवत् 1620 की कही जा सकती है।'[2]

यह बात सही है कि 'वैराग्यसंदीपनी' की रचना का ठीक संवत् बताना असंभव है। कवि के जीवनवृत्त और कृति के प्रतिपाद्य विषय, रचना-शैली तथा विचारधारा के आधार पर उसके निर्माण-काल का अनुमान किया जा सकता है। तुलसी के सामान्यतः स्वीकृत जीवनवृत्त से सूचित होता है कि वे आसक्ति से सहसा वैराग्य की ओर मुड़े थे। उस मानसिक अवस्थिति में वैराग्य-भाव की अभिव्यक्ति स्वाभाविक प्रतीत होती है। अनेक पंक्तियों में उसकी सहज अभिव्यंजना हुई है।[3] रचना का नाम 'वैराग्यसंदीपनी' है। संत और शांति उसके मुख्य वर्ण्य विषय हैं। ये गृहत्याग करके संत-समाज में आ गए थे, उनके स्वभाव को अनुकरणीय माना था। कारण यह है कि उन्होंने गृहस्थ-जीवन की अशांति के बाद संत-संगति में पहुँचकर शांति का अनुभव किया था। अतः उनकी महिमा का स्वभावतः वर्णन किया। प्रत्येक कृति में कृतिकार की आत्माभिव्यक्ति अनिवार्य है। 'वैराग्यसंदीपनी' इसका अपवाद नहीं है। उसकी रचना-शैली और विचार-धारा में प्रौढ़ता तथा परिपक्वता नहीं है। इसलिए वह कवि की आरंभिक कृति है।

विषय और रचना-कौशल की दृष्टि से 'रामाज्ञाप्रश्न', 'रामललानहछू' और 'जानकीमंगल' ये तीन पुस्तकें 'वैराग्यसंदीपनी' और 'रामचरितमानस' के बीच के समय में लिखी गई प्रतीत होती हैं। 'रामचरितमानस' का आरंभ सं. 1631 में हुआ। इन सब बातों पर विचार करते हुए 'वैराग्यसंदीपनी' सं. 1626-27 के लगभग लिखित प्रतीत होती है।

2. रामाज्ञाप्रश्न

हस्तलिखित प्रतियाँ

डॉ. माताप्रसाद गुप्त ने बतलाया है कि इस पुस्तक की प्रतियाँ अनेक नामों से मिलती हैं—रामाज्ञाप्रश्न, रामशलाका, रघुबरशलाका, सगुनमाला, सगुनावली, रामायण-सगुनौती आदि; और सभी हस्तलिखित एवं मुद्रित प्रतियों का पाठ समान है।[4] इसके विरुद्ध पं. रामनरेश त्रिपाठी का कथन है कि "कुछ महानुभाव अनभिज्ञता से **'रामाज्ञाप्रश्न'** और **'राम-शलाका'** को एक समझते हैं। पर 'रामाज्ञाप्रश्न' और 'रामशलाका' दो भिन्न चीजें हैं। मेरा अनुमान है कि 'रामशलाका' ही को तुलसीदास ने छः घंटे लगातार परिश्रम से तैयार किया होगा। 'रामाज्ञा-प्रश्न' के 345 दोहे छः घंटे के लिए अत्यंत

1. गोस्वामी तुलसीदास (श्यामसुंदरदास), पृ. 79
2. तुलसीदास और उनका काव्य, पृ. 223
3. जैसे—वैराग्यसंदीपनी, 5, 6, 46 आदि
4. तुलसीदास, पृ. 206-07

अधिक हैं।"[1] त्रिपाठीजी ने हस्तलिखित प्रतियों का अनुसंधान न करके केवल किंवदंती का सहारा लिया है। उन्होंने 'रामाज्ञा-प्रश्न' के पर्याय-रूप में प्रचलित 'रामशलाका' और 'मानस' की अनेक पोथियों में पाई जानेवाली अप्रामाणिक 'रामशलाका' की दो भिन्न संज्ञाओं को एक समझ लिया है। डॉ. गुप्त का मत शोध पर आश्रित है। इस विषय के अधिकारी विद्वान् आचार्य विश्वनाथप्रसाद मिश्र भी 'रामशलाका' और 'रामाज्ञाप्रश्न' को अभिन्न मानते हैं।[2] त्रिपाठीजी द्वारा उल्लिखित और किसी करामाती की चलाई हुई 'रामशलाका' इस प्रकार है :

रामशलाका

सु	प्र	उ	बि	हो	मु	ग	व	सु	नु	बि	घ	धि	इ	द
र	रु	फ	सि	सि	रें	बस	है	मं	ल	न	ल	य	न	अं
सुज	सो	ग	सु	कु	म	स	ग	त	न	ई	ल	धा	बे	नो
त्य	र	न	कु	जो	म	रि	र	र	अ	की	हो	सं	रा	य
पु	सु	थ	सी	जे	इ	ग	म	सं	क	रे	हो	स	स	नि
त	र	त	र	स	इ	ह	ब	ब	प	चि	स	य	स	तु
म	का	ा	र	र	मा	मि	मी	म्हा	ा	जा	हू	ही	ा	जू
ता	रा	रे	री	हृ	का	फ	खा	जि	ई	र	रा	पू	द	ल
नि	को	मि	गो	न	म	ज	य	ने	मनि	क	ज	प	स	ल
हि	रा	म	स	रि	ग	द	न	ष	म	खि	जि	मनि	त	जं
सिं	मु	न	न	कौ	मि	ज	र	ग	धु	ख	सु	का	स	र
गु	क	म	अ	ध	नि	म	ल	ा	न	ब	ती	न	रि	भ
ना	पु	व	अ	ढा	र	ल	का	ए	तु	र	न	नु	व	थ
सि	ह	सु	म्ह	रा	र	स	हिं	र	त	न	ष	ा	जा	ा
र	सा	ा	ला	धी	ा	री	ज	हू	ही	पा	जू	ई	रा	रे

यह शलाका 'रामचरितमानस' के बहुत से संस्करणों में पाई जाती है। गीता प्रेस से प्रकाशित प्रतियों में भी देखी जा सकती है। यह तुलसी-रचित नहीं है, फिर भी 'रामचरितमानस' के संबंध से अत्यंत लोकप्रिय हुई है। इस प्रसंग में मिश्रजी की यह उक्ति सोलह आने सही है कि 'अनेक पुराण-पंथ-विरोधियों को भी आपन्न होने पर 'मानस' की बाजारू पोथियों में किसी करामाती की चलाई खानेदार रामशलाका में आँख मूँदकर हाथ धरते देखा गया है।'[3]

हस्तलिखित प्रतियाँ

'रामाज्ञाप्रश्न' की उपलब्ध प्रतियों में से तीन विशेष प्रामाणिक मानी जाती हैं :

1. सं. 1655 की लिखी हुई एक प्रति पंजाब में प्राप्त हुई है। यह प्राचीनतम प्रति है।[4]

---

1. तुलसीदास और उनका काव्य, पृ. 210
2. "सगुनावली के कई नाम हैं—रामशलाका, रघुवरशलाका, रामाज्ञाप्रश्न आदि"

—हिंदी साहित्य का अतीत, पृ. 238

3. हिंदी साहित्य का अतीत, पृ. 238
4. तुलसीदास, पृ. 206-07

2. कहा जाता है कि कवि के हाथ की लिखी हुई एक प्रति काशी में पं. गंगाराम के उत्तराधिकारियों के पास थी। उसकी एक प्रतिलिपि छक्कनलाल कायस्थ ने सं. 1884 में तैयार की।
3. सं. 1689 की एक प्रति काशिराज के संग्रह में परिरक्षित है। इस प्रति का पाठ भी अन्य प्रतियों के समान है।

प्रकाशित संस्करण

'रामाज्ञाप्रश्न' कवित्व और भक्तिदर्शन की दृष्टि से महत्त्वहीन है, इसलिए उसका प्रचार कम हुआ। तुलसीदास की कृति होने के कारण उसके अनेक संस्करण प्रकाश में आए। तीन मुख्य हैं :

1. मूलमात्र—'तुलसीग्रंथावली' में संकलित
2. सरलभावार्थ-सहित—गीता प्रेस, गोरखपुर
3. 'सिद्धांत-तिलक' के साथ—सं. पं. श्रीकांतशरण

केवल अंतिम संस्करण ही ऐसा है जिसमें पं. श्रीकांतशरण ने तुलनात्मक उद्धरण देते हुए 'रामाज्ञाप्रश्न' के पद्यों की विस्तृत व्याख्या की है।

प्रामाणिकता

'रामाज्ञाप्रश्न' को तुलसीकृत न मानने के दो कारण दिए गए हैं—पहला तर्क यह है कि रचना-शैली शिथिल है जो तुलसी की काव्यकला के अनुरूप नहीं है। यह दृष्टि संकुचित है। किसी साहित्यकार की सभी रचनाएँ एक-सी प्रौढ़ता नहीं प्राप्त कर सकतीं। प्राकृतिक नियम के अनुसार उसकी रचना-शक्ति का भी विकास और ह्रास होता है। 'रामाज्ञाप्रश्न' कवि की आरंभिक कृति है। इसलिए उसमें 'रामचरितमानस' आदि की-सी परिपक्वता ढूँढ़ने का उद्योग अनुचित है। दूसरा तर्क यह दिया गया है कि 'रामाज्ञाप्रश्न' के कथानक में भिन्नता है—'रामचरितमानस' में तुलसी ने राम-परशुराम मिलन जनकपुर में विवाह के पूर्व कराया है, किंतु 'रामाज्ञाप्रश्न' में बारात की वापसी के समय मार्ग में। यह तर्क भी निर्बल है। तुलसी कवि थे, इतिहासकार नहीं। 'जानकीमंगल' और 'गीतावली' में भी यह प्रसंग 'रामाज्ञाप्रश्न' के समान है। उनकी प्रामाणिकता के विषय में किसी ने संदेह नहीं किया। यदि नगण्य कथा-भेद के आधार पर कृतिविशेष को अप्रामाणिक माना जाएगा तो 'रामचरितमानस' की राम-कथा के प्रतिकूल सीता-परित्याग की निबंधना के कारण 'गीतावली' को अन्य-रचित मानना पड़ेगा और सीता-लक्ष्मण-त्याग के उल्लेख के कारण 'कवितावली' को भी तुलसी-साहित्य से बहिष्कृत करना पड़ेगा।

निष्कर्ष यह है कि उक्त दोनों ही तर्क सारहीन हैं। 'रामाज्ञाप्रश्न' तुलसीदास की रचना है।

रचना-काल

पूर्वोक्त सं. 1655 की हस्तलिखित प्रति के आधार पर बाबू श्यामसुंदरदास ने सं. 1655 को 'रामाज्ञाप्रश्न' का रचनाकाल माना है। पं. सुधाकर द्विवेदी का मत है कि सं. 1655 उसका प्रणयनकाल नहीं, वरन् उसका प्रतिलिपि-काल है और छक्कनलाल ने 1884 में उस प्रतिलिपि की प्रतिलिपि तैयार की थी।[1] 'रामाज्ञाप्रश्न' के अंतस्साक्ष्य से भी इस मत का समर्थन होता है। उसकी कविता नितांत साधारण कोटि की है। उसमें रामचरितमानसकार तुलसी की प्रौढ़ लेखनी की झलक नहीं दिखाई

1. देखिए—गोस्वामी तुलसीदास (बाबू शिवनंदन सहाय), पृ. 284

देती। उसके कथानक में भी गड़बड़झाला है। बालकांड की कथा का पहले सर्ग में भी वर्णन है और चौथे सर्ग में भी। पहले में बारात के लौटते समय परशुराम का प्रसंग वर्णित है, किंतु चौथे में उसका तिरस्कार किया गया है। वापसी के समय परशुराम-प्रसंग की निबंधना से भी वह रामचरितमानस के पूर्व रचित प्रतीत होता है।

एक धारणा यह है कि 'प्रस्तुत कृति में कवि स्वतः उसकी रचना-तिथि इस प्रकार देता हुआ दिखाई पड़ता है :

सगुन सत्य ससि नयन गुन अवधि अधिक नय बान।
होइ सुफल सुभ जासु जस प्रीति प्रतीति प्रमान॥

'चंद्रमा, नेत्र, गुण, नीति और व्राण के आधिक्य की अवधि (समय) में यह सगुन (-माला), जिसका सुयश यह है कि प्रीति-प्रतीति के अनुसार ही सुफल होती है, सत्य है।' कविजन-प्रयुक्त सांकेतिक शब्दावली में चंद्रमा 1, नेत्र 2, गुण 3, नीति 4 और वाण 5 के लिए प्रयुक्त होते हैं; और नीति (4) और वाण (5) में अंतर 1 का है, और कविप्रथा के अनुसार इस प्रकार दी हुई तिथियाँ उल्टे क्रम से पढ़ी जाती हैं, इसलिए उपर्युक्त दोहे से हमें कृति के लिए 1621 की तिथि प्राप्त होती है, यह आसानी से जाना जा सकता है।"[1]

'आसानी से' क्या, मूँड़मारी से भी उक्त निष्कर्ष पर पहुँचना शक्य नहीं है। दोहे को प्रसंग से विच्छिन्न करके उसका मनमाना अर्थ लगाया गया है। 'सुभ' को अनभीष्ट समझकर छोड़ दिया गया है। 'सगुन' के साथ 'माला' का संयोग करके उसका अर्थ किया गया है—'सगुनमाला' अर्थात् रामाज्ञाप्रश्न। प्रसंग से स्पष्ट है कि 'सगुन' का अर्थ 'शकुन' ही है। 'जस' का अर्थ सुयश किया गया है जो यहाँ पर असंगत है। उसका प्रयोग 'जैसा' के अर्थ में हुआ है। पूर्वापर-संबंध मिलाकर दोहे के अर्थ पर विचार कीजिए :

सुदिन साँझ पोथी नेवति पूजि प्रभात सप्रेम।
सगुन बिचारब चारुमति सादर सत्य सनेम॥
मुनि गनि दिन गनि धातु गनि दोहा देखि बिचारि।
देस करम करता बचन सुगुन समय अनुहारि॥
सगुन सत्य ससि नयन गुन अवधि अधिक नयबान।
होइ सुफल सुभ जासु जसु प्रीति प्रतीति प्रमान॥
गुरु गनेस हरु गौरि सिय रामु लषनु हनुमानु।
तुलसी सादर सुमिरि सब सगुन बिचार बिधानु॥[2]

चारों ही दोहों में 'सगुन' शब्द आया है। पहले, दूसरे और चौथे दोहे में क्रमशः 'बिचारब', 'बिचारि' और 'विचार' से सिद्ध है कि शकुन विचारने का प्रसंग चल रहा है। इसलिए प्रस्तुत दोहे में शकुन का फल प्रकट करने की सीमा बतलाई गई है। आलोच्य दोहे की व्याख्या है :

शकुन सत्य होगा। इस प्रकार निकाला गया शकुन एक (ससि) दिन में, दो (नयन) दिन में अथवा तीन (गुन) दिन में अपना फल प्रकट करेगा। उसकी अधिक से अधिक सीमा चार (नय) या पाँच (बान) दिन की है।[3] पहली पंक्ति का अर्थ अन्य रीति से भी किया गया है।

अव्वलन तो एक ही बार प्रश्न करने पर अभीष्ट संकेत मिल जाएगा। यदि न मिले तो दूसरी बार प्रश्न करना चाहिए। उसमें भी सफलता न मिलने पर तीसरी बार विचारना चाहिए। सामान्यतः

---

1. तुलसीदास, पृ. 235
2. रामाज्ञाप्रश्न, 7/7/1-4
3. हिंदी-साहित्य का अतीत, पृ. 301-02

डॉ. भारद्वाज उसको सं. 1665 के कुछ पूर्व की रचना मानते हैं।[1] उनके निष्कर्ष का आधार डॉ. गुप्त द्वारा उपलब्ध वह हस्तलिखित प्रति है जिसका लिपि-काल सं. 1665 है। वह प्रति तुलसी द्वारा लिखित अथवा संशोधित नहीं है। अतएव लिपि-काल और रचना-काल को एक या आसपास मान लेने का कोई प्रमाण नहीं है। उससे इतना ही अनुमेय है कि 'नहछू' का निर्माण सं. 1665 के पूर्व अवश्य हो गया था। कितने वर्ष पूर्व हुआ था—इस तथ्य के निर्धारण में उस प्रतिलिपि से कोई सहायता नहीं मिलती।

पं. सद्गुरुशरण अवस्थी की सम्मति में वह सं. 1616 के आसपास की रचना है।[2] उनकी मान्यता का आधार यह सिद्धांत है कि किसी कवि की आरंभिक कृति में भाषा का आडंबर और अलंकार-प्रियता अधिक रहती है, मध्य-युग की कृति में भाषा और भावों का सामंजस्य रहता है, अंतिम युग की कृति में भावों की प्रधानता रहती है और भाषा की उपेक्षा। 'रामललानहछू' में भाषा की ओर बहुत ध्यान दिया गया है, उसकी भाषा 'फुदकती हुई चलती है', उसमें 'नर्तकी के पाद-विक्षेप का-सा आवेग है।' वास्तविकता यह है कि 'नहछू' की भाषा में आडंबर नहीं है। उसमें स्वाभाविकता की विशेषता है। अलंकार-प्रियता भी दृष्टिगोचर नहीं होती। प्रस्तुत कृति में तुलसी ने अलंकारों का सबसे कम प्रयोग किया है। उसकी भाषा धारावाहिक और प्रसन्न है। अवस्थी जी ने स्वयं कहा है कि उसमें प्रवाह का प्रस्रोत अनवरुद्ध है। कविता-सरिता स्वयंनिर्मित कँकरीले मार्ग से होकर नहीं बहती, वरन् वह एक नहर की भाँति दीखती है, जिसके दोनों ओर पक्के घाट हैं, जिसकी सतह सम है और जो मंद-मंद प्रवाहित हो रही है।[3]

भावों के विषय में उनका कथन है कि उसमें भावों की गहनता का अभाव है। कवि के प्रौढ़-काल में विचारों और भावों की जो प्रौढ़ता होनी चाहिए वह 'नहछू' में कहीं नहीं दीख पड़ती। 'प्रत्येक छंद युवावस्था की उमंग में मुस्कुराता हुआ दिखाई पड़ता है।' 'प्रत्येक पंक्ति से यौवनोचित विनोद और प्रकाश छलकता है।' यह आलोचना विचारणीय है। 'नहछू' में विचारों और भावों की गंभीरता न होने का मुख्य कारण कवि-बुद्धि की अपरिपक्वता नहीं है। वह प्रस्तुत रचना के प्रयोजन की परिधि के बाहर है। 'नहछू' मंगल-उछाह के अवसर पर नारियों द्वारा गाए जाने के लिए लिखित लोकगीत है। इसलिए 'रामचरितमानस' और 'विनयपत्रिका' के शास्त्रीय मानदंड से उसे परखना असमीचीन है। अवेक्षणीय यह है कि कवि ने अपने प्रतिपाद्य को कितनी सफलता, स्वच्छता और अभिरामता से प्रस्तुत किया है। इस दृष्टि से वह एक सफल कृति है। 'नहछू'-जैसे उछाह पर गाए जाने वाले गीत में यौवनोचित उल्लास ही शोभा देता है, 'अंगं गलितं पलितं मुंडम्' वाले बुड्ढों और बुढ़ियों के दार्शनिक विचारों का प्रतिपादन नहीं।

डॉ. गुप्त ने मुद्रित पाठ के आधार पर 'रामललानहछू' का रचना-काल सं. 1611 और उक्त अप्रकाशित प्रति के आधार पर सं. 1616 माना है। उसकी छीछालेदरात्मक समीक्षा प्रस्तुत करके उन्होंने यह धारणा बनाई है कि "इतनी बड़ी ऐतिहासिक भूलों, प्रबंध दोषों तथा ठेठ शृंगार-पूर्ण वर्णनों और शैली की त्रुटियों से तो यही अनुमान होता है कि अपने इस रूप में 'रामललानहछू' का कर्त्ता 'मानस', 'गीतावली', 'विनय' और 'कवितावली' का स्वनामधन्य रचयिता नहीं है, अन्यथा यदि यह तुलसी की रचना है तो निस्संदेह उसकी प्रारंभिक कृति है। यह तो कवि की बाल-चेष्टा-सी लगती है, और निश्चय ही इसकी रचना 'मानस' से कम-से-कम बीस वर्ष पूर्व अथवा

1. तुलसीदास और उनके काव्य, पृ. 40
2. तुलसी के चार दल, पहली पुस्तक, पृ. 99
3. वही, पृ. 91

'रामाज्ञाप्रश्न' से कम-से-कम दस वर्ष पूर्व हुई होगी।"[1] मुझे दस के पहाड़े का कोई औचित्य नहीं दिखाई देता। तुलसी की काव्य-शक्ति का विकास घोंघा-गति से क्यों माना जाए? जब उन्होंने काव्य-क्षेत्र में पदार्पण किया तब उनकी बुद्धि और हृदय का समुचित विकास हो चुका था। क्या एक प्रौढ़ विद्वान् कवि को 'रामाज्ञाप्रश्न' और 'रामललानहछू' के सदृश रचनाओं के बीच (उनका जो भी क्रम माना जाए) तैयारी करने के लिए दस-बारह वर्षों का युग अपेक्षित था? इस अनुपात से तो 'जानकीमंगल' के लिए भी कम-से-कम दस वर्ष का ही अवकाश चाहिए और उसके बाद 'रामचरितमानस' के लिए इससे कई गुना समय अपेक्षित है।

'रामललानहछू' इतनी घटिया और बचकानी कृति नहीं है कि उसे 'रामाज्ञाप्रश्न' से भी हीन माना जाए। उसमें 'रामाज्ञाप्रश्न' की अपेक्षा कहीं अधिक काव्योचित रमणीयता है। इसमें संदेह नहीं कि वह 'रामचरितमानस', 'विनयपत्रिका', 'कवितावली' और 'गीतावली' के समान उत्कृष्ट नहीं है, परंतु जनसाधारण के उपयुक्त मंगल-गीत के रूप में उसकी उत्कृष्टता का प्रत्याख्यान नहीं किया जा सकता।

'रामाज्ञाप्रश्न' की तुलना में 'रामललानहछू' की चित्रात्मकता, अर्थ-व्यंजना और भाषा-प्रवाह से सूचित होता है कि वह उसके बाद की रचना है। परंतु, उसका वस्तु-विन्यास और शब्दार्थ-नियोजन 'जानकीमंगल' की भाँति प्रौढ़ नहीं है। अतः 'रामललानहछू' उन दोनों के बीच की कृति है। इन लघु-कृतियों का पारस्परिक अंतर एक-दो वर्ष से अधिक नहीं हो सकता। इसलिए 'रामललानहछू' सं. 1628-29 के लगभग रचा गया प्रतीत होता है।

4. जानकीमंगल

हस्तलिखित प्रतियाँ

जानकीमंगल की कई हस्तलिखित प्रतियाँ प्राप्त हैं। उनमें से उल्लेखनीय ये हैं :

1. कहा जाता है कि अयोध्या के 'कामद-कुंज' में सं. 1632 की लिखी हुई एक प्रति है। वह कवि की स्वहस्तलिखित बताई जाती है। वह डॉ. माताप्रसाद गुप्त को देखने को नहीं मिल सकी।[2] इससे उसकी प्रामाणिकता में संदेह होता है। इतना अवश्य प्रतीत होता है कि वह प्रति प्राचीन है। संभव है कि सं. 1632 उसका प्रतिलिपि-काल हो, क्योंकि 'जानकीमंगल', 'रामचरितमानस' के पूर्व की रचना है।
2. उक्त प्रति की एक प्रतिलिपि नागरी-प्रचारिणी सभा, काशी में है।
3. एक प्रति अयोध्या के पं. रामरक्षा त्रिपाठी के यहाँ है। उसकी प्राचीनता असंदिग्ध है। वह उपर्युक्त पहली प्रति के विषय में प्राप्त विवरण से मेल खाती है।
4. डॉ. गुप्त ने याज्ञिक-संग्रह में प्राप्त तीन प्रतियों की चर्चा की है। एक का पाठ मुद्रित प्रतियों के पाठ से बिलकुल ही भिन्न है। वह किसी और की लिखी हुई स्वतंत्र-कृति है। शेष दो प्रतियों का पाठ प्रकाशित संस्करणों के मेल में है, किंतु उनमें रचना का नाम 'सीतास्वयंबर' दिया हुआ है।

प्रकाशित संस्करण

'जानकीमंगल' का भी पाठालोचन किसी ने नहीं किया है। उसके प्रकाशित संस्करणों में से अग्रांकित चार प्रसिद्ध हैं :

---

1. तुलसीदास, पृ. 233
2. देखिए—तुलसीदास, पृ. 209

1. मूलमात्र—'तुलसीग्रंथावली' में संगृहीत।

2. भावार्थ-सहित—गीता प्रेस, गोरखपुर।

3. टीका-टिप्पणी-सहित—'तुलसी के चारदल' में पं. सद्गुरुशरण अवस्थी द्वारा संकलित और संपादित।

4. 'सिद्धांत-तिलक' के सहित—सं. पं. श्रीकांतशरण।

उपर्युक्त पहले संस्करण में टीका नहीं है। दूसरे में अवधी-पद्यों का खड़ीबोली में रूपांतर है, विवेचन नहीं। तीसरे में शब्दार्थ और व्याख्या के अनंतर आलोचनात्मक टिप्पणी भी दी गई है। चौथे में पं. श्रीकांतशरण ने विस्तृत विवरण प्रस्तुत किया है। अंतिम दो सटीक संस्करण क्रमशः साहित्यिक और सैद्धांतिक दृष्टि से उपयोगी हैं।

रचना-काल

वेणीमाधवदास का कथन है कि तुलसी ने 'रामललानहछू', 'जानकीमंगल' और 'पार्वतीमंगल' की रचना अपनी मिथिला-यात्रा के समय की थी। यह समय सं. 1639 के लगभग ठहरता है।[1] डॉ. रामकुमार वर्मा की भी यही मान्यता है।[2] बाबू श्यामसुंदरदास[3], पं. सद्गुरुशरण अवस्थी[4] और पं. रामनरेश त्रिपाठी[5] उसको सं. 1643 में 'पार्वतीमंगल' के अनंतर रचित मानते हैं। डॉ. गुप्त का मत है कि उसकी रचना सं. 1626 के लगभग हुई।[6] मेरे विचार से उसका रचना-काल सं. 1629-30 के आसपास है।

क्या तीनों मंगल-काव्य समकालीन रचनाएँ हैं ? इस प्रश्न पर 'रामललानहछू' के प्रकरण में कुछ विचार किया जा चुका है। 'जानकीमंगल' और 'पार्वतीमंगल' में घनिष्ठ सादृश्य है। उनकी कथा-शैली, वर्णन-शैली और छंद-शैली की अतिशय समानता के आधार पर डॉ. रामकुमार वर्मा ने 'पार्वतीमंगल' में दी गई तिथि के अनुसार 'जानकीमंगल' को सं. 1643 में रचित माना है। इस पर डॉ. माताप्रसाद गुप्त की वक्रोक्ति है, "डॉक्टर रामकुमार वर्मा **अभी तक** 'जानकीमंगल' और 'पार्वतीमंगल' के संपूर्ण सादृश्य के कारण 'जानकीमंगल' को भी सं. 1643 की कृति **मान रहे हैं**।"[7] इस उपहास से लगता है मानो तुलसी ने स्वयं उपस्थित होकर डॉ. गुप्त का अनुमोदन करते हुए यह निर्णय दे दिया हो कि 'जानकीमंगल' की रचना सं. 1626 में हुई थी। सदृश-शैली की रचनाओं का एक ही क्रम में रचा जाना आवश्यक नहीं है, विशेष करके ऐसी दशा में जब विरोधी साक्ष्य अधिक प्रबल हो। पं. रामनरेश त्रिपाठी ने 'जानकीमंगल' के प्रसंग में एक नया तर्क दिया है। वह भी विचारणीय है। 'जानकीमंगल' की एक उक्ति है :

सुभ दिन रच्यो स्वयंबर मंगलदायक।[8]

'सुभदिन' का अभिप्राय रविवार से है। यहाँ पर कवि ने दिन का संकेत कर दिया, किंतु संवत् और तिथि का नहीं। इसका कारण क्या है ? त्रिपाठीजी का उत्तर है, "पार्वतीमंगल को वृहस्पतिवार को समाप्त करके लगे हाथों तुलसीदास ने दो दिन के परिश्रम से जानकीमंगल भी समाप्त कर लिया। इसी

---

1. गोस्वामी तुलसीदास (बाबू श्यामसुंदरदास), पृ. 82
2. हिंदी-साहित्य का आलोचनात्मक इतिहास, पृ. 362
3. गोस्वामी तुलसीदास, पृ. 83
4. तुलसी के चार दल, पहली पुस्तक, पृ. 231
5. तुलसीदास और उनका काव्य, पृ. 226-27
6. तुलसीदास, पृ. 238
7. तुलसीदास, पृ. 238
8. जानकीमंगल, 3

से उन्होंने उसमें संवत् आदि न देकर केवल दिन लिख दिया।'' यह उत्तर अमान्य है, क्योंकि एक कृति का रचना-काल दूसरी कृति में देने की कोई रीति नहीं है। इसे हम तुलसीदास की विलक्षणता भी नहीं मान सकते, क्योंकि इसके पक्ष में कोई साक्ष्य नहीं है।

जानकीमंगल' को 'रामचरितमानस' के पूर्वरचित सिद्ध करने के पक्ष में निम्नांकित प्रमाण दिए जा सकते हैं :

1. 'जानकीमंगल' में तिथि-संवत् के अनुल्लेख से यह सूचित होता है कि उसकी रचना के समय तक कवि की प्रवृत्ति तिथि-निर्देश की ओर नहीं थी। उसके पूर्व रचित 'रामाज्ञाप्रश्न' और 'रामललानहछू' में उसने रचना-काल का उल्लेख नहीं किया। 'रामचरितमानस' की रचना समाप्त कर लेने पर ही इस दिशा में उसकी प्रवृत्ति हुई और उसके पश्चात् लिखित एकमात्र प्रबंध या निबंध 'पार्वतीमंगल' में भी उस प्रवृत्ति का निर्वाह किया गया है।
2. 'रामललानहछू', 'जानकीमंगल' और 'रामचरितमानस' के प्रथम सोपान की फलश्रुतियों को मिलाकर देखने से उनके पौर्वापर्य पर भी प्रकाश पड़ता है :

वे फलश्रुतियाँ हैं :

(i) जो यह नहछू गावैं गाइ सुनावइँ हो।
रिद्धि सिद्धि कल्यान मुक्ति नर पावइँ हो।।[1]

(ii) उपबीत ब्याह उछाह जे सिय राम मंगल गावहीं।
तुलसी सकल कल्यान ते नर नारि अनुदिन पावहीं।।[2]

(iii) प्रभु बिबाह जस भएउ उछाहू। सकहिं न बरनि गिरा अहिनाहू।।
कबि कुल जीवनु पावन जानी। राम सीय जसु मंगल खानी।।
तेहिं तें मैं कछु कहा बखानी। करन पुनीत हेतु निज बानी।।
निज गिरा पावनि करन कारन राम जसु तुलसी कह्यो।
रघुबीर चरित अपार बारिधि पार कबि कौने लह्यो।।
उपबीत ब्याह उछाह मंगल सुनि जे सादर गावहीं।
बैदेहि राम प्रसाद ते जन सर्बदा सुखु पावहीं।।[3]

(क) पहली फलश्रुति में 'नहछू' शब्द का प्रयोग है, 'उपबीत' या 'ब्याह' का नहीं। दूसरी में 'उपबीत ब्याह' है, यद्यपि 'जानकीमंगल' में उपबीत का वर्णन नहीं किया गया है। इससे प्रत्यक्ष है कि 'जानकीमंगल' उपबीत और विवाह दोनों उत्सवों पर गाया जा सकता है, और उसी प्रकार 'नहछू' भी। परंतु, इससे एक अप्रत्यक्ष ध्वनि यह भी निकलती है कि 'जानकीमंगल' का 'उपवीत' शब्द 'नहछू' की ओर संकेत कर रहा है; क्योंकि 'नहछू' के अनंतर ही 'जानकीमंगल' की रचना हुई है। 'जानकीमंगल' की शब्दावली 'उपवीत ब्याह उछाह', 'रामचरितमानस' में ज्यों-की-त्यों व्यवहृत हुई है, यद्यपि उसमें भी उपवीत का वर्णन नहीं है, केवल 'दीन्ह जनेऊ'[4] कहकर संकेत मात्र किया गया है। तो फिर मानस-गत उपर्युक्त फलश्रुति में उपवीत-उछाह-मंगल-गान की बात कैसे कही गई ? ऐसा आभासित होता है कि वह फलश्रुति लिखते समय कवि के मन में 'रामललानहछू' और 'जानकीमंगल' की चेतना थी। जिस प्रकार 'जानकीमंगल' की फलश्रुति में

---

1. रामललानहछू, 20
2. जानकीमंगल, 216
3. रामचरितमानस, 1/361
4. भए कुमार जबहि सब भ्राता। दीन्ह जनेऊ गुर पितु माता।।—1/204/2

'उपबीत' द्वारा अप्रत्यक्ष रूप से 'रामललानहछू' की ओर संकेत कर दिया था, उसी प्रकार अप्रत्यक्ष रूप से मानस-गत 'उपबीत ब्याह' द्वारा दोनों मंगल-गीतों 'रामललानहछू' और 'जानकीमंगल' की ओर संकेत कर दिया।

(ख) इन फलश्रुतियों में कवि की भक्ति-भावना का क्रमिक विकास भी द्रष्टव्य है। प्रथम दो में श्रेयस्करता का उल्लेख तो है किंतु सीता-राम के प्रसाद का निर्देश नहीं है। भगवान् की कृपा और भक्त की अनन्यशरणागति का महत्त्व 'रामचरितमानस' और उसकी परवर्ती कृतियों में बल देकर प्रतिपादित किया गया है जिसकी परम परिणति 'विनयपत्रिका' में पाई जाती है। इस प्रसंग में यह भी ध्यान देने योग्य है कि **मानस-गत** उमा-शंभु-विवाह की फलश्रुति में 'प्रसाद' का उल्लेख छूट गया था; उस कमी की पूर्ति परवर्ती 'पार्वतीमंगल' की फलश्रुति में कर दी गई। मिलाकर देखिए :

(i) यह उमा संभु बिबाह जे नरनारि कहहिं जे गावहीं।
कल्यान काज बिबाह मंगल सर्बदा सुखु पावहीं॥[1]

(ii) कल्यान काज उछाह ब्याह सनेह सहित जो गाइहैं।
तुलसी उमा संकर प्रसाद प्रमोद मन प्रिय पाइहैं॥[2]

(ग) उपसंहरण-शैली से भी सूचित होता है कि 'जानकीमंगल', 'रामचरितमानस' से पहले लिखा गया है। पूर्ववर्ती 'रामललानहछू' और 'जानकीमंगल' के उपसंहार में रचना की समाप्ति और प्रतिपादित वस्तु का संकेत नहीं है, परवर्ती 'रामचरितमानस' और 'पार्वतीमंगल' में पाया जाता है। कवि की यह प्रवृत्ति 'रामचरितमानस' की रचना के साथ विकसित हुई है। महाकाव्य **मानस**[3] में इस प्रवृत्ति का प्रतिफलन व्यास-शैली में हुआ है, और लघुकाव्य 'पार्वतीमंगल'[4] में समास-शैली में।

(घ) 'तेहितें मैं कछु कहा बखानी' से यह भी ध्वनित होता है कि राम-विवाह की जो कथा पहले ('जानकीमंगल' में) संक्षेप में कही गई है, उसका 'रामचरितमानस' में 'बखान' (व्याख्यान, विस्तार) करके कथन किया गया है।

3. रामचरितमानस के 'बालकांड' की रचना अयोध्याकांड के बाद में हुई है।[5] अयोध्याकांड के प्रारंभिक सोरठे और चौपाई से प्रतिभात होता है कि ग्रंथ का आरंभ किया जा रहा है, और उसके पूर्व राम-विवाह का वर्णन हो चुका है :

श्रीगुरचरन सरोज रज निज मनु मुकुरु सुधारि।
बरनौं रघुबर बिमल जसु जो दायकु फल चारि॥
जब तें रामु ब्याहि घर आए। नित नव मंगल मोद बधाए॥[6]

पूर्व-वर्णित विवाह 'जानकीमंगल' की रचना का द्योतक है।

4. डॉ. माताप्रसाद गुप्त ने 'जानकीमंगल' में निबद्ध कथा के आधार पर निष्कर्ष निकाला है कि वह 'रामाज्ञाप्रश्न' और 'रामचरितमानस' के बीच की रचना है। 'रामाज्ञाप्रश्न' के समान ही उसमें पुष्पवाटिका-प्रकरण का अभाव है, राम-परशुराम-मिलन बारात की

---

1. रामचरित मानस, 1/103
2. पार्वतीमंगल, 164
3. रामचरितमानस, 1/361
4. पार्वतीमंगल, 163
5. आगे देखिए : रामचरितमानस का रचना-क्रम
6. रामचरितमानस, 2/1/1

वापसी में होता है और लक्ष्मण-परशुराम-विवाद नहीं है। यह उसकी 'रामचरितमानस' से भिन्नता है। दूसरी ओर, 'रामचरितमानस' के समान उसमें जनक के बंदीजन राजसभा में जनक के प्रण की घोषणा करते हैं और धनुर्भंग के अवसर पर लक्ष्मण ने दिक्पालों को सावधान किया है। फलतः 'जानकीमंगल' में 'रामाज्ञाप्रश्न' की तुलना में 'रामचरितमानस' की ओर प्रस्थान दृष्टिगोचर होता है। पं. सद्गुरुशरण अवस्थी ने डॉ. गुप्त के तर्क का बड़ा मजाक उड़ाया है।[1] डॉ. गुप्त का तर्क अकाट्य न होने पर भी निस्सार नहीं है।

5. 'जानकीमंगल' की एक अत्यंत प्राचीन हस्तलिखित प्रति प्राप्त है जिस पर सं. 1632 की तिथि दी हुई है। यद्यपि तिथि की लिखावट मूल प्रति की लिखावट से भिन्न है तथापि उसकी प्राचीनता में संदेह नहीं है। इससे अनुमान होता है कि वह किसी ऐसी मूल प्रति की प्रतिलिपि है जो सं. 1632 में तैयार की गई थी। अतः 'जानकीमंगल' 1632 से पहले की रचना है।

उसका निश्चित सन्-संवत् निर्धारित करने में किसी साक्ष्य से सहायता नहीं मिलती। संवत् 1624 या सं. 1626 मानने से उसके और 'रामचरितमानस' के बीच कई वर्षों का व्यवधान पड़ता है। क्या कवि-प्रतिभा के उन्मिषित हो जाने पर भी तुलसीदास ने इतने लंबे समय तक काव्य-रचना नहीं की ? यह अस्वाभाविक लगता है। ऐसा प्रतीत होता है कि 'वैराग्यसंदीपनी' से लेकर 'रामचरितमानस' तक किन्हीं भी दो रचनाओं का अंतर एक-डेढ़ वर्ष से अधिक नहीं है। तुलसी में काव्य-रचना की प्रवृत्ति, उनकी प्रज्ञा और भक्ति-भावना का उदय हो जाने के बाद उनको इतने वर्षों तक कवि-कर्म के प्रति सर्वथा उदासीन रखना असंगत जँचता है। नन्ही-सी रचना के प्रणयन में इतना परिश्रम भी नहीं करना पड़ा होगा कि उससे थककर चूर कवि कई वर्षों के लिए काव्य-रचना से संन्यास ग्रहण कर लेता। अतः 'जानकीमंगल' की रचना 'रामचरितमानस' से कुछ ही समय पूर्व सं. 1629-30 के लगभग हुई होगी।

5. रामचरितमानस

हस्तलिखित प्रतियाँ

'रामचरितमानस' की असाधारण लोकप्रियता के कारण उसकी बहुसंख्यक प्रतियाँ देश के विभिन्न भागों में पाई जाती हैं। उसके योग्य संपादकों ने सभी उपलब्ध महत्त्वपूर्ण प्रतियों का उपयोग किया है। इस क्षेत्र में पं. शंभुनारायण चौबे, डॉ. माताप्रसाद गुप्त और आचार्य विश्वनाथप्रसाद मिश्र के नाम विशेष उल्लेखनीय हैं। चौबेजी और डॉ. गुप्त द्वारा आलोचित प्रतियों के विस्तृत विवरण ग्रंथ-रूप में प्रकाशित हो चुके हैं। मिश्रजी द्वारा संपादित 'रामचरितमानस' का विवरण अप्रकाशित है।

'रामचरितमानस' की महत्त्वपूर्ण प्रतियाँ निम्नांकित हैं :

1. सं. 1721 की प्रति—यह प्रति भारत-कला-भवन, काशी में है। इसमें अयोध्या कांड नहीं है।
2. सं. 1762 की प्रति—पं. शंभुनारायण (भूतपूर्व पुस्तकाध्यक्ष, नागरी प्रचारिणी सभा, काशी) के निजी संग्रह में थी। यह प्रति उपर्युक्त प्रति की प्रतिलिपि है।
3. पं. सुधाकर द्विवेदी की प्रति—यह प्रति उनके पिता द्वारा सं. 1916-21 के बीच लिखी गई। उनके उत्तराधिकारियों के पास खजुरी, काशी में है।
4. रघुनाथदास की प्रति—इस समय अप्राप्य है। इसके अनुसार सं. 1926 में 'रामचरितमानस'

1. तुलसी के चार दल, पहली पुस्तक, पृ. 230-31

का एक संस्करण काशी से प्रकाशित हुआ था।

5. वंदनपाठक की प्रति—यह भी अप्राप्य है। इसके अनुसार भी काशी से 'रामचरितमानस' का एक संस्करण सं. 1949 में प्रकाशित हुआ था।
6. डॉ. माताप्रसाद गुप्त की प्रति—यह प्रति मिर्जापुर से प्राप्त हुई थी। इसका लिपिकाल सं. 1878 है।
7. बीजक की प्रति—इस प्रति की आनुक्रमिक चौथी प्रतिलिपि के अनुसार एवं कोदीराम द्वारा संपादित 'रामचरितमानस' के दो संस्करण सं. 1953 और 1995 में वेंकटेश्वर प्रेस, बंबई से प्रकाशित हुए।
8. श्रावणकुंज की प्रति—यह 'रामचरितमानस' की सबसे प्राचीन प्रति है जो अयोध्या के 'श्रावणकुंज' मंदिर में है। इसमें केवल बालकांड ही प्राचीन है। यह प्रति सं. 1661 की बताई जाती है, किंतु डॉ. गुप्त का कहना है कि यह वस्तुतः सं. 1691 की है; इसमें दहाई का अंक बदल दिया गया है।[1]
9. काशिराज की प्रति—इसका लिपि-काल सं. 1704 है। उपर्युक्त बालकांड की प्रति को छोड़कर यह 'रामचरितमानस' की प्राचीनतम प्रति है। अयोध्याकांड की पुष्पिका में किए गए संशोधन और अरण्य तथा किष्किंधा कांडों की प्रक्षिप्त पंक्तियों के कारण डॉ. गुप्त ने इसकी प्रामाणिकता में कुछ-कुछ संदेह किया है।[2]
10. राजापुर की प्रति—इसमें केवल अयोध्याकांड है। यह प्रति तुलसी-लिखित कही जाती है। परंतु यह उनकी लिखी नहीं है, क्योंकि, इसमें लिपिकार और लिपिकाल का उल्लेख नहीं है, इसकी लिखावट तुलसी की कथित लिखावट से मेल नहीं खाती, और इसमें ऐसी भूलें हैं जो किसी अन्य प्रति में नहीं पाई जातीं।

उपर्युक्त प्रतियाँ चार भिन्न शाखाओं की हैं। पहली-दो एक शाखा की, तीसरी से छठी तक दूसरी शाखा की, सातवीं तीसरी शाखा की, और शेष चौथी शाखा की हैं। इनके अतिरिक्त भी सैकड़ों प्रतियाँ हैं। हजारों पाठ-भेद हैं। महत्त्वपूर्ण प्रतियों को छाँटना और उनके पाठ का मिलान करके मूल पाठ निर्धारित करना बड़ी कठोर साधना का कार्य है। तपोनिष्ठ संपादकों ने भगीरथ-प्रयत्न करके श्रमसाध्य कार्य को संपन्न किया है।

रचना-काल

'रामचरितमानस' के रचना-काल की आरंभिक तिथि का निर्देश कवि ने उसकी प्रस्तावना में स्वयं कर दिया है[3] :

(i) संबत सोरह सै एकतीसा। करौं कथा हरिपद धरि सीसा॥
(ii) नौमी भौमबार मधु मासा। अवधपुरी यह चरित प्रकासा॥
जेहि दिन राम जनम श्रुति गावहिं। तीरथ सकल तहाँ चलि आवहिं॥
सब बिधि पुरी मनोहर जानी। सकल सिद्धि प्रद मंगल खानी॥
बिमल कथा कर कीन्ह अरंभा। सुनत नसाहिं काम मद दंभा॥
(iii) रचि महेस निज मानस राखा। पाइ सुसमउ सिवा सन भाषा॥
तातें रामचरितमानस बर। धरेउ नाम हिअँ हेरि हरषि हर॥

1. तुलसीदास, पृ. 212-13
2. वही, पृ. 213
3. रामचरितमानस, 1/34-35

जस मानस जेहि बिधि भएउ जग प्रचार जेहि हेतु।
अब सोइ कहौं प्रसंग सब सुमिरि उमा बृषकेतु॥

इन पंक्तियों में संवत्, मास, तिथि और दिन का उल्लेख किया गया है, किंतु पक्ष का नहीं। राम-जन्म की नवमी का संबंध शुक्ल पक्ष से है, इसका निर्देश अन्यत्र किया गया है :

नौमी तिथि मधुमास पुनीता। सुकुल पच्छ अभिजित हरिप्रीता।[1]
चैत चारु नौमी तिथि सित पख मध्य गगन गत भानु।[2]

इस प्रकार 'रामचरितमानस' की रचना का आरंभ सं. 1631 **में चैत्र शुक्ल नवमी, मंगलवार** को हुआ। 'मंगलवार' को लक्ष्य करके डॉ. गुप्त ने प्रश्न उठाया है कि "क्या तिथि का यह सारा विस्तार ठीक है। सूर्योदय-व्यापिनी तिथि को ही सारे दिन की तिथि मानने के सर्वमान्य भारतीय सिद्धांत के अनुसार सं. 1631 के चैत्र शुक्ल में नवमी बुधवार को होनी चाहिए, गणना से यह स्पष्ट ज्ञात होता है।"[3] महात्मा अंजनीनंदनशरण ने बल देकर कहा है कि "नवमी उस दिन भी थी और दूसरे दिन भी। पर दूसरे दिन उनके इष्ट हनुमानजी का दिन न मिलता, नवमी तो जरूर मिलती। और अपने तीनों इष्टों का जन्मदिन मंगलवार होने से वह दिन उन्हें अतिप्रिय अवश्य होना ही चाहिए, उसे वे क्यों हाथ से जाने देते ? अतएव ग्रंथ रचने के लिए मंगलवार के मध्याह्नकाल में नवमी पाकर ग्रंथ रचा।[4]

क्या उक्त तिथि पर 'रामचरितमानस' की रचना सचमुच आरंभ हुई थी ? इस शंका के दो प्रमुख कारण हैं—(i) कवि ने तिथि का उल्लेख 7 श्लोकों, 10 सोरठों, 44 दोहों, 1 छंद और 328 अर्धालियों के बाद किया है। अतएव तिथि-निर्देश के पूर्व इस अंश की रचना स्वंयसिद्ध है। विश्वास नहीं होता कि अयोध्या में रामनवमी की चहल-पहल के दिन कुछ ही घंटों में इतनी काव्य-रचना की गई होगी। (ii) उपर्युक्त उद्धरण में तीन इकाइयाँ हैं। उनमें देश-काल का व्यवधान दिखाई देता है। पहली इकाई में वर्तमानकालिक क्रिया 'करौं' का, दूसरी में भूतकालिक क्रिया 'कीन्ह' का और तीसरी में वर्तमानकालिक क्रिया 'कहौं' का प्रयोग किया गया है। दूसरी इकाई में दूरता-सूचक 'तहाँ' अवेक्षणीय है। उससे अवगत होता है कि वह इकाई अयोध्या में न लिखी जाकर किसी अन्य स्थान पर लिखी गई है।

समाधान यह है कि 'रामचरितमानस' की प्रस्तावना ग्रंथ-रचना की समाप्ति के बाद लिखी गई है। आधुनिक साहित्यकार भी प्रायः प्रबंध पूर्ण कर लेने पर उसकी प्रस्तावना लिखा करते हैं और उसमें इच्छानुसार भूत या भविष्यत् काल की क्रियाओं का व्यवहार करते हैं। विरोधाभास पर ध्यान दीजिए—वे अपने 'पश्चात्कथन' को 'प्राक्कथन' की संज्ञा देते हैं। तुलसीदास ने भी ऐसा ही किया है, यद्यपि उन्होंने 'प्राक्कथन' शब्द का प्रयोग नहीं किया। यह कथन की एक शैली है। रामचरितमानसकार ने अपनी कृति की प्रस्तावना में भूत और वर्तमान ही नहीं, भविष्यत् काल की क्रियाओं का भी प्रयोग किया है :

1. तेहि बल मैं रघुपति गुन गाथा। कहिहौं नाइ राम पद माथा॥
2. कहिहौं सोइ संबाद बखानी। सुनहु सकल सज्जन सुख मानी॥
3. सो सब हेतु कहब मैं गाई। कथा प्रबंध बिचित्र बनाई॥
4. अरथ धरम कामादिक चारी। कहब ग्यान बिग्यान बिचारी॥
5. रघुपति महिमा अगुन अबाधा। बरनब सोइ बर बारि अगाधा॥
6. बरनब राम बिबाह समाजू। सो मुद मंगल मय रितुराजू॥[5]

---

1. रामचरितमानस, 1/191/1
2. गीतावली, 1/2/2
3. तुलसीदास, पृ. 239
4. मानस-पीयूष, 1/34/6, पृ. 485
5. रामचरितमानस, क्रमशः 1/13/5, 1/30/1, 1/33/1, 1/37/5, 1/37/1, 1/42/2

संदर्भ के क्रम में, भिन्नकालिक होते हुए भी, सभी क्रियाओं का तात्पर्य भविष्यत् काल से है। कारण स्पष्ट है। प्रस्तावना ग्रंथ के आरंभ में लिखी जा रही है, इसलिए वह स्वभावतः पहले पढ़ी जाएगी और प्रकृत ग्रंथ बाद में। वास्तविकता यह है कि ग्रंथ निर्मित हो चुका है, और प्रस्तावना बाद में लिखी जा रही है। अतः प्रकृत ग्रंथ की यथोचित शृंखला मिलाने के लिए भविष्यत् अथवा भविष्यत्सूचक-वर्तमान काल की क्रियाएँ प्रयुक्त हुई हैं। भूतकालिक 'प्रकासा' पर भी चौंकने की जरूरत नहीं है। तुलसी की अभिव्यंजना-पद्धति के यथार्थ अवधारण से शंका के लिए अवकाश नहीं रह जाता। 'रामचरितमानस' के अतिरिक्त 'पार्वतीमंगल' ही कवि की ऐसी कृति है[1] जिसमें निर्विवाद रूप से रचना-काल दिया है। उसकी पंक्तियाँ हैं :

जय संबत फागुन सुदि पाँचै गुरु दिन।
अस्विनि बिरचेउँ मंगल सुनि सुख छिनु छिनु ॥[2]

यह 'पार्वतीमंगल' का पाँचवाँ ही पद्य है। संदर्भ के क्रम में रचना के शेष 159 पद्यों का निर्माण अभी आगे किया जाएगा। फिर भी कवि ने भूतकालिक क्रिया 'बिरचेउँ' का प्रयोग किया है। इसके तीन वैकल्पिक उत्तर हो सकते हैं—(1) यह कवि का उक्ति-वैशिष्ट्य है। 'विरचिहउँ' के अर्थ में उसने 'बिरचेउँ' का प्रयोग किया है। प्राचीन कवियों में भी यह शैली पाई जाती है। बाणभट्ट-रचित 'कादंबरी' की प्रस्तावना में इसका ज्वलंत उदाहरण विद्यमान है। वहाँ पर कर्मवाच्य में 'निबद्धा' क्रिया प्रयुक्त है।[3] यह भी नहीं कहा जा सकता कि 'कथा' को पूर्ण कर लेने के उपरांत कवि ने उसकी प्रस्तावना लिखी थी, क्योंकि बाणभट्ट 'कादंबरी' को अपूर्ण छोड़कर ही स्वर्गवासी हो गए थे। बोलचाल में भी भविष्यत्कालिक क्रिया के लिए भूतकालिक क्रिया का (उससे भिन्न अर्थ में ही सही) कुछ मिलता-जुलता व्यवहार पाया जाता है, जैसे—'अभी आऊँगा' के बदले लोग लेटे ही लेटे कह देते हैं 'अभी आया'। (2) तुलसी ने तिथि-सूचक पद्य की रचना कृति की समाप्ति के बाद की है। यह उत्तर 'रामचरितमानस' पर तो घटित होता है, किंतु 'पार्वतीमंगल'-जैसी लघु रचना के संबंध में प्रत्यायक नहीं है। (3) कवि ने संपूर्ण रचना का मानस-बिंब-विधान आरंभ में ही कर लिया था, उसका बाह्य रूप बाद में निर्मित हुआ; अतः उसने भूतकालिक क्रिया का प्रयोग किया। 'पार्वतीमंगल' के साथ इस उत्तर की संगति ठीक बैठ जाती है; लेकिन 'रामचरितमानस' के साथ नहीं बैठ पाती, क्योंकि उसकी प्रस्तावना ग्रंथ-समाप्ति के बाद लिखी गई है, और वर्तमान और भविष्यत् काल की क्रियाएँ भी प्रयुक्त हैं। अंतिम दो उत्तरों में अव्याप्ति है। पहला उत्तर व्यापक, परंपरा-समर्थित और संदर्भ-संगत है; इसलिए अधिक महत्त्वपूर्ण है।

निष्कर्ष यह है कि 'रामचरितमानस' का आरंभ सं. 1631 में रामनवमी को हुआ। यह कहना कठिन है कि उसकी समाप्ति कब हुई। तुलसी ने उसके समाप्ति-काल का उल्लेख कहीं नहीं किया। इस विषय में कोई आप्त प्रमाण नहीं है। 'मूलगोसाईंचरित' के अनुसार सं. 1633 के अगहन में राम-विवाह की तिथि पर पूर्ण हुआ; उसकी रचना में कुल दो वर्ष, सात महीने और छब्बीस दिन लगे।[4] माना कि तुलसीदास महात्मा थे, परंतु 'रामचरितमानस'-जैसे विशालकाय कलात्मक महाकाव्य के निर्माण के लिए इतना समय पर्याप्त नहीं प्रतीत होता। 'तुलसीप्रकास' में कहा गया है कि सं. 1635

1. 'रामाज्ञाप्रश्न' के दोहे (7/7/3) से उसके रचना-काल का निष्कर्षण खींच-तान का संदिग्ध परिणाम है, और अर्द्धप्रामाणिक 'सतसई' का रचनाकाल-सूचक दोहा (1/9) तुलसीकृत नहीं है।
2. पार्वतीमंगल, 5
3. अलब्धवैदग्ध्यविलासमुग्धया
   धिया निबद्धेयमतिद्वयी कथा।—कादंबरी, प्रास्ताविक श्लोक 20
4. दुइ बत्सर सातेक मास परे। दिन छब्बिस माँझ सो पूर करे॥
   तैंतीस को संवत् औ मगसर। सुभ द्यौस सुराम विवाहहिं पर॥41/।

में जेठ बदी तीज को उसकी समाप्ति हुई।[1] यह कथन अविश्वसनीय नहीं लगता। किंवदंतियों तथा कल्पनाओं पर आश्रित और परस्पर-विरोधी कथन करनेवाली इन रचनाओं की प्रामाणिकता संदिग्ध है।

मनुष्य की शक्ति सीमित है। संतों को भी आधि-व्याधियाँ सताती हैं। स्वयं तुलसीदास इसके प्रमाण हैं। काव्यानुकूल भाव-दशा बहुत समय तक बनी नहीं रह सकती। कवि की कारयित्री प्रतिभा संयत्र की भाँति लगातार निर्माण करने में समर्थ नहीं है। उसे विश्राम चाहिए। 'रामचरितमानस' के प्रथम भाग (अयोध्याकांड और बालकांड-उत्तरार्ध) की रचना के बाद कवि थका हुआ-सा दिखाई देता है। तीसरे सोपान से उसकी अजस्र भावधारा का वेग कुछ मंद पड़ गया है। जटिल संविधानक और विचार-बोझिल प्रसंगों के प्रयत्न-साध्य निर्वहण में निश्चय ही अधिक समय लगा होगा। इन सब बातों को दृष्टि में रखते हुए अनुमान किया जा सकता है कि उसकी रचना में लगभग पाँच वर्ष का समय लगा होगा। उसके बांद भी काट-छाँट और संशोधन-परिवर्धन का क्रम चलता रहा होगा। सं. 1642 तक 'पार्वतीमंगल' की रचना के पूर्व उसे अंतिम रूप प्राप्त हो गया होगा। 'रामचरितमानस' के मध्यांतर और परिमार्जनकाल में कवि ने स्वतःस्फूर्त भावोद्रेक के परिणामस्वरूप मुक्तक पद्यों की रचना भी अवश्य की होगी जो अपनी रूपविधा के अनुसार 'गीतावली' आदि में यथास्थान समाविष्ट कर लिए गए होंगे।

रचना-क्रम

डॉ. माताप्रसाद गुप्त ने वक्ता-श्रोताओं की योजना और अर्धाली-समूह के आधार पर 'रामचरितमानस' को तीन विभिन्न प्रयासों का परिणाम माना है। उनके अनुसार प्रथम पांडुलिपि में बालकांड दोहा 184 से अयोध्याकांड के अंत तक का अंश था। द्वितीय पांडुलिपि तैयार करते समय उसके बाद का शेष संपूर्ण ग्रंथ जोड़ा गया। अंतिम पांडुलिपि में आरंभ से लेकर दोहा 35 तक की प्रस्तावना सम्मिलित की गई। निम्नांकित सारणी से उनकी बात स्पष्ट हो जाएगी :

प्रथम पांडुलिपि	**द्वितीय पांडुलिपि**	**तृतीय पांडुलिपि**
		बालकांड, आरंभ से दोहा 35 तक
	(i) बालकांड, दोहा 36 से 183 तक	
बालकांड, दोहा 184 से अयोध्याकांड के अंत तक		
	(ii) अरण्यकांड के आरंभ से उत्तरकांड के अंत तक	

उनके अनुसार **द्वितीय पांडुलिपि** छः बार में निर्मित हुई :

1. गगन व्योम सरचंद सक असित जेठ सुभ मास।
   रामचरित भृगु तीज दिन पूर्यो तुलसीदास।।146

पहली बार	दूसरी बार	तीसरी बार	चौथी बार	पाँचवीं बार	छठी बार
1/36-43					
	1/44-47				
1/48-103					
		1/104-106			
			1/107-122		
		1/123-139			
			1/140-141		
1/142-152 अंशतः					
		1/152 शेषांश-153 अंशतः			
1/153 शेषांश-175 अंशतः					
	1/175 शेषांश-176				
		1/177-183			
			अरण्य+ किष्किंधा		
				सुंदर+लंका+ 7/1-21 अंशतः	
					7/21 शेषांश-130

डॉ. गुप्त का प्रयत्न श्लाघ्य है। उनका अनुमान इस अंश में मान्य है कि बालकांड के उत्तरार्ध तथा संपूर्ण अयोध्याकांड की रचना पहले की गई थी, और शेष ग्रंथ भिन्न प्रयास का परिणाम है। किंतु, उन्होंने जो विवरण-विस्तार दिया है, वह व्यावहारिक प्रतीत नहीं होता। उन्होंने 'प्रथम पांडुलिपि' का आरंभ 'चौपाई' 184 से माना है। उसकी आरंभिक पंक्तियाँ हैं :

बाढ़े खल बहु चोर जुआरा। जे लंपट परधन परदारा॥
मानहिं मातु पिता नहिं देवा। साधुन्ह सन करवावहिं सेवा॥[1]

इसके विरुद्ध कई विप्रतिपत्तियाँ हैं—(i) यहाँ से किसी प्रसंग का आरंभ नहीं होता। ऊपर से रावण आदि राक्षसों की अनीति का वर्णन चला आ रहा है। प्रस्तुत चौपाई उसी का एक अंग है। इसलिए उस प्रसंग की इकाई से इस अंग को काटकर यहाँ से 'प्रथम पांडुलिपि' का आरंभ मानने में कोई तुक नहीं है। (ii) 'द्वितीय पांडुलिपि' में परिगणित विभिन्न वक्ताओं-श्रोताओं तथा भिन्न-भिन्न अर्धाली-समूहों वाले अंश छिन्न-भिन्न रूप में अलग-अलग लिखे गए और आगे चलकर यथास्थान बिठा दिए गए, यह अनुमान असंगत है। ऐसा मति-भंजक व्यायाम काव्य-रचना-प्रक्रिया के अनुरूप नहीं है। तुलसी-जैसे प्रतिभासंपन्न कवि के लिए इस हठयोग-साधना की आवश्यकता नहीं थी। वे स्रोत-ग्रंथों की नकल मारने या नोंच-नोंचकर अनुवाद करने नहीं बैठे थे कि 'शिवपुराण' ले लिया और उसके कुछ अंश खसोट लिए, 'पद्मपुराण' उठाया और उसका कुछ अंश टाँक लिया, 'अध्यात्मरामायण' सामने रख लिया और उसका अधिकांश अवधी में लिपिबद्ध कर दिया। तथ्य यह है कि कवि ने उन सब ग्रंथों का अनुशीलन

1. रामचरितमानस, 1/184/1

किया था। उनके अधीत विषय उसे उपस्थित थे। 'रामचरितमानस' के रचना-क्रम में वे विषय उसके मानस-चक्षुओं के सामने उभरते गए। उसने अपनी रुचि के अनुसार अपेक्षित वस्तु का ग्रहण और अनपेक्षित का त्याग किया। (iii) 'रामाज्ञाप्रश्न', 'रामललानहछू' और 'जानकीमंगल' से सिद्ध है कि कवि प्रबंध-रचना का श्रीगणेश मंगलाचरण से ही करता है। व्यभिचारियों के वर्णन से रामचरितमानस-सरीखे प्रबंध का श्रीगणेश तुलसी की प्रवृत्ति के नितांत प्रतिकूल है।

पं. रामनरेश त्रिपाठी का मत है कि सबसे पहले अयोध्याकांड की रचना हुई।[1] उन्होंने इसके पक्ष में कई युक्तियाँ दी हैं—(1) उसमें ग्रंथारंभ की निश्चित सूचना है।[2] आगे के किसी कांड में ऐसा नहीं है। यदि बालकांड पहले लिखा गया होता तो इस सूचना को दोहराने की आवश्यकता न पड़ती। (2) उसका निश्चित स्वरूप है—साधारणतः आठ अर्धालियों पर एक दोहा है[3], प्रति पचीस दोहों के बाद छंद तथा सोरठे की योजना है।[4] इस क्रम का व्यतिक्रम कवि अथवा लिपिकार की असावधानी के कारण संभव है। रचना-संबंधी उक्त विचार-धारा अन्य कांडों में नहीं पाई जाती। (3) उसमें शिव या किसी अन्य वक्ता की योजना नहीं की गई है, कवि स्वयं वक्ता है। उसकी रचना के समय तक कवि के मन में 'घाट मनोहर चारि' की कल्पना नहीं थी। (4) उसकी रचना आद्योपांत प्रौढ़ है। वह तुलसी की कविता का वसंत है जिसमें उन्होंने अपना पूर्ण विकास दिखाया है। (5) उसके मंगलाचरण में केवल शिव और राम की वंदना है, क्योंकि तब तक तुलसी 'अन्य देवों के झमेले में नहीं पड़े थे।' (6) बालकांड के आरंभ में बारंबार भाषा-संबंधी सफाई दी गई है।[5] इससे स्पष्ट है कि अयोध्याकांड के लोकप्रिय होने पर संस्कृताभिमानी पंडितों ने भाषा-कविता का विरोध किया। बालकांड में उन्हीं आक्रमणकारियों को मुँहतोड़ उत्तर दिया गया है। (7) 'अयोध्या में बैठकर सबसे पहले अयोध्याकांड का प्रारंभ करना एक राम-भक्त कवि के लिए बिल्कुल स्वाभाविक था।'

त्रिपाठीजी की पहली तीन युक्तियाँ महत्त्वपूर्ण हैं।

उनके मत से पूरे ग्रंथ का रचना-क्रम इस प्रकार है—अयोध्या में पहले-पहल अयोध्याकांड रचा गया। उसे लेकर तुलसी काशी चले गए। पुनः अयोध्या में बालकांड और अरण्यकांड लिखे गए। पूरे अयोध्याकांड और बालकांड की 328वीं अर्धाली तक रचना कर लेने के पश्चात् संवत् 1631 की रामनवमी को 'संबत् सोरह सै इकतीसा' से "उन्होंने **'मानस'** का प्रारंभ किया।" काशी में पहुँचकर किष्किंधाकांड का निर्माण हुआ। उसका पहला सोरठा इस बात् का प्रमाण है। तत्पश्चात् सुंदर और लंका कांड लिखे गए। अंत में उत्तरकांड की रचना हुई। त्रिपाठीजी की दो बातें युक्तिसंगत नहीं जँचतीं—(1) संपूर्ण बालकांड एक प्रयत्न का परिणाम नहीं प्रतीत होता। उसकी भूमिका और उत्तरार्ध की निरूपण-शैली में तात्त्विक भेद हैं। संपूर्ण-प्रबंध के अभाव में उस प्रकार की विवृत प्रस्तावना संभव नहीं थी। (2) पूर्वरचित अयोध्याकांड और 328वीं अर्धाली तक के आरंभिक अंश की उपेक्षा करके 'संबत् सोरह सै इकतीसा' वाली पंक्ति से **'मानस'** का आरंभ मानना युक्ति-युक्त नहीं है। किसी भी रचना में दिया गया रचना-काल उसके मध्यवर्ती अंश के प्रारंभ का सूचक नहीं होता। वह संवत् समग्र-ग्रंथ-रचना के आरंभ अथवा समाप्ति का द्योतन करता है।

---

1. तुलसीदास और उनका काव्य, पृ. 116-19
2. श्री गुर चरन सरोज रज निज मन मुकुरु सुधारि।
   बरनौं रघुबर बिमल जसु जो दायकु फल चारि॥—रामचरितमानस, 2/1
3. अपवाद—दोहा 5, 8, 20, 29, 64, 173, 185, 202 और 218 के अर्धाली-समूह
4. इसका केवल एक अपवाद दोहा 126 है।
5. भाषानिबंधमतिमंजुलमातनोति ॥—1/1/श्लोक 7
   भाषा भनिति भोरि मति मोरी। हँसिबे जोग हँसे नहिं खोरी ॥—1/9/2
   गिरा ग्राम्य सिय राम जस गावहिं सुनहिं सुजान ॥—1/10

रचना-क्रम-संबंधी ये मत अनुमानाश्रित हैं। यहाँ भी अनुमान का आश्रय लिया जा रहा है। यह संभावना मात्र है। ऐसा प्रतीत होता है कि 'रामचरितमानस' के रचना-क्रम के चार अवस्थान हैं :

1. संपूर्ण अयोध्याकांड,
2. 'भए प्रगट कृपाला दीनदयाला'[1] से लेकर बालकांड के अंत तक,
3. अंतिम पाँच सोपान,
4. 'वर्णनामर्थसंघानां'[2] से 'अखिल लोक बिश्राम'[3] तक।

यह निर्धारित करना असंभव है कि प्रत्येक अवस्थान में कितना निश्चित समय लगा, प्रत्येक इकाई कितनी बार में पूरी की गई अथवा अंशविशेष कितनी बैठकों में समाप्त हुआ। हाँ, इन चारों अवस्थानों पर व्यापक रूप से विचार किया जा सकता है।

1. पहले अवस्थान में अयोध्याकांड रचा गया। त्रिपाठीजी की उपर्युक्त युक्तियों के अतिरिक्त कुछ अन्य महत्त्वपूर्ण तथ्य भी ध्यान देने योग्य हैं। तुलसी ने सर्वप्रथम 'वैराग्यसंदीपनी' की रचना की। उसमें न तो राम-चरित-वर्णन था और न ही काव्य की रमणीयता थी। वह उन्हें निश्चय ही तुच्छ प्रतीत हुई होगी। कुछ आलोचकों को तो वह इतनी तुच्छ प्रतीत होती है कि वे उसे तुलसीदास की कृति ही नहीं मानते। कवि ने प्रसंगवश दूसरा प्रयत्न किया, शकुन-विचार को दृष्टि में रखकर 'रामाज्ञाप्रश्न' लिखा। उसमें राम-चरित का कुछ-न-कुछ वर्णन अवश्य हुआ, किंतु रसात्मकता नहीं आई। अब कवि यथार्थ काव्य-रचना में प्रवृत्त हुआ। उसने 'रामललानहछू' और 'जानकीमंगल' का निर्माण किया जिनमें राम-चरित की कुछ सरस निबंधना हुई। इतना होने पर भी कवि को संतोष नहीं हुआ, क्योंकि इन तीनों कृतियों में **रघुबर राम के विमल यश का विशद वर्णन** नहीं हो पाया था। उसकी पूर्ति के लिए कवि ने उनके विमल यश का वर्णन आरंभ किया और अवतरणिका में उसका स्पष्ट निवेदन कर दिया :

श्री गुर चरन सरोज रज निज मनु मुकुरु सुधारि।
बरनौं रघुबर बिमल जसु जो दायकु फल चारि॥[4]

'रामललानहछू' और 'जानकीमंगल' की सफल रचना से कवि का आत्मविश्वास जाग उठा था। उसने महत्तर प्रयास का आरंभ किया। अयोध्याकांड के इस पहले ही दोहे की धारावाहिकता से प्रकट है कि 'सुमिरत सारद आवति धाई'[5] की उक्ति स्वयं कवि के संबंध में गतार्थ हो गई है।

अयोध्याकांड का यह आरंभ आकस्मिक नहीं है। 'जानकीमंगल' में राम के विवाह का वर्णन किया जा चुका था। विवाहोपरांत वे अयोध्या लौट चुके थे। उसकी शृंखला मिलाते हुए कवि ने अयोध्याकांड की कथा का आरंभ किया :

जब तें रामु ब्याहि घर आए। नित नव मंगल मोद बधाए॥[6]

पूर्वोक्त दोहे में की गई गुरु-वंदना और रघुवर-विमलयश-वर्णन की 'प्रतिज्ञा' से प्रकट है कि ग्रंथ का आरंभ किया जा रहा है। अन्वयव्यतिरेकी उदाहरणों से इस तथ्य की पुष्टि होती है। अंतिम पाँच कांडों के आमुख में न तो गुरु-वंदना है और न ही रामचरित-वर्णन-संबंधी 'प्रतिज्ञा'। दूसरी ओर, 'रामचरितमानस' के ठीक पहले लिखे गए 'जानकीमंगल' और ठीक पीछे रचे गए 'पार्वतीमंगल' में कवि की इस आमुख-शैली का 'रामचरितमानस' के साथ घनिष्ठ सादृश्य देखा जा सकता है :

1. रामचरितमानस, 1/192/छंद 1
2. वही, 1/1/श्लोक 1
3. वही, 1/191
4. वही, 2/1
5. वही, 1/11/2
6. वही, 2/1/1

(i) गुरु गनपति गिरजापति गौरि गिरापति।
सारद सेष सुकबि श्रुति संत सरल मति॥
हाथ जोरि करि बिनय सबहि सिर नावौं।
सिय रघुबीर बिबाहु जथामति गावौं॥[1]

(ii) बिनइ गुरहि गुनिगनहि गिरिहि गननाथहि।
हृदयँ आनि सिय राम धरे धनु भाथहि॥
गावउँ गौरि गिरीस बिबाह सुहावन।
पाप नसावन पावन मुनि मन भावन॥[2]

इससे विदित होता है कि जहाँ-जहाँ कवि ने निबंध-रचना का आरंभ मानकर कविता की है वहाँ-वहाँ उसने गुरु-वंदना और 'प्रतिज्ञा' का निर्देश किया है। बालकांड से 'रामचरित मानस' के रचना-क्रम का आरंभ मान लेने पर अयोध्याकांड के आदि में निबद्ध प्रथम दोहे का कोई समाधान नहीं निकलता ('रघुबर' का अर्थ भरत कर लेना अपर्याप्त है)। आगे चलकर बालकांड की रचना के बाद भी उस दोहे को वहीं बना रहने दिया गया, क्योंकि उसकी अवस्थिति से प्रबंध की कोई हानि नहीं हो रही थी।

अयोध्याकांड की रचना कब आरंभ हुई ? सं. 1631 की रामनवमी को। कहा जा चुका है कि 'संबत् सोरह सै इकतीसा' को उस पंक्ति विशेष का रचना-काल मानना ग्राह्य नहीं है। 'रामचरितमानस' के पूर्व रचित कृतियों में तिथि-निर्देश की रीति नहीं अपनाई गई थी। संपूर्ण 'रामचरितमानस' के निष्पन्न हो जाने पर उसकी प्रस्तावना लिखते समय कवि को उसका रचना-काल दे देना उचित प्रतीत हुआ और उसने उसके वास्तविक (अयोध्याकांड के) आरंभ की तिथि निर्दिष्ट कर दी। कवि को वह तिथि याद कैसे रही ? राम-जन्म की तिथि होने के कारण उसको तुलसी भूल नहीं सकते थे। अयोध्याकांड की सुगठन, एकरूपता और समंजसता से अनुमान होता है कि उसे व्यवस्थित रूप देने में लगभग एक वर्ष का समय अवश्य लग गया होगा।

2. दूसरे अवस्थान में बालकांड के उत्तरार्ध का निर्माण हुआ। दोहा 184 से आरंभ मानने की असमीचीनता प्रदर्शित की जा चुकी है। जनश्रुतियों से प्रकट है कि तुसलीदास ने अयोध्या और चित्रकूट की अनेक बार यात्रा की थी। अयोध्या-यात्री के लिए रामनवमी का विशेष महत्त्व है। ऐसा प्रतीत होता है कि रामनवमी के दिन जब कवि पुनः अयोध्या में ही था तब राम-जन्म के उत्सव से अनुप्राणित होकर बालकांड के उत्तरार्ध की रचना में प्रवृत्त हुआ :

भए प्रगट कृपाला परम दयाला कौसल्याहितकारी।[3]

राम के चरित का वास्तविक आरंभ यहीं से होता है। राम-जन्म के दिन राम-जन्म-वर्णन से राम-कथा का प्रवर्तन बिलकुल स्वाभाविक लगता है। यदि अयोध्याकांड का प्रारंभिक अंश बाधक न होता तो यहीं से 'रामचरितमानस' की रचना का आरंभ मानने में कठिनाई न होती।

इन प्रथम दो अवस्थानों में रचे गए अंशों के सम्मिलित रूप पर विचार कर लेना भी अपेक्षित है। काव्य-कला की दृष्टि से निरीक्षण करने पर 'रामचरितमानस' के दो स्पष्ट **विभाग** दिखाई देते हैं। एक विभाग में बालकांड—192 से अयोध्याकांड के अंत तक की रचना है और दूसरे विभाग में शेष 'रामचरितमानस'। दोनों का सबसे अधिक महत्त्वपूर्ण भेद यह है कि पहले में तुलसी का काव्यकवित्व[4] प्रधान है और दूसरे में उनका शास्त्रकवित्व। इससे निश्चित निष्कर्ष निकलता है कि पहले भाग का प्रणयन

---

1. जानकीमंगल, 1-2
2. पार्वतीमंगल, 1-2
3. रामचरितमानस, 1/192/छंद 1
4. काव्यकवि और शास्त्रकवि के लक्षण के लिए देखिए—काव्य-मीमांसा, पृ. 10

करते समय धर्म, दर्शन और भक्ति के सिद्धांतों ने कवि की कल्पना और भावुकता को अभिभूत नहीं किया था। उसकी वाणी भाव-सौंदर्य के लोक में स्वच्छंदता के साथ विचरी है। वह अपनी रचना के काव्य-रूप के प्रति विशेष सजग है। इसीलिए उसमें नियमतः आठ अर्धालियों के बाद दोहे आदि का निवेश किया है। 495 में से केवल 19 अर्धाली-समूह[1] ऐसे हैं जिनमें इस नियम का व्यतिक्रम पाया जाता है। बहुत संभव है कि रचना के प्रथम आलेखन में आठ अर्धालियों के समूह का उसी प्रकार सम्यक् निर्वाह किया गया रहा हो जिस प्रकार जायसी ने 'पदमावत' में सात के अर्धाली-समूह का किया था। जायसी ने केवल दोहे का अंतर्निवेश किया है, तुलसी ने हरिगीतिका और सोरठे का भी। अयोध्याकांड पहले लिखा गया था, इसलिए उसमें एकरूपता लाने की सजगता अधिक पाई जाती है। एक अपवाद[2] को छोड़कर, उसके हर पचीसवें अर्धाली-समूह के बाद एक हरिगीतिका और एक सोरठे की योजना की गई है। अर्धालियों की संख्या, हरिगीतिका और सोरठे से संबद्ध यह सजगता बालकांड के उत्तरार्ध में कम हो गई है और शेष अंशों में उससे भी कम।

पहले दो अवस्थानों में तुलसीदास काव्यधर्म से अनुप्राणित हैं, मोक्षधर्म गौण है। यह तथ्य प्रथम दो सोपानों की पुष्पिकाओं से भी निस्संदेह प्रमाणित है। अंतिम पाँच सोपानों की पुष्पिकाओं में प्रत्येक 'सोपान' के विशेषण-रूप में मोक्षधर्म-निरूपक पदों का प्रयोग मिलता है, जैसे—अरण्यकांड की पुष्पिका में 'विमलवैराग्यसंपादनो नाम तृतीयः सोपानः समाप्तः'। 'रामचरितमानस' की प्रामाणिक प्रतियों और सुसंपादित संस्करणों से विदित है कि प्रथम दो सोपानों के साथ इस प्रकार के विशेषण-पदों का प्रयोग नहीं है। ग्रंथ को अंतिम रूप देते समय भी कवि ने इस अभाव-पूर्ति की आवश्यकता नहीं समझी। इसका कारण क्या है ? प्रस्तुत प्रश्न का समाधायक उत्तर यही है कि ये दोनों सोपान मोक्षधर्म-विशिष्ट नहीं हैं, इनका स्वरूप काव्यमय है।

इन दो सोपानों की अभिकल्पना से निस्संदेह अनुमान होता है कि इनकी रचना के समय तक कवि के मन में मानसरोवर-रूपी 'रामचरितमानस' की संकल्पना नहीं थी, उसके चार घाटों की निबंधना का प्रारूप नहीं था, और वक्ता-श्रोताओं के रूप में शिव-पार्वती, याज्ञवल्क्य-भरद्वाज एवं काकभुशुंडि-गरुड़ के अंतर्निवेश की योजना नहीं थी। प्रथम **विभाग** में आदि से अंत तक कवि स्वयं वक्ता है। उसमें सर्वत्र ही उसका हृदय बोल रहा है। ऐसा प्रतीत होता है कि अयोध्याकांड और बालकांड-उत्तरार्ध के निर्माण के पश्चात् 'रामचरितमानस' के रचना-क्रम में कुछ समय का अंतराल है। कवि को इसका भान है। संभवतः इसी कारण से उसने अरण्यकांड का आरंभ करते समय अयोध्याकांड के मुख्य प्रतिपाद्य विषय का एक पंक्ति में निर्देश करके वर्णित और वर्ण्य कथा की शृंखला मिलाई है, तदनंतर कथा को अग्रसर किया है :

रघुपति चित्रकूट बसि नाना। चरित किए श्रुति सुधा समाना॥[3]

क्रमशः लिखे गए परवर्ती कांडों में इस रीति से कड़ी जोड़ने की आवश्यकता नहीं पड़ी। इस मध्यांतर में उसने कुछ और अध्ययन, मनन एवं भावन किया है। इसके परिणामस्वरूप उसकी दृष्टि का कायाकल्प हो गया है, काव्य-भावना पर मोक्ष-भावना अभिभावी हो गई है।

तीसरे अवस्थान में पहुँचकर तुलसी मोक्षधर्मपरायण कवि के रूप में हमारे सामने आते हैं। अंतिम पाँच कांडों में उनका शास्त्रकवित्व प्रभविष्णु है। अनेक स्थलों पर सैद्धांतिक निरूपण के

---

1. बालकांड, 199, 203, 207, 208, 210, 239, 288, 325, 327, 360;
अयोध्याकांड, 5, 8, 20, 29, 64, 173, 185, 202, 218
2. 125वें अर्धाली-समूह के अंत में हरिगीतिका और सोरठा नहीं है; उनका विनिवेश 126वें अर्धाली-समूह के अंत में किया गया है।
3. रामचरितमानस, 3/1/1

अतिनिर्वाह से काव्यधारा सूख-सी गई है। अब कवि की कल्पना में ग्रंथ के सात सोपानों की रूप-रेखा प्रत्यक्ष है। इसलिए तृतीय सोपान से सप्तम सोपान तक की पुष्पिकाओं में उन सोपानों को क्रमशः **विमल वैराग्य, विशुद्ध संतोष, विमल ज्ञान, विमल विज्ञान** और **अविरल हरिभक्ति** का संपादक कहा गया है।

चौथे अवस्थान में 'रामचरितमानस' की प्रस्तावना लिखी गई है। प्रस्तावना की विशदता और व्यवस्थित योजना से सूचित होता है कि उसकी रचना समग्र ग्रंथ को दृष्टि में रखकर की गई है। यदि वह पहले लिखी गई होती तो प्रथम दो कांडों के कथा-क्रम में भी शंभु-भवानी आदि वक्ता-श्रोताओं का संकेत किया जाता। रामचरित लिख लेने के पश्चात् ही कवि ने **मानस** के रूपक की उद्भावना की है। उपसंहार में 'मानस' के सात सोपान रघुपति-भक्ति के 'पंथान' कहे गए हैं। उपक्रम में संपूर्ण ग्रंथ के आधार पर सांग-रूपक बाँधकर काव्यशास्त्र एवं मोक्षशास्त्र की दृष्टि से कृति की विशेषताओं का निरूपण किया गया है। पुष्पिकाओं के तुलनात्मक समीक्षण से ज्ञात होता है कि 'इति श्रीरामचरितमानसे सकलकलिकलुषविध्वंसने...सोपानः समाप्तः' इतना अंश सर्वनिष्ठ है। 'सप्त प्रबंध सुभग सोपाना' की संकल्पना के अनुसार पहले-दूसरे कांडों की पुष्पिकाओं में 'सोपानः' के पूर्व काव्य-दृष्टि से केवल क्रमात्मक-संख्यावाचक विशेषण (प्रथमः, द्वितीयः) लगाए गए हैं; और अंतिम पाँच में 'शास्त्र-दृष्टि' से 'विमलवैराग्यसंपादनो नाम' आदि का विशिष्ट प्रयोग भी किया गया है।

प्रकाशित संस्करण

जितने अधिक प्रामाणिक-अप्रामाणिक संस्करण 'रामचरितमानस' के प्रकाशित हुए हैं उतने किसी अन्य हिंदी-कृति के नहीं। उन सबकी चर्चा यहाँ पर अनभीष्ट है। प्रकाशित संस्करण दो प्रकार के हैं—मूलमात्र और सटीक। निम्नांकित पाँच मूल-संस्करण महत्त्वपूर्ण हैं :

1. सं. पं. नंददुलारे वाजपेयी, प्र. गीता प्रेस, गोरखपुर
2. सं. पं. विजयानंद त्रिपाठी, प्र. लीडर प्रेस, इलाहाबाद
3. सं. पं. शंभुनारायण चौबे, प्र. नागरी-प्रचारिणी सभा, काशी
4. सं. डॉ. माताप्रसाद गुप्त, प्र. हिंदुस्तानी एकेडेमी, इलाहाबाद
5. सं. पं. विश्वनाथप्रसाद मिश्र, प्र. काशिराज न्यास, वाराणसी

वैज्ञानिक पाठालोचन की दृष्टि से अंतिम तीन संस्करण, विशेषतया अंतिम दो संस्करण, अधिक प्रामाणिक हैं। उनके संपादन में पाठशोध-विशेषज्ञ संपादकों ने 'रामचरितमानस' की अनेकानेक हस्तलिखित प्रतियों एवं आधुनिक पाठविज्ञान-विधि का उपयोग किया है। अनुसंधाताओं के लिए ये दोनों संस्करण विशेष उपयोगी हैं।

'रामचरितमानस' पर अनेकानेक टीकाएँ लिखी गई हैं।[1] प्रकाशित सटीक संस्करणों में से बहुतों में तो टीका के नाम पर खड़ीबोली-रूपांतर मात्र दे दिया गया है। अनेक तथाकथित टीकाओं की भाषा भी अत्यंत निकृष्ट है। व्यवसायबुद्धि-संपन्न प्रकाशक क्षेपकों तथा फूहड़ चित्रों से युक्त 'तुलसीकृत रामायण' के संस्करण आज भी धड़ल्ले से बेच रहे हैं। 'संपति नई' की उक्ति भक्ति के बिना ही वांछित फल दे रही है। क्षेपकों की रोचकता और साज-सज्जा की तड़क-भड़क से आकृष्ट गँवार जनता 'रामचरितमानस' के प्रामाणिक संस्करण के स्थान पर क्षेपक-सहित **'आठों कांडोंवाली रामायण'** को खरीदना अधिक पसंद करती है। स्थूलमति साधारण जन लवकुशकांड-रहित 'रामायण' (रामचरितमानस) को अपूर्ण समझते हैं।

'रामचरितमानस' के पाँच सटीक संस्करण विशेष महत्त्व के हैं :

1. देखिए—रामचरितमानस का टीका-साहित्य, त्रिभुवननाथ चौबे।

1. मानस-पीयूष (सर्वसिद्धांत-समन्वित तिलक) : महात्मा अंजनीनंदनशरण
2. रामचरितमानस, सिद्धांत-तिलक : श्री श्रीकांतशरण
3. रामचरितमानस, विजया टीका : पं. विजयानंद त्रिपाठी
4. रामचरितमानस : विनायक राव की टीका
5. रामचरितमानस : महावीरप्रसाद मालवीय की टीका

'मानस-पीयूष' 'रामचरितमानस' पर लिखित सर्वाधिक व्यापक, विश्वकोशात्मक टीका है। उसमें मानस-मर्मज्ञ महात्मा अंजनीनंदनशरण ने सर्वतंत्रस्वतंत्र-भाव से पूर्ववर्ती टीकाकारों के विभिन्न मतों का उल्लेख करते हुए कवि की उक्तियों का विवेचन-विश्लेषण किया है। **'सिद्धांत-तिलक'** में पं. श्रीकांतशरण ने रामानुज-दर्शन की दृष्टि से 'रामचरितमानस' की व्याख्या की है। उनका अभिमत है कि तुलसीदास विशिष्टाद्वैतवादी थे। **'विजया टीका'** में पं. विजयानंद त्रिपाठी ने कवि को शांकर वेदांत का अनुयायी मानकर 'रामचरितमानस' का तदनुसार व्याख्यान किया है। इन तीनों ही टीकाओं में अध्ययनशील टीकाकारों की दृष्टि धर्मदर्शन-भक्ति पर केंद्रित है। कहीं-कहीं संयोगवश कवित्व का उल्लेख कर दिया गया है। श्री विनायक राव की विशद टीका में भी इसी पद्धति का अनुसरण किया गया है। श्री महावीरप्रसाद मालवीय की संक्षिप्त टीका में 'रामचरितमानस' के काव्य-पक्ष पर ध्यान अवश्य दिया गया है, किंतु वह यथेष्ट नहीं है। इन पाँचों टीकाओं के अतिरिक्त पं. रामेश्वर भट्ट, बाबू श्यामसुंदरदास, पं. रामनरेश त्रिपाठी, पं. ज्वालाप्रसाद मिश्र आदि की टीकाएँ भी अनुपेक्षणीय हैं। यह खेद का विषय है कि 'रामचरितमानस' की एक भी ऐसी टीका नहीं है जिसमें साहित्य के केंद्रबिंदु से सौंदर्यपरक, सामाजिक, ऐतिहासिक, मनोवैज्ञानिक, जीवनीमूलक और तुलनात्मक आलोचना-सरणियों का विधिवत् उपयोग करके इस अन्यतम महाकाव्य की काव्य-शास्त्रीय दृष्टि से व्याख्या की गई हो।

6. पार्वतीमंगल

प्रतियाँ और प्रकाशित संस्करण

'पार्वतीमंगल' की भी बहुत सी हस्तलिखित प्रतियाँ उपलब्ध हैं, परंतु कोई प्रति कवि के समय की अथवा बहुत प्राचीन नहीं है। 'पार्वतीमंगल' के निम्नांकित संस्करण महत्त्व के हैं :

1. मूलमात्र—'तुलसी-ग्रंथावली' में संगृहीत
2. भावार्थ-सहित—गीता प्रेस, गोरखपुर
3. टीका-टिप्पणी-सहित—'तुलसी के चार दल' में संकलित
4. 'सिद्धांत-तिलक' के सहित—सं. पं. श्रीकांतशरण

प्रथम दो संस्करणों में कोई उल्लेखनीय विशेषता नहीं है। तीसरे में अवस्थीजी की टीका और टिप्पणी में विशद व्याख्या के साथ ही विशिष्ट पद्यों के काव्यात्मक सौंदर्य का तुलनात्मक विश्लेषण भी है। 'सिद्धांत-तिलक' में पं. श्रीकान्तशरण ने विस्तारपूर्वक अर्थ-विवेचन किया है। तुलसी के अन्य ग्रंथों पर लिखित तिलक की भाँति तुलनात्मक उद्धरण भी दिए गए हैं।

रचना-काल

पार्वतीमंगल में कवि ने उसका रचना-काल स्वयं दे दिया है :

> **जय संबत् फागुन सुदि पाँचै गुरु दिनु।**
> **अस्विनि बिरचेउँ मंगल सुनि सुख छिनु छिनु ॥**[1]

1. पार्वतीमंगल, 5

अर्थात् पार्वतीमंगल की रचना जय-संवत् में फाल्गुन शुक्ला पंचमी, गुरुवार को हुई। जय-संवत् के विषय में थोड़ा विवाद है। पं. सुधाकर द्विवेदी की गणना के अनुसार डॉ. ग्रियर्सन[1], डॉ. रामकुमार वर्मा[2], पं. सद्गुरुशरण अवस्थी[3], बाबू श्यामसुन्दरदास[4], पं. रामनरेश त्रिपाठी[5], बाबू शिवनंदनसहाय[6] आदि ने उसे सं. 1643 का वाचक माना है। डॉ. माताप्रसाद गुप्त ने स्वामी कन्नू पिलाई की गणना के आधार पर बतलाया है कि कवि के जीवन-काल में जय वर्ष सं. 1642 में पड़ता है, किंतु उस वर्ष में फाल्गुन शुक्ला पंचमी रविवार को पड़ती है। इसलिए कृति में दिया गया तिथि-विस्तार अशुद्ध ठहरता है। उक्त जय वर्ष सं. 1643 में समाप्त होता है, परंतु फाल्गुन शुक्ला पंचमी उसके बाहर पड़ती है। हाँ, उस तिथि को गुरुवार अवश्य पड़ता है। इस पर से उनकी मान्यता है कि ग्रंथ की रचना फाल्गुन शुक्ला पंचमी गुरुवार को ही हुई; चूँकि जय वर्ष सं. 1643 के आरंभ तक चलता रहा, इसलिए कवि ने उस पूरे संवत् को जय-संवत् मान लिया है।[7]

इस प्रसंग में एक प्रश्न यह उठता है कि सं. 1643 की फाल्गुन सुदी 5 को ग्रंथ-रचना का आरंभ हुआ, या उसकी समाप्ति हुई, या संपूर्ण ग्रंथ एक ही दिन में रचा गया। अंतिम विकल्प असंभाव्य है। एक सौ चौंसठ पद्यों की काव्य-कृति का एक ही दिन में निर्माण विश्वसनीय नहीं प्रतीत होता। दूसरे विकल्प के पक्ष में भूतकालिक क्रिया 'बिरचेउँ' का स्पष्ट प्रयोग है। इसके विरुद्ध प्रबल आपत्ति यह है कि ग्रंथ-समाप्ति का समय उसके आरंभ में देने की कोई तुक नहीं है। यह बात कुछ जँचती नहीं है कि 'पार्वतीमंगल'-जैसी पुस्तक के 163 पद्य लिखने के बाद चार पद्यों के अनंतर एक तिथिसूचक पद्य का अंतर्निवेश करके कवि ने एक सौ उनसठ पद्यों का पुनरंकन किया होगा। पहला विकल्प स्वीकार्य है। 'रामचरितमानस' के रचना-काल के प्रसंग में उदाहरण देकर स्पष्ट किया जा चुका है कि भूतकालिक क्रिया 'बिरचेउँ' का तात्पर्य है—विरचिहउँ। उससे यही सूचित होता है कि कवि रचना करने जा रहा है।

अतएव सं. 1643 में फाल्गुन शुक्ला पंचमी, गुरुवार को 'पार्वतीमंगल' का निर्माण आरंभ हुआ। उसी दिन तो नहीं, किंतु उसी पक्ष में उसकी रचना पूर्ण हुई होगी।

7. कृष्णगीतावली

हस्तलिखित प्रतियाँ

'कृष्णगीतावली' की हस्तलिखित प्रतियाँ भी काफी संख्या में मिलती हैं। उनका पाठ भी प्रायः प्रकाशित संस्करणों के समान है। यहाँ पर दो प्रतियाँ विशेष रूप से उल्लेखनीय हैं। सं. 1717 की एक प्रति के आधार पर भागवतदास खत्री ने 'कृष्णगीतावली' का संपादन किया था।[8] वह प्रकाशित संस्करण उक्त प्रति की प्रतिलिपि के रूप में मान्य है। दूसरी प्रति सं. 1797 की है।[9] उसका पाठ भी अन्य प्रतियों के सदृश है।

1. इंडियन ऐंटिक्वैरी, जिल्द 22, 1892 ई., पृ. 15-16 जिल्द 23, 1893 ई., पृ. 7-8
2. हिंदी-साहित्य का आलोचनात्मक इतिहास, पृ. 377
3. तुलसी के चार दल, पहली पुस्तक, पृ. 208
4. गोस्वामी तुलसीदास, पृ. 83
5. तुलसीदास और उनका काव्य, पृ. 227
6. गोस्वामी तुलसीदास, पृ. 290
7. देखिए—तुलसीदास, पृ. 241-42
8. सरस्वती यंत्रालय, काशी, सं. 1943
9. महाराजा पुस्तकालय, प्रतापगढ़

'कृष्णगीतावली' की विभिन्न प्रतियों में जो व्यापक सादृश्य पाया जाता है, उससे प्रकट है कि उसका संकलन-संपादन कवि ने स्वयं किया था। इस पर से एक शंका उठती है कि उसके जो कई पद[1] 'सूरसागर' में भी पाए जाते हैं उनके समावेश का रहस्य क्या है ? तुलसी प्रतिष्ठित महाकवि थे। उनका 'रामचरितमानस' अपने रचना-काल में ही प्रसिद्ध हो गया था। 'विनयपत्रिका' और 'गीतावली' के पद उनके गीत-रचना-नैपुण्य के ठोस प्रमाण हैं। ऐसी स्थिति में उन्हें सूर के कुछ सामान्य पदों को उधार लेकर या चुराकर अपना घोषित करने की तनिक भी आवश्यकता नहीं थी। 'कृष्णगीतावली' के परंपरागत एक-समान पाठ से भी सिद्ध है कि वे गीत प्रक्षिप्त नहीं हैं। इसके विपरीत 'सूरसागर' का पाठ तरल रहा है। उसके एकाध संस्करणों में तो अन्य अष्टछापी कवियों के पद भी समाविष्ट कर लिए गए हैं। सूर-रचित पदों के आकार-प्रकार और संख्या का निर्धारण अभी तक नहीं हुआ है। 'सूरसागर' की पदावली में प्रक्षिप्त पदों की संभावना बहुत अधिक है। इन तथ्यों के आधार पर कहा जा सकता है कि 'कृष्णगीतावली' के पदों के रचयिता तुलसीदास ही हैं, 'सूरसागर' के अन्य प्रक्षिप्त पदों की भाँति 'कृष्णगीतावली' के पद भी उसमें अंतर्निविष्ट हैं।

प्रकाशित संस्करण

'कृष्णगीतावली' का समाज में प्रचलन, और शिक्षण-संस्थानों में पठन-पाठन कम हुआ। अतएव उसके अधिक संस्करण नहीं निकले। मुख्यतया धर्म-बुद्धि से ही उसका प्रकाशन हुआ है। तीन संस्करण अवेक्षणीय हैं :

1. मूलमात्र—'तुलसी-ग्रंथावली' में संगृहीत
2. हिंदी-अनुवाद-सहित—गीता प्रेस, गोरखपुर
3. सिद्धांत-तिलक के सहित—सं. पं. श्रीकांतशरण

पहला संस्करण तुलसी ग्रंथावली की अन्य कृतियों की भाँति मूलरूप में संपादित है। पाद-टिप्पणी में कुछ शब्दों के अर्थ दे दिए गए हैं। दूसरे में केवल भावार्थ है, व्याख्या नहीं। उसकी टीका को 'हिंदी-अनुवाद' कहा गया है, मानो तुलसी ने 'गीतावली' की रचना किसी हिंदीतर भाषा में की हो। संभवतः 'हिंदी' शब्द से अनुवादक का अभिप्राय खड़ीबोली से है। तीसरे में पाठ पर तो ध्यान दिया ही गया है, ग्रंथ की विस्तारपूर्वक, व्यवस्थित टीका भी लिखी गई है। भागवतपुराण आदि संस्कृत-ग्रंथों, 'सूरसागर' आदि हिंदी-कृतियों तथा तुलसी की अन्य रचनाओं से उद्धृत तुलनात्मक लेखांशों के कारण उस टीका की विशदता, व्यापकता और उपयोगिता निस्संदेह बढ़ गई है।

रचना-काल

'कृष्णगीतावली' एक संग्रह-ग्रंथ है। अतः उसकी रचना एक ही काल में नहीं हुई। वेणीमाधवदास की उक्ति को प्रमाण मानकर बाबू श्यामसुंदरदास ने लिखा है कि 'कृष्णगीतावली' के पद 'रामगीतावली' के पदों के साथ सं. 1617 एवं 1628 के मध्य लिखे गए और उनका संग्रह कवि ने सं. 1628 में किया।[2] डॉ. रामकुमार वर्मा ने भी उक्त मत को मान्यता देते हुए कहा है, 'जिस तरह **जानकीमंगल** और **पार्वतीमंगल** युग्म हैं, उसी प्रकार 'रामगीतावली' और 'कृष्णगीतावली'। दोनों की रचना से ज्ञात होता है कि ग्रंथ उस समय लिखे गए होंगे जब कवि पर ब्रजभाषा और कृष्ण-काव्य का

1. संख्या 24 (सूरसागर, 3616), 32 (सू. 3944), 33 (सू. 4240), 34 (सू. 4139); और 42-43-44 (देखिए—तुलसीदास, पृ. 225)
2. गोस्वामी तुलसीदास, पृ. 66-67

अत्यधिक प्रभाव होगा।"[1] पं. रामनरेश त्रिपाठी के मत से "संवत् 1643 और 1650 के बीच में 'कृष्णगीतावली' का रचना-काल है। यह गीति-काव्य तुलसी ने या तो वृंदावन में, जब वे नाभादास और नंददास से मिलने गए थे तब, या ब्रज से लौट जाने के बाद लिखा होगा।"[2] डॉ. माताप्रसाद गुप्त 'कृष्णगीतावली' का रचना-काल 'पदावलीरामायण' के लगभग मानते हुए कहते हैं, "पदावलीरामायण, रामगीतावली[3] तथा कृष्णगीतावली परस्पर सापेक्ष लगती हैं, क्योंकि एक विषय की पदावली दूसरे में नहीं है, इसलिए उपर्युक्त दो पुस्तकों के साथ इसका भी संकलन-काल सं. 1658 के लगभग मानें, तो कदाचित् हम सत्य से अधिक दूर न होंगे।"[4]

कवि ने 'कृष्णगीतावली' के रचना-काल या संग्रह-काल के विषय में कहीं कुछ नहीं कहा है। उसकी स्वहस्तलिखित प्रति भी उपलब्ध नहीं है। कृति में किसी ऐतिहासिक तथ्य का उल्लेख भी नहीं है। किसी समसामयिक प्रामाणिक ग्रंथ में उसका निर्देश भी नहीं मिलता। इसलिए इन सभी प्रकार के साक्ष्यों के अभाव में 'कृष्णगीतावली' के वर्ण्य-विषय और रचना-शैली के आधार पर ही उसके निर्माण-काल का अनुमान करना पड़ेगा।

इस संबंध में कुछ सूत्र अवधारणीय हैं—(1) रामचरित और रामभक्ति ही तुलसी का मुख्य प्रतिपाद्य है। कृष्ण-चरित-वर्णन आनुषंगिक है। यह आनुषंगिक वर्णन किसी विशेष परिस्थिति का परिणाम होना चाहिए। वह परिस्थिति क्या हो सकती है ? (2) 'कृष्णगीतावली' के 61 पदों में ही कृष्णचरित का संक्षिप्त एवं व्यवस्थित वर्णन है। इससे प्रकट है कि वह एक ही सिलसिले में लिखी गई है। (3) उसकी शैली प्रौढ़ है। यह तथ्य इस बात का द्योतक है कि उसका निर्माण ऐसे समय में हुआ जब कवि गीति-रचना में अभ्यस्त हो चुका था। इन सूत्रों की सहायता से हम कुछ निष्कर्ष निकाल सकते हैं।

1. किंवदंती है कि तुलसी ने कई बार ब्रज की यात्रा की थी। इसलिए संभाव्य है कि 'रामचरितमानस' की रचना के बाद ब्रजयात्रा के समय उन्हें कृष्ण-चरित लिखने की प्रेरणा मिली हो। यह ठीक है कि कृष्ण-चरित लिखने के लिए ब्रज-यात्रा अनिवार्य नहीं है; काशी में बैठे-बैठे भी उसकी रचना हो सकती है; किसी वैष्णव भक्त के आग्रह से, किसी महनीय कृष्ण-भक्त के संपर्क में आने पर अथवा स्वतःस्फूर्ति मात्र के कारण भी उसका निर्माण संभव है। परंतु तुलसी के सामान्यतः स्वीकृत जीवन-वृत्त को देखते हुए पूर्वोक्त संभावना स्वाभाविक लगती है।

2. 'कृष्णगीतावली' का व्यवस्थित विषय-निर्वाह इस बात का प्रमाण है कि उसके रचना-काल का आयाम विस्तृत और विच्छिन्न नहीं है। तुलनात्मक दृष्टि से 'कृष्णगीतावली' का वैशिष्ट्य अवेक्षणीय है। रामचरितात्मक 'कवितावली' और 'गीतावली' लंबी अवधि में लिखी गई हैं। इसीलिए उनके मुक्तक छंदों में विषय-निर्वाह की रक्षा नहीं पाई जाती। 'गीतावली' और 'विनयपत्रिका' का तो कवि ने (परवर्ती वर्षों में लिखित गीतों के कारण) पुनःसंपादन और पुनर्नामकरण भी किया है। तुलसी का मन राम-भक्ति में रमा हुआ था, इसलिए उनको लक्ष्य करके दशाब्दियों तक रचना का क्रम चलता रहा। उनका कृष्ण-काव्य प्रासंगिक है। अतः वह काल विशेष की रचना है। 'रामचरितमानस'-जैसे प्रबंध के रचना-काल के बीच में विषयांतर करने का अवकाश नहीं था। उसके बाद ही कृष्ण-विषयक गीत रचे गए होंगे।

3. कृष्णगीतावली की प्रौढ़ रचना-शैली से स्वयंसिद्ध है कि वह प्रगीतकार तुलसी की

---

1. हिंदी साहित्य का आलोचनात्मक इतिहास, पृ. 285
2. तुलसीदास और उनका काव्य, पृ. 227
3. 'विनयपत्रिका' का पूर्वरूप
4. तुलसीदास, पृ. 254

अभ्यासकालीन कृति नहीं है। अनुमान होता है कि 'रामचरितमानस' के रचना-काल में भी तुलसी ने बहुत से राम-विषयक पदों की रचना की होगी। उनके भाव प्रत्येक दशा में मात्र दोहा-सोरठा, चौपाई और हरिगीतिका के माध्यम से निबद्ध नहीं हुए होंगे। उन्होंने गीतों आदि का मुक्त मार्ग भी स्वीकार किया होगा। 'गीतावली' के साधारण पद अभ्यास-दशा की ही उपज प्रतीत होते हैं। रामविषयक गीत-रचना में अभ्यस्त कवि 'कृष्णगीतावली' के प्रणयन में प्रवृत्त हुआ होगा। संभव है कि 'कवितावली' में संकलित (7/131-35) कृष्ण-विषयक कवित्त-सवैये 'कृष्णगीतावली' के रचनाकाल में ही निर्मित हुए हों और छंद के अनुरूप उन्हें 'कवितावली' में समाविष्ट किया गया हो।

तुलसी के साहित्यिक जीवन में 'रामललानहछू' (सं. 1628) से लेकर 'पार्वतीमंगल' (सं. 1643) तक वर्णनात्मक रचना का एक विशिष्ट युग परिलक्षित होता है। सभी ग्रंथ रामचरित-निरूपक हैं, एक 'पार्वतीमंगल' अपवाद है; परंतु वह भी 'रामचरितमानस' की भूमिका के शिव-पार्वती-चरित का विस्तार है। इस एकनिष्ठ विचारधारा को देखते हुए भिन्नविषयक 'कृष्णगीतावली' का रचना-काल सं. 1642 के बाद मानना उचित है। उसका संकलन-संपादन 'पदावलीरामायण' और 'रामगीतावली' के लगभग साथ ही हुआ होगा। इस प्रकार उसका संभावित रचना-काल सं. 1643 और 1660 के बीच पड़ता है।

8. गीतावली

हस्तलिखित प्रतियाँ

'गीतावली' और 'विनय-पत्रिका' के पद-संग्रहों की उपलब्ध हस्तलिखित प्रतियों से सिद्ध होता है कि ये दोनों रचनाएँ अपने पूर्वरूप में कुछ भिन्न थीं। तुलसीदास ने गीत-रचना के प्रथम अवस्थान में राम-विषयक जिन गीतों का निर्माण किया उनके उन्होंने दो संग्रह तैयार किए। राम-कथा-संबंधी गीतों के संग्रह का नाम था 'पदावलीरामायण'। जिन गीतों में राम के प्रति आत्मनिवेदन किया गया था उनके संग्रह की संज्ञा 'रामगीतावली' थी। स्पष्ट है कि इन नामों में प्रयुक्त 'पद' और 'गीत' शब्द पर्यायवाची हैं। आगे भी कवि दोनों प्रकार के गीतों की रचना करता रहा और कालांतर में इन संग्रहों के पुनःसंपादन की आवश्यकता प्रतीत हुई। पुनःसंपादित रूप में 'पदावलीरामायण' को 'गीतावली' नाम दिया गया और 'रामगीतावली' को 'विनयपत्रिका'।[1]

'गीतावली' की बहुत सी हस्तलिखित प्रतियाँ मिलती हैं, किंतु उनमें से कोई भी तुलसी के जीवन-काल की नहीं है। 'पदावलीरामायण' की एक खंडित और असंशोधित प्रति प्राप्त है, जिसमें सुंदरकांड और उत्तरकांड के क्रमशः 40 और 21 पद विद्यमान हैं। ये दोनों कांड भी पूरे नहीं हैं। अनेक उपलब्ध पद भी खंडित हैं। 'गीतावली' की प्राचीनतम प्रति सं. 1797 की है।[2] 'गीतावली' की हस्तलिखित प्रतियों और मुद्रित संस्करणों में प्रायः समानता है। 'गीतावली' के पाठ की अपेक्षा 'पदावलीरामायण' का पाठ निस्संदेह पूर्वकालिक है। इस निष्कर्ष के दो आधार हैं—पहला यह कि 'पदावलीरामायण' के उपलब्ध अंशों की पद-संख्या 'गीतावली' के तत्संवादी अंशों की पद-संख्या से कम है। अतः तर्कसंगत अनुमान यह है कि अधिक-पद बाद में जोड़े गए हैं। यह कल्पना करना समीचीन नहीं होगा कि 'गीतावली' को ही संक्षिप्त करके 'पदावलीरामायण' का निर्माण हुआ, क्योंकि ये अधिक-पद अपेक्षाकृत कम सुंदर नहीं है। दूसरा आधार यह है कि 'पदावली-रामायण' में पदों का

1. बाबू श्यामसुंदरदास ने 'गीतावली' को 'रामगीतावली' कहा है (गोस्वामी तुलसीदास, पृ. 67)। संभवतः 'कृष्णगीतावली' के वजन पर 'रामगीतावली' नाम दिया गया है।
2. राजकीय पुस्तकालय, प्रतापगढ़

क्रम अव्यवस्थित है; उदाहरण के लिए—सीता-त्रिजटा-संबंधी पाँच पद एक स्थल पर न होकर दो स्थलों पर आए हैं। उनमें भी दो पद कांड के आरंभ में ही हैं। कथा के क्रमानुसार उनका स्थान बाद में होना चाहिए था। इससे प्रमाणित होता है कि जिस-जिस क्रम से पद रचे गए थे उसी क्रम से 'पदावलीरामायण' में रखे गए। कुछ काल पश्चात् अन्य पदों को भी मिलाकर उन्हें क्रम-बद्ध व्यवस्थित रूप दिया गया और वह सुसंपादित कृति 'गीतावली' के नाम से अभिहित हुई।

कुछ पद न्यूनाधिक हेर-फेर के साथ 'गीतावली' और 'सूरसागर' दोनों में मिलते हैं।[1] इस पर से प्रश्न उठता है कि उनका मूल रचयिता कौन है ? सूर को उत्तमर्ण मानने के तीन कारण हो सकते हैं—(1) सूर तुलसी के पूर्ववर्ती थे। (2) सूर की पद-रचना-शैली का परवर्ती कवियों ने अनुसरण किया है, जैसे तुलसी ने 'कृष्णगीतावली' में। (3) सूर का बाल-वर्णन अद्वितीय होने के कारण दूसरों के लिए ग्राह्य हो सकता है। परंतु, ये तर्क अकाट्य नहीं हैं। (1) किसी कवि की पूर्वगामिता उसकी उत्तमर्णता का आवश्यक आधार नहीं है। उसे कसौटी बनाकर चलने से निरी भ्रांति की संभावना है। सूर के एक पद और तुलसी के एक सोरठे में शब्दार्थ-साम्य देखकर एकाध आलोचकों को इसी प्रकार की भ्रांति हुई है। वस्तुतः इन दोनों कवियों की इन रचनाओं का स्रोत 'भागवतपुराण' की टीका है।[2] (2) सूर पदरचना के आदि प्रवर्तक नहीं हैं वे एक चली आती हुई परंपरा के उन्नायक मात्र हैं। और, तुलसी की 'विनयपत्रिका' आदि की पद-रचना से सिद्ध है कि वे इस शैली के भी सिद्धहस्त कवि हैं। (3) इसमें संदेह नहीं कि सूर का वात्सल्य-निरूपण अप्रतिम है, किंतु तुलसी-जैसे असाधारण महाकवि को सूर के उधार के आसरे अपना गौरव बढ़ाने की लेशमात्र भी अपेक्षा नहीं थी। यदि सूर के पदों को अपनाना उनका प्रयोजन होता तो सूर-साहित्य के अत्यंत सरस पदों को चुनकर उन पर अपनी छाप लगाते, इन साधारण पदों को लेकर बेलज्जत गुनाह क्यों करते !

बाबू श्यामसुंदरदास का अनुमान है, "संभवतः तुलसीदासजी की रचनाओं में मिलनेवाले सूरदास के इन पदों को तुलसीदासजी ने गाने के लिए पसंद किया होगा। और तुलसीदासजी को प्रिय होने के कारण आगे चलकर उनके शिष्यों ने उचित परिवर्तन के साथ उन्हें उसकी रचनाओं में मिला दिया होगा।"[3] अधिक संभाव्य यह है कि इन पदों के मूल रचयिता तुलसीदास ही हैं। 'सूरसागर' के संकलयिताओं ने इन प्रचलित पदों को सूर की छाप के साथ संगृहीत कर लिया है। 'गीतावली' एवं 'सूरसागर' के पदों की प्रामाणिकता और संदिग्धता को देखते हुए हम इसी निर्णय पर पहुँचते हैं। 'गीतावली का एक ही पाठ समस्त प्रतियों में मिलता है, इसलिए यह प्रकट है कि वे तुलसीदास द्वारा ही 'गीतावली' में रखे गए हैं। 'सूरसागर' का पाठ तरल रहा है। उसकी विभिन्न प्रतियों में 800 के लगभग से लेकर तीन हज़ार से भी अधिक पद मिलते हैं, और कुल पद-संख्या चार हज़ार से भी अधिक होती है। फलतः यह मानना पड़ेगा कि 'सूरसागर' में बहुत सा अंश ऐसा होगा जो प्रक्षिप्त

---

1. गीतावली, 1/26 (सूरसागर, 722), 1/27 (सू., 727), 1/31 (सू. 735), 1/33 (सू. 769), 1/34 (सू. 724); और 1/23, 24, 28 (देखिए—तुलसीदास, पृ. 219)
2. तुलना करके देखिए :
   (क) मूकं करोति वाचालं पंगुं लंघयते गिरिम्।
   यत्कृपा तमहं वंदे परमानंदमाधवम्॥—भागवत पर श्रीधर-टीका, मंगलाचरण
   (ख) जाकी कृपा पंगु गिरि लंघै अंधे कों सब कछु दरसाइ।
   बहिरौ सुनै गूँग पुनि बौलै रंक चलै सिर छत्र धराइ॥—सूरसागर, 1
   (ग) मूक होइ बाचाल पंगु चढ़ै गिरिवर गहन।
   जासु कृपाँ सो दयाल द्रवौ सकल कलि मल दहन॥ रामचरितमानस, 1/1/ सोरठा 2
3. गोस्वामी तुलसीदास, पृ. 69

है, और इसी प्रक्षिप्त अंश में ये दो-चार पद भी हो सकते हैं जो 'गीतावली' में पाए जाते हैं।'[1]

प्रकाशित संस्करण

'गीतावली' के अनेक संस्करण प्रकाशित हुए हैं। इस कृति का भी पाठानुसंधान आवश्यक है। प्रकाशित संस्करणों में से निम्नांकित तीन को अपेक्षाकृत प्रामाणिक माना जा सकता है :

1. मूलमात्र—तुलसी-ग्रंथावली में संगृहीत
2. भावार्थ-सहित—गीता प्रेस, गोरखपुर
3. 'सिद्धांत-तिलक' के सहित—सं. पं. श्रीकांतशरण

इनमें से प्रथम दो संस्करण साधारण हैं। दूसरे में मूल के साथ खड़ीबोली अनुवाद मात्र है। केवल अंतिम संस्करण में 'गीतावली' के पदों की तात्त्विक व्याख्या की गई है। उसमें तुलसी-साहित्य एवं स्रोत-ग्रंथों से तुलनात्मक उद्धरण देकर व्यापक पृष्ठभूमि में उसके पद्यार्थों का स्पष्टीकरण है। दार्शनिक उक्तियों का विवेचन रामानुज के दृष्टि-बिंदु से किया गया है।

रचना-काल

बाबा वेणीमाधवदास ने अपने 'मूलगोसाईंचरित' में 'गीतावली' को (जिसे उन्होंने 'रामगीतावली' नाम दिया है) तुलसी की प्रथम कृति माना है और उसका संकलन-संपादन-काल सं. 1628 बतलाया है।[2] किसी अन्य साक्ष्य से अपुष्ट होने तथा 'मूलगोसाईंचरित' की अप्रामाणिकता के कारण उसमें उल्लिखित रचना-काल को महत्त्व नहीं दिया जा सकता। बाबू श्यामसुंदरदास के अनुसार 'गीतावली' के पदों की रचना सं. 1616 और 1628 के बीच हुई। उनका संग्रह सं. 1628 में किया गया।[3] उनकी मान्यता का आधार उक्त वेणीमाधवदासकृत 'मूलगोसाईंचरित' है, जो प्रामाणिक कृति नहीं है।

पं. रामनरेश त्रिपाठी उसे सं. 1625 से 28 तक की रचना मानते हैं।[4] उनके तर्क इस प्रकार हैं—(1) 'रामचरितमानस' तुलसी का प्रथम प्रयास नहीं है। उन्होंने पहले रामचरित को विविध राग-रागिनियों में गाने के लिए लिखने का प्रयास किया होगा। 'गीतावली' का प्रारंभ उन्हीं दिनों हुआ होगा। (2) 'गीतावली' और 'रामचरितमानस' की कथाओं में कई स्थानों पर मौलिक अंतर है। उदाहरण के लिए, 'गीतावली' में सीता-वनवास की करुण कथा है, 'रामचरितमानस' में 'गीतावली' की कथा का संशोधन किया गया है। इस प्रकार 'रामचरितमानस' में उनके विचारों का अंतिम संशोधित रूप प्रस्तुत किया गया है। (3) 'गीतावली' तुलसी के गृह-त्याग के पहले की रचना है। तब वे कवि ही थे, भक्त नहीं हो पाए थे। 'गीतावली' स्वयं इसका प्रमाण है। उसमें काव्य-तत्त्व की प्रधानता है, उसके आरंभ में न तो देवी-देवताओं की स्तुति है और न अंत में भक्त-कवि का दैन्य-प्रदर्शन है।

डॉ. माताप्रसाद गुप्त को त्रिपाठीजी के तर्कों में वदतोव्याघात दिखाई देता है।[5] मेरे विचार से अंतर्विरोध न होने पर भी उन तर्कों में विशेष वजन नहीं है। जो तर्क उन्होंने 'गीतावली' के विषय में दिए हैं वे 'कवितावली' पर भी घटित होते हैं। यह निर्विवाद सत्य है कि 'कवितावली' का कवित्व उत्तम कोटि का है, उसके अनेक पद्य कवि के अंतिम समय में लिखे गए हैं और उसके उत्तरकांड में भक्ति की प्रौढ़ अभिव्यक्ति हुई है। उसमें सीता-वनवास और साथ ही लक्ष्मण-त्याग का भी

---

1. तुलसीदास, पृ. 219-20
2. मूलगोसाईंचरित, 33/3
3. गोस्वामी तुलसीदास, पृ. 66-67
4. तुलसीदास और उनका काव्य, पृ. 224
5. तुलसीदास, पृ. 249

'सांकेतिक उल्लेख हुआ है। 'रामचरितमानस' की रचना के बाद भी उसमें उपेक्षित इन प्रसंगों का 'गीतावली' और 'कवितावली' में उल्लेख कर देना सहज संभव है। 'रामचरितमानस'-जैसे प्रबंध की सफल रचना के लिए 'गीतिकाव्य' का अभ्यास करना आवश्यक नहीं है। 'रामचरितमानस' की प्रौढ़ता तक पहुँचने के पूर्व कवि रामचरितात्मक 'रामाज्ञाप्रश्न', 'रामललानहछू' और 'जानकीमंगल' की रचना कर चुका था। इस प्रकार अभ्यास की अपेक्षित पूर्ति हो चुकी थी। जहाँ तक कवि की भक्ति-भावना का प्रश्न है, उस काल में रचित आत्म-निवेदनात्मक गीत 'विनयपत्रिका' में संकलित किए गए हैं और 'गीतावली' में भी भक्तिपरक उक्तियाँ भरी पड़ी हैं।[1] अतएव उसे गृहस्थ की कृति मानने के पक्ष में कोई ठोस आधार नहीं है।

डॉ. रामकुमार वर्मा ने यह संभावना व्यक्त की है कि 'गीतावली' का निर्माण 'रामचरितमानस' के पश्चात् सं. 1643 के आसपास हुआ होगा।[2] वह समय ऐसा था जब तुलसीदास संस्कृत-ग्रंथों से अधिक प्रभावित थे। 'गीतावली' की कथा उत्तरकांड में अधिकतर वाल्मीकि-रामायण से साम्य रखती है। 'अतः संभव है, इसकी रचना 'मानस' के आदर्शों से स्वतंत्र होकर बाद में हुई हो।' उनसे असहमति प्रकट करते हुए डॉ. माताप्रसाद गुप्त ने कहा है कि वाल्मीकि-रामायण से जिन स्थलों पर साम्य पाया जाता है, लगभग उन सभी स्थलों पर 'रामाज्ञाप्रश्न' से भी 'गीतावली' का साम्य है, इसलिए वह निश्चयात्मक नहीं हो सकता। वस्तुतः, यह खंडन अनाकांक्षित है। डॉ. वर्मा ने स्वयं स्वीकार किया है कि 'इस ग्रंथ की रचना-तिथि विश्वस्त रूप से निर्धारित नहीं की जा सकती।'

डॉ. गुप्त का अनुमान है कि 'पदावलीरामायण' का पाठ सं. 1658 का है एवं 'गीतावली' का रचना-काल सं. 1646 और 1660 के बीच है।[3] उन्होंने 'पदावलीरामायण' की जिस प्रति का उल्लेख किया है उसका लिपि-काल सं. 1666 माना है।[4] इसलिए सं. 1658 को उसके पाठ की सीमा-रेखा मानने में क्या औचित्य है ? अधिक से अधिक यही कहा जा सकता है कि उसके पाठ को सं. 1666 तक वह रूप प्राप्त हो गया था। इससे यह भी सिद्ध हो जाता है कि जो अधिक पद 'गीतावली' में संगृहीत हैं वे सं. 1666 के बाद रचे गए। अतः सं. 1660 में ही उसकी समाप्ति मान लेना असंगत है।

वर्तमान 'गीतावली' को अंतिम रूप कब दिया गया—इस विषय में कोई प्रमाण उपलब्ध नहीं है। 'गीतावली' की हस्तलिखित प्रतियों और प्रकाशित संस्करणों की एकरूपता से प्रमाणित होता है कि उसका व्यवस्थित संकलन, संपादन और नामकरण कवि ने स्वयं किया था। पुनःसंपादन करते समय 'रामगीतावली' (वर्तमान 'विनयपत्रिका') के पाँच पद भी उसमें से निकालकर औचित्यानुसार 'गीतावली' में समाविष्ट कर लिया था। 'पदावलीरामायण' के पाठ (लिपिकाल सं. 1666) के उपरांत भी 'गीतावली' के गीतों की रचना होती रही। उस अवधि में 'कवितावली', 'विनयपत्रिका' और 'दोहावली' के पद्य भी रचे जाते रहे। अतः 'गीतावली' के समापन में कुछ वर्षों का समय लग गया होगा, जैसा कि 'कवितावली' आदि के संबंध में घटित हुआ है। यदि 4-5 वर्षों का समय मान लिया जाए तो उसको सं. 1670 के लगभग वर्तमान रूप प्राप्त हुआ होगा। रही आरंभ करने की बात। 'गीतावली' के रचना-कौशल से यह तथ्य स्वयंसिद्ध है कि वह कवि के प्रारंभिक काल की कृति नहीं है। मेरी धारणा यह है कि 'रामचरितमानस' के रचनाकाल में भी कवि के राम-विषयक अनेक भाव गीतों के रूप में अभिव्यक्ति पाते रहे होंगे। 'रामचरितमानस' के पश्चात् भी यह क्रम चलता रहा

1. आगे देखिए—'गीतावली' की समीक्षा
2. हिंदी साहित्य का आलोचनात्मक इतिहास, पृ. 389
3. तुलसीदास, पृ. 248, 276
4. वही, पृ. 242

होगा। अंततोगत्वा राम-चरित-संबंधी गीतों को 'गीतावली' नाम से और आत्मनिवेदनात्मक गीतों को 'विनयपत्रिका' नाम से कवि ने संकलित-संपादित किया होगा। इस प्रकार 'गीतावली' की रचना सं. 1630 और 1670 के मध्य हुई होगी।

9. विनयपत्रिका

हस्तलिखित प्रतियाँ

'विनयपत्रिका' की बहुत-सी हस्तलिखित प्रतियाँ उपलब्ध हैं, लेकिन कोई भी प्रति कवि-लिखित अथवा कवि के जीवन-काल की नहीं है।

1. कहा जा चुका है कि 'विनयपत्रिका' का, उससे कुछ भिन्न, एक पूर्वरूप भी था। उसका नाम था 'रामगीतावली'। उसकी एक हस्तलिखित प्रति प्राप्त है,[1] जो सं. 1666 की है। बाबू श्यामसुंदरदास ने 'विनयावली' की एक प्रति (लिपिकाल सं. 1666) का उल्लेख किया था।[2] डॉ. गुप्त ने बतलाया है कि वह प्रति 'रामगीतावली' की ही है, 'विनयावली' उसका अन्यथा नाम है।[3] 'विनयपत्रिका' पाठ को कतिपय हस्तलिखित प्रतियों में भी 'रामगीतावली' नाम पाया जाता है। एक प्रति की पुष्पिका में विषय के साथ ही रचनाकार और रचना के नाम का भी उल्लेख है।[4] इससे निष्कर्ष निकलता है कि विनयपत्रिका का पूर्वरूप 'रामगीतावली' है। 'रामगीतावली' की विश्वसनीय हस्तलिखित प्रति में उसका लिपि-काल सं. 1666 दिया हुआ है। स्पष्ट है कि 'रामगीतावली' के पदों का प्रणयन और संपादन सं. 1666 तक हो गया था।

'रामगीतावली' में कुल 174 गीत हैं। उसके पाँच गीत (26, 27, 36, 80, 166) 'विनयपत्रिका' में नहीं हैं, वे अब 'गीतावली' में पाए जाते हैं।[5] वर्तमान 'विनयपत्रिका' में 279 गीत हैं। महात्मा अंजनीनंदनशरण ने प्रश्न उठाया है, "क्या 109 व 125 पद, जो अन्य सभी पोथियों में पाए जाते हैं, प्रक्षिप्त हैं ?" उनका उत्तर है, "कवि ने समय-समय पर कुछ गीत के पद रचे और फिर उनको एकत्र करके उस ग्रंथ का नाम 'श्रीरामगीतावली' रख दिया। कुछ वर्षों के बाद किसी कारण से उन्होंने कुछ विनय के पद और लिखे। दोनों को किसी समय एकत्र कर उस पूरे ग्रंथ का नाम 'विनयपत्रिका' रखा और दरबार में पेश किया।"[6] डॉ. गुप्त का कथन है कि **"रामगीतावली को विनयपत्रिका** का वर्तमान कलेवर देने के लिए पूर्ववर्ती पाठ में न केवल पदों का क्रम बदला गया, बल्कि यदि अधिक नहीं तो कम-से-कम 108 नए गीत भी जोड़े गए।"[7] 'विनयपत्रिका' की उपलब्ध हस्तलिखित प्रतियों में 'रामगीतावली' का पाठ नहीं पाया जाता। इससे प्रतीत होता है कि विनयपत्रिका-पाठ का संपादन कर लेने पर कवि ने उसके पूर्वरूप को नष्ट कर दिया था। 'विनयपत्रिका' की जो हस्तलिखित प्रतियाँ पाई जाती हैं उनके पाठ और पद-क्रम में परस्पर-विरोध नहीं मिलता। यह भी इस बात का सूचक है कि पदों का संकलन-संपादन कवि ने स्वयं किया है।

---

1. रामनगर के चौ. छुन्नीसिंह के पास; देखिए—विनय-पीयूष, भूमिका, पृ. 4-8
2. नागरी-प्रचारिणी पत्रिका, वर्ष 1, अंक 1
3. तुलसीदास, पृ. 224
4. यदि रघुपतिभक्तिर्मुक्तिदा प्रेक्ष्यते सा सकलक (लुपहर्त्री) सेवनीयाऽप्रयासात्
   शृणुत सुमतिपुंसो निर्मिता रामभक्तैर्जग (ति तुल) सिदासै रामगीतावलीयम्।—तुलसीदास, पृ. 220 पर उद्धृत
5. गीतावली, क्रमशः 7/15, 7/14, 7/12, 7/38, 3/5
6. विनय-पीयूष, भूमिका, पृ. 5-6
7. तुलसीदास, पृ. 223

2. भागवतदास खत्री द्वारा प्रकाशित[1] 'विनयपत्रिका' सं. 1717 की किसी हस्तलिखित प्रति पर आधारित है। अतः उसको उस प्रति की ही प्रतिलिपि समझना चाहिए।

3. संपूर्ण 'विनयपत्रिका' की जो प्रतियाँ उपलब्ध हैं उनमें प्राचीनतम प्रति सं. 1760 की है। उसका पाठ प्रकाशित संस्करणों के पाठ के समान है।

4. पं. महावीरप्रसाद मालवीय ने सं. 1774 की एक हस्तलिखित प्रति का पाठ अपनी 'विनयपत्रिका'-टीका में रखा है। अतः उनकी टीका का पाठ उक्त प्रति की प्रतिलिपि के तुल्य है।

5. विजयानगर के व्यास की प्रति—महात्मा अंजनीनंदनशरण का कहना है कि "वह पोथी सं. 1666 वाली (रामगीतावली) को छोड़ अन्य सभी पोथियों से बहुत शुद्ध प्रतीत होती है। वह पोथी दो सौ वर्ष से ऊपर की बताई जाती है।[2]

6. सं. 1878 की प्रति—रामनगर (काशी) के चौधरी छुन्नीसिंह के यहाँ है।

7. सं. 1879 की प्रति—राजकीय पुस्तकालय, बलरामपुर।

और भी बहुत सी प्रतियाँ हैं जिनका तुलनात्मक अध्ययन और पाठशोध अपेक्षित है।

प्रकाशित संस्करण

'विनयपत्रिका' भक्तों के समाज में अत्यंत समादृत रही है। संगीतज्ञों ने भी उसे गौरव दिया है। विभिन्न शिक्षा-संस्थाओं के पाठ्य-क्रम में वह निर्धारित रही है। अतः उसके पठन-पाठन का क्रम बराबर चलता रहा है। साहित्यालोचकों एवं भगवद्-भक्तों ने उस पर अनेक टीकाएँ लिखी हैं। परीक्षोपयोगी टीकाएँ भी बहुत हैं। उसके प्रतिष्ठित संस्करण हैं :

1. मूलमात्र—तुलसी-ग्रंथावली में संगृहीत
2. सरलभावार्थ-सहित—गीता प्रेस, गोरखपुर
3. सटीक[3]-संस्करण—टीकाकर लाला भगवानदीन और विश्वनाथप्रसाद चौबे, सं. विश्वनाथप्रसाद मिश्र
4. देवदीपिका-समलंकृत[4]—देवनारायण द्विवेदी
5. हरितोषिणी-टीका-समलंकृत[5]—वियोगी हरि
6. सिद्धांत-तिलक के सहित[6]—पं. श्रीकांतशरण
7. विनय-पीयूष[7]—महात्मा अंजनीनंदनशरण

प्रथम दो संस्करण कामचलाऊ हैं। पहले ही पाद-टिप्पणी में कहीं-कहीं शब्दार्थ भी दे दिए गए हैं। दूसरा संस्करण धर्म-भावना से अनुप्राणित, सस्ता, सरल और गीता प्रेस से प्रकाशित होने के कारण सर्वाधिक लोक-प्रचलित है। अब तक उसकी ढाई-तीन लाख प्रतियाँ बिक चुकी हैं। तीसरे, चौथे और पाँचवें संस्करणों में शब्दार्थ और भावार्थ के अतिरिक्त विशेष टिप्पणियाँ भी दी गई हैं। 'सिद्धांत-तिलक' में पदों की बड़ी विशद व्याख्या है। विवेचन-क्रम में संस्कृत-ग्रंथों एवं तुलसी-साहित्य से तुलनात्मक उद्धरण दिए गए हैं। भक्ति-दर्शन में रामानुज का दृष्टिकोण अपनाया गया है। 'विनयपीयूष' में पूर्वग्रह से मुक्त होकर और तुलनात्मक दृष्टि से पदों का तत्त्वाभिनिवेशी भाष्य

1. सरस्वती यंत्रालय, काशी, सं. 1942
2. विनय-पीयूष, भूमिका, पृ. 7
3. रामनारायण लाल, इलाहाबाद
4. ज्ञानमंडल लिमिटेड, वाराणसी
5. साहित्य-सेवा-सदन, बनारस
6. सिद्धांत-तिलक कार्यालय, सद्गुरुकुटी, गोलाघाट, अयोध्या
7. पीयूषधारालय, विट्ठलक्रीड़ा भवन, बड़ौदा

किया गया है। उसका आयोजन 'मानस-पीयूष' के ढंग पर किया गया है। परंतु, उसमें 'मानस-पीयूप' की व्यापकता और महत्ता नहीं है। इसमें संदेह नहीं कि वह 'विनयपत्रिका' का वृहत्तम और महत्तम अनुशीलन है।

रचना-काल

तुलसीदास ने 'रामगीतावली' को 'विनयपत्रिका' का परिवर्धित-निष्पन्न रूप कब प्रदान किया—इस प्रश्न के समाधान का कोई संकेत कवि ने कहीं नहीं किया है।[1] इस विषय में कोई समसामयिक स्रोत भी ऐसा नहीं है जिसकी सहायता से 'विनयपत्रिका' की रचना और संपादन के समय का निश्चित निर्णय किया जा सके।

बाबा वेणीमाधव के 'मूलगोसाईंचरित' में 'विनयपत्रिका' के बदले 'विनयावली' का उल्लेख है[2] और उसकी रचना 'रामचरितमानस' के अनंतर ही बतलाई गई है। उसी आधार पर बाबू श्यामसुंदरदास ने अनुमान लगाया है कि 'विनयपत्रिका' सं. 1636 से 1639 के बीच किसी समय बनी होगी।[3] यह तिथि मुख्यतः दो कारणों से अमान्य है—एक तो 'मूलगोसाईंचरित' अनाप्त है, और दूसरे 'विनयपत्रिका' में पाए जानेवाले अनेक आत्मोल्लेख[4] कवि की वृद्धावस्था के द्योतक हैं।

पं. रामनरेश त्रिपाठी के मतानुसार, "संभव है, संवत् 1640 में इसके कुछ पद बने हों और फिर सबको मिलाकर संवत् 1666 के बाद 'पत्रिका' पूर्ण कर दी गई हो। इसमें काशी की महामारी का कहीं भी संकेत नहीं है। इससे निश्चय ही यह संवत् 1669 के पहले बन चुकी थी।" उनकी 'राय में विनयपत्रिका को तुलसीदास के हाथ से संवत् 1668 के आसपास वर्तमान रूप प्राप्त हुआ है। संवत् 1668 के बाद वृद्धावस्था में तुलसीदास ने जो कुछ लिखा, वह कवितावली में है।'[5] उनके मत पर डॉ. गुप्त की टिप्पणी है, 'त्रिपाठीजी ने कदाचित् केवल 'विनयपत्रिका' के पाठ को लेकर विचार किया है; 'पदावली रामायण' पाठ पर यदि उन्होंने ध्यान दिया होता तो, इस प्रकार की कल्पनाएँ न करते।'[6] त्रिपाठीजी का अनुमान कोरा कल्पना-विलास नहीं है, तथापि सं. 1640 और 1668 का सीमांकन चिंत्य है। यह भी संभव है कि उसके कुछ पद सं. 1640 के पहले रचे गए हों और यह भी संभाव्य है कि उसके कुछ पदों की रचना सं. 1668 के बाद हुई हो। यह आवश्यक नहीं था कि महामारी के बाद रचे गए पदों में महामारी का संकेत किया ही जाता। यदि कवि के तत्संबंधी भाव कवित्तों के माध्यम से निःसृत हुए तो उसने उन्हें उसी रूप में जाने दिया और उनका समावेश 'कवितावली' में यथास्थान कर लिया गया।

डॉ. गुप्त ने 'रामगीतावली' पाठ का समय सं. 1658 एवं समग्र 'विनयपत्रिका' का रचना-काल सं. 1646 और 1660 के बीच माना है। यहाँ पर भी दोनों परिसीमाओं का औचित्य

1. तुलसी-रचित कहे जानेवाले एक पद का अंतिम पद्य इस प्रकार है :

   संवत् सोरह सै एकतीसा जेठ मास छठि स्वाती।
   तुलसिदास इक अरज करत है प्रथम विनय की पाती॥

   उद्धरण से सूचित होता है कि उक्त पद 'विनयपत्रिका' का है और इसके अनुसार 'विनयपत्रिका' का रचना-काल सं. 1631 है। परंतु, यह पद 'विनयपत्रिका' की किसी प्रति में नहीं मिलता; अतः कपोलकल्पित है।
2. मूलगोसाईंचरित, 51
3. गोस्वामी तुलसीदास, पृ. 78-79
4. जैसे—पद 259-260 आदि
5. तुलसीदास और उनका काव्य, पृ. 229
6. तुलसीदास, पृ. 252

असिद्ध है। 'रामचरितमानस' और 'पार्वतीमंगल' की रचना समाप्त कर लेने तथा ब्रज की यात्रा (सं. 1645 के लगभग) पूर्ण कर लेने के बाद ही कवि ने 'विनयपत्रिका' का प्रणयन आरंभ किया हो, इसका कोई निश्चायक साक्ष्य नहीं है। हो सकता है कि 'रामचरितमानस' की स्तुतियों की रचना के अवसरों पर अथवा राम-भजन के भाव-विभोर क्षणों में 'रामगीतावली' के कुछ पदों का भी यादृच्छिक निर्माण हो गया हो। हाँ, 'विनयपत्रिका' का शिल्प-नैपुण्य इस बात का निश्चित प्रमाण है कि वह 'रामचरितमानस' के पूर्व की कृति नहीं है। अतः उसकी पूर्व-सीमा सं. 1631 है। उसकी उत्तर-सीमा सं. 1680 (कवि की मृत्यु) के कुछ समय पहले तक मानी जा सकती है। तुलसी का स्वर्गवास 1680 के श्रावण में हुआ था। अतएव 'विनयपत्रिका' के संपादन का कार्य अधिक से अधिक सं. 1679 तक पूर्ण हो गया होगा।

उपर्युक्त विवेचन से हम इस निष्कर्ष पर पहुँचते हैं कि 'विनयपत्रिका' के गीतों की रचना का आरंभ सं. 1631 के पश्चात् और उसका अंतिम रूप सं. 1679 के पूर्व निष्पन्न हुआ होगा।

10. दोहावली

हस्तलिखित प्रतियाँ

'दोहावली' की कई हस्तलिखित प्रतियाँ प्राप्त हुई हैं। उनके आधार पर उसके विभिन्न संस्करण भी प्रकाशित हुए हैं। उनमें 573 दोहे संकलित हैं। उनमें कहीं-कहीं पाठ-भेद भी हैं। विशेष ध्यान देने योग्य बात यह है कि खोज-रिपोर्टों में 'दोहावली' की हस्तलिखित प्रतियों से जो उद्धरण दिए गए हैं, उनके और प्रकाशित संस्करणों के पाठ में बहुत भेद है।

'दोहावली' की जो प्राचीनतम हस्तलिखित प्रति[1] उपलब्ध हुई है वह सं. 1797 की है। डॉ. गुप्त ने प्रकाशित संस्करणों के साथ उसका मिलान किया है, किंतु किन्हीं निष्कर्षों की स्थापना नहीं कर सके हैं। समग्र प्राप्त-प्रतियों के तुलनात्मक पाठालोचन के बिना यह संभव नहीं था। उक्त प्रति में केवल 478 दोहे हैं उनमें से भी छः दोहे प्रकाशित संस्कारणों में नहीं हैं। अतः उस प्रति के पाठ और मुद्रित पाठ में शताधिक दोहों की भिन्नता है। तुलसी-रचित 'दोहावली' का वास्तविक रूप निर्धारित करने के लिए यथोचित अनुसंधान की अपेक्षा है।

'सतसई' की भी कुछ प्रतियाँ पाई जाती हैं। उनमें बहुत पाठ-भेद है। सं. 1902 की एक प्रति डॉ. माताप्रसाद गुप्त के पास भी है। उनकी मान्यता है कि तुलसी-रचित दोहों का एक मूल संग्रह था, कवि के देहावसान के बाद अलग-अलग ढंग से दो भिन्न संग्रह तैयार किए गए। मेरे विचार से मूल संग्रह 'दोहावली' ही है। उसमें कुछ दोहे प्रक्षिप्त भी हो सकते हैं। 'सतसई' का अधिकांश प्रक्षिप्त है। उसकी अप्रामाणिकता पर विचार किया जा चुका है।

प्रकाशित संस्करण

'दोहावली' की प्रतियों के पाठ-भेद और उसके साथ 'सतसई' के गड़बड़झाले के कारण 'दोहावली' के प्रकाशित संस्करणों की प्रामाणिकता कुछ न कुछ घट जाती है। इन संस्करणों में अधिक पाठ-भेद नहीं है। वे ही 573 दोहे सब में संगृहीत हैं। तीन संस्करण उल्लेखयोग्य हैं :

1. मूलमात्र—तुलसी-ग्रंथावली में संगृहीत
2. अनुवाद-सहित—गीता प्रेस, गोरखपुर

---

1. राजकीय पुस्तकालय, प्रतापगढ़

3. 'सिद्धांत-तिलक' के साथ—सं. पं. श्रीकांतशरण

'तुलसी-ग्रंथावली' वाले संस्करण की पाद-टिप्पणी में कहीं-कहीं शब्दार्थ भी दे दिया गया है। गीता प्रेस से प्रकाशित संस्करण में खड़ीबोली-अनुवाद मात्र है। केवल 'सिद्धांत-तिलक' ऐसा है जिसमें दोहों की विस्तृत एवं तुलनात्मक व्याख्या है। सैद्धांतिक विवेचन विशिष्टाद्वैतपरक है।

रचना-काल

वेणीमाधवदास के अनुसार 'दोहावली' का संग्रह-काल (रचना-काल नहीं) सं. 1640 है।[1] विशेषज्ञ विद्वान् उन्हें प्रमाण नहीं मानते। किंवदंती है कि तुलसी ने टोडर के लिए दोहों का संग्रह किया था। हो सकता है कि सं. 1640 के आसपास कवि ने दोहों का संग्रह तैयार किया हो और बाद में नए दोहे रचकर 'दोहावली' का परिवर्धन किया हो। बाबू श्यामसुंदरदास ने वेणीमाधवदास के कथन को स्वीकार किया है।[2] पं. रामनरेश त्रिपाठी की मान्यता है कि 'दोहावली' की रचना सं. 1620 से 1671 तक हुई।[3] डॉ. रामकुमार वर्मा और डॉ. माताप्रसाद गुप्त ने उसकी आरंभिक तिथि के विषय में कोई मत नहीं व्यक्त किया। डॉ. वर्मा[4] ने उसका रचना-काल सं. 1680 तक और डॉ. गुप्त[5] ने सं. 1669 तक माना है।

'दोहावली' का रचना-काल निर्धारित करते समय कुछ बातें ध्यान में रखनी होंगी—(1) उसका प्रामाणिक पाठ उपलब्ध नहीं है। संभव है कि पाठानुसंधान के फलस्वरूप उसके कुछ ऐसे दोहे छँट जाएँ जो रचनाविशेष से संगृहीत हैं या कालविशेष के द्योतक हैं। (2) वह एक संग्रह-ग्रंथ है। उसके दो दोहे 'वैराग्यसंदीपनी' में, 35 दोहे 'रामाज्ञाप्रश्न' में और 85 दोहे 'रामचरितमानस' में पाए जाते हैं। शेष दोहे स्वतंत्र रूप से लिखे गए हैं। (3) स्वतंत्र रूप से रचित दोहों में एक दोहा[6] वह है जो टोडर के उत्तराधिकारियों के पंचायतनामे के शीर्ष पर लिखा हुआ है। एक दोहे में रुद्रबीसी का उल्लेख है।[7] तीन दोहे ऐसे हैं जिनमें जरठपन और मृत्यु की छाया का चित्रांकन है।[8] तीन दोहों में बाहु-पीड़ा का वर्णन है।[9]

इन सभी दोहों पर विचार करने से हम इस निश्चित निष्कर्ष पर पहुँचते हैं कि 'दोहावली' की रचना का आयाम 'वैराग्यसंदीपनी' के रचना-काल से लेकर कवि की वृद्धावस्था तक फैला हुआ है। उसके पद्य कवि के संपूर्ण साहित्यिक जीवन से संबंधित हैं, वे कालविशेष की कृति नहीं हैं। पहले कहा जा चुका है कि 'वैराग्यसंदीपनी' तुलसी की प्रारंभिक कृति है और उसका रचना-काल सं. 1626-27 के आसपास है। उनका स्वर्गवास सं. 1680 में हुआ। संभव है कि जीवन के अंतिम प्रहर का संकेत करनेवाले दोहे अंतिम वर्ष में ही लिखे गए हों। अतएव दोहावली का रचना-काल सं. 1626 से सं. 1680 तक मान्य है।

---

1. मिथिला ते कासी गए चालिस संवत् लाग।
   दोहावलि संग्रह किए सहित विमल अनुराग॥
2. गोस्वामी तुलसीदास, पृ. 80
3. तुलसीदास और उनका काव्य, पृ. 225
4. हिंदी साहित्य का आलोचनात्मक इतिहास, पृ. 383
5. तुलसीदास, पृ. 258-60
6. तुलसी जान्यो दसरथहिं धरम न सत्य समान।
   राम तजे जेहि लागि बिनु राम परिहरे प्रान॥—दोहावली, 219
7. दोहावली, 240
8. वही, 155, 178, 563
9. वही, 234, 235, 236

11. बरवैरामायण

हस्तलिखित प्रतियाँ

इस छोटी सी पुस्तक के संबंध में बड़ी उलझनमय बात यह है कि इसकी विभिन्न प्रतियों में आश्चर्यजनक भेद पाया जाता है। उनके पाठ भिन्न हैं, पद्यों का क्रम भिन्न है, पद्य-संख्याएँ भिन्न हैं। एक ओर ऐसी प्रतियाँ हैं, जिनमें केवल 69 पद्य हैं और दूसरी ओर ऐसी भी हैं जिनमें 396 या 405 पद्य हैं। उनमें भी केवल 15 पद्य उभयनिष्ठ हैं। अतः कुल मिलाकर 444 पद्यों की भिन्नता है। पुस्तक की अपेक्षा भिन्नता का आयाम कहीं अधिक है। अजीब चक्कर है—बित्ता-भर के बाले मियाँ डेढ़ हाथ की दाढ़ी !

'बरवैरामायण' की हस्तलिखित प्रतियों को हम तीन वर्गों में रख सकते हैं :

1. कहा जाता है कि सबसे पुरानी प्रति सं. 1797 की है।[1] डॉ. गुप्त ने बतलाया है कि "मुद्रित पाठ के प्रथम 42 छंद तथा उत्तरकांड के छंद 59-69 इस हस्तलिखित प्रति में नहीं मिलते हैं। इनके स्थान पर इस प्रति में 25 अन्य छंद मुद्रित पाठ के 53-58 से पूर्व आते हैं। इस पाठ के जो 25 छंद मुद्रित पाठ में नहीं मिलते वे इसी आधार पर तुलसीदास की रचनाओं से कदाचित् बहिष्कृत नहीं किए जा सकते, क्योंकि शैली[2] तो उनकी प्रमुख रूप से तुलसीदास की ही दिखाई देती है।"[3]
2. दूसरे वर्ग में वे प्रतियाँ हैं जिनका पाठ मुद्रित संस्करणों में प्राप्त होता है। इन प्रतियों में कथा का क्रम-संबद्ध निरूपण नहीं मिलता। पद्य-संख्या 69 है। नायिका-भेद के उदाहरण-जैसे लगनेवाले शृंगारिक पद्य पाए जाते हैं, जो पहले और तीसरे वर्ग की प्रतियों में नहीं मिलते।
3. इस वर्ग की प्रतियों में पद्य-संख्या 400 के लगभग है। तीन राजकीय पुस्तकालयों में परिरक्षित प्रतियाँ उल्लेख योग्य हैं :

(क) भिनगाराज की प्रति में 396 पद्य हैं। तिथिकाल नहीं दिया गया है।

(ख) काशिराज की प्रति—इसका लिपि-काल सं. 1873 है। इसमें 405 छंद हैं।

(ग) जौनपुरराज की प्रति—जौनपुरराज के पुस्तकालय में सं. 1873 की लिखी हुई परस्पर मिलती-जुलती दो प्रतियाँ हैं, एक फाल्गुन में लिखी गई थी और दूसरी आषाढ़ में। ये वस्तुतः एक ही प्रति की दो प्रतिलिपियाँ हैं। पं. यादवेंद्रदत्त दूबे (राजा जौनपुर) ने सं. 2010 में इसका प्रकाशन 'बरवा (बरवै) रामायण' के नाम से किया।

प्रकाशित संस्करण

'बरवैरामायण' की एक टीका प्रसिद्ध रामायणी पं. वंदन पाठक ने लिखी थी। एक टीका बैजनाथ दास मैनपुरी की है। अधुना उपलब्ध पाँच संस्करण महत्त्वपूर्ण हैं :

1. मूलमात्र—'तुलसी-ग्रंथावली' में संगृहीत
2. सरलभावार्थ-सहित—गीता प्रेस, गोरखपुर
3. 'तुलसी के चार दल' में संकलित—पं. सद्गुरुशरण अवस्थी

---

1. राजकीय पुस्तकालय, प्रतापगढ़
2. उदाहरणार्थ— सोहत परन कुटी तर सीता राम।
लषन समेत बसहु तुलसी उर धाम॥
3. तुलसीदास, पृ. 225-26

4. सिद्धांततिलक-समन्वित—सं. पं. श्रीकांतशरण

5. बरवा (बरवै) रामायण—पं. यादवेंद्रदत्त दूबे (राजा जौनपुर) द्वारा प्रकाशित

प्रथम चार संस्करणों का पाठ समान है। पद्य-संख्या 69 है। पहले दो संस्करण कामचलाऊ हैं। तीसरे में काव्य-दृष्टि से तुलनात्मक और आलोचनात्मक व्याख्या की गई है। चौथे में पं. श्रीकांतशरण द्वारा तुलसी की अन्य कृतियों पर लिखित 'तिलक' के सदृश ही विशद विवेचन किया गया है। 'बरवैरामायण' के अध्ययन के लिए उक्त तीसरे-चौथे संस्करण विशेष उपयोगी हैं।

पाँचवाँ संस्करण भी मूलमात्र है। यह संस्करण अन्य संस्करणों से नितांत भिन्न है। इसकी कतिपय विशेषताएँ ध्यान देने योग्य हैं :

1. इसमें 405 पद्य हैं। अन्य संस्करणों के 54 पद्य इसमें नहीं हैं, और इसके 390 पद्य उनमें नहीं मिलते। अन्य संस्करणों के केवल 15 पद्य इसमें पाए जाते हैं। उन 15 पद्यों में भी कुछ क्रम-भेद है; अधोलिखित दोहरी सारणी से उनके क्रम-भेद के तुलनात्मक अध्ययन में सहायता मिलेगी :

	जौनपुर-संस्करण के क्रम से			**अन्य संस्करणों के क्रम से**	
	जौनपुर-संस्करण	अन्य संस्करण		अन्य संस्करण	जौनपुर-संस्करण
संख्या	192	44	संख्या	28	281
	193	46		31	300
	194	52		44	192
	195	48		46	193
	196	49		47	199
	197	50		48	195
	198	51		49	196
	199	47		50	197
	200	53		51	198
	201	55		52	194
	202	54		53	200
	203	64		54	202
	204	63		55	201
	281	28		63	204
	300	31		64	203

2. अन्य संस्करणों के आरंभ में मंगलाचरण का कोई पद्य नहीं है। यह अनुमान कर लिया गया था कि 'बरवैरामायण' एक अधूरा संग्रह-ग्रंथ है जिसका संकलन-संपादन कवि स्वयं नहीं कर सकता था। अतएव किसी मंगल-छंद का निवेश नहीं किया जा सका। प्रस्तुत संस्करण इस धारणा का निरास करता है। इसके आरंभ में 'रामचरितमानस' के प्रथम दो कांडों की मंगल-स्तुतियों के सदृश रची गई गणेश और गुरु की वंदना मिलती है।[1]

3. इसमें प्रचलित संस्करणों के वे पद्य विलकुल ही नहीं हैं जो शृंगारपूर्ण अथवा मर्यादा-विरुद्ध माने जाते हैं।[2]

---

1. गननायक बरदायक देव मनाय। विघ्नविनास प्रकासक होउ सहाय॥1॥
श्री गुरपद अंबुज रज हृदय समारि। बरनन करौं रामजस कृपासुधारि॥2॥

2. जैसे—बरवै 18, 40

4. इसमें कथा का सूत्र सर्वथा-विच्छिन्न नहीं है। मुक्तक-रचना-संग्रह होने पर भी पूर्वापर पद्यों से राम-कथा की शृंखला मिल जाती है।
5. इसके मुक्त छंदों में 'रामचरितमानस' की कथा का संक्षिप्त वर्णन है। अपवाद-स्वरूप एकाध स्थलों पर 'रामचरितमानस' में प्रतिपादित वस्तु का किंचित् परिवर्तित रूप दृष्टिगोचार होता है, जैसे रावण के प्रति मंदोदरी की यह उक्ति :

चलहु बेगि लै सिया अग्र करि मोहिं।
सरन सबद सुनि रखिहैं रघुपति तोहिं॥[1]

'रामचरितमानस' में इससे मिलता-जुलता उपदेश अंगद ने रावण को दिया है :

दसन गहहु तृन कंठ कुठारी। परिजन सहित संग निज नारी॥
सादर जनकसुता करि आगे। येहि बिधि चलहु सकलभय त्यागे॥
प्रनतपाल रघुबंसमनि त्राहि त्राहि अब मोहि।
आरत गिरा सुनत प्रभु अभय करैगो तोहि॥[2]

6. कहीं-कहीं एक या दो पंक्तियों में पूरे प्रसंग को निबटा दिया गया है। जैसे अरण्य-कांड के अंतर्गत जटायु[3] और नारद[4] के प्रसंग को। परंतु राम-कथा के सभी महत्त्वपूर्ण प्रसंग किसी-न-किसी रूप में निबद्ध हो गए हैं।
7. इसमें आदि से अंत तक 'रामचरितमानस' की कथा का 'सादृश्य' ही नहीं शब्दावली का भी प्रचुर प्रयोग पाया जाता है। कतिपय उदाहरण पर्याप्त होंगे :

भए कुमार जबहि सब दे उपनैन।
विद्या पढ़न चले प्रभु विद्या अैन॥
एहि बिधि बाल चरित हरि बहु बिधि कीन्ह।
अति आनंद नगर के बासिन्ह दीन्ह॥
मारग देषि ताड़ुका कहेउ लषाय।
एकहि बान प्रान हरि सुरपुर जाय॥
काकपक्ष सिर सोहत स्यामल गौर।
हरन मार मद मूरति थक मन दौर॥
जो प्रन तजउ लाज बड़ि बिधि अस कीन्ह।
कुँअरि कुआँरि रही बरु जस नहि छीन॥
अनजानत कर बिलग न करब हमार।
गौर स्याम ए सषि को आहिं तुम्हार॥
सकुचि सीय मुसुकानि सुनत प्रिय बैन।
तिन्हहि बताएउ नाहु नैन की सैन॥
जान आदि कबि तुलसी नाम प्रभाव।
उलटो जपत कोल ते भयो रिषिराव॥[5]

---

1. जौनपुर संस्करण, 362
2. रामचरितमानस, 6/20/4-6/20
3. जौनपुर संस्करण, 272
4. वही, 304
5. बरवारामायण (जौनपुर संस्करण), 47, 50, 69, 96, 119, 177, 178, 202;
क्रमशः तुलना करके देखिए—रामचरितमानस, 1/204/2, 1/203/1, 1/209/3, 1/233/1, 1/252/3, 2/116/4, 2/117/1, 2/194/4

8. इस संस्करण का परिचय देते हुए आचार्य हजारीप्रसाद द्विवेदी ने लिखा है, "क्या शैली और क्या भाषा सब प्रकार से यह तुलसीदास की रचना जान पड़ती है। परंतु शृंगारबहुल पद्य क्या तुलसीदास के लिखे नहीं हैं ? मुझे उनमें ऐसा उत्तान शृंगार नहीं दिखता कि उसे तुलसीदास की रचना मानने में संदेह हो। मेरा विचार है कि प्रस्तुत संस्करण तुलसीदास जी की प्रामाणिक रचना है।"[1]

आचार्य विश्वनाथप्रसाद मिश्र उनसे सहमत नहीं हैं। उनका अभिमत है, "इस संस्करण के 'परिचय'-लेखक लिखते हैं, 'प्रस्तुत संस्करण तुलसीदास की प्रामाणिक रचना है।' पर 'मानस' के कर्ता गोस्वामी तुलसीदास की वह कृति है, यह माननीय नहीं। इसका कारण यह है कि 'तुलसीभूषण' में इस 'वृहद् बरवैरामायण' के वे ही 'बरवै' आए हैं जो उभयनिष्ठ हैं। इसमें अलंकारों की योजना प्रचलित बरवैरामायण की-सी कहीं नहीं है। इसमें पूरी कथा क्रमबद्ध सरस शैली में कहने का प्रयास-मात्र है। भाषा इसकी स्थान-स्थान पर त्रुटिपूर्ण है। फिर भी, उक्त महोदय लिखते हैं, 'क्या शैली और क्या भाषा सब प्रकार से यह तुलसीदास की रचना जान पड़ती है।' किन्हीं भगतजी ने यह रचना की है जिन्हें अलंकार-सलंकार से कोई प्रयोजन नहीं था। कुछ बरवै पुराने भी रख दिए हैं, यथास्थान बैठा दिए हैं।"[2]

9. इसके जो 390 छंद अन्य संस्करणों में नहीं पाए जाते उनमें से कुछ की शैली प्रचलित 'बरवैरामायण' से भिन्न है।[3] किंतु, कुछ छंदों की शैली अन्य पद्यों के सदृश है। उदाहरण के लिए :

एहि विधि बाल चरित हरि बहु विधि कीन्ह।
अति आनंद नगर के बासिन्ह दीन्ह॥
नहि अस दूलह दुलहिन ब्याह उछाह।
हम सब पुन्य पयोनिधि सुष अवगाह॥[4]

विचारणीय प्रश्न

विभिन्न प्रतियों में इतना अधिक पाठ-भेद, संख्या-भेद और क्रम-भेद देखकर अनेक जटिल प्रश्न सामने आते हैं—उनमें से कौन-सी प्रति या प्रति-परंपरा प्रामाणिक है, तुलसी-रचित छंदों की वास्तविक संख्या कितनी है, पद्यों का कवि-सम्मत क्रम और शुद्ध पाठ क्या है, आदि। वर्तमान परिस्थिति में इन प्रश्नों के निश्चित उत्तर नहीं दिए जा सकते। 'बरवैरामायण' का वैज्ञानिक पाठानुसंधान अपेक्षित है। उस शोध के आधार पर ही निर्णायक समाधान संभव है।

रचना-काल

उपर्युक्त भिन्नताओं ने 'बरवैरामायण' के रचना-काल-निर्धारण की समस्या को उलझा दिया है। कवि-लिखित अथवा कवि के जीवन-काल की कोई प्रति उपलब्ध नहीं है। उसमें किसी ऐतिहासिक घटना आदि का संकेत नहीं है। कवि ने स्वयं रचना-तिथि का निर्देश नहीं किया है। प्रतियों की अतिशय भिन्नता के कारण अंतस्साक्ष्य यथेष्ट सहायता नहीं कर पाता। इतना निश्चित प्रतीत होता है कि 'बरवैरामायण' किसी एक संवत् की रचना नहीं है। वह भिन्न-भिन्न समयों पर लिखित पद्यों का संकलन है।

---

1. बरवैरामायण (जौनपुर संस्करण), प्राक्कथन, पृ. 8
2. हिंदी-साहित्य का अतीत, पृ. 293-94
3. जैसे—छोट ललित अरु लोहित कर पद उस्ट (32). सुमिरि कठिन पन आपन लगे बिसूर्ण (92)
4. बरवैरामायण (जौनपुर संस्करण), 50. 133

एक किंवदंती है कि अब्दुर्रहीम खानखाना का कोई मुंशी छुट्टी पर गया था। छुट्टी समाप्त होने पर वह चलने लगा। वियोग-व्यथित पत्नी ने एक बरवै[1] लिखकर अपने पति के हाथ रहीम के पास भेजा। सहृदय रहीम उससे अत्यंत प्रभावित हुए। उन्होंने मुंशी को पुनः घर जाने की अनुमति दे दी। उन्होंने स्वयं बरवै-छंद में रचना की और इष्ट-मित्रों से भी बरवै लिखने का आग्रह किया। कुछ बरवै रचकर तुलसी के पास भेजे। तुलसी को भी छंद पसंद आया और उन्होंने 'बरवैरामायण' की रचना की। वेणीमाधवदास के अनुसार यह घटना सं. 1669 की है। बाबू श्यामसुंदर दास[2] और डॉ. रामदत्त भारद्वाज[3] ने इस रचना-तिथि को मान्यता दी है। डॉ. रामकुमार वर्मा ने सं. 1669 को उसका संग्रह-काल माना है।

सं. 1669 को रचना-समय या संग्रह-काल मानने में कई कठिनाइयाँ हैं :

1. किंवदंती और किंवदंती-तुल्य 'मूलगोसाईंचरित' स्वतः प्रमाण नहीं हैं। उनकी पुष्टि किसी अन्य साक्ष्य द्वारा नहीं होती।

2. पं. रामनरेश त्रिपाठी का अनुमान है कि "तुलसीदास तत्कालीन राजकर्मचारियों से दूर रहना ही पसंद करते थे। अतएव रहीम ही ने तुलसीदास का अनुकरण किया हो, यह संभव हो सकता है।"[4] उन्होंने एक उदाहरण द्वारा अपने कथन की पुष्टि की है। परंतु त्रिपाठीजी ने रहीम-संबंधी किंवदंती को निस्सार बताते हुए भी 'बरवैरामायण' की रचना सं. 1660 के आसपास मानी है।[5]

3. बरवैरामायण के अनेक पद्यों में रचना-विधान की प्रौढ़ता नहीं दिखाई देती। डॉ. गुप्त ने उसके आरंभिक छंदों में प्रयुक्त **मुकुत**[6], **बिगसाइ**[7], **केवल**[8], **अरुण**[9], **बाल**[10] और **नवला नारि**[11] का दोषोद्घाटन करके निष्कर्ष निकाला है, "शैली और विषय-निर्वाह की असमर्थता से यही ज्ञात होता है कि ये छंद या तो कवि-कृत हैं ही नहीं, अन्यथा उसके अप्रौढ़ कवि-जीवन के हैं।"[12] दोनों विकल्प संभाव्य हैं। जौनपुरवाले संस्करण में ये पद्य नहीं हैं।

पं. सद्गुरुशरण अवस्थी का दृढ़ विश्वास है कि 'कवितावली', 'गीतावली', 'विनयपत्रिका' अथवा 'रामचरितमानस' के सदृश वृहद् ग्रंथों का रचयिता 'बरवैरामायण' जैसे छोटे ग्रंथ की रचना की ओर प्रवृत्त नहीं हो सकता; अतएव वह कवि के साहित्यिक जीवन के आदि-काल की रचना है और उसका रचना-संवत् अनुमानतः 1619 है। इस तर्क की निर्बलता स्पष्ट है। यदि रामचरितमानसकार 'कवितावली' और 'गीतावली' के फुटकर पद्यों की रचना कर सकता है तो 'बरवैरामायण' के मुक्त-छंदों की रचना क्यों नहीं कर सकता ? डॉ. गुप्त ने उसके बालकांड के कुछ छंदों में शैली-शैथिल्य देखकर उन्हें तुलसी के अभ्यास-काल में रचित माना है, उत्तरकांड के कुछ छंदों में 'निकट आती हुई मृत्यु की धुँधली प्रतिच्छाया' का प्रभाव देखकर उन्हें अंतिम कविता-काल में रचित माना है, और तुलसी की कृतियों के कालक्रम का उपसंहार करते हुए 'अंतिम और अपूर्ण' कृतियों के अंतर्गत 'बरवैरामायण' का रचना-काल सं. 1661-80 माना है।[13] डॉ. गुप्त की मान्यता में थोड़ा-सा अंतर्विरोध है। तुलसीदास के **'अप्रौढ़ कवि-जीवन'** के छंद सं. 1661 में नहीं लिखे जा सकते। सं. 1661 में उनकी आयु 72 वर्ष की थी।

---

1. प्रेम प्रीति कै बिरवा चलेहु लगाय।
   सींचन की सुधि लीजो मुरझि न जाय ॥
2. गोस्वामी तुलसीदास, पृ. 86-87
3. तुलसीदास और उनके काव्य, पृ. 40-41
4. तुलसीदास और उनका काव्य, पृ. 228
5. वही, पृ. 229

6-11. क्रमशः 1, 3, 9, 13, 4 और 16 (नागरी-प्रचारिणी सभा का संस्करण)

12. तुलसीदास, पृ. 255-56
13. वही, पृ. 255-56, 276

संप्रति स्वीकृत संस्करणों के आधार पर अनुमान किया जा सकता है कि 'जानकीमंगल' के रचना-समय के आसपास ही कवि ने 'बरवैरामायण' के बालकांड के अप्रौढ़ प्रतीत होनेवाले छंदों की रचना की होगी। 'रामललानहछू' और 'जानकीमंगल' के क्रम में 'बरवैरामायण' की वर्ण्य वस्तु की संगति ठीक बैठ जाती है। भाषा की दृष्टि से इन रचनाओं में साम्य है—बोलचाल की अवधी को गौरव दिया गया है, संस्कृत की समास-शैली और फारसी-शब्दावली का व्यवहार नहीं है। 'वैराग्यसंदीपनी', 'रामाज्ञाप्रश्न' आदि की तुलना में 'बरवैरामायण' का कवित्व उत्कृष्ट है, इसलिए उसके बालकांड को भी कवि-जीवन के बिलकुल आरंभ में नहीं रखा जा सकता। उसके छंद मुक्तक हैं। 'कवितावली' की भाँति उन्हें कांडों के अनुसार संकलित कर दिया गया है। प्रतियों की परस्पर अतिभिन्नता से प्रकट है कि 'बरवैरामायण' का संकलन-संपादन कवि ने स्वयं नहीं किया है। वृद्धावस्था के व्यंजक पद्यों से प्रमाणित है कि कुछ छंदों[1] की रचना कवि-जीवन के अंतिम वर्षों में हुई। अतः कुल मिलाकर यह अनुमान होता है कि 'बरवैरामायण' का रचना-काल सं. 1630 और 1680 के मध्य है।

12. कवितावली-हनुमानबाहुक

हस्तलिखित प्रतियाँ

'कवितावली' या 'कबित्तावली'[2] एक संग्रह-ग्रंथ है। उस युग में सवैये, घनाक्षरी, छप्पय और झूलना—ये छंद कबित्त नाम से अभिहित होते थे। अतएव, तुलसीदास ने समय-समय पर 'कवित्त-शैली' में जो कुछ लिखा वह सब इस ग्रंथ में संकलित हुआ। यही कारण है कि इसमें कृष्ण-विषयक कबित्त भी संगृहीत हैं और 'बाहुक' या 'हनुमानबाहुक' के कबित्त भी[3]। 'कवितावली' की अधिकतर प्रतियों में 'हनुमानबाहुक' उसके परिशिष्ट-रूप में उपलब्ध होता है। काशी की नागरी-प्रचारिणी-सभा द्वारा प्रकाशित 'तुलसी-ग्रंथावली' में उसका इसी प्रकार प्रकाशन हुआ है। दूसरी ओर, गीता प्रेस, लाला भगवानदीन, पं. श्रीकांतशरण आदि के संस्करणों में 'हनुमानबाहुक' सम्मिलित नहीं है। 'बाहुक' को 'कवितावली' का अंग मानना ही उचित है, क्योंकि उसकी प्रकृति 'कवितावली' के अंतिम पद्यों की प्रकृति से भिन्न नहीं है और वह 'कवितावली' की प्रतियों के अंतर्गत परिशिष्ट-रूप में पाया भी जाता है। 'कवितावली' की जो हस्तलिखित प्रतियाँ मिली हैं उनमें काफी पाठ-भेद है। क्रम और संख्या का भी अंतर है। कवि के जीवन-वृत्त की दृष्टि से 'कवितावली' का महत्त्व तुलसी-साहित्य में अन्यतम है। अतः उसका पाठालोचन विशेष रूप से आवश्यक है।

1. संभवतः सबसे प्राचीन उपलब्ध प्रति सं. 1797 की है जो प्रतापगढ़ के राजकीय पुस्तकालय में है। उसके उत्तरकांड के कुछ पद्यों का क्रम मुद्रित प्रतियों से भिन्न है और मुद्रित पाठ के कुछ पद्य उसमें नहीं हैं।
2. सं. 1870 की एक प्रति काशी के पं. विजयानंद त्रिपाठी के संग्रह में है। प्रकाशित संस्करणों की तुलना में उसकी पद्य-संख्या बहुत कम है, उसमें पाठ-भेद भी बहुत हैं, पद्यों का क्रम भी भिन्न है। उसमें महामारी, विभिन्न अंगों की पीड़ा, 'बरतोर' और 'पयान' वाले पद्य नहीं हैं। इससे विदित होता है कि जिस मूल प्रति से उसकी (साक्षात् अथवा परंपरया)

---

1. जैसे—5, 6, 18 आदि
2. आचार्य विश्वनाथप्रसाद मिश्र ने (हिंदी-साहित्य का अतीत, पृ. 249, 250) इसे 'कवित्तावली' कहा है। परंतु अन्य आलोचकों और लाला भगवानदीन की टीका का संपादन करते हुए मिश्रजी ने भी लोक-प्रचलित नाम 'कवितावली' का व्यवहार किया है। तदनुसार प्रस्तुत ग्रंथ में उसी को गौरव दिया गया है।
3. देखिए—हिंदी-साहित्य का अतीत, पृ. 250

प्रतिलिपि की गई है उस मूल प्रति का निर्माण महामारी आदि के पूर्व हो चुका था।

प्रकाशित संस्करण

अपने कवित्व के कारण 'कवितावली' लोकप्रिय रही है। अनेक शिक्षा-संस्थाओं ने उसे पाठ्यक्रम में निर्धारित किया है। अतः उसके बहुत से संस्करण प्रकाश में आए हैं। प्रमुख संस्करण चार हैं :

1. मूलमात्र—तुलसी-ग्रंथावली में संगृहीत
2. अनुवाद-सहित—गीता प्रेस, गोरखपुर
3. टीका-सहित—टीकाकार लाला भगवानदीन, सं. पं. विश्वनाथप्रसाद मिश्र
4. 'सिद्धांत-तिलक'—सं. पं. श्रीकांतशरण

उपर्युक्त प्रथम संस्करण की अवेक्षणीय विशेषता यह है कि उसमें 'हनुमानबाहुक' भी सम्मिलित है। शेष तीन में 'हनुमानबाहुक' नहीं है। दूसरा संस्करण गीता प्रेस की अन्य पुस्तकों की भाँति सर्वाधिक लोक-प्रचलित है। उसमें मूल कृति का खड़ीबोली-रूपांतर मात्र है। साहित्यिक दृष्टि से तीसरा संस्करण सर्वोत्तम है। उसकी टीका में सूक्ष्म अर्थ-विवेचन के साथ ही पद्यों के काव्य-सौंदर्य का भी उद्‌घाटन किया गया है। उसकी विस्तृत भूमिका में कवितावली की व्यापक और प्रौढ़ समीक्षा प्रस्तुत की गई है। 'सिद्धांत-तिलक' का अपना वैशिष्ट्य है। उसमें कवि की अन्य कृतियों, और संस्कृत-ग्रंथों से तुलनात्मक उद्‌धरण देते हुए भक्ति-दर्शन-प्रधान दृष्टिकोण से व्याख्या की गई है। दार्शनिक स्थलों पर विशिष्टाद्वैतवाद का अनुसरण किया गया है।

रचना-काल

बाबू श्यामसुंदर दास का मत है कि 'कवितावली' का कथा-भाग और सीतावट-विषयक कबित्त सं. 1628 और 1631 के बीच बनाए गए और उसका शेष भाग सं. 1669 के पश्चात्।[1] 'बाहुक' के विषय में उन्होंने 'मूलगोसाईंचरित' में दी हुई तिथि को प्रामाणिक माना है।[2] यदि उसे प्रामाणिक न माना जाए तो भी बाबू साहब के अनुमान में कोई विशेष असंगति नहीं दिखाई देती। पं. रामनरेश त्रिपाठी के अनुसार उसकी रचना सं. 1610 से लेकर 1671 के बाद तक हुई, और यदि क्षेमकरी वाले छंद को महाप्रयाण-सूचक माना जाए तो सं. 1680 तक।[3] उनके द्वारा निर्दिष्ट उत्तर-सीमा के संबंध में आपत्ति की गुंजाइश नहीं है, किंतु 'कवितावली' की प्रौढ़-कला को देखते हुए सं. 1610 से उसका आरंभ मानना न्यायोचित नहीं जँचता। डॉ. माताप्रसाद गुप्त ने 'कवितावली' को तुलसी की अंतिम और अपूर्ण कृतियों में से एक माना है। उनका अनुमान है कि इसका रचना-काल सं. 1661-80 है।[4] सं. 1661 से आरंभ मानने के पक्ष में कोई उचित कारण नहीं है। यह कल्पना निराधार है कि सं. 1660 तक 'गीतावली', 'विनयपत्रिका' और 'कृष्णगीतावली' समाप्त कर लेने के बाद कवि ने 'कवितावली' की रचना का श्रीगणेश किया होगा।

तुलसीदास ने 'कवितावली' में उसके रचना-काल का कोई उल्लेख नहीं किया। उनकी अन्य कृतियों में भी इसका कोई संकेत नहीं मिलता। 'कवितावली' या 'हनुमानबाहुक' की जो हस्तलिखित प्रतियाँ उपलब्ध हैं उनमें से कोई प्रति ऐसी नहीं है जो कवि के जीवन-काल में लिखी गई हो। कुछ पद्यों में ऐसी घटनाओं का उल्लेख अवश्य हुआ है जिनसे उनके रचना-काल पर किंचित् प्रकाश पड़ता

1. गोस्वामी तुलसीदास, पृ. 83
2. वही, पृ. 101
3. तुलसीदास और उनकी कविता, पृ. 368
4. तुलसीदास, पृ. 276

है। ये घटनाएँ हैं—रुद्रबीसी[1], मीन की सनीचरी[2] और महामारी[3] :

रुद्रबीसी : तुलसी के जीवन-काल में रुद्रबीसी का अस्तित्व केवल एक बार पाया जाता है। उसकी अवधि के विषय में मतभेद है। मिश्रबंधुओं ने उक्त रुद्रबीसी का समय सं. 1665-85 माना है।[4] पं. सुधाकर द्विवेदी और तदनुसार डॉ. ग्रियर्सन के मतानुसार उसकी अवधि सं. 1655 से 1675 है।[5] स्वामी कन्नू पिलाई की गणना के अनुसार उसका काल सं. 1623-1642 है।[6] तीनों की तिथियाँ 'कवितावली' के रचना-काल के अंतर्गत हैं। आश्चर्य की बात है कि डॉ. गुप्त[7] अंतिम मत को 'सबसे अधिक मान्य' समझते हुए भी **कवितावली-बाहुक** का रचना-काल सं. 1661-80 मानते हैं।

मीन की सनीचरी : तुलसी के युग में 'मीन की सनीचरी' (अर्थात् मीन में शनि की स्थिति) दो बार पाई जाती है—एक बार सं. 1640 के चैत्र-शुक्ल 5 से सं. 1642 के ज्येष्ठ तक, और दूसरी बार सं. 1669 के चैत्र-शुक्ल 2 से सं. 1671 के ज्येष्ठ तक। ज्योतिष-गणना के अनुसार दोनों ही तिथियाँ शुद्ध हैं। डॉ. गुप्त ने दूसरी तिथि को अधिक संभव माना है; क्योंकि वही तिथि कवि के जीवनांत के निकट पड़ती है।[8] डॉ. भारद्वाज ने पहली तिथि को ही तुलसी-सम्मत माना है।[9]

महामारी : उस महामारी का क्या रूप था, यह बात तुलसी की उक्ति से स्पष्ट नहीं है। 'महामारी' शब्द उस भयानक बीमारी का द्योतक है जिसके कारण बहुत से लोग काल-कवलित हो जाएँ, जैसे—हैजा या ताऊन। इतिहासकारों के अनुसार सं. 1673 में भारत में पहली बार ताऊन का प्रकोप हुआ था। अतः डॉ. गुप्त को 'अधिक संभावना ताऊन की ही मालूम पड़ती है।'[10] इसके विपरीत डॉ. भारद्वाज ने विसूचिका (हैजा) की संभावना पर बल दिया है और उसका समय सं. 1642 के पूर्व माना है। मेरे विचार से दोनों महामारियों का समसामयिक होना भी संभव है, क्योंकि कवि ने एक अन्य पद्य में 'महामारिन्ह' का बहुवचन में प्रयोग किया है :

देवता निहोरे महामारिन्ह सों कर जोरे,
भोरानाथ जानि भोरे आपनी सी ठई है।[11]

सं. 1673 के पूर्व ताऊन के होने का उल्लेख नहीं मिलता। इसलिए उपर्युक्त महामारियों का समय सं. 1673 और उसके बाद ही मानना चाहिए।

अनेक पद्यों में कवि ने अपनी वृद्धावस्था में अनुभूत रोगों और कष्टों का वर्णन किया है :

---

1. बीसी बिस्वनाथ की बिषाद बड़ो बारानसीं
   बूझिए न ऐसी गति संकर सहर की।—कवितावली, 7/170
2. एक तौ कराल कलिकाल मलमूल तामें
   कोढ़ में की खाजु सी सनीचरी है मीन की।—कवितावली, 7/177
3. रोप महामारी परितोप महतारी दुनी
   देखिए दुखारी मुनि मानस मरालिके।—कवितावली, 7/173
   संकर सहर सर नारिनर बारिचर
   बिकल सकल महामारी माँजा भई है।—कवितावली, 7/176
4. तुलसी ग्रंथावली, तीसरा खंड, पृ. 85
5. इंडियन ऐंटिक्वैरी, 1893, पृ. 97
6. इंडियन क्रॉनॉलॉजी, चक्र 14
7. देखिए—तुलसीदास, पृ. 184, 276
8. तुलसीदास, पृ. 186
9. तुलसीदास और उनका काव्य, पृ. 36
10. तुलसीदास, पृ. 187
11. कवितावली, 7/175

1. घेरि लियो रोगनि कुजोगनि कुलोगनि ज्यों
बासर जलद घनघटा धुकि धाई है।[1]
2. पाँयपीर पेटपीर बाँहपीर मुँहपीर
जरजर सकल सरीर पीरमई है।[2]
3. बाहुक सुबाहु नीच लीचर मरीच मिलि
मुँहपीर केतुजा कुरोग जातुधान हैं।[3]
4. रोगसिंधु क्यों न डारियत गाय खुर कै।[4]

बहुविध रोग, नाना प्रकार के क्लेश और शरीर का लीचरपन बुढ़ौती के सूचक हैं। बरतोड़ और बाहु की पीड़ा असह्य थी। कवि ने इन वेदनाओं का बहुशः उल्लेख तो किया है[5], किंतु अपने नीरोग हो जाने का संकेत नहीं किया। ऐसा प्रतीत होता है कि कवि व्याधिमुक्त नहीं हो सका और इसी बीमारी से उसने शरीर-त्याग किया। इससे यह निष्कर्ष निकलता है कि ये पद्य कवि के जीवन के अंतिम काल में रचे गए।

कतिपय पंक्तियों में कवि के अंतिम काल का स्पष्ट संकेत मिलता है :

1. कियो न कछू करिबो न कछू
कहिबो न कछू मरिबोई रहो है।[6]
2. ज्याइए तो जानकीरमन जन जानि जियँ
मारिए तो माँगी मीचु सूधियै कहतु हौं।[7]
3. पेखि सप्रेम पयान समै सब
सोच बिमोचन छेमकरी है।[8]

यदि उपर्युक्त 'मीचु' और 'पयान' को कवि के देहावसान का निर्देशक न माना जाए तो भी इसमें संदेह नहीं प्रतीत होता कि वे उसके अंतिम समय के द्योतक हैं।

उपर्युक्त विवेचन से यह निश्चित निष्कर्ष निकलता है कि 'कवितावली' के उत्तरकांड के अनेक कवित्तों और 'हनुमानबाहुक' की रचना तुलसी के जीवन-काल के अंतिम वर्षों में हुई; संभव है कि तुलसी की मृत्यु संवत् 1680 तक हुई हो। अब प्रश्न यह है कि उसका आरंभ कब माना जाए।

पं. रामनरेश त्रिपाठी[9] की धारणा है कि 'कवितावली' के कुछ पद्य कवि की छात्रावस्था के मालूम देते हैं जब उसकी प्रवृत्ति समस्या-पूर्ति की तरफ रही होगी; उनकी भाषा में सहज सौंदर्य नहीं है; जान-बूझकर उसे सजाने की चेष्टा की गई है और छंदों की रचना में त्रुटियाँ हैं।[10] त्रिपाठीजी ने 'कवितावली' के जिन पद्यों की ओर संकेत किया है उन्हें बाल-प्रयास मानने का कोई उचित कारण नहीं है। यत्र-तत्र सप्रयत्न अलंकरण की प्रवृत्ति तो 'रामचरितमानस' और 'विनयपत्रिका' में भी पाई जाती है। एकाध शब्दों की तोड़-मरोड़ और कहीं-कहीं प्रवाह-बाधा उन महती कृतियों में

1. हनुमानबाहुक, 35
2. वही, 38
3. वही, 39
4. वही, 43
5. वही, 20, 21, 23, 24, 25, 26, 27, 28, 30, 31, 34, 36, 37, 41, 42
6. कवितावली, 7/91
7. वही, 7/167
8. वही, 7/180
9. तुलसीदास और उनका काव्य, पृ. 224
10. जैसे—कवितावली, 1/10

भी देखी जा सकती है। कबित्त-सवैयों की यह विशेषता है कि उनके अंतिम चरण में प्रायः चमत्कार रहता है। अतः वे समस्यापूर्ति के रूप में आभासित हो सकते हैं। वस्तुतः काव्य-कला की दृष्टि से अपूर्ण 'कवितावली' एक प्रौढ़ कृति है। उसकी सर्वांगीण प्रौढ़ता से सिद्ध है कि वह कवि की आरंभिक रचना नहीं हो सकती। 'रामचरितमानस' के पूर्व की रचनाएँ उत्कृष्ट कलाकृतियाँ नहीं हैं। समर्थ कवि-तुलसी के प्रौढ़ कवित्व का सर्वप्रथम निदर्शन 'मानस' में मिलता है। अतः यह अनुमान करना असमीचीन नहीं होगा कि 'मानस' की योजना और रचना-क्रम के समय कवि के अनेक भाव-विचार कबित्तों के माध्यम से व्यक्त होते रहे, और उसके बाद भी जीवन के अंतिम वर्षों तक कबित्तों का विभिन्न परिस्थितियों में निर्माण होता रहा। इस प्रकार सं. 1631 और 1680 के अंतराल में समय-समय पर 'कवितावली' के फुटकर पद्य रचे गए। बाद में उनका व्यवस्थित संकलन हुआ।

परंपरा में तुलसी की पाँच लघु-कृतियों 'वैराग्यसंदीपनी', 'रामललानहछू', 'जानकीमंगल', 'पार्वतीमंगल' और 'बरवैरामायण' को 'पंचरत्न' कहा जाता है। 'गौतमचंद्रिका' के लेखक कृष्णदत्त मिश्र ने तुलसी की रचनाओं के 'अष्टांगयोग' का उल्लेख किया है। उसके आठ अंग हैं—रामगीतावली, पदावली, कृष्णगीतावली, बरवै, दोहावली, सुगुनमाला, कवितावली और सोहिलोमंगल।

कालक्रमानुसार तुलसी की रचनाएँ हैं :

आरंभकालीन	1. वैराग्यसंदीपनी	लगभग	सं. 1626-27
	2. रामाज्ञाप्रश्न	लगभग	सं. 1627-28
	3. रामललानहछू	लगभग	सं. 1628-29
	4. जानकीमंगल	लगभग	सं. 1629-30
मध्यकालीन	5. रामचरितमानस	लगभग	सं. 1631
	6. पार्वतीमंगल	लगभग	सं. 1643
मध्योत्तरकालीन	7. कृष्णगीतावली	लगभग	सं. 1643-60
	8. गीतावली	लगभग	सं. 1630-70
	9. विनयपत्रिका	लगभग	सं. 1631-79
	10. दोहावली	लगभग	सं. 1626-80
	11. बरवैरामायण	लगभग	सं. 1630-80
	12. कवितावली-हनुमानबाहुक	लगभग	सं. 1631-80

छंद-शैली की दृष्टि से तुलसी की रचनाओं का चक्र इस प्रकार है :

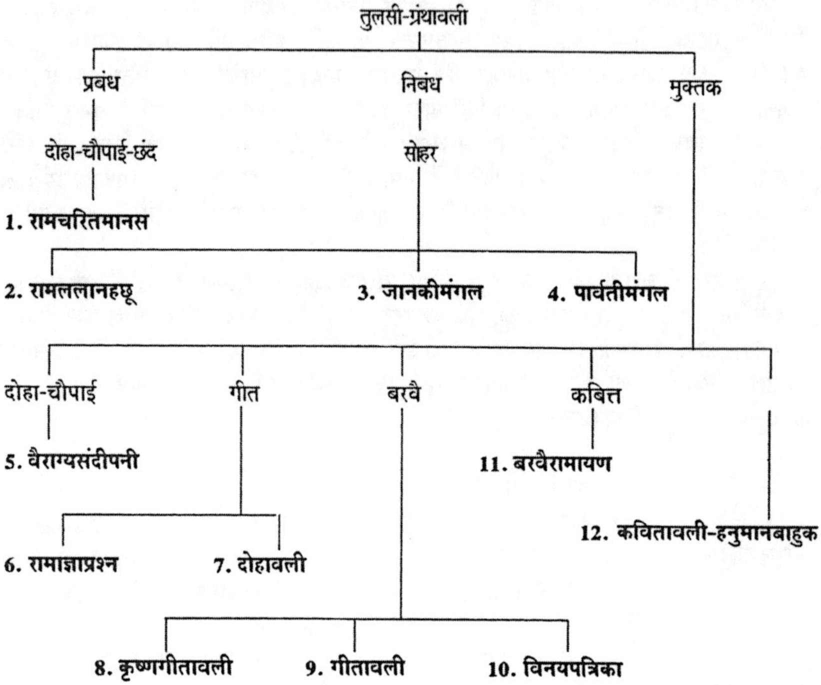

3. जीवनचरित

पूर्ववर्ती अध्यायों में तुलसीदास के जीवनचरित की आधारभूत सामग्री पर विचार किया जा चुका है। बहिस्साक्ष्य का अधिकांश दंतकथाओं पर आश्रित और मायामोह की भावना से व्याप्त होने के कारण संदिग्ध है। वस्तुतः अंतस्साक्ष्य को ही हम प्रामाणिक मान सकते हैं। कवि की आत्मकथात्मक अनेक उक्तियों के भी विभिन्न आलोचकों ने अपनी-अपनी मति, प्रतीति और रुचि के अनुसार भिन्न-भिन्न अर्थ किए हैं। अनेक आत्मपरिचयरहित उक्तियों को भी आत्मकथात्मक मान लिया गया है। दोनों प्रकार के साक्ष्यों के आधार पर तुलसी के जीवन-वृत्त का विवरण प्रस्तुत कर देना समीचीन होगा।

जन्म-संवत्

उपलब्ध सामग्री के आधार पर तुलसी की जन्म-तिथि का सर्वथा निश्चित निर्धारण संभव नहीं है। विभिन्न लेखकों और जनश्रुतियों के भिन्न-भिन्न मत हैं। कुल मिलाकर उनके छः भिन्न जन्म-संवत् बतलाए गए हैं :

सं. 1554, सं. 1560, सं. 1568, सं. 1600, सं. 1583 और सं. 1589।

1. 'मूलगोसाईंचरित' और 'मानसमयंक' में जनश्रुति के आधार पर तुलसी का जन्म **संवत् 1554** माना गया है।[1] यह संभाव्य नहीं प्रतीत होता; क्योंकि इसके अनुसार उन्होंने 'रामचरितमानस' की रचना (सं. 1631) सतहत्तर वर्ष की अवस्था में, वाल्मीकि-रामायण के उत्तरकांड की प्रतिलिपि (सं. 1641) सत्तासी वर्ष की आयु में और टोडर के वंशजों का 'पंचायतनामा' (सं. 1669) एक सौ पंद्रह वर्ष की अवस्था में किया होगा। 'विनयपत्रिका' और 'कवितावली' के बहुत से उत्कृष्ट पद्यों की रचना लगभग सवा सौ वर्ष की आयु में की होगी। महापुरुषों के लिए यह बात असंभव नहीं है, किंतु विश्वसनीय नहीं जँचती। 'मूलगोसाईंचरित' की प्रामाणिकता एक अन्य कारण से भी संदिग्ध है। डॉ. माताप्रसाद गुप्त ने बतलाया है कि 'मूलगोसाईंचरित' में दिया गया तिथि-विस्तार गणना से शुद्ध नहीं उतरता।[2] अतः अमान्य है।

संभवतः वेणीमाधवदास ने अपने चरितनायक को असाधारण रूप से दीर्घायु सिद्ध करने के लिए ही उन्हें 126 वर्ष की आयु प्रदान की है।

2. 'राममुक्तावली' के आधार पर जगमोहन वर्मा ने सं. 1560 को तुलसी का जन्म-संवत् स्वीकार किया है।[3] इसके विरुद्ध दो तर्क हैं। एक यह कि 'राममुक्तावली' तुलसी की रचना नहीं है। विचार-धारा, भाषा-शैली और छंद-योजना की दृष्टि से परीक्षा करने पर

---

1. पंद्रह से चौवन विषै कालिंदी के तीर।
   सावन सुक्ला सत्तिमी तुलसी धरेउ सरीर॥—मूलगोसाईंचरित, 2
2. तुलसीदास, पृ. 515
3. सरस्वती, जिल्द 20, पृ. 77

वह तुलसी की कृति नहीं प्रतीत होती। दूसरा तर्क यह है कि जिस पंक्ति के आधार पर यह निष्कर्ष निकाला गया है कि तुलसी का जन्म सं. 1560 में हुआ था, उस पंक्ति से वांछित निष्कर्ष नहीं निकलता। आलोच्य पंक्ति है :

पवन तनय मोसन कह्यो पाँच बीस अरु बीस।

इस पर से यह अनुमान किया गया है कि तुलसी पाँच बीस (100) और बीस अर्थात् 120 वर्ष की आयु तक जीवित रहे; इसलिए तुलसी का जन्म-संवत् 1680—120=1560 हुआ। पहली बात यह है कि 'पाँच बीस अरु बीस' का 'एक सौ बीस' अर्थ करने में खींच-तान है। डॉ. गुप्त ने 'पैंतालीस' को 'पाँच बीस अरु बीस' का अधिक समीचीन अर्थ माना है।[1] दूसरी बात यह है कि इससे जन्म-संवत् 1560 की सिद्धि नहीं होती है। उक्त वाक्यांश का अर्थ 120 मान लेने पर भी उससे इतना ही सूचित होता है कि उसकी रचना 120 वर्ष की आयु में हुई। उससे यह नहीं ज्ञात होता कि उसके बाद कवि कितने वर्षों तक जीवित रहा। इसलिए सं. 1680 में से 120 घटाकर जन्म-तिथि निकालना भ्रामक है। तीसरी बात यह है कि इस हिसाब से भी तुलसी की आयु लगभग सवा सौ वर्ष ठहरती है जो पूर्वोक्त कारणों से विश्वसनीय नहीं जँचती।

3. 'तुलसीप्रकास' के लेखक अविनाश राय के अनुसार तुलसी का जन्म सं. 1568 में हुआ। उनकी उक्ति है :

राम राम सागर मही सक सित सावन मास।
रबि तिथि भृगु दिन दुतिय पद नपत बिसाषा बास॥

इसका आशय है—शक सं. 1433, श्रावण शुक्ला सप्तमी, शुक्रवार; अर्थात् सन् 1511 या सं. 1568 वि.। इस तिथि-निर्देश के पक्ष में तीन तर्क दिए जा सकते हैं—(1) यह तिथि गणना से शुद्ध उतरती है।[2] (2) इसके अनुसार तीन जन्म-कुंडलियाँ बन सकती हैं जिनमें से एक तुलसी के जीवन पर घटित होती है।[3] (3) सोरों-सामग्री के अनुसार तुलसी ने 36 वर्ष की अवस्था (सं. 1604) में गृह-त्याग किया था[4] और 63 वर्ष की अवस्था (सं. 1631) में 'रामचरितमानस' का आरंभ किया था। इस प्रकार के 36 और 63 का संकेत 'सतसई' के एक दोहे में मिलता है :

जग ते रहु छत्तीस ह्वै रामचरन छत्तीन।
तुलसी देखु विचारि हिय यह मत परम प्रबीन॥[5]

ये संयोग तभी सटीक माने जा सकते हैं जब सं. 1568 को उनका जन्म-समय माना जाए।

उक्त तर्कों में बल नहीं है। इनका मूल ही निराधार है। 'तुलसीप्रकास' प्रामाणिक कृति नहीं है। उसमें दी गई अशुद्ध तिथियाँ भी अनेक हैं। कोई भी परवर्ती लेखक किसी योग्य पंडित की सहायता से सैकड़ों वर्ष पूर्व की शुद्ध तिथियों का उल्लेख अपनी कृति में कर सकता है। अभीष्ट जन्म-कुंडली के अनुसार तिथि निकाली जा सकती है। 36 और 63 वाली बात मनोरंजक अवश्य है, किंतु उसे जन्म-तिथि-निर्धारण के लिए प्रमाण मानना हास्यास्पद है। 'सतसई' स्वयं संदिग्ध कृति है।

4. 'गौतमचंद्रिका', विल्सन और गार्सां द तासी के अनुसार तुलसी का जन्म सं. 1600 में हुआ। इस संवत् के विषय में जो भ्रांति हुई है उसके दो कारण प्रतीत होते हैं।

---

1. तुलसीदास, पृ. 138
2. गोस्वामी तुलसीदास (डॉ. भारद्वाज), पृ. 171
3. वही, पृ. 172
4. वही,
5. सतसई, 3/7

(क) 'गौतमचंद्रिका' के लेखक कृष्णदत्त ने संभवतः **'संवत् सोरह सै असी असी गंग के तीर'** का यह अर्थ किया है कि तुलसी का शरीरावसान संवत् 1680 में अस्सी वर्ष की अवस्था में अस्सी-गंगा के तट पर हुआ।[1] यह अर्थ असंभाव्य नहीं है।

(ख) विल्सन ने कदाचित् 'संबत् सोरह सै इकतीसा' का यह भ्रामक तात्पर्य निकाल लिया है कि तुलसी ने एकतीस वर्ष की आयु में 'रामचरितमानस' का प्रणयन आरंभ किया।[2] गार्सा द तासी ने उन्हीं का अनुसरण करते हुए इस जन्म-संवत् को ठीक मान लिया है।

डॉ. गुप्त ने इस तिथि को इस आधार पर असमीचीन माना है कि 'रामचरितमानस'-जैसे अत्यंत विद्वत्तापूर्ण एवं गहन ग्रंथ का निर्माण एकतीस वर्ष की आयु में संभव नहीं है।[3] डॉ. भारद्वाज ने शंकराचार्य का उदाहरण देते हुए डॉ. गुप्त के मत का खंडन किया है, परंतु सं. 1600 को इस कारण से अग्राह्य बतलाया है कि सोरों-सामग्री से उसकी संगति नहीं बैठती।[4] सोरों-सामग्री के अनुसार जब तुलसी की पत्नी रत्नावली 27 वर्ष की थीं तब सं. 1604 में वे सोरों छोड़कर चले गए थे। इस प्रकार गृहत्याग के समय सत्ताईस वर्षीया पत्नी के पति तुलसी केवल चार वर्ष के ठहरते हैं, जो हास्यास्पद है।

सोरों-सामग्री को प्रामाणिक माना जाए अथवा न माना जाए, डॉ. गुप्त का तर्क वजनदार है। शंकर के अपवाद से उसका निराकरण नहीं होता। शंकर को आलोचनात्मक ग्रंथ लिखने थे। प्रबुद्ध पंडित एक ही सिलसिले में अनवरत श्रम से उस प्रकार के आलोचना-ग्रंथों का निर्माण कर सकता था। 'रामचरितमानस'-जैसे महाकाव्य के विशाल आकार, योजना-बद्ध संभार, परिष्कृत रूप और उत्कृष्ट काव्य-वैभव से स्वतः प्रमाणित है कि वह अभ्यासनिपुण प्रौढ़कवि के मानस की उपज है, किसी अल्पवयस्क कवि की कृति नहीं। यही कारण है कि काव्य-साहित्य के इतिहास में उत्कृष्ट कोटि की मुक्तक रचना करनेवाले अल्पवयस्क कवियों के बहुसंख्यक उदाहरण मिल जाते हैं, परंतु किसी अल्पवयस्क कवि द्वारा 'रामचरितमानस' के समान महान् महाकाव्य की रचना का कोई अपवाद कदाचित् ही कहीं मिले।

डॉ. गुप्त की पूर्वोक्त मान्यता का तीव्र खंडन करते हुए डॉ. राजाराम रस्तोगी कहते हैं कि "उनके आक्षेपों की क्षीणता तब स्पष्ट हो जाती है जब हम हिंदी-साहित्य के इतिहास को देखते हैं। प्रसादजी की 'कामायनी' और महादेवी वर्मा की 'यामा' में संकलित कविताएँ क्या उसी अवस्था में नहीं लिखी गई हैं ?"[5] उक्त दोनों उदाहरणों पर आश्रित उत्तर भिन्न हैं। डॉ. रस्तोगी ने उदाहरण चुनने में सतर्कता से काम नहीं लिया। यह तथ्य निर्विवाद है कि 'कामायनी' प्रसाद की एकतीस वर्ष की अवस्था में नहीं लिखी गई। उसकी समाप्ति सं. 1992 (शिवरात्रि) में हुई। तब कवि की अवस्था 46 वर्ष की थी। 'कामायनी' का आरंभ सं. 1985 के पूर्व किसी भी प्रकार नहीं माना जा सकता। इसमें भी एक आपत्ति है। सं. 1985 में 'मनु की चिंता' की रचना स्वतंत्र कविता के रूप में हुई थी। तत्पश्चात् 'कोशोत्सव-स्मारक-संग्रह' में प्रकाशित 'आवरण' ('काम' का कुछ अंश) भी स्वतंत्र कविता के रूप में लिखा गया है। इन दोनों कविताओं की रचना के समय तक कवि के मन में 'कामायनी' महाकाव्य की संकल्पना नहीं हुई थी। यह संकल्पना बाद में हुई। डॉ. द्वारिकाप्रसाद का यह कथन सर्वथा समीचीन है कि "आगे चलकर उनमें[6] संशोधन एवं परिवर्धन

1. सोरह अनगुन असी बय तुलसी सहित हुलास।
राम-राम कहि बिदा ह्वै असी गंग किय वास ॥—गौतमचंद्रिका
2. ए स्केच ऑफ़ द रेलिजस सेक्ट्स ऑफ़ द हिंदूज़, पृ. 41
3. तुलसीदास, पृ. 139
4. गोस्वामी तुलसीदास, पृ. 171
5. तुलसीदास : जीवनी और विचारधारा, पृ. 92
6. अर्थात् 'मनु की चिंता' और 'आवरण' नामक कविताओं में

करके प्रसादजी ने उन्हें 'कामायनी' में स्थान दिया है।"[1] इस प्रकार 'कामायनी' की रचना का श्रीगणेश कम-से-कम 39-40 वर्ष की आयु में हुआ। 'यामा' का दृष्टांत नितांत अनुपयुक्त है। 'रामचरितमानस' से उसकी तुलना करना तुलनात्मक समीक्षा के मानदंड का अपकर्षण है। महादेवी द्वारा समय-समय पर लिखित फुटकर गीतों के चार संकलन थे—'नीहार' (1824-28 ई.), 'रश्मि' (1928-31 ई.), 'नीरजा' (1631-34 ई.) और 'सांध्यगीत' (1934-36 ई.)। इन चारों संकलनों का संकलन 'यामा' है। 'यामा' स्वयं इसका प्रमाण है। वह महाकाव्य नहीं है; गीत-संग्रहों का संग्रह है। लघुकाय गीत भावावेग का उच्छलन है। नवयौवन से उसकी खूब पटरी बैठती है। प्रौढ़ता से उसका आवश्यक संबंध नहीं है। यशस्वी गीतकारों के महादेवीजी से अधिक प्रसिद्ध उदाहरण मिल जाते हैं। विश्व-विख्यात अंग्रेजी कवि कीट्स और शेली क्रमशः छब्बीस और तीस वर्ष की आयु में ही दिवंगत हो चुके थे। महाकाव्य के व्यापक समायोजन, विस्तीर्ण वस्तु-विन्यास और गरिमामंडित संस्थान के निर्वाहार्थ प्रौढ़-कौशल की अनिवार्य अपेक्षा है।

5. तुलसी के आविर्भाव-काल के संबंध में शिवसिंह सेंगर ने अपने 'शिवसिंहसरोज' में लिखा है कि "यह महाराज सं. 1583 के लगभग उत्पन्न हुए थे।" इस पर डॉ. भारद्वाज का कथन है कि "सेंगरजी ने अपनी सूचना का आधार 'गोसाईंचरित्र' लिया है और उससे एक उद्धरण भी दिया है, 'गोसाईंचरित्र' में तो 1554 वि. दिया है। अतएव इसका उल्लेख न करके उन्होंने 1583 वि. का उल्लेख क्यों किया ? हो सकता है कि उन्होंने 1554 वि. को उचित न समझकर उसे त्याग दिया, अथवा उनके सामने 'गोसाईंचरित्र' का कोई पुराना संस्करण रहा हो जिसमें जन्म-संवत् का उल्लेख नहीं किया गया।"[2] डॉ. गुप्त का इससे कुछ भिन्न अभिमत है, "बहुधा यह समझा जाता है कि हमारे कवि के संबंध में जो कुछ सेंगरजी ने लिखा है वह उस 'गोसाईंचरित्र' के आधार पर लिखा है जिसका उल्लेख उन्होंने स्वतः हमारे कवि की सूचना में किया है। पर उपर्युक्त कथन में 'लगभग' शब्द स्पष्ट ही इस कथन का निराकरण कर देता है। यदि उन्होंने उस चरित के आधार पर यह तिथि दी होती तो इस उल्लेख में 'लगभग' की आवश्यकता न पड़ती।"[3] यह तर्क न्यायसंगत है। प्रतीत यह होता है कि शिवसिंह सेंगर की मान्यता किसी जनश्रुति अथवा अनुमान पर आश्रित है। सं. 1583 को तुलसी का जन्म-संवत् मानने में असंभाव्यतामूलक कोई कठिनाई नहीं है। उसे संदिग्ध मानने का प्रबल कारण यह है कि किसी लिखित या मौखिक स्रोत से, जनश्रुति या किंवदंती से, उसका समर्थन नहीं होता।

6. 'घटरामायन' में तुलसी साहब ने सोच-विचारकर अपने पूर्वजन्म का जो वृत्त दिया है, उसके अनुसार तुलसी का जन्म-संवत् 1589 है। 'घटरामायन' की आप्तता संदिग्ध है। परंतु यह बात ध्यान देने योग्य है कि जिस जनश्रुति के आधार पर तुलसी साहब ने इस जन्म-संवत् का उल्लेख किया है वह अन्य परंपराओं के प्रभाव से मुक्त एवं स्वतंत्र है, उन्होंने जो तिथि-विवरण (सं. 1589 भादों सुदी 11, मंगलवार) दिया है, वह सर्वथा उपेक्षणीय नहीं है। दूसरी बात। पं. रामगुलाम द्विवेदी तुलसीदास की शिष्य-परंपरा में माने जाने वाले प्रसिद्ध रामायणी हो गए हैं। उन्होंने भी सं. 1589 में तुलसी का आविर्भाव माना है। तीसरी बात। डॉ. ग्रियर्सन का भी यही अभिमत है कि सर्वाधिक विश्वसनीय स्रोतों से यह बात प्रकट होती है कि कवि का जन्म सं. 1589 में हुआ था। उन्होंने उन स्रोतों का उल्लेख नहीं किया, तथापि उनके कथन को निस्सार समझना अन्याय होगा। वे अंधविश्वास और क्षिप्रानुमान से ग्रस्त नहीं थे; वे सभी उपलब्ध तथ्यों का सत्यापन करके निष्कर्ष निकालनेवाले अनुसंधायक थे।

---

1. कामायनी में काव्य, संस्कृति और दर्शन, पृ. 22
2. गोस्वामी तुलसीदास, पृ. 169
3. तुलसीदास, पृ. 139

मैं समझता हूँ कि तुलसी साहब, रामगुलाम द्विवेदी और ग्रियर्सन में से कोई भी एकैकशः, अन्य प्रमाणों से निरपेक्ष होकर अपने-आप में, ठोस प्रमाण नहीं है। परंतु, उन तीनों का त्रिगुणत्व या योगफल महत्त्वपूर्ण है। अन्य साक्ष्यों की तुलना में उनका साक्ष्य अधिक ग्राह्य है।

अतएव सं. 1589 को तुलसीदास का जन्म-संवत् मानना अपेक्षाकृत अधिक समीचीन है।

जन्म-स्थान

तुलसी के जीवनचरित से संबंधित जिन विभिन्न समस्याओं पर मनीषी शोधकर्ताओं ने अनुसंधान और ऊहापोह किया है, उन सबमें कवि की जन्मभूमि के प्रश्न को सुलझाने में अधिकतम समय, शक्ति, धन और स्याही का व्यय हुआ है। जितनी खोजबीन और जाँच-पड़ताल इस पक्ष को लेकर की गई है, जितना बुद्धि-विलास एवं वाद-विवाद अथवा जल्प-वितंडावाद इस प्रश्न पर खड़ा किया गया है, उतना किसी अन्य समस्या पर नहीं। फिर भी यह समस्या समाहित नहीं हुई और न भविष्य में इसकी कोई संभावना ही दीखती है; यह दूसरी बात है कि अनेक परस्पर-भिन्न मतवाले गवेषकों में से प्रत्येक का जोरदार दावा है—मैंने तुलसी के जन्मभूमि-विषयक जटिल प्रश्न का अंतिम-अकाट्य समाधान प्रस्तुत कर दिया है।

विभिन्न विद्वानों ने निम्नांकित स्थानों को तुलसी की जन्मभूमि बतलाया है :

1. अवध में कहीं	4. हाजीपुर	7. तारी
2. अयोध्या	5. हस्तिनापुर	8. सोरों
3. काशी	6. राजापुर	9. रामपुर

1-2. अवध-अयोध्या : यह मत पं. चंद्रबली पांडे का है। उनका कथन है, "निश्चय ही तुलसीदास का घर कहीं अवध में था और वहीं था कहीं उनका जन्मस्थान भी।"[1] उन्होंने अन्यत्र कहा है, "वस्तुतः 'अवधपुरी' ही तुलसी की जन्मभूमि और 'अवध' ही उनका 'जन्मदेश' है।"[2] उनकी 'स्थापना' है कि "राम की जन्मभूमि ही तुलसी की जन्मभूमि है।"[3] उन्होंने अपने पक्ष के समर्थन में अंतस्साक्ष्य और बहिस्साक्ष्य दोनों का उपयोग किया है।

अंतस्साक्ष्य के अंतर्गत दो बातें हैं—एक यह कि तुलसी ने अपने को राम का घर-जाया कहा है, और दूसरी यह कि उन्होंने अयोध्या का वर्णन जिस रुचि के साथ किया या कराया है उससे उनकी अपनी जन्मभूमिप्रियता सूचित होती है। पहली बात का मूलाधार कवि का निम्नांकित वाक्य है :

तुलसी तिहारो घरजायऊ है घर को।[4]

पांडेजी के अनुसार 'घर' शब्द राम की जन्मभूमि का द्योतक है। डॉ. गुप्त ने कबीर का एक उदाहरण[5] देकर बतलाया है कि 'घर का गुलाम' मुहावरा है, वह जन्म-स्थान का सूचक नहीं है।[6] पांडेजी का प्रत्युत्तर है, "हमारी बुद्धि जहाँ तक काम करती है और हमारे ज्ञान का जहाँ तक प्रसार है वहाँ तक तो हम निर्विवाद रूप में धड़ल्ले से कह सकते हैं कि हो न हो इसमें तुलसीदास के घर का स्फुट उद्घोष है। पर करें क्या ? कहीं से कोई प्राध्यापकजी बीच ही में बोल पड़ते हैं कि

1. तुलसीदास, पृ. 24
2. तुलसी की जीवन-भूमि, पृ. 126
3. वही, पृ. 160
4. कवितावली, 7/122
5. कहि कबीर गुलाम घर का जीआइ भावैं मारि।—संत कबीर, पृ. 72
6. तुलसीदास, पृ. 141

अरे ! ऐसा अर्थ लगाने से घोर अनर्थ हो जाएगा। तपस्वी करें क्या ?"[1] वे इसे व्यक्तिगत प्रश्न न बनाएँ। डॉ. गुप्त के पक्ष-पोषण में तुलसी-साहित्य से अन्य उद्धरण भी दिए जा सकते हैं :

(i) खास दास रावरो निवास तेरो तासु उर।[2]

(ii) कौन ईस किए की सभालु खास माहली।[3]

(iii) आस बिबस खास दास ह्वै नीच प्रभुनि जनायो।[4]

भक्तों की यह विशेषता है कि वे अपने प्रेम (भक्ति) की अतिशयता के लिए भगवान् से घनिष्ठ संबंध स्थापित करना चाहते हैं। निर्गुण-संतों तक ने ऐसा किया है। तुलसी का आदर्श दास्य-भक्ति है, अतः वे स्थान-स्थान पर अपने को राम का खास दास कहकर सामीप्य की व्यंजना करते हैं। लोक-जीवन में घरेलू नौकर की अंतरंगता सर्वविदित है। यह प्रायः देखा जाता है कि पीढ़ी-दर-पीढ़ी का गुलाम स्वामी का विशेष कृपापात्र हो जाया करता है। आलोच्य पंक्ति में प्रयुक्त 'घर जायऊ' का वाच्य है—घर में उत्पन्न, लक्ष्य है—गृहजात सेवक, और व्यंग्य है—आत्मनिक्षेप या अनन्यशरणागति। तुलसी का अभीष्टार्थ है—हे राम ! मैं तुम्हारा प्रपन्न-दास हूँ; अतः असोच हूँ, क्योंकि मेरे रक्षण-पोषण का दायित्व तुम्हीं पर है। हनुमान के द्वारा इसी प्रवृत्ति की व्यंजना कराई गई है :

सेवक सुत पति मातु भरोसें। रहइ असोच बनइ प्रभु पोसें।[5]

इस बात में किसी को आपत्ति नहीं हो सकती कि कवि ने रस लेकर यथावसर अयोध्या का विशद वर्णन किया है। परंतु, इस आधार पर अयोध्या को उसकी जन्मभूमि मान लेना असंगत है। कालिदास, सूरदास आदि ने भी अयोध्या का वैसा ही सुंदर वर्णन किया है। क्या इसी कारण से अयोध्या को उनका भी जन्मस्थान मान लेना चाहिए ? वास्तविकता यह है कि राम के नाम, रूप, गुण, लीला और धाम सभी तुलसी के वर्ण्य हैं। उन्होंने अपने लीलावतारी आराध्य के लौकिक धाम को महत्त्व दिया है। यदि ऐसा न करते तो आश्चर्य की बात होती।

बहिस्साक्ष्य के रूप में पांडेजी ने अनन्य कवि के एक पद, मोहनसाईं के एक गीत और भवानीदास के 'गोसाईंचरित' के उद्धरण दिए हैं। अपेक्षित पंक्तियाँ हैं :

(i) कोसल देस उजागर कीनौं। सबहिन को अद्‌भुत रस दीनौं।[6]

**(ii) वह घड़ी अजब थी कि जिस घड़ी वह दरख्त बट का उगा वहाँ।
तुम्हीं बने कलि में बोध बिरवा वो मानसी बट यहाँ प्रकट भी।[7]**

**(iii) जानि अवध सनबंध जिय नैनन्ह आयौ नीर।
बस्तु भावना भवन भरि चले नगर रघुबीर।।[8]**

पांडेजी ने 'कोसल देस उजागर कीनौ' का अर्थ किया है कि कोशलदेश में जन्म लेकर तुलसी ने उसे धन्य कर दिया।[9] उन्होंने आकाश में महल बनाया है। उक्त पंक्ति का सीधा तात्पर्य है—अयोध्या में कुछ समय तक निवास करके और 'रामचरितमानस का प्रकाश' करके कवि ने

---

1. तुलसी की जीवन-भूमि, पृ. 131
2. हनुमानबाहुक, 24
3. कवितावली, 7/23
4. विनयपत्रिका, 276/2
5. रामचरितमानस, 4/3/2
6. अनन्य कवि, देखिए—तुलसी की जीवन-भूमि, पृ. 110
7. मोहनसाईं, देखिए—तुलसी की जीवन-भूमि, पृ. 138, 141
8. भवानीदास, देखिए—तुलसी की जीवन-भूमि, पृ. 136
9. तुलसी की जीवन-भूमि, पृ. 114

उसे धन्य कर दिया। दूसरे उद्धरण में 'वट' शब्द आया है। उनकी मान्यता है कि वह 'निरा वृक्ष नहीं है', 'किसी सत्ता का प्रतीक है।'[1] उनके इस कथन का अभिप्राय यह है कि अयोध्या में उपर्युक्त वट का उगना या प्रकट होना वहाँ पर तुलसी के जन्म लेने का ज्ञापक है। व्यंजना-शक्ति का यह काल्पनिक प्रयोग कुछ जँचता नहीं है। तीसरे उद्धरण में प्रयुक्त 'अवध सनबंध' और 'बस्तु भावना भवन भरि' के अंतस्तल से उन्होंने इस 'रहस्य' का उद्घाटन किया है कि अवध में ही तुलसी का घर अर्थात् जन्मस्थान था।[2] यहाँ भी पानी को मथकर घृत निकालने की चेष्टा की गई है।

निष्कर्ष यह कि पांडेजी ने अयोध्या को तुलसी की जन्मभूमि सिद्ध करने के लिए जो तथाकथित साक्ष्य उपस्थित किए हैं, वे वस्तुतः साक्ष्य-कोटि में आते ही नहीं हैं। किसी अन्य लेख, परंपरा अथवा जनश्रुति से भी ऐसा कोई संकेत नहीं मिलता जिसके बल पर उसको तुलसी का जन्मस्थान माना जा सके।

3. **काशी** : तुलसी का जन्म काशी में ही हुआ था, इस वाद के अनन्य अधिवक्ता पं. रजनीकांत शास्त्री हैं। उनकी मान्यता के अनुसार, उनका "यह अनुमान गोसाईंजी के निजी लेखों से, जिनके द्वारा काशी ही आपकी जन्मभूमि संकेतित होती है, पूरा-पूरा मेल खा जाता है।"[3] तुलसी के 'निजी लेख' हैं :

(1) **जायो कुल मंगन बधावनो बजायो सुनि।**[4]

(2) **मात-पिता जग जाइ तज्यो।**[5]

(3) **जाति के सुजाति के कुजाति के पेटागि बस**
खाए टूक सबके बिदित बात दुनीं सो।[6]

(4) **बारें ते ललात बिललात द्वार-द्वार दीन।**[7]

(5) **रामबोला नाम हौं गुलाम राम साहि को।**[8]

(6) **लोग कहैं पोच सो न सोच न सँकोच मेरे**
ब्याह न बरेखी जाति पाँति न चहत हौं।[9]

(7) **धूत कहौ अवधूत कहौ रजपूत कहौ जोलहा कहौ कोऊ।**[10]

(8) **कोऊ कहै करत कुसाज दगाबाज बड़ो**
कोऊ कहै रामको गुलामु खरो खूब है।
साधु जानैं महासाधु खल जानैं, महाखल
बानी झूँठी साँची कोटि उटत हबूब है।[11]

1. तुलसी की जीवन-भूमि, पृ. 142
2. वही, पृ. 135-37
3. मानस-मीमांसा, पृ. 45
4. कवितावली, 7/73
5. वही, 7/57
6. वही, 7/72
7. वही, 7/73
8. वही, 7/100
9. विनयपत्रिका, 76/4
10. कवितावली, 7/106
11. वही, 7/108

(9) **एते पर हूँ जो कोऊरावरो है जोर करै**
ताको जोर देव दीन द्वारें गुदरत हौं।[1]

(10) **दियो सुकुल जनम सरीर सुंदर हेतु जो फल चारि को।**
जो पाइ पंडित परमपद पावत पुरारि मुरारि को॥
यह भरतखंड समीप सुरसरि थल भलो संगति भली।
तेरी कुमति कायर कलप बल्ली चहति बिष फल फली।[2]

(11) **मुक्ति जन्म महि जानि ज्ञान खानि अघ हानि कर।**
जहँ बस संभु भवानि सो कासी सेइअ कस न॥[3]

प्रथम चार उद्धरणों के आधार पर शास्त्रीजी का अनुमान है कि तुलसी जारज पुत्र थे, अतः माता-पिता द्वारा फेंक दिए गए थे; लड़कपन में अपने पालक गोसाईं का भिखमंगा पेशा अपना लिया था; और 'बनारस-भूमि' ही उनकी जन्मभूमि थी, क्योंकि 'गोसाइयों के बालक एकतारा और करताल बजा-बजाकर और भजन गा-गाकर घर-घर भीख माँगा करते हैं। ये प्रायः बनारस प्रांत में रहते हैं और वहीं से सर्वत्र भिक्षाटन के लिए जाया करते हैं।'[4] तुलसी की तथाकथित जारजता, मातृ-पितृ-वियोग और गोसाईंपन से संबंधित अनुमान स्वच्छंद-कल्पना की उपज है। उपर्युक्त आत्मोल्लेखों में यह कहीं नहीं संकेतित है कि वे 'अवैध-संतान' थे या 'फेंक दिए गए थे' या किसी 'गोसाईं' द्वारा 'पाले-पोसे' गए थे। यदि शास्त्रीजी के इस कथन को तथ्य-संगत मान लिया जाए तो गोसाइयों के बालक एकतारा और करताल बजाकर ही भीख माँगा करते हैं तो भी तुलसी को उस वर्ग में नहीं रखा जा सकता, क्योंकि उनके एकतारा-करताल बजाने का कहीं पर भी कोई उल्लेख नहीं मिलता। तुलसी का गोसाईं-पालित होना प्रसिद्ध है; उस पर भी यह मान बैठना कि समस्त गोसाईं-जाति 'काशी-प्रांत' के घेरे में ही बंद है, वास्तविकता के विरुद्ध है। काशी से दूर के जिलों में भी गोसाईं बसे हुए हैं और बिना एकतारा-करताल के भी भीख माँगा करते हैं।

काशीवासियों में तुलसी के निंदक भी थे। क्यों ? पूर्वोद्धृत प्रथम नौ उद्धरणों पर से शास्त्रीजी का अनुमान है कि वे तुलसी को अवैध संतान मानते थे, उनके बचपन की दुर्दशा से खूब परिचित थे—'ओल्ती का भूत सात पुश्त का नाम जाने'; इसलिए उनकी 'महात्मागरी' उन्हें असह्य थी। ''सारांश यह कि गोसाईंजी स्वकालीन जनता की दृष्टि में कभी भी प्रतिष्ठा के पात्र नहीं रहे। वह आपकी जाति-पाँति के विषय में सदा संदिग्ध रहती थी तथा आपको पोच, धूर्त, अजाति आदि कहा करती थी।''[5] इस प्रकार तुलसी की उक्तियों का आश्रय लेकर यह निष्कर्ष निकाला गया है कि वे काशी में ही पैदा हुए थे।

शास्त्रीजी ने कवि की उक्तियों के उन्हीं पक्षों को ग्रहण किया है जो उनकी प्राक्कल्पना के अनुकूल पड़ते हैं। अधिक गौरवशाली अंशों को उन्होंने कतई छोड़ दिया है। यह कहना नितांत असत्य है कि तत्कालीन जनता की दृष्टि में तुलसी की कोई प्रतिष्ठा नहीं थी। कवि ने तो अत्यंत पारदर्शी शब्दों में समझाकर कह दिया है—**भलेउ पोच सब बिधि उपजाए;**[6] **साधु जानैं महासाधु खल जानैं महाखल; कोऊ कहै करत कुसाज दगाबाज बड़ो कोऊ कहै राम को गुलाम खरो खूब**

---

1. कवितावली, 7/165
2. विनयपत्रिका, 135/1
3. रामचरितमानस, 4/1; आरंभिक सोरठा
4. मानस-मीमांसा, पृ. 17-23, 44
5. वही, पृ. 48
6. रामचरितमानस, 1/6/2

है।[1] यदि कोई 'धूत' कहता था तो उसके विरुद्ध दूसरा 'अवधूत' भी कहता था, एक ओर **'जोलहा'** कहनेवाले भी थे तो दूसरी ओर **'रजपूत'** कहनेवाले भी थे। यदि अंतस्साक्ष्य से इतनी ही उक्तियों को लिया जाए तो दोनों पक्षों की बराबरी प्रकट होती है। परंतु वास्तविकता इसके आगे तक जाती है।

'गोसाईंजी के निजी लेखों से' निस्संदेह प्रमाणित है (और यदि उनके निंदावाले वचन प्रमाण हैं तो उसी विश्वास-भाव से ये प्रतिष्ठावाले वचन भी प्रामाणिक माने जाने चाहिए) कि वे 'स्वकालीन जनता की दृष्टि में' अवश्य ही 'प्रतिष्ठा के पात्र' थे। वे स्वयं कहते हैं :

(i) रामनाम को प्रभाउ पाउ महिमा प्रतापु
तुलसी सो जग मानिअत महामुनी सो।[2]

(ii) घर-घर माँगे टूक पुनि भूपति पूजे पाय।[3]

(iii) हौं तो सदा खर को असवार तिहारोइ नामु गयंद चढ़ायो।[4]

तुलसी की प्रतिष्ठा सिद्ध करने के लिए इससे प्रबलतर अंतस्साक्ष्य और क्या हो सकता है ? इसके अतिरिक्त, बहिस्साक्ष्य भी उनकी तत्कालीन प्रतिष्ठा का प्रमापक है। उनके समसामयिक नाभादास की निर्विवाद उक्ति है—कलि कुटिल जीव निस्तार हित बाल्मीकि तुलसी भए।[5] और, तुलसी की श्लाघा में जो इतनी संभव-असंभव किंवदंतियाँ चल पड़ीं, वे अकारण नहीं थीं। वे असाधारणतया प्रतिष्ठित महात्मा थे, इसी कारण से श्रद्धालु जनता ने उनके साथ लौकिक-अलौकिक चमत्कारों का संबंध स्थापित कर दिया।

इस प्रकार स्पष्ट है कि तुलसी के जिन आत्मोल्लेखों के अवलंबन से काशी में उनके जन्म का अनुमान लगाया गया है उनमें ऐसा कोई संकेत नहीं है जिसके आधार पर काशी या काशी-प्रांत को कवि का जन्म-स्थान माना जा सके।

4. **हाजीपुर :** विल्सन ने किसी जनश्रुति को प्रमाण मानकर भ्रांतिवश चित्रकूट के समीपस्थ किसी हाजीपुर को तुलसी का जन्म-स्थान मान लिया था। गार्सां द तासी ने भी उनका अनुसरण किया। इन विदेशी विद्वानों ने इस विषय में कोई अनुसंधान नहीं किया। पं. रामबहोरी शुक्ल का कथन है, "जहाँ तक मुझे ज्ञात है ऐसा कोई स्थान आजकल तो है नहीं। संभव है अंग्रेज विद्वान् विल्सन और फ्रांसीसी पंडित तासी राजापुर को भ्रमवश हाजीपुर लिख गए हों।"[6] डॉ. भारद्वाज की टिप्पणी है, "भारत में अनेक हाजीपुर हैं, किंतु प्रतीत होता है कि विल्सन ने गोस्वामीजी के विषय में जहाँ अनेक भ्रांत बातों की चर्चा की है वहाँ हाजीपुर की भी की।"[7] हाजीपुर के पक्ष में कोई अंतस्साक्ष्य अथवा बाह्य प्रमाण उपलब्ध नहीं है। इसी कारण किसी शोधकर्ता ने उसे कवि की जन्मभूमि सिद्ध करने का प्रयास भी नहीं किया। उसके पक्ष-विपक्ष में कुछ कहना अनावश्यक है।
5. **हस्तिनापुर :** हस्तिनापुर मेरठ जिले में गढ़मुक्तेश्वर के पास स्थित है। किसी ने यह दावा नहीं किया है कि वह तुलसी की जन्मभूमि है। केवल एफ. एस. ग्राउज़ की अचिंतित उक्ति है कि 'भक्तिसिंधु' के अनुसार तुलसीदास का जन्म हस्तिनापुर में हुआ था। उन्होंने स्वयं

1. कवितावली, 7/108
2. वही, 7/72
3. दोहावली, 109
4. कवितावली, 7/60
5. भक्तमाल, छप्पय 129
6. तुलसी, पृ. 10
7. गोस्वामी तुलसीदास, पृ. 125

ही इस बात को गौरव नहीं दिया।

6. **राजापुर :** तुलसी की जन्मभूमि के वस्तुतः शक्तिशाली दावेदार राजापुर और सोरों हैं। दोनों उत्तर प्रदेश में हैं—पहला बाँदा जिले में है, दूसरा एटा में। जन्म-स्थान-निर्धारण का अनंत वाग्युद्ध मुख्यतया इन्हीं दो स्थानों के पक्ष-विपक्ष से चलता रहा है। थोड़ा गहरे पैठकर देखिए तो इन दोनों के अंतर्गत भी विकल्प मिलेंगे। कुछ लोग तो खास राजापुर को तुलसी की जन्मभूमि मानते हैं और कुछ लोग उससे पाँच-छः कोस दूर के तारी-गाँव को। तारी भी दो हैं। एक राजापुर के समीप है, एक सोरों के पास। सोरों क्षेत्र में तीन विकल्प हैं। कोई कहता है कि तुलसी का जन्म सोरों से कुछ दूर पर अवस्थित तारी गाँव में हुआ, कोई कहता है कि सोरों कस्बे में योगमार्ग मुहल्ले में और कोई कहता है कि सोरों के समीप गंगा-पार के रामपुर गाँव में। दोनों पक्षों से संबद्ध मतभेदाभेदवाद एकता में अनेकता और अनेकता में एकता का विलक्षण उदाहरण है।

राजापुर बाँदा जिले में यमुना के तट पर स्थित एक कस्बा है। शिवसिंह सेंगर, मिश्रबंधु, पं. रामचंद्र शुक्ल, बाबू श्यामसुंदरदास, पं. विजयानंद त्रिपाठी, पं. रामबहोरी शुक्ल, उत्तर प्रदेश सरकार आदि के अनुसार वह तुलसी की जन्मभूमि है। कुछ ने झमेले में न पड़कर उल्लेख मात्र किया है, दूसरों ने तर्क देकर उसको जन्म-स्थान सिद्ध करने का उद्योग किया है। सरकार ने उसे तुलसी की निवास-भूमि ही नहीं, जन्मभूमि मानकर स्मारक बनवाया है। राजापुर के पक्ष में निम्नांकित अंतस्साक्ष्य और बहिस्साक्ष्य उपस्थित किए गए हैं :

(1) 'रामचरितमानस' के द्वितीय सोपान का तापस-प्रसंग,
(2) उसी के आगे स्नेह-विकल नर-नारियों का मर्मस्पर्शी वर्णन,
(3) तुलसी-साहित्य से राजापुर की भाषा-संस्कृति का साम्य,
(4) अयोध्याकांड की प्रति,
(5) तीन सनदें,
(6) हनुमान की मूर्ति और तुलसी का मकान,
(7) तुलसीचरित, मूलगोसाईंचरित और घटरामायन,
(8) जनश्रुति।

इन साक्ष्यों पर विचार कीजिए :

(1) **तापस-प्रसंग :** 'रामचरितमानस' के अयोध्याकांड में राम ने प्रयाग से आगे चलकर यमुना को पार किया, तब :

सुनत तीर बासी नर नारी। धाए निज निज काज बिसारी॥
लखन राम सिय सुंदरताई। देखि करहिं निज भाग्य बड़ाई॥
अति लालसा सबहि मन माहीं। नाउँ गाउँ बूझत सकुचाहीं॥
जे तिन्ह महुँ बयबिरिध सयाने। तिन्ह करि जुगुति रामु पहिचाने॥
सकल कथा तेन्ह सबहिं सुनाई। बनहि चले पितु आयेसु पाई॥
सुनि सबिषाद सकल पछिताहीं। रानी राय कीन्ह भल नाहीं॥[1]

यहीं पर सूत्र टूट गया और अचानक :

तेहि अवसरु एकु तापसु आवा। तेज पुंज लघु बयसु सुहावा॥
कबि अलखित गति बेषु बिरागी। मन क्रम बचन राम अनुरागी॥

1. रामचरितमानस, 2/110/1-3

सजल नयन तन पुलकि निज इष्ट देउ पहिचानि।
परेउ दंड जिमि धरनि तल दसा न जाइ बखानि॥
राम सप्रेम पुलकि उर लावा। परम रंकु जनु पारसु पावा॥
मनहुँ प्रेमु परमारथु दोऊ। मिलत धरें तनु कह सबु कोऊ॥
बहुरि लखन पायन्ह सोइ लागा। लीन्ह उठाइ उमगि अनुरागा॥
पुनि सिय चरन धूरि धरि सीसा। जननि जानि सिसु दीन्हि असीसा॥
कीन्ह निषाद दंडवत तेही। मिलेउ मुदित लखि राम सनेही॥
पिअत नयन पुट रूपु पियूषा। मुदित सुअसनु पाइ जिमि भूखा॥[1]

यहाँ पहुँचकर कवि ने प्रकरण के छिन्न सूत्र को फिर पकड़ा :

ते पितु मातु कहहु सखि कैसे। जिन्ह पठए बन बालक ऐसे॥
राम लखन सिय रूपु निहारी। सोच सनेह बिकल नर नारी॥[2]

इससे निष्कर्ष निकाला गया है कि कथा-क्रम में विक्षेप उपस्थित करके तापस का सहसा प्रवेश अभिप्राय-रहित नहीं है। प्रबंध-निपुण कवि ने ऐसा क्यों किया ? उत्तर दिया गया है कि जब कवि के इष्टदेव उसके जन्मस्थान पर पहुँचे तब उसने अभिनंदन किया। इसके प्रत्याख्यान में डॉ. गुप्त ने एक प्रश्न उठाकर उसका उत्तर दिया है, "क्या अपनी तपोभूमि होने के नाते ही वह वहाँ इस प्रकार की अभ्यर्थना अपने इष्टदेव की नहीं कर सकता था ? कवि का 'तापस' और 'विरागी वेष' होना तो संभवतः इसी तथ्य की ओर संकेत करता है और तपोभूमि से जन्मभूमि होना सिद्ध नहीं होता, बल्कि अधिकतर एक-दूसरे का बाध ही करता है।"[3] डॉ. गुप्त का अनुमान सबल है। कुछ अन्य तर्क भी अवेक्षणीय हैं।

'रामचरितमानस' के पाठानुसंधायक पं. शंभुनारायण चौबे का कथन है[4] कि तापस-प्रसंग सर्वथा अप्रासंगिक और असंगत है, किसी पौराणिक कथा से उसकी पुष्टि नहीं होती, संपूर्ण 'रामचरितमानस' की ग्रंथ-संख्या मिलाते समय उसको ग्रहण करने से प्रामाणिक प्रतियों की ग्रंथ-संख्या में अंतर पड़ता है, और तेरह प्राचीन पोथियों में वह प्रसंग नहीं पाया जाता। इसलिए तापस-प्रसंग का प्रक्षिप्त होना संभाव्य है। तापस को तुलसी मान लेने में भी कठिनाइयाँ हैं। वे अपने लिए 'तेजपुंज', 'सुहावा', 'पारस' आदि अहम्मन्यता-सूचक और राम के लिए 'रंक'-जैसे तुच्छता-सूचक शब्द का प्रयोग नहीं कर सकते। उक्त प्रसंग में निषाद के दंडवत करने के बाद तापस उससे मिला है। जो कवि अपने को राम-भक्तों के पग की पनही समझता है[5] वह निषादराज-सरीखे भक्त से मिलने में विलंब तथा संकोच नहीं कर सकता। अतः यदि तापस-प्रसंग को प्रक्षिप्त न माना जाए तो भी तापस को तुलसी का प्रतीक मानना अनुचित है।

पं. चंद्रबली पांडे[6] ने तुलसी की जन्मभूमि के अन्वेषकों का ध्यान इस तथ्य की ओर आकृष्ट

---

1. रामचरितमानस, 2/110/4-111/3
2. वही, 2/111/4
3. तुलसीदास, पृ. 147
4. देखिए—रामचरितमानस के प्राचीन क्षेपक, नागरी-प्रचारिणी पत्रिका, वर्ष 46, अंक 3, कार्तिक 1998 वि., पृ. 230-31
5. आप आपने ते अधिक जेहि प्रिय सीताराम।
   तेहि के पग की पानही तुलसी तनु को चाम॥—दोहावली, 59
   तुलसी जाके बदन तें धोखेउ निकसत राम।
   ताके पग की पगतरी मेरे तनु को चाम॥—वैराग्यसंदीपनी, 37
6. देखिए—तुलसी की जीवन-भूमि, पृ. 126-28

किया है कि 'रामचरितमानस' के 'तापस' की भाँति ही 'गीतावली' में एक सखी भी है। उसके विषय में कवि की उक्ति है :

सखिहि सुसिख दई प्रेम मगन भई
सुरति बिसरि गई आपनी ओही।
तुलसी रही है ठाढ़ी पाहन गढ़ी-सी काढ़ी
कौन जान कहाँतें आई कौनकी को ही ॥[1]

उनके विचार से 'तुलसी रही है ठाढ़ी' में 'तुलसी' का अभिप्राय है—**तुलसी सखी**। सखी-संप्रदाय में तुलसी को सखी माना गया है। 'अनन्य' कवि ने उन्हें सब सखियों में शिरोमणि कहा है।[2] 'न जाने कहाँ ते आई' से स्पष्टतया सिद्ध है कि वह कहीं अन्यत्र से आई थी, वह उस स्थान (राजापुर के आसपास) की नहीं थी। अतएव राजापुर को तुलसी की मातृभूमि नहीं माना जा सकता।

वस्तुतः 'तापस' और 'सखी' दोनों में से कोई भी तुलसी का प्रतीक नहीं है। यह कवि की शैलीगत विशेषता है। नाटकीयता के प्रभावशाली चमत्कार का सन्निवेश करने के लिए उन प्रसंगों में तापस और सखी की योजना की गई है। प्रासंगिक पात्रों के पिहितापिहित व्यक्तित्व से, उनके किंचित्-रहस्यमय प्रवेश एवं निष्क्रमण से, सरस कौतूहल तथा चित्रात्मक रमणीयता की सृष्टि होती है। 'एक सखी'[3], 'एक'[4], 'कोऊ'[5] आदि जिज्ञासा-जनक शब्दों के प्रयोग द्वारा कवि ने इसी उद्देश्य की पूर्ति की है। अपने उक्ति-वैचित्र्य को आकर्षक बनाने के लिए अन्य प्राचीन एवं अर्वाचीन कवियों ने भी इस औत्सुक्यवर्धिनी युक्ति का विविध रूपों में उपयोग किया है।[6]

(2) **स्नेह-विकल, नर-नारियों का मर्मस्पर्शी वर्णन :** पं. रामबहोरी शुक्ल ने राजापुर का पक्ष समर्थित करते हुए कहा है, "अयोध्या से यमुनाजी पहुँचने तक गोस्वामीजी कहीं भी इस प्रकार भावावेश में नहीं आए जिस प्रकार यमुनाजी के पार करने पर आए। इसी प्रदेश में राजापुर है और जन्मभूमि के अनुराग से ही गोस्वामीजी ने ग्रामवासी स्त्री-पुरुष आदि का मार्मिक और अत्यंत प्रभावशाली वर्णन अपनी अलौकिक अनुभूति से इसी प्रदेश से संबंधित किया है...'मेघदूत' में कालिदास ने भी रामगिरि से अलका जाते समय मार्ग में न पड़ने पर भी मेघ से उज्जयिनी होते जाने का अनुरोध करवाकर जैसे

---

1. गीतावली, 2/19/4
2. सकल सखियन में सिरोमनि दास तुलसी तुम रहौ।
   —ब्रजनिधि-ग्रंथावली, पृ. 275; रामभक्ति में रसिक संप्रदाय, पृ. 109
3. एक सखी सिय संगु बिहाई। गई रही देखन फुलवाई॥—रामचरितमानस, 1/228/4
4. एक कहइ नृप सुत तेइ आली।—रामचरितमानस, 1/229/2
   रामहि देखि एक अनुरागे। चितवत चले जाहिं सँग लागे॥
   एक नयन मग छबि उर आनी। होहिं सिथिल तन मन बर बानी॥—रामचरितमानस, 2/114/4
5. कोउ कह सत्य झूठ कह कोऊ जुगल प्रबल कोउ मानै।
   तुलसिदास परिहरै तीनि भ्रम सो आपन पहिचानै॥—विनयपत्रिका, 111/4
6. कश्चित्कांता विरहगुरुणा स्वाधिकारात्प्रमत्तः
   शापेनास्तंगमितमहिमा वर्षभोग्येण भर्तुः।—मेघदूत, प्रथम श्लोक
   ध्रुवं कश्चित्सर्वं सकलमपरस्त्वध्रुवमिति
   परो ध्रौव्याध्रौव्ये जगति गदति व्यस्तविषये।—महिम्नस्तोत्र, 9
   एक पुरुष भीगे नयनों से देख रहा था प्रलय-प्रवाह।—कामायनी, 1/1
   वह कौन रोता है वहाँ—
   इतिहास के अध्याय पर,—कुरुक्षेत्र, पृ. 1

अपना उज्जयिनी-प्रेम प्रदर्शित किया है वैसे ही गोस्वामीजी के कथा-प्रसंग-युक्त इस वर्णन से इस प्रदेश के प्रति उनका स्वाभाविक अनुराग ही सूचित होता है। इस तरह यह सिद्ध होता है कि राजापुर में भक्त गोस्वामीजी ने जन्म लिया था।[1]

उपर्युक्त मत के निराकरण में डॉ. गुप्त का व्यवस्थित उत्तर है—'शृंगवेरपुर के कुछ आगे तक तो साथ-साथ मंत्री सुमंत्र थे तथा उनका रथ भी था। उनका साथ छूटने पर प्रयाग तक निषादराज साथ था। प्रयाग से यमुना-संतरण तक निषादराज के अतिरिक्त भारद्वाज द्वारा नियुक्त कुछ वटु भी साथ थे। यमुना पार करने के समय राम ने वटुओं को विदा किया, और यमुना पार करने के बाद ही निषादराज को विदा किया। यहाँ तक मार्ग के ग्रामवासी नर-नारियों में कवि ने समवेदना का विशेष उद्रेक नहीं किया, तो कुछ आश्चर्य नहीं। इसके बाद वन-पथ पर एकाकी अग्रसर राजकुल के ये निर्वासित सदस्य अवश्य ही विशेष सहानुभूति के पात्र थे।"[2]

मैं कुछ अधिकोत्तर देना चाहूँगा। प्रत्यालोचन की प्रतीति के लिए 'रामचरितमानस' के उद्धरण सामने रख लेना आवश्यक है। कथित राजापुर-क्षेत्र के ग्रामीण नर-नारियों का 'भावावेश'-पूर्ण वर्णन है :

सीता लखन सहित रघुराई। गाँव निकट जब निकसहिं जाई॥
सुनि सब बाल बृद्ध नर नारी। चलहिं तुरत गृह काज बिसारी॥
राम लखन सिय रूप निहारी। पाइ नयन फलु होहिं सुखारी॥
सजल बिलोचन पुलक सरीरा। सब भए मगन देखि दोउ बीरा॥
बरनि न जाइ दसा तिन्ह केरी। लहि जनु रंकन्हि सुनमनि ढेरी॥
एकन्ह एक बोलि सिख देहीं। लोचन लाहु लेहु छन एहीं॥
रामहि देखि एक अनुरागे। चतवत चले जाहिं सँग लागे॥
एक नयन मग छबि उर आनी। होहिं सिथिल तन मन बर बानी॥
एक देखि बट छाँह भलि डासि मृदुल तृन पात।
कहहिं गँवाइअ छिनुकु स्रमु गवनब अबहिं कि प्रात॥[3]

वर्णन की मार्मिकता में संदेह की गुंजाइश नहीं है। व्यंजना में रमणीयता है, किंतु 'गवनब अवहिं कि प्रात' के अभिधेयार्थ में आत्मीय-भाव की तीव्रतमता नहीं है। यदि राम तुलसी की जन्मभूमि में पधारे होते तो कवि आराध्य के आते ही जाने की चर्चा न करके अपने ग्रामवासियों से सानुरोध निवेदन कराता—आपके आगमन से यह भूमि धन्य हो गई है, कुछ दिन यहाँ रहकर हमें कृतार्थ कीजिए।

तुलनात्मक दृष्टि से ध्यान दीजिए, चित्रकूट के कोल-किरातों तक ने भी इसी प्रकार भाव-विभोर होकर राम के प्रति कहीं अधिक सामीप्य और घनीभूत निजत्व प्रदर्शित किया है :

येह सुधि कोल किरातन्ह पाई। हरषे जनु नव निधि घर आई॥
कंद मूल फल भरि भरि दोना। चले रंक जनु लूटन सोना॥
तिन्ह महँ जिन्ह देखे दोउ भ्राता। अपर तिन्हहि पूँछहिं मग जाता॥
कहत सुनत रघुबीर निकाई। आइ सबन्हि देखे रघुराई॥
करहिं जोहारु भेंट धरि आगे। प्रभुहि बिलोकहिं अति अनुरागे॥
चित्र लिखे जनु जहँ तहँ ठाढ़े। पुलक शरीर नयन जल बाढ़े॥

---

1. वीणा, वैशाख, सं. 1995, पृ. 546; देखिए—तुलसीदास, पृ. 144
2. तुलसीदास, पृ. 147
3. रामचरितमानस, 2/114

राम सनेह मगन सब जाने। कहि प्रिय बचन सकल सनमाने॥
प्रभुहि जोहारि बहोरि बहोरी। बचन बिनीत कहहिं कर जोरी॥
अब हम नाथ सनाथ सब भए देखि प्रभु पाय।
भाग हमारे आगमनु राउर कोसलराय॥
धन्य भूमि बन पंथ पहारा। जहँ जहँ नाथ पाउ तुम्ह धारा॥
धन्य बिहग मृग काननचारी। सुफल जनम भए तुम्हहिं निहारी॥
हम सब धन्य सहित परिवारा। दीख दरसु भरि नयन तुम्हारा॥
कीन्ह बासु भल ठाउँ बिचारी। इहाँ सकल रितु रहब सुखारी॥
हम सब भाँति करब सेवकाई। करि केहरि अहि बाघ बराई॥
बन बेहड़ गिरि कंदर खोहा। सब हमार प्रभु पग पग जोहा॥
जहँ तहँ तुम्हहिं अहेर खेलाउब। सर निरझर भल ठाउँ देखाउब॥
हम सेवक परिवार समेता। नाथ न सकुचब आयसु देता॥[1]

इस निजत्व के आधार पर चित्रकूटवाले पूछ सकते हैं—चित्रकूट को ही तुलसी का जन्म-स्थान क्यों न माना जाए ? 'भावावेशपूर्ण वर्णन' के आधार पर शृंगवेरपुर के लोग भी दावा जताने से नहीं चूकेंगे। तुलना करके देख लीजिए। राजापुर क्षेत्र के निवासी कहे जाने वाले ग्रामवासियों की सविषाद उक्ति है :

सहित बिषाद परसपर कहहीं। बिधि करतब उलटे सब अहहीं॥
निपट निरंकुस निठुर निसंकू। जेहिं ससि कीन्ह सरुज सकलंकू॥
रूखु कलपतरु सागरु खारा। तेहिं पठए बन राजकुमारा॥
जौ पै इन्हहिं दीन्ह बनबासू। कीन्ह बादि बिधि भोग बिलासू॥
ये बिचरहिं मग बिनु पदत्राना। रचे बादि बिधि बाहन नाना॥
ये महि परहिं डासि कुस पाता। सुभग सेज कत सृजत बिधाता।
तरुबर बास इन्हहिं बिधि दीन्हा। धवल धाम रचि रचि स्रमु कीन्हा॥
जौं ये मुनिपट धर जटिल सुंदर सुठि सुकुमार।
बिबिध भाँति भूषन बसन बादि किए करतार॥
जौ ये कंद मूल फल खाहीं। बादि सुधादि असन जग माहीं॥[2]

शृंगवेरपुर का निषाद भी 'प्रेमबस' होकर हार्दिक 'विषाद' के साथ कहता है :

सोवत प्रभुहि निहारि निषादू। भएउ प्रेमबस हृदयँ विषादू॥
तनु पुलकित जल लोचन बहई। बचन सप्रेम लखन सन कहई॥
भूपति भवनु सुभायँ सुहावा। सुरपति सदनु न पटतर आवा॥
मनिमय रचित चारु चौबारे। जनु रतिपति निज हाथ सँवारे॥
सुचि सुबिचित्र सुभोगमय सुमन सुंगध सुबास।
पलँग मंजु मनि दीप जहँ सब बिधि सकल सुपास॥
बिबिध बसन उपधान तुराईं। छीर फेन मृदु बिसद सुहाईं॥
तहँ सिय रामु साथरी सोए। स्रमित बसन बिनु जाहिं न जोए॥
मातु पिता परिजन पुरबासी। सखा सुसील दास अरु दासी॥

1. रामचरितमानस, 2/135/1-136/4
2. वही, 2/119/1-120/1

जोगवहिं जिन्हहिं प्रान की नाईं। महि सोवत तेइ राम गोसाईं॥
पिता जनकु जग बिदित प्रभाऊ। ससुर सुरेस सखा रघुराऊ॥
रामचंदु पति सो बैदेही। सोवति महि बिधि बाम न केही॥[1]

रामबहोरीजी ने जो कालिदास का दृष्टांत दिया है वह अनुपयुक्त है। उज्जयिनी में उनका जन्म होना सिद्ध नहीं है। एक संदिग्ध दृष्टांत द्वारा किसी संदिग्ध प्रतिपाद्य का समर्थन भ्रांति-संतान का प्रसारण मात्र है। उससे किसी तथ्य की सत्यता प्रमाणित नहीं की जा सकती।

यह तथ्य भी अनुपेक्षणीय है कि यमुना पार करने पर वन-पथगामी राम का जो चित्र अंकित किया गया है उसमें राम की सुकुमारता, सुंदरता और परिस्थिति-वैषम्य पर विशेष बल दिया गया है। यह वैशिष्ट्य इस बात का ज्ञापक है कि कवि में प्रबंध के मार्मिक स्थलों को पहचानने की यथोचित शक्ति है। 'कवितावली' के मुक्तक कबित्तों में भी (जहाँ स्थान का कोई निर्देश नहीं है) इन तीन विशेषताओं का मार्मिक निरूपण हुआ है।[2] इन सब उदाहरणों से प्रकट है कि भाव-प्रवणता को कवि की जन्मभूमि का निर्णायक समझ लेना युक्ति-सिद्ध नहीं है।

(3) **तुलसी-साहित्य से राजापुर की भाषा-संस्कृति का साम्य :** पं. अयोध्याप्रसाद पांडेय ने भाषा-संस्कृति के आधार पर राजापुर का पक्षपोषण करते हुए कहा है—तुलसी ने राजापुर के प्रसिद्ध खेलों 'भौंरा', 'गोली' और 'चकडोरी' का वर्णन किया है; उनके साहित्य में राजापुर की बहुप्रचलित कहावतें 'कहहु फाग पुरि बाता', 'दूध-भात की दोनी दैहों सोने चोंच मढ़ैहों', 'अनभल ताका' आदि प्रचुरतया प्रयुक्त हुई हैं; कवि ने **फुर, पनही, गभुआर, महतारी, फरसा, कदराहू, किधौं, पुचकारे, ओहार, कुराईं, बियाना, पाहुर, चिराव** आदि शब्दों का उसी रूप में बहुशः प्रयोग किया है जिस रूप में वे राजापुर-क्षेत्र में व्यवहृत होते हैं; राजापुर में 'रामचरितमानस'-वर्णित विवाह-विधि और 'नहछू' के गीत आज भी प्रचलित हैं; तुलसी और तुलसी-संबंधी लोकगीत राजापुर के कहारों, धोबियों, अहीरों आदि के गीतों में गहरी पैठ पाकर वहाँ के वातावरण को तुलसीमय बनाए हुए हैं; इसलिए राजापुर ही तुलसी की जन्मभूमि है।[3]

उनका यह मत तर्क-सम्मत नहीं है। इसके विरुद्ध दो आपत्तियाँ हैं। पहली यह कि जिन खेलों, कहावतों और शब्दों को राजापुर-क्षेत्र में परिसीमित माना गया है वे उस क्षेत्र के बाहर भी पाए जाते हैं। इस तथाकथित प्रमाण का उल्लेख सोरों के समर्थक अपने पक्ष में भी करते हैं। राजापुर-क्षेत्र के लोकगीतों का प्रामाणिक संग्रह अभी तक प्रस्तुत नहीं किया जा सका है जिसके आधार पर कोई मान्य निष्कर्ष निकाला जा सके। दूसरी आपत्ति यह है कि यदि इन बातों को सापत्ति स्वीकार कर भी लिया जाए तो इससे कवि की जन्मभूमि नहीं प्रमाणित हो जाती। भक्त कवि के वहाँ पर पर्याप्त समय तक रहने के कारण भी इस प्रकार का आदान-प्रदान सहज संभाव्य है। रीतिशृंगार-काल के अधिकांश ब्रजभाषा-कवियों की जन्मभूमि ब्रज-क्षेत्र के बाहर है।

(4) **'रामचरितमानस' के अयोध्याकांड की प्रति :** कहा जाता है कि जब तुलसीदास राजापुर छोड़कर जाने लगे तब उन्होंने 'रामचरितमानस' की एक स्वलिखित प्रति अपने शिष्यों को दी थी। उसे किसी चोर ने नदी में फेंक दिया था। उसका केवल अयोध्याकांड बचा रह गया है। डॉ. गुप्त ने बतलाया है कि वह प्रति राजापुर के पं. मुन्नीलाल उपाध्याय

1. रामचरितमानस, 2/90/3-91/4
2. कवितावली, 2/19-25
3. जन-भारती, भाग 1, 1949 ई., पृ. 61-62

के पास है।[1] वह प्रति कवि के हाथ की लिखी है या नहीं, अयोध्याकांड ही क्यों और कैसे बच रहा, इस विषय में प्रचलित किंवदंतियाँ कहाँ तक विश्वसनीय अथवा परस्पर-विरोधिनी होने के कारण अविश्वसनीय हैं—इन पचड़ों का प्रस्तुत प्रश्न से कोई संबंध नहीं है। तत्त्व की बात यह है कि किसी रचना की किसी प्रति के किसी स्थान पर विद्यमान होने से वह स्थान कवि की जन्मभूमि कहलाने का अधिकारी नहीं हो जाता।

(5) **तीन सनदें :** राजापुर के समर्थन में तीन सनदों का साक्ष्य भी प्रस्तुत किया गया है। इनमें से केवल एक सनद ऐसी है जिसमें तुलसीदास के नाम का उल्लेख है। परंतु उसमें उनके जन्म-स्थान पर कोई संकेत नहीं है। माना कि राजापुर से उनका संबंध था, उन्होंने वहाँ पर निवास किया था, उन्हें मुआफी मिली थी और वह मुआफी उनके शिष्य या शिष्यों की वंश-परंपरा में चलती रही; किंतु इससे यह प्रमाणित नहीं होता कि राजापुर में उनका जन्म हुआ था।

(6) **हनुमान की मूर्ति और तुलसी का मकान :** राजापुर में तुलसी द्वारा स्थापित की हुई संकट-मोचन हनुमान की एक मूर्ति है। एक कच्चा मकान है जो तुलसी का निवास-स्थान कहा जाता है। उसमें प्रतिष्ठित एक मूर्ति है जो तुलसीदास की बताई जाती है। इन तथ्यों को प्रामाणिक मान लेने पर भी इनसे इतना ही अनुमान होता है कि तुलसी राजापुर में रहे थे। कहीं पर रहना एक बात है, वहाँ पर जन्म लेना दूसरी बात है। निवास से जन्मभूमि होने की पुष्टि नहीं होती।

(7) **तुलसीचरित, मूलगोसाईंचरित और घटरामायन :** इन तीनों पुस्तकों के अनुसार तुलसी का जन्म राजापुर में हुआ था। इनमें से प्रथम दो की प्रामाणिकता नितांत संदिग्ध है। 'घटरामायन' अपेक्षाकृत अधिक महत्त्वयुक्त है। इसके तीन कारण हैं : वह अन्य परंपराओं—से स्वतंत्र है; उसका लेखक राजापुर से बहुत दूर और सोरों से कुछ ही दूर पर स्थित हाथरस का निवासी रहा है; अपने तथाकथित पूर्वजन्म का जीवनवृत्त लिखते समय उसने भरसक अवधानपूर्वक प्रयास किया होगा कि लोकदृष्टि में अपने को आप्त सिद्ध करने के लिए जनता में प्रचलित तुलसीदास की जीवन-कथा को अधिकाधिक प्रामाणिक रूप में प्रस्तुत किया जाए। परंतु, तुलसीसाहब की समस्त जानकारी तत्कालीन जनश्रुतियों पर ही आश्रित है। ये जनश्रुतियाँ उन प्रतिमुखी जनश्रुतियों से टकराकर खंडित हो जाती हैं जो स्वयं राजापुर के आसपास प्रचलित रहीं और जिनके अनुसार सोरों या किसी अन्य स्थान से आकर तुलसी ने राजापुर को बसाया। अतः उक्त रचनाओं के साक्ष्य पर राजापुर को तुलसी का जन्म-स्थान नहीं माना जा सकता।

(8) **जनश्रुति :** 'घटरामायन' के तुलसी-चरित की आश्रयभूत जनश्रुति के अतिरिक्त एडविन ग्रीव्ज़ ने भी किसी जनश्रुति का हवाला देते हुए कहा है कि राजापुर तुलसी की जन्मभूमि है।[2] लेकिन, इसके विरुद्ध बहुत सी ऐसी जनश्रुतियों की चर्चा की गई है जो राजापुर से भिन्न स्थानों को तुलसी की जन्मभूमि बतलाती हैं। अंग्रेज-शासकों द्वारा प्रस्तुत किए गए चार विवरणों में विभिन्न जनश्रुतियों के आधार पर तुलसी और राजापुर के संबंध का उल्लेख मिलता है। पश्चिमोत्तर प्रांत के विवरण में कहा गया है कि अकबर के शासन-काल में एक सोरों-निवासी महात्मा उस स्थान पर आए जहाँ राजापुर स्थित है; एक मंदिर बनवाकर वे वहीं रहने लगे; बहुत से लोग उनके अनुयायी हो गए और वह

---

1. तुलसीदास, पृ. 196
2. देखिए—माधुरी, अगस्त, 1923, पृ. 24

स्थान धर्म एवं व्यापार का केंद्र बन गया। इंपीरियल गज़ेटियर में लिखा है कि राजापुर सोरों के संत तुलसीदास द्वारा बसाया गया। बाँदा जिले के विवरण से विदित है कि सोरोंवासी भक्त-तुलसीदास यमुना के किनारे उस स्थान पर आकर भजन करने लगे जहाँ राजापुर बसा हुआ है; इसी तुलसीदास ने 'रामायण' (रामचरितमानस) की रचना की। ये सभी विवरण किंवदंतियों पर अवलंबित हैं। यह बात बड़ी विचित्र और उलझनपूर्ण है कि सोरों से अदूरवर्ती हाथरस के आसपास तुलसी साहब को यह जनश्रुति सुनने को मिली कि तुलसीदास राजापुर के थे, और राजापुर के आसपास की जनश्रुतियों से गज़ेटियर-लेखकों को यह पता चला कि तुलसी सोरों के थे। निष्कर्ष यह है कि राजापुर को तुलसी की जन्मभूमि बतानेवाली जनश्रुतियों की अपेक्षा उसके विरुद्ध पड़नेवाली जनश्रुतियाँ अधिक प्रबल हैं।

राजापुर के विपक्ष में कुछ अन्य तर्क भी दिए गए हैं। पं. रामनरेश त्रिपाठी का कहना है कि "अब भी राजापुर और उसके आसपास के गाँवों में बहुत से वृद्ध ऐसे मिलते हैं जो राजापुर को तुलसीदास का जन्म-स्थान नहीं मानते।"[1] डॉ. माताप्रसाद गुप्त ने भी "कुछ लोगों से इस आशय की बातें सुनी थीं।"[2] त्रिपाठीजी के अनुसार एक जनश्रुति यह भी है कि तुलसीदास गंगा पार करके ससुराल गए थे। राजापुर में गंगा नहीं, यमुना है। उनके इस कथन पर डॉ. गुप्त की व्यंग्यार्थमयी टिप्पणी है, "राजापुर में तो कोई ऐसी जनश्रुति नहीं सुनाई पड़ी है, संभव है त्रिपाठीजी ने यह जनश्रुति सोरों के विद्वानों से सुनी हो।"[3] एक दलील यह भी विचारणीय है कि राजापुर से विरक्त होकर निकले हुए तुलसीदास फिर उसी गाँव में कैसे आकर रहते।"[4] इससे अनुमान होता है कि उनका जन्म-स्थान कहीं अन्यत्र था, और गृह-त्यागी होने पर उन्होंने कुछ काल के लिए राजापुर को अपना निवास-स्थान बनाया था।

राजापुर-संबंधी समग्र सामग्री के पर्यालोचन से तत्त्वतः इतना ही प्रमाणित होता है कि तुलसीदास ने वहाँ पर निवास किया था। उन्होंने उसे बसाया हो या न बसाया हो, किंतु यह निश्चित है कि उनके निवास से उसकी महत्ता बढ़ गई। राजापुर के पक्ष में ऐसा कोई निर्णायक साक्ष्य नहीं है जिसके आधार पर उसे तुलसी का जन्म-स्थान स्वीकार कर लिया जाए।

7. **तारी :** बाबू शिवनंदन सहाय ने तारी का पक्ष संक्षेप में प्रस्तुत किया है, "ग्रियर्सन साहब ने तारी का दावा जबर्दस्त समझा है। परंतु उन्होंने इसका कोई कारण नहीं बताया है। हाँ, श्री सीतारामशरण भगवानप्रसादजी ने स्वरचित 'भक्तमाल' की टीका में लिखा है कि राजापुर में जाकर यह बात भली-भाँति निश्चय की गई है कि गोसाईंजी का जन्म तारी में हुआ था और विरक्त होने के पीछे राजापुर में निवास कर उन्होंने वहाँ भजन किया। इसी से वहाँ गोस्वामीजी की स्थापित की हुई संकटमोचन श्री हनुमानजी की मूर्ति है और श्री रामायण अयोध्याकांड भी है। और इस विषय में पत्र द्वारा पूछने पर उन्होंने कृपापूर्वक हमें लिख भेजा है कि तारी में जन्म बूढ़े-बूढ़े भक्तमाली बताते हैं; कई एक प्रसिद्ध रामायणी लोगों ने अपने-अपने रामायणी गुरुओं से सुना है; संस्कृत में जो भक्तमाल का उल्था है उसमें भी तारी ही लिखा है; राजापुर के बूढ़ों से भी सुना गया है कि तारी ही में गोस्वामीजी का जन्म हुआ था, राजापुर में नहीं। अयोध्या-निवासी

---

1. तुलसीदास और उनकी कविता, पृ. 92
2. तुलसीदास, पृ. 151
3. वही
4. तुलसीदास और उनकी कविता, पृ. 112

श्री राम-रसरंगमणिजी ने भी कवित्तरामायण की टीका में तारी ही को जन्म-स्थान माना है।"[1] वे आगे कहते हैं, "जैसे पं. रामगुलामजी ने इस विषय में अन्वेषण कर राजापुर को जन्म-स्थान माना है वैसे ही औरों के अन्वेषण से तारी जन्मभूमि सिद्ध हुई है और बहुत से लोग तारी को प्रधानता देते हैं।"[2] राजापुर और तारी के परस्पर-विरोधी दावों का रोचक समन्वय पं. महादेवप्रसाद ने अपने 'भक्ति-विलास' में किया है। उनका कहना है कि 'गोस्वामीजी के पिता-माता का स्थान पत्यौजा था, गर्भस्थिति अंतर्वेद तारी में हुई और वहीं से उन लोगों के आने पर राजापुर में गोसाईंजी का जन्म हुआ।"[3]

तारी कहाँ है ? ग्रियर्सन और 'संस्कृत भक्तमाला' के अनुसार उसकी स्थिति दोआब अथवा अंतर्वेद में है।[4] बाबू शिवनंदन सहाय ने बताया है कि तारी एक गाँव है जो राजापुर से पाँच-छः कोस दूर यमुना के उसी किनारे पर स्थित है।[5] डॉ. रामदत्त भारद्वाज का कहना है कि "यमुना के तटवाला गाँव 'तारी' नहीं है, 'ताड़ी' है; असली 'तारी' एटा जिले में सोरों से कुछ दूर गंगा के किनारे है जो तुलसी की नहीं, उनकी माता हुलसी की जन्मभूमि है।"[6]

तारी चाहे जहाँ हो, उसके प्रत्यभिज्ञान से तुलसी की जन्मभूमि के निर्धारण में कोई सहायता नहीं मिलती। तारी के पक्ष में जो कुछ कहा गया है वह सब केवल जनश्रुतियों के आधार पर है। उन जनश्रुतियों की प्रतिवादिनी और तुल्य बलवाली जनश्रुतियाँ भी हैं। वे एक-दूसरी का खंडन करके अपने-आप खंडित हो जाती हैं।

8-9. **सोरों-रामपुर :** पं. रामनरेश त्रिपाठी ने सोरों के प्रंसग में एक प्रश्न उठाकर उसका उत्तर दिया है। "किसी ने इस शंका का समाधान नहीं किया है कि तुलसीदास जब बहुत बालक 'अति अचेत' थे[7] तब वे सूकरखेत कैसे पहुँच गए।"[8] उन्होंने स्वयं इसका समाधान किया है, "सोरों जाकर मुझे निश्चय हो गया है कि तुलसीदास का जन्म-स्थान सोरों ही है। वहीं उन्होंने पहले-पहल बाल्यावस्था में गुरु-मुख से राम-कथा सुनी थी।"[9] कवि द्वारा उल्लिखित 'सूकरखेत' की स्थिति के विषय में विवाद है। यहाँ पर इतना ही विचारणीय है कि एटा जिले में गंगा के किनारे स्थित सूकरखेत (सोरों) तुलसी का जन्म-स्थान है या नहीं।

इस सूकरखेत के परिमाण के विषय में दो प्रकार की धारणाएँ पाई जाती हैं। संकुचित अर्थ में, 'सूकरखेत' का व्यवहार सोरों कस्बे के लिए किया जाता है। व्यापक अर्थ में, सोरों-केंद्र से उसके चारों ओर पाँच योजन तक का क्षेत्र 'सूकरखेत' माना जाता है। इस प्रकार सोरों से डेढ़-दो मील पूर्वस्थ रामपुर गाँव भी 'सूकरखेत' के अंतर्गत मान्य है। सोरों-सामग्री के प्रमुख विवरणकारों में से पं. गोविंदवल्लभ भट्ट, पं. भद्रदत्त शर्मा और पं. वेदव्रत शर्मा खास सोरों को तुलसी का जन्म-स्थान मानते हैं। डॉ. रामदत्त भारद्वाज के मतानुसार तुलसी का जन्म रामपुर गाँव में हुआ था। अस्तु।

---

1. गोस्वामी तुलसीदास, पृ. 2-3
2. वही, पृ. 4
3. देखिए—गोस्वामी तुलसीदास (बाबू शिवनंदन सहाय), पृ. 7-8
4. वही (डॉ. भारद्वाज), पृ. 156
5. गोस्वामी तुलसीदास, पृ. 2,4
6. वही, पृ. 158-59
7. उनका संकेत 'तब अति रहेउँ अचेत' (रामचरितमानस, 1/30) की ओर है।
8. तुलसीदास और उनका काव्य, पृ. 69
9. वही, पृ. 70

सोरों-पक्ष के समर्थक विद्वानों ने बहिस्साक्ष्य और अंतस्साक्ष्य दोनों के आधार पर सोरों को तुलसी की जन्मभूमि सिद्ध करने का प्रयास किया है। बहिस्साक्ष्य के दो वर्ग हैं—सोरों-सामग्री और सोरों-इतर सामग्री। अंतस्साक्ष्य के भी दो रूप हैं—कवि के आत्मकथात्मक उल्लेख और कृतियों की भाषागत विशेषताएँ। इन चारों प्रकारों की अलग-अलग संक्षिप्त विचार-चर्चा अपेक्षित है।

(क) **सोरों-सामग्री का साक्ष्य :** पूर्व-विवेचित 'सूकरक्षेत्रमाहात्म्यभाषा', मुरलीधर के छप्पयों, 'रत्नावलीचरित', 'दोहारतनावली', 'भ्रमरगीत' की पुष्पिका, 'वर्षफल', सेवादास की टीका और 'तुलसीप्रकास' के आधार पर प्रतिपादित किया गया है कि तुलसी का जन्म सोरों के योगमार्ग मोहल्ले अथवा सूकरखेत के अंतर्गत रामपुर गाँव में हुआ था। वहाँ से कुछ दूर तारी गाँव में उनका ननिआउर था, बदरिया में ससुराल थी। उनका बालपन सोरों में बीता। वहीं पर गुरु नरसिंह की पाठशाला में उन्होंने विद्याध्ययन किया। गृहस्थ होकर सोरों में ही रहे। इस मत की पुष्टि में रामपुर, बदरिया तथा तारी गाँवों, नरसिंह-मंदिर, तुलसी के गृह-स्थान, सीता-राम-मंदिर, नरसिंह एवं नंददास के वंशजों और कतिपय जनश्रुतियों की साक्षी भी दी जाती है।

पं. रामनरेश त्रिपाठी, डॉ. दीनदयालु गुप्त, डॉ. रामदत्त भारद्वाज, डॉ. राजाराम रस्तोगी आदि सोरों-सामग्री को प्रामाणिक मानते हुए सोरों या सूकरखेत को तुलसी का जन्म-स्थान मानते हैं। पं. चंद्रबली पांडे, आचार्य हजारीप्रसाद द्विवेदी, आचार्य विश्वनाथप्रसाद मिश्र, डॉ. भगवतीप्रसाद सिंह आदि उस सामग्री को संदेह की दृष्टि से देखते हैं। डॉ. माताप्रसाद गुप्त की छानबीन का निचोड़ है कि "वह समस्त सामग्री न केवल बहिरंग और अंतरंग परीक्षाओं से अप्रामाणिक सिद्ध होती है, वरन् कवि के द्वारा किए हुए आत्मोल्लेखों के भी प्रतिकूल जाती है। इसलिए यह प्रकट है कि किसी भी अंश में उसका उपयोग कवि के जीवन-वृत्त के निर्माण में नहीं किया जा सकता।"[1]

(ख) **सोरों-इतर बाह्य साक्ष्य :** डॉ. रामदत्त भारद्वाज ने अधिकारपूर्वक कहा है कि यदि एटा-बदायूँ ज़िलों से प्राप्त 'सोरों-सामग्री' को अलग रख दिया जाए तो भी ऐसी प्रचुर सामग्री भारत के विभिन्न कोनों में विद्यमान है जो सोरों-सामग्री का समर्थन करती है।[2] वह सामग्री है :

(1) **श्री गुसाईंजी के सेवक चारि अष्टछापी तिनकी वार्ता** में बतलाया गया है कि नंददास सनाढ्य सुकुल थे, और तुलसीदास के छोटे भाई थे।

(2) प्रियादास-रचित 'भक्तमाल'-टीका (सं. 1769) पर लिखित **'भक्तिरसबोधिनी'** (सं. 1894) में सेवादास ने कहा है कि तुलसीदास भादों की अर्धरात्रि में अपनी पत्नी रत्नावली से मिलने के लिए गंगापार करके बदरी गए थे।

(3) **श्री अष्टछाप की वार्ता** में लिखा है कि नंददास सनाढ्य ब्राह्मण, रामपुर-निवासी और तुलसीदास के छोटे भाई थे।

(4) गोकुलनाथ के **वचनामृतों** से स्पष्ट है कि जब नंददास विट्ठलनाथ के सेवक बने थे तब तुलसीदास ने उनसे मतभेद प्रकट किया था।

(5) **बावन वचनामृत** से प्रकट है कि तुलसीदास के भाई नंददास रामपुर-निवासी थे। वे वल्लभ संप्रदाय में दीक्षित हुए। तुलसी ने उन्हें कृष्ण-भक्ति से हटाकर राम-भक्ति की ओर ले जाना चाहा।

1. तुलसीदास, पृ. 151-52
2. गोस्वामी तुलसीदास, पृ. 247-54

(6) **अष्टसखामृत** में कहा गया है कि कृष्ण-भक्त नंददास राम-भक्त तुलसीदास के छोटे भाई थे। वे सनाढ्य सुकुल और रामपुर के निवासी थे। उन्होंने रामपुर का नाम बदलकर श्यामपुर कर दिया था और स्वयं कृष्ण-भक्त हो गए थे।

(7) **दो सौ बावन वैष्णव वार्ता** से विदित होता है कि नंददास तुलसीदास के छोटे भाई थे। वे ब्राह्मण थे। उन्होंने तुलसी को गोवर्धननाथ के दर्शन राम-रूप में कराए, उनको विट्ठलनाथ से मिलाया। तुलसी ने विट्ठलनाथ को साष्टांग प्रणाम नहीं किया, उनके पुत्र और पुत्रवधू रघुनाथ-जानकी को साष्टांग दंडवत किया।

(8) **संप्रदायकल्पद्रुम** में विट्ठलनाथ भट्ट ने लिखा है कि तुलसीदास सं. 1620 के लगभग ब्रज में और गोवर्धनधारी के दर्शन के लिए गए। उनकी इच्छा के अनुसार भगवान् ने राम-रूप में दर्शन दिया। उन्होंने विट्ठलनाथ से शरण-मंत्र लेना चाहा, परंतु विट्ठलनाथ ने उन्हें रामभक्त समझकर उनको अपने पुत्र रघुनाथ के पास भेज दिया।

(9) **भक्तिविलास** में महादेवप्रसाद त्रिपाठी ने कहा है कि तुलसी की गर्भ-स्थिति तारी में हुई थी।

(10) भारतेंदु हरिश्चंद्र ने 'भक्तमाल' में नंददास को तुलसीदास का अनुज बताया है।

(11) पश्चिमोत्तर-प्रांत के ऐतिहासिक विवरण में जनश्रुति के आधार पर लिखित है कि तुलसीदास सोरों (परगना अलीगंज, ज़िला एटा) के निवासी थे।

(12) इंपीरियल गज़ेटियर का कथन है कि अकबर के शासन-काल में तुलसीदास ने सोरों से आकर राजापुर की स्थापना की।

(13) बाँदा के डिस्ट्रिक्ट गज़ेटियर में भी बतलाया गया है कि तुलसीदास सोरों के रहनेवाले थे।

(14) एफ. एस. ग्राउज़ ने लिखा है कि तुलसीदास ने सूकरखेत (सोरों) में शिक्षा पाई। उन्होंने 'भक्तिसिंधु' का हवाला देकर बताया है कि तुलसी के पिता का नाम आत्माराम था।

(15) जार्ज ग्रियर्सन ने जनश्रुति के आधार पर कुछ दोहे उद्धृत करके तुलसीदास के पिता, माता, श्वसुर, पत्नी और पुत्र के रूप में क्रमशः आत्माराम, हुलसी, दीनबंधु पाठक, रत्नावली तथा तारक का उल्लेख किया है।[1]

(16) मिश्रबंधु आदि आलोचकों तथा रामेश्वर भट्ट, ज्वालाप्रसाद मिश्र आदि अनेक टीकाकारों ने भी तुलसी को आत्माराम-हुलसी का पुत्र और रत्नावली का पति माना है।

अनेक समीक्षकों ने इन कथित साक्ष्यों का प्रत्याख्यान किया है। उसका सारांश यह है कि प्रथम दस अनुच्छेदों में परिगणित रचनाओं की प्रामाणिकता संदिग्ध है; ग्यारहवें से पंद्रहवें तक का साक्ष्य जनश्रुतियों पर अवलंबित है जो स्वतः प्रमाण नहीं है; सोलहवें अनुच्छेद में निर्दिष्ट आलोचक और टीकाकार गड्डलिका-प्रवाह में बह गए हैं—एक जनश्रुति प्रसारित हो गई और वे आँख मूँदकर लकीर पीटने लगे।

(ग) **आत्मकथात्मक उल्लेख** : तुलसीदास की निम्नांकित पंक्तियों के आधार पर उनके

---

1. दुवे आत्माराम है पिता नाम जग जान।
माता हुलसी कहत सब तुलसी के मुन कान॥
प्रह्लाद उद्धरण नाम करि गुर को सुनिए साधु।
प्रकट नाम नहिं कहत जग कहे होत अपराधु॥
दीनबंधु पाठक कहत ससुर नाम सब कोइ।
रत्नावलि तिय नाम है सुत तारक गत होइ॥

जन्म और बाल्यकाल का संबंध सोरों-क्षेत्र से स्थापित किया गया है[1] :

1. तुलसी तिहारो घर जायऊ है घर को।[2]

2. जो पहुँचाव रामपुर तन अवसान।[3]

3. बरु बारहि बार सरीर धरौं रघुबीर को ह्वै तव तीर रहौंगो।[4]

4. यह भरतखंड समीप सुरसरि थल भलो संगति भली।[5]

डॉ. भारद्वाज की मान्यता है कि तुलसी (पहली पंक्ति में निर्दिष्ट) जिस घर के घर-जाए हैं वह घर राम का है, अर्थात् रामपुर है; यह बात दूसरी पंक्ति से समर्थित है। यह 'रामपुर' अयोध्या का ज्ञापक नहीं हो सकता, क्योंकि तीसरी और चौथी पंक्तियों से उसका गंगा-तट पर स्थित होना सूचित होता है। "जब घर के गंगा-तट को त्यागकर अनेक गिरि-काननों में घूमने से भी शांति न मिली तब उन्हें कुछ पश्चात्ताप हुआ होगा।[6] यही करण है कि उन्होंने विरक्त होकर स्थायी निवास के निमित्त गंगा-तटस्थ काशी को ही मनोनीत[7] किया।"[8] रामपुर सोरों से लगभग दो मील की दूरी पर गंगा के किनारे है। अतः सोरों-क्षेत्र के अंतर्गत रामपुर ही उनका जन्मस्थान है।

उक्त पंक्तियों से रामपुर-ग्राम के जन्मस्थान होने की बात प्रमाणित नहीं होती। मैं समझता हूँ कि देहावसान के बाद 'रामपुर' पहुँचने से तुलसी का अभिप्राय सालोक्यमुक्ति से है। **'रामधाम'**[9], **'निजधाम'**[10], **'ममधाम'**[11] आदि की भाँति ही **रामपुर** का अर्थ भी वैकुंठ है। गंगाविषयक कथन केवल काशी-माहात्म्य के द्योतक हैं।

(घ) **कवि की भाषा का साक्ष्य :** पं. रामनरेश त्रिपाठी का मत है कि तुलसी ने ऐसे बहुत से शब्दों और मुहावरों का प्रयोग किया है जो सोरों में आमतौर से प्रचलित हैं जैसे—**तायो**[12], **ओर को**[13], **भौंरा-चकडोरि**[14], **कुटिल कीट**[15], **तिजरा को सो टोटक**[16] आदि। **तायो** का अर्थ है—जाँचा। सोरों की बोलचाल में इसका आज भी प्रचलन है, राजापुर आदि में इस क्रिया का प्रयोग गरम करने के अर्थ में किया जाता है। सोरों में **ओर को** का

---

1. देखिए—गोस्वामी तुलसीदास, (डॉ. रामदत्त भारद्वाज), पृ. 161-63, 255
2. कवितावली, 7/122
3. बरवैरामायण, 65
4. कवितावली, 7/147
5. विनयपत्रिका, 135/1
6. तृपावंत सुरसरि विहाय सठ फिरि-फिरि बिकल अकास निचोयो।—विनयपत्रिका, 245/3
7. चेरो राम राय को सुजस सुनि तेरो हरि
   पाँय तरि आय रह्यों सुरसरि तीर हौं।—कवितावली, 7/166
   जीबे की न लालसा दयालु महादेव मोहिं
   मालुम है तोहिं मरिबेई को रहत हौं।—कवितावली, 7/167
8. गोस्वामी तुलसीदास, पृ. 163
9. राम धामदा पुरी सुहावनि।—रामचरितमानस, 1/35/2
10. राम बालि निज धाम पठावा।—रामचरितमानस, 4/11/1
11. मम धामदा पुरी सुखरासी।—रामचरितमानस, 7/4/4
12. स्रवन नयन मन मग लगे सब थलपति तायो।—विनयपत्रिका (ना. प्र. सभा), 276/5
    'थलपति तायो' का अत्यंत सुंदर पाठांतर है—थल पतिनायो (गीता प्रेस का संस्करण)
13. हौं तौ बिगरायल ओर को बिगरो न बिगरिए।—विनयपत्रिका (सं. विश्वनाथप्रसाद मिश्र), 271/2
    'ओर' का पाठांतर है—और; गीता प्रेस आदि के संस्करण
14. खेलत अवध खोरि गोली भौंरा चकडोरि—गीतावली, 1/43/3
15. तनु जन्यो कुटिल कीट ज्यों तज्यो मातु पिता हू।—विनयपत्रिका, 275/2
16. स्वारथ के साथिन्ह तज्यो तिजरा को सो टोटक—विनयपत्रिका, 272/2

अर्थ है—अंत का। राजापुर-क्षेत्र में उसका अर्थ है—आदि, आरंभ; जैसे—'ओर-छोर' में। **भौंरा-चकडोरी** का सोरों में बड़ा प्रचार है। अयोध्या, बनारस या राजापुर में इन खेतों का प्रचार शायद ही है। **कुटिल कीट** केकड़े की जाति का एक कीड़ा है। सोरों में उसे 'कुटीला' कहते हैं। उसके जन्मते ही उसकी माँ मर जाती है। तुलसी के जन्म के समय भी उनकी माता का देहांत हो गया होगा। सोरों में **तिजरा** का अर्थ तिजारी-ज्वर नहीं है, यह पसली चलने का एक रोग है। इसके निवारण के लिए टोटका किया जाता है।[1]

उन्होंने आगे कहा है कि सोरों ब्रज, राजपूताना, पंजाब, काठियावाड़ और गुजरात के निवासियों का मुख्य तीर्थस्थान है। उन प्रांतों के बहुत से शब्द सोरों की बोलचाल में स्वभावतः भर गए हैं। तुलसी ने उन परिचित शब्दों का सहज-प्रयोग किया है। उदाहरण के लिए—ब्रज में व्यवहृत **मायजायो**[2] (माँ से उत्पन्न); मारवाड़ी के **मैन**[3] (मोम), **मोखे**[4] (गवाक्ष), **म्हाको**[5] (मेरा), **दारू**[6] (बारूद), **नारि**[7] (गरदन); और **गुजराती के मौंगी**[8] (चुप), **मूकी**[9] (छोड़ी), **बियो**[10] (दूसरा) आदि इसी प्रकार के प्रयोग हैं। ये उनके घरू शब्द थे जो उनकी विचार-धारा में आप-से-आप निकल पड़े थे।[11]

उपर्युक्त मत के प्रतिपाद में कई तर्क दिए जा सकते हैं :

(1) त्रिपाठीजी ने जिन पुस्तकों से उदाहरण दिए हैं वे सब-की-सब ब्रजभाषा की रचनाएँ हैं। उद्धृत शब्द चाहे जिस स्रोत से आए हों, वे ब्रजभाषा में प्रचलित थे। किसी भी क्षेत्र का ब्रजभाषा-कवि उनका निर्बाध प्रयोग कर सकता था। वे सभी प्रयोग ब्रज-क्षेत्र तक ही परिसीमित नहीं हैं। बारूद का अर्थ-वाचक 'दारू' फ़ारसी शब्द है। मोम के अर्थ में 'मैन' का प्रयोग मलिक मुहम्मद जायसी ने भी किया है।[12] गोली-भौंरा-चकडोरि पर सोरों या ब्रज का एकाधिकार नहीं है। राजापुर के समर्थक इन खेलों को वहाँ का ही विशिष्ट खेल बतलाते हैं। गोली और भौंरा तो उत्तर प्रदेश के पूर्वी जिलों में खूब प्रचलित हैं। अतएव इस प्रकार के शब्द तुलसी के जन्म-स्थान के निश्चायक प्रमाण नहीं हैं।

(2) उनका कथन है कि "तुलसीदास ने ब्रजभाषा और अवधी-मिश्रित (ब्रज-) भाषा में सफलता के साथ रचना की है, यह भी उनके ब्रज और अवध की सरहद पर होने का प्रबल प्रमाण है।"[13] यह कथन तर्कसंगत नहीं है। वास्तविकता यह है कि तुलसी के युग में ब्रजभाषा हिंदी की प्रतिष्ठित काव्य-भाषा थी। वैष्णव-भक्तिधारा ने उसे उत्तर-भारत की राष्ट्रभाषा का पद प्रदान कर दिया था। तुलसी ने युगधर्म का पालन किया और ब्रजभाषा में भी

---

1. देखिए—तुलसीदास और उनका काव्य, पृ. 72-73
2. तोसे माय जायो को—विनयपत्रिका, 179/3
3. मैन के दसन कुलिस के मोदक—कृष्णगीतावली, 51
4. नयन बीस मंदिर के से मोखे।—गीतावली, 5/12
5. मंदमति कंत सुनु मंत म्हाको।—कवितावली, 6/21
6. काल तोपची तुपक महि दारू अनय कराल।—दोहावली, 515
7. जियत न नाई नारि चातक घन तजि दूसरहि।—दोहावली, 305
8. मुनि खग कहत अंब मौंगी रहि समुझि प्रेमपथ न्यारो।—गीतावली, 2/66/5
9. मन मानि कुवानि गलानि न मूकी।—कवितावली, 7/88
10. कहाँ रघुबीर सो बीर बियो है।—कवितावली, 6/53
11. तुलसीदास और उनका काव्य, पृ. 73-75
12. देखिए—पदमावत, 166/3, 273/5
13. तुलसीदास और उनका काव्य, पृ. 73

काव्य-रचना की। ब्रज से दूरवर्ती प्रदेशों के बहुत से कवियों ने भी ब्रजभाषा में सफल रचना की है। भिखारीदास ने तो बल देकर कहा है कि ब्रजभाषा में रचना करने के लिए ब्रज-वासी होना आवश्यक नहीं है।[1] बंगाल और आसाम तक के कवियों द्वारा 'ब्रजबुली' का प्रयोग[2] ब्रजभाषा की व्यापकता सूचित करता है।

(3) त्रिपाठीजी ने तुलसी-साहित्य में अरबी-फारसी शब्दों के स्वच्छंद प्रयोग को भी उनके पश्चिम-प्रांत-निवासी होने का प्रमाण माना है। "सोरों और उसके आसपास के ज़िलों में मुसलमानों की बस्तियाँ बहुत हैं। इसी से अरबी-फारसी के जितने शब्द पश्चिमी हिंदी में मिलते हैं, उतने पूर्वी हिंदी में नहीं।"[3] अतः तुलसी सोरोंवासी थे, यह तर्क निराधार है। तुलसी के 'लघु भ्राता' कहे जानेवाले नंददास और सूरदास आदि अन्य कवि तो जीवन-भर 'पश्चिम-प्रांत-निवासी' रहे। इस हिसाब से उनके साहित्य में अरबी-फारसी शब्दों का अधिक प्रयोग होना चाहिए था, किंतु ऐसा हुआ नहीं। तुलसी का अधिकांश जीवन निर्विवाद रूप से पूर्वी प्रदेश में बीता था, फिर भी उन्होंने ऐसे शब्दों का बहुतायत से प्रयोग किया है। डॉ. राजाराम रस्तोगी के अनुसार नंददास के काव्य में अरबी-फारसी शब्दों के कम प्रयोग का "कारण है वल्लभ-संप्रदाय की विशेषता, कवि की रुचि और स्वभाव।"[4] ठीक है। इसी सिद्धांत को तुलसी पर भी लागू कर दीजिए। अपनी संप्रदाय-निरपेक्षता, रुचि और स्वभाव के कारण उन्होंने शब्दों के प्रयोग में सर्वतंत्र-स्वतंत्रता से काम लिया। सोरों से उसका अविनाभाव-संबंध नहीं है। "मुसलमानों की बस्तियों में रहने के कारण तथा अपने भाषा-संबंधी ज्ञान के कारण उनके स्वभाव में एक मृदुता होगी, फलतः उन्होंने अरबी-फारसी का प्रचुर प्रयोग किया।"[5] यह संभावना सिद्ध नहीं होती। नंददास के स्वभाव में 'एक मृदुता' क्यों नहीं आई ? यदि उन पर वल्लभ-संप्रदाय का प्रभाव था, तो तुलसी पर 'नाना-पुराणनिगमागम' का प्रभाव कम नहीं था। वस्तुतः तुलसी-साहित्य में अरबी-फारसी शब्दों के प्रयोग का कारण है मुसलमानी शासन और संस्कृति का व्यापक प्रभाव। पूर्वी प्रदेश भी मुस्लिम साम्राज्य का अंग था। फारसी उसकी राजभाषा थी। उसकी प्रचुर शब्दावली का लोक में व्यवहार होता था। तुलसी ने निस्संकोच भाव से उसे ग्रहण किया।

(4) कल्पना-प्रवण गवेषकों ने तुलसी की अनेक उक्तियों में से मुद्रालंकार के नाम पर सोरों-समर्थक निर्देश ढूँढ़ निकाले हैं। उनके अनुसार—**'पहुँचे दूत रामपुर पावन'**[6] में तुलसी ने अपने जन्म-स्थान (या ननिहाल) रामपुर गाँव का उल्लेख कर दिया है; **'प्रनवउँ दीनबंधु दिनदानी'**[7] में अपने ससुर दीनबंधु पाठक को प्रणाम किया है; **'सो मो सन कहि जात न कैसे'**[8] में **'सन'** के द्वारा अपने सनाढ्य होने का संकेत कर दिया है। डॉ. देवकीनंदन श्रीवास्तव की मान्यता है कि 'इस पद्धति पर राजापुर-विषयक जीवनवृत्त की

1. ब्रजभाषा हेत ब्रजवास ही न अनुमानौ
   ऐसे ऐसे कबिन की बानी हूँ सों जानिए।—काव्यनिर्णय, 1/16
2. देखिए—ब्रजबुली, डॉ. कनिका विश्वास
3. तुलसीदास और उनका काव्य, पृ. 75
4. तुलसीदास : जीवनी और विचारधारा, पृ. 111
5. वही, पृ. 112
6. रामचरितमानस, 1/290/1
7. वही, 1/15/2
8. वही, 1/3/6

अपेक्षा सोरों-विषयक जीवन-वृत्त की अधिक पुष्टि होती है, परंतु इस पद्धति की वैज्ञानिक सार्थकता एवं उपयोगिता असंदिग्ध नहीं कही जा सकती।"[1] मेरे विचार से, यह उड़ान सोरों-पक्ष की पुष्टि करती ही नहीं है, अपितु उसे हास्यास्पद बनाती है। इस प्रकार का अनुसंधान शश-विषाण के अन्वेषण से कम निरर्थक नहीं है।

सोरों-पक्ष की समग्र सामग्री और तर्क-समूह का तटस्थ दृष्टि से आलोचन करने के उपरांत मैं इसी निष्कर्ष पर पहुँचा हूँ कि ऐसा कोई अकाट्य प्रमाण नहीं है जिसके बल पर सोरों अथवा रामपुर को तुलसी की जन्मभूमि मान लिया जाए। यह निष्कर्ष उनकी जन्मभूमि बताए जानेवाले सभी स्थानों पर लागू होता है। अतएव वर्तमान परिस्थिति में निश्चयपूर्वक यह कहना संभव नहीं है कि तुलसीदास का जन्म किस स्थान पर हुआ था। इतना अवश्य कहा जा सकता है कि सोरों का पक्ष अन्य पक्षों की तुलना में बलहीन नहीं है। सोरों-पक्ष की सामग्री को फूँक मारकर उड़ाया नहीं जा सकता। उसमें सत्य का कुछ-न-कुछ अंश अवश्य होना चाहिए। अतः उस विपुल सामग्री और राजापुर तक में पाई जानेवाली किंवदंतियों को दृष्टि में रखते हुए कम-से-कम इतना मान लेना बुद्धिसंगत होगा कि सोरों में भी तुलसी ने कुछ काल तक निवास अवश्य किया था। यह बात ध्यान देने योग्य है कि उनके साहित्य में इतने स्थानों का उल्लेख हुआ है, किंतु उनकी जन्मभूमि के प्रबलतम दावेदारों 'राजापुर' और 'सोरों' का नहीं।

जाति और आस्पद

तुलसीदास ब्राह्मण-जाति में उत्पन्न हुए थे। सभी प्रकार के बहिस्साक्ष्य इस तथ्य का समर्थन करते हैं। अंतस्साक्ष्य के आधार पर कवि के आत्मोल्लेख भी इसकी पुष्टि करते हैं। इसके विरोध में कोई साक्ष्य नहीं है। तुलसी की उपजाति, आस्पद या गोत्र के विषय में कोई निर्णायक साक्ष्य नहीं मिलता। विभिन्न विद्वानों ने विभिन्न स्रोतों के अनुसार विभिन्न मत व्यक्त किए हैं।[2]

सोरों-सामग्री के अनुसार वे सनाढ्य शुक्ल थे। रानी कँवल कुँवरि ने भी उन्हें 'सनौड़िया' कहा है। राजापुर-पक्ष के पोषक ग्रंथ 'मूलगोसाईंचरित' के अनुसार वे सरयूपारीण दूबे थे और पराशरगोत्री थे। पं. रामगुलाम द्विवेदी, पं. सुधाकर द्विवेदी, डॉ. ग्रियर्सन, पं. रामचंद्र शुक्ल आदि ने भी उन्हें सरयूपारीण माना है। रघुबरदास-रचित 'तुलसीचरित' के अनुसार वे सरायूपारीण मिश्र थे। तुलसी साहब ने अपने 'घटरामायन' में उनको कान्यकुब्ज बतलाया है। मिश्रबंधु, शिवनंदन सहाय, भगीरथप्रसाद दीक्षित आदि इसी पक्ष के समर्थक हैं। लोगों ने अपने मत की अंतस्साक्ष्य द्वारा पुष्टि करने का भी अध्यवसाय किया है। परंतु सारे प्रयत्न निष्फल हैं। किसी पक्ष में अखंडनीय प्रमाण नहीं हैं। और, गोत्र-आस्पद की खोज-बीन भी भूसी कूटने के समान व्यर्थ है।

माता-पिता

सोरों-सामग्री के अनुसार तुलसी की माता का नाम हुलसी और पिता का नाम आत्माराम शुक्ल था। राजापुर-पक्ष की कथा-प्रथा में आत्माराम को दूबे बतलाया गया है। सामान्य परंपरा में आत्माराम और हुलसी के नाम ही प्रचलित रहे हैं। 'हुलसी' की अधिक प्रसिद्धि रही है। यह नाम 'मूलगोसाईंचरित' और 'जनश्रुतियों' में भी मिलता है। इसकी ख्याति का संभावित कारण यह है कि तुलसी ने अपनी

1. तुलसीदास की भाषा, पृ. 367
2. देखिए—तुलसीदास, पृ. 161-64; गोस्वामी तुलसीदास (डॉ. भारद्वाज), पृ. 284-87; तुलसीदास : जीवनी और विचारधारा, पृ. 116-18

एक चौपाई में 'हुलसी' का उल्लेख किया है।[1] परंतु, निश्चयपूर्वक यह नहीं कहा जा सकता कि 'हुलसी' शब्द में तुलसी ने अपनी माता का निर्देश किया है। इस संबंध में विशेष बात यह है कि किसी परंपरा, जनश्रुति अथवा किसी लिखित रचना में तुलसी की माता के लिए 'हुलसी' के अतिरिक्त कोई अन्य नाम नहीं मिलता। इसके विरुद्ध उनके पिता के नामांतर भी पाए जाते हैं। रघुबरदास ने उनके पिता का नाम मुरारी मिश्र दिया है और 'भविष्यपुराण' में वे अनूप शर्मा के पुत्र कहे गए हैं। आत्माराम भी किसी के अनुसार दूबे थे, और किसी के मत से शुक्ल। ये सभी नाम संदिग्ध हैं। हाँ, सापेक्ष दृष्टि से 'हुलसी' नाम कम अविश्वसनीय है।

बचपन की क्लेश-कथा

'तुलसीचरित' में उनके बाल्यकाल की कष्ट-कहानी नहीं मिलती; उन्होंने बहुत समय तक अपने माता-पिता के साथ और फिर उनसे अलग भाई-बहनों के साथ सुखमय जीवन व्यतीत किया। यह बात कवि की आत्मकथात्मक उक्तियों के सर्वथा विरुद्ध है। 'मूलगोसाईंचरित' में कवि की स्वकथित जीवनी के साथ संगति बिठाने का प्रयास किया गया है। पाँचवें दिन माता का स्वर्गवास हो गया। दासी मुनिया की सास चुनिया बालक का पालन करती रही। छठे वर्ष वह दिवंगत हो गई। तुलसी के पिता ने उन्हें ग्रहण करने से इनकार किया। अतः वे अनाथ हो गए और दर-दर ठोकरें खाते फिरे।

डॉ. गुप्त की धारणा है कि सोरों-सामग्री में तुलसी के सुखमय बाल-जीवन का वर्णन है, इस वर्णन तथा कवि की आत्मकथा में आकाश-पाताल का अंतर है, और दोनों का सामंजस्य किसी प्रकार भी संभव नहीं है। उनका कथन है, "सोरों की सामग्री के अनुसार सोरों में तुलसीदास का एक पक्का मकान था। उनका एक अत्यंत समादृत और बड़ा परिवार था जिसके अधिकतर लोग यद्यपि सोरों के बाहर रामपुर में रहा करते थे, किंतु तुलसीदास के परिवार के साथ स्नेह रखते थे। तुलसीदास की शिक्षा-दीक्षा का प्रबंध अच्छा था।"[2] यह सोरों-पक्ष का निष्पक्ष और यथार्थ निरूपण नहीं है। उस पक्ष के प्रौढ़ समर्थक डॉ. रामदत्त भारद्वाज ने 'तुलसीप्रकास' के आधार पर लिखा है कि "अविनाश राय के साक्ष्य के अनुसार तुलसीदासजी केवल दस मास के थे जब उनके माता-पिता का देहांत हुआ था। तुलसीदासजी का बचपन कष्टमय रहा। उन्हें अपनी जीविका के लिए भिक्षा तक माँगनी पड़ी। यद्यपि उनके माता-पिता खाते-पीते थे तथापि माता-पिता तथा चाचा जीवाराम की मृत्यु के पश्चात् आय का कोई साधन न रह गया था। उनकी दादी उन्हें अवश्य राम का भरोसा देती थीं और वे राम के नाम पर भिक्षा-वृत्ति करते थे।"[3] 'तुलसीप्रकास' में कहा गया है कि वे सोरों में और कभी-कभी अपने जन्म-स्थान रामपुर में जाकर भीख माँगा करते थे।

परंतु, उपर्युक्त रचनाओं की प्रामाणिकता संदिग्ध है। ऐसा प्रतीत होता है कि समझदार लेखकों ने तुलसी की आत्मकथा का आश्रय लेकर उनकी स्वमनःकल्पित जीवनी प्रस्तुत करने का उद्योग किया है। अतः उनका उतना ही अंश मान्य है जितना कवि के स्वकथित जीवन-वृत्त से मेल खाता है।

तुलसीदास का मूल नाम

रघुवरदास ने 'तुलसीचरित' में कहा है कि मुरारी मिश्र के कुल-गुरु तुलसीदास ने उनके पुत्र का नामकरण किया—**तुलाराम**, और प्रेमवश उसका नाम रखा—**तुलसी**। यही 'तुलाराम' आगे चलकर

1. रामहि प्रिय पावनि तुलसी सी। तुलसिदास हित हिय हुलसी सी॥—रामचरितमानस, 1/31/6
2. तुलसीदास, पृ. 113-14
3. गोस्वामी तुलसीदास, पृ. 290-91

तुलसीदास के नाम से विख्यात हुए। वेणीमाधवदास ने 'मूलगोसाईंचरित' में तुलसीदास के नामकरण-संस्कार का उल्लेख नहीं किया। उनके अनुसार, जब शिव की प्रेरणा से नरहर्यानंद हरिपुर पहुँचे तब उन्होंने बालक (तुलसी) को 'रामबोला' कहकर संबोधित किया। 'तुलसीप्रकास' में अविनाशराय ने कवि की आत्मकथा का ध्यान रखा है। उनका कहना है कि हुलसी विष्णु-भक्त थीं, वे नियमित रूप से तुलसी-पूजा किया करती थीं, इसलिए गुरु ने शिशु का नाम तुलसी रखा, और जब निस्सहाय हो जाने पर तुलसी राम का नाम लेकर भीख माँगने लगे तब लोग उन्हें 'रामबोला' कहने लगे। संदिग्ध रचना में निबद्ध होने पर भी यह कल्पित कथा विश्वसनीय जँचती है, क्योंकि इसके मूल सूत्र कवि के आत्मोल्लेखों के अनुरूप हैं।

गुरु और शिक्षा

विभिन्न लेखकों ने विभिन्न व्यक्तियों को तुलसीदास के गुरु होने का श्रेय प्रदान किया है। पाँच नाम हमारे सामने हैं—राघवानंद, जगन्नाथदास, शेषसनातन, नरसिंह और नरहरि। तुलसी साहब ने मूल ही नदारद कर दिया है। न रहेगा बाँस, न बजेगी बाँसुरी। उनके अनुसार, तुलसी ने अलौकिक रीति से 'अगम का सौदा' कर लिया, हृदयस्थित गुरु (ईश्वर) ने उन्हें राह बताई, उन्होंने शरीरधारी गुरु किया ही नहीं।[1] तुलसी के आत्मकथन के विरुद्ध होने के कारण यह दावा नितांत तिरस्करणीय है। 'भविष्यपुराण' में राघवानंद को उनका गुरु कहा गया है। कहा जा चुका है कि यह कथन प्रमाण-समर्थित नहीं है। विल्सन ने किसी अपुष्ट किंवदंती के आधार पर जगन्नाथदास को उनका गुरु बतलाया है। तुलसी के कनिष्ठ समसामयिक नाभादास के शिष्य जगन्नाथदास को तुलसी का गुरु मानना अनुपयुक्त है। शेषसनातन के विषय में 'मूलगोसाईंचरित' का साक्ष्य संदिग्ध है।

तुलसीदास के गुरु के संबंध में जो व्यवस्थित वृत्त बहिस्साक्ष्य के रूप में उपलब्ध है उसका अधिकांश उनके आत्मकथन से अनुप्राणित दिखाई देता है। उन्होंने **'नररूप हरि'** और **'सूकरखेत'** का उल्लेख किया है।[2] 'नररूप हरि' के आधार पर नरहरि या नरहर्यानंद और नरसिंह या नृसिंह नामों की उद्‌भावना की गई है। तुलसी से संबंधित 'सूकरखेत' की दो भिन्न स्थितियाँ बतलाई गई हैं—(क) एटा जिले में गंगा के किनारे और (ख) गोंडा जिले में सरयू-घाघरा के संगम के निकट।

सोरों-सामग्री के अनुसार तुलसीदास के गुरु नरसिंह (या नृसिंह) थे। सोरों में जहाँ नरसिंह-मंदिर है वहीं पर उनकी पाठशाला थी। उसी में तुलसी ने अपने लघु-भ्राता नंददास के साथ विद्याध्ययन किया। 'तुलसीप्रकास' में कहा गया है कि भिखमंगे रामबोला को गुरु नृसिंह करुणापूर्वक अपने घर लिवा ले गए और उनके भोजन-वस्त्र आदि की व्यवस्था की। पितामही से अनुमति लेकर तुलसी ने पढ़ना आरंभ किया। वे व्याकरण, कोश, काव्य, गणित, संगीत, इतिहास-पुराण और दर्शनशास्त्र के प्रवीण पंडित हो गए।

'मूलगोसाईंचरित' में इससे भिन्न कथा मिलती है। रामगिरि के नरहरि स्वामी अथवा नरहर्यानंद शिव की प्रेरणा से हरिपुर पहुँचे और रामबोला को साथ लेकर अयोध्या चले गए। पंच-संस्कार करके उसे राममंत्र दिया। अपने शिष्य को विद्या पढ़ाने लगे, उसको पाणिनि-सूत्र घोखाया। दस महीने के बाद वे शिष्य-सहित सरयू-घाघरा के संगम के समीप स्थित सूकरखेत[3] चले आए। वहाँ पर पाँच

---

1. संवत सोला से थे चौदा। ता दिन भया अगम का सौदा॥—घटरामायन, भाग 2, पृ. 186
   कंज गुरू ने राह बताई। देह गुरू से कछु नहिं पाई॥—घटरामायन, भाग 2, पृ. 187
2. रामचरितमानस, 1/1/सोरठा 5, 1/30
3. डॉ. भगवतीप्रसाद सिंह ने बताया है कि उक्त सूकरखेत में वाराह मंदिर है। उससे दो सौ गज की दूरी पर नरहरिदास की कुटी है। उनकी शिष्य-परंपरा में आठवीं पीढ़ी पर इस समय (सं. 1990 में) रामअवधदास हैं।

[शेष अगले पृ. पर]

वर्ष रहे। जब तुलसी पढ़कर 'सुबोध' और 'प्रबीन' हो गए तब उन्हें 'रामचरितमानस' की गूढ़ कथा बार-बार सुनाई और समझाई। बालक तुलसी ने सुनकर तत्त्व-ग्रहण किया। तदनंतर गुरु-शिष्य काशी पहुँचे। निगमागम के पारंगत आचार्य शेषसनातन के आग्रह पर नरहरि ने तुलसी को उन्हें सौंप दिया। उनसे वेद-शास्त्र, इतिहास-पुराण और काव्य-कला का अध्ययन करके तुलसी महान् विद्वान् हुए। इस प्रसंग में यह भी उल्लेखनीय है कि इन्हीं शेषसनातन के शिष्य होने के नाते नंददास तुलसीदास के गुरुभाई थे।

इस संबंध में डॉ. माताप्रसाद गुप्त की समीक्षा युक्तियुक्त है, "नरहरि अथवा उसके पर्यायवाची नामों के अनेक महात्मा तुलसीदास के समय में और कुछ पूर्व मिलते हैं। अकेले नाभादास ने ही इस नाम के छः संतों का उल्लेख किया है, और इनमें तीन तो नाभादासजी के अनुसार रामानंदजी की शिष्य-परंपरा के अंतर्गत ही हुए थे, जिससे ज्ञात होगा कि 'नरहरि' उस युग का एक बहुप्रचलित नाम था। फलतः 'नररूप हरि' से किन्हीं 'नरहरि' या 'नरसिंह' नामक तुलसीदास के गुरु का संकेत लेने पर भी हमारी वास्तविक ज्ञान-वृद्धि नहीं होती है और न 'सूकरखेत' मात्र का उल्लेख मिलने से हमारा कोई विशेष उपकार होता है।"[1]

सांप्रदायिकता की कल्पना

तुलसीदास के विषय में यह किंवदंती चल पड़ी थी (और अब भी कुछ आलोचक उसे सच माने हुए हैं) कि वे रामानंदी थे। किसी मौखिक परंपरा का अनुसरण करते हुए डॉ. ग्रियर्सन ने तुलसी की गुरु-परंपरा की दो सूचियाँ प्रस्तुत की हैं।[2] उन दोनों के ही अनुसार तुलसी रामानंद की आठवीं पीढ़ी में आते हैं। गुरु-शिष्य-परंपरा इस प्रकार है—1. रामानंद, 2. सुरसुरानंद, 3. माधवानंद, 4. गरीबानंद (या गरीबदास) 5. लक्ष्मीदास, 6. गोपालदास, 7. नरहरिदास, 8. तुलसीदास। वासुदेवदास-कृत 'रसिकप्रकाशभक्तमाल' की टीका में तुलसीदास से संबंधित एक गुरु-परंपरा दी गई है जो ग्रियर्सन की उक्त सूचियों से मेल खाती है। 'भविष्यपुराण' में तुलसी को राघवानंद का शिष्य और 'रामानंदमतेस्थितः' कहकर प्रकारांतर से उनके रामानंदी होने का समर्थन किया गया है। इस मत के पक्ष-पोषण में अंतस्साक्ष्य की कड़ी भी जोड़ी जा सकती है, क्योंकि तुलसी-साहित्य में रामानंदी सिद्धांतों की बहुधा अभिव्यक्ति हुई है। परंतु, तुलसी को रामानंद-संप्रदाय का अंग सिद्ध करने के लिए इतना ही पर्याप्त नहीं है। इसके विरोधी तर्क बहुत अधिक प्रबल हैं।

(1) तुलसी ने अनेक आस्तिक संप्रदायों से इच्छानुसार ग्राह्य-सिद्धांत ग्रहण किए हैं। इसका कारण उनकी संप्रदाय-मुक्तता है, सांप्रदायिकता नहीं। (2) नाभादास स्वयं रामानंदी थे। उन्होंने तुलसी अथवा उनके कथित गुरु नरहरिदास का रामानंद की शिष्य-परंपरा में उल्लेख नहीं किया। यदि वे रामानंदी होते तो नाभादास अपने समसामयिक और 'भक्तमाल के सुमेरु' तुलसीदास का अपने अभीष्ट संप्रदाय के अंतर्गत अवश्य उल्लेख करते। (3) ग्रियर्सन की सूचियों, वासुदेवदास की टीका और 'भविष्यपुराण' का साक्ष्य संदिग्ध है। (4) अंतस्साक्ष्य से तुलसी की सांप्रदायिक निष्ठा का समर्थन नहीं होता।[3] (5) पं. रामचंद्र शुक्ल का यह कथन यथार्थ है कि तुलसीदास रामानंद की

पिछले पृ. का शेष।

परंपरा इस प्रकार है। नरहरिदास के दो शिष्य थे—तुलसीदास, रामकिशुनदास। तुलसी के शिष्य केवल वेणीमाधवदास हुए। रामकिशुनदास की परंपरा चलती रही जिसमें रामअवधदास हैं (सरस्वती, जून. 1943, पृ. 287। डॉ. माताप्रसाद गुप्त ने इस परंपरा को अमान्य ठहराया है (तुलसीदास, पृ. 173)।

1. तुलसीदास, पृ. 174
2. इंडियन ऐंटिक्वैरी, जिल्द 22, 1893 ई., पृ. 266
3. "यदि वे किसी रामानंदी साधु के शिष्य होते तो 'रामचरितमानस' के प्रारंभ में वे पहले-पहल वाणी और विनायक की स्तुति न करते। वे कहीं न कहीं स्वामी रामानुज या रामानंद की प्रार्थना अवश्य करते।"—तुलसीदास और उनका काव्य, पृ. 85

वैरागी परंपरा में नहीं जान पड़ते। उक्त संप्रदाय के अंतर्गत जितनी शिष्य-परंपराएँ मानी जाती हैं, उनमें तुलसीदासजी का नाम कहीं नहीं है। रामानंद-परंपरा में सम्मिलित करने के लिए उन्हें नरहरिदास का शिष्य बताकर जो परंपरा मिलाई गई है, वह कल्पित प्रतीत होती है।[1] रामानंद-संप्रदाय के विशेषज्ञ अनुसंधाता डॉ. बदरीनारायण श्रीवास्तव का निष्कर्ष और भी अधिक प्रामाणिक है, "रामानंद-संप्रदाय के इतिहास का निर्माण करते समय मेरे समक्ष जितनी भी प्रमुख गादियों की परंपराएँ आईं उनमें कहीं भी गोस्वामी तुलसीदास का नाम नहीं था।"[2]

सोरों-सामग्री के अनुसार तुलसी के गुरु स्मार्त वैष्णव थे।[3] वे राम और हनुमान के भक्त थे। "गुरुजी की पाठशाला में हनुमानजी की प्रतिष्ठा आज भी विद्यमान है। गुरुजी के प्रभाव से तुलसीदासजी भी भगवान राम और हनुमानजी के भक्त बन गए।"[4] अंतस्साक्ष्य से पुष्ट यह तथ्य निर्विवाद है कि तुलसी के गुरु राम-भक्त थे और उनकी राम-भक्ति ने तुलसी को प्रभावित किया, परंतु उनकी पाठशाला का सोरों में स्थित होना विवादग्रस्त है।

गार्हस्थ्य और वैराग्य

जनश्रुतियाँ एक स्वर से इस बात का समर्थन करती हैं कि तुलसीदास का विवाह हुआ था, वे अपनी पत्नी में आसक्त थे और उसी के उपदेश से वे विरक्त हुए। परंतु, कवि की कृतियों एवं समकालीन प्रामाणिक रचनाओं में इसका कोई उल्लेख नहीं मिलता। 'भक्तिरसबोधिनी'[5] से प्रकट है कि उनकी पत्नी बिना पूछे नैहर चली गई, अतिशय आसक्तिवश वे रात को ही ससुराल पहुँच गए, और लज्जित पत्नी की भर्त्सना से विक्षुब्ध होकर वैराग्य ले लिया।[6] 'तुलसीचरित', 'मूलगोसाईंचरित', 'गोसाईंचरित', 'तुलसीप्रकास' आदि में भी यह वृत्त वर्णित है। 'घटरामायन' में पत्नी-विषयक अतिराग और रस-रंग का उल्लेखमात्र है। मूल रूप में साम्य रखते हुए भी विभिन्न रचनाओं द्वारा पल्लवित विवरण बहुत कुछ भिन्न हैं।

'तुलसीचरित', 'मूलगोसाईंचरित' और 'गोसाईंचरित' में राजापुर-निवासी तुलसी के पारिवारिक जीवन की कथा है। 'तुलसीचरित' के अनुसार उनके तीन विवाह हुए थे। उनकी प्रथम दो पत्नियाँ भार्गव-पुत्रियाँ थीं। तीसरा विवाह कंचनपुर के लक्ष्मण उपाध्याय की कन्या 'बुद्धिमती' से हुआ। बुद्धिमती अत्यंत सुंदरी, गुणवती और शीलवती थी। उसी के उपदेश से तुलसी विरक्त हुए। 'मूलगोसाईंचरित' में एक ही विवाह का विस्तृत वर्णन है। तुलसी अपने गाँव राजापुर में राम-कथा

1. हिंदी-साहित्य का इतिहास, पृ. 132
2. रामानंद संप्रदाय तथा हिंदी-साहित्य पर उसका प्रभाव, पृ. 337
3. स्मारत वैष्णव सो पुनीत। सकल बेद आगम अधीत।।—रत्नावली चरित, 60
4. गोस्वामी तुलसीदास (डॉ. भारद्वाज), पृ. 294
5. 'भक्तमाल' पर प्रियादास की टीका, सं. 1769
6. निसा सो सनेह बिन पूछे पिता गेह गई
भूलि सुधि देह भजे वाही ठौर आए हैं।
वधू अति लाज भई रिस सों निकस गई
प्रीति राम नई तन हाड़ चाम छाए हैं।
सुनी जग बात मानो ह्वै गयो प्रभात वह
पाछे पछिताय तजि काशीपुर धाए हैं।
कियो तहाँ वास प्रभु सेवा लै प्रकास कीनौ।
लीनों दृढ़ भाव नेम रूप के तिसाए हैं।।—भक्तिरसबोधिनी, 500

कहा करते थे। यमुनापार स्थित तारपिता गाँव के एक भारद्वाज-गोत्रीय ब्राह्मण[1] उनके सौंदर्य तथा पांडित्य पर रीझ गए। उन्होंने हठपूर्वक अपनी कन्या का विवाह (सं. 1583 में) तुलसी से किया। उनका मन प्राणप्रिया पर लट्टू था। निरंतर रस-केलि में पाँच वर्ष बीत गए। एक दिन पत्नी अपने भाई के साथ चुपके से नैहर चली गई। तुलसी वियोग न सह सके। किंवदंती है कि उन्होंने अँधेरी रात में शव पर चढ़कर नदी पार की, ससुराल पहुँचे, और साँप को रस्सी समझकर उसके सहारे तिबारे पर चढ़कर लोगों को पुकारा। सब जाग पड़े। पत्नी ने फटकारते हुए चुटकी ली :

हाड़ मांस की देह मम तापर जितनी प्रीति।
तिसु आधी जो राम प्रति अवसि मिटिहि भवभीति।[2]

इस झिड़की ने तुलसी को प्रबुद्ध कर दिया। वे उलटे पाँव लौट पड़े। पत्नी ने बहुत अनुनय-विनय की, साले ने मनाने के बहुत प्रयत्न किए, परंतु वे लौटे नहीं। निराश पत्नी ने (सं. 1589 में) शरीर-त्याग दिया।

अधिकतर जनश्रुतियाँ उनकी पत्नी को वृद्धावस्था तक जीवित बतलाती हैं। यह भी कहा जाता है कि उसने एक दोहा[3] पति को लिख भेजा था और उन्होंने एक दोहा[4] लिखकर उसका उत्तर भी दिया था। एक बार चित्रकूट से लौटते समय वे अनजान में अपने ससुर के घर आ टिके थे। वहाँ पर पत्नी से भेट हो गई थी। उसने साथ चलने की इच्छा व्यक्त की, परंतु तुलसी ने ऐसा करना स्वीकार नहीं किया। तब उसने 'खरिया खरी कपूर' वाला दोहा[5] कहा था और उसे सुनकर तुलसी ने अपनी झोली खाली कर दी थी।

सोरों-पक्ष की कृतियों—'दोहा रत्नावली', 'रतनावलीचरित' और 'तुलसीप्रकास' में तुलसी के विवाहित जीवन का विशेष विस्तार से वर्णन किया गया है। उनमें भी दीनबंधु पाठक को तुलसी का ससुर और रत्नावली को पत्नी बतलाया गया है। परंतु, उनकी ससुराल सोरों के निकट गंगा के पार बदरिया (बदरिया या बदरी) गाँव में बताई गई है। उनका दांपत्य जीवन सुखमय था। वे पुराण बाँचकर धन और यश कमाते थे। उनके तारापति नाम का एक पुत्र हुआ, किंतु दुर्भाग्यवश उसका स्वर्गवास हो गया। इस एक शोक को छोड़कर पंद्रह वर्षों तक उनका गृहस्थ-जीवन आनंद से बीता। एक बार रत्नावली पति की आज्ञा लेकर भाई के साथ मायके चली गई। तुलसी ग्यारह दिन बाद कथा बाँचकर घर आए। उनके मन में रत्नावली के दर्शन की उत्कट अभिलाषा जगी। उन्होंने आधी रात को तैरकर गंगा पार की। ससुराल पहुँचने पर उनका उचित सम्मान किया गया। एकांत में रत्नावली ने उन्हें उपदेश दिया।[6] उनके मन में सांसारिक विषयों के प्रति ग्लानि उत्पन्न हुई। सबके

1. "जनश्रुति इन ब्राह्मण-देवता को दीनबंधु पाठक और कन्या को रत्नावली नाम से जानती है। पर वेणीमाधवदास इस विषय में चुप हैं।"—गोस्वामी तुलसीदास (श्यामसुंदरदास), पृ. 37
2. मूलगोसाईंचरित, दोहा 17; जनश्रुतियों में उक्त दोहे का किंचित्परिवर्तित रूप इस प्रकार पाया जाता है :
   अस्थि चरम मम देह मम तामें जैसी प्रीति।
   तैसी जो श्रीराम महँ होत न तौ भवभीति।
   —रामचरितमानस की भूमिका, पाँचवाँ खंड, पृ. 8
3. कटि की खीनी कनक सी रहत सखिन संग सोय।
   मोहिं फटे की डर नहीं अनत कटे डर होय।।—किंवदंती
4. कटे एक रघुनाथ सँग बाँधि जटा सिर केस।
   हम तो चाखा प्रेम रस पतिनी के उपदेस।।—किंवदंती
5. खरिया खरी कपूर सब उचित न पिय तिय त्याग।
   कै खरिया मोहिं भेलि कै विमल विवेक बिराग।।—दोहावली, 255
6. मम सुप्रेम निज हिये धार। उतरे प्रिय सुरसरित पार।
   जग अधार पद प्रेम धार। जातु मनुज भव उदधि पार।।—रत्नावलीचरित, 130-31

सो जाने पर वे निकल पड़े।[1] उनके वियोग में रत्नावली बहुत व्यथित हुई। वह तपस्विनी का जीवन बिताने लगी। कभी बदरिया में रहती और कभी रामपुर में अपने देवर नंददास के यहाँ। उन्हीं दिनों उसने 201 दोहों की रचना की जिनमें से कुछ आत्मपरिचयात्मक हैं। सं. 1651 में उसका देहांत हुआ।

उपर्युक्त विवरणों से अनुमान किया जा सकता है कि वे प्रचलित जनश्रुतियों के आधार पर लेखकों की स्वरुचि के अनुसार प्रथित हैं। जनश्रुतियाँ तिल का ताड़ बना देती हैं, लेकिन शून्य से तिल नहीं बनातीं। अतः उनके मूल में कुछ-न-कुछ सच्चाई अवश्य होनी चाहिए। परंतु विवरणों का परस्पर-विरोधी विस्तार अवश्य ही संदिग्ध है। उनसे इतना ही ग्राह्य निष्कर्ष निकल पाता है कि तुलसी का विवाह हुआ था, उनका गृहस्थ-जीवन आसक्तिपूर्ण था और वे विरक्त हो गए। उनकी कृतियों से यह तथ्य अंशतः समर्थित है।

विरक्त जीवन

'मूलगोसाईंचरित', 'तुलसीप्रकास' आदि रचनाओं और जनश्रुतियों में संचित इतिवृत्त से विदित होता है कि विरक्त तुलसीदास ने प्रयाग, काशी, अयोध्या, सूकरखेत, चित्रकूट, सीतामढ़ी, मिथिला, ब्रज, बदरिकाश्रम आदि स्थानों की यात्रा की। एक बार वे बादशाह के बुलावे पर दिल्ली भी गए थे। तुलसीदास-जैसे महात्मा के द्वारा तीर्थस्थलों की यात्रा निस्संदेह स्वाभाविक है, किंतु उनका दिल्ली-गमन किसी ऐतिहासिक साक्ष्य पर अवलंबित न होने के कारण प्रमाण-सम्मत नहीं है।

चरितात्मक ग्रंथों तथा जनश्रुतियों से सिद्ध है और सभी विद्वानों को मान्य है कि चित्रकूट, राजापुर, अयोध्या और काशी में तुलसी ने न्यूनाधिक समय तक निवास किया था। राजापुर, अयोध्या और काशी की स्थानीय सामग्री से भी यह बात भली-भाँति प्रमाणित है। चित्रकूट, अयोध्या और काशी के विषय में कवि का अंतस्साक्ष्य भी उपलब्ध है। उन्होंने काशी को मुख्य वासस्थान बनाया और वहाँ रहकर महाप्रस्थान किया।

विभिन्न तीर्थों की यात्रा करने के बाद तुलसीदास स्थायी रूप से काशी में रहने लगे। लोक में उनका सम्मान बढ़ा। इन्हीं दिनों वे किसी मठ के महंत हुए। अंतस्साक्ष्य से स्पष्ट है कि 'गोसाईं'[2] अभिधान उनकी जितेंद्रियता से प्रभावित समाज द्वारा प्रदत्त उपाधि मात्र नहीं है, अपितु वह उनकी मठाधीशता का द्योतक है। डॉ. माताप्रसाद गुप्त ने पता चलाया है कि काशी में लोलार्क-कुंड पर एक 'तुलसीदास मठ' था।[3] उनके नाम पर मठ के नाम की लोक-प्रसिद्धि उनकी ख्याति के फलस्वरूप ही चली होगी। इतना निश्चित है कि सं. 1797 तक वह मठ विद्यमान था। इसका प्रमाण यह है कि इंडिया ऑफिस लाइब्रेरी में परिरक्षित 'न्यायसिद्धांतमंजरी' की एक प्रतिलिपि की पुष्पिका[4] में 'तुलसीदासमठ का उल्लेख किया गया है। किसी शिवरतनसिंह का सं. 1848 का एक दानपत्र[5] प्राप्त हुआ है। उसमें 'स्थान श्री गोसाईं तुलसीदासजी' और 'श्री गोसाईं जी पीतांबर

1. नाथहि नींद लगी जिय जानि पलोटत पायँनु बंदि सयानी।
पीय अगाध सनेहहि पाय गई रतनावलि हीय सिहानी॥
सोइ रही विधि बाम लिखी अबिनास मिटी न ललाट निसानी।
रातिहि में तुलसी गृह त्यागि गए कित औचक काहु न जानी॥—तुलसीप्रकास, 1।
2. तुलसी गोसाईं भयो भोंड़े दिन भूलि गयो—हनुमानबाहुक, 40
3. तुलसीदास, पृ. 190
4. "सं. 1797 वैशाख शुदी पूर्णिमा लिखितम् लोलार्क तुलसीदास मठे जयकृष्णदास शुभम्"
5. देखिए—तुलसीदास, पृ. 191

वैष्णव' का उल्लेख है। इससे तीन बातें सूचित होती हैं—(i) तुलसी जिस मठ के गोसाईं हुए थे वह वैष्णव मठ था। (ii) सं. 1848 तक 'तुलसीदासमठ' का नाम बदलकर 'स्थान तुलसीदास' हो गया था। (iii) इस परिवर्तन का कारण वैष्णव-मतानुयायियों की परंपरा का अनुकरण है। अयोध्या में इस प्रकार के केंद्र को 'मठ' न कहकर 'स्थान' कहने की प्रथा रही है, जैसे—'बड़ा स्थान'। निष्कर्ष यह है कि तुलसीदास ने काशी में कुछ समय तक मठाधीश का जीवन बिताया। निश्चय के साथ यह नहीं कहा जा सकता कि महंत की गद्दी पर वे कब से कब तक रहे।

वैराग्योदय के बाद उनकी कारयित्री प्रतिभा का विकास हुआ। उन्होंने पचास-साठ वर्षों तक काव्य-सर्जना की। यह क्रम अंतिम समय तक चलता रहा। उनके साहित्यिक जीवन का कोई प्रामाणिक लेखा-जोखा प्राप्त नहीं है। लोक-रीति के अनुसार वे तत्कालीन अनेक महान् साहित्यकारों के संपर्क में आए होंगे। इस संभावना के आधार पर विभिन्न किंवदंतियों में सूरदास, नंददास, मीराँबाई, केशवदास, अब्दुर्रहीम खानखाना, बनारसीदास, मधुसूदन सरस्वती आदि के साथ उनके संबंध की चर्चा की गई है। अपने जीवनकाल में ही संत-महात्मा और भक्तकवि के रूप में उनकी असाधारण प्रतिष्ठा हुई। नाभादास का 'भक्तमाल' इसका उज्ज्वल प्रमाण है। मधुसूदन सरस्वती से संबंधित जनश्रुति उनकी महामहिमा की इयत्ता सूचित करती है। परवर्ती मध्ययुगीन कवियों ने भी मुक्तकंठ से उनका गुणगान किया है। उनकी कीर्ति-पताका हिंदी-प्रदेशों के बाहर भी फैली। मराठी-कवि मोरोपंत (सं. 1766-1851) ने 'तुलसीदास-स्तव' लिखकर उनकी स्तुति की है।[1]

तुलसीदास के अनेक मित्रों और स्नेहियों की चर्चा की गई है। पं. गंगाराम ज्योतिषी और जमींदार टोडर के नाम विशेष उल्लेखनीय हैं। पं. गंगाराम के उत्तराधिकारी उनके साथ तुलसीदास का घनिष्ठ संबंध बताते हैं। टोडर के संबंध में पंचायतनामे का लिखित प्रमाण विद्यमान है। जिस व्यक्ति ने दिवंगत टोडर के उत्तराधिकारियों में कलहकारिणी संपत्ति का निर्विरोध बँटवारा कराने में महत्त्वपूर्ण भूमिका अदा की थी, उस व्यक्ति का उस परिवार के साथ निश्चय ही घनिष्ठ संबंध रहा होगा। दोनों पक्षों द्वारा उनका मान्य होना उनके प्रति व्यक्तिगत आदर का ही नहीं, अपितु उनकी सामाजिक प्रतिष्ठा का भी सूचक है। अब्दुर्रहीम खानखाना की गणना भी उनके मित्रों में की जाती है। इसका कोई लिखित प्रमाण नहीं है। परंतु पारिस्थितिक साक्ष्य अनुपेक्षणीय है। ऐतिहासिक तथ्य है कि सं. 1646 से 48 तक खानखाना बनारस के हाकिम थे।[2] वे स्वयं कवि, काव्य-प्रेमी, गुणग्राही और कवियों के संरक्षक थे। काशी में रहकर तुलसीदास-जैसे समादृत महाकवि के संपर्क में उनका न आना ही अविश्वसनीय माना जा सकता है।

बहिस्साक्ष्य के रूप में उपलब्ध सामग्री विरक्त तुलसीदास की आधि-व्याधियों का विवरण नहीं देती। आत्मकथात्मक उल्लेखों में कवि ने अपने जीवन के जिस पक्ष की व्यंजना को अत्यधिक महत्त्व दिया है, चरित-लेखकों ने उसकी नितांत उपेक्षा की है। इसके दो कारण प्रतीत होते हैं—(i) उन लेखकों का प्रयोजन तुलसी का गौरव-गान था, इसलिए उन्होंने वृत्तों का निरूपण किया जो चरित-नायक की महिमा को उत्कर्ष प्रदान करने में सहायक थे। (ii) आधिदैविक, आधिभौतिक अथवा आध्यात्मिक बाधाओं से विकल तुलसी का चित्रांकन उन्हें अरुचिकर लगा। उनके वर्णन में न तो उन्हें आनंद मिल सकता था और न ही पाठकों का मनोरंजन हो सकता था।

महाप्रस्थान

जनश्रुति-परंपरा में तुलसी की निधन-तिथि के संबंध में तीन प्रकार की उक्तियाँ मिलती हैं—

1. देखिए—सरस्वती, जिल्द 19, पृ. 37
2. हिस्ट्री ऑफ इंडिया (इलियट), जिल्द 5, पृ. 458

(i) सं. 1680, श्रावण शुक्ला 7

(ii) सं. 1680, श्रावण कृष्णा 3, शनिवार

(iii) सं. 1680, श्रावण कृष्णा 3

उपरिलिखित तीन उक्तियों के अतिरिक्त, पं. रजनीकांतशास्त्री ने डॉ. ग्रियर्सन की उक्ति के आधार पर एक और प्रश्न भी उठाया है। "यदि डॉ. ग्रियर्सन साहब के मतानुसार गोसाईंजी की मृत्यु प्लेग के कारण हुई और गिल्टी आपकी बाँह (काँख) में निकली थी तो यह घटना 'हनुमानबाहुक' के रचना-काल (सं. 1669-71) में हुई होगी। इस दशा में आपके सर्व-सम्मत मृत्यु-संवत् 1680 को संदिग्ध मानने का एक और भी कारण देख पड़ता है।"[1] यह शंका निराधार है। 1. शास्त्रीजी ने वेणीमाधवदास का अनुसरण करते हुए 'हनुमानबाहुक' का जो रचना-काल माना है वह प्रामाणिक नहीं है। अधिक संभाव्य यह है कि 'हनुमानबाहुक' और 'कवितावली' के कुछ पद्य सं. 1680 के लगभग कवि के जीवन के अंतिम वर्षों में लिखे गए। 2. यदि ताऊन के कारण तुलसी की मृत्यु मान ली जाए तो भी सं. 1680 का प्रतिवाद नहीं होता। सबसे पहले ताऊन सं. 1673 में आया था और तदनंतर सं. 1681 तक देश के विभिन्न भागों में बना रहा। इसलिए सं. 1680 में तुलसीदास पर उसका प्रकोप असंभव नहीं है।

तुलसी की मृत्यु के संबंध में कोई समकालीन अथवा ऐतिहासिक प्रमाण उपलब्ध नहीं है। परंतु, लिखित और मौखिक परंपरा के जितने भी साक्ष्य मिलते हैं उन सभी में सं. 1680 को उनका मृत्यु-संवत् माना जाता है। उसकी निरपवाद सर्वमान्यता अपने-आप में निश्चित प्रमाण है। संदेह का विषय केवल तिथि-वार है। एक जनश्रुति है :

संबत सोरह सै असी असी गंग के तीर।
सावन सुक्ला सत्तमी तुलसी तजेउ सरीर॥

इसके अनुसार सं. 1680 में अस्सी-गंगा के संगम पर श्रावण-शुक्ला सप्तमी के दिन तुलसी ने शरीर-त्याग किया। इस जनश्रुति के पक्ष में दो तर्क दिए जा सकते हैं—1. लोक में सर्वाधिक मानित जनश्रुति यही है। आज भी देश के विभिन्न भागों में इस तिथि को तुलसी-जयंती मनाई जाती है। 2. लोक में यह बात प्रचलित है कि गोसाईंजी की जो मृत्यु-तिथि है वही उनकी जन्म-तिथि भी थी। बाबा वेणीमाधवदास और अविनाशराय दोनों के ही अनुसार जन्म-तिथि श्रावण शुक्ला सप्तमी है। अतः निधन-तिथि भी यही मानी जानी चाहिए।

इस जनश्रुति में निर्दिष्ट तिथि-विवरण सर्वमान्य नहीं है। इसके विपक्ष में दो सबल तर्क हैं—(i) इस जनश्रुति का एक अन्य जनश्रुति से विरोध होता है और वह जनश्रुति चरित-ग्रंथों में लिखित रूप में भी पाई जाती है। 'श्रावण शुक्ला सप्तमी' को तुलसी की जन्म-तिथि माननेवाले वेणीमाधवदास ने 'सावन स्यामा तीज सनि' को उनका दिवंगत होना स्वीकार किया है :

संबत सोरह सै असी असी गंग के तीर।
सावना स्यामा तीज सनि तुलसी तजेउ सरीर॥[2]

गणना से यह तिथि अशुद्ध ठहरती है। उक्त तीज को शनिवार नहीं था[3], शुक्रवार था।[4] उपर्युक्त दोहे के तीसरे चरण में बाबू श्यामसुंदरदास ने तीज के बाद 'सनि' पाठ ही माना है। पं. रामनरेश

1. मानस-मीमांसा, पृ. 82-83
2. मूलगोसाईंचरित, दोहा 119
3. मानस-मीमांसा, पृ. 84
4. तुलसीदास, पृ. 515

त्रिपाठी का कथन है कि 'तीज' के आगे कोई 'सनि' शब्द बताते हैं और कोई-कोई 'को'। 'गौतमचंद्रिका' में 'सनि' का लोप हो गया है :

सोरह अनु गुन असी वय तुलसी सहित हुलास।
राम राम कहि बिदा है असी गंग किय बास॥

इस प्रकार गणना की अशुद्धि का परिहार हो जाता है। इसके अतिरिक्त, 'गौतमचंद्रिका' में सावन बदी तीज को तुलसी की वर्षी बताई गई है[1], और इस रीति से उनकी जन्म-तिथि एवं मृत्यु-तिथि की एकरूपता प्रतिपादित की गई है। परंतु, 'मूलगोसाईंचरित' और 'गौतमचंद्रिका' का साक्ष्य संदिग्ध है। उनका महत्त्व केवल इस दृष्टि से है कि उन्होंने किसी परंपरागत जनश्रुति का अभिलेख प्रस्तुत किया है।

(ii) 'श्रावण शुक्ला सप्तमी' के विरुद्ध दिया गया दूसरा तर्क अधिक समर्थ है। तुलसी के मित्र टोडर के उत्तराधिकारी परंपरानुसार सावन बदी तीज को तुलसी की वर्षी मनाते हैं और उनकी स्मृति में सीधा देते हैं। कवि से घनिष्ठतया संबद्ध परिवार की परंपरा विश्वसनीय है। इसके विरुद्ध डॉ. भारद्वाज का कथन है, "एक ओर जनश्रुति की रक्षा और दूसरी ओर टोडर-कुटुंब की परंपरा। व्यक्ति तो विस्मृति आदि के कारण इतने लंबे काल में धोखा खा सकता है पर जनश्रुति तो बहुत से लोगों की जिह्वा पर विराजती रहती है। अतएव मेरा झुकाव 'श्रावण शुक्ला सप्तमी' की ओर है।"[2] उनके इस निष्कर्ष को मानने में कठिनाई है। यहाँ पर व्यक्ति और जनश्रुति की तुलना विधेय नहीं है। तुला के एक पलड़े पर व्यक्ति नहीं, कौटुंबिक परंपरा है और उसके साथ ही एक जनश्रुति भी है। दूसरे पलड़े पर केवल एक जनश्रुति है। अतएव पहले पक्ष का गौरव न्यायतः अधिक है।

डॉ. माताप्रसाद गुप्त के मतानुसार, "यह नितांत संभव ज्ञात होता है कि कवि की मृत्यु इसी तिथि (अर्थात् सावन कृष्णा तीज) को हुई हो, भले ही वेणीमाधवदास द्वारा दिया हुआ वार अशुद्ध हो और पीछे कभी इस तिथि में और 'सावन शुक्ला सप्तमी' में भ्रम हो गया हो, जो कि घाघ की कुछ अति प्रसिद्ध कहावतों[3] में भी आती है।"[4] पं. रामनरेश त्रिपाठी ने उनका नामोल्लेख किए बिना उनके मत का प्रतिवाद किया है, **"सावन शुक्ला सप्तमी** को तो यह कहकर अशुद्ध बताया जा रहा है कि वह 'भड्डर' के कई दोहों में आने से लोगों की ज़बान पर थी, इससे लोग **सावन स्यामा तीज** के बदले उसे कहने लगे। पर इसी तरह कोई तर्क करना चाहे, तो कर सकता है कि असी (अंक) और असी (नदी) का तुक मिलता देखकर किसी ने उक्त दोहे में 1680 संवत् डाल दिया है। संभव है, तुलसीदास वर्ष-दो वर्ष आगे-पीछे लोकांतरित हुए हों। मेरी राय में उक्त संवत् पंचों की राय के सिवाय और कोई बल नहीं रखता।[5]

इस तर्क से 'सावन स्यामा तीज' का पक्ष निरस्त नहीं होता; क्योंकि वह भी जनश्रुति है, उसे भी पंचों का बल प्राप्त है, वह परवर्ती चरित-लेखकों द्वारा अभिलिखित है और सबसे बढ़कर वह टोडर की वंश-परंपरा द्वारा समर्पित है। इन कारणों से सं. 1680 की **सावन बदी तीज** को तुलसी की निधन-तिथि मानना उचित है।

---

1. संबत सोरह सै एकासी। तुलसी बरपी असी प्रकासी।
   सावन कृष्ण तीज तिथि पाई। यहु गौतमचंद्रिका बनाई॥
2. गोस्वामी तुलसीदास, पृ. 173
3. उदाहरणार्थ— सावन सुक्ला सप्तमी जो गरजै अधिरात।
   तू पिय जावो मालबा मैं जैहौं गुजरात॥
4. तुलसीदास, पृ. 189
5. तुलसीदास और उनका काव्य, पृ. 111

4. तुलसी की आत्मकहानी

भारतीय कवियों की परंपरा आत्मचरित-वर्णन के प्रति उदासीन रही। उसी परंपरा में तुलसीदास का आविर्भाव हुआ। वे भक्त-कवि थे, संत-महात्मा थे। भगवान् के चरित-गान में, उनकी गुण-कथा में, लीन कवि आत्मकथा की ओर उन्मुख नहीं हो सकता था। आत्मश्लाघा भक्ति-भावना के विपरीत थी। अपनी बात कहने का एक ही अवसर था—'आत्मनिवेदन'। इसलिए 'आत्मनिक्षेप' और 'कार्पण्य' की व्यंजना के अवसरों पर ही कवि ने प्रायः आत्मचरितात्मक उल्लेख किए हैं। प्रसंगवश वंश, गुरु, प्रतिष्ठा आदि का सांकेतिक निर्देश हुआ है। आत्मकथात्मक निर्देशों की दृष्टि से पाँच रचनाएँ महत्त्व की हैं—कवितावली, दोहावली, विनयपत्रिका, रामचरितमानस और बरवैरामायण। उनमें पाई जानेवाली आत्मचरितात्मक उक्तियों के आधार पर तुलसीदास के जीवन-वृत्त की रूपरेखा इस प्रकार बनती है :

जाति और आस्पद

(1) **ब्राह्मन ज्यों उगिल्यो उरगारि हौं त्यों ही तिहारे हिए न हितैहौं।**[1]

(2) **जायो कुल मंगन बधावनो बजायो सुनि।**
भयो परितापु पापु जननी जनक को।[2]

(3) **राम सनेही सों तैं न सनेह कियो।**
अगम जो अमरनि हूँ सो तनु तोहिं दियो॥
दियो सुकुल जनम सरीर सुंदर हेतु जो फल चारि को।
जो पाइ पंडित परमपद पावत पुरारि मुरारि को॥
यह भरतखंड समीप सुरसरि थल भलो संगति भली।
तेरी कुमति कायर कलप बल्ली चहति विषफल फली।[3]

(4) **भलि भारतभूमि भले कुल जन्म समाजु सरीरु भलो लहि कै।**[4]

(5) **राखे रीति आपनी जो होइ सोई कीजै बलि।**
तुलसी तिहारो घरजायऊ है घर को।[5]

प्रथम दो उद्धरणों से सिद्ध है कि तुलसीदास ब्राह्मण-कुल में उत्पन्न हुए थे, और उनके जन्म पर माता-पिता को हर्ष के स्थान पर अत्यंत परिताप हुआ था। पहले उद्धरण से तुलसी के ब्राह्मणत्व की व्यंजना होती है। 'ब्राह्मण' शब्द गरुड़ के द्वारा उगले गए व्यक्ति और तुलसीदास दोनों के वर्ण (जाति) का द्योतक है। कवि कलियुग से कह रहा है, "हे कलियुग ! जिस प्रकार गरुड़ ब्राह्मण

1. कवितावली, 7/102
2. वही, 7/73
3. विनयपत्रिका, 135/1
4. कवितावली, 7/33
5. वही, 7/122

को निगल नहीं सके, वह गले में अटक गया और उन्हें उस ब्राह्मण को उगल देना पड़ा; उसी प्रकार तुम भी मुझ ब्राह्मण को निगल नहीं सकोगे, और तुम्हें बाध्य होकर मुझको छोड़ना पड़ेगा।" यह अर्थ स्वतः अखंडनीय न होते हुए भी अन्य सकारात्मक-नकारात्मक प्रमाणों से पुष्ट होने के कारण अवश्य मान्य है। शतियों से चली आती हुई लिखित और मौखिक परंपरा तुलसी को ब्राह्मण मानती रही है। उनकी ब्राह्मणेतर जाति मानने के विषय में कोई साक्ष्य नहीं मिलता। सभी विद्वानों की दृष्टि में वे ब्राह्मण हैं। पं. चंपाराम मिश्र और पं. रजनीकांत शास्त्री अपवाद हैं।

मिश्रजी को तुलसी के ब्राह्मण होने में संदेह है। उनके शब्द हैं, "हमें तो कवितावली पढ़कर तुलसीदास के 'ब्राह्मण-कुल' में उत्पन्न होने में बड़ा संदेह हो गया। जन्म ही से जिसने 'जाति के कुजाति के अजाति के' टूक खाकर अपना पेट भरा हो वह अपने-आपको 'जायो कुल मंगन' अवश्य कहेगा। तुलसीदासजी को अपनी जाति का स्वयं पता न था।"[1] शास्त्रीजी की स्वमति के अनुसार, तुलसीदास अब्राह्मण और अवैध संतान थे।

निष्पक्ष भाव और समाहित चित्त से प्रयत्न करने पर भी मुझे उनके कथन में सार नहीं दिखाई देता। एक तो उनका स्ववचन-विरोध ही उनकी स्थापना को निर्मूल कर देता है; दूसरे, उन्होंने अपनी धारणा के समर्थन में कवि की पंक्तियों के जो अर्थ किए हैं वे अग्राह्य हैं। एक स्थल पर वे कहते हैं कि "गोसाईंजी सद्योजातावस्था में ही अपने माता-पिता द्वारा तजे गए थे। इस दशा में आपको या किसी अन्य को यह कैसे मालूम हुआ कि आप ब्राह्मण जाति के बच्चे थे, क्योंकि जिस परिस्थिति में आप फेंक दिए गए थे, उस परिस्थिति में आज भी कितने बच्चे फेंक दिए जाते हैं; पर उनकी जाति का पता किसी को भी मालूम नहीं रहता।"[2] उनकी यह संकल्पना उन्हीं की दूसरी संकल्पना से सर्वथा खंडित हो गई है। 'जाति के सुजाति के कुजाति के' का व्याख्यान करके वे घोषित करते हैं कि "गोसाईंजी ब्राह्मण न होकर ब्राह्मण से किसी नीच जाति के थे; क्योंकि यदि आप ब्राह्मण होते तो ब्राह्मण से किसी जाति की ऊँची नहीं होने के कारण, अपने से 'सुजाति का' ऐसा कथन नहीं बनता।"[3] पहली घोषणा से टकराकर उसके समेत चकनाचूर इस दूसरी घोषणा पर मैं शास्त्री जी के प्रश्न को उन्हीं के शब्दों में ज्यों-का-त्यों दुहराकर पूछना चाहता हूँ—'गोसाईंजी सद्योजातावस्था में ही अपने माता-पिता द्वारा तजे गए थे, इस दशा में आपको या किसी अन्य को यह कैसे मालूम हुआ कि आप 'ब्राह्मण न होकर ब्राह्मण से किसी नीची जाति के थे।' और जब सद्योजातावस्था में परित्यक्त तुलसी को अपने जन्म आदि के विषय में कोई जानकारी थी ही नहीं तब उन्हें यह कैसे पता चला कि वे पापी माता-पिता की अवैध संतान थे ?

'जायो कुल मंगन' को एक इकाई मानते हुए शास्त्रीजी ने लोक-परंपरा का आश्रय लेकर संकल्पना की है, "लोक में हम प्रत्यक्ष देखते हैं कि ऐसे अनाथ बच्चे होश सँभालने पर अपनी वही जाति बताते हैं जो उनके पालक की रहती है। गोसाईंजी का पालक कोई मंगन जाति का मनुष्य था जिसके संबंध से आपने अपने को भी मंगन लिखा है।"[4] यहाँ पर प्रश्न उठता है—यदि तुलसी ने अपने को अतिथि-मंगन-कुल-जात[5] माना तो फिर यह निकृष्ट जाति 'सुजाति' और 'कुजाति' के मध्य में कैसे रखी जा सकती है ? उन्होंने 'बधावनो बजायो' को संदर्भ में 'अनफिट' समझकर उसका स्वरुचि के अनुकूल पाठ-संशोधन भी कर लिया है—'बधावो न बजायो।' पाठ-शोध के कुछ

---

1. कवितावली (टीका), भूमिका, पृ. 9
2. मानस-मीमांसा, पृ. 24
3. वही, पृ. 36
4. वही, पृ. 24
5. देखिए—मानस-मीमांसा, पृ. 25-26

निश्चित सिद्धांत हैं। उन्होंने यह नहीं बताया कि किन हस्तलिखित प्रतियों के आधार पर इस नवीन पाठ का आविष्कार किया गया है। उनका कहना है कि "कोई-कोई 'जायो कुल मंगन' वाले छंद में 'बधावो न बजायो' की जगह 'बधावनो बजायो' पाठ मानते हैं।"[1] किंतु वास्तविकता यह है कि उपलब्ध प्रतियों में 'बधावनो बजायो' पाठ ही शुद्ध माना गया है[2], केवल शास्त्रीजी ने उसका अन्यथा-सम्भावन किया है। 'निष्पक्ष समालोचक' होने के नाते वे 'विवश होकर' इस निर्णय पर पहुँचे हैं कि तुलसी के परित्याग का कारण किसी लोकापवाद का भय ही था जिसका सामना करने में आपके जननी-जनक नितांत असमर्थ थे।"[3] तुलसी की उक्ति है :

जायो कुल मंगन बधावनो बजायो सुनि
भयो परिताप पाप जननी जनक को।[4]

जो समालोचक इस उक्ति को तुलसी का आत्मकथात्मक उल्लेख मानते हैं उन्हें यह भी मानना पड़ेगा कि तुलसी को किसी-न-किसी माध्यम से अपने जन्म और माता-पिता के विषय में पूरी जानकारी थी। उक्त उद्धरण में पाँच शब्द विशेष महत्त्व के हैं—**जायो, मंगन, बजायो, सुनि** और **पाप**। जायो का कर्ता 'हौं' (मैं) अर्थात् 'तुलसीदास' है। इसे सभी स्वीकारते हैं। 'मंगन' के दो अर्थ किए गए हैं—ब्राह्मण (माँगनेवाली जाति) और अतीथ या गोसाईं (भिखमंगी जाति)। दोनों ही प्रकार के व्याख्याकारों ने 'मंगन' का पदान्वय किया है—'मंगन'-कुल जायो, अर्थात् मंगन-वंश में उत्पन्न हुआ। मेरे विचार से यह असंगत है। व्याख्या आगे की जाएगी। 'बजायो' क्रिया का कर्ता कौन है ? इस प्रश्न पर विचार नहीं किया गया। कुछ ने कर्मवाच्य (बधावा बजाया गया) का प्रयोग मान करके इसकी उपेक्षा की है। दूसरों ने जननी-जनक को ही उसका कर्ता मान लिया है। भूलना नहीं चाहिए कि वाक्य में 'बज्यो', 'बाज्यो' अथवा 'बजवायो' क्रिया का प्रयोग नहीं है। प्रयुक्त क्रिया है—बजायो। बेचारी 'जननी' भला किस प्रकार बाजा बजाती या बजवाती ? 'सुनि' का कर्म क्या है—पुत्र-जन्म या बधावन-बाजा ? यदि पुत्र-जन्म सुनकर परिताप हुआ तो बाजा बजवाने का प्रश्न ही नहीं उठता। यदि बधावन-बाजा सुनकर परिताप हुआ तो 'बजायो' का कर्ता किसी और को होना चाहिए। मेरे विचार से 'जननी-जनक' के साथ 'सुनि' की संगति ठीक नहीं बैठती। तात्पर्यार्थ के रूप में पं. श्रीकांतशरण ने एक तीसरा विकल्प प्रस्तुत किया है—अर्थात् 'मेरे कुलक्षणों को सुनकर'। यह आक्षिप्तार्थ तिरस्करणीय नहीं है, परंतु पूरे चरण का अर्थ क्या है ? कवि ने विरामचिह्नों का प्रयोग नहीं किया था। अल्पविराम और पदान्वय की गड़बड़ी के कारण अर्थ-निर्णय का झमेला उठ खड़ा हुआ। उपर्युक्त आलोचकों ने आलोच्य-पंक्ति में विराम-चिह्न का प्रयोग इस प्रकार स्वीकार किया है :

जायो कुलमंगन, बधावनो बजायो, सुनि
भयो परिताप-पाप जननी-जनक को।

तदनुरूप अर्थ किया गया है—तुलसीदास मंगन-कुल में उत्पन्न हुए, उनके जन्म पर बधावा बजाया गया, सुनकर जननी-जनक को पाप-परिताप हुआ। एक संपादक ने जैसा कर दिया लोक-प्रवाह उधर ही मुड़ गया। उपर्युक्त चरण को आधुनिक विराम-चिह्नों का प्रयोग करके पढ़ना चाहिए :

1. मानस-मीमांसा, पृ. 23
2. 'बधावनो बजायो' मुहावरा है। तुलसी ने इसका भिन्न-भिन्न स्थलों पर विवधि रूपों में प्रयोग किया है, जैसे—
   घर घर उत्सव बाज बधावा।—रामचरितमानस, 1/172/3
   मुनि पुर भएउ अनंद बधाव बजावहिं।—जानकीमंगल, 132
   गावहिं गीत सुआसिनि बाज बधावन।—जानकीमंगल, 127
3. मानस-मीमांसा, पृ. 17
4. कवितावली, 7/73

जायो, कुल मंगन बधावनो बजायो सुनि;
भयो परिताप पाप जननी जनक को।

प्रथम पंक्ति में विराम के दो अन्य विकल्प भी हो सकते हैं :

(i) जायो, कुल मंगन बधावनो बजायो, सुनि

(ii) जायो कुल मंगन बधावनो बजायो सुनि,

इस अंतिम का पदान्वय होगा—जायो सुनि, मंगल-कुल बधावनो बजायो। प्रत्येक दशा में मैं इस अर्थ पर बल देना चाहता हूँ कि 'अमुक' की पुत्रोत्पत्ति (तुलसी के जन्म) का समाचार सुनकर मंगनों ने बधावा बजाया। यह अर्थ अधिक स्वाभाविक है, तुलसी के स्वकथित जीवनवृत्त के अनुरूप है, इससे 'बजायो' और 'सुनि' क्रियाओं की यथोचित संगति बैठ जाती है, और यति-भंग दोष का परिहार हो जाता है। ये मंगन दो प्रकार के हो सकते हैं। एक कुलक्रमागत हैं, जो 'पौनी' की कोटि में आते हैं। वे अपनी 'यजमानी' में पुत्र-जन्म के अवसर पर बधावा बजाकर इनाम लिया करते हैं। दूसरे आगंतुक हैं, जो भिक्षाटन के क्रम में किसी की भी पुत्रोत्पत्ति का समाचार सुनकर उसके दरवाजे पर जा धमकते हैं और गा-बजाकर पुरस्कार लेते हैं। अतः 'कुल मंगन' का पदान्वय है 'मंगन कुल', उसका आशय है 'मंगन-वर्ग'। 'कुलमंगन' को समस्त पद मानकर उसका अर्थ किया जा सकता है—जिस कुल (परिवार) में तुलसी उत्पन्न हुए थे उस कुल के 'पौनी' मंगन।

'पाप' के अर्थ किए गए हैं—अधर्म, अधर्मी, कष्ट। ये अर्थ किए जा सकते हैं, मैं इन्हें गलत नहीं कहता। परंतु प्रस्तुत संदर्भ में यह व्याख्या हास्यास्पद लगती है कि 'अवैध रीति से' उत्पन्न तुलसी ने अपने जननी-जनक को 'पापी' कहा है। स्वयं आलोचक के अनुसार उन्हें अपने माँ-बाप का पता नहीं था। दूसरी मजेदार बात यह है कि जननी को पुत्र-जन्म के बाद इस बात का परिताप हुआ कि उसकी संतान अवैध है; यानी नौ-दस महीने तक उसे इस बात का पता ही नहीं चला कि वह गर्भवती है। तीसरी बात यह है कि तुलसी ने यह पद्य वृद्धावस्था में उस समय लिखा है जब वे वीतराग महात्माओं की महत्तम कोट में प्रतिष्ठित हो चुके थे। संपूर्ण जगत् को सीतारामय समझकर प्रणाम करनेवाला[1] व्यक्ति अपने माता-पिता को गाली नहीं दे सकता। उपर्युक्त कल्पित अर्थ को अनर्थक सिद्ध करने के लिए कवि का स्वकथन की पर्याप्त है। 'विनयपत्रिका' में उसने अपने माता-पिता की अत्यंत श्रद्धा-भक्ति के साथ वंदना की है :

मातु पिता गुरु गनपति सारद। सिवा समेत संभु सुक नारद॥
चरन बंदि बिनवौं सब काहू। देहु राम पद नेह निबाहू॥[2]

यह उसकी मातृपितृभक्ति का अकाट्य प्रमाण है। ऐसे पुरुष को माता-पिता का विदूषक मानना घोर अन्याय है। चौथी, सर्वाधिक महत्त्वपूर्ण और आश्चर्य की बात यह है कि ज्योतिषाचार्य पं. रजनीकांत शास्त्री ने 'पाप' शब्द के ज्योतिष-सम्मत अर्थ के प्रति आँख ही मूँद ली है। वही अर्थ सबसे अधिक सटीक है। मोनियर विलियम्स ने वराहमिहिर का हवाला देकर बतलाया है कि ज्योतिष में 'पाप' का अर्थ है—अशुभ, अमंगल-सूचक। निश्चयपूर्वक नहीं कहा जा सकता कि माता-पिता का देहांत हो गया था। प्रस्तुत स्थल पर तुलसी ने केवल इतना ही कहा है कि अमंगल की आशंका से उनके माँ-बाप को मानसिक क्लेश हुआ, इसके आगे अर्थ निकालना कल्पना-विलास है।

तुलसीदास की जाति-पाँति-संबंधी उक्तियों के संबंध में यह तथ्य भी स्मरणीय है कि वे उनके वैराग्य-काल में उस समय रची गई थीं जब वे वैष्णव भक्त के रूप में प्रतिष्ठित हो चुके थे।

---

1. सीय राम मय सब जग जानी। करौं प्रनाम जोरि जुग पानी॥—रामचरितमानस, 1/8/1
2. विनयपत्रिका, 36/3-4

जाति-पाँति और कुल-प्रतिष्ठा का महत्त्व गृही लोगों में माना जाता है। भक्त साधु उस महत्त्व को त्याग देते हैं। 'रामचरितमानस' के वाल्मीकि से कवि ने इस त्याग की आवश्यकता पर यथेष्ट बल दिलाया है।[1] उन्होंने स्वयं भी इस सिद्धांत को अपने जीवन में कार्यान्वित किया। उनका अमायिक निवेदन है :

देसु कासु कुलु कर्म धर्म धनु धामु धरनि गति।
जाति पाँति सब भाँति लागि रामहि हमारि पति।।[2]

'साह ही को गोत-गोत होत है गुलाम को' का भी यही अभिप्राय है। 'विनयपत्रिका के एक पद्य से कुछ ऐसा ध्वनित होता है कि पहले उनके मन में अपनी ऊँची जाति या कुल-प्रतिष्ठा की भावना थी, परंतु राम-भक्ति के उपचय के साथ-साथ उस भावना का क्षय होता गया :

रटत रटत लट्यो जाति पाँति भाँति घट्यो
जूठनि को लालची चहौं न दूध नह्यो हौं।[3]

तुलसीदास कौन-से ब्राह्मण थे ? विद्वानों ने उनकी उपजाति निर्धारित करने की भी चेष्टा की है। कोई कहता है कि वे सनाढ्य-शुक्ल थे, क्योंकि 'विनयपत्रिका' में उन्होंने अपने 'सुकुल' आस्पद का उल्लेख किया है :

दियो सुकुल जनम सरीर सुंदर हेतु जो फल चारि को।[4]

इस प्रसंग में एक बात बड़ी रोचक है। कुछ लोग सनाढ्यों को उत्कृष्ट मानते हैं, अन्य लोग उन्हें निकृष्ट समझते हैं। पहले प्रकार के लोग तुलसी को सनाढ्य सिद्ध करने के लिए पूरक तर्क यह देते हैं कि वे अपनी जातीय हीनता के कारण अपनी जाति-पाँति बताने में आनाकानी करते थे और झुँझलाकर अंड-बंड उत्तर देते थे।[5] दूसरे प्रकार के लोगों का पूरक-तर्क यह है कि उन्हें अपने सनाढ्य होने (कुल-श्रेष्ठता) का गर्व था, यह भाव उन्होंने बड़ी युक्ति से व्यक्त किया है :

बहुत प्रीति पुजाइबे पर पूजिबे पर थोरि।[6]

कोई कहता है कि वे कान्यकुब्ज-वाजपेयी थे उन्होंने 'बाजपेई' शब्द का उत्कृष्टार्थक प्रयोग किया है :

कौन धौं सोमयाजी अजामिल अधम कौन गजराज धौं बाजपेई।[7]

संभव है कि आगे चलकर कोई उन्हें दीक्षित सिद्ध करने का प्रयास करे, क्योंकि जिस गज की तुलना उन्होंने वाजपेयी से की है उसी की तुलना दीक्षित से भी की है :

कबहुँ न डग्यो निगम मगतें पग नृग जग जानि जिते दुख पाए।
गज धौं कौन दिछित जाके सुमिरत लै सुनाभ बाहन तजि धाए।।[8]

तथ्य यह है कि 'वाजपेयी' और 'दीक्षित' का लाक्षणिक अप्रस्तुत-विधान गज की हीनता का द्योतक है। तुलसी को इस बात का मलाल है कि राम ने साधनाहीन गज का तो अविलंब उद्धार कर दिया किंतु निरंतर भक्तिमग्न रहने पर भी उनकी उपेक्षा कर रहे हैं। उद्धृत पंक्तियों

1. जाति पाँति धनु धरम बड़ाई। प्रिय परिवार सदन सुखदाई।।
सब तजि तुम्हहि रहइ लउ लाई। तेहि कें हृदय रहहु रघुराई।।—रामचरितमानस, 2/131/3
2. कवितावली, 7/110
3. विनयपत्रिका, 260/3
4. वही, 135/1
5. जैसे—कवितावली, 7/106-8 में
6. विनयपत्रिका, 158/2
7. वही, 106/3
8. वही, 240/2

से यह ध्वनित नहीं होता कि तुलसी वाजपेयी या दीक्षित थे। यदि किसी चमत्कारजनक साक्ष्य से यह साबित भी हो जाए तो भी उससे उनके साहित्य के मर्मोद्घाटन में कोई सहायता नहीं मिलेगी। अतः उनकी उपजाति, गोत्र आदि के गवेषण में मूंड मारने से कोई लाभ नहीं दिखाई पड़ता।

तुलसी ने अपने **माता-पिता** का परिचय नहीं दिया है। हुलसी को तुलसी की माता सिद्ध करने के लिए 'रामचरितमानस' की एक पंक्ति प्रायः उद्धृत की जाती है :

रामहि प्रिय पावनि तुलसी सी। तुलसीदास हित हियँ हुलसी सी।[1]

इसके पोषण में रहीम की एक उक्ति[2] का साक्ष्य भी प्रस्तुत किया जाता है। यह संभावना निराधार न होते हुए भी विकल्प-रहित नहीं है। तुलसी या रहीम की उक्ति से यह निश्चित बोध नहीं होता कि 'हुलसी' व्यक्तिवाचक नाम है। उसका क्रिया-साधित विशेषणरूप अधिक उपयुक्त लगता है। रहीम का वाक्य सामान्य-परक प्रतीत होता है, और तुलसी की माँ के नाम के विषय में रहीम की जानकारी संदेहास्पद है। प्रसंग के आग्रह से तुलसी का प्रतीयमान आशय है—यह कथा राम को पावन तुलसी के समान प्रिय है, और मानो कवि-तुलसी के कल्याण के लिए उनके मानस में उल्लिखित हुई है। यह भाव कवि के अन्यत्र भी व्यक्त किया है :

संभु प्रसाद सुमति हियँ हुलसी।[3]

डॉ. रामदत्त भारद्वाज का कहना है कि 'विनयपत्रिका' की निम्नांकित पंक्ति में कवि ने 'कूट और गूढ़ार्थ' के द्वारा अपने माता-पिता का नाम जता दिया है :

अगम जो अमरनि हू सो तन तोहिं दियो।[4]

" 'अगम' का अर्थ है परब्रह्म अर्थात् तुलसीदास जी के राम। गीता कहती है, 'मां तु वेद न कश्चन।' और 'अमरनि' का अर्थ है 'जो न मरे' अर्थात् आत्मा। गीता कहती है, **न जायते म्रियते वा कदाचित्।** दोनों शब्दों का अर्थ हुआ—राम, आत्मा अथवा **'आत्माराम।'** तत्पश्चात् कूट में 'हु—सो' की विद्यमानता है जिसमें मध्याक्षर का अत्यय हो गया है। पूर्व शब्द था—**हुलासो**। कवि ने अपने पिता 'आत्माराम' और माता 'हुलासो' का उल्लेख कैसी गूढ़ रीति से किया है।"[5] भारद्वाज जी की इस व्याख्या से सहमत होना बड़ा मुश्किल है।

जन्म-स्थान

तुलसी ने अपने जन्म-स्थान का भी कोई विवरण नहीं दिया है। तथापि अन्वेषकों ने उक्तियों को खींच-तान करके उनके जन्म-स्थान की स्थिति का अनुसंधान किया है। मतभेद से वे स्थान हैं—अयोध्या, रामपुर, राजापुर और काशी। 'कवितावली' की एक उक्ति है :

तुलसी तिहारो घर जायऊ है घर को।[6]

---

1. रामचरितमानस, 1/30/12
2. गोद लिये हुलसी फिरै तुलसी सो सुत होय।—किंवदंती
3. रामचरितमानस, 1/36/1; और भी देखिए—
   हुलसि हुलसि हिये तुलसिहु गाये हैं।—गीतावली, 7/14
   पुलक तन हुलस्यो हियो।—रामचरितमानस, 1/324/छं. 3
   राखिहैं राम सो जासु हिये तुलसी हुलसै बल आखर दू को।—कवितावली, 7/90
4. विनयपत्रिका, 135/1
5. गोस्वामी तुलसीदास, पृ. 308
6. कवितावली, 7/122

अयोध्या : उपर्युक्त पंक्ति एवं 'जायो कुलमंगन'[1], 'माँगि कै खैबो मसीत कै सोइबो'[2], 'काहे को रोस दोस'[3] आदि उक्तियों के आधार पर पं. चंद्रबली पांडे ने प्रस्थापना की है कि "राम की जन्मभूमि (अयोध्या) ही वास्तव में तुलसी की जन्मभूमि है, और जो यह 'बधावनो बजायो' कांड है[4] वह भी वास्तव में 'बाबरी-मस्जिद' के सामने बाजा बजाने का कांड है।"[5] "तुलसी के जननी-जनक का निवास इसी (मस्जिद) के पास कहीं था।"[6] इस प्रकार पांडेजी के अनुसार 'तिहारो घर' का अर्थ है—राम का घर, अयोध्या। अयोध्या पर विचार करते समय इस मत की समीक्षा की जा चुकी है।

रामपुर : डॉ. रामदत्त भारद्वाज के अनुसार उसका अर्थ है—राम का घर, रामपुर[7] (एटा जिले में सोरों के निकट एक गाँव)। उन्होंने अपने पक्ष के समर्थन में 'बरवै-रामायण'[8], कवितावली[9] और विनयपत्रिका[10] की उक्तियाँ उद्धृत की हैं। सोरों के प्रकरण में इस पर विचार किया जा चुका है।

राजापुर : 'रामचरितमानस' के तापस-प्रसंग[11] के आधार पर पं. रामबहोरी शुक्ल ने राजापुर को तुलसी की जन्मभूमि माना है।[12] राजापुर के प्रसंग में इसकी विस्तृत आलोचना की गई है।

काशी : पं. रजनीकांत शास्त्री ने अधोलिखित सोरठे के आधार पर गंगा के किनारे स्थित काशीपुरी को अथवा काशी-प्रांत के किसी स्थान को तुलसी की जन्मभूमि माना है :

मुक्ति जन्म महि जानि ज्ञान खानि अघ हानि कर।
जहँ बस संभु भवानि सो कासी सेइअ कस न॥[13]

शास्त्रीजी की मान्यता पर तीसरे अध्याय में विचार किया जा चुका है। उनके अनुसार—'मुक्ति-जन्म' में तत्पुरुष-समास न होकर द्वंद्व-समास है, अर्थात् मुक्ति और जन्म; काशी मोक्ष-भूमि है, तुलसी की जन्मभूमि है[14]; 'विनयपत्रिका'[15] और 'कवितावली'[16] के पद्यों से इसका समर्थन भी होता है। इसमें सबसे अधिक खटकनेवाली बात यह है कि कवि ने 'मुक्ति जन्म' क्यों लिखा ? 'जन्म मुक्ति' क्यों नहीं लिखा ? बिना किसी कठिनाई के लिखा जा सकता था, और उससे शास्त्रीजी का अभिप्रेत अर्थ सहजतया निकल आता। कवि अर्थ-भ्रम नहीं पैदा करना चाहता था, इसलिए अवधानपूर्वक उचित

1. कवितावली, 7/73
2. वही, 7/106
3. विनयपत्रिका, 275/2
4. उनकी मान्यता है कि "जब तुलसी का जन्म हुआ तब रामभक्तों में आनंद की लहर दौड़ उठी और 'बधावनो बजायो' की धूम हुई। धूम-धाम के कारण माता-पिता राजदंड से दहल उठे और अपने बच्चे को अपने से अलग कर दिया।" (तुलसी की जीवन-भूमि, पृ. 159)
5. तुलसी की जीवन-भूमि, पृ. 160
6. वही, पृ. 168
7. गोस्वामी तुलसीदास, पृ. 282-83
8. जो पहुँचाव रामपुर तन अवसान।—बरवैरामायण, 67
9. बरु बारहिं बार सरीर धरौं रघुबीर को ह्वै तव तीर रहौंगो।—कवितावली, 7/147
10. यह भरतखंड समीप सुरसरि थल भलो संगति भली।—विनयपत्रिका, 135/1
11. रामचरितमानस, 2/110/4-111/3
12. वीणा, वैशाख, सं. 1995, पृ. 546
13. रामचरितमानस, 4/1/सोरठा
14. मानस-मीमांसा, पृ. 46, 54
15. विनयपत्रिका, 135/1
16. कवितावली, 7/165

क्रम से शब्दों का विन्यास किया। यह तर्क निस्सार है कि मुक्ति जन्मती-मरती नहीं है, अतः 'मुक्ति-जन्म' में षष्ठी तत्पुरुष अमान्य है। 'जन्म' का प्रयोग लाक्षणिक है, उसका तात्पर्य है—मोक्ष देनेवाली। 'आविर्भाव' के अर्थ में 'जन्म' का लाक्षणिक प्रयोग कवि ने 'अज'-'अनादि'-'अशेषकारणपर' राम के लिए भी अनेकशः किया है।[1] शास्त्रीजी के अनुसार राम को भी मरना चाहिए। परंतु तुलसी ऐसा नहीं मानते। इसलिए उन्होंने शंकर द्वारा पार्वती के सभी प्रश्नों का उत्तर दिलवाया, किंतु अनपेक्षित समझकर इस प्रश्न का उत्तर नहीं दिलवाया कि :

प्रजा सहित रघुबंस मनि किमि गवने निज धाम।[2]

उपर्युक्त विभिन्न मतों का प्रतिपादन करनेवाले विद्वानों की तर्क-पद्धति में मुझे क्लिष्ट-कल्पना दिखाई देती है।

बाल्यावस्था

'कवितावली' और 'विनयपत्रिका' के अनेक प्रसंगों में तुलसी ने अपनी बाल्यावस्था की दयनीय दशा का चित्र अंकित किया है। वे बचपन में ही मातृ-पितृ-विहीन हो गए थे :

(i) **मातु पिता जग जाय तज्यो बिधि हू न लिखी कछु भाल भलाई।**[3]

(ii) **जननी जनक तज्यो जनमि करम बिनु बिधिहु सृज्यो अव डेरे।**[4]

(iii) **तनु जन्यो[5] कुटिल कीट ज्यों तज्यो मातु पिता हूँ।**[6]

इन उद्धरणों से अभिधा द्वारा स्पष्ट है कि तुलसी के माता-पिता ने उन्हें 'त्याग दिया।' इनके आधार पर यह निश्चयपूर्वक नहीं कहा जा सकता कि उन्होंने जान-बूझकर अपने पुत्र को त्यागा अथवा उनकी अकालमृत्यु हो गई। अन्यत्र **विनयपत्रिका**[7] में कवि ने अपने माता-पिता के प्रति जो प्रगाढ़ श्रद्धा-भक्ति व्यक्त की है। उससे संशय-रहित निष्कर्ष निकलता है कि उनमें वात्सल्य का अभाव नहीं था और देहावसान के कारण ही उनका पुत्र-वियोग हुआ। इस प्रबल साक्ष्य के सामने 'अभुक्तमूल' वाला विवरण अविश्वसनीय जँचता है, और शास्त्रीजी की 'अवैध संतान' वाली कल्पना अकल्पनीय प्रतीत होती है। इसलिए दूसरे उद्धरण में व्यवहृत 'जनमि' का संगत व्यंग्यार्थ यही है कि जन्म के कुछ समय पश्चात् माता-पिता का स्वर्गवास हो गया। 'कुटिल कीट' का तात्पर्य-निर्णय करने के पूर्व इस प्रश्न का उत्तर पा लेना आवश्यक है कि उसका उपमेय क्या है—तुलसी अथवा माता-पिता।

उपर्युक्त प्रथम दो उद्धरणों के उत्तरार्ध में तुलसी ने अपने दुर्भाग्य को कोसा है। इस पर से यह धारणा बना लेना कि उन्हें अभागा समझकर जनक-जननी ने छोड़ दिया था, समीचीन नहीं है। उस धारणा के अनुमोदन में (कोष्ठ के बाहर रखी गई) निम्नांकित पंक्तियों का उपयोग व्यर्थ है :

(i) **(अगुन अलायक आलसी जानि अधम अनेरो।)**
स्वारथ के साधिन्ह तज्यो तिजरा को सो टोटक औचट उलटि न हेरो।[8]

---

1. रामचरितमानस, 1/121, 1/122/1, 1/124/2, 2/254/2
2. वही, 1/110
3. कवितावली, 7/57
4. विनयपत्रिका, 227/2
5. पाठांतर—तनुज तऊ, तुचा तजत, तनु जनतेउ
6. विनयपत्रिका, 275/2
7. वही, 36/3-4
8. वही, 272/2

(ii) **स्वारथ परमारथ साथिन्ह सों भुज उठाइ कहौं टेरे।**
(जननी जनक तज्यो जनमि करम बिनु बिधिहु सृज्यो अवडेरे।)[1]

(iii) **(तनु जन्यो कुटिल कीट ज्यों तज्यो मातु पिता हू)**
काहे को रोस दोस काहि धौं मेरे ही अभाग मोसों सकुचत सब छुइ छाहूँ।[2]

'स्वारथ के साथिन्ह' का प्रयोग संपर्क में आनेवाले अन्य लोगों के लिए किया गया है, माता-पिता के लिए नहीं। दूसरा उद्धरण इसका प्रमाण है। उसमें 'स्वारथ परमारथ साथिन्ह' को मध्यम-पुरुष में रखा गया है और जननी-जनक को अन्य पुरुष में। अतः दोनों में विशेषण-विशेष्य-संबंध नहीं हो सकता। तीसरे उद्धरण में 'रोस-दोस' का प्रयोग भी उन्हीं व्यक्तियों के लिए किया गया है। ये सारी उक्तियाँ तुलसी के दैन्य का प्रतिपादन कर रही हैं। वे कहना चाहते हैं—'मैं बहुत अभागा हूँ। मेरे माता-पिता मेरे जन्म के बाद ही मुझे छोड़कर चल बसे। स्वार्थ के साथियों ने मुझे टोटके की भाँति तज दिया। मैं किसी पर क्रोध क्यों करूँ, किसी को दोष क्यों दूँ ? यह सब मेरे अपने अभाग्य का कुफल है।'[3] प्रथम उद्धरण के पूर्वापर-संदर्भ में इस दैन्य की इतनी सुव्यक्त विवृत्ति हुई है कि संदेह के लिए अवकाश नहीं रह जाता। उसकी परवर्ती पंक्तियाँ हैं :

भगति हीन बेद बाहिरो लखि कलिमल घेरो।
देवनि हू देव परिहर्यो अन्याव न तिनको हौं अपराधी सब केरो।।[4]

उनका बालपन अत्यंत कष्ट में बीता। उन्हें दूसरों के दान पर जीवन-निर्वाह करना पड़ा, पेट की ज्वाला शांत करने के लिए उन्होंने ऊँच-नीच जातियों के भिक्षान्न का आहार किया। लाचार होकर उनकी दया की भीख माँगनी पड़ी। अनेक बार अपमानित हुए। बहुतों ने बात तक नहीं की :

1. **बारें तें ललात बिललात द्वार-द्वार दीन**
जानत हौं चारि फल चारि ही चनक को।[5]
2. **द्वार द्वार दीनता कही काढ़ि रद परि पाहू।**
हैं दयालु दुनी दस दिसा दुख दोष दलन छम कियो न संभाषन काहू।[6]
3. **फिर्यौ ललात बिनु नाम उदर लगि दुखउ दुखित मोहि हेरे।**[7]
4. **नीच निरादर भाजन कादर कूकर टूकन लागि ललाई।**[8]
5. **जाति के सुजाति के कुजाति के पेटागि बस**
खाए टूक सबके बिदित बात दुनीं सो।[9]
6. **चाटत रह्यो स्वान पातरि ज्यों कबहुँ न पेट भरो।**[10]

---

1. विनयपत्रिका, 227/1-2
2. वही, 275/2
3. तुलना करके देखिए :
देइ अभागहिं भागु को।—विनयपत्रिका, 191/7
सो सब मोर पाप परिनामू।—रामचरितमानस, 2/36/1
4. विनयपत्रिका, 272/3
5. कवितावली, 7/73
6. विनयपत्रिका, 275/1
7. वही, 227/3
8. कवितावली, 7/57
9. वही, 7/72
10. विनयपत्रिका, 226/3

7. बालपने सूधे मन राम सनमुख भयो रामनाम लेत माँगि खात टूक टाक हौं।[1]

8. हुतो ललात कृसगात खात खरि मोद पाइ कोदौ कनै।[2]

आलोचकों ने निम्नांकित उद्धरणों को भी तुलसी की बाल्यकालीन भीषण दरिद्रता का ज्ञापक मान लिया है[3] :

1. छाछी को ललात जे ते रामनाम के प्रसाद
खात खुनसात सोधें दूध की मलाई है।[4]

2. कहा न कियो कहाँ न गयो सीस काहि न नायो।
राम रावरे बिन भये जन जनमि जनमि जग दुख दसहू दिसि पायो॥
आस बिबस खास दास है नीच प्रभुनि जनायो।
हा हा करि दीनता कही द्वार द्वार बार बार परी न छार मुँह बायो॥
असन बसन बिनु बावरो जहँ तहँ उठि धायो।
महीमान प्रिय प्रानते तजि खोलि खलनि आगे खिनु खिनु पेट खलायो॥
नाथ हाथ कछु नाहिं लग्यो लालच ललचायो।
साँच कहौं नाच कौन सो जो न मोहि लोभ लघु निलज नचायो॥[5]

3. पातक पीन कुदारिद दीन मलीन धरें कथरी करवा है।
लोक कहैं बिधिहूँ न लिख्यो सपनेहूँ नहीं अपने बर बाहै॥[6]

4. माँगि कै खैबो मसीत को सोइबो लैबे को एकु न दैबे को दोऊ।[7]

5. हौं तो जैसो तब तैसो अब अधमाई कै कै
पेटु भरौं राम रावरोई गुन गाइकै।[8]

प्रथम उद्धरण का आत्मचरितात्मक होना संदिग्ध है। उसके आरंभिक शब्दों (छाछी को ललात) को संदर्भ से निकालकर कवि के बाल्यजीवन पर लागू कर दिया जाता है। यह असंगत है। पूरे चरण के वाक्यार्थ से प्रमाणित है कि यह कवि की स्वपरक उक्ति मात्र न होकर सामान्यपरक लोकोक्ति है। दूसरे उद्धरण की पहली पंक्ति से सिद्ध है कि इस दैन्य-निवेदन का संबंध राम-भक्त हो जाने के बाद की अवस्था से है। इतना ही नहीं, प्रस्तुत पद जन्म-जन्मांतर की तृष्णा का निरूपण भी करता है। पद की पहली पंक्ति में कवि ने 'जनमि जनमि' द्वारा[9] संसार-चक्र में पड़े हुए 'जन' की आशाजनित दुर्दशा का संकेत किया है। तीसरे, चौथे और पाँचवें उद्धरणों

---

1. हनुमानबाहुक, 40
2. गीतावली, 5/40/4
3. देखिए—मानस-मीमांसा, पृ. 13-14; तुलसीदास और उनका काव्य, पृ. 17-18
4. कवितावली, 7/74
5. विनयपत्रिका, 276/1-4
6. कवितावली, 7/56
7. वही, 7/106
8. वही, 7/61
9. राम रावरे बिन भये जन जनमि जनमि जग दुख दस हू दिसि पायो।
उपर्युक्त पंक्ति से तुलना करके देखिए—
मोहि मूढ़ मन बहुत बिगोयो।
याके लागि सुनहु करुनामय मैं जग जनमि जनमि दुख रोयो॥
—विनयपत्रिका, 245/1

के प्रसंग से सूचित होता है कि वे तुलसी के वार्धक्य से संबद्ध हैं। हाँ, अंतिम उद्धरण में प्रयुक्त 'तब' एवं उस कवित्त[1] के प्रथम तथा चतुर्थ चरणों में व्यवहृत 'छार तें सँवारि', 'ब्याल बाल' और 'रूख' से बाल्यावस्था की भी अभिव्यंजना होती है तथा उसके बाद की अवस्था की भी।

'हनुमानबाहुक' की कतिपय पंक्तियों के आधार पर डॉ. माताप्रसाद गुप्त का अनुमान है कि बाल्यावस्था में कवि किसी हनुमान-मंदिर से अपने जीवन-निर्वाह के लिए सहायता प्राप्त करने लगा था[2] :

(i) बालक बिलोकि बलि बारें ते आपनो कियो[3]

(ii) भोरानाथ भोरे ही सरोष होत थोरे दोष
पोषि तोषि थापि आपनो न अवडेरिये ।।[4]

(iii) टूकनि को घर घर डोलत कँगाल बोलि[5]

पहले उद्धरण में 'बारे तें' निश्चय ही कवि की बाल्यावस्था की ओर निर्देश करता है। संभव है कि उसने मंदिर का आश्रय लिया हो। 'विनयपत्रिका' की एक पंक्ति से इसका अनुमोदन भी होता है।[6] परंतु, दूसरे और तीसरे उद्धरणों में कवि के बाल-जीवन का चित्र देखना गलत है, क्योंकि उन पद्यों में प्रयुक्त 'डिंभ', 'बालक' और 'बाल' वृद्धावस्था में बाहुपीड़ा-ग्रस्त तुलसी के उपमान हैं।

ऐसा प्रतीत होता है कि बालपन में ही जीवन-संघर्ष के उग्र थपेड़ों से व्यग्र तुलसी पर संतों की कृपादृष्टि पड़ी थी। उन संतों ने तुलसी को अतिशय क्लेशाभिभूत देखकर ढाढ़स बँधाया :

दुखित देखि संतन कह्यो सोचै जनि मन माहूँ।[7]

'विनयपत्रिका' का हवाला देकर बतलाया गया है कि "संतों के अनुरोध से या स्वजाति का अनाथ बालक जानकर नरसिंहजी नाम के एक संत ने तुलसीदास को अपने पास रख लिया। उन्होंने तुलसी की पीठ पर हाथ फेरा और बाँह पकड़कर अपना लिया :

मींजो गुरु पीट अपनाइ गहि बाँह बोलि—

उपर्युक्त व्याख्या कवि के तात्पर्य से दूर है। 'विनयपत्रिका' की उक्त पंक्ति में निर्दिष्ट 'गुरु' **रामचरितमानस** में उल्लिखित 'नररूप हरि' का द्योतक नहीं है। संभवतः 'गुरु' शब्द के कारण आलोचक को अन्यथा प्रतीति हो गई है। संदर्भ से साफ प्रकट है कि यहाँ पर 'गुरु' भगवान् राम के लिए आया है।[8] स्पष्ट का स्पष्टीकरण अनावश्यक है।

---

1. छार तें सँवारि कै पहार हू तें भारी कियो
   गारो भयो पंच में पुनीत पच्छु पाइ कै।
   हौं तौ जैसा तब तैसो अब अधमाई कै कै
   पेटु भरौं राम रावरोई गुन गाइ कै।
   आपने निवाजे की पै कीजै लाज महाराज
   मेरी ओर हेरि कै न बैठिए रिसाइ कै।
   पालि कै कृपाल व्यालबाल को न मारिए
   औ काटिए न नाथ विप हू को रूख लाइ कै।।—कवितावली, 7/61
2. तुलसीदास, पृ. 169
3. हनुमानबाहुक, 21
4. वही, 34
5. वही, 29
6. खाई खोंची माँगि मैं तेरो नाम लियो रे।—विनयपत्रिका, 33/4
7. विनयपत्रिका, 275/3
8. आरत अनाथ नाथ कोसलपाल कृपाल
   लीन्हों छीन दीन देख्यो दुरित दहत हौं।।

[शेष अगले पृ. पर]

मूलनाम

'कवितावली' के एक कवित्त से स्पष्टतया ज्ञात होता है कि तुलसीदास का मूलनाम तुलसी था :

नाम तुलसी पै भोंड़ो भाँग ते कहायो दासु
कियो अंगीकार ऐसे बड़े दगाबाज को।[1]

यही बात 'रामचरितमानस', 'दोहावली' और 'बरवै रामायण' में अविकल रूप से कही गई है :

(i) **नाम राम को कल्पतरु कलि कल्यान निवासु।**
जो सुमिरत भयो भाँग ते तुलसी तुलसीदासु॥[2]

(ii) **केहि गिनती महँ गिनती जस बनघास।**
राम जपत भये तुलसी तुलसीदास॥[3]

उपर्युक्त पद्यों में तुलसी का अभिप्राय यही है कि "मेरा नाम तो तुलसी था, पर मैं नगण्य वन-घास था, भाँग से भी बुरा और त्याज्य था। जब राम ने मुझे अपने दास-भक्त के रूप में अंगीकार कर लिया तब लोग मुझे आदरपूर्वक 'तुलसीदास' कहने लगे।" तुलनात्मक दृष्टि से यह तथ्य स्मरणीय है कि भक्त-कोटि में प्रतिष्ठित निर्गुण-संतों, कृष्ण-भक्तों आदि के नामों के अंत में आदरास्पद 'दास' का प्रयोग पाया जाता है, जैसे—कबीरदास, सुंदरदास, सूरदास, परमानंददास आदि। यह कहना कठिन है कि 'तुलसी' के साथ 'दास' का संयोग कब और कैसे हुआ।

पं. रामनरेश त्रिपाठी का मत है कि "तुलसीदास का पहला नाम रामबोला था। संभव है राम-राम बोलकर वे भीख माँगा करते थे, इससे लोगों ने उनका नाम 'रामबोला' या 'रामबोलवा' रख दिया होगा। माता-पिता तो मर ही चुके थे, नाम कौन रखता ? तुलसीदास को किसी व्यक्ति विशेष का नाम नहीं मालूम था कि किसने उनका नाम रामबोला रखा था, इसी से वे कहते हैं कि राम ने नाम रख दिया था :"[4]

राम को गुलाम नाम रामबोला राख्यो राम।[5]

उपर्युक्त कथन का पूर्वार्ध चिंत्य है। तिरस्कार-सूचक 'राम-बोलवा' से प्रकट है कि तुलसी के बचपन में किसी के द्वारा आरोपित यह नाम तुलसीदास के प्रतिष्ठित होने पर विस्मृत हो गया होगा, परंतु वस्तुस्थिति ऐसी नहीं है। उनका 'रामबोला' नाम वृद्धावस्था में भी प्रचलित था। 'कवितावली' के एक पद्य में कवि ने स्वयं इसका उल्लेख किया है :

साहेबु सुजान जिन्ह स्वानहू को पच्छु कियो
रामबोला नामु हौं गुलामु रामसाहि को॥[6]

इस पर से डॉ. माताप्रसाद गुप्त का यह निष्कर्ष ग्राह्य है कि "यह उसका आध्यात्मिक नाम था, जैसा कभी-कभी वैष्णव भक्तों का हुआ करता है, और केवल इतना ही व्यक्त करता है कि

[पिछले पृ. का शेष]

बूझ्यो ज्योंही कह्यो मैं हूँ चेरो ह्वै हौं रावरो जू
मेरो कोऊ कहूँ नाहिं चरन गहत हौं॥
मींनो गुरु पीठ अपनाइ गहि बाँह बोलि
सेवकसुखद सदा बिरद बहत हौ॥—विनयपत्रिका, 74/2-3

1. कवितावली, 7/13
2. दोहावली, 11; रामचरितमानस, 1/26
3. बरवैरामायण, 7/59
4. तुलसीदास और उनका काव्य, पृ. 18-19
5. विनयपत्रिका, 76/1
6. कवितावली, 7/100

नाम-स्मरण हमारे कवि की भक्ति का एक प्रमुख अंग था।"[1] बहुत संभव है कि तुलसी को लोग केवल 'रामबोला' न कहकर लोक-प्रतिष्ठा के अनुरूप 'रामबोला बाबा' कहते रहे हों।

गुरु और विद्याध्ययन

तुलसी ने अपने गुरु की जो वंदना और प्रशस्ति की है उसका उद्देश्य उनका परिचय देना नहीं है। यदि कवि इस प्रयोजन से अनुप्राणित होता तो उनका कुछ विस्तार से वर्णन करता। उसके दो हेतु प्रतीत होते हैं। पहला हेतु कृतज्ञता-ज्ञापन है। तुलसी के गुरु वस्तुतः सिद्ध-महात्मा थे, महान् विद्या-विशारद थे, और राम-कथा के मर्मज्ञ पंडित थे। उन्होंने अज्ञानांधकार का निरोध करके 'गुरु' की सार्थकता[2] सिद्ध की थी, तुलसी के मन में ज्ञान की ज्योति जगाई थी :

(1) **बंदौं गुरु पद कंज कृपा सिंधु नररूप हरि।**
महामोह तम पुंज जासु बचन रविकर निकर॥[3]

(2) **वंदे बोधमयं नित्यं गुरुं शंकररूपिणं।**
यमाश्रितो हि वक्रोपि चंद्रः सर्वत्र वंद्यते॥[4]

(3) **श्री गुर पद नख मनिगन जोती। सुमिरत दिव्य दृष्टि हिअँ होती॥**
दलन मोह तम सो सुप्रकासू। बड़े भाग डर आवै जासू॥
उघरहिं बिमल बिलोचन ही के। मिटहिं दोष दुख भव रजनी के॥
सूझहिं रामचरित मनि मानिक। गुपुत प्रगट जहँ जो जेहिं खानिक॥[5]

(4) **गुर पद रज मृदु मंजुल अंजन। नयन अमिअँ दृग दोष बिभंजन॥**
तेहि करि बिमल बिबेक बिलोचन। बरनौं रामचरित भव मोचन॥[6]

उनके गुरु के नाम और व्यक्तित्व आदि के विषय में विद्वानों की राय एक नहीं है। पहले उद्धरण में आए हुए 'नररूप हरि' के आधार पर कोई कहता है कि उनका नाम 'नरसिंह'[7] था, कोई कहता है 'नृसिंह'[8] था और कोई कहता है—'नरहरिदास' अथवा 'नरहर्यानंद'[9] था। 'विनयपत्रिका' की एक उक्ति[10] के आधार पर और 'भविष्यपुराण' की गवाही[11] पेश करके कोई कह सकता है कि उनके गुरु राघवानंद थे। परंतु यह सब केवल अनुमान है। अस्पष्ट कथन का अवलंब लेकर नाम के संबंध में कोई निश्चित धारणा नहीं बनाई जा सकती। दूसरे उद्धरण को हम गुरु-वंदना भी मान सकते हैं और शंकर-स्तुति भी। तीसरे-चौथे उद्धरणों से इतना ही प्रमाणित है कि गुरु ने तुलसी के अज्ञानांधकार को दूर करके उन्हें निर्मल ज्ञान-दृष्टि प्रदान की।

उन्होंने बाल्यावस्था में ही गुरु-मुख से राम-कथा सुनी। तब उनका बौद्धिक विकास नहीं हुआ था, इसलिए कथा के मर्म को भली-भाँति ग्रहण नहीं कर पाए। गुरु ने बारंबार कथा सुनाई। प्रौढ़

1. तुलसीदास, पृ. 176
2. अंधकारनिरोधत्वाद् गुरुरित्यभिधीयते।
3. रामचरितमानस, 1/1 सोरठा 5
4. वही, 1/1 श्लोक 3
5. वही, 1/1/3-4
6. वही, 1/2/1
7. पं. रामनरेश त्रिपाठी, तुलसीदास और उनका काव्य, पृ. 19
8. गोस्वामी तुलसीदास (डॉ. भारद्वाज), पृ. 292
9. डॉ. भगवतीप्रसाद सिंह, रामभक्ति में रसिक संप्रदाय, पृ. 66
10. विनयपत्रिका, 76/2-3
11. नारीशिक्षां समादाय राघवानंदभागतः।

होने पर उस सुनी हुई कथा को स्वाध्याय-अर्जित ज्ञान से सँवारकर कवि ने 'रामचरितमानस' के रूप में भाषाबद्ध किया :

मैं पुनि निज गुर सन सुनी कथा सो सूकरखेत।
समुझी नहिं तसि बालपन तब अति रहेउँ अचेत॥
श्रोता बकता ज्ञाननिधि कथा राम कै गूढ़।
किमि समुझौं मैं जीव जड़ कलि मल ग्रसित बिमूढ़॥
तदपि कही गुर बारहि बारा। समुझि परी कछु मति अनुसारा।
भाषाबद्ध करबि मैं सोई। मोरे मन प्रबोध जेहि होई॥[1]

तुलसी ने 'सूकरखेत' में अपने गुरु से राम-कथा सुनी थी। इस 'सूकरखेत' की वास्तविक स्थिति के निर्धारण पर बड़े वाचनिक दंगल हुए हैं। इसकी विस्तृत विचार-चर्चा अन्यत्र की गई है।

उक्त गुरु ने ही तुलसी को राम-भजन का उपदेश दिया। तदनंतर उन्होंने पुराण आदि शास्त्रों का पारायण किया। अंत में वे इस निष्कर्ष पर पहुँचे कि जिन शास्त्रकर्ता मुनियों ने संसार-सागर से पार जाने के उपायों का निरूपण किया है उनमें मतैक्य नहीं है; विभिन्न पुराणों में भी जहाँ-तहाँ परस्पर-विरोधी विचार व्यक्त किए गए हैं; केवल गुरु-प्रतिपादित राम-भजन का पथ ही राजमार्ग के समान कल्याणकारी है :

बहु मत मुनि बहु[2] पंथ पुराननि जहाँ तहाँ झगरो सो।
गुरु कह्यो रामभजन नीको मोहिं लगत राजडगरो सो॥[3]

ऐसे उद्धारक गुरु के स्तवन द्वारा कवि ने उनके प्रति हार्दिक कृतज्ञता ज्ञापित की है। तुलसी की गुरु-स्तुति का दूसरा हेतु परंपरा-पालन है। कबीर, जायसी, सूर आदि महाकवियों ने गुरु-महिमा का सादर गान किया है। आदर्श भक्त-कवि तुलसी ने भी उसका सम्यक् निर्वाह किया है। उन्होंने गुरु को राम के समान ही नहीं, उनसे भी बढ़कर माना है।[4]

तुलसीदास की गुरु-संबंधी उक्तियों से हम इतना ही जान पाते हैं कि उनके गुरु योग्य विद्वान् थे; 'सूकरखेत' में उन्होंने सुकुमार-बुद्धि बालक तुलसी को बारंबार रामकथा सुनाई; और उन्हें राम-चरित के प्रशस्त मार्ग पर चलने की प्रेरणा दी। आगे चलकर तुलसी ने व्यापक वाङ्मय का विशद अध्ययन किया। इस पर यथास्थान विचार किया जाएगा।

गार्हस्थ्य

तुलसीदास की कृतियों में ऐसा कोई उल्लेख नहीं मिलता जो उनके विवाह एवं गार्हस्थ्य जीवन का निश्चायक प्रमाण हो। कतिपय उक्तियाँ इस दिशा में इंगित मात्र करती हैं। डॉ. रामदत्त भारद्वाज का यह कथन युक्तियुक्त है कि तुलसी के विवाह के संबंध में 'हनुमानबाहुक' का निम्नलिखित साक्ष्य प्रबलतम प्रतीत होता है[5] :

बालपने सूधे मन राम सनमुख भयो
रामनाम लेत माँगि खात टूकटाक हौं।

---

1. रामचरितमानस, 1/30-1/31/1
2. पाठांतर—बहुमत मुनि गुनि
3. विनयपत्रिका, 173/5; तुलना कीजिए :
   मुनहु मधुप निरगुन कंटक तें राजपथ क्यों रूँधी।—सूरसागर, 4510
4. तुम्ह तें अधिक गुरहिं जिअँ जानी।—रामचरितमानस, 1/129/4
5. गोस्वामी तुलसीदास, पृ. 296

परस्यो लोकरीति में पुनीत प्रीति रामराय
मोहबस बैठो तोरि तरकि तराक हौं।
खोटे खोटे आचरन आचरत अपनायो
अंजनीकुमार सोध्यो रामपानि पाक हौं।
तुलसी गोसाईं भयो भोंड़े दिन भूलि गयो
ताको फल पावत निदान परिपाक हौं ॥[1]

तुलसी का तात्पर्य है—'मैं बाल्यावस्था में ही निश्छल भाव से राम के सम्मुख हुआ, 'राम-राम' जपता हुआ भीख-टुकड़ा माँग-खाकर सुख-शांति से जीवन-यापन करता रहा; परंतु सहसा अज्ञानवश राजा रामचंद्र की पवित्र-प्रीति (भक्ति) को एक ही झटके में तोड़ बैठा और लोक-रीति (विवाह करके गृहस्थी के जाल) में फँस गया।' लोक-रीति में पड़ना दार-परिग्रह का ही व्यंजक है। तुलसीदास ने विवाहित जीवन व्यतीत किया था, इसका संकेत 'दोहावली' के एक दोहे से भी मिलता है :

खरिया खरी कपूर सब उचित न पिय तिय त्याग।
कै खरिया मोहि मेलि कै बिमल बिबेक बिराग ॥[2]

इस दोहे की प्रसंग-कल्पना करते समय इसमें किसी अन्य व्यक्ति के दांपत्य-जीवन का संकेत मानने की अपेक्षा स्वयं तुलसीदास के विवाहित जीवन का निर्देश मानना अधिक स्वाभाविक और युक्तिसंगत प्रतीत होता है। 'विनयपत्रिका' की एक पंक्ति से भी इस धारणा का समर्थन होता है :

सखा न सुसेवक न सुतिय न प्रभु आप माय बाप तुही साँची तुलसी कहत ।[3]

जो आलोचक 'सुतिय न' का यह अर्थ करते हैं कि तुलसी के कोई पत्नी नहीं थी (क्योंकि उन्होंने विवाह ही नहीं किया) उन्हें उसी साँस में यह भी मान लेना पड़ेगा कि उनके माँ-बाप भी नहीं थे। और यह अनर्थकता की चरम सीमा होगी।

कुछ आलोचकों ने 'विनयपत्रिका' के अनेक पदों में तुलसी की यौवनकालीन कामासक्ति और विषय-वासना की आत्माभिव्यक्ति स्वीकार की है :

(1) **जोबन जुर जुबती कुपथ्य करि भयो त्रिदोष भरि मदन बाय ।[4]**
(2) **जोबन जुवती सँग रंग रात्यो। तब तू महा मोह मद मात्यो।**
ताते तजी धरम मरजादा। बिसरे तब सब प्रथम बिषादा ॥[5]
(3) **नयन मलिन परनारि निरखि मन मलिन बिषय सँग लागे।**
हृदय मलिन बासना मान मद जीव सहज सुख त्यागे ॥[6]

उपर्युक्त उद्धरणों के विषय में इतना ही संकेत कर देना पर्याप्त है कि उनमें कवि की स्वगत जीवनी नहीं है, विषयासक्त सांसारिक जीव के जीवन का वैराग्य-प्रेरक सामान्य चित्र अंकित किया गया है। अंतिम उद्धरण में प्रयुक्त 'जीव' शब्द स्वयं प्रमाण है। 'विनयपत्रिका' के 136वें पद में जीवन के संसृति-चक्र का, गर्भ-दशा से लेकर वृद्धावस्था तक के जुगुप्सनीय जीवन का, संक्षिप्त एवं व्यवस्थित चित्रण करके वैराग्य की पृष्ठभूमि में भक्ति-ज्ञान का निरूपण किया गया है। उसे तुलसी की आत्मकथा समझना ठीक नहीं है।

---

1. हनुमानबाहुक, 40
2. दोहावली, 255
3. विनयपत्रिका, 256/3
4. विनयपत्रिका, 83/2; देखिए—तुलसीदास, पृ. 175, तुलसीदास और उनका काव्य, पृ. 21
5. विनयपत्रिका, 136/7; देखिए—गोस्वामी तुलसीदास (डॉ. भारद्वाज), पृ. 296
6. विनयपत्रिका, 82/2; देखिए—गोस्वामी तुलसीदास, (डॉ. भारद्वाज), पृ. 297

पं. रामनरेश त्रिपाठी का कथन है कि धन के लिए तुलसीदास ने खेती की, व्यापार किया और अनेक उपाय रचे।[1] उनकी मान्यता का आधार है :

मध्य बयस धन हेतु गँवाई कृषी बनिज नाना उपाय।[2]

कहा जा चुका है कि इस प्रकार की उक्तियाँ आत्मचरितात्मक न होकर जीव (मानव) मात्र की संसार-दशा का निदर्शन करती हैं। अपने उक्त कथन का बल-वर्धन करते हुए उन्होंने आगे कहा है कि तुलसी ने 'नापे-जोखे', 'खेत के से धोखे', 'साग खाइ जाये माइ', 'पीना खाइ पोखे', 'गाँठि पानी परे सनकी', 'लेवा देई', 'लसम', 'सुलाखि' आदि किसानों और व्यापारियों की ठेठ बोलचाल के जो सटीक प्रयोग किए हैं वे इस तथ्य के प्रमाण हैं कि उन्होंने खेतिहर और व्यापारी का जीवन बिताया था।[3] उनकी इस अनुमिति में दम नहीं है। लोक-जीवन का अवेक्षक प्रतिभावान् कवि इस प्रकार की विशिष्ट शब्दावली का सहज व्यवहार कर सकता है। कुछ शब्दों के यथोचित प्रयोग के हिसाब से कवि को तत्संबंधी व्यवसायी मानने पर तो तुलसी को वैद्य, सांग्रामिक आदि भी मानना पड़ेगा क्योंकि उन्होंने रोगों और पुटपाक, शस्त्रास्त्रों एवं युद्ध का भी सटीक वर्णन किया है। अतएव किसान अथवा वणिक् के रूप में तुलसी की कल्पना दूर की कौड़ी है।

पं. रजनीकांत शास्त्री के विचार से तुलसीदास का 'तथाकथित विवाह' हुआ ही नहीं। उनका कहना है कि तुलसी का समूचा जीवन-काल दो ही विभागों में बँटा हुआ है—बाल्य-काल और वैराग्य-काल। उनके जीवन में गार्हस्थ्य-काल कभी आया ही नहीं—कोई पिता इतना मूर्ख नहीं हो सकता कि एक कुत्ते की तरह घर-घर की जूठन खाकर पेट पालनेवाले अनाथ लड़के से अपनी कन्या का पाणिग्रहण करवाकर उसे जीते-जी भाड़ में झोंक दे।[4] उनकी इस आपत्ति का परिहार स्वयं कवि के पूर्वोद्धृत आप्तवचनों से हो जाता है :

पर्‍यो लोकरीति में पुनीत प्रीति रामराय
मोहबस बैठो तोरि तरकि तराक हौं।[5]
सखा न सुसेवक न सुतिय न प्रभु आप
माय बाप तुही साँचो तुलसी कहत।[6]

पहले उद्धरण में कवि साफ कह रहा है कि मैं बालपन में राम-नाम लेता था, लेकिन उसके बाद मोहवश राम-प्रेम को छोड़कर लोकरीति में पड़ गया। पद्य के प्रसंग में 'लोकरीति' से गृहस्थाश्रम के अतिरिक्त कोई दूसरा व्यंग्य निकालना अप्रासंगिक है। बाल्य-काल बीत चुका है, और वैराग्य-काल में लोकरीति का होना संभव नहीं है क्योंकि लोकरीति से विरक्त-दशा ही वैराग्य-काल है। अतः इन दोनों के बीच गार्हस्थ्य-काल का अस्तित्व मानना अपरिहार्य है। दूसरे उद्धरण का तात्पर्य भी असंदिग्ध है—'मेरे माँ-बाप थे, सखा थे, सुसेवक थे, सुतिय थी; परंतु अब कोई नहीं है। हे प्रभो ! तुम्हीं मेरे सब कुछ हो।' कवि का यह निवेदन साभिप्राय है। वह शरणागतवत्सल राम के स्वभाव को भलीभाँति जानता है :

जननी जनक बंधु सुत दारा। तनु धन भवन सुहद परिवारा॥
सब कै ममता ताग बटोरी। मम पद मनहिं बाँधि बरि डोरी॥
समदरसी इच्छा कछु नाहीं। हरष सोक भय नहिं मन माहीं॥

---

1. तुलसीदास और उनका काव्य, पृ. 22
2. विनयपत्रिका, 83/3
3. तुलसीदास और उनका काव्य, पृ. 22-23
4. मानस-मीमांसा, पृ. 37-38
5. हनुमानबाहुक, 40
6. विनयपत्रिका, 256/3

अस सज्जन मम उर बस कैसें। लोभी हृदयँ बसै धनु जैसें ॥
तुम्ह सारिखे संत प्रिय मोरें। धरौं देह नहिं आन निहोरें ॥[1]

इसलिए सभी जागतिक संबंधों का भगवान् में आरोप करके वह उनकी कृपा का अधिकारी बन जाना चाहता है।

वैराग्य-काल में संभावित विवाह की संभावना को लक्ष्य करके शास्त्रीजी की उपपत्ति है, "इस काल में आपका विवाह हुआ मानना केवल और भी असंभव होने के साथ-साथ हास्यजनक ही नहीं है; बल्कि आपके निजी लेखों के विरुद्ध होने के कारण निरी मूर्खता है, क्योंकि आपने तो अपने वैराग्य-काल में अपने श्रीमुख से ही यह कहकर कि 'ब्याह न बरेखी जाति-पाँति न चहत हौं' अन्वेषक-गण को इस विषय में अधिक जाँच-पड़ताल करने की परेशानी से मुक्त कर दिया है।"[2] जहाँ तक मेरी जानकारी है, किसी भी अन्वेषक ने तुलसी के वैराग्य-काल में उनके विवाह की संकल्पना करने की बुद्धिमत्ता नहीं की है। कदाचित् इस प्रश्न का उठाना ही उन्होंने हास्यास्पद समझा है। शास्त्रीजी ने इस अकल्पित मान्यता का प्रत्याख्यान करके वंध्या-पुत्र के वध का प्रशंसनीय पराक्रम किया है। 'ब्याह न बरेखी' से यह व्यंजना नहीं निकलती कि वैराग्य के पूर्व तुलसी का विवाह नहीं हुआ था। यदि इस उक्ति से यह अर्थ निकल सकता है कि तुलसी आजीवन अविवाहित रहे तो **'काहू की बेटी सों बेटा न ब्याहब'**[3] से यह अर्थ क्यों नहीं निकल सकता कि उनके एक बेटा भी था ? निष्कर्ष यह कि तुलसी-साहित्य में ऐसा कोई प्रामाणिक अंतस्साक्ष्य नहीं है जिससे उनके आजीवन अविवाहित रहने की पुष्टि हो सके।

'दोहावली' का एक दोहा है :

घर कीन्हें घर जात है घर छाँड़े घर जाइ।
तुलसी घर बन बीच हीं राम प्रेम पुर छाइ ॥[4]

इस दोहे की व्यंजना के आधार पर डॉ. माताप्रसाद गुप्त ने यह निष्कर्ष निकाला है कि "गृह-त्याग के उपरांत कवि को एकांत-जीवन और समाज-संबद्ध जीवन में से एक को ग्रहण करना था; उसने मध्यम मार्ग अपनाया।"[5] उक्त दोहे के संदर्भ में 'एकांत-जीवन और समाज-संबद्ध जीवन' का गोलमोल अर्थ संदिग्ध है। कवि का आशय स्पष्ट है। एक 'घर' भौतिक गृह है। कहावत है—न गृहं गृहिणीं बिना (घरनी के बिना घर नहीं होता)। अतएव उसका लक्ष्यार्थ हुआ—गृहस्थाश्रम। उस 'घर' को छोड़ना वैराग्यपूर्वक वानप्रस्थ अथवा संन्यास ग्रहण करना है।[6] दूसरे 'घर' का लक्ष्यार्थ है—जीव का पारमार्थिक निवास-स्थल, अर्थात् आनंद-सिंधु राम।[7] पूरी पंक्ति का तात्पर्य है—गृह-त्याग से, अर्थात् संन्यासग्रहण करने से, गृहस्थी चली जाती है; और गृहस्थी को बनाए रखने से पारमार्थिक गृह अर्थात् राम-भक्ति और सालोक्य-मुक्ति की प्राप्ति नहीं होती। यह 'उभयदंश' है। समन्वयवादी कवि ने इस द्विविधा का समाधान उक्त दोहे की दूसरी पंक्ति में प्रस्तुत किया है—राम-भक्ति के लिए गृहत्याग अनिवार्य नहीं है; अनासक्त-भाव से गृहस्थाश्रम में रहकर भी भगवद्भजन किया जा सकता है। अब प्रश्न यह है कि क्या कवि का यह वचन स्वविषयक है। मेरे विचार से, नहीं है। ऐसा कोई भी अंतस्साक्ष्य या बहिस्साक्ष्य उपलब्ध नहीं है जिससे इस अनुमान की पुष्टि हो सके

---

1. रामचरितमानस, 5/48/2-4
2. मानस-मीमांसा, पृ. 39-40
3. कवितावली, 7/106
4. दोहावली, 256
5. तुलसीदास, पृ. 176
6. मिलाइए—रामचरितमानस, 1/142
7. मिलाइए—विनयपत्रिका, 136/2; रामचरितमानस, 1/197/3

कि तुलसी ने इस प्रकार के 'मध्यम-मार्ग' का स्वयं अनुसरण किया था। इसलिए इस दोहे को आत्मपरक न मानकर सामान्याश्रित सामान्य-उक्ति ही समझना चाहिए।

वैराग्य और तीर्थसेवन

तुलसीदास का विरक्त होना निर्विवाद है। उन्होंने किन परिस्थितियों के कारण कब और कैसे वैराग्य लिया, इस विषय में कोई अंतस्साक्ष्य नहीं मिलता। उनकी कृतियों के अनुशीलन से ज्ञात होता है कि उनके साहित्यिक जीवन का आरंभ वैराग्य लेने के उपरांत हुआ। वीतराग तुलसी ने किन-किन स्थानों की यात्रा की और कब से कब तक कहाँ रहे, इसका विस्तृत विवरण उनकी रचनाओं में नहीं पाया जाता। उनकी कृतियों से इतना निश्चित है कि उन्होंने काशी, अयोध्या और चित्रकूट में निवास किया था; प्रयाग और सीतामढ़ी की भी यात्रा की थी। उनके वैराग्य-काल का अधिकांश काशी में व्यतीत हुआ था, वहीं पर उनकी लोक-यात्रा समाप्त हुई।

'रामचरितमानस' से प्रमाणित है कि वे अयोध्या में कुछ समय तक रहे थे और वहीं अपने महाकाव्य का आरंभ किया था :

(i) नौमी भौमवार मधु मासा। अवधपुरी यह चरित्र प्रकासा॥[1]

(ii) सब बिधि पुरी मनोहर जानी। सकल सिद्धिप्रद मंगल खानी॥
बिमल कथा कर कीन्ह अरंभा। सुनत नसाहिं काम मद दंभा॥[2]

'विनयपत्रिका' की निम्नांकित पंक्तियों में लौकिक जीवन की 'मोह-माया' से व्याकुल चित्त की चित्रकूट-यात्रा के प्रति जो छटपटाहट व्यक्त की गई है उससे सूचित होता है कि गृह-त्याग के अनंतर ही तुलसी ने चित्रकूट-यात्रा की थी :

अब चित चेति चित्रकूटहि चलु।
कोपित कलि लोपित मंगल मगु बिलसत बढ़त मोह माया मलु॥
न करु बिलंब बिचारु चारुमति बरष पाछिले सम अगिले पलु॥
मंत्र सो जाइ जपहि जो जपि भे अजर अमर हर अचइ हलाहलु॥[3]

दूसरी पंक्ति के आधार पर डॉ. भारद्वाज का यह अभिकथन संदेहास्पद है कि 'कोपित कलि' का इंगित क्रुद्धा पत्नी की ओर है जिसे वे कल्याण-मार्ग से हटानेवाली और मोहमायामल को बढ़ाने वाली समझते थे।[4] 'रामाज्ञाप्रश्न' के अधोलिखित दोहे भी उनकी चित्रकूट-यात्रा की ओर संकेत करते हुए प्रतीत होते हैं :

पय पावनि बन भूमि भलि सैल सुहावन पीठ।
रागिहि सीठ बिसेषि थलु बिषय बिरागिहि मीठ॥
सगुन सकल संकट सभा चित्रकूट चलि जाहु।
सीता राम प्रसाद सुभ लघु साधन बड़ लाहु॥[5]

अपने विभिन्न ग्रंथों[6] में तुलसी ने चित्रकूट का वर्णन जिस निष्ठा और विस्तार से किया है उससे इस तीर्थस्थान के प्रति उनका अतिशय प्रेम प्रकट होता है। किंवदंती है कि चित्रकूट में तुलसी

---

1. रामचरितमानस, 1/34/3
2. वही, 1/35/3
3. विनयपत्रिका, 24/1,4
4. गोस्वामी तुलसीदास, पृ. 311
5. रामाज्ञाप्रश्न, 2/6/1,3
6. रामचरितमानस, 2/132/2-139/4; कवितावली, 7/141-43; विनयपत्रिका, 23-24, 266

को राम का दर्शन हुआ था। 'चित्रकूट को चरित्र'[1] संभवतः इसी दर्शन की ओर निर्देश करता है। गीतावली[2] के पदों में चित्रकूट का संश्लिष्ट चित्रांकन उस तीर्थस्थल की महिमा के साथ ही तुलसी की उत्कृष्ट काव्य-कला का प्रकृत निदर्शन है। व्यापक आयाम में बिखरे हुए चित्रकूट-विषयक विविध वर्णनों से अनुमान किया जा सकता है कि उन्होंने चित्रकूट की अनेक बार यात्रा की थी। परंतु उनके निवास-काल की अवधि निश्चित करना संभव नहीं है। 'रामाज्ञाप्रश्न' का निम्नलिखित दोहा उद्धृत करते हुए डॉ. माताप्रसाद गुप्त ने निर्धारित किया है कि "तुलसीदास ने विरक्त होने के अनंतर कुछ काल तक—कम से कम छः मास तक—चित्रकूट-सेवन किया था :"[3]

पय नहाइ फल खाइ जपु राम नाम षट मास।
सगुन सुमंगल सिद्धि सब करतल तुलसीदास॥[4]

डॉ. भारद्वाज ने भी इस मान्यता का समर्थन किया है।[5] इसमें संदेह नहीं कि वैराग्य धारण करने के उपरांत तुलसी ने चित्रकूट-सेवन किया, किंतु 'छः मास' वाली बात संभाव्य होते हुए भी निर्णयात्मक नहीं जँचती। कारण यह है कि जिस दोहे को प्रमाण माना गया है वह इस विषय में आभास मात्र है। 'षटमास' का उल्लेख जिस दोहे में किया गया है वह दोहा सप्तम सर्ग के चतुर्थ सप्तक के अंत में आया है। वहाँ पर चित्रकूट-वर्णन का कोई प्रसंग ही नहीं है। अतः उसे चित्रकूट-विषयक मानना काल्पनिक है। 'विनयपत्रिका' के एक पद से सूचित होता है कि अशांत तुलसीदास ने शांति-लाभ के लिए अनेक तीर्थस्थानों की लंबी यात्राएँ कीं और फिर स्थिर होकर चित्रकूट में कुछ समय तक निवास किया :

अगनित गिरि कानन फिर्यो बिनु आगि जर्यो हौं।
चित्रकूट गए मैं लखी कलि की कुचालि सब अब अपडरनि डर्यो हौं।[6]

'कवितावली'[7] के तीन पद्यों में कवि ने सीतामढ़ी और सीतावट का जो सजीव चित्रण किया है उससे जान पड़ता है कि उसने इस दृश्य को अपनी आँखों से देखकर शब्दबद्ध किया है। 'विनयपत्रिका'[8] के एक पद में नर-नारायण की स्तुति की गई है। गंधमादन पर्वत पर बदरिकाश्रम क्षेत्र है। वह नर-नारायण का स्थान है।[9] पूरे पद से, विशेषकर उसके अंतर्गत बदरिकाश्रम के वर्णन से, सूचित होता है कि तुलसी ने वहाँ की भी यात्रा की थी।

तुलसी के वैराग्यकालीन जीवन का सर्वाधिक संबंध काशी से रहा। जीवन के अंतिम वर्षों में, महाप्रयाण के समय तक, वे वहीं रहे। वे काशी कब पहुँचे ? इस प्रश्न का निर्णयात्मक उत्तर नहीं दिया जा सकता। 'रामचरितमानस' के पूर्व रचित 'रामाज्ञाप्रश्न' का एक दोहा है :

सगुन प्रथम उनचास सुभ तुलसी अति अभिराम।
सब प्रसन्न सुर भूमिसुर गो गन गंगा राम॥[10]

कहा जाता है कि गंगाराम काशी में प्रह्लाद घाट पर रहते थे। यदि उक्त दोहे के 'गंगाराम' को व्यक्तिवाचक नाम मान लिया जाए तो कहा जा सकता है कि तुलसी विरक्त होने के कुछ ही काल पश्चात् वहाँ

---

1. विनयपत्रिका, 264/5
2. गीतावली, 2/43-50
3. तुलसीदास, पृ. 176
4. रामाज्ञाप्रश्न, 7/4/7
5. गोस्वामी तुलसीदास, पृ. 299
6. विनयपत्रिका, 266/2
7. कवितावली, 7/138-40
8. पद 60
9. विष्णुपुराण, 5/37/34
10. रामाज्ञाप्रश्न, 1/7/7

पहुँच गए थे। काशी को उन्होंने अपना स्थायी निवास-स्थान बना लिया था। 'विनयपत्रिका' और 'रामचरितमानस' में उन्होंने जीवनपर्यंत काशी सेवन पर बल दिया है।[1] उससे यही धारणा बनती है। उन्होंने काशी की संहारकारिणी रुद्रबीसी, भयंकर 'मीन की सनीचरी' और प्रचंड महामारी का जो व्यापक वर्णन किया है[2] उससे इस धारणा की पुष्टि होती है। विभिन्न विद्वानों के अनुसार रुद्रबीसी का समय सं. 1623-1642, सं. 1655-1675 अथवा सं. 1665-85 है; मीन की सनीचरी का काल सं. 1640-42 अथवा 1669-71 है; और महामारी (ताऊन) का आगमन सं. 1673 में हुआ। इन सबसे उनके दीर्घकालीन काशी-वास का निश्चय होता है। 'कवितावली' और 'हनुमानबाहुक' के दो पद्यों से संकेत मिलता है कि वे अपने जीवन के अंतिम काल में काशी में रहकर ही मृत्यु की प्रतीक्षा कर रहे थे।[3]

स्नेही-मित्र

तुलसी की काव्य-कृतियों से उनके किसी स्नेही-मित्र का परिचय नहीं मिलता। 'रामाज्ञाप्रश्न' के पूर्वोक्त दोहे में उल्लिखित 'गंगाराम' को उनका मित्र बतलाया गया है। उनके दूसरे मित्र टोडर माने जाते हैं। काव्यों में उनका उल्लेख नहीं है, परंतु उनकी मृत्यु के अनंतर उनके उत्तराधिकारियों के बीच समझौता कराने के लिए सं. 1669 में जो पंचायतनामा हुआ था वह तुलसी-कृत कहा जाता है। ऐसी मान्यता है कि कम से कम उसका सिरनामा तुलसी का हस्तलेख है। उनके तीसरे शंसित मित्र अब्दुर्रहीम खानखाना हैं। कवि ने उनका भी कहीं नाम-निर्देश नहीं किया है। कहा जाता है कि 'बरवैरामायण' की रचना उन्हीं की मैत्री का परिणाम है। मीराँबाई के साथ तुलसी के पत्र-व्यवहार की बात भी कही जाती है। कुछ लोगों[4] का विश्वास है कि 'विनयपत्रिका' का 174वाँ पद मीराँ के पत्र का तुलसी द्वारा लिखित उत्तर है। किसी-किसी[5] का खयाल है कि यह पद तुलसीदास की कथित पत्नी रत्नावली के पत्र का उत्तर है।

सम्मान और विरोध

तुलसीदास की उक्तियों से सिद्ध है कि अपने जीवन के उत्तरकाल में वे महामुनि माने जाते थे :

राम नाम को प्रभाउ पाउ महिमा प्रतापु
तुलसी से जग मानियत महामुनी सो।[6]

कवि और संत के रूप में उनकी लोकव्यापी प्रतिष्ठा थी :

जो सुमिरत भयो भाँग ते तुलसी तुलसीदास।[7]

बड़े-बड़े पदाधिकारी और भूपति उनका चरण-स्पर्श करते थे :

घर घर माँगे टूक पुनि भूपति पूजे पाय।
जे तुलसी तब राम बिनु ते अब राम सहाय।।[8]

फूलों के साथ काँटे भी थे। कवि की अनेक उक्तियों से ध्वनित होता है कि ऐसे मत्सरी जीवों की भी कमी नहीं थी जो सहस्र नेत्रों से तुलसी के दोष देखने का प्रयत्न करते थे, जिनके हृदय में उनका

---

1. विनयपत्रिका, 22/1; रामचरितमानस, 4/1/सोरठा
2. दोहावली, 240; कवितावली, 7/170, 7/177, 7/173-76, 183
3. कवितावली, 7/167; हनुमानबाहुक, 42
4. हिंदी-साहित्य का इतिहास, पृ. 184-85
5. गोस्वामी तुलसीदास (डॉ. भारद्वाज), पृ. 316
6. कवितावली, 7/72
7. रामचरितमानस, 1/26
8. दोहावली, 109

यश शूल की भाँति चुभ रहा था, और जो उनकी हानि में ही अपना लाभ समझते थे।[1] 'रामचरितमानस' में प्रयुक्त भविष्यत्कालिक क्रिया 'हँसिहहिं' (हँसिहहिं कूर कुटिल कुबिचारी। जे परदूषन भूषन धारी[2]) से सूचित होता है कि इस महाकाव्य की रचना के पूर्व भी तुलसी के निंदक थे और पश्चात्काल में भी। कवि की लोकप्रियता के साथ-साथ द्वेषियों का विरोध-भाव भी बढ़ता गया। 'दोहावली' के साक्ष्य से इसकी निस्संदेह पुष्टि होती है :

माँगि मधुकरी खात ते सोवत गोड़ पसारि।
पाप प्रतिष्ठा बढ़ि परी ताते बाढ़ी रारि॥[3]

उन्होंने अनुभव किया कि लोकमान्यता की आग तपोवन को जला देती है, सम्मान योगश्री का अपकारक है और प्रतिष्ठा के कारण असहनशील खलों की जलन बड़ी संतापकारिणी है। जब वे भीख माँगकर खाते थे तब निश्चिंत भाव से पाँव पसारकर सोते थे। पापरूपिणी प्रतिष्ठा के बढ़ने पर स्पर्धी एवं ईर्ष्यालु जनों की रार भी बढ़ गई। रावण के समान अत्याचारी, खर-दूषण के सदृश अहंकारी और मारीच के तुल्य कपटी दुष्ट उन्हें अनेक प्रकार से तंग करते थे। उनके साहस-कर्मों का यथातथ्य अभिधान कवि ने नहीं किया, परंतु व्यंजना की सहायता से उनका कुछ संकेत अवश्य मिल जाता है :

बासर ढासनि के ढका रजनीं चहुँ दिसि चोर।
संकर निज पुर राखिए चितै सुलोचन कोर॥[4]

तुलसी के पास कोई संपत्ति नहीं थी। अतः इस दोहे से ध्वनित होता है कि विद्वेषी लोग उन्हें परिपीड़ित करने के लिए इस प्रकार के उपद्रव करवाते थे।

तुलसी के तत्कालीन विरोधियों को तीन वर्गों में रखा जा सकता है—साहित्य से परिचित संस्कृतवादी, कट्टर जातिवादी ब्राह्मण और संप्रदायवादी शैव। संस्कृतवादी उनके 'भाषा-निबंध' का उपहास करनेवाले दोषदर्शी आलोचक थे। कवि की निम्नांकित पंक्तियों के लक्ष्य वे ही प्रतीत होते हैं :

हँसहहिं कूर कुटिल कुबिचारी। जे पर दूषन भूषन धारी॥
खल परिहास होइ हित मोरा। काक कहहिं कलकंठ कठोरा॥
हंसहि बक दादुर चातक ही। हंसहिं मलिन खल बिमल बतकही॥
कबित रसिक न राम पद नेहू। तिन्ह कहँ सुखद हास रस एहू॥
भाषा भनिति भोरि मति मोरी। हँसिबे जोग हँसे नहिं खोरी॥[5]

का भाषा का संस्कृत प्रेम चाहिए साँच।
काम जु आवै कामरी का लै करिअ कुमाच॥[6]

जातिवादी ब्राह्मण अपने को हिंदू-धर्म का ठेकेदार समझते थे। वे धर्म-कोष की कुंजी अपने हाथ में रखना चाहते थे। भाषाबद्ध 'रामचरितमानस' सर्वसुलभ था। वह समाज में धर्मग्रंथ के रूप में समादृत होने लगा था। कट्टर ब्राह्मण इसे नहीं सह सकते थे। तुलसी और 'रामचरितमानस' के गौरव को जनता की दृष्टि में गिराने के लिए उन्होंने तुलसी की जाति पर भी आक्षेप करना आरंभ किया। वैष्णव तुलसीदास उदार थे। वे जाति-पाँति के भेदभाव से दूर रहकर सभी भक्तों के साथ समानता का व्यवहार करते थे। उनकी इस उदारता से कट्टर ब्राह्मणों को और बल मिला। वे जन-मानस

1. रामचरितमानस, 1/4/1-2; दोहावली, 388-89
2. रामचरितमानस, 1/8/5
3. दोहावली, 494
4. वही, 239
5. रामचरितमानस, 1/8/5, 1/9/1-2
6. दोहावली, 572

में यह बात बिठा देने का प्रयत्न करने लगे कि तुलसी ब्राह्मण नहीं है, क्योंकि वह ब्राह्मण-व्यवस्था का पालन नहीं करता। तुलसीदास किस-किस को अपने ब्राह्मणत्व की सफाई देते फिरते। इस अपवाद से ऊबकर उन्हें कहना पड़ा :

(i) लोग कहैं पोच सो न सोच न सँकोच मेरे
ब्याह न बरेखी जाति पाँति न चहत हौं॥[1]

(ii) मेरे जाति पाँति न चहौं काहू की जाति पाँति
मेरे कोऊ काम को न हौं काहू के काम को॥[2]

इन उद्धरणों का यह अर्थ निकालना न्याय-संगत नहीं है कि तुलसी को अपनी जाति का पता नहीं था और न उनका विवाह हुआ था। पहली पंक्ति में प्रयुक्त 'पोच' की व्यंजना प्रसंग-कल्पना में सहायक है। लोग आक्षेप करते थे—अपने को ब्राह्मण बतानेवाला तुलसी लबार है, वह निम्न वर्ण का व्यक्ति होकर कुलीन होने का ढोंग करता है। तुलसी का झुँझलाहट-भरा खरा उत्तर था—जिसके मन में जो आए, बके; मुझे इसका कोई सोच-संकोच नहीं है; मुझे किसी के यहाँ ब्याह-शादी नहीं करनी है; मुझे किसी की जाति-पाँति नहीं चाहिए; मेरी कोई जाति नहीं है, मैं किसी की जाति-बिरादरी में नहीं रहना चाहता हूँ। ऐसा ही खीझभरा उत्तर उन्होंने दुराग्रही अवतार-विरोधियों को भी दिया था :

जौं जगदीस तौ अति भलो जौं महीस तौ भाग।
तुलसी चाहत जनम भरि राम चरन अनुराग॥[3]

संप्रदायवादी शैव कम त्रासकारक नहीं थे। काशी शिव की नगरी कही गई है। उस नगरी में तुलसी के 'रामचरितमानस' ने राम-भक्ति की वेगवती धारा बहा दी। फलतः शैवों का, विशेषतया शिव-मंदिर के पुजारियों का, तिलमिला उठना स्वाभाविक था। तुलसी का समन्वयवादी दृष्टिकोण उन्हें संतुष्ट न कर सका। वे तुलसी को अनेक प्रकार की बाधा पहुँचाने लगे, उनके पीछे पड़ गए। उनके शक्ति-प्रयोग से परेशान होकर तुलसी ने शैवों के स्वामी भगवान् शिव से ही उनके भक्तों के दुर्व्यवहार की शिकायत और उन्हें बरजने की प्रार्थना की :

(i) देवसरि सेवौं बामदेव गाउँ रावरेहीं
नाम राम ही के माँगि उदर भरत हौं।
दीबे जोग तुलसी न लेत काहू को कछुक
लिखी न भलाई भाल पोच न करत हौं।
एते पर हूँ जो कोऊ रावरो ह्वै जोर करै
ताको जोर देव दीन द्वारे गुदरत हौं।
पाइ कै उराहनो उराहनो न दीजो मोहि
कालकला कासीनाथ कहें निबरत हौं॥[4]

(ii) गाँव बसत बामदेव मैं कबहूँ न निहोरे।
अधिभौतिक बाधा भई ते किंकर तोरे॥
बेगि बोलि बलि बरजिए करतूति कठोरे।
तुलसी दलि रूँध्यो चहैं सठ साखि सिहोरे॥[5]

---

1. विनयपत्रिका, 76/4
2. कवितावली, 7/107
3. दोहावली, 91
4. कवितावली, 7/165
5. विनयपत्रिका, 8/3-4

दूसरे उद्धरण पर त्रिपाठीजी की टिप्पणी है, "इससे प्रकट होता है कि शिव के किंकरों ने तुलसीदास को कोई शारीरिक कष्ट पहुँचाया था। संभवतः उन्हें मारा-पीटा हो। वे शिवजी से प्रार्थना करते थे कि कृपया अपने सेवकों को रोकिए कि वे अपना कठोर कर्म बंद करें। पर घिघियाते हुए भी वे शिव के किंकरों को 'शठ' कहते ही जाते थे।"[1] एक अन्य कवित्त में उन्होंने तीक्ष्ण लक्षणा-व्यंजना के द्वारा रामभक्त-विद्वेषी घोर शैवों को भूत-प्रेत-पिशाचों की श्रेणी में रखकर शंकर-भवानी की दुहाई दी है :

भूतभव भवत पिसाच भूत प्रेत प्रिय
आपनो समाज सिव आपु नीकें जानिए।
नाना बेष बाहन बिभूषन बसन बास
खान पान बलि पूजा बिधि को बखानिए॥
राम के गुलामनि की रीति प्रीति सूधी सब
सब सों सनेह सबही को सनमानिए।
तुलसी की सुधरै सुधारे भूतनाथ ही के
मेरे माय बाप गुरु संकर भवानिए॥[2]

रामभक्ति-निंदकों के विरोध ने उनकी सहनशीलता को अतिक्रांत कर दिया। विक्षुब्ध तुलसी ने खूब किचकिचाकर उन पर भरपूर प्रहार किया है :

तिन्ह तें खर सूकर स्वान भले जड़ता बस ते न कहैं कछु वै।
तुलसी जेहि राम सों नेहु नहीं सो सही पसु पूँछ बिषान न द्वै॥
जननी कत भार मुई दस मास भई किन बाँझ गई किन च्वै।
जरि जाउ सो जीवनु जानकीनाथ जियै जग में तुम्हरो बिनु ह्वै॥[3]

तीसरे चरण तक पहुँचते-पहुँचते कवि की मर्यादावादी चेतना बिखर गई है। 'भई किन बाँझ गई किन च्वै' में आवेश के आपूर से श्लीलता-अश्लीलता का सीमा-बंध भहराकर टूट गया है।

इस गुणदोषमय विश्व में देवतात्मा साधु भी हैं, और राक्षसी प्रवृत्तिवाले असाधु भी—एक शीलगुणाकर हैं, अमर्ष-रहित हैं; दूसरे परद्रोही हैं, परापवादी है।[4] तुलसी को चाहे-अनचाहे दोनों ही प्रकार के लोगों के संपर्क में आना पड़ा था। उस संपर्क से उत्पन्न भली-बुरी प्रतिक्रियाओं का निबंधन कवि ने अनेक पद्यों में किया है :

1. **छमिहहिं सज्जन मोरि ढिठाई। सुनिहहिं बाल बचन मन लाई॥**
जौं बालक कह तोतरि बाता। सुनहिं मुदित मन पितु अरु माता॥
हँसिहहिं कूर कुटिल कुबिचारी। जे पर दूषन भूषन धारी॥[5]
प्रभुपद प्रीति न सामुझि नीकी। तिन्हहिं कथा सुनि लागिहि फीकी॥
हरि हर पद रति मति न कुतरकी। तिन्ह कहँ मधुर कथा रघुबर की॥
राम भगति भूषित जिअ जानी। सुनहहिं सुजन सराहि सुबानी॥[6]
2. **धूत कहौ अवधूत कहौ रजपूत कहौ जोलहा कहौ कोऊ।**
काहूकी बेटी सों बेटा न ब्याहब काहूकी जाति बिगार न सोऊ।

1. तुलसीदास और उनका काव्य, पृ. 30
2. कवितावली, 7/168
3. वही, 7/40
4. रामचरितमानस, 1/6/2-3, 7/38/1, 7/39
5. वही, 1/8/4-5
6. वही, 1/9/3-4

तुलसी सरनाम गुलामु है रामको जाको रुचै सो कहै कछु ओऊ।
माँगि कै खैबो मसीत को सोइबो लैबे को एक न दैबे को दोऊ॥[1]

3. कोऊ कहै करतकुसाज दगाबाज बड़ो
कोऊ कहै रामको गुलामु खरो खूब है।
साधु जानैं महासाधु खल जानैं महाखल
बानी झूँटी साँची कोटि उटत हबूब है॥
चहत न काहू सों न कहत काहू की कछू
सबकी सहत उर अंतर न ऊब है।
तुलसी को भलो पोच हाथ रघुनाथ ही के
राम की भगति भूमि मेरी मति दूब है।[2]

तुलसीदास की कतिपय उक्तियों से प्रकट है कि विरोधियों ने उन्हें भाँति-भाँति से डराया-धमकाया, उनके जीवन को दूभर कर देने के लिए कितने ही उपाय किए। यहाँ तक कि नृशंस पामरों ने उनके प्राण लेने की भी चेष्टा की। उपद्रवों के भयंकर तूफ़ान में भी वे निर्भय और अविचल रहे, भक्त-रक्षक भगवान् की बाँहों की छाया उन पर बनी रही, उनका बाल बाँका नहीं हुआ :

(i) को भरिहै हरि कें रितएँ रितवै पुनि को हरि जौं भरिहै।
उथपै तेहि को जेहि रामु थपै थपिहै तेहि को हरि जौं टरिहै॥
तुलसी यहु जानि हिएँ अपने सपनें नहि कालहु तें डरिहै।
कुमयाँ कछु हानि न औरन की जो पै जानकीनाथु मया करिहै॥[3]

(ii) कौनकी त्रास करै तुलसी जो पै राखिहै रामु तौ मारिहै को रे॥[4]

(iii) जो पै कृपा रघुपति कृपालु की बैर और के कहा सरै।
होइ न बाँको बार भगत को जो कोउ कोटि उपाय करै।
तकै नीचु जो मीचु साधु की सो पामर तेहि मीचु मरै।
बेद विदित प्रह्लाद कथा सुनि को न भगति पथ पाँउ धरै।
जोइ जोइ कूप खनैगो पर कहँ सो सठ फिरि तेहि कूप परै॥
सपनेहु सुख न संत द्रोही कहँ सुरतरु सोउ बिष फरनि फरै॥
हैं काके द्वै सीस ईस के जो हटि जन की सीवँ चरै।
तुलसिदास रघुबीर बाहुबल सदा अभय काहू न डरै॥[5]

लोक-प्रसिद्धि है कि जहाँगीर ने तुलसी को कारागार में डलवा दिया था; उस बंदीगृह से मुक्ति पाने के लिए उन्होंने हनुमान की स्तुति की; और उनकी यह वंदना 'कवितावली' के एक सवैये एवं 'विनयपत्रिका' के पाँच पदों में निबद्ध है।[6] यह प्रसिद्धि मुख्यत: 'बंदिछोर', 'सिंह के सिसु मेढक लीले', 'साँसति', 'समय साँकरे', 'गाढ़े परे' आदि शब्दों पर आश्रित है। परंतु इससे यह प्रमाणित नहीं होता कि तुलसी बंदी हुए थे। किसी ऐतिहासिक साक्ष्य से इस तथ्य की पुष्टि नहीं होती। यह बात अधिक संभाव्य जँचती है कि इन निवेदनों का निबंधन भव-बंधन और कलि की करालता के संदर्भ में किया

---

1. कवितावली, 7/106
2. वही, 7/108
3. वही, 7/47
4. वही, 7/48
5. विनयपत्रिका, 137/1-2, 5-6
6. कवितावली, 7/50; विनयपत्रिका, 31-35

गया है। कवि ने राम और उनके नाम को अन्यत्र भी 'बंदिछोर' कहा है[1], क्योंकि जिसने जीव को मोह-रज्जु में बाँधा है वही उसे बंध-मुक्त कर सकता है।

'गोसाईं' उपाधि

तुलसीदास 'गोसाईं तुलसीदास' के रूप में विख्यात हैं। 'गोसाईं' उपाधि का स्वरूप क्या था; यह उपाधि तुलसी को कब, क्यों और कैसे प्राप्त हुई—इन प्रश्नों का निर्विवाद उत्तर देना शक्य नहीं है। इस संबंध में तीन धारणाएँ प्रचलित हैं। पहली यह है कि तुलसीदास गोस्वामी (गो+स्वामी) अर्थात् इंद्रियों के वशीकर्ता थे। इसलिए तत्कालीन जनता ने उन्हें 'गोस्वामी' की उपाधि से अलंकृत किया। 'गोस्वामी' का अपभ्रंशरूप 'गोसाईं' है। इस धारणा के समर्थन में कोई अंतस्साक्ष्य नहीं मिलता। अतः इसको तुलसी के प्रशंसकों द्वारा कल्पित उपाधि मानना चाहिए। दूसरी धारणा यह है कि सद्योजातावस्था में माता-पिता द्वारा परित्यक्त तुलसी का पालन किसी 'मंगन' ने किया था। वह मंगन अतीथ था। अतीथों की जातीय उपाधि 'गोसाईं' है। 'मंगल-कुल' अर्थात् गोसाईं-वंश में पालित-पोषित होने के कारण वे 'गोसाईं' पुकारे जाने लगे। कहा जा चुका है कि 'कवितावली' में उल्लिखित 'कुल मंगन' का यह विवरण असंगत है। इसलिए गोसाईं-विषयक यह संकल्पना भी अमान्य है। इस विषय में कवि का कथन स्वयं आप्त है :

बालपने सूधे मन राम सनमुख भयो
रामनाम लेत माँगि खात टूकटाक हौं।
पर्‌यो लोकरीति में पुनीत प्रीति रामराय
मोहबस बैठो तोरि तरकि तराक हौ।
खोटे खोटे आचरन आचरत अपनायो
अंजनीकुमार सोध्यो रामपानि पाक हौं।
तुलसी गोसाईं भयो भोंड़े दिन भूलि गयो
ताको फल पावत निदान परिपाक हौं॥
असन बसन हीन बिषम बिषाद लीन
देखि दीन दूबरो करै न हाय हाय को।
तुलसी अनाथ सो सनाथ रघुनाथ कियो
दियो फल सीलसिंधु आपने सुभाय को।
नीच यहि बीच पति पाइ भरुहाइ गो
बिहाइ प्रभुभजन बचन मन काय को।
तातें तनु पेषियत घोर बरतोर मिस
फूटि फूटि निकसत लोन रामराय को॥[2]

उपर्युक्त उद्धरण की सातवीं और तेरहवीं पंक्तियों से स्पष्ट निष्कर्ष निकलता है कि तुलसी बचपन से ही गोसाईं नहीं थे। पूरे संदर्भ से संकेतित है कि दारिद्र्य-ग्रस्त बालपन और आसक्तिपूर्ण यौवन के उपरांत ही वे गोसाईं हुए। गोसाईं होने पर वे अपने खोटे दिनों को भूल गए, उन्हें गोसाईंपन के गौरव का अभिमान हो गया। डॉ. माताप्रसाद गुप्त ने प्रमाण देकर बतलाया है कि काशी में लोलार्क कुंड पर 'तुलसीदास मठ' था, जो सं. 1797 तक अवश्य विद्यमान था। उस मठ के महंतों (मठाधीशों) की उपाधि 'गोसाईं' थी। तुलसीदास कभी-न-कभी उस मठ के 'गोसाईं' (मठाधीश) हुए

1. विनयपत्रिका, 146/3; 98/2, 102/5
2. हनुमानबाहुक, 40-41

थे; इसलिए 'गोसाईं' कहलाए।[1] यह तीसरी धारणा ही युक्तियुक्त प्रतीत होती है।

वृद्धावस्था

तुलसी के अंतस्साक्ष्य से विदित है कि उनकी वृद्धावस्था अत्यंत संताप में बीती। उन्हें अनेक प्रकार के हार्दिक और शारीरिक क्लेश सहने पड़े। हार्दिक क्लेश के मूल में समवेदना अधिक थी। उन दिनों काशी पर आधिदैविक विपत्तियों का पहाड़ टूट पड़ा था। दुर्भिक्षों और महामारियों के भयंकर प्रकोप से समस्त जनता त्राहि-त्राहि कर रही थी।[2] चारों ओर हाहाकार मचा हुआ था। ऐसी विकट परिस्थिति में सहृदय कवि का आकुल अंतर कराह उठा था। यह उसकी हार्दिक वेदना थी जिसकी अभिव्यक्ति किए बिना वह नहीं रह सका। यह ठीक है कि दानवीकृत नृशंस कलियुग के लोमहर्षक अत्याचारों का जो अतिशयित वर्णन किया गया है वह बहुत-कुछ परंपरा-प्रथित है, और जीवन-वृत्त के संदर्भ में चरित-संबंधी तथ्य ही संग्राह्य हैं। परंतु, इतना निश्चित है कि कलि के प्रभाव को, 'दारिद दसानन' से सीद्यमान लोगों को, देखकर तुलसी को सहानुभूतिपूर्ण दुःख होता था। एक अन्य प्रकार की मानसिक व्यथा पहुँचानेवाले 'कुलोग' भी थे। इन दारुण विरोधियों की चर्चा की जा चुकी है।

तुलसी ने अपनी बुढ़ौती के जिन शारीरिक कष्टों का उल्लेख किया है वे तीन प्रकार के हैं—जरा-जीर्णता, बाहु-पीड़ा और 'बरतोर'। बुढ़ापे में उनका शरीर विविध रोगों से आक्रांत था :

रोग निकर तनु जरठपनु तुलसी संग कुलोग।
राम कृपा लै पालिए दीन पालिबे जोग॥[3]

उन वार्धक्य-जनित रोगों का पूरा विवरण नहीं मिलता। 'विनयपत्रिका' में जीव-सामान्य की वृद्धावस्था के शूल, कंप आदि कष्टों का संकेत किया गया है।[4] वह नियति-नियम है। अतः तुलसी पर भी समान-रूप से घटित होता है। देह स्वभावतः रोगों का घर है—**शरीरं व्याधिमंदिरम्**। बुढ़ौती में शक्ति के प्रतिहत हो जाने पर व्याधियों की वृद्धि अनिवार्य है।

कुलोगों की भाँति कुरोगों ने तुलसी को बुरी तरह घेर लिया था :

घेरि लियो रोगनि कुजोगनि कुलोगनि ज्यौं
बासर जलद घन घटा धुकि धाई है।[5]

इन रोगों में सबसे अधिक कष्टकारिणी बाहु-पीड़ा थी जिसकी निवृत्ति के लिए उन्होंने 'हनुमानबाहुक' की रचना की। उसके अनेक पद्यों में इस पीड़ा का उल्लेख है।[6] यह पीड़ा अत्यंत असह्य थी :

1. **आपने ही पापतें त्रितापतें कि सापतें**
बढ़ी है बाँहबेदन कही न सहि जाति है।[7]
2. **काल की करालता करम कठिनाई कीधौं**
पाप के प्रभाव की सुभाय बाय बावरे।
बेदन कुभाँति सो सही न जाति राति दिन
सोई बाँह गही जो गही समीरडावरे॥[8]

---

1. तुलसीदास, पृ. 189-92
2. कवितावली, 7/96-97, 173-77
3. दोहावली, 178
4. विनयपत्रिका, 136-8
5. हनुमानबाहुक, 35
6. वही, 20, 21, 23, 24, 30, 31, 36
7. वही, 30
8. वही, 37

3. **भारी पीर दुसह सरीर तें बिहाल होत।**[1]

4. **तुलसी तनु स्त्र सुख जलज भुज रुज गज बर जोर।**
दलत दयानिधि देखिए कवि केसरी किसोर॥[2]

डॉ. माताप्रसाद गुप्त का कथन है कि "कवि पीड़ा का कारण 'बात' बतलाता है।" उनके द्वारा उल्लिखित 'बात' 'तुलसी-ग्रंथावली' से उद्धृत प्रतीत होता है। उसका पाठ है :

बात तरुमूल बाहुसूल कपिकच्छु बेलि
उपजी सकेलि कपि खेल ही उखारिए।[3]

इसके विरुद्ध, पं. श्रीकांतशरण द्वारा संपादित 'हनुमानबाहुक' का पाठ है :

बाँहु तरुमूल बाहुसूल कपिकच्छु बेलि
उपजी सकेलि कपिकेलि ही उखारिए।

'बात' को शुद्ध माना जाए या 'बाहुँ' को ? यद्यपि इसका अंतिम निर्णय पाठानुसंधान करेगा, तथापि दृष्टिगत वस्तु के आधार पर भी शुद्धता की कुछ परीक्षा की जा सकती है। 'बात' (वायु) को 'तरु' या 'तरुमूल' का उपमेय मानने में साधर्म्य-जन्य आलंकारिक चमत्कार नहीं है। बाहु-शूल का आश्रय बाहु है। इसलिए बाहु की उपमेयता शोभाकारिणी है। 'दोहावली' के दो दोहों में भी कवि ने यही रूपक ज्यों-का-त्यों बाँधा है :

भुज तरु कोटर रोग अहि बरबस कियो प्रवेस।
बिहगराज बाहन तुरत काढ़िय मिटै कलेस॥
बाहु बिटप सुख बिहँग थलु लगी कुपीर कुआगि।
रामकृपा जल सींचिए बेगि दीन हित लागि॥[4]

अतएव 'बात' के स्थान पर 'बाँहु' पाठ शुद्ध प्रतीत होता है। इस पीड़ा के शमन के लिए उन्होंने सभी प्रकार के उपाय किए। औषधियों का सेवन किया, जंत्र-मंत्र-टोटके किए, देवी-देवताओं की मनौतियाँ मानीं। परंतु, सब निष्फल गया, पीड़ा बढ़ती ही गई :

औषध अनेक जंत्रमंत्र टोटकादि किए
बादि भये देवता मनाए अधिकाति है।

सारी देह पीड़ामयी हो गई, अशक्त शरीर जर्जर हो गया, अन्य कुरोग भी सताने लगे :

पाँय पीर पेटपीर बाँहपीर मुँहपीर
जरजर सकल सरीर पीरमई है।[5]
बाहुक सुबाहुनीच लीचर मरीच मिलि
मुँहपीर केतुजा कुरोग जातुधान हैं।[6]

'हनुमानबाहुक' में ही 'बरतोर' का भी उल्लेख है :

तातें तनु पेषियत घोर बरतोर मिस
फूटि फूटि निकसत नोन रामराय को।[7]

---

1. हनुमानबाहुक, 42
2. दोहावली, 234
3. हनुमानबाहुक, 24
4. दोहावली, 235-36
5. हनुमानबाहुक, 38
6. वही, 39
7. वही, 41

इससे ज्ञात होता है कि जिन दिनों वे बाहु-पीड़ा आदि क्लेशों तथा अन्य कुरोगों से आक्रांत थे उन्हीं दिनों बालतोड़ का कष्ट भी हुआ था।

इस जिज्ञासा का समाधान असाध्य है कि तुलसी इन कष्टों से मुक्त होकर स्वस्थ हो गए थे या नहीं। डॉ. माताप्रसाद गुप्त ने निम्नांकित पद्य के आधार पर निष्कर्ष निकाला है कि उनकी बाहु तथा अन्य अंगों की पीड़ा का अंत हो गया था :

बाहुक सुबाहु नीच लीचर मरीच मिलि
मुँहपीर केतुजा कुरोग जातुधान हैं।
रामनाम जपजाग कियो चहौं सानुराग
काल कैसे दूत भूत कहा मेरे मान हैं।
सुमिरे सहाय रामलखन आखर दोऊ
जिनके समूह साके जागत जहान हैं॥
तुलसी सँभारि ताड़का सँहारि भारी भट
बेधे बरगद से बनाइ बानवान हैं॥[1]

प्रस्तुत पद्य से यह निश्चित निष्कर्ष नहीं निकलता कि पीड़ा का अंत हो गया था। 'बेधे' का भूतकालिक प्रयोग केवल उपमान-विषयक प्रतीत होता है। प्रथम दो चरणों से पीड़ा की अक्षुण्णता स्पष्ट है। 'कियो चहौं' ध्यान देने योग्य है। कवि का आशय यह है कि स्मरण-भक्ति से प्रसन्न होकर राम इन क्लेशों को उसी प्रकार नष्ट करेंगे जिस प्रकार उन्होंने ताड़का, सुबाहु आदि राक्षसों का संहार किया था। हाँ, एक अन्य पद्य से यह अवश्य विदित होता है कि तुलसी को इन कुरोगों से छुटकारा मिल गया था :

करुनानिधान हनुमान महाबलवान
हेरि हँसि हाँकि फूँकि फौजैं तैं उड़ाई है।
खाये हुते तुलसी कुरोग राढ़ राकसनि
केसरीकिसोर राखे बीर बरिआई है॥[2]

यह 'हनुमानबाहुक' का 35वाँ पद्य है। इससे एक-दूसरा संदेह उत्पन्न होता है। इसके परवर्ती पद्यों में विभिन्न पीड़ाओं की असह्यता का उल्लेख है, तदनंतर 'बरतोर' का और उसके भी बाद 'रोगसिंधु' का। 'हनुमानबाहुक' के अंतिम शब्द हैं :

हौं हूँ रहौं मौन ही बयो सो जानि लुनिए।

यदि पीड़ा का अंत हो गया होता तो हाहाकार की नौबत न आती। यदि यह माना जाए कि पूर्वोक्त 35वाँ पद्य पीड़ांत का निश्चायक है, तो उसे अंत में 44वाँ पद्य होना चाहिए था। यदि यह माना जाए कि वह केवल बाहु तथा अन्य भागों की पीड़ा का द्योतक है, बरतोर का नहीं, तो भी उसे कम-से-कम 39वाँ पद्य होना चाहिए। हो सकता है कि तुलसी के रचना-क्रम में वह अंतिम छंद रहा हो, किंतु संग्रहकार के प्रमाद के कारण उसका यथास्थान विन्यास नहीं हो सका। यह संभावना मात्र है। संभव है कि पाठानुसंधान से इसकी पुष्टि हो जाए। संप्रति जो तथ्य हमारे सामने हैं उसी के आधार पर सत्य की स्थापना उचित है। पूर्वापर-संदर्भ से अवगत होता है कि उनकी पीड़ा हनुमान की स्तुति से दब गई थी। वह कुछ समय तक शांत रही, और फिर अधिक भयंकरता से उभरी। उस दुरवस्था में बरतोर हुआ। वे स्वस्थ नहीं हो सके। इसीलिए अंतिम पद्य में किसी फलश्रुति या धन्यवाद-प्रशस्ति के स्थान पर उनका विक्षोभ, खीझ, संताप, चुनौती और अभिमान से पूर्ण अधूरा आत्मनिवेदन है :

1. हनुमानबाहुक, 39
2. वही, 35

कहौं हनुमान सों सुजान रामराय सों
कृपानिधान संकर सों सावधान सुनिए।
हरष विषाद राग रोष गुन दोष मई
बिरची बिरंचि सब देखियत दुनिए॥
माया जीव काल के करम के सुभाय के
करैया राम बेद कहैं साँची मन गुनिए।
तुम्हतें कहा न होय हा हा सो बुझैये मोहि
हौं हूँ रहौं मौन ही बयो सो जानि लुनिए॥

डॉ. माताप्रसाद गुप्त ने कहा है कि "कवि के शरीर में बरतोड़ के घिनौने फोड़े निकल आए थे, जिनमें से रुधिर और पीव बहता था। कवि यह नहीं लिखता कि वह इन फोड़ों से अच्छा हो गया था, और यह असंभव नहीं यदि इसी रोग से उसकी मृत्यु हो गई हो। यदि प्रार्थनाओं आदि पर विशेष विश्वास न करके बनारसीदास की भाँति वह भी दवा-दारू पर उतारू हो जाता तो संभवतः उसे इतना कष्ट न उठाना पड़ता जितना उसे अन्यथा उठाना पड़ा।"[1] उनका यह अनुमान तो मान्य है कि संभवतः इसी कारण से तुलसी की मृत्यु हुई, किंतु यह कथन अंतस्साक्ष्य-विरुद्ध है कि उन्होंने दवा-दारू की उपेक्षा की थी। निदान के अनुसार रोग-निवारण का उपाय किया जाता है। तुलसी की उक्तियों[2] से निर्दिष्ट है कि उनके कष्ट के तीन संभावित कारण थे—दैहिक, भौतिक[3] (भूत-प्रेत-बाधा) और दैविक (भगवान की अप्रसन्नता)।[4] इसी क्रम से उन्होंने उपचार किया। पहले बनारसीदास की भाँति ही 'दवा-दारू पर उतारू' हुए—एक नहीं, अनेक दवाइयाँ कीं। वे व्यर्थ सिद्ध हुईं। फिर यंत्र-मंत्र-टोटके किए। उनसे भी कुछ लाभ नहीं हुआ। तब सामान्य देवताओं और फिर हनुमान, राम तथा शंकर की स्तुति की। कवि के पारदर्शक वाक्य हैं :

1. औषध अनेक जंत्र-मंत्र टोटकादि किए
बादि भए देवता मनाए अधिकाति है।[5]
2. कपिनाथ रघुनाथ भोलानाथ भूतनाथ
रोगसिंधु क्योंन डारियत गायखुर कै॥[6]

महाप्रयाण

कहा जा चुका है कि अंतिम वर्षों में तुलसीदास जिन व्याधियों से प्रपीड़ित थे उनसे कदाचित् मुक्त नहीं हो सके और उनके परिणामस्वरूप उनका देहांत हुआ। 'कवितावली' के कुछ कवित्तों से स्पष्टतया ध्वनित होता है कि पीड़ा-ग्रस्त कवि लाचार होकर मृत्यु की प्रतीक्षा-सी कर रहा था :

जीबे की न लालसा दयाल महादेव मोंहि
मालुम है तोहिं मरिबेई को रहतु हौं।[7]

'कबितावली' की सं. 1870 की हस्तलिखित प्रति में बाहु-पीड़ा के कुछ छंद और सर्वांगपीड़ा,

1. तुलसीदास, पृ. 187-88
2. हनुमानबाहुक, 26, 30
3. वही, 32, 43
4. वही, 40-41
5. वही, 30
6. वही, 43
7. कवितावली, 7/167; और भी देखिए—7/166

क्षेमकरी-दर्शन तथा 'बरतोर' के छंद नहीं हैं। इससे सूचित होता है कि ये छंद कवि-जीवन के अंतिम वर्षों में लिखे गए थे।

किसी-किसी का अनुमान है कि तुलसी की मृत्यु प्लेग (ताउन) से हुई थी। जिस दुस्सह बाहुपीड़ा का उन्होंने उल्लेख किया है वह प्लेग-प्रसूत थी। उससे चार दिन पड़े रहकर वे परलोकगामी हुए। यह बात विश्वसनीय नहीं जँचती। प्लेग के भयानक चंगुल में फँसे हुए विक्षिप्त कवि द्वारा इतने अल्पकाल में संपूर्ण 'हनुमानबाहुक' और 'कवितावली' तथा 'दोहावली' के अनेक पद्यों का व्यवस्थित निर्माण शक्य नहीं प्रतीत होता।

ऐसी धारणा है कि महाप्रस्थान के समय तुलसी को क्षेमकरी का दर्शन हुआ था।[1] यह धारणा 'कवितावली' के एक सवैये पर आधारित है :

कुंकुम रंग सुअंग जितो मुखचंद सों चंद सों होड़ परी है।
बोलत बोल समृद्धि चुवै अवलोकत सोच विषाद हरी है॥
गौरी कि गंग बिहंगिनिबेष कि मंजुल मूरति मोदभरी है।
पेखि सप्रेम पयान समै सब सोच बिमोचन छेमकरी है॥[2]

बहुत संभव है कि मरण-काल में उनका शरीर कुछ हल्का हो गया हो, और अंतःकरण की मुक्तावस्था में उन्होंने इस छंद की रचना की हो। इस मान्यता के पक्ष में एक तर्क दिया जा सकता है। सं. 1870 वाली प्रति में यह छंद नहीं है। इसका संभावित कारण यही हो सकता है कि उसकी मूल प्रति तब तैयार की गई थी जब उन्हें पहली बार बाहु-पीड़ा हुई थी। अंतिम समय में लिखे गए छंद को संग्रहकार ने कवि के स्वर्गवास के उपरांत 'कवितावली' में संकलित किया। परंतु, इसके विपक्ष में भी एक संदेह उठता है। जानकार संग्रहकार ने इस अंतिम पद्य को 'कवितावली' के एकदम अंत में क्यों नहीं रखा ? क्या यह उसकी भूल है ? अथवा, यह छंद अंतिम नहीं है, और इसमें आया हुआ 'पयान' शब्द कवि के महाप्रयाण का द्योतक न होकर किसी अन्य यात्रा का संकेत करता है ? संग्रहकार गलती कर सकता है। दूसरी ओर, 'पयान' से किसी अन्य यात्रा का अर्थ भी सहज-ग्राह्य है। 'रामचरितमानस' में बारात के 'पयान' के समय दशरथ को भी क्षेमकरी-दर्शन का मंगल-शकुन हुआ था :

छेमकरी कह छेम बिसेषी। स्यामा बाम सुतरु पर देखी॥[3]

ऐसा भी कहा जाता है कि उनकी अंतिम रचना एक दोहा है जिसको 'पढ़ते हुए' उन्होंने 'सर्वदा के लिए मौन साधन किया' :

रामचंद्र जस बरनि के भयो चहत अब मौन।
तुलसी के मुख दीजिए अब ही तुलसी सोन॥[4]

इस दोहे का तुलसी-कृत होना प्रमाणित नहीं है। अतएव उनकी आत्मकथा में इसका समावेश वर्जनीय है।

तुलसीदास के जीवनचरित की रूपरेखा

इन अध्यायों में बाह्य एवं आंतर साक्ष्य के आधार पर तुलसीदास के जीवनवृत्त का जो अध्ययन किया गया है उसके आधार पर निष्कर्ष-रूप में उनके जीवन-चरित की रूपरेखा इस प्रकार प्रस्तुत की जा सकती है :

1. तुलसीदास का जन्म सं. 1589 में हुआ था।

---

1. गोस्वामी तुलसीदास (बाबू शिवनंदन सहाय), पृ. 116; तुलसीदास, पृ. 188
2. कवितावली, 7/180
3. रामचरितमानस, 1/303/4; देखिए—रामाज्ञाप्रश्न, 5/5/7
4. मूलगोसाईंचरित, 118

2. उनके जन्म-स्थान के विषय में निश्चयपूर्वक कुछ नहीं कहा जा सकता। विवाद-ग्रस्त स्थानों के विषय में इतना निश्चित और निर्विवाद है कि उन्होंने राजापुर, काशी और अयोध्या में निवास किया था।

3. वे ब्राह्मण-कुल में उत्पन्न हुए थे। उनके गोत्र आदि के विषय में कोई निश्चित बात नहीं कही जा सकती। उनके माता-पिता के नाम, आर्थिक दशा आदि की भी प्रामाणिक जानकारी नहीं है।

4. तुलसी के जन्म पर उसके माता-पिता को परिताप हुआ था। उस परिताप का यथार्थ कारण ज्ञात नहीं है।

5. बचपन में ही उन्हें माता-पिता का वियोग सहना पड़ा। उसके कारण के संबंध में कोई विश्वसनीय साक्ष्य नहीं मिलता।

6. उनका बाल्य-जीवन अत्यंत कष्ट में बीता। सगे-संबंधियों का भी आश्रय नहीं मिला। दर-दर की ठोकरें खानी पड़ीं। भीख माँग-माँगकर पेट पालना पड़ा। कभी हनुमान-मंदिर की खोंची से जीवन-निर्वाह किया।

7. सौभाग्य से, उस विपन्नावस्था में उन पर संतों की कृपा-दृष्टि पड़ी। संतों के उपदेश से उन्हें शांति मिली। वे रामभक्ति की ओर प्रेरित हुए।

8. ईश्वर की कृपा से उन्हें आदर्श गुरु मिले। वे परम कृपालु, रामभक्त और प्रकांड पंडित थे। बाल्यावस्था में ही तुलसी ने 'सूकरखेत' में उनके श्रीमुख से राम-कथा बारंबार सुनी। उनके द्वारा कही गई कथा और प्रतिपादित राम-भक्ति का तुलसी ने आगे चलकर अपने साहित्य में निबंधन किया। गुरु के नाम और 'सूकरखेत' की स्थिति का अभिनिर्धारण अभी तक नहीं हो सका है।

9. उनका विवाह हुआ था। उनकी ससुराल, पत्नी आदि का प्रामाणिक ब्योरा उपलब्ध नहीं है। उनका विवाहित जीवन आसक्तिपूर्ण था। उनके मन में सहसा वैराग्य उत्पन्न हुआ। इस मोड़ का निश्चित कारण विदित नहीं है।

10. संभवतः सं. 1624-25 के आसपास लगभग 35-36 वर्ष की आयु में उन्होंने गृहस्थाश्रम का त्याग किया।

11. विरक्त तुलसीदास ने चित्रकूट, प्रयाग, काशी, अयोध्या, सीतामढ़ी आदि तीर्थस्थानों की यात्रा की। कुछ काल तक वे चित्रकूट और राजापुर में रहे। तदनंतर उन्होंने काशी को अपना स्थायी निवास-स्थान बनाया। वहाँ से समय-समय पर वे अन्य तीर्थस्थलों की यात्रा करते रहे। उनके जीवन के अंतिम वर्ष काशी में ही व्यतीत हुए।

12. विरक्त होने पर काशी में निवास करते हुए वे किसी मठ के 'गोसाईं' हुए। 'गोसाईं' होने पर वे सुखमय जीवन बिताने लगे। गोसाईंपन के विरुद्ध भी उनकी अंतरात्मा ने विद्रोह किया। वे सदा के लिए संन्यासी हो गए।

13. तुलसी का वैराग्य निषेधात्मक नहीं रहा; वे साहित्य-रचना में प्रवृत्त हुए। विरक्त होने के कुछ ही समय बाद उन्होंने 'वैराग्यसंदीपनी' लिखी जिसमें उनके नवोदित वैराग्य की प्रतिच्छाया दृष्टिगोचर होती है। तदनंतर उन्होंने 'रामाज्ञाप्रश्न', 'रामललानहछू', 'जानकीमंगल', 'रामचरितमानस' आदि ग्रंथों का निर्माण किया।

14. लोक-प्रतिष्ठा के साथ ही उनके भक्त-प्रशंसकों और विरोधियों की संख्या भी बढ़ी। उन्हें आधिभौतिक बाधाएँ सहनी पड़ीं। वे असामाजिक तत्त्वों से भी त्रस्त रहे। काशी के कट्टर शैवों ने उनको बहुत कष्ट दिया।

15. काशी में उनके कई इष्ट-मित्र थे। उनमें टोडर का नाम विशेष महत्त्वपूर्ण है। तुलसी ने उनके उत्तराधिकारियों में सं. 1669 में संपत्ति-संबंधी समझौता कराया था। ये टोडर अकबर के मंत्री टोटरमल से भिन्न व्यक्ति थे।

16. काशी के मेघा भगत वाल्मीकि-रामायण के अनुसार रामलीला कराते थे। तुलसी ने 'रामचरितमानस' के अनुसार रामलीला का प्रवर्तन किया। उनके द्वारा चलाई हुई रामलीला का लोक में व्यापक प्रचार हुआ।

17. उनकी वृद्धावस्था क्लेश में बीती। लगभग अस्सी वर्ष की आयु में उन्हें बाहुपीड़ा हुई। उन्हीं दिनों अकाल और महामारियों के कारण चारों ओर हाहाकार मच गया। इस लोक-दुर्दशा से तुलसी को बड़ी व्यथा हुई, जिसकी मार्मिक व्यंजना 'कवितावली' आदि में की गई है। ये संकट किसी प्रकार टले। अब उन्हें बालतोड़ का भयंकर कष्ट हुआ। जर्जर शरीर विभिन्न रोगों से आक्रांत हो गया। बाहुपीड़ा भी फिर उभरी। सारा शरीर पीड़ामय हो गया। वे अंतिम समय तक स्वस्थ नहीं हो सके।

18. सं. 1680 में श्रावण कृष्णा 3 को तुलसीदास का स्वर्गवास हुआ।

तुलसीदास का व्यक्तित्व

सभी मानते हैं कि तुलसी का व्यक्तिव महान् था। उनकी रूपाकृति और स्वभाव की विशेषताओं का ब्योरेवार, यथातथ्य और प्रामाणिक विवरण नहीं मिलता। चित्रों की अनुकृतियों, उनकी निजी कृतियों, संदिग्धप्रमाण चरित-ग्रंथों और किंवदंतियों के संकेत पर इस संबंध में कुछ निश्चित धारणा बनाई जा सकती है।

रूपाकृति : तुलसीदास ने अपने वर्ण और आकृति का निरूपण नहीं किया। कवि की कृतियों में उपलब्ध कतिपय संदिग्धार्थक उक्तियों के आधार पर ही उनकी रूप-रेखा का अनुमान किया जा सकता है :

1. हौं सुबरन कुबरन कियो नृप तें भिखारि करि सुमति तें कुमति कर्‌यो हौं।
2. दियो सुकुल जन्म सरीर सुंदर हेतु जो फल चारि को।
3. भलि भारतभूमि भलें कुल जन्म समाजु सरीरु भलो लहि कै।[1]

उपर्युक्त उद्धरणों में आए हुए 'सुबरन', 'सरीर सुंदर' और 'सरीर भलो' से तुलसी के गौर वर्ण और रूपसंपन्न शरीर का अर्थ भी ग्रहण किया जा सकता है। विभिन्न चित्रों से भी उनकी सुरूपता का समर्थन होता है।

तुलसीदास के चरित-लेखकों ने (जिनकी प्रामाणिकता विवादग्रस्त है) उनके सौंदर्य, आकृति और वेशभूषा का विशद वर्णन किया है :

1. सुंदर सुजान मतिमान आजानबाहु
भगत जन प्रधान तेहि गले माल मानिए।
गान परबीन हरि ध्यान लवलीन कवि
विषय विकार हीन छीन सिष जानिए।
मुंडित सीस मुच्छ सो सेत सेत केस वेस
पीन देह सूत्र कटि गौर त्यों बखानिए।
कहै अविनास भाल तिलक तुलसिदास
सेत कटि अधोवास तासु पहिचानिए॥[2]

2. असन मधुकरी कपिस पट सिषा सूत्र संधान।
उरसि तुलसिका माल सुचि रुचि लेपनी प्रधान॥[3]

3. गौरं 'रा'पदमात्रसंश्रवणतोऽप्युद्‌भूतरोमांकुरं

---

1. क्रमशः, विनयपत्रिका, 266/2, 135/1, कवितावली, 7/33
2. अविनाशराय, तुलसीप्रकास, 163
3. कृष्णदत्त मिश्र, गौतमचंद्रिका

वक्षःश्रीतुलसीप्ररूढगुटिकामालं पटीशालिनम्।
वारंवारमिदं पदं 'भरतु भे ठाढ़े'ऽतिगाढस्वरं
गायन्तं नररूपिणं कमपि तं वंदेऽनवद्ये हितम्॥[1]

4. **गौर वरन विद्या निधान। विविधशास्त्र पंडित महान॥**[2]

तुलसीदास का रंग गोरा था। वे सुंदर और आजानुबाहु थे, उपवीत और तुलसी की माला धारण करते थे। चित्रों में वे छापा-तिलक लगाए हुए भी दिखाए गए हैं। विभिन्न चित्रों से यह भी सूचित होता है कि पहले वे मोटे नहीं थे, लेकिन प्रौढ़ावस्था में उनका शरीर कुछ स्थूल हो गया था। उपर्युक्त कबित्त में अविनाश राय ने भी उनकी पीनता का उल्लेख किया है। उनका यह भी कथन है कि तुलसी चोटी और दाढ़ी-मूँछ नहीं रखते थे। दूसरी ओर, तुलसी के दाढ़ीवाले चित्र भी मिलते हैं। भिन्न कालों में दोनों ही बातें संभव हो सकती हैं। परंतु तुलसी का जो रूप-वर्णन किया गया है, वह आप्त-कोटि में नहीं आता।

पं. रामनरेश त्रिपाठी ने एक दिलचस्प खोज की है। उनका कहना है कि तुलसीदास वृद्धावस्था में गंजे हो गए थे।[3] कहा गया है कि यह तथ्य कवि के अंतस्साक्ष्य से प्रमाणित है :

ऊँचो मन ऊँची रुचि भागु नीचो निपट ही
लोकरीति लायक न लंगर लबारु है।
स्वारथु अगमु परमारथ की कहा चली
पेट की कठिन जगु जीव को जवारु है।
चाकरी न आकरी न खेती न बनिज भीख
जानत न कूर कछु किसब कबारु है।
तुलसी की बाजी राखी राम ही के नाम नतु
भेंट पितरन को न मूड़हू में बारु है॥[4]

उपर्युक्त कवित्त में न तो पितरों की भेंट का प्रसंग है और न ही मूँड़ के बालों का। 'भेंट पितरन को न मूड़हू में बारु है'—इस कहावत का प्रयोग कवि ने अपनी अकिंचनता द्योतित करने के लिए किया है। यह लाक्षणिक उक्ति है। मुख्यार्थ-बाध लक्षणा की पहली शर्त है। ऐसी उक्तियों में गंजेपन के अन्वेषण से भयंकर खतरा यह है कि इससे उत्साहित होकर उर्वरबुद्धि गवेषक 'कवितावली' के निम्नांकित सवैये के आधार पर तुलसी के ललाइन-प्रेम (कायस्थ-पत्नी के प्रति अनुराग) की प्रस्थापना करने लगेंगे :

वर दंत की पंगति कुंदकली अधराधर पल्लव खोलन की।
चपला चमकै घन बीच जगै छबि मोतिन माल अमोलन की।
घुँघुरारि लटैं लटकैं मुख ऊपर कुंडल लोल कपोलन की।
निवछावरि प्रान करै तुलसी बलि जाऊँ लला इन बोलन की॥[5]

और यह सिद्ध करने लगेंगे कि तुलसीदास पहले गधे की सवारी किया करते थे किंतु बाद में हाथी पर चढ़ने लगे, क्योंकि उन्होंने स्वयं कहा है :

हौं तौ सदा खर को असवार तिहारोई नामु गयंद चढ़ायो।[6]

मनुष्यता : जब हम तुलसीदास की चारित्रिक विशेषताओं पर दृष्टिपात करते हैं तब उनका

---

1. रामू द्विवेदी, प्रेमरामायण, देखिए—'मानस' की रूसी भूमिका, वक्तव्य, पृ. 30
2. मुरलीधर चतुर्वेदी, रत्नावलीचरित, 69
3. तुलसीदास और उनका काव्य, पृ. 42
4. कवितावली, 7/67
5. वही, 1/5
6. वही, 7/60

जो गुण हमें सबसे अधिक प्रभावित करता है वह है उनकी मनुष्यता। वे महामानव थे। आहार, निद्रा, भय और काम की प्रवृत्ति तो प्राणिमात्र में, मनुष्यों और पशुओं में, समान रूप से पाई जाती है।[1] मनुष्य का गौरव इस बात में है कि वह इन सहज प्रवृत्तियों से ऊपर उठकर आत्मकल्याण और विश्वमंगल का विधान करे। तुलसी ने ऐसा ही किया। उन्होंने स्वांतःसुख को लोकहित में लीन कर दिया। अहिंसा, सत्य, इंद्रियनिग्रह आदि जो मानवधर्म बतलाए गए हैं उन्हें अपने जीवन में उतारने का सफल प्रयास किया। बालपन, यौवन और गोसाईंपन में उनसे गलतियाँ हुई थीं। उन्होंने सच्चाई के साथ उन्हें स्वीकार किया है। रामभक्ति के राजपथ पर अग्रसर हो जाने के बाद वे मानवता के प्रशस्त मार्ग से कभी विचलित नहीं हुए।

उदारता : वे उदार और परोपकारी थे। उनमें दया और कोमलता थी। जनश्रुतियों और चरितग्रंथों की अतिशयोक्तियों को छानकर निकाल देने पर भी उनके चरित्र की यह विशेषता ध्यान आकृष्ट करती है। गुणों के अभाव में असांप्रदायिक संत की महिमा का अतिशयित वर्णन संभव नहीं था। तुलसी के साहित्य में भी उनकी उदारता का प्रतिफलन द्रष्टव्य है। उनकी लोकसंग्रह-भावना उदारता का ही परिणाम है। उनके सभी अनुकरणीय पात्र उदार हैं। महामारियों आदि के प्रकोप के समय उन्होंने अपने निंदक काशीवासियों के उद्धार की भी प्रार्थना की है। जगत् को सीताराममय समझकर सबको प्रणाम किया है।

सहिष्णुता : तुलसी ने बचपन से ही नाना प्रकार के क्लेश सहे थे। जीवन-संग्राम की विषम परिस्थितियों ने उन्हें अनिवार्यतः कष्ट-सहिष्णु बना दिया था। मजबूरी में अर्जित यह गुण आगे चलकर उदात्त रूप में फलित हुआ। त्रासकारी विरोधियों के उपद्रवों को उन्होंने धैर्य के साथ सहा। अनेक आधि-व्याधियों से आक्रांत होने पर भी उनका मानसिक संतुलन नष्ट नहीं हुआ। हाथ, पाँव, मुँह आदि सभी अंगों की पीड़ा से कराहते हुए भी उन्होंने समाहित चित्त से उत्कृष्ट काव्य-रचना की। 'हनुमानबाहुक' और 'कवितावली' के अनेक पद्य इसके प्रमाण हैं।

अनेक स्थलों पर उनकी **असहनशीलता** दृष्टिगत होती है। उन्होंने निर्गुण संतों, रामभक्ति-विरोधियों, प्रेत-पूजकों आदि पर अपशब्दों की धाराबाहिक बौछार की है :

1. **कहहिं सुनहिं अस अधम नर ग्रसे जे मोह पिसाच।**
   पाखंडी हरिपद बिमुख जानहिं झूठ न साच॥[2]
2. **तिन्ह तें खर सूकर स्वान भले जड़ता बस ते न कहैं कछु वै।**
   तुलसी जेहि राम सों नेहु नहीं सो सही पसु पूँछ बिषान न द्वै।
   जननी कत भार मुई दस मास भई किन बाँझ गई किन च्वै।[3]
3. **तुलसी परिहरि हरिहरहिं पावँर पूजहिं भूत।**
   अंत फजीहति होहिंगे गनिका के से पूत॥[4]

सहनशीलता का यह अतिक्रमण व्यक्तिगत द्वेष की प्रतिक्रिया नहीं है। यदि ऐसी उक्तियों के मूल में निहित वैयक्तिक विरोध की कारणता मानी जाए तो भी यह उसका उदात्तीकृत रूप है। इसी प्रकार खलों की निंदा और सज्जनों की प्रशंसा में कवि ने अपने विरोधियों की द्वेष-भावना और अपनी सहिष्णुता को व्यक्तिमत्ता के बंधन से मुक्त करके सामान्यीकृत रूप में प्रस्तुत किया है।[5] शिव से

1. भय निद्रा मैथुन अहार सबके समान जग जाये।—विनयपत्रिका, 201/4
   आहारनिद्राभयमैथुनं च समानमेतत्पशुभिर्नराणाम्—हितोपदेश प्रस्ताविका, 25
2. रामचरितमानस, 1/114
3. कवितावली, 7/40
4. दोहावली, 65
5. रामचरितमानस, 1/4, 7/37/4 आदि

शैवों के विरुद्ध की गई शिकायत में उनका लक्ष्य संप्रदाय है, व्यक्ति नहीं।[1]

श्रद्धालुता : श्रुति कहती है, "मातृदेवो भव। पितृदेवो भव। आचार्यदेवो भव।"[2] तुलसी श्रद्धावान् थे। उन्होंने भक्तिभाव से माता-पिता और गुरु की कृतज्ञतापूर्वक वंदना की है।[3] व्यास, वाल्मीकि आदि कवियों को प्रणाम किया है।

विनयशीलता : तुलसी की विनयशीलता दो प्रकार की है—प्रपत्त्यात्मक और लौकिक। भगवान् के प्रति आत्मनिवेदन करते हुए उन्होंने अपने दैन्य का पुनः-पुनः निरूपण किया है। यह नम्रता (कार्पण्य) शरणागति का आवश्यक अंग है। यह वृत्ति अ-लोक-सामान्य है। लोक-व्यवहार की दृष्टि से भी उन्होंने अपनी विनयशीलता की अभिव्यक्ति अनेकशः की है :

बाल बिनय सुनि करि कृपा राम चरन रति देहु।[4]

कवि न होउँ नहिं बचन प्रबीनू। सकल कला सब बिद्या हीनू॥
कबित बिबेक एक महिं मोरे। सत्य कहौं लिखि कागद कोरे॥[5]

निर्भीकता : विनम्र होते हुए वे निर्भीक थे। उनमें आत्मविश्वास था। स्वकालीन समाज की तीव्र आलोचना में, कलियुग आदि के वर्णनों में, उनकी स्पष्टवादिता परिलक्षित होती है। शंकर की दुहाई देते हुए भी उन्होंने शैवों को 'किंकर', 'शठ' आदि कह ही डाला।[6] उपद्रवियों ने कितने ही बवंडर उठाए, किंतु वे निडर रहे :

तुलसी यहु जानि हिएँ अपने सपने नहिं कालहु ते डरिहै।
कुमयाँ कछु हानि न औरन की जो पै जानकीनाथ मया करिहै॥[7]

निष्पक्षता : तुलसी की निष्पक्षता और न्यायप्रियता का ठोस प्रमाण टोडर के वंशजों का पंचायतनामा है। उनके व्यक्तित्व की इस विशेषता से प्रभावित होने के कारण ही दोनों पक्षों ने उन्हें मध्यस्थ माना होगा। तुलसी पर आक्षेप किया गया है कि उन्होंने ब्राह्मणों के प्रति पक्षपात और नारी-जाति के प्रति अन्याय किया है। आधुनिक समाज की कसौटी पर वे इस दोष से बरी नहीं किए जा सकते। परंतु, यह भी स्मरण रखना चाहिए कि इतिहास-पुराण एवं धर्मशास्त्र के प्रणेता ऋषि-मुनि तुलसी से कम अपराधी नहीं हैं। समाज की कसौटी देश-काल के अनुसार बदलती रहती है। उन्होंने युगधर्म का अनुसरण किया है, अतः दोषभाजन नहीं हैं। यह भी अविस्मरणीय है कि तुलसी ने धर्मभ्रष्ट ब्राह्मणों की विगर्हणा की है और सदाचारी नारीपत्रों को आदर दिया है।

पांडित्य : तुलसी की रचनाओं से प्रमाणित है कि उन्होंने वाङ्मय के विविध अंगों का गंभीर अनुशीलन किया था। वे काव्य और शास्त्र के प्रकांड पंडित थे। 'नानापुराणनिगमागमसंमतं यद् रामायणे निगदितं क्वचिदन्यतोऽपि' का प्रतिज्ञापन ढोंग नहीं है। अपनी महापोथियों की सहायकग्रंथ-सूची में अनदेखे ग्रंथों का गलत-सलत उल्लेख करके कोमलमति पाठकों को अभिभूत करनेवाले आधुनिक आचार्यों की भाँति तुलसी ने धोखा नहीं खड़ा किया है। उन्होंने उन ग्रंथों का तात्त्विक अध्ययन किया था। उनका वह ज्ञान निजी अनुभव, देशाटन और सत्संग से समृद्ध हुआ था।

सूक्ष्मेक्षणशक्ति : तुलसी ने लोक का सूक्ष्म अवेक्षण किया था। वे जन-मानस के पारखी थे। जीवन की विभिन्न परिस्थितियों, पात्रों के तन और मन के विविध पक्षों, विभिन्न वस्तुओं तथा

1. कवितावली, 7/165, विनयपत्रिका, 8/3-4
2. तैत्तिरीय उपनिषद्, 1/11/2; देखिए—मनुस्मृति, 2/228-37, रामचरितमानस, 2/306/1, 2/315/3
3. विनयपत्रिका, 36/3-4
4. रामचरितमानस, 1/3
5. वही, 1/9/4,6
6. विनयपत्रिका, 8/3-4
7. कवितावली, 7/47

प्राकृतिक दृश्यों एवं सांस्कृतिक गतिविधियों के वर्णन में उनकी पैनी ईक्षण-शक्ति का परिचय मिलता है।

भावुकता : तुलसीदास भावुक और सहृदय थे। वे पत्नी में आसक्त थे। किसी कन्या को पुरुष बना दिया, किसी विधवा के मृत पति को जीवित कर दिया—इस प्रकार की किंवदंतियाँ उनकी भावुकता का किंचित् संकेत करती हैं। उनकी भावुकता और सहृदयता का वास्तविक प्रमाण उनका काव्य है। उन्होंने रामकथा के मार्मिक स्थलों को भली भाँति पहचाना है, विभिन्न मानव-स्थितियों में अपने को डालकर तदनुरूप भावानुभूति की है, उन मर्मस्पर्शी अंशों का साक्षात्कार तथा भावों की समानुभूति करके उन्हें पाठकों एवं श्रोताओं तक संप्रेषित करने में वे पूर्णतया सफल हुए हैं। 'मानव-प्रकृति के जितने अधिक रूपों के साथ गोस्वामीजी के हृदय का रागात्मक सामंजस्य हम देखते हैं, उतना अधिक हिंदी भाषा के और किसी कवि के हृदय का नहीं। यदि कहीं सौंदर्य है तो प्रफुल्लता, शक्ति है तो प्रणति, शील है तो हर्षपुलक, गुण है तो आदर, पाप है तो घृणा, अत्याचार है तो क्रोध, अलौकिकता है तो विस्मय, पाषंड है तो कुढ़न, शोक है तो करुणा, आनंदोत्सव है तो उल्लास, उपकार है तो कृतज्ञता, महत्त्व है तो दीनता तुलसीदासजी के हृदय में बिंब-प्रतिबिंब-भाव से विद्यमान है।'[1]

गुणग्राहकता : तुलसी की गुणग्राहकता का निदर्शन उनकी समन्वय-साधना में मिलता है। उन्होंने अपने साहित्य में माधुकरी वृत्ति अपनाई है; वैदिक साहित्य, रामायण-महाभारत, विभिन्न पुराणों, आगम-शास्त्रों, काव्यों तथा नाटकों से बिना किसी संकोच के ग्राह्य सामग्री ग्रहण की है—**संत हंस गुन गहहिं पय परिहरि बारि बिकार**।[2]

आदर्शवादिता : वे आदर्शवादी थे। उन्होंने अपने साहित्य में वैयक्तिक, पारिवारिक और सामाजिक आदर्शों की प्रतिष्ठा का प्रयत्न किया है। आदर्श-नारी और आदर्श-राजा के चरित्र पर विशेष बल दिया गया है, क्योंकि ये दोनों क्रमशः आदर्श-गृहस्थी और आदर्श-समाजव्यवस्था के आधार हैं। उनकी आदर्शवादिता कहीं-कहीं कट्टरता की कोटि तक पहुँच गई है। कारण यह है कि अपने मनोवांछित सामाजिक आदर्श के विरोधी तत्त्वों को वे बर्दाश्त नहीं कर सके हैं। रामराज्य की कल्पना उनकी आदर्श-भावना का परिणाम है। लोकहितकारी महत्तर आदर्श के लिए व्यक्तिगत आदर्श की बलि दी गई है। विश्व-कल्याण की दृष्टि से भगवान् ने वृंदा का व्रत-भंग किया है[3], नारी ताड़का को मारा है, कामिनी सूर्पणखा के नाक-कान कटवाए हैं, वृक्ष की ओट से बालि-वध किया है, सीता-लक्ष्मण को त्यागा है[4] (और तपस्वी शंबूक का सिर काट लिया है[5])।

परंपरानुयायिता : वे परंपरा के अनुयायी थे। पुराणनिगमागमसम्मत तथा रामायणादि-प्रथित रघुनाथ-गाथा, सनातन से चले आते हुए वर्णाश्रमधर्म, परमार्थवादी मुनियों द्वारा प्रतिपादित दर्शन और श्रुति-सम्मत हरिभक्ति-पथ में उनकी अगाध आस्था थी। काव्य-दृष्टि से उन्होंने प्राचीन कवियों की परंपरा का अनुसरण किया है। महाकाव्य 'रामचरितमानस' पर तो पौराणिक प्रभाव इतना अधिक है कि कुछ आलोचक उसे काव्य न मानकर पुराण मानते हैं।

प्रगतिशीलता : परंपरा के प्रति आस्थावान् होते हुए भी वे प्रगतिशील थे। उन्होंने युग-धर्म को पहचानकर परिस्थितियों के अनुसार आडंबरपूर्ण एवं धनाधीन कर्मकांड तथा कष्टसाध्य ज्ञानमार्ग

---

1. पं. रामचंद्र शुक्ल, गोस्वामी तुलसीदास, पृ. 85
2. रामचरितमानस, 1/6
3. वही, 1/123
4. कवितावली, 7/6
5. रामाज्ञाप्रश्न, 6/5/1-4 से ध्वनित

की तुलना में रामभक्ति और नामभक्ति की श्रेष्ठता प्रतिपादित की। अपने युग की राजनीतिक, आर्थिक और सामाजिक दुरवस्था का आलोचनात्मक चित्र अंकित किया। राजतंत्र का अनुमोदन करते हुए भी दशरथ और राम के द्वारा जनमत को गौरव दिलाया। संस्कृताभिमानी पंडितों के विरोध के बावजूद जनभाषा में काव्य-रचना की। महाकाव्य के परंपरा-प्रतिष्ठित नियमों की उपेक्षा करके केवल सात ही सर्गों (सोपानों) का महाकाव्य (रामचरितमानस) लिखा, उसके प्रत्येक सर्ग में अनेक छंदों का प्रयोग किया, और अंगी रस के रूप में अब तक उपेक्षित भक्तिरस की प्रतिष्ठा की।

भक्तिनिष्टता : अपनी लोक-यात्रा के आरंभिक वर्षों में घोर साँसत सहकर तुलसी राम-भक्ति की ओर उन्मुख हुए थे। वे बार-बार यह कहते हुए अघाते नहीं हैं कि राम ने यातना के नरक से मेरा उद्धार किया और मुझ-जैसे तुच्छ को महान् बना दिया। यह कृतज्ञता उनके मन से कभी तिरोहित नहीं हुई। उनका काव्य इस स्वानुभूति की स्वतः स्फूर्त अभिव्यक्ति है। इसकी व्यंजना में उन्होंने अपना हृदय उँडेल दिया है। आराध्य की इनती एकनिष्ठ भक्ति और भक्तिरस का इतना अजस्र प्रवाह अन्यत्र दुर्लभ है।

प्रतिभासंपन्नता : तुलसीदास का एक असाधारण गुण उनकी प्रतिभाशीलता है। प्रतिभा के अभाव में सारी व्युत्पत्ति व्यर्थ है। अपार वाङ्मय-समुद्र का मंथन करके 'रामचरितमानस'-जैसे ग्रंथ-रत्न का प्रणयन नवनवोन्मेषशालिनी प्रज्ञा का ही कार्य हो सकता है। उनकी 'विनयपत्रिका', 'कवितावली', 'गीतावली' आदि अन्य कृतियाँ भी प्रतिभा की ज्योति से जगमगा रही हैं। काव्य और मोक्षधर्म के विविध पक्षों का इतना विराट् एवं सफल समन्वय अद्भुत प्रतिभा का परिणाम है।

सारांश यह है कि तुलसीदास का व्यक्तित्व महान् था। वह व्यक्तिगत अनुभवों और युगीन परिस्थितियों से निर्मित हुआ था, परंतु वह व्यक्तिमत्ता और देश-काल की सीमा से ऊपर उठ गया। उनके व्यक्तित्व में महाकवि, महान् समाजसुधारक और महनीय भक्त के अपेक्षित गुण विद्यमान थे। तुलसी की यथार्थ महत्ता इस बात में है कि उन्होंने उन गुणों का पूरा सदुपयोग किया और लोक-मानस को तरंगायित कर देनेवाला वह काव्य दिया जो कम-से-कम हिंदी-साहित्य में बेजोड़ है।

5. युग का प्रभाव

मनुष्य सामाजिक प्राणी है। वह समाज का अभिन्न अंग है, उसका अस्तित्व समाज-निरपेक्ष नहीं है। वैयक्तिक अनुभवों के साथ ही सामाजिक वातावरण के प्रभावों की छाप भी उसके मानस पर पड़ती रहती है। इस क्रम से उसके संस्कारों का निर्माण होता है। कवि इस प्राकृतिक नियम का अपवाद नहीं है। उसकी भी आंतर वृत्तियाँ बाह्य परिवेश से निरंतर प्रभावित होती रहती हैं। काव्य मूलतः उसकी मानसी सृष्टि है, उसकी संकल्पनात्मक अनुभूति की वाणी-बद्ध अभिव्यक्ति है। अतः काव्य में उसके भीतर और बाहर का विश्व प्रतिबिंबित हुआ करता है। इसीलिए साहित्य को समाज का दर्पण कहा गया है। इस उक्ति में 'समाज' शब्द सामाजिक परिस्थिति के संकुचित अर्थ मात्र का द्योतक नहीं है। उसका परिसर व्यापक है। उसमें समाज की राजनीतिक, आर्थिक, धार्मिक, दार्शनिक, साहित्यिक आदि परिस्थितियाँ भी समाविष्ट हैं। लोकदर्शी कवि के काव्य में इन विविध परिस्थितियों का संकलित प्रभाव प्रसंगानुसार संश्लिष्ट अथवा विश्लिष्ट रूप में प्रतिफलित होता है।

तुलसीदास लोकदर्शी कवि थे। जीवन के विभिन्न पक्षों को उन्होंने सूक्ष्मता से देखा-परखा था। विश्व-कल्याण की भावना से अनुप्राणित उनकी पैनी दृष्टि क्लेशकारिणी परिस्थितियों और कष्ट-निवारक उपायों के बिंब-ग्रहण में पूर्णतः समर्थ थी। वे सर्वात्मभाव की पराकाष्ठा पर पहुँचे हुए महात्मा थे। इसके फलस्वरूप लोकानुभूति उनकी स्वानुभूति बन गई थी। उदाहरण के लिए, 'कवितावली' में दारिद्र्य-पीड़ित जनता के जिन हृदय-विदारक कष्टों का वर्णन है उनसे तुलसी स्वयं व्यथित हैं। दूसरी ओर, उनकी स्वानुभूति वैयक्तिकता की संकुचित परिधि को लाँघकर लोकानुभूति की विस्तृत भूमि पर प्रतिष्ठित है। 'विनयपत्रिका' के रूप में संप्रेषित उनका आत्मनिवेदन वैयक्तिक प्रार्थनापत्र मात्र न होकर कलिकाल-निपीड़ित जन-समष्टि का आत्मनिवेदन है। तुलसी सार्वजनिक अधिवक्ता हैं। एक और बात भी स्मरणीय है। तुलसी प्रगतिशील होते हुए भी आधुनिक अर्थ में 'प्रगतिवादी' या 'प्रयोगवादी' नहीं हैं। 'वाद' की दृष्टि से वे परंपरावादी की श्रेणी में ही आएँगे। अतः उनका लोक-दर्शन शास्त्र-प्रतिपादित परंपरा के अनुरूप है। उदाहरण के रूप में उनके कलि-वर्णन को लीजिए। उसमें 'भागवत' आदि शास्त्र-ग्रंथों की छाया स्पष्ट है। परंतु, तुलसी का युगधर्म-निरूपण परंपरा-प्रसिद्ध प्रस्थानों की उद्धरणी नहीं है। उनकी उक्तियों में उनका युग स्फुट स्वर से बोल रहा है। वे युग की दशा से प्रभावित हैं, युगीन जन-समुदाय में मंगल-विधान के लिए प्रयत्नशील हैं। इसी परिप्रेक्ष्य में तत्कालीन राजनैतिक, आर्थिक, धार्मिक, सामाजिक, आध्यात्मिक और साहित्यिक परिस्थितियों के प्रभावों का प्रतिफलन उनके काव्य में द्रष्टव्य है।

राजनैतिक परिस्थिति

तुलसीदास मुस्लिम शासन-काल में हुए थे। उस समय देश उन बिदेशी बिजेताओं से पादाक्रांत था। मुसलमानों से पूर्व भी विदेशी जातियाँ भारत में आई थीं, उन्होंने विजय करके राज्य-स्थापन किया था, परंतु वे भारतीय संस्कृति में खप गईं। मुसलमान विजेता अपनी संस्कृति लेकर आए थे। भारत

में बस करके भी वे अपनी संस्कृति को बनाए रहे। इतना ही नहीं, अपनी शासन-शक्ति और आर्थिक प्रलोभनों से उन्होंने उस संस्कृति का आशातीत विस्तार किया। पहली बार भारत का विदेशी संस्कृति से संघर्ष हुआ।

तुलसी का जीवन-काल सं. 1589-1680 है। यद्यपि उनका जन्म हुमायूँ के शासन-काल में हुआ था तथापि उनके जीवन के आरंभिक वर्ष मुगल-अफगान संघर्ष के कारण उत्पन्न राजनीतिक उथल-पुथल के वातावरण में व्यतीत हुए। शेरशाह का अल्पकालीन शासन सुराज्य की स्थापना नहीं कर सका। तुलसी से दस वर्ष छोटा अकबर सं. 1613 में गद्दी पर बैठा और सं. 1662 तक राज्य करता रहा। उसने मुगल-साम्राज्य की प्रतिष्ठा की। अपने शासन-काल के उत्तरार्ध में बहुत-कुछ सुधार किए। तुलसी के जीवन के अंतिम अठारह वर्ष जहाँगीर के शासन-काल में पड़ते हैं। मेहरबस जहाँगीर 'बुद्धिमान् शराबी' के नाम से विख्यात है। उन दोनों मुगल-सम्राटों का शासन-काल 'मध्यकालीन' भारतीय इतिहास में महत्त्वपूर्ण माना जाता है। वे महान् समझे जाते हैं।

तुलसी के मन में रामराज्य की आदर्श भावना थी। उसका शतांश भी उन बादशाहों के शासन में उन्हें दिखाई नहीं पड़ा। राजा का अन्यतम कर्त्तव्य प्रजा-पालन है। 'रामचरितमानस' के राम ने भरत के प्रति राजधर्म का सार निम्नांकित पंक्तियों में प्रस्तुत कर दिया है :

(i) कहब सँदेसु भरत के आएँ। नीति न तजिअ राजपदु पाएँ॥
पालेहु प्रजहिं करम मन बानी। सेएहु मातु सकल सम जानी॥[1]

(ii) तुम्ह मुनि मातु सचिव सिख मानी। पालेहु पुहुमि प्रजा रजधानी॥
मुखिया मुख सों चाहिए खान पान को एक।
पालइ पोषइ सकल अंग तुलसी सहित बिबेक॥
राजधरम सरबस एतनोई। जिमि मन माँह मनोरथ गोई॥[2]

उन मुगल-सम्राटों का शासन सैनिक शासन था। उनका असली उद्देश्य प्रजा-पालन और प्रजा-रंजन नहीं था। उन्होंने अपने साम्राज्य की स्थापना, निजी योग-क्षेम और अपने भोग-विलास पर ध्यान दिया। शक्ति से जीतकर कितनी ही रूपवती कुमारियों को अंकशायिनी बनाया।[3] इसका प्रमाण यह है कि अकबर के अंतःपुर में पाँच हजार[4] और जहाँगीर के हरम में तीन सौ[5] युवतियाँ एकत्र की गई थीं। विलास के लिए धन चाहिए। वह प्रजा से ही उगाहा जा सकता था। धर्म और मोक्ष में उनकी आस्था नहीं थी। अर्थ और काम की अभिलाष-पूर्ति के लिए प्रजा का शोषण अनिवार्य था। सम्राटों के कर्मचारी बड़ी नृशंसता के साथ इस कर्म का संपादन करते थे। सम्राटों के पदचिह्नों पर चलनेवाले छोटे-मोटे अधीनस्थ राजा भी दंड को ही सर्वोत्तम राजनीतिक उपाय मानते थे :

गोड़ गँवार नृपाल महि जमन महामहिपाल।
साम न दान न भेद कलि केवल दंड कराल॥[6]

इन दंडपाशिक शासकों के प्रशासन की तुलना में रामराज्य कितना मंगलमय था :

---

1. रामचरितमानस, 2/152/2
2. वही, 2/315/4-316/1
3. रावण के व्याज से इसकी ध्वन्यात्मक व्यंजना द्रष्टव्य है :
   जीति वरीं निज बाहु बल बहु सुंदर बर नारि।—रामचरितमानस, 2/182
4. मेडीवल इंडिया अंडर मुहमडन रूल, पृ. 252; ऐन ऐडवांस्ड हिस्ट्री ऑफ इंडिया, पृ. 566
5. मेडीवल इंडिया अंडर मुहमडन रूल, पृ. 269
6. दोहावली, 559

दंड जतिन्ह कर भेद जहँ नर्तक नृत्य समाज।
जीतहु मनहि सुनिअ अस रामचंद्र के राज ॥[1]

किंतु तुलसी के समसामयिक राजाओं में कृपा का लेश नहीं था, पाप-परायण शासक कठोर दंड द्वारा प्रजा की विडंबना करते थे :

काल कराल नृपाल कृपाल न राजसमाज बड़ोई छली है।[2]
नृप पाप परायन धर्म नहीं। करि दंड बिडंब प्रजा नितहीं।।[3]

उन आतंककारी शासकों की अपेक्षा उनके कर्मचारी नौकर कहीं अधिक अत्याचारी थे :

त्रिबिध एक बिधि प्रभु अनुग अवसर करहिं कुठाट।
सूधे टेढ़े सम बिषम सब महँ बारहबाट।।
प्रभु तें प्रभु गन दुखद लखि प्रजहिं सँभारै राउ।
करतें होत कृपान को कठिन घोर घन घाउ।।[4]

राजपुरुषों के अत्याचारों से त्रस्त प्रजा की सुनवाई नहीं थी। अधिनायक शासकों के दरबार में भगवद्भजननिष्ठ धर्मात्माओं को भी अपमान सहना पड़ता था :

बड़े बिबुध दरबार तें भूमि भूप दरबार।
जापक पूजक पेखिअत सहत निरादर भार।।[5]

उन शोषक शासकों के अनैतिक शासन में दुर्दशा-ग्रस्त प्रजा की दयनीयता को देखकर लाचार तुलसी भाग्य को ही कोसते थे :

माली भानु कृसानु सम नीति निपुन नरपाल।
प्रजा भाग बस होंहिंगे कबहुँ कबहुँ कलिकाल।।[6]

उस युग में राष्ट्रीयतावाद का अवसर नहीं था। परिस्थिति के अनुकूल तुलसी ने प्रतीकात्मक युक्ति का सहारा लिया। उन्हें 'रामचरितमानस' में रावण आदि राक्षसों के अत्याचारों का वर्णन करना था। उनके माध्यम से उन्होंने व्यंजना द्वारा अपने युग के राक्षसी प्रवृत्तिवाले यवन-शासकों का यथार्थ चित्र भी अंकित कर दिया :

करहिं उपद्रव असुर निकाया। नाना रूप धरहिं करि माया।।
जेहि बिधि होइ धर्म निर्मूला। सो सब करहिं बेद प्रतिकूला।।
जेहिं जेहिं देस धेनु द्विज पावहिं। नगर गाउँ पुर आगि लगावहिं।।
सुभ आचरन कतहुँ नहिं होई। देव विप्र गुरु मान न कोई।।
नहिं हरिभगति जग्य तप ग्याना। सपनेहुँ सुनिअ न बेद पुराना।।
बरनि न जाइ अनीति घोर निसाचर जो करहिं।।
हिंसा पर अति प्रीति तिन्ह के पापहि कवनि मिति ।।[7]

तत्कालीन आततायी शासकों का भी इन पंक्तियों में चरित्रांकन है। पाठकों के मन में इस विषय में

---

1. रामचरितमानस, 7/22
2. कवितावली, 7/85
3. रामचरितमानस, 7/101/3
4. दोहावली, 500-01
5. वही, 393
6. वही, 507
7. रामचरितमानस, 1/183

संदेह की गुंजाइश न रहे, इसलिए कवि ने अपनी प्रतीक-व्यंजना[1] का सहजग्राह्य स्पष्टीकरण भी कर दिया है :

जिन्ह के यह आचरन भवानी। ते जानेहु निसिचर सब प्रानी॥[2]

तुलसी-साहित्य पर मुस्लिम शासकों की संस्कृति का प्रभाव अनेक रूपों में परिलक्षित होता है। वे राक्षसों के प्रतिरूप हैं। अतः युद्ध के अवसरों पर उनके शस्त्रास्त्रों का वर्णन करते हुए तुलसी ने प्रायः उन हथियारों का उल्लेख किया है जो उन शासकों द्वारा प्रयोग में लाए जाते थे :

सक्ति सूल तरवारि कृपाना। अस्त्र सस्त्र कुलिसायुध नाना॥
डारइ परसु परिघ पाषाना। लागेउ बृष्टि करै बहु बाना॥[3]
बहु कृपान तरवारि चमक्कहिं। जनु दह दिसि दामिनी दमक्कहिं॥[4]
सर तोमर सेल समूह पवाँरत मारत बीर निसाचर के।
इत ते तरु ताल तमाल चले खर खंड प्रचंड महीधर के॥
तुलसी करि केहरिनाद भिरे भट खग्ग खगे खपुवा खरके।
नख दंतन सों भुजदंड बिहंडत मुंड सों मुंड परे झरके॥[5]

तलवार, कटार और बरछे मुसलमान आक्रांताओं के बहुप्रचलित हथियार थे। तुलसी-साहित्य में इनका उपयोग राम-विरोधी पात्रों ने सामान्यतया किया है, राम-पक्ष के पात्रों द्वारा तलवार या कटार का प्रयोग अपवादस्वरूप ही मिलता है।

मुसलमान शासकों के दरबारी ऐश्वर्य से भी तुलसी प्रभावित हैं। पौराणिक आख्यान के पात्र दशरथ और राम के 'दरबार' का वर्णन उन्होंने युग के परिप्रेक्ष्य में मुगल-दरबार के अनुसार किया है :

भइ बड़ि भीर भूप दरबारा। बरनि न जाइ बिषादु अपारा॥[6]

मुसलमान सम्राटों के दरबार में भेजी जानेवाली अरजी की भाँति ही उनकी 'विनयपत्रिका' राम के दरबार में भेजी गई है।[7] 'विनयपत्रिका' की समीक्षा के अंतर्गत इस पर विस्तार से विचार किया जाएगा। मधुवन के माली फरियाद करने के लिए सुग्रीव के 'देवान' में पहुँचे थे।[8] कराल कलिकाल के अत्याचारों की शिकायत राम के दरबार में करते हुए तुलसी ने दरबारी कवियों की भाँति राजाधिराज राम का गुणगान करते हुए उनकी उम्रदराजी (दीर्घायुष्य) का निवेदन किया है :

जाहिर जहान में जमानो एक भाँति भयो बेंचिये बिबुधधेनु रासभी बेसाहिए।
ऐसेऊ कराल कलिकाल में कृपाल तेरे नाम के प्रताप न त्रिताप तन दाहिए॥

---

1. एक दोहे में अफीम की निंदा की गई है :
   व्यालहुतें बिकराल बड़ व्यालफेन जियँ जानु।
   वहि के खायें मरत है वहि खायें बिनु प्रान॥—दोहावली, 502
   यदि कोई प्रज्ञावान् आलोचक इस दोहे से अफीमची हुमायूँ और उस अफीमची के पुत्र अकबर की ध्वनि निकाले तो उसकी कल्पना सर्वथा निराधार नहीं होगी।
2. रामचरितमानस, 1/184/2
3. वही, 6/73/1
4. वही, 6/87/2
5. कवितावली, 6/35
6. रामचरितमानस, 2/76/3
7. स्वामी सरवग्य सों चलै न चोरी चार की।
   प्रीति पहिचानि यह रीति दरबार की॥—विनयपत्रिका, 71/4
8. मारे बागवान ते पुकारत देवान गे
   उजारे बाग अंगद देखाए घाय तन में।—कवितावली, 5/31

तुलसी तिहारो मन बचन करम तेहि नातो नेम नेह निज ओर ते निबाहिए।
रंक के निवाज रघुराज राजा राजनि के उमर दराज महाराज तेरी चाहिये ॥[1]

अनादि-अनंत राम की उम्रदराजी की मंगलाशा से कवि पर दरबारी संस्कृति के प्रभाव की सहज अनिवार्यता परिलक्षित होती है।

मुगल-शासन में राजभाषा का पद फारसी को प्राप्त था। शासकों द्वारा समादृत भाषा की जानकारी जनता के लिए आवश्यक थी। आदर्श की वेदी पर व्यवहार की बलि चढ़ाना बुद्धि-संगत नहीं था। परिणाम यह हुआ कि प्रशासन में व्यवहृत शब्दावली का जन-समुदाय में अबाध गति से प्रचलन होने लगा। उसका प्रभाव इतना अभिभावी था कि भारतीय संस्कृति के परम भक्त और संस्कृत-साहित्य के गंभीर ज्ञानी तुलसी ने हिंदी-जगत् में स्वाभाविकतया प्रचलित फारसी-शब्दसमूह को निस्संकोच भाव से स्वच्छंदता के साथ ग्रहण किया। उपर्युक्त पद्य में **जाहिर, जहान, जमानो, निवाज, उमर** और **दराज** सहजतया प्रयुक्त हुए हैं। तुलसी-साहित्य में विन्यस्त फारसी शब्दों की संख्या बहुत बड़ी है। तुर्की[2] और अरबी के शब्द भी उन शासकों की संस्कृति के माध्यम से अंतर्निविष्ट हुए हैं। ऊपर के उद्धरण में **जहान, नवाज़** और **दराज़** फारसी-शब्द हैं; **ज़ाहिर, ज़माना** और **उम्र** अरबी के हैं। 'नानापुराणनिगमागमसम्मत रघुनाथगाथा' की निबंधना करनेवाले तुलसी ने भूपशिरोमणि निर्गुण-सगुण-रूप राम को बारंबार **साहिब**[3] कहा है। भक्त कवि तत्कालीन जालिम साहबों की देश-काल-परिच्छिन्न साहबी के सिर पर राम की सार्वदेशिक और सार्वकालिक 'साहिबी' का दर्शन करता है :

आदि मध्य अंत राम साहिबी तिहारी।[4]

कालभैरव काशी के 'कोतवाल' माने गए हैं[5], और राम की शक्तिरूपा सीता को तुलसी ने 'साहिबिनी' की संज्ञा प्रदान की है[6] :

मेरी साहिबिनी सदा सीस पर बिलसति देवि क्यों न दास को देखाइयत पाय जू।[7]

उनके रासरसिक कृष्ण भी 'साहिब' हैं।[8] अंतर्यामी ब्रह्म के लिए 'साहिब'[9] का प्रयोग निर्गुण-संत कवियों की परंपरा में लोकप्रिय रहा है। साहब की लोक-मान्यता इतनी बढ़ी कि अनेक कवि ही 'साहब' के उच्चासन पर प्रतिष्ठित हो गए, जैसे—दरिया साहब, तुलसी साहब आदि। सिखों का धर्मग्रंथ (आदिग्रंथ) 'ग्रंथ साहब' के नाम से विख्यात हुआ। प्रकृत बात यह है कि युगधर्म से प्रभावित तुलसी ने तत्कालीन मुसलमान बादशाहों की सरकारी भाषा के लोकप्रचलित अरबी-फारसी शब्दों का सैकड़ों स्थलों पर बहुधा व्यवहार किया है। अपनी प्रवृत्ति के अनुसार उन्हें जहाँ-तहाँ हिंदी के साँचे में ढाल लिया है।

1. कवितावली, 7/79
2. निम्नांकित दोहे में 'तोपची' और 'तुपक' तुर्की के शब्द हैं :
   काल तोपची तुपक महि दारू अनय कराल।
   पाप पलीता कठिन गुरु गोला पुहुमीपाल ॥—दोहावली, 515
3. जैसे—सरल सबल साहिब रघुराजू।—रामचरितामानस, 1/13/4
   जाको ऐसो दूत सो साहेबु अबै आवनो।—कवितावली, 5/9
4. विनयपत्रिका, 78/3
5. कालनाथ कोतवाल दंडकारि दंडपानि
   सभासद गनप से अमित अनूप हैं।—कवितावली, 7/171
6. इस प्रसंग में एक रोचक घटना उल्लेखनीय है। कहते हैं कि गाँधीजी की हिंदुस्तानी को कार्यान्वित करते हुए एक परीक्षक ने राष्ट्रभाषा-कोविद की परीक्षा में 'बेगम-सीता' के विषय में प्रश्न पूछ दिया था। इससे लोगों को बड़ा असंतोष हुआ। उन्होंने अपनी भावना को मुखरित किया—'हम अपनी सीता को बेगम नहीं होने देंगे।'
7. कवितावली, 7/136: प्रसंगानुकूल न होने पर भी 'साहिबिनी' शब्द में नूरजहाँ का निर्देश असंभाव्य नहीं है।
8. तऊ न होत कान्ह को सो मन सबै साहिबहि सोहै।—कृष्णगीतावली, 35
9. तुलसी रत मन होइ रहै अपने साहिब माहिं।—वैराग्यसंदीपनी, 25

आर्थिक परिस्थिति

तुलसी के युग में निरंकुश और विलासी शासकों तथा उनके उच्च अधिकारियों का जीवन चाहे जितना सुखमय रहा हो, किंतु जनसाधारण की आर्थिक दशा दयनीय थी।[1] अधिकारों के प्रति सतत जागरूक अधिकारी-वर्ग अपने कर्त्तव्यों के प्रति नितांत उदासीन था। जनता के भारस्वरूपशासक किसानों से् बलपूर्वक विविध प्रकार के कर वसूल करते थे।[2] तुलसी ने प्रशासकों द्वारा किए गए शोषण के विरुद्ध कोई विद्रोह तो नहीं खड़ा किया, झकझोर देनेवाली शब्दावली में उथल-पुथल मचा देनेवाला लोमहर्षक वर्णन भी नहीं किया; परंतु कर उगाहने की आदर्श रीति का निरूपण करके व्यंजना द्वारा उस शोषण की ओर संकेत अवश्य किया है :

माली भानु किसान सम नीतिनिपुन नरपाल।
प्रजा भाग बस होहिंगे कबहुँ कबहुँ कलिकाल।
बरषत हरषत लोग सब करषत लखै न कोइ।
तुलसी प्रजा सुभाग ते भूप भानु सो होइ॥
सुधा सुनाज कुनाज फल आम असन सम जानि।
सुप्रभु प्रजा हित लेहिं कर सामादिक अनुमानि॥[3]

किसी सामंत या संपन्न भूमिधर की मृत्यु पर उसकी भूमि राजसात् कर ली जाती थी। इसके परिणाम-स्वरूप, उस पर आश्रित कितने ही परिवार विपन्न हो जाते थे।[4] इस प्रकार के शासकों को तुलसी ने 'भूमिचोर' अथवा 'चोरभूप' कहा है :

बेदधर्म दूरि गए भूमिचोर भूप भए[5] या बेदधर्म दूरि गए भूप चोरभूप भए[6]

शक्तिमान लोग धन के लिए ब्रह्महत्या तक कर सकते थे। वे येन-केन प्रकारेण लूट-मार कर धन-संग्रह करते थे :

मारग मारि महीसुर मारि कुमारग कोटिक कै धन लीयो।[7]

उस कुराज्य में किसी की भी संपत्ति सुरक्षित नहीं थी। वह किसी भी समय हड़पी जा सकती थी। उसकी स्थिति बवंडर में पड़े हुए कटे पतंग की-सी थी :

चढ़े बघूरे चंग ज्यों ग्यान ज्यों सोक समाज।
करम धरम सुख संपदा त्यों जानिबे कुराज॥[8]

इन आधिभौतिक कष्टों से पीड़ित प्रजा पर आधिदैविक विपत्तियों का वज्रपात भी होता था। तुलसी के जीवन-काल में कई बार भयंकर अकाल पड़े। विशेषकर सं. 1613-14, सं. 1630-31 और सं. 1680 के भीषण दुर्भिक्षों ने देश को तबाह कर दिया। प्राण-रक्षा के लिए मनुष्य मनुष्य को खाने लगा। सड़कें और गलियाँ लाशों से पट गईं।[9] कवि ने इन अकालों की करालता का अनेक स्थलों पर निर्देश किया है :

---

1. ऐन ऐडवांस्ड हिस्ट्री ऑफ इंडिया, पृ. 566
2. देखिए—मुगल ऐडमिनिस्ट्रेशन, टैक्सेशन
3. दोहावली, 507-9
4. मुगल ऐडमिनिस्ट्रेशन, पृ. 165, 175
5. कवितावली (गीता प्रेस), 7/177
6. कवितावली, संपादक पं. श्रीकांतशरण
7. कवितावली, 7/179
8. दोहावली, 513
9. ऐन ऐडवांस्ड हिस्ट्री ऑफ इंडिया, पृ. 571-72

(i) कलि बारहिं बार दुकाल परै। बिनु अन्न दुखी सब लोग मरै ॥[1]

(ii) दिन दिन दूनो देखि दारिदु दुकाल दुख दुरितु दुराजु सुख सुकृत संकोच है।
मार्गे पैंत पावत पचारि पातकी प्रचंड काल की करालता भले को होत पोच है ॥[2]

ईति-भीतियों के चक्र में पिष्टपेषित प्रजा किंकर्तव्यविमूढ़ थी। काल मुँह बाए खड़ा था। जीविका का कोई उपाय नहीं सूझता था। दारिद्र्य-रूपी रावण ने उसे दबोच रखा था। आर्त जनता की शोचनीय दुरवस्था को देखकर तुलसी-जैसा वीतराग तत्त्वज्ञानी भी हाहाकार कर उठा :

**खेती न किसान को भिखारी को न भीख बलि बनिक को बनिज न चाकर को चाकरी।
जीविकाबिहीन लोग सीद्यमान सोचबस कहैं एक एकन सों कहाँ जाई का करी ॥
बेद हू पुरान कही लोक हू बिलोकयित साँकरे सबै पै राम रावरे कृपा करी।
दारिददसानन दबाई दुनी दीनबंधु दुरित दहन देखि तुलसी हहा करी ॥**[3]

जन-समुदाय के कष्टों की सीमा यही नहीं थी। विपत्तियाँ अकेली नहीं आतीं। **छिद्रेष्वनर्था बहुलीभवन्ति**। दैविक-भौतिक संकट तो थे ही, दैविक-दैहिक आपत्ति के रूप में महामारियों[4] का घोर आक्रमण हुआ। इस प्रकार तुलसी की काशी तीनों प्रकार के तापों से जलने लगी; वह उजाड़ हो गई।[5] संभवतः सबसे प्रचंड महामारी ताऊन के रूप में आई थी। जो सं. 1673 से सं. 1681 तक देश के विभिन्न भागों में फैला रहा।[6] प्रलयंकर महामारी की ज्वालाओं में दहती हुई काशी का मर्मवेधी दृश्य 'कवितावली' में अंकित है। माँजा के कारण अकुलाती, छटपटाती और मरती हुई मछलियों के समान काशी-निवासियों की दारुण अवस्था का दृश्य अत्यंत हृदय-विदारक था :

**संकरसहर सर नरनारि बारिचर बिकल सकल महामारी माँजा भई है।
उछरत उतरात हहरात मरि जात भभरि भगात जल थल मीचुमई है ॥**[7]

धार्मिक-सामाजिक परिस्थिति

तुलसीदास सनातनधर्मी थे। सनातनधर्म 'मज़हब' या 'रेलिजन' मात्र नहीं है। उसमें भक्ति-दर्शन, श्रद्धा-विश्वास, श्रेय-प्रेय, आचार-व्यवहार, न्याय-विधि, समाज-व्यवस्था आदि सभी बातों का अंतर्भाव है। तुलसी का दृष्टिकोण स्मार्त-भावना-प्रधान है। उनकी दृष्टि में मानव-धर्म, वर्ण-धर्म, आश्रम-धर्म, राजधर्म और स्त्री-धर्म धर्म के प्रमुख रूप हैं; इनके समुचित परिपालन पर ही समाज का कल्याण निर्भर है। अपनी धर्म-भावना की इसी पृष्ठभूमि में उन्होंने अपने युग की धार्मिक-सामाजिक परिस्थितियों का चित्रण किया है।

मुसलमानों के संपर्क में आने के बाद हिंदू-धर्म की एक विदेशी धर्म से सीधी टक्कर हुई। मुसलमान विजेता और शासक थे। वे अपना बद्धमूल धर्म लेकर भारत में आए थे। उनमें कट्टरता

---

1. रामचरितमानस, 7/101/5
2. कवितावली, 7/81
3. वही, 7/97
4. देवता निहोरे महामारिन्ह सों कर जोरे
भोरानाथ जानि भोरे आपनी सी ठई है।—कवितावली, 7/175
5. लोगनि के पाप कैधौं सिद्ध सुर साप कैधौं काले के प्रताप कासी तिहूँ ताप तई है।
ऊँचे नीचे बीच के धनिक रंक गजाराय हठनि बजाइ करि डीठि पीठि दई है॥
—कवितावली, 7/175
6. हिस्ट्री ऑफ जहाँगीर, पृ. 295
7. कवितावली, 7/176

कूट-कूटकर भरी हुई थी। जाति-पाँति का भेदभाव नहीं था। मनोवैज्ञानिक दृष्टि से दूसरी जाति के देश में शक्ति-संगठन बनाए रखना उनके लिए अत्यंत आवश्यक था। 'काफिरों' को मारकर, मंदिरों को ढहाकर, मूर्तियों को तोड़कर और अपने धर्म का विस्तार करके 'बिहिश्त' में स्थान आरक्षित करा लेने की कामना भी बलवती थी। उनके पूर्वागत विधर्मियों को हिंदू-धर्म ने आत्मसात् कर लिया था। इस्लाम का फौलादी कवच अभेद्य था। उनके पास सैनिक शक्ति थी, वित्तीय साधन थे; अतः तलवार और प्रलोभन के बल पर इस्लाम बाढ़ के जल की भाँति अप्रतिहत गति से फैलने लगा।

निशाचर-रूपी यवन हिंदू-धर्म को निर्मूल करने के लिए कटिबद्ध थे। तुलसी ने उनके धार्मिक अत्याचारों का सांकेतिक निदर्शन असुरों के उपद्रव का वर्णन करते हुए बड़ी ही प्रांजल शैली में किया है :

देखत भीमरूप सब पापी। निसिचर निकर देव परितापी॥...
जेहि बिधि होइ धर्म निर्मूला। सो सब करहिं बेद प्रतिकूला॥...
नहिं हरिभगति जग्य तप ज्ञाना। सपनेहुँ सुनिअ न बेद पुराना॥...
अस भ्रष्ट अचारा भा संसारा धर्म सुनिअ नहिं काना।
तेहि बहु बिधि त्रासइ देस निकासइ जो कह बेद पुराना॥[1]

धर्म की अतिशय ग्लानि देखकर भयभीत पृथिवी व्याकुल थी, शासित हिंदू-जाति संत्रस्त थी। प्रतिकार उसके सामर्थ्य के बाहर था। रावण-सरीखे विधर्मियों की धर्म-विरुद्ध धर्मांधता को देखते हुए भी उनके विरोध में मुँह खोल सकना संभव नहीं था :

अतिसय देखि धर्म कै ग्लानी। परम सभीत धरा अकुलानी॥...
सकल धर्म देखइ बिपरीता। कहि न सकइ रावन भय भीता।[2]

ऐसी विषम परिस्थिति में हिंदू-धर्म के प्रसार का प्रश्न नहीं उठ सकता था। तत्कालीन हिंदू-जाति की संकुचित धार्मिक-दृष्टि पर प्रायः आक्षेप किया गया है। तथ्य यह है कि विजित हिंदू-जाति की स्थिति उस पराजित सेना की-सी थी जो बलवान शत्रु द्वारा गढ़ के भीतर घेर ली गई हो। अतएव उसकी सर्वप्रमुख समस्या आत्मरक्षा की थी। उसका ध्यान क्षेम पर केंद्रित था, योग[3] पर नहीं। इस्लाम को आत्मसात् नहीं किया जा सकता था; वह दूसरों को ही निगल रहा था। उस तिमिंगिलगिल से अपने को बचाए रखना ही बहुत जरूरी था। इसका परिणाम यह हुआ कि हिंदू-समाज-व्यवस्था का शिथिलायमान ढाँचा अवधानपूर्वक कसा जाने लगा। फक्कड़ और अक्खड़ निर्गुणियों के वाचनिक आक्रमणों के बावजूद जाति-पाँति की स्मृति-प्रतिपादित प्रथा कठोर हो उठी। इस स्मार्त धर्म-पताका के सबसे महान् नायक तुलसीदास हुए।

अपने युग में धर्म की सर्वतोमुखी हानि देखकर तुलसी अत्यंत क्षुब्ध हुए। उनका क्षोभ कलिकाल-वर्णन के प्रसंग में आवेग के साथ अभिव्यक्त हुआ है। मानव-धर्म[4] का लोप हो गया था। सत्य, अहिंसा, क्षमा, धृति, दम, अस्तेय, शौच, इंद्रियनिग्रह, धी, विद्या, अक्रोध, दया, दान और ह्री मानव-धर्म है।[5] इनमें भी सत्य, अहिंसा, अस्तेय (दूसरे के धन का अपहरण न करना), शौच और इंद्रियनिग्रह का आचरण मानव-धर्म का सार है।[6] उस युग में सत्य के बदले मिथ्या और पाखंड का राज्य था :

---

1. रामचरितमानस, 1/183
2. वही, 1/184/2,3
3. अप्राप्तस्य प्रापणं योगः क्षेमं प्राप्तस्य रक्षणम्।
4. मानवधर्म या साधारण धर्म के विशद विवेचन के लिए देखिए—तुलसी-दर्शन-मीमांसा, पृ. 196-209
5. मनुस्मृति, 6/92; याज्ञवल्क्यस्मृति, 1/122, 3/66
6. मनुस्मृति, 10/63

1. सांति सत्य सुभ रीति गई घटि बढ़ी कुरीति कपट कलई है।
सीदत साधु साधुता सोचति खल बिलसत हुलसति खलई है॥[1]

2. कलिमल ग्रसे धर्म सब लुप्त भए सदग्रंथ।
दंभिन्ह निज मति कल्पि करि प्रगट किए बहु पंथ॥
सुनु खगेस कलि कपट हठ दंभ द्वेष पाषंड।
मान मोह मारादि मद ब्यापि रहे ब्रह्मांड॥[2]

3. दंभ सहित कलि धरम सब छल समेत व्यवहार।
स्वारथ सहित सनेह सब रुचि अनुहरत अचार॥[3]

अहिंसा के बदले हिंसा पर ही राजा और प्रजा दोनों की प्रीति थी।[4] जन-साधारण की कौन कहे, शासक तक भूमिचोर और चोरों के सरदार हो गए थे।[5] ब्रह्मज्ञान की बात करनेवाले ढोंगी कौड़ी के लिए विप्र-गुरु की हत्या कर सकते थे :

ब्रह्म ग्यान बिनु नारि नर करहिं न दूसरि बात।
कौड़ी लागि लोभ बस करहिं बिप्र गुर घात॥[6]

उस म्लेच्छ-शासन में बाह्य तथा आभ्यंतर शौच का नाम मिट गया था :

सुनु ब्यालारि काल कलि मल अवगुन आगार।[7]

यथा राजा तथा प्रजा[8] की लोकोक्ति इंद्रिय-निग्रह के उल्लंघन में सबसे अधिक चरितार्थ हो रही थी। सैकड़ों-हजारों रमणियों का संग्रह करनेवाले भौतिकतावादी विलासी बादशाहों की प्रजा का देह-पोषक और कामासक्त होना स्वाभाविक था :

1. **तनु पोषक नारि नरा सगरे। परनिंदक जे जग मो बगरे॥[9]**
2. **नारि बिबस नर सकल गोसाईं। नाचहिं नट मर्कट की नाईं॥[10]**
3. **कलिकाल बिहाल किए मनुजा। नहिं मानत कोउ अनुजा तनुजा॥[11]**

तुलसी वर्णाश्रम-धर्म[12] के दृढ़ समर्थक थे। अतः उस युग में वर्णाश्रम-धर्म की दुर्दशा देखकर उनका चित्त विचलित हो गया था। उन्होंने बारंबार बल देकर वर्णाश्रम-धर्म की तत्कालीन शोचनीयता का उल्लेख किया है :

1. **बरन धरमु गयो आश्रम निवासु तज्यो त्रासन चकित सो परावनो परो सो है।**
2. **बर्न बिभाग न आश्रमधर्म दुनी दुख दोष दरिद्र दली है।**
3. **आश्रम बरन कलि बिबस बिकल भए निज निज मरजाद मोटरी सी डार दी।[13]**

---

1. विनयपत्रिका, 139/5
2. रामचरितमानस, 7/97, 101
3. दोहावली, 548
4. रामचरितमानस, 1/183, 7/99
5. कवितावली, 7/177
6. रामचरितमानस, 7/99 क, दोहावली, 552
7. रामचरितमानस, 7/102
8. काल बिलोकत ईस रुख भानु काल अनुहारि।
रविहि राउ राजहि प्रजा बुध व्यवहरहिं विचारि॥—दोहावली, 504
9. रामचरितमानस, 7/102/5
10. वही, 7/99/1: जैसे जहाँगीर नूरजहाँ के संकेत पर नाचता था।
11. वही, 7/102/3
12. विस्तृत विवेचन के लिए देखिए—तुलसी-दर्शन-मीमांसा, पृ. 209-22।
13. कवितावली, क्रमशः 7/84, 85, 183

4. बरन धर्म नहिं आश्रम चारी। श्रुति बिरोध रत सब नर नारी॥
5. भए बरन संकर कलि भिन्नसेतु सब लोग।
करहिं पाप पावहिं दुख भय रुज सोक बियोग॥[1]
6. आश्रम बरन धरम बिरहित जग लोक बेद मरजाद गई है।
प्रजा पतित पाखंड पाप रत अपने अपने रंग रई है॥[2]

ब्राह्मण-पक्षपाती कहे जानेवाले तुलसी ने तत्कालीन आदर्शहीन समाज की आलोचना करते हुए धर्म-भ्रष्ट ब्राह्मणों का भी निष्पक्ष चरित्रांकन किया है :

1. बिप्र निरच्छर लोलुप कामी। निराचार सठ बृषली स्वामी॥[3]
2. द्विज श्रुति बेचक भूप प्रजासन। कोउ नहिं मान निगम अनुसासन॥[4]
3. प्रभु के बचन बेद बुध संमत मम मूरति महिदेवमई है।
तिनकी मति रिस राग मोह मद लोभ लालची लीलि लई है॥[5]

धर्मशास्त्रीय विधान के अनुसार शूद्र का एकमात्र धर्म द्विजातियों की सेवा है।[6] सनातन-धर्म की मर्यादा को तोड़कर वे ब्राह्मणों से प्रतिस्पर्धा और वाद-विवाद करते थे, गुर्राकर उन्हें आँख दिखाते थे :

बादहिं सूद्र द्विजन्ह सन हम तुम्ह ते कछु घाटि।
जानइ ब्रह्म सो बिप्रबर आँखि देखावहिं डाटि॥[7]

वर्णाधम तेलियों, कुम्हारों, कलवारों आदि का पाखंडवश संन्यासी बनकर जप-तप करना, पुराण बाँचना और ब्राह्मणों से पुजवाना तुलसी को बहुत अखरता था :

जे बरनाधम तेलि कुम्हारा। स्वपच किरात कोल कलवारा॥
नारि मुई गृह संपति नासी। मूँड़ मुड़ाइ होहिं संन्यासी॥
ते बिप्रन्ह सन आपु पुजावहिं। उभय लोक निज हाथ नसावहिं॥...
सूद्र करहिं जप तप ब्रत नाना। बैठि बरासन कहहिं पुराना।
सब नर कल्पित करहिं अचारा। जाइ न बरनि अनीति अपारा॥[8]

भारतीय धर्मशास्त्र में राजधर्म और स्त्रीधर्म को विशेष महत्त्व दिया गया है, क्योंकि समाज का अभ्युदय और निःश्रेयस इन्हीं दोनों पर मुख्यतया अवलंबित है। तुलसी भी इस मान्यता के पोषक हैं। शासक के कर्त्तव्यच्युत हो जाने पर प्रजा भी पतित हो जाती है। तत्कालीन शासकों की आचार-भ्रष्टता की चर्चा की जा चुकी है। स्त्री के चरित्रहीन हो जाने पर समाज का मूलाधार ही दूषित हो जाता है। जीवन के आलोचक तुलसी ने उस युग की सदाचारिणी और दुराचारिणी नारियों की दुर्दशा का चित्र भी प्रस्तुत किया है :

1. गुन मंदिर सुंदर पति त्यागी। भजहिं नारि पर पुरुष अभागी।
सौभागिनी बिभूषन हीना। बिधवन्ह के सिंगार नवीना॥[9]

---

1. रामचरितमानस, क्रमशः 7/98/1, 7/100
2. विनयपत्रिका, 139/4
3. रामचरितमानस, 7/100/4
4. वही, 7/98/1
5. विनयपत्रिका, 139/2
6. मनुस्मृति, 1/91; गीता, 18/44; याज्ञवल्क्यस्मृति, 1/120; भागवतपुराण, 7/11/24
7. दोहावली, 553; रामचरितमानस, 7/99
8. रामचरितमानस, 7/100/3-5
9. वही, 7/99/2-3

2. **कुलवंति निकारहिं नारि सती। गृह आनहिं चेरि निबेरि गती॥**[1]

3. **अबला कच भूषन भूरि छुधा। धनहीन दुखी ममता बहुधा॥**[2]

इस प्रकार पारिवारिक जीवन विषमय था। पुत्रों की श्रद्धाहीनता, कामासक्ति और ससुराल-प्रियता से कौटुंबिक आदर्श टूट रहा था :

सुत मानहिं मातु पिता तब लौं। अबलानन दीख नहीं जब लौं॥
ससुरारि पिआरि लगी जब तें। रिपुरूप कुटुंब भए तब तें॥[3]

और, अंध-बधिर गुरु-शिष्यों ने तो ज्ञान-गरिमा की नाव ही बोर दी थी :

गुर सिष बधिर अंध का लेखा। एक न सुनइ एक नहिं देखा॥[4]

तात्पर्य यह कि तुलसी के युग का समूचा समाज विशृंखल, अस्त-व्यस्त और छिन्न-भिन्न हो रहा था। तीर्थों और मंदिरों तक में भ्रष्टाचार फैला हुआ था :

सुर सदननि तीरथ पुरिन निपट कुचालि कुसाज।
मनहुँ मवासे मारि कलि राजत सहित समाज॥[5]

लोग धर्म-बंधन से स्वतंत्र होकर मनमानी कर रहे थे। अमायिक गुणियों का समाज में निरादर होता था। मायावी धूर्त लोक-मान्यता प्राप्त करते थे :

मारग सोइ जा कहुँ जोइ भावा। पंडित सोइ जो गाल बजावा॥
मिथ्यारंभ दंभ रत जोई। ता कहुँ संत कहत सब कोई॥
सोइ सयान जो परधनहारी। जो कर दंभ सो बड़ आचारी॥
जो कह झूठ मसखरी जाना। कलिजुग सोइ गुणवंत बखाना॥
निराचार जो श्रुति पथ त्यागी। कलिजुग सोइ ग्यानी सो बिरागी॥
जाके नख अरु जटा बिसाला। सोइ तापस प्रसिद्ध कलिकाला।
असुभ वेष भूषन धरें भच्छाभच्छ जे खाहिं।
तेइ जोगी तेइ सिद्ध नर पूज्य ते कलिजुग माहिं॥
जे अपकारी चार तिन्ह कर गौरव मान्य तेइ।
मन क्रम बचन लबार तेइ बकता कलिकाल महुँ॥[6]

जनता में भेड़ियाधसान की प्रवृत्ति जोरों पर थी। मूढ़ हिंदुओं ने बहराइच को भी तीर्थ-स्थान मान लिया था। अंधे नेत्र-प्राप्ति के लिए, वंध्याएँ पुत्र-लाभ की कामना से और कोढ़ी कंचन-काया के लिए बहराइच जाते थे। वे गाजी मियाँ (सालार मसऊद गाजी) की कब्र पर मनौतियाँ मनाते, दान-दक्षिणा देते और चढ़ावा चढ़ाते थे। तुलसी इस प्रकार के कुमार्गगामियों से पूछते हैं :

लही आँख कब आँधरे बाँझ पूत कब ल्याइ।
कब कोढ़ी काया लही जग बहराइच जाइ॥[7]

ऐसे भी लोग थे जो विष्णु-शिव की उपेक्षा करके भूत-प्रेत-पूजा पर विश्वास रखते थे। उनको लक्ष्य करके तुलसी ने कसकर करारी चोट की है :

---

1. रामचरितमानस, 7/101/2
2. वही, 7/102/1
3. वही, 7/101/2-3
4. वही, 7/99/3
5. दोहावली, 558
6. रामचरितमानस, 7/98
7. दोहावली, 496

तुलसी परिहरि हरि हरहिं पावँर पूजहिं भूत।
अंत फजीहति होहिंगे गनिका के से पूत॥[1]

यह तुलसी का अपनी आँखों से देखा हुआ समाज था। समाज का यह चित्र केवल परंपरा-वर्णित कलियुग का निरूपण-मात्र नहीं है। इसका आधार प्रत्यक्ष-प्रमाण है। इस संबंध में किसी संदेहवादी को कोई भ्रांति न हो जाए, इसलिए उन्होंने अपनी प्रत्यक्षदर्शिता का स्पष्ट निर्देश भी कर दिया है :

पर त्रिय लंपट कपट सयाने। मोह द्रोह ममता लपटाने॥
तेइ अभेदबादी ग्यानी नर। देखा मैं चरित्र कलिजुग कर॥[2]

तत्कालीन हिंदू-समाज आंतरिक संघर्षों से भी जर्जर हो रहा था। वह अनेक धार्मिक संप्रदायों और उपसंप्रदायों में बँटा हुआ था। तीन प्रमुख संप्रदाय थे—वैष्णव, शैव और शाक्त। उनमें पारस्परिक विद्वेष की आग धधकती रहती थी। कभी-कभी वह इतने जोर से भड़क उठती थी कि दंगा-फसाद भी हो जाया करता था। तुलसी की काशी इस तरह के उपद्रवों का केंद्र थी। कहा जाता है कि वल्लभ-संप्रदायी गोसाइयों ने तुलसी को भी बहुत तंग किया था। जनश्रुति है कि उन लंठ गोसाइयों ने तुलसी के मित्र टोडर की हत्या कर दी थी। तुलसी की वैष्णव-भक्ति के कारण असहिष्णु शैवों ने उन्हें कम परेशान नहीं किया। कहावत है—जिसका बंदर वही नचाए। अतः उनके त्रासकारी उत्पातों से नकुआ कर तुलसी ने स्वयं भगवान् शंकर की दुहाई दी :

गाँव बसत बामदेव मैं कबहूँ न निहोरे।
अधिभौतिक बाधा भई ते किंकर तोरे॥
बेगि बोलि बलि बरजिये करतूति कठोरे।
तुलसी दलि रूँध्यो चहैं सठ साखि सिहोरे॥[3]

लोक-संग्रह के लिए इतनी सी प्रार्थना पर्याप्त नहीं थी। आंतरिक वैमनस्य से जीर्ण हिंदू-समाज की सांप्रदायिक समस्या के स्थायी समाधान के लिए तुलसी ने शैव, शाक्त और वैष्णव मतों के समन्वय का प्रयास किया। 'समन्वय-साधना' के अंतर्गत इसकी विस्तृत मीमांसा की जाएगी। धार्मिक परिस्थिति के संदर्भ में सांप्रदायिक समन्वय की दृष्टि से यह बात अवेक्षणीय है कि 'कबीर का प्रमुख उद्देश्य हिंदू-मुस्लिम एकता की स्थापना है और इसके लिए उन्होंने दोनों ही धर्मों की कट्टरपंथी नीति और आचरणों का खंडन किया है। इस्लाम धर्म के अनुकूल वे मूर्तिपूजा और अवतार के विरोधी थे और एक ईश्वर की सत्ता को मानते थे।'[4] तुलसी ने हिंदुओं-मुसलमानों में भावनात्मक एकता स्थापित करने का कोई प्रत्यक्ष प्रयास नहीं किया। उनका उद्देश्य श्रौत-स्मार्त धर्म का संरक्षण एवं पुनःसंस्थापन था। उनके नायक राम ने असुरों का वध करके, अधर्म का नाश करके और रामराज्य की स्थापना करके इस उद्देश्य की पूर्ति की है। तुलसी-साहित्य में 'हिंदू' और 'मुसलमान' शब्दों का प्रयोग कहीं नहीं है। 'जमन' शब्द श्वपच आदि की भाँति उनके शूद्रत्व का द्योतक है।[5] तुलसी के मन्तव्यानुसार 'धर्म' स्मार्तधर्मपरक है जिसमें विश्वजनीन मानवधर्म की परमोदार भावनाएँ भी समाविष्ट हैं और जिसके उत्थान से ही समाज का सर्वतोमुख उन्नयन हो सकता है।

---

1. दोहावली, 65; मिलाकर देखिए :
   जे परिहरि हरि हर चरन भजहिं भूतगन घोर।
   तिन्ह कै गति मोहिं देहु बिधि जौं जननी मत मोर॥—रामचरितमानस, 2/167
   भूतानि यान्ति भूतेज्या यान्ति मद्याजिनोऽपि माम्॥—गीता, 9/25
2. रामचरितमानस, 7/100/1
3. विनयपत्रिका, 8/3-4
4. डॉ. भगीरथ मिश्र, देखिए : तुलसी, पृ. 11
5. स्वपच सबर खस जमन जड़ पावँर कोल किरात।—रामचरितमानस, 2/194

दार्शनिक परिस्थिति[1]

तुलसीदास दार्शनिक कवि थे। भारतवर्ष में वही कवि महान् समझा जाता रहा है जिसकी सौंदर्यमयी रचना में स्वस्थ जीवन-दर्शन का प्रतिपादन किया गया हो। अश्वघोष, कालिदास, भवभूति आदि इसी प्रकार के कवि हैं। तुलसी के काव्य में दार्शनिक सिद्धांतों की सहज-सुंदर अभिव्यक्ति हुई है। दर्शन ने सजीवता और सरसता प्राप्त कर ली है। वह ब्रह्मानंदरूप रस और ब्रह्मानंदसहोदर रस दोनों का ही व्यंजक है।

तुलसी का आविर्भाव भारतीय दर्शन के टीका-युग में हुआ। उस युग के दार्शनिकों में मौलिक चिंतन नहीं पाया जाता। उन्होंने पूर्ववर्ती तत्त्वचिंतकों के मतों के संग्रह और व्याख्यान को अधिक उपयोगी समझा। शासन-शक्ति से रहित समाज को रूढ़ि और परंपरा के प्रति निष्ठा का कवच ही विधर्मियों के आक्रामक विचारों के विरुद्ध सुरक्षा का अमोघ उपाय प्रतीत हुआ। तर्क के स्थान पर विश्वास की प्रतिष्ठा हुई।

उस युग की विचारधारा मुख्यतया वेदांत से प्रभावित थी। देश-व्यापी भक्ति-आंदोलन का प्रासाद उसी की आधारशिला पर खड़ा हुआ था। वेदांत ने सांख्य-योग की अधिकांश मान्यताएँ आत्मसात् कर ली थीं। वेदांत के क्षेत्र में सभी वैष्णव-वेदांती आचार्य शंकर के मायावाद और केवलाद्वैतवाद के विरोधी थे। विशिष्टाद्वैतवाद, शुद्धाद्वैतवाद आदि में अद्वैतभावना किसी-न-किसी रूप में मान्य थी। द्वैतवादी माध्वमत अद्वैतवाद का पूर्णतः विरोधी था। अतएव इन दोनों विचारधाराओं का सीधा संघर्ष अनिवार्य था। फलतः एक-दूसरे पर आलोचना-प्रत्यालोचना के कटु प्रहार किए गए। तुलसी के युग की काशी इन दार्शनिक वाद-विवादों का भी केंद्र थी। अनेक दार्शनिकों ने सांख्य एवं वेदांत और ज्ञानमार्ग और भक्तिमार्ग के समन्वय का प्रशंसनीय प्रयास किया। विज्ञानभिक्षु ने 'सांख्यप्रवचनभाष्य' आदि में वेदांत और पुराणों को गौरव दिया, 'विज्ञानामृतभाष्य' में वेदांत-सूत्रों की सांख्य-सम्मत व्याख्या प्रस्तुत की। सांख्य नारायणतीर्थ ने शांडिल्य-भक्तिसूत्र पर 'भक्तिचंद्रिका' लिखी। शंकरमतानुयायी मधुसूदन सरस्वती ने 'भक्तिरसायन' लिखकर अद्वैतवेदांत में भक्तिदर्शन की विशेष प्रतिष्ठा की, 'महिम्नस्तोत्र' पर विशद व्याख्या लिखकर शैव-वैष्णव मतों का सुंदर समन्वय किया।

तत्कालीन दार्शनिक विचारधाराओं ने परमार्थवादी तुलसी को भरपूर प्रभावित किया। आध्यात्मिक अनुभूति से ओत-प्रोत उनके साहित्य में तत्त्वचिंतन की तत्कालीन प्रवृत्तियाँ कवित्व के माध्यम से प्रतिफलित हुईं। उन्होंने 'रामचरितमानस' में इतिहासपुराण की कथात्मक पद्धति से और 'विनयपत्रिका' आदि में स्तोत्रों आदि की मुक्तक-शैली का अनुसरण करते हुए सांख्य-योग एवं वेदांत की विभिन्न विचारधाराओं का समन्वय उपस्थित किया। उनके समन्वित सिद्धांतों की धारा धर्म और भक्ति के कूलों के बीच प्रवाहित हुई।

भक्ति-आंदोलन का युग

तुलसी का युग भक्ति-आंदोलनों का युग था। शताब्दियों पूर्व भक्ति का जो प्रवाह दक्षिण भारत से चला था वह धीरे-धीरे संपूर्ण उत्तर भारत में फैल गया। उसके दो अन्यतम प्रचारक रामानंद और वल्लभाचार्य हुए। तुलसी के समय में सारा देश विभिन्न प्रकार की भक्तिधाराओं से परिप्लुत था। असंख्य मंदिर, मठ, अखाड़े आदि उनके केंद्र थे। काशी से राम-भक्ति का और वृंदावन से कृष्ण-भक्ति का प्रसार हुआ जिससे संपूर्ण उत्तर भारत आंदोलित हो गया। इस आंदोलन को लोकव्यापी बनाने में भक्तकबियों ने विशेष महत्त्वपूर्ण योगदान किया।

भजनीय के स्वरूप, भक्ति-साधना आदि की दृष्टि से भक्तिधारा की दो उपधाराएँ थीं—निर्गुण-

1. देखिए—'उपक्रम', तुलसी-दर्शन-मीमांसा, पृ. 17-41

भक्तिधारा और सगुण-भक्तिधारा। एक में निर्गुण-निराकार ईश्वर की भक्ति पर बल दिया गया और दूसरी में सगुण-साकार भगवान् की भक्ति पर। हिंदी-साहित्य में निर्गुण-भक्तिधारा के दो रूप थे—निर्गुण-काव्यधारा और सूफी-काव्यधारा। पं. रामचंद्र शुक्ल ने इन्हें क्रमशः ज्ञानाश्रयी और प्रेममार्गी शाखा कहा है। शुक्लजी से असहमति प्रकट करते हुए एकाध आलोचकों ने पहली शाखा को ज्ञानाभासाश्रयी माना है। शुक्लजी ने स्वयं कहा है, "निर्गुण-पंथ के संतों के संबंध में यह अच्छी तरह समझ रखना चाहिए कि उसमें कोई दार्शनिक व्यवस्था दिखाने का प्रयत्न व्यर्थ है। उन पर द्वैत-अद्वैत, विशिष्टाद्वैत आदि का आरोप करके वर्गीकरण करना दार्शनिक पद्धति की अनभिज्ञता ही प्रकट करेगा।"[1] निर्गुण-पंथ ज्ञानवादी था। उसका स्रोत भारतीय था। उसमें अंतस्साधना पर बल दिया जाता था। निर्गुण-संप्रदाय के भीतर बहुत से पंथ और संप्रदाय चल पड़े थे—कबीरपंथ, सेनपंथ, रैदासी-संप्रदाय, नानकपंथ, साध-संप्रदाय आदि।[2] सबसे शक्तिशाली और प्रभावोत्पादक व्यक्तित्व कबीर का था। उन्होंने निराकार ईश्वर की भक्ति पर जोर देते हुए अवतारवाद का खंडन किया, वेद-शास्त्र की निंदा की, मूर्तिपूजा और वर्णाश्रमधर्म पर प्रहार किया। यह सब तुलसी के लिए असह्य था। उन्होंने उत्तेजित होकर कबीर के मत का ओजस्वी शब्दों में प्रतिवाद किया। कबीर ने कहा था :[3]

(i) **सर्गुण की सेवा करौ निर्गुण का करु ज्ञान।**
निर्गुण सर्गुण के परे तहैं हमारा ध्यान॥

(ii) **वह तो इन दोऊ ते न्यारा जानै जाननहारा।**

तुलसी ने मानो उसका प्रत्याख्यान करते हुए अपने सिद्धांत का प्रतिपादन किया :[4]

(i) **अगुन सगुन दुइ ब्रह्म सरूपा। अकथ अगाध अनादि अनूपा॥**

(ii) **सगुनहिं अगुनहिं नहिं कछु भेदा। गावहिं मुनि पुरान बुध बेदा॥**

कबीर का अवतार-विरोधी कथन था :[5]

(i) **दसरथ सुत तिहुँ लोक बखाना। राम नाम का मरम है आना॥**

(ii) **दसरथ कुल अवतरि नहिं आया। नहिं लंका के राय सताया।**

(iii) **वे रघुनाथ एक कै सुमिरै जो सुमिरै सो अंधा।**

तुलसी ने 'आना' और 'अंधा' शब्दों को लक्ष्य करके शिव से मुँहतोड़ उत्तर दिलाया :[6]

(i) **एक बात नहिं मोहिं सोहानी। जदपि मोहबस कहेहु भवानी॥**
तुम्ह जो कहा राम कोउ आना। जेहि श्रुति गाव धरहिं मुनि ध्याना॥
कहहिं सुनहिं अस अधम नर ग्रसे जे मोह पिसाच।

(ii) **मुकुर मलिन अरु नयन बिहीना। राम रूप देखहिं किमि दीना॥**
जिन्हकें अगुन न सगुन बिबेका। जल्पहिं कल्पित बचन अनेका॥

(iii) **...जेहि इमि गावहिं बेद बुध जाहि धरहिं मुनि ध्यान।**
सोइ दसरथ सुत भगत हित कोसलपति भगवान॥

कबीर आदि निर्गुणिया-संतों के अवतार-विरोधी वचनों से उद्दीप्त 'तुलसीदास प्रचार कर यह कह देना चाहते हैं कि परब्रह्म निर्गुण-निराकार राम और दाशरथ सगुण-साकार राम में कोई तात्त्विक

1. हिंदी-साहित्य का इतिहास, पृ. 112
2. उत्तरी भारत की संत-परंपरा, पृ. 233, 246, 261, 287, 391 आदि
3. कबीर-वचनावली, पृ. 95, 166
4. रामचरितमानस, 1/23/1, 1/116/1
5. कबीर-वचनावली, पृ. 163, 164
6. रामचरितमानस, क्रमशः 1/114, 3/115/2-3, 1/118

भेद नहीं है। अपने को संत कहनेवाले कबीर आदि ने वस्तुतः संत-समाज का दर्शन नहीं किया। उन मोहपिशाच-ग्रस्त पाखंडियों को सत्यासत्य का कोई ज्ञान नहीं है। वे निर्गुण और सगुण के स्वरूप-ज्ञान से सर्वथा अनभिज्ञ हैं। इसी कारण वे वेद-असम्मत बानी की रचना करके मनमानी बकवास करते हैं।'[1] कबीर वेद-शास्त्र, मूर्तिपूजा, वर्णाश्रम-व्यवस्था आदि प्रतिष्ठित मान्यताओं की छीछालेदर करके[2] समाज-सुधार करना चाहते थे। इसके विरुद्ध तुलसी ने मानव-धर्म और वर्णाश्रम-धर्म के आधार पर सनातन-धर्म के माध्यम से समाज के नवनिर्माण का प्रयास किया। अतएव अपनी रचनाओं में उन्होंने वेद-पुराण आदि की आप्तता तथा सनातनधर्म की विविध मान्यताओं की प्रतिष्ठा एवं इनके विरोधी विचारों की विगर्हणा की।

निर्गुण-संप्रदाय के बहुत से संत अशिक्षित निम्न जातियों के थे, और द्विज-वर्णों द्वारा उपेक्षित शूद्र-समाज में वे स्वभावतः आदर के पात्र समझे जाते थे। संभवतः उन्हीं शूद्रवर्गीय निर्गुण-संतों की ज्ञान-कथनी से उत्तेजित होकर तुलसी ने कहा था :

बादहिं सूद्र द्विजन्ह सन हम तुम्ह तें कछु घाटि।
जानइ ब्रह्म सो बिप्रवर आँखि देखावहिं डाँटि ॥[3]

तुलसीदास के समय में वज्रयानी सिद्धों और नाथपंथी योगियों का समाज पर जो प्रभाव था उसे वे अवांछनीय समझते थे। यह बात लक्ष्य करने योग्य है कि निर्गुणपंथ की विचारधारा का तीव्र खंडन करते हुए भी उन्होंने कबीर आदि का नामोल्लेख नहीं किया, परंतु गोरख का उल्लेख किए बिना नहीं रह सके। इससे सूचित होता है कि वे गोरखनाथ को सामाजिक रोग का प्रधान कारण समझते थे। उन्होंने अनुभव किया कि गोरखपंथियों का प्रभाव समाज-घातक है, ये पाखंडी योगी अपने वाचनिक ज्ञान और वैरागी-वेश से लोगों को भरमा रहे हैं, इनके त्रास से वर्णाश्रमधर्म का लोप हो गया है, इनकी कुवासना ने कर्म और उपासना का सत्यानाश कर दिया है, गोरख द्वारा उपदिष्ट हठयोग-साधना[4] के कारण लोग भक्ति के वास्तविक स्वरूप को भूल गए हैं, ऐसा प्रतीत होता है कि गोरख के ब्याज से कलियुग ने ही निगम-सम्मत योग का ढोंग रचकर जगत् को ठग लिया है :

बरनधरम गयो आश्रमनिवास तज्यो त्रासन चकित सो परावनो परो सो है।
करम उपासना कुबासना बिनास्यो ज्ञान बचन बिराग बेष जगत हरो सो है।
गोरख जगायो जोग भगति भगायो लोग निगम नियोग ते सो कलि[5] ही छरो सो है।
काय मन बचन सुभाय तुलसी है जाहि रामनाम को भरोसो ताहि को भरोसो है ॥[6]

निम्नांकित दोहे में उन्होंने किसी अलख-निरंजन-वादी अलखिया-साधु को फटकारते हुए उसे राम-भक्ति का उपदेश दिया है :

हम लखि लखहि हमार लखि हम हमार के बीच।
तुलसी अलखहि का लखहि रामनाम जपु नीच ॥[7]

निर्गुण-भक्तिधारा का दूसरा रूप सूफ़ी कवियों ने प्रस्तुत किया था। सूफ़ियों के भी अनेक संप्रदाय-उपसंप्रदाय थे—चिश्तिया, सुहर्वर्दिया, कादिरिया, नक्शबंदिया आदि।[8] सूफ़ी भक्ति-काव्यधारा

1. तुलसी-दर्शन-मीमांसा, पृ. 35
2. कबीर-वचनावली, पृ. 100, 252; 242, 243, 36; 36, 208
3. दोहावली, 553, रामचरितमानस, 7/99
4. देखिए—नाथ-संप्रदाय, पृ. 123-31
5. पाठांतर—'केलि'
6. कबितावली, 7/84
7. दोहावली, 19
8. देखिए—जायसी के परवर्ती हिंदी-सूफ़ी कवि और काव्य, पृ. 21-28

के प्रतिनिधि कवि मलिक मुहम्मद जायसी हुए। जायसी आदि पर भारतीय लोक-कथाओं, वेदांत दर्शन, सहजयानी सिद्धों, नाथपंथी योगियों, निर्गुण-संतों आदि का बहुत-कुछ प्रभाव पड़ा था, किंतु उनकी भक्ति-भावना का मूल स्रोत इस्लाम था। वे 'कुरान' आदि को प्रमाण मानकर चले थे।[1] उनके अनुसार परमात्मा से सर्वप्रथम नूरुल-मुहम्मदिया (मुहम्मदीय आलोक) की उत्पत्ति और उसी मुहम्मद के लिए जगत् की रचना हुई।[2] उन्होंने लौकिक प्रेम को आध्यात्मिक प्रेम का सोपान माना। भक्ति के क्षेत्र में परमात्मा को प्रेमी आत्मा की कामरति का आलंबन बनाकर नारी-रूप में चित्रित किया[3], कहीं-कहीं पर प्रेमिका को आत्मा का प्रतीक बनाकर परमात्मा को नर-रूप में अंकित किया।[4] प्रेम-मार्ग में भी हठयोग की साधना को आवश्यक बतलाया।[5] ये सब मान्यताएँ तुलसी के संस्कारों के प्रतिकूल थीं।

निर्गुण-भक्तिधारा का जो प्रभाव तुलसी पर पड़ा था वह उत्तेजनात्मक था। उन्होंने वेद-पुराण-प्रतिकूल मार्ग पर चलनेवाले तत्कालीन सिद्धों, गोरखपंथियों, निर्गुण-संतों, कहानी-लेखक सूफियों और उपाख्यान-लेखक मार्गोपदेशकों को लक्ष्य करके उनके मोह-कल्पित पंथों की व्यर्थता बतलाते हुए अनुसरणीय भक्ति-पथ का निर्देश किया :

साखी सबदी दोहरा कहि किहनी उपखान।
भगति निरूपहिं भगत कलि निंदहि बेद पुरान।।[6]
श्रुति संमत हरि भगति पथ संजुत बिरति बिबेक।
तेहि न चलहिं नर मोह बस कल्पहिं पंथ अनेक।।[7]

सगुणभक्तिधारा का मूल स्वर अवतारवाद था। हिंदी-साहित्य के मध्यकाल में अवतार-भावना का जो वेगवान प्रवाह चला उसने अक्खड़ निर्गुणसंतों को भी अभिभूत कर दिया। अवतार-सिद्धांत का घोर खंडन करनेवालों ने भी उसका मंडन किया।[8] यही नहीं, आगे चलकर उन संतों के अंधविश्वासी अनुयायियों ने उन्हें ही अवतार बनाकर उनकी पूजा आरंभ कर दी।

सगुणकाव्यधारा में विष्णु के दो प्रमुख अवतारों राम और कृष्ण, उनके नाम-रूप- गुण-लीला-धाम, और उनकी भक्ति तथा भक्तों का मुक्तकंठ से गौरवगान किया गया। आराध्य अवतार के अनुसार उसकी दो शाखाएँ हुईं—कृष्णभक्तिशाखा और रामभक्तिशाखा।

मध्व, निंबार्क, वल्लभ और चैतन्य के दार्शनिक सिद्धांतों के अनुसार कृष्णभक्तों के अनेक संप्रदाय हुए। उनके अतिरिक्त राधावल्लभ-संप्रदाय, सखी-संप्रदाय आदि भक्ति-संप्रदायों की स्थापना हुई। कृष्णभक्ति का केंद्र वृंदावन था। उन भक्तों की दृष्टि भगवान की सौंदर्य-विभूति और लोकरंजन पर केंद्रित रही। उनके लोकमंगलकारी रूप पर कम ध्यान दिया गया। राधा-कृष्ण की युगल-उपासना, रासलीला, नित्यविहार आदि पर बल दिया गया। भगवान के नित्यविहार की भावना तुलसी को अमान्य थी। वे कृष्णभक्त दार्शनिकों के भक्तिदर्शन से अवश्य प्रभावित हुए; किंतु उनके मधुर रस-सिद्धांत की उन्होंने उपेक्षा की, भगवान के सौंदर्य के साथ ही उनके शील और शक्ति

---

1. पद्मावत, 1/11-12: आख़िरी कलाम
2. वही, 1/11, आख़िरी कलाम, 7
3. देखिए—हिंदी-साहित्य का आलोचनात्मक इतिहास, पृ. 199-200
4. पद्मावत, 8/9, 24/17
5. वही, 16/3
6. दोहावली, 554
7. रामचरितमानस, 7/100, दोहावली, 555
8. देखिए—कबीर-ग्रंथावली, पृ. 214, 319, हिंदी-काव्य में निर्गुण-संप्रदाय, पृ. 220, 223

को विशेष महत्त्व दिया। उन्होंने युग और समाज की आवश्यकता को पहचाना। तत्कालीन समाज को **नीवी-बंधन-मोचक**[1] कृष्ण की नहीं अपितु **'दीनबंधु प्रनतारिति मोचन'**[2] राम की आवश्यकता थी।

कबीर आदि का मार्गोपदेश निवृत्तिमूलक था। उनकी 'टेढ़ी-सीधी निर्गुण-वाणी' में खिन्नता और शुष्कता थी। उनकी डाँट-फटकार से भावात्मक एकता की पुष्ट भूमि तैयार नहीं हो सकी। प्रेममार्गी सूफियों ने विश्व के कण-कण में परमसत्ता के आभास का दर्शन किया, प्रवृत्तिमूलक प्रेम के द्वारा भक्ति की सरस व्यंजना की; परंतु अदृश्य ईश्वर से व्याप्त कण-कण को वे वस्तुतः आकर्षक नहीं बना सके, लोक का मन सांप्रदायिकता और अहंता से मुक्त होकर उनकी भक्ति-भावना में पूर्णतः रम नहीं सका। यह कार्य कृष्णभक्तों ने संपन्न किया। उन्होंने ब्रज के कण-कण को मनमोहक बना दिया, कृष्ण की रूप-माधुरी के प्रत्यक्षीकरण द्वारा लोक-मानस की रागात्मिका वृत्ति को जागृत किया। जातिगत भेदभाव को सहज स्वाभाविक रूप से भूलकर भक्तिरस में लीन हो जानेवाले मुसलमान कवि कृष्णभक्तिशाखा में ही हुए। 'साँवरे ग्वार' पर मुग्ध रसखानि ने करील की कुंजों पर कलधौत के कोटियों धाम निछावर कर दिए[3], और आगे चलकर, नंदकुमार की सूरत पर कुर्बान ताज बदनामी सहकर भी 'हिंदुआनी' होने के लिए तैयार हो गईं।[4]

कृष्ण-कवियों ने मधुर लीलाओं का निरूपण करके लोक-जीवन में उल्लास और सरसता का वातावरण तो निर्मित किया, किंतु उनकी लोकदृष्टि समाज-कल्याण और धर्म-सौंदर्य के प्रांत तक नहीं पहुँच सकी। वे भगवान के लोकसंग्रहकारी रूप का प्रकाश करके ज्ञान-वैराग्य-समन्वित भक्ति का साक्षात्कार नहीं करा सके। लोकप्रिय शृंगारिक वर्णनों और रासलीलाओं के प्रभाव से समाज में भी 'कन्हैया' उत्पन्न होने लगे। "असंस्कृत हृदयों में जाकर कृष्ण की शृंगारिक भावना ने विलास-प्रियता का रूप धारण किया और समाज केवल नाच-कूदकर जी बहलाने के योग्य हुआ।"[5] तुलसी ने मर्यादा पुरुषोत्तम और लोकधर्म-संस्थापक राम का रंजनकारी चित्र अंकित करके सामाजिक उत्कर्ष का मार्ग प्रशस्त किया।

रामानंद द्वारा प्रवर्तित रामभक्तिधारा के दो रूप थे—निर्गुणरामभक्ति और सगुणरामभक्ति। रामानंद के शिष्य कबीर आदि ने निर्गुणभक्ति का प्रचार किया। कहा जा चुका है कि उन निर्गुणसंतों ने वर्णधर्म, वेदशास्त्र, अवतारवाद आदि का खंडन किया। "लोक-मर्यादा का उल्लंघन, समाज की व्यवस्था का तिरस्कार, अनधिकार चर्चा, भक्ति और साधुता का मिथ्या दंभ, मूर्खता छिपाने के लिए वेद-शास्त्र की निंदा, ये सब बातें ऐसी थीं जिनसे गोस्वामीजी की अंतरात्मा बहुत व्यथित हुई।"[6] निर्गुण-निराकार राम से जनता का कल्याण नहीं हो सकता था। अतएव तुलसी ने भक्तों की पुकार पर अवतीर्ण होकर अधम असुरों का संहार करनेवाले लोकरक्षक राम की भक्ति का उपस्थापन किया। सगुणरामभक्ति की भी दो विधाएँ थीं—माधुर्य-विशिष्ट और मर्यादा-विशिष्ट। कांतकांता-भाव की माधुर्य-विशिष्ट रसिकभक्ति शृंगारिकता से ओतप्रोत थी। वह तुलसी की मनोवृत्ति के प्रतिकूल

---

1. हितचौरासी, 7; राधावल्लभ संप्रदाय : सिद्धांत और साहित्य, पृ. 243
2. रामचरितमानस, 6/115/4
3. सुजान रसखानि, 3,6
4. सुनो दिलजानी मेरे दिल की कहानी
   तुम दस्त ही विकानी बदनामी भी सहूँगी मैं।...
   नंद के कुमार कुरबान त्वाडी सूरत पै
   त्वाड नाल प्यारे हिंदुआनी ह्वै रहूँगी मैं॥
5. गोस्वामी तुलसीदास (पं. रामचंद्र शुक्ल), पृ. 33
6. रामचंद्र शुक्ल, गोस्वामी तुलसीदास, पृ. 25

थी। वह समाज का उन्नयन नहीं कर सकती थी। इसलिए उन्होंने लोकहित की दृष्टि से सेव्य-सेवक-भाव की मर्यादावादी भक्ति का प्रतिपादन किया।

साहित्यिक परिस्थिति

तुलसी के सामने संस्कृत, प्राकृत और हिंदी का विपुल साहित्य विद्यमान था। उनकी रचनाओं से प्रमाणित है कि उन्होंने प्रतिष्ठित साहित्य का व्यापक अध्ययन किया था। उस समय तक हिंदी-क्षेत्र की दो बोलियाँ अवधी और ब्रजी साहित्यिक भाषा के रूप में समादृत हो चुकी थीं। प्रबंध-कवियों ने अवधी को अपनाया था। उसमें 'पद्मावत'-जैसा गौरवग्रंथ लिखा जा चुका था। गीति-काव्यों और मुक्तक-रचनाओं में प्रायः ब्रजभाषा का व्यवहार होता था। कृष्ण-कवियों ने माँज-सँवार कर उसके रूप को निखार दिया था। तुलसी ने अपने पूर्ववर्ती कवियों का अनुसरण किया। उन्होंने अपने प्रबंध-निबंध-काव्य अवधी में लिखे, गीतों तथा अधिकांश मुक्तकों की रचना ब्रजभाषा में की। यह स्वाभाविक था कि अवधविहारी रघुनाथ की गाथा (रामचरितमानस) लिखने के लिए उन्होंने अवधी को चुना, और ब्रजवल्लभकृष्ण-विषयक कवित्तों एवं गीतों का माध्यम ब्रजभाषा को बनाया।

भाषा की दृष्टि से काशी का वातावरण तुलसी के विरुद्ध था। परिस्थिति की विषमता से वे खूब परिचित थे। उन्होंने 'रामचरितमानस' के विभिन्न सोपानों के मंगलश्लोक संस्कृत में लिखे, स्तुतियों और गीताओं में संस्कृत-पदावली का व्यवहार किया, और संपूर्ण काव्य में ठेठ अवधी के स्थान पर संस्कृतगर्भित साहित्यिक अवधी का प्रयोग किया। परंतु, काशी के संस्कृताभिमानी पंडितों को इससे संतोष नहीं हुआ। 'रामचरितमानस'-जैसा ग्रंथ जनभाषा में लिखा जाए, यह बात उन्हें असह्य थी। इस संबंध में प्रचलित किंवदंतियों और स्वयं तुलसीदास द्वारा बारंबार पेश की गई 'भाषा'-विषयक सफाई[1] से पता चलता है कि उनका विरोध बड़ा कड़ा था। प्रगतिशील समाज-हितैषी तुलसी ने उन आधिभौतिक बाधाओं की परवाह नहीं की और लोक-भाषा में ही अपने महाकाव्य का प्रणयन किया।

रूप-विधान की दृष्टि से, परंपरागत तीन काव्य-रूप तुलसी के युग में प्रचलित थे—प्रबंध, निबंध और मुक्तक। अवधी के प्रेमाख्यानक-प्रबंध दोहा-चौपाई-शैली में रचे गए थे। 'रामचरितमानस' के निर्माण में तुलसी ने उसी शैली को अपनाया, किंतु बीच-बीच में सोरठों और छंदों का भी विनिवेश किया। 'पद्मावत' आदि की अभारतीय मसनवी शैली का तिरस्कार करके संस्कृत-प्राकृत के महाकाव्यों और अपभ्रंश के चरित-काव्यों की रचना-शैली को गौरव दिया। उन्होंने तीन निबंध काव्य लिखे—रामललानहछू, जानकीमंगल और पार्वतीमंगल। प्रयोजन के अनुरूप उनमें लोकगीतों की सोहर-शैली का प्रयोग किया गया। मुक्तक रचनाएँ प्रायः दोहा, कबित्त, सवैया और बरवै छंदों तथा गीतों के रूप में की गई थीं। तुलसी ने उन सभी शैलियों का उपयोग किया। दोहा-चौपाई-शैली में 'वैराग्यसंदीपनी' की, दोहा-शैली में 'दोहावली' की, कबित्त-शैली में 'कवितावली-हनुमानबाहुक' की, बरवै-शैली में 'बरवैरामायण' की और गीत-शैली में 'गीतावली', 'विनयपत्रिका' आदि की रचना की।

जब तुलसीदास ने साहित्यिक क्षेत्र में पदार्पण किया तब हिंदी का भक्ति-काल उत्कर्ष के सोपान पर पहुँच चुका था। उस युग का श्रेष्ठ साहित्य भक्तिनिष्ठ है। लोकदर्शी कवि का युगीन प्रवृत्तियों से प्रभावित होना अनिवार्य था। पूर्वजन्म और व्यक्तिगत अनुभव के संस्कार तो थे ही, तत्कालीन भक्तिधाराओं ने भी उन्हें विध्यात्मक अथवा निषेधात्मक रूप से प्रभावित किया। वे भक्तिकाव्य-रचना की ओर प्रेरित हुए। विभिन्न धाराओं के भक्तकवियों की कुछ सामान्य विशेषताएँ थीं। सभी पर वेदांत का प्रभाव था। सभी ने सच्चिदानंदस्वरूप एक-अद्वितीय ईश्वर का

---

1. रामचरितमानस, 1/1 श्लोक 7, 1/9/2, 1/15; दोहावली, 572

निरूपण किया; उस ईश्वर और उसके प्रेम की प्राप्ति को भक्त का साध्य माना; ईश्वर के संयोग की कामना की; उस लक्ष्य-सिद्धि के लिए आत्मनिवेदन की आवश्यकता बतलाई; भक्त और भगवान के व्यक्तिगत संबंध पर बल दिया; भक्त-भक्ति-भगवंत-गुरु की महिमा का बहुधा गान किया; नीति, चेतावनी और उपदेश को महत्त्व दिया; जगत् की निस्सारता प्रतिपादित करके भोग-विषयों के प्रति वैराग्य जगाने का प्रयत्न किया; चित्तशुद्धि के लिए सत्य, अहिंसा, परोपकार आदि मानव-धर्मों को श्रेयस्कर और कर्मकांड के बाह्याडंबर, पाखंड, परपीड़न आदि को हेय बतलाया। तुलसी-साहित्य में ये समस्त विशेषताएँ सुनियोजित विस्तार के साथ लोक-धर्म की मंगलमय भूमि पर मनोहारिणी कविता के माध्यम से प्रतिफलित हुई।

6. काव्य-सिद्धांत

तुलसीदास काव्यशास्त्री नहीं थे, कवि थे। वे काव्यकवि होने के साथ ही शास्त्रकवि भी थे। उनमें प्रतिभा और व्युत्पत्ति (बहुज्ञता) का संयोग था। राजशेखर ने प्रतिभा-व्युत्पत्तिमान् कवि के तीन प्रकार बतलाए हैं—काव्यकवि, शास्त्रकवि और उभयकवि।[1] काव्यकवि कवित्व को विशेष महत्त्व देता है। वह अपने प्रतिपाद्य विषय के उपस्थापन में उक्ति-वैचित्र्य का सहारा लेता है, और इस प्रकार तर्ककर्कश विषय को भी रमणीयता के साथ प्रस्तुत करता है। शास्त्रकवि की दृष्टि सैद्धांतिक निरूपण पर केंद्रित रहती है। वह काव्य में भी शास्त्रार्थ का निरूपण करता है। जिसमें दोनों विशेषताएँ हों वह उभयकवि है। दोनों के समन्वय के कारण वह सर्वश्रेष्ठ है। तुलसीदास की रचनाओं में कविकल्पना और शास्त्रीय चिंतन, उक्ति-वैचित्र्य और सिद्धांत-प्रतिपादन, दोनों का सुंदर समन्वय पाया जाता है। अतएव वे उभयकवि थे।

रीति की दृष्टि से हिंदी में तीन प्रकार के कवि पाए जाते हैं—रीतिग्रंथकार, रीतिबद्ध और रीतिमुक्त। रीतिग्रंथकार वे हैं जो अपनी कृति में काव्यांगों के लक्षणों का निरूपण करके उदाहरण-रूप में कविताएँ प्रस्तुत करते हैं। रीतिबद्ध वे हैं जो स्वयं तो लक्षणों का निरूपण नहीं करते, किंतु पूर्ववर्ती आचार्यों द्वारा निरूपित लक्षणों के नियमानुसार काव्य-रचना करते हैं। रीतिमुक्त कवि न तो लक्षण-निरूपण करते हैं और न रूढ़ लक्षणों का अनुसरण करते हैं; वे लीक छोड़कर स्वच्छंद मार्ग पर चलते हैं। तुलसीदास कुछ विलक्षण प्रकार के रीतिबद्ध कवि हैं। उन्होंने परंपरागत मार्ग[2] का प्रगतिशील-भाव[3] से अनुधावन किया है। सैद्धांतिक लक्षणों के उदाहरण-रूप में रचना न करके 'रामचरितमानस' की प्रस्तावना एवं अन्य स्थलों पर काव्य-सिद्धांतों का प्रासंगिक रूप से प्रतिपादन किया है।

वे दार्शनिक भक्त कवि हैं। अतः शास्त्रीय दृष्टि से उन्होंने मुख्यतया धर्म, दर्शन और भक्ति के सिद्धांतों का उपस्थापन किया है। काव्यशास्त्रीय मान्यताओं का निदर्शन उन्होंने यत्र-तत्र साररूप में ही किया है। 'रामचरितमानस' के रूपक-निरूपण में समन्वयवादी दृष्टि से काव्य के प्रतिपाद्य विषय और प्रतिपादन-शैली की परंपरा-प्रथित विशेषताओं का सांकेतिक उल्लेख किया गया है :

सप्त प्रबंध सुभग सोपाना। ज्ञान नयन निरखत मन माना॥
रघुपति महिमा अगुन अबाधा। बरनब सोइ बर बारि अगाधा॥
राम सीअ जस सलिल सुधा सम। उपमा बीचि बिलास मनोरम॥
पुरइनि सघन चारु चौपाई। जुगुति मंजु मनि सीप सुहाई॥
छंद सोरठा सुंदर दोहा। सोइ बहु रंग कमल कुल सोहा॥

---

1. काव्यमीमांसा, पृ. 17
2. मुनिन्ह प्रथम हरि कीरति गाई। तेहि मग चलत सुगम मोहिं भाई॥
   अति अपार जे सरित बर जौं नृप सेतु कराहिं।
   चढ़ि पिपीलिकौ परम लघु बिनु श्रम पारहिं जाहिं॥—रामचरितमानस, 1/13
3. कीन्हि प्रस्न जेहि भाँति भवानी। जेहिं बिधि संकर कहा बखानी।
   सो सब हेतु कहब मैं गाई। कथा प्रबंध बिचित्र बनाई॥—रामचरितमानस, 1/33/1

अरथ अनूप सुभाव सुभाषा। सोइ पराग मकरंद सुबासा॥
सुकृत पुंज मंजुल अलि माला। ज्ञान बिराग बिचार मराला॥
धुनि अवरेब कबित गुन जाती। मीन मनोहर ते बहु भाँती॥
अरथ धरम कामादिक चारी। कहब ज्ञान विज्ञान बिचारी॥
नव रस जप तप जोग बिरागा। ते सब जलचर चारु तड़ागा॥
सुकृती साधु नाम गुन गाना। ते बिचित्र जल बिहग समाना॥
संत सभा चहुँ दिसि अँबराई। श्रद्धा रितु बसंत सम गाई॥
भगति निरूपन बिबिध बिधाना। छमा दया दम लता बिताना॥
सम जम नियम फूल फल ज्ञाना। हरिपदरति रस बेद बखाना॥[1]

इस रूपक में भक्तिरसात्मक काव्य के केंद्र-बिंदु से काव्य के प्रसिद्ध अंगों—वस्तु, नेता, रस, अलंकार, ध्वनि, वक्रता, गुण, जाति, भाषा, भाव, अर्थ और भक्तिपरक के पोषक वैराग्य, ज्ञान आदि का निर्देश किया गया है। तुलसी की बिखरी हुई उक्तियों को समन्वित करके उनके काव्यमत का समंजस विवेचन किया जा सकता है।

काव्य-लक्षण

'रामचरितमानस' के प्रथम मंगल-श्लोक में तुलसी ने काव्य की पंचसूत्री योजना प्रस्तुत करते हुए अप्रत्यक्ष रूप से काव्य-लक्षण का निरूपण किया है :

वर्णानामर्थसंघानां रसानां छंदसामपि।
मंगलानां च कर्तारौ वदे वाणीविनायकौ॥

इस श्लोक के आधार पर उनके अनुसार काव्य की शास्त्रीय परिभाषा हुई :

काव्य वह शब्दार्थमयी रचना है जो रसात्मक, छंदोबद्ध और मंगलकारिणी हो।

अभिप्राय यह है कि काव्य में पाँच तत्त्वों की योजना अभीष्ट है—वर्ण, अर्थ, रस, छंद और मंगल। इन पर संक्षेप में विचार कर लेना अपेक्षित है।

1. वर्ण : प्रस्तुत संदर्भ में 'वर्ण' शब्द भाग-त्याग-लक्षणा से वर्ण, अक्षर, शब्द, वाक्य और भाषा सभी का द्योतक है। 'कवि' का एक अर्थ है—वर्णन करनेवाला।[2] 'अर्थ' आदि शब्दों के सान्निध्य में प्रयुक्त 'वर्ण' के द्वारा यहाँ पर वर्णन या अर्थ-व्यंजना के माध्यम का निर्देश किया गया है। 'आखर', 'गिरा' आदि शब्दों द्वारा कवि ने इसी तात्पर्य का प्रकाशन किया है।[3] 'विविक्तवर्णाभरणा सुखश्रुतिः', 'विशिष्टा पदरचना रीतिः', 'वाक्यं रसात्मकं काव्यम्' आदि में व्यवहृत 'वर्ण', 'पद' और 'वाक्य' इसी प्रकार के प्रयोग हैं। अतः 'वर्ण' का अभिप्राय है—कवि के अभीष्ट अर्थ का भावक तक संप्रेषण करनेवाली भाषा।

जिस प्रकार संगीतज्ञ स्वरों के माध्यम से, चित्रकार रंगों के माध्यम से, अथवा मूर्तिकार पत्थर आदि के माध्यम से अपने अभिप्रेत अर्थ की अभिव्यक्ति करता है उसी प्रकार कवि शब्दों या भाषा के माध्यम से। काव्य की भाषा में वाक्य और शब्द का ही नहीं, प्रत्येक वर्ण का महत्त्व होता है। इसीलिए गुणों और वृत्तियों के विवेचन में वर्ण-विन्यास के औचित्य पर इतना बल दिया गया है।

1. रामचरितमानस, 1/37/1-7; तुलना करके देखिए :
   साधुशब्दार्थसंदर्भं गुणालंकारभूपितम्।
   स्फुटरीतिरसोपेतं काव्यं कुर्वीत कीर्तये॥—वाग्भटालंकार, 1/2
2. कविशब्दश्च कवृ वर्ण इत्यस्य धातोः काव्यकर्मणो रूपम्।—काव्यमीमांसा, पृ. 7
3. आखर अरथ अलंकृति नाना।—रामचरितमानस, 1/9/4
   गिरा अरथ जल बीचि सम कहिअत भिन्न न भिन्न।—रामचरितमानस, 1/18

2. अर्थ : जिस वस्तु की प्रतीति कराने के लिए शब्द का व्यवहार किया जाता है उसको 'अर्थ' कहते हैं। कवि जो कुछ भी अपनी शब्द-रचना के द्वारा पाठक या श्रोता तक पहुँचाना चाहता है वह सब अर्थ के अंतर्गत है। इसलिए कुशल कवि शब्द और अर्थ को तुला पर तोलकर काव्य की रचना करता है। इन दोनों का संतुलित नियोजन आवश्यक है। तुलसी इस मर्म को जानते हैं :

कबिहि अरथ आखर बलु साँचा। अनुहरि ताल गतिहि नटु नाचा ॥[1]

शब्द और अर्थ के संबंध में एक महत्त्वयुक्त प्रश्न विचारणीय है। काव्य का काव्यत्व कहाँ होता है—शब्द में या अर्थ में ? दूसरे शब्दों में, शब्द को काव्य कहते हैं या अर्थ को ? तुलसीदास के अनुसार, तात्त्विक दृष्टि से यह प्रश्न उठना ही नहीं चाहिए क्योंकि दोनों परमार्थतः अभिन्न हैं :

गिरा अरथ जल बीचि सम कहिअत भिन्न न भिन्न।
बंदौं सीताराम पद जिन्हहिं परम प्रिय खिन्न ॥[2]

पतंजलि आदि ने शब्द और अर्थ में नित्यसंबंध माना है।[3] अद्वैतवादी व्याकरणदर्शन में अर्थभाव को शब्द का विवर्त माना गया है।[4] कालिदास ने वाणी और अर्थ में संपृक्तता स्वीकार की है।[5] तुलसी ने भेदाभेद माना है। सत्य यह है कि राम ही वाच्य-वाचक रूप है।[6] तुलसी की दृष्टि में जिस प्रकार **'रबि आतप भिन्न न भिन्न'** है[7], जिस प्रकार जल-वीचि **'भिन्न न भिन्न'** हैं; उसी प्रकार राम और सीता तथा वाणी और अर्थ भी पारमार्थिक दृष्टि से एक हैं, केवल व्यावहारिक दृष्टि से भिन्न प्रतीत होते हैं।

व्यावहारिक दृष्टि से भी उक्त प्रश्न अनावश्यक है। भामह[8], मम्मट[9] आदि ने काव्य को शब्दार्थमय माना है। अग्निपुराणकार[10], विश्वनाथ[11] आदि ने उसे शब्दमय माना है। इन दोनों मतों में वास्तविक भेद नहीं है। दोनों में काव्य की शब्दमयता स्वीकार की गई है। पहले मत में 'अर्थ' शब्द का अधिक प्रयोग किया गया है। अग्निपुराणवाले लक्षण में प्रकारांतर से 'अर्थ' का समावेश किया गया है। वस्तुतः 'अर्थ' का प्रयोग आवश्यक नहीं है, क्योंकि निरर्थक अथवा अनिष्ट अर्थ का व्यंजक वाक्य रसात्मक हो ही नहीं सकता। तुलसीदास तर्क के झमेले में नहीं पड़ना चाहते थे। प्रायः भारतीय आचार्यों की यह विशेषता रही है कि लक्षण-निरूपण करते समय उन्होंने सैद्धांतिक तर्क की अपेक्षा व्यावहारिक उपयोगिता का अधिक ध्यान रखा है। उनका लक्ष्य रहा है—प्रतिपाद्य वस्तु से पाठक को अवगत कराना। इसलिए उन्होंने काव्य की महत्त्वपूर्ण विशेषताओं का उल्लेख करके

---

1. रामचरितमानस, 2/241/2
2. वही, 1/18
3. सिद्धे शब्दार्थसंबंधे (नित्यपर्यायवाची सिद्धशब्दः)—व्याकरणमहाभाष्य, 1/1/1
4. अनादिनिधनं ब्रह्म शब्दतत्त्वं यदक्षरम्।
   विवर्ततेऽर्थभावेन प्रक्रिया जगतो यतः॥
   अविभक्तो विभक्तेभ्यो जायतेऽर्थस्य वाचकः।
   शब्दस्तत्रार्थरूपात्मा सम्भेदमुपगच्छति ॥—वाक्यपदीय, 1/1, 44
5. वागर्थाविव संपृक्तौ वागर्थप्रतिपत्तये।
   जगतः पितरौ वन्दे पार्वतीपरमेश्वरौ ॥—रघुवंश, 1/1
6. सिद्धसाधकसाध्य वाच्यवाचकरूप मंत्रजापकजाप्य सृष्टिस्रष्टा।—विनयपत्रिका, 53/7
7. रवि आतप भिन्न न भिन्न यथा।—रामचरितमानस, 6/111/8
8. शब्दार्थौ सहितौ काव्यम्।—काव्यालंकार, 1/16
9. तददोषौ शब्दार्थौ सगुणावनलंकृती पुनः क्वापि—काव्यप्रकाश, 1/4
10. संक्षेपाद्वाक्यमिष्टार्थव्यवच्छिन्ना पदावली।
    काव्यं स्फुरदलंकारं गुणवद्दोषवर्जितम् ॥—अग्निपुराण, 337/6-7
11. वाक्यं रसात्मकं काव्यम्।—साहित्यदर्पण, 1/3

जिज्ञासुओं को उसका मर्म समझाने की चेष्टा की है। तुलसी ने इस परंपरागत सरणि का अनुसरण करके काव्य-रचना के महत्त्वपूर्ण तत्त्वों शब्द और अर्थ दोनों का निवेश किया है।

3. रस : संस्कृत के बहुत से आचार्यों ने काव्य का लक्षण लिखते समय रस का उल्लेख नहीं किया है।[1] वे रस को काव्य का अनिवार्य तत्त्व नहीं मानते। दूसरी ओर, अनेक काव्यशास्त्रियों ने काव्य की अन्य विशेषताओं के साथ ही रस का भी उल्लेख किया है।[2] विश्वनाथ ने तो 'वाक्यं रसात्मकं काव्यम्' कहकर काव्य-स्वरूप-निरूपण के प्रकरण में एकमात्र रस को ही काव्य का व्यावर्तक धर्म माना है। समन्वयवादी तुलसी ने अपने विशिष्ट दृष्टिकोण से काव्य-तत्त्व के रूप में रस का उल्लेख किया है। इसकी विवेचना आगे की जाएगी।

4. छंद : संस्कृत-आचार्यों ने काव्य-लक्षण के अंतर्गत छंद की चर्चा नहीं की है। उन्होंने काव्य के तीन प्रकार (गद्य, पद्य और चंपू) बतलाकर गद्य को भी पद्य के समकक्ष स्थान दिया है।[3] गद्य की महिमा यहाँ तक बढ़ी कि लोग उसे कवियों की कसौटी मानने लगे और **'गद्यं कवीनां निकषं वदन्ति'** की लोकोक्ति चल पड़ी। हिंदी की स्थिति इससे भिन्न थी। उसमें गद्यमय काव्य लिखा ही नहीं गया था। तुलसी के युग में पद्यबद्ध कविता का ही बोलबाला था। अतः भाषा-कवि को युग-धर्म के अनुसार काव्य की विशेषताओं में छंद को महत्त्वपूर्ण स्थान दिया। उनके समसामयिक केशवदास ने भी कविता की विशेषताएँ बतलाते हुए **सुवृत्त** का उल्लेख किया है :

जदिप सुजाति सुलच्छनी सुबरन सरससुबृत।[4]

परवर्ती आचार्यों ने भी **वर वृत्त** की आवश्यकता बतलाई है :

चित्त हरै जो प्रबीनन को बर बित्त रहै सो कबित्त कहावै।

5. मंगल : प्राचीन आचार्यों ने काव्य के स्वरूप-निरूपण के प्रसंग में मंगल का समावेश नहीं किया है। प्रयोजन का निर्देश करते हुए उन्होंने अमंगल-निवारण, कांतासम्मित उपदेश, चतुर्वर्ग-प्राप्ति आदि के द्वारा मंगल की योजना की है।[5] यथार्थतः मंगल काव्य का लक्षण नहीं है, उसका फल है। तुलसी का इस तथ्य से कोई विरोध नहीं है। परंतु, उनकी दृष्टि में लोक-कल्याण का लक्ष्य इतना महत्त्वपूर्ण है कि वे अवसर मिलते ही उसका निर्देश कर देना चाहते हैं। उक्त श्लोक में उन्होंने 'मंगल' का सन्निवेश दो कारणों से किया है—धर्म-बुद्धि से और काव्य-बुद्धि से। वे काव्य की परिभाषा न लिखकर मंगलाचरण लिख रहे हैं, अतः उसमें 'मंगल' का न होना ही असमीचीन होता। इसके अतिरिक्त, वे मंगल-विधान को काव्य-महिमा का व्यावर्तक धर्म मानते हैं। उनके मतानुसार काव्य की कसौटी दुहरी है—एक रमणीयता की और दूसरी श्रेष्ठता की। कविता की रमणीयता रस, भाव, ध्वनि, वक्रता, गुण, अलंकार, पद-संघटना, छंद-योजना प्रबंध-कल्पना और वैचित्र्य-विधान में है। पूर्वोक्त मानस-रूपक और आत्मनिवेदन के प्रसंगों में उन्होंने यह बात स्पष्ट कर दी है। काव्य की श्रेष्ठता का एक मात्र निकष लोक-मंगल है :

कीरति भनिति भूति भलि सोई। सुरसरि सम सब कहँ हित होई।।[6]

काव्य का शरीर

किसी विषय का सम्यक् अवबोध कराने में उपमानों से बड़ी सहायता मिलती है। नैयायिकों ने तो

1. काव्यालंकार, 1/16; काव्यालंकारसूत्र, 1/1/1-3; वक्रोक्तिजीवित, 1/7; काव्यप्रकाश, 1/4; रसगंगाधर, पृ. 4
2. सरस्वतीकंठाभरण, 1/2; वाग्भटालंकार, 1/2; चंद्रालोक, 1/7
3. काव्यालंकार, 1/10-11; साहित्यदर्पण, 6/313. 336
4. कविप्रिया, 5/1
5. भामह, काव्यालंकार; 1/2; रुद्रट, काव्यालंकार, 1/8; काव्यप्रकाश, 1/2 आदि
6. रामचरितमानस, 1/14/5

उपमान को प्रमाण-रूप में मान्यता दी है। उपमान को प्रमाण न माननेवाले दार्शनिकों ने भी विभिन्न उपमानों द्वारा पुरुष, प्रकृति, जगत् आदि के गूढ़ स्वरूप का चित्ताकर्षक विवेचन किया है। काव्याचार्यों ने शास्त्रीय विवेचन को रमणीय तथा बोधगम्य बनाने के लिए काव्य या कविता की कल्पना पुरुष[1] अथवा नारी[2] के रूप में की है। वाणी की अधिष्ठात्री देवी सरस्वती है। अतः तुलसी ने नारी को कविता का उपमान बनाया है :

भनिति बिचित्र सुकबि कृत जोऊ। राम नाम बिनु सोह न सोऊ॥
बिधुबदनी सब भाँति सँवारी। सोह न बसन बिना बर नारी॥[3]

कविता के मानवीकरण के फलस्वरूप उसके शरीर, आत्मा, अवयव-संस्थान, लावण्य, गुण, अलंकार आदि की भी परिकल्पना की गई है।[4] कहा जा चुका है कि कोई शब्द को काव्य मानता है, और कोई शब्दार्थ को। तदनुसार शब्द को अथवा शब्दार्थ को काव्य का शरीर माना गया है।[5] अधिकतर आचार्यों ने शब्द और अर्थ को संयुक्त रूप से काव्य-शरीर की संज्ञा दी है। तुलसी ने इसी परिपाटी का पालन किया है। 'वर्णानामर्थसंघानां', 'आखर अरथ अलंकृति नाना', 'कबिहि अरथ आखर बलु साँचा' आदि उक्तियों में दोनों का साथ-साथ उल्लेख करके उन्होंने इस मान्यता की व्यंजना की है।

काव्य की आत्मा

प्रस्तुत प्रसंग में 'आत्मा' का लाक्षणिक अर्थ है—सारभूत तत्त्व, आवश्यक विशेषता अर्थात् काव्य का व्यावर्तक धर्म जिसके बिना काव्य काव्य नहीं रह जाता। काव्य की आत्मा के विषय में संस्कृत आचार्य एकमत नहीं हैं। कोई रीति को[6], कोई वक्रोक्ति को[7], कोई ध्वनि को[8], कोई रस को[9], और कोई अलंकार[10] को काव्य का सारभूत तत्त्व मानते हैं। तुलसी के समकालीन दरबारी-कवि केशवदास ने निरलंकार कविता-वनिता को शोभाहीन समझा है।[11] परंतु भक्तकवि तुलसी के मत में कुछ विशेषता है। वे समन्वयवादी होते हुए भी रसवादी हैं। उन्होंने काव्य के सर्वतोमुख सौंदर्य के लिए परंपरा-प्रसिद्ध काव्यांगों की आवश्यकता स्वीकार की है :

1. काव्यमीमांसा, पृ. 1, 5-10
2. काव्यालंकार (भामह), 1/13; ध्वन्यालोक, 1/4
3. रामचरितमानस, 1/10/2
4. शब्दार्थौ ते शरीरम्...। उक्तिचणं च ते वचः, रस आत्मा, रोमाणि छन्दांसि, प्रश्नोत्तरप्रवह्लिकादिकं च वाक्केलिः, अनुप्रासोपमादयश्च त्वामलंकुर्वन्ति।—काव्यमीमांसा, पृ. 6
   काव्यस्य शब्दार्थौ शरीरम्, रसादिश्चात्मा, गुणाः शौर्यादिवत्, दोषाः काणत्वादिवत्, रीतयोऽवयवसंस्थानविशेषवत्, अलंकाराः कटककुंडलादिवत्।—साहित्यदर्पण, 1/2 पर वृत्ति, पृ. 11
5. शरीरं तावदिष्टार्थव्यवच्छिन्ना पदावली।—काव्यादर्श, 1/10
   शब्दार्थशरीरन्तावत्काव्यम्।—ध्वन्यालोक, 1/1 पर वृत्ति
6. रीतिरात्मा काव्यस्य।—वामन, काव्यालंकारसूत्र, 1/2/6
7. वक्रोक्तिर्जीवितम्।—कुंतक
8. काव्यस्यात्मा ध्वनिः।—आनंदवर्धन, ध्वन्यालोक, 1/1
9. वाग्वैदग्ध्यप्रधानेऽपि रसमेवात्र जीवितम्।—अग्निपुराण, 337/33
   वाक्यं रसात्मकं काव्यम्।—विश्वनाथ, साहित्यदर्पण, 1/3
10. काव्यं ग्राह्यमलंकारात्।—वामन, काव्यालंकारसूत्र, 1/1
    अंगीकरोति यः काव्यं शब्दार्थावनलंकृती।
    असौ न मन्यते कस्मादनुष्णमनलं कृती॥—जयदेव, चंद्रालोक, 1/8
11. भूपन बिनु न बिराजहीं कविता वनिता मित्त।—कविप्रिया, 5/1
    तुलना कीजिए :
    न कान्तमपि निर्भूषं विभाति वनितामुखम्।—भामह, काव्यालंकार, 1/13

आखर अरथ अलंकृति नाना। छंद प्रबंध अनेक बिधाना॥
भाव भेद रस भेद अपारा। कबित दोष गुन बिबिध प्रकारा।
धुनि अवरेब कबित गुन जाती। मीन मनोहर ते बहु भाँती॥[1]

कविता की अनिंद्य चारुता के लिए दोषों के परिहार का भी संकेत किया है।[2] इन सब काव्यांगों में रस का स्थान अन्यतम है। उनकी दृष्टि में रस काव्य का सुंदरतम धर्म है। अतएव उन्होंने रस को सर्वाधिक महत्त्व दिया है[3] :

1. **सम जम नियम फूल फल नाना। हरिपदरति रस वेद बखाना॥**
2. **निज कबित्त केहि लाग न नीका। सरस होउ अथवा अति फीका॥**
3. **जदपि कबित रस एकौ नाहीं। राम प्रताप प्रगट एहि माहीं॥**

इन उक्तियों से ध्वनित है कि रस काव्य का सर्वप्रधान तत्त्व है, काव्यात्मा है। परंतु तुलसीदास के संबंध में यह स्मरण रखना चाहिए कि वे जिस रस को काव्य की आत्मा मानते हैं वह भक्तिरस है, शृंगार आदि रस नहीं।

स्वरूप और आश्रय : आश्रय के विषय में आचार्यों के स्थूल रूप से दो मत हैं—भरत आदि रस को वस्तुनिष्ठ या विषयनिष्ठ मानते हैं। उनके मत से विभावादि-सामग्री ही रस है, उसके आस्वाद से जनित आनंद भिन्न वस्तु है। अभिनवगुप्त आदि रस को भावकनिष्ठ या विषयिनिष्ठ मानते हैं। उनके मत से काव्य-निबद्ध विभावादि के भावन से सहृदय को जो आनंदानुभूति होती है वही रस है। इन मतों के अनुसार रस के स्वरूप के विषय में तीन प्रकार की धारणाएँ मिलती हैं—1. रस वस्तुरूप है, अर्थात् विभावादि का सम्मिलित रूप रस है। 2. रस भावरूप है, अर्थात् विभावादि से उपचित स्थायी भाव ही रस है। 3. रस अलौकिक चमत्कार-रूप है, अर्थात् विभाव आदि के भावन से सहृदय द्वारा अनुभूत आनंद रस है। तुलसी की कोई ऐसी उक्ति नहीं है जिसके आधार पर यह निष्कर्ष निकाला जा सके कि वे इनमें से किस मत के अनुयायी हैं। उनका रस-सिद्धांत मूलतः भक्तिरस से संबद्ध है। अंतिम दो मत भक्तिरस पर समान रूप से लागू होते हैं। भक्त्याचार्यों के मतानुसार कीर्तन आदि के द्वारा द्रुत भक्त-चित्त की भगवदाकारता भक्तिरस है, और भक्तिपरक विभावादि के निरूपक काव्य की भावना से प्रतीत आनंद भी भक्तिरस है। भक्त के लिए भक्ति-दशा ही रस-दशा है—चाहे वह भगवान् के स्मरण मात्र से हो, चाहे अर्चन आदि से और चाहे काव्य से। भक्ति स्वयमेव रस है।[4] भक्त के मन में प्रतिबिंबित परमानंदस्वरूप भगवान् ही स्थायिभावता और रसता को प्राप्त होता है।[5] इंद्रियों की आनंदमयी भगवद्रूपता भक्तिरस ही है।[6] रस का आनंदवादी सिद्धांत भक्तिरस में सबसे अधिक गतार्थ होता है, क्योंकि वह प्रत्येक दशा में आनंदमय है।

रस-संख्या : संस्कृत-काव्यशास्त्र में प्रसिद्ध नौ रसों के अतिरिक्त प्रेयस्, वात्सल्य, भक्ति, स्नेह, श्रद्धा, लौल्य, मृगया, अक्ष, व्यसन, दुःख, सुख, उदात्त, स्वातंत्र्य, पारवश्य, ब्रीडनक, कार्पण्य, माया आदि रसों की भी चर्चा की गई है। यहाँ तक कि समस्त व्यभिचारी और सात्त्विक भावों का रसत्व स्वीकार किया गया है।[7] किंतु अभिनवगुप्त, मम्मट, विश्वनाथ आदि गौरवशाली आचार्यों ने रसों की संख्या नौ ही मानी है। तथाकथित अथवा वास्तविक रसों को या तो रस माना ही नहीं या शांत आदि

1. रामचरितमानस, 1/9/4-5, 1/37/4
2. सखर सुकोमल मंजु दोष रहित दूपण सहित।—रामचरितमानस, 1/14
3. रामचरितमानस, 1/37/7, 1/8/6, 1/10/4
4. भक्तिः ईश्वरविपया रतिरेव रसः—वाचस्पत्य वृहत्संस्कृताभिधान
5. भक्तिरसायन, 1/10
6. यत्र मनः सर्वेन्द्रियाणामानन्दमात्रकरपदमुखोदरादिभगवद्रूपता तत्र भक्तिरस एव।—भक्तिमार्तंड, पृ. 102; ए हिस्ट्री ऑफ इंडियन फिलॉसफी, जिल्द 4, पृ. 352
7. देखिए—दि नंबर ऑफ़ रसज़, पृ. 107-43

नौ रसों में उनका समावेश कर लिया। विश्वनाथ ने दबी जबान से वत्सल रस को मान्यता दी है।[1] परंपरावादी काव्यशास्त्रियों ने भक्ति का रसत्व स्वीकार नहीं किया। किसी ने उसे रति का प्रकारविशेष माना[2], किसी ने शांत रस में अंतर्भाव किया[3] और किसी ने हर्षोत्साह आदि में।[4] कुछ ने उसे भाव-कोटि में रखा[5] तो किसी ने अनुभाव-कोटि में।[6] वैष्णव आचार्यों ने उसे रसकोटि में प्रतिष्ठित किया।[7]

तुलसी के अनुसार रस दस हैं—काव्यशास्त्रीय परंपरा में विख्यात नवरस (शांत, शृंगार, वीर, करुण, अद्भुत, हास्य, रौद्र, भयानक और बीभत्स) तथा भक्तिरस। उन्होंने नवरस[8] और भक्तिरस[9] का साक्षात् उल्लेख किया है। आश्चर्य है कि उन्होंने वत्सल रस का नाम नहीं लिया; यद्यपि उनके काव्य में वत्सल रस की व्यंजना हुई है, सूर का अप्रतिम वात्सल्य-वर्णन उनके समक्ष था और पूर्ववर्ती विश्वनाथ-जैसे आचार्य उसका रसत्व मान चुके थे। इसके दो कारण हैं—एक तो तुलसी के समय तक वत्सलरस की प्रतिष्ठा नहीं हुई थी, दूसरे उनकी कविता में अभिव्यक्त वात्सल्य प्रायः भक्तिमिश्रित है अथवा वत्सल-भक्तिरस है। अस्तु, उनके काव्य में ग्यारह रसों की व्यंजना हुई है।

रसराज : आचार्यों ने शृंगार को रसराज की संज्ञा दी है। तुलसी के समय में ही 'प्राकृत कवि' केशवदास ने शृंगार को सभी रसों का नायक बतलाया है।[10] तुलसी का मत इसके ठीक विपरीत है। वे शृंगार-सरीखे रसों को विषय-रस मानकार हेय समझते हैं :

संबुक भेक सेवार समाना। इहाँ न विषय कथा रस नाना।
तेहि कारन आवत हिअँ हारे। कामी काक बलाक बिचारे॥[11]

वे प्रत्येक भाव की सहजाभिव्यक्ति को श्रेष्ठ कविता नहीं मानते। जो कविता भावक के चित्त को विषय-रस से ही प्रभावित करती है। वह तिरस्करणीय है। श्रेष्ठ विचारों से अनुप्राणित भक्तिरस की कविता ही श्रेष्ठ पद की अधिकारिणी है। उनके मतानुसार भक्तिरस रसविशेष है :

रामचरित जे सुनत अघाहीं। रस बिसेष जाना तिन्ह नाहीं॥[12]

भक्तिशास्त्रियों का तर्क है कि पुरुषार्थपरक शृंगार आदि लौकिक रसों में विषयावच्छिन्न चित् के आनंद के अंशमात्र का ही स्फुरण होता है, किंतु परमपुरुषार्थपरक भक्तिरस में अनवच्छिन्न चिदानंदघन भगवान् के स्फुरण के कारण आनंद का अत्यंताधिक्य होता है।[13] अतः भक्तिरस रस ही नहीं अपितु सभी रसों में महत्तम है। तुलसी उसे सब रसों का सिरताज मानते हैं। एक बार भक्तिरस का आस्वाद, उसकी मिठास, मिल जाने पर अन्य सभी रस सीठे प्रतीत होते हैं :

---

1. अथ मुनीन्द्रसम्मतो वत्सलः।—साहित्यदर्पण, 3/251-54 की अवतरणिका
2. काव्यादर्श, 2/275-79; सरस्वतीकंठाभरण, 5/166; हेमचंद्र, काव्यानुशासन (टीका), पृ. 81
3. अभिनवभारती, जिल्द 1, पृ. 340, 341
4. दशरूपक, 4/83
5. काव्यप्रकाश, 4/35-36; चंद्रालोक, 6/14; साहित्यदर्पण, 3/260-61
6. देवगुरुमुनिपुत्रादिविषया तु रतिरनुभाव एव।—द्वितीय वाग्भट, काव्यानुशासन (व्याख्या), पृ. 53
7. देखिए : तुलसी-दर्शन-मीमांसा, पृ. 377-409
8. रामचरितमानस, 1/37/5, विनयपत्रिका, 169/1
9. रामचरितमानस, 1/37/7, 2/208, 7/125/1, विनयपत्रिका, 203/16
10. नवहू रस के भाव बहु तिनके भिन्न विचार।
    सबको केसवदास हरि नायक है शृंगार॥—रसिकप्रिया, 1/16
11. रामचरितमानस, 1/38/2-3
12. वही, 7/53/1
13. शांडिल्य-भक्तिसूत्र, 1/1/2 पर भक्तिचंद्रिका

जो मोहि राम लागते मीठे।

तौ नवरस षटरस रस अनरस ह्वै जाते सब सीठे॥[1]

मूल रस : अनेक आचार्यों की मान्यता है कि मूलतः रस एक है, उसकी प्रकृति एक है। अतः उन्होंने किसी विशिष्ट रस को प्रकृति तथा अन्य रसों को उसकी विकृति कहा है। भरत[2] और अभिनवगुप्त[3] के विचार से शांत रस प्रकृति है, अन्य रस तथा भाव उसके विकार हैं। अग्निपुराणकार[4] और भोज[5] ने शृंगार को अन्य रसों तथा भावों का मूल बतलाया है। भवभूति के अनुसार करुण ही एक मात्र स्थायी रस है।[6] कवि कर्णपूर ने प्रेमरस में सभी रसों का अंतर्भाव माना है।[7] विश्वनाथ आदि के मत से अद्‌भुत के स्वरूप में ही रस की एकता और अखंडता है।[8] तुलसी ने मूल रस की बात कहीं नहीं की है। उन्होंने राम और राम-भक्ति को परमार्थ-रूप कहा है।[9] अन्य रसों की निबंधना करते समय भी भक्ति उनके मन से कभी तिरोहित नहीं हुई है। इसलिए खींच-तानकर कहा जा सकता है कि उनके अनुसार अन्य रस भक्तिरस से ही प्रकट होते हैं और फिर उसी में लीन हो जाते हैं।

अंगी रस : प्रबंधकाव्य में, विशेष करके महाकाव्य में, अनेक रसों की निबंधना की जाती है। अतः काव्य के घनीभूत प्रभाव के लिए किसी एक रस को स्थायी, मुख्य या अंगी रस के रूप में निबद्ध करने पर बल दिया गया है।[10] अन्य रस संचारी, गौण, अंगभूत और उस अंगी रस के पोषक होते हैं। सभी रस अंगी होने के योग्य नहीं हैं। महाकाव्य में शृंगार, वीर अथवा शांत रस की अंगी रस के रूप में योजना की जा सकती है।[11] तुलसी नें पूर्वोक्त मानस-रूपक में अन्य रसों को जलचर कहकर उनकी गौणता और भक्तिरस को फल का रस कहकर उसकी मुख्यता सूचित की है। भक्तों के लिए भक्तिरस ही रस है। वल्लभाचार्य ने तो काव्यमात्र को असत्य या सत्त्वहीन कहकर धर्म के विषय में उसकी अनुपयोगिता की घोषणा की है।[12] तुलसी ने अन्य रसों का सर्वथा तिरस्कार किए बिना ही भक्तिरस की मुख्यता प्रतिपादित की है। उन्होंने इस सिद्धांत को व्यवहार में उतारा है। अंगी रस के रूप में भक्तिरस का सफल विधान करके उन्होंने काव्यशास्त्र की रूढ़ मान्यता के विरुद्ध एक नया मानदंड स्थापित किया है। इस कथन में रत्ती-भर भी अतिशयोक्ति नहीं है कि अंगी रस की जैसी घनीभूत निबंधना, जैसी अविच्छिन्न धारा और जैसी सशक्त प्रबंधध्वनि 'रामचरितमानस' में है वैसी अन्यत्र दुर्लभ है।

काव्य का प्रयोजन

'प्रयोजन' का अर्थ है वह उद्‌देश्य या फल जिसकी सिद्धि के लिए काव्य-रचना की जाती है। प्राचीन काव्यशास्त्र में काव्य के अनेक प्रयोजन बतलाए गए हैं—यश, अर्थ, व्यवहार-ज्ञान, अमंगल-निवारण,

1. विनयपत्रिका, 169/1
2. नाट्यशास्त्र, 6/83 के बाद कोष्ठगत श्लोक 5
3. अभिनवभारती, जिल्द, 1, पृ. 340
4. अग्निपुराण, 339/1-6
5. देखिए—दि नंबर ऑफ रसज़, पृ. 167-69
6. उत्तररामचरित, 3/47
7. देखिए—दि नंबर ऑफ रसज़, पृ. 170
8. साहित्यदर्पण, 3/3 पर वृत्ति
9. रामचरितमानस, 2/93/3-4
10. ध्वन्यालोक, 3/21 और उस पर लोचन
11. साहित्यदर्पण, 6/317
12. तत्त्वदीप, 2/80; अणुभाष्य पर बालबोधिनी का उपोद्‌घात, पृ. 53

आनंद, कांता-सम्मित उपदेश, पुरुषार्थचतुष्टय आदि।[1] ये प्रयोजन दो वर्गों में रखे जा सकते हैं। यश आदि कवि-निष्ठ प्रयोजन हैं। उपदेश आदि सहृदय-निष्ठ हैं। तुलसी ने इन दोनों ही प्रकार के प्रयोजनों का उपस्थापन किया है। कवि और सहृदय दोनों के केंद्र-बिंदु से स्वांतःसुख काव्य का मूल प्रयोजन है। संसार में जीव की जितनी प्रवृत्तियाँ हैं उन सबका लक्ष्य दुःख निवृत्ति और सुख-प्राप्ति है। काव्य-रचना और काव्य-भावन भी उन्हीं के अंतर्गत हैं। अतः उनका भी मूल उद्देश्य सुखोपलब्धि है। एकाध आलोचक आत्माभिव्यक्ति को काव्य या साहित्य का मूल प्रयोजन मानते हैं। उनकी मान्यता तर्कसंगत नहीं है। इसके दो कारण हैं—1. इस प्रसंग में प्रयोजन का तात्पर्य है—फल। और, 'आत्माभिव्यक्ति' का चाहे जितना तोड़-मरोड़कर अर्थ किया जाए, वह काव्य का फल नहीं है। यदि सूक्ष्म दृष्टि से देखा जाए तो काव्य स्वयं ही कवि की आत्माभिव्यक्ति है। इसलिए उसको फल मानना न्याय-विरुद्ध है। 2. 'मूल प्रयोजन' उसको कहते हैं जो अन्य प्रयोजनों का प्रयोजन हो, जिसका कोई अन्य प्रयोजन न हो। यदि आत्माभिव्यक्ति को आपत्ति के साथ प्रयोजन मान लिया जाए तो भी वह अंतिम प्रयोजन नहीं है। स्वांतःसुख ही उसका भी मूल प्रयोजन ठहरता है। अर्थ, यश आदि इस प्रयोजन की शाखाएँ हैं। 'रामचरितमानस' के प्रतिज्ञावाचन में तुलसी ने अनुभव के अनुसार केवल कवि के केंद्र-बिंदु से इस मूल प्रयोजन का निर्देश किया है :

स्वांतःसुखाय तुलसी रघुनाथगाथाभाषानिबंधमतिमंजुलमातनोति।[2]

उन्होंने अर्थ, काम और यश की ऐषणाओं को मोहमूल तथा नश्वर समझा है :

सुत बित लोक ईषना तीनी। केहि कै मति इन्ह कृत न मलीनी॥[3]

अतएव इन तीनों को उन्होंने अपने काव्य का प्रयोजन नहीं माना। यशःकामना उदात्त मानव की बहुत बड़ी कमजोरी है।[4] वीतराग भक्तकवि तुलसी ने प्रयोजन-रूप में उसकी स्पष्ट निबंधना तो नहीं की, परंतु उनकी अनेक पंक्तियाँ ऐसी अवश्य हैं जिससे यशोऽभिलाषा की अस्पष्ट ध्वनि निस्संदेह प्रतीत होती है :[5]

1. **भाषा भनिति भोर मति मोरी। हँसिबे जोग हँसे नहिं खोरी॥**
2. **जो प्रबंध बुध नहिं आदरहीं। सो श्रम बादि बालकवि करहीं।**
3. **सपनेहु साँचेहु मोहिं पर जौं हर गौरि पसाउ।**
   तौ फुर होउ जो कहेउँ सब भाषा भनिति प्रभाउ॥

गौण प्रयोजन के रूप में उन्होंने 'प्रबोध' का उल्लेख किया है :

भाषाबद्ध करबि मैं सोई। मोरे मन प्रबोध जेहि होई॥
जस कछु बुधि बिबेक बल मेरें। तस कहिहौं हिअँ हरि के प्रेरें॥
निज संदेह मोह भ्रम हरनी। करौं कथा भव सरिता तरनी॥[6]

---

1. काव्यालंकार (भामह), 1/2; काव्यालंकारसूत्र, 1/1/5; वक्रोक्तिजीवित, 1/3-5; काव्यप्रकाश, 1/2; साहित्यदर्पण, 1/2 आदि
2. रामचरितमानस, 1/1 श्लोक 7
3. वही, 7/71/3
4. Fame is the spur that the clear spirit doth raise
   (That last infirmity of noble mind)
   To scorn delights, and live laborious days—Lycidas
   —The Poems of John Milton, p. 99
   मन्दः कवियशःप्रार्थी गमिष्याम्युपहास्यताम्।—रघुवंश, 1/3
5. रामचरितमानस, क्रमशः 1/9/2, 1/14/4, 1/15
6. वही, 1/31/1-2

इस प्रयोजन के संबंध में यह स्मर्तव्य है कि इसकी सिद्धि केवल भक्तिरस या शांतरस की कविता से ही हो सकती है, शृंगार आदि रसों के काव्य से नहीं।

भावक के केंद्र-बिंदु से तुलसीदास काव्य के दो प्रयोजन मानते हैं—रसानुभूति और मंगल। निम्नांकित पंक्ति से पहले प्रयोजन की व्यंजना होती है :

कबित रसिक न राम पद नेहू। तिन्ह कहँ सुखद हास रस एहू॥[1]

आरंभिक मंगलश्लोक के अतिरिक्त अनेक स्थलों पर उन्होंने लोकमंगल को काव्य का प्रयोजन बतलाया है[2] :

1. **कीरति भनिति भूति भलि सोई। सुरसरि सम सब कहँ हित होई॥**
2. **मंगल करनि कलिमल हरनि तुलसी कथा रघुनाथ की।**
3. **बुध विश्राम सकल जन रंजनि। रामकथा कलि कलुष बिभंजनि॥**

अंतिम पंक्ति में प्रयुक्त 'बुध विश्राम' भक्तिजन्य ब्रह्मानंद और ब्रह्मानंदसहोदर काव्यरस दोनों का ही द्योतक है।

एक तीसरे प्रकार के प्रयोजनों (अर्थ, ऋद्धि, सिद्धि, मुक्ति आदि मनोवांछित फलों) की चर्चा विभिन्न अवसरों पर कही गई फलश्रुतियों में की गई है[3] :

1. **ऋद्धि सिद्धि कल्यान सकल नर पावइँ हो।**
2. **तुलसी उमा संकर प्रसाद प्रमोद मन प्रिय पाइहैं।**
3. **सुनहिं बिमुक्त बिरत अरु बिषई। लहहिं भगति गति संपति नई॥**

तुलसी के काव्य-प्रयोजन के विषय में एक संगत प्रश्न यह उठता है कि उन्होंने काव्य-रचना स्वांतःसुखाय की है अथवा बहुजनहिताय। इसका उत्तर यह है कि दोनों में कोई विरोध नहीं है; क्योंकि, सर्वहित में ही तुलसी का स्वांतःसुख है।

काव्य-हेतु

आचार्यों ने शक्ति या प्रतिभा, व्युत्पत्ति या निपुणता और अभ्यास को सम्मिलित रूप से काव्य का हेतु माना है।[4] उनका यह मत तुलसीदास को मान्य है। समाहित चित्त में शब्दार्थ-समूह का स्फुरण करनेवाली नवनवोन्मेषशालिनी प्रज्ञा को शक्ति या प्रतिभा कहते हैं।[5] उनकी दृष्टि में **शक्ति** अर्थात् ईश्वर-दत्त प्रतिभा-शक्ति काव्य-रचना के लिए सबसे महत्त्वपूर्ण और आवश्यक तत्त्व है। अपनी भक्ति-भावना के अनुरूप व्यंजना द्वारा उन्होंने यह मान्यता व्यक्त की है[6] :

1. **सारद दारुनारि सम स्वामी। रामु सूत्रधर अंतरजामी॥**
   जेहि पर कृपा करहिं जनु जानी। कबि उर अजिर नचावहिं बानी॥
2. **संभु प्रसाद सुमति हिअँ हुलसी। रामचरितमानस कबि तुलसी॥**

'व्युत्पत्ति' का अर्थ है—बहुज्ञता; विविध कलाओं, विद्याओं, काव्यशास्त्र, लोकजीवन आदि

---

1. रामचरितमानस, 1/9/2; और भी देखिए :
   भए जे अहहिं जे होइहहिं आगे। प्रनवौं सबहिं कपट छल त्यागे॥
   होहु प्रसन्न देहु बरदानू। साधु समाज भनिति सनमानू॥—1/14/3-4
2. क्रमशः, रामचरितमानस, 1/14/5, 1/10/ छंद, 1/31/3
3. क्रमशः रामललानहछू, 20; पार्वतीमंगल, 164; रामचरितमानस, 7/15/3
4. काव्यप्रकाश, 1/3; काव्यादर्श, 1/103; वाग्भटालंकार, 1/3
5. काव्यालंकार (रुद्रट), 1/15; काव्यालंकारसूत्र, 1/1/1 पर कामधेनुटीका
6. क्रमशः; रामचरितमानस, 1/105/3; 1/36/1

का ज्ञान।[1] राजशेखर ने उचितानुचित-विवेक को व्युत्पत्ति कहा है।[2] 'प्रबीन,' 'सकल कला सब विद्या' आदि और 'कबित बिबेक' द्वारा तुलसी ने प्रकारांतर से दोनों ही मतों का निर्देश किया है :

कबि न होउँ नहिं चतुर प्रबीनू। सकल कला सब विद्या हीनू॥
आखर अरथ अलंकृति नाना। छंद प्रबंध अनेक बिधाना॥
भाव भेद रस भेद अपारा। कबित दोष गुन बिबिध प्रकारा॥
कबित बिबेक एक नहिं मोरे। सत्य कहौं। लिखि कागर कोरे॥[3]

प्रतिभा और व्युत्पत्ति के सापेक्ष महत्त्व के विषय में विवाद है। आनंद के मतानुसार प्रतिभा अधिक श्रेयस्कर है, मंगल व्युत्पत्ति को अधिक श्रेयस्कर मानते हैं, और राजशेखर की मान्यता है कि दोनों समान रूप से श्रेयस्कर हैं।[4] दंडी का कहना है कि प्रतिभा के अभाव में व्युत्पत्ति और अभ्यास के बल पर भी काव्य-रचना संभव है।[5] तुलसीदास शक्ति को अनिवार्य मानते हैं। तत्त्वतः प्रतिभा ही काव्य-रचना का मूल हेतु है, व्युत्पत्ति और अभ्यास उसके संस्कारक हैं। अतः तीनों को सम्मिलित रूप से हेतु बतलाया गया है।

'अभ्यास' शब्द निरंतर प्रयत्नशीलता का द्योतक है। कोई कवि प्रथम प्रयत्न में ही उत्कृष्ट काव्य-रचना नहीं कर सकता। अनवरत अभ्यास से उसकी प्रतिभा और रचना-शैली का परिष्कार होता है। तुलसी ने अभ्यास की स्पष्ट चर्चा नहीं की है, परंतु इस संबंध में श्रम शब्द के अनेकधा उल्लेख से अभ्यास की व्यंजना हो जाती है।[6]

भाव-पक्ष : प्रतिपाद्य विषय

काव्य मात्र के दो पक्ष होते हैं—भाव-पक्ष और कला-पक्ष। जो कुछ भी कवि का कथ्य, प्रतिपाद्य विषय या वर्ण्य वस्तु है वह सब भाव-पक्ष के अंतर्गत है। उसके कथन, प्रतिपादन या वर्णन की रीति, पद्धति या शैली कला-पक्ष है। संस्कृत-काव्यशास्त्र के अनुसार काव्य में वर्णित स्थायी भाव, आश्रयालंबन विभाव, विषयालंबन विभाव, उद्दीपन विभाव, संचारी भाव, अनुभाव और सात्त्विकभाव[7] भाव-पक्ष के अंग हैं। इन सभी के साथ लगा हुआ 'भाव' शब्द ध्यान देने योग्य है। आधुनिक ढंग से तुलसी-साहित्य की समीक्षा में हम कह सकते हैं कि उनके काव्य में निबद्ध इतिवृत्त; चरित्रांकन; पात्रों की अंतर्वृत्तियों, बाह्य रूप तथा चेष्टाओं का निरूपण; वस्तु-वर्णन; प्रकृति-चित्रण; और नीति, काव्य, धर्म, दर्शन एवं भक्ति का सैद्धांतिक प्रतिपादन—ये सब उनके काव्य का भाव-पक्ष प्रस्तुत करते हैं।

इस संबंध में तुलसीदास द्वारा उपस्थापित सिद्धांत से सामान्य कवि या आलोचक का सहमत होना कठिन है। उन्होंने अपने काव्य में निखिल भाव-राशि की निबंधना राम और राम-भक्ति के केंद्र-बिंदु से की है। वे केवल रामविषयक वृत्त को ही महान् और वर्णनीय समझते हैं। उनके मतानुसार प्राकृत जनों का गुणगान सरस्वती का अपमान है :

कीन्हें प्राकृत जन गुन गाना। सिर धुनि गिरा लगति पछिताना॥[8]

---

1. भामह, काव्यालंकार, 5/4; काव्यप्रकाश, 1/3 और उस पर वृत्ति
2. काव्यमीमांसा, पृ. 16
3. रामचरितमानस, 1/9/4-6
4. काव्यमीमांसा, पृ. 16
5. काव्यादर्श 1/104-5
6. रामचरितमानस, 1/11/3, 1/14/4
7. सात्त्विक-भाव अनुभाव ही हैं। सत्त्व से उत्पन्न और विशिष्ट होने के कारण उन्हें स्वतंत्र नाम दिया गया है।
8. रामचरितमानस, 1/11/4

और, भक्ति-निरूपण में कवि-प्रतिभा की सार्थकता है :

भगति हेतु बिधि भवन बिहाई। सुमिरत सारद आवति धाई ॥[1]

उनकी यह निश्चित धारणा है कि सुकवियों की वैचित्र्य-युक्त रचना भी राम-नाम से रहित होने पर सर्वशृंगारवती वसन-हीन सुंदरी की भाँति भद्दी प्रतीत होती है[2] :

1. भनिति बिचित्र सुकबि कृत जोऊ। राम नाम बिनु सोह न सोऊ ॥
बिधुबदनी सब भाँति सँवारी। सोह न बसन बिना बर नारी ॥

2. राम नाम बिनु गिरा न सोहा। देखु बिचारि त्यागि मद मोहा ॥
बसन हीन नहि सोह सुरारी। सब भूषन भूषित बर नारी ॥

राम के संबंध से कुकवियों की गुण-रहित वाणी[3] भी विद्वज्जनों द्वारा समादृत होती है[4] :

1. सब गुन रहित कुकबि कृत बानी। राम नाम जस अंकित जानी ॥
सादर कहहिं सुनहिं बुध ताही। मधुकर सरिस संत गुनग्राही ॥

2. प्रभु सुजस संगति भनिति भलि होइहि सुजन मन भावनी ॥
भव अंग भूति मसान की सुमिरत सुहावनि पावनी ॥

यह दार्शनिक भक्तकवि की आध्यात्मिक दृष्टि है। जो काव्य भावक को लोक-सामान्य निम्नतर स्तर से उठाकर भाव की उच्चतर भूमि पर प्रतिष्ठित नहीं करता, जो निःश्रेयस का भी साधक नहीं है, वह उसकी दृष्टि से निकृष्ट है। वह तो भक्तिदर्शन से अनुप्राणित काव्य को ही आदर्श-काव्य समझता है।

भक्तिरस के काव्य की श्रेष्ठता का दार्शनिक और मनोवैज्ञानिक कारण अवेक्षणीय है। काव्य और दर्शन दोनों का ही लक्ष्य है—चित्त-मुक्ति के द्वारा आनंदानुभूति कराना। काव्यानंद और ब्रह्मानंद दोनों की ही अनुभूति के लिए साधारणीकरण आवश्यक है। साधारणीकरण क्या है ? सांख्य-दर्शन में अंतःकरण की वृत्तियाँ दो प्रकार की बतलाई गई हैं—असाधारण (विशिष्ट) एवं साधारण। अंतःकरणत्रय अर्थात् बुद्धि, अहंकार और मन की असाधारण वृत्तियाँ क्रमशः अध्यवसाय, अभिमान तथा संकल्प-विकल्प हैं। साधारण वृत्ति है—प्राणवायु का संचरण।[5] उक्त विभिन्न असाधारण वृत्तियों को त्यागकर, अंतःकरण का अपने साधारण रूप में स्थित हो जाना ही उसका **साधारणीकरण** है। जब बुद्धि, अहंकार और मन अपने-अपने विशिष्ट विषयों के संबंध से मुक्त हो जाते हैं तब राग, द्वेष आदि वृत्तियों से रहित अंतःकरण में केवल प्राण-व्यापार का अस्तित्व रह जाता है। यही उसकी साधारणीकृत अवस्था है। यही चित्त-मुक्ति है।

भक्ति और ज्ञान की दशा में अंतःकरण का साधारणीकरण पूर्ण और स्थायी होता है, काव्य के भावन की दशा में यह साधारणीकरण अपूर्ण एवं अस्थायी होता है। अतः काव्यानंद ब्रह्मानंद से हीन है, ब्रह्मानंद-सहोदर है। साधारणीकरण के तारतम्य की दृष्टि से भक्तिरसात्मक काव्य भक्ति-ज्ञान तथा सामान्य काव्य का मध्यवर्ती है। अन्य काव्यों के मुकाबले भक्तिरस के काव्य में साधारणीकरण की अधिक शक्ति है :

---

1. रामचरितमानस, 1/11/2
2. वही, 1/10/2, 5/23/2
3. बाबू मैथिलीशरण गुप्त की उक्ति है :
   राम ! तुम्हारा वृत्त स्वयं ही काव्य है,
   कोई कवि बन जाय, सहज संभाव्य है।—साकेत, मुखपृष्ठ
4. रामचरितमानस, 1/10/3, 1/10/छंद
5. सांख्यसूत्र 2/30-31 पर सांख्यप्रवचनभाष्य

रामचरितमानस एहि नामा। सुनत स्रवन पाइअ बिस्रामा॥
मन करि बिषय अनल बन जरई। होइ सुखी जौ येहिंसर परई॥[1]

भक्तिरसात्मक काव्य के भावन से भावक को ब्रह्मानंद और ब्रह्मानंदसहोदर रस दोनों की अनुभूति हो सकती है। अतः भक्तिरस के आचार्यों और तुलसीदास ने उसे अन्य काव्यों की तुलना में श्रेष्ठ माना है।

रसवादी वेदांतियों की मान्यता है कि भगवान् परमानंदस्वरूप है। जीवात्मा माया से आवृत्त है। काव्यगत विभावादि के द्वारा यह माया का आवरण क्षण-भर के लिए तिरोहित हो जाता है, और भावक को परमानंदस्वरूप की अनुभूति होने लगती है। यही अनुभूति रस है। इन अनुभूति-दशा में भावक विषय से सर्वथा अनविच्छिन्न नहीं होता। अतः काव्य-रस ब्रह्म-रस से न्यून है।[2] सांख्य के अनुसार सभी कार्यों का हेतु प्रकृति है जो सत्त्वरजस्तमोगुणमयी है। सत्त्वगुण की विशेषता है आनंदमयता। विभावादि के भावन से तमोगुण और रजोगुण अभिभूत हो जाते हैं। सत्त्वगुण का उद्रेक होने पर भावक को आनंदानुभूति होने लगती है। यही आनंदानुभूति रस है। सत्त्व के साथ मिश्रित रजोगुण और तमोगुण के तारतम्य के अनुसार ही रस की आनंदानुभूति में भी न्यूनाधिकता होती है।[3] सत्त्वगुण का उद्रेक करने तथा परमानंदस्वरूप की अनुभूति कराने में जितना समर्थ भक्तिकाव्य है उतना दूसरा काव्य नहीं। इसलिए भक्तिकाव्य महत्तम है। इसीलिए तुलसीदास का मत है कि भक्तिरस का आस्वाद मिल जाने पर अन्य रस नीरस प्रतीत होते हैं।[4]

कला-पक्ष

लोकोत्तर आनंद की अनुभूति करानेवाली अभिव्यंजन-शैली कला है। भावों के अभीष्ट संप्रेषण के लिए कवि अनेक प्रकार के रमणीय उपायों का सहारा लेता है। कविता शब्दार्थमयी रचना है। अतः शब्द-विन्यास और अर्थ-व्यंजना से संबंधित संपूर्ण लालित्य-विधान काव्य का कला-पक्ष है। तुलसी की निम्नांकित उक्तियों में उसके विभिन्न तत्त्वों का संकेत किया गया है[5] :

1. **आखर अरथ अलंकृति नाना। छंद प्रबंध अनेक बिधाना॥**
2. **कबित दोष गुन बिबिध प्रकारा।**
3. **भनिति बिचित्र सुकबि कृत जोऊ।**
4. **जुगुति बेधि पुनि पोहिअहिं रामचरित बर ताग।**
5. **कथा प्रबंध बिचित्र बनाई।**
6. **सुठि सुंदर संबाद बर बिरचे बुद्धि बिचारु।**
7. **उपमा बीचि बिलास मनोरम।**
8. **जुगुति मंजु मनि सीप सुहाई।**
9. **छंद सोरठा सुंदर दोहा।**
10. **अरथ अनूप सुभाव सुभाषा।**
11. **धुनि अवरेब कबित गुन जाती।**

---

1. रामचरितमानस, 1/35/4
2. भक्तिरसायन, 1/4-13 और उन पर टीका
3. भक्तिरसायन, 1/15-18 और उन पर टीका
4. विनयपत्रिका, 169/1
5. क्रमशः रामचरितमानस, 1/9/5, 1/9/5, 1/10/2, 1/11, 1/33/1, 1/36, 1/37/2, 1/37/2, 1/37/3, 1/37/3, 1/37/4, 2/294/1, 7/123/1, गीतावली, 2/15

12. सुगम अगम मृदु मंजु कठोरे। अरथ अमित अति आखर थोरे।

13. ब्यास समास स्वमति अनुरूपा।

14. उघटहिं छंद प्रबंध गीत पद राग तान बंधान।

उपर्युक्त संकेतों के आधार पर कला-पक्ष के निम्नांकित तत्त्व निर्धारित किए जा सकते हैं :

1. शब्दार्थ-संतुलन : अभिप्रेत वाच्य, लक्ष्य और व्यंग्य अर्थों की सम्यक् प्रतीति कराने के लिए वाचक, लक्षक और व्यंजक शब्दों का सटीक प्रयोग, उनकी आकांक्षा, योग्यता और सन्निधि का यथोचित निर्वाह।[1]

2. ध्वनि-योजना : 'ध्वनि' शब्द का व्यवहार, काव्यशास्त्र की दृष्टि से, पाँच अर्थों में हुआ है—व्यंजक शब्द, व्यंजक अर्थ, व्यंजना-व्यापार, व्यंग्यार्थ और वह विशिष्ट काव्य जिसमें व्यंग्य का अतिशायी चमत्कार हो।[2] ध्वनिवादियों ने ध्वनि को काव्य की आत्मा कहा है। चमत्कारपूर्ण व्यंग्य के अर्थ में ध्वनि काव्यात्मा है। परंतु, व्यंजना-वृत्ति के द्वारा व्यंजक शब्दार्थ के माध्यम से उस व्यंग्य का विनिवेश कला है।

3. वक्रोक्ति-विधान : 'अवरेब' शब्द वक्रता का वाचक है। काव्य में चातुर्यगर्भित शोभाशालिनी उक्ति आह्लादकारिणी होती है। सामान्य अभिधा द्वारा कही गई बात में रमणीयता नहीं आती। अभिधा से भिन्न वैचित्र्य-पूर्ण कथन-शैली में विशेष प्रकार का लालित्य आ जाता है। इसीलिए कुंतक ने अलौकिक-चमत्कार-विधायिनी वैदग्ध्य-भंगी-भणिति को वक्रोक्ति कहा है।[3]

4. जाति-विन्यास : तुलसीदास के मतानुसार 'जाति' शब्द से दो अर्थ ग्रहण किए जा सकते हैं। एक अर्थ है—स्वभावोक्ति। 'अबरेव' अर्थात् वक्रोक्ति के समीपवर्ती प्रयोग (धुनि अवरेब कबित गुन जाती) के कारण यह असमीचीन नहीं है। उक्ति-कौशल की दृष्टि से वाङ्मय की दो विधाएँ बतलाई गई हैं—स्वभावोक्ति और वक्रोक्ति।[4] वस्तुओं के रूप आदि का साक्षात् या नैसर्गिक वर्णन स्वभावोक्ति है। और, सर्वसाधारण के प्रयोग से विलक्षण प्रयोग द्वारा भंगिमा-विशिष्ट वर्णन वक्रोक्ति है। स्वभावोक्ति ही जाति है।[5] बाणभट्ट ने 'अग्रप्राम्या जाति' या 'सुजाति' को मनोहरता का उल्लेख किया है।[6] तुलसी को यह मत मान्य है। जाति और वक्रोक्ति के रूप में उक्ति की द्विविधता निम्नलिखित उक्तियों से भी सूचित होती है[7] :

1. गति कूर कबिता सरित की, 2. सरल कबित कीरति बिमल

भोज ने वाङ्मय के तीन प्रकार बतलाए हैं—अलंकारप्रधान वक्रोक्ति, गुणप्रधान स्वभावोक्ति और रसप्रधान रसोक्ति।[8] 'गुन जाती' से गुणप्रधान स्वभावोक्ति का सादृश्य स्पष्ट है।

'जाति' का दूसरा अर्थ है—वृत्ति। वृत्तियाँ वर्णानुप्रास पर आश्रित हैं। अतः उन्हें अनुप्रासजाति[9] कहा गया है। वे तीन प्रकार की मानी गई हैं :

1. नागरिका : परुषानुप्रासा, जिसमें कठोर वर्णों का प्रयोग किया गया हो।

---

1. देखिए : काव्यप्रकाश, द्वितीय उल्लास; साहित्यदर्पण, द्वितीय परिच्छेद
2. ध्वन्यालोक, 1/13 पर लोचन
3. वक्रोक्तिजीवित, 1/2, 10
4. भिन्नं द्विधा स्वभावोक्तिर्वक्रोक्तिश्चेति वाङ्मयम्।—काव्यादर्श, 2/362
5. स्वभावोक्तिश्च जातिश्चेत्याद्या सालंकृतिर्यथा।—काव्यादर्श, 2/8
6. हर्षचरित, प्रास्ताविक श्लोक 8; कादंबरी, प्रास्ताविक श्लोक 9
7. रामचरितमानस, 1/10 छंद; 1/14 प्रथम दोहा
8. देखिए : भारतीय साहित्यशास्त्र, पृ. 248
9. ध्वन्यालोकलोचन, 1/1, पृ. 17-18

2. उपनागरिका : मसृणानुप्रासा, जिसमें मधुर वर्णों की संघटना की गई हो।

3. ग्राम्या : कोमलानुप्रासा, जो स्वभावसुकुमारी ग्राम्य वनिता के सदृश वैदग्ध्य-विहीन और अपरुष हो।

इन तीनों के क्रमशः नामांतर हैं—परुषा, ललिता और कोमला। 'आखर' के विशेषण **'मृदु मंजु कठोरे'**[1] में 'कठोर', 'मंजु' और 'मृदु' द्वारा क्रमशः इन जातियों या वृत्तियों के निर्देश का अनुमान किया जा सकता है।

'जाति' के दो अन्य अर्थ हैं--1. मात्रिक छंद, 2. भारतीय संगीत में स्वरग्राम के सात स्वर। 'जाति' के पहले की पंक्तियों में 'रामचरितमानस' के प्रमुख छंदों—चौपाई, दोहा, सोरठा तथा छंद का उल्लेख किया जा चुका है; और 'रामचरितमानस' पारिभाषिक दृष्टि से गीतिकाव्य नहीं है। इसलिए प्रस्तुत प्रसंग में इन दोनों अर्थों का ग्रहण संगत नहीं प्रतीत होता।

5. अलंकार-निबंधना : अपने पूर्ववर्ती महाकवियों की भाँति तुलसी भी अलंकार-प्रेमी हैं। 'अलंकार' शब्द लालित्य-वाचक है।[2] काव्य शब्दार्थमय है। अतः उक्ति-वैचित्र्य और अर्थ-वैचित्र्य के विविध सौंदर्य-रूपों की विवेचना की गई है। एकाध संभ्रांत आलोचकों का अंधविश्वास है कि रस-सिद्धांत भारतीय काव्यशास्त्र का सर्वाधिक व्यापक सिद्धांत है; उनकी कल्पना है कि संस्कृत के अलंकारवादी आचार्य रस-विरोधी हैं। वास्तविकता यह है कि कोई भी अलंकारवादी रस-विरोधी नहीं है। रसवादियों से अलंकारवादियों का मतभेद रस के आपेक्षिक महत्त्व के विषय में है। अलंकारमत की व्यापकता सर्वविदित है। संस्कृत-काव्यों की व्यावहारिक समीक्षा टीकाओं में उपलब्ध है। उनमें सर्वाधिक महत्त्व अलंकारों को दिया गया है। काव्य-शास्त्र में भी सर्वाधिक विवेचन अलंकारों का ही हुआ है। रसवादी रस को ध्वनि का एक भेद मानता है। व्यापक ध्वनि का व्याप्य रस सर्वाधिक व्यापक कैसे हो सकता है ?

ध्वनि-सिद्धांत में अलंकार को गौण स्थान दिया गया है। उसका अलंकार्य ध्वनि है। वह रसादि का उत्कर्ष-हेतु है, शोभावर्धक है। अतः काव्य का अनिवार्य तत्त्व नहीं है। परंतु काव्य के सौंदर्य-वर्धन में उसकी उपयोगिता असंदिग्ध है। यही कारण है कि 'काव्यप्रकाश', 'साहित्यदर्पण' और उत्तरकालीन 'रसगंगाधर' के सदृश ग्रंथों का बहुत बड़ा भाग अलंकार-निरूपण में लगाया गया है। मध्यकालीन हिंदी-आचार्यों ने अलंकारों को प्रतिष्ठित पद दिया है। केशवदास तो कट्टर अलंकारवादी थे। भक्त कवि तुलसी ने भक्तिरस को अलंकार्य मानकार अलंकारों को उसके शोभावर्धक धर्म के रूप में ही स्वीकार किया है। सुकवियों की भी सब-भूषण-भूषित विचित्र भणिति को राम-नाम के बिना शोभाहीन[3] कहने का यही तात्पर्य है।

6. गुण-सन्निवेश : गुणों के स्वरूप और महत्त्व के विषय में दो मुख्य मत हैं। 1. गुण काव्य के शोभा-विधायक धर्म हैं। उनके बिना काव्य की शोभा संभव नहीं है। अलंकारों का संबंध भी काव्य-शोभा से है, किंतु वे गुण-कृत शोभा को केवल उत्कर्ष प्रदान करते हैं, अतः अपरिहार्य नहीं हैं।[4] गुणों की संख्या दस है। वे शब्दगत भी हो सकते हैं और अर्थगत भी।[5] इस मत के अनुसार प्रतिपादित गुण निर्विवाद रूप से कला-पक्ष के अंतर्गत आते हैं। 2. गुण रस के धर्म हैं, शब्दार्थ के नहीं। यह और बात है कि समुचित वर्णों द्वारा उनकी व्यंजना होती है। गुणों और

---

1. रामचरितमानस, 2/294/1
2. सौंदर्यमलंकारः।—काव्यालंकारसूत्र, 1/1/2
3. रामचरितमानस, 1/10/2, 5/32/2
4. काव्यालंकारसूत्र, 3/1/1-3 और उन पर वृत्ति
5. ओज, प्रसाद, श्लेष, समता, माधुर्य, समाधि, सौकुमार्य, उदारता, अर्थव्यक्ति और कांति।
   —देखिए : काव्यालंकारसूत्र, 3/1/4-3/2/15

अलंकारों में तात्त्विक भेद है। गुण अंगी रस पर आश्रित हैं, वे रस के उत्कर्ष-हेतु हैं, और रस से उनका नित्य-संबंध है। अलंकार अंग-रूप शब्दार्थ पर आश्रित हैं, वे रस के उपकारक मात्र हैं, और काव्य में उनकी सत्ता अनिवार्य नहीं है। मनोवैज्ञानिक दृष्टि से गुण रसानुभूति की हार्दिक भूमिका प्रस्तुत करते हैं। गुण तीन ही हैं—शृंगार, करुण और शांत में चित्त की आह्लाद-रूपा द्रुति-अवस्था **माधुर्य** है। वीर, बीभत्स और रौद्र में चित्त की विस्तार-रूपा दीप्ति-अवस्था **ओज** है। सभी रसों में चित्त की प्रसन्नता **प्रसाद** है। इस प्रकार माधुर्य और ओज परस्पर प्रतिद्वंद्वी हैं; प्रसाद की स्थिति सर्वत्र विहित है।[1] ध्वनिवादियों के इस मत के अनुसार गुण को रस का धर्म और मानसिक स्थिति मान लेने पर उसे कला पक्ष का अंग मानना संगत नहीं है। परंतु, इन आचार्यों ने भी गुणों को लक्षणा के द्वारा शब्दार्थ का धर्म मान लिया है।[2] अतः इस दृष्टि से भी कला-पक्ष के अंतर्गत उनका समावेश उचित है।

तुलसी को कौन सा मत मान्य है ? **'भनिति मोरि सब गुन रहित'**[3] में उन्होंने गुण का प्रयोग काव्य की समस्त सौंदर्य-विधायिनी विशेषताओं के लिए किया है। पूर्वोक्त **'धुनि अवरेब कबित गुन जाती'** और **'कबित दोष गुन बिबिध प्रकारा'** में प्रयुक्त **गुण** की संगति उपर्युक्त दोनों मतों के साथ ठीक बैठ जाती है। अतः समन्वयवादी तुलसी को उक्ति-वैचित्र्य के केंद्र-बिंदु से पहला मत, और रस की दार्शनिक व्याख्या के दृष्टिकोण से दूसरा मत भी स्वीकार्य प्रतीत होता है। टीकाकारों ने 'गुन जाती' का अर्थ 'गुण-समूह' किया है। 'बिबिध प्रकारा' भी बड़ी संख्या का सूचक है। इस प्रकार पहले मत की ओर उनका कुछ अधिक झुकाव दिखाई पड़ता है।

7. दोष-परिहार : संपूर्ण सृष्टि गुण-दोषमयी है।[4] कवि की सृष्टि उसी का एक अंश है। काव्य के गुण-दोष चतुर भावक की दृष्टि में आए बिना नहीं रह सकते। यह मानव-स्वभाव है कि उसकी दृष्टि गुणों की अपेक्षा दोषों पर अधिक जाती है। तुलसीदास को इस तथ्य का परिज्ञान है। खलों के ब्याज से उन्होंने इसकी ओर संकेत भी कर दिया है।[5] इसलिए निपुण कवि अपने काव्य को दोष-मुक्त रखने का प्रयत्न करता है। दोष-रहित रचना करनेवाला कवि वंदनीय है :

बंदौं मुनिपद कंजु रामायन जेहिं निरमएउ।
सखर सुकोमल मंजु दोष रहित दूषन सहित ।।[6]

गुण और दोष में विरोध-भाव है। 'गुण' का विलोम 'दोष' है। भरत[7] ने दोषों के विपर्यय को गुण कहा था, वामन[8] ने गुणों के विपर्यय को दोष कहा है। 'दोष' का व्युत्पत्त्यर्थ है—विनष्ट, भ्रष्ट, क्षतिग्रस्त या कलंकित करनेवाला। समाज ने औचित्य के कुछ मानदंड बना रखे हैं। उनकी अवहेलना दोष है। गुण-विषयक उपर्युक्त दोनों मतों के अनुसार दोष का भी निरूपण किया गया है :

---

1. देखिए—ध्वन्यालोक, 2/6-10 और उस पर लोचन; काव्यप्रकाश, अष्टम उल्लास; साहित्यदर्पण, अष्टम परिच्छेद
2. गुणवृत्त्या पुनस्तेषां वृत्तिः शब्दार्थयोर्मता।—काव्यप्रकाश, 8/71
एषां शब्दगुणत्वं च गुणवृत्त्योच्यते बुधैः।—साहित्य दर्पण, 8/9
3. रामचरितमानस, 1/9
4. वही, 1/6
5. जे परदोष लखहिं सहसाँखी।—रामचरितमानस, 1/4/2
सहस नयन परदोष निहारा।—रामचरितमानस, 1/4/6
हँसिहहिं कूर कुटिल कुबिचारी। जे परदूषन भूषन धारी।।—रामचरितमानस, 1/8/5
6. रामचरितमानस, 1/14 घ
7. नाट्यशास्त्र, 16/96
8. काव्यालंकारसूत्र, 2/1/1

1. काव्य-शोभा के विघातक तत्त्व दोष हैं, उनके दस भेद हैं—पाँच शब्द-दोष हैं[1] और पाँच अर्थ-दोष[2]। दोषों का साक्षात् संबंध शब्दार्थ-नियोजन से है। अतः उनके भाव से काव्य-कला की हानि और अभाव से सौंदर्य-वृद्धि होती है। 2. दोष तत्त्वतः रस के अपकर्षक हैं। रस अर्थ पर आश्रित है और अर्थ शब्दों पर। अतः शब्दार्थ-गत दोषों की भावना भी संगत है।[3] इस प्रकार इस मत में भी कला-पक्ष के साथ दोषों का संबंध स्वीकार्य है। उनके पाँच भेद बतलाए गए हैं—पद-दोष, पदांश-दोष, वाक्य-दोष, अर्थ-दोष और रस-दोष। उनके भी अनेक उपभेद हैं।[4] **'कबित दोष गुन बिबिध प्रकारा'** में निर्दिष्ट विविध प्रकार के दोषों से तुलसी का तात्पर्य व्यापकरूपेण सभी प्रकार के दोषों से है।

8. चित्रात्मकता : सभी ज्ञानेंद्रियों में नेत्र श्रेष्ठ है। रूप के प्रति आकर्षण नेत्रवान् प्राणियों की नैसर्गिक विशेषता है। जिस कला से नेत्र-समेत अनेक ज्ञानेंद्रियों की तृप्ति होती है, वह अधिक रमणीय है। नाट्य-कला की इसी अतिशयता के कारण 'काव्येषु नाटकं रम्यम्' की लोकोक्ति चल पड़ी। श्रव्य-काव्य में दृश्य-विधान की अपेक्षित संपूर्ति कल्पना के द्वारा की जाती है। प्रतिभावान् कवि मानव-लोचनों से प्रतिपाद्य विषय का साक्षात्कार करके चित्रात्मक शैली में उसका निरूपण करता है और सहृदय भावक प्रातिभ नेत्रों से उसे ग्रहण करके आनंदित होता है।[5] काव्य में अमूर्त के मूर्तीकरण का यही रहस्य है। अचेतन के चेतनीकरण और अमानव के मानवीकरण द्वारा कवि उसके हृदय-संवादी क्रिया-कलाप का रूपांकन करके चित्र विधान को और भी अधिक सजीव बना देता है। आगमनात्मक विधि से तुलसी के काव्य का अध्ययन करके हम इस निष्कर्ष पर पहुँचते हैं कि उन्होंने चित्र-योजना को काव्य-कला का सौंदर्य-विधायक तत्त्व माना है। **'भनिति विचित्र'** से भी इस सिद्धांत की मान्यता सूचित होती है।

9. प्रबंध-कल्पना : 'छंद प्रबंध अनेक बिधाना' में 'प्रबंध' शब्द प्रबंध-काव्य के परिसीमित अर्थ का वाचक नहीं है। तुलसी ने 'रामचरितमानस' को 'निबंध' और उसके प्रत्येक सोपान को 'प्रबंध' कहा है।[6] वस्तुतः 'प्रबंध' का व्यापक अर्थ है—रचना, अर्थात् काव्यरूप। उसके अंतर्गत सामान्यतः स्वीकृत प्रबंध, निबंध और मुक्तक (गीतिकाव्य-समेत) सभी भेद समाविष्ट हैं। **'जो प्रबंध बुध नहिं आदरहीं'** और **'कथा प्रबंध विचित्र बनाई'** से भी इस निष्कर्ष का समर्थन होता है। प्रबंध-काव्य 'रामचरितमानस' की निबंध एवं मुक्तक से व्यावृत्ति करने के लिए भेदक-शब्द 'कथा' का प्रयोग किया गया है। तुलसी ने उक्त तीनों ही प्रकार की रचनाएँ की हैं। प्रत्येक काव्य-रूप की अपनी निजी विशेषताएँ हैं। उनके उचित निर्वाह से काव्यकला का सौंदर्य निखरता है।

10. छंद-विनियोग : मध्ययुगीन हिंदी-कविता पद्यबद्ध ही थी। अतः तुलसी की दृष्टि में छंदों का विशेष महत्त्व है। **'छंद प्रबंध अनेक बिधाना'** में उन्होंने छंदों के विभिन्न प्रकारों की ओर संकेत किया है। उनके अनेक भेदोपभेद हैं। उनका संक्षिप्त चक्र इस प्रकार है[7] :

---

1. असाधु, श्रुतिकटु, ग्राम्य, अप्रतीत, अनर्थक—काव्यालंकारसूत्र, 2/1/4-9
2. अन्यार्थ, नेयार्थ, गूढ़ार्थ, अश्लील, क्लिष्ट—काव्यालंकारसूत्र, 2/1/10-21
3. काव्यप्रकाश, 7/49; साहित्यदर्पण, 7/1
4. देखिए : काव्यप्रकाश, सप्तम उल्लास; साहित्यदर्पण, सप्तम परिच्छेद।
5. उघरहिं बिमल बिलोचन ही के।—रामचरितमानस, 1/1/4
   ज्ञान नयन निरखत मन माना।—रामचरितमानस, 1/37/1
6. रामचरितमानस, 1/1 श्लोक 7, 1/37/1; तुलना करके देखिए :
   प्रत्यक्षरश्लेषमयप्रबन्धविन्यासवैदग्ध्यनिधिर्निबन्धम्।
   —वासवदत्ता, 9; हर्षचरित का इंट्रोडक्शन, पृ. 13
7. पिंगल-प्रकाश, पृ. 50

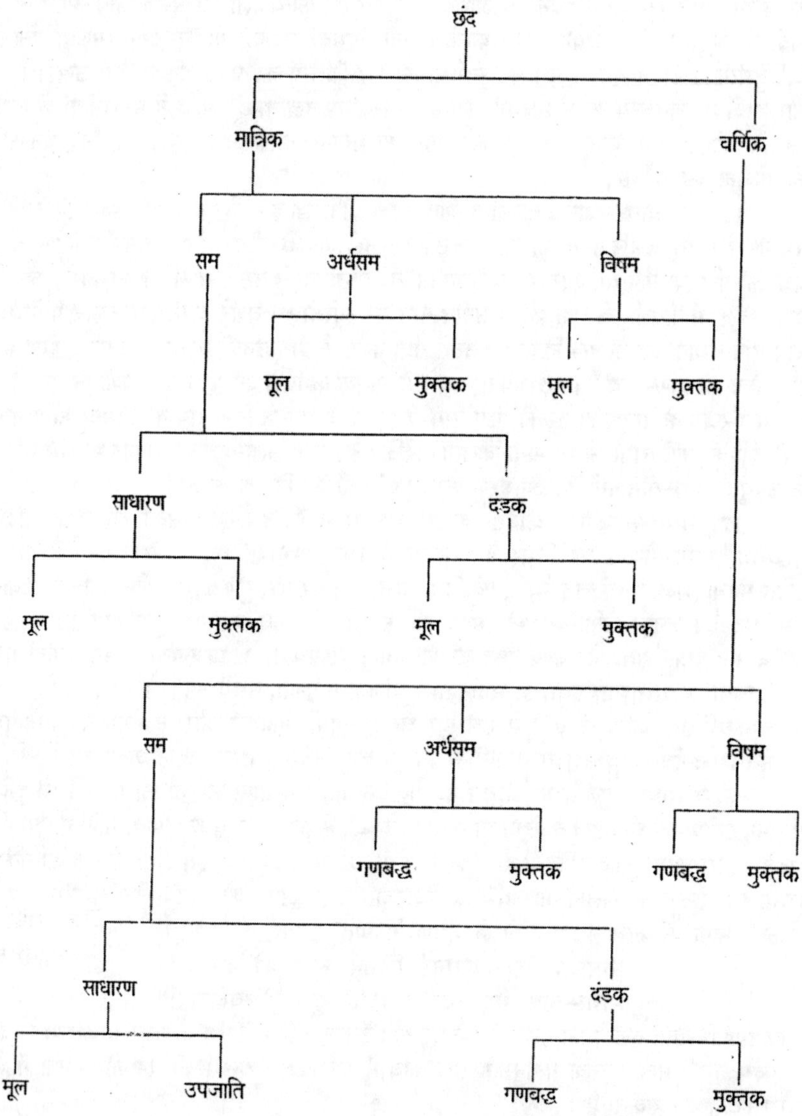

पिंगल-ग्रंथों में सैकड़ों प्रकार के मात्रिक और वर्णिक छंदों का सोदाहरण निरूपण किया गया है। वर्णों और मात्राओं के नपे-तुले उचित विनियोग से कविता में लालित्य आता है; अपेक्षित लय-प्रवाह से भाव-धारा अधिक प्रभावशालिनी हो जाती है; अंत्यानुप्रास से चमत्कार बढ़ जाता है। छंदों के यति-भंग, गति-भंग आदि दोष कविता के कलात्मक सौंदर्य को क्षति पहुँचाते हैं।

सभी छंद सभी प्रकार के भावों की व्यंजना के उपयुक्त नहीं होते। उदाहरण के लिए, द्रुतविलंबित अथवा हंसगति छंद दीप्तिप्रधान रौद्र या भयानक रस के अनुकूल नहीं हैं, वे माधुर्य-विशिष्ट

करुण या शृंगार रस की निबंधना के अधिक उपयुक्त हैं। काव्यकला का मर्मज्ञ कवि अपने वर्ण्य भावों के अनुसार ही छंदों का चुनाव करके अपनी अभिव्यंजना को सशक्त और रमणीय बनाता है।[1] तुलसी ने अपने युग में प्रचलित सभी प्रमुख छंद-शैलियों का प्रयोग किया है।[2] उन्होंने छंदों और भावों के सामंजस्य का पूरा ध्यान रखा है, जैसे—'**रामललानहछू**' आदि में मंगलगीतों के लिए हंसगति (सोहर) और 'कवितावली' में लंकादहन का भयानक दृश्य अंकित करने के लिए घनाक्षरी की योजना की गई है।

11. राग-तान-बंधान : तुलसी ने गीति-काव्य थी लिखा है—जो इयत्ता और ईदृक्ता की दृष्टि से पर्याप्त है। परंतु, उन्होंने संगीत का सैद्धांतिक उपस्थान नहीं किया है। गीत-रचना के क्रम में संगीतशास्त्रीय चर्चा की गुंजाइश नहीं थी, और 'रामचरितमानस' की प्रस्तावना में उसके सन्निवेश का कोई तुक नहीं था। केवल 'गीतावली' के एक पद में संगीत-मग्न नर-नारियों का वर्णन करते हुए उन्होंने प्रसंगवश 'राग तान बंधान' का उल्लेख किया है। उससे गीत-कला के प्रति उनकी जागरूकता प्रकट होती है। राग गीता का प्राण-तत्त्व है। वह अपनी माधुरी से भावक के चित्त को मुग्ध और वशीभूत कर लेता है। चित्त-रंजन के कारण ही उसकी संज्ञा 'राग' है। गान में तान के बिना राग को निस्सार माना गया है।[3] छंदों की भाँति रागों की भी भावानुकूलता अपेक्षित है। अतः कला-कुशल गीतकार भावाभिव्यक्ति के उपयुक्त राग-रागिनियों का अनुसरण करते हुए गीतों का निर्माण करता है।

12. भाषा-सौष्ठव : कविता का माध्यम भाषा है, इसलिए उसका कलात्मक सौंदर्य मुख्यतया भाषा-सौष्ठव पर निर्भर है। तुलसी ने जिस 'सुभाषा' का उल्लेख किया है उसमें उक्ति-संबंधी (शब्दार्थ—संतुलन, ध्वनि, वक्रोक्ति, जाति, अलंकार और गुण का) उपर्युक्त लालित्य-विधान समाविष्ट है। उनके अतिरिक्त भी, भाषा की सुष्ठुता के लिए कतिपय गुण अपेक्षित हैं—**1. औचित्य :** पात्र, भाव और वर्ण्य वस्तु के औचित्यानुसार प्रयोग; **2. प्रांजलता :** अमायिकता एवं असंदिग्धता; **3. धारावाहिकता, 3. सटीकता :** व्यंजना में पूर्णतः समर्थ नपे-तुले शब्दों का विन्यास; **5. लोकधर्मिता :** लोक के साँचे में ढले हुए शब्दों, न्यायों, मुहावरों और कहावतों का व्यवहार; **6. नूतनशब्द-विधान :** सशक्त अर्थाभिव्यक्ति के लिए रूढ़ि से भिन्न नवीन शब्दों का निर्माण।

काव्य भाषा : तुलसीदास के युग में 'भाषा' अर्थात् जन-भाषा की कविता विद्वानों की दृष्टि में समादरणीय नहीं थी। संस्कृत के पंडित भाषा-काव्य को निकृष्ट समझते थे। 'भाषा भनिति', 'भनिति भदेस', 'गिरा ग्राम्य' आदि उक्तियों द्वारा तुलसी ने युग की भाषा-विषयक इस ओछी धारणा का संकेत किया है।[4] उनके समकालीन आचार्य-कवि केशवदास ने तो अपने को (देववाणी संस्कृत से विमुख होकर) 'भाषा' में काव्य-रचना करनें के कारण 'मंदमति' कहकर कोसा भी है :

> भाषा बोलि न जानई जिनके कुल को दास।
> भाषा-कवि भो मंदमति तिहि कुल केसवदास ॥[5]

लोकसंग्रहाभिलाषी तुलसी का दृष्टिकोण उदार था। उन्होंने काव्य-निर्माण के लिए संस्कृत भाषा को आवश्यक नहीं माना। उनके मतानुसार, यदि कवि में भाव की सच्चाई है तो वह लोक-भाषा में भी सरस रचना कर सकता है :

---

1. काव्ये रसानुसारेण वर्णनानुगुणेन च।
   कुर्वीत सर्ववृत्तानां विनियोगं विभागवित् ॥—सुवृत्ततिलक, 7
2. देखिए—इस ग्रंथ का पृष्ठ 116
3. यथा तानं बिना रागः—भामिनीविलास, 1/119
4. रामचरितमानस, 1/9/2, 1/10/5, 1/10ख
5. कविप्रिया, 2/17

का भाषा का संस्कृत प्रेम चाहिए साँच।[1]

कुछ ऐसी ही बात राजशेखर ने भी शुद्ध काव्यदृष्टि से कही है। 'भाषा' अर्थात् प्राकृत भाषा में 'कर्पूरमंजरी' की रचना करते समय उन्हें संस्कृत-प्रेमी भाषा-विरोधियों का सामना करना पड़ा होगा, जिसके कारण प्राकृत के पक्ष-पोषण में उन्हें भी सफ़ाई देनी पड़ी :

अत्थविसेसा ते चिअ सद्दा ते चेअ परिणमंता वि।
उत्तिविसेसो कव्वं भासा जा होइ सा होउ॥[2]

जनसाधारण के लिए उनकी भाषा में की गई रचना ही उपादेय है। काव्य की ग्राह्यता और लोकप्रियता के लिए भाषा का सरल होना आवश्यक है :

सरल कबित कीरति बिमल सोइ आदरहिं सुजान।
सहज बयर बिसराइ रिपु जो सुनि करहिं बखान॥[3]

13. अन्य युक्तियाँ : 'जुगुति मंजु मनि सीप सुहाईं' और 'जुगुति बेधि पुनि पोहिअहिं' में **युक्ति** का व्यवहार कवि ने व्यापक अर्थ में किया है। उसका तात्पर्य है—कलात्मक विधान के कौशलपूर्ण उपाय। कला के जिन तत्त्वों की ऊपर चर्चा की गई है वे युक्ति के ही विशिष्ट प्रकार हैं। काव्य की चारुता के लिए कवि अनेक अन्य युक्तियों का भी अवलंबन करता है, जैसे—प्रसंग-कल्पना, संवाद-योजना, व्यास-समास-शैली का प्रयोग, 'शब्दार्थ-हरण'[4] आदि। तुलसी की उक्तियों से इन युक्तियों का संकेत मिलता है[5] :

1. कथा प्रबंध बिचित्र बनाई।
2. सुठि सुंदर संबाद बर बिरचे बुद्धि बिचारु।
3. ब्यास समास स्वमति अनुरूपा।
4. नानापुराणनिगमागमसंमतं यद्रामायणे निगदितं क्वचिदन्यतोऽपि।
स्वांतः सुखाय तुलसी रघुनाथगाथाभाषानिबंधमतिमंजुलमातनोति॥

'बिचित्र', 'सुठि सुंदर' और 'अति मंजुल' से कला-सौंदर्य का निर्देश किया गया है। प्रबंध-काव्य में प्रसंग-कल्पना कथा की शृंखला मिलाने और वस्तु-विन्यास को रमणीय बनाने के लिए की जाती है। मुक्तक में प्रसंगोद्भावना से चित्ताकर्षक परिवेश की सृष्टि होती है। उपर्युक्त संवादों की योजना काव्य में रोचकता, नाटकीयता आदि गुणों का विधान करती है। काव्य को सरस बनाए रखने और नीरसता से बचाने के लिए, अधिक सरस वस्तु का विस्तार और कम सरस का संक्षिप्त वर्णन वांछनीय है। 'ब्यास समास' का यही अभिप्राय है। पूर्ववर्ती कवियों द्वारा प्रयुक्त शब्द और अर्थ का उपनिबंधन कवियों का स्वभाव है। निपुण कवि गृहीत शब्दार्थ को अपनी प्रतिभा द्वारा युक्तिपूर्वक सुंदरतर रूप में प्रस्तुत करता है। इसी में उसकी काव्य-कला का चमत्कार है।

काव्य में प्रतिपादित वस्तु और प्रतिपादन-शैली को लक्ष्य करके यह प्रासंगिक प्रश्न उठाया जा सकता है कि भाव-पक्ष का अपेक्षाकृत अधिक महत्त्व है अथवा कला-पक्ष का। इस विषय में भी तुलसीदास समन्वयवादी हैं। उनके मतानुसार काव्य में दोनों का समान महत्त्व है। 'भनिति भदेस

1. दोहावली, 572
2. कर्पूरमंजरी, 1/7 (प्राकृत में भी संस्कृत की-सी विशिष्ट अर्थ-योजना होती है, रूप-परिवर्तन के बावजूद वे ही शब्द रहते हैं। उक्तिविशेष ही काव्य है, भाषा चाहे जो हो।)
3. रामचरितमानस, 1/14; तुलना कीजिए :
विविक्तवर्णाभरणा सुखश्रुतिः प्रसादयंती हृदयान्यपि द्विषाम्।—किरातार्जुनीय
4. शब्दार्थ-हरण के लिए देखिए : काव्यमीमांसा, अ. 11-12-13
5. रामचरितमानस, 1/33/1, 1/36, 7/123/1, 1/1 श्लोक 7

वस्तु भलि बरनी' आदि में प्रतिपाद्य वस्तु को, **'सिअनि सुहावनि टाट पटोरें'** आदि में प्रतिपादन-कला को, और **'जुगुति बेधि पुनि पोहिअहिं रामचरित बर ताग'** आदि में दोनों को गौरव देकर उन्होंने दोनों की समान महत्ता स्वीकार की है।[1] शब्द-अर्थ के अभेद-निरूपण और मानस-रूपक-वर्णन से भी दोनों की समानता ध्वनित होती है।

रचना-प्रक्रिया

तुलसीदास ने अपने भक्ति-विशिष्ट दृष्टिकोण से काव्यरचना-प्रक्रिया का स्पष्ट निर्देश किया है। उनकी उक्तियाँ भक्त-कवि की अनुभूति और उसकी काव्य-रचना से संबद्ध हैं। उनमें से भक्ति-भावना को अलग करके शुद्ध काव्य-सिद्धांत की दृष्टि से विचार किया जा सकता है। निम्नांकित पंक्तियों से अभिव्यक्त है कि प्रतिभा[2] का उदय होने पर भाग्यशाली[3] कवि की दिव्य दृष्टि का उन्मेष होता है, और उसके मानस-लोचनों के समक्ष शब्दार्थ-समूह प्रतिभासित होने लगते हैं[4] :

1. श्रीगुरपद नख मनिगन जोती। सुमिरत दिव्य दृष्टि हिअँ होती॥
दलन मोहतम सो सुप्रकासू। बड़े भाग उर आवहिं जासू॥
उघरहिं बिमल बिलोचन ही के। मिटहिं दोष दुख भव रजनी के॥
सूझहिं रामचरित मनि मानिक। गुपुत प्रगट जहँ जो जेहिं खानिक॥
2. संभु प्रसाद सुमति हिअँ हुलसी। रामचरितमानस कबि तुलसी॥

अपने मूल रूप में काव्य कवि की मानसी सृष्टि है।[5] उसकी बाह्य अभिव्यक्ति बाद में हुआ करती है। इस विषय में शिव-विषयक उक्ति ध्यान देने योग्य है :

रचि महेस निज मानस राखा। पाइ सुसमउ सिवा सन भाखा॥[6]

श्यामदेव का मत है कि काव्य-रचना के लिए समाधि (मन की एकाग्रता) आवश्यक है।[7] तुलसीदास उनसे सहमत हैं :

सुमति भूमि थल हृदय अगाधू । बेद पुरान उदधि घन साधू॥
बरषहिं राम सुजस बर बारी । मधुर मनोहर मंगलकारी॥...
मेधा महि गत सो जल पावन । सकिलि स्रवन मग चलेउ सुहावन॥
भरेउ सुमानस सुथल थिराना। सुखद सीतरुचि चारु चिराना॥[8]

इससे यह निष्कर्ष निकलता है कि साहित्य के अनुशीलन (अथवा लोक के अवेक्षण) के फलस्वरूप विषय के प्रभाव से कवि का हृदय भाव-विभोर हो जाता है, और चित्त के समाहित होने पर कविता के रूप में उस भाव की अभिव्यक्ति होती है। इसी को वड्सवर्थ ने समाहित दशा में अनुबुद्ध मनोवेगों का स्वतःस्फूर्त उच्छलन कहा है।[9]

---

1. क्रमशः रामचरितमानस, 1/10/5, 1/14/6, 1/11
2. या शब्दग्राममर्थसार्थमलंकारतंत्रमुक्तिमार्गमन्यदपि तथाविधमधिहृदयं प्रतिभासयति सा प्रतिभा।—काव्यमीमांसा, पृ. 11
3. प्रवर्तते नाकृतपुण्यकर्मणां प्रसन्नगंभीरपदा सरस्वती।—किरातार्जुनीय
4. रामचरितमानस, 1/1/3-4; 1/36/1
5. अपारे काव्यसंसारे कविरेव प्रजापतिः।
   यथा वै रोचते विश्वं तथेदं परिवर्तते॥—अग्निपुराण, 339/10
6. रामचरितमानस, 1/35/6
7. देखिए—काव्यमीमांसा, पृ. 11
8. रामचरितमानस, 1/36/2, 4-5
9. दि स्टडी ऑफ पोइट्री, पृ. 27

मनोदृष्टि से महान् विषय का साक्षात्कार होने पर कवि की बुद्धि निर्मल हो जाती है, हृदय आनंद से उल्लसित हो उठता है। जब भाव हृदय में नहीं समाता तब वह कविता के माध्यम से उमड़ पड़ता है :

अस मानस मानस चष चाही। भइ कबि बुद्धि बिमल अवगाही॥
भएउ हृदय आनंद उछाहू। उमगेउ प्रेम प्रमोद प्रबाहू॥
चली सुभग कविता सरिता सो। राम बिमल जस जल भरिता सो॥
सरजू नाम सुमंगल मूला। लोक बेद मत मंजुल कूला॥[1]

मानस के उपमान-रूप में मानसरोवर और कविता के उपमान-रूप में सरयू की निबंधना अवेक्षणीय है। जिस प्रकार सरयू मानस (ब्राह्म सर) से निःसृत धारा है[2], उसी प्रकार कविता मूलतः मानस (मन) से उद्भूत अर्थात् मानसी रचना है। तुलसी ने 'विनयपत्रिका' में बतलया है कि विश्व मनोनर्मित है :

बिटप मध्य पुतरिका सूत महँ कंचुक बिनहिं बनाए।
मन महँ तथा लीन नाना तनु प्रगटत अवसर पाए॥[3]

यह सिद्धांत काव्य-रचना पर विशेष रूप से लागू होता है।

परंतु, धर्मनिष्ठ तुलसी प्रत्येक मनोवेग के उच्छलन को आदर्श-कविता नहीं मानते। उनका मत है :

हृदय सिंधु मति सीप समाना। स्वाती सारद कहहिं सुजाना॥
जौं बरखै बर बारि बिचारू। होहिं कबित मुकुता मनि चारू॥
जुगुति बेधि पुनि पोहिअहिं रामचरित बर ताग।
पहिरहिं सज्जन बिमल उर सोभा अति अनुराग॥[4]

इस रूपक का तात्पर्य स्पष्ट है। वही काव्य श्रेष्ठ है जिसमें प्रेय भावों, श्रेय विचारों और कलात्मक युक्तियों का कमनीय समन्वय हो। निर्मलहृदय सहृदय उसी काव्य का प्रीति के साथ आदर करते हैं।

कवि और भावक

काव्य-सिद्धांत-विवेचन के प्रसंग में कवि और भावक के ऐक्य पर विचार कर लेना भी अपेक्षित है। इस संबंध में दो प्रश्न विचारणीय हैं। पहला प्रश्न है—क्या कवि भावक और भावक कवि हो सकता है ? दूसरे शब्दों में, क्या एक ही व्यक्ति में कारयित्री प्रतिभा और भावयित्री प्रतिभा दोनों का समुचित विकास संभव है ? इस प्रश्न के उत्तर में राजशेखर का कथन है कि अनेक प्राचीन आचार्यों ने कवि और भावक (समालोचक) में अभेद स्वीकार किया है, किंतु कालिदास इसे नहीं मानते। कवित्व और भावकत्व एक-दूसरे से पृथक् हैं, क्योंकि दोनों में स्वरूप-भेद और विषय-भेद है। एक काव्य-रचना में निपुण है, दूसरा उसके भावन में प्रवीण है। एक व्यक्ति में ही भिन्न गुणों का समन्वय कठिन है—एक पत्थर स्वर्ण को उत्पन्न करता है, और दूसरा (कसौटी का पत्थर) उसकी परीक्षा करता है।[5] तुलसीदास ने भी अप्रत्यक्ष रूप से इसी का समर्थन किया है :

---

1. रामचरितमानस, 1/39/5-6
2. ब्राह्मं सरः कारणमाप्तवाचो बुद्धेरिवाव्यक्तमुदाहरन्ति।—रघुवंश, 13/60
3. विनयपत्रिका, 124/4
4. रामचरितमानस, 1/11
5. कश्चिद्वाचं रचयितुमलं श्रोतुमेवापरस्तां कल्याणी ते मतिरुभयथा विस्मयं नस्तनोति।
नह्येकस्मिन्नतिशयवतां सन्निपातो गुणानामेकः सूते कनकमुपलस्तत्परीक्षाक्षमोऽन्यः॥
—काव्यमीमांसा, पृ. 14

मनि मानिक मुकुता छबि जैसी । अहि गिरि गज सिर सोह न तैसी ॥
नृप किरीट तरुनी तनु पाई । लहहिं सकल सोभा अधिकाई ॥
तैसेहि सुकबि कबित बुध कहहीं । उपजहिं अनत अनत छबि लहहीं ॥[1]

दूसरा प्रश्न है—क्या कवि को स्वरचित कविता से रसानुभूति होती है या नहीं ? तुलसीदास का मत है—नहीं। अपनी रचना के द्वारा कवि को जो आनंदानुभूति होती है, वह विश्रांतचित्त की रसानुभूति से भिन्न सुखानुभूति है। 'स्वांतःसुखाय' से यही निष्कर्ष निकलता है। रसानुभूति के लिए 'स्वगतत्व' का तिरोभाव आवश्यक है। अपनी रचना को पढ़ते समय कवि के मन में उसके प्रति अपनेपन की भावना बनी रहती है। इससे साधारणीकरण में बाधा पहुँचती है। दूसरा अकाट्य तर्क यह है कि रचनाकार को अपनी नीरस रचना भी सरस लगती है :

निज कबित्त केहि लाग न नीका। सरस होउ अथवा अति फीका।[2]

जो रसाभाव में भी रसानुभूति कर लेता है वह निश्चय ही रसानुभूति से शून्य है। उसे प्रमाण मानने में कोई बुद्धिमत्ता नहीं है।

तुलसी का आदर्श

तुलसी ने भरत की भारती की जो विशेषताएँ बतलाई हैं वे उनकी कविता की भी विशेषताएँ हैं। वही उनका आदर्श है :

1. **हियँ सुमिरी सारदा सुहाई । मानस तें मुखपंकज आई ॥**
   बिमल बिबेक धरम नय साली । भरत भारती मंजु मराली ॥[3]
2. **सुगम अगम मृदु मंजु कठोरे। अरथु अमित अति आखर थोरे ॥**
   ज्यों मुख मुकुर मुकुर निज पानी । गहि न जाइ अस अद्‌भुत बानी ॥[4]

यह तथ्य लक्ष्य करने योग्य है कि तुलसी के परवर्ती बहुसंख्यक कवियों ने उनके प्रतिपाद्य विषय एवं प्रतिपादन-शैली का अनुकरण किया है; अनेक टीकाकारों, आलोचकों और अनुसंधाताओं ने उनकी कविता के मर्म को यथाशक्ति समझने-समझाने का प्रयास किया है; परंतु तुलसीदास की अद्‌भुत वाणी अभी तक गही नहीं जा सकी।

---

1. रामचरितमानस, 1/11/1-2
2. वही, 1/8/6
3. वही, 2/297/4
4. वही, 2/294/1-2

7. भाव-पक्ष

तुलसीदास के कवित्व की सर्वाधिक प्रशस्य विशेषता यह है कि उनके काव्य में प्रतिपाद्य विषय की महत्ता और प्रतिपादन-शैली की रमणीयता का अनुपम समन्वय है। जितना पुष्ट उसका भाव-पक्ष है उतना ही पुष्ट कला-पक्ष भी। कवि ने अपनी विराट् भाव-योजना के लिए जिस विशाल फलक की अभिकल्पना की है उसे यथोचित निपुणता के साथ सँभाला है। उक्त दोनों पक्षों को एक-दूसरे से छिन्न-भिन्न करके काव्य-समीक्षा नहीं की जा सकती। एक के विवेचन में दूसरे की विचार-चर्चा अनिवार्य है। सापेक्ष दृष्टि से पक्षविशेष का उद्‌घाटन करने के लिए दो अलग-अलग शीर्षकों के अंतर्गत उनका अध्ययन प्रस्तुत किया जा रहा है। इन दो अध्यायों में व्यापक दृष्टि अपनाई गई है। महत्त्वपूर्ण कृतियों के भाव-पक्ष और कला-पक्ष की विशद समीक्षा आगे की जाएगी।

तुलसी-साहित्य में भाव-पक्ष का विधान मूलतः दो दृष्टियों से किया गया है—काव्य-दृष्टि से और मोक्ष-दृष्टि से। फुलवारी-प्रसंग, लगभग सारा अयोध्याकांड, लंका-दहन, अंगद-रावण संवाद, युद्ध-वर्णन आदि में काव्य-दृष्टि की प्रधानता है। 'रामचरितमानस' और 'कवितावली' के उत्तरकांड, 'विनयपत्रिका' आदि में मोक्ष-दृष्टि प्रधान है। तुलसी की लोक-दृष्टि सर्वत्र विद्यमान है। लौकिक जीवन की सुखमयता को लक्ष्य करके लिखे गए नीति-वचनों में इस दृष्टि की प्रधानता पाई जाती है।

उनके संपूर्ण भाव-विधान का वर्गीकरण सात विभागों के अंतर्गत किया जा सकता है—1. कथावस्तु, 2. पात्रांकन, 3. रस-सामग्री, 4. वस्तु-वर्णन, 5. प्रकृति-चित्रण, 6. नीति-निरूपण और 7. आध्यात्मिक विचार। यह विभाजन व्यावहारिक है। साहित्यिक विवेचन में गणित की-सी विभाजन-रेखा नहीं खींची जा सकती। ये अंग परस्पर-संबद्ध हैं। यहाँ सीमोल्लंघन पर कोई प्रतिबंध नहीं है। इन विभागों के भी उप-विभाग हैं। उनकी चर्चा यथास्थान की जाएगी।

कथा-वस्तु

तुलसीदास के काव्य में पाँच प्रकार की कथाएँ मिलती हैं—मुख्य कथा, प्रासंगिक कथा, अवांतर कथा, हेतु-कथा और अंतःकथा। प्रबंध-काव्य 'रामचरितमानस', निबंध-काव्य 'रामललानहछू' एवं 'जानकीमंगल' और मुक्तक-काव्य 'रामाज्ञाप्रश्न', 'गीतावली', 'बरवैरामायण' तथा 'कवितावली' में राम की मुख्य कथा का निरूपण है। 'पार्वतीमंगल' में शिव-पार्वती की और 'कृष्णगीतावली' में कृष्ण की मुख्य कथाएँ वर्णित हैं। प्रासंगिक कथा के दो रूप हैं—पताका और प्रकरी। सुग्रीव और जटायु के वृत्त क्रमशः पताका और प्रकरी के प्रसिद्ध उदाहरण हैं। 'रामचरितमानस' की प्रस्तावना में सती-मोह की, और उत्तराकांड में काकभुशुंडि की कथाएँ अवांतर कथाएँ हैं। उनका प्रयोजन राम-महिमा का प्रतिपादन है। रामावतार के हेतु समझाने के लिए 'रामचरितमानस' के आरंभ में जय-विजय, कश्यप-अदिति, जलंधर, नारद, मनु-शतरूपा और प्रतापभानु की हेतु-कथाओं की योजना की गई है। तुलसी-साहित्य में बहुत सी अंतःकथाएँ निर्दिष्ट हैं, उनका वर्णन नहीं

किया गया है; जैसे—शिवि, दधीचि, हरिश्चंद्र, मकरी (पूर्वजन्म में धान्यपाली), श्वान, शंबूक आदि की कथाओं के संकेत।

मुख्य कथा के रूप में तुलसीदास द्वारा किया गया इतिवृत्त-वर्णन तीन कथानायकों पर केंद्रित है—राम, शिव और कृष्ण। उनका मुख्य प्रतिपाद्य राम-चरित है। शिव और कृष्ण के वृत्त रामचरित से सर्वथा स्वतंत्र नहीं हैं। 'पार्वतीमंगल' में शिव-पार्वती-विवाह की कथा स्वतंत्र दिखाई देती है, किंतु वह 'रामचरितमानस' की प्रस्तावना में निबद्ध शिव-चरित के एक अंश का परिवर्धित संस्करण है। राम अवतार मात्र नहीं हैं, वे अवतारी भी हैं। कृष्ण राम के ही अवतार हैं। अतः उनकी अवतार-लीला भी रूपांतर से राम की ही अवतार-लीला है। परंतु, तुलसी के कीर्ति-विस्तार में शिव-कृष्ण-वर्णन का विशेष योगदान नहीं है। उनके विश्वव्यापी यश का आधार उनकी रामकथा है।

तुलसी की रामकथा : तुलसी ने रामकथा का व्यवस्थित निरूपण 'रामचरितमानस' में किया है, अन्य कृतियों में उसके विभिन्न प्रसंगों का खंडशः वर्णन किया गया है। उन कृतियों की समीक्षा में उनके कथानक पर भी विचार किया जाएगा। यहाँ पर तुलसी की राम-कथा की सामान्य विशेषताओं की चर्चा ही अभीष्ट है।

तुलसी के पूर्व रामकथा-विषयक प्रचुर वाङ्मय निर्मित हो चुका था। उसकी तीन परंपराएँ थीं—1. संस्कृत में अभिलिखित ब्राह्मण-परंपरा[1], 2. पाली में परिरक्षित बौद्ध-परंपरा[2], और 3. विशेषतया प्राकृत-अपभ्रंश में उपलब्ध जैन-परंपरा।[3] ब्राह्मण-परंपरा में लिखित ग्रंथ ही तुलसी-साहित्य के स्रोत हैं। कुछेक स्थलों पर बौद्ध-जैन राम-कथाओं से तुलसी-वर्णित रामचरित का सादृश्य देखकर यह अनुमान कर लेना ठीक नहीं है कि तुलसी ने उनसे प्रभावित होकर वस्तु-ग्रहण किया है। दोनों के दृष्टिकोण में तात्त्विक भेद है। बौद्ध और जैन अनीश्वरवादी, वेदनिंदक एवं ब्राह्मण-व्यवस्था के विरोधी हैं। इसके प्रतिकूल, तुलसीदास ईश्वर आदि के प्रति परम निष्ठावान् हैं। इसीलिए उन्होंने वेद-निंदक बुद्ध को 'निंदित' घोषित किया है।[4] बौद्ध-जैन-विचारधाराओं का ब्राह्मण-विचारधारा से बद्धमूल विरोध रहा है। अतएव उन्होंने हिंदू-समाज में समादृत राम-कथा को बहुत कुछ विकृत रूप में प्रस्तुत किया। हिंदुओं ने कुछ कम नहीं किया। उन्होंने बौद्ध के 'बुद्ध' या 'बौद्ध' से 'बुद्धू' और 'देवानां पिय' से 'देवानां प्रिय' (महामूर्ख) तथा जैनों के 'नग्न' से 'नंगा' और 'लुंचित' से 'लुच्चा' का प्रचलन किया। ये शब्द अपने अपकृष्ट अर्थों में आज भी प्रचलित हैं।

तुलसी-वर्णित राम-कथा को बौद्ध-जैन-रामकथाओं से मिलाकर देखने पर दोनों का अनुपेक्षणीय अंतर सरलता से समझा जा सकता है। तुलसी की रामकथा के सूत्र हैं :

---

1. इतिहास : वाल्मीकि-रामायण, महाभारत, हरिवंश
   पुराण : अध्यात्मरामायण, विष्णुपुराण, वायुपुराण, भागवतपुराण, कूर्मपुराण, अग्निपुराण, नारदपुराण, ब्रह्मपुराण, गरुड़पुराण, स्कंदपुराण, पद्मपुराण, विष्णुधर्मोत्तरपुराण, नृसिंहपुराण, शिवपुराण, देवीभागवतपुराण आदि तथा सत्योपाख्यान
   काव्य : रघुवंश, भट्टिकाव्य या रावणवध, जानकीहरण, रामचरित, उदारराघव आदि
   नाटक : प्रतिमानाटक, अभिषेकनाटक, महावीरचरित, उत्तररामचरित, कुंदमाला, अनर्घराघव, बालरामायण, महानाटक या हनुमन्नाटक, आश्चर्यचूड़ामणि, प्रसन्नराघव, दूतांगद, उन्मत्तराघव, रामाभ्युदय आदि
2. दशरथ जातक, अनामक जातक, दशरथकथानम्
3. विमलसूरि : पउमचरिय (प्राकृत), स्वयंभू : पउमचरिउ (अपभ्रंश), गुणभद्र : उत्तरपुराण (संस्कृत) पुष्पदंत : महापुराण (अपभ्रंश), क्षेमेंद्र : दशावतारचरित (संस्कृत)
4. अतुलित महिमा वेद की तुलसी किए विचार।
   जो निंदत निंदित भयो विदित बुद्ध अवतार ॥—दोहावली, 464

1. भगवान् ने मनु-शतरूपा को वर दिया था कि मैं तुम्हारे पुत्र के रूप में अवतार लेकर तुम सबको लीला का आंनद दूँगा।

2. मनु-शतरूपा ने दशरथ-कौशल्या के रूप में जन्म लिया। अयोध्यानरेश दशरथ के सात सौ रानियाँ थीं।[1] उनमें तीन प्रमुख थीं—कौशल्या, कैकेयी और सुमित्रा। कौशल्या की कोख से राम प्रकट हुए। कैकेयी से भरत का और सुमित्रा से लक्ष्मण तथा शत्रुघ्न का जन्म हुआ। अपनी बाल-लीलाओं से राम आदि ने सभी को आनंदित किया।

3. राक्षसों से पीड़ित विश्वामित्र आए। उनकी याचना पर दशरथ ने राम-लक्ष्मण को उनके साथ कर दिया। मार्ग में राम ने ताड़का और सुबाहु का वध किया। विश्वामित्र ने उन्हें दिव्यास्त्र दिए।

4. सीता-स्वयंवर का समाचार पाकर विश्वामित्र ने राम-लक्ष्मण को साथ लेकर मिथिला के लिए प्रस्थान किया। यात्रा के क्रम में राम ने पाषाणी अहल्या का उद्धार किया।

5. वे जनकपुर पहुँचे। राम-लक्ष्मण ने घूमकर नगर की शोभा देखी। गुरु विश्वामित्र के आदेश से फूल लेने के लिए वे जनक की फुलवारी में पहुँचे। माता की आज्ञा से गिरिजा-पूजन के लिए सीता वहाँ आईं। दोनों का साक्षात्कार हुआ।

6. स्वयंवर में उपस्थित राज-समाज शिव के धनुष को टस से मस नहीं कर सका। राम ने उसे तोड़ा। सीता ने उन्हें जयमाला पहनाई।

7. 'रामचरितमानस' में लिखा है कि धनुर्भंग के अनंतर ही क्रुद्ध परशुराम आए। उनसे वाद-विवाद हुआ। वे राम को विजयी मानकर लौट गए। जनक ने दशरथ के पास शुभ-समाचार भेजा। बारात आई। राम, लक्ष्मण, भरत और शत्रुघ्न का क्रमशः सीता, उर्मिला, मांडवी और श्रुतकीर्ति से विवाह हुआ। 'मानस' के पूर्व लिखित 'रामाज्ञाप्रश्न' तथा 'जानकीमंगल' और 'गीतावली' में राम-परशुराम की भेंट बारात की वापसी के सभय मार्ग में हुई है।[2] यह क्रम वाल्मीकि-रामायण[3], अध्यात्मरामायण[4], पद्मपुराण[5], नारदपुराण[6] आदि के अनुसार है। 'मानस' में नाटकीय दृश्य-विधान;[7] मर्यादा-निर्वाह और अमंगल-निवारण के उद्देश्य से कथा-क्रम में परिवर्तन कर दिया गया।

8. अपनी बुढ़ौती का आभास पाकर दशरथ ने राम के युवराज्याभिषेक का आयोजन किया। सरस्वती की प्रेरणा से मंथरा ने अपनी स्वामिनी कैकेयी को उकसाया। कैकेयी ने वचनबद्ध दशरथ से दो वरदान माँगे—1. भरत का राजतिलक, और 2. राम का चौदह वर्ष के लिए वनवास। सीता तथा लक्ष्मण के साथ राम ने वन के लिए प्रस्थान किया।

9. सुमंत्र के साथ रथ पर वे शृंगवेरपुर पहुँचे। वहाँ पर निषादराज गुह से भेंट हुई। सुमंत्र को विदा कर उन्होंने गंगा पार की। प्रयाग और वाल्मीकि-आश्रम से होकर वे चित्रकूट पहुँचे और पर्णकुटी बनाकर वहीं रहने लगे।

10. राम के वियोग में दशरथ ने प्राण त्याग दिए। भरत ननिहाल से लौटे। माँ के आचरण पर उन्हें बड़ी ग्लानि हुई। वे राम को मनाकर लौटाने के लिए चल पड़े। सारी अयोध्या उनके साथ उमड़ पड़ी।

---

1. पालागनि दुलहियन सिखावति सरिस सासु सत साता।—गीतावली, 1/110/2
2. रामाज्ञाप्रश्न, 1/6/4; जानकीमंगल, 199; गीतावली, 7/38/3
3. वाल्मीकि-रामायण, 1/74/18-1/76/22
4. अध्यात्मरामायण, 1/7/1-50
5. पद्मपुराण, 6/242/155-180
6. नारदपुराण, 2/75/21
7. देखिए—प्रसन्नराघव, अंक 4

11. राम के मार्ग का अनुसरण करते हुए भरत आदि चित्रकूट पहुँचे। जनक भी दलबल-सहित आ गए। राम को लौटाने के सारे प्रयत्न निष्फल सिद्ध हुए। उनकी पादुका लेकर भरत लौट आए।

12. पंचवटी में रावण की बहन शूर्पणखा कामातुर होकर राम के पास आई। उन्होंने लक्ष्मण से उसके नाक-कान कटवा लिये। प्रतिशोध के लिए आई हुई खर-दूषण की समस्त सेना का राम ने संहार किया। शूर्पणखा रावण के पास गई। रावण की प्रेरणा से मारीच सोने का मृग बना। राम उसके पीछे दौड़े। अपने नाम की पुकार सुनकर लक्ष्मण भी उधर ही चल पड़े। रावण सीता को हर ले गया।

13. राम ने सीता की खोज आरंभ की। हनुमान के द्वारा राम और सुग्रीव की मैत्री हुई। राम ने सुग्रीव के अग्रज बालि को वृक्ष की ओट से मारकर सुग्रीव को किष्किधा का राजा बनाया। वानर-सेना सीता की खोज में रवाना हुई। राम ने पहचान के लिए अपनी मुद्रिका हनुमान को दी।

14. हनुमान समुद्र लाँघकर लंकापति रावण की 'अशोक' वाटिका में सीता से मिले। उन्होंने वाटिका उजाड़ दी, रावण के पुत्र अक्षयकुमार को मारा, लंकादहन किया और लौटकर राम को सीता का समाचार दिया।

15. वानर-सेना के साथ राम समुद्र-तट पर पहुँचे। रावण का अनुज विभीषण राम की शरण में आया। समुद्र पर पुल बाँधा गया। राम द्वारा प्रेषित बालि-पुत्र अंगद दूत बनकर रावण के पास गए। समझौता नहीं हुआ।

16. युद्ध छिड़ गया। राक्षस मरने लगे। मेघनाद की शक्ति के प्रहार से लक्ष्मण मूर्च्छित हो गए। हनुमान संजीवन-बूटी लाए। मूर्च्छा दूर हुई। लक्ष्मण ने मेघनाद को और राम ने कुंभकर्ण तथा रावण को मारा।

17. विभीषण का राजतिलक किया गया। आदर के साथ बिभीषण सीता को ले आया। सीता की अग्नि-परीक्षा हुई।

18. सीता-लक्ष्मण और विभीषण, सुग्रीव, हनुमान, अंगद आदि के साथ राम पुष्पक विमान से अयोध्या लौटे। उनका राज्याभिषेक हुआ। धर्मप्राण रामराज्य की प्रतिष्ठा हुई। राम ने अनेक अश्वमेध किए।

19. 'रामचरितमानस'[1] में उल्लेख है कि (अयोध्या में ही सीता) ने दो सुंदर पुत्रों लव और कुश को जन्म दिया। आदर्शवादी कवि ने मर्यादापुरुषोत्तम आराध्य राम को सीता-निर्वासन के अवांछनीय कर्म से बचाने के लिए परंपरा की उपेक्षा की है।

20. वाल्मीकि-रामायण, पुराणों, 'रघुवंश', 'उत्तररामचरित' आदि के अनुसार तुलसी की अन्य कृतियों में वर्णन है कि चरों के मुख से लोक-निंदा की बात सुनकर राम ने सीता को निर्वासित किया।[2] लक्ष्मण उन्हें वाल्मीकि के आश्रम में छोड़ आए।[3] वहीं पर लव-कुश का जन्म और लालन-पालन हुआ।[4]

21. राम ने शूद्र-तपस्वी शंबूक का वध करके ब्राह्मण के मृत पुत्र को जीवित किया। ('रामाज्ञाप्रश्न' के षष्ठ सर्ग का पंचम सप्तक)।

22. राम की राजसभा में लव-कुश ने 'रामायण' का गान किया। वाल्मीकि सीता को वहाँ ले आए। उन्हें पाकर राम प्रसन्न हुए। परंतु, सीता धरती में समा गई।[5]

---

1. रामचरितमानस, 7/25/3
2. गीतावली, 7/27; रामाज्ञाप्रश्न, 6/6/5, 6/7/2; कवितावली, 7/6
3. गीतावली, 7/28
4. वही, 7/34-36; रामाज्ञाप्रश्न, 6/7/3
5. रामाज्ञाप्रश्न, 6/7/4-6

बौद्ध-रामकथा : तुलसी-साहित्य में निरूपति यह कथा बौद्ध-जैन-कथाओं से नितांत भिन्न है। बौद्ध-रामकथा[1] की भिन्नता इस प्रकार है :

1. दशरथ वाराणसी के राजा थे। उनकी बड़ी रानी से तीन संतानें हुईं—रामपंडित, लक्ष्मण और सीता। बड़ी रानी के मरने पर उन्होंने दूसरी रानी को अग्रमहिषी बनाया। उससे भरत का जन्म हुआ। दूसरी कथा के अनुसार चार रानियों से राम, भरत, लक्ष्मण और शत्रुघ्न उत्पन्न हुए।

2. एक बार दशरथ बीमार पड़े। उन्होंने राम का राज्याभिषेक कर दिया। अग्रमहिषी ने अपने पुत्र के लिए राज्य माँगा। दशरथ ने षड्यंत्रों के भय से राम-लक्ष्मण को वन भेजा। ज्योतिषियों के अनुसार दशरथ की आयु बारह वर्ष शेष थी। उन्होंने पुत्रों को बारह वर्ष बाद लौटकर अपना अधिकार प्राप्त करने का निर्देश किया। एक अन्य कथा के अनुसार राजा राम अपने राज्यलोभी मामा के भय से वनवासी हुए।

3. नौ वर्ष बाद दशरथ की मृत्यु हो गई। भरत ने राजा बनने से इनकार किया। वे रामपंडित से मिले। राम लौटे नहीं। उनकी तृणपादुकाएँ (कथांतर के अनुसार चर्मपादुका) लेकर लक्ष्मण और सीता के साथ भरत वापस आए। अन्याय होने पर वे पादुकाएँ एक दूसरी पर आघात करती थीं।

4. दशरथ-मरण के तीन वर्ष बाद वाराणसी लौटकर रामपंडित ने अपनी बहन सीता से विवाह किया। सोलह हजार वर्ष तक राज्य करके वे स्वर्ग सिधारे।

बौद्ध-रामकथा बौद्ध-धर्मदर्शन के रंग में रँगी हुई है। अपने पूर्वजन्म में शुद्धोदन दशरथ थे, महामाया उनकी अग्रमहिषी थीं, यशोधरा सीता थीं, आनंद भरत थे और बुद्ध रामपंडित थे। उसमें उस मनुष्य राम का वर्णन है जिसने अपनी सगी बहन को पत्नी बनाया है। ये सब बातें तुलसी को अग्राह्य हैं। उनके राम कहते हैं :

> **अनुजबधू भगिनी सुत नारी। सुनु सठ ये कन्या सम चारी॥**
> **इन्हहिं कुदृष्टि बिलोकइ जोई। ताहि बधे कछु पाप न होई॥**[2]

जैन-रामकथा : जैन-साहित्य में राम-कथा की दो परंपराएँ हैं—विमलसूरि की और गुणभद्र की। दोनों में बहुत-कुछ कथा-भेद है।[3] तुलसी के केंद्र-बिंदु से उनके समन्वित रूप की भिन्नता इस प्रकार है :

1. दशरथ वाराणसी के राजा थे। बाद में उन्होंने साकेत को राजधानी बनाया। उनके चार पुत्र हुए—एक परंपरा के अनुसार कौशल्या या अपराजिता से पद्म या राम, सुमित्रा से लक्ष्मण, कैकेयी से भरत और सुप्रभा से शत्रुघ्न; दूसरी के अनुसार सुबाला से राम, कैकेयी से लक्ष्मण और तीसरी रानी से भरत तथा शत्रुघ्न।

2. जनक की विदेहा नामक रानी से सीता का जन्म हुआ। दूसरी परंपरा के अनुसार सीता रावण और मंदोदरी की औरस पुत्री थीं। नाश के भय से रावण ने मारीच द्वारा सीता को मंजूषा में रखवाकर मिथिला में गड़वा दिया। हल जोतते समय वह मंजूषा निकली। अतएव जनक ने कन्या का नाम सीता रखा।

3. जनक ने अपने यज्ञ की रक्षा के लिए राम-लक्ष्मण को बुलाया। राम और सीता की सगाई हो गई। बाद में स्वयंवर और धनुष-यज्ञ का आयोजन किया गया। दो धनुष रखे गए—वज्रावर्त और समुद्रावर्त। राम-लक्ष्मण ने उन्हें चढ़ाया। राम ने सीता के अतिरिक्त सात अन्य कुमारियों से तथा लक्ष्मण ने पृथ्वीदेवी आदि सोलह राजकुमारियों से विवाह किया।

4. राम ने स्वेच्छा से सोलह वर्ष का वनवास स्वीकार किया। राम के वन जाने पर दशरथ ने जैन-धर्म में दीक्षित होकर संन्यास ले लिया।

---

1. देखिए—राम-कथा, पृ. 52-59
2. रामचरितमानस, 4/9/4
3. देखिए—राम-कथा, पृ. 60-71; अपभ्रंश का राम-साहित्य, राष्ट्रकवि मैथिलीशरण गुप्त अभिनंदन-ग्रंथ, पृ. 688-98

5. वनवासी राम ने तीन गंधर्व-कन्याओं से और लक्ष्मण ने ग्यारह कन्याओं से विवाह किया।

6. चंद्रनखा (शूर्पणखा) खरदूषण की पत्नी थी। उनका पुत्र शंबूक था। लक्ष्मण ने उसे मार दिया। चंद्रनखा ने राम-लक्ष्मण से विवाह का प्रस्ताव किया। वह व्यर्थ हुआ। लक्ष्मण ने खरदूषण की सेना को पराजित किया। सहायता के लिए रावण आया। वह सीता पर आसक्त हो गया। जब राम मृग-मारीच के पीछे दौड़े तब रावण ने सिंहनाद करके लक्ष्मण को राम के पास भेज दिया और सीता को हर लिया। कथांतर यह है कि नारद से सीता के रूप का बखान सुनकर रावण ने उन्हें हर लाने का निश्चय किया। राम की अनुपस्थिति में उसने राम का रूप धारण करके सीता को पुष्पक विमान में बैठने का आदेश दिया। इस प्रकार सीता-हरण हुआ।

7. राम ने साहसगति को मारकर विद्याधर सुग्रीव को उसका राज्य पुनः प्राप्त कराया, और उसकी तेरह कन्याओं से विवाह किया। दूसरी परंपरा के अनुसार, लक्ष्मण ने बालि का वध किया।

8. हनुमान खर और सुग्रीव दोनों के दामाद थे। वे रावण के घनिष्ठ मित्र थे। सुग्रीव के आग्रह पर वे सीता को खोजने लंका पहुँचे। लंकासुंदरी से विवाह करके रात-भर उसके साथ रहे।

9. सीता से वियुक्त राम ने दधिमुख की तीन कन्याओं से विवाह किया।

10. युद्ध में शक्ति लगने पर लक्ष्मण विशल्या की चिकित्सा से अच्छे हुए। उन्होंने उससे विवाह कर लिया। लक्ष्मण ने ही चक्र से रावण का वध किया।

11. अर्धचक्रवर्ती बनकर लक्ष्मण अयोध्या में राज्य करने लगे। लक्ष्मण के सोलह हजार और राम के आठ हजार रानियाँ थीं। भरत ने जैन-दीक्षा ली।

12. निर्वासिता सीता के पुत्र लवण और अंकुश से राम-लक्ष्मण का संग्राम हुआ। बाद में पिता-पुत्रों का मिलन हुआ। सीता बुलाई गईं। वे अग्नि-परीक्षा में सफल हुईं। उन्होंने जैन-दीक्षा ले ली और स्वर्ग चली गईं। दूसरी कथा है कि सीता के आठ पुत्र हुए। वे अन्य रानियों के साथ जैन-धर्म में दीक्षित होकर अच्युत स्वर्ग में पहुँचीं।

13. दोनों ही परंपराओं के अनुसार, लक्ष्मण मरकर नरकगामी हुए। राम ने विरक्त होकर जैन-दीक्षा ले ली और मोक्ष प्राप्त किया।

जैन-रामकथा की कुछ प्रमुख विशेषताएँ अवेक्षणीय हैं। उसमें शूर्पणखा के नाक-कान काटे जाने और लंकादहन का उल्लेख नहीं है। बालि तथा रावण का वध और अयोध्या पर राज्य लक्ष्मण ने किया है। हिंदू-परंपरा के बालब्रह्मचारी बजरंगबली बहुतों के दामाद बन गए हैं। राम-लक्ष्मण को तो मानो राह चलते झुंड-की-झुंड पत्नियाँ मिल जाती हैं। धार्मिक रंग का चटकीलापन खूब गहरा है। दशरथ, भरत, सीता और राम ने जैन-दीक्षा ली, उन्हें स्वर्ग का पारपत्र मिल गया। कदाचित् जैन-दीक्षा न लेने और जैनी रावण को मारने के कारण ही लक्ष्मण को नरकगामी होना पड़ा। ऐसी जैन-राम-कथा की ओर सनातनधर्मी तुलसी का आकृष्ट होना असंभव था।

मार्मिक स्थलों की पहचान : लिखित और मौखिक रूप में उपलब्ध राम-कथा का आयाम अत्यंत विस्तृत है—**हरि अनंत हरि कथा अनंता।**[1] सभी कुछ काव्योचित नहीं है। कुछ सर्वथा तिरस्करणीय है, कुछ संक्षेपतः ग्राह्य है, और कुछ विशदतया वर्णनीय है। उस अनंत वृत्त-राशि में से उपयोगी और सरस अंश का संग्रह तथा अनुपयोगी एवं नीरस का त्याग कर अपेक्षित वस्तु का मंजुल निबंधन पारखी कवि की प्रतिभा का ही कार्य है—**संग्रह त्याग न बिनु पहिचाने।**[2] शुक्लजी ने कहा है, 'प्रबंधकार की भावुकता का सबसे अधिक पता यह देखने से चल सकता है कि वह किसी

1. रामचरितमानस, 1/140/3
2. वही, 1/6/1

आख्यान के अधिक मर्मस्पर्शी स्थलों को पहचान सका है या नहीं।'[1] यह बात प्रबंध के समान ही कथाश्रित निबंध और मुक्तक पर भी घटित होती है। तुलसी ने रामकथा के मार्मिक स्थलों को भली भाँति पहचाना है और प्रबंधकाव्य 'रामचरितमानस' में ही नहीं, मुक्तक 'गीतावली', 'कवितावली' आदि में भी उनका हृदयग्राही चित्रण किया है। राम-कथा के विशेष मार्मिक स्थल हैं—पुष्पवाटिका-प्रसंग, धनुष-यज्ञ, राम का अयोध्या-त्याग, तापस-वेश में उनकी वनयात्रा, चित्रकूट में भरत-राम-मिलन, सीता-हरण, लंका-दहन, लक्ष्मण-मूर्च्छा के अवसर पर राम का विलाप, भरत की प्रतीक्षा, सीता-निर्वासन आदि।

इससे अधिक मर्मवेधी वैषम्य और क्या हो सकता है कि 'सीता-स्वयंवर' हो रहा है और सीता को स्वयं वरण करने का कोई अधिकार नहीं है ! सारे जनकपुर की लालसा है कि राम का सीता से विवाह हो जाए, वे दोनों परस्पर अनुरक्त हैं, राम को विश्वामित्र और सीता को गिरिजा का आशीर्वाद प्राप्त है; परंतु शंकर का शरासन बीच में बाधक होकर पड़ा है; एक-से-एक दिग्गज वीर हार मान गए, धनुष हिला तक नहीं।[2] सीता ने यह सब अपनी आँखों से देखा है। कुसुमकोमल राम उस वज्रकठोर धनुष को कैसे तोड़ेंगे ! सीता की स्थिति संवेदनीय है ! कवि ने उस मर्म को समझा है :

नीकें निरखि नयन भरि सोभा। पितु पनु सुमिरि बहुरि मनु छोभा॥
अहह तात दारुनि हठ ठानी। समुझत नहिं कछु लाभु न हानी॥
सचिव सभय सिख देइ न कोई। बुध समाज बड़ अनुचित होई॥
कहँ धनु कुलिसहुँ चाहि कठोरा। कहँ स्यामल मृदु गात किसोरा॥
बिधि केहि भाँति धरौं उर धीरा। सिरिस सुमन कन बेधिअ हीरा॥
सकल सभा कै मति भै भोरी। अब मोहि संभुचाप गति तोरी॥
निज जड़ता लोगन्ह पर डारी। होहि हरुअ रघुपतिहि निहारी॥
अति परिताप सीय मन माहीं। लव निमेष जुग सय सम जाहीं॥
प्रभुहि चितै पुनि चितव महि राजत लोचन लोल।
खेलत मनसिज मीन जुग जनु बिधुमंडल डोल॥[3]

पिता ने अपने सर्वप्रिय पुत्र को राज्य देने का विज्ञापन करके उसे निर्वासित कर दिया। यदि बाहुबली दशरथ[4] चाहते तो कैकेयी का झोंटा पकड़कर उसे अंधकूप में ढकेल देते, परंतु कुल-प्रतिष्ठा[5] ने उन्हें ऐसा नहीं करने दिया। वे पत्नी के आगे गिड़गिड़ाते रहे, शंकर को मनाते रहे। कर्म-गति नहीं रुकी। सीता और लक्ष्मण के साथ राम वन को चले गए। अयोध्या अनाथ हो गई। कालरात्रि का अंधकार छा गया[6] :

1. **लागति अवध भयावनि भारी। मानहुँ कालराति अँधिआरी॥**
घोर जंतु सम पुर नर नारी। डरपहिं एकहि एक निहारी॥
घर मसान परिजन जनुभूता। सुतहित मीतु मनहुँ जमदूता॥

---

1. गोस्वामी तुलसीदास, पृ. 78
2. सीय स्वयंबर भूप अनेका। समिटे सुभट एक तें एका॥
संभु सरासन काहुँ न टारा। हारे सकल बीर बरिआरा॥
तीन लोक महुँ जे भटमानी। सब कै सकति संभुधनु भानी॥
सकै उठाइ सरासुर मेरू। सोउ हिअँ हारि गएउ करि फेरू॥
जेहिं कौतुक सिवसैलु उठावा। सोउ तेहि सभाँ पराभव पावा॥
—रामचरितमानस, 1/292/2-4
3. रामचरितमानस, 1/258
4. सुरपति बसइ बाँह बल जाकें। नरपति रहहिं सकल रुख ताकें॥
—रामचरितमानस, 2/25/1
5. रघुकुल रीति सदा चलि आई। प्रान जाहिं बरु बचन न जाई॥ —रामचरितमानस, 2/28/2
6. रामचरितमानस, 2/83/3-4, 2/86/2-3

2. एकहि एक देहिं उपदेसू । तजे राम हम जानि कलेसू ।।
निंदहिं आपु सराहहिं मीना । धिग जीवनु रघुबीर बिहीना ।।

कमलकोमल किशोर राजकुमारों का सुकुमारी राजकिशोरी के साथ तापसवेश में नंगे पाँव वन के बीहड़ मार्ग पर चलना अपने में अत्यंत हृदयस्पर्शी दृश्य है। कोमलता, करुणा, प्रीति और सहानुभूति की मूर्ति ग्रामवधुओं की योजना करके कवि ने उस मार्मिक प्रसंग को मार्मिकतर बना दिया है। वे उन निर्वासितों के रूप और वेश की विषमता पर खेद प्रकट करती और दशरथ-कैकेयी को कोसती हैं :

1. साँवरे गोरे सलोने सुभायँ मनोहरताँ जिति मैनु लियो है।
बान कमान निसंग कसें सिर सोहैं जटा मुनिबेषु कियो है।
संग लिए बिधुबैनी बधू रति को जेंहि रंचक रूप दियो है।
पायन तौ पनहीं न पयादेंहि क्यों चलिहैं सकुचात हियो है।।

2. रानी मैं जानी अयानी महा पबि पाहन हू तें कठोर हियो है।
राजहुँ काजु अकाजु न जान्यो कह्यो तिय को जेहिं कान कियो है।
ऐसी मनोहर मूरति ए बिछुरें कैसे प्रीतम लोग जियो है।
आँखिन में सखि राखिबे जोगु इन्हें किमि कै बनबासु दियो है ।।[1]

भरत ननिहाल से लौटे। पिता की मृत्यु का समाचार सुनकर उन्हें गहरी टेस लगी। राम का वन-गमन सुनकर पिता-मरण का शोक भूल गया। अपने को राम के निर्वासन का हेतु समझकर उन्हें अत्यंत परिताप हुआ। उन्हें मनाकर लौटा लाने के लिए वे पुरवासियों के साथ चित्रकूट पहुँचे। सभा जुड़ी। माताएँ, सासुएँ, वसिष्ठ, जनक आदि सभी वरिष्ठ व्यक्ति उपस्थित थे। उस असाधारण परिस्थिति की मार्मिकता सहृदय के हृदय को गला देनेवाली है। निरपराध होते हुए भी भरत ग्लानि से दबे जा रहे हैं। इस संसार में चार अंगुल जमीन के लिए भाई अपने सगे भाई का सिर काट लेता है। यहाँ राज्य का प्रश्न है। संघर्ष इस बात पर नहीं है कि मैं राज्य करूँगा, अपितु सारा जोर इस बात पर डाला जा रहा है कि तुम राज्य करो। गुरुजनों की आज्ञा को राम टाल नहीं सकते, लेकिन आज्ञा देने की बात तो दूर रही, कोई भी साफ-साफ कहने को तैयार नहीं है। सभी पर धर्मसंकट है। दूसरों से काम न बनते देखकर भरत साक्षात् आत्म-निवेदन करने का निश्चय करते हैं। संकोच में गड़े हुए वे हाथ जोड़कर सभा में खड़े होते हैं।[2] उनका चित्तद्रावक अमायिक निवेदन अपनी मार्मिकता में अप्रतिम है :

जानत हौ सबही के मन की।
तदपि कृपालु करौं बिनती सोइ सादर सुनहु दीन हित जन की।।
ए सेवक संतत अनन्य अति ज्यों चातकहि एक गति घन की।
यह बिचारि गवनहु पुनीत पुर हरहु दुसह आरति परिजन की।।
मेरो जीवन जानिय ऐसोइ जियै जैसो अहि जासु गई मनि फन की।
मेटहु कुलकलंक कोसलपति आग्या देहु नाथ मोहि बन की।।
मोको जोइ लाइय लागै सोइ उतपति है कुमातु तें तन की।
तुलसिदास सब दोष दूरि करि प्रभु अब लाज करहु निज पन की।।[3]

---

1. कवितावली, 2/19-20; और भी देखिए—रामचरितमानस, 2/113/1-2/121
2. भरत भए ठाढ़े कर जोरि।
   है न सकत सामुहें सकुचवस समुझि मातुकृत खोरि ।।—गीतावली, 2/70/1
3. गीतावली, 2/71; और भी देखिए—रामचरितमानस, 2/260/1-2/269

कामिनियों के वियोग में झुलसते हुए कामियों की अत्यधिक मनोव्यथा का निदर्शन बहुत मिलेगा। कुंठाग्रस्त प्रेमी मरे भी हैं, और उनका जनाज़ा भी निकला है। विरह-विदग्धा नायिकाओं की दसवीं अवस्था (मरण) की मार्मिक व्यंजना साहित्य में भरी पड़ी है। परंतु सौतेले भाई के वियोग में भाई की इस कारुणिक दशा का हृदयस्पर्शी चित्रण अन्यत्र अप्राप्य है। चित्रकूट में भरत ने राम का चरणस्पर्श करके उन्हें सचेत करते हुए अपना प्रण जता दिया था :

तुलसी बीते अवधि प्रथम दिन जो रघुबीर न ऐहौ।
तौ प्रभु चरन सरोज सपथ जीवित परिजनहि न पैहौ ॥[1]

जब अवधि में एक दिन शेष रह गया तब शुभ शकुन होते हुए भी उनकी विरहाकुलता तीव्रतम हो उठी। उन्हें ऐसा लगने लगा मानो अवधि बीत चुकी हो। उत्कंठित जनों के मन का यही स्वभाव है, उनकी तर्क-बुद्धि चित्तानुवर्तिनी हो जाया करती है। भरत को लक्ष्मण के सौभाग्य की तुलना में अपना दुर्भाग्य और भी खलने लगा। उनको विश्वास है कि राम आएँगे, लेकिन कातर मन आशंका से मुक्त नहीं होता। यदि अवधि बीतते ही राम न आए तो ? तो भरत अधम होकर जीवित नहीं रह सकेंगे, उनके लिए प्राण-त्याग कर देना श्रेयस्कर होगा :

रहेउ एक दिन अवधि अधारा। समुझत मन दुख भएउ अपारा॥
कारन कवन नाथ नहिं आएउ। जानि कुटिल किधौं मोहिं बिसराएउ॥
अहह धन्य लछिमन बड़ भागी। राम पदारबिंदु अनुरागी॥
कपटी कुटिल मोहि प्रभु चीन्हा। ता तें नाथ संग नहि लीन्हा॥
जौ करनी समुझै प्रभु मोरी। नहि निस्तार कलप सत कोरी॥
जन अवगुन प्रभु मान न काऊ। दीनबंधु अति मृदुल सुभाऊ॥
मोरें जिअँ भरोस दृढ़ सोई। मिलिहहिं रामु सगुन सुभ होई॥
बीते अवधि रहहिं जौ प्राना। अधम कवन जग मोहि समाना॥[2]

आकुल अंतर का अंकन कितना सशक्त है ! भायप भक्ति का यह नमूना अद्वितीय है। इस परमविरहासक्ति का सादृश्य खोजने पर शायद कहीं नहीं मिलेगा।

रस-सामग्री

तुलसीदास रस-सिद्ध कवि हैं। उनकी सभी महत्त्वपूर्ण कृतियों में प्रभावशालिनी रस-निबंधना हुई है। संस्कृत काव्यशास्त्र की परंपरा में प्रतिष्ठित नवरस, विश्वनाथ आदि द्वारा स्वीकृत वत्सल और वैष्णव आचार्यों द्वारा प्रतिपादित भक्ति-रस—ये ग्यारहों रस उनके काव्य में अभिव्यक्त हुए हैं। उनके प्रतिपाद्य विषय के अनुरूप भक्तिरस ही मुख्य हैं, अन्य रसों की योजना गौण रूप में की गई है।

भरत के सूत्र[3] की विभिन्न प्रकार से व्याख्या करते हुए आचार्यों ने विभावों, अनुभावों और व्यभिचारी भावों के संयोग से रस-निष्पत्ति मानी है। 'संयोग' और 'निष्पत्ति' का चाहे जो अर्थ किया जाए, रस विभाव-आदि के सम्मिलित प्रभाव का फल है। रस-निष्पत्ति के लिए यह आवश्यक नहीं है कि विभाव आदि सभी का वर्णन किया जाए। यदि कवि उनमें से एक या दो का ही सफल चित्रण करता है तो उस कलात्मक अभिव्यक्ति के सहारे सहृदय अपनी प्रतिभा से शेष की प्रतीति कर लेता है, और फलतः रसास्वाद करता है। सूत्र में स्थायी के अनुल्लेख से यह भ्रांति नहीं होनी चाहिए कि रति आदि स्थायी भावों के अभाव में भी शृंगार आदि रसों की अनुभूति संभव है। सामान्यतः स्वीकृत

1. गीतावली, 2/76/4
2. रामचरितमानस, 7/1/1-4
3. विभावानुभावव्यभिचारिसंयोगाद् रसनिष्पत्तिः।—नाट्यशास्त्र, 6/32 गद्य

मत के अनुसार स्थायी भाव ही रस-रूप में परिणत होता है—जैसे दूध दही के रूप में। अतः रस-सामग्री के प्रसंग में स्थायी की चर्चा भी अपेक्षित है। यह बात भी ध्यान में रखने योग्य है कि रस-सामग्री का प्रत्येक अंग अन्य अंगों से प्रत्यक्षतया अथवा परोक्षतया अनिवार्यतः संबद्ध है, सर्वथा स्वतंत्र रूप में उसकी कल्पना नहीं की जा सकती। एक-एक अंग का अलग से विवेचन केवल उनके स्वरूप को समझाने के लिए किया जाता है।

एक दृष्टि में पूर्वोक्त ग्यारह रसों के विभाव आदि की धारणा निम्नांकित सारणी से स्पष्ट हो जाएगी :

रस	स्थायी	विषयालंबन	उद्दीपन विभाव	अनुभाव	संचारी भाव
भक्ति	भगवद्रति	भगवान् या भक्त	आलंबन की चेष्टा आदि, सत्संग आदि	अश्रु, रोमांच, स्तंभ आदि	निर्वेद आदि सभी
शांत	शम	जगत् की निस्सारता या परमात्मस्वरूप	तीर्थ, सत्संग आदि	रोमांच आदि	निर्वेद, हर्ष आदि
शृंगार	काम-रति	नायक, नायिका	चंद्रिका, उद्यान आदि	कटाक्ष आदि	हर्ष, मति आदि
वत्सल	वात्सल्य-स्नेह	पुत्र आदि	आलंबन की चेष्टा आदि	स्पर्श, चुंबन आदि	हर्ष, गर्व आदि
हास्य	हास	विकृत आकार, चेष्टा आदि	आलंबन की चेष्टाएँ	मुस्कुराहट आदि	निद्रा, आलस्य आदि
करुण	शोक	शोच्य व्यक्ति	दाहकर्म आदि	वैवर्ण्य, क्रंदन आदि	निर्वेद, मोह आदि
रौद्र	क्रोध	शत्रु	शत्रु की चेष्टाएँ	भ्रूभंग, तर्जन आदि	उग्रता, मद आदि
वीर	उत्साह	विजेतव्य आदि	आलंबन की चेष्टाएँ आदि	गर्वोक्ति, रोमांच आदि	धृति, गर्व आदि
भयानक	भय	भयजनक व्यक्ति आदि	आलंबन की चेष्टा	स्वेद, कंप आदि	त्रास, चिंता आदि
बीभत्स	जुगुप्सा	मांस, रुधिर आदि	कृमिपात आदि	थूकना आदि	मोह, आवेग आदि
अद्भुत	विस्मय	अलौकिक वस्तु	आलंबन, प्रशंसा आदि	स्तंभ, रोमांच आदि	भ्रांति, वितर्क आदि

तुलसी-साहित्य में निबद्ध इन ग्यारह रसों के दो स्पष्ट वर्ग हैं—एक भक्तिरस और दूसरा भक्तीतर दस रसों का। भक्तिमान् भावक कह सकते हैं कि तुलसी के संपूर्ण काव्य का अंगी रस भक्तिरस है। शृंगार आदि रसों का निरूपण अंग-रूप में ही हुआ है। किसी भी रचना में और किसी भी स्थल पर कवि के मानस से स्थायी भगवद्रति तिरोहित नहीं हुई है। अतएव तुलसी-निरूपित भक्तीतर रसों के स्वतंत्र अस्तित्व की कल्पना निरर्थक है। इस कथन में यथार्थता, तर्कसंगति या समीचीनता नहीं है। रस की कसौटी अनुभव है। 'गीतावली', 'कवितावली', 'रामचरितमानस' आदि की अनेकानेक पंक्तियों के भावन से तटस्थ सहृदय के जिस वासनारूप स्थायी भाव का विकास होता है वह भगवद्रति न होकर कामरति, जुगुप्सा, वात्सल्य या शोक ही है। अतः उन स्थलों पर शृंगार आदि रस मानना ही उचित है।

रस-सामग्री के विवेचन-क्रम में पहले स्थायी भावों की विचार-चर्चा अभीष्ट है।

भक्ति और भक्तिरस[1] : तुलसी के काव्य में अभिव्यक्त भक्तिरस के दो प्रकार हैं—शुद्ध

---

1. विस्तृत विवेचन के लिए देखिए—तुलसी-दर्शन-मीमांसा, पृ. 377-409

या मुख्य, और मिश्रित या गौण। जहाँ स्थायी भाव के रूप में केवल भगवद्रति की व्यंजना की गई है; कामरति, हास आदि का मेल नहीं है; वहाँ पर शुद्ध भक्तिरस है। 'विनयपत्रिका' का अधिकांश इस रस का उत्कृष्ट उदाहरण है। इसकी अभिव्यक्ति चार रूपों में हुई है—विशुद्ध, शांत, प्रेयान् और वत्सल। विशुद्ध भक्तिरस का स्थायी भाव परानंदमय भगवान् के माहात्म्य से उत्पन्न हर्ष के कारण द्रुत चित्त की भगवद्विषयक शुद्ध सात्त्विकी रति है :[1]

सियराम सरूपु अगाध अनूप बिलोचन मीनन को जलु है।
श्रुति रामकथा मुख राम को नामु हिएँ पुनि रामहि को थलु है।
मति रामहि सों गति रामहि सों रति रामसों रामहि को बलु है।
सबकी न कहै तुलसी के मतें इतनो जगजीवन को फलु है॥[2]

शांत भक्तिरस का स्थायी भाव संकल्प-विकल्प से रहित तत्त्वज्ञानी भक्तों की शांता रति है।[3] स्वयं तुलसीदास[4] और उनके शंकर, सुतीक्ष्ण, अगस्त्य, सनक आदि[5] की शांता रति अनेक स्थलों पर रमणीयता के साथ व्यक्त हुई है।

प्रेयान् भक्तिरस का स्थायी भाव प्रेयोरति है। सेव्य-सेवक-भाव से की गई भगवद्विषयक रति को प्रेयोरति कहते हैं।[6] तुलसी की भक्ति मुख्यतः सेव्य-सेवक-भाव की भक्ति है।[7] अतः उनके काव्य में अभिव्यक्त मुख्य भक्तिरस प्रेयान् भक्तिरस ही है। प्रेयोरति की दो वृत्तियाँ हैं—दास्य और सख्य। तदनुसार प्रेयान् रस के तीन भेद हैं—दास्यप्रेयान्, सख्यप्रेयान् तथा उभयात्मक प्रेयान्। तुलसी की लगभग सभी सरस रचनाओं में दास्य-प्रेयान् रस का शक्तिमान् प्रवाह है। दास्य-भाव उनकी भक्तिरसात्मक कृतियों का अंतर्यामी भाव है। यही कारण है कि वात्सल्य के आश्रय दशरथ, कौशल्या आदि का स्थायी वात्सल्य भी प्रायः तुलसी के स्थायी दास्य से मुक्त नहीं हो सका है। भरत[8] एवं लक्ष्मण[9] राम के भाई और सुग्रीव[10] तथा विभीषण[11] राम के सखा होकर भी उसके प्रति दास्य-भाव का निवेदन करते हैं। शिव, ब्रह्मा आदि ज्ञानी-विज्ञानी भी सेव्य-सेवक-भाव की भक्ति को अनिवार्य समझते हैं।[12]

तुलसीदास भक्तिभाव के विविध रूपों को मानते हुए भी मूलतः दास्यभक्ति के कवि हैं, अतएव उनके काव्य में सख्यप्रेयान् रस की विशिष्ट निबंधना नहीं हो सकी है। इस प्रकार के एकाध ही स्थल देखने को मिलते हैं, यथा :

पुर बालक कहि कहि मृदु बचना। सादर प्रभुहि देखावहिं रचना॥
सब सिसु येहि मिसु प्रेमबस परसि मनोहर गात।
तनु पुलकहिं अति हरषु हिअँ देखि देखि दोउ भ्रात॥

---

1. भक्तिरसायन, 2/12-13
2. कवितावली, 7/37
3. हरिभक्तिरसामृतसिन्धु, 3/1/4
4. विनयपत्रिका, 121, 123
5. क्रमशः, रामचरितमानस, 1/116/1-1/119/2, 3/11/9, 3/13/3-7, 7/33/1-7/34
6. भक्तिरसायन, 2/11
7. सेवक सेव्य भाव बिनु भव न तरिअ उरगारि।—रामचरितमानस, 7/119
8. मोरे मरन राम की पनहीं। रामु सुस्वामि दोसु सब जनहीं।—रामचरितमानस, 2/234/1
9. नाथ दास मैं स्वामि तुम्ह तजहु त कहा बसाइ।—रामचरितमानस, 2/71
10. विषयबस्य सुर नर मुनि स्वामी। मैं पाँवर पसु कपि अति कामी॥—रामचरितमानस, 4/21/2
11. स्रवन सुजसु सुनि आएउँ प्रभु भंजन भव भीर।
    त्राहि त्राहि आरतिहरन सरन सुखद रघुबीर॥—रामचरितमानस, 5/45
12. रामचरितमानस, 7/119, 7/125/6-7

सिसु सब राम प्रेमबस जाने । प्रीति समेत निकेत बखाने ॥
निज निज रुचि सब लेहिं बोलाई । सहित सनेह जाहिं दोउ भाई ॥
रामु देखावहिं अनुजहि रचना । कहि मृदु मधुर मनोहर बचना ॥
लव निमेष महुँ भुवन निकाया । रचै जासु अनुसासन माया ॥
भगति हेतु सोइ दीनदयाला । चितवत चकित धनुष मखसाला ॥[1]

उपर्युक्त पंक्तियों में मित्रवृत्ति-विशिष्ट प्रेयान् रस की व्यंजना हुई है।

उभयात्मक प्रेयान् अनेक स्थलों पर पाया जाता है। कारण यह है कि सखातुल्य भक्तों की राम-विषयक प्रीति का आधार भी सेव्य-सेवक-भाव ही है। अधोलिखित पद में विश्वास-विशिष्ट सख्यप्रेयोरति की निदर्शना द्रष्टव्य है :

केसव कारन कौन गुसाईं।
जेहि अपराध असाधु जानि मोहिं तजेउ अग्य की नाईं ॥
परम पुनीत संत कोमलचित तिनहिं तुमहिं बनि आई ॥
तौ कत बिप्र ब्याध गनिकहि तारेहु कछु रही सगाई ॥
काल करम गति अगति जीव की सब हरि हाथ तुम्हारे ॥
सोइ कछु करहु हरहु ममता प्रभु फिरउँ न तुमहिं बिसारे ॥[2]

इस पद के प्रथम दो पद्यों में की गई सामीप्य-सूचक अनौपचारिक प्रश्न-योजना और भगवान् को दी गई 'अवरेब'-युक्त लताड़ में सख्यभाव का समावेश है। अंतिम तीन पद्यों में आत्मनिवेदनात्मक दास्यभक्ति का ज्ञापन है।

वत्सल भक्तिरस का स्थायी भाव ईश्वर-विषयक वात्सल्य है। स्मरण रखना चाहिए कि भक्तों के प्रति भजनीय भगवान का वात्सल्य या अनुकंपा वत्सल भक्तिरस का स्थायी भाव नहीं है। उसे औचित्यानुसार भक्तिरस-व्यंजक उद्‌दीपन विभाव ही माना जा सकता है। वत्सल भक्तिरस में वात्सल्य का आश्रय भक्त होता है; भगवान वात्सल्य के विषयालंबन ही हो सकते हैं, आश्रय कदापि नहीं।

तुलसी-साहित्य में वत्सल-भक्ति के आश्रय दो प्रकार के हैं—1. दशरथ, कौशल्या आदि जिनका राम से वस्तुतः पाल्य-पालक-संबंध है; अथवा जो इस वास्तविक संबंध के बिना भी उन्हें लाल्य-पाल्य रूप में देखते हैं, जैसे निम्नांकित पद्य में :

पद कंजनि मंजु बनीं पनहीं धनुहीं सरपंकज पानि लियें।
लरिका संग खेलत डोलत हैं सरजू तट चौहट हाट हियें।
तुलसी अस बालक सो नहि नेहु कहा जप जोग समाधि कियें।
नर ते खर सूकर स्वान समान कहौ जग में फल कौन जियें ॥[3]

2. दूसरे प्रकार के आश्रय काकभुशुंडि आदि हैं जिनका पाल्य-पालक-भाव व्यक्त नहीं है और जो बालक-रूप राम को आराध्य मानकर उनकी भक्ति करते हैं :

जब जब राम मनुज तनु धरहीं । भगत हेतु लीला बहु करहीं ॥
तब तब अवधपुरी मैं जाऊँ । बालचरित बिलोकि हरषाऊँ ॥
जनम महोत्सव देखौं जाई । बरष पाँच तहँ रहौं लोभाई ॥
इष्टदेव मम बालक रामा । सोभा बपुष कोटि सत कामा ॥

---

1. रामचरितमानस, 1/224/4-1/225/3
2. विनयपत्रिका, 112/1-3
3. कवितावली, 1/6

निज प्रभु बदन निहारि निहारी । लोचन सुफल करौं उरगारी ॥
लघु बायस बपु धरि हरि संगा । देखौं बालचरित बहु रंगा ॥
लरिकाई जहँ जहँ फिरहिं तहँ तहँ संग उड़ाउँ।
जूठन परइ अजिर महँ सो उठाइ करि खाउँ ॥[1]

रूप गोस्वामी[2] आदि के द्वारा प्रतिपादित मधुर भक्तिरस, जिसे उन्होंने उज्ज्वल-रस भी कहा है, शुद्ध भक्तिरस के रूप में तुलसी को ग्राह्य नहीं है। मध्यकालीन हिंदी का अधिकांश कृष्णपरक काव्य जिसमें कृष्ण की मधुर लीलाओं का वर्णन किया गया है, सामान्य काव्य-रसिक की दृष्टि में शृंगार-काव्य है। यह दूसरी बात है कि माधुर्य-भक्ति के उपासक भक्त लोग उसे भक्तिरस कहते हैं, और भक्तिरस-पंचक में सर्वश्रेष्ठ मानकर उसको उज्ज्वलरस या रसराज के आसन पर प्रतिष्ठित करते हैं।

मिश्रित भक्तिरस वह है जिसमें भगवद्रति के साथ कामरति, हास आदि भावों का भी मिश्रण हो। मधुसूदन सरस्वती का मत है कि भगवद्भक्ति के साथ केवल कामरति, शोक, हास, भयरति, विस्मय, युद्धोत्साह और दानोत्साह का ही मिश्रण हो सकता है; तदनुसार मिश्रित भक्तिरस केवल सात हैं।[3] भगवान् जुगुप्सा, धर्मोत्साह, दयोत्साह तथा शम के आलंबन नहीं हो सकते, और द्वेष भगवद्विषयक होने पर भी प्रीति का साक्षात् विरोधी है। अतएव शुद्ध-रौद्र, रौद्रभयानक, बीभत्स, धर्मवीर, दयावीर और शांत रसों का भक्तिरसत्व प्राप्त करना सर्वथा असंभव है।[4] उनका कथन तर्कसंगत है। परंतु मिश्रित भक्तिरस को संकुचित परिधि में क्यों प्रतिबद्ध किया जाए ?—मिश्रित रस भाव-संधि की भाँति रस-संधि नहीं है, क्योंकि एक ही रचना में दो या दो से अधिक भाव एक साथ ही रस-कोटि तक नहीं पहुँच सकते। भावविशेष की अतिशयता के अनुसार एक ही रस तत्त्वतः रस होगा, दूसरा कथित रस उसका अंग या सहायक बनकर ही आएगा। यदि दोनों भावों का प्रभाव समान हो जाएगा तो वे भाव-कोटि से ऊपर नहीं उठ सकेंगे। अतः मिश्रित भक्तिरस में भक्ति के साथ मिश्रित भाव भक्ति का समकक्ष नहीं हो सकता। फिर भी उसे भक्ति का संचारी न कहकर किसी मिश्रित रस का स्थायी कहा जाता है। यह संकल्पना सापेक्ष दृष्टि का परिणाम है। इसका कारण यह है कि वह भाव किसी अन्य रस का स्थायी है, उसकी अभिव्यक्ति सामान्यतः व्यंजित व्यभिचारी भावों की तुलना में अधिक सशक्त है और वह भक्तिरस की प्रतीति में अभिन्न रूप से सहायक है।

इस व्यापक परिप्रेक्ष्य में मिश्रित भक्तिरस के दो रूप हैं। एक रूप वह है जिसमें भक्ति और भक्ति के साथ मिलित भाव दोनों के आलंबन भगवान् हैं। उदाहरण के लिए कौशल्या को अपने विराट् रूप का दर्शन करानेवाले राम ही उनके भय, विस्मय और भक्ति के आलंबन हैं।[5] उन पंक्तियों को पढ़ने से सहृदय को अद्भुत-मिश्रित भक्तिरस की अनुभूति होती है। दूसरा रूप वह है जिसमें भक्ति के साथ मिश्रित भाव का विषयालंबन भिन्न है, अथवा विषयालंबन के एक होने पर दोनों भावों के आश्रय भिन्न हैं। दोनों के क्रमशः उदाहरण लीजिए :

तो सों कहौं दसकंधर रे रघुनाथ बिरोधु न कीजिए बौरे।
बालि बली खरु दूषनु और अनेक गिरे जे जे भीति में दौरे।

---

1. रामचरितमानस, 7/75
2. उज्ज्वलनीलमणि; हरिभक्तिरसामृतसिंधु, 3/5
3. भक्तिरसायन, 2/31-33
4. वही, 2/27-30
5. रामचरितमानस, 1/201/1-1/202

ऐसिय हाल भई तोहि धौं न तु लै मिलु सीय चहै सुख जौ रे।
राम के रोष न राखि सकैं तुलसी बिधि श्रीपति संकरु सौ रे॥[1]

इस सवैये में अंगद के क्रोध और उत्साह का आलंबन रावण है, किंतु उनकी भक्ति के आलंबन राम हैं। निम्नलिखित उद्धरण में शृंगार-मिश्रित भक्ति की ध्वनि है। दोनों भावों के आलंबन राम हैं, परंतु रति का आश्रय सीता हैं और भक्ति के आश्रय स्वयं तुलसीदास हैं। 'तुलसीस' की ध्वनि ने इस पद को भक्तिरसत्व प्रदान किया है :

हरषीं सहेली भयो भावतो गावतीं गीत
गवनीं भवन तुलसीस हियो हरि कै।[2]

उपर्युक्त रीति से भक्ति के साथ भक्तीतर शम, वत्सल-स्नेह, कामरति, उत्साह, शोक, विस्मय, हास, क्रोध, भय और जुगुप्सा—इन दस स्थायी भावों के मिश्रण के आधार पर तुलसीदास के काव्य में दस प्रकार के मिश्रित भक्तिरसों की निबंधना हुई है—शांत-मिश्रित[3], वत्सल-मिश्रित[4], शृंगार-मिश्रित[5], वीर-मिश्रित[6], करुण-मिश्रित[7], अद्‌भुत-मिश्रित[8], हास्य-मिश्रित[9], रौद्र-मिश्रित[10], भयानक-मिश्रित[11] और बीभत्स-मिश्रित[12]। उन संदर्भों में भक्तिरस के रसिक को शांत आदि के साथ-साथ भक्तिरस की अनुभूति होती है, अतः मिश्रित भक्तिरस है। सहृदय की अनुभूति ही इस विषय में प्रमाण है।

शम और शांतरस : शांत और भक्तिरस में तात्त्विक भेद है। शांत का स्थायी भाव शम अर्थात् तत्त्वज्ञान या आत्मज्ञान है।[13] काम-स्पृहा-रहित वशीकार-नामक वैराग्य के द्वारा द्रुत चित्त के प्रकाश को शम कहते हैं।[14] भक्तिरस का स्थायी भाव भक्ति अर्थात् भगवद्विषयक रति है।[15] भगवद्‌धर्म के कारण द्रुत चित्त की ईश्वरविषयक धारावाहिक वृत्ति भक्ति है।[16] शम निवृत्तिमूलक है, और भक्ति प्रवृत्तिमूलक। पहली का आलंबन है संसार की असारता एवं परमात्मा का चिंतन और दूसरी के आलंबन भगवान् तथा भक्तगण हैं। अतः तुलसी-साहित्य में जहाँ स्थायी भाव के रूप में केवल शम की व्यंजना हुई है वहाँ शांत रस है, जैसे :

स्रग महँ सर्प बिपुल भयदायक प्रगट होइ अविचारे।
बहु आयुध धरि बल अनेक करि हारहिं मरइ न मारे।
निज भ्रम ते रबिकरसंभव सागर अति भय उपजावै।
अवगाहत बोहित नौका चढ़ि कबहूँ पार न पावै।

---

1. कवितावली, 6/12
2. गीतावली, 1/72/4
3. विनयपत्रिका, 188
4. गीतावली, 1/18-19
5. वही, 7/21; कृष्णगीतावली, 51
6. गीतावली, 6/8
7. कवितावली, 6/52; गीतावली, 6/13-16
8. रामचरितमानस, 1/118/3-1/119/1
9. वही, 1/91-1/93
10. वही, 5/57-5/59/4
11. वही, 5/25/4-5/26/4
12. विनयपत्रिका, 136/3-4
13. अभिनवभारती, जिल्द 1, पृ. 336; साहित्यदर्पण, 3/245
14. भक्तिरसायन, 2/24
15. हरिभक्तिरसामृतसिंधु, 2/5/2
16. भक्तिरसायन, 1/3

तुलसिदास जग आपु सहित जब लगि निरमूल न जाई।
तब लगि कोटि कलप उपाय करि मरिय तरिय नहि भाई।[1]

तुलसी ने 'कवितावली' के उत्तरकांड, 'विनयपत्रिका' और 'वैराग्यसंदीपनी' के कतिपय पद्यों में ही शुद्ध शांतरस की योजना की है। इसका कारण उनकी सगुणभक्तिनिष्ठता है। यह तथ्य ध्यान देने योग्य है कि 'रामचरितमानस' में शांत रस कहीं भी भक्तिरस से स्वतंत्र नहीं है। जहाँ-जहाँ शम का निरूपण किया गया है वहाँ-वहाँ उसका पर्यवसान भक्ति में ही हुआ है।

वात्सल्य और वत्सल रस : वत्सल रस का स्थायी भाव पाल्य-पालक-लक्षण से युक्त पुत्रादि-विषयक स्नेह है। तुलसी के वात्सल्य-वर्णन का क्षेत्र अत्यंत व्यापक है। उन्होंने देश-काल की विविध भूमिकाओं में जीवन की विविध परिस्थितियों का चित्रण किया है। पार्वती, राम, लक्ष्मण, सीता आदि के प्रति माता-पिता[2] एवं स्वयं कवि[3] के वात्सल्य का वर्णन तो मार्मिक है ही, राम-सीता के प्रति सास-ससुर[4], अन्य गुरुजनों[5] तथा सामान्य नर-नारियों[6] का वात्सल्य भी अवेक्षणीय है। वात्सल्यमयी माँ के ममतापूर्ण हृदय की हृदयस्पर्शी व्यंजना हिंदी के अनेक कवियों ने की है, परंतु सपत्नी-पुत्रों के प्रति सौतेली माताओं के स्नेह का जो चित्ताकर्षक निरूपण तुलसी ने किया है[7] वह अन्यत्र दुर्लभ है। यह आवश्यक नहीं है कि बालक ही वात्सल्य का आलंबन और वयोवृद्ध जन ही उसका आश्रय हो। पाल्य-पालक-भाव के कारण दास-दासियों तथा भक्तों के प्रति राम का स्नेह भी वात्सल्य ही है।[8] इसी कारण से उन्हें भक्तवत्सल कहा गया है। राम की भक्तवत्सलता का निरूपण तुलसी के अतिशय प्रिय विषयों में से एक है। स्नेह के इस रूप की निबंधना भी तुलसी के वात्सल्य-निरूपण की अनुपेक्षणीय विशेषता है।

वात्सल्य के दो पक्ष हैं—संयोग-पक्ष और वियोग-पक्ष। तुलसी ने दोनों का विशद वर्णन किया है। 'गीतावली', 'रामचरितमानस' और 'कवितावली' के बालकांड में संयोग-पक्ष की वैविध्यपूर्ण झाँकियाँ प्रस्तुत की गई हैं—राम आदि के नैसर्गिक रूप की, उनके आकल्प-मंडन की, और आनंददायिनी बाल-लीलाओं की। खंड-चित्र की अपेक्षा संश्लिष्ट चित्र अपने सौंदर्य-समुच्चय, बिंब-वैचित्र्य और प्रभाव-व्यापकता के कारण अधिक चित्ताकर्षक होता है। अतः कवि ने राम की सुंदरता का घनीभूत प्रभाव प्रदर्शित करने के लिए प्रायः संश्लिष्ट चित्रांकन किया है, जैसे निम्नोद्धृत पद में :

छोटिऐ धनुहियाँ पनहियाँ पगनि छोटी।
छोटिऐ कछौटी कटि छोटिऐ तरकसी॥
लसत झँगूली झीनी दामिनि की छबि छीनी।
सुंदर बदन सिर पगिया जरकसी॥

---

1. विनयपत्रिका, 122/3-5
2. रामचरितमानस, 1/96/4-छंद, 1/208/1-3, 1/337/3-1/338/4, गीतावली 1/18, 2/4
3. कवितावली, 1/5, 7
4. रामचरितमानस, 1/336/1-4, 2/59/1-3, 2/78/2, 2/292/1-2
5. कह मुनि राम सत्य तुम भाषा। भरत सनेह बिचारु न राखा॥
   तेहि तें कहउँ बहोरि बहोरी। भरत भगति बस भइ मति मोरी॥

   —रामचरितमानस, 2/258/3-4
6. गीतावली, 1/34, 1/43
7. रामचरितमानस, 1/356/4-1/357/4; गीतावली, 1/8, 9, 11, 19
8. रामचरितमानस, 2/80/3, 3/43/2-4

बय अनुहरत बिभूषन बिचित्र अंग
जोहे जिय आवति सनेह की सरक सी।
मूरति की सूरति कही न परै तुलसी पै
जानै सोई जाके उर कसकै करक सी।[1]

'धनुहियाँ' और 'तरकसी' से राम की शरक्रीड़ा ध्वनित हो रही है। उनका सहज सौंदर्य आभूषणों के सहयोग से और भी आकर्षक हो गया है। वस्तुतः अलंकार विद्यमान सौंदर्य को ही उत्कृष्ट बनाते हैं, वे सुंदरता की सृष्टि नहीं कर सकते। राम निसर्ग-सुंदर हैं। उनका लावण्य वर्णनातीत है। अतः उस शोभा का केवल अनुभव किया जा सकता है। उसे वाणी-बद्ध नहीं किया जा सकता। अंतिम दो पंक्तियों में अपनी असमर्थता प्रकट करके कवि ने उसके घनीभूत प्रभाव की मर्मस्पर्शी व्यंजना की है।

बाल-वर्णन के प्रसंग में खेलों का वर्णन स्वाभाविक है। राम की क्रीड़ाओं के चित्रण में भी तुलसी के विशिष्ट दृष्टिकोण की झलक पाई जाती है। उनके राम मर्यादापुरुषोत्तम, धर्म-संस्थापक और लोक-रक्षक हैं। इसलिए आँखमिचौनी, माखन-चोरी अथवा बालाओं से छेड़-छाड़ उनके स्वभाव के प्रतिकूल है। वे बचपन में बाल-स्वभाव-वश एकाध बार गोली, भौंरा और चकडोरी खेल लेते हैं[2], परंतु ये उनके इष्ट खेल नहीं हैं। वे राजकुमार हैं और आगे चलकर उन्हें आततायी राक्षसों का वध करना है। तदनुरूप वे आखेट, चौगान और शर-क्रीड़ा में विशेष रुचि रखते हैं।[3]

परंतु कृष्ण की बाल-लीला के चित्रण में तुलसी ने कृष्ण-काव्य की परिपाटी का पालन किया है। यशोदा के सामने अपनी सफाई देते हुए शरारती कृष्ण उलाहना देनेवाली गोपियों पर बातें बनाने का उलटा दोष लगाते हैं :

मोकहँ झूठेहु दोष लगावहिं।
मैया इन्हहिं बानि परगृह की नाना जुगुति बनावहिं॥
इन्हके लिये खेलिबो छाँड़्यो तऊ न उबरन पावहिं।
भाजन फोरि बोरि कर गोरस देन उरहनो आवहिं॥
कबहुँक बाल रोवाइ पानि गहि मिस करि उठि उठि धावहिं।
करहिं आपु सिर धरहिं आन के बचन बिरंचि हरावहिं॥[4]

सूर से तुलना : तुलनात्मक दृष्टि से अवेक्षणीय है कि यहाँ भी मर्यादावादी तुलसीदास **'मेरे कर अपनै उर धारति आपन ही चोली धरि फारि'**[5] जैसी उक्तियों को साफ बचा गए हैं।

वात्सल्यमयी माताओं का स्वभाव है कि वे सहज स्नेहवश अपने अपराधी पुत्र का प्रतिरक्षात्मक पक्ष-समर्थन किया करती हैं। यशोदा की इस स्निग्ध प्रवृत्ति का यथार्थ चित्रण मनोहारी है :

कबहुँ न जात पराये धामहिं।
खेलत ही देखौं निज आँगन सदा सहित बलरामहिं॥
मेरे कहा थाकु गोरस को नवनिधि मंदिर यामहिं।,
ठाली ग्वालि ओरहने के मिस आइ बकहिं बेकामहिं॥

---

1. गीतावली, 1/44
2. वही, 1/43/3
3. वही, 1/22/13-14, 1/45, रामचरितमानस, 1/205/1; कवितावली, 1/7
4. कृष्णगीतावली, 4
5. सूरसागर, 922

हौं बलि जाउँ जाहु कितहूँ जनि मातु सिखावत स्यामहिं।
बिनु कारन हठि दोष लगावति तात गए गृह तामहिं।।[1]

राम का अधिकांश बाल-वर्णन **संयोग-वात्सल्य** का उदाहरण है। माता-पिता उन्हें गोद में खिलाते हैं; कौशल्या उन्हें सेज पर सुलाती हैं, तेल-उबटन लगाती हैं, नहलाती हैं, सजाती हैं, पालने में झुलाती हैं, दुलारती हैं, अँगुली पकड़कर चलना सिखाती हैं, चुटकी बजाकर नचाती हैं। सभी माताएँ और पुर-नारियाँ उनकी बाल-केलि को देख-देखकर आनंदित होती हैं :

1. ललित सुतहि लालति सचु पाए।
कौसल्या कल कनक अजिर महँ सिखवति चलन अँगुरियाँ लाए।...
किलकि किलकि नाचत चुटकी सुनि डरपति जननि पानि छुटकाए।
गिरि घुटुरुवनि टेकि उठि अनुजनि तोतरि बोलत पूप देखाए।
बालकेलि अवलोकि मातु सब मुदित मगन आनँद न अमाए।।[2]

2. मनमोहनी तोतरी बोलनि मुनिमन हरनि हँसनि किलकनियाँ।
बालसुभाय बिलोल बिलोचन चोरति चितहि चारु चितवनियाँ।
सुनि कुलबधू झरोखनि झाँकति रामचंदछबि चंदबदनियाँ।
तुलसिदास प्रभु देखि मगन भई प्रेमबिबस कछु सुधि न अपनियाँ।।[3]

प्रेम की यह विशेषता है कि वह विरह में तपकर निखरता है। वत्सल-स्नेह की भी यही गति है। राम के वियोग में कौशल्या और दशरथ का प्रेम तीव्रतर हो गया है। यद्यपि तुलसी ने विश्वामित्र के प्रसंग में भी वियोग-वात्सल्य का किंचित् चित्रण किया है[4], तथापि उसका व्यापक निरूपण राम-वन-गमन के संदर्भ में हुआ है। वत्स के प्रति जननी के वात्सल्य की अतिशयता प्रायः सर्वत्र देखी जाती है, किंतु पुत्र-वियोग की भावना मात्र से सुरलोकप-रक्षक पिता के भाव-विगलित चित्त की कातरता की पराकाष्ठा का मर्मभेदी कारुणिक आलेखन समर्थ कवि तुलसी की लेखनी का ही चमत्कार है[5] :

1. जिअइ मीन बरु बारि बिहीना। मनि बिनु फनिकु जिअइ दुख दीना।।
कहउँ सुभाउ न छल मन माहीं। जीवनु मोर राम बिनु नाहीं।।
समुझि देखु जिअँ प्रिया प्रबीना। जीवनु राम दरस आधीना।।

2. अजसु होउ जग सुजसु नसाऊ। नरक परौं बरु सुरपुर जाऊ।।
सब दुख दुसह सहावउ मोहीं। लोचन ओट रामु जनि होहीं।।

चित्त की विषयाकारता ही भाव है। वात्सल्य भाव की स्थिति में वत्सल व्यक्ति का मन वत्समय हो जाता है। संयोग की अवस्था में उसकी दृष्टि शेष जगत् से हटकर अपने स्नेहभाजन पर ही केंद्रित रहती है। वियोग की दशा में वह सर्वत्र अपने स्नेहपात्र की झलक देखता है। परंतु यह अनुभूति धारावाहिक नहीं होती। संयोग-सुख का अभाव रह-रहकर उसके विह्वल मन को कुरेदता रहता है। राम के विरह में व्यथा-व्याकुल कौशल्या की इस मनोदशा की तर्क द्वारा उपचित अभिव्यंजना द्रष्टव्य है :

---

1. कृष्णगीतावली, 5
2. गीतावली, 1/32/1, 5-6
3. वही, 1/34/5-6
4. रामचरितमानस 1/208/1-3
5. वही, 2/33/1-2, 2/45/1

माई री मोहि कोउ न समुझावै।
रामगवन साँचो किधौं सपनो मन परतीति न आवै॥
लगेइ रहत मेरे नैननि आगे राम लषन अरु सीता।
तदपि न मिटत दाह या उर को बिधि जो भयो बिपरीता॥
दुख न रहै रघुपतिहि बिलोकत तनु न रहै बिनु देखे।
करत न प्रान पयान सुनहु सखि अरुझि परी यहि लेखे॥[1]

रति और शृंगार : रति तत्त्वतः कामरति है। 'शृंग' का अर्थ है—कामोद्रेक। इसीलिए रति का संवादी रस 'शृंगार' कहलाता है। अन्य प्रवृत्तियों की तुलना में काम प्राणिमात्र की बलवत्तम तथा व्यापकतम प्रवृत्ति है—**काम कुसुम धनु सायक लीन्हे। सकल भुवन अपने बस कीन्हें**।[2]

फलतः काव्य में शृंगार का इतना अधिक वर्णन मिलता है और उसे 'रसराज' का पद प्रदान किया गया है। शृंगार का लक्ष्य सौंदर्य है। मंगल-विधान उसकी आवश्यक विशेषता नहीं है। शिव-तत्त्व से रहित शृंगार विषय-कथा-रस होने के कारण तुलसी की दृष्टि में हेय है।[3]

भक्तकवि तुलसीदास शृंगार के कवि नहीं हैं, फिर भी कवि होने के नाते-काव्यदृष्टि से उन्होंने शृंगार का भी वर्णन किया है और बहुत खूबी के साथ किया है। शंकर-पार्वती-चरित में उन्होंने शृंगार की उपेक्षा की है—**जगत मातु पितु संभु भवानी। तेहि सिंगारु न कहौं बखानी**।[4] यहाँ पर 'सिंगारु' का अर्थ संभोग-विलास है। किंवदंती है कि कुमारसंभव में **जगतः पितरौ**[5] शंभु-भवानी के घोर शृंगार का वर्णन करने के कारण कालिदास को कोढ़ हो गया था जो 'रघुवंश' की रचना से दूर हुआ। दंतकथा झूठी है, किंतु उसका निष्कर्ष महत्त्वपूर्ण है। वह यह है कि भारतीय मनीषा ने मंगल-विधायक सरस काव्य को गौरव दिया है। तुलसी का भी यही दृष्टिकोण है। उनके काव्य में शृंगार के **आलंबन** सीता-राम और गोपी-कृष्ण हैं। शृंगार की अवहेलना से दोनों का चरित-वर्णन अधूरा रह जाता और काव्य-धर्म की दृष्टि से उन कथाओं के अत्यंत हृदयग्राही स्थल छूट जाते। सहृदय कवि ने उसे उचित स्थान देकर श्लाघ्य कवि-कर्म का सम्यक् निर्वाह किया है।

शृंगार के दो भेद हैं—संयोग और वियोग। नायक-नायिका का परस्पर अनुकूल बहिरिंद्रिय-संबंध संयोग है। इसके विपरीत, अनुकूल इंद्रिय-संबंध का अभाव वियोग है। तुलसी ने 'रामचरितमानस', 'गीतावली', 'कवितावली' और 'कृष्णगीतावली' में इन दोनों पक्षों का विशेष मनोहर चित्रण किया है। सीता-राम के वर्णन में उनका मन अधिक रमा है, इसलिए उसमें दोनों की विशदता है। उन्होंने गोपी-कृष्ण के संयोग-वर्णन की उपेक्षा की है, क्योंकि उसमें मर्यादा के उल्लंघन का भय था। उक्त कृतियों में रति-भाव की विभिन्न अवस्थाओं की सटीक और प्रभावशाली किंतु मर्यादित व्यंजना की गई है।

विश्वामित्र से धनुष-यज्ञ का समाचार सुनकर राम प्रसन्न हुए।[6] उनके मन में सीता के प्रति उत्सुकता और लालसा उत्पन्न हुई। यहीं से कवि ने सांकेतिक रूप से दोनों के संयोग की पृष्ठभूमि तैयार की है। जनक की फुलवारी में उनके प्रथम साक्षात्कार के लिए जिस पवित्र वातावरण का निर्माण और जिस सुंदरता से आदर्श-मर्यादा का निर्वाह किया है, वह अनुपम है। राम अकेले नहीं हैं, उनके

1. गीतावली, 2/53
2. रामचरितमानस, 1/257/1
3. संबुक मेक सेवार समाना। इहाँ न विषय कथा रस नाना॥—रामचरितमानस, 1/38/2
4. रामचरितमानस, 1/103/2
5. रघुवंश, 1/1
6. धनुपजज्ञ मुनि रघुकुलनाथा। हरषि चले मुनिवर के साथा॥—रामचरितमानस, 1/210/5

साथ लक्ष्मण हैं। सीता अकेली नहीं हैं, उनके साथ सखियाँ हैं। एकांत में किया गया प्रेम व्यभिचार हो सकता है, लेकिन समाजानुमोदित प्रेम पाप नहीं हो सकता। इसके अतिरिक्त, राम गुरु की आज्ञा से पूजा के फूल लेने के लिए आए हैं[1], और सीता माँ के आदेश से गिरिजा-पूजन के निमित्त आई हैं।[2] सीता को पार्वती से और राम को विश्वामित्र से मनोरथ सफल होने की 'असीस' मिली है।[3] शृंगार के प्रसंग में इससे अधिक पुनीत परिवेश और क्या हो सकता है!

आदर्श प्रेम वही है जो दोनों ओर से हो। उभयाश्रित रति-भाव ही शृंगाररसत्व प्राप्त करता है। एकांगी होने पर उसकी परिणति रसाभास में होती है। सीता और राम दोनों एक-दूसरे पर मुग्ध हैं[4] :

1. अस कहि फिरि चितए तेहि ओरा। सिय मुख ससि भए नयन चकोरा॥
भए बिलोचन चारु अचंचल। मनहुँ सकुचि निमि तजेउ दृगंचल॥
2. थके नयन रघुपति छबि देखें। पलकन्हिहूँ परिहरीं निमेषें॥
अधिक सनेह देह भै भोरी, सरद ससिहि जनु चितव चकोरी॥

शब्दार्थ-साम्य पर ध्यान दीजिए—दोनों के नेत्र निर्निमेष हैं, एक-दूसरे के चंद्र-मुख के चकोर हैं; दोनों ही स्तंभित हैं। निमि का निर्देश भी चमत्कारोत्पादक है। वे जनक के पूर्वपुरुष हैं, पलकों पर उनका निवास है। अपने कुल की कन्या और भावी दामाद के प्रणय-व्यापार को देखना अनुचित है। इस संकोच के मारे वे दृगंचल से हट गए, पलकों का झपकना बंद हो गया। निर्निमेषता अनुभाव है। उससे व्यंजित 'जड़ता' संचारी भाव है।

कोई भी प्रेमी अपने प्रेमपात्र को दृष्टिपथ से ओझल नहीं होने देना चाहता। सीता लाचार हैं। आई थीं पूजा करने, बँध गईं प्रेम-पाश में। बड़ी देर हो गई है, सखियाँ चेतावनी दे रही हैं, परंतु सीता का मन नहीं मानता। वे किसी-न-किसी बहाने से राम की शोभा को निरखती ही रहना चाहती हैं :

देखन मिस मृग बिहग तरु फिरै बहोरि बहोरि।
निरखि निरखि रघुबीर छबि बाढ़ै प्रीति न थोरि॥[5]

दोनों लौटने के लिए बाध्य हैं। नारी की नैसर्गिक और परिस्थितिजन्य विवशता का अनुमान किया जा सकता है। मनःकल्पित संयोग भी सुखद होता है। चलते समय दोनों ही एक-दूसरे के रूप को हृदय में धारण कर लेते हैं :

जानि कठिन सिव चाप बिसूरति। चली राखि उर स्यामल मूरति॥
प्रभु जब जात जानकी जानी। सुख सनेह सोभा गुन खानी॥
परम प्रेम मय मृदु मसि कीन्ही। चारु चित्त भीतीं लिखि लीन्ही॥[6]

आलंबन की दृष्टि से दूसरी पंक्ति ध्यान देने योग्य है। रति का आलंबन होने के लिए किसी पात्र में शोभा और गुण की सत्ता अनिवार्य है। किसी जुगुप्सनीय व्यक्ति के प्रति अनुराग की उत्पत्ति पागलपन की निशानी है। अतएव भारतीय महाकाव्य और नाटक की परंपरा नायक एवं नायिका में रूप तथा गुण के रमणीय समन्वय का विधान करती आई है। रति को उत्कर्ष प्रदान करने और

---

1. समय जानि गुर आयेसु पाई। लेन प्रसून चले दोउ भाई॥—रामचरितमानस, 1/227/1
2. तेहि अवसर सीता तहँ आई। गिरिजा पूजन जननि पठाई॥—रामचरितमानस, 1/228/1
3. रामचरितमानस, 1/236/4, 1/237/2
4. वही, 1/230/2, 1/232/3
5. वही, 1/234
6. वही, 1/235/1-2

नायक-नायिका को द्विविधा से मुक्त रखने के लिए दोनों की अद्वितीयता का चित्रण[1] किया जाता रहा है। मर्मज्ञ तुलसी ने इस तथ्य पर भरपूर ध्यान रखा है।[2] लक्ष्मण-जैसे गौरांग-सुंदर किशोर के साथ होते हुए भी श्यामवर्ण राम का रूप उजागर है, शोभाशालिनी सखियों के बीच में भी सीता की सुंदरता निराली है[3] :

1. **देखन बाग कुँअर दोउ आए। बय किसोर सब भाँति सुहाए॥**
   स्याम गौर किमि कहौं बखानी। गिरा अनयन नयन बिनु बानी॥
2. **सुमन समेत बाम कर दोना। साँवर कुँअर सखी सुठि लोना॥**
3. **जनु बिरंचि सब निज निपुनाई। बिरचि बिस्व कहँ प्रगट देखाई॥**[4]
   सुंदरता कहुँ सुंदर करई। छबिगृहँ दीपसिखा जनु बरई॥
4. **सखिन्ह मध्य सिय सोहति कैसी। छबिगन मध्य महाछबि जैसी॥**

उद्दीपन विभाव के रूप में रमणीक पुष्प-वाटिका का वर्णन भी शृंगार रस के उपयुक्त है।[5] धनुष-यज्ञ के असवर पर अनुभावों और संचारी भावों की एक अलंकार-मंडित एवं मर्मस्पर्शी संश्लिष्ट योजना देखिए :

प्रभुहि चितै पुनि चितव महि राजत लोचन लोल।
खेलत मनसिज मीन जुग जनु बिधु मंडल डोल॥
गिरा अलिनि मुख पंकज रोकी । प्रगट न लाज निसा अवलोकी॥
लोचन जल रह लोचन कोना । जैसे परम कृपन कर सोना॥[6]

सीता की चितवन आदि अनुभाव हैं। अश्रु सात्त्विक भाव है। व्रीड़ा, विषाद और चिंता संचारी भाव हैं। इनके संयोग से रति-भाव की अतिशय मार्मिक व्यंजना हुई है, क्योंकि धनुर्भंग में विलंब होने के कारण संयोग-सुख भी विरह-वेदना से मिश्रित हो गया है। मनोरथ के सफल होने पर विवाह-मंडप में प्रेम मग्न सीता आनंदविभोर हैं :

राम को रूप निहारति जानकी कंकन के नग की परछाहीं।
या तें सबै सुधि भूलि गई कर टेकि रही पल टारति नाहीं॥[7]

तुलसी-वर्णित संयोग-शृंगार प्रेमालाप, चुंबन, आलिंगन आदि से मुक्त और दर्शन तक ही सीमित होने पर भी अत्यंत प्रौढ़, परिपक्व एवं प्रभावी है।

वियोग-शृंगार के चार भेद बतलाए गए हैं—पूर्वराग, मान, प्रवास और करुण। पूर्वराग और मान सामान्यतः काम-विलास से संबद्ध हैं। तुलसी के कर्त्तव्यपरायण राम को उनके लिए फुर्सत नहीं है। कृष्ण-चरित-वर्णन में अवकाश था, किंतु आदर्शवादी तुलसी की दृष्टि उधर प्रवृत्त नहीं हुई। उन्होंने केवल प्रवास-विप्रलंभ का वर्णन किया है। 'कृष्णगीतावली' में वर्णित प्रवास रूढ़िबद्ध है, किंतु राम-सीता का वियोग-चित्रण प्रवास-वर्णन की सामान्य परंपरा से कुछ भिन्न है। राम निर्वासित होकर भी सीता के साथ वन गए थे। एक वनवासी राजकुमार की पत्नी का हरण हुआ है। हरण के अनंतर सीता और राम की स्थायी चित्तवृत्ति शोक-मिश्रित रति है। इसलिए काव्यदृष्टि से उस स्थलविशेष पर

---

1. नैषधीयचरित, 1/38
2. रामु से न बर दुलही न सिय सारिखी; सीय सी न तीय न पुरुप राम सारिखो।—कवितावली, 1/15,16
3. क्रमशः, रामचरितमानस, 1/229/1, 1/233/4, 1/230/3-4, 1/264/1
4. सा निर्मिता विश्वसृजा प्रयत्नादेकस्थसौंदर्यदिदृक्षयेव।—कुमारसंभव, 1/49
5. रामचरितमानस, 1/227/2--दोहा
6. वही, 1/258-1/259/1
7. कवितावली, 1/17; श्रीकांतशरणजी इसे क्षेपक मानते हैं : कवितावली, पृ. 28

करुण-विप्रलंभ मानना चाहिए। यदि राम को ईश्वर मानकर चला जाएगा तो उनके विलाप में करुण का अस्तित्व भी संदिग्ध हो जाएगा। यथार्थतः, अशोक-वाटिका में स्थित सीता का विरह-वर्णन विप्रलंभ-शृंगार का प्रकृत उदाहरण है।[1]

तुलसी साहित्य में विरह : 'मेघदूत' आदि कुछ अपवादों को छोड़कर हमारे यहाँ के प्राचीन साहित्य में विरह-वेदना प्रायः नारियों के मत्थे मढ़ी गई है। प्रकृति, लालित्य और समाज के केंद्र-बिंदु से इसके क्रमशः तीन कारण प्रतीत होते हैं—1. वे अबलाएँ हैं, अतः रोने के लिए बाध्य हैं; व्यथा के भार को ढोना उनका जाति-धर्म हो गया है। रावण ने सीता का अपहरण किया, उनसे प्रतिरोध नहीं हो सका, वे लड़कर मर नहीं सकीं। कृष्ण जाने लगे, बालाएँ उन्हें रोक नहीं सकीं। कृष्ण मथुरा में ही हैं, गोपियाँ उन तक पहुँच नहीं सकतीं। 2. वे सुकुमारी रमणियाँ हैं, उनमें सहज सौरस्य है (याद रखिए कि किसी कर्कशा को नायिका होने के योग्य समझा ही नहीं गया); अतः उनके विरह-निवेदन में सहृदय के हृदय को गला देने की अधिक शक्ति है। एक सुदूर टापू के बीच रावण-जैसे आतंकवादी राक्षसराज के बंधन में पड़ी हुई निस्सहाय सीता की विरहावस्था में जो मार्मिकता है वह धर्नुधर राम की वियोग-दशा में संभव नहीं है। कंस-वध में समर्थ कृष्ण का विप्रलंभ पराधीन ब्रजबालाओं की मर्मव्यथा का समकक्ष नहीं हो सकता। 3. नारी के कर्मक्षेत्र की सीमा बहुत संकुचित है। परिस्थितियाँ उसे आत्मकेंद्रित होकर घुलने के लिए विवश करती हैं। पुरुष का बाह्य संघर्ष अनेकमुखी है। उत्साह, क्रोध आदि विभिन्न मनोवृत्तियों की दीप्ति के कारण उसे प्रणय-चिंतन का अवकाश कम मिलता है। स्थानांतर में पहुँचकर कृष्ण राजनैतिक झंझटों में व्यापृत हैं। इसके विपरीत, गोपियाँ वहीं हैं जहाँ कृष्ण ने उनके साथ सरस लीलाएँ की थीं। संयोग-दशा की आनंददायिनी वस्तुएँ वियोग-दशा में उनकी रति-भावना को अनिवार्यतः उद्दीप्त करती हैं।[2] हनुमान से सीता का समाचार पाकर राम का रति-भाव केवल क्षण-भर के लिए उद्बुद्ध हुआ। तत्काल ही उसका स्थान प्रतिशोध-भावना और उत्साह ने ले लिया, क्योंकि उन्हें रावण का वध करके सीता का उद्धार करना था।[3] दूसरी ओर, राक्षसियों से घिरी हुई निरुपाय सीता केवल अनुचिंतन कर सकती थीं। प्रतिशोध अथवा मुक्ति का प्रयास उनके बूते के बाहर था। मजबूरी में उनकी विरह-वेदना का तीव्रतर होना स्वाभाविक था :

अतिहि अधिक दरसन की आरति।
राम बियोग असोक बिटप तर सीय निमेष कलप सम टारति।
बार बार बर बारिज लोचन भरि भरि बरत बारि उर ढारति॥
मनहु बिरह के सद्य घाय हिये लखि तकि तकि धरि धीरज तारति॥
तुलसिदास जद्यपि निशिबासर छिन छिन प्रभु मूरतिहि निहारति।
मिटति न दुसह ताप तउ तन की यह बिचारि अंतरगति हारति॥[4]

---

1. देखिए : रामचरितमानस, 5/31; गीतावली, 5/7, 9-10, 17-20; बरवैरामायण, 36-41
2. ससि ते सीतल मोको लागै माई री तरनि।
   याके उए बरति अधिक अँग अँग दव वाके उए मिटति रजनिजनित जरनि॥
   सब बिपरीत भए माधव बिनु हित जो करत अनहित की करनि।
   तुलसिदास स्यामसुंदर बिरह की दुसह दसा सो मो पै परति नहि बरनि॥

   —कृष्णगीतावली, 30
3. कपि के सुनि कल कोमल बैन।
   प्रेम पुलकि सब गात सिथिल भए भरे सलिल सरसीरुह नैन॥...
   धरि धरि धीर बीर कोसलपति किए जतन सके उत्तरु दै न।
   तुलसिदास प्रभु सखा अनुज सों सैननि कह्यो चलहु सजि सैन॥—गीतावली, 5/21
4. गीतावली, 5/19

'भ्रमरगीत' (उद्धव-गोपी-संवाद) गोपियों के विरह-वर्णन का एक मार्मिक प्रसंग है। 'कवितावली' के कुछ पद्यों और 'कृष्णगीतावली' में उसकी सरस निबंधना की गई है।

तुलसी में उत्साह और वीररस : उत्साह की चार वृत्तियाँ बतलाई गई हैं—दया, दान, धर्म और युद्ध। तदनुसार वीररस के दयावीर आदि चार भेद माने गए हैं। वस्तुतः प्रथम तीन में व्यक्त उत्साह रस-कोटि तक नहीं पहुँचता। उन्हें गौरव देने के लिए काव्य-शास्त्रियों ने उनका भी वीररस में परिगणन किया है। युद्धवीर ही प्रकृत वीररस है। उत्साह भारतीय नायक का सहज गुण है। किसी भी कार्य-सिद्धि के लिए उसका होना आवश्यक है। दयालुता, वदान्यता, धार्मिकता और शूरवीरता उन नायकों की सामान्य विशेषताएँ हैं।[1] तुलसी के राम इन सभी गुणों के निधान हैं। वे दीनदयालु हैं। जयंत और बालि जैसे विरोधी पात्रों पर भी उन्होंने दया की है।[2] धर्म-संस्थापन के लिए तो उनका अवतार ही हुआ है।[3] उनके दयोत्साह और धर्मोत्साह के बहुधा वर्णनों को पढ़कर वीररस की अनुभूति नहीं होती। धर्मोत्साह की कवित्वमयी व्यंजना धर्ममय रथ के निरूपण में अवश्य हुई है[4], किंतु उसकी रमणीयता युद्धोत्साह और अलंकार-विधान पर ही आश्रित है। 'कवितावली' में एक स्थल पर, विभीषण-शरणागति के प्रसंग में, दानोत्साह का सरस चित्रण किया गया है :

> नगर कुबेर को सुमेरु की बराबरी बिरंचि बुद्धि को विलास लंक निरमान भो।
> ईसहिं चढ़ाय सीस बीस बाहु बीर तहाँ रावन सो राजा रजतेज को निधान भो।
> तुलसी तिलोक की समृद्धि सौंज संपदा सकेलि चाकि राखी रासि जाँगर जहान भो।
> तीसरे उपास बनबास सिंधु पास सो समाज महाराज जू को एक दिन दान भो॥[5]

तुलसी-साहित्य में वीररस की हृद्य निबंधना राम, लक्ष्मण, हनुमान, अंगद आदि पात्रों के युद्धोत्साह के वर्णन में अनेक स्थलों पर हुई है। उदाहरणार्थ, क्रमशः लक्ष्मण एवं अंगद की निम्नांकित उक्तियों में वीररस का ओजस्वी प्रवाह द्रष्टव्य है[6] :

1. सुनहु भानुकुल पंकज भानू। कहौं सुभाउ न कछु अभिमानू॥
   जौ तुम्हारि अनुसासनि पावौं। कंदुक इव ब्रह्मांड उठावौं॥
   काचे घट जिमि डारौं फोरी। सकौं मेरु मूलक जिमि तोरी॥...
   कमलनाल जिमि चाप चढ़ावौं। जोजन सत प्रमान लै धावौं॥
   तोरौं छत्रकदंड जिमि तव प्रताप बल नाथ।
   जौ न करौं प्रभु पद सपथ कर न धरौं धनु भाथ॥
2. कोसलराज के काज हौं आज त्रिकूट उपारि लै बारिधि बोरौं।
   महाभुजदंड द्वै अंडकटाह चपेट की चोट चटाक दै फोरौं।
   आयसु भंग ते जौ न डरौं सब मींजि सभासद सोनित खोरौं।
   बालि को बालक तौ तुलसी दसहू मुख के रन में रद तोरौं॥

'कवितावली' और 'रामचरितमानस' के लंकाकांड का अधिकांश युद्धोत्साह की दीप्तिमयी व्यंजना से परिपूर्ण है। संग्राम की उग्रता और प्रचंडता के दृश्य अत्यंत सजीवता एवं ओजस्विता के साथ

---

1. दशरूपक, 3/1-2
2. रामचरितमानस, 3/2/6-7, 4/10/1
3. वही, 1/121, 4/9/3, 7/21/2
4. वही, 6/80/2-9
5. कवितावली, 5/32
6. क्रमशः रामचरितमानस, 1/253 : कवितावली, 6/14

प्रस्तुत किए गए हैं।[1]

शोक और करुण रस : इष्ट-विच्छेद के कारण चित्त में क्लेश का उदय शोक है। तुलसी ने राम-वन-गमन और लक्ष्मण-मूर्च्छा के प्रसंगों में शोक का विशेष रूप से हृदय-द्रावक चित्रण किया है। राम के वन जाने पर संपूर्ण अयोध्या शोकमग्न हो जाती है। उस नगरव्यापी विषण्णता का वर्णन प्रभावशाली है :

नगर ब्यापि गइ बात सुतीछी। छुअत चढ़ी जनु सब तन बीछी ॥
सुनि भए बिकल सकल नरनारी। बेलि बिटप जिमि देखि दवारी ॥
जो जहँ सुनइ धुनइ सिर सोई। बड़ बिषादु नहिं धीरजु होई ॥
मुख सुखाहिं लोचन स्रवहिं सोकु न हृदय समाइ।
मनहुँ करुन सर कटकई उतरी अवध बजाइ ॥[2]

उपर्युक्त दोहे में 'सोक' और 'करुण रस' का प्रयोग देखकर स्वशब्दवाच्यत्व दोष के भ्रम में नहीं पड़ना चाहिए। दोष वही होता है जो रस का अपकर्षक हो। सशक्त अनुभावों और संचारी भावों के साथ प्रयुक्त ये शब्द करुण रस की अभिव्यक्ति में बाधक न होकर सहायक हैं। अन्यत्र भी 'सोक' का मार्मिक निरूपण देखिए :

सोक बिकल सब रोवहिं रानी। रूप सीलु बलु तेजु बखानी ॥
करहिं बिलाप अनेक प्रकारा। परहिं भूमि तल बारहिं बारा ॥
बिलपहिं विकल दास अरु दासी। घर घर रुदनु करहिं पुरबासी ॥
अँथएउ आजु भानुकुल भानू। धरम अवधि गुन रूप निधानू ॥[3]

राम-वन-गमन पर आलंबित शोक व्यक्ति या परिवार तक ही परिसीमित न होकर जन-जन में व्याप्त है, अतः सहृदय मात्र के हृदय को द्रवीभूत कर देनेवाला है। उनके वियोग में मनुष्य ही नहीं, पशु-पक्षी भी शोक-मग्न हैं, वृक्ष और लताएँ तक मुरझा गई हैं।[4] परंतु राम को तनिक भी शोक नहीं है।[5] यह वैशिष्ट्य अवेक्षणीय है। स्वयं राम तीन स्थलों पर शोकाकुल हुए हैं—पिता की मृत्यु का समाचार सुनकर, जटायु के निधन पर, और लक्ष्मण के मूर्च्छित होने पर। तीसरे स्थल का दृश्य अत्यंत कारुणिक है। उसमें संकटग्रस्त एवं चिंतातुर राम के शील, स्नेह, पश्चात्ताप और शोक की चित्तस्पर्शी व्यंजना हुई है :

अर्धराति गइ कपि नहिं आएउ । राम उठाइ अनुज उर लाएउ ॥
सकहु न दुखित देखि मोहि काऊ । बंधु सदा तव मृदुल सुभाऊ ॥
मम हित लागि तजेउ पितु माता । सहेहु बिपिन हिम आतप बाता ॥
सो अनुराग कहाँ अब भाई । उठहु न सुनि मम बच बिकलाई ॥

---

1. सर तोमर सेल समूह पँवारत मारत बीर निसाचर के।
इत तें तरु ताल तमाल चले खर खंड प्रचंड महीधर के।
तुलसी करि केहरिनाद भिरे भट खग्ग खगे खपुआ खरके।
नखदंतन सों भुजदंड बिहंडत मुंड सों मुंड परे झरके ॥—कवितावली, 6/35
2. रामचरितमानस, 2/46
3. वही, 2/156/2-3
4. वही, 2/83, 2/142; गीतावली, 2/66, 67
5. मुख प्रसन्न मन रंगु न रोपू। सब कर सब बिधि करि परितोपू ॥
चले बिपिन सुनि सिय सँग लागी। रहइ न रामचरन अनुरागी ॥

—रामचरितमानस, 2/166/1

जौ जनतेउँ बन बंधु बिछोहू। पिता बचन मनतेउँ नहि ओहू॥
सुत बित नारि भवन परिवारा। होहिं जाहिं जग बारहिं बारा॥
अस बिचारि जिअँ जागहु ताता। मिलै न जगत सहोदर भ्राता॥[1]

विस्मय और अद्भुत रस : विस्मय लोकोत्तर-चमत्कार-कारिणी वस्तु के दर्शन से द्रुत चित्त का विकास है। राम का चरित अलौकिक[2] होने के कारण स्वभावतः विस्मयजनक है। उन्होंने कौशल्या और काकभुशुंडि को अपना अद्भुत विराट् रूप दिखाया है।[3] उन स्थलों पर कौशल्या आदि के विस्मय की निबंधना की गई है। हनुमान के समुद्र लाँघने, अंगद के पाँव रोपने, सागर पर सेतु बाँधने, राक्षसों और वानरों के आकाश-युद्ध आदि में अद्भुत की सशक्त व्यंजना हुई है। तुलसी-साहित्य में अद्भुत रस का उत्कृष्टतम उदाहरण है :

लीन्हों उखारि पहार बिसाल चल्यो तेहि काल बिलंब न लायो।
मारुतनंदन मारुत को मन को खगराज को बेग लजायो॥
तीखी तुरा तुलसी कहतो पै हिये उपमा को समाउ न आयो।
मानो प्रतच्छ परब्बत की नभ लीक लसी कपि यों धुकि धायो॥[4]

अतिमानवीय व्यापार का चित्रण रस-प्रतीति में बाधक नहीं है। 'असंभावनाविरह' भी रसानुभूति की एक आवश्यक शर्त है। कल्पनाप्रधान काव्य में भौतिक यथार्थता ढूँढ़ना व्यर्थ है। इस सवैये की दूसरी पंक्ति में **दुष्क्रमत्व दोष** आभासित होता है, क्योंकि वेग-तारतम्य की दृष्टि से क्रम होना चाहिए था—**मारुत को, खगराज को, मन को**। इसके दो समाधान हैं—1. पद्य में पदान्वय की भी अपेक्षा होती है, और आलोच्य पंक्ति का पदान्वय करके अर्थ ग्रहण किया जा सकता है। 2. 'समग्र वर्णन से जो चित्र सामने खड़ा होता है उसके अद्भुत होने में कोई संदेह नहीं। गगनमंडल के बीच पहाड़ की एक लीक-सी बँध जाना कोई साधारण व्यापार नहीं है। इस अद्भुतता की योजना भी एक स्वभावसिद्ध व्यापार के आधार पर हुई है। अत्यंत वेग से गमन करती हुई वस्तु की एक लकीर-सी बन जाया करती है। अद्भुत रस के इस आलंबन द्वारा गोस्वामीजी की वह स्वाभाविक विश्व व्यापार-ग्राहिणी सहृदयता लक्षित होती है जो हिंदी के और किसी कवि में नहीं।'[5]

हास और हास्यरस : तुलसी की प्रवृत्ति हास की ओर नहीं है। आनुषंगिक रूप से उन्होंने एकाध स्थलों पर हास की व्यंजना की है। वह भी **स्मित** हास है, मर्यादित और उद्देश्य-गर्भित है। विश्वमोहिनी राजकुमारी पर आसक्त वूढ़े नारद ने भगवान से सुंदरतम रूप माँगा, उन्होंने बंदर का कुरूप दे दिया। परंतु, नारद मोहवश अपने को कामदेव समझ रहे हैं और स्वयंवर-सभा में इस विश्वास के साथ डटे हुए हैं कि **मोहि तजि आनहि बरिहि न भोरे**। राजकन्या ने उनकी हास्यास्पद आकृति को देखा और दृष्टि फेर ली :

मर्कट बदन भयंकर देही। देखत हृदयँ क्रोध भा तेही॥
जेहिं दिसि नारद बैठे फूली। सो दिसि तेहिं न बिलोकी भूली॥
पुनि पुनि मुनि उकसहिं अकुलाहीं। देखि दसा हरगन मुसुकाहीं॥[6]

---

1. रामचरितमानस, 6/61/1-4; और देखिए : गीतावली, 6/5-7; कवितावली, 6/52
2. चरित राम के सगुन भवानी। तर्कि न जाहिं बुद्धिबल बानी॥
   सुगम अगम नाना चरित सुनि मुनि मन भ्रम होइ।—रामचरितमानस, 6/74/1, 7/73
3. रामचरितमानस, 1/201-1/202,7/80/2-7/81
4. कवितावली, 6/54
5. पं. रामचंद्र शुक्ल : गोस्वामी तुलसीदास, पृ. 103-04
6. रामचरितमानस, 1/134/4, 1/135/1

अन्यत्र सीता, केवट और सखियों द्वारा किया गया हास परिहास-कोटि का है।[1]

क्रोध और रौद्ररस : क्रोध किसी के क्षोभजनक वचन या कर्म के कारण उत्पन्न क्रूर मनोविकार है। इससे तेज जागृत होता है। अन्याय को न सह सकने की शक्ति का नाम 'तेज' है। क्रोध का हल्का रूप 'अमर्ष' है। तुलसी ने कई प्रसंगों में रस-निष्पादक क्रोध की प्राभाविक व्यंजना की है। परशुराम का क्रोध प्रसिद्ध है। चिड़चिड़े लोगों को चिढ़ाना बाल-स्वभाव है। धृष्ट लक्ष्मण के उत्तर-प्रत्युत्तर पर आगबबूले परशुराम की रौद्रव्यंजक उक्ति है :

गर्भ के अर्भक काटन को पटुधार कुठार कराल है जाको।
सोई हौं बूझत राजसभा धनु को दल्यो हौं दलिहौं बल ताको।
लघु आनन उत्तर देत बड़ो लरिहै मरिहै करिहै कछु साको।
गोरो गरूर गुमान भरो कहौ कौसिक छोटो सो ढोटो है काको।।[2]

समुद्र और रावण के प्रति राम एवं अंगद के क्रोध का निरूपण भी चित्ताकर्षक है।[3]

तुलसी के कतिपय आलोचकों ने उत्साह के संचारी अमर्ष या क्रोध को रौद्ररस का स्थायी भाव मान लिया है, यथा :

जनक बचन सुनि सब नर नारी। देखि जानकिहि भए दुखारी।।
माखे लषनु कुटिल भैं भौंहें। रदपट फरकत नयन रिसौंहें।।
रघुबंसिन महुँ जहँ कोउ होई। तेंहि समाज अस कहै न कोई।।
कही जनक जसि अनुचित बानी। बिद्यमान रघुकुल मनि जानी।।[4]

बीच की दो पंक्तियों को शुक्लजी ने 'कवायद की पूरी पाबंदी के साथ बहुत थोड़े में रौद्र रस का उदाहरण' माना है, क्योंकि 'इसमें अनुभाव भी है; अमर्ष संचारी भी है।'[5] उनकी मान्यता असंगत है। 1. किसी प्रबंध में उक्तिविशेष की एक-दो पंक्तियों को उससे छिन्न करके भिन्न रस की कल्पना उचित नहीं है। लक्ष्मण की पूरी उक्ति वीररस-व्यंजक है। अतः उसके सहायक रूप में निबद्ध अमर्ष (अथवा क्रोध) उत्साह का संचारी बनकर आया है। 2. रौद्ररस की व्यंजना के लिए आलंबन का क्रोध के योग्य होना आवश्यक है। प्रस्तुत प्रसंग में जनक क्रोध के पात्र नहीं हैं। प्रथम दो पंक्तियों से प्रत्यक्ष है कि उनके उचित वचन को सुनकर सभी लोग 'दुखारी' हुए, केवल उच्छृंखल लक्ष्मण का पारा गरम हो गया। इसलिए जनक के प्रति उनकी अशिष्ट उक्ति से सहृदय को रौद्ररस की अनुभूति नहीं हो सकती। 3. शुक्लजी ने स्वयं कहा है कि क्रोध की चेष्टाओं का लक्ष्य आलंबन में भय का संचार करना है।[6] यहाँ पर जनक को भयभीत करना लक्ष्मण का उद्देश्य नहीं है। सबको धनुष तोड़ने की छूट थी। जनक ने किसी पर प्रतिबंध नहीं लगाया था। उनको डरा-धमकाकर लक्ष्मण जबर्दस्ती सीता से विवाह भी नहीं करना चाहते हैं। वस्तुतः उनकी उक्ति का उद्देश्य अभिमानी राजाओं को आतंकित करके संभाव्य संघर्ष का परिवर्जन है। कहावत प्रसिद्ध है—मारै मेहरी डरै पड़ोसी। रौद्ररस-विषयक इसी प्रकार की गलतफहमी आलोचकों को लक्ष्मण के स्थायी भाव उत्साह के संबंध में अन्यत्र भी हुई है। उस प्रसंग[7] में, उपर्युक्त तर्कों के अतिरिक्त, कवि की **'रन रस बिटपु पुलक मिस फूला', 'मनहुँ**

1. क्रमशः कवितावली, 2/28; रामचरितमानस, 2/100/2-3; बरवैरामायण, 18
2. कवितावली, 1/20
3. रामचरितमानस, 5/57-5/58; 6/26/1-3
4. वही, 1/252/4, 1/253/1
5. गोस्वामी तुलसीदास, पृ. 100
6. चिंतामणि, पहला भाग, पृ. 133
7. रामचरितमानस, 2/227-2/231/1

बीररस सोवत जागा' आदि उक्तियाँ स्वयं प्रमाण हैं।

भय और भयानक रस : किसी आगंतुक विपत्ति की भावना से उत्पन्न आवेगपूर्ण अथवा स्तंभकारक मनोविकार 'भय' है। आत्मरक्षा से संबंधित होने के कारण इसका क्षेत्र बहुत व्यापक है। तुलसी ने विभिन्न स्थलों पर पात्रों की इस मनोवृत्ति की व्यंजना की है। शिव की बारात को देखकर घराती बाल-वनिताओं को, राम के असंख्य रूपों को देखकर सती को, अथवा संग्राम की प्रचंडता से कायरों को भय हुआ है। परंतु, इस प्रकार के प्रसंगों में भयानक रस का परिपाक नहीं है। मुख्य प्रमाण यह है कि उन स्थलों को पढ़ते समय भावक के चित्त का स्थायी भाव भय भयानकरसत्व को नहीं प्राप्त होता। उदाहरण के लिए शिव की बारात की भयानकता[1] को पढ़कर उसे विनोद की अनुभूति होती है। भयानक रस का यथार्थ उदाहरण लंका-दहन के प्रसंग में मिलता है :

बालधी बिसाल बिकराल ज्वालजाल मानो लंक लीलिबे को काल रसना पसारी है।
कैधों ब्योमबीथिका भरे हैं भूरि धूमकेतु बीररस बीर तरवारि सी उघारी है।
तुलसी सुरेस चाप कैधौं दामिनी कलाप कैधौं चली मेरु तें कृसानु सरि भारी है।
देखें जातुधान जातुधानी अकुलानी कहैं कानन उजार्‌यो अब नगर प्रजारी है॥[2]

जुगुप्सा और बीभत्स रस : जुगुप्सा वह मनोविकार है जो किसी कुत्सित विषय के दोष-दर्शन के कारण उत्पन्न होता है। भक्तकवि तुलसी ने भक्ति के प्रसंग में वैराग्य जागृत करने के लिए भी जुगुप्सा की व्यंजना की है।[3] किंतु वहाँ पर भक्ति प्रधान है, अतः शुद्ध बीभत्स रस नहीं है। बीभत्स रस का उत्कृष्टतम निदर्शन युद्ध-वर्णन के प्रसंग में मिलता है :

ओझरी की झोरी काँधे आँतनि की सेल्ही बाँधे मूँड़ के कमंडलु खपर किए कोरि कै।
जोगिनी झुटुंग झुंड झुंड बनी तापसी सी तीर तीर बैटीं सो समर सरि खोरि कै।
श्रोनित सों सानि सानि गूदा खात सतुआ से प्रेत एक पिअत बहोरि घोरि घोरि कै।
तुलसी बैताल भूत साथ लिये भूतनाथ हेरि हेरि हँसत हैं हाथ हाथ जोरि कै॥[4]

विभाव : भाव के आश्रय और विषय दोनों ही विभाव हैं। काव्य में विभाव-चित्रण का विशेष महत्त्व है, क्योंकि सारी रस-सामग्री उन्हीं में निहित है। स्थायी, संचारी और अनुभाव आश्रयालंबन-निष्ठ हैं; विषयालंबन तथा उद्दीपन विभावों से स्थायी भाव उद्‌बुद्ध होता है। अतएव उनका इतना अधिक वर्णन किया गया है। इसी के परिणामस्वरूप नख-शिख-चित्रण, बारहमासा और षड्-ऋतु-वर्णन की परंपरा चल पड़ी।

तुलसी ने भाव-व्यंजना के विभिन्न प्रसंगों में विभावों का विशद चित्रण किया है। कुछ की चर्चा की जा चुकी है, सबका विवेचन अनावश्यक है। विषयालंबन के संबंध में एक बात स्मरण रखने योग्य है कि तुलसी ने किसी नारी का नखशिख-वर्णन नहीं किया; राम का किया है और अनेक बार किया है—कहीं कवि-दृष्टि से[5], और कहीं दार्शनिक-दृष्टि से।[6] इन सभी वर्णनों में उनकी भक्ति-भावना अनुस्यूत है। शुद्ध काव्य-दृष्टि से आलंबन का रूपांकन करते समय नख-शिख के चक्कर में न पड़कर उन्होंने व्यापक प्रभाव डालने में समर्थ विशिष्ट अंगों और वेश-भूषा का चित्रण किया है :

1. रामचरितमानस, 1/95/3, 1/96/2
2. कवितावली, 5/5
3. विनयपत्रिका, 136/3
4. कवितावली, 6/50
5. गीतावली, 1/26, 32, 34, 108
6. रामचरितमानस, 6/14-6/15; बिंदुमाधव का वर्णन : विनयपत्रिका, 61-62

लता भवन तें प्रगट भे तेहि अवसर दोउ भाइ।
निकसे जनु जुग बिमल बिधु जलद पटल बिलगाइ॥
सोभा सींव सुभग दोउ बीरा। नील पीत जलजात सरीरा॥
मोरपंख सिर सोहत नीकें। गुच्छ बीच बिच कुसुम कली कें॥
भाल तिलक श्रमबिंदु सुहाए। श्रवन सुभग भूषन छबि छाए॥
बिकट भृकुटि कच घूँघुरवारे। नव सरोज लोचन रतनारे॥
चारु चिबुक नासिका कपोला। हास बिलास लेत मनु मोला॥
मुख छबि कहि न जाइ मोहि पाहीं। जो बिलोकि बहु काम लजाहीं॥
उर मनिमाल कंबु कल ग्रीवा। काम कलभ कर भुजबल सींवा॥
सुमन समेत बाम कर दोना। साँवर कुँअर सखी सुठि लोना॥
केहरि कटि पट पीत धर सुषमा सील निधान।
देखि भानुकुल भूषनहि बिसरा सखिन्ह अपान॥[1]

मगवासी नर-नारियों की सहानुभूति और स्नेह के आलंबन भरत-शत्रुघ्न का चित्रण कितना संक्षिप्त एवं हृदयस्पर्शी है :

कहहिं सपेम एक एक पाहीं। रामु लखनु सखि होहिं कि नाहीं॥
बय बपु बरन रूपु सोइ आली। सीलु सनेह सरिस सम चाली॥
बेषु न सो सखि सीय न संगा। आगे अनी चली चतुरंगा॥
नहिं प्रसन्नमुख मानस खेदा। सखि संदेहु होइ येहि भेदा॥[2]

उद्दीपन विभावों के चित्रण में भी तुलसी की दृष्टि उनके प्रभाव पर केंद्रित रही है। ननिहाल से अयोध्या लौटने पर भरत को सारा परिवेश ही शोकमग्न दिखाई देता है :

खर सिआर बोलहिं प्रतिकूला। सुनि सुनि होइ भरत मन सूला॥
श्रीहत सर सरिता बन बागा। नगरु बिसेषि भयावन लागा॥
खग मृग हय गय जाहिं न जोए। राम बियोग कुरोग बिगोए॥
नगर नारि नर निपट दुखारी। मनहुँ सबन्हि सब संपति हारी॥[3]

यह आलंबन-बाह्य उद्दीपन विभाव है। आलंबनगत उद्दीपन का सुंदर उदाहरण परशुराम के प्रति लक्ष्मण के व्यंग्य में देखा जा सकता है :

कोटि कुलिस समबचन तुम्हारा। व्यर्थ धरहु धनु बान कुठारा॥
सूर समर करनी करहिं कहि न जनावहिं आपु।
विद्यमान रन पाइ रिपु कायर करहिं प्रलापु॥[4]

स्नेह के आलंबन से संबंधित वस्तुएँ विरह-दशा में उद्दीपन का कार्य करती हैं :

जननी निरखति बान धनुहियाँ।
बार बार उर नैननि लावति प्रभु जू की ललित पनहियाँ॥[5]

अनुभाव : आश्रय के मनोगत भावों को प्रकाशित करनेवाले शारीरिक विकार अनुभाव हैं। अमूर्त भाव अदृश्य हैं। अनुभाव ही उन्हें प्रतीति-योग्य बनाते हैं। अतएव अनुभावों का चित्रण जितना

---

1. रामचरितमानस, 1/232-1/233
2. वही, 2/222/1-2
3. वही, 2/158/3-4
4. वही, 1/273/4, 1/274
5. गीतावली, 2/52/1

सजीव होता है, भावोद्‌बोधन में वे उतने ही समर्थ होते हैं। तुलसी ने नानाविध भाव-स्थितियों में तदनुरूप प्रभावशाली अनुभाव-विधान किया है। उनकी व्यापक दृष्टि तिर्यक् प्राणियों के अनुभावों पर भी गई है।[1] पूर्वोक्त उद्धरणों के अतिरिक्त उनकी सटीक अनुभाव-योजना के कुछ उदाहरण लीजिए। ग्राम-वधूटियाँ सीता से बड़ा ही नाजुक प्रश्न करती हैं—ये श्यामल-गौर किशोर तुम्हारे कौन हैं ? राम के विषय में इस प्रश्न का उत्तर सीता के अनुभाव देते हैं :

कोटि मनोज लजावनिहारे। सुमुखि कहहु को आहिं तुम्हारे॥
सुनि सनेहमय मंजुल बानी। सकुची सिय मन महुँ मुसुकानी॥
तिन्हहिं बिलोकि बिलोकति धरनी। दुहुँ सँकोच सकुचति बरबरनी॥
सकुचि सप्रेम बाल मृगनयनी। बोली मधुर बचन पिकबयनी॥
सहज सुभाय सुभग तन गोरे। नामु लखनु लघु देवर मोरे॥
बहुरि बदनु बिधु अंचल ढाँकी। पिअ तन चितइ भौंह करि बाँकी॥
खंजन मंजु तिरीछे नयननि। निज पति कहेउ तिन्हहि सिय सयननि॥[2]

एकाध आलोचक इसमें रीतिशृंगार-काल की नायिका और उसके भद्‌दे हाव-भाव का दर्शन करते हैं, अंतिम पंक्ति में स्वशब्दवाच्यत्व दोष के आधार पर सारी उक्ति को चमत्कारहीन समझते हैं। उनकी धारणा सर्वथा असंगत है। औचित्य-अनौचित्य देश-काल-समाज-सापेक्ष होता है। उपर्युक्त उद्धरण के पहले की सात और बाद की सात पंक्तियाँ मिलाकर देखिए। कवि ने उक्त विधान के लिए जिस स्नेह, सौजन्य, विनय और शिष्टाचार के वातावरण की सृष्टि की है वह अत्यंत प्रशस्त है। वधूटियों के समुदाय में सीता की चेष्टाएँ कथमपि गर्हणीय नहीं हैं। हाव की कल्पना भ्रांतिपूर्ण है। हाव आलंबन की चेष्टा है। यहाँ पर सीता आश्रय हैं। आश्रय की चेष्टाएँ अनुभाव कहलाती हैं। अंतिम पंक्ति से उक्ति के चमत्कार को तनिक भी क्षति नहीं पहुँचती। वस्तुध्वनि की अपेक्षा रसध्वनि अधिक चमत्कारपूर्ण हुआ करती है। प्रस्तुत संदर्भ में स्थायी भाव रति और उसके संचारी भाव व्रीड़ा की मनोहारी व्यंजना परम उत्कृष्ट पद्धति पर हुई है।

अनुभावों के अंतर्गत सात्त्विक भावों का विशिष्ट स्थान है। तुलसी ने अश्रु, रोमांच, स्तंभ आदि का बहुधा निबंधन किया है। स्तन्यस्राव केवल वात्सल्य-जनित अनुभाव है। सूक्ष्मदर्शी तुलसी ने इस सात्त्विक भाव का भी मर्मस्पर्शी चित्रण किया है :

बिधु बिष बमइ स्रवइ हिमु भागी। होइ बारिचर बारि बिरागी॥
भएँ ज्ञानु बरु मिटइ न मोहू। तुम्ह रामहि प्रतिकूल न होहू॥
मत तुम्हार येहु जो जग कहहीं। सो सपनेहु सुख सुगति न लहहीं॥
अस कहि मातु भरतु हिय लाए। थन पय स्रवहिं नयन जल छाए॥[3]

इस अनुभाव-विधान की भूमिका कितनी सशक्त है ! अंतिम पंक्ति में की गई आलिंगन, अश्रु और स्तन्यस्राव की निबंधना किस सहृदय के हृदय को प्रभावित नहीं करेगी ! मार्मिकता की पराकाष्ठा इस बात में है कि ये अनुभाव एक सौतेले बेटे के प्रति एक सौतेली माँ के अतिशय वात्सल्य के व्यंजक हैं।

संचारी भाव : रस-पोषक सभी संचारी भावों के निरूपण में तुलसी ने अपनी उन्मेषशालिनी प्रतिभा का परिचय दिया है। कतिपय परंपरा-प्रसिद्ध संचारी भावों की तो उन्होंने इतनी मार्मिक व्यंजना की है कि उनका प्रभाव किसी स्थायी भाव से कम नहीं है। उदाहरण के लिए हम **दैन्य** और **ग्लानि**

---

1. नहिं तृन चरहिं न पियहिं जलु मोचहिं लोचन बारि।—रामचरितमानस, 2/142
2. रामचरितमानस, 2/117/1-4
3. वही, 2/169/1-3; और भी देखिए—7/6/छंद

को ले सकते हैं। 'विनयपत्रिका' में दैन्य का जो अजस्र प्रवाह है उसकी समता कम-से-कम हिंदी, संस्कृत, प्राकृत और अपभ्रंश के साहित्य में नहीं मिलेगी, अन्यत्र भी शायद ही कहीं मिले। एक उदाहरण लीजिए :

मोहिं मूढ़ मन बहुत बिगोयो।
याके लिए सुनहु करुनामय मैं जग जनमि जनमि दुख रोयो॥
सीतल मधुर पियूष सहज सुख निकटहिं रहत दूर जनु खोयो॥
बहु भाँतिन स्रम करत मोहबस बृथहि मंदमति बारि बिलोयो॥
करम कीच जिय जानि सानि चित चाहत कुटिल मलहि मल धोयो।
तृषावंत सुरसरि बिहाय सठ फिरि फिरि बिकल अकास निचोयो॥
तुलसिदास प्रभु कृपा करहु अब मैं निज दोष किछू नहि गोयो।
डासत ही गइ बीति निसा सब कबहुँ न नाथ नींद भरि सोयो॥[1]

ग्लानि की अभिव्यक्ति तुलसी ने विभिन्न पात्रों के संबंध से विभिन्न रूपों में की है। शरीर, वाणी और मन का शैथिल्य 'ग्लानि' है। 'आत्मग्लानि' वह निष्प्राण मनोदशा है जिसमें व्यक्ति अपनी बुराई का अनुभव स्वयं करता है, अथवा निरपराध होने पर भी लोक-दृष्टि में किसी बुराई के साथ अपने को संबद्ध देखता है। कौशल्या[2], कैकेयी[3] आदि की ग्लानि पहले प्रकार की है, और भरत की आत्मग्लानि दूसरे प्रकार की। उनका हृदय यह सोच-सोचकर फटा जा रहा है कि सभी अनर्थों का, पिता के स्वर्गवास का, माताओं के वैधव्य का और राम-सीता के वन-गमन का एकमात्र हेतु मैं ही हूँ[4] :

1. **को तिभुवन मोहि सरिस अभागी। गति असि तोरि मातु जेहि लागी॥**
   पितु सुरपुर बन रघुबर केतू। मैं केवल सब अनरथ हेतू॥
2. **मोहि समान को पाप निवासू। जेहि लगि सीय राम बनबासू॥**
   मैं सठु सब अनरथ कर हेतू। बैठ बात सब सुनौं सचेतू॥

शपथों से निर्दोषता प्रमाणित नहीं की जा सकती और लोकनिंदा से अपने को बचाया नहीं जा सकता[5], भरत इस बात को पूरी तरह जानते हैं। उनकी राम-भक्ति निष्काम है, उनका अंतःकरण निर्मल है, परंतु अपने हृदय को खोलकर दूसरों को कैसे दिखाएँ ? वे माता कौशल्या के सामने अपने को सबसे अधिक अपराधी समझते हैं, इसलिए सफाई-पर-सफाई दिए चले जा रहे हैं :

जे अघ मातु पिता सुत मारें। गाइगोट महिसुर पुर जारें॥
जे अघ तिअ बालक बध कीन्हें। मीत महीपति माहुर दीन्हें।
जे पातक उपपातक अहहीं। करम बचन मन भवकबि कहहीं॥
ते पातक मोहि होहुँ बिधाता। जौ येहु होइ मोर मत माता॥
जे परिहरि हरि हर चरन भजहिं भूत गन घोर।
तिन्ह कइ गति मोहि देउ बिधि जौ जननी मत मोर।।[6]...

'उनके एक-एक शब्द से अंतःकरण की स्वच्छता झलकती है। उनकी शपथ उनकी अंतर्वेदना

---

1. विनयपत्रिका, 245
2. रामु लखनु सिय बनहि सिधाए। गइउँ न संग न प्रान पठाए॥
   येहु सब भा इन्ह आँखिन्ह आगें। तउ न तजा तनु जीव अभागें॥
   जिअइ मरइ भल भूपति जाना। मोर हृदय सत कुलिस समाना॥—रामचरितमानस, 2/166/3-4
3. गरइ गलानि कुटिल कैकेई। काहि कहइ केहि दूषनु देई॥—रामचरितमानस, 2/273/1
4. रामचरितमानस, 2/164/3-4; 2/179/2, 3
5. क्यों हौं आज होत सुचि सपथनि कौन मानिहै साँची।
   महिमा मृगी कौन सुकृती की खल बच बिसिखन बाँची॥—गीतावली, 2/62/2
6. रामचरितमानस, 2/167

की व्यंजना है। इस सफाई के सामने हजारों वकीलों की सफाई कुछ नहीं है, इन कसमों के सामने लाखों कसमें कुछ नहीं हैं। यहाँ वह हृदय खोलकर रख दिया गया है जिसकी पवित्रता को देख जो चाहे अपना हृदय निर्मल कर ले।'[1]

महाकवि परंपरा की परिधि में सीमित नहीं रहता। वह अपनी प्रतिभा से मानव-मन की अनालोचित वृत्तियों का उद्घाटन करता है। यह काम काव्यशास्त्रियों का है कि वे उन वृत्तियों का स्वरूप-निरूपण, वर्गीकरण और विश्लेषण करें। तुलसी ने ऐसी अनेक मनोदशाओं का चित्रण किया है जिनका समावेश परंपरागत संचारी भावों में नहीं किया जा सकता। खीझ, उदासीनता, प्रसाद, भौंचक्कापन और आत्मोपहास इसी प्रकार की मनोदशाएँ हैं। प्रतिकार के अभाव में व्यापक चित्त की झुँझलाहट 'खीझ' है :

मींजि मींजि हाथ धुनै माथ दसमाथ तिय तुलसी तिलौ न भयो बाहिर अगार को।
खीझति मँदोवै सविषाद देखि मेघनाद बयो लुनियत सब याही दाढ़ीजार को ॥[2]

क्षोभ आदि से उत्पन्न वैराग्य-संकीर्ण क्षणिक मानसिक शैथिल्य 'उदासीनता' है :

हमहुँ कहबि अब ठकुरसोहाती। नाहिं त मौन रहब दिन राती।
कोउ नृप होइ हमहि का हानी। चेरि छाड़ि अब होब कि रानी ॥[3]

किसी अपरिचित के रूप-गुण के साक्षात्कार से प्रफुल्लित चित्त का सहज विकास 'प्रसाद' है। राम आदि को देखकर वन-पथ की नारियाँ कहती हैं :

पथिक गोरे साँवरे सुठि लोने।
संग सुतिय जाके तन ते लही है द्युति सोनसरोरुहु सोने ॥
बय किसोर सरि पार मनोहर बयस सिरोमनि होने।
सोभा सुधा आलि अँचवहु करि नयन मंजु मृदु दोने ॥[4]

किसी अप्रत्याशित और असंभाव्य घटना के कारण आश्चर्यचकित हो जाना 'भौचक्कापन' है। रावण को यह आशा और संभावना नहीं थी कि कोई समुद्र पर पुल बाँधकर चढ़ आएगा। इसलिए सेतु-बंध का समाचार सुनकर वह हक्का-बक्का रह गया :

सुनत स्रवन बारिधि बंधाना। दसमुख बोलि उठा अकुलाना ॥
बाँध्यो बननिधि नीरनिधि जलधि सिंधु बारीस।
सत्य तोयनिधि कंपति उदधि पयोधि नदीस ॥[5]

पश्चात्ताप और ग्लानि के कारण अपना ही मजाक उड़ाना 'आत्मोपहास' है। सोने का मृग कहीं देखा-सुना नहीं गया।[6] अपनी पत्नी को छोड़कर राम उस मायामृग के पीछे दौड़े। अब वियोग में भटक रहे हैं। उन्हें लगता है कि सपत्नीक विचरते हुए पशु-पक्षी मेरा उपहास कर रहे हैं :

नारि सहित सब खग मृग बृंदा। मानहुँ मोरि करत हहिं निंदा ॥
हमहि देखि मृग निकर पराहीं। मृगी कहहिं तुम्ह कहँ भय नाहीं ॥
तुम्ह आनंद करहु मृगजाए। कंचन मृग खोजन ए आए ॥[7]

---

1. पं. रामचंद्र शुक्ल : गोस्वामी तुलसीदास, पृ. 98
2. कवितावली, 5/11
3. रामचरितमानस, 2/15/2.3
4. गीतावली, 2/3/1-2
5. रामचरितमानस, 6/5
6. नीतो न केनापि न दृष्टपूर्वो न श्रूयते हेममयः कुरंगः।
   तथापि तृष्णा रघुनन्दनस्य विनाशकाले विपरीतबुद्धिः ॥
7. रामचरितमानस, 3/37/2-3

चरित्रांकन

चरित्र-विधान कथात्मक काव्य का महत्त्वपूर्ण अंग है, क्योंकि उसके पात्र ही संपूर्ण घटना-चक्र और भाव-राशि के आधार होते हैं। निपुण कवि अवधानपूर्वक पात्रों का चरित्रांकन करता है। 'रामचरितमानस' का मुख्य प्रतिपाद्य राम-चरित ही है। 'गीतावली' आदि अन्य कृतियों में भी तुलसी ने पात्रों की योजना करके उनकी चारित्रिक विशेषताओं का प्रकाशन किया है। उनके द्वारा किए गए चरित्रांकन का विवेचन 'रामचरितमानस' की समीक्षा के अंतर्गत किया जाएगा। यहाँ पर कुछ प्रमुख विशेषताओं का दिग्दर्शन यथेष्ट होगा।

तुलसी के पात्रों में जाति, वर्ण, आश्रम, वय, पद, लिंग, रूप और गुण की जो असाधारण विविधता पाई जाती है वह विरले कवियों की कृतियों में देखने को मिलती है। इस वैविध्य के फलस्वरूप उनके काव्य में पार्थिव और पुराण-कल्पित जीवन की समग्रता का निदर्शन हुआ है। जाति-भेद की दृष्टि से उनके पात्रों के पाँच वर्ग हैं—मानव, दानव, देव, वानर-भालू और तिर्यक्। वय-भेद से बालक, युवा और वृद्ध सभी हैं। जिस प्रकार पुरुष-पात्रों की विराट् योजना की गई है, उसी प्रकार नारी-पात्रों की। इस संबंध में एक प्रलक्ष्य बात यह है कि तुलसी ने राम-भक्ति के अधिकारियों में नपुंसकों की भी गणना की है, किंतु उनका एक भी पात्र नपुंसक नहीं है। उनके मानव-पात्र ब्रह्मचर्य गृहस्थ, वानप्रस्थ और संन्यास चारों आश्रमों के हैं। वर्ण-भेद की दृष्टि से यह तथ्य ध्यान देने योग्य है कि वर्णाश्रम-धर्म के विविध प्रसंगों में वैश्य-धर्म का भी प्रतिपादन करनेवाले कवि ने किसी वैश्य-पात्र की निबंधना नहीं की। तुलसी ने मुख्य और गौण पात्रों को राम-कथा में उनके योगदान के अनुसार अधिक या कम स्थान दिया है, परंतु उनके चित्रांकन में अंतर्यामी दृष्टि से काम लिया है।

राम के ईश्वरत्व को अलग रखकर तुलसी के पात्रों पर दृष्टिपात कीजिए। सभी में प्रकारात्मकता और व्यक्तिमत्ता एक-साथ दिखाई पड़ेगी। भारतीय काव्य-परंपरा और समाज-व्यवस्था में विभिन्न पात्रों की कुछ प्रतिष्ठापित विशेषताएँ हैं। उदाहरण के लिए नायक, नायिका, प्रतिनायक आदि के निर्धारित गुण हैं; राजा, सचिव, पत्नी आदि के निश्चित धर्म हैं। सबके लिए एक साँचा बना हुआ है। तुलसी के पात्र उस साँचे में ढले हुए हैं। यह उनकी प्रकारात्मकता है। परंतु उनका अपना वैशिष्ट्य भी है। राम वैसे ही नहीं हैं जैसे कि कृष्ण, अर्जुन, नल या उदयन। सीता का स्वरूप राधा, द्रौपदी, दमयंती या वासवदत्ता से बहुत-कुछ भिन्न है। यह व्यक्तिता है। इसी प्रकार की प्रकारात्मकता और व्यक्तिता राजा दशरथ, सचिव सुमंत्र, पत्नी कौशल्या आदि में पाई जाती है।

स्वाभाविक गुणों की दृष्टि से पात्रों के दो वर्ग हैं—आदर्श या असामान्य और यथार्थ या सामान्य। परंपरागत कल्पना अथवा कवि की स्वमनीषा के आधार पर निर्मित प्रतिमान के अनुसार निबद्ध असामान्य पात्र आदर्श हैं। उनमें त्रिगुणात्मिका प्रकृति के किसी एक गुण की प्रबलता पाई जाती है। राम, परशुराम, रावण आदि में क्रमशः सत्त्वगुण, रजोगुण अथवा तमोगुण की अतिशयता है। सामान्य मानव की भाँति विभिन्न परिस्थितियों में अपनी सात्त्विक, राजस और तामस वृत्तियों का परिचय देनेवाले पात्र यथार्थ हैं, जैसे—लक्ष्मण, कैकेयी, मंथरा आदि। तुलसी ने उक्त दोनों प्रकार के पात्रों का उनके स्वभाव और परिस्थिति के अनुसार सटीक चित्रण किया है।

नायक के केंद्र-बिंदु से भी पात्रों के दो वर्ग हैं—नायक-पक्ष के पात्र और प्रतिनायक-पक्ष के पात्र। प्रथम वर्ग में वे सभी पात्र आते हैं जो राम की कार्य-सिद्धि में सहायक हैं, जैसे—विश्वामित्र, हनुमान, विभीषण आदि। 'प्रतिनायक' शब्द यहाँ पर नायक के विरोध का व्यंजक है। वे सभी पात्र जो राम के मार्ग में बाधक हैं, प्रतिनायक-पक्ष के अंतर्गत रखे जा सकते हैं, चाहे रावण से संबद्ध हों या न हों। रावण, मारीच, जयंत, बालि आदि इसी प्रकार के पात्र हैं। परशुराम का अपना वैशिष्ट्य है। उनकी विरोधिता आभासित है। वे स्वयं विष्णु के अवतार हैं, धनुष-यज्ञ में अहंकारी राजाओं को

आतंकित करके राम की शक्तिमत्ता और श्रेष्ठता स्थापित करते हैं। इस प्रकार 'रामचरितमानस' में वे स्पष्टतया राम के सहायक सिद्ध होते हैं।

पात्रों के चरित्रांकन में तुलसी ने तीन पद्धतियाँ अपनाई हैं। कहीं पर उन्होंने पात्रविशेष की अंतर्वृत्ति का निरूपण करके उसकी चरित्रगत विशेषता का उद्घाटन किया है[1]; कहीं पर पात्र के बाह्य रूप का चित्रण करके उसके सहज गुणों का निर्देश किया है[2] और कहीं पर पात्रों के क्रिया-कलाप का वर्णन करके उनके चरित्र का साक्षात् निदर्शन किया है।[3] इस प्रकार बहुविध पात्रों के स्वाभाविक चरित्र-चित्रण द्वारा उन्होंने अपने काव्य के भाव-पक्ष को पुष्ट किया है।

वस्तु-वर्णन

कथात्मक काव्य का रचयिता कोरे इतिवृत्त-वर्णन द्वारा अपनी कृति को सरस नहीं बना सकता। इतिवृत्तात्मक अंशों को काव्योचित रमणीयता प्रदान करने के लिए चित्ताकर्षक वस्तु-वर्णन भी अपेक्षित है। दोनों के उदाहरण लीजिए[4] :

1. आगे चले बहुरि रघुराया। रिष्यमूक पर्वत नियराया॥
तहँ रह सचिव सहित सुग्रीवा। आवत देखि अतुल बल सींवा॥
अति सभीत कह सुनु हनुमाना। पुरुष जुगल बल रूप निधाना॥
धरि बटु रूप देखु तैं जाई। कहेसु जानि जिअँ सयन बुझाई॥

2. भरत सकल साहनी बोलाए। आयेसु दीन्ह मुदित उठि धाए॥
रचि रुचि जीन तुरग तिन्ह साजे। बरन बरन बर बारि बिराजे॥
सुभग सकल सुठि चंचल करनीं। अय इव जरत धरत पग धरनीं॥
नाना जाति न जाहिं बखाने। निदरि पवनु जनु चहत उड़ाने॥

पहले उद्धरण में यथार्थ इतिवृत्त-वर्णन है। कथा निर्बाध गति से आगे बढ़ रही है। कवि ने उसमें चमत्कार भरने का कोई प्रयास नहीं किया। दूसरे में इतवृत्त इतना ही है कि भरत के आदेश पर साईसों ने घोड़े कस दिए। यहाँ पर कवि ने वृत्त को अलंकृत वस्तु-वर्णन द्वारा चमत्कारपूर्ण बनाया है। ऊर्जस्वी घोड़े किस प्रकार खूँदते हैं, जमते हैं, अलफ होते हैं, नाचते हैं—उनके इस चंचल स्वभाव एवं व्यापार का कवि ने अंतर्दृष्टि से साक्षात्कार किया और उत्कृष्ट उत्प्रेक्षा के माध्यम से वर्ण्य वस्तु को लालित्यमय बना दिया। उन तुरंगों के लिए धरती मानो दहकता

---

1. बैठि नमित मुख सोचति सीता। रूप रासि पति प्रेम पुनीता॥
चलन चहत बन जीवननाथू। केहि सकृती सन होइहि साथू॥
की तनु प्रान कि केवल प्राना। बिधि करतबु कछु जाइ न जाना॥

—रामचरितमानस, 2/58/1-2

2. अंगद दीख दसानन बैसा। सहित प्रान कज्जलगिरि जैसा॥
भुजा बिटप सिर सृंग समाना। रोमावली लता जनु नाना॥
मुख नासिका नयन अरु काना। गिरि कंदरा खोह अनुमाना॥

—रामचरितमानस, 6/19/2-3

3. सीय सकुच वस उतरु न देई। सो सुनि तमकि उठी कैकेई॥
मुनि पट भूषन भाजन आनी। आगें धरि बोली मृदु बानी॥
नृपहि प्रानप्रिय तुम्ह रघुबीरा। सील सनेह न छाँड़िहि भीरा॥
सुकृतु सुजसु परलोकु नसाऊ। तुम्हहिं जान बन कहिहि न काऊ॥
अस विचारि सोइ करहु जो भावा। राम जननि सिख सुनि सुखु पावा॥

—रामचरितमानस, 2/79/1-3

4. क्रमशः, रामचरितमानस, 4/1/1-2, 1/298/2-3

हुआ लोहा है जिस पर वे पैर नहीं रखना चाहते, वायु को मात देकर आकाश में उड़ जाना चाहते हैं।

दोनों वर्णनों में अंतर क्यों है ? इसलिए कि पहले में तुलसी का उद्‌देश्य केवल कथा कहना है और दूसरे में वे कथा के साथ काव्य-रचना करना चाहते हैं। यह उनकी इच्छा है। उन्होंने कहीं पर कथाकार के पद से इतिवृत्त-वर्णन किया है, कहीं पर कवि की दृष्टि से कवित्वमय वर्णन किया है, और कहीं पर भक्त के आसन से मोक्षशास्त्रीय वर्णन किया है। इस त्रैविध्य क़ो दृष्टि-पथ में रखकर ही आलोचक उनके प्रति न्याय कर सकता है। 'रामचरितमानस' के इतिवृत्तप्रधान और मोक्षधर्म-निरूपक अंशों की संस्कृत के 'रघुवंश' आदि काव्यों से तुलना न्यायसंगत नहीं है। 'रघुवंश' आदि काव्य-विशिष्ट समास-पद्धति से लिखे गए हैं। किंतु 'रामचरितमानस' मोक्ष-काव्य-विशिष्ट व्यास-पद्धति पर रचा गया है। इसीलिए उसमें काव्य का लालित्य-विधान भी है, और स्थान-स्थान पर स्तुतियों, गीताओं एवं मोक्षपरक वस्तु-वर्णनों की योजना भी है।

तुलसी द्वारा किए गए वस्तु-वर्णन के चार भेद किए जा सकते हैं—रूप-वर्णन, व्यापार-वर्णन, संस्कृति-वर्णन और प्रकृति-वर्णन। इन चार प्रकार के वस्तु-वर्णनों से मिलता-जुलता एक पाँचवें प्रकार का वर्णन भी तुलसी-साहित्य में पाया जाता है—सिद्धांत-वर्णन। राजधर्म, नवधा-भक्ति, ज्ञानदीपक, संत-लक्षण, भक्तिमणि आदि के वर्णन इसी वर्ग के अंतर्गत आएँगे।

तुलसी ने प्रबंध, निबंध और मुक्तक तीनों प्रकार की रचनाओं में वस्तु-वर्णन किया है। उनकी दो विशेषताएँ ध्यान देने योग्य हैं। एक यह कि उन्होंने प्रायः संश्लिष्ट चित्रण किया है, क्योंकि वस्तुओं की संश्लिष्ट योजना ही व्यापक बिंब-ग्रहण कराने और घनीभूत प्रभाव उत्पन्न करने में समर्थ होती है। दूसरी यह कि कहीं पर उन्होंने केवल काव्य-दृष्टि से वर्णन किया है, कहीं केवल भक्तिदर्शन अथवा धर्म की दृष्टि से और कहीं दोनों दृष्टियों से।[1]

रूप-वर्णन : आलंबन-विभाव के प्रसंग में रूप-वर्णन की चर्चा भी की जा चुकी है। भक्तकवि होने के कारण तुलसी का मन भजनीय पात्रों के रूप-वर्णन में ही रमा है। 'रामचरितमानस', 'गीतावली', 'कवितावली' और 'विनयपत्रिका' में उन्होंने राम, शिव, सीता, बिंदुमाधव आदि का विशद रूप-वर्णन किया है। जिन पात्रों का रूप-वर्णन किया गया है वे हमारे सामने दो रूपों में आते हैं—स्तुत्य देवता के रूप में[2] और काव्य-निबद्ध पात्र के रूप में। पहले रूप में किया गया वर्णन भक्तजनों को तो आनंद देता है, किंतु काव्य-रसिकों को नीरस प्रतीत होता है। काव्यदृष्टि से 'गीतावली' और 'रामचरितमानस' के बालकांड तथा अयोध्याकांड में राम-सीता का जो बहुशः रूप-वर्णन हुआ है, उसमें लालित्य-विधान की परम परिणति दिखाई देती है। काव्य में नखशिख-वर्णन करने की रूढ़ि बहुत पुराने समय से प्रचलित रही है। तुलसी ने भी उसका पालन किया है; परंतु उन्होंने केवल राम का नख-शिख-वर्णन किया है, किसी अन्य पात्र का नहीं। कहीं पर उत्प्रेक्षाओं की झड़ी लगाते हुए आलंकारिक चित्रण किया है[3], और कहीं पर अलंकार के आग्रह से मुक्त स्वाभाविक वर्णन है।[4] दूसरे प्रकार का एक मनोहर चित्र है :

सादर सुमुखि बिलोकि राम सिसु रूप अनूप भूप लिये कनियाँ।
सुंदर स्याम सरोज बरन तनु नखसिख सुभग सकल सुखदनियाँ॥
अरुन चरन नख जोति जगमगति रुनुझुनु करत पाँय पैंजनियाँ।
कनक रतनमनि जटित रटति कटि किंकिनि कलित पीतपट तनियाँ॥
पहुँची करनि पदिक हरिनख उर कठुला कंठ मंजु गजमनियाँ।

---

1. क्रमशः उदाहरण—गीतावली, 1/32; विनयपत्रिका, 10; रामचरितमानस, 1/92/1-3
2. राम : रामचरितमानस, 1/192/छंद, विनयपत्रिका, 45; शिव : रामचरितमानस, 7/108, रुद्राष्टक, विनयपत्रिका, 10-11; बिंदुमाधव : विनयपत्रिका, 62-63
3. जैसे : गीतावली, 1/26, 1/108
4. गीतावली, 1/32

रुचिर चिबुक रद अधर मनोहर ललित नासिका लसति नथुनियाँ ॥
बिकट भृकुटि सुखमानिधि आनन कल कपोल काननि नगफनियाँ।
भाल तिलक मसिबिंदु बिराजत सोहति सीस लाल चौतनियाँ ॥
मनमोहनी तोतरी बोलनि मुनि मन हरनि हँसनि किलकनियाँ।
बालसुभाय बिलोल बिलोचन चोरति चितहि चारु चितवनियाँ ॥
सुनि कुलबधू झरोखनि झाँकति रामचंद्र छबि चंद्रबदनियाँ।
तुलसिदास प्रभु देखि मगन भईं प्रेमबिबस कछु सुधि न अपनियाँ ॥[1]

रामचंद्र के सौंदर्य की दर्शिकाओं के रूप में झरोखों से झाँकनेवाली चंद्रवदनी कुलवधुओं की योजना करके कवि ने सोने को सुवासित कर दिया है।

निर्वासित राम को पहुँचाकर लौटे हुए सुमंत्र अयोध्या में प्रवेश कर रहे हैं। इस इतिवृत्त को हृदय-संवेद्य बनाने के लिए कितना मार्मिक बिंब-विधान किया गया है :

बिप्र बिबेकी बेदबिद सम्मत साधु सुजाति।
जिमि धोखें मद पान कर सचिव सोच तेहि भाँति ॥
जिमि कुलीन तिय साधु सयानी । पतिदेवता करम मन बानी ॥
रहै करम बस परिहरि नाहू । सचिव हृदय तिमि दारुन दाहू ॥
लोचन सजल डीठि भइ थोरी । सुनइ न स्रवन बिकल मति भोरी ॥
सूखहिं अधर लागि मुँह लाटी । जिउ न जाइ उर अवधि कपाटी ॥
बिबरन भएउ न जाइ निहारी । मारेसि मनहुँ पिता महतारी ॥
हानि गलानि बिपुल मन ब्यापी । जमपुर पंथ सोच जिमि पापी ॥[2]

विभिन्न प्रसंगों में वर्णन के भीतर वर्णन का चमत्कार भी कम नहीं है। तुलसी राम की बारात का वर्णन कर रहे थे। उसके अंतर्गत चपल तुरंग पर सवार राम के रूप का वर्णन करने लगे। उस रूप को देखकर देवताओं की क्या मनोदशा हुई, इसका कल्पना पर आश्रित किंतु प्रभावशाली वर्णन द्रष्टव्य है :

संकरु राम रूप अनुरागे । नयन पंचदस अति प्रिय लागे ॥
हरि हित सहित रामु जब जोहे । रमा समेत रमापति मोहे ॥
निरखि राम छबि बिधि हरषाने । आठै नयन जानि पछिताने ॥
सुरसेनप उर बहुत उछाहू । बिधि ते डेवढ़ लोचन लाहू ॥
रामहि चितव सुरेस सुजाना । गौतम श्रापु परम हित माना ॥
देव सकल सुरपतिहि सिहाहीं । आजु पुरंदर सम कोउ नाहीं ॥[3]

व्यापार-वर्णन : पात्रों के व्यापारों (क्रियाओं) का वर्णन संविधानक को सजीव बनाता है। इससे कथात्मक वृत्त में नाटकीय तत्त्वों का समावेश होता है जिससे काव्य की आकर्षण-शक्ति बढ़ जाती है और भावक अधिक तन्मयता से विंब ग्रहण करता है। यद्यपि तुलसी ने प्रायः सभी इत्तिवृत्तात्मक प्रसंगों में व्यापारों का वर्णन किया है तथापि सुंदरकांड और लंकाकांड के व्यापार-वर्णन विशेष उत्कृष्ट हैं। कारण यह है कि संघर्ष और संवेग की स्थिति में ही हृदय को झकझोर देनेवाले व्यापारों का स्वाभाविक विधान होता है। तुलसी के व्यापार-वर्णन की प्रवीणता के दिग्दर्शन के लिए दो उदाहरण पर्याप्त होंगे। लंका-दहन की भूमिका में हनुमान की लीला :

---

1. गीतावली, 1/34
2. रामचरितमानस, 2/144-145/1-3
3. वही, 1/317/1-4

लाइ लाइ आगि भागे बालजाल जहाँ तहाँ लघु ह्वै निबुक गिरि मेरु ते बिसाल भो।
कौतुकी कपीस कूदि कनक कँगूरा चढ़्यो रावन भवन चढ़ि ठाढ़ो तेहि काल भो।
तुलसी बिराज्यो ब्योम बालधी पसारि भारी देखें हहरात भट काल सो कराल भो।
तेज को निधान मानो कोटिक कृसानु भानु नख बिकराल मुख तैसो रिस लाल भो ॥[1]

रावण-हनुमान के आकाश-युद्ध का सजीव वर्णन :

पुनि रावन तेहि हतेउ पचारी। चलेउ गगन कपि पूँछ पसारी॥
गहिसि पूँछ कपि सहित उड़ाना। पुनि फिरि भिरेउ प्रबल हनुमाना॥
लरत अकास जुगल सम जोधा। एकहि एक हनत करि क्रोधा॥
सोहहिं नभ छल बल बहु करहीं। कज्जल गिरि सुमेरु जनु लरहीं॥[2]

संस्कृति-वर्णन : 'संस्कृति' एक प्रकार से 'प्रकृति' का विलोम है। जो निसर्गतः उत्पन्न है वह **प्रकृति** है। जो मानव की रचना है, वह **संस्कृति** है। अतः प्रस्तुत प्रसंग में 'संस्कृति-वर्णन' का तात्पर्य है—मानव-रचित वस्तुओं का वर्णन। नगर, धनुष-यज्ञ, नहछू, वितान, बारात, विवाह आदि के वर्णन इसी प्रकार के हैं। तुलसी ने मंगल-संस्कारों के वर्णन में बहुत रुचि ली है। उनके तीन मंगलकाव्यों 'रामललानहछू', 'जानकीमंगल' और 'पार्वतीमंगल' के वर्ण्य विषय नहछू और विवाह ही हैं। 'रामचरितमानस' में भी शिव-पार्वती तथा राम-सीता के विवाहों का जमकर विस्तार से वर्णन किया गया है। शिवजी की बारात का रोचक दृश्य देखिए :

कोउ मुखहीन बिपुलमुख काहू। बिनु पद कर कोउ बहु पद बाहू॥
बिपुल नयन कोउ नयन बिहीना। रिष्ट पुष्ट कोउ अति तन खीना॥
तन खीन कोउ अति पीन पावन कोउ अपावन गति धरें।
भूषन कराल कपाल कर सब सद्य सोनित तन भरें।
खर स्वान सुअर सृकाल मुख गन बेष अगनित को गनै।
बहु जिनिस प्रेत पिसाच जोगि जमात बरनत नहि बनै॥[3]

अयोध्या से प्रस्थान करनेवाली बारात पर दृष्टिपात कीजिए। यह एक राजा की बारात है। इसलिए इसमें हाथियों, ऊँटों, रथों, घोड़ों आदि का ताँता बँधा हुआ है। दशरथ के दरवाजे पर बड़ी चहल-पहल है, बड़ा धूम-धड़ाका है। क्रीड़ा-कौतुक और गाजे-बाजे का समाँ बँधा हुआ है :

गरजहिं गज घंटा धुनि घोरा। रथ रव बाजि हिंस चहुँ ओरा॥
निदरि घनहि घुम्मरहिं निसाना। निज पराइ कछु सुनिअ न काना॥
महा भीर भूपति के द्वारें। रज होइ जाइ पषानु पवारें॥
चढ़ी अटारिन्ह देखहिं नारीं। लिए आरती मंगल थारीं॥...
सुर नर नारि सुमंगल गाईं। सरस राग बाजहिं सहनाई॥
घंट घंटि धुनि बरनि न जाहीं। सरव करहिं पाइक फहराहीं॥
करहिं बिदूषक कौतुक नाना। हास कुसल कल गान सुजाना॥
तुरग नचावहिं कुँअर वर अकनि मृदंग निसान।
नागर नट चितवहिं चकित डगहिं न ताल बँधान॥[4]

---

1. कवितावली, 5/4
2. रामचरितमानस, 6/95/2-4
3. वही, 1/93/4 छंद
4. वही, 1/301/1-1/302

राम का विवाह किसी ऐरे-गैरे पचकल्यानी का विवाह नहीं है। तुलसी को इस बात का ध्यान है कि वह एक अद्वितीय राजकुमार और एक अनुपम राजकन्या का परिणय है। इसलिए विवाह-मंडप का निर्माण भी उनके अनुरूप होना चाहिए। इस गुरुतर कार्य का दायित्व बितान-विधि-कुशल गुणियों को सौंपा गया :

बिधिहि बंदि तिन्ह कीन्ह अरंभा। बिरचे कदलि कनक के खंभा॥
हरित मनिन्ह के पत्र फल पदुमराग के फूल।
रचना देखि बिचित्र अति मनु बिरंचि कर भूल॥
बेनु हरित मनि मय सब कीन्हे। सरल सपरब परहिं नहि चीन्हे॥
कनक कलित अहिबेलि बनाई। लखि नहि परै सपरन सुहाई॥
तेहि के रचि पचि बंध बनाए। बिच बिच मुकुतादाम सुहाए॥
मानिक मरकत कुलिस पिरोजा। चीरि कोरि पचि रचे सरोजा॥
किए भृंग बहु रंग बिहंगा। गुंजहिं कूजहिं पवन प्रसंगा॥
सुरप्रतिमा खंभन्ह गढ़ि काढ़ीं। मंगल द्रब्य लिये सब ठाढ़ीं॥...
रचे रुचिर बर बंदनिवारे। मनहुँ मनोभव फंद सँवारे॥[1]

जहाँ पर कवि का उद्देश्य सौंदर्य या महिमा का निरूपण करना है वहाँ पर उसने वर्ण्य वस्तु का पूरा विवरण प्रस्तुत किया है, परंतु अन्य स्थलों पर असुंदरता अथवा अनुपयोगिता के कारण संक्षिप्त वर्णन करके कथा को आगे बढ़ा दिया है; जैसे जेंवनार[2] के प्रसंग में। राम-सीता की सुंदरता का वर्णन उसे अतिशय प्रिय है। भाँवर के समय का वर्णन ललित बिंब-योजना का उत्तम नमूना है :

कुँअरु कुँअरि कल भाँवरि देहीं। नयनु लाभु सब सादर लेहीं॥
जाइ न बरनि मनोहर जोरी। जो उपमा कछु कहौं सो थोरी॥
राम सीय सुंदर प्रतिछाहीं। जगमगाति मनि खंभन्ह माहीं॥
मनहुँ मदन रति धरि बहु रूपा। देखत राम बिआहु अनूपा॥
दरस लालसा सकुच न थोरी। प्रगटत दुरत बहोरि बहोरी॥[3]

मंडप में चारों ओर मणियों के खंभे लगे हुए हैं। भाँवर देते समय सीता-राम जिस खंभे के सामने पहुँचते हैं उसमें उनका प्रतिबिंब झलकने लगता है। आगे बढ़ जाने पर प्रतिबिंब तिरोहित हो जाता है। उस पर कवि की उत्प्रेक्षा है कि रति और कामदेव सीता तथा राम का अनुपम विवाह देख रहे हैं। दर्शन की उत्कट लालसा से वे प्रकट होते हैं, किंतु संकोच के मारे छिप जाते हैं। इस वर्णन में यथार्थ और कल्पना का कितना मणि-कांचन-योग है ! अचेतन छाया के चेतनीकरण में कितनी प्रभविष्णु जीवंतता है।

प्रकृति-वर्णन : दार्शनिकों ने तत्त्वों के दो विभाग किए हैं—आत्मा और अनात्मा। चेतन आत्मा से इतर संपूर्ण जड़ जगत् की संज्ञा 'प्रकृति' है। उसमें भोगायतन-रूप समस्त शरीरों, सारे भोग्य पदार्थों एवं अखिल भोग-भूमियों का अंतर्भाव है। तुलसी की मान्यता है कि यह कार्यकारण-रूपा प्रकृति राम से भिन्न कोई वस्तु नहीं है :

प्रकृति महतत्त्व सब्दादि गुन देवता ब्योम मरुदग्नि अमलांबु उर्बी।
बुद्धि मन इंद्रिय प्रान चित्तातमा काल परमानु चिच्छक्ति गुर्बी।
सर्वमेवात्र त्वद्रूप भूपालमनि व्यक्तमव्यक्त गतभेद बिष्नो।[4]

---

1. रामचरितमानस, 1/287/4-1/289/1
2. वही, 1/328-1/329/3
3. वही, 1/325/1-3
4. विनयपत्रिका, 54/2-3

साहित्यालोचन में 'प्रकृति' शब्द का व्यवहार उपर्युक्त विस्तृत अर्थ में नहीं होता। उसका अर्थ-संकोच हो गया है। काव्य-विवेचन के संदर्भ में उसके दो अर्थ ग्रहण किए जाते हैं। एक अर्थ है—स्वभाव। पूर्वोक्त प्रकृति त्रिगुणात्मिका मानी गई है। तीन गुण हैं—सत्त्वगुण, रजोगुण और तमोगुण। इन गुणों के अनुसार व्यक्तियों की प्रकृति अर्थात् स्वभाव के तीन प्रकार हैं—सात्त्विक, राजस एवं तामस। आलोचना में पात्रों का चरित्र-विश्लेषण करते हुए उनकी सात्त्विक आदि प्रकृतियों की चर्चा की जाती है। गुणों के अनुसार ही मनोवृत्तियाँ बनती हैं। अतः मनोवृत्ति के लिए 'अंतःप्रकृति' का प्रयोग टकसाली हो गया है।

दूसरा अर्थ अंग्रेजी से आया है। जब हिंदी-आलोचक 'काव्य में प्रकृति-वर्णन' की बात करते हैं तब उनका 'प्रकृति' शब्द अंग्रेजी 'नेचर' का रूपांतर होता है। तदनुसार **प्रकृति-वर्णन** का तात्पर्य है—मानव एवं मानव-निर्मित वस्तु-समूह (संस्कृति) से इतर पदार्थों का वर्णन। वन, पर्वत, सरिता, सागर, पशु, पक्षी, बादल, बिजली, चंद्रमा, तारे आदि उसके विषय हैं। इस प्रकार 'प्रकृति' के अंतर्गत चेतन प्राणी भी हैं और अचेतन पदार्थ भी।

चैतन्य की दृष्टि से तुलसी-साहित्य में वर्णित प्रकृति के दोनों रूप उपलब्ध होते हैं—चेतन और अचेतन। चेतन के पुनः दो रूप हैं—नैसर्गिक और मानवीकृत। उदाहरणार्थ[1] :

1. **चातक कोकिल कीर चकोरा। कूजत बिहग नटत कल मोरा॥**
2. **अवलोकि अलौकिक रूप मृगी मृग चौंकि चकैं चितवैं चित दै।**
   न डगैं न भगैं जिय जानि सिलीमुख पंच धरे रतिनायक है॥

पहले उद्धरण में पक्षियों का चित्रण उनके नैसर्गिक रूप में किया गया है। दूसरे में कवि ने मृग-मृगी का स्वाभाविक वर्णन करते हुए भी उन पर मानवीय विशेषता का आरोप किया है—कामदेव के रूप में राम की कल्पना मानव ही कर सकता है।

इसी प्रकार अचेतन प्रकृति के भी दो रूप हैं—नैसर्गिक तथा चेतनीकृत। उदाहरण है[2] :

1. **बिटप बेलि नव किसलय कुसुमित सघन सुजाति।**
   कंद मूल जल थल रुह अगनित अनबन भाँति॥
2. **नदी उमगि अंबुधि कहुँ धाई। संगम करहिं तलाव तलाई॥**
3. **श्रीफल कनक कदलि हरषाहीं। नेकु न संक सकुच मन माहीं॥**
   सुनु जानकी तोहि बिनु आजू। हरषे सकल पाइ जनु राजू॥

वृक्ष, लता आदि प्रकृति के अचेतन (जिनमें चेतना का विकास नहीं हुआ है) पदार्थ हैं। पहले उद्धरण में उनका नैसर्गिक रूप चित्रित हुआ है। दूसरे में अचेतन नदी, अंबुधि आदि पर चेतनता का आरोप किया गया है; किंतु उनका मानवीकरण नहीं हुआ है, काम-प्रवृत्ति पशु-पक्षियों में भी समान रूप से पाई जाती है। तीसरे उद्धरण में श्रीफल आदि का चेतनीकरण के साथ-साथ मानवीकरण भी हुआ है। श्रीफल और कदली अपने को सीता के उरोजों तथा जाँघों का प्रतिस्पर्धी समझते थे। सीता के सामने वे श्रीहत थे। अब सीता के न रहने पर उन्हें हर्ष हो रहा है। इस प्रकार की मानव-भावना के आरोप से उनका मानवीकरण किया गया है।

काव्य में चित्रित प्रकृति के दो रूप होते हैं—मुख्य और गौण। प्रकृति का प्रांगण रमणीयताओं की क्रीड़ा-भूमि है। अपने सांस्कृतिक परिवेश से ऊबा हुआ मनुष्य प्रकृति की छाया में सुखद विश्राम पाता है। यह उसकी स्वाभाविक प्रवृत्ति है। प्रकृति के दृश्य उसे मुग्ध करते हैं। वह उनसे प्रेरणा ग्रहण

---

1. रामचरितमानस, 1/227/3; कवितावली, 2/27
2. गीतावली, 2/47/3; कवितावली, 1/85/1; 3/30/7

करता है। कवि प्रकृति के प्रभाव को, उसके प्रेरणाप्रद दृश्यों को वाणी-बद्ध करता है। इस प्रकार प्रकृति को ही वह अपना प्रतिपाद्य विषय बनाता है; उसकी योजना किसी अन्य वस्तु के निरूपण का पोषण करने के लिए नहीं करता। यह काव्य-वर्णित प्रकृति का मुख्य रूप है। इसी को 'आलंबन-रूप में प्रकृति-चित्रण' भी कहते हैं।

आरंभ में ही कहा जा चुका है कि तुलसी संपूर्ण प्रकृति को राम-रूप मानते हैं। अतः उनके साहित्य में सर्वथा स्वतंत्र प्रकृति के चित्र-विधान की आशा नहीं की जानी चाहिए। उनकी आध्यात्मिक दृष्टि सभी वर्णनों को घेरे हुए है। उनके इस परिप्रेक्ष्य का ध्यान रखते हुए उनकी रचनाओं में वर्णित प्रकृति के मुख्य रूप की चर्चा हम केवल सापेक्ष दृष्टि से करते हैं। कुछ ही स्थल ऐसे हैं जहाँ उन्होंने प्रकृति को प्रतिपाद्य बनाया है। चित्रकूट[1] और पंपा-सरोवर[2] का वर्णन आलंबन-रूप में किया गया है, किंतु उन स्थलों पर भी आध्यात्मिकता और उद्दीपन-तत्त्व का कुछ-न-कुछ समावेश कर दिया गया है। पंचवटी का वर्णन प्रकृति के आलंबन-रूप का सटीक उदाहरण है :

नाथ देखिअहिं बिटप बिसाला। पाकरि जंबु रसाल तमाला॥
तिन्ह तरुबरन्ह मध्य बटु सोहा। मंजु बिसाल देखि मनु मोहा॥
नील सघन पल्लव फल लाला। अबिचल छाँह सुखद सब काला॥
मानहुँ तिमिर अरुन मय रासी। बिरची बिधि सकेलि सुषमा सी॥[3]

तुलसी के साहित्य में काव्यधर्म और मोक्षधर्म का समन्वय है। प्रकृति-वर्णन में भी उन्होंने दो दृष्टियाँ अपनाई हैं—काव्य-दृष्टि और मोक्ष-दृष्टि; उदाहरण के लिए—सीता और राम की विरहावस्था का निरूपण करते समय काव्य-दृष्टि से प्रकृति-चित्रण किया गया है[4], नारद को उपदेश देते समय किया गया षड्-ऋतु-वर्णन मोक्ष-दृष्टि से हुआ है[5], और 'गीतावली' के चित्रकूट-विषयक कुछ पदों में दोनों दृष्टियों का समन्वय है।[6] अपने परंपरानिष्ठ और मोक्षधर्म-विशिष्ट दृष्टिकोण के कारण तुलसी ने प्रकृति का वर्णन प्रायः गौण रूप में ही किया है। तात्पर्य यह है कि प्रकृति की योजना किसी अन्य प्रतिपाद्य वस्तु, भाव अथवा विचार के निरूपण को उत्कर्ष प्रदान करने के लिए की गई है। इसलिए उसका वर्णन मुख्य न होकर गौण है। प्रयोजन-भेद से गौण रूप त्रिविध है : 1. उद्दीपन-रूप, 2. आलंकारिक रूप और 3. उपदेशात्मक रूप।

---

1. जलजुत बिमल सिलनि झलकत नभ बन प्रतिबिंब तरंग।
मानहु जग रचना बिचित्र बिलसति बिराट अँग अंग॥
मंदाकिनिहि मिलत झरना झरि झरि भरि भरि जल आछे।
तुलसी सकल सुकृत सुख लागे मानो रामभगति के पाछे॥—गीतावली, 2/51/5-6
और भी देखिए : रामचरितमानस, 2/132/2, 2/235/1-2/236
2. बिकसे सरसिज नाना रंगा। मधुर मुखर गुंजत बहु भृंगा॥
बोलत जलकुक्कुट कल हंसा। प्रभु बिलोकि जनु करत प्रसंसा॥
चक्रवाक बक खग समुदाई। देखत बनइ बरनि नहि जाई॥
सुंदर खग गन गिरा सोहाई। जात पथिक जनु लेत बोलाई॥
कुहू कुहू कोकिल धुनि करहीं। सुनि रव सरस ध्यान मुनि टरहीं॥
—रामचरितमानस, 3/40/1-5
3. रामचरितमानस, 2/237/1-3
4. बरवैरामायण, 41; रामचरितमानस, 5/12/4-6
5. रामचरितमानस, 3/44/1-4
6. गीतावली, 2/47, 48, 49

1. उद्दीपन-रूप में प्रकृति-चित्रण की परंपरा चिराचरित है। शृंगार-काव्य उससे भरा पड़ा है। न जाने कितने षड्ऋतु-वर्णन और बारहमासे लिखे गए हैं। कारण यह है कि प्रकृति का रमणीय वातावरण प्रेमीजनों को संयोग-दशा में अतिशय आनंद देता है, और इसलिए विरहावस्था में घोर कष्टकारक होता है।[1] दोनों दशाओं में रति-व्यंजना को उत्कर्ष प्रदान करने के लिए प्रकृति-वर्णन किया जाता है। राम-सीता के मिलन के लिए तुलसी ने उद्दीपक पृष्ठभूमि तैयार की है :

भूप बाग बर देखेउ जाई। जहँ बसंत रितु रही लोभाई॥
लागे बिटप मनोहर नाना। बरन बरन बर बेलि बिताना॥
नव पल्लव फल सुमन सुहाए। निज संपति सुर रूख लजाए॥
चातक कोकिल कीर चकोरा। कूजत बिहग नटत कल मोरा॥
बिमल सलिल सरसिज बहुरंगा। जल खग कूजत गुंजत भृंगा॥
बागु तड़ागु बिलोकि प्रभु हरषे बंधु समेत।
परम रम्य आरामु येहु जो रामहि सुख देत॥[2]

अन्यत्र, दोनों की संयोगावस्था में, मदन-महाराज को प्रकृति के माध्यम से फाग खेलते हुए दिखाया है।[3]

राम, सीता और गोपियों के विरह-वर्णन में उन्होंने प्रकृति के उद्दीपक रूप का विस्तार से चित्रण किया है।[4] राम को अपने चारों ओर काम की फौज खड़ी दिखाई देती है।[5] उधर कृष्ण के विरह में कामदेव ने ब्रज पर अपनी मिल्कियत कायम कर ली है।[6] इन अतिनिरूढ़ रूपकों में विशेष भावोत्कर्ष नहीं पाया जाता। परंतु, जहाँ इयत्ता का ध्यान रखते हुए प्रकृति की पृष्ठभूमि में विरह-व्यथा की व्यंजना की गई है वहाँ मर्मस्पर्शी चित्रण हुआ है, जैसे सीता की इस उक्ति में :

देखिअत प्रगट गगन अंगारा। अवनि न आवत एकौ तारा॥
पावकमय ससि स्रवत न आगी। मानहु मोहि जानि हतभागी॥
सुनहि बिनय मम बिटप असोका। सत्य नाम करु हरु मम सोका॥
नूतन किसलय अनल समाना। देहि अगिनि जनि करहि निदाना॥[7]

---

1. जे हित रहे करत तेइ पीरा। उरग स्वास सम त्रिबिध समीरा॥—रामचरितमानस, 5/15/2
2. रामचरितमानस, 1/227
3. गीतावली, 2/47, 48, 49
4. रामचरितमानस, 3/30/5-7, 3/37/2-3/38/6, 5/15/1-2; वही, 5/12/3-6; कृष्णगीतावली, 29-32
5. बिरह बिकल बलहीन मोहि जानेसि निपट अकेल।
सहित बिपिन मधुकर खग मदन कीन्हि बगमेल॥
बिटप बिसाल लता अरुझानी। बिबिध बितान दिए जनु तानी॥
कदलि तान बर ध्वजा पताका। देखि न मोह धीर मन जाका॥
बिबिध भाँति फूले तरु नाना। जनु बानैत बने बहु बाना॥
कहुँ कहुँ सुंदर बिटप सुहाए। जनु भट बिलग बिलग होइ छाए॥...
लछिमन देखत काम अनीका। रहहिं धीर तिन्ह कै जग लीका॥
—रामचरितमानस, 3/37-3/38/1-5
6. कोउ सखि नई चाह सुनि आई॥
यह ब्रजभूमि सकल सुरपति सों मदन मिलिक करि पाई॥
घन धावन बगपाँति पटो सिर बैरख तड़ित सोहाई।
बोलत पिक नकीब गरजनि मिस मानहुँ फिरति दोहाई॥
चातक मोर चकोर मधुप सुक सुमन समीर सहाई।
चाहत कियो बास बृंदावन बिधि सों कछु न बसाई॥—कृष्णगीतावली, 32
यह पद 'सूरसागर' में भी मिलता है; पद-संख्या, 3944
7. रामचरितमानस, 5/12/4-6

अथवा राम के इस संदेश में :

नव तरु किसलय मनहु कृसानू । काल निसा सम निसि ससि भानू ॥
कुबलय बिपिन कुंतबन सरिसा । बारिद तपत तेल जनु बरिसा ॥
जे हित रहे करत तेइ पीरा । उरग स्वास सम त्रिबिध समीरा ॥
कहेहू तें कछु दुख घटि होई । काहि कहौं येह जान न कोई ॥[1]

प्रकृति के उद्दीपक और आलंकारिक रूप दोनों ही काव्यधर्म से अनुप्राणित हैं। अतएव इन दोनों का प्रायः समन्वित रूप में चित्रण हुआ है। उपर्युक्त उद्धरण इस बात के प्रमाण हैं। तुलसी को रूपक, उत्प्रेक्षा और उपमा अलंकार अत्यंत प्रिय हैं। आधुनिक दृष्टि से मानवीकरण भी महत्त्वपूर्ण है। उसकी चर्चा की जा चुकी है। चारों के क्रमशः दो-दो उदाहरण लीजिए :

1. (i) उदित उदयगिरि मंच पर रघुबर बाल पतंग।
बिकसे संत सरोज सब हरषे लोचन भृंग॥
(ii) तुलसीदास मनोरथ मन मृग मरत जहाँ तहँ धाई।
राम स्याम सावन भादौं बिनु जिय की जरनि न जाई ॥[2]

2. (i) देखु सखी हरिबदन इंदु पर।
चिक्कन कुटिल अलक अवली छबि कहि न जाइ सोभा अनूप बर॥
बाल भुअंगिनि निकर मनहुँ मिलि रहीं घेरि रस जानि सुधाकर॥
तजि न सकहिं नहि करहिं पान कहो कारन कौन बिचारि डरहिं डर॥
(ii) स्याम सरीर रुचिर श्रम सीकर सोनित कन बिच बीच मनोहर।
जनु खद्योत निकर हरिहित गन भ्राजत मरकत सैल सिखर पर॥[3]

3. (i) तुलसी मन रंजन रंजित अंजन नैन सुखंजन जातक से।
सजनी ससि में समसील उभै नव नील सरोरुह से बिकसे॥
(ii) झलका झलकत पायन्ह कैसें। पंकज कोस ओस कन जैसें॥[4]

4. (i) जिन्हहिं निरखि मग साँपिनि बीछीं। तजहिं बिषम बिष तामस तीछीं॥
(ii) सरिता बन गिरि अवघट घाटा। पति पहिचानि देहिं बर बाटा॥
जहँ जहँ जाहिं देव रघुराया। करहिं मेघ तहँ तहँ नभ छाया॥[5]

प्रकृति का उपदेशात्मक रूप दो प्रकार के उपदेशों का द्योतक है—लोकनीति-संबंधी और मोक्ष-संबंधी। वर्षा और शरद् ऋतुओं के विशद-वर्णनों में दोनों प्रकारों की निबंधना की गई है। कुछ पंक्तियों से यह तथ्य स्पष्ट हो जाएगा[6] :

1. बूँद अघात सहहिं गिरि कैसे। खल के बचन संत सह जैसे॥
छुद्र नदी भरि चली तोराई। जस थोरेहु धन खल बौराई॥
भूमि परत भा डाबर पानी। जिमि जीवहिं माया लपटानी॥
सरिता जल जलनिधि महुँ जाई। होइ अचल जिमि जिव हरि पाई॥
2. फूले कास सकल महि छाई। जनु बरषा कृत प्रगट बुढ़ाई॥

---

1. रामचरितमानस, 5/15/1-3
2. क्रमशः, रामचरितमानस, 1/254; कृष्णगीतावली, 29/5
3. क्रमशः, कृष्णगीतावली, 21/1-2; गीतावली, 6/16/2
4. क्रमशः, कवितावली, 1/1; रामचरितमानस, 2/204/1
5. रामचरितमानस, 2/262/4; 3/7/2-3
6. क्रमशः, रामचरितमानस, 4/14/2-4; 4/16/1-5

जल संकोच बिकल भइ मीना । अबुध कुटुंबी जिमि धन हीना ॥
कहुँ कहुँ बृष्टि सारदी थोरी । कोउ कोउ पाव भगति जिमि मोरी ॥

तुलसी ने बारहमासा-वर्णन की रीति का पालन नहीं किया। उनकी भक्ति-काव्य-योजना में उसकी संगति ठीक नहीं बैठती थी। उन्होंने षड्-ऋतु-वर्णन दो स्थलों पर किया है। दोनों 'रामचरितमानस' में हैं। दोनों रीतिमुक्त हैं, क्योंकि उनका संबंध शृंगार से नहीं है। एक में रामकथा का रूपक बाँधा गया है[1], और दूसरे में कामोद्दीपनकारिणी नारी की निंदा की गई है।[2] दोनों ही वर्णन प्रतिपाद्य विषय की सशक्त व्यंजना में सहायक होने से उत्कृष्ट हैं। वसंत, वर्षा और शरद् इन तीन ऋतुओं का अलग-अलग वर्णन भी किया गया है[3] : पहली दो का संयोग-वियोग दोनों में, और अंतिम का वियोग की परिस्थिति में।

तुलसी के प्रकृति-वर्णन की चार प्रमुख विशेषताएँ स्मरणीय हैं—1. उनका मूल प्रतिपाद्य विषय (राम, रामकथा, राम-भक्ति) उनके प्रकृति-वर्णन पर भी छाया हुआ है। इसलिए अनेक प्रसंगों में धार्मिक भक्तों को तो रस मिल जाता है, किंतु सामान्य काव्यालोचक को नीरसता प्रतीत होती है। 2. विभिन्न स्थलों पर काव्य-दृष्टि से प्रकृति का चित्ताकर्षक चित्रण करके तुलसी ने यह सिद्ध कर दिया है कि उनमें प्रकृति के सूक्ष्म निरीक्षण और उसके सफल वर्णन की महती शक्ति है। 3. उन्होंने प्रायः संश्लिष्ट चित्रण किया है। ऊपर किया गया अलग-अलग विवेचन विभिन्न रूपों के स्पष्टीकरण के निमित्त है। आलंकारिक रूप के निरूपण में उन्होंने एक-साथ ही अनेक अलंकारों की माला गूँथी है। 4. लंबे सांग रूपकों, लड़ी-बद्ध उत्प्रेक्षाओं और नैतिक विचारों की उपदेश-शृंखला में एकरसकता पाई जाती है, किंतु अन्य स्थलों पर रचना-क्रम में सहजतया किया गया प्रकृति-वर्णन परमोत्कृष्ट है।

सिद्धांत-वर्णन : तुलसी का 'स्वांतःसुखाय' रचित साहित्य वस्तुतः लोकहिताय है। यह लक्ष्य उनकी दृष्टि से कभी ओझल नहीं होता। अतएव उनकी रचनाओं में निःश्रेयस-साधक सिद्धांतों के निरूपण की इतनी प्रचुरता है। प्रबंधकाव्य 'रामचरितमानस' की स्तुतियों, गीताओं और अन्य संवादों में किए गए धर्म, ज्ञान, भक्ति और संतों के विस्तृत वर्णन[4] काव्यप्रेमियों को बहुत खटकते हैं। यह ठीक है कि वे सामान्य काव्य-रस के प्रवाह में अवरोधक हैं, किंतु यह भी याद रखना चाहिए कि 'रामचरितमानस' का अंगी रस भक्तिरस है। और, ये वर्णन उस भक्तिरस के पोषक हैं। इस प्रकार प्रतिपादित दार्शनिक विचार भी भाव-पक्ष के अंग हैं। उनका अपना वैशिष्ट्य है। अतः उनकी विवेचना अगले अध्याय 'विचार-धारा' के अंतर्गत की जाएगी।

---

1. कीरति सरित छहूँ रितु रूरी। समय सुहावनि पावनि भूरी ॥
हिम हिमसैलसुता सिव ब्याहू। सिसिर सुखद प्रभु जनम उछाहू ॥
बरनब राम बिबाह समाजू। सो मुद मंगल मय रितुराजू ॥
ग्रीपम दुसह राम बन गमनू। पंथ कथा खर आतप पवनू ॥
बरषा घोर निसाचर रारी। सुरकुल सालि सुमंगलकारी ॥
रामराज सुख बिनय बड़ाई। बिसद सुखद सोइ सरद सुहाई ॥

—रामचरितमानस, 1/42/1-3

2. सुनु मुनि कह पुरान श्रुति संता । मोह बिपिन कहुँ नारि बसंता ॥
जप तप नेम जलासय झारी । होइ ग्रीषम सोखै सब नारी ॥
काम क्रोध मद मत्सर भेका । इन्हहिं हरषप्रद बर्षा एका ॥
दुर्बासना कुमुद समुदाई । तिन्ह कहँ सरद सदा सुखदाई ॥
धर्म सकल सरसीरुह बृंदा । होइ हिम तिन्हहि देति दुख मंदा ॥
पुनि ममता जवास बहुताई । पलुहइ नारि सिसिर रितु पाई ॥
पाप उलूक निकर सुखकारी । नारि निबिड़ रजनी अँधियारी ॥

—रामचरितमानस, 3/44/1-4

3. गीतावली, 2/47-49, रामचरितमानस, 3/37/4-3/38; गीतावली, 2/50, रामचरितमानस, 4/13/4-4/15; वही, 4/16/1-4/18/1
4. रामचरितमानस, 2/128/2-2/131, 2/172/2-2/173/2, 3/5/2-दोहा, 3/11/स्तुति, 3/14-3/16, 3/43/2-3/46, 6/80/2-दोहा, 6/109-6/115, 7/12-7/14, 9/116-7/122 आदि

8. विचार-धारा

महाकवित्व अथवा महाकाव्यत्व के लिए दो गुण आवश्यक हैं—लालित्य और जीवन-दर्शन। केवल सरस पद्य या गद्य का स्रष्टा 'कवि' हो सकता है, किंतु महाकवि नहीं। तुलसीदास महाकवि थे, क्योंकि वे स्रष्टा मात्र नहीं थे, वे जीवन-द्रष्टा भी थे। उन्होंने जीवन को उसके समग्र रूप में देखा था। वे दार्शनिक कवि थे। भारतीय दर्शन की सात प्रमुख विशेषताएँ हैं—1. गहरी आध्यात्मिक भावना, 2. मोक्ष की परमपुरुषार्थता, 3. चैतन्यवाद, 4. सत्यनिष्ठता, 5. धर्म से घनिष्ठ संबंध, 6. परंपरा के प्रति आस्था और 7. समन्वय-दृष्टि। तुलसी-साहित्य में ये सभी विशेषताएँ प्रतिफलित हुई हैं। उनकी आठवीं विशेषता है—कवित्वमयी प्रतिपादन-शैली।[1]

दार्शनिक विचार[2]

मूल विचारणा : भारतीय दर्शन में मूलतः जीव के केंद्र-बिंदु से विचार किया गया है। जीव की आत्यंतिक दुःख-निवृत्ति ही उसका मूल प्रयोजन है।[3] जीव नाना प्रकार के दैहिक, दैविक और भौतिक तापों से पीड़ित है।[4] दैहिक कष्ट दो प्रकार के हैं—आधि और व्याधि, अर्थात् शारीरिक और मानसिक।[5] इन क्लेशों के दो प्रमुख कारण हैं—अज्ञान और अभक्ति। 'अज्ञान' का तात्पर्य यह है कि जीव अपने, भगवान् के, और उसकी माया के स्वरूप को भूलकर देह को ही सब कुछ मान बैठता है।[6] इसलिए परितप्त होता है। विषयों में आसक्त जीव ईश्वर-विषयक-रति से विमुख रहता है। मृगतृष्णावश उसे ठोकरें खानी पड़ती हैं। अभक्ति स्वयं विपत्ति है।[7] रोग-निदान के अनुसार चिकित्सा विधेय है। अतः दुःख-नाश के, भव-बंधन से मुक्ति के, दो उपाय हैं—ज्ञान और भक्ति।[8] कर्म, वैराग्य,

1. जैसे—विषया परनारि निसा तरुनाई सो पाइ पर्यो अनुरागहि रे।...
   जरठाई दिसाँ रबि काल उग्यो अजहूँ जड़ जीव न जागहि रे॥—कवितावली, 7/31
   फूले कमल सोह सर कैसा। निर्गुन ब्रह्म सगुन भएँ जैसा॥ —रामचरितमानस, 4/17/1
2. विस्तृत विवेचन के लिए देखिए : तुलसी-दर्शन-मीमांसा।
3. सांख्यकारिका, 1
4. अस प्रभु हृदयँ अछत अविकारी। सकल जीव जग दीन दुखारी॥—रामचरितमानस, 1/23/4
   सुनहु नाथ मन जरत त्रिविधि जुर करत फिरत बौराई।—विनयपत्रिका, 81/1
5. आधि मगन मन ब्याधि विकल तन बचन मलीन झुठाई।—विनयपत्रिका, 195/4
6. जिव जब तें हरि तें बिलगान्यो। तब तें देह गेह निज जान्यो।
   मायाबस स्वरूप बिसरायो। तेहि भ्रम तें दारुन दुख पायो॥
   —विनयपत्रिका, 136/1
7. कह हनुमंत बिपति प्रभु सोई। जब तब सुमिरन भजनु न होई॥
   —रामचरितमानस, 5/32/2
8. भगतिहि ज्ञानहि नहि कछु भेदा। उभय हरहिं भवसंभव खेदा॥
   —रामचरितमानस, 7/115/7

योग आदि अन्य जितने भी साधन बतलाए गए हैं, वे सब इन दो साधनों के साधन हैं। भक्ति का पद सर्वश्रेष्ठ है।[1] इन साधनों के द्वारा जीव जीवन्मुक्ति और विदेहमुक्ति प्राप्त करता है।[2] भक्ति के विषय में यह स्मर्तव्य है कि वह साधन भी है और सिद्धि भी : **साधन सिद्धि रामपग नेहू**।[3]

राम : अब जीव के आश्रय राम के केंद्र-बिंदु से विचार कीजिए। राम मूल-तत्त्व या परमतत्त्व हैं।[4] वे सच्चिदानंदस्वरूप हैं।[5] उपनिषद्कारों और वेदांतियों ने जिसे ब्रह्म कहा है, शैवों ने जिसे परमशिव माना है, वैष्णवों की दृष्टि में जो परमविष्णु है, उसी परमार्थतत्त्व को तुलसी 'राम' कहते हैं। इसीलिए उन्होंने राम के लिए **ब्रह्म, विष्णु** और **शिव** शब्दों का प्रयोग भी किया है। उन्हीं से आविर्भूत और उनसे भिन्नाभिन्न तत्त्व हैं—जीव और जगत्।[6] राम सृष्टि के कर्त्ता, पालक और संहारक हैं।[7] पौराणिक परंपरा के सृष्टिकर्ता ब्रह्मा, विश्वपालक विष्णु और प्रलयंकर शिव उन्हीं के अंश हैं। दूसरे शब्दों में राम की उद्भवकारिणी शक्ति के प्रतीक ब्रह्मा हैं, पालनकारिणी शक्ति के विष्णु और संहार-कारिणी शक्ति के शिव।

राम स्वरूपतः निर्गुण भी हैं और सगुण भी।[8] **निर्गुण** के अर्थ हैं—निर्विशेष या अनिर्वचनीय; निराकार या रूपरहित; प्राकृत गुणों से परे; और अखंडता, अप्रमेयता आदि नकारात्मक गुणोंवाला। **सगुण** के अर्थ हैं—साकार या सरूप; प्राकृत गुणों से युक्त रूप में भासमान; और भक्तवत्सलता आदि दिव्य गुणों से संपन्न। राम का सगुण-रूप उनके निर्गुण-रूप का ऐश्वर्य है। सज्जनों के परित्राण, अधर्मियों के विनाश, धर्म के संस्थापन और भक्तों के आनंद के लिए निराकार राम आकारविशेष में प्रकट होते हैं। यही उनका अवतार है। राम अवतारी भी हैं और अवतार भी :

जब जब होइ धरम कै हानी। बाढ़हिं असुर अधम अभिमानी॥
करहिं अनीति जाइ नहिं बरनी। सीदहिं बिप्र धेनु सुर धरनी॥
तब तब प्रभु धरि बिबिध सरीरा। हरहिं कृपानिधि सज्जन पीरा॥
असुर मारि थापहिं सुरन्ह राखहिं निज श्रुति सेतु॥
जग बिस्तारहिं बिसद जस रामजन्म कर हेतु॥[9]

दोनों में तत्त्वतः कोई भेद नहीं है।[10] राम की अवतारलीला बड़ी विचित्र है। मुनियों तक को भ्रम में डाल देती है।[11] इस विषय में 'रामचरितमानस' के विवेकी मुनि भरद्वाज, शिव की अर्धांगिनी सती तथा विष्णुवाहन गरुड़ को भी संदेह हो गया था और याज्ञवल्क्य, शंकर एवं काकभुशुंडि ने उसका निराकरण किया।

---

1. रामचरितमानस, 7/49/1-3, 7/115/1, 7/120
2. वही, 7/119/1-2; दोहावली, 225
3. रामचरितमानस, 2/289/4
4. रामु ब्रह्म परमारथरूपा।—रामचरितमानस, 2/93/4
5. सुद्ध सच्चिदानंदमय कंद भानुकुल केतु।—रामचरितमानस, 2/87, दोहावली, 116
6. विनयपत्रिका, 54/2-4; दोहावली, 200
7. जो करता भरता हरता सुर साहिब साहिब दीन दुनी को।—कवितावली, 7/146
8. अगुन सगुन दुइ ब्रह्म सरूपा। अकथ अगाध अनादि अनूपा॥—रामचरितमानस, 1/23/1
9. रामचरितमानस, 1/121
10. अव अद्वैत अनाम अलख रूप गुन रहित जो।
    मायापति सोइ राम दास हेतु नर तनु धरेउ॥—वैराग्यसंदीपनी, 4
11. निर्गुन रूप सुलभ अति सगुन जान कोइ कोइ॥
    सुगम अगम नाना चरित सुनि मुनि मन भ्रम होइ॥—रामचरितमानस, 7/73

माया : राम की अभिन्न शक्ति का नाम **माया** है। अपनी माया के द्वारा राम सृष्टि आदि का कार्य संपन्न करते हैं।[1] ब्रह्मा आदि की शक्ति राम की ही शक्ति अर्थात् माया है। माया को ही **सीता** कहते हैं।[2] राम के साथ उनकी माया भी अवतार लेती है।[3] माया के दो भेद हैं—विद्या और अविद्या। **विद्या** माया विश्व-रचना और जीव के मोक्ष का हेतु है। **अविद्या** माया जीव के मोह तथा भवबंधन का कारण है। लक्षणा के द्वारा, माया-निर्मित विश्व को भी 'माया' कहा जाता है। संपूर्ण विश्व माया का वशवर्ती है :

मैं अरु मोर तोर तैं माया। जेहि बस कीन्हे जीव निकाया।
गो गोचर जहँ लगि मन जाई। सो सब माया जानेहु भाई॥
तेहि कर भेद सुनहु तुम्ह सोऊ। बिद्या अपर अविद्या दोऊ॥
एक दुष्ट अतिसय दुख रूपा। जा बस जीव परा भवकूपा॥
एक रचै जग गुन बस जाकें। प्रभु प्रेरित नहि निज बल ताकें॥[4]

तात्त्विक दृष्टि से माया एक है। उसके कार्यों को समझाने के लिए उसके दो भेद किए गए हैं। यह भेद-निरूपण वैष्णव वेदांताचार्यों के मतानुसार है।

सृष्टि : जगत् की रचना करनेवाली माया ही उपादान-रूप में **प्रकृति** है। यहाँ से सांख्य का सृष्टि-क्रम तुलसी को मान्य है। अनीश्वरवादी दर्शनों में प्रकृति, गुण, काल, कर्म और स्वभाव स्वतंत्र तत्त्व माने गए हैं। तुलसी उन्हें राम के अधीन और राम की ही शक्ति मानते हैं।[5] प्रकृति त्रिगुणात्मिका है। गुण तीन हैं—सत्त्व, रज, तम। सृष्टि के पूर्व ये तीनों गुण साम्यावस्था में रहते हैं। जीवों के कल्याण के लिए राम की प्रेरणा से उनमें क्षोभ उत्पन्न होने पर सृष्टि-प्रक्रिया का आरंभ होता है। प्रकृति से बुद्धि, बुद्धि से अहंकार और अहंकार से मन-समेत ग्यारह इंद्रियों, पाँच तन्मात्राओं (शब्द, स्पर्श, रूप, रस, गंध) और पाँच महाभूतों (आकाश, वायु, तेज, जल, पृथिवी) की उत्पत्ति होती है।[6] अहंकार से ही प्राण और इंद्रियों के अधिष्ठाता देवता उत्पन्न होते हैं। तदनंतर असंख्य स्थूल ब्रह्मांडों और पिंडों की सृष्टि होती है। स्थूल-जगत् के सर्जक ब्रह्मा राम की कारयित्री शक्ति के प्रतीक हैं। अनगिनत पिंड-ब्रह्मांड राम की शक्ति द्वारा रचित हैं, उनमें स्थित हैं, उनसे व्याप्त हैं, और उन्हीं के रूप हैं। विश्व उनका विराट् रूप है।[7] जगत् का अपने मूल-कारण राम में लीन हो जाना 'प्रलय' है।

जगत् का स्वरूप : मूलतः राम जगत् के निमित्त और उपादान कारण हैं।[8] वे सत्य हैं। इसलिए जगत् को भी सत्य होना चाहिए। परंतु, तुलसी ने उसे बहुत बार मिथ्या कहा है।[9] यह अंतर्विरोध क्यों ? बात यह है कि जगत् तत्त्वतः राम-रूप है, माया अर्थात् जीव की भ्रांति के कारण वह राम से भिन्न रूप में प्रतीत होता है। उसका दृश्यमान रूप मिथ्या है, क्योंकि वह परिवर्तनशील है। इसीलिए तुलसी ने कहा है[10]—**'सब रूप सदा सब होइ न सो,** अथवा **रवि आतप भिन्न न भिन्न**

1. लव निमेष महुँ भुवन निकाया। रचै जासु अनुसासन माया॥—रामचरितमानस, 1/225/2
2. श्रुति सेतु पालक राम तुम्ह जगदीस माया जानकी।—रामचरितमानस, 2/126/छंद
3. आदि सक्ति जेहिं जग उपजाया। सोउ अवतरिहि मोरि यह माया॥—रामचरितमानस, 1/152/2
4. रामचरितमानस, 3/15/1-3
5. हनुमानबाहुक, 44, दोहावली, 177, विनयपत्रिका, 130/2
6. विनयपत्रिका, 54/2-3; रामचरितमानस, 6/15, 7/13/छंद 5
7. रामचरितमानस, 1/201-2, 6/14-15, 7/13/छंद 5
8. काल हू के काल महाभूतन के महाभूत कर्म हू के करम निदान के निदान हौ॥—कवितावली, 7/126
   जेहिं सृष्टि उपाई त्रिबिध बनाई संग सहाय न दूजा।—रामचरितमानस, 1/186/छंद 3
9. एहि बिधि जग हरि आश्रित रहई। जदपि असत्य देत दुख अहई॥—रामचरितमानस, 1/118/1
   झूठो है झूठो है झूठो सदा जग संत कहंत जे अंत लहा है।—कवितावली, 7/39
10. रामचरितमानस, 6/111/8

यथा। जब जीव को अपने, माया के, और राम के यथार्थ स्वरूप का ज्ञान हो जाता है तब वह संपूर्ण जगत् को राममय देखने लगता है।[1] राम से इतर कुछ दिखाई ही नहीं पड़ता। यही जगत् का हेरा जाना है।[2] इस जगत् से सर्वथा भिन्न शुद्धसत्त्वमय **वैकुंठ-लोक** भगवान् का धाम है। वस्तुतः राम सर्वव्यापक हैं। भक्तों ने अपनी मूर्ति-भावना की तुष्टि के लिए भगवान के लोकविशेष या धामविशेष की कल्पना की है।

जीव : जीव ईश्वर राम का अंश है। अतएव स्वरूपतः सत्य, चेतन एवं आनंदमय है। माया के कारण आत्मस्वरूप को भूलकर संसार-चक्र में पड़ जाता है :

ईश्वर अंस जीव अबिनासी। चेतन अमल सहज सुखरासी॥
सो माया बस भएउ गोसाईं। बँध्यो कीर मर्कट की नाईं॥
जड़ चेतनहिं ग्रंथि परि गई। जदपि मृषा छूटति कठिनई॥
तब ते जीव भएउ संसारी। छूट न ग्रंथि न होइ सुखारी॥[3]

राम और जीव में शक्ति तथा मात्रा का भेद है। राम एक, सर्वज्ञ, सर्वशक्तिमान्, सर्वव्यापक, मायापति, स्वतंत्र हैं। जीव अनेक, अल्पज्ञ, सीमाओं में बँधे हुए, मायावश्य, परतंत्र और अभिमानी हैं।[4] हर्ष, विषाद, ज्ञान, अज्ञान, अहंकार और अभिमान जीव के धर्म हैं।[5] वह कर्म करने में स्वतंत्र, किंतु फल भोगने में परतंत्र है। मोह के वशीभूत होकर कर्म-जाल में फँसा रहता है, अनेक प्रकार के क्लेश सहता है। राम की कृपा से ही उसका उद्धार संभव है।

मोक्ष-साधन : भव-बंधन में पड़े हुए जीव की मुक्ति के अनेक साधन बतलाए गए हैं। तुलसी ने धर्म, वैराग्य, योग्य, ज्ञान और भक्ति को गौरव दिया है।[6] इनमें से प्रथम तीन अंतिम दो साधनों के साधन हैं। धर्म (साधारणधर्म, वर्णधर्म, आश्रमधर्म, वर्णाश्रमधर्म, निमित्तधर्म) के आचरण से चित्त-शुद्धि होती है। उससे विषयों के प्रति वैराग्य उत्पन्न होता है। तब योग (चित्तवृत्ति-निरोध) के द्वारा ज्ञान की उपलब्धि होती है। आत्मज्ञान हो जाने पर जीव कैवल्य प्राप्त कर लेता है। यह ज्ञान-मार्ग अत्यंत कष्टकारक है, घुणाक्षर न्याय से ही इसमें सफलता मिलती है।[7]

भक्ति का पथ सुगम और अमोघ है। धर्माचरण से विषय-विरक्त चित्त में भगवद्धर्म के प्रति अनुराग उत्पन्न होता है। श्रवण, कीर्तन आदि नवधा भक्तियाँ दृढ़ होती हैं और राम के प्रति परमप्रेम (भक्ति) का उदय होता है।[8] भक्ति स्वंयं मुक्ति है।

दृष्टिकोण : मुक्ति, अर्थात् दुःख की आत्यंतिक निवृत्ति, वैयक्तिक होती है; सामूहिक अथवा सामाजिक नहीं। परंतु, मनुष्य सामाजिक प्राणी है। प्रतिकूल एवं विशृंखलित समाज में व्यक्तिगत साधना भी दुष्कर है। अतएव व्यक्ति के मोक्ष के लिए भी अनुकूल समाज-व्यवस्था अपेक्षित है। इस आवश्यकता को दृष्टि में रखते हुए तुलसी ने समाज-धर्म पर विशेष बल दिया है।

---

1. विनयपत्रिका, 54/3, रामचरितमानस, 1/8/1, 7/112
2. जेहि जाने जग जाइ हेराई। जागे जथा सपन भ्रम जाई॥—रामचरितमानस, 1/112/1
3. रामचरितमानस, 7/117/1-4
4. वही, 7/78/2-4
5. हरष बिषाद ज्ञान अज्ञाना। जीव धर्म अहमिति अभिमाना॥—रामचरितमानस, 1/116/4
6. धर्म तें बिरति जोग तें ज्ञाना। ज्ञान मोच्छप्रद बेद बखाना॥
   जा तें बेगि द्रवउँ मैं भाई। सो मम भगति भगत सुखदाई॥—रामचरितमानस, 3/16/1
7. देखिए : रामचरितमानस, 7/117/4-7/119/1
8. रामचरितमानस, 3/16/3-दोहा

भारतीय दर्शन बौद्धिक व्यायाम नहीं है। तत्त्वचिंतकों ने दार्शनिक सिद्धांतों को जीवन में उतारने का प्रयास किया है। सैद्धांतिक दर्शन का व्यावहारिक पक्ष धर्म है। हमारे यहाँ दोनों में आवश्यक संबंध माना गया है। यही कारण है कि प्रायः सभी धार्मिक संप्रदायों का आधार कोई-न-कोई दर्शन है, और महान् दार्शनिक धर्मसंस्थापक भी हैं। सभी ने सदाचारपालन को दार्शनिक उपलब्धि का सोपान माना है। तुलसी इसी विचार-धारा के पोषक हैं। उन्होंने पारमार्थिक ज्ञान और व्यावहारिक जीवन का सामंजस्य स्थापित किया है। उनका दर्शन धर्म-दर्शन है।

दर्शन-तात्त्विक रूप में अंतर्दर्शन है, अनुभूति पर आश्रित है। उस अनुभूति का तर्कपुष्ट प्रतिपादन दर्शनशास्त्र है। दसवीं-ग्यारहवीं शताब्दी तक अपनी पराकाष्ठा पर पहुँचकर भारतीय दर्शन ह्रासोन्मुख हो गया। तुलसी के समय तक आते-आते विश्वासपूर्ण भक्ति ने तर्कप्रधान दर्शन को आच्छादित कर लिया। दर्शन भक्ति-दर्शन हो गया। भक्ति के क्षेत्र में संदेह करना पाप समझा जाने लगा। इसी भावना के फलस्वरूप 'रामचरितमानस' की पार्वती और गरुड़ ने अपनी संदेहशीलता पर पश्चात्ताप किया है।[1] तुलसी सर्वात्मना भक्त हैं। उनका धर्मदर्शन भक्तिदर्शन है।

तुलसी कवि हैं, दार्शनिक नहीं हैं, कवि-दार्शनिक भी नहीं हैं; वे भक्तिमान् दार्शनिक कवि हैं। उन्होंने काव्यधर्म के साथ मोक्षधर्म का निर्वाह किया है; आध्यात्मिक अनुभूति को रसात्मक वाङ्मय के माध्यम से प्रस्तुत किया है। जीवन के मूलभूत प्रश्नों पर गंभीरता से विचार करके सत्य का साक्षात्कार किया है, उसकी सुंदर रूप में अभिव्यंजना की है, और उसे मंगलमयी संजीवनी से अनुप्राणित किया है।[2] उनके साहित्य में तर्ककर्कश मोक्षशास्त्र काव्य के मधु से मधुर हो गया है। ब्रह्मानंदरूप रस और ब्रह्मानंद सहोदर रस का यह अभिन्न सह-अस्तित्व अद्‌भुत है।

जिस प्रकार तुलसी-वर्णित रघुनाथ-गाथा 'नानापुराणनिगमागमसम्मत' है, उसी प्रकार उनका दर्शन भी। पुराण स्वयं निगमागमसम्मत विचारधारा के विश्वकोश हैं। पुराणों में प्रतिपादित दर्शन की प्रमुख विशेषताएँ हैं; मानवतावादी दृष्टि, धार्मिकता, समन्वय-भावना, अवतारवादिता और भक्ति-निष्ठा। तुलसी-दर्शन में इन सभी विशेषताओं का प्रतिफलन है। उन्होंने पुराणों के प्रतिपाद्य विषय का ही नहीं, उनकी प्रतिपादन-शैली का भी अनुसरण किया है। उनकी दृष्टि मुख्यतया पौराणिक है। 'वाद' की दृष्टि से, उनके दार्शनिक सिद्धांत को **रामाद्वैतवाद** कहा जा सकता है।

समन्वय-साधना

'समन्वय' (सम्+अनु+इ+अच्) का व्युत्पत्त्यर्थ है—नियमित क्रम, संयोग, पारस्परिक संबंध। जब शब्द और अर्थ, भाषा और भाव, ब्राह्मण और शूद्र आदि के समन्वय की बात की जाती है तब **समन्वय** का अर्थ होता है—उनके पारस्परिक संबंध का निर्वाह। यह उसका व्यापक अर्थ है। उसका एक संकुचित और विशिष्ट अर्थ भी है—परस्पर-विरोधी प्रतीत होनेवाली वस्तुओं या बातों का विरोधपरिहारपूर्वक सामंजस्य। नास्तिक-द्वैतवादी सांख्य और आस्तिक-अद्वैतवादी वेदांत के समन्वय का अर्थ होगा—इन दोनों मतों के प्रतीयमान विरोध का परिहार करके दोनों में सामंजस्य-स्थापन। तुलसी दोनों ही अर्थों में समन्वय-साधक हैं।

समन्वयवाद भारतीय संस्कृति की एक महत्त्वपूर्ण विशेषता है। समय-समय पर इस देश में कितनी ही संस्कृतियों का आगमन और आविर्भाव हुआ, परंतु वे घुल-मिलकर एक हो गईं। कितनी ही दार्शनिक, धार्मिक, सामाजिक, आर्थिक, राजनैतिक, साहित्यिक और सौंदर्यमूलक विचारधाराओं का

1. रामचरितमानस, 1/109/2, 7/93/2
2. जैसे : रामचरितमानस, 7/118/2-8, विनयपत्रिका, 111/1-2

विकास हुआ; किंतु उनकी परिणति संगम के रूप में हुई। उदारचेता विचारकों की सारग्राहिणी प्रतिभा ने दूसरों की ग्राह्य मान्यताओं को निस्संकोच भाव से ग्रहण किया। यह समन्वय-भावना का ही परिणाम है कि नास्तिक बौद्धों ने राम को बोधिसत्त्व मान लिया, और आस्तिक वैष्णवों ने बुद्ध की अवतार-रूप में प्रतिष्ठा की। सांख्य-योग एवं न्याय-वैशेषिक में वेदांत के ईश्वर की सत्ता स्वीकार की गई, और वेदांत में सांख्य की सृष्टि-प्रक्रिया, योग की ज्ञान-साधना तथा न्याय की तर्क-प्रणाली को गौरव दिया गया। अर्थ-काम और धर्म-मोक्ष में, वेद-शास्त्र और लोक-परंपरा में, प्रवृत्ति और निवृत्ति में, साहित्य और जीवन में समन्वय स्थापित करने के विराट् प्रयत्न किए गए; अनेकता में एकता की स्थापना की गई, वैषम्य में साम्य का दर्शन किया गया।

समन्वय के देश में महान् लोकनायक वही हो सकता है जिसमें विशाल समन्वयबुद्धि हो और जो उस बुद्धि का सदुपयोग कर सके। धर्मदर्शन और समाज-सुधार के क्षेत्र में गौतम बुद्ध इसी प्रकार के लोकनायक थे। उनकी महिमा की आधारभूमि 'मध्यमा प्रतिपदा' समन्वय का ही मार्ग है। वाङ्मय के क्षेत्र में इतिहास-पुराण समन्वय-साधना के उत्कृष्ट उदाहरण हैं। उनमें **महाभारत** और **भागवतपुराण** का स्थान अन्यतम है। उनमें विभिन्न विचार-धाराओं का संगम है, रोचक कथाओं की सहायता से तत्त्वज्ञान का उपस्थापन है; किंतु कांतासम्मित उपदेश का विधान करनेवाले रमणीयार्थप्रतिपादक काव्य की सरसता नहीं है। संस्कृत में रचित होने के कारण वे तुलसीयुगीन लोक-मानस का नेतृत्व करने में असमर्थ थे। लोकदर्शी तुलसी ने जनता के हृदय की धड़कन को पहचाना और जनभाषा के माध्यम से **रामचरितमानस** के रूप में समन्वय का वह आदर्श प्रस्तुत किया जो अपने कवित्वमय भक्तिदर्शन, भक्तिदर्शनमय कवित्व और आमूढ़पंडितव्यापिनी लोकप्रियता के कारण अद्वितीय है।

समन्वय-सिद्धांत का व्यवस्थित निरूपण और कार्यान्वयन मदारी का वृक्ष नहीं है। वह प्रत्यक्ष अनुभव, सूक्ष्म अवेक्षण और गहन अनुशीलन का सम्मिलित परिणाम है।[1] जीवन स्वयं समझौता है। तुलसी ने जीवन की विभिन्न परिस्थितियों में रहकर उसका साक्षात् अनुभव किया था। वे ब्राह्मण-पुत्र थे; पेट की आग बुझाने के लिए उन्हें **'जाति के सुजाति के कुजाति के'** टुकड़े भी खाने पड़े थे। द्वार-द्वार भीख भी माँगी थी, और मठाधीश का सुख-भोग भी किया था। लोगों ने 'दगाबाज' कहकर गालियाँ भी दी थीं, और महामुनि मानकर भूपतियों तक ने पाँव भी पूजे थे। वे यौवन की कामासक्ति के शिकार भी हुए थे, और वैराग्य की पराकाष्ठा पर पहुँचकर आत्माराम भी हो गए थे। वे अर्थ-काम-पंकिल भव-सरिता से निकलकर धर्म-दर्शन-विशिष्ट रामभक्ति की राजडगर पर आए थे। उनमें कवि की कारयित्री प्रतिभा, भक्त के निष्काम हृदय और समाज-सुधारक की लोकमंगल-भावना का अपूर्व समन्वय था। उन्होंने अपने अनुभव, अवेक्षण, शास्त्रज्ञान और सहृदयता के आधार पर कवित्व, धर्म और भक्ति की त्रिपथगा का निर्माण किया। उनकी समन्वय-साधना बहुमुखी है :

द्वैत-अद्वैत : तुलसी का दार्शनिक समन्वयवाद अत्यंत विवाद का विषय रहा है। तुलसी के युग में वेदांत का प्रभुत्व था। उसके भीतर भी दो प्रकार के संघर्ष थे—1. सभी वैष्णव आचार्य शंकर के निर्गुण ब्रह्मवाद और मायावाद के विरोधी थे। 2. सभी अद्वैतवादी[2] मध्व के द्वैतवाद के विरोधी थे। तुलसी शंकर के ब्रह्मवाद और रामानुज के विशिष्टाद्वैतवाद से मुख्यतया प्रभावित हैं। परंतु अन्य मतों से भी उन्होंने विचार ग्रहण किए हैं।[3] यह बात ध्यान देने योग्य है कि उपनिषदों और वेदांत-संप्रदायों में जो मान्यताएँ समान रूप से पाई जाती हैं वे तुलसी को स्वीकार्य हैं, जैसे—

---

1. लोक बिलोकि पुरान बेद सुनि समुझि बूझि-गुरु ग्यानी।
   प्रीति प्रतीति राम पद पंकज सकल सुमंगल खानी ॥—विनयपत्रिका, 194/4
2. केवलाद्वैतवादी, विशिष्टताद्वैतवादी, द्वैताद्वैतवादी और शुद्धाद्वैतवादी
3. देखिए—तुलसी-दर्शन-मीमांसा, 'उपसंहार'

ब्रह्म सच्चिदानंदस्वरूप है, वह जगत् का अभिन्ननिमित्तोपादन और आश्रय है, आदि। परंतु, जहाँ अद्वैतवादियों और वैष्णव-वेदांतियों में मतभेद हैं वहाँ उन्होंने समन्वयवादी दृष्टि से काम लिया है। केवलाद्वैतवाद के अनुसार ब्रह्म स्वरूपतः निर्गुण, निर्विशेष और निर्लक्षण है, अर्थात् उसमें कृपा आदि विशेषताएँ नहीं हैं; माया अविद्या है, उसके अस्तित्व के विषय में कुछ नहीं कहा जा सकता; माया की उपाधि से युक्त सगुण ब्रह्म (ईश्वर) ही अवतार लेता है; एकमात्र (निर्गुण) ब्रह्म ही सत्य है; जीव, जगत् और 'ईश्वर' सब मिथ्या हैं; केवल ज्ञान ही मुक्ति का साधन है; आत्मस्वरूप में स्थित हो जाना, जीव के जीवत्व का नाश ही मुक्ति है। वैष्णव आचार्यों के अनुसार ब्रह्म स्वरूपतः सगुण अर्थात् कृपा आदि दिव्य गुणों से युक्त है, वही कृष्ण आदि के रूप में अवतार लेता है; उसी की शक्ति माया है; जीव उसी का अंश है; भिन्न प्रतीयमान जगत् ब्रह्म से अभिन्न है; भक्ति मुक्ति का अमोघ साधन है; सालोक्य आदि मुक्तियाँ श्रेष्ठ हैं।

निर्गुण और सगुण : निर्गुण और सगुण का विवाद दो क्षेत्रों में था—दर्शनशास्त्र के क्षेत्र में, और भक्ति के क्षेत्र में। शंकराचार्य के निर्गुणब्रह्मवाद के विरुद्ध रामानुज और वल्लभ ने बहुत बल देकर ब्रह्म को स्वभावतः सगुण बतलाया था।[1] तुलसी ने राम को बारंबार निर्गुण-सगुण-स्वरूप कहा है[2] :

1. सगुनहि अगुनहि नहि कछु भेदा। गावहिं मुनि पुरान बुध बेदा॥
2. अगुन सगुन दुइ ब्रह्म सरूपा। अकथ अगाध अनादि अनूपा॥
3. जय सगुन निर्गुन रूप रूप अनूप भूप सिरोमने।

वस्तुतः राम एक हैं। वे ही निर्गुण और सगुण, निराकार और साकार, अव्यक्त और व्यक्त, अंतर्यामी और बहिर्यामी, गुणातीत और गुणाश्रय हैं।[3] निर्गुण राम ही भक्तों के प्रेम-वश सगुण-रूप में प्रकट होते हैं।[4] दोनों में कोई विरोध नहीं है। यह विश्वास की बात है। अपनी प्रीति-प्रतीति के अनुसार भक्त उन्हें किसी भी रूप में भज सकता है। तुलसी और उनके काव्य में अंकित भक्त सगुण-रूप के उपासक हैं; क्योंकि सगुण राम की भुजाएँ ही भक्तों पर छाया करती आई हैं, कर रही हैं और करती रहेंगी।[5] इसका मनोवैज्ञानिक कारण है। भक्त अपने चारों ओर उस भगवान् को देखना चाहता है, जो संकट के समय काम भी आ सके। इसीलिए स्वरूपतः अभिन्न होते हुए भी अंतर्यामी की अपेक्षा बहिर्यामी श्रेष्ठ है।[6] पुनश्च, तुलसी के सगुण-साकार राम में रूप और गुण का, शील, शक्ति और सौंदर्य का, अनुपम समन्वय है।

विद्या और अविद्या माया : अद्वैतवाद में 'माया' और 'अविद्या' पर्यायवाची हैं। वैष्णव आचार्य ऐसा नहीं मानते। वे माया को स्वभावतः सगुण ब्रह्म की शक्ति मानते हैं। तुलसी ने दोनों

---

1. ब्रह्मसूत्र, 1/1/21 और 1/2/12 पर श्रीभाष्य, दि फिलॉसफी ऑफ श्रीवल्लभाचार्य, पृ. 156
2. रामचरितमानस, 1/116/1, 1/23/1, 7/13/छंद 1
3. एक दारुगत देखिअ एकू। पावक सम जुग ब्रह्म बिबेकू॥—रामचरितमानस, 1/23/2
   जो गुन रहित सगुन सोइ कैसें। जल हिम उपल बिलग नहिं जैसें॥—वही, 1/116/2
4. अगुन अरूप अलख अज जोई। भगत प्रेम बस सगुन सो होई॥—रामचरितमानस, 1/116/1
5. रामचरितमानस, 3/11/9-10; गीतावली, 7/13
6. अंतरजामिहु ते बड़ बाहरजामि हैं रामु जे नाम लिये ते।
   धावत धेनु पेन्हाइ लवाइ ज्यों बालक बोलनि कान किये ते।
   आपनि बूझि कहै तुलसी कहिबे की न बावरि बात बिये ते।
   पैज परे प्रह्लादहु को प्रगटे प्रभु पाहन ते न हिये ते॥—कवितावली, 7/129

के समन्वित सिद्धांत को ग्रहण किया है। माया की दो विधाएँ हैं—विद्या और अविद्या।[1] तुलसी की **अविद्या-माया** (मोहकारिणी-शक्ति) अद्वैतवादियों की 'माया' है। तुलसी ने उसी को मिथ्या कहा है[2] और उसके लिए प्रायः **माया** शब्द का ही प्रयोग किया है। इससे लोगों को भ्रम हो जाता है कि वे शंकराचार्य के मतानुयायी हैं। तुलसी की **विद्या-माया** शंकर की माया से भिन्न है, क्योंकि वह जगत् की रचना (विक्षेप नहीं) करती है और भक्तों का कल्याण भी। उनके अनुसार माया राम की भावरूपा अभिन्न शक्ति है,[3] और राम के साथ अवतार लेती है।

माया और प्रकृति : सांख्य-योग के अनुसार स्वतंत्रा प्रकृति सृष्टि का कारण है, यह स्थूल जगत् उसी का विकार है। अद्वैतवाद में मिथ्या जगत् की व्याख्या करने के लिए माया की कल्पना की गई और जगत् को माया की विक्षेप-शक्ति का कार्य (विबर्त) माना गया। वैष्णवों ने परब्रह्म और उसकी शक्ति माया द्वारा विश्व का निर्माण माना। सृष्टि-प्रक्रिया के विषय में तुलसी ने वैष्णव-वेदांत की माया और सांख्य-योग की प्रकृति का समन्वय किया।[4] उन्होंने प्रकृति को राम के अधीन और माया से अभिन्न मानकर दोनों में एकसूत्रता स्थापित की; सांख्यों के प्रकृतिपरिणामवाद को समेटते हुए अविकृत ईश्वर-परिणामवाद की प्रतिष्ठा की—उन्होंने चार्वाकों के **स्वभाव,** वैशेषिकों के **काल-परमाणु,** मीमांसकों के **कर्म** और शैवों की **चित्-शक्ति** को रामाश्रित बतलाकर इन सभी का समन्वय किया है।[5]

जगत् की सत्यता और असत्यता : सांख्य-योग, वैष्णव-वेदांत, पांचरात्र आगम और पाशुपत-मत में जगत् की सत्यता स्वीकार की गई है। माध्यमिक बौद्धों एवं शंकर-मतानुयायियों के अनुसार जगत् की सत्ता मायिक आभासमात्र (काल्पनिक) है। वेद-विरोधी, अनात्मवादी तथा अनीश्वरवादी बौद्ध तुलसी की दृष्टि में सर्वथा तिरस्करणीय हैं। उनसे विचार-ग्रहण की संभावना अकल्पनीय है। शेष मतों का उन्होंने समन्वय किया है। विवर्तवादी वेदांतियों के अनुरूप उक्तियाँ हैं[6] :

1. **रजत सीप महुँ भास जिमि जथा भानु कर बारि।**
2. **जग नभबाटिका रही है फल फूलि रे।**
3. **झूठो है झूठो है झूठो सदा जग संत कहंत जे अंत लहा है।** आदि

इसके विरुद्ध, राम को विश्वरूप[7] तथा जगत् को रामरूप और राम का अंग[8] बतलाकर उन्होंने जगत् की सत्यता प्रतिपादित की है, क्योंकि सत्य राम से अभिन्न जगत् मिथ्या नहीं हो सकता। वस्तुतः, यह विरोधाभास है। समाधान यह है कि जगत् प्रवाह-रूप से नित्य है[9] : कभी वह कारण-रूप में अव्यक्त रहता है, और कभी कार्य-रूप में व्यक्त। राम से भिन्न प्रतीत होने वाला उसका कार्य-रूप परिवर्तनशील होने के कारण मिथ्या है। ज्ञान का उदय होने पर सर्वात्मभाव की अवस्था में संपूर्ण जगत् राममय दिखाई देने लगता है, विरोध का प्रश्न ही नहीं उठता :

---

1. रामचरितमानस, 3/15/2-3
2. वही, 7/71
3. वही, 1/152/2, 2/126/छंद
4. विनयपत्रिका, 54/2-3; रामचरितमानस, 7/13/छंद 5
5. दोहावली, 200; विनयपत्रिका, 54/2
6. क्रमशः, रामचरितमानस, 1/117; बिनयपत्रिका, 66/4; कवितावली, 7/39
7. व्यापक बिस्वरूप भगवाना।—रामचरितमानस, 1/13/2
8. बिस्वरूप रघुबंस मनि करहु बचन बिस्वासु।
   लोक कल्पना बेद कर अंग अंग प्रति जासु॥—रामचरितमानस, 6/14
9. विधि प्रपंचु अस अचल अनादी।—रामचरितमानस, 2/282/3

निज प्रभु मय देखहिं जगत केहि सन करहिं बिरोध।[1]

दूसरे शब्दों में तुलसी ने द्वैतवादी और अद्वैतवादी मतों का समन्वय किया है। राम और जगत् में अभेद हैं, किंतु प्रतीयमान व्यावहारिक भेद भी है।[2]

जीव का भेद-अभेद : तुलसी का जीव-विषयक सिद्धांत वैष्णव-वेदांतियों के मतों का समन्वय है। रामानुज और वल्लभ के अनुसार जीव ईश्वर का अंश, नित्य, ज्ञाता, कर्ता, भोक्ता, ईश्वराधीन आदि है।[3] मध्व ने प्रत्येक जीव को अन्य जीवों से, और परमात्मा तथा जड़-जगत् से तत्त्वतः भिन्न माना है। तुलसी ने भेदवाद और अभेदवाद दोनों का समन्वय किया है। स्वरूप की दृष्टि से जीव और ईश्वर में अभेद है। वह ईश्वर का अंश है, अतः ईश्वर की भाँति ही सत्य, चेतन एवं आनंदमय है।[4] ऐश्वर्य आदि की दृष्टि से दोनों में भेद है।[5] जीवों की संख्या अनंत है। जीव ईश्वर का अंशमात्र है। वह माया का स्वामी नहीं है। मुक्त होने पर वह ईश्वर का स्वरूप तो प्राप्त कर लेता है, किंतु ऐश्वर्य नहीं। उसका सारूप्य भोग-साम्य तक ही सीमित है। उसमें ईश्वर की सर्वज्ञता, सर्वव्यापकता और सर्वशक्तिमत्ता नहीं आती।

भाग्य और पुरुषार्थ : इस संबंध में प्राचीनकाल से ही विभिन्न मत प्रचलित रहे हैं। कुछ विद्वान् दैव को, कुछ स्वभाव को, कुछ काल को, कुछ पुरुषकार को, और कुछ इसके संयोग को फलप्राप्ति का कारण मानते हैं।[6] ये मत तीन वर्गों के अंतर्गत रखे जा सकते हैं—दैववाद या भाग्यवाद, पुरुषकारवाद या पुरुषार्थवाद और संयोगवाद या समन्वयवाद। तुलसी-साहित्य में तीनों प्रकार की उक्तियाँ मिलती हैं—कहीं पुरुषार्थवाद की प्रतिष्ठा है[7], कहीं भाग्यवाद का उपस्थापन है[8], और कहीं समन्वयवाद की स्थापना है।[9] प्रश्न उठता है—तुलसी का सिद्धांत क्या है ? उत्तर है—समन्वयवाद। वस्तुतः पौरुष ही प्रधान है[10], प्राक्तन (पूर्वदेहार्जित) पौरुष का नाम ही दैव या भाग्य है।[11] जिस पौरुष के साथ फल के कार्य-कारण-संबंध को हम मिला नहीं पाते उसी को भाग्य कह दिया करते हैं। इस जन्म की सफलता में भी पूर्वजन्म का पौरुष सहायक होता है, सिद्धि का रथ पौरुष और भाग्य के दोनों पहियों पर चलता है।[12] याज्ञवल्क्य आदि की भाँति तुलसी भी समन्वयवादी हैं :

---

1. रामचरितमानस, 7/112
2. सब रूप सदा सब होइ न सो;
   रबि आतप भिन्न न भिन्न जथा।—

   —रामचरितमानस, 6/111/8
3. देखिए—तुलसी-दर्शन-मीमांसा, पृ. 347, 350
4. रामचरितमानस, 7/117/1
5. देखिए—तुलसी-दर्शन-मीमांसा, पृ. 104-05
6. याज्ञवल्क्यस्मृति, 1/350
7. करम प्रधान बिस्व करि राखा। जो जस करइ सो तस फलु चाखा॥

   —रामचरितमानस, 2/219/2
8. तुलसी जसि भवितव्यता तैसी मिलै सहाइ।—दोहावली, 450, रामचरितमानस, 1/159
9. सुभ अरु असुभ करम अनुहारी। ईसु देइ फल हृदयँ बिचारी।
   करइ जो करमु पाव फल सोई। निगम नीति असि कह सब कोई॥

   —रामचरितमानस, 2/77/4
10. तैं निज करमडोरि दृढ़ कीन्हीं। अपने करनि गाँठि गहि दीन्हीं॥

    —विनयपत्रिका, 136/3
11. योगवासिष्ठ, 2/4/17, 2/6/35
12. याज्ञवल्क्यस्मृति, 1/349, 351

पुरुषारथ पूरब करम परमेस्वर परधान।
तुलसी पैरत सरित ज्यों सबहि काज अनुमान।।[1]

ईश्वर पौरुष एवं भाग्य का संचालक तथा नियामक है। इस सिद्धांत का मनोवैज्ञानिक कारण है। ईश्वर-बुद्धि से कर्म करनेवाले जीव को पुरुषार्थ की सफलता पर अहंकार नहीं होता, उसकी असफलता पर कुंठा नहीं होती।

कर्म-ज्ञान-भक्ति : जीवन की पूर्णता इन तीनों के समन्वय में है। वही साधना सिद्धिदायिनी होती है जो साधक की पूरी सत्ता के साथ की जाए। इसीलिए विभिन्न साधना-पद्धतियों में इन तीनों को स्थान दिया गया है। ये तीनों अन्योन्याश्रित हैं। सत्कर्म के बिना चित्त निर्मल नहीं हो सकता और मलावृत चित्त में ज्ञान-भक्ति का उदय असंभव है। समाज-व्यवस्था के लिए सदाचार अनिवार्य है। धर्ममय रथ से ही जीवन-संग्राम में विजय मिल सकती है।[2] ज्ञान-भक्ति से रहित कर्म मल-जनक और बंधन-कारक होता है।[3] अतएव तुलसी ने तीनों के समन्वय पर बल दिया है।[4]

कहा जा चुका है कि ज्ञान और भक्ति ही तत्त्वतः मुक्ति-साधन हैं। कर्म, वैराग्य, योग आदि इन साधनों के साधन हैं। महत्त्व देने के लिए उन्हें 'साधन' कह दिया जाता है। सांख्य-योग और शांकर वेदांत में ज्ञान की श्रेष्ठता प्रतिपादित की गई है। वैष्णव आचार्यों ने भक्ति को श्रेष्ठ माना है। तुलसी ने दोनों का समन्वय करते हुए विरति-विवेक-संयुक्त भक्ति और ज्ञानी भक्त को श्रेष्ठ बतलाया है[5] :

1. **श्रुति सम्मत हरि भगति पथ संजुत बिरति बिबेक।**
2. **राम भगत जग चारि प्रकारा। सुकृती चारिउ अनघ उदारा।।**
   चहूँ चतुर कहँ नाम अधारा। ज्ञानी प्रभुहि बिसेषि पिआरा।।

भक्ति के क्षेत्र में उन्होंने नवधा भक्तियों का समन्वय किया है। 'रामचरितमानस' के तृतीय सोपान में लक्ष्मण को भक्ति का उपदेश करते हुए राम ने 'भागवतपुराण' की नवधा भक्ति पर जोर दिया है, और शबरी के प्रति उन्होंने 'अध्यात्मरामायण' की नवधा भक्ति का निरूपण किया है। दोनों मान्य हैं। अधिकारी की योग्यता के अनुसार भक्ति का कोई भी प्रकार ग्रहणीय है।

भक्ति की श्रेष्ठता[6] के तीन प्रमुख कारण हैं—मनोविज्ञान, अधिकारी की योग्यता और युगधर्म। 1. मन स्वभावतः रागात्मक है। उसे आलंबन चाहिए। निराकार शून्य में मन को टिकाना दुस्साध्य है। भक्ति रागात्मिका वृत्ति है। वह मानव-मन के अनुकूल और सहज-ग्राह्य है। 2. प्रत्येक व्यक्ति सभी साधनाओं के उपयुक्त नहीं है। उसकी शक्ति सीमित है। धन-साध्य कर्ममार्ग और कष्ट-साध्य ज्ञानपंथ सबके वश की बात नहीं है। भक्ति सर्वोपयोगी है। 3. कलियुग के अत्याचारी शासन की प्रतिकूल परिस्थितियों में धर्म-पालन और ज्ञान-साधना दुष्कर है। भक्ति ही श्रेयस्कर उपाय है। उसमें भी नाम-भक्ति अधिक फलप्रद और निरापद है। नाम-भक्ति की एक महत्त्वपूर्ण विशेषता यह है कि वह निर्गुणियों और सगुणभक्तों को समान रूप से मान्य है। इसके द्वारा इन दोनों भक्तिधाराओं का भी समन्वय हो जाता है[7] :

---

1. दोहावली, 468
2. रामचरितमानस, 6/80
3. विनयपत्रिका, 88/3, 245/3; रामचरितमानस, 7/49/3
4. रामचरितमानस, 3/16/1-6; विनयपत्रिका, 203; दोहावली, 86
5. दोहावली, 555, रामचरितमानस, 7/100; 1/22/4, देखिए—गीता, 7/16
6. देखिए—तुलसी-दर्शन-मीमांसा, पृ. 176-92
7. दोहावली, 7; रामचरितमानस, 1/21/4

1. हियँ निर्गुन नयनन्हि सगुन रसना राम सुनाम।
मनहुँ पुरट संपुट लसत तुलसी ललित ललाम॥

2. अगुन सगुन बिच नाम सुसाखी। उभय प्रबोधक चतुर दुभाषी॥

जीवन्मुक्ति और विदेहमुक्ति : अद्वैतवादियों के अनुसार, आत्मसाक्षात्कार या ब्रह्मसाक्षात्कार होने पर देहावसान के पूर्व ही आत्मा की जीवन्मुक्ति हो जाती है। अधिकतर वैष्णव आचार्य जीवन्मुक्ति नहीं मानते। विदेहमुक्ति के भी अनेक प्रकार बतलाए गए हैं। 'मुक्तिकोपनिषद्' में कहा गया है कि सालोक्यमुक्ति नामभक्तों का, सारूप्यमुक्ति मुक्ति सांख्ययोगी भक्तों का, सामीप्यमुक्ति सेवाभिलाषी भक्तों का, और सायुज्यमुक्ति अद्वैतवेदांती निर्गुणोपासकों का इष्ट है।[1] समन्वयवादी तुलसी को जीवन्मुक्ति तथा विदेहमुक्ति, और विदेहमुक्ति के उक्त चारों प्रकार मान्य हैं।[2] इनमें कोई विरोध नहीं है। ज्ञान और भक्ति का उदय ही मनोमुक्ति है। शरीरांत के बाद मुक्तात्मा अपने भावानुसार चैतन्यमात्र-स्वरूप से या परमात्मा में अभिन्न रूप से अथवा भगवान् के सदृश दिव्य-गुणों से संपन्न होकर स्थित हो सकता है।

पं. गिरिधर शर्मा, पं. विजयानंद त्रिपाठी आदि ने तुलसी को अद्वैतवादी माना है। पं. श्रीकांतशरण ने संपूर्ण तुलसी-साहित्य की विशिष्टाद्वैतपरक विशद व्याख्या की है। रसिक-संप्रदाय में तुलसी सखी-रूप में समादृत हैं। अधिकतर विद्वान् तुलसी को समन्वयवादी मानते हैं। आगमनात्मक विधि से तुलसी-साहित्य का अध्ययन करके मैं भी इसी निष्कर्ष पर पहुँचा हूँ कि वे समन्वयवादी हैं। उपर्युक्त दिग्दर्शन से स्पष्ट है कि तुलसी किसी दार्शनिक संप्रदाय के कठघरे में बंद नहीं किए जा सकते। एकाध आलोचक और संपादक इस मोह से आक्रांत हैं कि जो तुलसी को अद्वैतवादी (शंकरमतानुयायी) नहीं मानता वह अद्वैत-वेदांत को समझता ही नहीं है। ऐसे ही निर्गुणब्रह्म के स्वयंभू ठेकेदारों को लक्ष्य करके तुलसी ने 'रामचरितमानस' के शिव से कहलवाया था : **जिन्ह कृत महामोह मद पाना। तिन्ह कर कहा करिअ नहिं काना॥**[3] उन्हें अद्वैतवादी सिद्ध करने के लिए कुछ पंक्तियाँ नोच ली जाती हैं, और प्रतिकूल पड़नेवाले अंशों की उपेक्षा कर दी जाती है। कुछ उदाहरण लीजिए :

बिनु पद चलै सुनै बिनु काना। कर बिनु करम करै बिधि नाना॥
आनन रहित सकल रस भोगी। बिनु बानी बकता बड़ जोगी॥ आदि
जेहि इमि गावहिं बेद बुध जाहि धरहिं मुनि ध्यान।
सोइ दसरथ सुत भगत हित कोसलपति भगवान॥[4]

दोहे के ऊपर की चौपाइयों में 'श्वेताश्वतरोपनिषद्' के अनुसार निर्गुण राम का निरूपण किया गया है। यह अद्वैतवाद के अनुकूल है। किंतु दोहा इसके विरुद्ध है, इसलिए छोड़ दिया जाता है। शंकराचार्य के मतानुसार निर्गुण ब्रह्म अवतार नहीं लेता, यह कार्य मायोपहित सगुण ब्रह्म का है। तुलसी दोनों में भेद नहीं मानते। उन्होंने स्पष्ट कर दिया है कि जो निर्गुण है, वही सगुण है; वही अवतार है। दूसरी उक्ति है :

यन्मायावशवर्ति विश्वमखिलं ब्रह्मादिदेवासुरा
यत्सत्त्वादमृषैव भाति सकलं रज्जौ यथाहेर्भ्रमः।[5]

---

1. मुक्तिकोपनिषद्, 1/15-25
2. दोहावली, 225; रामचरितमानस, 3/9/1, 3/32/1, 7/4/3, 3/8/3
3. रामचरितमानस, 1/115/4
4. वही, 1/118
5. वही, 1/1/श्लोक 6

दूसरी पंक्ति को लेकर अद्वैतवाद की घोषणा की जाती है, किंतु श्लोक के पहले ही शब्द पर ध्यान नहीं दिया जाता। 'यन्माया' का अर्थ है—जिसकी माया। शंकर के निर्गुण ब्रह्म को माया-संबद्ध मान लेने पर उसका निर्विशेषत्व कहाँ रहेगा ? तुलसी वैष्णव वेदांत का अनुसरण करते हुए माया को राम की भावरूपा शक्ति मानते हैं। जगत् वस्तुतः रामरूप है। उसका दृश्यमान भिन्न रूप मृषा है।

इसी प्रकार विज्ञान-दीप-प्रकरण[1] के **'ईश्वर अंस जीव अविनासी'** में प्रयुक्त 'अंस' को 'अंश इव' कहकर काम चला लिया जाता है। 'अबिनासी' शब्द ध्यान देने योग्य है। वह जीव की सत्यता का द्योतक है। राम ने स्पष्ट कहा है—**जीव नित्य केहि लगि तुम्ह रोवा।**[2] वस्तुतः तुलसी का 'जीव' अद्वैतवाद के 'जीव' से बिल्कुल भिन्न है। अद्वैतवाद के अनुसार जीव असत्य है; वह चैतन्य का बुद्धिगत प्रतिबिंब मात्र है।[3] इसके प्रतिकूल तुलसी के मतानुसार जीव **'अबिनासी सत चेतन घन आनंद रासी'** है। उनकी भेदभगति जीव के नित्यत्व पर आश्रित है। यह ठीक है कि उन्होंने अद्वैतवाद से बहुत से विचार ग्रहण किए हैं, परंतु उनके साहित्य में अद्वैतविरोधी उक्तियाँ भी भरी पड़ी हैं। उनके-जैसे एकनिष्ठ सगुणभक्त को अद्वैतवाद के शिकंजे में कसना असंगत है।

शैव-शाक्त-वैष्णव : तुलसी के युग में ये तीन धार्मिक संप्रदाय प्रबल थे। उनमें परस्पर-विरोध था। तुलसी ने उनमें समन्वय स्थापित किया। शिव, शक्ति (देवी, पार्वती) और राम या विष्णु की स्तुतियों में प्रायः एकसमान विशेषताएँ बतलाई गई हैं। राम और सीता ने क्रमशः शिव और पार्वती की पूजा की है। शिव-पार्वती ने राम के प्रति उत्कट भक्तिभाव की व्यंजना की है। 'रामचरितमानस' के वक्ता-श्रोता के रूप में शिव-पार्वती की योजना समन्वय-भावना से ही प्रेरित है। 'विनयपत्रिका' की हरिशंकरी स्तुति में भी यह सिद्धांत प्रतिफलित हुआ है। हाँ, यह समन्वय राम-भक्ति के केंद्रबिंदु से हुआ है। शैवों के परमशिव, शाक्तों की परमशक्ति और वैष्णवों के परमविष्णु राम के अतिरिक्त कुछ नहीं हैं। राम परम आराध्य हैं।[4] इसी लक्ष्य को दृष्टि में रखकर राम, शिव और पार्वती से क्रमशः कहलाया गया है[5] :

1. **संकर प्रिय मम द्रोही सिव द्रोही मम दास।**
   ते नर करहिं कलप भरि घोर नरक महुँ बास॥
2. **जहँ लगि साधन बेद बखानी। सब कर फल हरि भगति भवानी॥**
3. **नाथकृपा मम गत संदेहा। राम चरन उपजेउ नव नेहा॥**

वर्णाश्रमधर्म और मानवतावाद : तुलसी वर्णाश्रमधर्म के निष्ठावान् समर्थक हैं। विभिन्न कृतियों में कलियुग का वर्णन करते समय उन्होंने उसके ह्रास पर खेद प्रकट किया है। धर्म-निरूपण के प्रसंगों में उसके पालन पर बल दिया है। परंतु उनकी दृष्टि संकुचित नहीं है। उसका लक्ष्य लोक-कल्याण है। अतः उन्होंने साधारण-धर्मों को विशेष महत्त्व दिया है। राम-रावण-युद्ध के समय धर्ममय रथ के वर्णन में दोनों का सामंजस्य किया है।[6] मानवतावादी दृष्टि से सत्य, परोपकार और अहिंसा को परम धर्म बतलाया है[7] : **सत्य मूल सब सुकृत सुहाए, धरमु न दूसर सत्य समाना; श्रुति कह परम धरम उपकारा, परहित सरिस धरम नहिं भाई; परम धरम श्रुतिबिदित अहिंसा।**

ब्राह्मण और शूद्र : वर्ण-व्यवस्था में ब्राह्मण को समाज-शरीर का सिर और शूद्र को पैर कहा

---

1. रामचरितमानस, 7/117/1-7/119/2
2. वही, 411/2
3. जीवभावो न मत्यः—विवेकचूडामणि, 198; बुद्धिप्रतिबिंबितं चैतन्यं जीवः-सिद्धांतबिंदु, पृ. 79
4. देखिए—तुलसी-दर्शन-मीमांसा, पृ. 92-94
5. रामचरितमानस, 6/2, 7/126/4, 7/129/4
6. वही, 6/80
7. वही, 2/28/3, 2/95/3; 1/84/1, 7/41/1; 7/121/11

गया है। एक उच्चतम वर्ण है, दूसरा निम्नतम। सभी वर्णों के गुण और कर्म नियत हैं। समाज के व्यवस्थित संचालन के लिए वर्ण-धर्म का पालन आवश्यक है। उसके अतिक्रमण से समाज की मर्यादा भंग होती है। समाज की व्यवस्था में वर्ण-भेद स्वीकार करते हुए भी तुलसी ने भक्ति के क्षेत्र में ब्राह्मण और शूद्र को समान स्थान दिया है। क्षत्रिय-श्रेष्ठ भरत और ब्राह्मण-रत्न वसिष्ठ ने निम्नवर्ण निषाद तथा केवट को आत्मविस्मृत होकर प्रेमपूर्वक गले लगाया है।[1]

1. भेंटत भरतु ताहि अति प्रीती । लोग सिहाहिं प्रेम कै रीती ॥
तेहि भरि अंक राम लघु भ्राता । मिलत पुलक परिपूरित गाता ।
2. प्रेम पुलकि केवट कहि नामू । कीन्ह दूरि तें दंड प्रनामू ॥
रामसखा रिषि बरबस भेंटा । जनु महि लुठत सनेह समेटा ॥

व्यक्ति और समाज : मुक्ति और भक्ति व्यक्तिगत वस्तुएँ हैं। तुलसी का मुख्य प्रतिपाद्य भक्ति है। परंतु, उन्होंने इस बात का ध्यान रखा है कि मनुष्य सामाजिक प्राणी है। समाज के प्रति व्यक्ति के कुछ कर्त्तव्य हैं। अपनी वृत्तियों के उदात्तीकरण के साथ ही उसे अपनी सात्त्विकशीलता से समाज का भी उन्नयन करना चाहिए। तुलसी के सज्जनपात्र इसी प्रकार का आदर्श प्रस्तुत करते हैं। व्यक्ति और समाज, आत्मपक्ष और लोकपक्ष, के समन्वय द्वारा तुलसी ने धर्म की सर्वतोमुख रक्षा का प्रयास किया है।

व्यक्ति और परिवार : गृहस्थाश्रम संपूर्ण समाज-व्यवस्था का आधार है। इसलिए व्यक्ति के निर्माण और कर्त्तव्य की दृष्टि से जीवन में परिवार का स्थान महत्त्वपूर्ण है। दशरथ, कौशल्या, सुमित्रा, राम, भरत, लक्ष्मण, सीता आदि के माध्यम से तुलसी ने पारिवारिक जीवन का जो महान् आदर्श प्रस्तुत किया है वह सभी के लिए अनुकरणीय है। विभिन्न पात्रों का पारस्परिक संबंध स्नेह और शील की उदात्त भूमि पर प्रतिष्ठित है। लक्ष्मण और भरत की 'भायप भगति' तो अप्रतिम है। भ्रातृस्नेह के मानक भरत से मिलकर सुग्रीव और विभीषण आत्मग्लानि से गड़ गए थे :

सघन चोर मग मुदित मन धनी गही ज्यों फेंट।
त्यों सुग्रीव बिभीषनहि भई भरत की भेंट॥
राम सराहे भरत उठि मिले राम सम जानि।
तदपि बिभीषन कीसपति तुलसी गरत गलानि॥[2]

साधुमत और लोकमत : तुलसी की धर्म-भावना में इन दोनों का भी सामंजस्य पाया जाता है। सज्जनों के शील के अनुसार व्यक्तिगत धर्म-साधना 'साधुमत' है। व्यक्ति का सात्त्विकशील होना ही पर्याप्त नहीं है, उसका सदाचरण लोक-समर्थित भी होना चाहिए। लोक-मर्यादा और लोक-शासन के लिए लोकमत की रक्षा अभीष्ट है। उसका अनुसरण करते हुए राम ने अग्नि-परीक्षित सीता को निर्वासित किया, और साधुमत के अनुसार सीता तथा लक्ष्मण ने उसकी आज्ञा को शिरोधार्य किया।[3] काकभुशुंडि के गुरु ने साधुमत का आचरण करते हुए क्रोध नहीं किया, किंतु लोकमत की रक्षा के लिए शिव ने शिष्य की मर्यादा भंग करनेवाले भुशुंडि को शाप देकर दंडित किया।[4]

वेदशास्त्र और व्यवहार : तुलसी ने अपनी रचनाओं में वेद, पुराण आदि की आप्तता का बारंबार हवाला दिया है। उनका धर्मशास्त्रीय निरूपण बुद्धि-विलास नहीं है। उनके पात्र वेदशास्त्र के मत को व्यावहारिक जीवन में कार्यान्वित करके दोनों का समन्वय उपस्थित करते हैं। इसीलिए

---

1. रामचरितमानस, 2/194/1-2. 2/243/3
2. दोहावली, 207, 208
3. गीतावली, 7/27-29
4. रामचरितमानस, 7/105-7/107

संस्कारों का अनुष्ठान उन्होंने बैदिक और लौकिक रीतियों की समन्वित पद्धति से कराया है।[1] उनकी कविता-सरिता लोक और वेदमत दोनों के बीच से बहती है :

चली सुभग कबिता सरिता सो। राम बिमल जस जल भरिता सो॥
सरजू नाम सुमंगल मूला। लोक बेदमत मंजुल कूला॥[2]

भोग और त्याग : त्यागपूर्वक भोग धर्मशील का आदर्श है। इसके दो तात्पर्य हो सकते हैं। एक यह कि अनासक्त भाव से कर्म के सुफल का भोग किया जाए। दूसरा यह कि सुख-भोग को अपने तक ही सीमित न रखकर दूसरों को भी उसका भागी बनाया जाए। राम-राज्य में दोनों का उत्तम-निदर्शन मिलता है। स्वयं राम ने भोग और त्याग के समन्वय का आदर्श प्रस्तुत किया है। मिथकीय मान्यता है कि उन्होंने सीता का परित्याग करके पिता की आयु का भोग किया; अश्वमेध के पश्चात् संपत्ति द्विजों को बाँट दी[3] : प्रतिनायक रावण ने तो मानो साम्यवाद के सिद्धांत को फलितार्थ किया है।[4]

हमारे यहाँ दो प्रकार के मार्ग बतलाए गए हैं—प्रवृत्ति-मार्ग और निवृत्ति-मार्ग। पहला गृहस्थ-जीवन का द्योतक है और दूसरा संन्यास का। अनेक आचार्य संन्यास को मुक्ति या भक्ति के लिए आवश्यक मानते हैं। तुलसी समन्वयवादी हैं। उनके मतानुसार संन्यास अनिवार्य नहीं है। घर में रहते हुए भी अनासक्त भाव से व्यवहार करने पर भगवद्भक्ति की उपलब्धि हो सकती है :

घर कीन्हें घर जात है घर छाँड़े घर जाइ।
तुलसी घर बन बीच ही रामप्रेम पुर छाइ॥[5]

राजा और प्रजा : किसी भी देश और समाज की सुख-समृद्धि के लिए राजा तथा प्रजा का समन्वित प्रयास अपेक्षित है। एक का भी असहयोग घातक है। तुलसी के युग में पशु-बल के भरोसे शासन करनेवाले राजा और बादशाह कर्त्तव्य-च्युत हो गए थे; 'यथा राजा तथा प्रजा' के अनुसार प्रजा भी पाखंड-रत और पतित हो गई थी।[6] समाज की यह दुर्दशा खेदजनक थी। आदर्श राम-राज्य में तुलसी ने राजा और प्रजा के अभीष्ट समन्वय का विधान किया। राजभक्त प्रजा धर्म-निरत थी, प्रजापालन-परायण राम ने नागरिकों को उचित गौरव दिया :

सुनहु सकल पुरजन मम बानी। कहौं न कछु ममता उर आनी॥
नहि अनीति नहि कछु प्रभुताई। सुनहु करहु जौ तुम्हहि सुहाई॥
जौ अनीति कुछ भाषौं भाई। तौ मोहि बरजहु भय बिसराई॥[7]

राजतंत्र और जनतंत्र के समन्वय का यह निर्देश युग की परिसीमित पृष्ठभूमि में किया गया है। उसकी परख के लिए आधुनिक मानदंड का प्रयोग असंगत है।

संस्कृति-संगम : तुलसी-साहित्य में पाँच भिन्न जातियों के पात्रों का चित्रण हुआ है—देव, दानव, नर, वानर और तिर्यक्। उनकी अपनी संस्कृति है। किसी समाज की सौंदर्यमूलक, धार्मिक, सामाजिक, आर्थिक, राजनैतिक और दार्शनिक विचारधारा का द्योतक 'संस्कृति' शब्द मानव के संबंध में ही प्रयुक्त होता है। वानरों या पक्षियों की संस्कृति की चर्चा नहीं की जाती। परंतु, तुलसी के सुग्रीव और हनुमान अथवा काकभुशुंडि और गरुड़ साधारण वानर या पक्षी मात्र नहीं हैं। उनमें विवेकशीलता

---

1. जानकीमंगल, 142; पार्वतीमंगल, 144; रामचरितमानस, 1/320/1
2. रामचरितमानस, 1/39/6
3. गीतावली, 7/25; रामचरितमानस, 7/24/1
4. जेहि जस जोग बाँटि गृह दीन्हे। सुखी सकल रजनीचर कीन्हे॥—रामचरितमानस, 1/179/4
5. दोहावली, 256 : देखिए : भागवतपुराण, 5/1/17-18
6. विनयपत्रिका, 139/3-4; दोहावली; 559
7. रामचरितमानस, 7/43/2-3; और देखिए—2/5/2-3

और भक्तिमत्ता है। उनके संस्कार मनुष्यों की भाँति विकसित हैं। उन्हें छोड़ दिया जाए तो भी तुलसी ने देवताओं, राक्षसों और मनुष्यों की संस्कृतियों का समन्वित चित्रण करते हुए अंत में रामराज्य की स्थापना द्वारा मानव-संस्कृति की श्रेष्ठता दिखाकर मानवता की प्रतिष्ठा की है।

मानव-संस्कृति के भीतर भी समन्वय दृष्टिगोचर होता है। राजन्य-वर्ग, वन-पथ के जनसाधारण और कोल-किरातों की जीवन-पद्धति में भिन्नता है। उसके अनुरूप उन्होंने आचरण किया है। तुलसी ने राम के संबंध से उन सबका समन्वय किया है। अधिक महत्त्वपूर्ण बात है—हिंदू-संस्कृति के साथ मुस्लिम-संस्कृति का समन्वय। तुलसीदास सनातन धर्म और भारतीय संस्कृति के दृढ़निष्ठ अनुयायी थे, किंतु उनकी दृष्टि संकुचित नहीं थी। उन्होंने उदारता के साथ काव्यधर्म का निर्वाह किया है। राम की सेवा में प्रेषित **विनयपत्रिका** का विधान मुगल-सम्राट् के पास भेजी जानेवाली अरजी की रीति पर किया गया है। **'उमरि दराज महाराज तेरी चाहिए'** अथवा **'भइ बड़ि भीर भूप दरबारा'** में दरबारी संस्कृति का प्रतिबिंब स्पष्ट है।[1] तलवार आदि शस्त्रों के वर्णन तथा अरबी-फारसी-शब्दावली के प्रचुर प्रयोग में भी यह सांस्कृतिक समन्वय परिलक्ष्य है।

काव्य और मोक्षशास्त्र : समन्वय-साधक तुलसी की महत्तम उपलब्धि काव्य और मोक्षशास्त्र के समन्वय में दिखाई देती है। काव्य के तीर्थराज में धर्म, दर्शन और भक्ति की यह त्रिवेणी अनुपमेय है। उसमें आनंद और मंगल का, स्वांतःसुख और लोकहित का अद्‌भुत समन्वय है। तुलसी ने कवियों के काव्यरस और भक्तों के भक्तिरस में अभेद स्थापित कर दिया है। उनका 'रामचरितमानस' काव्य-रसिकों की दृष्टि में श्रेष्ठ महाकाव्य है, धर्मबुद्धि जनसाधारण का महनीय धर्मग्रंथ है, और विषयविमुख भगवद्‌भक्तों के लिए भक्तिरस का अजस्र स्रोत है।

काव्य के मानदंड : भारतीय काव्यशास्त्र में काव्य के छः प्रमुख मानदंड निर्धारित किए गए हैं—रस, ध्वनि, अलंकार, रीति, वक्रोक्ति और औचित्य। तुलसी ने इन सबका समन्वय किया है, सैद्धांतिक रूप में भी तथा प्रयोगात्मक रूप में भी। 'काव्य-सिद्धांत' में प्रथम पाँच की चर्चा की जा चुकी है। 'रामचरितमानस' आदि में औचित्य का प्रायः सर्वत्र निर्वाह पाया जाता है। प्रयोगात्मक दृष्टि से, रस का विवेचन पिछले अध्याय में किया गया है, ध्वनि आदि की विवेचना आगामी अध्याय में की जाएगी।

भावपक्ष और कलापक्ष : काव्य-रचना की सफलता भाव-पक्ष और कलापक्ष के समुचित समन्वय में है। भाव-पक्ष के निर्बल होने पर ग्रंथ मनोरंजक तमाशा बन जाता है, और कला-पक्ष के निर्बल होने पर वस्तु-भंडार मात्र रह जाता है। तुलसी प्रतिभासंपन्न कवि थे। उनकी प्रज्ञा सारग्राहिणी थी। उन्होंने अपने युग में प्रचलित प्रमुख छंद-पद्धतियों (दोहा, दोहा-चौपाई, कवित्त, बरवै, गीत, सोहर) और विभिन्न काव्यरूपों (प्रबंध, निबंध, मुक्तक) का सफल प्रयोग किया। 'रामचरितमानस' में महाकाव्य और पुराण का समन्वय अपने ढंग का एक ही है। लोक-भाषा और संस्कृत का समन्वय भी अवेक्षणीय है। पंडित लोग लोक-भाषा के विरुद्ध थे; जन-कल्याण जन-भाषा के माध्यम से ही संभव था। तुलसी ने प्रतिष्ठित जन-भाषाओं ब्रज और अवधी में काव्य-रचना की, किंतु संस्कृत-पदावली का प्रचुर व्यवहार किया। उन्होंने प्रतिपाद्य विषय और प्रतिपादन शैली के सामंजस्य का निरंतर ध्यान रखा है। उनके काव्य में शब्द और अर्थ, भाव और भाषा, भाव और छंद, अलंकार और अलंकार्य का अपेक्षित समन्वय है।

स्वानुभूति और बाह्यार्थ : यद्यपि यह प्रश्न उठना नहीं चाहिए, फिर भी उठा दिया गया है कि तुलसी का काव्य स्वानुभूति-निरूपक है अथवा बाह्यार्थ-निरूपक, दूसरे शब्दों में विषयप्रधान है या विषयिप्रधान। चरित-वर्णन स्वभावतः बाह्यार्थ-निरूपक होता है। अतः 'रामचरितमानस' बाह्यार्थ-निरूपक

---

1. कवितावली, 7/79; रामचरितमानस, 2/76/3

है। 'रामललानहछू', 'जानकीमंगल' और 'पार्वतीमंगल' भी इसी प्रकार की रचनाएँ हैं। 'गीतावली' और 'कवितावली' में किया गया चरित-वर्णन भी ऐसा ही है। आत्मनिवेदन स्वभावतः स्वानुभूतिपरक होता है। इसलिए 'विनयपत्रिका' स्वानुभूति-निरूपक है। 'कवितावली' आदि के आत्मनिवेदनात्मक अंश भी इसी कोटि में आएँगे। इस प्रकार तुलसी के काव्य में स्वानुभूति और बाह्यार्थ-निरूपण दोनों का समन्वय है।

निष्कर्ष यह है कि उन्होंने काव्य, मोक्षशास्त्र और समाज की दृष्टि से सर्वतोमुख समन्वय-विधान किया। उनकी असाधारण सफलता, महत्ता और लोकप्रियता का बहुत कुछ श्रेय उनकी समन्वय-साधना को है। 'तुलसीदास के काव्यों में उनका निरीह भक्त रूप बहुत स्पष्ट हुआ है, पर वे समाज-सुधारक, लोकनायक, कवि, पंडित और भविष्य-स्रष्टा भी थे। यह निर्णय करना कठिन है कि इनमें से उनका कौन सा रूप अधिक आकर्षक था और अधिक प्रभावशाली था। इन सब गुणों ने तुलसीदास में एक अपूर्व समता ला दी थी। इसी संतुलित प्रतिभा ने उत्तर-भारत को वह महान साहित्य दिया जो दुनिया के इतिहास में अपना प्रतिद्वंद्वी नहीं जानता।[1]''

नारी-भावना

'नारी-भावना' का तात्पर्य है—नारी-विषयक दृष्टिकोण। तुलसी की नारी-भावना दो रूपों में अभिव्यक्त हुई है; नारीपात्रों के चरित्र-चित्रण में, और नारी-विषयक मान्यताओं के सैद्धांतिक निरूपण में। सैद्धांतिक निरूपण के प्रतिपाद्य विषय दो प्रकार के हैं—नारी-धर्म और नारी-निंदा। उनके नारी-विषयक विचारों को लेकर आलोचकों में काफी वाद-विवाद रहा है। तुलसी की नारी-विषयक विचारधारा को, विशेषतया निंदापरक उक्तियों को, सही परिप्रेक्ष्य में समझने के लिए पाँच बातों का ध्यान रखना आवश्यक है—1. प्राचीन वाङ्मय जिसमें नारी-स्वभाव का वर्णन किया गया है, 2. तुलसी के युग की परिस्थितियाँ, 3. उनका जीवनवृत्त, 4. उनकी धर्म-भावना, और 5. उनका भक्ति-दर्शन। यह बात भी स्मरणीय है कि उनकी नारी-संबंधी उक्तियाँ दो दृष्टियों से प्रेरित हैं—काव्य-दृष्टि से और मोक्ष-दृष्टि से।

नारी-पात्र : तुलसीदास के नारी-पात्रों के दो वर्ग हैं—सत्पात्र और असत्पात्र। इस संबंध में चार बातें अवेक्षणीय हैं। एक यह कि तुलसी के पास सत्पात्रता का एक ही मानदंड है—रामभक्ति। जिनके मन में राम के प्रति सद्भाव या भक्तिभाव है वे सत्पात्र या सु-नारियाँ हैं। जो राम के प्रति दुर्भाव रखती हैं वे असत्पात्र या कु-नारियाँ हैं। दूसरी बात यह है कि नारी-पात्रों के ये दो वर्ग पुरुष-पात्रों के तत्संवादी वर्गों से भिन्न हैं, उदाहरण के लिए, प्रतिनायक रावण असत्पात्र है, किंतु उसकी पत्नी मंदोदरी सत्पात्र है; राम-भक्त भरत सत्पात्र हैं, लेकिन उनकी माता कैकेयी तुलसी की दृष्टि में असत्पात्र है। तीसरी बात यह है कि तुलसी-साहित्य में सच्चरित्र नारी-पात्रों की संख्या बहुत बड़ी है। निंदनीय कही जानेवाली नारियाँ गिनी-चुनी हैं; निंदनीय पुरुषों की संख्या कहीं अधिक है। चौथी बात यह है कि उनके नारी-पात्र परंपरागत हैं। उन्होंने रीति-बद्ध रूप में ही उनका चित्रण किया है यह और बात है कि विवरणों के अपेक्षानुसार संग्रह-त्याग में कवि की स्वतंत्रता का भी यथास्थान उपयोग किया है।

निंदित नारी-पात्रों—ताड़का, कैकेयी, मंथरा और सूर्पणखा को पहले लीजिए। ताड़का का चित्रण केवल दो पंक्तियों में किया गया है :

चले जात मुनि दीन्हि देखाई। सुनि ताड़का क्रोध करि धाई॥
एकहि बान प्रान हरि लीन्हा। दीन जानि तेहि निज पद दीन्हा॥[2]

जहाँ तक तुलसी-कृत चरित्रांकन का प्रश्न है, ताड़का बहुत बुरी नहीं है। पहल उसकी ओर से नहीं

1. हजारीप्रसाद द्विवेदी : हिंदी-साहित्य, पृ. 241
2. रामचरितमानस, 1/209/3; देखिए—गीतावली, 1/52/6, जानकीमंगल, 40

हुई, उसे विश्वामित्र ने छेड़ा है। किसी स्त्री की ओर इशारा करना अशिष्टता है। ऐसी स्थिति में ताड़का का क्रुद्ध होना स्वाभाविक है। 'दीन' कहकर तुलसी ने उसके प्रति थोड़ी सहानुभूति भी व्यक्त कर दी है।

कैकेयी का चरित्र उदात्त है। उसमें ओछापन नहीं है, रानी की गरिमा है। सौतेले बेटों के प्रति भी उसके मन में स्नेह है।[1] मंथरा से राम के अभिषेक का समाचार मिलने पर उसके विशाल हृदय के उद्‌गार देखिए :

सुदिनु सुमंगलदायकु सोई। तोर कहा फुर जेहि दिन होई॥
जेठ स्वामि सेवक लघु भाई। यह दिनकर कुल रीति सुहाई॥
राम तिलकु जौं साँचेहु काली। देउँ माँगु मनभावत आली॥
कौसल्या सम सब महतारी। रामहि सहज सुभाय पिआरी॥
मो पर करहिं सनेह बिसेषी। मैं करि प्रीति परीछा देखी॥
जौं बिधि जनमु देह करि छोहू। होहुँ राम सिय पूत पतोहू॥[2]

मंथरा ने बड़े मनोवैज्ञानिक और तर्कसंगत ढंग से उसे समझाया। उसके पुत्र की अनुपस्थिति में एक पाख तक राम के तिलक की तैयारी होती रही और उसे सूचना तक नहीं दी गई। यह बात ही ऐसी है जो बुरी लगे। सौत का शासन सभी नारियों को खलता आया है। कैकेयी उसकी कल्पना करके सिहर उठी। उसका तेज जागृत हुआ, मातृस्नेह उमड़ा। उसने अपने इकलौते पुत्र के लिए राज्य माँगा, उसकी सुरक्षा के लिए राम का वनवास। उसे क्या पता था कि दशरथ सचमुच प्राण त्याग देंगे और जिस भरत के लिए उसने सब कुछ किया है वे ही उसका तिरस्कार करेंगे।

उसने गलत मार्ग अपनाया, लेकिन कुशलता और दृढ़ता से उसका निर्वाह किया। प्रिय सखियों और विप्र-वधुओं ने बहुतेरा समझाया[3], फिर भी वह टस-से-मस नहीं हुई। भरत के आने पर, वैधव्य के बावजूद वह हर्षोत्फुल्ल दिखाई देती है :[4]

1. **सजि आरती मुदित उठि धाई। द्वारेहि भेंटि भवन लेइ आई॥**
   कैकेई हरषित येहि भाँती। मनहुँ मुदित दव लाइ किराती॥
2. **तात बात मैं सकल सँवारी। भइ मंथरा सहाय बिचारी॥**
   कछुक काज बिधि बीच बिगरेउ। भूपति सुरपति पुर पगु धारेउ॥

कैकेयी का यह आचरण चिंत्य है। वैधव्य एक हिंदू-नारी के लिए सबसे बड़ा अभिशाप है। परंतु, विडंबना यह है कि कैकेयी उसे मामूली क्षति समझ रही है। भरत ने अप्रत्याशित रूप से उसकी भर्त्सना की। अब उसे अपनी भूल का अनुभव हुआ। वह मौन हो गई और अंत तक उसने मुँह नहीं खोला।

इसके पश्चात् तुलसी ने कैकेयी का केवल तीन बार उल्लेख किया है[5] :

1. **लखि सिय सहित सरल दोउ भाई। कुटिल रानि पछितानि अघाई॥**
   अवनि जमहि जाचति कैकेई। महि न बीचु बिधि मीचु न देई॥
   गरइ गलानि कुटिल कैकेई। काहि कहइ केहि दूषनु देई॥

---

1. गीतावली, 1/11/1
2. रामचरितमानस, 2/15/1-4
3. भरतु न प्रिय मोहि राम समाना। सदा कहहु येहु सबु जगु जाना॥
   करहु राम पर सहज सनेहू। केहि अपराध आजु बन देहू॥
   कबहुँ न किएहु सवति आरेसू। प्रीति प्रतीति जान सबु देसू॥
   कौसल्या अब काह बिगारा। तुम्ह जेहि लागि बज्र पुर पारा॥—रामचरितमानस, 2/49/3-4
4. रामचरितमानस, 2/159/2-3, 2/160/1
5. वही, 2/252/3, 2/273/1; 7/10/1; गीतावली, 7/37/1-2

2. प्रभु जानी कैकेई लजानी। प्रथम तासु गृह गए भवानी॥
3. कैकेयी जौ लौं जियति रही।
तौ लौं बात तातु सों मुँह भरि भरत न भूलि कही॥
मानी राम अधिक जननी तें जननिहुँ गँस न गही।

इससे तीन बातें परिलक्षित होती हैं—1. जहाँ तक राम-कथा के लिए कैकेयी के चरित की उपयोगिता थी वहाँ तक ही उसका वर्णन किया गया। 2. कैकेयी की ग्लानि और लज्जा से उसके हृदय की निर्मलता द्योतित होती है, क्योंकि पातकियों के मन में इन वृत्तियों का उदय नहीं होता। 3. राम ने कैकेयी को कौशल्या से भी अधिक माना, किंतु भरत ने उससे मुँह-भर बात तक नहीं की। भरत की यह गाँठ उनका अन्याय है; धर्म-शास्त्र और लौकिक शिष्टाचार का उल्लंघन है। तुलसी ने इसकी सफाई दी है—भरत का एकमात्र लक्ष्य रामभक्ति है, उसमें लीन रहकर उन्होंने लोक-वेद-मर्यादा पर दृष्टिपात ही नहीं किया।[1] यह सफाई पर्याप्त नहीं है। अपनी तथा राम की आदरणीया कैकेयी के प्रति उदार रहकर भी भरत रामभक्त बने रह सकते थे।

अनेक स्थलों पर तुलसी ने कैकेयी को बुरा-भला कहा या कहलवाया है[2] :

1. बात दृढ़ाइ कुमति हँसि बोली। कुमत कुबिहँग कुलह जनु खोली॥
2. अस कहि कुटिल भई उठि ठाढ़ी। मानहु रोष तरंगिनि बाढ़ी॥
3. ब्याधि असाधि जानि तिन्ह त्यागी। चलीं कहत मतिमंद अभागी॥
4. भरत स्रवन मन सूल सम पापिनि बोली बयन।
5. जब तें कुमति कुमत जिअ ठयेऊ। खंड खंड होइ हृदउ न गयेऊ॥
बर माँगत मन भइ नहिं पीरा। गरि न जीह मुँह परेउ न कीरा॥
जो हसि सो हसि मुँह मसि लाई। आँखि ओट उठि बैठहि जाई॥

यह अभक्त की निंदा है। नारी की बात संयोगवश आई है। केवल राम-वन-गमन के प्रसंग को छोड़कर कैकेयी का शेष चरित्र उत्कृष्ट है। वहाँ पर भी परिस्थितियों ने उसे विवश कर दिया है। तुलसी की कट्टर रामभक्ति के कारण उसे अपशब्द सुनने पड़े हैं।

मंथरा बेचारी बिल्कुल निर्दोष है। उसकी मति को देवी सरस्वती ने फेर दिया था।[3] लक्ष्य करने योग्य है कि बुद्धि-विपर्यय का यह कार्य भी एक नारी (सरस्वती) द्वारा कराया गया है। उस संकोचशील देवी को पुरुष देवताओं ने ऐसा करने के लिए मजबूर किया है।[4] इस प्रकार उक्त दोनों ही नारियाँ निष्कलंक हैं। उनके पतन के कारण पुरुष हैं।

सूर्पणखा का चित्रांकन कुत्सित रूप में हुआ है। आरंभ ही निंदात्मक है[5] :

1. सूपनखा रावन कै बहिनी। दुष्ट हृदय दारुन जसि अहिनी॥
पंचवटी सो गइ एक बारा। देखि बिकल भइ जुगल कुमारा॥
2. रुचिर रूप धरि प्रभु पहिं जाई। बोली बचन बहुत मुसुकाई॥
तुम सम पुरुष न मो सम नारी। यह सँजोग बिधि रचा बिचारी॥

---

1. लोक बेद मरजाद दोप गुन गति चित चख न चही।
तुलसी भरत समुझि सुनि राखी राम सनेह सही॥—गीतावली, 7/37/3
2. रामचरितमानस, 2/28/4, 2/34/1, 2/51/1, 2/159, 2/162/1-4
3. अजस पेटारी ताहि करि गई गिरा मति फेरि।—रामचरितमानस, 2/12
4. रामचरितमानस, 2/11/4-2/12/3
5. वही, 3/17/2, 4

उसका यह आचरण नारी की पीड़ा का परिचायक है, किंतु सामाजिक मर्यादा और नारी-धर्म के विरुद्ध होने के कारण तुलसी की दृष्टि में अक्षम्य है, इसलिए पहले तो उसका खूब तमाशा बनाया गया और फिर राम के इशारे पर लक्ष्मण ने उसके नाक-कान काट लिये। राम-कथा ने नया मोड़ लिया।

यह ठीक है कि कामातुरा सूर्पणखा ने नारी के शील और समाज की मर्यादा का अतिक्रमण किया था, परंतु उसका अपराध इतना अनर्थकारी नहीं था कि उसके नाक-कान काट लिये जाते। धर्मशास्त्र में नारी के लिए ऐसा कठोर दंड-विधान नहीं है। एक रमणी का अंग-भंग करने से पौरुष का गौरव नहीं बढ़ता। यहाँ भी रामभक्ति कारण हुई है। रावण से लड़ाई मोल लेनी थी, उसकी बहन को कुरूप कर दिया गया। जो आलोचक यह कहते हैं कि सूर्पणखा मायाविनी थी, उन्हें उसी बुद्धि से यह भी मान लेना चाहिए कि राम **मायापति** थे। तुलसी की दृष्टि स्पष्ट है—यदि नारी भी सीता-राम के विरोध में आ पड़े तो उसे दंडित होना चाहिए। ताड़का जान से मारी गई, सूर्पणखा के नाक-कान काटे गए, मंथरा लतियायी गई और कैकेयी को कठोरतम दंड मिला—उसका इकलौता औरस पुत्र जीवन-भर उसकी अवमानना करता रहा।

उपर्युक्त विवेचन का निष्कर्ष यह है कि इन निकृष्ट समझी जानेवाली नारियों का चित्र पुरुष-पात्रों की तुलना में अधिक बुरा नहीं है। दूसरी ओर, सात्त्विकशील नारियों के चरित्रांकन में तुलसी ने अत्यंत उदार दृष्टि से काम लिया है। दिग्दर्शन मात्र से ही यह तथ्य स्पष्ट हो जाएगा। कौशल्या का चरित्र परम उदात्त है। उनके द्वारा पिता की अपेक्षा माता को महत्तर स्थान दिलाया गया है, पतिभक्ति की प्रतिष्ठा की गई है, और सौत के प्रति भी सद्भावना का आदर्श प्रस्तुत किया गया है[1] :

1. जौं केवल पितु आयेसु ताता। तौं जनि जाहु जानि बड़ि माता॥
जौं पितु मातु कहेउ बन जाना। तौ काननु सत अवध समाना॥
2. जौं सुत कहौं संग मोहि लेहू। तुम्हरे हृदयँ होइ संदेहू॥
3. मानी राम अधिक जननी तें जननिहु गँस न गही।

कौशल्या में मानवी का आदर्श है। वानरी तारा को भी तुलसी ने आदर दिया है। उसकी सीख न मानने पर राम ने बालि को फटकारा था।[2] क्रोधवंत लक्ष्मण को शांत करने के लिए सुग्रीव ने हनुमान को तारा के साथ भेजा :

सुनु हनुमंत संग लै तारा। करि बिनती समुझाइ कुमारा॥
तारा सहित जाइ हनुमाना। चरन बंदि प्रभु सुजसु बखाना॥[3]

सूर्पणखा का अंग-भंग करनेवाले लक्ष्मण ने तारा का उचित सम्मान किया।

राक्षसी मंदोदरी का स्थान और भी उच्चतर है। रावण को दार्शनिक उपदेश देने के लिए, राम के विराट् रूप का निरूपण करने के लिए[4], यह नारी ही उपयुक्त समझी गई। अनसूया ने श्रद्धालु सीता को नारी-धर्म का उपदेश दिया है।[5] राम ने शूद्रा शबरी पर विशेष कृपा की है।[6] त्रिजटा को सीता ने 'मातु' का पद दिया है।[7] 'गीतावली', 'रामचरितमानस' और 'कवितावली' के अयोध्याकांड

1. रामचरितमानस, 2/56/, 2/56/3, गीतावली, 7/37/2
2. मूढ़ तोहि अतिसय अभिमाना। नारि सिखावनु करसि न काना॥—रामचरितमानस, 4/9/5
3. रामचरितमानस, 4/20/2
4. वही, 6/14-15
5. वही, 3/5/1-10
6. वही, 3/36
7. वही, 5/12/1

में ग्रामवधुओं का चित्रांकन उनके प्रति तुलसी की अतिशय सद्भावना का प्रमाण है। पार्वती का पद सबसे विशिष्ट है। तुलसी ने सीता तथा पार्वती के अतिरिक्त कौशल्या, सुमित्रा आदि नारियों की भी सादर वंदना की है।[1] उनके काव्य में निबद्ध नायक-पक्ष के ही नहीं, प्रतिनायक पक्ष के भी अधिकांश नारी-पात्र समाज के श्लाघ्य आदर्श हैं। 'रामचरितमानस'-पुरुष संतों की ही नहीं चरित्रवती नारियों की भी विराट् प्रदर्शनी है।

नारी-धर्म : धर्मशास्त्र में स्त्रीधर्म-निरूपण पर पर्याप्त ध्यान दिया गया है[2], क्योंकि वह संपूर्ण समाज-व्यवस्था के आधारभूत गार्हस्थ्य का केंद्र-बिंदु है। तुलसी ने सनातन-परंपरा के अनुसार पति-सेवा को ही नारी का एकमात्र धर्म बतलाया है[3] :

एकै धर्म एक व्रत नेमा। काय बचन मन पति पद प्रेमा॥
सहज अपावनि नारि पति सेवत सुभ गति लहइ।

पतिव्रताएँ चार प्रकार की हैं। सीता के प्रति अनुसूया की उक्ति है :

जग पतिव्रता चारि बिधि अहहीं। बेद पुरान संत सब कहहीं॥
उत्तम के अस बस मन माहीं। सपनेहुँ आन पुरुष जग नाहीं॥
मध्यम परपति देखै कैसें। भ्राता पिता पुत्र निज जैसें॥
धर्म बिचारि समुझि कुल रहई। सो निकृष्ट त्रिय श्रुति अस कहई॥
बिनु अवसर भय तें रह जोई। जानेहु अधम नारि जग सोई॥[4]

अंतिम पंक्ति में 'अधम' नारी मनसा व्यभिचारिणी होने पर भी पतिव्रता मानी गई है। इसका कारण कलियुग का वैशिष्ट्य है—**कलि कर एक पुनीति प्रतापा। मानस पुन्य होहिं नहि पापा।**[5] पातिव्रत धर्म नारी-जीवन का साध्य है। पति-वंचना नारी का घोरतम पाप है।[6] सभी प्रकार से हीन पति का भी अपमान करनेवाली नारी नरकगामिनी होती है :

बृद्ध रोग बस जड़ धनहीना। अंध बधिर क्रोधी अतिदीना॥
ऐसेहु पति कर किए अपमाना। नारि पाव जमपुर दुख नाना॥[7]

यह तुलसी की रूढ़िबद्ध दृष्टि है। जनतंत्र के वर्तमान युग में बराबरी का नारा बुलंद है। तुलसी ने नारी के धर्माधर्म और पुरुष-परतंत्रता का जो चित्रण किया है वह आज के समतावादी-सुधारवादी आलोचक को खल जाता है। वह तुलसी पर बरस पड़ता है। संकुचित दृष्टि से तुलसी की संकुचित दृष्टि की आलोचना अवांछनीय है। उन्होंने अब से लगभग चार सौ वर्ष पूर्व जो लिखा था वह उस युग की परिस्थिति के प्रतिकूल नहीं था। आज भी उसका फलितार्थ ग्राह्य है। तुलसी ने पुरुष के विषय में भी एक पत्नीव्रत की धर्मसंहिता प्रस्तुत की है। उनके मर्यादा-पुरुषोत्तम राम इसके महान् आदर्श हैं। परनारी-विषयक प्रवृत्ति की भी उन्होंने अनेकशः निंदा की है[8] :

1. लोभी लंपट लोलुप चारा। जे ताकहिं पर धनु पर दारा॥
पावौं मैं तिन्ह कै गति घोरा। जौं जननी एहु सम्मत मोरा॥

---

1. दोहावली, 212-13, रामचरितमानस, 1/16/1-2
2. मनुस्मृति, 5/146-166, याज्ञवल्क्यस्मृति, 1/77-87 आदि
3. रामचरितमानस, 3/5/5, 3/5; देखिए—वाल्मीकि-रामायण, 2/17/23
4. रामचरितमानस, 3/5/6-8; देखिए—शिवपुराण, 2/3/54/72-77
5. वही, 7/103/4
6. पतिवंचक परपति रति करई। रौरव नरक कलप सत परई॥—रामचरितमानस, 3/5/8
7. रामचरितमानस, 3/5/4-5; भागवतपुराण, 10/29/25
8. वही, 3/168/2, 5/38/3, विनयपत्रिका, 201/3, 170/2

2. जो आपन चाहइ कल्याना। सुजसु सुमति सुभ गति सुख नाना॥
सो पर नारि लिलारु गोसाईं। तजौ चौथि के चंद कि नाईं॥
3. पर दारा पर द्रोह मोह बस किए मूढ़ मन भाये।
4. ज्यों चितई परनारि सुने पातक प्रपंच घर घर के।
त्यों न साधु सुरसरि तरंग निरमल गुर गन रघुबर के॥

इसमें संदेह नहीं कि तुलसी ने पुरुष की सच्चरित्रता की अपेक्षा नारी की सच्चरित्रता पर अधिक बल दिया है। इसके दो कारण हैं, तब भी थे और अब भी हैं। एक यह कि पुरुष का चरित्र-दोष उतना संक्रामक नहीं है जितना नारी का। दूसरा यह कि जिस गलती के कारण पुरुष का कुछ नहीं बिगड़ता उसी के कारण नारी पर कलंक का अमिट टीका लगा दिया जाता है। बिना अपराध के ही, अग्नि-परीक्षा के बाद भी, सीता को धर्मधुरंधर राम के हाथों निर्वासित होना पड़ा था।

नारी-निंदा : तुलसी ने अनेक स्थलों पर नारी-निंदा-परक वचन कहे या कहलवाए हैं। जहाँ कवि की दृष्टि से, काव्यधर्म के आग्रहवश, निंदा की गई है वहाँ नारी की स्वभावगत विशेषता का उल्लेख किया गया है अथवा नारी को सामान्य भोग्य वस्तु मानकर उसकी तुच्छता प्रदर्शित की गई है। जहाँ मोक्षधर्म की दृष्टि से नारी का कुत्सित चित्रांकन हुआ है वहाँ नारी को काम का आलंबन मानकर वैराग्योद्बोधन के लिए उसका दोष-दर्शन किया गया है। नारी की निंदा करनेवाले व्यक्ति स्वयं तुलसीदास, उनके आराध्य राम, संतभक्त, असज्जन पात्र और नारियाँ भी हैं। अपने को जड़ समझनेवाला अनुत्तम पात्र समुद्र कहता है :

ढोल गँवार सूद्र पसु नारी। सकल ताड़ना के अधिकारी॥[1]

अपनी बात को प्रभावशाली ढंग से प्रस्तुत करने के लिए अन्य दृष्टांतों के साथ नारी का भी अप्रस्तुत-विधान किया गया है। तुलसी के पूर्व और उनके युग में भी नारी को कठोर शासन में रखना आवश्यक समझा जाता था। 'अधिकारी' शब्द से ध्वनित होता है कि 'ताड़ना' नियम नहीं है, आवश्यकता पड़ने पर 'ताड़ना' की जानी चाहिए। इसी के साथ दुष्ट रावण की उक्तियाँ भी विचारणीय हैं[2] :

1. सभय सुभाउ नारि कर साँचा। मंगल महुँ भय मन अति काँचा॥
2. नारि सुभाउ सत्य कबि कहहीं। अवगुन आठ सदा उर रहहीं॥
साहस अनृत चपलता माया। भय अबिबेक असौच अदाया॥

यह सिद्धांत-वाक्य नहीं है, स्वभाव-कथन है। जिस प्रसंग में और जिस ढंग से यह बात कही गई है उससे हास्य की अनुभूति होती है, किसी गंभीर विचार की नहीं।

विक्षिप्त 'जड़' समुद्र और 'मोह' ग्रस्त रावण के कथन को आप्त नहीं माना जा सकता—**काक कहहिं कलकंठ कठोरा**।[3] परंतु, उपर्युक्त उद्धरणों से यह निष्कर्ष निकाल लेना असंगत है कि तुलसी के केवल दुष्ट पात्र ही नारी-निंदक हैं। कुछ अन्य उक्तियाँ हैं[4] :

1. सुनहि सती तव नारि सुभाऊ। संसय अस न धरिअ उर काऊ॥
2. सती कीन्ह चह तहौं दुराऊ। देखहु नारि सुभाव प्रभाऊ॥
3. उतरु देइ नहिं लेइ उसाँसू। नारिचरित करि ढारइ आँसू।

---

1. रामचरितमानस, 5/59/3
2. वही, 5/37/1, 6/16/1-2; देखिए : हितोपदेश, मित्रलाभ, 195
3. रामचरितमानस, 1/9/1
4. क्रमशः वही, 1/51/3, 1/53/3, 2/13/3, 2/14, 2/16, 2/21/2, 2/27/4, 2/29, 2/47/5-दोहा, 2/162/2-3

4. **तिअ बिसेषि पुनि चेरि कहि भरतमातु मुसुकानि।**
5. **गूढ़ कपट प्रिय बचन सुनि तीय अधरबुधि रानि।**
6. **दीन बचन कह बहु बिधि रानी। सुनि कुबरी तियमाया ठानी॥**
7. **जद्यपि नीतिनिपुन नरनाहू। नारिचरित जलनिधि अवगाहू॥**
8. **कवने अवसर का भएउ गएउँ नारि बिस्वास।**
9. **सत्य कहहिं कबि नारि सुभाऊ। सब बिधि अमन अगाध दुराऊ॥**
निज प्रतिबिंब बरुकु गहि जाई। जानि न जाइ नारिगति भाई॥
काह न पावक जारि सक का न समुद्र समाइ।
का न करइ अबला प्रबल केहि जग कालु न खाइ॥
10. **बिधिहुँ न नारिहृदय गति जानी। सकल कपट अघ अवगुन खानी॥**
सरल सुसील धरमरत राऊ। सो किमि जानइ तीअ सुभाऊ॥

इन पंक्तियों में शिव ने, कवि ने, कैकेयी ने, दशरथ ने, सामान्य नर-नारियों ने और भरत ने प्रसंगानुसार नारी-स्वभाव के अनिष्ट-पक्ष की व्यंजना की है। ये कथन दो स्रोतों पर आश्रित हैं— साहित्य और जीवन। 1. 'हितोपदेश'[1] आदि में नारी-स्वभाव-विषयक इस प्रकार के नीति-वाक्य भरे पड़े हैं। तुलसी ने उस परंपरागत विचारधारा का अनुधावन किया है। 2. काव्य जीवन का दर्पण है। लोक-जीवन में अपने व्यक्तिपरक वक्तव्य को भी मार्मिक बनाने के लिए लोग प्रायः जातिपरक आक्षेप कर दिया करते हैं। पुरुषों की कौन कहे, गँवारिनें और सुशिक्षित स्त्रियाँ भी किसी अन्य नारी के आलोच्य व्यवहार पर टिप्पणी करते समय 'मेहरारू जाति' या 'त्रियाचरित्र'-जैसी उक्तियों का निर्बाध प्रयोग कर दिया करती हैं। तुलसी ने जीवन के इस बिंब को काव्य में प्रतिबिंबित किया है। **द्विज देवता घरहिं के बाढ़े, चहिअ बिप्र उर कृपा घनेरी, छत्रिय तनु धरि समर सकाना, मैं पाँवर पसु कपि अति कामी** आदि जातिपरक वाक्य अपने इस वैशिष्ट्य के कारण अधिक चित्तस्पर्शी हो गए हैं।[2] लोक-व्यवहार की इसी दृष्टि से राम की दो आलंकारिक उक्तियाँ अवेक्षणीय हैं[3] :

1. **संग लाइ करिनी करि लेहीं। मानहु मोहिं सिखावनु देहीं॥**
सास्त्र सुचिंतित पुनि पुनि देखिअ। भूप सुसेवित बस नहिं लेखिअ॥
राखिअ नारि जदपि उर माहीं। जुवती सास्त्र नृपति बस नाहीं॥
2. **महाबृष्टि चलि फूटि किआरीं। जिमि सुतंत्र भएँ बिगरहिं नारीं॥**

ये परंपरागत नीति-वाक्य काव्य के संदर्भ में उपयुक्त स्थान पर बिठा दिए गए हैं। ये उद्‌गार राम के निजी अनुभव के परिणाम हैं। प्रियतमा नारी की भी निरंतर रखवाली आवश्यक है। सीता ने स्वतंत्र होकर लक्ष्मण के प्रति कुछ **मरम बचन**[4] कहे। यदि लक्ष्मण 'ताड़ना' (कठोर नियंत्रण), का उपयोग करते तो सीता-हरण न होता। हाथियों-हथिनियों और जल-धारा को देखकर लौकिक जीवन-यापन की नीति-रीति उनके मन में सहजतया कौंध गई और वे उसे अभिव्यक्त किए बिना न रह सके।

सामाजिक दृष्टि से दो स्थल विचारणीय हैं[5] :

---

1. हितोपदेश, मित्रलाभ, 19, 116-17, 119, 202, सुहृद्‌भेद, 115-19
2. रामचरितमानस, 1/276/4, 1/282/2, 1/284/2, 4/21/2
3. वही, 3/37/4-5, 4/15/4
4. मरम वचन जब सीता बोला। हरिप्रेरित लछिमन मन डोला॥

—रामचरितमानस, 3/28/3

5. रामचरितमानस, 2/215/4, 6/61/4-6

1. स्रक चंदन बनतादिक भोगा। देखि हरष बिसमय बस लोगा॥
2. सुत बित नारि भवन परिवारा। होहिं जाहिं जग बारहिं बारा॥
   जैहौं अवध कवन मुँह लाई। नारि हेतु प्रिय भाइ गँवाई॥
   बरु अपजस सहतेउँ जग माहीं। नारि हानि बिसेष छति नाहीं॥

भरद्वाज ने तपोबल से भरत आदि के लिए भोग-विलास की सारी सामग्री प्रस्तुत कर दी। उन भोग्य पदार्थों में वनिताएँ भी थीं। यह सामंती दृष्टिकोण है। विलासिता के उस युग में नारी भोग्या मात्र समझी जाती थी। इसीलिए राम ने नारी को गँवा देने में अपयश तो माना किंतु उसमें उन्हें कोई विशेष हानि नहीं दिखाई पड़ी। इन उक्तियों का दूसरा पहलू भी है। कवि-तुलसी को भरत की महिमा प्रतिपादित करनी थी। महान् वह है जो पतन की परिस्थिति में भी जितेंद्रिय बना रहता है।[1] भरत ने उस भोग-सामग्री पर दृष्टिपात भी नहीं किया। यह उनकी महत्ता का प्रमाण है। दूसरा उद्धरण लक्ष्मण की मूर्च्छा पर शोकाभिभूत राम का कातर-क्रंदन है। कवि का उद्देश्य है। भ्रातृस्नेह का उत्कर्ष दिखाना। नारी-विषयक उक्ति ने उस स्नेह की अभिव्यंजना को अत्यंत मर्मस्पर्शी बना दिया है। आर्त एवं विक्षिप्त चित्त का उद्गार सिद्धांत नहीं है।

तुलसी ने काव्य-दृष्टि से ही प्रसंग को प्रभावशाली बनाने के लिए सूर्पणखा को लक्ष्य करके काकभुशुंडि द्वारा कहलवाया है :

भ्राता पिता पुत्र उरगारी। पुरुष मनोहर निरखति नारी॥
होइ बिकल सक मनहि न रोकी। जिमि रबिमनि द्रव रबिहि बिलोकी॥[2]

इन पंक्तियों को पढ़कर खिन्न होने की जरूरत नहीं है। 'हितोपदेश', 'महाभारत', 'सत्योपाख्यान' आदि की मूल उक्तियों से रूपांतरित इस चौपाई को मिलाकर देखिए तो पता चलेगा कि तुलसी ने किस कुशलता के साथ मूल के अश्लील अंश को निकालकर मर्यादा का निर्वाह किया है। उपमान-रूप में 'रविमनि' की योजना करके 'द्रव' क्रिया के द्वारा उन्होंने गृहीत अर्थ की अत्यंत सटीक व्यंजना की है।

अनुसूया-जैसी शीलवती ऋषि-पत्नी ने तो नारी को **सहज अपावनि**[3] कहा ही है, 'भव भव बिभव पराभव कारिनि। बिस्व बिमोहनि स्वबस बिहारिनि'[4] पार्वती और राम द्वारा जननी की भाँति समादृत[5] शबरी ने भी आत्मनिष्ठ नारी-निंदा की है[6] :

1. **कीन्ह कपटु मैं संभु सन नारि सहज जड़ अज्ञ।**
   जदपि जोषिता नहि अधिकारी। दासी मन क्रम बचन तुम्हारी॥
   अब मोहि आपनि किंकरि जानी। जदपि सहज जड़ नारि अयानी॥
2. **केहि बिधि अस्तुति करौं तुम्हारी। अधम जाति मैं जड़मति भारी॥**
   अधम ते अधम अधम अति नारी। तिन्ह महुँ मैं अति मंद अघारी॥

---

1. तेहि पुर बसत भरत विनु रागा। चंचरीक जिमि चंपक बागा॥
   रमाविलासु राम अनुरागी। तजत वमन जिमि जन वड़भागी॥

   —रामचरितमानस, 2/324/4

   पित्रा विसृष्टां मदपेक्षया यः श्रियं युवाप्यंकगतामभोक्ता।
   इयन्ति वर्षाणि तथा सहोग्रमभ्यस्यतीव व्रतमासिधारम्॥—रघुवंश, 13/67
2. रामचरितमानस, 3/17/3; देखिए : मानस-पीयूष और सिद्धांत-तिलक
3. सहज अपावनि नारि पति सेवत सुभ गति लहइ।—रामचरितमानस, 3/5
4. रामचरितमानस, 1/235/4
5. गीतावली, 3/17/4
6. रामचरितमानस, 1/57, 1/110/1, 1/120/2; 3/35/1-2

मनोवैज्ञानिक आलोचना की दृष्टि से यह नारी की हीनता-ग्रंथि है; इतिहास और समाजशास्त्र की दृष्टि से नारी की शताब्दियों से परंपरा चली आती हुई मानसिक दासता का प्रतिफलन है। तुलसी के युग में नारी की सामाजिक स्थिति इससे अच्छी नहीं थी। तुलसी के पूर्व लिखित वाङ्मय में नारी का उक्त रूप बहुधा चित्रित था। उन्होंने काव्य के अनुरूप प्रसंग को हृदयस्पर्शी बनाने के लिए, और भक्ति के अनुरूप दैन्य की अतिशयित व्यंजना के लिए उपर्युक्त हीनतापरक वाक्यों की निबंधना की। इस प्रसंग में यह भी याद रखना चाहिए कि तुलसी की नारी मध्ययुग की प्रकृत नारी नहीं है; हाँ, उसमें मध्ययुग की नारी की भी प्रतिच्छाया है। **पलँग पीठि तजि गोद हिंडोरा। सिय न दीन्ह पंगु अवनि कठोरा**[1] आदि आलंकारिक उक्तियों के आधार पर सीता को मध्यकालीन गुड़ियानुमा वधू समझना उचित नहीं है। यह कवि की कल्पना-मंडित अतिशयोक्ति है, उसका सिद्धांत नहीं है। फुलवारी में, रंगभूमि में या अयोध्या में जाते समय सीता पलंग पर, गोद में या हिंडोले पर नहीं बैठी थीं। सुकुमारता नारी का परंपरा-प्रथित गुण है।

नारी के निंदनीय रूप का सैद्धांतिक निरूपण स्वयं तुलसीदास, भक्तश्रेष्ठ काकभुशुंडि और उनके मर्यादा पुरुषोत्तम राम ने किया है[2] :

1. **काम क्रोध लोभादि मद प्रबल मोह कै धारि।**
   तिन्ह महँ अति दारुन दुखद मायारूपी नारि॥
   दीप सिखा सम जुवति तन मन जनि होसि पतंग।
   भजहि राम तजि काम मद करहि सदा सतसंग॥
2. **जन्मपत्रिका बरति कै देखहु मनहिं बिचारि।**
   दारुन बैरी मीचु के बीच बिराजति नारि॥
3. **बिकटतर बक्र क्षुरधार प्रमदा तीव्र दर्प कंदर्प खर खड्गधारा।**
   अंजनकेस सिखा जुवती तहँ लोचन सलभ पठावौं।
4. **पुरुष प्रताप प्रबल सब भाँती। अबला अबल सहज जड़ जाती॥**
5. **सुनु मुनि कह पुरान श्रुति संता। मोह बिपिन कहुँ नारि बसंता॥**
   जप तप नेम जलासय झारी। होइ ग्रीषम सोखै सब नारी॥
   काम क्रोध मद मत्सर भेका। इन्हहि हषरप्रद बरषा एका॥
   दुर्बासना कुमुद समुदाई। तिन्हँ कहँ सदा सरद सुखदाई॥
   धर्म सकल सरसीरुहबृंदा। होइ हिम तिन्हहिं देत दुख मंदा॥
   पुनि ममता जवास बहुताई। पलुहइ नारि सिसिर रितु पाई॥
   पाप उलूकनिकर सुखकारी। नारि निबिड़ रजनी अँधिआरी॥
   बुधि बल सील सत्य सब मीना। बनसी सम त्रिय कहहिं प्रबीना॥
   अवगुनमूल सूलप्रद प्रमदा सब दुख खानि।

---

1. रामचरितमानस, 2/59/3; अभिधा-प्रेमी आलोचक निम्नांकित पंक्तियों के आधार पर राम-लक्ष्मण को गुड्डानुमा नर भी मान सकते हैं :

   मृदु मूरति सुकुमार सुभाऊ। तात बाउ तन लाग न काऊ॥—रामचरितमानस, 2/200/2
   राम सुना दुख कान न काऊ। जीवनतरु जिमि जोगवइ राऊ॥
   पलक नयन फनि मनि जेहिं भाँती। जोगवहिं जननि सकल दिन राती॥

   —वही, 2/201/1
2. दोहावली, 266, 269 (रामचरितमानस, 3/43, 3/46); दोहावली, 268; विनयपत्रिका, 60/7, 142/2; रामचरितमानस, 7/115/4; 3/44

यह नारी-निंदा मोक्षधर्म से प्रेरित होकर की गई है। तुलसी-साहित्य का मुख्य उद्देश्य रामभक्ति का निरूपण है। भक्ति का मुख्य साधन वैराग्य है। 'वैराग्य' का अर्थ है—विषय-वितृष्णा। काम जीव की प्रबलतम सहजप्रवृत्ति है।[1] पुरुष की कामरति का एकमात्र और विवशीकारक आलंबन नारी है।[2] वैराग्य की उत्पत्ति एवं धारणा के लिए राग के विषय का निरंतर दोष-दर्शन आवश्यक है। नारी के प्रति वैराग्य तब तक नहीं हो सकता जब तक उसके प्रति जुगुप्सा-भाव जागृत न हो जाए। इस संबंध में यह तथ्य स्मरणीय है कि कवि ने सैद्धांतिक रूप से जिस नारी की निंदा की है वह काम की आलंबन-रूपा नारी है। उपर्युक्त उद्धरणों में दो बार **युवती** और दो बार **प्रमदा** शब्द के प्रयोग से यह बात स्वयंसिद्ध है। मृगलोचनी प्रमदा के नयन-शर से बिद्ध विद्वान् पुरुष भी पथ भ्रष्ट हो जाते हैं।[3] अतः उसके अवगुणों के बारंबार निदर्शन से ही उसके प्रति वैराग्य का उदय संभव है।

कहा जा सकता है कि नारी के काम का आलंबन पुरुष भी तो है। पुरुष का दोष-दर्शन कराकर नारी के मन में वैराग्य क्यों नहीं जगाया गया है ? इसका उत्तरदायित्व सनातनधर्म के संस्थापक, प्रसारक और पोषक स्मृतिकारों, पुराणकारों, इतिहासकारों आदि पर है। तुलसी पर इतना ही आक्षेप किया जा सकता है कि उन्होंने उस परंपरा का अनुसरण किया। सांस्कृतिक संघर्ष के उस युग में परंपरा के प्रति निष्ठा समाज की आवश्यकता थी। एकाध आलोचकों को यह भ्रांति है कि 'नानापुराणनिगमागम' की दुहाई देनेवाले तुलसी के साहित्य में की गई नारी-निंदा उनकी निजी कल्पना है। यथार्थ यह है कि वैदिक साहित्य[4] और संस्कृत-वाङ्मय में सैकड़ों नहीं, हजारों पंक्तियाँ ऐसी मिल जाएँगी जिनमें नारी के दोषों का चित्रण किया गया है। 'योगवासिष्ठ' के 'वैराग्य-प्रकरण' के एक पूरे सर्ग में स्त्री जुगुप्सा का निरूपण है।[5] 'महाभारत' के लगभग दो अध्यायों का प्रतिपाद्य नारी-निंदा है।[6] पुराणों आदि में नारी के अवगुणों का बहुशः वर्णन किया गया है।[7] भक्ति-भावना से अनुप्राणित कबीर आदि संतों ने नारी के वैराग्योद्बोधक जुगुप्सित रूप का निदर्शन किया है।[8] तुलसी उसी शृंखला की एक कड़ी हैं। वस्तुतः संस्कृत-ग्रंथों में नारी की जो तीव्र निंदा की गई है उसकी तुलना में तुलसी की उक्तियाँ कोमल हैं। एक स्थल पर उन्होंने पराधीन नारी के प्रति सहानुभूति भी व्यक्त की है।[9] वे नारी के प्रति अनुदार होते हुए भी उदार हैं। इस प्रसंग में यह भी ध्यान देने योग्य है कि राम से निरंतर भक्ति का वरदान माँगते समय तुलसी ने भगवत्प्रेम की अतिशयता व्यक्त करने के लिए कामी और नारी की उपमान-रूप में योजना की है :

---

1. रामचरितमानस, 1/257/1, 7/70/4
2. दोहावली, 265, रामचरितमानस, 3/38, 7/115, विनयपत्रिका, 136/7
3. रामचरितमानस, 7/70, 115, कवितावली, 7/117; मनुस्मृति, 2/213-14
4. उद्धरणों के लिए देखिए—मानस-पीयूष, 6/16/3: 'गोस्वामीजी पर नारी-निंदा का दोषारोपण करनेवाले स्वयं समयनोचक (समालोचक) पंडितंमन्य जनों को चाहिए कि इन वेदमंत्रों को ध्यानपूर्वक देखें।'
5. विशेष द्रष्टव्य : योगवासिष्ठ, 1/21/9-12, 14, 16, 18-21, 32-34
6. महाभारत, अनुशासनपर्व, अध्याय 38-39; गीता, 9/32
7. भागवतपुराण, 7/12/9, 9/14/36-39, शिवपुराण, 5/24/15-16, वैराग्यशतक 20, प्रश्नोत्तरी 3, आदि
8. कबीर-वचनावली, प्रथम खंड, दोहा 554-60; संतवानी-संग्रह, भाग 1, पृ. 58, 91, 103, 115, 124, 223
9. कत विधि सृजी नारि जग माहीं। पराधीन सपनेहुँ सुख नाहीं ।

—रामचरितमानस, 1/102/3

नारि जनमु जग जाय सखी कहि साँचहिं।—पार्वतीमंगल, 159

कामिहि नारि पिआरि जिमि लोभिहि प्रिय जिमि दाम।
तिमि रघुनाथ निरंतर प्रिय लागहु मोहि राम॥[1]

मायारूपी नारी : तुलसी के सिद्धांतानुसार राम और काकभुशुंडि ने नारी को माया कहा है[2] :

1. तिन्ह महँ अति दारुन दुखद माया रूपी नारि।

2. सोउ मुनि ज्ञाननिधान मृगनयनी बिधुमुख निरखि।
बिकल होहिं हरिजान नारि बिस्वमाया प्रगट॥

कहा जा चुका है कि माया दो प्रकार की है—विद्यारूपा और अविद्यारूपा। मायारूपा होने के कारण नारी के भी दो रूप हैं—विद्यारूप और अविद्यारूप। पुरुष को कामविकल कर देनेवाली युवती अविद्यारूप है। वही निंदनीय या जुगुप्सनीय है। तुलसी के नारी-पात्रों में कैकेयी और सूर्पणखा इसी प्रकार की नारियाँ हैं। तुलसी ने 'लोकरीति' में पड़कर संभवतः स्वयं भी उसके इस रूप का कटु अनुभव किया था। अनसूया, कौसल्या आदि विद्यारूपा नारियाँ हैं, अतः आदरणीय हैं। सीता संपूर्ण माया हैं। वे विद्यारूपा भी हैं और अविद्यारूपा भी। रावण आदि अभिमानियों के लिए वे अविद्यारूपा हैं। इस अविद्यामाया से अलग रहकर रावण सुखी था, इसके संबंध से ही उसका सत्यानाश हुआ। हनुमान, तुलसी आदि के लिए सीता विद्यामाया हैं; उनके लिए पुरुषाकाररूपा हैं।[3] इसी प्रकार लोक-जीवन में एक ही नारी किसी पुरुष के लिए मोह एवं कष्ट का कारण हो सकती है, और किसी अन्य के लिए आनंद तथा कल्याण का। पहले के लिए वह अविद्यामाया है, दूसरे के लिए विद्यामाया। पहला रूप निंद्य है, दूसरा श्लाघ्य।

प्रश्न उठाया गया है—सूर भी तो भक्तकवि थे, उन्होंने नारी-निंदा क्यों नहीं की ? उत्तर है—सूर में समाजसुधार-भावना की कमी थी, उनका मुख्य उद्देश्य था—परकीया गोपबालाओं के साथ की गई कृष्ण-लीला का वर्णन, और वे अंधे भी थे। तुलसी समाज-सुधारक थे; समाज-व्यवस्था की दृष्टि से युगधर्म का प्रतिपादन भी उनका लक्ष्य था; उन्हें अपने महाकाव्य में ऐतिह्य-निबद्ध, अवेक्षित और अनुभूत जीवन के वैविध्यपूर्ण चित्र अंकित करने थे। उनका साहित्य कवित्व और भक्तिदर्शन तक ही सीमित नहीं रहा, उसमें नीति और लोकधर्म[4] का भी विशद निरूपण हुआ। अपने अध्ययन, सत्संग और संस्कारों के अनुसार उन्होंने परंपरावादी दृष्टिकोण अपनाया। उस क्रम में नारी-निंदा भी आ गई। इस माध्यम से कवि ने पुरुष-जाति के स्वभाव का भी उद्घाटन कर दिया है।

'रामचरितमानस' का चमत्कार तो देखिए। जिस श्रद्धा-भक्ति के साथ पुरुष-समाज उसका पारायण और श्रवण करता है उसकी तुलना में 'रामचरितमानस' के प्रति नारियों की श्रद्धा-भक्ति कम नहीं है—विदुषियों की कमी नहीं है, तथापि तुलसी द्वारा की गई नारी-निंदा के कट्टर आलोचक पुरुष ही हैं। आज भी पुरुष अपने को नारी के अधिकारों का संरक्षक समझता है। जीवन का यह स्थूल सत्य तुलसी की सूक्ष्म दृष्टि से ओझल नहीं हो सकता था। उनके नारी-विषयक अन्याय पर बौखलाहट व्यक्त करने के लिए एक बार 'रामचरितमानस' के पन्ने फाड़े गए थे; लेकिन इस शौर्य का प्रदर्शन एक पुरुष ने किया था, किसी महिला ने नहीं। कारण तुलसीदास अपने ढंग से बता गए हैं :

पुरुष प्रताप प्रबल सब भाँती। अबला अबल सहज जड़ जाती॥[5]

---

1. रामचरितमानस, 7/130
2. दोहावली, 266, रामचरितमानस, 3/43; 7/115
   पाठांतर : बिवस होइ हरिजान नारि बिष्नुमाया प्रगट।—काशिराज-संस्करण
3. विनयपत्रिका; 43-44
4. इसीलिए तुलसी का मुख्य प्रतिपाद्य रामचरित है, कृष्णचरित-वर्णन गौण है।
5. रामचरितमानस, 7/115/4

उपर्युक्त विवेचन का उद्देश्य तुलसी की नारी-भावना का कारणनिर्देशपूर्वक स्पष्टीकरण है। उसका यह तात्पर्य कदापि नहीं है कि उन्होंने जो नारी-निंदा की है वह समर्थनीय है। उन्होंने नारी के प्रति अपेक्षित उदारता नहीं बरती। नारी-जाति की विगर्हणा के बिना भी उनका काम चल सकता था, उनकी गरिमा में तनिक भी खरोंच न लगती। परंतु, उन अंशों को तुलसी-साहित्य से निकाल देने का प्रस्ताव अमान्य है। वर्णाश्रमधर्म की व्यवस्था, राम का ईश्वरत्व, दास्य-भक्ति की मनोवृत्ति आदि भी ऐसी बातें हैं जिन्हें आज के संशोधनवादी वैज्ञानिक आलोचक निकाल देना चाहेंगे। और, इन सबको निकाल देने के बाद तुलसीदास ही तिरोहित हो जाएँगे।

9. कला-पक्ष

प्रतिपाद्य वस्तु की आनंद-विधायिनी अभिव्यंजन-शैली कला है। कविता शब्दमयी रचना है। अतः काव्य-कला का सारा सौंदर्य शब्द और अर्थ के समुचित सामंजस्य पर निर्भर है। 'शब्दार्थौ सहितौ काव्यम्', 'वाक्यं रसात्मकं काव्यम्', 'रमणीयार्थप्रतिपादकः शब्दः काव्यम्' अथवा 'कबिहि अरथ आखर बलु साँचा' आदि का यही तात्पर्य है। विभाव आदि का उचित संयोजन, व्यवस्थित वस्तु-विन्यास, ध्वनि-वक्रोक्ति, गुण-वृत्ति, अलंकार, चित्रात्मकता, उपयुक्त छंद, संवाद आदि उस सामंजस्य को रमणीय बनाते हैं। अतएव ये सब कला-पक्ष की विशेषताएँ हैं।

शब्दार्थ-संतुलन

प्रत्येक शब्द में अर्थविशेष के प्रकाशन की योग्यता होती है, उसका निश्चित अर्थ होता है। वक्ता के तात्पर्य को श्रोता तक पहुँचाने के लिए वह अन्य शब्दों की आकांक्षा रखता है। उन शब्दों की सन्निधि में ही वह अभीष्ट अर्थ का द्योतन करता है। कुशल कवि शब्दों की योग्यता, आकांक्षा और सन्निधि का सम्यक् ध्यान रखते हुए अपनी रचना में उनका यथोचित विन्यास करता है। इस मूल सिद्धांत की उपेक्षा से काव्य में अनेक प्रकार के दोष आ जाते हैं—अप्रतीतत्व, न्यूनपदत्व, विधेयाविमर्श आदि। काव्य-कला के विशेषज्ञ तुलसी ने शब्दार्थ-नियोजन के इस धर्म का निपुणता के साथ निर्वाह किया है। उनका प्रतिपाद्य निश्चित है, और उनकी नपी-तुली शब्दावली उस प्रतिपाद्य अर्थ के संप्रेषण में सर्वथा समर्थ है। उदाहरणीय पद्यों की अनंत राशि में से कुछेक पंक्तियाँ ही प्रस्तुत की जा सकती हैं :

मैं अपराधसिंधु करुनाकर जानत अंतरजामी।
तुलसिदास भवब्यालग्रसित तव सरन उरगरिपुगामी॥[1]

राम अंतर्यामी हैं, अतः तुलसी की स्थिति को स्वयं समझ सकते हैं। यदि तुलसी अपराधसिंधु हैं तो राम भी करुणाकर हैं। फलतः वे क्षमा करने में समर्थ हैं। तुलसी संसार-सर्प से ग्रस्त हैं। सर्पनाशक गरुड़ जिसका वाहन है वह संकेतमात्र से तुलसी को भव-व्याल से मुक्त करा सकता है। 'भवब्याल' के प्रसंग में 'उरगरिपुगामी' का प्रयोग विशेष चमत्कारकारी है।

सटीक शब्द-निवेश की सबसे सीधी पहचान यह है कि उन शब्दों के स्थान पर दूसरे शब्द नहीं रखे जा सकते, जैसे :

पानि सरोज सोह जयमाला। अवचट चितए सकल भुआला॥
सीय चकित चित रामहि चाहा। भए मोहबस सब नरनाहा॥
मुनि समीप देखे दोउ भाई। लगे ललकि लोचन निधि पाई॥
गुरुजन लाज समाजु बड़ देखि सीय सकुचानि।
लागि बिलोकन सखिन्ह तन रघुबीरहि उर आनि॥[2]

---

1. विनयपत्रिका, 117/5
2. रामचरितमानस, 1/248

प्रत्येक शब्द अपने स्थान पर जड़ा हुआ है। उसे हटाया नहीं जा सकता। सुमनों की जयमाला पाणि-सरोज में ही शोभा पाती है। लालायित भूपालों के लिए 'चितए' क्रिया और 'अवचट' क्रिया-विशेषण का व्यवहार अत्यंत उपयुक्त है। 'चकित' में शीलवती राजकुमारी की उत्सुकता, अस्थिरता और लज्जाजन्य भय का सुंदर सम्मिश्रण है। 'चाहा' से दर्शन के साथ ही अभिलाषा की भी व्यंजना होती है। 'मोह' आसक्ति और अज्ञान दोनों का सूचक है। मुनि के समीप राम-लक्ष्मण को देखकर भी सीता भावाकुल मन को वश में नहीं रख सकीं। उनकी आँखें ललककर राम से जा लगीं। उनके 'लोचन' परिस्थिति की आलोचना नहीं कर सके। परिस्थिति का अनुभव उन्हें बाद में हुआ और तब वे सखियों की ओर विलोकने (विशेष रूप से देखने) लगीं, किंतु हृदय में राम को धारण करके। इस **विलोकन** में लज्जा की रक्षा, दृष्टि की शून्यता और सीता की विवशता परिलक्ष्य है।

पर्यायवाची शब्दों में सूक्ष्म अर्थ-भेद होता है। वाक्-सिद्ध कवि ही उनकी अर्थच्छाया की सूक्ष्मता को ग्रहण कर सकता है। तुलसी ने शब्दों के इस मर्म पर ध्यान दिया है। उपर्युक्त उद्धरण में सामान्य क्रिया **देखना** के तीन पर्यायों का साभिप्राय प्रयोग किया गया है—'चितए', 'चाहा' और 'बिलोकन'। उस संदर्भ में उनकी अर्थपूर्ण विशेषता रमणीयता से अभिव्यक्त हुई है। इसी प्रकार निम्नांकित पंक्तियों में[1] :

1. जुवतीं भवन झरोखन्हि लागीं । निरखहिं राम रूप अनुरागीं ॥
2. लोभी लंपट लोलुप चारा । जे ताकहिं पर धनु पर दारा ॥
3. राम को रूप निहारति जानकी कंकन के नग की परिछाहीं ॥
4. सुनि कुलबधू झरोखनि झाँकति रामचंद्र छबि चंद्रबदनियाँ।

'निरखहिं' से द्रुत चित्त की तन्मयता व्यंजित होती है; 'ताकहिं' में कुदृष्टि से विलोकने का भाव है; 'निहारति' में आत्मविभोर होकर प्रेमपूर्वक देखने की विशेषता है; और 'झाँकति' द्वारा दूसरों की आँख बचाकर उत्सुकतापूर्वक आँख-भर देखने की क्रिया सूचित होती है। इन प्रसंगों में इससे अच्छा शब्द-चयन असंभव है।

कुछ ऐसे शब्द होते हैं जो लोक-व्यवहार में सामान्य अर्थ रखते हैं किंतु गंभीर विषयों के निरूपण में उनका पारिभाषिक अर्थ ग्रहण किया जाता है, जैसे—मन, चित्त, माया आदि। उदाहरण के लिए 'मन' को लीजिए[2] :

1. मन तें सकल बासना भागी। केवल राम चरन लय लागी ॥
सुनहु नाथ मन जरत त्रिबिध जुर करत फिरत बौराई।
2. तुम्हहिं छाँड़ि गति दूसरि नाहीं। राम बसहु तिन्ह के मन माहीं ॥
मन मों न बस्यो अस बालक जौ तुलसी जग में फल कौन जिये।
3. परम पेम पूरन दोउ भाई। मन बुधि चित अहमिति बिसराई ॥
चौथि चारि परिहरहु बुद्धि मन चित अहँकार।
4. मन करि बिषय अनल बन जरई। होइ सुखी जौ येहिं सर परई ॥
कबहूँ मन बिश्राम न मान्यो।
निसिदिन भ्रमत बिसारि सहज सुख जहँ तहँ इंद्रिन तान्यो ॥

उपर्युक्त उद्धरणों में तुलसी ने 'मन' शब्द का विभिन्न अर्थों में समीचीन प्रयोग किया है—1. में वह संपूर्ण अंतःकरण का वाचक है। 2. में उसका अर्थ है—भावनात्मक चित्त या उसका अधिष्ठान हृदय।

---

1. रामचरितमानस, 1/220/2, 2/168/2, कवितावली, 1/17, गीतावली, 1/34/6
2. रामचरितमानस, 7/110/3, विनयपत्रिका, 81/1; मानस, 2/130/3, कवितावली, 1/2; मानस, 2/241/1, विनयपत्रिका, 203/5; मानस, 1/35/4, विनयपत्रिका, 88/1

3. में वह अंतःकरण की चार वृत्तियों में से केवल संकल्पविकल्पात्मक अथवा विमर्शात्मक वृत्ति के लिए प्रयुक्त हुआ है। 4. में उसका व्यवहार उस अंतरिंद्रिय के लिए किया गया है जो ज्ञानेंद्रियों द्वारा बाहर से आए संस्कारों को निर्णय के लिए बुद्धि तक पहुँचाती है और फिर बुद्धि के निश्चय को कार्यान्वित करने के लिए कर्मेंद्रियों को प्रेरित करती है। अंतिम दो अर्थ पारिभाषिक हैं। विभिन्न शब्दों के एतादृश प्रयोगों से सिद्ध है कि लोकव्यवहारदर्शी और शास्त्रवेत्ता तुलसी ने औचित्यानुसार शब्द और अर्थ की संपृक्तता को अक्षुण्ण रखा है।

कभी-कभी पर्यायवाची तथा तत्सम और तद्भव शब्दों के अर्थों में उत्कृष्टता एवं अपकृष्टता का भी भेद होता है। शब्दार्थ-पारखी कवि वर्ण्य वस्तु की अच्छाई या बुराई के अनुरूप उपयुक्त शब्दों का चुनाव करता है[1] :

1. **पुत्रवती जुवती जग सोई। रघुपतिभगतु जासु सुतु होई॥**
   नतरु बाँझ भलि बादि बिआनी। रामबिमुख सुत तें हित जानी॥
2. **कमठ पीठि जामहिं बरु बारा। बंध्यासुत बरु काहुहि मारा॥**

'पुत्रवती' और 'बिआनी' दोनों ही मूलतः जननी हैं। परंतु व्यवहार में पहला शब्द उत्कर्ष का ज्ञापक है, और दूसरा अपकर्ष का। कवि ने इन दोनों का प्रतिपाद्य के अनुरूप उपयुक्त स्थान पर सशक्त विन्यास किया है। 'वंध्या' का ही अपभ्रंश-रूप 'बाँझ' है, किंतु लोक में उसका अर्थापकर्ष हो गया है। ध्वनि-परिवर्तन के साथ इस अर्थ-परिवर्तन को परखते हुए तुलसी ने दोनों का अपेक्षानुसार भावानुबंधी प्रयोग किया है।

संपन्न भाषा के कवि को भी अनेक अवसरों पर टकसाली शब्द-भंडार से उपयुक्त शब्द नहीं मिल पाते। ऐसी स्थिति में भाषा पर अधिकार रखनेवाला महाकवि शब्द-शिल्पी का कार्य भी संपन्न कर लेता है। उसके सामने शब्दों का अकाल नहीं पड़ता। तुलसी की वाणी कहीं अवरुद्ध नहीं होती। वे आवश्यकतानुसार सटीक शब्दों का सहजतया निर्माण करते चलते हैं[2] :

1. रावरी पिनाक में **सरीकता** कहाँ रही।
2. जाति के सुजाति के कुजाति के **पेटागि** बस
   खाए टूक सबके बिदित बात दुनीं सो।
3. पेट ही को पचत बेचत बेटा **बेटकी**।
4. **बंदिछोर** विरुदावली निगमागम गाई।
5. रामनाम अनुराग ही जिय जो **रतिआतो**।
6. लाभ जोग छेम को गरीबी **मिसकीनता**।
7. **दुखवहु** मोरे दास जनि मानेहु मोरि रजाइ।
8. जस **धवलिहउँ** भुवन दसचारी।
9. **बेगहु** भाइहु सजहु सँजोऊ।

उपर्युक्त उद्धरणों में 'सरीकता', 'पेटागि', 'बेटकी', 'बंदिछोर', 'रतिआतो', 'मिसकीनता', 'दुखवहु', 'बेगहु' और 'धवलिहउँ' शब्द कुशलता एवं लाघव के साथ गढ़े गए हैं। अपने-अपने संदर्भ में वे वांछित अर्थ के प्रभावशाली संप्रेषक हैं।

अर्थ-व्यंजना का व्यापार शब्द-शक्ति द्वारा संचालित होता है। उसके तीन प्रकार माने गए हैं— अभिधा, लक्षणा और व्यंजना। तदनुसार शब्दों में तीन भेद हैं—वाचक, लक्षक एवं व्यंजक। उनके द्वारा

---

1. रामचरितमानस, 2/75/1, 7/122/8
2. कवितावली, 1/19, 7/72, 7/96, विनयपत्रिका, 35/6, 151/5, 262/3, गीतावली, 2/47/18, रामचरितमानस, 2/190/3, 2/191/1

प्रतीत अर्थ हैं—वाच्य, लक्ष्य और व्यंग्य। व्यंग्यप्रधान काव्य श्रेष्ठ है। परंतु, अभिधा का महत्त्व कम नहीं है। वह लक्षणा और व्यंजना दोनों का मूलाधार है। लक्ष्यार्थ सदैव वाच्य से संबद्ध होता है। इसीलिए लक्षणा को 'अभिधापुच्छभूता' कहा गया है। व्यंग्य के संलक्ष्य-क्रम का जो निरूपण किया गया है वह वाच्य से लेकर व्यंग्य तक की बोध-प्रक्रिया का द्योतक है। तुलसी के काव्य में तीनों ही शब्द-शक्तियों की चमत्कारविधायिनी योजना पाई जाती है। उदाहरणार्थ, निम्नांकित पंक्तियों में **अभिधा** के माध्यम से रमणीय अर्थ का प्रतिपादन किया गया है[1] :

1. **सुनि पन सकल भूप अभिलाषे। भटमानी अतिसय मन माषे॥**
   परिकर बाँधि उठे अकुलाई। चले इष्टदेवन्ह सिर नाई॥
   तमकि ताकि तकि सिव धनु धरहीं। उठे न कोटि भाँति बल करहीं॥
2. **तुम सुखधाम राम श्रमभंजन हौं अति दुखित त्रिबिध श्रम पाई।**
   यह जिय जानि दास तुलसी कहुँ राखहु सरन समुझि प्रभुताई॥
3. **रटनि अकनि पहिचानि गीध फिरे करुनामय रघुराई।**
   तुलसी रामहि प्रिया बिसरि गई सुमिरि सनेह सगाई॥

लक्षणा में अभिधा की अपेक्षा अधिक प्रभविष्णुता होती है। लाक्षणिक प्रयोग से तात्पर्य-व्यंजना में तीव्रतरता आ जाती है। तुलसी-साहित्य में इस वृत्ति का प्रभूत लालित्य है, यथा[2] :

1. **बलु प्रताप बीरता बड़ाई। नाक पिताकहि संग सिधाई॥**
2. **सत्य सराहि कहेउ बरु देना। जानेहु लेइहि माँगि चबेना॥**
3. **तुलसिदास कब तृषा जाय सर खनतहि जनम सिरान्यो॥**
4. **नाम की लाज राम करुनाकर केहि न दिए कर चीठे।**
5. **करि हंस को बेपु बड़ो सबसों तजि दे बक बायस की करनी।**
6. **राजमराल के बालक पेलि कै पालत लालत खूसर को।**
7. **अबुध असैले मनमैले महिपाल भए कछुक उलूक कछु कुमुद चकोर हैं।**
8. **देख नरनारि कहैं साग खाइ जाए माइ बाहु पीन पाँवरनि पीना खाइ पोखे हैं।**

प्रतिभा की यह स्वाभाविक विशेषता है कि वह पिटी-पिटाई लीक पर चलना कम पसंद करती है। उसे स्वच्छंद संचरण के लिए मुक्त अवकाश चाहिए। अभिधा और लक्षणा का क्षेत्र सीमित है। वे एक बार कार्य करके विरत हो जाती हैं। व्यंजना-वृत्ति पर कोई प्रतिबंध नहीं है। इसलिए व्यंग्यप्रधान काव्य भावक की प्रतिभा को अधिक उल्लसित करने में समर्थ होता है। तुलसी की काव्य-कला व्यंजना के विनिवेश में विशेष रूप से प्रतिफलित हुई है। **शाब्दी व्यंजना** के दो उदाहरण लीजिए[3] :

1. **हृषीकेश सुनि नाउँ जाउँ बलि अति भरोस जिय मोरे।**
   तुलसिदास इंद्रियसंभव दुख हरे बनिहि प्रभु तोरे॥
2. **नारि बिबस नर सकल गोसाईं। नाचहिं नट मर्कट की नाईं॥**

'हृषीकेश' और 'मर्कट' में जो चमत्कार है वह उनके पर्यायों में नहीं आ सकता था। इंद्रिय-संभव दुःख को दूर करने की शक्ति इंद्रियों के शासक **हृषीकेश** में ही है; 'विष्णु', 'माधव', 'केशव' आदि में नहीं। **'मर्कट'** में जो 'मर-कट' की उच्चारण-ध्वनि है उससे नारी के संकेत पर नाचने वाले नर की क्षीणक्षामता व्यंजित होती है; 'कपि', 'वानर' आदि शब्दों में यह सामर्थ्य नहीं है।

1. रामचरितमानस, 1/250/3-4, विनयपत्रिका, 242/4, गीतावली, 3/11/4
2. रामचरितमानस, 1/266/4, 2/30/3, विनयपत्रिका, 88/4, 169/3, कवितावली, 7/32, 7/103, गीतावली, 1/73/5, 1/95/3
3. विनयपत्रिका, 119/5, रामचरितमानस, 7/99/1

आर्थी व्यंजना का चमत्कार अर्थ पर आश्रित रहता है, शब्दविशेष पर नहीं; जैसे[1] :

1. बालि को बालक जौ तुलसी दसहू मुख के रन में रद तोरौं॥

2. की तनु प्रान कि केवल प्राना। बिधि करतबु कछु जाइ न जाना॥

अंगद उस बालि के पुत्र हैं जिसने रावण को काँख में दबा रखा था। अतएव ध्वनि यह है कि वे भी पिता के अनुरूप वीर एवं रावण का मर्दन करने में समर्थ हैं। **'केवल प्राना'** का व्यंग्य है कि राम के वियोग में सीता का प्राणांत अवश्यंभावी है।

अभिधामूला और **लक्षणामूला** व्यंजना के एक-एक उदाहरण से इस प्रसंग को समाप्त किया जाए। अधोलिखित पहली पंक्ति में अनेकार्थक 'कंद' शब्द बादल के अर्थ में नियंत्रित है; दूसरी में मुख्यार्थबाध है। अतः उनकी व्यंजना क्रमशः अभिधा एवं लक्षणा पर अवलंबित है[2] :

1. कंद तड़ित बिच जनु सुरपतिधनु रुचिर बलाकपाँति चलि आई।

2. जौं माँगा पाइअ बिधि पाहीं। ये रखिअहिं सखि आँखिन्ह माहीं॥

'ध्वनि-वक्रोक्ति' के प्रसंग में व्यंजना की चर्चा आगे भी की जाएगी।

विभावादि-संयोजन

इस विषय की विस्तृत चर्चा 'रस-सामग्री' के प्रकरण में की जा चुकी है। स्मर्तव्य है कि विभाव आदि भाव-पक्ष के अंतर्गत हैं, उनकी संयोजन-शैली कला है। प्रस्तुत प्रसंग में, तुलसी की कला-कुशलता के निदर्शनार्थ निम्नांकित उद्धरण की व्याख्या पर्याप्त होगी[3] :

1. देखन बाग कुँअर दुइ आए। वय किसोर सब भाँति सुहाए॥
स्याम गौर किमि कहौं बखानी। गिरा अनयन नयन बिनु बानी॥
सुनि हरषीं सब सखी सयानी। सिय हिय अति उत्कंठा जानी॥
एक कहइ नृप सुत तेइ आली। सुने जे मुनि सँग आए काली॥
जिन्ह निज रूप मोहनी डारी। कीन्हे स्वबस नगर नर नारी॥
बरनत छबि जहँ तहँ सब लोगू। अवसि देखिअहिं देखन जोगू॥
तासु बचन अति सियहि सोहाने। दरस लागि लोचन अकुलाने॥
चकित बिलोकति सकल दिसि जनु सिसु मृगी सभीत।

2. कंकन किंकिनि नूपुर धुनि सुनि। कहत लखन सन रामु हृदयँ गुनि॥
मानहु मदन दुंदुभी दीन्ही। मनसा बिस्व बिजय कहँ कीन्ही॥
अस कहि फिरि चितए तेहि ओरा। सिय मुख ससि भए नयन चकोरा॥
भए बिलोचन चारु अचंचल। मनहु सकुचि निमि तजे दृगंचल॥
देखि सीय सोभा सुख पावा। हृदयँ सराहत बचनु न आवा॥
जनु बिरंचि सब निज निपुनाई। बिरचि बिस्व कहँ प्रगटि देखाई॥
सुंदरता कहुँ सुंदर करई। छबि गृहँ दीपसिखा जनु बरई॥
सब उपमा कबि रहे जुठारी। केहि पटतरौं बिदेहकुमारी॥

3. चितवति चकित चहूँ दिसि सीता। कहँ गए नृपकिसोर मनु चिंता॥
जहँ बिलोक मृग सावक नयनी। जनु तहँ बरिस कमल सित श्रेनी॥
लता ओट तब सखिन्ह लखाए। स्यामल गौर किसोर सुहाए॥

---

1. कवितावली, 6/14, रामचरितमानस, 2/58/2
2. गीतावली, 1/108/6, रामचरितमानस, 2/121/3
3. रामचरितमानस, 1/229/1-दोहा, 1/230/1-4, 1/232/1-4

देखि रूप लोचन ललचाने। हरषे जनु निज निधि पहिचाने॥
थके नयन रघुपति छबि देखें। पलकन्हिहूँ परिहरीं निमेषें॥
अधिक सनेह देह भै भोरी। सरद ससिहि जनु चितव चकोरी॥
लोचन मग रामहि उर आनी। दीन्हे पलक कपाट सयानी॥

शृंगार रस के इस वर्णन में उसके सभी अंगों की योजना की गई है। सीता और राम एक-दूसरे के स्थायी भाव रति के आलंबन तथा आश्रय हैं। पुष्प-वाटिका और भूषण-ध्वनि उद्दीपन विभाव हैं। औत्सुक्य, भय, चिंता, हर्ष आदि संचारी भाव हैं। निर्निमेष देखना, नेत्रों का बंद हो जाना आदि अनुभाव हैं। परंतु, विभाव आदि का उल्लेख मात्र रस-व्यंजना के लिए पर्याप्त नहीं है। उनकी निबंधना इस रीति से की जानी चाहिए जिससे भावक के मन में स्थित वासना-रूप स्थायी उद्बुद्ध होकर रसत्व प्राप्त कर सके। इसी में काव्य-कला की सार्थकता है। इस दृष्टि से, प्रस्तुत चित्रण में अनेक कलात्मक विशेषताएँ ध्यान आकृष्ट करती हैं :

1. रामचरितमानसकार तुलसी की शैली की यह विशेषता है कि किसी महत्त्वपूर्ण भाव या विचार का निरूपण करते समय वे तदनुरूप भूमिका बाँधते हैं। यहाँ भी प्रसंगोद्भावना करके अनुकूल भूमिका का निर्माण किया गया है। एक सखी सीता आदि का साथ छोड़कर फुलवारी देखने चली गई थी। वह राम-लक्ष्मण को देख आई है। उनके आकर्षक रूप का वर्णन करके वह सीता के मन में उत्सुकता जागृत करती है।

2. राम का रूप-वर्णन करते समय कवि ने उसके प्रभाव का विशेष ध्यान रखा है। उस अलौकिक रूप की अनिर्वचनीयता का उल्लेख अभीष्ट प्रभावोत्पादन में समर्थ है। **'गिरा अनयन नयन बिनु बानी'** में जो चमत्कार है वह पिष्टपेषित नखशिख-वर्णन के विवरण में नहीं आ सकता। इसी प्रकार सीता के रूप-चित्रण में भी कवि की दृष्टि प्रभाव-समष्टि पर केंद्रित है। उपर्युक्त दूसरी इकाई की अंतिम तीन पंक्तियों में सीता की सुंदरता को वर्णनातीत कहकर भी उस मोहिनी-शोभा का घनीभूत प्रभाव अभिव्यक्त कर दिया गया है।

3. आलंबनगत उद्दीपन के रूप में तीन आभूषणों का उल्लेख हुआ है। मर्यादावादी कवि ने न तो सीता के विभिन्न अंगों का वर्णन किया और न आभूषणों के सन्निवेश का, केवल नूपुर-ध्वनि का वर्णन करके पूरे चित्र को प्रत्यक्ष कर दिया। **'कंकन किंकिनि नूपुर धुनि सुनि'** में ध्वन्यर्थव्यंजना के साथ ही व्यवस्थित क्रम भी है। उठते समय पहले सीता के हाथ हिले, फिर कटि हिली और फिर पैर हिले। उसी क्रम से आभूषण बज उठे। उनकी ध्वनि में भी तारतम्य है, वह मंद से मंदतर होती गई है।

4. नाटकीय चित्रात्मकता ने काव्य के सौंदर्य को द्विगुणित कर दिया है। राम के साथ लक्ष्मण और सीता के साथ सखियों की उपस्थिति से भाव-व्यंजना को उत्कृष्ट बनाने और मर्यादा का निर्वाह करने में सहायता मिली है। दोनों सखियों की उक्तियों, **'अस कहि फिरि चितए तेहि ओरा'**, **'लता ओट तब सखिन्ह लखाए'** आदि में चित्रात्मक व्यंजना का मनोहारी रूप प्रस्तुत हुआ है।

5. साम्य-वैषम्य का चमत्कार भी ध्यान देने योग्य है। राम और सीता दोनों के मुख 'ससि' हैं। दोनों के 'नयन' एक-दूसरे को 'चकोर'-'चकोरी' की भाँति अपलक देख रहे हैं। दोनों आत्मविस्मृत हैं, आलंबनमय हो गए हैं। राम के 'लोचन' अचंचल हो गए हैं, सीता के 'लोचन'-कपाट बंद हो गए हैं। वैषम्य पर ध्यान दीजिए। राम के लोचन बंद नहीं हुए। वे पुरुष होने के कारण स्वतंत्र हैं। नारी सीता में सहज लज्जा और संकोच की अधिकता है। इसीलिए वे मौन रहती हैं। वाणी का प्रयोग केवल सखियाँ करती हैं। उधर, वक्ता का कार्य राम करते हैं और लक्ष्मण श्रोता मात्र हैं।

6. उत्प्रेक्षा आदि अलंकारों की रमणीयता भी उत्कर्षविधायिनी है। उसकी चर्चा आगे की जाएगी। कुल मिलाकर सारा प्रसंग स्वाभाविक, सजीव तथा हृदयस्पर्शी है।

वस्तु-विन्यास और चरित्र-चित्रण

वस्तु और पात्र भाव-पक्ष के अंग हैं, उनके विन्यास और चित्रण की शैली कलापक्ष के अंतर्गत है। ये दोनों विशेषताएँ मुख्यतया 'रामचरितमानस' से संबद्ध हैं, अतः इनकी विवेचना प्रसंगानुसार आगामी अध्याय में की जाएगी।

ध्वनि-वक्रोक्ति

तुलसीदास का काव्य ध्वनि-काव्य है, क्योंकि उसमें वाच्य की अपेक्षा व्यंग्यार्थ अधिक चमत्कारपूर्ण है। उसमें ध्वनि के विविध रूपों का उत्कृष्ट निदर्शन मिलता है। ध्वनि के दो मुख्य भेद हैं—असंलक्ष्यक्रमव्यंग्य और संलक्ष्यक्रमव्यंग्य। पूर्वविवेचित रस और भाव **असंलक्ष्यक्रमव्यंग्य** ध्वनि के उदाहरण हैं। कुछ अन्य उदाहरण लीजिए[1] :

1. चारु चरन नख लेखति धरनी। नूपुर मुखर मधुर कबि बरनी॥
मनहुँ प्रेम बस बिनती करहीं। हमहि सीयपद जनि परिहरहीं॥
2. स्वामी की सेवक हितता सब कछु निज साइँ दोहाई।
मैं मति तुला तौलि देखी भइ मेरेहि दिसि गरुआई॥
3. अवनि रवनि धन धाम सुहृद सुत को न इन्हहि अपनायो।
काके भए गए सँग काके सब सनेह छल छायो॥
4. अध ऊर्ध बानर बिदिसि दिसि बानर है मानहु रह्यो है भरि बानर तिलोकिए।
मूँदे आँखि हिय में उघारे आँखि आगे ठाढ़ो धाइ जाइ जहाँ तहाँ और कोऊ को किए॥

पहले उद्धरण में शीलवती वधू के स्वाभाविक चित्रण द्वारा नारी की सहज लज्जा ध्वनित होती है। दूसरे में कवि ने राम के गुण की अपेक्षा अपने अवगुण की गुरुता बतलाकर कार्पण्य या दैन्य की मार्मिक व्यंजना की है। तीसरे में व्यावहारिक वस्तुओं की मायिकता का निरूपण करके निर्वेद या वैराग्य द्योतित किया गया है। हनुमान से आतंकित राक्षस-राक्षसियों को मन में और बाहर सर्वत्र वानर-ही-वानर दिखाई पड़ता है। इस मनोवैज्ञानिक चित्रांकन से उनके भय और त्रास की चौथे में प्रभावशाली अभिव्यक्ति हुई है।

संलक्ष्यक्रमव्यंग्य ध्वनि के दो रूप हैं—वस्तु[2] और अलंकार[3]। निम्नांकित पंक्तियों में वस्तुरूप ध्वनि की सुंदरता देखिए[4] :

1. पुनि आउब एहि बेरिआँ काली। अस कहि मन बिहसी एक आली॥
2. जागैं बुध बिद्याहित पंडित चकित चित जागैं लोभी लालच धरनि धन धाम के।
जागैं भोगी भोग ही बियोगी रोगी सोगबस सोवै सुख तुलसी भरोसे एक राम के॥
3. तुलसिदास प्रभु कृपा करहु अब मैं निज दोष कछू नहिं गोयो।
डासत ही गइ बीति निसा सब कबहुँ न नाथ नींद भरि सोयो॥

1. यह सखी की उक्ति है प्रेम-विभोर सीता के प्रति। परंतु, व्यंजना का क्षेत्र सीमित नहीं है। इसके बोद्धव्य राम भी हैं। सीता और राम दोनों को सुनाकर सखी कहना चाहती है—आज बहुत देर हो चुकी है, अब चलना चाहिए; कल इसी समय फिर आइएगा और मिलन का आनंद लीजिएगा। इस युक्ति से कवि ने रमणीय व्यंग्यार्थ का प्रतिपादन किया है। 2. तीन बार 'जागैं' क्रिया और

---

1. रामचरितमानस, 2/58/3, विनयपत्रिका, 171/6, 200/2, कवितावली, 5/17
2. वही, 1/245/4, कवितावली, 7/132, 7/145, विनयपत्रिका, 117/5, 244/5
3. वही, 2/55/2, 2/97/3, विनयपत्रिका, 121/2, 227/4, 241/5
4. वही, 1/234/3, कवितावली, 7/109, विनयपत्रिका, 245/4

'बुध' आदि विभिन्न कर्त्ताओं के प्रयोग से ध्वनित है कि संपूर्ण जगत् चिंताकुल एवं क्लेशपीड़ित है। इस विश्व में केवल रामभक्त ही निश्िंचत है, क्योंकि उसकी चिंता का भार स्वयं भगवान् पर है। भक्त एवं अभक्त का वैषम्य निरूपित करते हुए जागने-सोने के लौकिक व्यापारों द्वारा भक्त की मुक्तावस्था और भक्ति की परमानंदस्वरूपता की मनोहर व्यंजना की गई है। 3. इस उद्धरण का प्रत्येक शब्द साभिप्राय है। पहली पंक्ति से तुलसी की अमायिकता तथा दीनता और राम की दीनबंधुता द्योतित होती है। दूसरी पंक्ति के गिने-चुने शब्दों में कवि ने संपूर्ण मानव-जीवन की असफलता का चित्र उरेह दिया है। शाश्वत-सुख की प्राप्ति के लिए मनुष्य नाना प्रकार के उपाय करता है, किंतु उसका सारा जीवन तैयारी में ही बीत जाता है और उसे सिद्धि नहीं मिल पाती। तात्पर्य यह कि राम-भक्ति और राम-कृपा से ही आनंदोपलब्धि संभव है। सामान्य जीवन के उपमानों और व्यापारों द्वारा की गई भक्तिदर्शन की अभिव्यक्ति हृदयस्पर्शी है।

अलंकार-ध्वनि के दो उदाहरण लीजिए[1] :

1. **सिय बन बसिहि तात केहि भाँती। चित्र लिखित कपि देखि डेराती ॥**
   सुरसर सुभग बनज बन चारी। डाबर जोगु कि हंसकुमारी ॥
2. **अवलोकि अलौकिक रूप मृगीमृग चौंकि चकैं चितवैं चित दै।**
   न डगैं न भगैं जिय जानि सिलीमुख पंच धरे रतिनायक है ॥

पहले उद्धरण में उपमा व्यंग्य है। 'सुरसर' आदि से अयोध्या की रमणीयता, 'डाबर' से वन की परिहरणीयता और 'हंसकुमारी' से सीता की सुकुमारता ध्वनित होती है। तात्पर्य यह है कि हंसकुमारी के सदृश सुकुमारी सीता सुरसर के समान सुंदर अयोध्या में रहने के योग्य हैं, न कि डाबर के तुल्य त्याज्य वन में। यहाँ पर वाच्य प्रश्न-रूप है, और व्यंग्य निषेध-रूप है। व्यंग्यार्थ उस प्रश्न का स्वयं उत्तर है। दूसरे उद्धरण में मृगी-मृग राम को कामदेव समझते हैं। यहाँ भ्रम व्यंग्य है, अतः भ्रांतिमान् अलंकार है। इसमें हेतूत्प्रेक्षा का भी चमत्कार है। मृगों का स्वभाव है कि वे कुछ दूर चलकर रुक जाते हैं और मुड़कर देखते हैं। कवि ने उनके इस व्यापार के कारण की कल्पना की है—वे राम को कुसुमसायक रतिनायक मानकर निर्भय और निश्िंचत हो गए हैं।

कहीं पर निषेधरूप वाच्य का विधिरूप व्यंग्य प्रभावशाली है :

जब तैं कुमति कुमत जिअँ ठयेऊ। खंड खंड होइ हृदय न गयेऊ ॥
बर माँगत मन भइ नहि पीरा। गरि न जीह मुँह परेउ न कीरा ॥[2]

ध्वनि यह है कि कैकेयी का हृदय खंड-खंड हो जाना चाहिए था, जीभ गल जानी चाहिए थी, मुँह सड़ जाना चाहिए था। कहीं पर वाच्य विधिरूप हैं, व्यंग्य निषेधरूप है; वाच्य निषेधात्मक प्रश्न है और व्यंग्य विधिरूप उत्तर है। एक ही पंक्ति में इन विविध रूपों का लालित्य द्रष्टव्य है :

बहुरि गौरि कर ध्यान करेहू। भूप किसोर देखि किन लेहू ॥[3]

राम के रूप पर मुग्ध सीता के नेत्र बंद हो गए हैं। मर्मज्ञ सखी कहती है—गौरी का ध्यान फिर करना, राजकुमार को क्यों न देख लो ? यह वाच्य है। व्यंग्य है—अभी गौरी का ध्यान मत करो, उसके लिए बहुत समय मिलेगा; राजकुमार थोड़ी ही देर तक यहाँ रहेंगे, इसलिए पहले उनको आँख-भर देख लो। पहले चरण के व्यंग्य में भी व्यंग्य है। सखी वास्तविकता को समझ रही है। वह कहना चाहती है—राम के प्रत्यक्ष-दर्शन का आनंद ले लो, ध्यान में उनका दर्शन तो कभी भी कर सकती हो। इस व्यंजना में जो चमत्कार है वह अभिधा द्वारा व्यक्त नहीं किया जा सकता।

---

1. रामचरितमानस, 2/60/2-3, कवितावली, 2/27
2. वही, 2/162/1
3. वही, 1/234/1

तुलसी द्वारा की गई ध्वनि-योजना के क्रम में कहीं-कहीं हास्य-व्यंग्य का भी रोचक पुट पाया जाता है। उदाहरण के लिए : वर के रूप में शिव के शृंगार को देखकर देवांगनाओं और विष्णु के व्यंग्य-वचन हैं[1] :

1. देखि सिवहि सुरत्रिय मुसुकाहीं। बर लायक दुलहिनि जग नाहीं॥

2. बर अनुहारि बरात न भाई। हँसी करैहहु पर पुर जाई॥

इन व्यंग्योक्तियों में कवि ने पात्रों के औचित्य का भी ध्यान रखा है। सुरबालाएँ दुलहिनि की बात करती हैं, और विष्णु बारात की। सबका लक्ष्य शिव का विकट वेश है।

वक्रोक्ति के विभिन्न रूप ध्वनि-सिद्धांत में समेट लिये गए हैं। काकु-वक्रोक्ति (ध्वनिवादियों के अनुसार काक्वाक्षिप्त व्यंग्य) का अपना वैशिष्ट्य है। उसकी मार्मिकता तीव्रतम होती है। वक्ता की काकु-विशिष्ट वक्र-उक्ति श्रोता के हृदय में तीर की भाँति सीधे चुभ जाती है। तुलसी ने लक्ष्मण-परशुराम, मंथरा-कैकेयी, दशरथ-कैकेयी और अंगद-रावण के संवादों में वक्रोक्ति का अत्यंत मर्मस्पर्शी विधान किया है।[2] रणधीर राजाओं को थर्रा देनेवाले परशुराम की आत्मश्लाघात्मक गर्वोक्ति पर लक्ष्मण का सधा हुआ तीक्ष्ण व्यंग्य है :

बाउ कृपामूरति अनुकूला। बोलत बचन झरत जनु फूला॥
जौ पै कृपाँ जरहिं मुनि गाता। क्रोधु भएँ तनु राखु बिधाता॥[3]

राक्षसराज की भरी सभा में 'नीतिधर्म'-वादी रावण पर अंगद का काकुवक्रतापूर्ण कठोर आक्षेप मर्मस्पर्शी है :

कह कपि धर्मसीलता तोरी। हमहुँ सुनी कृत परत्रिय चोरी॥
देखी नयन दूतरखवारी। बूड़ि न मरहु धर्मब्रत धारी॥
कान नाक बिनु भगिनि निहारी। छमा कीन्हि तुम्ह धर्म बिचारी॥
धर्मसीलता तव जग जागी। पावा दरसु महूँ बड़भागी॥[4]

अन्य प्रसंगों में भी तुलसी ने सरस वक्रोक्तियों की निबंधना की है। मर्कट का मुँह लेकर बैठे हुए मोहग्रस्त नारद विश्वमोहिनी को मोहने के लिए अकुला रहे हैं। शंकर के कौतुकी गणों से रहा नहीं जाता :

करहिं कूट नारदहि सुनाई। नीकि दीन्हि हरि सुंदरताई॥
रीझिहि राजकुअँरि छबि देखी। इन्हहि बरिहि हरि जान बिसेखी॥[5]

गणों की इस वक्रोक्ति में कई प्रकार की चमत्कारपूर्ण व्यंजनाएँ हैं। वे नारद की कूट कर रहे हैं, किंतु मोहाभिभूत मुनि की खोपड़ी में उनका तीक्ष्ण व्यंग्य धँसता ही नहीं है। दोनों पंक्तियों में 'हरि' का श्लिष्ट प्रयोग अर्थपूर्ण है। हरि (विष्णु) ने उन्हें हरि (वानर) की सुंदरता दी है, और वे अपने को विष्णुरूप समझ रहे हैं। उन्हें भ्रम है कि राजकुमारी उनको हरि (विष्णु) जानकर खासतौर से उन्हीं का वरण करेगी। वास्तविकता यह है कि उन्हें विशेष प्रकार का हरि (वानर) समझकर वह क्रोध से खीझ उठती है—**मर्कट बदन भयंकर देही। देखत हृदय क्रोध भा तेही॥**

'विनयपत्रिका' के अनेक पदों में तुलसी ने वक्रोक्तियों द्वारा राम की भी खबर ली है, उदाहरणार्थ :

---

1. रामचरितमानस, 1/92/3, 1/93/1
2. वही, 1/276/1; 2/16/1-4; 2/30/3, 2/23/4, 6/21/4, 6/23/4, 6/24
3. वही, 1/280/2-3
4. वही, 6/22/3-4
5. वही, 1/134/2

परम पुनीति संत कोमलचित तिनहिं तुमहिं बनि आई।
तौ कत बिप्र ब्याध गनिकहि तारेहु कछु रही सगाई॥[1]

गणिका के साथ सगाई का उल्लेख करके कवि ने राम की धर्मनिष्ठता, न्यायप्रियता और भक्तवत्सलता पर करारा व्यंग्य किया है। भगवान् की निरंतर 'निठुराई' से तंग आकर शरणागत भक्त ने उन्हें डटकर फटकारने की 'ढिठाई' की है।

गुण-वृत्ति

रसवादियों के अनुसार गुण रस के धर्म हैं, रसानुभूति की चित्तावस्थाएँ हैं; परंतु गुणव्यंजक पदावली के लिए भी उनका लाक्षणिक व्यवहार किया जाता है। **माधुर्य** का संबंध रति, करुणा आदि कोमल भावों से है। जिस रचना से भावक का चित्त द्रुत होकर रसानुभूति करता है वह माधुर्य-गुण-युक्त है; जैसे, भरत के प्रति कौशल्या की वात्सल्य-करुण-पूर्ण उक्ति अथवा राम के प्रति तुलसी का दैन्यपूर्ण आत्मनिवेदन[2] :

1. **बिधु बिष बमइ स्रवइ हिम आगी। होइ बारिचर बारि बिरागी॥**
   भएँ ग्यानु बरु मिटइ न मोहू। तुम्ह रामहिं प्रतिकूल न होहू॥
   मत तुम्हार येहु जो जग कहहीं। सो सपनेहुँ सुख सुगति न लहहीं॥
2. **हारि थक्यो करि जतन बहुत बिधि तातें कहत सबेरो।**
   तुलसिदास यह त्रास मिटै जब हृदय करहु तुम डेरो॥

ओज दीप्त चित्त की विशेषता है। अतः उसकी उपयुक्तता क्रोध, उत्साह आदि कटोर भावों की अभिव्यंजना में है। उदाहरण के लिए, निम्नोद्धृत पंक्तियों में परशुराम की क्रोधांधता और हनुमान की युद्धवीरता का ओजस्वी वर्णन रसोत्कर्षक है[3] :

1. **भुजबल भूमि भूप बिनु कीन्ही। बिपुल बार महिदेवन्ह दीन्ही॥**
   सहसबाहु भुज छेदनिहारा। परसु बिलोकु महीपकुमारा॥
2. **रजनीचर मत्तगयंद घटा बिघटै मृगराज के साज लरै।**
   झपटै भट कोटि महीं पटकै गरजै रघुबीर की सौंह करै।
   तुलसी उत हाँक दसानन देत अचेत भे बीर को धीर धरै।
   बिरुझो रन मारुत को बिरुदैत जो कालहु काल सो बूझि परै॥

प्रसाद-गुण विशिष्ट वृत्तियों से मुक्त अंतःकरण की प्रसन्नता है। रसानुभूति के लिए चित्त की यह दशा अनिवार्य है। काव्यशास्त्र में वही रचना प्रसाद-गुण-युक्त मानी गई है जिसके अर्थ-ग्रहण में कोई कठिनाई न हो, जिसको पढ़ते या सुनते ही चित्त प्रसन्न हो जाए और तत्काल आनंद की अनुभूति होने लगे। माधुर्य और ओज में तात्त्विक विरोध है। एक कोमलता एवं द्रुति का गुण है, और दूसरा कठोरता तथा दीप्ति का। फलतः इन दोनों की परिधि संकुचित है। प्रसाद का किसी गुण से विरोध नहीं है। उसका क्षेत्र व्यापक है। वह उत्तम काव्य का सार्वत्रिक गुण है। तुलसी-साहित्य के प्रायः सभी कवित्वमय स्थल प्रसाद-विशिष्ट हैं। एकाध अपवाद[4] नगण्य हैं। माधुर्य और ओज के

---

1. विनयपत्रिका, 112/2
2. रामचरितमानस, 2/169/1-2, विनयपत्रिका, 143/8
3. वही, 1/272/4, कवितावली, 6/36
4. रविकर नीर बसै अति दारुन मकर रूप तेहि माहीं।
   बदनहीन सो ग्रसै चराचर पान करन जे जाहीं॥—विनयपत्रिका, 111/3
   तुलसी तेहि औसर लावनिता दस चारि नौ तीन इकीस सबै।
   मति भारति पंगु भई जो निहारि बिचारि फिरी उपमा न पवै॥—कवितावली, 1/7

उपरिलिखित उदाहरणों में प्रसाद भी है। राम आदि के वनवास पर विधाता को कोसनेवाले तटस्थ मगवासियों की मनोदशा के वर्णन में इस गुण का बहुत ही उत्कृष्ट निदर्शन मिलता है :

जौं पै इन्हहिं दीन्ह बनबासू। कीन्ह बादि बिधि भोग बिलासू॥
ए बिचरहिं मग बिनु पदत्राना। रचे बादि बिधि बाहन नाना॥
ए महि परहिं डासि कुस पाता। सुभग सेज कत सृजत बिधाता॥
तरुबर बास इन्हहिं बिधि दीन्हा। धवल धाम रचि रचि श्रमु कीन्हा॥[1]

गुणों की अभीष्ट व्यंजना के लिए तदनुरूप वर्ण-विन्यास अपेक्षित है। वर्ण-विन्यास-क्रम की पारिभाषिक संज्ञा वृत्ति है। गुणों की भाँति वृत्तियाँ भी तीन हैं—उपनागरिका, परुषा और कोमला। त, न, स, ल आदि कोमल वर्णों का विन्यास **उपनागरिका** की विशेषता है। वह माधुर्य-गुण के उपयुक्त है, जैसे :

1. मानस सलिल सुधा प्रतिपाली। जिअइ कि लवन पयोधि मराली॥
नव रसाल बन बिहरन सीला। सोह कि कोकिल बिपिन करीला॥

2. नेकु सुमुखि चित लाइ चितौ री।...
साँवर रूप सुधा भरिबे कहँ नयन कमल कल कलस रितौ री॥

3. सजनी ससि में समसील उभै नवनील सरोरुह से बिकसे।[2]

कर्णकटु वर्णों से निर्मित **परुषा** वृत्ति ओज के अनुरूप है। उसमें टवर्ग, रेफ, ष और संयुक्त व्यंजनों की योजना की जाती है[3] :

1. जंबुक निकर कटक्कट कट्टहिं। खाहिं हुहाहिं अघाहिं दपट्टहिं॥
कोटिन्ह रुंड मुंड बिनु चल्लहिं। सीस परे महि जय जय बोल्लहिं॥

2. मत्त भट मुकुट दसकंठ साहस सइल सृंग बिद्दरनि जनु बज्र टाँकी॥
दसन धरि धरनि चिक्करत दिग्गज कमठ सेष संकुचित संकित पिनाकी॥

कोमला वृत्ति में कोमल और कठोर वर्णों का स्वच्छंद प्रयोग किया जाता है। उपर्युक्त दो गुणों और दो वृत्तियों का परस्पर-संबंध निर्धारित करके भ्रमवश यह मान लिया गया है कि तीसरे गुण प्रसाद और तीसरी वृत्ति कोमला में नित्य-संबंध है। इस विषय में दो तथ्य स्मरणीय हैं—1. जिस प्रकार प्रसाद का संबंध सभी भावों से है, उसी प्रकार सभी वृत्तियों से भी। उसका उत्कर्ष एक ही वृत्ति पर निर्भर नहीं है। किसी भी वृत्ति के द्वारा उसकी उत्कृष्ट व्यंजना हो सकती है। उपर्युक्त उदधरणों से उपनागरिका और परुषा के साथ प्रसाद गुण भी है। 2. उपनागरिका और परुषा क्रमशः माधुर्य और ओज का उत्कर्ष करती हैं, उनके स्वरूप का निर्माण नहीं करतीं। उनके अभाव में भी उन गुणों का अस्तित्व संभव है क्योंकि गुण रस या भाव से संबद्ध हैं, एक-एक उदाहरण से इस कथन की पुष्टि कर देना समीचीन होगा[4] :

1. ठाढ़े हैं नौ द्रुम डार गहे धनु काँधे धरे कर सायक लै।
बिकटी भृकुटी बड़री अँखियाँ अनमोल कपोलन की छबि है।
तुलसी असि मूरित आनि हिये जड़ डारि धौं प्रान निछावरि कै।
श्रमसीकर साँवरि देह लसैं मनो रासि महातम तारक मै॥

2. मैं तव दसन तोरिबे लायक। आएसु मोहि न दीन्ह रघुनायक॥
अस रिस होति दसौ मुख तोरौं। लंका गहि समुद्र महँ बोरौं॥

---

1. रामचरितमानस, 2/119/3-4
2. क्रमशः रामचरितमानस, 2/63/3-4, गीतावली, 1/77/1-2, कवितावली, 1/1
3. रामचरितमानस, 6/88/5; कवितावली, 6-44
4. कवितावली, 2/13, रामचरितमानस, 6/34/1-2

गूलरिफल समान तव लंका। बसहु मध्य तुम्ह जंतु असंका॥
मैं बानर फल खात न बारा। आएसु दीन्ह न राम उदारा॥

पहले उद्धरण में ठ, ढ़, द्र,, ड, ट, ड़, प्र और श्र का प्रयोग उपनागरिका वृत्ति के प्रतिकूल है; परंतु उस पद्य में भावानुसार माधुर्य गुण है। पद्य की रमणीयता असंदिग्ध है। इसी प्रकार दूसरे में अंगद की उक्ति ओज-गुण-संपन्न है, यद्यपि उसमें परुष वर्णों की अपेक्षा कोमल वर्णों का विन्यास कहीं अधिक है। दोनों में कोमला वृत्ति है।

अन्य वृत्तियों की अपेक्षा कोमला का क्षेत्र व्यापक है। ओज-माधुर्य-रहित और प्रसाद-गुण-सहित कोमला वृत्ति का एक उदाहरण लीजिए :

कहहिं झूठि फुरि बात बनाई। ते प्रिय तुम्हहि करुइ मैं माई॥
हमहुँ कहबि अब ठकुरसोहाती। नाहिं त मौन रहब दिनु राती॥...
कोउ नृप होइ हमहि का हानी। चेरि छाड़ि अब होब कि रानी॥[1]

तुलसी मुख्यतया प्रसाद के कवि हैं। उन्होंने भावानुसार यथास्थान माधुर्य और ओज की निबंधना की है। भक्ति-भावना से ओतप्रोत होने के कारण उनके काव्य में माधुर्य की अतिशयता है। जनभाषा की प्रवृत्ति के अनुसार उनकी सहजाभिव्यक्ति में कोमला या ग्राम्या वृत्ति की प्रधानता है। अधिक कलात्मक अथवा अलंकृत स्थलों पर कोमल-कांत उपनागरिका एवं दीप्तिकठोर परुषा वृत्तियों का उचित विनिवेश किया गया है।

अलंकार-विधान

तुलसीदास अलंकारवादी न होते हुए भी अलंकार-प्रेमी हैं। एकाध स्थलों को छोड़कर वे सर्वत्र ही अलंकारों की अलंकारता के प्रति जागरूक हैं। अलंकार-विधान की पाँच महत्त्वपूर्ण विशेषताएँ हैं— 1. 'अलंकार' में प्रयुक्त 'अलम्' अव्यय उत्कर्ष या अतिशयता का द्योतक है। अतः अलंकार का मूल उद्देश्य उक्ति को उत्कर्ष प्रदान करना है। तुलसी-साहित्य में भाव और विचार, हृदय-पक्ष और बुद्धि-पक्ष, काव्यधर्म और मोक्षधर्म, दोनों का समन्वय है। इसलिए उनकी अलंकार-योजना दो प्रकार की उद्देश्य-पूर्ति करती है। काव्यमय संदर्भों में उसका एकमात्र प्रयोजन शोभा-वर्धन अथवा चमत्कारोत्पादन है।[2] परंतु, मोक्षविशिष्ट प्रसंगों में नीरस गूढ़-विचारों का रमणीयता के साथ स्पष्टीकरण उसका लक्ष्य है।[3] दोनों ही स्थितियों में वह उत्कर्ष का हेतु है। 2. अलंकार साध्य नहीं है, साधन है। वह अलंकार्य के गुणीभूत है। इसलिए उसको उस वस्तु, पात्र, व्यापार, गुण, भाव अथवा विचार के अनुरूप होना चाहिए जिसके चित्रण को उत्कृष्ट बनाने के लिए उसका नियोजन किया गया है। 'अलंकार के लिए अलंकार-विधान' बाजीगर का कौतूहल-वर्धक तमाशा है। 3. उसकी निबंधना स्वाभाविक रूप से की जानी चाहिए। अलंकार के नाम पर क्लिष्ट-कल्पनाओं की ठूस-ठास रचना के सौंदर्य को कुंठित कर देती है। 4. उपयुक्त समय पर अलंकार का ग्रहण करना चाहिए। 5. उपयुक्त समय पर उसको त्याग देना चाहिए। अतिनिर्वाह से उसका चमत्कारकारी प्रभाव क्षीण हो जाता है। तुलसी की काव्य-कला में अलंकार-विधान की उपर्युक्त विशेषताएँ प्रायः अपने सुंदरतम रूप में पाई जाती हैं :

---

1. रामचरितमानस, 2/16/2,3
2. जैसे : सखिन्ह मध्य सिय सोहति कैसी। छबि गन मध्य महाछबि जैसी॥

—रामचरितमानस, 1/264/1

3. यथा : जो गुन रहित सगुन सोइ कैसें। जलु हिम उपल बिलग नहि जैसें॥

—रामचरितमानस, 1/116/2

होत प्रात मुनि वेष धरि जौं न रामु बन जाहिं।
मोर मरनु राउर अजसु नृप समुझिअ मन माहिं॥
अस कहि कुटिल भई उठि डाढ़ी। मानहुँ रोष तरंगिनि बाढ़ी॥
पाप पहार प्रगट भइ सोई। भरी क्रोध जल जाइ न जोई॥
दोउ बर कूल कठिन हठ धारा। भवँर कूबरी बचन प्रचारा॥
ढाहत भूप रूप तरु मूला। चली बिपति बारिधि अनुकूला॥
लखी नरेस बात सब साँची। तिअ मिस मीचु सीस पर नाची॥
गहि पद बिनय कीन्हि बैठारी। जनि दिनकरकुल होसि कुठारी॥
माँगु माथ अबहीं देउँ तोही। रामबिरह जनि मारसि मोही॥[1]

यहाँ पर कवि ने रोषाविष्ट कैकेयी के संकल्प और कर्म की भीषणता एवं दयनीय दशरथ की विवशता का सजीव चित्रण किया है। साँगरूपक-पुष्ट उत्प्रेक्षा और अनुप्रास, अपह्नुति एवं रूपकातिशयोक्ति ने उस चित्रण को उत्कर्ष की पराकाष्ठा पर पहुँचा दिया है। कैकेयी के उपमान-रूप में तरंगिणी, मृत्यु तथा कुठार की कल्पना; और पाप, क्रोध, वर, हठ, मंथरा-वचन, दशरथ एवं विपत्ति के उपमान-रूप में पहाड़, जल, कूल, धारा, भँवर, तरु तथा समुद्र की योजना में लालित्य-विधायिनी योग्यता है। इन अलंकारों की सहज निबंधना औचित्यानुसार पात्र, परिस्थिति और भाव के अनुकूल की गई है। विलंबित कथनोपकथन के बाद झल्लाकर कैकेयी अपने भयंकर निश्चय की घोषणा करती हुई तमतमाकर उठ खड़ी हुई। इस मार्मिक स्थल को हृदयस्पर्शी बनाने के लिए तुलसी ने उत्प्रेक्षा का उपयोग किया, उसके उत्कर्ष के लिए साँगरूपक बाँधा किंतु दूर तक खींच-तान न करके उसे चौथी पंक्ति में समाप्त कर दिया। फिर एक चरण में अपह्नुति और एक शब्द में रूपकातिशयोक्ति का विधान करके स्वाभाविक अभिव्यंजना पर उतर आए। सहजाभिव्यक्तियों के बीच में अलंकारों का आयासरहित एवं समीचीन बिन्यास विशेष रूप से सौंदर्यवर्धक है।

तुलसी की अलंकारप्रियता स्थान-स्थान पर दर्शनीय है। उनके गौरव-ग्रंथों में काव्यात्मक अथवा आध्यात्मिक दृष्टि से महत्त्वपूर्ण समझा जानेवाला ऐसा कोई स्थल नहीं मिलेगा जहाँ उन्होंने अलंकार-योजना न की हो। उनके अलंकारों का चारुत्व शब्द-वैचित्र्य और अर्थ-वैचित्र्य दोनों पर आश्रित है। शब्दालंकारों में अनुप्रास उन्हें विशेष प्रिय है। अर्थालंकारों में साधर्म्यमूलक अथवा सादृश्याश्रित अलंकारों के प्रति उनकी अधिक अभिरुचि है, उनमें भी रूपक का स्थान अन्यतम है।

तुलसी का काव्य अलंकारों का अनंत रत्नाकर है। इतने अधिक अलंकारों का प्रयोग होने पर भी पाठक को उनका मर्म समझने के लिए खोपड़ी नहीं खुजलानी पड़ती। अलंकारशास्त्र से अनभिज्ञ भावक भी उनका अर्थ-ग्रहण करके पूरा आनंद उठा लेता है। तुलसी की इस अद्भुत सफलता का कारण उनकी प्रबंध-पटुता है। वे अधिकतर प्रकरणोपयोगी विषयों से अलंकार-सामग्री चुनते हैं और उसे रचना-प्रवाह के क्रम में इस सफाई से मिलाकर बिठा देते हैं कि सजावट तो पूरी हो जाती है, लेकिन बनावट जरा भी नहीं मालूम पड़ती। कहीं-कहीं तो प्रकरण-प्राप्त वस्तुओं के उपादान से ही सारा अलंकार-विधान किया गया है। अधोलिखित उदाहरण में सहोक्ति की योजना देखिए :

गहि करतल मुनि पुलक सहित कौतुकहि उठाइ लियो।
नृपगन मुखनि समेत नमित करि सजि सुख सबहि दियो॥
आकरष्यो सियमन समेत हरि हरष्यो जनक हियो।
भंज्यो भृगुपति गरब सहित तिहुँ लोक बिमोह कियो॥[2]

---

1. रामचरितमानस, 2/33-2/34/4
2. गीतावली, 1/90/6-7

धनुर्भंग-विषयक उपर्युक्त पंक्तियों में कोई सामग्री प्रकरण के बाहर से नहीं लाई गई है। प्रसंगांतर्गत वस्तुओं को ही कवि ने कलात्मक ढंग से प्रस्तुत किया है।

कष्टसाध्य और चमत्कार-प्रदर्शक अलंकारों की बाजीगरी तुलसी को नापसंद है। मुद्रा, चित्र, प्रहेलिका आदि कृत्रिमता लानेवाले मगजमार अलंकारों का उन्होंने तिरस्कार किया है। सूक्ष्म[1] और परिसंख्या[2] के जैसे जटिल अलंकार एक-एक बार ही प्रयुक्त हुए हैं। कारण यह है कि ये अलंकार काव्य-रसिकों की प्रतिभा को उद्‌बुद्ध करके आनंदानुभूति कराने में विशेष सहायक नहीं होते। इनमें बुद्धि-क्रीड़ा है जो कौतूहल-वृद्धि करती है, सौंदर्य-भावना की तुष्टि नहीं करती। इसी दृष्टि से श्लेष, यमक आदि का विनियोग भी तुलसी ने अपेक्षाकृत बहुत कम किया है। जहाँ किया है वहाँ उनके अलंकारत्व का ध्यान रखा है। निम्नांकित उद्धरणों में क्रमशः सभंग और अभंग श्लेष का सटीक प्रयोग किया गया है :

1. **बहुरि सक्र सम बिनवौं तेही। संतत सुरानीक[3] हित जेही॥**
2. **रावन सिर सरोज बन चारी। चल रघुबीर सिलीमुख[4] धारी॥**

यमक में अनुप्रास से अधिक आकर्षणशक्ति है। सार्थक, निरर्थक और सार्थक-निरर्थक वर्णसमूह की आवृत्ति में यमक के तीनों रूप क्रमशः द्रष्टव्य हैं[5] :

1. **अस मानस मानस चष चाही। भइ कबि बुद्धि बिमल अवगाही॥**
2. **तुलसी मन रंजन रंजित अंजन नैन सुखंजन जातक से।**
3. **कपि सों कहति सुभाय अंब के अंबक अंबु भरे हैं।**

तुलसी चमत्कार के चक्कर में नहीं पड़े, लेकिन चमत्कार अर्थात् रमणीयता का अवसर उन्होंने हाथ से नहीं जाने दिया। अभिव्यंजना में प्रभावोत्पादकता लाने के लिए उन्होंने पुनरुक्ति का बहुशः विधान किया है।[6] कहीं-कहीं पर पुनरुक्तवदाभास की शक्तिमती सुंदरता भी दृष्टिगोचर होती है[7] :

1. **बिधि केहि भाँति धरौं उर धीरा। सिरिस सुमन कन बेधिअ हीरा॥**
2. **पिता जनक देउँ पटतर केही। करतल भोगु जोगु जग जेही॥**

'विधि' और 'भाँति' तथा 'पिता' और 'जनक' में प्रतीयमान पुनरुक्ति आभासित है। संवादों में वक्रोक्ति की मर्मस्पर्शी निबंधना की चर्चा की जा चुकी है।

तुलसी के शब्दालंकार का सौंदर्य-वैभव अनुप्रासों की प्रकृत योजना में दिखाई देता है। अनुप्रास उनकी शैली का सहज गुण प्रतीत होता है। वे अनुप्रास के सम्राट् हैं। उनके अनुप्रासों में खेलवाड़, भद्दापन या अर्थन्यूनता नहीं है। उनकी नाद-संगति चित्ताकर्षक है। वे प्रतिपाद्य विषय की कलात्मक अभिव्यक्ति को कमनीय बनाते हैं। तुलसी की उत्कृष्ट कृतियों में जहाँ ढूँढ़िएगा वहीं अनुप्रास की छटा मिल जाएगी। यहाँ पर चार उदाहरण ले लीजिए[8] :

---

1. बेद नाम कहि अँगुरिन खंडि अकास।—बरवैरामायण, 28
   (बेद=श्रुति=कान, अकास=स्वर्ग=नाक)
2. दंड जतिन्ह कर भेद जहँ नर्तक नृत्य समाज।—रामचरितमानस, 7/22
3. सुरानीक=सुर+अनीक, सुरा+नीक; रामचरितमानस, 1/4/5
4. सिलीमुख (शिलीमुख)=बाण, भ्रमर; रामचरितमानस, 6/92/4
5. रामचरितमानस, 1/39/5; कवितावली, 1/1; गीतावली, 6/13/3
6. मनहुँ पाइ भट बाहुबलु अधिकु अधिकु गरुआइ।—रामचरितमानस, 1/250
   सोभासिंधु संभव से नीके नीके नग हैं।—गीतावली, 2/27/2
   दारु सरीर कीट पहिले सुख सुमिरि सुमिरि बासर निसि धुनिए।—कृष्णगीतावली, 37
7. रामचरितमानस, 1/258/3, 2/199/3
8. विनयपत्रिका, 226/6; गीतावली, 5/19/2; कवितावली, 7/28; रामचरितमानस, 1/12/2

1. संकर साखि जो राखि कहौं कछु तौ जरि जीह गरो।
2. बार-बार बरबारिजलोचन भरि भरि बरत बारि उर ढारति।
3. जग जाँचिए कोउ न जाँचिए जौ जिमि जाँचिए जानकीजानहि रे।
जेहि जाँचत जाचकता जरि जाइ जो जारति जोर जहानहि रे।
4. बंचक भगत कहाइ राम के। किंकर कंचन कोह काम के॥
तिन्ह महँ प्रथम रेख जग मोरी। धींग धरमध्वज धंधक धोरी॥

तुलसी की अलंकार-विधायिनी प्रतिभा का उत्कर्ष देखना हो तो अर्थालंकारों की योजना में देखिए। रमणीय सादृश्य-विधान उनके कला-पक्ष की महती विशेषता है। कल्पना-शक्ति का सर्वाधिक निदर्शन सटीक रूपकों, उत्प्रेक्षाओं, उदाहरणों और उपमाओं के भूयिष्ठ विन्यास में मिलता है।[1] इनकी मनोहर निबंधना में कवि का मन बहुत खूबी के साथ रमा है। अतिशयोक्ति, अपह्नुति, अप्रस्तुतप्रशंसा, उल्लेख, तुल्ययोगिता, लोकोक्ति, विभावना, विशेषोक्ति, व्याजस्तुति, विरोधाभास, भ्रम आदि का सौंदर्य भी स्थान-स्थान पर अवेक्षणीय है।[2] इन अलंकारों का निवेश किसी-न-किसी रूप, गुण, क्रिया, भाव अथवा विचार के निरूपण में उत्कर्ष लाने के लिए किया गया है। इन पाँचों के संदर्भ में तुलसी के अलंकार-विधान की सफलता आकलनीय है।

1. रूप : काव्य का मुख्य उद्देश्य रसानुभूति कराना है। विभाव का रूप-चित्रण भावोद्बोधन का प्रधान उपाय है। अलंकार उस चित्रण को उत्कृष्ट बनाते हुए अनुभूति को तीव्र करता है। रंगभूमि में आने पर राम के रूप की प्रभाव-व्यंजना देखिए :

राज समाज बिराजत रूरे। उडगन महुँ जनु जुग बिधु पूरे॥
जिन्ह कें रही भावना जैसी। प्रभु मूरति तिन्ह देखी तैसी।
देखहिं भूप महा रनधीरा। मनहुँ बीर रसु धरे सरीरा॥
डरे कुटिल नृप प्रभुहि निहारी। मनहुँ भयानक मूरति भारी॥
रहे असुर छलछोनिप बेषा। तिन्ह प्रभु प्रगट काल सम देखा॥
पुरबासिन्ह देखे दोउ भाई। नरभूषन लोचन सुखदाई॥
नारि बिलोकहिं हरषि हियँ निज निज रुचि अनुरूप।
जनु सोहत सिंगार धरि मूरति परम अनूप॥
बिदुषन्ह प्रभु बिराटमय दीसा। बहु मुख कर पग लोचन सीसा॥
जनक जाति अवलोकहि कैसें। सजन सगे प्रिय लागहिं जैसें॥
सहित बिदेह बिलोकहिं रानी। सिसु सम प्रीति न जाइ बखानी॥
जोगिन्ह परम तत्त्वमय भासा। सांत सुद्ध सम सहज प्रकासा॥
हरिभगतन्ह देखे दोउ भ्राता। इष्टदेव इव सब सुख दाता॥
रामहि चितव भायँ जेहि सीया। सो सनेहु सुख नहि कथनीया॥[3]

उल्लेख द्वारा इतने विभिन्न रूपों में राम का चित्रण प्रभावशाली है। उत्प्रेक्षा आदि सहायक अलंकारों ने उस प्रभाव को और भी तीव्र कर दिया है। इतने विस्तार में भी कृत्रिमता नहीं आने पाई है।

रूपक और अतिशयोक्ति से पुष्ट उत्प्रेक्षा के सहारे किया गया सीता-राम का सौंदर्य-वर्णन हृदयहारी है :

---

1. यथा : विनयपत्रिका, 102/4; गीतावली, 1/26; रामचरितमानस, 4/10
2. जैसे : कवितावली, 7/145; रामचरितमानस, 4/3/2; दोहावली, 564; रा. 1/241/2-1/242/4; रा. 3/30/5-7; क. 7/106; वैराग्यसंदीपनी, 3; गीतावली, 2/53/2; विनयपत्रिका, 5; रा. 1/14/सोरठा 1; क. 2/27; आदि
3. रामचरितमानस, 1/241/2-1/242/3

दूलह राम सीय दुलही री।
घन दामिनि बर बरन हरन मन सुंदरता नखसिख निबही री॥...
सुखमा सुरभि सिंगार छीर दुहि मयन अमियमय कियो है दही री॥
मथि माखन सिय राम सँवारे सकल भवन छबि मनहुँ मही री॥
तुलसिदास जोरी देखत सुख सोभा अतुल न जाति कही री॥
रूपरासि बिरची बिरंचि मनो सिला लवनि रति काम लही री॥[1]

मानवीकरण और तुल्ययोगिता का पुट देकर सहज-प्रसन्न शैली में **रूपकातिशयोक्ति** का विधान कितना उत्कर्ष-वर्धक है :

खंजन सुक कपोत मृग मीना। मधुप निकर कोकिला प्रबीना॥
कुंदकली दाड़िम दामिनी। कमल सरद सखि अहिभामिनी॥
बरुनपास मनोजधनु हंसा। गज केहरि निज सुनत प्रसंसा॥
श्रीफल कनक कदलि हरषाहीं। नेकु न संक सकुच मन माहीं॥[2]

इस अप्रस्तुत-योजना में कोई भी वस्तु बाहर से घसीटकर नहीं लाई गई है। वन में भटकते हुए विरही राम ने प्रतिवेशी वातावरण से ही उन उपमानों का चुनाव किया है जो सीता के वियोग में उद्दीपन-विभाव का काम कर रहे हैं।

समरांगण में रक्तरंजित राम का उत्प्रेक्षा-मंडित चित्ताकर्षक चित्रांकन देखिए :

सोनित छींट छटानि जटे तुलसी प्रभु सोहैं महाछबि छूटी।
मानो मरक्कत सैल बिसाल में फैलि चलीं बर बीरबहूटी॥[3]

यहाँ पर मरकत शैल और बीरबहूटियों के रूप में अलंकार-सामग्री बाहर से ग्रहण की गई है। कवि की दृष्टि साधर्म्य के लालित्य पर केंद्रित है। राम के कांतिमान् श्याम शरीर और उसके उपमान मरकत-शैल में वर्ण-सादृश्य हैं। लाल वीरबहूटियों और उपमेय शोणित-बिंदुओं में वर्ण और आकृति दोनों का बिंब-प्रतिबिंब-भाव है। इस उत्प्रेक्षा का अनूठा वैचित्र्य इस बात में है कि रूप के सौंदर्यमय सादृश्य-विधान में रक्त की बीभत्सता अदृश्य हो गई है।

2. गुण-स्वभाव : गुण और स्वभाव अमूर्त वस्तुएँ हैं। उनके निरूपण को सजीव बनाने के लिए तुलसी ने कहीं व्यापार-चित्रण द्वारा, कहीं मूर्त उपमान द्वारा और कहीं दोनों की योजना करके सुंदर अलंकार-विधान किया है। संतों-असंतों, केवल संतों और रावण के स्वाभाविक गुण की व्यंजना तुलसी ने क्रमशः **व्याघात, व्यतिरेक** और उदाहरण की सहायता से युक्तिपूर्वक की है[4] :

1. **बंदौ संत असज्जन चरना। दुखप्रद उभय बीच कछु बरना॥**
   बिछुरत एक प्रान हरि लेई। मिलत एक दारुन दुख देई॥
2. **संत हृदय नवनीत समाना। कहा कबिन्ह पै कहइ न जाना॥**
   निज परिताप द्रवइ नवनीता। परदुख द्रवहिं संत सुपुनीता॥
3. **दसमुख गएउ जहाँ मारीचा। नाइ माथ स्वारथरत नीचा॥**
   नवनि नीच कै अति दुखदाई। जिमि अंकुस धनु उरग बिलाई॥
   भयदायक खल कै प्रिय बानी। जिमि अकाल के कुसुम भवानी॥

---

1. गीतावली, 1/106/1,3-4
2. रामचरितमानस, 3/30/5-7
3. कवितावली, 6/51
4. रामचरितमानस, 1/5/2; 7/125/4; 3/24/4

मन दुर्निग्रह और चंचल होता है। प्रयत्न करने पर भी वह विषयों से विमुख नहीं होता। विषय-प्रवृत्ति उसका स्वाभाविक गुण है। **उदाहरण** अलंकार का सहारा लेकर उसकी यह विशेषता बड़े अच्छे ढंग से चित्रित की गई है :

मेरो मन हरि हठ न तजै।
निसिदिन नाथ देउँ सिख बहु बिधि करत सुभाउ निजै॥
ज्यों जुवती अनुभवति प्रसव अति दारुन दुख उपजै।
ह्वै अनुकूल बिसारि सूल सठ पुनि खल पतिहि भजै॥
लोलुप भ्रम गृहपसु ज्यों जहँ तिहँ सिर पदत्रान बजै।
तदपि अधम बिचरत तेहि मारग कबहुँ न मूढ़ लजै॥[1]

इस आत्मनिवेदन में तुलसी का मन जीव मात्र के मन का प्रतीक है। प्रस्तुत मन जड़-अमूर्त है। अप्रस्तुत युवती तथा गृहपशु चेतन-मूर्त हैं। दोनों में रूप-सादृश्य न होने के कारण बिंब-प्रतिबिंब-भाव नहीं है। परंतु कामुकता, लोलुपता, मूढ़ता और निर्लज्जता का वस्तु-प्रतिवस्तु-धर्म कम प्रभावशाली नहीं हैं। इस सटीक साधर्म्य ने मनःप्रवृत्ति की व्यंजना को तीव्रतर बना दिया है।

3. क्रिया : तुलसी-साहित्य का अधिकांश कथात्मक काव्य है। अतः उसमें व्यापार-वर्णन की प्रचुरता है। विभिन्न प्रसंगों में तुलसी ने विभिन्न क्रियाओं या घटनाओं का अलंकृत वर्णन उत्तमता से किया है। रंगभूमि में राम के आगमन पर बाँधे गए **रूपक** का उदाहरण लीजिए :

उदित उदयगिरि मंच पर रघुबर बाल पतंग।
बिकसे संत सरोज सब हरषे लोचन भृंग॥
नृपन्ह केरि आसा निसि नासी। बचन नखत अवली न प्रकासी॥
मानी महिप कुमुद सकुचाने। कपटी भूप उलूक लुकाने॥
भए बिसोक कोक मुनि देवा। बरिसहिं सुमन जनावहिं सेवा॥[2]

प्रस्तुत संदर्भ में कई बातें ध्यान देने योग्य हैं। यहाँ पर कवि का उद्देश्य प्रभावोत्कर्ष दिखाना है, भावोत्कर्ष नहीं; क्रिया-सादृश्य का चित्रण लक्ष्य है, रूप-सादृश्य का नहीं। व्यापक प्रभाव को व्यंजित करने के लिए रूपकों की परंपरा लगा दी गई है, अनेक कर्ताओं की विभिन्न क्रियाओं का एक-साथ घटित होना दिखलाया गया है; परंतु प्रत्येक इकाई के उपमेय-उपमान का क्रिया-धर्म एक है।

कहीं अनेक कर्ताओं की एक ही क्रिया के चित्रण में **तुल्ययोगिता** का सटीक नमूना देखने योग्य है :

सब कर संसउ अरु अग्यानू। मंद महीपन्ह कर अभिमानू॥
भृगुपति केरि गरब गरुआई। सुर मुनिबरन्हि केरि कदराई॥
सिय कर सोचु जनक पछितावा। रानिन्ह कर दारुन दुख दावा॥
संभु चाप बड़ बोहितु पाई। चढ़े जाइ सब संगु बनाई॥[3]

कहीं एक ही कर्ता पर अनेक क्रियाओं का आरोप करके अभिव्यंजना को मार्मिक बनाने के लिए **ललित**, **विचित्र** और **रूपक** अलंकारों का इंद्रधनुषी रंग भरा गया है :

येहि पापिनिहि बूझि का परेऊ। छाइ भवन पर पावक धरेऊ॥
निज कर नयन काढ़ि चह दीखा। डारि सुधा बिषु चाहत चीखा॥
कुटिल कठोर कुबुद्धि अभागी। भइ रघुबंस बेनु बन आगी॥
पालव बैठि पेडु येहि काटा। सुख महुँ सोक ठाटु धरि ठाटा॥[4]

---

1. विनयपत्रिका, 89/1-3
2. रामचरितमानस, 1/254-1/255/2
3. वही, 1/260/2-4
4. वही, 2/47/1-3

कहीं एक कर्ता की एक क्रिया के वर्णन में **उत्प्रेक्षा** का सजीव प्रयोग हुआ है :

उठि कर जोरि रजायसु माँगा। मनहुँ बीररस सोवत जागा॥[1]

यहाँ पर मूर्त उपमेय के अमूर्त उपमान के चेतनीकरण में विशेष लालित्य है।

उत्प्रेक्षा और **संदेह** के सन्निवेश से लंकादहन का चित्रांकन बड़ा प्रभावशाली बन पड़ा है जिसमें कल्पना की विभुता सर्वत्र छाई हुई है :

बालधी बिसाल बिकराल ज्वालजाल मानो लंक लीलिबे को काल रसना पसारी है।
कैधौं ब्योमबीथिका भरे हैं भूरि धूमकेतु बीररस बीर तरवारि सी उघारी है।
तुलसी सुरेसचाप कैधौं दामिनीकलाप कैधौं चली मेरु तें कृसानुसरि भारी है।[2]

उपमेय पूँछ और उपमान काल-रसना, तलवार आदि में क्रिया-सादृश्य के साथ ही रूप-सादृश्य भी है। इस दोहरे सादृश्य-विधान से व्यंजना में अधिक चमत्कार आ गया है।

4. भाव : काव्य रस का साहित्य है। इसलिए रस-भाव को उत्कर्ष प्रदान करने और उनकी अभिव्यक्ति को प्रभावशाली बनाने में ही अलंकारों की सार्थकता है। प्रतिभावान् तुलसी ने स्वतःस्फूर्त अलंकारों का सन्निवेश करके इस उद्देश्य की सुंदर पूर्ति की है। धनुर्भंग के व्यापक प्रभाव और प्रभावित जनों के हर्ष-विषाद की रमणीय व्यंजना के लिए **उत्प्रेक्षा** और **उदाहरण** की दीपमालिका-सी सजा दी गई है :

सखिन्ह सहित हरषीं सब रानी। सूखत धानु परा जनु पानी॥
जनक लहेउ सुखु सोचु बिहाई। पैरत थके थाह जनु पाई॥
श्रीहत भए भूप धनु टूटें। जैसे दिवस दीप छबि छूटें॥
सीय सुखहि बरनिअ केहि भाँती। जनु चातकी पाइ जलु स्वाती॥
रामहि लखन बिलोकत कैसें। ससिहि किसोर चकोरकु जैसें॥[3]

जनक के चित्रकूट पहुँचने पर कवि ने **रूपक पुष्ट उत्प्रेक्षा** द्वारा सारे परिवेश में व्याप्त शोक का हृदय-द्रावक निरूपण किया है :

आश्रम सागर सांतरस पूरन पावन पाथु।
सेन मनहुँ करुना सरित लिए जात रघुनाथ॥
बोरति ज्ञान बिराग करारे। बचन ससोक मिलत नद नारे॥
सोच उसास समीर तरंगा। धीरज तटतरुबर कर भंगा॥
बिषम बिषाद तोरावति धारा। भय भ्रम भँवर अवर्त अपारा॥
केवट बुध बिद्या बड़ि नावा। सकहिं न खेइ अैक नहि आवा॥[4]

राम के विरह में व्याकुल कौशल्या के उत्कट वात्सल्य की मार्मिकता **पर्यायोक्ति** का आश्रय लेकर बड़े ही अकृत्रिम ढंग से व्यक्त की गई है :

1. राघौ एक बार फिरि आवौ।
ए बर बाजि बिलोकि आपने बहुरो बनहि सिधावौ॥...
सुनहु पथिक जो राम मिलहिं बन कहियो मातु सँदेसो।
तुलसी मोहि और सबहिन तें इन्हको बड़ो अँदेसो॥[5]

---

1. रामचरितमानस, 2/230/1
2. कवितावली, 5/5
3. रामचरितमानस, 1/263/2-4
4. वही, 2/275-2/276/2
5. गीतावली, 2/87/1, 4; जासु बियोग बिकल पसु ऐसें। प्रजा मातु पितु जीवहिं कैसे॥
—रामचरितमानस, 2/100/1

भावाभिव्यक्ति के उत्कर्षक अलंकार का एक और उदाहरण लीजिए :

हृदय घाउ मेरे पीर रघुबीरै।
पाइ सजीवन जागि कहत यों प्रेमपुलकि बिसराय सरीरै॥[1]

लक्ष्मण की इस उक्ति में **असंगति** अलंकार है। इससे लक्ष्मण के प्रेम, संजीवनी के प्रभाव और राम के शोक की अतिशयता बड़ी कुशलता से व्यक्त की गई है।

5. विचार : काव्यविषयक सामान्यतया स्वीकृत धारणा के अनुसार भावोत्कर्ष की युक्ति ही अलंकार है। इसलिए सैद्धांतिक प्रतिपादन के क्रम में किए गए सादृश्य-विधान आदि को अलंकार मानने पर आपत्ति की जा सकती है। यह आपत्ति अयुक्त है, विशेष करके तुलसी के संदर्भ में। वे श्रेष्ठ विचारों से युक्त काव्य को ही काव्य मानते हैं।[2] उनका विचार-निरूपण भावशून्य नहीं है। धर्मोत्साह, शम, निर्वेद और भक्ति भी भाव-रूप में प्रतिष्ठित हैं। उनके काव्यशास्त्रीय सिद्धांतों के उपस्थापन में काव्य और भक्ति दोनों का अंतर्भाव है। नारी की **निदर्शना** द्वारा राम-नाम-भक्ति की महत्ता रमणीयता से प्रतिपादित की गई है :

भनिति बिचित्र सुकबि कृत जोऊ। राम नाम बिनु सोह न सोऊ॥
बिधुबदनी सब भाँति सँवारी। सोह न बसन बिना बर नारी॥[3]

औपनिषद निर्गुण ब्रह्म की अलौकिकता और अनिर्वचनीयता के परंपराप्राप्त निरूपण में **विभावना** का उत्कर्ष अपेक्षणीय है :

बिनु पद चलै सुनै बिनु काना। कर बिनु करम करै बिधि नाना॥
आनन रहित सकल रस भोगी। बिनु बानी बकता बड़ जोगी॥
तन बिनु परस नयन बिनु देखा। ग्रहै घ्रान बिनु बास असेषा॥[4]

जगत् माया के अधीन है, माया राम की वशवर्तिनी है। रूपक की सहायता से इस तत्त्व की व्यंजना बड़ी ललित शैली में की गई है[5] :

1. ऊमरि तरु बिसाल तव माया। फल ब्रह्मांड अनेक निकाया।
जीव चराचर जंतु समाना। भीतर बसहिं न जानहिं आना॥

2. मोह न नारि नारि के रूपा। पन्नगारि यह रीति अनूपा॥
माया भगति सुनहु तुम्ह दोऊ। नारि बर्ग जानैं सब कोऊ॥
पुनि रघुबीरहि भगति पिआरी। माया खलु नर्तकी बिचारी॥
भगतिहि सानुकूल रघुराया। ता तें तेहि डरपति अति माया।

दूसरे उद्धरण के प्रसंग पर ध्यान दीजिए।[6] तुलसी को ज्ञान से भक्ति की श्रेष्ठता बतलानी थी। उन्होंने **मानवीकरण** के द्वारा पुल्लिंग ज्ञान आदि पर पुरुष का, और स्त्रीलिंग भक्ति तथा माया पर नारी का आरोप करके उनकी विशेषता का मूर्तिमत्तात्मक चित्रण किया। इस रूपक के भीतर भी रूपक है। भक्ति पर राम की प्रेयसी का और माया पर नर्तकी का आरोप किया गया है। पुरुष ज्ञान आदि का

---

1. गीतावली 6/15/1
2. जौं बरषै बर बारि बिचारू। होहिं कबित मुकुतामनि चारू॥—रामचरितमानस, 1/11/5
3. रामचरितमानस, 1/10/2, और भी देखिए : वही, 5/23/2
4. वही, 1/118/3-4
5. वही, 3/13/3-4, 7/116/1-3
6. ज्ञान बिराग जोग बिज्ञाना। ए सब पुरुष सुनहु हरिजाना॥
पुरुष प्रताप प्रबल सब भाँती। अबला अबल सहज जड़ जाती॥
पुरुष त्यागि सक नारिहिं जो बिरक्त मतिधीर।...—रामचरितमानस, 7/115

नारी माया से विरक्त होना कठिन है, परंतु नारी-भक्ति नारी-माया पर स्वभावतः मोहित नहीं हो सकती। और, नर्तकी-माया राम की प्रेयसी भक्ति के डर के मारे भक्त को बाधा नहीं पहुँचाती। इसका मनोवैज्ञानिक रहस्य यह है कि विषयी मन की राग-वृत्ति का उन्मूलन करके उसे निर्गुण ब्रह्म पर टिकाना अत्यंत दुष्कर है; भक्तिमार्ग में मन के राग को केवल रामाभिमुख कर देने की आवश्यकता है। अतः ज्ञान की अपेक्षा भक्ति सुगम और श्रेयस्कर है। इस गूढ़ तत्त्व को कवि ने काव्यमयी अलंकृत शैली में बड़ी प्रांजलता से अभिव्यक्त किया है।

इसी प्रकार जीव की अभिमान-ग्रंथि का सारगर्भित निरूपण **उपमा** और **रूपक** के सहारे बहुत रमणीयता के साथ किया गया है[1] :

1. ईस्वर अंस जीव अबिनासी। चेतन अमल सहज सुखरासी॥
सो माया बस भएउ गुसाईं। बँध्यो कीर मर्कट की नाईं॥
2. बिनु बाँधे निज हठ सठ परबस पर्‍यो कीर की नाईं।
3. तुलसिदास येहि जीव मोहरजु जेहि बाँध्यो सोइ छोरै।

तुलसी ने एकाध स्थलों पर ऐसे उपमानों की भी योजना की है जो आलोचकों को खटक जाते हैं; जैसे[2] :

1. सेवहिं लखनु सीय रघुबीरहि। जिमि अबिबेकी पुरुष सरीरहि॥
2. कामिहि नारि पिआरि जिमि लोभिहि प्रिय जिमि दाम।
तिमि रघुनाथ निरंतर प्रिय लागहु मोहि राम॥

यह ठीक है कि लक्ष्मण-जैसा ज्ञानी पुरुष अविवेकी नहीं है, तुलसी-जैसा निष्काम-निर्लोभ भक्त कामी-लोभी नहीं है, सीता-राम की सेवा शरीर-सेवा की भाँति हीन नहीं है, और राम-भक्ति नारीपरक कामरति के सदृश हेय नहीं है; परंतु कवि के अभिव्यंग्य को मार्मिकता से व्यक्त करने के लिए इससे अच्छी अप्रस्तुत-योजना की नहीं जा सकती। यहाँ पर विवेकी लक्ष्मण और निष्काम-निर्लोभ तुलसी तो प्रस्तुत ही हैं। अतएव अप्रस्तुत-रूप में विवेकी या निष्काम पात्र की योजना अविधेय है, क्योंकि उपमा के लिए दो वस्तुओं का साधर्म्य अपेक्षित है। तुलसी जिस आत्मविस्मृति, तन्मयता और अत्यंतासक्ति की व्यंजना करना चाहते हैं वह किसी विवेकी या अनासक्त के आचरण में पाई नहीं जाती। एक बात और है। इन पंक्तियों में सादृश्यमूलक अलंकार के साथ ही असादृश्य (विरोध)-मूलक ध्वनि-चमत्कार भी है : अविवेकी पुरुष जितनी तन्मयता से शरीर-सेवा करता है उतनी ही तन्मयता से विवेकी लक्ष्मण सीता-राम की सेवा करते हैं, नारी में कामी की और धन में लोभी की जितनी घनीभूत आसक्ति होती है उतनी ही घनीभूत आसक्ति निष्काम तुलसी राम में चाहते हैं। उनके इस अलंकार-विधान में भद्दापन नहीं है। केशव ने तो राम को चोर तथा उल्लू तक का उपमेय बना दिया है[3]।

श्रीरामचंद्र कृपालु भजु मन हरन भवभय दारुनं।
नवकंज लोचन कंज मुख कर कंज पद कंजारुनं॥[4]

'कंज' का चार बार प्रयोग साहित्यालोचकों को बुरी तरह खटकता है। उन्हें स्मरण रखना चाहिए कि

---

1. रामचरितमानस, 7/117/1-2, विनयपत्रिका, 120/2, 102/5
2. वही, 2/142/1, 7/130
3. चतुर चोर से सोभत भए। धरनीधर धनसाला गए॥—रामचंद्रचंद्रिका, 29/36
बासर की संपत्ति उलूक ज्यों न चितवत चकवा ज्यों चंद चितै चौगुनो चँपत हैं।

—वही, 13/88

4. विनयपत्रिका, 45/1

यह स्तोत्र है। यदि बीस बार प्रयोग किया जाता तो भी वह भक्तजनों को परमानंददायक प्रतीत होता।

विस्तार की दृष्टि से तुलसी-कृत अलंकार-विधान के तीन रूप हैं—संक्षिप्त, असंक्षिप्त और अतिनिरूढ़। तुलसी की अलंकार-विधायिनी शक्ति का सुंदरतम निदर्शन उनके **संक्षिप्त** अलंकार-विधान में मिलता है। उनकी अलंकृत और प्रसन्नगंभीरपदा सरस्वती पद-पद पर रमणीय पद-विन्यास करती हुई चलती है। यहाँ पर कुछ ही उदाहरणों के लिए अवकाश है[1] :

1. **सखिन्ह मध्य सिय सोहति कैसी। छबिगन मध्य महाछबि जैसी॥**
2. **निंदउँहँ बदन सोह सुठि लोना। मनहु साँझ सरसीरुह सोना॥**
3. **भरत महा महिमा जलरासी। मुनि मति ठाढ़ि तीर अबला सी॥**
   गा चह पार जतनु बहु हेरा। पावति नाव न बोहित बेरा॥
4. **तुलसिदास प्रभु मोह शृंखला छुटिहि तुम्हारे छोरे।**
5. **बिटप मध्य पुतरिका सूत महँ कंचुकि बिनहि बनाए।**
   मन महँ तथा लीन नाना तनु प्रगटत अवसर पाए॥
6. **सतरंज को जो राज काठ को सबै समाज महाराज बाजी रची प्रथम न हति।**
7. **श्रमसीकर साँवरि देह लसै मनो रासि महातम तारकमै।**
8. **जनि डोलहि लोलुप कूकर ज्यों तुलसी भजु कोसलराजहि रे।**
9. **प्राननाथ के साथ चलीं उठि अवध सोकसरि उमगि बही है।**
   तुलसी सुनी न कबहुँ काहु कहुँ तनु परिहरि परिछाँहि रही है॥
10. **बहु राच्छसी सहित तरु के तर तुम्हरे बिरह निज जनम बिगोवति।**
    मनहुँ दुष्ट इंद्रिय संकट महँ बुद्धि बिबेक उदय मग जोवति॥

ये संक्षिप्त अलंकार एक ही चरण, एक पंक्ति या दो पंक्तियों में समाप्त हो गए हैं, किसी प्रकार की खींचतान नहीं की गई है। रचना के धारावाहिक क्रम में इनका सहज नियोजन विशेष रूप से भावोत्कर्षक और लालित्यवर्धक है।

असंक्षिप्त अलंकारों का आयाम अपेक्षाकृत अधिक है, किंतु अतिविस्तृत नहीं है। तुलसी की शक्तिमती अभिव्यंजना से प्रभावित पाठक को उनके विधान में कवि का सतर्क प्रयास परिलक्षित नहीं होता, परंतु अनुमान किया जा सकता है कि उनकी आयोजना प्रयत्नपूर्वक ही की गई होगी। एक उदाहरण लीजिए :

अवधपुरी सोहै येहि भाँती। प्रभुहि मिलन आई जनु राती॥
देखि भानु जनु मन सकुचानी। तदपि बनी संध्या अनुमानी॥
अगर धूप बहु जनु अँधियारी। उड़ै अबीर मनहुँ अरुनारी॥
मंदिर मनिसमूह जनु तारा। नृपगृह कलस सो इंदु उदारा॥
भवन बेदधुनि अति मृदु बानी। जनु खग मुखर समय जनु सानी॥[2]

यहाँ पर प्रत्येक पंक्ति में **उत्प्रेक्षा** का निवेश है। अयोध्या की कल्पना रात्रि-रूप में की गई है। साथ ही उसके सांध्य वेश, अँधियारी, लालिमा, तारक-मंडल, चंद्रमा और खगकलरव का भी अलंकृत चित्रांकन है। कथा के प्रवाह में ठहरकर किया गया यह नगर-वर्णन यत्न-साधित है। इसमें संदेह नहीं कि विभिन्न स्थलों पर तुलसी द्वारा इस प्रकार किया गया असंक्षिप्त अलंकार-विधान भी रमणीय

---

1. रामचरितमानस, 1/264/1, 1/358/1, 1/257/1-2, विनयपत्रिका, 114/5, 124/4, 246/4 कवितावली, 2/13, 7/30, गीतावली, 2/9/3, 5/17/3
2. रामचरितमानस, 1/195/2-4; और भी देखिए—1/241-42, 2/275-76, 3/43-3/44; गीतावली, 1/106, 2/24; विनयपत्रिका, 89, 90., 124; कवितावली, 2/1, 6/29, 7/31

है, किंतु उन स्थलों पर प्रायः भावोत्कर्ष की अपेक्षा कलात्मकता का आतिशय्य दृष्टिगोचर होता है। एकाध स्थलों पर चमत्कार-प्रदर्शन की प्रवृत्ति भी पाई जाती है, जैसे :

हाट बाट हाटक पिघिल चलो घी सो घनो कनक कराही लंक तलफति ताय सों।
नाना पकवान जातुधान बलवान सब पागि पागि ढेरी कीन्हीं भली भाँति भाय सों।
पाहुने कृसानु पवमान सो परोसो हनुमान सनमानि कै जेंवाए चित चाय सों।
तुलसी निहारि अरिनारि दै दै गारि कहैं बावरे सुरारि बैर कीन्हों रामराय सों ।।[1]

प्रीतिकर जेवनार का आश्रय लेकर यहाँ पर भयंकर संहार का जो रूपक बाँधा गया है वह बिल्कुल बेमेल है। 'गारी' की श्लिष्ट योजना भय के उत्कर्ष-व्यंजन में सहायक नहीं है।

अतिनिरूढ़ अलंकार-विधान में तुलसी ने काव्य-रचना के अनुपात का अतिक्रमण किया है। इन अलंकारों की एक अवेक्षणीय विशेषता यह है कि ये सभी सादृश्यमूलक हैं। एकाध स्थलों पर **उपमा, उल्लेख** और **उदाहरण** की निबंधना हुई है; अन्यत्र प्रायः सांग **रूपक** और **उत्प्रेक्षा** का ही बहुविस्तीर्ण विन्यास किया गया है।[2] उत्प्रेक्षा के अतिनिर्वाह की विशेषता यह है कि उसकी शृंखला-बद्ध योजना काव्यात्मक दृष्टि से की गई है। राम के रूप-चित्रण और चित्रकूट-वर्णन में कवि ने उत्प्रेक्षाओं की लड़ियाँ बड़े मनोयोग से गूँथी हैं।[3] राम के सौंदर्य-निरूपण में निस्संदेह लालित्य है, किंतु चित्रकूट का वर्णन प्रयत्न-साधित होने के कारण बोझिल हो गया है।

रूपकों के अतिनिर्वाह में विचारात्मक दृष्टि की प्रधानता है। लंबे-लंबे रूपकों का बँधान 'रामचरितमानस' और 'विनयपत्रिका' में विशेष रूप से बाँधा गया है।[4] वे सभी कवि की मोक्ष-भावना से अनुप्राणित हैं। 'रामचरितमानस' की प्रस्तावना में निबद्ध और कई पृष्ठों तक फैला हुआ मानस-रूपक तुलसी-साहित्य का सबसे लंबा रूपक है। तुलसी के अतिनिरूढ़ रूपकों पर बहुधा आक्षेप किया गया है कि वे विचारों से आक्रांत होने के कारण चमत्कारशून्य हैं; काशी-कामधेनु का सांग रूपक तो अपनी शुष्कता और क्लिष्ट-कल्पना में बेजोड़ है; उसी प्रकार अर्धनारीश्वर शिव पर वन का, और चित्रकूट पर कल्पतरु का आरोप कवित्वहीन है।[5] शुद्ध काव्य के मानदंड से यह आलोचना अधिकांशतः समीचीन है, परंतु, तुलसी का काव्य मोक्षधर्म-विशिष्ट है। इसलिए सैद्धांतिक निरूपण के संदर्भ में तुलसी की अलंकार-योजना का प्रयोजन विचारोत्कर्ष है, भावोत्कर्ष नहीं। इन रूपकों में उन्होंने धर्म, ज्ञान, योग आदि नितांत शुष्क विषयों के प्रतिपादन को भी सुग्राह्य बना दिया है। तुलसी का अलंकार-विधान एक ओर भाव-व्यंजना को उत्कृष्ट बनाता है, सरसता की वृद्धि करता है; दूसरी ओर विचार-व्यंजना को विशद बनाता है, उसकी नीरसता को दूर करता है। इसके अतिरिक्त, इन अतिनिरूढ़ रूपकों में स्थान-स्थान पर निविष्ट कवित्वमयी पंक्तियों ने कवि के कथ्य को असंदिग्ध रूप से उत्कर्ष प्रदान किया है; यथा[6] :

1. **जन मन मंजु मुकुर मल हरनी । किए तिलक गुन गन बस करनी ।।**
2. **रामचरित चिंतामनि चारू । संत सुमति तिय सुभग सिंगारू ।।**
3. **पाप उलूक निकर सुखकारी । नारि निबिड़ रजनी अँधिआरी ।।**
4. **कल बल छल करि जाहिं समीपा । अंचल बात बुझावहिं दीपा ।।**

---

1. कवितावली, 5/24
2. उदाहरण : रामचरितमानस, 1/31/5-7...1/32/5-7; 1/241/3-1/242/4; 4/14/1-4/17
3. गीतावली, 1/23, 1/26, 1/108; 2/47/11-16, 2/49, 2/50, रामचरितमानस, 2/235/1-236/4
4. रामचरितमानस, 1/1/1-1/2/1, 1/31-1/32/4, 1/36/2-1/43 (मानस-रूपक), 3/43-3/44, 6/80/2-6, 7/117/5-7/118, 7/120/1-7/120, 7/121/14-7/122/6; विनयपत्रिका, 22, 23, 47, 58, 59; कवितावली, 5/25
5. क्रमशः, विनयपत्रिका, पद 22, 14, 23
6. रामचरितमानस, 1/1/2, 1/32/1, 3/44/4, 7/118/4

आचार्य विश्वनाथप्रसाद मिश्र का कथन है, "अप्रस्तुत-रूपविधान में तुलसी इतने सिद्धहस्त हैं कि वे बिना किसी रोक-टोक के बड़े लंबे रूपक बाँध जाया करते हैं। मानस-रूपक बड़ा लंबा है, पर कहीं भी बेमेल नहीं है और न कहीं शृंखला ही टूटने पाई है। इसी प्रकार इन्होंने अपने सभी ग्रंथों में बड़े-बड़े रूपक बाँधे हैं। इसमें संदेह नहीं कि तुलसी के समान रूपक का बँधान बाँधनेवाला हिंदी में कोई कवि नहीं हुआ।"[1]

पूर्वोक्त काशी-कामधेनु आदि रूपकों में पाई जानेवाली नीरस अलंकार-योजना की सफाई देते हुए पं. रामचंद्र शुक्ल ने उसका सारा दोष अपरिष्कृत रुचिवाले पाठकों के मत्थे मढ़ा है, "गोस्वामीजी को रामचरित की ओर सब प्रकार के लोगों को आकर्षित करना था; जो जिस रुचि से आकर्षित हो, उसी से सही। इससे उन्होंने भद्दी रुचि रखनेवालों को भी निराश नहीं किया। इसमें गोस्वामीजी का दोष नहीं; यह एक वर्ग-विशेष की रुचि का प्रसाद है। इतनी विस्तृत रचना के भीतर दो-चार ऐसे स्थलों से उनके सौंदर्य में अणुमात्र भी संदेह नहीं उत्पन्न हो सकता।"[2] शुक्लजी द्वारा किए गए समाधान का अंतिम वाक्य विशेष महत्त्वपूर्ण है।

कुल मिलाकर तुलसी का अलंकार-विधान परमोत्कृष्ट है। लाला भगवानदीन उन्हें **रूपकों का बादशाह** कहते थे; शुक्लजी ने उन्हें **अनुप्रास का बादशाह** कहा है।[3] एक बादशाहत और जोड़ लीजिए—तुलसी **उत्प्रेक्षाओं के बादशाह** भी हैं।

भाषा पर अधिकार

कवि के भाव-विचार का माध्यम भाषा है। अतएव समर्थ काव्य-भाषा का मूलभूत धर्म शब्दार्थ-संतुलन है। शब्द-शक्तियों का उचित विनियोग, आवश्यकतानुसार शब्दों का निर्माण, ध्वनि-वक्रोक्ति, गुण-वृत्ति और शब्दालंकार उस धर्म की ही विशेषताएँ हैं। इन सबका विवेचन किया जा चुका है। तुलसी की भाषा की कुछ अन्य विशेषताएँ भी द्रष्टव्य हैं।

विकास-क्रम : तुलसी की आरंभिक रचनाओं के अध्ययन से ज्ञात होता है कि उनकी भाषा का क्रमशः विकास हुआ है। इस प्रकार विकास की दृष्टि से उनकी भाषा के दो रूप प्राप्त होते हैं—अप्रौढ़ और प्रौढ़। पहला रूप विकासमान है और दूसरा पूर्णतः विकसित। **वैराग्यसंदीपनी, रामाज्ञाप्रश्न, रामललानहछू**, और **जानकीमंगल** पहली अवस्था की कृतियाँ हैं। उनसे सिद्ध है कि तुलसी की भाषा क्रमशः प्रौढ़ होती गई है। **रामचरितमानस** में उनकी भाषा का चरम विकास परिलक्षित होता है। **जानकीमंगल** की भाषा में बहुत कुछ **रामचरितमानस** की भाँति ही धारावाहिकता, प्रसन्नता, प्रांजलता, लालित्य और किसी सीमा तक साहित्यिकता है, यह दूसरी बात है कि उसमें 'मानस' का-सा शब्द-भांडार, प्रौढ़ता और उत्कृष्टता नहीं है। बहुत से स्थलों पर दोनों में अविकल शब्दार्थ-साम्य भी पाया जाता है, जैसे[4] :

1. **राजत राजसमाज जुगल रघुकुलमनि।**
   मनहुँ सरदबिधु उभय नखत धरनीधनि॥
   राज समाज बिराजत रूरे। उडुगन महुँ जनु जुग बिधु पूरे॥

---

1. कवितावली, अंतर्दर्शन, पृ. 31
2. गोस्वामी तुलसीदास, पृ. 164-65
3. कवितावली, अंतर्दर्शन, पृ. 31; गोस्वामी तुलसीदास, पृ. 163
4. जानकीमंगल, 55; रामचरितमानस, 1/241/2; जा. 80, रा. 1/220/2; जा. 105, रा. 1/258/3; जा. 216, रा. 1/361/छंद

2. **लागिं झरोखन्हु झाँकहिं भूपतिभामिनि।**
जुवतीं भवन झरोखन्हि लागीं।

3. **सो धनु कहि अवलोकन भूपकिसोरहि।**
भेद कि सिरिससुमन कन कुलिस कठोरहि॥
बिधि केहि भाँति धरौं उर धीरा। सिरिस सुमन कन बेधिअ हीरा॥

4. **उपबीत ब्याह उछाह जे सिय राम मंगल गावहीं।**
उपबीत ब्याह उछाह मंगल मुनि जे सादर गावहीं।

इस प्रकार 'जानकीमंगल' में ही तुलसी की उस भाषा-शैली का आभास मिल जाता है जो उसकी परवर्ती कृति 'रामचरितमानस' में उत्कर्ष की पराकाष्ठा पर पहुँच गई है। अभ्यस्त कवि ने अन्य सभी रचनाओं में परिपक्व भाषा का व्यवहार किया है।

अवधी-ब्रजभाषा : जिस प्रकार भाव के क्षेत्र में तुलसी अद्वितीय हैं, उसी प्रकार भाषा के क्षेत्र में भी। तुलसी के सामने हिंदी-कविता के माध्यम-रूप में प्रतिष्ठित दो जनभाषाएँ थीं—अवधी और ब्रजभाषा। उन्होंने दोनों में साहित्य-रचना की। दोनों पर उनका समान रूप से पूर्ण अधिकार है। तुलनात्मक दृष्टि से यह उनके भाषा-नैपुण्य की अप्रतिम विशेषता है। जायसी केवल अवधी के कवि हैं, सूर केवल ब्रजभाषा के। इस प्रसंग में कबीर, केशव आदि तुलना के अधिकारी नहीं हैं।

तुलसी की कृतियों में अवधी और ब्रजभाषा के पूर्वी तथा पश्चिमी दोनों रूप पाए जाते हैं। इससे उनकी भाषा-विज्ञता की व्यापकता सूचित होती है। 'रामललानहछू' और 'बरवैरामायण' पूर्वी अवधी की रचनाएँ हैं; 'जानकीमंगल' और 'पार्वतीमंगल' पश्चिमी अवधी की। 'रामचरितमानस' केंद्रीय बैसवाड़ी अवधी में लिखा गया है। 'रामाज्ञाप्रश्न' भी अवधी की रचना है। 'वैराग्यसंदीपनी', 'गीतावली', 'विनयपत्रिका' तथा 'दोहावली' (के अधिकांश दोहों) की भाषा पश्चिमी ब्रजभाषा है; 'कृष्णगीतावली' एवं 'कवितावली' की पूर्वी ब्रजभाषा। रचनाओं का यह वर्गीकरण भाषाविशेष के प्रयोगों की प्रधानता के आधार पर किया गया है।[1]

'रामचरितमानस' अवधी की प्रतिनिधि-रचना है, और 'कृष्णगीतावली' ब्रजभाषा की। ऐसा होना स्वाभाविक है। कवि ने कृतिविशेष के लिए भाषाविशेष का चुनाव दो बातों को ध्यान में रखकर किया है—1. उपर्युक्त प्रतिनिधि-रचनाओं में राम का संबंध अवध से है, और कृष्ण का ब्रज से। तदनुरूप उनमें क्रमशः अवधी और ब्रजी का प्रयोग किया गया है। 2. उस समय अवधी आख्यानक-काव्यों की बहुप्रचलित भाषा थी, और मुक्तक-रचना में, विशेषकर गीतों और कवित्त-सवैयों में, प्रायः ब्रजभाषा का व्यवहार होता था। तुलसी ने भी उस परंपरा का अनुसरण किया है। उनका समस्त ब्रजभाषा-काव्य मुक्तक है। प्रबंध और निबंध अवधी में हैं। रामचरितात्मक 'रामाज्ञाप्रश्न' और 'बरवैरामायण' मुक्तक होते हुए भी अवधी में रचे गए हैं। अवधी के प्रति उनका विशेष झुकाव है। यद्यपि 'रामचरितमानस' में भी 'साँवरो', 'को', 'हौं', 'बेरो' आदि ब्रजी के प्रयोग मिल जाते हैं[2] तथापि उनकी ब्रजभाषा-कृतियों में 'लुटैया', 'महँ', 'पैंजनियाँ', 'भैं', 'तोर मोर', 'नाउँ गाउँ', 'पलु', 'बलु' आदि अवधी-प्रयोगों की बहुलता पाई जाती है।[3]

तुलसी की अवधी और ब्रजभाषा के संबंध में एक लक्ष्य करने योग्य बात यह है कि उन्होंने इन दोनों को साहित्यिक साँचे में ढाला है। जायसी आदि कवियों ने अवधी के ठेठ रूप को निखारा था। तुलसी ने संस्कृत की कोमल-कांत तत्सम-पदावली के बहुल प्रयोग द्वारा उसे साहित्यिक रूप प्रदान

1. देखिए—तुलसीदास की भाषा, पृ. 347-363
2. रामचरितमानस, 1/236/छंद, 2/241/3, 6/79/6, 7/44/4
3. गीतावली, 1/9/5, 1/32/1, 1/34/2, 2/89/1, विनयपत्रिका, 113/1, 189/5, कवितावली, 4/1

किया। ब्रजभाषा की स्थिति इससे भिन्न थी। वह काव्यभाषा के रूप में मँज चुकी थी। तुलसी ने ब्रजी को उसके प्रादेशिक रूप में नहीं ग्रहण किया। उन्होंने उसका व्याकरणिक ढाँचा लेकर उसमें ब्रज-प्रांत के बाहर प्रचलित शब्दों, मुहावरों और कहावतों का भी स्वछंदता से प्रयोग किया; उसको व्यापक, साहित्यिक, व्यवस्थित और स्थिर रूप देने का उद्योग किया।

उक्त दो भाषाओं के अतिरिक्त तुलसी ने संस्कृत और भोजपुरी में भी कुछ रचना की है। 'रामचरितमानस' के प्रत्येक सोपान के मंगलाचरण एवं ग्रंथ के उपसंहार में निबद्ध श्लोकों की भाषा संस्कृत है। मानस-प्रेमियों द्वारा प्रायः उद्धृत एक श्लोक उदाहरणीय है :

नीलांबुजश्यामलकोमलांगं सीतासमारोपितवामभागं।
पाणौ महासायकचारुचापं नमामि रामं रघुवंशनाथं॥[1]

तुलसी ने प्राकृत की रीति का अनुसरण करते हुए परसवर्ण और अंत्य म् के स्थान पर अनुस्वार का ही प्रयोग किया है।

भोजपुरी का केवल एक पद्य उपलब्ध है। वह भी आद्योपांत भोजपुरी में नहीं है। नमूने के लिए, उसकी प्रथम चार पंक्तियाँ हैं :

राम कहत चलु राम कहत चलु राम कहत चलु भाई रे।
नाहिं तौ भव बेगारि महँ परिहै छूटत अति कठिनाई रे॥
बाँस पुरान साज सब अठकठ सरल तिकोन खटोला रे।
हमहिं दिहल करि कुटिल करमचँद मंद मोल बिनु डोला रे॥[2]

शब्द-भांडार : तुलसी का शब्द-भांडार बड़ा विशाल है। इससे भी भाषा पर उनका आधिपत्य सूचित होता है। गणना करके हिसाब लगाया गया है कि उन्होंने लगभग 1,26,821 शब्दों का प्रयोग किया है।[3] उनकी शब्दावली को मुख्यतः पाँच वर्गों में रखा जा सकता है—तत्सम, तद्भव, देशज, अन्यप्रदेशज और विदेशी। तुलसी की भाषा संस्कृतनिष्ठ है। यह उनके काव्य-शास्त्र-ज्ञान, हिंदू-संस्कृति और रामचरित के वैशिष्ट्य का परिणाम है। उन्होंने लोकमंगल की सिद्धि के लिए लोकभाषाओं में रचना की; साथ ही विद्वज्जनों के परितोषार्थ संस्कृत की तत्सम-पदावली अथवा संस्कृताभासित भाषा का व्यवहार भी किया। उदाहरण के लिए कुछ ही पंक्तियाँ पर्याप्त हैं[4] :

1. **चंद्रहास हरु मम परितापं। रघुपति बिरह अनल संजातं॥**
2. **कलातीतकल्याणकल्पांतकारी सदा सज्जनानंददाता पुरारी।**
   चिदानंदसंदोहमोहापहारी प्रसीद प्रसीद प्रभो मन्मथारी॥
3. **दुसह दोष दुख दलनि करु देवि दाया॥**
   बिश्वमूलाऽसि जनसानुकूलाऽसि कर सूलधारिणि महामूलमाया॥
4. **आदिमध्यांत भगवंत त्वं सर्बगतमीस पस्यंति ये ब्रह्मबादी।**
   यथा पट तंतु घट मृत्तिका सर्पस्रग दारु करि कनक कटकांगदादी॥
5. **कंदर्पदर्प दुर्गम दमन उमारमन गुनभवन हर।**
   त्रिपुरारि त्रिलोचन त्रिगुनपर त्रिपुरमथन जय त्रिदसबर॥

---

1. रामचरितमानस, (काशिराज-संस्करण), 2/1/श्लोक 3
2. विनयपत्रिका, 189/1-2; 'मरायल' और 'धायल' का प्रयोग : रामचरितमानस, 6/97/3
3. रामचरितमानस, (कांडानुसार, 15983, 15058, 4011, 1815, 4316, 8919, 6650) : 56752; गीतावली : 1[illegible]67; विनयपत्रिका : 16768; कवितावली : 13966; दोहावली : 6530; रामाज्ञाप्रश्न : 3772; कृष्णगीतावली : 2891; जानकीमंगल : 2712; पार्वतीमंगल : 2275; रामललानहछू; 1046, बरवैरामायण; 665; वैराग्यसंदीपनी : 567; देखिए—तुलसीदास और उनका काव्य, पृ. 254-55
4. रामचरितमानस, 5/10/2, 7/108/6, विनयपत्रिका, 15/1, 54/4, कवितावली, 7/150

अवधी की प्रकृति के अनुसार 'हर' का 'हरु', 'व' का 'ब' या 'ण' का 'न' हो गया है; छंद के आग्रह से 'इ' का स्थान 'ई' ने ले लिया है; बहुवचन 'ये' के साथ एकवचन 'ब्रह्मबादी' का हिंदी की भाँति बहुवचन में प्रयोग हुआ है; प्राकृत के प्रभाव से परसवर्ण और अंतिम 'म्' के बदले अनुस्वार ही रखा गया है; तत्कालीन लेखन-प्रवृत्ति के अनुसार संस्कृत के 'रघुपतिविरहानलसंजातम्'-जैसे समस्त पद के चारों शब्द अलग-अलग लिखे गए हैं। 'मम', 'त्वं', 'सर्वगतम्', 'प्रसीद', 'असि', 'पस्यंति' आदि विभक्ति-युक्त प्रयोगों में संस्कृत-रूप स्पष्ट हैं। 'रामचरितमानस' और 'विनयपत्रिका' में 'अहं', 'अयं', 'इदं', 'किमपि', 'तेपि', 'सोपि', 'तव', 'अस्ति', 'अस्मि', 'पश्य', 'नमामि', 'भजे', 'वद' आदि का बहुशः व्यवहार देखा जा सकता है। कहीं पर उन्होंने संस्कृत के अविकल शुद्ध रूपों को ग्रहण किया है, जैसे—'सुखेन', 'उरसि', 'सदसि' आदि में;[1] और कहीं पर संस्कृत के पदों या क्रियाओं का विकृत रूप में प्रयोग किया है, जैसे—'नामानी' (नामानि), 'असमाकं' (अस्माकम्), 'सुमिरामि' (स्मरामि) आदि में।[2]

तुलसी की भाषा में संस्कृत के असाधु प्रयोगों को लक्ष्य करके उसमें च्युतसंस्कृति दोष देखना अथवा कवि को संस्कृत से अनभिज्ञ समझना ठीक नहीं है। वे सभी प्रकार के पाठकों को दृष्टि से रखकर रचना कर रहे थे। जनसाधारण को लोक-प्रचलित भाषा की अपेक्षा थी। संस्कृत-प्रेमियों की प्रसन्नता के लिए उसमें आद्योपांत संस्कृत-पदावली की योजना संभव नहीं थी। तुलसी ने मध्यम-मार्ग अपनाकर आभासित संस्कृत का भी अपेक्षानुसार व्यवहार किया। इस क्रम में उनकी सफलता का निश्चित प्रमाण यह है कि उनका 'रामचरितमानस' संस्कृतज्ञ और संस्कृतानभिज्ञ जन-समाज में एकसमान समादृत है। पं. रामनरेश त्रिपाठी का कथन है कि " **'रामचरितमानस'** में साठ-सत्तर फीसदी शब्द शुद्ध संस्कृत के हैं और शेष तद्भव, अपभ्रंश या गाँव की हिंदी के।"[3] यह धारणा तथ्य-समर्पित नहीं है। उन्होंने 'सयन', 'बलकल', 'असन' आदि अर्धतत्सम शब्दों को भी शुद्ध तत्सम मान लिया है। तथ्य यह है कि तुलसी की अधिकांश शब्दावली तत्सम और अर्ध-तत्सम है।

उन्होंने ऐसे भी बहुत से शब्दों का प्रयोग किया है जो प्राकृत-अपभ्रंश के समय से ही काव्य-भाषा में व्यवहृत होते चले आ रहे थे किंतु बोलचाल से उठ चुके थे, जैसे—'मयन' (मदन), 'पब्बै' (पर्वत), 'नरवइ' (नरपति), 'सायर' (सागर) आदि।[4] 'चमंकहिं', 'दमंकहिं', 'नंचहिं' आदि अपभ्रंश-परंपरा के अवशेष हैं।[5] कहीं-कहीं ओज के उद्देश्य से प्राकृत-अपभ्रंश शैली पर द्वित्व-वर्णों एवं संयुक्त अक्षरों का निवेश किया गया है।[6] कुछेक स्थलों पर छंद का निर्वाह इस प्रवृत्ति का निमित्त

---

1. जाहु सुखेन बनहिं बलि जाऊँ।—रामचरितमानस, 2/57/2
   बिबिध कंकन हार उरसि गजमनि माल।—गीतावली, 7/6/4
   बिपुल भूपति सदसि महँ नरनारि कह्यो प्रभु पाहि—विनयपत्रिका, 217/4
2. जन्म कर्म अनंत नामानी।—रामचरितमानस, 7/52/2
   सर्वतोभद्रदाताऽसमाकं।—विनयपत्रिका, 51/8
   बह्म सुमिरामि नरभूपरूपं।—विनयपत्रिका, 50/8
3. तुलसीदास और उनका काव्य, पृ. 255
4. मयननि वहु छबि अंगनि दूरति।—गीतावली, 5/47/1
   डिगति उर्वि अति गुर्वि सर्व पव्वै समुद्र सर।—कवितावली, 1/11
   भएउ न होइहि है न जनक सम नरवइ।—पार्वतीमंगल, 7
   चलत महि मेरु उच्छलत सायर सकल—कवितावली, 6/44
5. वहु कृपान तरवारि चमंकहिं। जनु दइ दिसि दामिनी दमंकहिं॥—रामचरितमानस, 6/87/2
   जोगिनि भरि भरि खप्पर संचहिं। भूत पिसाच बधू नभ नंचहिं॥—वही, 6/88/4
6. खप्परन्हि खग्ग अलुज्झि जुज्झहिं सुभट भटन्ह ढहावहीं।—रामचरितमानस, 6/08/छंद
   जंबुक निकर कटक्कट कट्टहिं। खाहिं हुहाहिं अघाहिं दपट्टहिं॥—वही, 6/88/5
   लक्ख में पक्खर तिक्खन तेज जे सूर समाज में गाज गने हैं।—कवितावली, 6/39

प्रतीत होता है।[1] 'मंडै', 'छंडै', 'पब्बय', 'डोल्लहिं', 'बोल्लहिं'[2] आदि प्रयोगों की सार्थकता पर संदेह प्रकट करते हुए डाक्टर श्रीवास्तव ने समाधान प्रस्तुत किया है कि "तुलसी का संपर्क ऐसे प्रयोगों का समावेश करते समय कतिपय उन कवियों अथवा पंडितों से रहा हो जो ऐसे प्रयोगों को अपनी भाषा में स्थान देते रहे हों और इसीलिए उन प्रयोगों को बचा जाने की ओर तुलसी का ध्यान न गया हो।"[3] मेरे विचार से, तुलसी ने ये प्रयोग जान-बूझकर किए हैं। यह बात ध्यान देने योग्य है कि उन्होंने ये प्रयोग स्तुतियों और दीप्तिप्रधान भावों की व्यंजना में किए हैं। उनके युग में भी इस प्रकार के परंपरागत शब्द काव्य-भाषा के उपयुक्त और प्रभावशाली समझे जाते थे। उन्होंने सीमित क्षेत्र में इस शैली का भी प्रयोग किया।

तुलसी-साहित्य में 'अहेर' (आखेट), 'अहिवात' (अविधवात्व), 'बीछी' (वृश्चिक), 'बाँझ' (वंध्या), 'भीख' (भिक्षा), 'गाँठि' (ग्रंथि), 'अकनि' (आकर्ण्य), 'बूढ़' (वृद्ध), नैहर (ज्ञातिगृह), 'बायन' (वायन) आदि **तद्भव** शब्दों की प्रचुरता पाई जाती है। परंतु, तत्सम-अर्धतत्सम शब्दों की तुलना में इनका प्रयोग बहुत कम है। 'काँकर', 'घमोई', 'मोड़', 'टहलटई', 'ढाबर', 'झोंपड़ी' आदि ठेठ **देशज** शब्दों का व्यवहार अपेक्षाकृत और भी न्यून है। **अन्यप्रदेशज** प्रचलित शब्दों को भी उन्होंने बिना संकोच के अपनाया है; उदाहरणार्थ—गुजराती[4] के 'जून' (जीर्ण), 'दरिया' (समुद्र), 'मौंगी' (मौन) आदि; राजस्थानी-मारवाड़ी[5] के 'नारि' (गर्दन), 'म्हाको' (मेरा) आदि; बँगला[6] से प्रभावित 'सकारे' (प्रातःकाल), 'थाकेउ' (ठहर गया), 'बैसा' (बैठा) आदि। तुलसी अधिकतर तीर्थस्थानों में रहे जहाँ सभी प्रदेशों के यात्री आया करते थे। उनके बहुत से शब्द जन-साधारण की भाषा में घुल-मिल गए। तुलसी ने उन्हें ग्रहण कर लिया।

तुलसी के गौरव-ग्रंथों 'रामचरितमानस', 'विनयपत्रिका', 'कवितावली' और 'गीतावली' में अरबी-फारसी-शब्दावली का प्रचुर प्रयोग पाया जाता है। यहाँ भी वे अद्वितीय हैं। हिंदी के किसी अन्य महाकवि ने अपने काव्य में इतने अधिक विदेशी शब्दों का समावेश नहीं किया। ये शब्द अधिकतर बोलचाल में खपे हुए प्रचलित शब्द हैं; जैसे—अरबी से लिए गए 'साहिब', 'गरीब', 'बाग', 'जहाज', 'कसम', 'मुकाम', 'सतरंज', 'खसम', 'फौज' आदि अथवा फारसी से गृहीत 'बाजार', 'दरबार', 'मजूरी', 'खजानो', 'सहर', 'बाजीगर', 'खूब', 'सहनाई', 'सरम' आदि। कहीं-कहीं पर अरबी-फारसी के अप्रचलित शब्द भी प्रयुक्त हुए हैं[7] :

1. **चाकरी न आकरी न खेती न बनिज भीख जानत न कूर कछु किसव कबारु है।**
2. **साधु जानैं महासाधु खल जानैं महाखल बानी झूठी साँची कोटि उठत हबूब है।**
3. **जस आमय भेषज न कीन्ह तस दोष कहा दिरमानी।**
4. **एही दरबार है गरब ते सरब हानि लाभ जोग छेम को गरीबी मिसकीनता।**

उपर्युक्त उद्धरणों में प्रयुक्त अरबी 'किसब' (कस्व : उद्यम), और हबूब (आँधी, बवंडर) तथा

1. मानो प्रतच्छ परब्बत की नभ लीक लसी कपि यों धुकि धायो।—कवितावली, 6/54
   तजि आस भो दास रघुप्पति को दसरत्थ को दानि दया दरिया।—वही, 7/46
   बारिदनाद अकंपन कुंभकरन्न से कुंजर केहरि बारो।—हनुमानवाहुक, 19
2. कवितावली, 7/116, 7/98, रामचरितमानस, 6/88/5
3. तुलसीदास की भाषा, पृ. 203
4. रामचरितमानस, 1/272/1, कवितावली, 7/46, गीतावली, 2/66/5
5. दोहावली, 305, कवितावली, 6/21
6. कवितावली, 1/1, रामचरितमानस, 1/195, 6/76/1
7. कवितावली, 7/67, 7/108, विनयपत्रिका, 122/1, 268/3

फारसीमूलक 'दिरमानी' (दर्मां : चिकित्सा) और 'मिसकीनता' (मिस्कीं : दीन) बोलचाल के प्रचलित शब्द नहीं हैं। फिर भी इनका प्रयोग ऐसा सटीक है कि तनिक भी खटकता नहीं है। अंतिम दो में हिंदी-प्रत्यय लगाकर कवि ने उनका कायाकल्प कर दिया है। चलते शब्दों के व्यवहार में तो सर्वत्र निर्बाध प्रसन्नता है।[1] तुलसी-साहित्य में अरबी-फारसी मूल के शब्दों का बाहुल्य देखकर यह निष्कर्ष निकालना समीचीन नहीं जँचता कि वे अरबी-फारसी के पंडित थे। ये प्रयोग उनके व्यवहार-ज्ञान और मुस्लिम शासन तथा संस्कृति के लोकव्यापी प्रभाव के ज्ञापक हैं।

मुहावरे और कहावतें : मुहावरों तथा कहावतों के स्वाभाविक एवं सटीक प्रयोग से भाषा की शक्तिमत्ता और प्रभविष्णुता में चार चाँद लग जाते हैं। भाषा के इन अंगों पर भी तुलसी का असाधारण अधिकार है। रूढ़-लक्षणा की मार्मिकता और नैसर्गिक जीवन की प्राणवत्ता मुहावरों की सहज विशेषता है। तुलसी ने उनका समुचित सन्निवेश करके भाषा को अधिक सजीव, सशक्त और चित्तस्पर्शी बना दिया है। उनकी कलात्मक मुहावरेबंदिश के कुछ नमूने देखिए :[2]

1. भले भवन अब **बायन दीन्हा**। पावहुगे फल आपन कीन्हा॥
2. हँसि कह रानि **गालु बड़ तोरें**। दीन्हि लखन **सिख** अस मन मोरें॥
3. कत **सिख देइ** हमहिं कोउ माई। **गाल करब** केहि कर बल पाई॥
4. **रेख खँचाइ** कहौं बलु भाखी। भामिनि भइहु **दूध कइ माखी**॥
5. तौ सुरपति कुरुराज बालि सों कत हठि **बैर बिसहते**।
6. पढ़िबो **पर्‌यो न छठी** छमत रिगु जजुर अथर्बन साम को।
7. एतेहु पै तुम्हरो कहावत **लाज अँचई घोरि**।
8. बाटिका उजारि अच्छ रच्छकनि मारि
   भट भारी भारी रावरे चाउर से **काँड़ि** गो।
9. तुलसी दुख दूनो दसा दुहुँ देखि **कियो मुख** दारिद को **करिया**।
10. दसमुख **तज्यो दूधमाखी** ज्यों आपु **काढ़ि साढ़ी** लई।
11. **मुँह लाए मूँड़हि चढ़ी** अंतहु अहिरिनि तू सूधी करि पाई।
12. टाली ग्वालि जानि पठये अलि कह्यो है **पछोरन छूछो**।
13. तुलसी त्यों कुरुराज ज्यों **जैहैं बाहर बाट**।

कहावतों में व्यंजना और सादृश्य-विधान का चमत्कार निहित रहता है। वे लोकोक्तियाँ हैं : अतः उनमें लोक-हृदय को द्रुत, दीप्त या प्रसन्न करने की स्वाभाविक शक्ति है। तुलसी ने विभिन्न प्रसंगों में सटीक कहावतों के युक्ति-युक्त विन्यास द्वारा भाषा की व्यंजनक्षमता और मनोहरता को उत्कर्ष प्रदान किया है; यथा[3] :

1. पर घर घालक लाज न भीरा। **बाँझ कि जान प्रसव कै पीरा**॥
2. तुम जो कहहु करहु सब साँचा। **जस काछिअ तस चाहिअ नाचा**॥
3. तुलसी बनी है राम रावरे बनाएँ ना तो

---

1. लागति साँगि बिभीषन ही पर सीपर आपु भए हैं।—गीतावली, 6/5/4
   गोरो गरूर गुमान भरो कहौ कौसिक छोटो सो ढोटो है काको।—कवितावली, 1/20
   गई बहोर गरीब निवाजू। सरल अबल साहिब रघुराजू॥—रामचरितमानस, 1/13/4
2. रामचरितमानस, 1/137/3, 2/13/4, 2/14/1, 2/19/4, विनयपत्रिका, 97/1, 155/2, कवितावली, 6/24, 7/46, गीतावली, 5/37/2, कृष्णगीतावली, 8/2, 43/2, दोहावली, 417
3. रामचरितमानस, 1/97/2, 2/127/4, कवितावली, 7/66, 7/171, कृष्णगीतावली, 44/3, 46/3, विनयपत्रिका, 226/2

धोबी कैसो कूकर न घर को न घाट को।

4. फलैं फूलैं फैलैं खल सीदैं साधु पल पल
खाती दीपमालिका ठठाइयत सूप हैं।

5. धान को गाँव पयार ते जानिय ज्ञान विपय मन मोरे।

6. तुलसी त्यों त्यों होइगी गरुई ज्यों ज्यों कामरि भीजै।

7. मोहि तो सावन के अंधहि ज्यों सूझत रंग हरो।

व्याकरण-व्यवस्था : तुलसी के युग में अवधी अथवा ब्रजी का कोई व्याकरणशास्त्र नहीं था। उन्होंने लोक-व्यवहार और कवियों की वाणी के आधार पर भाषा-संबंधी मान्यताएँ स्थिर कीं और उन्हें अपनी रचनाओं में कार्यान्वित किया। अन्य कवियों ने मनमाने शब्द गढ़े हैं, स्वच्छंदता से लिंग-व्यतिक्रम किया है, तुक मिलाने के लिए शब्दों को निर्दयतापूर्वक तोड़ा-मरोड़ा है। तुलसी इन प्रवृत्तियों के शिकार नहीं हुए। जहाँ कहीं उन्हें विवश होकर शब्द तोड़ने या गढ़ने पड़े हैं वहाँ भी उनका रूप बहुत अधिक बिगड़ने नहीं पाया है।

अवधी और ब्रजी "इन दोनों भाषाओं पर उनकी रचनाओं से इतना अधिकार दिखाई देता है जितना स्वयं सूरदासजी का ब्रजभाषा पर और जायसी का अवधी पर न था। इन दोनों लब्धप्रतिष्ठ कवियों ने व्याकरण का गला दबाकर शब्दों के ऊपर खूब अत्याचार किया है। परंतु गोसाईंजी ने ब्रजभाषा और अवधी दोनों के व्याकरण के नियमों का पूर्ण रूप से निर्वाह किया है।"[1] इस संबंध में इतना और स्मर्तव्य है कि तुलसी का अवधी पर विशेष अधिकार है। वे अधिकतर अवधी-प्रांत में रहे थे। इसलिए वह उनके जीवन का अंग बन गई थी। ऐसा प्रतीत होता है कि उनका ब्रजभाषा-ज्ञान अध्ययन द्वारा अर्जित था। फलतः उनकी अवधी-रचनाओं में ब्रजी के कम प्रयोग पाए जाते हैं, किंतु ब्रजभाषा की कृतियों में अवधी-प्रयोगों की प्रचुरता है। दोनों में अन्य बोलियों के प्रयोग भी कहीं-कहीं ग्रहण किए गए हैं।[2] भाषा की साधुता का उन्होंने सर्वत्र निर्वाह किया है। "सबसे बड़ी विशेषता गोस्वामीजी की है—भाषा की सफाई और वाक्य-रचना की निर्दोषता जो हिंदी के और किसी कवि में ऐसी नहीं पाई जाती। ऐसी गठी हुई भाषा किसी की नहीं है। सारी रचना इस बात का उदाहरण है।"[3] छोटे-छोटे वाक्यों में व्याकरणसम्मत भाषा का सुगठित रूप कहीं भी देखा जा सकता है[4] :

1. भुज बल बिस्व जितब तुम जहिआ। धरिहहिं बिष्नु मनुज तन तहिआ॥

2. कै ए सदा बसहु इन्ह नयनन्हि कै ए नयन जाहु जित ए री।

3. सकुचत हौं अति राम कृपानिधि क्यों करि बिनय सुनावौं।

4. लोकरीति बिदित बिलोकिअत जहाँ तहाँ
स्वामी के सनेहँ स्वान हू को सनमानु है।

अनेक स्थलों पर लंबी संश्लिष्ट वाक्य-योजना में प्रत्येक अवयव दुरुस्त हैं :

कबहुँ सो करसरोज रघुनायक धरिहौ नाथ सीस मेरे।
जेहि कर अभय किये जन आरत बारक बिबस नाम टेरे॥
जेहि कर कमल कटोर संभुधनु भंजि जनकसंसय मेट्यो।

---

1. गोस्वामी तुलसीदास (बाबू श्यामसुंदरदास), पृ. 147
2. बुंदेली : पालिबी—रामचरितमानस, 1/326/छंद; डारिबी—गीतावली, 7/29/3
भोजपुरी : गउर—पार्वतीमंगल, 60; दिहल—विनयपत्रिका, 189/2
खड़ीबोली : किया—रा. 1/98/छंद; करती हैं—गीतावली, 7:13/1; मचा—कबितावली, 6/15
3. पं. रामचंद्र शुक्ल : गोस्वामी तुलसीदास, पृ. 170
4. रामचरितमानस, 1/39/3 गीतावली, 1/78/2, विनयपत्रिका, 142/1, कवितावली, 7/34

जेहि करकमल उठाइ बंधु ज्यों परम प्रीति केवट भेंट्यो ॥...
सीतल सुखद छाँह जेहि कर की मेटति पाप ताप माया।
निसि बासर तेहि करसरोज की चाहत तुलसिदास छाया ॥[1]

एकाध जगह व्याकरण की त्रुटि होने से तुलसी की सुव्यवस्थित, साफ-सुथरी और सुगठित भाषा का गौरव क्षीण नहीं होता। कहीं-कहीं त्रुटि न होने पर भी आलोचकों को व्याकरण की अशुद्धि दिखाई देती है[2], जैसे निम्नांकित अर्धाली में :

मरम बचन जब सीता बोला। हरि प्रेरित लछिमन मन डोला ॥[3]

डॉ. श्रीवास्तव का समाधान है कि 'प्राचीन अवधी के अंतर्गत कर्मणि प्रयोग में क्रिया का रूप कर्म के अनुसार' होता था[4], इसलिए 'सीता बोला' का व्यवहार व्याकरण-विरुद्ध नहीं है। शुक्लजी का उत्तर है[5] कि 'बोला' का असली रूप 'बोल' है, चौपाई के पदांत के कारण अंतिम स्वर दीर्घ कर दिया गया है। अवधी मुहावरे के अनुसार 'बोल' का अर्थ है—बोलती है; **उत्तरदिसि बह सरऊ पावनि**[6] में 'बह' का अर्थ है 'बहती है'। यही समाधान ग्राह्य है। जायसी ने 'बोलना' ही नहीं, अकर्मक 'हँसना' क्रिया का भी इस प्रकार प्रयोग किया है।[7]

प्रांजलता और धारावाहिकता : तुलसीदास भाषा की सरलता को कविता का आवश्यक गुण मानते हैं; ऐसी रचना विरोधियों द्वारा भी प्रशंसित होती है :

सरल कबित कीरति बिमल सोइ आदरहिं सुजान।
सहज बयर बिसराइ रिपु जो सुनि करहिं बखान ॥[8]

केवल प्रारंभिक कृतियों को छोड़कर उनके संपूर्ण काव्य में आदि से अंत तक भाषा की सरलता, स्पष्टता, प्रांजलता और धारावाहिकता पाई जाती है। कहीं भी शिथिलता नहीं है, भरती की शब्दावली या निरर्थक-आडंबर नहीं है। '**भएउ हृदयँ आनंद उछाहू। उमगेउ प्रेम प्रमोद प्रबाहू॥ चली सुभग कबिता सरिता सो।**[9] की उक्ति उनकी कविता में सर्वत्र गतार्थ हुई है। उसकी अजस्र धारा में सहृदय पाठक भाव-मग्न हुए बिना नहीं रह सकता :

1. **नृप भुज बल बिधु सिवधनु राहू। गरुअ कठोर बिदित सब काहू॥**
   रावनु बानु महाभट भारे। देखि सरासन गवहिं सिधारे॥
   सोइ पुरारि कोदंडु कठोरा। राज समाज आजु जोइ तोरा॥
   त्रिभुवन जय समेत बैदेही। बिनहिं बिचार बरै हठि तेही॥
2. **बबुर बहेरे को बनाइ बागु लाइयत रूँधिबे को सोई सुरतरु काटियतु है।**
   गारी देत नीच हरिचंद हू दधीचि हू को आपने चना चबाइ हाथ चाटियतु है।
   आपु महापातकी हँसत हरि हर हू को आपु है अभागी भूरिभागी डाटियतु है।
   कलि को कलुष मन मलिन किए महत मसक की पाँसुरीं पयोधि पाटियतु है ॥[10]

---

1. विनयपत्रिका, 138
2. देखिए—तुलसीदास और उनका काव्य, पृ. 293
3. रामचरितमानस, 3/28/3
4. तुलसीदास की भाषा, पृ. 223
5. गोस्वामी तुलसीदास, पृ. 172
6. रामचरितमानस, 7/4/3
7. पौनु डोलावहिं सींचहिं चोला। पहरक समुझि नारि मुख बोला ॥—पदमावत, 342/6
   जो देखैं जनु बिसहर डँसा। देखि चरित पदुमावति हँसा ॥—वही, 192/5
8. रामचरितमानस, 1/14
9. वही, 1/39/5-6
10. क्रमशः रामचरितमानस, 1/250/1-2, कवितावली, 7/99

निष्कर्ष यह कि तुलसी की कविता में शब्द और अर्थ का अनुपम साहित्य है। वाणी अर्थ की अनुवर्तिनी है, अर्थ वाणी का सहचर है। दोनों के मनोरम सामंजस्य से उनका काव्य रसिकों का कंठहार बन गया है।

चित्रात्मकता

काव्यानुभूति में दो ज्ञानेंद्रियों का साक्षात् उपयोग किया जाता है—श्रवण और नेत्र। इनकी सापेक्ष प्रधानता के आधार पर ही काव्य के दो विभाग किए गए हैं—श्रव्य और दृश्य। श्रव्य काव्य में भी नेत्र बिंब-ग्रहण में अप्रत्यक्ष रूप से भावक की सहायता करते हैं। एक उदाहरण लीजिए। लंका से लौटकर हनुमान राम से सीता की दशा का चित्रात्मक वर्णन कर रहे हैं :

रघुकुल तिलक बियोग तिहारे।
मैं देखी जब जाइ जानकी मनहु बिरह मूरति मन मारे॥
चित्र से नयन अरु गढ़े से चरन कर मढ़े से स्रवन नहि सुनत पुकारे।
रसना रटति नाम कर सिर चिर रहै नित निज पदकमल निहारे॥[1]

इस वर्णन को पढ़कर पाठक के मानस-नेत्रों के समक्ष एक ऐसी असहाय एवं चिंतामग्न विरहिणी का रूप प्रत्यक्ष हो जाता है जो अपने रूप की छाया-सी प्रतीत हो रही है, हथेली पर सिर टिकाए बैठी है, अपलक नयनों और शून्य-दृष्टि से अपने चरणों को निहार रही है, आँख-कान होते हुए भी मन की विकलता के कारण कुछ देखने-सुनने में असमर्थ है; उस पर जड़ता-सी छा गई है। यह मानस-प्रत्यक्ष विप्रलंभ की तीव्र अनुभूति कराने में अतीव सहायक है। इस प्रकार का मूर्तिमत्तात्मक चित्रण भाव्य वस्तु के साथ भावक का तादात्म्य स्थापित करता है। अतः चित्रात्मकता उत्कृष्ट काव्य की बहुत बड़ी विशेषता है। गुण-व्यंजक पदावली और नयन-रंजक चित्र-विधान के सामंजस्य से काव्य की रमणीयता स्वभावतः बढ़ जाती है, क्योंकि वह श्रवण और नेत्र दोनों इंद्रियों के लिए आह्लादकारक होता है। तुलसी ने भाव-व्यंजना को उत्कर्ष प्रदान करने के लिए विभावों और अनुभावों का सर्वत्र ही चित्रात्मक बिंब-विधान किया है।

रामभक्ति ही परमार्थ है, अभक्त का ऐश्वर्य व्यर्थ है, इस प्रतिपाद्य की व्यंजना कितनी लालित्यपूर्ण चित्रात्मक शैली में की गई है :

झूमत द्वार अनेक मतंग जँजीर जरे मद अंबु चुचाते।
तीखे तुरंग मनोगति चंचल पौन के गौनहु ते बढ़ि जाते।
भीतर चंद्रमुखी अवलोकति बाहर भूप खरे न समाते।
ऐसे भये तौ कहा तुलसी जो पै जानकीनाथ के रंग न राते॥[2]

सूक्ष्म दार्शनिक तत्त्व सामान्य सहृदय को नीरस और दुर्ग्राह्य प्रतीत होते हैं। तुलसीदास मानव-मन की इस नैसर्गिक निर्बलता से भलीभाँति अभिज्ञ थे। इसलिए दार्शनिक विचारों के प्रतिपादन में भी उन्होंने अमूर्त का मूर्तीकरण करके शास्त्रीय विषय को काव्यमय और सहजग्राह्य बना दिया है, जैसे :

तब सोइ बुद्धि पाइ उजिआरा। उर गृह बैठि ग्रंथि निरुआरा॥
छोरन ग्रंथि पाव जौ सोई। तौ यह जीव कृतारथ होई॥
छोरत ग्रंथि जानि खगराया। बिघ्न अनेक करै तब माया॥
रिद्धि सिद्धि प्रेरै बहु भाई। बुद्धिहि लोभ देखावहिं आई॥
कल बल छल करि जाहिं समीपा। अंचलबात बुझावहिं दीपा॥[3]

---

1. गीतावली, 5/18/1-2
2. कवितावली, 7/44
3. रामचरितमानस, 7/118/2-4

यहाँ पर कवि ने अमूर्त बुद्धि, माया और ऋद्धिसिद्धियों के सम्मूर्तन-विधान द्वारा समाधि के विघ्नों का चित्ताकर्षक निरूपण किया है। इतने जटिल विषय का इससे अधिक ललित शैली में उपस्थापन ढूँढ़ने पर भी शायद ही कहीं मिले।

काव्य शब्दमय चित्र है। **'कथाप्रबंध बिचित्र बनाई'** में चित्रमयता का भाव भी निहित है। परंतु, वह चित्र तुलसी का साध्य न होकर साधन है। उसका लक्ष्य है रसानुभूति कराना, और उसके साथ ही भावक की चित्तवृत्तियों का उदात्तीकरण। रूपकों और उत्प्रेक्षाओं की योजना में उनकी कला का यह पक्ष विशिष्टतया उभरकर सामने आया है। राम के दरबार में प्रेषित 'विनयपत्रिका' और चार घाटों तथा सात सोपानोंवाले मानसरोवर के रूप में 'रामचरितमानस' की विराट् कल्पना में भी उनकी चित्रविधायिनी प्रतिभा का उत्कृष्ट निदर्शन मिलता है।

छंद-योजना

तुलसी ने अपने युग में प्रचलित सभी प्रमुख छंद-शैलियों का उपयोग किया है।[1] उनके पाँच स्थूल वर्ग बनाए जा सकते हैं—दोहा-चौपाई, गीत, कवित्त-सवैया, सोहर और बरवै। अवधी के प्रेमाख्यानक-काव्यों में दोहा-चौपाई-शैली खूब मँज चुकी थी। तुलसी ने अपने महाकाव्य 'रामचरितमानस' के लिए उसको चुना। अवधी-भाषा और प्रबंध-रचना की दृष्टि से वह सर्वाधिक उपयुक्त थी। परंतु उन्होंने 'रामचरितमानस' को 'पदमावत' की भाँति दोहा-चौपाई तक ही सीमित नहीं रखा; स्थान-स्थान पर सोरठा और हरिगीतिका[2] छंदों का भी निवेश किया। ये चारों मात्रिक वृत्त हैं। इनके अतिरिक्त चार अन्य मात्रिक छंदों का भी प्रयोग हुआ है—डिल्ला, चौपैया, तोमर तथा त्रिभंगी।[3] 'रामचरितमानस' में प्रयुक्त वर्णिक वृत्त हैं—अनुष्टुभ्, इंद्रवज्रा, तोटक, नगस्वरूपिणी, भुजंगप्रयात, मालिनी, रथोद्धता, वंशस्थ, वसंततिलका, शार्दूलविक्रीडित और स्रग्धरा।[4] तुलसी ने चौपाई, दोहा और सोरठा से इतर वृत्तों को 'छंद' कहा है।[5] संस्कृत के अनुष्टुभ् आदि वर्णिक वृत्तों का प्रयोग प्रायः श्लोकों की रचना और स्तुतियों में किया गया है। 'रामाज्ञाप्रश्न' में केवल दोहे, 'दोहावली' में दोहे-सोरठे और 'वैराग्यसंदीपनी' में दोहे-सोरठे-चौपाइयाँ हैं।

'कृष्णगीतावली', 'गीतावली' और 'विनयपत्रिका' गीतिकाव्य हैं। उनमें अनेक प्रकार के छंदों की योजना की गई है। उनकी विशेषता छंदों के विनियोग में नहीं प्रगीत-तत्त्वों के निर्वाह में है। उन तत्त्वों पर अगले अध्याय में विचार किया जाएगा। 'कवितावली' में पाँच छंदों का नियोजन किया गया है—सवैया, रूपघनाक्षरी, मनहरण, छप्पय और झूलना। मुक्तक-काव्य-रचना के लिए इन छंदों का चुनाव परंपरानुरूप है। 'रामललानहछू', 'जानकीमंगल' और 'पार्वतीमंगल' मंगलकाव्य एवं लोकगीत हैं। अतएव वे लोक-प्रचलित सोहर-शैली में लिखे गए हैं। उनमें प्रयुक्त मूल छंद हंसगति[6] है। 'नहछू' के पदांत में 'हो' जोड़कर उसे गेय सोहर का स्पष्ट रूप दे दिया गया है। दोनों मंगलों में हरिगीतिका छंद का भी प्रयोग है। 'बरवैरामायण' के नाम से ही प्रकट है कि वह बरवै छंदों में रचित 'रामायण' है। इस प्रकार तुलसी के काव्य में छंदों की विविधता पाई जाती है।

---

1. छंद-शैली की दृष्टि से उनकी रचनाओं का चक्र पृ. 116 पर दिया जा चुका है।
2. उदाहरणार्थ : रामचरितमानस, 1/10/छंद
3. क्रमशः उदाहरण—रामचरितमानस, 6/115/छंद, 1/192/छंद, 6/113/छंद, 1/121/छंद
4. क्रमशः उदाहरण—रामचरितमानस, 1/1/श्लोक 1, 2/1/श्लोक 3, 6/111/1-11, 7/123/श्लोक 1, 7/108/1-8, 5/1/श्लोक 3, 7/1/श्लोक 2-3, 2/1/श्लोक 2, 1/1/श्लोक 7, 1/1/श्लोक 6, 7/1/श्लोक 1
5. पुरइनि सघन चारु चौपाई। जुगुति मंजु मनि सीप सुहाई॥
   छंद सोरठा सुंदर दोहा। सोइ बहुरंग कमल कुल सोहा॥—रामचरितमानस, 1/37/2-3
6. ग्यारह और नौ मात्राओं पर विराम, पदांत में गुरु-लघु का नियम नहीं : पिंगलप्रकाश, पृ. 71

नानाविध वृत्तों का नुमाइशी प्रयोग और पिंगलशास्त्रीय जकड़बंदी महाकवित्व का प्रमाण नहीं है। यदि कवित्व का तारतम्य छंदों की संख्या एवं मात्राओं की नाप-जोख पर निर्भर होता तो 'रामचंद्रचंद्रिका' का पद 'रामचरितमानस' से उच्चतर होता और पट्टी पर मात्राओं का हिसाब लगाकर पद्य लिखनेवाले तुक्कड़ भी महाकवियों की पंक्ति में प्रतिष्ठित होते। मानस-रूपक के प्रकरण में तुलसी ने राम-सीता के यश को जल, एवं छंदों को कमल और पुरइन कहा है।[1] उसका तात्पर्य यह है कि छंद प्रतिपाद्य विषय की अभिव्यंजना को मनोहर बनाने के साधन हैं। छंदों की रमणीयता तीन बातों पर आश्रित है—भावानुकूलता, लय और अंत्यानुप्रास।

भावानुकूलता : प्रत्येक छंद की अपनी प्रकृति है। सभी छंद सभी भावों के अनुकूल नहीं हैं। उदाहरण के लिए, छप्पय छंद करुणा आदि द्रुतिप्रधान भावों के प्रतिकूल पड़ता है, किंतु उत्साह आदि दीप्तिप्रधान भावों और स्तुतियों के अनुकूल है। इसी दृष्टि से तुलसी ने 'कवितावली' में उसका सन्निवेश किया है।[2] सवैये में दोनों प्रकार के भावों की सशक्त अभिव्यक्ति हो सकती है; किंतु कोमल भावों की व्यंजना में वह अपेक्षाकृत अधिक समर्थ है। इसके विपरीत घनाक्षरी कठोर भावों के अधिक अनुकूल है। तदनुसार 'कवितावली' के बाल-वर्णन एवं राम-वन-गमन के प्रसंगों में प्रायः सवैया छंद की और लंका-दहन तथा युद्ध-वर्णन में अधिकतर घनाक्षरी का प्रयोग किया गया है। 'नहछू' आदि निबंधों में सोहर-शैली अपनाई गई है, क्योंकि सोहर (अथवा हंसगति) मंगल-गीत की माधुर्य व्यंजना के विशेष उपयुक्त है।

लय : लय के प्रति आकर्षण की स्वाभाविक प्रवृत्ति है। लय ही छंद का प्राणतत्त्व है। उसमें भावक के मन को रमाने की अद्भुत शक्ति है। यही कारण है कि मध्ययुगीन कवियों ने गद्यकाव्य-रचना की उपेक्षा करके छंद को कविता का आवश्यक धर्म मान लिया था। लय की अविच्छिन्न धारा तुलसी की रचनाओं की सहज विशेषता है। कहीं से भी उदाहरण लिये जा सकते हैं[3] :

1. **बतिया क सुधरि मलिनियाँ सुंदर गातहि हो।**
   कनक रतनमनि मौर लिहे मुसुकातहि हो॥
2. **माँगी नाव न केवटु आना। कहइ तुम्हार मरमु मैं जाना॥**
   चरन कमल रज कहुँ सबु कहई। मानुपकरनि मूरि कछु अहई॥
3. **निगमागम ग्यान पुरान पढ़े तपसानल में जुगपुंज जरै॥**
   मन सों पन रोपि कहै तुलसी रघुनाथ बिना दुख कौन हरै॥

अंत्यानुप्रास : अंत्यानुप्रास में वर्ण-साम्य और लय दोनों की समन्वित रमणीयता पाई जाती है। संस्कृत में तुक को गौरव नहीं दिया गया था। तुलसी के युग में वह 'भाषा'-कविता का अनिवार्य गुण समझा जाने लगा था। तुलसी ने अंत्यानुप्रास के सौष्ठव का पूरा ध्यान रखा है। उनका सारा साहित्य ही उदाहरण है।

छंदों का विधान करते समय तुलसी चमत्कार के चक्कर में नहीं फँसे हैं। लंबे अंत्यानुप्रास और पग-पग पर छंद बदलने की प्रवृत्ति उनमें नहीं पाई जाती। उन्होंने छंदों के नियम-निर्वाह की वेदी पर भावों की बलि नहीं दी है। चौपाइयों के पदांत में ह्रस्व स्वर को प्रायः दीर्घ कर दिया गया है। यह कवियों की सामान्य प्रवृत्ति है। 'विनयपत्रिका' में 'तुलसीदास' के बदले 'तुलसिदास' का अनेकशः प्रयोग कोई दोष नहीं है। **ए, ऐ, ओ** और **औ** का ह्रस्व-उच्चारण विधेय है, लोक-शास्त्र-समर्थित है।

इतने विशाल साहित्य में कतिपय त्रुटियों का होना अनिवार्य है। फिर भी उन्होंने शब्दों की

---

1. रामचरितमानस, 1/37/2-3
2. कवितावली, 1/11, 6/47, 7/110-17, 149-53, हनुमानबाहुक, 1-2
3. रामललानहछू, 7; रामचरितमानस, 2/100/2; कवितावली, 7/55

तोड़-मरोड़ बहुत कम की है। छंद के आग्रहवश रीतिमारिषी (रीतिम्+आर्षी, ऋषियों की रीति), **चारिखो** (चारि को, चार का), **चुवा** (चौवा, चौपाया) आदि का प्रयोग चिंत्य है।[1] ऐसे प्रयोगों में भी अधिक दुरूहता नहीं है। कहीं-कहीं गति, यति और तुक की त्रुटि भी दृष्टिगोचर होती है; क्रमशः उदाहरण हैं[2] :

1. परमसक्ति समेत अवतिरहौं।

2. अंगदादि कपि मुरुछित करि समेत सुग्रीव।

3. मुनि जेहि ध्यान न पावहिं नेति नेति कह वेद।
कृपासिंधु सोइ कपिन्ह सन करत अनेक बिनोद॥

इस प्रकार के व्यतिक्रम का कारण यह है कि कवि ने साधन-**छंद** की अपेक्षा साध्य-**भाव** को अधिक महत्त्व दिया है। यदि छंद को क्षति पहुँचती है तो पहुँचने दो, भाव-व्यंजना अक्षत रहनी चाहिए। सर्वथा निर्दोष काव्य-ग्रंथ काल्पनिक वस्तु है। संपूर्ण सृष्टि ही गुण-दोषमयी है। कुछेक दोषों के होते हुए भी काव्योचित छंद-विधान पर जैसा अधिकार तुलसी का दिखाई देता है वैसा किसी अन्य कवि का नहीं।

अन्य युक्तियाँ

कला-पक्ष के जिन विविध अंगों का विवेचन किया गया है वे सभी काव्य-रचना की युक्तियाँ हैं। उनके अतिरिक्त भी कुछ युक्तियों का उपयोग करके तुलसी ने अपने काव्य को सुसंवेद्य बनाया है। वे युक्तियाँ हैं—प्रबंध-कल्पना, संवाद-योजना, व्यास-समास-शैली, समतुल्य-विधान और शब्दार्थ-ग्रहण। प्रबंध-कल्पना का संबंध केवल 'रामचरितमानस' से है। उस पर आगे विचार किया जाएगा।

संवाद-योजना : संवाद नाटकीय तत्त्व है। काव्य में नाटकीय तत्त्वों का अभिनिवेश उसे हृदयग्राही बनाने की प्रभावशाली युक्ति है। तुलसी ने 'रामचरितमानस' की संपूर्ण कथा तीन परंपरा-प्रसिद्ध वक्ता-श्रोताओं के माध्यम से प्रस्तुत की है—शिव-पार्वती, याज्ञवल्क्य-भरद्वाज और काकभुशुंडि-गरुड़। वे क्रमशः देव, मानव और तिर्यक् वर्ग के प्राणी हैं। इस त्रिगुण संवाद की योजना कथा को आप्त, कौतूहलवर्धक और रोचक बनाने के लिए की गई है। संवाद के भीतर संवाद का विधान कलात्मक ढंग से किया गया है। भरद्वाज ने याज्ञवल्क्य से पूछा :

एक राम अवेधसकुमारा। तिन्ह कर चरित बिदित संसारा॥
नारि बिरह दुखु लहेउ अपारा। भएउ रोष रन रावन मारा॥
प्रभु सोइ राम कि अपर कोउ जाहि जपत त्रिपुरारि।[3]

याज्ञवल्क्य ने कथा को आप्तवचन का रूप देते हुए कहा :

ऐसेइ संसय कीन्ह भवानी। महादेव तब कहा बखानी॥
कहौं सो मति अनुहारि अब उमा संभु संवाद॥[4]

शिव ने पार्वती के संशय[5] के समाधान में रामकथा का विशद वर्णन किया। संशय-ग्रस्त गरुड़ ने काकभुशुंडि से रामकथा सुनी।[6] तुलसी ने इन संवादों के जटिल पूर्वापर-संबंध का उल्लेख किया है[7] :

---

1. लोक लखि बोलिए पुनीत रीतिमारपी।—कवितावली, 1/15
   दूजो को कहैया औ सुनैया चप चारिखो।—कवितावली, 1/16
   चारु चुवा चहुँ ओर चलैं लपटैं झपटैं सो तमीचर तौंकी।—कवितावली, 7/143
2. रामचरितमानस, 1/187/3; 6/65; 6/117
3. वही, 1/46
4. वही, 1/47
5. वही, 1/108/3-1/111/2
6. वही, 7/58/2-7/68
7. वही, 1/35/5; 1/30/2; 7/52/3; 1/30/2; 1/30; 1/30/1

1. रचि महेस निज मानस राखा। पाइ सुसमउ सिवा मन भाखा॥
2. संभु कीन्ह यह चरित सुहावा। बहुरि कृपा करि उमहि सुनावा॥
सोइ सिव काकभुसुंडिहि दीन्हा। रामभगति अधिकारी चीन्हा॥
3. उमा कहेउँ सब कथा सुहाई। जो भसुंडि खगपतिहि सुनाई॥
4. तेहि सन जागबलिक पुनि पाँवा। तिन्ह पुनि भरद्वाज प्रति गावा॥
5. मैं पुनि निज गुर सन सुनी कथा सो सूकरखेत।
6. जागबलिक जो कथा सुहाई। भरद्वाज मुनिबरहि सुनाई॥
कहिहौं सोइ संबाद बखानी। सुनहु सकल सज्जन सुखु मानी॥

तात्पर्य यह है कि रामकथा या 'रामचरितमानस' के मूल रचयिता और वक्ता शिव हैं। वही कथा उन्होंने काकभुशुंडि को और काकभुशुंडि ने गरुड़ को सुनाई। पुनः शिव ने पार्वती को और काकभुशुंडि ने याज्ञवल्क्य को वह कथा सुनाई। गरुड़ और पार्वती ने किसी को कथा नहीं सुनाई। इसलिए वह परंपरा आगे नहीं बढ़ी। केवल याज्ञवल्क्य की परंपरा चलती रही। उन्होंने वह कथा भरद्वाज को सुनाई। अनुमान किया जा सकता है कि भरद्वाज ने अपने शिष्यों को सुनाई होगी, और इस क्रम से तुलसी के गुरु ने सुनी होगी। तुलसी ने वह कथा अपने गुरु से सुनी।

यह परंपरागत कथा एक है। बहुत से वक्ता-श्रोता हैं। सबकी योजना असंभव थी। शिव-काकभुशुंडि और भुशुंडि-याज्ञवल्क्य के संवादों को भी अनपेक्षित समझकर तुलसी ने छोड़ दिया। उन्होंने केवल तीन संवाद चुने और उनके द्वारा रामकथा का निरूपण किया। यह त्रिविध-संवाद-योजना पाठक के मन में कथा के प्रति श्रद्धा, उत्सुकता सावधानता और रुचि उत्पन्न करती है।

तुलसी की संवाद-कला का लालित्य रामकथा के विभिन्न पात्रों के कथोपकथन में द्रष्टव्य है। इस दृष्टि से परशुराम-लक्ष्मण, मंथरा-कैकेयी, दशरथ-कैकेयी, राम-कौशल्या-सीता, चित्रकूट-सभा, अंगद-रावण आदि के संवाद विशेष हृदयस्पर्शी हैं।[1] कलात्मक संवाद के प्रमुख गुण हैं—प्रत्युत्पन्नमतित्व, स्वाभाविकता, सजीवता, गतिशीलता, संक्षिप्तता, भाव-प्रवणता, नाटकीयता, वचन-विदग्धता, युक्ति-संगति और शिष्टता। तुलसी के संवादों में इन गुणों की अभीष्ट निदर्शना हुई है[2] :

1. कौसिक सुनहु मंद येहु बालकु। कुटिल कालबस निज कुल घालकु॥
तुम्ह हटकहु जौ चहहु उबारा। कहि प्रतापु बलु रोषु हमारा॥
लषन कहेउ मुनि सुजस तुम्हारा। तुम्हहि अछत को बरनै पारा॥
2. बहै न हाथ दहै रिस छाती। भा कुठार कुंठित नृपघाती॥
भएउ बाम बिधि फिरेउ सुभाऊ। मोरे हृदयँ कृपा कसि काऊ॥
आजु दया दुखु दुसह सहावा। सुनि सौमित्रि बिहसि सिरु नावा॥...
जौ पै कृपाँ जरहिं मुनि गाता। क्रोधु भएँ तनु राख बिधाता॥
3. कह दसकंठ कवन तै बंदर। मैं रघुबीर दूत दसकंधर॥
मम जनकहि तोहि रही मिताई। तब हित कारन आएउँ भाई॥
अब कहु कुसल बालि कहँ अहई। बिहँसि बचन तब अंगद कहई॥
दिन दस गए बालि पहँ जाई। बूझेउ कुसल सखा उर लाई॥

यहाँ पर एक बात विचारणीय है। परशुराम, लक्ष्मण, अंगद और रावण ने शिष्टाचार को

---

1. रामचरितमानस, 1/271/2, 1/280/4, कवितावली, 1/18-20; रा. 2/13/3-2/21; रामचरितमानस, 2/25/4-2/36/4; रा. 2/52/3-2/69/4, गीतावली, 2/2-2/9; रा. 2/253-2/269, गीतावली 2/70-2/78; रामचरितमानस 6/20/1-3/35/2
2. रामचरितमानस, 1/274//1-3; 1/280/1-3; 6/20/1, 6/21/4

ताक पर रख दिया है। तथापि उनके कथोपकथन में परिस्थिति और पात्र का औचित्य है। क्रोध के वातावरण में संयम की आशा व्यर्थ है। परशुराम-लक्ष्मण की उग्रता उनके चरित्रानुरूप है। इसके अतिरिक्त, उनकी घोर उग्रता के प्रदर्शन द्वारा अहंकारी नरेशों को आतंकित करना भी तुलसी का उद्देश्य है। अंगद वानर हैं, रावण राक्षस है—जाति-स्वभाव की अभिव्यक्ति गुण है, दोष नहीं। शिष्टता का प्रकृष्टतम रूप चित्रकूट की सभा में देखा जा सकता है। सारा-का-सारा प्रसंग उद्धरण के योग्य है। राम अपने वक्तव्य का उपसंहार करते हुए भरत से बोले :

तात तुम्हहि मैं जानउँ नीकें। करउँ काह असमंजसु जी कें॥
राखेउ रायँ सत्य मोहि त्यागी। तनु परिहरेउ पेमपनु लागी॥
तासु बचन मेटत मन सोचू। तेहि तें अधिक तुम्हार सँकोचू॥
तापर गुर मोहि आयेसु दीन्हा। अवसि जो कहहु चहउँ सोइ कीन्हा॥
मनु प्रसन्न करि सकुच तजि कहहु करउँ सोइ आजु।[1]

राम का यह कथन लाजवाब है।[2] यदि आप भरत की स्थिति में होते तो इसका क्या उत्तर देते ? तुलसी की प्रतिभा का प्रभाव देखिए। उनके भरत का भी वैसा ही लाजवाब उत्तर है। वे भी अपने वक्तव्य के उपसंहार में कहते हैं :

सानुज पठइअ मोहि बन कीजिअ अवध सनाथ।
नतरु फेरिअहिं बंधु दोउ नाथ चलउँ मैं साथ॥
नतरु जाहिं बन तीनिउ भाई। बहुरिअ सीय सहित रघुराई॥
जेहि बिधि प्रभु प्रसन्न मन होई। करुनासागर कीजिअ सोई॥...
प्रभु प्रसन्न मन सकुच तजि जो जेहि आयेसु देब।
सो सिर धरि धरि करिहि सब मिटिहि अनट अवरेब॥[3]

भरत ने तीन विकल्प सामने रख दिए हैं। राम को निकलने की गुंजाइश नहीं है। राम ने अंतिम निर्णय का भार भरत पर डाल दिया था, लेकिन दो शर्तें लगा दी थीं—प्रसन्न मन की और संकोच-त्याग की। 'प्रसन्न मन सकुच तजि' पर ध्यान दीजिए। भरत ने राम के शब्दों को पकड़कर उन्हीं पर लागू कर दिया, निर्णय का दायित्व उनको ही ओढ़ा दिया। अब राम क्या करें, क्या कहें ? भाव-सिक्त वाग्वैदग्ध्य की मर्यादा इसके आगे कहाँ जाएगी!

प्रश्न यह था कि इस संवाद का उपसंहार कैसे किया जाए। तुलसी ने बड़े कला-नैपुण्य के साथ विवाद को समेटते हुए राम से कहलवाया है :

बाँटी बिपति सबहि मोहि भाई। तुम्हहि अवधि भरि बड़ि कठिनाई॥
जानि तुम्हहि मृदु कहउँ कठोरा। कुसमय तात न अनुचित मोरा॥
होहिं कुठायँ सुबंधु सहाये। ओड़िअहि हाथ असनिहुँ के धाये॥
सेवक कर पद नयन से मुख सो साहिबु होइ।
तुलसी प्रीति कि रीति सुनि सुकबि सराहहिं सोइ॥[4]

---

1. रामचरितमानस, 2/264
2. स्मरणीय है कि पहले भी वे इस तरह की लाजवाब बात कह चुके हैं :
प्रथम जो आयेसु मो कहँ होई। माथे मानि करउँ सिख सोई॥
पुनि जेहि कहँ जस कहब गोसाईं। सो सब भाँति घटिहिं सेवकाई॥—रामचरितमानस, 2/258/2-3
3. रामचरितमानस, 2/268-2/269
4. वही, 2/306

इस क्रम में राम की इस सटीक उक्ति से भरत निरुत्तर हो जाते हैं।[1] वे अपने को राम का एकनिष्ठ सेवक मानते हैं, अतः राम का आदेश-पालन उनका परम कर्त्तव्य है। राम ने आदेश भी अतिशय स्नेह, शील-संकोच, विनय, शिष्टता और विश्वास के साथ दिया है।

व्यास-समास-शैली : तुलसी का लक्ष्य रामकथा और रामभक्ति का प्रतिपादन है।[2] 'रामचरितमानस', 'गीतावली', 'कवितावली' और 'रामाज्ञाप्रश्न' में रामचरित का विस्तृत वर्णन है; 'बरवैरामायण' में संक्षिप्त। जनकपुर, वन-गमन और युद्ध के प्रसंग काव्यदृष्टि से अधिक महत्त्वपूर्ण होने के कारण विस्तारपूर्णक वर्णित हैं। ताड़का, शूर्पणखा, बालि आदि के प्रसंग गौण होने के कारण संक्षेप में प्रस्तुत किए गए हैं। तुलसी में चरित-सारसंग्रह की प्रवृत्ति भी पाई जाती है। 'रामचरितमानस' और 'गीतावली' में रामकथा का विस्तृत वर्णन कर लेने के बाद उन्होंने समास-शैली में भी उसका सारसंग्रह किया है।[3] इसी प्रकार भक्ति-दर्शन का निरूपण करते हुए कहीं व्यास-शैली अपनाई गई है[4], कहीं समास-शैली[5]। शैली के इस द्वैविध्य ने तुलसी-साहित्य को भिन्न रुचिवालों के लिए समान रूप से ग्राह्य बना दिया है। काव्य-रसिकों को बाल-कांड का उत्तरार्ध, अयोध्याकांड, सुंदरकांड या लंकाकांड पढ़कर अधिक आनंदोपलब्धि होती है तो भक्तजन उत्तरकांड अथवा 'विनयपत्रिका' के पारायण में रसविशेष की अनुभूति करते हैं।

समतुल्य-विधान : भिन्न पात्रों या वस्तुओं के रूप, गुण, भाव अथवा क्रिया के समतुल्य बिंब-विधान में अनेक स्थलों पर कलात्मक रमणीयता मिलती है। राम और सीता के वर्णन की समरूपता देखिए[6] :

राम	सीता
1. सिय मुख ससि भए नयन चकोरा।	**1. सरद ससिहि जनु चितव चकोरी।**
2. भए बिलोचन चारु अचंचल।	**2. थके नयन रघुपति छबि देखें।**
3. सहज पुनीत मोर मनु छोभा।	**3. सुमिरि पिता पनु मनु अति छोभा।**
4. फरकहिं सुभद अंग सुनु भ्राता।	**4. मंगलमूल बाम अंग फरकन लगे।**
5. चारु चित्त भीतीं लिखि लीन्हीं।	**5. चली राखि उर स्यामल मूरति।**
6. सुफल मनोरथ होहिं तुम्हारे।	**6. पूजिहि मनकामना तुम्हारी।**
7. कोटि काम उपमा लघु सोऊ।	**7. उपमा सकल मोहि लघु लागीं।**
8. प्रभुहि देखि सब नृप हिअँ हारे।	**8. भए मोहबस सब नरनाहा।**

उपर्युक्त पंक्तियों में राम और सीता के समतुल्य रूप, भाव, अनुभाव और प्रभाव का चित्रण प्रायः समान शब्दावली में किया गया है। नायक-नायिका की यह समतोल जोड़ी किस सहृदय

---

1. मिथिल समाजु सनेह समार्धा। देखि दसा चुप सारद साधी॥

—रामचरितमानस, 2/307/1

2. जेहि महुँ आदि मध्य अवसाना। प्रभु प्रतिपाद्य रामु भगवाना॥

—रामचरितमानस, 7/61/3

एहि महँ रुचिर सप्त सोपाना। रघुपतिभगति केर पंथाना॥

—वही, 7/129/2

3. रामचरितमानस, 7/64/4-7/68/4; गीतावली, 7/38; सांकेतिक : विनयपत्रिका, 43, 50
4. जैसे : रामचरितमानस, 7/115/5-7/122; विनयपत्रिका, 136, 203
5. जैसे : रामचरितमानस, 2/92/2, 2/93; कवितावली, 7/27, 7/87
6. रामचरितमानस, 1/230/2, 1/232/3; 1/231/2, 1/234/2; 1/231/2, 1/236; 1/235/2, 1/235/1; 1/237/2, 1/236/4; 1/243/1, 1/247/1; 1/245/1, 1/248/4

के हृदय को अनुरंजित नहीं करेगी ! भक्ति के प्रसंगों में भी समानांकन का प्रकर्ष ईक्षणीय है। भक्त और भगवान् का रागात्मक संबंध एकांगी नहीं है। राम ने कहा था—**अस सज्जन मम उर बस कैसें। लोभी हृदयँ बसै धनु जैसें;** तुलसी भी उसी स्वर में स्वर मिलाकर कहते हैं—**लोभिहि जिमि प्रिय दाम। तिमि रघुनाथ निरंतर प्रिय लागहु मोहि राम।**[1] वैषम्य पर आश्रित समत्व में कम चमत्कार नहीं है। दास-तुलसी और स्वामी-राम में विचित्र बराबरी है[2] :

1. मैं अपरासिंधु करुनाकर जानत अंतरजामी।

2. मैं पतित तुम पतितापावन दोउ बानक बने।

3. हौं प्रसिद्ध पातकी तू पापपुंजहारी।

4. मो सम दीन न दीनहित तुम्ह समान रघुबीर।
अस बिचारि रघुबंसमनि हरहु विषम भवभीर॥

तुलसी अपराध-सिंधु हैं तो राम करुणा-सिंधु। तुलसी जिस कोटि के पतित हैं, राम उसी कोटि के पतित-पावन हैं। तुलसी दीनों में अप्रतिम हैं, और राम दीनबंधुओं में। दोनों की इस अद्वितीयता के आधार पर तुलसी का अडिग विश्वास है कि वे राम-कृपा के अधिकारी हैं, और राम उन पर कृपा करने को बाध्य हैं।

सज्जन और दुर्जन विरुद्धधर्मा हैं, फिर भी उनमें समतुल्यता है :

बंदौं संत असज्जन चरना। दुखप्रद उभय बीच कछु बरना॥
बिछुरत एक प्रान हरि लेई। मिलत एक दारुन दुख देई॥[3]

स्वाभाविक गुणों की भिन्नता के बावजूद दोनों दुःखदायक हैं; एक बिछुड़ते समय और दूसरा मिलते समय। बैधर्म्य के संदर्भ में साधर्म्य की यह व्यंजना चमत्कारपूर्ण है।

वीर-रस के वर्णन में भी तुलसी का समतुल्य-विधान अवेक्षणीय है[4] :

1. गहि मंदर बंदर भालु चले सो मनो उनये घन सावन के।
तुलसी उत झुंड प्रचंड झुके झपटैं भट जे सुरदावन के।

2. सर तोमर सेलसमूह पँवारत मारत बीर निसाचर के।
इत तें तरु ताल तमाल चले खर खंड प्रचंड महीधर के।

राम और रावण की सेनाओं तथा उनके शस्त्रास्त्रों में रूप का सादृश्य नहीं है। परंतु, उनके समरोचित उत्साह और आक्रमण-प्रत्याक्रमण में आकर्षक साधर्म्य है। उस साधर्म्य के आधार पर कवि ने समतुल्य युद्ध-व्यापारों का भावोत्कर्षक दृश्य-विधान किया है।

शब्दार्थ-ग्रहण : 'रामचरितमानस' की प्रस्तावना में तुलसी की प्रतिज्ञा है :

नानापुराणनिगमागमसम्मतं यद्रामायणे निगदितं क्वचिदन्यतोऽपि।
स्वांतःसुखाय तुलसी रघुनाथगाथाभाषानिबंधमतिमंजुलमातनोति॥[5]

तुलसी ने पूर्वरचित वाङ्मय की सुमनावली से मकरंद-संचय करके **मानस**-मधुकोश का निर्माण किया है।[6] मानसेतर कृतियों के प्रणयन में भी उन्होंने अपनी ग्राहिका बुद्धि का पर्याप्त परिचय दिया है।[7]

---

1. रामचरितमानस, 5/48/4; 7/130
2. विनयपत्रिका, 117/5; 160/1; 79/1; रामचरितमानस, 7/130, दोहावली, 179
3. रामचरितमानस, 1/5/2
4. कवितावली, 6/34, 35
5. रामचरितमानस, 1/1/श्लोक 7
6. देखिए—'रामचरितमानस के साहित्यिक स्रोत', 'रामचरितमानस पर पौराणिक प्रभाव, रामचरितमानस का तुलनात्मक अध्ययन', 'वाल्मीकि-रामायण और रामचरितमानस का तुलनात्मक अध्ययन', 'वाल्मीकि और तुलसी : साहित्यिक मूल्यांकन', 'अध्यात्मरामायण का रामचरितमानस पर प्रभाव' आदि ग्रंथ।
7. देखिए—'विनयपत्रिका' आदि पर सिद्धांत-तिलक और 'विनय-पीयूष'।

विशेषता यह है कि उन्होंने स्रोत-ग्रंथों से यथेष्ट सामग्री लेकर उसे अपनी प्रतिभा के सहारे इस कलात्मक रीति से सजाया है कि कहीं भी जोड़ या पैबंद नहीं मालूम पड़ता, कृत्रिमता का नाम नहीं है, और सुषमा का स्वाभाविक रूप उद्भासित होता है। कुछेक उदाहरणों के अवकलन से उनकी अनुहरण-कला के कौशल की प्रतीति की जा सकती है।

यह ठीक है कि बहुत से स्थलों पर तुलसी ने दूसरों की उक्तियों की (कहीं-कहीं मक्षिकास्थाने मक्षिका के रूप में) उद्धरणी की है और उनमें कोई काव्य-सौंदर्य नहीं है, जैसे[1] :

1. i. मूकं करोति वाचालं पंगुं लंघयते गिरिम्।
ii. मूक होइ बाचाल पंगु चढ़ै गिरिवर गहन।
2. i. उत्पत्तिस्थितिसंहारकारिणी सर्वदेहिनाम्।
ii. उद्भवस्थितिसंहारकारिणीं क्लेशहारिणीं।
3. i. चन्द्रहास हर मे परितापं रामचन्द्रविरहानलजातम्।
ii. चंद्रहास हरु मम परितापं। रघुपति बिरह अनल संजातं॥
4. i. सुखस्य दुःखस्य न कोऽपि दाता।
ii. काहु न कोउ सुख दुख कर दाता। आदि।

परंतु, इस प्रकार की अधिकांश पंक्तियाँ काव्य-सौंदर्य की दृष्टि से लिखी ही नहीं गई हैं। उन स्थलों पर तुलसी प्रायः मोक्षधर्म से अनुप्राणित हैं। आप्त ग्रंथों की शब्दावली में किया गया सैद्धांतिक निरूपण अधिक प्रभावशाली होता है। 'पुराणनिगमागम' की दुहाई का मुख्य प्रयोजन यही है। दूसरी बात यह है कि अन्य कृतियों से गृहीत ये वाक्य 'रामचरितमानस' के रचना-क्रम में इस निपुणता से बिठा दिए गए हैं कि उनका विन्यास 'मानस' के प्रवाह में खटकता नहीं है।

तुलसी की माधुकरी वृत्ति का प्रकर्ष कवित्वमय स्थलों पर दर्शनीय है। जिन प्रसंगों के वर्णन में उनका कवि-हृदय विशेष रूप से रमा है उनमें प्राचीन उक्तियों से अर्थ-ग्रहण करते हुए उन्होंने नवीन चमत्कार का सन्निवेश किया है। काव्य-दृष्टि से जनकपुर और वन-यात्रा के प्रसंग समूचे तुलसी-साहित्य में परमोत्कृष्ट हैं। हनुमन्नाटक में पथिक-वधुओं के प्रश्न और सीता के उत्तर का चित्रांकन किया गया था :

पथि पथिकवधूभिः सादरं पृच्छमाना कुवलयदलनीलः कोऽयमार्ये तवेति।
स्मितविकसितगण्डं व्रीडविभ्रान्तनेत्रं मुखमवनमयन्ती स्पष्टमाचष्ट सीता॥[2]

यह चित्र सुंदर है। इसके भाव पर आश्रित तुलसी का चित्रांकन सुंदरतर है :

सीस जटा उर बाहु बिसाल बिलोचन लाल तिरीछी सी भौहैं।
तून सरासन बान धरें तुलसी बन मारग में सुठि सोहैं।
सादर बारहिं बार सुभायँ चितै तुम्ह त्यों हमरो मन मोहैं।
पूँछति ग्रामबधू सिय सों कहौ साँवरे से सखि रावरे को हैं॥
सुनि सुंदर बैन सुधारस साने सयानी हैं जानकी जानी भली।
तिरछे करि नैन दै सैन तिन्हें समुझाइ कछू मुसुकाइ चली।
तुलसी तेहि औसर सोहैं सबै अवलोकति लोचनलाहु अली।
अनुराग तड़ाग में भानु उदैं बिगसीं मनो मंजुल कंजकली॥[3]

---

1. क्रमशः 'भागवत'-टीका में श्रीधर का मंगलाचरण, भविष्यपुराण, 1/1/3 : रामचरितमानस, 1/1/ सोरठा 2; रामोत्तरतापिनी उपनिषद्, 2/3 : रा. 1/1/श्लोक 5; प्रसन्नराघव, 6/33 : रा. 5/10/2; अध्यात्मरामायण, 2/6/6; रामचरितमानस 2/92/2
2. हनुमन्नाटक, 3/16
3. कवितावली, 2/22-23

तुलसीदास ने आलंबन राम के रूप और क्रिया (चितवन) का प्रभावशाली चित्रण किया है जो विभावन-व्यापार में पूर्णतः समर्थ है। पहली एवं चौथी पंक्ति में प्रयुक्त **'सी'** और **'से'** सौंदर्यातिशय के व्यंजक हैं। **'सखि'** में आत्मीयता की जो ध्वनि है वह इस मार्मिक प्रश्न के उपयुक्त है। 'आर्ये' संबोधन से वह बात नहीं बनती। 'सादरं' के वाच्य की अपेक्षा **'रावरे'** का आदरसूचक व्यंग्य अधिक चमत्कारपूर्ण है। 'स्मितविकसितगण्डं स्पष्टमाचष्ट' की अपेक्षा **'समुझाय कछू मुसुकाइ चली'** में शब्द और अर्थ दोनों का अतिशायी लालित्य है। तुलसी ने विभाव और क्रिया के साथ ही प्रभाव और प्रतिक्रिया का भी चित्रण किया है जो भावक के चित्त पर घनीभूत प्रभाव डालने में अधिक समर्थ है।

एक और उदाहरण लीजिए। राम से सीता हँसी कर रही हैं :

पदकमलरजोभिर्मुक्तपाषाणदेहामलभत यदहल्यां गौतमो धर्मपत्नीम्।
त्वयि चरति विशीर्णग्रावविन्ध्याद्रिपादे कति कति भवितारस्तापसा दारवन्तः॥[1]

इससे अर्थ-ग्रहण करके तुलसी ने निम्नांकित निबंधना की है :

बिंध्य के बासी उदासी तपोब्रतधारी महा बिनु नारि दुखारे।
गौतमतीय तरी तुलसी सो कथा सुनि भे मुनिबृंद सुखारे।
ह्वैहैं सिला सब चंद्रमुखीं परसें पद मंजुल कंज तिहारे।
कीन्हीं भली रघुनायकजू करुना करि कानन को पगु धारे॥[2]

तुलसी ने मूल अर्थ को प्रकृष्टतर रूप में प्रस्तुत किया है। दुःख के अनुभव के बाद ही सुख का वास्तविक महत्त्व प्रकट होता है।[3] उदासी और तपस्वी मुनियों का जीवन नारी की अनुपस्थिति में नितांत नीरस और कष्टमय था। अहल्या की कथा सुनते ही उनके मन में भावी सुख की कल्पना करके उल्लास की लहर दौड़ गई। यह प्रसंगोद्भावना रमणीय है। 'दार' शब्द में वह सौंदर्य नहीं है जो 'चंद्रमुखी' में है। दारा तो भद्दी भी हो सकती है। अनूठी व्यंजना इस बात में है कि चंद्रमुखियों का संबंध मुनि-वृंद के साथ भी ठीक बैठ जाता है, और रघुनायक के साथ भी। 'रघुनायक' में 'नायक' अभिप्राय-युक्त है। नायक राम की ओर आकृष्ट चंद्रमुखियाँ सीता की सपत्नियाँ बन बैठने की आकांक्षा कर सकती हैं। इस कल्पना में चमत्कार है।

दूसरों से अर्थ-ग्रहण करनेवाले कवि चार प्रकार के होते हैं—भ्रामक, चुंबक, कर्षक और द्रावक।[4] अन्य-कृत रचना से ज्यों-का-त्यों अर्थ ग्रहण करके मौलिकता का ढोंग करनेवाला कवि **भ्रामक** है। बहुत से स्थलों पर प्राचीन साहित्य और तुलसी की उक्तियों में बिंब-प्रतिबिंब-भाव पाया जाता है; उदाहरणार्थ[5] :

1. i. ध्रुवं कश्चित्सर्वं सकलमपरस्त्वध्रुवमिदं
परो ध्रौव्याध्रौव्ये जगति गदति व्यस्तविषये।
ii. कोउ कह सत्य झूठ कह कोऊ जुगल प्रबल कोउ मानै।
2. i. बिले बतोरुक्रमविक्रमान् ये न शृण्वतःकर्णपुटे नरस्य।
जिह्वासती दार्दुरिकेव सूत न चोपगायत्युरुगायगाथाः।

---

1. हनुमन्नाटक, 3/19
2. कवितावली, 2/28
3. सुखं हि दुःखान्यनुभूय शोभते घनान्धकारेष्विव दीपदर्शनम्।—मृच्छकटिक, 1/10
4. भ्रामकश्चुंबकः किञ्च कर्षको द्रावकश्च सः।
स कविर्लौकिकोऽन्यस्तु चिन्तामणिरलौकिकः॥—काव्यमीमांसा, पृ. 64
5. महिम्नस्तोत्र, 9, विनयपत्रिका, 111/4; भागवतपुराण, 2/3/20, रामचरितमानस, 1/113/2, 3; उत्तररामचरित, 2/7, रामचरितमानस, 7/19

ii. जिन्ह हरिकथा सुनी नहिं काना। श्रवन रंध्र अहि भवन समाना॥
जो नहिं करै राम गुन गाना। जीह सो दादुर जीह समाना॥

3. i. वज्रादपि कठोराणि मृदूनि कुसुमादपि।

ii. कुलिसहु चाहि कटोर अति कोमल कुसुमहु चाहि।

तथापि तुलसी भ्रामक कवि नहीं हैं। उन्होंने मौलिकता का दावा न करके प्राचीन ग्रंथों की उत्तमर्णता सच्चाई से स्वीकार की है।[1]

जो कवि दूसरे के भाव को अपनाता तो है किंतु उसका कुछ संस्कार करके अपनी मनोहर वाक्य-रचना द्वारा उसे नवीन शोभा प्रदान करता है वह **चुंबक** कवि है, यथा[2] :

1. i. कमठपृष्टकठोरमिदं धनुर्मधुरमूर्तिरसौ रघुनन्दनः।
कथमधिज्यमनेन विधीयतामहह तात पणस्तव दारुणः॥

ii. अहह तात दारुनि हठ ठानी। समुझत नहि कछु लाभ न हानी॥
कहँ धनु कुलिसहु चाहि कठोरा। कहँ स्यामल मृदु गात किसोरा॥
बिधि केहि भाँति धरौं उर धीरा। सिरससुमन कन बेधिअ हीरा॥

तुलसी ने पहली पंक्ति के उत्तरार्ध और तीसरी पंक्ति में नवीन अर्थ का सन्निवेश करके मूल उक्ति को अधिक उत्कृष्ट बना दिया है। कुलिश की कठोरता और किशोरगात की मृदुता का वैषम्य विशेष हृदयस्पर्शी है।

कर्षक : कवि मूल कृति के वाक्यार्थ को कुशलता के साथ किंचित्परिवर्तनपूर्वक अपनी मनोहर रचना में सन्निविष्ट कर लेता है। जयदेव ने धनुष-यज्ञ के प्रसंग में बाणासुर की असफलता का चित्रण करते हुए लिखा था :

बाणस्य बाहुशिखरैः परिपीड्यमानं नेदं धनुश्चलति किञ्चिदपीन्दुमौलेः।
कामातुरस्य वचसामिव संविधानैरभ्यर्थितं प्रकृतिचारु मनः सतीनाम्॥[3]

तुलसी ने प्रसंग में थोड़ा परिवर्तन करके बाण[4] के स्थान पर सहस्रों राजाओं को कामियों के सदृश उपहासास्पद बनाया है :

भूप सहस दस एकहि बारा। लगे उठावन टरै न टारा।
डगै न संभु सरासन कैसें। कामी बचनु सती मनु जैसें॥
सब नृप भए जोग उपहासी। जैसें बिनु बिराग संन्यासी॥[5]

द्रावक कवि वह है जो किसी अन्य कवि के मूल अर्थ को अपनी प्रतिभा से गलाकर अपनी रचना के साँचे में ढालते हुए उसे इस सफाई से नूतन रूप प्रदान करता है कि सामान्य पाठक को उस अर्थ-ग्रहण का आभास नहीं होता। कालिदास के दुष्यंत ने नायिका शकुंतला को पहली बार देखकर कहा था :

असंशयं क्षत्रपरिग्रहक्षमा यदार्यमस्यामभिलाषि मे मनः।
सतां हि संदेहपदेषु वस्तुषु प्रमाणमन्तःकरणप्रवृत्तयः॥[6]

सीता के प्रथम दर्शन पर तुलसी के राम भी लक्ष्मण से कहते हैं :

तात जनकतनया यह सोई। धनुपजज्ञ जेहि कारन होई॥
पूजन गौरि सखीं लै आई। करत प्रकास फिरहिं फुलवाई॥

---

1. रामचरितमानस, 1/1/श्लोक 7
2. हनुमन्नाटक, 1/10, रामचरितमानस, 1/258/1-3
3. प्रसन्नराघव, 1/56
4. रावनु बानु महाभट भारे। देखि सरासन गवहिं सिधारे॥—रामचरितमानस, 1/250/1
5. रामचरितमानस, 1/251/1-2
6. अभिज्ञानशाकुंतल, 1/20

जासु बिलोकि अलौकिक सोभा। सहज पुनीत मोर मनु छोभा।।
सो सबु कारनु जान बिधाता। फरकहिं सुभद अंग सुनु भ्राता।।[1]

रामचरितमानसकार ने अभिज्ञानशाकुंतल के मूल भाव का कायाकल्प कर दिया है। कवि के अर्थग्रहण का प्रत्यभिज्ञान सरल नहीं है। उपर्युक्त पंक्तियाँ तुलसी की मौलिक कृति प्रतीत होती हैं। उनमें आलंबन और आश्रय के विशद निरूपण तथा व्यंजना-वृत्ति के व्यापक प्रयोग से काव्य-सौंदर्य निखर उठा है।

इस प्रकार तुलसी में चुंबक, कर्षक और द्रावक कवि की विशेषताएँ पाई जाती हैं। उनकी अगणित उक्तियों में सुविज्ञ पाठक को पुरातन वाङ्मय के शब्दार्थ का स्पष्ट प्रतिबिंब दिखाई पड़ता है। उत्तमर्ण ग्रंथों और तुलसी-साहित्य (विशेषतया **रामचरितमानस**) के घनिष्ठ सादृश्य को देखकर यह निष्कर्ष निकाल लेना नितांत भ्रमपूर्ण होगा कि उनका साहित्य मात्र उधारखाता है। तुलसी की काव्य-कला के सौंदर्य को सही परिप्रेक्ष्य में आँकने के लिए तीन बातों का ध्यान रखना आवश्यक है। एक यह कि उनको पूर्ववर्ती प्रतिभाशाली कवियों द्वारा क्षुण्ण काव्य-पथ पर चलना था। उन काव्यकर्ताओं की पैनी और अलौकिक दृष्टि कविता के लोक का कोना-कोना झाँक आई थी। राम-कथा और भक्तिदर्शन पर अपरिमित साहित्य लिखा जा चुका था। अतएव उस पुरातन वस्तु को लेकर सर्वथा नवीन काव्य-निर्माण असंभव था। दूसरी बात यह कि कोई वाचस्पति भी अपूर्व पदों और अर्थों की निबंधना नहीं कर सकता।[2] यदि अन्य कवियों की छाया से युक्त काव्य-रचना सहृदयों को चमत्कृत करती है तो वह रमणीय है।[3] तुलसी ने पुरातन साहित्य से शब्दार्थ ग्रहण करके भानमती का कुनबा नहीं जोड़ा है; उन्होंने गृहीत वस्तु को अपने काव्य के साँचे में ढाला है, कवित्वमय प्रसंगों में उसे नवता और उत्कर्ष प्रदान किया है। कवि की मौलिकता का अस्तित्व अभिव्यंजन-शैली की नवीनता और रमणीयता में है, किसी अदृष्ट पदार्थ के अन्वेषण या प्रकाशन मात्र में नहीं।

तीसरी और अधिक महत्त्वपूर्ण बात यह है कि तुलसीदास **चिंतामणि**[4] कवि भी हैं। उनके काव्य में स्थान-स्थान पर सहृदयों को रस-मग्न कर देनेवाली विचित्र कल्पनाओं की मौलिक योजना भी है। बहुवर्णित राम-चरित का नवीकरण अवांछनीय था; इसलिए तुलसी की प्रतिभा प्रसंगानुसार अंकित खंडचित्रों की नवीनता में अभिव्यक्त हुई है। उदाहरण के लिए, जूठी उपमाओं से आगे बढ़कर व्यतिरेक, रूपक, उत्प्रेक्षा आदि के सहारे किया गया सीता का अलंकृत सौंदर्य-वर्णन अवलोकनीय है :

सब उपमा कबि रहे जुठारी। केहि पटतरौं बिदेहकुमारी।।...
उपमा सकल मोहि लघु लागीं। प्राकृत नारि अंग अनुरागीं।।
सिय बरनिय तेइ उपमा देई। कुकबि कहाइ अजसु को लेई।।
जौ पटतरिअ तीय सम सीया। जग असि जुवति कहाँ कमनीया।।
गिरा मुखर तन अरध भवानी। रति अति दुखित अतनु पति जानी।।
बिष बारुनी बंधु प्रिय जेही। कहिअ रमा सम किमि बैदेही।।
जौ छबिसुधा पयोनिधि होई। परम रूपमय कच्छपु सोई।।
सोभा रजु मंदरु सिंगारू। मथै पानि पंकज निज मारू।।

---

1. रामचरितमानस, 1/231/1-2
2. देखिए—ध्वन्यालोक, 4/15 पर वृत्ति
3. यदपि तदपि रम्यं यत्रा लोकस्यकिंचित्स्फुरितमिदमितीयं बुद्धिरभ्युज्जिहीते।
अनुगतमपि पूर्वच्छायया वस्तु तादृक् सुकविरुपनिबध्नन्निंद्यतां नोपयाति।।—ध्वन्यालोक, 4/16
4. चिन्तासमं यस्य रसैकसूतिरुदेति चित्राकृतिरर्थसार्थः।
अदृष्टपूर्वो निपुणैः पुराणैः कविः स चिन्तामणिरद्वितीयः।।—काव्यमीमांसा, पृ. 65

एहि बिधि उपजै लच्छि जब सुंदरता सुख मूल।
तदपि सकोच समेत कबि कहहिं सीय समतूल ॥[1]

उनकी स्वभावोक्तियों और वक्रोक्तियों में पग-पग पर नवीनता का रम्य रूप परिलक्षित होता है :

1. एकहि बार आस सब पूजी। अब कछु कहब जीभ करि दूजी ॥
फोरइ जोगु कपारु अभागा। भलेउ कहत दुख रौरेहि लागा ॥
कहहिं झूठि फुरि बात बनाई। ते प्रिय तुम्हहिं करुइ मैं माई ॥
2. सत्य सराहि कहेउ बर देना। जानेहु लेइहि माँगि चबेना ॥
3. दुइ कि होहिं एक समय भुआला। हँसब ठठाइ फुलाउब गाला ॥
दानि कहाउब अरु कृपनाई। होइ कि खेम कुसल रौताई ॥
4. लोचन चातक जिन्ह करि राखे। रहहिं दरस जलधर अभिलाषे ॥
निदरहिं सरित सिंधु सर बारी। रूप बिंदु जल होहिं सुखारी ॥
तिन्ह कें हदयँ सदन सुखदायक। बसहु बंधु सिय सह रघुनायक ॥
5. राखिए नीके सुधारि नीच को डारिए मारि
दुहूँ ओर की बिचारि अब न निहोरिहौं।
तुलसी कही है साँची रेख बार बार खाँची
ढील किए नाम महिमा की नाव बोरिहौं ॥[2]

सारांश यह है कि तुलसी-साहित्य में सर्वत्र ही काव्य-कला की रमणीयता पाई जाती है—जहाँ उन्होंने नवीन काव्यवस्तु की उद्‌भावना की है वहाँ भी, जहाँ अन्य कवियों की छाया का अनुसरण करते हुए बिंब-विधान किया है वहाँ भी, और जहाँ पुरातन साहित्य से शब्दार्थ-ग्रहण करके प्रतिबिंबकल्प अर्थ-योजना की है वहाँ भी। स्रोत-ग्रंथों को पढ़ लेने के बाद भी हम **रामचरितमानस** को बारंबार पढ़ते हैं, और फिर-फिर पढ़ना चाहते हैं। हर बार नूतनता का स्फुरण होता है। नवता की यह अनुभूति उसकी रमणीयता का महत्तम प्रमाण है :

क्षणे क्षणे यन्नवतामुपैति तदेव रूपं रमणीयतायाः।[3]

'हरिऔध' जी की निम्नांकित उक्ति **रामचरितमानस** के साथ ही उनके अन्य गौरव-ग्रंथों की काव्य-कला पर भी खरी उतरती है :

बन राम-रसायन की रसिका रसना रसियों की हुई सफला।
अवगाहन 'मानस' में करके जनमानस का मल सारा टला।
भई भाव ते पावन भूमि भली हुआ भावुक भावुकता का भला।
कविता करके तुलसी न लसे कविता लसी पा तुलसी की कला ॥

1. रामचरितमानस, 1/230/4, 1/247/2-दोहा
2. वही, 2/16/1-2, 2/30/3, 2/35/3, 2/128/3-4, विनयपत्रिका, 258/4
3. माघ : शिशुपाल वध, 4/17

10. गौरव-ग्रंथ

कवित्व और महिमा की दृष्टि से तुलसीदास की रचनाएँ दो वर्गों में रखी जा सकती हैं—साधारण और गौरवशाली। 'वैराग्यसंदीपनी', 'रामाज्ञाप्रश्न', 'रामललानहछू', 'जानकीमंगल', 'पार्वतीमंगल', 'कृष्णगीतावली', 'बरवैरामायण' और 'दोहावली' साधारण कोटि की कृतियाँ हैं। 'रामचरितमानस', 'गीतावली', 'विनयपत्रिका' तथा 'कवितावली' उनके गौरव-ग्रंथ हैं। इन गौरव-ग्रंथों का अलग-अलग संक्षिप्त विवेचन प्रस्तुत कर देना वांछनीय होगा।

रामचरितमानस

तुलसीदास **भक्तमाल** के सुमेरु माने गए हैं। उनका **रामचरितमानस** हिंदी-काव्य-माला का सुमेरु है। वह एक अनूठा महाकाव्य हैं जिसमें भक्ति की भूमि पर इतिहास, पुराण, धर्मशास्त्र, कथाकाव्य, चरितकाव्य और लोककाव्य का अद्‌भुत समन्वय किया गया है। उसका नायक परब्रह्म परमेश्वर है। उसकी पुरातन प्रतिपाद्य-वस्तु में नवीनता की कमनीय कांति है। उसका अंगी रस भक्तिरस है। उसमें सुंदर कवित्व और शिव मोक्षतत्त्व की अलौकिक द्विवेणी है। यह उसका महत्तम गुण है। यह गुण ही उसके काव्य-दोष का प्रधान कारण है। पूर्ववर्ती अध्यायों में 'रामचरितमानस' के रचना-काल, रचना-क्रम, युग-प्रभाव, विचारधारा, भाव-पक्ष और कला-पक्ष पर प्रसंगानुसार विचार किया जा चुका है। प्रस्तुत प्रकरण में उसके वस्तु-विन्यास, सोपान-कल्पना, चरित्र-चित्रण, मर्यादावाद, अंगी रस और काव्यरूप का आलोचन अभीष्ट है।

वस्तु-विन्यास

'मानस' के स्रोत : 'रामचरितमानस' का प्रतिपाद्य 'रामचरित' है।[1] उस चरित-वर्णन के क्रम में दो प्रकार की दृष्टियाँ काम करती रही हैं—काव्य-दृष्टि[2] और मोक्ष-दृष्टि।[3] तदनुरूप उसमें विन्यस्त वस्तु के भी दो प्रकार हैं—सौंदर्यपरक और शिवपरक। इस वस्तु-भेद के अनुसार तुलसी ने भिन्न-भिन्न स्रोतों से सामग्री ग्रहण की है। 'रामचरितमानस' की राम-कथा के दो मुख्य स्रोत-ग्रंथ **अध्यात्मरामायण** और वाल्मीकि-रामायण हैं। सौंदर्यपरक कवित्वमय प्रसंगों के प्रमुख उत्तमर्ण काव्य-ग्रंथ हैं। उनमें **हनुमन्नाटक** और **प्रसन्नराघव** अन्यतम हैं। 'प्रतिमानाटक', 'रघुवंश', 'महावीरचरित', 'उत्तररामचरित', 'बालरामायण' आदि से भी अनेक स्थलों पर शब्दार्थ-ग्रहण किया गया है। मंगलपरक मोक्षनिरूपण के प्रधान आधार

---

1. स्वांतःसुखाय तुलसी रघुनाथगाथाभाषानिबंधमतिमंजुलमातनोति।—रामचरितमानस, 1/1/श्लोक 7
   तेहि करि विमल विवेक विलोचन। बरनौं रामचरित भव मोचन॥

   —रामचरितमानस, 1/2/1
2. देखिए—रामचरितमानस, 1/36/1-1/43/1
3. ब्रह्मनिरूपन धर्मविधि बरनहिं तत्वविभाग।
   कहहिं भगति भगवंत कै संजुत ज्ञानविराग॥—रामचरितमानस, 1/44

पुराण हैं। **अध्यात्मरामायण**[1] और **भागवत** का ऋण सबसे अधिक है। अन्य पुराणों, उपनिषदों, 'महाभारत', 'योगवासिष्ठ', 'हितोपदेश', स्मृतियों, स्तोत्रों आदि से भी यथास्थान सामग्री ली गई है।

'रामचरितमानस' में वर्णित और निर्दिष्ट कथाएँ पाँच प्रकार की हैं—आधिकारिक कथाएँ, प्रासंगिक कथाएँ, अवांतर कथाएँ, हेतुकथाएँ और अंतःकथाएँ। प्रथम दो प्रकार की कथाएँ अपने स्थूल रूप में **अध्यात्मरामायण** और वाल्मीकि-रामायण पर आश्रित हैं। पूरा ढाँचा उन्हीं से लिया गया है। उसको भरने और सँवारने के लिए जो विवरण दिए गए हैं उन पर विभिन्न पुराणों, काव्यों, नाटकों आदि का महत्त्वपूर्ण प्रभाव पड़ा है। रामायण का विशिष्ट प्रभाव एकहरा है, क्योंकि उसने 'मानस' के कथानक को ही विशेष रूप से प्रभावित किया है। अध्यात्मरामायण का प्रभाव तेहरा है—कथानक पर, दर्शन पर और प्रतिपादन-शैली पर।

राम की मुख्य कथा **आधिकारिक** है। **प्रासंगिक** कथाओं के परंपरा-प्रथित दो रूप हैं—पताका और प्रकरी। सुग्रीव का वृत्त निर्विवाद रूप से पताका है; क्योंकि वह प्रासंगिक है, आधिकारिक कथा की प्रगति में सहायक है, और राम की उद्देश्यपूर्ति का साधन होने के साथ ही स्वयं सुग्रीव को भी फल-प्राप्ति होती है। विश्वामित्र भी पताकानायक हैं, क्योंकि वे अपने कार्य में भी सफल होते हैं और राम की सहायता भी करते हैं। जटायु, हनुमान और विभीषण प्रकरी-नायक हैं। वे निष्काम-भाव से राम के सहायक हैं, किसी फलागम की भावना से प्रेरित नहीं हैं; यह और बात है कि जटायु को बैकुंठ और विभीषण को राज्य का लाभ होता है। किसी-किसी ने हनुमान को पताका नायक माना है।[2] यह धारणा शास्त्र-विरुद्ध है। पताका और प्रकरी के नायक में एक तात्त्विक भेद यह है कि पताका-नायक के कार्य में उसका स्वार्थ भी निहित रहता है, किंतु प्रकरी-नायक निःस्वार्थ होता है।[3] अहल्या, ताड़का, शबरी और खर-दूषण के वृत्त को प्रकरी मानना[4] भी असंगत है। अहल्या के शप्त होने की कथा **मानस** में वर्णित नहीं है, और उसका उद्धार राम के महत्कार्यों का ही एक अंग है। ताड़का राम की सहायता नहीं करती, और उसका वध राम-चरित के ही अंतर्गत है। असुरों का वध करने और भक्तों को कृतार्थ करने के लिए ही तो राम ने अवतार लिया है। सुबाहु, बिराध, खर, दूषण, मारीच, कुंभकर्ण आदि सभी राक्षस उनके लक्ष्य हैं। शबरी ही नहीं, वाल्मीकि, अत्रि, सुतीक्ष्ण, अगस्त्य आदि ऋषि-मुनि उनके द्वारा कृतार्थ हुए हैं। उन सबको प्रकरी मानना उचित नहीं है क्योंकि प्रकरी-नायक के शास्त्रपतिपादित लक्षण उनमें घटित नहीं होते।

पूर्वोक्त आधिकारिक और प्रासंगिक कथाओं के प्रमुख स्रोतों का सांकेतिक निर्देश इस प्रकार किया जा सकता है—रामजन्म : अध्यात्मरामायण, वाल्मीकि-रामायण; बाल-वर्णन : अध्यात्मरामायण, भागवतपुराण; विश्वामित्र-प्रसंग : अध्यात्मरामायण, वाल्मीकि-रामायण; फुलवारी और धनुषयज्ञ : हनुमन्नाटक, प्रसन्नराघव, अनर्घराघव, महावीरचरित, अभिज्ञानशाकुंतल; विवाह : वाल्मीकि-रामायण, अध्यात्मरामायण; अयोध्या-अरण्य-किष्किधा-कांड : अध्यात्मरामायण, वाल्मीकि- रामायण; हनुमान का लंका-प्रवेश : अध्यात्मरामायण, वाल्मीकि-रामायण; हनुमान-विभीषण-मिलन : आनंद- रामायण; अशोकवाटिका में सीता-रावण और सीता-हनुमान के संवाद : प्रसन्नराघव, हनुमन्नाटक; लंकादहन :

---

1. यद्यपि 'ब्रह्मांडपुराण' की अधुना उपलब्ध प्रतियों में 'अध्यात्मरामायण' का समावेश नहीं पाया जाता तथापि परंपरा उसको 'ब्रह्मांडपुराण' का ही एक भाग मानती है। देखिए : हिंदुत्व, पृ. 381-82; ए हिस्ट्री ऑफ इंडियन लिटरेचर, जिल्द 1, पृ. 578-79; अध्यात्मरामायण, माहात्म्य की पुष्पिका। अतः प्रस्तुत विवेचन में इस ग्रंथ की गणना पुराण के रूप में ही की जाएगी।
2. देखिए—रामचरितमानस का शास्त्रीय अध्ययन, पृ. 189
3. देखिए—नाट्यदर्पण, 1/29, 32 और उन पर वृत्ति
4. देखिए—रामचरितमानस का शास्त्रीय अध्ययन, पृ. 189

वाल्मीकि-रामायण, अध्यात्मरामायण; लंकाकांड के आरंभ से उत्तरकांड के रामराज्य-वर्णन[1] तक : वाल्मीकि-रामायण, अध्यात्मरामायण। राम-कथा वस्तुतः यहीं पर समाप्त हो गई है। सनकादि-कृत स्तुति, राम-गीता, वसिष्ठ के निवेदन और नारद-कृत राम-गुण-वर्णन[2] को भी खींच-खाँचकर उसमें समेटा जा सकता है। इन प्रसंगों और रामराज्य-वर्णन पर भी विभिन्न पुराणों का प्रभाव है।

'रामचरितमानस' के प्रतिपाद्य विषय को भली भाँति समझाने के लिए उसके उपक्रम और उपसंहार में तुलसी ने अनेक **अवांतर कथाओं** की योजना की है। राम-चरित-वर्णन की अवतरणिका के रूप में सती-पार्वती-शिव[3] और काकभुशुंडि-गरुड़[4] के आख्यान वर्णित हैं। याज्ञवल्क्य-भरद्वाज-संवाद[5] भी इसी प्रकार का संक्षिप्त रूप है। 'रामचरितमानस' में वर्णित शिव-चरित के मुख्य स्रोत 'शिवपुराण' और 'कुमारसंभव' हैं। अन्य दो संवादों के स्रोत-रूप में 'भुशुंडि-रामायण' और 'याज्ञवल्क्यरामायण' की चर्चा की जाती है। इन कथित रामायणों की प्रामाणिकता संदिग्ध है। शिव-पार्वती-संवाद 'अध्यात्मरामायण' की प्रत्यक्ष देन है। अन्य दो संवादों की प्रकीर्ण सामग्री विभिन्न पुराणों में मिलती है। ऐसा प्रतीत होता है कि उस बिखरी हुई वस्तु को लेकर कवि ने 'मानस' के चार मनोहर घाटों की रचना की है।

जय-विजय[6], कश्यप-अदिति[7], (संकेत-मात्र), जलंधर[8], नारद-मोह[9], मनु-शतरूपा[10] और प्रतापभानु[11] के उपाख्यान रामावतार के कारणों का निरूपण करनेवाली **हेतुकथाएँ** हैं। रामावतार-पूर्व का रावण-चरित[12] और दशरथ की पुत्रेष्टि[13] का वर्णन भी 'रामचरितमानस' की भूमिका का अंश है। इस अंश के मुख्य उत्तमर्ण पद्म, विष्णु, स्कंद, भागवत आदि अनेक पुराण हैं। कहीं-कहीं 'अध्यात्मरामायण' और वाल्मीकि-'रामायण' का भी प्रभाव है। 'रामचरितमानस' की मुख्य कथा के क्रम में पृथु, शिवि, दधीचि, हरिश्चंद्र, नहुष आदि की कथाओं का सांकेतिक उल्लेख भी किया गया है। ये **अंतःकथाएँ** हैं। इनके स्रोत विभिन्न पुराण हैं।

मोक्ष-दृष्टि से 'रामचरितमानस' के विभिन्न सोपानों के मंगलश्लोकों तथा स्तुतियों में और पात्रों के कथोपकथन द्वारा धर्म, वैराग्य, योग, ज्ञान एवं भक्ति का बहुधा प्रतिपादन किया गया है। कल्याण-भावना से अनुप्राणित इन सैद्धांतिक विचारों के मुख्य स्रोत पुराण ही हैं।[14] कहीं-कहीं पर उपनिषदों, महाभारत, स्तोत्रों आदि से भी सामग्री ली गई है।

उपर्युक्त दिग्दर्शन से विदित है कि 'रामचरितमानस' का कथानक और सिद्धांत-निरूपण प्राचीन आप्त ग्रंथों पर अवलंबित है, परंतु वह ग्रंथविशेष अथवा ग्रंथ-समूह का अंधानुकरण नहीं हैं। तुलसी ने अपनी योजना के अनुसार वस्तु-ग्रहण किया है; उसमें परिवर्तन, परिवर्धन या काट-छाँट की

---

1. रामचरितमानस, 7/20/4-7/31
2. वही, 7/32/2-7/35; 7/37/3-7/46; 7/48/1-7/49; 7/50-7/51
3. वही, 1/48/1-1/103
4. वही, 7/56/1-7/125
5. वही, 1/44/1-1/47
6. वही, 1/122/2-1/123/1
7. वही, 1/123/2, 1/187/2
8. वही, 1/123/3-1/124/2
9. वही, 1/124/3-1/139
10. वही, 1/142/1-1/152/4
11. वही, 1/153/1-1/175
12. वही, 1/176/1-1/187
13. वही, 1/189/1-1/190/3
14. देखिए—रामचरितमानस पर पौराणिक प्रभाव, पृ. 155-217

है। स्पष्टीकरण के लिए कुछ उदाहरण समीक्ष्य हैं। 'अध्यात्मरामायण', वाल्मीकि-'रामायण', 'पदमपुराण', 'नारदपुराण' आदि में परशुराम का प्रसंग बारात की वापसी के समय मार्ग में हुआ है।[1] यह संविधानक तुलसी को बहुत काव्योचित नहीं प्रतीत हुआ। 'प्रसन्नराघव', 'हनुमन्नाटक' आदि में इस प्रसंग की योजना धनुषयज्ञ के अवसर पर धनुर्भंग के बाद की गई है।[2] नाटकीय रमणीयता, राम की शक्ति-प्रतिष्ठा, दुष्ट राजाओं के मान-मर्दन और अमंगल-निवारण की दृष्टि से यह क्रम अधिक उपयुक्त था। अतः तुलसी ने इसी मार्ग का अनुसरण किया। स्रोत-ग्रंथों में राम की विवाह-विधि का विशद निरूपण नहीं है। विवाह जीवन का सर्वाधिक महत्त्वपूर्ण संस्कार है। अपनी सनातनधर्मनिष्ठा के कारण तुलसी ने उसका व्यापक वर्णन किया। द्वितीय सोपान के विभिन्न प्रसंगों को, विशेष करके चित्रकूट-प्रसंग को, कवि ने अपनी भावुकता और प्रतिभा के बल पर विशेष रूप से हृदयस्पर्शी बना दिया है।

मोक्ष-निरूपण में तुलसी का दृष्टिकोण भक्तिपरक है। 'मानस' के इस पक्ष पर 'भागवतपुराण' और 'अध्यात्मरामायण' का घनिष्ठ प्रभाव है। उनके भक्ति-प्रवण अंशों को तुलसी ने तदनुरूप ही स्वीकार किया है, लेकिन जहाँ उनमें ज्ञान का प्रधानतया प्रतिपादन किया गया है उनको भी तुलसी ने भक्तिमय बना दिया है। भक्ति-साहित्य में उक्त दोनों ग्रंथों की श्रवण आदि, और सत्संग आदि नवधा भक्तियाँ विशेष समादृत हैं। मानसकार ने राम के द्वारा अधिकारी-भेद से दोनों प्रकार की भक्तियों का उपदेश कराया है—क्षत्रिय, पुरुष एवं ज्ञानी लक्ष्मण के प्रति 'भागवत' की नवधा भक्ति का; और शूद्रा, नारी तथा अल्पज्ञ शबरी के प्रति 'अध्यात्मरामायण' की नवधा भक्ति का।[3] 'मानस' के मंगलश्लोक में 'भागवत' के मंगलश्लोक की छाया का अनुधावन करते हुए भी तुलसी ने उसे भक्ति के साँचे में ढाल लिया है[4] :

1. जन्माद्यस्य यतोऽन्वयादितरतश्चार्थेष्वभिज्ञः स्वराट्
तेने ब्रह्म हृदा य आदिकवये मुह्यन्ति यत्सूरयः।
तेजोवारिमृदां यथा विनिमयो यत्र त्रिसर्गोऽमृषा
धाम्ना स्वेन सदा निरस्तकुहकं सत्यं परं धीमहि॥

—भागवत

2. यन्मायावशवर्ति विश्वमखिलं ब्रह्मादिदेवासुरा
यत्सत्त्वादमृषैव भाति सकलं रज्जौ यथाऽहेर्भ्रमः।
यत्पादप्लवमेकमेव हि भवांभोधेस्तितीर्षावतां
वंदेहं तमशेषकारणपरं रामाख्यमीशं हरिं॥

—रामचरितमानस

'अध्यात्मरामायण' के वाल्मीकि ने राम के निवास-स्थान गिनाते समय भक्ति के विविध साधनों का उल्लेख किया है। 'मानस' के वाल्मीकि ने उस कवित्वहीन मूल-वस्तु को अधिक विशद एवं रमणीय रूप में प्रस्तुत किया है, जैसे[5] :

1. त्वन्नामकीर्त्या हतकल्मषाणां सीतासममेतस्य गृहं हृदब्जे।

---

1. क्रमशः, 1/7/1-50, 1/74/18-1/76/22, 6/242/155-80, 2/75/21
2. प्रसन्नराघव, अंक 4; हनुमन्नाटक, अंक 1
3. भागवतपुराण, 7/5/23; रामचरितमानस, 3/16/4 : अध्यात्मरामायण, 3/10/22-31; मानस, 3/35/4-3/36, देखिए—तुलसी दर्शन मीमांसा, पृ. 297-334
4. भागवतपुराण, 1/1/1; रामचरितमानस, 1/1 श्लोक 6
5. अध्यात्मरामायण, 2/6/63; रामचरितमानस, 2/128/2-3, 2/128

2. जिन्ह कें श्रवन समुद्र समाना। कथा तुम्हारि सुभग सरि नाना॥
भरहिं निरंतर होहिं न पूरे। तिन्ह के हिय तुम्ह कहुँ गृह रूरे॥
जसु तुम्हार मानस बिमल हंसिनि जीहा जासु।
मुकताहल गुन गन चुनइ राम बसहु मन तासु॥

भक्ति का अनेकशः उपस्थापन करते हुए भी 'अध्यात्मरामायण' ज्ञानप्रधान है। इसलिए उसने घटघटवासी राम के साक्षात्कार को महत्त्व दिया गया है। लोकदर्शी तुलसी सगुणभक्त हैं। फलतः उनके वाल्मीकि ने सर्वात्मभाव से जगत् को राममय देखने और दास्यभक्ति पर बल दिया है[1] :

1. पश्यन्ति ये सर्वगुहाशयस्थं त्वां चिद्घनं सत्यमनन्तमेकम्।
अलेपकं सर्वगतं वरेण्यं तेषां हृदब्जे सह सीतया वस॥
2. सरगु नरकु अपबरगु समाना। जहँ तहँ देख धरें धनु बाना॥
करम बचन मन राउर चेरा। राम करहु तेहि कें उर डेरा॥

इस प्रकार तुलसी ने विभिन्न स्रोतों से उपादान चुनकर 'रामचरितमानस' की रचना की है। यह उनकी प्रतिभा का परिणाम है कि पुरातन वस्तु भी उनके हाथों में पड़कर नवीन-सी लगती है। प्रश्न उठाया गया है—उनका अपना क्या है ? उत्तर है—संयोजन-कला का लालित्य। मकबरे पहले भी बने थे; आकाश था, धरती थी, यमुनातट था; संगमर्मर की शिलाएँ थीं, चूना-गारा सब कुछ था; परंतु ताजमहल नहीं था। कलाकार ने ताजमहल खड़ा कर दिया। उसका अपना क्या था ? बहुत से पुराने चित्र थे; फलक था, तूलिका थी, रंग थे; चित्रकार ने उनका उपयोग करके एक अनुपमेय-नूतन चित्र अंकित कर दिया। उसका अपना क्या था ? सनातन से चली आती हुई राम-कथा थी; धर्म, दर्शन, भक्ति आदि के परंपरागत विचार थे; सिद्ध कवीश्वरों की मनोरम कल्पनाएँ थीं; किंतु जन-मानस को भाव-तरंगित कर देनेवाला 'रामचरितमानस' नहीं था। तुलसी की सफलता और महत्ता इस बात में है कि एक-से-एक महती कृतियों के रहते हुए भी उन्होंने उस बेजोड़ महाकाव्य का निर्माण किया जो अपनी रमणीयता एवं मंगलमयता के समन्वय में अनन्वय का अनूठा विषय है।

वस्तु-विन्यास : 'रामचरितमानस' का वस्तु-विन्यास बहुत-कुछ पौराणिक ढंग पर किया गया है। पुराणों में सूत वक्ता हैं, शौनक आदि ऋषि श्रोता हैं। 'अध्यात्मरामायण' में शिव ने पार्वती के प्रति रामकथा का वर्णन किया है। तुलसी ने 'रामचरितमानस' पर मानसरोवर का आरोप करके रूपक बाँधा है, चार घाटों की कल्पना की है। उनके वक्ता-श्रोता हैं—याज्ञवल्क्य-भरद्वाज, शिव-पार्वती, काकभुशुंडि-गरुड़ और तुलसी-संतजन। इस चौहरे संवाद के माध्यम से रामचरित का प्रतिपादन किया गया है। 'मानस' के रचना-क्रम पर विचार किया जा चुका है। प्रस्तुत विवेचना उसके निष्पन्न रूप को दृष्टि में रखकर की जा रही है।

'रामचरितमानस' की मुख्य कथावस्तु का आयाम रामजन्म से लेकर राजा राम के वृत्त-वर्णन तक है।[2] उसके पूर्व और पश्चात् जो कुछ कहा गया है वह उपक्रम-उपसंहार है। वह संपूर्ण ग्रंथ के पंचमांश से कुछ अधिक ही है। इतनी विस्तृत भूमिका अथवा इतना अतिनिरूढ़ उपसंहार किसी महाकाव्य में नहीं मिलेगा। फिर भी उसकी निबंधना इतने व्यवस्थित रूप से की गई है कि कहीं पर भी कोई चूल ढीला नहीं है। उपक्रम में विभिन्न प्रकार की वंदनाओं, संत-असंत-लक्षण, काव्य-विषयक मान्यताओं, मानस-रूपक, अनुबंध-चतुष्टय (विषय, संबंध, अधिकारी और प्रयोजन) एवं रामावतार के हेतुओं का निरूपण करके मुख्य कथा का आरंभ किया गया है। यह प्रस्तावना 'रामचरितमानस'

---

1. अध्यात्मरामायण, 2/6/62; रामचरितमानस, 2/131/4
2. रामचरितमानस, 1/191-7/51

को कवि की दृष्टि से समझने में सहायक है।

परंपरानुसार ग्रंथ का विभाजन सात कांडों में किया गया है। मानस-रूपक के अनुरूप कवि ने उन्हें 'सोपान' कहा है। वस्तु-विन्यास की दृष्टि से कुछ परिवर्तन अवेक्षणीय हैं। रावण का चरित 'अध्यात्मरामायण' और वाल्मीकि-'रामायण' के उत्तरकांड में सविस्तार वर्णित है।[1] तुलसी ने 'महाभारत' के रामोपाख्यान का अनुसरण करते हुए उसका संक्षिप्त वर्णन बालकांड की प्रस्तावना में किया है।[2] ग्रंथ के उपसंहार में रावण के पूर्ववृत्त का आख्यान उनके भक्तिपरक उद्‌देश्य की पूर्ति में सहायक नहीं था। दूसरी ओर, प्रस्तावना में उसके अत्याचारों का चित्रण रामावतार के प्रयोजन की व्यंजना के अनुकूल था। अत्रि-अनसूया का प्रसंग 'अध्यात्मरामायण' तथा वाल्मीकि-'रामायण' के अयोध्याकांड में है, और जयंत-प्रसंग सुंदरकांड में वर्णित है।[3] 'रामचरितमानस' में इन दोनों प्रसंगों का वर्णन अरण्यकांड में किया गया है।[4] भरत आदि के वापस लौट आने पर अयोध्या-कांड की कथा समाप्त हो गई। रचना-क्रम में अयोध्याकांड के बाद बालकांड का उत्तरार्ध लिखा गया। अतः कवि ने आगे की कथा अरण्यकांड से आरंभ की। हनुमान के प्रति सीता द्वारा जयंत-वृत्तांत-वर्णन मर्यादावादी तुलसी को बहुत भद्‌दा प्रतीत हुआ; इसलिए घटना के क्रमानुसार उन्होंने अरण्यकांड में उसका विन्यास किया।

राम-भरत-मिलाप, राम-राज्याभिषेक और वानरों की विदाई के प्रसंग वाल्मीकि-'रामायण' और 'अध्यात्मरामायण' में 'युद्धकांड' (लंकाकांड) के अंग हैं।[5] विद्वानों की मान्यता है कि 'रामायण' के बालकांड और उत्तरकांड प्रक्षिप्त हैं।[6] अतः उसकी रामकथा का उपसंहार युद्धकांड में ही किया गया था। संभवतः अध्यात्मरामायणकार ने उसी का अनुसरण किया है। वे घटनाएँ युद्ध अथवा लंका से संबद्ध नहीं हैं, इसलिए परवर्ती कांड में उनका निबंधन तुलसी को समीचीन जँचा। मानस के उत्तरकांड की दूसरी विशेषता अनेक मार्मिक प्रसंगों के परित्याग में है। उसके स्रोत-ग्रंथों में राम ने सीता को निर्वासित किया है, शंबूक को मारा है, कुश-लव से रामायण-गान सुना है, सीता को धरती में समाते देखा है, लक्ष्मण को त्यागा है और अंत में भाइयों तथा प्रजा के साथ महाप्रस्थान किया है।[7] तुलसी ने अपनी अन्य कृतियों में महाप्रस्थान को छोड़कर अन्य सभी वृत्तों की न्यूनाधिक चर्चा की है[8], परंतु 'रामचरितमानस' में वे सभी प्रसंग उपेक्षित हैं। ऐसा करने में तुलसी का उद्‌देश्य है—राम के आदर्श शील की रक्षा, मर्यादा की प्रतिष्ठा और उनके परमेश्वरत्व का प्रतिपादन। इसीलिए पार्वती से यह प्रश्न तो कराया गया था, कि **प्रजा सहित रघुबंसमनि किमि गवने निज धाम**[9] किंतु उसका उत्तर दिलाना व्यर्थ समझा गया।

तीसरी विशेषता है—नए सिरे से कथा का आरंभ। 51वें दोहे पर ही कथा का अवसान हो गया था तथापि काकभुशुंडि-गरुड़ के व्याज से वह फिर शुरू हो गई। मुख्य कथानक की समाप्ति के बाद इस प्रकार का पुनरावर्तन काव्य-दृष्टि से बहुत बड़ा दोष है, परंतु भक्त-कवि को इसमें कोई

---

1. अध्यात्मरामायण, 7/1/25-7/2/55; वाल्मीकि-रामायण, 7/10-34
2. महाभारत, 3/275-76; रामचरितमानस, 1/176/1-1/183
3. अध्यात्मरामायण, 2/9/79-92, 5/3/54-60; वाल्मीकि-रामायण, 2/117-19, 5/38/12-36, 5/67/3-18
4. जयंत : 3/1/3-3/2; अत्रि-अनसूया : 3/3/2-3/6
5. वाल्मीकि-रामायण, 6/127-28; अध्यात्मरामायण, 6/15-16
6. देखिए—ए हिस्ट्री ऑफ इंडियन लिटरेचर, जिल्द 1, पृ. 495-96
7. वाल्मीकि-रामायण, 7/73-76, 93-97, 106-10; अध्यात्मरामायण, 7/4-9
8. रामाज्ञाप्रश्न, 6/5, 7; गीतावली, 7/27-36; कवितावली, 7/6
9. रामचरितमानस, 1/110

अनौचित्य नहीं दिखाई पड़ा।[1] 'अधिकस्य अधिकं फलम्', भक्त की महिमा और ज्ञान से भक्ति की श्रेष्ठता का विशद प्रतिपादन करने के लिए उसने छूटे हुए सूत्र को फिर पकड़ा। काव्य-रसिकों को नीरस प्रतीत होनेवाला यह अंश भक्तों के **रसविशेष** का निष्पादक है। उपसंहार की एक और विशेषता तुलनात्मक दृष्टि से प्रलक्ष्य है। 'गीता' के कृष्ण ने अपना प्रवचन समाप्त करके अर्जुन से पूछा[2] : क्या तुमने मेरा उपदेश ध्यान से सुना और तुम्हारा मोह दूर हो गया ? 'रामचरितमानस' के किसी वक्ता को किसी श्रोता के संबंध में ऐसा संदेह नहीं हुआ। बिना पूछे ही श्रोताओं ने आनंदविभोर होकर अपनी कृतकृत्यता प्रकट की है।[3] भक्ति के क्षेत्र में संशय और असफलता का प्रश्न उठता ही नहीं है।

संधि-विधान : संस्कृत के काव्यशास्त्रियों ने महाकाव्य का लक्षण-निरूपण करते हुए लगे हाथों नाटक की पाँच संधियों का भी उल्लेख कर दिया है।[4] उनके कथन की कमजोरी का एक निश्चित प्रमाण यह है कि वे लक्ष्य ग्रंथों से उदाहरण देकर उन संधियों का विवेचन नहीं कर सके हैं। साहित्यदर्पणकार विश्वनाथ ने उदाहरण-रूप में सुप्रसिद्ध 'रघुवंश' का भी उल्लेख कर दिया है, किंतु वे यह नहीं बतला सके हैं कि उसमें पाँचों संधियाँ कहाँ-कहाँ और किस प्रकार पाई जाती हैं। वस्तुतः नाटक के पंचसंधि-विषयक-सिद्धांत को उस पर लागू नहीं किया जा सकता। संधियाँ बीज के विकास की पाँच विभिन्न अवस्थाएँ हैं। नाटक में बीज एक होता है, इसलिए ये संधियाँ एक-एक बार ही आती हैं। 'रघुवंश' का कथानक अत्यंत व्यापक है। उसमें एक के बाद एक कई नायक आते हैं, उनके 'कार्य' अलग-अलग हैं, प्रत्येक 'कार्य' का 'बीज' भिन्न है, प्रत्येक 'बीज' के विकास की अवस्थाएँ भिन्न हैं। इसलिए एक-एक बार आनेवाली पाँच संधियों के चौकठे में उसे आँख मूँदकर फिट नहीं किया जा सकता।

यद्यपि 'रामचरितमानस' का नायक एक है तथापि उसकी कथावस्तु अत्यधिक विस्तृत है। उसमें कई नाटकों और कई पंचसंधियों की सामग्री ग्रथित है। राम के 'कार्य' अनेक हैं, इसलिए 'बीज' अनेक हैं, और इसलिए प्रत्येक 'बीज' से संबद्ध संधि-विधान भी अलग होना चाहिए। उदाहरण के लिए, केवल जनकपुर के प्रकरण को लीजिए :

तब मुनि सादर कहा बुझाई। चरित एक प्रभु देखिअ जाई॥
धनुषजज्ञ सुनि रघुकुलनाथा। हरषि चले मुनिवर के साथा।[5]

यहाँ 'बीज' नामक अर्थप्रकृति है। समझदार मुनि ने 'कहा बुझाई' और किशोर राम 'हरषि चले'। दोनों की व्यंजना सहज ही समझी जा सकती है। जनकपुर पहुँचने से लेकर परशुराम के आगमन तक 'बिंदु' है। परशुराम के वृत्त की योजना इस ढंग से की गई है कि उसे 'प्रकरी' माना जा सकता है। यद्यपि वे विरोधी के रूप में आते हैं तथापि अंततोगत्वा वे राम के सहायक सिद्ध होते हैं; उनकी कोई

---

1. रामचरित जे सुनत अघाहीं। रस बिसेष जाना तिन्ह नाहीं॥
   जीवन्मुक्त महामुनि जेऊ। हरि गुन सुनहिं निरंतर तेऊ॥

   —रामचरितमानस, 7/53/1

2. गीता, 18/72
3. मैं कृतकृत्य भएउँ तव बानी। सुनि रघुबीर भगति रस सानी॥—रामचरितमानस, 7/125/1
   मैं कृतकृत्य भइउँ अब तव प्रसाद बिस्वेस।

   —रामचरितमानस, 7/129

4. पंचभिः सन्धिभिर्युक्तं नातिव्याख्येयमृद्धिमत्।

   —भामह, काव्यालंकार, 1/19

   सर्गैरनतिविस्तीर्णैः श्रव्यवृत्तैः सुसन्धिभिः।—दंडी, काव्यादर्श, 1/18
   अंगानि सर्वेऽपि रसाः सर्वे नाटकसन्धयः।—विश्वनाथ, साहित्यदर्पण, 6/317
5. रामचरितमानस, 1/210/5

स्वार्थ-सिद्धि नहीं होती। यहाँ 'पताका' नहीं है। लक्ष्मण-पताका-नायक नहीं हैं, क्योंकि तुलसी ने उन्हें कहीं भी इस रूप में नहीं चित्रित किया जिससे यह निष्कर्ष निकाला जा सके कि उनके मन में भी 'काम' की भावना है। विश्वामित्र राम-कथा के व्यापक संदर्भ में तो पताका-नायक हैं, किंतु विवाह के कथानक में नहीं। कारण स्पष्ट है—उसमें उनका कोई स्वार्थ नहीं है। स्मरण रखना चाहिए कि संधि-विधान के लिए पताका और प्रकरी का होना अनिवार्य नहीं है।[1] विवाह 'कार्य' है। पाँचों संधियाँ भी द्रष्टव्य हैं। नगर-दर्शन से फुलवारी-वर्णन तक मुख-संधि है। तदनंतर धनुर्भंग के पूर्व तक प्रतिमुख-संधि है, क्योंकि अभिमानी राजाओं के विरोधात्मक वचन[2] और धनुष तोड़ने के कायिक प्रयत्न अभीष्ट विवाह के मार्ग में बाधक हैं। धनुर्भंग के पश्चात् राजाओं के गाल बजाने[3] और परशुराम के वाद-विवाद में गर्भ-संधि है। परशुराम के धनुष को चढ़ा देने के बाद से विवाह के पूर्व तक विमर्श-संधि है। विवाह-विधि के संपादन में निर्वहण-संधि है।

संस्कृत में रामकथा को लेकर कितने ही काव्य और नाटक लिखे गए हैं। किसी में राम के जन्म से महाप्रयाण तक की, किसी में जन्म से सीता-निर्वासन तक की, किसी में जन्म से राज्याभिषेक तक की, किसी में दशरथोत्पत्ति से जानकीहरण तक की, किसी में विवाह से रावण-वध करके लौटने तक की और किसी में अयोध्याकांड से राज्याभिषेक तक की कथा का वर्णन किया गया है। कथा वही है। सूक्ष्म विवरणों में भेद अवश्य है किंतु उससे कथानक के ढाँचे में कोई अंतर नहीं पड़ता। वे ही पाँचों संधियाँ सभी कृतियों में दिखाई जाती हैं। 'रामचरितमानस' की शास्त्रीयता ज्ञापित करने के लिए उसमें भी दर्शाई गई हैं। उनकी संक्षिप्त समीक्षा से असंगति स्पष्ट हो जाएगी।

नारद-शाप[4] में 'बीज' माना गया है, और धरा की अकुलाहट[5] से मुख-संधि का आरंभ। नायक के जन्म से पहले ही 'बीज' अथवा 'मुख' मान लेना समीचीन नहीं है। और, यदि नारद-शाप में 'बीज' माना जाए तो फिर उसके भी पूर्व वृंदा-शाप[6] में क्यों न माना जाए ? रावण-वध को 'कार्य' मानते हुए भी राम-वन-गमन में प्रतिमुख-संधि मानना असंगत है। वह तो कथानक को रावण-वध की ओर अग्रसर करता है। सीता-हरण में गर्भ-संधि कैसे है ? वहाँ से तो रावण-वध के कारण का आरंभ होता है, और 'कार्य' का वास्तविक कार्यक्रम हनुमान के लंका से लौट आने पर बनता है। राम-हनुमान-संवाद[7] अथवा लक्ष्मण-मूर्च्छा से विमर्श-संधि मानने में भी कोई तुक नहीं है। पहली संभावना की विसंगति यह है कि अभी सीता तथा रावण का पता ही नहीं है, न खोज शुरू हुई न युद्ध छिड़ा और विमर्श-संधि मान ली गई। लक्ष्मण-मूर्च्छा निराशा की स्थिति है; उसमें गर्भ-संधि तो हो सकती है, किंतु विमर्श नहीं। रावण-वध से राम-राज्याभिषेक तक निर्वहण-संधि मानी गई है। इसमें कई विप्रतिपत्तियाँ हैं। उक्त दोनों कार्य एक नहीं हैं। दोनों में आवश्यक संबंध भी नहीं है, रावण-वध के बिना भी भरत आदि की बात मानकर राम राजा बन सकते थे। 'निर्वहण' प्रबंध का अंतिम भाग होता है। लगभग सारा उत्तरकांड राज्याभिषेक के बाद की वस्तु है। 'निर्वहण' के बाद वह सब कहाँ रखा जाएगा ?

---

1. देखिए—भावप्रकाशन, पृ. 210-11
2. तोरेहु धनुष ब्याहु अवगाहा। बिनु तोरे को कुअँरि बिआहा॥
   एक बार कालउ किन होऊ। सिय हित समर जितब हम सोऊ॥—रामचरितमानस, 1/245/3-4
3. लेहु छड़ाइ सीय कह कोऊ। धरि बाँधहु नृपबालक दोऊ॥
   तोरें धनुष चाड़ नहि सरई। जीवत हमहि कुअँरि को बरई॥—रामचरितमानस, 1/266/2
4. श्राप सीस धरि हरषि हिअँ प्रभु बहु बिनती कीन्हि।—रामचरितमानस, 1/137
5. अतिसय देखि धर्म कै हानी। परम सभीत धरा अकुलानी॥—रामचरितमानस, 1/184/2
6. तासु श्राप हरि दीन्ह प्रवाना। कौतुकनिधि कृपाल भगवाना॥ —रामचरितमानस, 1/124/1
7. रामचरितमानस, 4/2/1-2...

निष्कर्ष यह है कि 'रामचरितमानस' का वस्तु-विन्यास पंचसंधिमय नाटक के ढाँचे पर नहीं किया गया है। उसके संविधानक में अनेक नाटकों की अर्थप्रकृतियाँ, कार्यावस्थाएँ और संधियाँ समाई हुई हैं। कारण यह है कि वह इतिहास-पुराण की शैली पर रचा गया महाकाव्य है।

सात सोपान

तुलसी ने 'रामचरितमानस' की कल्पना मानसरोवर के रूप में की है। मानस-रूपक में दोनों के साधर्म्य का विशद चित्रण किया गया है। एक सरोवर की सात सीढ़ियों के समान सात कांडों को 'सोपान' की संज्ञा दी गई है। तुलसी ने दो स्थलों पर (उपक्रम और उपसंहार में) **सप्तसोपान** का सांकेतिक स्पष्टीकरण किया है[1] :

1. **सप्त प्रबंध सुभग सोपाना। ज्ञान नयन निरषत मन माना॥**
2. **एहि महँ रुचिर सप्त सोपाना। रघुपतिभगति केर पंथाना॥**

कवि के संकेतानुसार ज्ञान-दृष्टि और भक्ति-दृष्टि से सोपानों का विवेचन करने के पहले उनकी पुष्पिकाओं पर विचार कर लेना उपयुक्त होगा। आचार्य विश्वनाथप्रसाद मिश्र द्वारा संपादित 'रामचरितमानस' के नवीनतम प्रामाणिक संस्करण में सातों सोपानों की पुष्पिकाएँ इस प्रकार दी गई हैं :

1. **इति श्रीमद्रामचरितमानसे सकलकलिकलुषविध्वंसने प्रथमः सोपानः समाप्तः।**
2. **श्रीराम**
3. **इति श्रीरामचरितमानसे सकलकलिकलुषविध्वंसने विमलवैराग्यसंपादनो नाम तृतीयस्सोपानः समाप्तः।**

अंतिम चार में इति...**विध्वंसने** तीसरे के समान है। शेष अंश इस प्रकार हैं :

4. **विशुद्धसंतोषसंपादनो नाम चतुर्थः सोपानः समाप्तः।**
5. **ज्ञानसंपादनो नाम पंचमस्सोपानः समाप्तः।**
6. **विमलविज्ञानसंपादनो नाम षष्ठः सोपानः समाप्तः।**
7. **अविरलहरिभक्तिसंपादनो नाम सप्तमसोपानः समाप्तः।**

'मानस' के रचना-क्रम के प्रसंग में हम कह आए हैं कि पहले अयोध्याकांड, फिर बालकांड के उत्तरार्ध, फिर अन्य कांडों की रचना हुई। उपर्युक्त पुष्पिकाओं से भी इस मान्यता का समर्थन होता है। अयोध्याकांड में पुष्पिका नहीं है, केवल 'श्रीराम' है। उस समय तक कवि के मन में 'सोपान' और पुष्पिका का विचार नहीं आया था। बालकांड का उत्तरार्ध लिख लेने पर मानस-रूपक की कल्पना आई। उसे प्रथम सोपान कहा गया। उसकी पुष्पिका लिखी गई, किंतु विशेषण-रूप में किसी मोक्षसाधन का उल्लेख नहीं किया गया। अरण्यकांड से इसका व्यवस्थित क्रम चला। पं. शंभुनारायण चौबे, डॉ. माताप्रसाद गुप्त आदि ने अयोध्याकांड में भी बालकांड की-सी पुष्पिका दी है। पंचम सोपान के साथ डा. गुप्त ने 'ज्ञानसंपादनो' के बदले 'विमलज्ञानसंपादनो' रखा है। बाबू रामदास गौड़ ने कुछ पुरानी प्रतियों के आधार पर प्रथम दो सोपानों की पुष्पिकाओं में क्रमशः 'विमलसंतोपसंपादनो नाम' और 'विमलविज्ञानवैराग्यसंपादानो नाम' का निवेश स्वीकार किया है।[2] वैज्ञानिक संस्करणों के सामने यह पाठ सर्वथा त्याज्य है।

स्वाभाविक प्रश्न उठता है कि प्रथम दो सोपानों की पुष्पिकाओं में तुलसी ने मोक्षसाधन का निर्देश क्यों नहीं किया। वे इतने धर्मनिष्ट हैं, और उक्त सोपानों में धर्म के विविध पक्षों का सैद्धांतिक

1. रामचरितमानस, 1/37/1; 7/129/2
2. देखिए : मानस में रामकथा, पृ. 147

तथा व्यावहारिक रूप में विशद चित्रण भी है। फिर भी उन्होंने 'धर्मसंपादनो नाम' की योजना नहीं की। हमारी मान्यता है कि 'रामचरितमानस' के पूर्वार्ध (अर्थात् बालकांड के उत्तरार्ध और अयोध्याकांड) में मोक्षधर्म गौण है; उसमें काव्यधर्म की प्रधानता है। अतएव प्रथम दो सोपानों की पुष्पिकाओं में मोक्षसाधन का उल्लेख नहीं है। बाद में भी कवि ने उसकी आवश्यकता का अनुभव नहीं किया। 'रामचरितमानस' की भाँति ही आधुनिक 'कामायनी' के पूर्वार्ध में हम काव्यधर्म की विशिष्टता पाते हैं और उत्तरार्ध में मोक्षधर्म की।

डॉ. बलदेव प्रसाद मिश्र ने उक्त पुष्पिकाओं के आधार पर सात सोपानों के नामकरण पर विचार किया है।[1] प्रथम सोपान में तृष्णात्रय, वित्त-पुत्र-लोक, आहार-विहार-समाजप्रियता और कंचन-कामिनी-कीर्ति के प्रति वैराग्य पर बल दिया गया है। इसलिए वह 'विमल संतोष' का संपादक है। द्वितीय सोपान में समग्र ऐश्वर्य के प्रति अनासक्तिमय त्याग का निरूपण है। अतः उसको 'विमलविज्ञानवैराग्यसंपादन' कहा गया है। तृतीय सोपान में सीता को दूर हटाकर राम ने विभव-भोगों के प्रति 'विमल वैराग्य' दिखलाया है। चतुर्थ सोपान तृष्णा, आसक्ति या भोग-भावना से रहित अनासक्ति-योग और अकर्मण्यता के प्रति वैराग्य का निदर्शक होने से 'विशुद्ध संतोष' का संपादक है। 'विमलज्ञानसंपादनो नाम' पंचम सोपान में आराधक, आराधना और आराध्य के स्वरूप का निरूपण है। 'विज्ञान' मोह आदि के नाशक प्रयोगात्मक ज्ञान का द्योतक है। रावण महामोह का प्रतीक है। उसके नाश द्वारा षष्ठ सोपान में 'विमल विज्ञान' का संपादन किया गया है। सप्तम सोपान रामराज्य की स्थापना और काकभुशुंडि द्वारा की गई भक्तिरस की पीयूष-वर्षा के फलस्वरूप 'अविरल हरिभक्ति' का संपादक है।

पं. विजयानंद त्रिपाठी का मत है कि 'मानस' के सात सोपान सातों पुरियों की भाँति मोक्ष-प्रापक हैं। प्रथम में अवध, सरयू, रामनवमी आदि का माहात्म्य वर्णित है; वह 'अयोध्या' है। द्वितीय में राम-वनवास कृष्ण की विरह-कथा के समान है; वह 'मथुरा' है। तृतीय में माया का बाहुल्य है; वह 'मायापुरी' है। चतुर्थ में काशी का महत्त्व द्योतित है; वह 'काशी' है। पंचम में शिवकांची और विष्णुकांची के द्वैविध्य के अनुसार हनुमत्-चरित और रामचरित वर्णित है; वह 'कांची' है। षष्ठ में महाकाल की प्रधानता है; वह 'अवंतिका' है। सप्तम में राम ने द्वारकाधीश की भाँति राज्य किया है। वह 'द्वारका' है।[2] त्रिपाठीजी की इस व्याख्या में बड़ी खींच-तान है।

अनेक टीकाकारों ने ज्ञान-नयन से द्रष्टव्य सातों सोपानों में दर्शनशास्त्र के विभिन्न संप्रदायों की छाया का अनुसंधान किया है। उनके अनुसार पहला सोपान सांख्यशास्त्र है, दूसरा वैशेषिक-शास्त्र, तीसरा मीमांसा-शास्त्र, चौथा योग-शास्त्र, पाँचवाँ न्याय-शास्त्र, छठा वेदांत और सातवाँ 'साम्राज्य'-शास्त्र है।[3] यह सब दूर की कौड़ी है। सांख्य-योग और न्याय-वैशेषिक को तुलसी का प्रतिपाद्य मानना सर्वथा असंगत है। 'विनयपत्रिका' में उन्होंने इन पर तीव्र आक्षेप किया है।[4]

'मानस' के सोपान वस्तुतः भक्ति के सोपान हैं। फिर भी यदि उनकी ज्ञानपरक व्याख्या की जाए तो किसी सीमा तक 'योगवासिष्ठ' में प्रतिपादित सात ज्ञान-भूमियों[5] के अनुसार की जा सकती है। 1. प्रथम सोपान शुभेच्छा का प्रतिपादक है। प्रस्तावना में भरद्वाज और पार्वती ने राम-कथा सुनने की शुभेच्छा प्रकट की है। 2. द्वितीय सोपान में **विचारणा** का, सदाचारपरक प्रवृत्ति का, निरूपण किया

1. देखिए—मानस में रामकथा, पृ. 148-54
2. देखिए—रामचरितमानस, 1/37/1 पर विजया टीका
3. देखिए : मानस-पीयूष, 1/37/1
4. विनयपत्रिका, 111/4; मिलाकर देखिए—महिम्नस्तोत्र, 9 और उस पर मधुसूदनीव्याख्या
5. योगवासिष्ठ, 3/118/2-15; 6/1/120/1-9

गया है। इस सोपान में निबद्ध सभी सत्पात्र धर्मपरायण हैं। 3. तृतीय सोपान में **तनुमानसा** का उपस्थापन है। राम विषयों में असक्त हैं; लक्ष्मण, शबरी और नारद को दिए गए उपदेशों में वैराग्य की विशेषता है। 4. 'वैराग्य' चित्त की विषयविमुखता और निषेधात्मक वृत्ति का द्योतक है; 'संतोष' मन की क्षोभरहित अवस्था तथा आत्मानुभव की ओर अग्रसर चित्त की भावात्मक वृत्ति का ज्ञापक है। अतः चतुर्थ सोपान **सत्त्वापत्ति** का व्यंजक है। तारा और सुग्रीव के अज्ञान-निवारण के प्रसंग पाठक की विषय-विरक्ति को दृढ़ करते हैं। 5. पंचम सोपान में **असंसक्ति** है। उसमें महामोह के प्रतीक रावण[1] की लंका का दहन अविद्याजन्य संस्कारों के नाश का प्रतीक है। विभीषण का लंका-त्याग कर राम की शरण में जाना परमात्मतत्त्व में साधक की दृढ़ स्थिति का निदर्शक है। 6. षष्ठ सोपान में 'रामायण' की मूलकथा की समाप्ति पर पाठक के मन में राम की सत्यता एवं जागतिक पदार्थों के मिथ्यात्व की भावना दृढ़ होती है। अतएव इस सोपान में **पदार्थभावनी** भूमिका की व्यंजना हुई है। 7. सप्तम सोपान में, विशेषकर विज्ञान-दीपक के प्रकरण में, ज्ञान का निरूपण **तुर्यगा** का प्रत्यायक है। तुलसी भक्तिवादी हैं, इसलिए उन्होंने भक्ति को ज्ञान से उच्चतर भूमि पर प्रतिष्ठित किया है। यह भक्ति का वैशिष्ट्य है कि वह तुरीया भी है और सप्तपदा ज्ञानभूमि से बहुत ऊपर तुरीयातीत भी है।[2]

अब भक्ति के केंद्रबिंदु से सातों सोपानों का निरीक्षण कीजिए। 'ज्ञान नयन निरषत' का तात्पर्य यह है कि भक्ति के सोपान मूढ़ों को दृष्टिगोचर नहीं हो सकते, उन्हें देखने के लिए ज्ञान-दृष्टि अपेक्षित है।[3] वे सोपान राम-भक्ति के पंथ हैं, अर्थात् उनके पारायण से रामभक्ति की उपलब्धि होती है। वैराग्य आदि भक्ति के साधन हैं। इससे यह निष्कर्ष नहीं निकालना चाहिए कि सातवें सोपान पर पहुँचकर ही भक्ति-जल प्राप्त होता है। वास्तविकता यह है कि 'मानस' भक्ति-जल से लबालब भरा है। पहले ही सोपान के आरंभ से भक्तिरस मिलने लगता है। पाठक ज्यों-ज्यों गहराई में उतरता जाता है त्यों-त्यों भक्ति-जल में प्रवेश करता जाता है, और सातवें सोपान पर पहुँचकर वह भक्तिरस में पूर्णतः मग्न हो जाता है।

सप्तसोपान 'मानस' के चार घाट हैं।[4] व्याख्याताओं ने उनके जो विवरण दिए हैं उन्हें इस प्रकार प्रस्तुत किया जा सकता है :

काकभुशुंडि-गरुड़-संवाद
उपासनाघाट : पनघट

शिव-पार्वती-संवाद
ज्ञानघाट : राजघाट

रामयश-जल से
परिपूर्ण
रामचरितमानस

तुलसी-संत-संवाद
प्रपत्तिघाट : गायघाट

याज्ञवल्क्य-भरद्वाज-संवाद
कर्मघाट : पंचायती घाट

---

1. देखिए—विनयपत्रिका, 58/4
2. देखिए—तुलसी-दर्शन-मीमांसा, पृ. 255-57
3. पावन पर्वत बेद पुराना। रामकथा रुचिराकर नाना॥
मर्मी सज्जन सुमति कुदारी। ज्ञानबिराग नयन उरगारी॥
भाव सहित खोजइ जो प्रानी। पाव भगतिमनि सब सुखखानी॥—रामचरितमानस, 7/120/7-8
4. सुठि सुंदर संबाद बर बिरचे बुद्धि बिचारि।
तेइ एहिं पावन सुभग सर घाट मनोहर चारि॥—मानस-पीयूष, 1/36

चार संवादों की बात तुलसी की रचना के अनुरूप है। 'पनघट' आदि की अनपेक्षित कल्पना 'मानस' की गंभीरता को कम करती है। चारों घाटों को कर्म, ज्ञान, उपासना और प्रपत्ति के घाट मानना भी संगत नहीं जँचता। सभी वक्ताओं का मुख्य प्रतिपाद्य रामभक्ति ही है। सभी श्रोता अंत में भक्ति-विभोर ही दिखाई देते हैं। फल-श्रुतियाँ भी इसी तथ्य का समर्थन करती हैं। तुलसी की भक्ति प्रपत्त्यात्मक है ही। अतः प्रपत्ति का कोई अलग घाट नहीं हो सकता।

चरित्र-चित्रण

मनुष्य की स्वार्थपरता उसकी काव्यानुभूति में भी परिलक्षित होती है। वह जिस काव्य में जितनी ही अधिक मानव-छाया की अभिराम अभिव्यक्ति पाता है उससे उतना ही अधिक प्रभावित होता है। समानुभूति कवि एवं रसिक का आवश्यक गुण है जिसके व्यापकतम रूप का चित्रांकन महाकाव्य में किया जा सकता है। महाकवि अपनी महती कृति में आबालवृद्धवनिता के विभिन्न जीवन-पक्षों का, उनके रूप, भाव, गुण, क्रिया और परिवेश का, हृदय-संवादी चित्र प्रस्तुत करता है। चेतन तिर्यक् पात्रों एवं अचेतन प्रकृति के मूल में इसी उद्देश्य-पूर्ति की भावना निहित है। पात्रों का चरित्र उनके व्यक्तिगत संस्कारों और बाह्य परिस्थितियों के सम्मिलित प्रभाव से विकसित होता है। सूक्ष्मदर्शी कवि उनकी आत्मा में प्रवेश करके, अपने को उन परिस्थितियों में डालकर, उनकी चारित्रिक विशेषताओं का निरूपण करता है।

1. 'रामचरितमानस' में पात्रों का वैविध्य है।[1] परमेश्वर राम से लेकर मकरी[2] (मगर योनि में उत्पन्न अप्सरा धान्यपाली) तक की योजना की गई है। उसमें मानव के अतिरिक्त देवता, राक्षस, वानर-भालू और पशु-पक्षी सभी प्रकार के पात्र हैं। सभी पर मानव-भावों का आरोप किया गया है। 2. 'मानस' के पात्र परंपरागत हैं। भारतीय महाकाव्य और नाटक की परंपरा में नायक, नायिका, प्रतिनायक आदि के चरित्र-चित्रण का साँचा बना हुआ है। वे उसी साँचे में ढाल दिए जाते रहे हैं। व्यक्तिवैचित्र्य की प्रायः उपेक्षा की गई है। 3. परंपरानिष्ठ होते हुए भी तुलसी ने अपने मर्यादावाद, काव्य और मोक्षशास्त्र के समन्वय, लोक-संग्रह-भावना तथा परम रामभक्ति के अनुरूप उनके स्वरूप में न्यूनाधिक परिवर्तन भी किया है। पात्रों की अच्छाई और बुराई की उनके पास एक ही कसौटी है—रामभक्ति। 4. उन्होंने अपने पात्रों के स्वाभाविक गुणों का ध्यान रखा है, परिस्थितियों के अनुसार उनके चारित्रिक वैशिष्ट्य का उद्घाटन करके उन्हें सजीव बनाया है, उनकी सबलताओं और दुर्बलताओं की व्यंजना द्वारा उनको लौकिक धरातल के परिचित प्राणियों का सहजग्राह्य रूप प्रदान किया है। 5. जीव की मानसिक, वाचिक और कायिक प्रवृत्तियों के अनुसार उनके पात्रों का चरित्र तीन प्रकार से चित्रित हुआ है—पात्रों की अंतर्वृत्तियों के निरूपण द्वारा, उनकी वाचनिक अभिव्यक्तियों द्वारा एवं उनके शारीरिक क्रिया-कलाप के माध्यम से। 6. ईश्वरविषयक काव्य और पौराणिक कथा में अलौकिक तत्त्वों का समावेश अनिवार्य था। तुलसी की सफलता इस बात में है कि उनके अलौकिक पात्र हमारे लौकिक भावों को उद्बुद्ध करके हमें 'अलौकिक' रस की अनुभूति कराते हैं। 7. लौकिकता की दृष्टि से उनके पात्रों के दो वर्ग हैं—आदर्श और यथार्थ। राम, सीता, रावण, भरत, हनुमान आदि आदर्श पात्र हैं, क्योंकि उनमें कवि ने अपनी संकल्पना के अनुसार सात्त्विक अथवा तामस गुणों की प्रधानता दिखलाई है। दशरथ, लक्ष्मण, कैकेयी, मंथरा, सुग्रीव आदि यथार्थ पात्र हैं। उनके चरित्र-चित्रण में सामान्य मानव की शक्ति और सीमा, राग और

1. देखिए—इस ग्रंथ का पृष्ठ 259
2. सर पैठत कपि पद गहा मकरी तब अकुलान ॥—रामचरितमानस, 6/57

द्वेष, हर्ष और विषाद आदि की स्वाभाविक अभिव्यक्ति हुई है। 8. प्रासंगिकता की दृष्टि से भी पात्रों के दो वर्ग हैं—कथा-गत और कथांतर-गत। पहले वर्ग के राम, रावण आदि 'मानस' के प्रकृत कथानक के वास्तविक पात्र हैं। दूसरे वर्ग के पात्रों की निबंधना राम-चरित्र की व्याख्या और प्रशस्ति के उद्देश्य से ग्रंथ के उपक्रम और उपसंहार में की गई है। रामचरित के क्रम में शंकर, सती, भरद्वाज, गरुड़ अथवा काकभुशुंडि का उल्लेख चरित्र-चित्रण की दृष्टि से गौण है। अतः प्रकृत कथा के पात्रों का ही संक्षिप्त चरित्रालोचन वांछनीय है।

नायक राम : तुलसी ने राम का चित्रण दो दृष्टियों से किया है। भक्ति-दृष्टि से उनके ईश्वरत्व का प्रतिपादन किया गया है। उन्होंने अधर्म और अधर्मियों के नाश, धर्म-संस्थापन तथा भक्तों को लीला का आनंद देने के लिए अवतार लिया है। राक्षसों का वध, शरणागतों की रक्षा, राम-राज्य की स्थापना एवं ऋषि-मुनियों आदि को अनुगृहीत करके वे उक्त कार्यों का संपादन करते हैं। वे नर-लीला कर रहे हैं, इसलिए कवि को उनके ईश्वरत्व की बारंबार याद दिलानी पड़ी है। उनके लोकरक्षक एवं लोकरंजक चरित्र का अनुमोदन करते हुए देवगण समय-समय पर फूल बरसाते और दुंदुभी बजाते हैं। शूर्पणखा के नाक-कान कटवाने, बालि को छिपकर मारने अथवा सुग्रीव-विभीषण के प्रति पक्षपात करने में भक्तों को कोई अनौचित्य नहीं दिखाई पड़ता। सर्वदोषविवर्जित भगवान् की लीला में दोष देखना पाप है।

काव्य-दृष्टि से, राम में धीरोदात्त नायक के शास्त्र-प्रतिपादित सभी सामान्य तथा विशिष्ट गुणों का निधान है—कुलीनता, सुंदरता, सुशीलता, विनय, मधुरता, प्रियवादिता, विदग्धता, त्याग, दक्षता, पवित्रता, तेजस्विता, लोकप्रियता, बुद्धि, उत्साह, स्मृति, प्रज्ञा, मान, गंभीरता, क्षमा, धीरता, उदात्तता, दृढ़ता, महाप्राणता, शूरता, शास्त्रज्ञता, धार्मिकता आदि।[1] उनका सारा चरित्र इन विशेषताओं से परिपूर्ण है। उनका स्वभाव निश्छल है।[2] भाइयों पर अगाध स्नेह है। गुरुजनों के प्रति आदर-श्रद्धा है। दास-दासियों पर असीम अनुकंपा है।[3] उनका एकपत्नीव्रत श्लाघ्य है। वे निःस्वार्थ[4], संकोचशील[5], कर्तव्यनिष्ठ[6], और अपकारियों के प्रति भी उदार[7] हैं। अपने महान् गुणों के कारण वे मर्यादापुरुषोत्तम हैं। 'मानस' में तुलसी ने उन्हें सीता-निर्वासन और लक्ष्मण-त्याग के दोष से बचाने का प्रयत्न किया है।

भगवान् की तीन विभूतियों की चर्चा प्रायः की गई है : शील, शक्ति और सौंदर्य। वे क्रमशः धर्मस्थापन, लोकरक्षण और लोकरंजन के लिए आवश्यक हैं। भारतीय महाकाव्य के नायक में ये तीनों गुण नियमतः पाए जाते हैं। तुलसी के राम भगवान होने के साथ ही महाकाव्य के नायक भी हैं। उनमें तीनों के उत्कर्ष की पराकाष्ठा है[8] :

---

1. देखिए—दशरूपक, 2/1-2, 4-5, 10, साहित्यदर्पण, 3/30, 32
2. रामु कहा सब कौसिक पाहीं। सरल सुभाउ छुआ छल नाहीं ॥—रामचरितमानस, 1/237/1
3. दासी दास बोलाइ बहोरी। गुरहि सौंपि बोले करि जोरी ॥
   सब कै सार सँभार गोसाईं। करबि जनक जननी की नाईं ॥—रामचरितमानस, 2/80/3
4. बिमल बंस येहु अनुचित एकू। बंधु बिहाइ बड़ेहि अभिषेकू ॥—रामचरितमानस, 2/10/4
5. लखि लघु बंधु बुद्धि सकुचाई। करत बदन पर भरत बड़ाई ॥
   भरतु कहहिं सोइ किएँ भलाई। अस कहि रामु रहे अरगाई ॥—रामचरितमानस, 2/259/4
6. रामचरितमानस, 2/79, 2/258/2-3
7. प्रथम राम भेंटी कैकेयी। सरल सुभायँ भगति मति भेई ॥
   पग परि कीन्ह प्रबोधु बहोरी। काल करम बिधि सिर धरि खोरी ॥—रामचरितमानस, 2/244/4
8. रामचरितमानस 1/199/6, 2/114/4, 3/19/2-3; 1/261/4, 6/92/4; 2/9/1, 3, 7/43/3

1. (i) रूप सकहिं नहि कहि श्रुति सेषा। सो जानै सपनेहुँ जेहिं देखा।

(ii) रामहि देखि एक अनुरागे। चितवत चले जाहिं सँग लागे॥
एक नयन मग छबि उर आनी। होहिं सिथिल तन मन बर बानी॥

(iii) हम भरि जनम सुनहु सब भाई। देखी नहि असि सुंदरताई॥
जद्यपि भगिनी कीन्हि कुरूपा। बध लायक नहि पुरुष अनूपा॥

2. (i) लेत चढ़ावत खैंचत गाढ़ें। काहु न लखा देख सबु ठाढ़ें॥
तेहि छन राम मध्य धनु तोरा। भरेउ भुवन धुनि घोर कठोरा॥

(ii) रावन सिर सरोज बन चारी। चलि रघुबीर सिलीमुख धारी॥
दस दस बान भाल दस मारे। निसरि गए चले रुधिरपनारे॥

3. (i) गुर आगमनु सुनत रघुनाथा। द्वार आइ पद नायेउ माथा॥...
सेवक सदन स्वामि आगमनू। मंगलमूल अमंगलदमनू॥

(ii) जौं अनीति कछु भाषौं भाई। तौ मोहि बरजहु भय बिसराई॥

वे धनुष तोड़ने की शर्त को पूरा किए बिना ही सीता पर आसक्त हो जाते हैं; जानकी के वियोग में, जटायु को विक्षत देखकर, और लक्ष्मण के मूर्च्छित होने पर रोते हैं; परशुराम की बात से उत्तेजित हो जाते हैं; समुद्र पर क्रोध करते हैं; सूर्पणखा और बालि के प्रति अन्याय करते हैं; सुग्रीव-विभीषण का पक्षपात करते हैं। ये सब उनकी छोटी-बड़ी कमजोरियाँ हैं, जो उन्हें मनुष्य बनाती हैं। अन्यथा वे काव्य के जीवंत पात्र न बन पाते, मनुष्य न हो पाते, मनुष्यों के काम के न हो पाते।

प्रतिनायक रावण : परंपरा[1] के अनुसार वह मायावी, प्रचंड, चपल, अहंकारी, घमंडी, मत्सरी विकत्थन, पापी और व्यसनी है[2] :

1. रनमद मत्त फिरै जग धावा। प्रतिभट खोजत कतहुँ न पावा।

2. देव जच्छ गंधर्ब नर किन्नर नाग कुमारि।
जीति बरीं निज बाहु बल बहु सुंदर बर नारि॥

3. बरुन कुबेर पवन जम काला। भुजबल जितेउँ सकल दिगपाला॥

4. सिरौ गिरे संतत सुभ जाही। मुकुट खसे कस अवगुन ताही॥

'मानस' की प्रस्तावना में उसके अत्याचारों का विस्तृत वर्णन है। वह शुद्ध भौतिकवादी है। सम्राट होते हुए भी उसमें कुछ साम्यवादी विशेषता पाई जाती है—उसकी लंका सोने की है, वह योग्यतानुसार संपत्ति का वितरण करता है, और सबसे बड़े पूँजीपति कुबेर को लूट लेता है।[3] वह पुरुषार्थवादी और आशावादी है, अंत तक उत्साहपूर्वक लड़ता है।[4] बहन के नाक-कान कटवानेवाले शत्रु की पत्नी का हरण स्वाभाविक है। राम के ईश्वरत्व की संभावना को मानते हुए भी वह वैर ठानता है।[5] धीरता, शूरवीरता, विदग्धता, स्वाभिमान, आत्मविश्वास आदि उसके विशिष्ट गुण हैं। प्रतिनायक के महान् शक्तिशाली रूप की कल्पना नायक को महत्तर सिद्ध करने के लिए की गई है। तुलसी ने अपनी भक्ति-भावना, आदर्शवादी दृष्टि और युग-प्रभाव के कारण रावण के चरित्र के कृष्णपक्ष को उभारकर अंकित किया है, उसके शुक्लपक्ष की उपेक्षा की है।

---

1. देखिए—दशरूपक, 2/9, साहित्यदर्पण, 3/131
2. रामचरितमानस, 1/182/5, 1/182, 6/8/2, 6/14/2
3. जेहि जस जोग बाँटि गृह दीन्हे। सुखी सकल रजनीचर कीन्हे।
एक बार कुबेर पर धावा। पुष्पक जान जीति लै आवा॥—रामचरितमानस, 1/179/4
4. गर्जेउ मरत घोर रव भारी। कहाँ रामु रन हतौं पचारी॥—रामचरितमानस, 6/103/2
5. रामचरितमानस, 3/23/2-3

अन्य प्रमुख पुरुष-पात्र : तुलसी के आदर्श **भरत** हैं। उनका दिव्य चरित्र निष्कलंक है। उसमें धर्मशीलता, लोकभीरुता, स्नेह और भक्ति का सामंजस्य है; उनकी निःस्वार्थता, भ्रातृप्रेम और कर्तव्यपरायणता की महिमा अद्वितीय है।[1] अयोध्याकांड में और उत्तरकांड के आरंभ में कवि ने पूरी तन्मयता और सहृदयता से उनका चित्तस्पर्शी चरित्रांकन किया है। केवल एक बात कुछ खटकती है—रामभक्ति एवं आत्मग्लानि से अभिभूत होकर वे कैकेयी के प्रति आवश्यकता से अधिक निष्ठुर हो गए हैं।[2] लक्ष्मण का चरित्र राम के समान व्यापक है। वे छाया की भाँति राम के साथ रहते हैं। वे उद्धत, निर्भय, साहसी, स्पष्टवक्ता, दृढ़, कर्मठ और रामभक्त हैं। जनक, परशुराम, दशरथ, भरत, सुग्रीव और समुद्र के प्रति उनकी असहनशीलता का दिग्दर्शन मिलता है।[3] वे धीर भी हैं। वन-गमन के शोकपूर्ण प्रसंग में उन्होंने कोई विद्रोह नहीं किया। उनकी परशुरामपरक उक्तियों के हास्य-व्यंग्य में डॉ. माताप्रसाद गुप्त को असामंजस्य दिखाई देता है।[4] मेरे विचार से, मनोविज्ञान के मर्मज्ञ तुलसी का वह विधान अतीव उपयुक्त है। किसी चिड़चिड़े को चिढ़ाने में ही मजा है, शत्रु-बल की हानि है। दशरथ का चरित्र गुणदोषमय है। विलासी राजा छोटी रानी के वश में होता आया है, बूढ़ा पति युवती पत्नी के इशारे पर नाचता रहा है। दशरथ की यही गति है। भरत की अनुपस्थिति में रामाभिषेक की निष्फल योजना से उनकी अदूरदर्शिता सूचित होती है। डॉ. माताप्रसाद गुप्त इस स्थल को कला की दृष्टि से असफल मानते हैं।[5] वस्तुतः दशरथ की गलती और स्वाभाविक कमजोरी का यथार्थ चित्रण करके तुलसी ने कला-कुशलता का परिचय दिया है। दशरथ के चरित्र का प्रशस्त गुण है—प्राण देकर धर्म और स्नेह का एक-साथ निर्वाह। हनुमान में एक चरित्रवान्, पराक्रमी, बुद्धिमान्, सहृदय, कर्त्तव्यनिष्ठ, स्वामिभक्त और रामभक्त का आदर्श है। **विभीषण** धार्मिक, भ्रातृद्रोही और रामभक्त है। डॉ. गुप्त के अनुसार, "वह अपने भ्राता, राजा और देश को उनकी महान् विपत्ति के समय त्यागनेवाला एक स्वार्थपूर्ण चरित्र है।" परंतु, उचित बात पर लात खाकर राजभक्त बने रहने में कोई परमार्थ नहीं दिखाई देता। **बालि** का चरित्र ऊँचा है। उसके सामने राम को धूमिल होना पड़ा। इनके अतिरिक्त वशिष्ठ, विश्वामित्र, जनक, सुमंत्र, गुह, केवट, वाल्मीकि, अंगद, सुग्रीव, मेघनाद, मारीच आदि पात्रों का चरित्रांकन भी देश-काल-स्वभाव के अनुसार सफलता से किया गया है।

प्रमुख नारी-पात्र : नायिका **सीता** में भारतीय काव्य की आदर्श नायिका के सभी गुण विद्यमान हैं—शोभा, कांति, दीप्ति, माधुर्य, सुकुमारता, लज्जा, सुशीलता, विनय, पतिपरायणता, सेवाभाव, उदारता धैर्य आदि। पुष्पवाटिका, धनुष यज्ञ, अयोध्या, वनपथ, अरण्य, अशोक-वाटिका और अग्नि-परीक्षा में उनके इन गुणों की अभिव्यक्ति हुई है। सीता की करुण कथा भारतीय नारी की जीवन-गाथा है; उनका पातिव्रत्य भारतीय नारी के सतीत्व का प्रतीक है। काव्य-दृष्टि से वे नायिका हैं; भक्तिदर्शन की दृष्टि से राम की आदिशक्ति माया हैं। रामभक्तों के लिए विद्यारूप और राम-विरोधियों के लिए अविद्यारूपा हैं। इस अविद्यामाया के कारण ही रावण का सर्वनाश हुआ। **कौशल्या** एवं **सुमित्रा आदर्श-पत्नियाँ** तथा **आदर्श-माताएँ** हैं। सौतेले पुत्रों के प्रति उनके वात्सल्य का प्रतिमान नहीं है। **कैकेयी, मंथरा, सूर्पणखा** और **ताड़का** की चर्चा नारी-भावना के प्रसंग में की

---

1. रामचरितमानस, 2/160/2-2/162: 2/167/3....
2. वही, 2/162/1-4
3. वही, 1/253/1, 1/271/4-1/280/3, 2/96/2, 1/227-1/230, 4/18/4, 5/51/1-3
4. तुलसीदास, पृ. 293
5. वही, पृ. 295

जा चुकी है। कैकेयी की कवित्वमयी मार्मिक उक्तियों[1] में 'अनावश्यक' निर्दयता और 'अकारण भयानकता' का दर्शन[2] करना समीचीन नहीं है। जीवन की यथार्थता और कवित्व की दृष्टि से मंथरा का चरित्र-चित्रण अत्यंत उत्कृष्ट है। **अहल्या, तारा** और **मंदोदरी** की गणना पंचकन्याओं में की जाती है। मंदोदरी का चरित्र अधिक महत्त्व का है। वह रावण की पत्नी होकर भी राम-भक्त है। अपने पति को राम का विरोध करने से बरजती है; राम-भक्ति का उपदेश देती है; उसकी निंदा और भर्त्सना करती है; उसे नीच तथा निर्लज्ज कहती है[3]; और उसकी मृत्यु पर विलाप करती है :

तव बस बिधि प्रपंच सब नाथा। सभय दिसिप नित नावहिं माथा॥
अब तव सिर भुज जंबुक खाहीं। राम बिमुख येह अनुचित नाहीं॥[4]

उसके उपदेश और प्रलाप में तुलसी की भक्ति-भावना ने उसके पत्नीत्व को ढक लिया है। पति के लिए अपशब्दों का प्रयोग और उसके देहावसान पर उसकी निंदा शोभा की बात नहीं है। मरण के अवसर पर गुण-कथन ही लोक-रीति है।

तुलसी की चरित्र-चित्रण-कला का प्रकर्ष पात्रों की अंतर्वृत्तियों के सूक्ष्म निरूपण में पाया जाता है। भरत की मनोदशा के आलेखन से दो उदाहरण लिए जा सकते हैं[5] :

1. फेरति मनहि मातुकृत खोरी। चलत भगतिबल धीरजधोरी॥
जब समुझत रघुनाथ सुभाऊ। तब पथ परत उताइल पाऊ॥
भरत दसा तेहि अवसर कैसी। जलप्रबाह जल अलि गति जैसी॥

2. अवसि फिरहिं गुर आयेसु मानी। मुनि पुनि कहब राम रुचि जानी॥
मातु कहेहु बहुरहिं रघुराऊ। रामजननि हठ करबि कि काऊ॥
मोहि अनुचर कर केतिक बाता। तेहि महँ कुसमउ बाम बिधाता॥
जौं हठ करउँ त निपट कुकरमू। हरगिरि तें गुरु सेवक धरमू॥
एकउ जुगुति न मन ठहरानी। सोचत भरतहि रैनि बिहानी॥

पहले उद्धरण में ग्लानि, संकोच तथा विश्वास की, और दूसरे में विषम-परिस्थिति-जन्य वितर्क की व्यंजना द्वारा भरत के शील का चित्तद्रावक चित्रण किया गया है।

तुलसी ने जीवन की विभिन्न दशाओं में पात्रों की व्यक्तिगत चारित्रिक विशेषताओं का तो हृदयस्पर्शी उद्‌घाटन किया ही है, समुदायविशेष की प्रवृत्तियों का भी स्थान-स्थान पर मनोहारी चित्रांकन किया है। वानरों, राक्षसों, बालकों, नारियों आदि की स्वाभाविक विशेषताएँ बड़ी सजीवता से अंकित की गई हैं। जनकपुर, अयोध्या और वनपथ की नारियों की मनोदशा के वर्णन में उनकी कारयित्री प्रतिभा का उत्कर्ष दर्शनीय है। कुल मिलाकर कवि ने "चरित्रों का चित्रण एक कुशल तूलिका से किया है। इस क्षेत्र में उसकी मौलिक प्रवृत्तियों का परिचय हमें सामान्यतः आवेश, अविचार और अधीरता से आधार-ग्रंथों के चरित्रों को मुक्त कर उन्हें एक व्यापक और उदार दृष्टि, हृदय की विशालता, सरलता, मात्सर्यहीनता, विनम्रता, स्निग्धता, धार्मिकता और भक्ति प्रदान करने में मिलता है।"[6] पात्रों के विविध पक्षों का प्रभावशाली प्रकाशन, उनके गुण-दोषों का स्वाभाविक एवं कलात्मक सन्निवेश प्रबंध-कवि की सफलता का प्रमाण है।

---

1. रामचरितमानस, 2/33/3, 2/35/3-4
2. देखिए—तुलसीदास, पृ. 302
3. रामचरितमानस, 6/36/1-6/37
4. वही, 6/104/6
5. वही, 2/234/3-4, 2/253/2-4
6. तुलसीदास, पृ. 306

मर्यादावाद : 'मर्या' का अर्थ है 'सीमा'। तदनुसार 'मर्यादा' का तात्पर्य है—नैतिक व्यवस्था, शिष्टाचार का नियम, सदाचरण का औचित्य। समाज ने धर्म और अधर्म, नीति और अनीति, सदाचार और कदाचार, शिष्टता और अशिष्टता, उचित और अनुचित, श्लील और अश्लील आदि के संबंध में कुछ निश्चित मान्यताएँ स्थापित कर रखी हैं। तत्संबंधी औचित्य पर आश्रित सिद्धांत मर्यादावाद है। 'रामचरितमानस' धर्मप्राण ग्रंथ है। उसके पात्रों—दशरथ, राम, सीता, जनक, लक्ष्मण, कौशल्या, सुमित्रा, भरत, जटायु आदि ने धर्म-पालन के लिए दुस्सह क्लेश सहे हैं। लोकसंग्राहक धर्म की प्रतिष्ठा और मर्यादा-निर्वाह का आदर्श प्रस्तुत करना भी 'मानस' का एक प्रधान लक्ष्य है। अतः उसके नायक धर्मसंस्थापक मर्यादापुरुषोत्तम राम हैं।

मर्यादा के दो आधार हैं—वैयक्तिक और सामाजिक; फलतः मर्यादा का पालन या उल्लंघन दो प्रकार से हो सकता है—व्यक्ति के द्वारा अथवा व्यक्तिसमूह के द्वारा। मर्यादा-उल्लंघन के मुख्य कारण हैं—अविचार, आवेश और स्वार्थांधता। 'मानस' के सत्पात्र इन दोषों से प्रायः मुक्त हैं। **अध्यात्मरामायण**[1] में कौशल्या, सीता, भरत, अंगद आदि लगभग एक दर्जन पात्र अविचार एवं आवेश के कारण आत्महत्या करने की धमकी देते हैं। वाल्मीकि की कौशल्या तथा सीता प्राणत्याग का भय दिखाती हैं, भरत और अंगद आमरण अनशन की बात करते हैं।[2] उन्हीं परिस्थितियों में **रामचरितमानस** के ये पात्र धीरता और मर्यादा का निर्वाह करते हैं। सीता और भरत के मरण-व्यंजक वाक्यों[3] में भी धमकी का अभाव, संयम का सद्भाव और हृदयस्पर्शी प्रभाव है :

1. जिअ बिनु देह नदी बिनु बारी। तैसिअ नाथ पुरुष बिनु नारी॥
राखिअ अवध जो अवधि लगि रहत जानिअहिं प्रान।
2. बीते अवधि रहहिं जो प्राना। अधम कवन जग मोहि समाना॥

धर्म की परख आपत्काल में होती है। अनुकूल वातावरण में शिष्टाचार का पालन सभी कर लेते हैं। उद्वेजक कारणों के विद्यमान होने पर भी मर्यादा के निर्वहण में शील की महत्ता है। चौथेपन में पुत्र-वियोग का दारुण कष्ट भोगते हुए दशरथ ने, कन्या के विवाह की असंभावना पर जनक ने, पुत्रों के वन-गमन पर कौशल्या और सुमित्रा ने मर्यादा की पूर्णतः रक्षा की है। उद्धत लक्ष्मण ने भी वन जाते समय कोई उद्दंडता नहीं दिखाई। राक्षस रावण भी मंदोदरी को साथ लेकर अशोक-वाटिका में सीता के समीप जाता है।[4] राजा होकर भी राम स्वेच्छा से प्रजा का आदेश मानने को तैयार हैं।[5] उनकी मर्यादा की रक्षा के लिए तुलसी ने सीता-निर्वासन का प्रसंग 'रामचरितमानस' में आने ही नहीं दिया, और जयंत को सीता के चरण से आगे नहीं बढ़ने दिया।[6]

'मानस' के सत्पात्रों ने आदर्श शिष्टाचार की मर्यादा औचित्यपूर्वक निभाई है। दशरथ-विश्वामित्र, विश्वामित्र-जनक, जनक-दशरथ, वशिष्ठ-राम, राम-कौशल्या-सीता आदि के पारस्परिक व्यवहार में इसका उत्कृष्ट रूप द्रष्टव्य है।[7] राम को मनाने के लिए चित्रकूट में एकत्र पात्रों के शिष्टाचरण में इस मर्यादा की भी मर्यादा पाई जाती है। वनवास की अवधि पूरी करके लौटे हुए राम ने गुरु वसिष्ठ से विभीषण आदि का परिचय इस प्रकार कराया :

---

1. अध्यात्मरामायण, 2/4/13, 2/4/79, 2/7/80, 4/7/7
2. वाल्मीकि-रामायण, 2/21/27, 2/29/21, 2/111/14, 4/53/15
3. रामचरितमानस, 2/65/4, 2/66; 7/1/4
4. वही, 5/9/1
5. वही, 7/43/2-3
6. रामचरितमानस, 3/1/8; वाल्मीकि-रामायण (5/38/22) और पद्मपुराण (6/242/196) के अनुसार जयंत सीता के स्तन में चोंच मारकर भागा था।
7. रामचरितमानस, 1/207/1-4, 1/214-1/217, 1/320/1-1/321/4, 2/9/1-4, 2/51/1-2/69

पुनि रघुपति सब सखा बोलाए। मुनि पद लागहु सकल सिखाए॥
गुरु बसिष्ट कुलपूज्य हमारे। इन्ह की कृपा दनुज रन मारे॥
ए सब सखा सुनहु मुनि मेरे। भए समर सागर कहँ बेरे॥
मम हित लागि जन्म इन्ह हारे। भरतहु तें मोहि अधिक पिआरे॥[1]

राक्षस-वानर-भालू शिष्टाचरण की मर्यादा क्या जानें ! राम ने उन्हें सिखा दिया। उन्होंने अपनी राक्षस-विजय का श्रेय पहले कुलपूज्य वसिष्ठ को दिया और फिर समर-सहायक सखाओं को। सभी प्रसन्न थे। व्यवहार-कुशलता इसी को कहते हैं।

तुलसी के मर्यादावाद का प्रकृष्ट निदर्शन शृंगार-वर्णन में मिलता है। उन्होंने शिव-पार्वती के शृंगार का वर्णन करना मर्यादा के विरुद्ध समझा।[2] सीता-राम के संयोग और विप्रलंभ का विशद निरूपण करते हुए उसे सर्वथा मर्यादित रखा है। जयदेव ने पुष्पवाटिका-प्रसंग में सीता के स्तन का भी चित्रण किया है।[3] हस्तिमल्ल ने 'कामदेव-भवन में', 'माधवीकुंज' में और 'संकेतस्थल' पर सीता-राम के वासनाप्रधान मिलन-विरह का तीन बार निरूपण किया है।[4] मर्यादावादी तुलसी की दृष्टि सीता की कांति, मुखमंडल, साड़ी, भूषणों और कर तक ही सीमित रही है।[5] कालिदास के विरह-व्याकुल राम पुष्पगुच्छोंवाली लता को सुस्तनी सीता समझकर उसका आलिंगन करने जा रहे थे, तब लक्ष्मण ने उन्हें रोका था।[6] तुलसी ने राम को इतना काममूढ़ नहीं होने दिया।

नारी-स्वभाव, महापातक आदि का सैद्धांतिक प्रतिपादन करते हुए भी तुलसी ने अश्लील अंशों के परित्याग में मर्यादावादी दृष्टिकोण अपनाया है[7] :

1. भ्राता पिता पुत्र उरगारी। पुरुष मनोहर निरखत नारी॥
   होइ बिकल सक मनहि न रोकी। जिमि रबिमनि द्रव रबिहि बिलोकी॥
2. अनुजबधू भगिनी सुतनारी। सुनु सठ कन्या सम ए चारी॥
   इन्हहिं कुदृष्टि बिलोकै जोई। ताहि बधें कछु पाप न होई॥

ये उद्धरण संस्कृत-श्लोकों के स्वच्छंद अनुवाद हैं। पहले उद्धरण के चौथे चरण की मूल उक्तियों में नारी की जननेंद्रिय का उल्लेख किया गया था।[8] तुलसी ने उसके स्थान पर 'रविमनि द्रव' का निवेश करके मूल भाव की रक्षा करते हुए अश्लील अंश को श्लील बना दिया। इसी प्रकार दूसरे उद्धरण के चौथे चरण के मूल वाक्यों में धर्मशास्त्र प्रणेताओं ने 'वध' के साथ पुरुष की जननेंद्रिय का उल्लेख किया था।[9] तुलसी ने उसका तिरस्कार करके केवल 'वध' की बात कही है।

---

1. रामचरितमानस, 7/8/3-4
2. जगत मातु पितु संभु भवानी। तेहि सिंगारु न कहौं बखानी॥—रामचरितमानस, 1/103/2
3. प्रसन्नराघव, 2/19
4. मैथिलीकल्याण, अंक, 1, 2, 3
5. अस कहि फिरि चितए तेहि ओरा। सिय मुख ससि भए नयन चकोरा॥
   सुंदरता कहुँ सुंदर करई। छबि गृहँ दीपसिखा जनु बरई॥—रामचरितमानस, 1/230/2, 4
   सोह नवल तनु सुंदर सारी। जगतजननि अतुलित छबि भारी॥
   भूषन सकल सुदेस सुहाए। अंग अंग रचि सखिन्ह बनाए॥—वही, 1/248/1-2
   सखिन्ह मध्य सिय सोहति कैसी। छबि गन मध्य महाछबि जैसी॥
   कर सरोज जयमाल सुहाई। बिस्व बिजय सोभा जेहि छाई॥—वही, 1/264/1
6. रघुवंश, 13/32
7. रामचरितमानस, 3/17/3, 4/9/4
8. 'योनिः क्लिद्यति नारीणाम्', 'क्लिदन्ति योनयः स्त्रीणाम्', 'योनिर्द्रवति योपितः'—देखिए मानसपीयूष, 3/1/6
9. याज्ञवल्क्य : लिंगं छित्त्वा वधस्तस्य; नारदः शिश्नस्योत्कर्तनात्—याज्ञवल्क्यस्मृति, 3/233 और उस पर मिताक्षरा

तुलसी के युग में धर्म की मर्यादा खंडित हो रही थी। साधारण-धर्म, वर्णाश्रम-धर्म और निमित्त-धर्म सभी की स्थिति शोचनीय थी। लोक-धर्म की प्रतिष्ठा के लिए उन्होंने वर्णाश्रम-धर्म की व्यवस्था पर बल दिया। यह मर्यादा का सामाजिक या सामूहिक पक्ष था। तुलसी आदर्श समाज का नवनिर्माण चाहते थे। उनकी दृष्टि में सामाजिक मर्यादा का (वर्णाश्रम-धर्म का) उल्लंघन लोक के लिए मंगलकारी नहीं था। "वर्ण-विभाग केवल कर्म-विभाग नहीं है, भाव-विभाग भी है। श्रद्धा, भक्ति, दया, क्षमा आदि उदात्त वृत्तियों के नियमित अनुष्ठान और अभ्यास के लिए भी वे समाज में छोटी-बड़ी श्रेणियों का विधान आवश्यक समझते थे।"[1] समाज के शासन और सुधार का दायित्व उच्च वर्ग के लोगों पर है, निम्न वर्ग का कर्त्तव्य उनकी व्यवस्था में श्रद्धा रखना है। इसीलिए उन्होंने धर्म-भ्रष्ट ब्राह्मणों और अनधिकार चेष्टा करनेवाले शूद्रों की विगर्हणा की है। ब्राह्मण-वर्ग के प्रति उनका पक्षपात जातिवाद पर आश्रित नहीं है; वह लोक-मंगल-भावना से प्रेरित है। राजधर्म और स्त्रीधर्म लोक-व्यवस्था के मुख्य आधार हैं। अतः उनकी मर्यादा पर तुलसी ने विशेष ध्यान दिया है। उनकी सामाजिक-धार्मिक मान्यताओं की विचार-चर्चा की जा चुकी है।

'मानस' में मर्यादा-भंग के भी उदाहरण पाए जाते हैं। धनुष-यज्ञ में परशुराम तथा लक्ष्मण, और लंका की सभा में अंगद एवं रावण का व्यवहार असभ्य है। दोनों ही आवेश की परिस्थितियाँ हैं। किंतु वे सुसंस्कृत आचरण के विपरीत हैं। लक्ष्मण और परशुराम ने सम्मान्य जनक के प्रति अशिष्टतापूर्ण वचन कहे हैं।[2] वानर और राक्षस की असभ्यता स्वाभाविक है। मर्यादा पुरुषोत्तम राम ने नारी शूर्पणखा के नाक-कान कटवाकर, बालि को धोखे से मारकर, सुग्रीव-विभीषण के प्रति पक्षपात करके[3], और अवतार के पूर्व वृंदा का पातिव्रत्य नष्ट करके[4] मर्यादा का उल्लंघन किया है। भक्तों का उत्तर है कि भगवान् की ये लीलाएँ लोक-कल्याण के लिए हैं। यह समाधान प्रत्यायक नहीं है। धर्म की रक्षा के लिए, चाहे वह कितना ही व्यापक क्यों न हो, अधर्म करना कलंक से मुक्त नहीं है। कवित्व की दृष्टि से ये प्रसंग निस्संदेह आकर्षक हैं। राम की इन नर-लीलाओं में उन लौकिक प्रभुओं का चरित्र खूब प्रतिबिंबित हुआ है जो आत्मसमर्पण करनेवाले भक्तों का हित और स्वाभिमानी अभक्तों का अहित करने के लिए मर्यादा का बाँध तोड़कर पाप-कर्म में पिल पड़ते हैं। तुलसीदास ने रामभक्ति-विरोधियों के लिए जिन अपशब्दों का प्रयोग किया है वे भी मर्यादा-विरुद्ध हैं।[5] परंतु, उनकी सटीक और मार्मिक व्यंजना का अपलाप नहीं किया जा सकता। इने-गिने व्यतिक्रमों से तुलसी के उदात्त मर्यादावाद की महिमा नष्ट नहीं होती। मर्यादा-भंग की स्थितियों में भी उनकी उक्तियाँ कुछ-न-कुछ मर्यादित हैं। कबीर, सूर आदि ने तो बहुत ही गंदी बातें कही हैं।[6]

'मानस' का अंगी रस

प्रबंध-काव्य में विविध प्रकार के अर्थों का सन्निवेश होता है। उसमें अवसर के अनुसार अनेक रसों की निबंधना की जाती है। परस्पर-विच्छिन्न अर्थ और भाव उसके लालित्य-विधान को लोकोत्तर

1. रामचंद्र शुक्ल : गोस्वामी तुलसीदास, पृ. 45
2. रामचरितमानस, 1/253/1,1/270
3. जेहि अघ बधेउ ब्याध जिमि बाली। फिरि सुकंठ सोइ कीन्हि कुचाली॥
   सोइ करतूति बिभीषन केरी। सपनेहुँ सो न राम हिअँ हेरी॥

   —रामचरितमानस, 1/29/3-4
4. छल करि टारेउ तासु ब्रत प्रभु सुर कारज कीन्ह।—रामचरितमानस, 1/123
5. रामचरितमानस, 1/114-1/115/4, 2/75/1; कवितावली, 7/40
6. जो तू बाम्हन बाम्हनि जाए। और राह तुम काहे न आए॥—कबीर-वचनावली, पृ. 208
   सूरदास पूरीपहि पटपद कहत फिरत है सोई—भ्रमरगीतसार, पद 169

चमत्कारपूर्ण नहीं बना सकते। अतएव अर्थविशेष की सिद्धि, सौंदर्यातिशय की पुष्टि एवं रस की घनीभूत अभिव्यक्ति के लिए यह आवश्यक है कि कवि अंगी, प्रधान या मुख्य रस के रूप में किसी एक रस की निबंधना पर प्रयत्नपूर्वक ध्यान दे और अंग-रूप में अन्य रसों की योजना करके उसे पुष्ट करे।[1]

किसी प्रबंध के अंगी रस का निर्धारण सामान्यतः निम्नांकित प्रश्नों के उत्तर पर निर्भर है—1. क्या कवि ने स्वयं अपने प्रबंध के अंगी रस के रूप में किसी रस का उल्लेख किया है; 2. कौन सा रस रचना के उपक्रम और उपसंहार दोनों में निबद्ध है; 3. कौन सा रस आधिकारिक कथावस्तु के नायक पर आश्रित है; 4. नायक की मुख्य या स्थायी वृत्ति का घनिष्ठ संबंध किस रस से है; 5. आलोच्य काव्य में किस रस का पूर्ण परिपाक हुआ है; 6. कौन सा रस अन्य रसों की अपेक्षा अधिक पुष्ट है; 7. अन्य रस किस रस के पोषक और अंग हैं; 8. प्रबंध के बीच-बीच में किस रस की अविच्छिन्न अभिव्यक्ति हुई है; 9. किस रस की व्याप्ति सर्वाधिक है; 10. संपूर्ण रचना की प्रबंध-ध्वनि क्या है; 11. कवि के मूल उद्देश्य अथवा कृति के सारभूत प्रभाव की व्यंजना किस रस के माध्यम से हुई है ?

उपलब्ध प्रबंधों के आधार पर संस्कृत-काव्यशास्त्रियों ने यह सिद्धांत बना लिया था कि शृंगार, वीर या शांत ही किसी महाकाव्य का अंगीरस हो सकता है।[2] शास्त्रानुयायी हिंदी-समीक्षकों ने उस नियम को 'रामचरितमानस' में भी बरबस घटाने का प्रयास किया है। इस संबंध में दो बातें स्मरणीय हैं—एक यह कि विश्वनाथ आदि लक्षणकारों का लक्ष्य 'रामचरितमानस'-जैसा कोई महाकाव्य नहीं था; और दूसरी यह कि तुलसीदास रीतिबद्ध होते हुए भी रीतिमुक्त थे, परंपरानुयायी होकर भी प्रगतिशील थे। इन तथ्यों की अवहेलना करके हिंदी के 'रस-सिद्धांती आचार्य' लक्ष्य ग्रंथों के आधार पर मौलिक चिंतन न करके पुरानी लकीर की परछाईं पीट रहे हैं।

शृंगार-रस : शृंगार को 'रामचरितमानस' का अंगी रस सिद्ध करने के लिए तीन तर्क दिए जा सकते हैं—1. उसमें शृंगार के संयोग-वियोग-पक्षों का पूर्ण परिपाक हुआ है। 2. 'मानस' भक्तिग्रंथ है। "भक्ति-मार्ग में, चाहे वह वात्सल्य, सख्य, माधुर्य या दास्य किसी भाव की उपासना का मार्ग हो, ब्रह्म के प्रति आकर्षण या रति का होना अनिवार्य है। अतः 'मानस' में जो प्रधान रस है वह अलौकिक शृंगार रस ही है और इसी को गौड़ीय वैष्णव आलंकारिकों ने भक्ति रस कहा है।"[3] 3. कवि ने उपक्रम में 'हरिपद रति रस' और उपसंहार में 'कामिहि नारि पिआरि जिमि' के द्वारा रति को विशेष महत्त्व देकर इसी रस की व्यंजना की है।[4]

ये तर्क अत्यंत निर्बल हैं—1. यह ठीक है कि 'मानस' में अनेक स्थलों पर पुष्ट शृंगार की अभिव्यक्ति हुई है, किंतु उसकी व्याप्ति बहुत सीमित है। 2. तुलसी की दास्य भक्ति को 'अलौकिक शृंगार' के अंतर्गत बताना असंगत है। शृंगार का स्थायी भाव कामरति है। तुलसी का दास्य निष्काम है। यदि उनकी भक्ति कांत-कांता-भाव की मधुरा रति होती तो उसको किसी प्रकार तथाकथित 'अलौकिक शृंगार' के कोष्ठ में रखा भी जा सकता था। 3. 'हरिपद रति' में 'रति' शब्द काम-रति का द्योतक नहीं है और 'कामिहि नारि पिआरि' में उपमान की योजना भक्ति की अतिशयता एवं भक्त की तन्मयता मात्र सूचित करती है। उपमान उपमेय नहीं हो सकता। 4. तुलसी के राम शृंगार-लीला के लिए अवतीर्ण नहीं हुए हैं; उनका मुख्य उद्देश्य अधर्म-अधर्मियों का विनाश तथा धर्म-संस्थापन है। 5. 'मानस' को पढ़कर समाप्त कर देने पर पाठक के मन में शृंगार रस का संस्कार नहीं बनता।

---

1. ध्वन्यालोक, 4/5 और उस पर वृत्ति; और देखिए—3/21-27 और उन पर लोचन
2. शृंगारवीर शान्तानामेकोऽङ्गी रस इष्यते।
   अंगानि सर्वेऽपि रसाः सर्वे नाटकसन्धयः॥—साहित्यदर्पण, 6/317
3. हिंदी महाकाव्य का स्वरूप-विकास, पृ. 556
4. रामचरितमानस, 1/37/7, 7/130

कथा के गरुड़ आदि श्रोताओं की अंतिम उक्तियाँ और विभिन्न कांडों की फलश्रुतियाँ इस तथ्य का स्पष्टतया समर्थन करती हैं।

वीर-रस : किसी-किसी के मत से 'मानस' का अंगी रस वीर है।[1] इस पक्ष के पोषक तर्क हैं—1. रामकथा का ढाँचा ही ऐसा है कि उसमें वीर को छोड़कर दूसरा रस हो ही नहीं सकता। 2. "उसमें वीर रस की प्रधानता है क्योंकि उसके नायक को प्रतिनायक के वध के बाद महान् राज्य का फल प्राप्त होता है और इस फल की प्राप्ति के लिए वह असीम साहस, धैर्य, कष्ट-सहिष्णुता, त्याग और वीरता का प्रदर्शन करता है।"[2] 3. आधिकारिक कथा के नायक राम की सभी प्रवृत्तियों का पर्यवसान वीर रस में होता है। राम के जन्म के हेतु, विश्वामित्र के साथ यात्रा, धनुर्भंग, राज्यत्याग, वन-गमन, राक्षस-वध, राज्य-स्थापन आदि में स्थायी उत्साह की व्यंजना हुई है। 4. "यदि प्रथम और सप्तम सोपान की अवांतर कथाओं तथा पूरे काव्य में बिखरे हुए स्तोत्रों, उपदेशों और तत्त्व-विवेचनों को हटाकर देखा जाए तो 'मानस' पूर्णतया वीर रस का महाकाव्य प्रतीत होता है और राम युद्धवीर, दानवीर, धर्मवीर और कर्मवीर इन चारों रूपों में दिखाई पड़ते हैं।"[3] 5. संस्कृत में कुछ नाटकों को छोड़कर समस्त राम-काव्य में वीर रस का एकाधिकर है। 6. तुलसी लोकमंगल की भावना से अनुप्राणित हैं। उसके उपयुक्त स्थायी भाव उत्साह ही हो सकता है।

उपर्युक्त तर्क अग्राह्य हैं। उनकी असमीचीनता पर विचार कीजिए। 1-5 रामकथा का ढाँचा वीर-रस के अनुकूल है और संस्कृत का अधिकांश रामकाव्य वीररसप्रधान है, इससे 'मानस' के अंगी रस का निर्णय नहीं हो पाता। विचारणीय यह है कि तुलसी ने उस राम-कथा को किस रूप में निबद्ध किया है, और उसे पढ़कर सहृदय को किस रस की अनुभूति होती है। यदि तुलसी भी वाल्मीकि आदि की भाँति राम का चित्रण एक महापुरुष के रूप में करते और 'रामचरितमानस' की समाप्ति राज्याभिषेक पर ही कर देते तो वीर-रस को अंगी माना जा सकता था। परंतु, उन्होंने ऐसा नहीं किया। रस के विषय में सहृदय का अनुभव प्रमाण है। जटायु और बालि के प्रसंगों[4] में राम के दयोत्साह का वर्णन पढ़कर भावक का भक्ति-भाव उद्‌बुद्ध होता है, उसे वीर-रस की अनुभूति नहीं होती। 2-3 'मानस' में वीर-रस काफी मात्रा में अवश्य पाया जाता है। किंतु वह स्वतंत्र नहीं है। राम की वीरता के वर्णन का पर्यवसान उनके ईश्वरत्व-निरूपण में किया गया है जो भक्ति का उद्‌बोधक है। दूसरी बात यह है कि उनके प्रयत्नों का फल राज्य-प्राप्ति नहीं है। उन्होंने प्रतिनायक का वध करके लंका का राज्य नहीं हथियाया, और अयोध्या का राज्य रावण-वध के बिना ही उन्हें प्राप्य था। 4. चौथे तर्क के दो उत्तर हैं—एक यह कि किसी प्रबंध के अंगी रस का निर्धारण समग्र रचना को दृष्टि में रखकर किया जाता है, उसके अंशों को निकालकर नहीं। दूसरा यह कि बालकांड के पूर्वार्ध, लगभग समस्त उत्तरकांड और शेष भाग के मोक्षपरक अंशों को हटा देने के बाद जो शेष बचेगा वह 'रामचरितमानस' नहीं रहेगा। उसके अंगी रस पर विचार करना विषयांतर है। 6. तुलसी निश्चय ही मंगल-भावना से अनुप्राणित हैं, लेकिन उनकी दृष्टि में उस मंगल-विधान का अमोघ साधन रामभक्ति और रामकृपा है। अतः वीर-रस को 'मानस' का अंगी रस मानना न्याय्य नहीं है। 7. वह उपक्रम और उपसंहार में उपेक्षित है। 8. उसका प्रवाह अविच्छिन्न नहीं है। अंतिम कांड में उसका सर्वथा अभाव है। 'कोटिन्ह बाजिमेध प्रभु कीन्हे। दान अनेक द्विजन्ह कहँ दीन्हे'-जैसी पंक्तियों में भी वीर-रस नहीं है। 9. वह 'मानस' की प्रबंध-ध्वनि नहीं है।

1. देखिए —रामचरितमानस का तुलनात्मक अध्ययन, पृ. 295-99
2. देखिए—वाल्मीकि और तुलसी : साहित्यिक मूल्यांकन, पृ. 400
3. वही
4. रामचरितमानस, 3/31, 4/10

शांत-रस : कतिपय अनुसंधाताओं ने शांत को 'मानस' का प्रधान रस बतलाया है।[1] वे शांत और भक्तिरस को अभिन्न मानकर चले हैं—इस मत का मूल ही निराधार है। इन दोनों रसों में तात्त्विक भेद है। शांत का स्थायी भाव शम है; भक्तिरस का स्थायी भाव भक्ति ही है।[2] वैराग्य के द्वारा द्रुत चित्त का प्रकाश 'शम' है; भगवद्धर्म के कारण द्रुत चित्त की ईश्वरानुरक्ति 'भक्ति' है।[3] शम निवृत्तिमूलक है; भक्ति प्रवृत्तिमूलक है। शम का आलंबन संसार की असारता अथवा निर्गुण ब्रह्म का चिंतन है; भक्ति के आलंबन भगवान् एवं उनके भक्तगण हैं। इसलिए भक्तिरस को शांत का अंग मानना[4] या दोनों को एक समझना संगत नहीं है। 'रामचरितमानस' में शांतरस की प्रधानता की बात तो दूर रही, उसमें शुद्ध या स्वतंत्र शांतरस की निबंधना कहीं नहीं है। जहाँ-जहाँ तत्त्वज्ञान का प्रतिपादन किया गया है वहाँ-वहाँ उसका पर्यवसान भक्ति में हुआ है, क्योंकि तुलसी का **श्रुतिसम्मत हरिभगतिपथ संजुत बिरति बिबेक**[5] है।

भक्तिरस : वस्तुतः 'रामचरितमानस' का अंगी रस भक्तिरस है। संस्कृत के काव्यशास्त्रियों ने भक्तिरस को गौरव नहीं दिया था क्योंकि उनके समक्ष भक्तिरस का कोई महाकाव्य नहीं था और संस्कृत-काव्य में भक्तिरस की प्रतिष्ठा नहीं हुई थी। 'रामचरितमानस' उस रस-परिपाटी से भिन्न कोटि का महाकाव्य है। तुलसी ने लीक छोड़कर भक्तिरस को अंगी रस के रूप में प्रतिष्ठापित किया है। उसकी सर्वांगव्यापकता, एकतानता, प्रभविष्णुता और अद्वितीयता ने 'अंगी' शब्द को पूर्णतः सार्थक कर दिया है। परंपरावादी आचार्यों द्वारा उपेक्षित भक्तिरस भी काव्यरस है[6], अब इसे सिद्ध करने की आवश्यकता नहीं है।

प्रस्तुत प्रकरण के आरंभ में निर्दिष्ट ग्यारह प्रश्नों को दृष्टि में रखकर विचार कीजिए। 1. कवि ने स्वयं भक्तिरस की प्रधानता का उल्लेख किया है : **हरिपदरति रस बेद बखाना।**[7] 'मानस' के सात सोपान रामभक्ति के ही सोपान हैं[8] और अंतिम सोपान 'अविरलहरिभक्तिसंपादनो नाम' है।[9] संपूर्ण ग्रंथ और विभिन्न कांडों की फलश्रुतियाँ भी इसका समर्थन करती हैं। 2. 'मानस' के उपक्रम और उपसंहार में भक्तिरस की व्यंजना हुई है।[10] उनमें वर्णित अवांतर कथाओं का लक्ष्य भी भक्ति ही है। 3-4. इन दोनों प्रश्नों पर अधिक सूक्ष्मता से विचार करना होगा। संस्कृत के प्रबंध-काव्य में नायक कथानक का केंद्रबिंदु होता है। वह कथानक को आगे बढ़ाता है, इसीलिए उसकी संज्ञा 'नायक' है। उस पर रस दो प्रकार से आश्रित हो सकता है— (i) 'नाटक' और महाकाव्य में उसका चित्रण इस ढंग से किया जाता है कि सहृदय पाठक नायक के साथ तादात्म्य स्थापित कर लेता है। वह नायक की सुखात्मक अनुभूति की स्थिति में सुख का अनुभव करता है, और उसके दुःखी होने पर दुःखी होता है। इस प्रकार नायक के स्थायी भाव के अनुरूप ही भावक का स्थायी भाव उद्बुद्ध होकर रस-रूप में परिणत होता है। उदाहरण के लिए, 'अभिज्ञानशाकुंतल' में नायक दुष्यंत का स्थायी भाव काम-रति है। तदनुसार सहृदय की भी काम-रति विकसित होती है और उसे शृंगार रस का अनुभव होता है।

---

1. तुलसीदास और उनका युग, पृ. 394; रामचरितमानस का शास्त्रीय अध्ययन, पृ. 290
2. अभिनवभारती, जिल्द 1, पृ. 336; हरिभक्तिरसामृतसिन्धु, 2/5/2
3. भक्तिरसायन, 2/24; 1/3, शांडिल्य-भक्ति-सूत्र, 1/1/2
4. जैसा कि अभिनवगुप्त ने माना है : अभिनवभारती, जिल्द 1, पृ. 340
5. रामचरितमानस, 7/100
6. देखिए—तुलसी-दर्शन-मीमांसा, पृ. 378-80
7. रामचरितमानस, 1/37/7
8. एहि महँ रुचिर सप्त सोपाना। रघुपतिभगति केर पंथाना॥—

   रामचरितमानस, 7/129/2
9. देखिए—उत्तरकांड की पुष्पिका
10. जैसे : 1/1/श्लोक, 1-6, 1/18-1/21; 7/130

(ii) प्रहसन आदि में ऐसा नहीं होता। अधम नायक से कोई तादात्म्य नहीं स्थापित कर सकता। वहाँ पर नायक सहृदय का आलंबन बन जाता है। सहृदय का स्थायी भाव नायक के स्थायी से भिन्न होता है। 'हास्यचूडामणि' का उदाहरण लीजिए। उसके नायक ज्ञानराशि का स्थायी भाव अनुचित 'रति' है, परंतु उसके भावन से भावक का 'हास' जागृत होता है और फलतः उसे हास्य-रस की अनुभूति होती है। 'रामचरितमानस' की विचित्रता पर विचार कीजिए। उसमें उपर्युक्त दोनों प्रकार की प्रक्रियाओं का समन्वय है। राम 'नाटक' और महाकाव्य के प्रकृत नायक के समान गुणसम्पन्न हैं, किंतु उनके ईश्वरत्व के कारण पाठक उनके साथ तादात्म्य नहीं स्थापित कर पाता। फिर भी वह अपने को उनके पक्ष का मानकर चलता है, उनकी सफलता पर प्रसन्न और विफलता पर खिन्न होता है। फुलवारी में उनका स्थायी भाव रति है, लक्ष्मण-मूर्च्छा पर शोक, और युद्ध में उत्साह। उन अवसरों पर पाठक के भी वे ही भाव उद्‌बुद्ध होते हैं और वह क्रमशः शृंगार, करुण अथवा वीर रस की अनुभूति करता है। परंतु, उसकी यह अनुभूति देर तक नहीं टिक पाती। कवि राम के ईश्वरत्व का निरूपण करने लगता है। इसके फलस्वरूप राम भावक की भक्ति के आलंबन बन जाते हैं। राम का ईश्वरत्व इतना अभिभावी है, और संपूर्ण काव्य में अनुस्यूत भक्ति इतनी शक्तिमती है कि अन्य रस भक्ति से अस्पृष्ट नहीं होने पाते। राम का स्थायी भाव उत्साह निस्संदेह बहुत व्यापक है, किंतु उसके भी मूल में उससे अधिक व्यापक और स्थायी चित्तवृत्ति उनकी भक्तवत्सलता है। उनकी सारी लीला मुख्यतया भक्तों के आनंद के लिए है। तुलसी पग-पग पर उनकी भक्तवत्सलता की याद दिलाते चलते हैं। लौकिक नायक पर आश्रित शृंगार या वीर रस के काव्य से सहृदय का वही भाव जागृत होता है जो नायक का हैं किंतु, भक्तिकाव्य में नायक-भगवान् के उत्साह, वत्सलता आदि भावों की व्यंजना से भावक के उत्साह आदि भावों का नहीं, अपितु भक्ति-भाव का उद्रेक होता है और उसे भक्तिरस की अनुभूति होती है।

5-6-7. 'मानस' में भक्तिरस का पूर्ण परिपाक हुआ है। भक्तिशास्त्रियों के मतानुसार तो केवल भक्तिरस ही पूर्ण रस है।[1] 'रामचरितमानस' में वह इतना पुष्ट और प्रभावशाली है कि एकाध विचारक 'मानस' को सामान्य काव्य से भिन्न भक्तिरस का ग्रंथ मानना ही उचित समझते हैं।[2] काव्य और भक्तिरस में विरोध नहीं है। 'मानस' भक्ति-रसप्रधान काव्य है। उसमें प्रयुक्त अन्य रस उसी के पोषक और अंग हैं, क्योंकि राम की सभी लीलाओं के वर्णन का प्रयोजन पाठकों को भक्तिरस की अनुभूति कराना है। डॉ. श्रीकृष्ण लाल का कथन है—'रामचरितमानस' में तो रसों की अपेक्षा रसाभास ही अधिक मिलते हैं।'[3] उनके मतानुसार लक्ष्मण-शक्ति के उपरांत राम के विलाप में करुणाभास है, सीता-हरण के पश्चात् शृंगाराभास है, इसी प्रकार लंकाकांड के अंतर्गत उत्साह तथा क्रोध के वर्णनों में वीराभास और रौद्राभास।[4] उन स्थलों पर रसाभास मानना समीचीन नहीं है, क्योंकि रसाभास का कारण अनौचित्य है[5] और उनमें अनौचित्य नहीं है। वस्तुतः वे रस अंगी भक्तिरस की तुलना में अपूर्ण और अपुष्ट हैं, इसलिए अपरिपक्व प्रतीत होते हैं। 8. 'मानस' के बीच-बीच में आदि से अंत तक

---

1. परिपूर्णरसा क्षुद्ररसेभ्यो भगवद्रतिः।
   खद्योतेभ्य इवादित्यप्रभेव बलवत्तरा ॥—भक्तिरसायन, 2/76
2. पं. मदनमोहन मालवीय : 'रामायण' को काव्य कहना उसका अपमान करना है। उसमें तो भक्तिरस का प्रवाह बहता है जो जीवन को पवित्र कर देता है।

   —कल्याण, रामायणांक, पृ. 28
3. मानस-दर्शन, पृ. 166
4. वही, पृ. 167
5. देखिए—साहित्यदर्पण, 3/262-65

भक्तिरस की व्यंजना हुई है। मध्य-वर्तिनी स्तुतियाँ और फलश्रुतियाँ उसकी पुष्टि करती हैं। 9. उसकीव्याप्ति सबसे अधिक है। कोई भी प्रकरण उसकी निबंधना से सर्वथा मुक्त नहीं है। 10. संपूर्ण 'रामचरितमानस' की प्रबंध-ध्वनि भक्तिरस ही है। 11. तुलसी का मूल उद्देश्य 'अविरल हरिभक्ति' का संपादन है, 'मानस' का सारभूत प्रभाव रामभक्ति है।[1] अतएव उसका अंगी रस भक्तिरस है। अंगी रस का जैसा सशक्त, अविच्छिन्न और एकतान प्रवाह 'रामचरितमानस' में मिलता है वैसा किसी अन्य महाकाव्य में नहीं।

काव्यरूप : महाकाव्यत्व

'रामचरितमानस' के काव्यरूप के संबंध में तीन प्रकार की उक्तियाँ मिलती हैं—1. वह चरितकाव्य या कथाकाव्य है, 2. वह पुराण है, 3. वह महाकाव्य है। पहली और तीसरी उक्तियों में विरोध नहीं है, क्योंकि महाकाव्य चरितात्मक या कथात्मक होता ही है। विवाद इस बात पर है कि वह पुराण है अथवा महाकाव्य।

चरितकाव्य : चरितकाव्य-रचना की परंपरा बहुत पुरानी है।[2] वाल्मीकि-'रामायण', 'पउमचरिय', 'पउमचरिउ' आदि इसी प्रकार की कृतियाँ हैं। चरितकाव्यों के दो मुख्य रूप हैं—महाकाव्य और खंडकाव्य। 'रामचरितमानस' संस्कृत के ही नहीं प्राकृत-अपभ्रंश के महाकाव्यों की परंपरा में रचित प्रबंध है। शैली की दृष्टि से अपभ्रंश के महाकाव्य दो प्रकार के हैं—**पौराणिक,** जैसे 'पउमचरिउ', 'रिट्ठणेमिचरिउ' आदि; और **रोमांचक,** जैसे 'भविसयत्तकहा', 'सुदंसणचरिउ' आदि। 'पदमावत' रोमांचक-शैली का प्रबंध है, और 'रामचरितमानस' पौराणिक-शैली का चरितकाव्य या महाकाव्य है।

अपभ्रंश के चरितकाव्यों की प्रायः सभी प्रमुख विशेषताएँ 'रामचरितमानस' में पाई जाती हैं—1. प्रबंधकाव्य और धर्मकथा का समन्वय : उसमें व्यवस्थित कथानक, मार्मिक स्थलों की भावुकतापूर्ण निबंधना और रस आदि काव्यांगों की रमणीय योजना के साथ ही धर्मदर्शन का प्रतिपादन है। 2. पौराणिक कथावस्तु : उसका कथानक वाल्मीकि-'रामायण', 'अध्यात्मरामायण', 'पद्मपुराण' आदि में वर्णित पुरातन इतिवृत्त पर आश्रित है। 3. कथानक-रूढ़ियाँ : पूर्वजन्म की कथा[3], आकाशवाणी[4], शाप[5], वन में भटकते हुए मुनि-दर्शन[6] वाटिका में सुंदरी का साक्षात्कार, रूप-परिवर्तन[7], शत्रु-पीड़ित व्यक्ति की सहायता[8] आदि। 4. अलौकिक तत्त्वों का सन्निवेश : जैसे, माया की सीता, सोने का मृग, रावण अथवा हनुमान का पर्वत उठा लेना। राम की अद्भुत लीला तो अलौकिक ही है। 5. रोमांचक और साहसिक घटनाओं का अतिरेक : जैसे ताड़का-सुबाहु-वध, फुलवारी-प्रसंग, शूर्पणखा-कांड, लंकादहन आदि। 6. मानव-जीवन और प्रकृति के विविध रूपों का व्यापक चित्रण। 7. प्रश्नोत्तर के रूप में कथा का प्रारंभ : भारद्वाज, पार्वती और गरुड़ के प्रश्न के उत्तर-रूप में याज्ञवल्क्य, शंकर और काकभुशुंडि ने रामकथा कही है। 8. प्रबंध-रूढ़ियाँ: मंगलाचरण, वंदनाएँ,

---

1. श्रीमद्रामचरित्रमानसमिदं भक्त्यावगाहंति ये ते संसारपतंगघोर किरणैर्दह्यंति नो मानवाः।
   इति श्रीरामचरितमानसे सकलकलिकलुषविध्वंसने।
   अविरलहरिभक्तिसंपादनो नाम सप्तमसोपानः समाप्तः॥
2. देखिए—हिंदी-महाकाव्य का स्वरूप-विकास, पृ. 122-194
3. जैसे : पार्वती और काकभुशुंडि की: रामचरितमानस, 1/48/1-1/64: 7/96-7/113
4. जैसे : रामचरितमानस, 1/174/2-3, 7/107/1
5. जैसे : जय-विजय को विप्र-शाप, रामचरितमानस, 1/122: नारद-शाप, रामचरितमानस, 1/137
6. जैसे : प्रतापभानु द्वारा; रामचरितमानस, 1/158/1
7. जैसे : मारीच का कपट-मृग होना, हनुमान का विप्र-रूप में राम से मिलना आदि
8. जैसे : राम द्वारा सुग्रीव की सहायता

अपभ्रंश के चरितकाव्यों की तुकांत मात्रिक-छंद-पद्धति और गेय कडवक-शैली की भाँति 'रामचरितमानस' में चौपाइयों के बाद दोहों, सोरठों और छंदों की योजना की गई है। 10. "एक ध्यान देने योग्य मजेदार बात यह है कि प्रायः सभी चरितकाव्यों ने अपने को 'कथा' कहा है। चरितकाव्य को कथा कहने की प्रणाली बहुत बाद तक चलती रही। तुलसीदासजी का रामचरितमानस चरित तो है ही, कथा भी है।"[1] 'रामचरितमानस' के नाम में ही 'चरित' शब्द का प्रयोग है। तुलसी ने उसे 'गाथा' और 'कथा' भी कहा है।[2] 11. संस्कृत के बदले लोकभाषा का व्यवहार, संस्कृत के शब्दों में प्राकृत की प्रवृत्ति के अनुसार परसवर्ण के स्थान पर अनुस्वार का प्रयोग।

इन समानताओं के होते हुए भी 'रामचरितमानस' अपभ्रंश के महाकाव्यों से भिन्न है। 1. उन चरितकाव्यों के नायक मनुष्य हैं, 'मानस' के नायक राम परब्रह्म परमेश्वर हैं। 2. उनमें प्रायः नायक के संपूर्ण जीवन का वृत्तांत वर्णित है; 'मानस' में राम के अंतिम चरित और महाप्रस्थान की कोई चर्चा नहीं है। ब्रह्म राम के महाप्रस्थान का वर्णन उनके ईश्वरत्व के प्रतिकूल पड़ता। 3. अपभ्रंश के महाकाव्य जैनधर्म से प्रभावित हैं। कहा जा चुका है कि जैन-रामकथा के अनुसार भरत, सीता, राम आदि जैन-दीक्षा लेते हैं और लक्ष्मण मरकर नरकगामी होते हैं। तुलसी श्रुति-सम्मत सनातन-धर्म के अनुयायी हैं। उन्होंने स्मार्त धर्म का प्रतिपादन किया है; वेद-विदूषकों और अवतार-विरोधियों की कड़ी भर्त्सना की है। 4. अपनी धार्मिक प्रवृत्ति के अनुरूप अपभ्रंश के महाकाव्य शांतरस-पर्यवसायी हैं; उनमें वैराग्य और जैन-दीक्षा को अधिक महत्त्व दिया गया है। तुलसी सर्वात्मना वैष्णव-भक्त हैं। उनका साध्य रामभक्ति है; धर्म और वैराग्य साधन मात्र हैं। अतः 'मानस' भक्तिरस से आद्यंत आपूर्ण है। उसमें शांत की योजना भक्तिरस के पोषण के निमित्त की गई है। 5. पात्रों के चरित्र-चित्रण में अपभ्रंश के महाकाव्यकारों का दृष्टिकोण अधिक यथार्थवादी है। तुलसी संस्कृत-महाकवियों की भाँति अधिक आदर्शवादी हैं। 6. काव्यरूप में भी भिन्नता है। अपभ्रंश-महाकाव्य **संधियों** में विभाजित हैं। 'रामचरितमानस' वाल्मीकि-'रामायण' आदि के सदृश सात कांडों में और स्वकीय मानस-रूपक के अनुसार सात सोपानों में विभाजित है। अपभ्रंश-महाकाव्यों में संधियों की संख्या बहुत अधिक है; आकार में काफी विस्तृत होने पर भी 'मानस' में केवल सात सोपान हैं। 7. तुलसी की राम-कथा प्राकृत-अपभ्रंश के जैन चरितकाव्यों की राम-कथा से बहुत भिन्न है।[3] 'रामचरितमानस' के स्रोत श्रौत-स्मार्त परंपरा में लिखित इतिहास-पुराण और काव्य-नाटक हैं। उसकी प्रबंध-कथानक-रूढ़ियों और अलंकृत काव्य-शैली पर संस्कृत-साहित्य का कहीं अधिक प्रभाव है। वह संस्कृत-प्राकृत-अपभ्रंश की चरितकाव्य-परंपरा में लिखित चरितकाव्य है, किंतु अपनी कथावस्तु, नायक-परिकल्पना, धर्म-भावना, दार्शनिक विचारधारा, भक्ति-सिद्धांत और उक्ति-वैचित्र्य में वह संस्कृत के पुराणों और प्रबंध-काव्यों से घनिष्ठतया संबद्ध है।

'मानस' का पुराणत्व : डॉ. श्रीकृष्ण लाल ने बड़े व्यवस्थित ढंग से विवेचनपूर्वक यह सिद्ध करने का प्रयत्न किया है कि 'रामचरितमानस' एक पुराण है।[4] उसे पुराण सिद्ध करने के लिए प्रस्तुत की गई उनकी उपपत्तियों में कुछ अपनी ओर से मिलाकर निम्नांकित तर्क दिए जा सकते हैं :

1. परंपरा से 'रामचरितमानस' धर्मग्रंथ माना जाता रहा है, काव्य नहीं। नाभादास ने 'भक्तमाल' में सूर को तो कवि कहा है, किंतु तुलसी की भक्तिभावना की चर्चा की है।[5] 2. तात्पर्यनिर्णय की दृष्टि

---

1. हिंदी-साहित्य का आदिकाल, पृ. 52
2. रामचरितमानस, 1/1/श्लोक 7, 1/34/2, 1/35/3 7; 1/43
3. देखिए—इस ग्रंथ के पृ. 230-234
4. मानस-दर्शन, पृ. 135-72: "इसे पुराण कहना ही अधिक उचित जान पड़ता है।"

—मानस-दर्शन, पृ. 147

5. तुलसी-विषयक छप्पय के लिए देखिए—इस ग्रंथ का पृ. 28

से भी वह काव्य-कोटि में नहीं आता। उसके उपक्रम-उपसंहार, अभ्यास, अपूर्वता, फल, अर्थवाद और उपपत्ति[1] से स्पष्ट है कि उसका तात्पर्य राम और रामभक्ति का प्रतिपादन करना है। 3. डॉ. राधाकृष्णन् ने पुराणों को धार्मिक काव्य कहा है जिनमें कथाओं, देवकथाओं, प्रतीकों और दृष्टांतकथाओं के माध्यम से संप्रदाय-विशेष की ईश्वर-जीव-सृष्टि-समाज-विषयक परंपरागत मान्यताओं का उपस्थापन और तत्कालीन नास्तिक-मतों का खंडन है।[2] 'मानस' की भी यही विशेषता है। 4. वायुपुराण और पद्मपुराण में लिखा है कि जिसमें पूर्वकाल की परंपरा कही गई हो वह 'पुराण' है।[3] 'मानस' में राम-कथा की पूर्वकालीन परंपरा के साथ ही शिव-सती, नारद, प्रतापभानु, काकभुशुंडि आदि की अवांतर कथाएँ भी वर्णित हैं। 5. 'मानस' की कथा पौराणिक है; उसमें प्रतिपादित धर्म, दर्शन और भक्ति की समन्वयवादी विचारधारा भी पौराणिक है। 6. उसमें कथा का विन्यास करते हुए पुराणों की व्यास-शैली अपनाई गई है। 7. उसके तथा 'भागवतपुराण' के मंगलाचरण और प्रतिज्ञावचन में भी समानता है।[4] 8. 'अध्यात्मरामायण' की भाँति उसकी कथा शिव-पार्वती-संवाद के रूप में कही गई है। साथ ही याज्ञवल्क्य-भरद्वाज तथा काकभुशुंडि-गरुड़ और बीच-बीच में अन्य पात्रों के संवादों की योजना है। श्रोताओं के प्रश्नों के उत्तर-रूप में अथवा उनकी जिज्ञासाओं के समाधान-रूप में प्रतिपाद्य विषय का निरूपण किया गया है। 9. पुराणों के सदृश ही उसमें स्तुतियों एवं गीताओं की भरमार है, और उनके माध्यम से मोक्षशास्त्रीय सिद्धांतों की व्यंजना की गई है। 10. चराचर की वंदना, संत-असंत-लक्षण-निरूपण, देवताओं द्वारा दुंदुभी-वादन एवं पुष्प-वर्षा, आकाशवाणी, शकुनापशकुन और फलश्रुतियों आदि के वर्णन में पौराणिक परिपाटी का अनुसरण है। 11. उसके अतिरंजित वर्णनों और आलंकारिक उक्तियों में पुराण-पद्धति का निर्वाह है। 12. उसमें महाकाव्य के मुख्य लक्षणों का नितांत अभाव है : उसका नायक न देवता है न मानव, वरन् इन दोनों से परे परब्रह्म परमेश्वर है[5]; उसका फल चतुर्वर्ग से परे विश्राम की प्राप्ति है[6]; उसकी कथा-शैली में महाकाव्योचित नाटकीयता और ऐतिहासिकता नहीं है[7]; संवादों में सरलता, गंभीरता, स्वाभाविकता और तर्कसंगति नहीं है[8]; उसमें रसों की अपेक्षा रसाभास ही अधिक है[9]; मानसकार की भावुकता तथा सहृदयता एकांगी और संकीर्ण है।[10] तुलसी ने उसे स्वयं पुराणसम्मत कहा है और बारंबार आगम-निगम-पुराण की दुहाई दी है। अतएव 'रामचरितमानस' को महाकाव्य न कहकर पुराण कहना ही युक्तिसंगत है।

उपर्युक्त तर्कों में पर्याप्त बल नहीं है। 1. यह ठीक है कि 'रामचरितमानस' जनसाधारण में धर्मग्रंथ की भाँति समादृत है और भक्तों ने तुलसी को भक्त-शिरोमणि माना है, परंतु काव्य और कवि के रूप में उनकी प्रतिष्ठा उससे भी अधिक है। तुलसी के समकालीन दार्शनिक एवं भक्तिशास्त्री मधुसूदन सरस्वती ने उनकी **कवितामंजरी** का जयघोष किया है।[11] रीतिकालीन कवियों और आचार्यों

---

1. इस षड्विध तात्पर्यनिर्णय के लिए देखिए—तुलसी-दर्शन-मीमांसा, पृ. 25-26
2. देखिए—मानस-दर्शन, पृ. 147
3. मानस-दर्शन, पृ. 145; और भी देखिए : हिंदी-साहित्य का आदिकाल, पृ. 58
4. रामचरितमानस, 1/1/श्लोक 6, 7; भागवतपुराण, 1/1/1, 3
5. मानस-दर्शन, पृ. 144
6. वही, पृ. 145
7. वही, पृ. 153
8. वही, पृ. 155
9. वही, पृ. 166-68
10. वही, पृ. 168
11. देखिए—हिंदी साहित्य का इतिहास, पृ. 155

ने उनके कवित्व की श्रेष्ठता स्वीकार की है। अठारहवीं शताब्दी के पूर्वार्ध में भिखारीदास ने उन्हें **सुकवियों का सरदार** कहा है।"[1] अठारहवीं शताब्दी में रसरूप ने 'तुलसीभूषण' नामक पुस्तक लिखी है जिसमें सभी अलंकारों के उदाहरणों का चयन तुलसीदास के ग्रंथों से नियमपूर्वक किया गया है। उन्नीसवीं शती के पद्‌माकर ने 'पद्‌माभरण' में 'मानस' से उदाहरण दिए हैं। तुलसी के कवित्व के विषय में प्रचलित सूक्तियाँ जनमत का स्पष्ट निर्देश करती हैं।[2] आधुनिक युग में तो कवि-तुलसी के अध्ययन का ओर-छोर ही नहीं है, यहाँ तक कि गुरुकुलों में भी 'रामचरितमानस' काव्य के रूप में पढ़ाया जाता है।

2. इसमें संदेह नहीं कि तुलसी का उद्‌देश्य भक्ति और भगवान् का प्रतिपादन है। यह सभी भक्त-कवियों का उद्‌देश्य है। उन **सबको** कवि-समाज से बहिष्कृत करना पड़ेगा। कहा जा चुका है कि 'मानस' में काव्य और मोक्षशास्त्र का समन्वय है। 'तात्पर्य-निर्णय' वाली बात उसके एक पक्ष अर्थात् मोक्षसिद्धांत पर ही लागू होती है। तुलसी ने **रामचरितमानस** की प्रस्तावना में अपने काव्य-सिद्धांत और 'मानस' के काव्यत्व का स्पष्ट एवं सारगर्भित निरूपण स्वयं किया है।

3. पुराण काव्य नहीं हैं, शास्त्र हैं। इसीलिए उनकी गणना चौदह या अठारह विद्याओं में की जाती है। वहाँ पर 'विद्या' का अर्थ 'शास्त्र' ही है।[3] वे **धर्मशास्त्र** के रूप में भी प्रतिष्ठित हैं, और उनके लिए 'स्मृति' शब्द का भी प्रयोग किया गया है।[4] मम्मट आदि काव्यशास्त्रियों ने पुराण को 'सुहृत्सम्मित' कहकर 'कांतासम्मित' काव्य से उसकी व्यावृत्ति की है।[5] हाँ, उनमें अनेक स्थलों पर कवित्व अवश्य पाया जाता है। परंतु इसके आधार पर उन्हें 'काव्य' नहीं कहा जा सकता, क्योंकि उनमें काव्यतत्त्व प्रधान नहीं है। भारतीय वाङ्मय की ऐसी कोई विधा नहीं है जिसमें कुछ-न-कुछ कवित्वमयी उक्तियाँ न पाई जाती हों। दर्शनशास्त्र और आयुर्वेद के ग्रंथों में भी काव्यमयी पंक्तियाँ भरी पड़ी हैं। वस्तुतः पुराणों को 'धार्मिक काव्य' की अपेक्षा 'काव्यात्मक धर्मशास्त्र' कहना अधिक युक्तिसंगत है। इसके विपरीत 'रामचरितमानस' धर्म-भावना से अनुप्राणित काव्य है।

4. केवल पूर्वकाल की परंपरा का वर्णन मात्र पुराणों का लक्षण नहीं है। विभिन्न पुराणों में पाँच[6] से दस[7] तक पुराण-लक्षण बतलाए गए हैं। वे भी अधूरे हैं और 'मानस' पर घटित नहीं होते। मिलाकर देखिए। (1) **सर्ग,** सृष्टि का विस्तृत वर्णन : 'मानस' में इसका वर्णन नहीं, संकेत मात्र है; जैसे, **नाना भाँति सृष्टि बिस्तारा**[8]। (2) **विसर्ग,** ब्रह्मा-निर्मित चराचर-सृष्टियों का विशद विवरण : 'मानस' में इसका निरूपण नहीं है। (3) **स्थान**, विष्णु द्वारा विश्व को संस्थिति, 'मानस' में इसका 'व्यवस्थित वर्णन न करके यत्र-यत्र उल्लेख भर कर दिया गया है। (4) **पोषण,** भक्तों पर भगवान् का अनुग्रह : 'मानस' में इसका संक्षिप्त निर्देश अवश्य है, किंतु पुराणों की भाँति विस्तारपूर्वक प्रतिपादन नहीं। (5) **ऊति,** जीवों की वासनाएँ : 'मानस' में इसका भी विस्तृत वर्णन नहीं है।

---

1. तुलसी गंग दोऊ भए सुकबिन के सरदार।—काव्यनिर्णय, 1/17
2. (i) कविता कर्ता तीन हैं तुलसी केसब सूर।
   (ii) सूर सूर तुलसी ससी उडुगन केसवदास।
3. विद्या शास्त्रम्। तत्तु अष्टादशविधम्। यथा, विष्णुपुराणम्।—शब्दकल्पद्रुम
4. देखिए—हिस्ट्री ऑफ धर्मशास्त्र, जिल्द 1, पृ. 131
5. काव्यप्रकाश, 1/2 पर वृत्ति
6. सर्गश्च प्रतिसर्गश्च वंशो मन्वन्तराणि च।
   वंशानुचरितं चेति पुराणं पंचलक्षणम्॥—शिवपुराण, 7/1/1/41, आदि
7. अत्र सर्गो विसर्गश्च स्थानं पोषणमूतयः।
   मन्वन्तरेशानुकथा निरोधो मुक्तिराश्रयः॥—भागवतपुराण, 2/10/1, आदि
8. रामचरितमानस, 7/80/4

(6) **मन्वंतर :** पुराणों में विभिन्न मन्वंतरों का विस्तार से वर्णन किया गया है। 'मानस' में उनका कोई वर्णन नहीं है, केवल स्वायंभुव मनु का निर्देश है।[1] (7) **ईशानुकथा,** भगवान् के विविध अवतारों और भक्तों की गाथाएँ : पुराण इन गाथाओं के विशाल भांडार हैं। 'मानस' में केवल राम और उनके कतिपय भक्तों की कथा है। (8) **निरोध,** भगवान् की योगनिद्रा में जीवों का उपाधियों-सहित लय : 'मानस' में इसकी चर्चा नहीं है। (9) **मुक्ति :** 'मानस' में कुछ मुक्तियों का सांकेतिक उल्लेख हुआ है[2]; लेकिन उनका वर्णन नहीं है। (10) **आश्रय,** सृष्टि और प्रलय के आश्रय-रूप परमात्मा का वर्णन : 'मानस' में कहीं-कहीं इसका केवल संकेत किया गया है।[3]

इनके अतिरिक्त भी पुराणों की कुछ महत्त्वपूर्ण विशेषताएँ हैं। (11) पुराणों में विभिन्न राजवंशों और वंशानुचरित का वर्णन मिलता है, 'मानस' में ऐसा कुछ नहीं है। (12) पुराणों में ग्रंथ की श्लोकसंख्या, अन्य पुराणों की सूची और विषयानुक्रमणिका देने की भी प्रथा है, कवि तुलसी ने इसकी सर्वथा उपेक्षा की है। (13) शास्त्रानुसार पुराणों का विभाजन स्कंधों, खंडों, अध्यायों आदि में हुआ है; 'मानस' कांडों या सोपानों में विभक्त है। (14) शास्त्र की मर्यादा के अनुरूप पुराण देववाणी में लिखे गए हैं; तुलसी को काव्य लिखना था, अतएव उन्होंने लोकभाषा को अपनाया।

5-11. कथा की पौराणिकता, समन्वयवादी विचारधारा, मंगलाचरण, संवादों की योजना, स्तुतियों, गीताओं, वंदनाओं आदि से इतना ही निष्कर्ष निकलता है कि 'मानस' पर पुराणों का यथेष्ट प्रभाव है; वह पौराणिक महाकाव्य है। स्वयं पुराणों द्वारा प्रतिपादित लक्षणों में इन सब विशेषताओं का उल्लेख नहीं है, क्योंकि वे पुराणों के व्यावर्तक धर्म नहीं हैं। इनमें से अधिकांश विशेषताएँ संस्कृत-प्राकृत और अपभ्रंश के महाकाव्यों में भी पाई जाती हैं। संवादों के संबंध में कुछ स्पष्टीकरण अपेक्षित है। 'मानस' के केवल शृंखलाबद्ध प्रास्ताविक संवादों और प्रवचनात्मक संवादों की ही शैली पौराणिक है। उसके सभा-संवादों एवं गोष्ठी-संवादों पर संस्कृत-नाटकों का बहुत गहरा प्रभाव है। उन संवादों में जो विविधता, शीलव्यंजकता, नाटकीयता और रमणीयता है उससे 'मानस' की काव्योत्कृष्टता सिद्ध होती है।

12. 'रामचरितमानस' में महाकाव्य के लक्षणों का नितांत अभाव मानना न्यायसंगत नहीं है। तुलसी की भावुकता और 'मानस' की भाव-व्यंजना, नाटकीयता, चित्ताकर्षक संवाद-योजना आदि की बहुत-कुछ विवेचना की जा चुकी है। उसके महाकाव्यत्व पर अभी विचार करेंगे।

13. तुलसी ने 'रामचरितमानस' को पुराण-सम्मत अवश्य कहा है, किंतु उसे 'पुराण' कहीं नहीं कहा। उन्होंने अभिधा, लक्षणा और व्यंजना के द्वारा बारंबार अपने को कवि[4] और अपनी कृति को काव्य[5] कहा है : आगम-निगम-पुराण की दुहाई पुराणों का 'लक्षण' नहीं है और उससे 'मानस की पुराण-भिन्नता सिद्ध होती है।

निष्कर्ष यह है कि पूर्वोक्त पौराणिक विशेषताओं के आधार पर 'रामचरितमानस' को पुराण

---

1. स्वायंभू मनु अरु सतरूपा। जिन्ह तें भै नरसृष्टि अनूपा ।।—रामचरितमानस, 1/242/1
2. रामचरितमानस, 3/9/1, 3/32, 3/36/छंद, 6/3/1, 6/103/5
3. उतपति पालन प्रलय समीहा।—रामचरितमानस, 6/15/3
4. रामचरितमानस कवि तुलसी।—रामचरितमानस, 1/36/1
   सुमिरि भवानी संकरहि कह कवि कथा सुहाइ।—वही, 1/43
   कविहि अरथ आखर बलु साँचा।—वही, 2/241/2
   कुकवि कहाइ अजसु को लेई।—वही, 1/247/2
5. चली सुभग कविता सरिता सो।—रामचरितमानस, 1/39/6
   कवित रसिक न रामपद नेहू। तिन्ह कहँ सुखद हास रस एहू ।।—वही, 1/9/2
   सरल कवित कीरति विमल सोइ आदरहिं सुजान।—वही, 1/14
   कवित विवेक एक नहि मोरे।—वही, 1/9/6

की संज्ञा नहीं दी जा सकती। पुराण एक प्रकार से भारतीय संस्कृति के विश्वकोश हैं। उनमें सब कुछ कह डालने की प्रवृत्ति है। उन्होंने कवित्व और प्रबंधात्मकता की उपेक्षा की है। इसके प्रतिकूल, 'मानस' के काव्यगुण अपेक्षाकृत बहुत अधिक सशक्त हैं। किसी रचना के काव्यत्व के विषय में सबसे ठोस प्रमाण सहृदय का अनुभव है। 'रामचरितमानस' को पढ़कर अनगिनत पंडित और अपंडित सहृदयों को काव्यरसानुभूति होती है। अतएव वह काव्य है।

'मानस' का महाकाव्यत्व : 'महाकाव्य' शब्द से ही सिद्ध है कि उसके मूलतः दो धर्म हैं—महत्ता और काव्यत्व। 'काव्य' विशेष्य है, इसलिए महाकाव्य की पहली शर्त यह है कि वह काव्य हो। काव्य की जो भी प्रतिष्ठित परिभाषाएँ हैं उनके निकष पर 'रामचरितमानस' को परखिए; वह सभी पर खरा उतरता है। उसमें भावों की मार्मिक व्यंजना है; हृदयसंवादी रस-प्रवाह है; ध्वनि-चमत्कार की अतिशयता है; गुणों एवं अलंकारों का उत्कृष्ट सन्निवेश है; वैदग्ध्य-मंडित उक्तियों की मनोहर भंगिमा है; औचित्य का अधिकतम निर्वाह है; अंतर्वृत्तियों और बाह्य-रूपों की सुंदर बिंब-योजना है; शब्द और अर्थ का रमणीय समन्वय है; कवि-कल्पना का अनंत ऐश्वर्य है।

'महा' (महत्) विशेषण है, अतः काव्य की उत्कृष्टता का सूचक है। उससे दो मुख्य विशेषताएँ द्योतित होती हैं—व्यापकता और उदात्तता। इन दोनों ही दृष्टियों से 'मानस' महान् है। उसका आधार विशाल है; उसमें व्यापक जीवन का विशद चित्रांकन है। उसका नायक महान् है[1], समग्र प्रतिपाद्य विषय महान् है[2], प्रतिपादन-शैली महिमामयी है[3], रचना का उद्‌देश्य और संदेश महान है।[4] सबसे बड़ी बात यह है कि उसे अपने महान् उद्‌देश्य की पूर्ति में, अपने महान् संदेश के संप्रेषण में. अभूतपूर्व महती सफलता मिली है।

अब संस्कृत-आचार्यों की रूढ़िबद्ध काव्यशास्त्रीय दृष्टि से विचार कीजिए। उन शास्त्रकारों के लक्ष्य मुख्यतया पाँच महाकाव्य हैं—'रघुवंश', 'कुमारसंभव', किरातार्जुनीय', 'शिशुपालवध' और 'नैषधचरित'। उनका लक्षण-निरूपण[5] प्रायः उन्हीं पर आश्रित है। परंपरावादी तुलसी प्रगतिशील हैं। 'रामचरितमानस' में उन्होंने रूढ़ि-पालन भी किया है और स्वच्छंदता से भी काम लिया है। प्राचीन महाकाव्यों के आधार पर निर्मित मानदंड 'मानस' को मापने के लिए अपर्याप्त है।

1. सर्गबंध : महाकाव्य सर्गबद्ध रचना है। 'मानस' कांडों अथवा सोपानों में विभक्त है। इससे कोई अंतर नहीं पड़ता। काव्य-विभाग के लिए प्रयुक्त 'सर्ग' शब्द नाटक के 'अंक' आख्यायिका के 'उच्छ्‌वास', शास्त्रग्रंथों के 'अध्याय' आदि से भिन्नता का सूचक है। 'कांड' या 'सोपान' से भी उस उद्‌देश्य की पूर्ति हो जाती है। मानस-रूपक के कारण तुलसी ने कांडों को सोपान कहा है।

2. कथावस्तु : महाकाव्य का वृत्त ऐतिहासिक अर्थात् प्रख्यात होना चाहिए। इसका कारण मनोवैज्ञानिक है। लोकप्रसिद्ध कथानक पाठक को आकृष्ट करने और उस पर अभीष्ट प्रभाव डालने में सहज-समर्थ है, मनगढ़ंत कथा में वह सामर्थ्य नहीं है। 'मानस' की विख्यात कथावस्तु इतिहास-पुराणों, काव्यों, नाटकों आदि में प्रचुरतया वर्णित है। तुलसी ने उसे अपने ढंग से सजाया है। कथावस्तु के

---

1. महिमा जासु जाइ नहि बरनी।—रामचरितमानस, 1/118/4
राम सों बड़ो है कौन मोसों कौन छोटो।—विनयपत्रिका, 72/2
2. भनिति भदेस बस्तु भलि बरनी।—रामचरितमानस, 1/10/5
जौं बरषै बर बारि बिचारू। होहिं कबित मुकुतामनि चारू॥—वही, 1/11/5
3. पूर्वविवेचित संवाद-योजना, रूपक-विधान आदि युक्तियों का विनियोग
4. बरनौं रामचरित भवमोचन।—रामचरितमानस, 1/2/1
सुरसरि सम सब कहँ हित होई।—वही, 1/14/5
5. भामह : काव्यालंकार, 1/19-23; दंडी : काव्यादर्श, 1/14-22; रूद्रट : काव्यालंकार, 16/4-19; विश्वनाथ : साहित्यदर्पण, 6/315-27

दो प्रकार होते हैं—आधिकारिक और प्रासंगिक। उनकी समीक्षा की जा चुकी है। महाकाव्य की वस्तु असंक्षिप्त होनी चाहिए। 'मानस' में रामकथा का विशद वर्णन है—कहीं व्यास-शैली में, और कहीं समास-रूप से।[1] वस्तु-विन्यास के संबंध में नाटक की पंचसंधियों को आवश्यक बतलाया गया है। संधि-विधान का लक्ष्य कथानक को सुगठित बनाना है। परंतु, उनकी योजना वहीं संभव है जहाँ इतिवृत्त बहुत विस्तृत न हो। 'मानस' के अतिव्यापक आयाम में उसका निर्वाह असाध्य है। इस पर विचार किया जा चुका है।

3. नायक : उच्च कुल में उत्पन्न मानव अथवा देवता महाकाव्य का नायक हो सकता है। कुलीनता की शर्त का कारण भी मनोवैज्ञानिक है। महान् वंश के नेता का व्यक्तित्व स्वभावतः प्रभावशाली होता है, तुच्छ कुल का नायक भावक को उतना प्रभावित नहीं कर सकता। चार प्रकार के नायकों में से धीरोदात्त ही महाकाव्य के योग्य है क्योंकि ललित, उद्धत और शांत नायकों में महान् कार्य संपन्न करने की अपेक्षित योग्यता की कमी पाई जाती है। राम धीरोदात्त हैं; उनमें आदर्श-नायक के सभी सामान्य और विशिष्ट गुण विद्यमान हैं। कालिदास ने अनेक सूर्यवंशी राजाओं को 'रघुवंश' का नायक बनाया था। तुलसी ने **हंस-वंश-अवतंस** और **रघुवंश-भूषण राम** को नायक बनाकर एकान्विति का विशेष निर्वाह किया है। उन्होंने परंपरा का अतिक्रमण भी किया है। उनके राम नर या देवता नहीं हैं; वे नररूप-परब्रह्म हैं। उपलब्ध महाकाव्यों के आधार पर संस्कृत के काव्यशास्त्री इस प्रकार के नायक की कल्पना नहीं कर सकते थे।

प्रतिनायक महाकाव्य का महत्त्वपूर्ण पात्र है। उसमें भी नायक की भाँति बल और गुण होने चाहिए। उसकी शक्तिमत्ता के बिना नायक की श्रेष्ठता प्रतिपादित नहीं की जा सकती। 'मानस' का रावण विश्वविजयी और उत्साह आदि गुणों से संपन्न है। उसके शील में कमी है, इसलिए वह विजेतव्य है। शास्त्रकारों ने अन्य पात्रों की चर्चा नहीं की। नाटक के प्रसंग में नायक, प्रतिनायक और उनके पक्ष के पात्रों की जो विशेषताएँ बतलाई गई हैं वे महाकाव्य पर भी लागू होती हैं।

4. रस : महाकाव्य में सभी रसों की, और अंगी रस के रूप में शृंगार, वीर अथवा शांत की निबंधना की जानी चाहिए। 'मानस' में शास्त्र-सम्मत दसों रसों—शृंगार, वीर, शांत, वत्सल, हास्य, करुण, अद्भुत, रौद्र, भयानक और बीभत्स की न्यूनाधिक व्यंजना हुई है।[2] उसका अंगी रस भक्तिरस है। इसका विस्तृत विवेचन हम कर चुके हैं। 'मानस'-गत अन्य रसों के रसत्व और पूर्णत्व पर संदेह किया जा सकता है। इसका कारण अंगी भक्तिरस की अतिशयता है। नरलीला करनेवाले परमेश्वर राम से संबंधित संयोग-शृंगार, विप्रलंभ, करुण आदि में वह स्वाभाविकता नहीं आ सकती जो पाठक के समानधर्मा मानव की कामरति, शोक आदि की व्यंजना में संभव है। यह तुलसी की काव्यकला की सफलता है कि भगवान् राम के भी विरह-विलाप अथवा शोक-संताप का वर्णन पढ़कर भावकों को विप्रलंभ-शृंगार या करुण रस की अनुभूति होती है।

5. जीवन-संस्कृति-प्रकृति : महाकाव्य में व्यापक जीवन, मानव-संस्कृति और प्रकृति के विविध रूपों का चित्रण अपेक्षित है। काव्य की महत्ता के लिए यह आवश्यक है कि वह अधिक-से-अधिक पाठकों के लिए आनंद-दायक और मंगल-विधायक हो सके। 'मानस' में बाल्य, यौवन, उल्लास, विषाद आदि विभिन्न जीवन-दशाओं; यज्ञ, नामकरण, विवाह आदि संस्कारों; नगर, बारात, मंडप आदि वस्तुओं; यात्रा, युद्ध आदि व्यापारों; और ऋतुओं, प्रभात, संध्या, दिन, रात, वन, पर्वत आदि प्राकृतिक विषयों का यथेष्ट एवं रमणीय वर्णन है। उसमें अंतर्जगत् और ब्राह्य जगत् की नाना

---

1. रामचरितमानस, 1/33/1, 7/123/1
2. क्रमशः उदाहरण : 1/229/1-1/235/1 (संयोग), 5/12/1-6 (विप्रलंभ), 5/34/1-7; 7/117/1-7/118/3; 2/203/1-दोहा; 1/134/1-1/135/1; 2/153/3-2/156/3; 1/201/2-1/202/3; 1/275/1-4; 6/101/1-4; 6/88/1-5

परिस्थितियों का काव्योचित चित्रांकन है।

6. रचना-शैली : (1) महाकाव्य में कम-से-कम आठ सर्ग होने चाहिए; न अतिविस्तृत, न अतिसंक्षिप्त। 'मानस' में इस नियम का पालन नहीं है। उसमें केवल सात सोपान हैं। प्रथम दो सोपानों में ही उसका आधे से अधिक भाग समाया हुआ है। तीसरे और चौथे सोपान अपेक्षाकृत बहुत संक्षिप्त हैं। (2) सर्ग के अंत में छंद-परिवर्तन और आगामी वस्तु का निर्देश होना चाहिए। 'मानस' के प्रत्येक सोपान की अंतिम चौपाइयों के बाद नियमतः 'छंद' की योजना है। वस्तु-निर्देश उपेक्षित है। उसके उद्देश्य की पूर्ति दूसरे ढंग से की गई है। तुलसी ने परवर्ती सोपान के आरंभ में पूर्ववर्ती सोपान की कथा के सूत्र को मिलाया है। (3) आरंभ में मंगलाचरण, प्रतिज्ञावचन, सुजन-प्रशंसा, दुर्जन-निंदा, प्रयोजन आदि का उपन्यास वांछित है। 'मानस' में इन सबकी निबंधना हुई है। (4) भावोत्कर्ष के लिए अलंकारों का सन्निवेश आवश्यक है। 'मानस' आद्योपांत अलंकृत शैली में रचा गया है। (5) अंत में नायक का अभ्युदय दिखाया जाना चाहिए। तदनुरूप 'मानस' में रावण-वध के पश्चात् रामराज्य का विशद वर्णन है।

7. प्रयोजन : काव्य मात्र का प्रयोजन चतुर्वर्ग-प्राप्ति है। यह स्वयंसिद्ध है कि वही महाकाव्य का भी फल है। 'मानस' भक्तिरस का काव्य है। अतः कवि और भावक दोनों के केंद्र-बिंदु से उसका प्रयोजन अर्थ-धर्म-काम-मोक्ष इन चारों पुरुषार्थों से भी महत्तर परमपुरुषार्थरूपा भक्ति की प्राप्ति है। भक्ति स्वयं रस है।

पाश्चात्य-सिद्धांत : तुलसी पर पश्चिम के साहित्यशास्त्रियों का कोई प्रभाव नहीं है, तथापि व्यापक आलोचन के लिए उस दृष्टि से भी संक्षेप में विचार कर लेना चाहिए। उनकी मान्यता[1] के अनुसार महाकाव्य के प्रमुख लक्षण हैं—(1) महान् उद्देश्य; (2) महिमाशाली नायक; (3) ऐतिहासिक अर्थात् प्रख्यात कथानक; (4) महत्त्वपूर्ण घटना का वर्णन; (5) कार्यान्विति और प्रभावान्विति; (6) जीवन के विविध पक्षों, वस्तुओं और व्यापारों का चित्रण; (7) कथा का विस्तृत वर्णन; (8) कथावस्तु का खंडों या सर्गों में विभाजन; (9) नाटक, कथा और प्रगीतकाव्य के रमणीय तत्त्वों का समावेश; (10) रसात्मकता; (11) छंदोबद्धता; (12) उदात्त, गंभीर और लालित्यपूर्ण प्रतिपादन-शैली। महाकाव्य की ये विशेषताएँ अपने सामान्य रूप में भारतीय काव्यशास्त्रियों द्वारा निरूपित लक्षणों के समान ही हैं। पश्चिमी आलोचकों का 'उद्देश्य' 'प्रयोजन' का पर्यायवाची है। नायक, कथानक और वस्तु-विभाजन में वे ही मूल बातें कही गई हैं। 'कार्यान्विति' और 'प्रभावान्विति' की बात भारतीयों ने नाटक की पंचसंधियों और अंगी रस के द्वारा प्रतिपादित की है। छंद, शैली आदि के विषय में हमारे यहाँ कुछ विस्तार से विचार किया गया है। उपर्युक्त विशेषताएँ 'रामचरितमानस' में पूर्णतः प्रतिफलित हुई हैं। उद्देश्य आदि की चर्चा की जा चुकी है। 'मानस' में कार्यान्विति का सम्यक् निर्वाह है। राम का प्रत्येक कार्य लोकमंगल के लिए है। अवांतर कथाओं की योजना भी राम, रामावतार और रामभक्ति की महिमा को दृष्टि में रखकर की गई है। आद्योपांत भक्ति की अविच्छिन्न धारा प्रभावान्विति का अनूठा उदाहरण है। 'मानस' के संवादों में नाटकीय तत्त्वों और वर्णन में कथा के मनोहर गुण विद्यमान हैं। उसकी प्रगीतात्मकता का असंदिग्ध प्रमाण यह है कि जनसाधारण कभी बानी के साथ, कभी संपुट देकर और कभी बिना बानी या संपुट के विभिन्न लयों में 'मानस' का गान करते हैं। अलंकृत महाकाव्य का यह लोकप्रिय रूप निराला है।

सभी दृष्टियों से 'रामचरितमानस' उत्कृष्ट कोटि का महाकाव्य है। वह तुलसी की महती प्रतिभा का महामहिम फल है। उसका लक्ष्य महान् है। वह ब्रह्मानंदमयी भक्ति और ब्रह्मानंदसहोदर रस दोनों का निष्पादक है। उसमें व्यावहारिक तथा पारमार्थिक सत्य का सुंदर एवं मंगलविधायी निरूपण है। उसका कथानक लोक-शास्त्र-प्रसिद्ध है। उसमें जीवन और जगत् का व्यापक चित्रांकन

1. देखिए—हिंदी-महाकाव्य का स्वरूप-विकास, पृ. 69-107

है। उसका नायक ईश्वर होकर भी मर्यादापुरुषोत्तम है। उसकी नायिका रूप, गुण और नारीत्व का आदर्श है। उसका मानी प्रति-नायक अपने ऐश्वर्य, सामर्थ्य एवं प्रभाव में अनुपमेय है। उसके अलौकिकता-विशिष्ट पात्र भी मानव-संवेदनाओं से पूर्ण तथा जीवंत हैं। वह एक सफल प्रबंध है। उसके धारावाहिक वस्तु-विन्यास में मार्मिक स्थलों[1] की चित्तस्पर्शी निबंधना है। उसमें काव्य के समस्त रमणीयता-प्रतिपादक तत्त्वों का मनोहर सन्निवेश है। सामान्य काव्य-समालोचकों के लोचन में बुरी तरह खटकनेवाला स्तुतियों, गीताओं एवं अधिदेव वर्णनों का पुनरावर्ती दोष भक्तिरस-रसिकों की दृष्टि में गुण बन गया है। उसमें भारतीय संस्कृति और युग-धर्म का विशद प्रतिबिंब है। उसके गौरवशाली प्रतिपाद्य का उपस्थापन गंभीर वातावरण की सृष्टि करके ललितोदात्त शैली में किया गया है। यद्यपि 'रामचरितमानस' अलंकृतशैली का महाकाव्य है तथापि उसमें रोमांचक महाकाव्यों और लोकमहाकाव्यों की-सी वीरता एवं साहस-कार्यों का वर्णन है; अतिमानवीय तत्त्वों का समावेश है; कल्पना की अतिशयता और चमत्कारात्मकता है।

परंपरानिष्ठ, धर्मप्राण और लालित्यप्रेमी भारतवर्ष का वाङ्मय विभिन्न प्रकार की निष्पन्न कृतियों से सुसंपन्न है। उसमें एक-से-एक सुंदर काव्य-नाटक हैं, परम सत्य का उद्घाटन करनेवाले तत्त्वाभिनिवेशी दर्शनशास्त्र हैं, सामाजिक व्यवस्था के प्रतिष्ठापक धर्मग्रंथ हैं, और सबका समन्वय करनेवाले इतिहास-पुराण हैं। 'रामचरितमानस' उन सबसे अनूठा है। वह हिंदी-भाषी जनता का धर्मशास्त्र है, भक्तिदर्शन है, इतिहास-पुराण है और साहित्यिक दृष्टि से हिंदी का सर्वश्रेष्ठ महाकाव्य है।

गीतावली

प्रमुख विशेषताएँ

'गीतावली' गीत-बद्ध मुक्तक काव्य है।[2] उसमें रामविषयक गीतों का संग्रह है। 'कृष्णगीतावली' के वजन पर उसे 'रामगीतावली' नाम भी दिया गया है। कहा जा चुका है कि 'गीतावली' का पूर्वरूप 'पदावलीरामायण' था। 'रामायण' शब्द से यह आभासित होता है कि उसमें रामकथा का धारावाहिक वर्णन है। परंतु वास्तविकता यह है कि उसमें राम-कथा का अविच्छिन्न प्रवाह नहीं पाया जाता[3], राम-चरित के चुने हुए प्रसंगों और दृश्यों का ही प्रायः मुक्त रूप से पूर्वापरसंबंधरहित चित्रांकन किया गया है। अनेक बातों की पुनरावृत्ति भी हुई है।[4] प्रायः प्रत्येक गीत अपने में पूर्ण और अभीष्ट भाव-व्यंजना में समर्थ है। 'गीतावली' के वर्तमान रूप के संपादन के समय उसके पूर्वरूप 'पदावलीरामायण' के गीतों के क्रम में पर्याप्त परिवर्तन किया गया है।[5] यह हेर-फेर भी उसके मुक्तक-स्वरूप का निर्णायक है।

'गीतावली' में वर्णित राम-कथा की परिधि 'रामचरितमानस' आदि की अपेक्षा अधिक व्यापक है। उसमें राम के आविर्भाव से लेकर सीता-निर्वासन और लव-कुश के बाल-चरित तक के विविध प्रसंगों का वर्णन है। अंतिम दो प्रसंग केवल 'गीतावली' में वर्णित हैं।[6] 'रामाज्ञाप्रश्न' में सीता-त्याग, लव-कुश जन्म, उनके द्वारा राम की सभा में 'रामायण'-गान और सीता के अवनि-प्रवेश का भी

1. देखिए—इस ग्रंथ के पृ. 234-237
2. कांडानुसार गीत-संख्या : 110, 89, 17, 2, 51, 23, 38; कुल मिलाकर 330
3. एक स्थल पर तो क्रम भी गड़बड़ है। शुक-सारिका-संवाद (2/66-67) कम-से-कम 78वें पद के बाद होना चाहिए, क्योंकि उसमें राम के 'चरनपीठ' का उल्लेख है और भरत को चरण-पादुका-प्राप्ति 78वें पद में हुई है।
4. जैसे : गीतावली, 1/52; 1/55, 57-59; 1/90, 91, 92, 93
5. देखिए—तुलसीदास, पृ. 218-19
5. गीतावली, 7/25-31; 7/34-36

उल्लेख है;[1] किंतु उनका वर्णन नहीं है। 'कवितावली' में सीता-परित्याग का संकेतमात्र है और 'रामचरितमानस' में केवल ध्वनित है।[2] अन्य कृतियों में कवि ने रामराज्य-वर्णन के बाद कैकेयी को भुला दिया है। 'गीतावली' के अंत में उस उपेक्षिता का भी स्मरण किया गया है।

'गीतावली' में प्रसंग-चयन की विशेषता यह है कि कवि ने वर्णन के लिए उन्हीं स्थलों को विशेष रूप से चुना है जो कोमल भावों से ओतप्रोत हैं। लक्ष्मण-परशुराम-संवाद, लंका-दहन, राम-रावण-युद्ध आदि के दीप्तिमय-उत्तेजक अंश जानबूझकर छोड़ दिए गए हैं। दूसरी ओर, बाल-लीला, राम-वन-गमन, कौशल्या की विरह-वेदना, विभीषण-शरणागति, लक्ष्मण-मूर्च्छा अयोध्या में भरत-हनुमान-मिलन आदि के द्रुतिकारक प्रसंगों का अभिनिवेशपूर्वक अंकन किया गया है।

प्रसंगोद्भावना की दृष्टि से चार प्रसंग ध्यान देने योग्य हैं—1. निषादराज ने एक पत्र लिखकर भरत को सूचित किया कि विराध का वध करके राम विंध्याचल और रेवा नदी के बीच सकुशल निवास कर रहे हैं।[3] 2. राम के विरह में संपूर्ण अयोध्या दुःखमग्न है, पशु-पक्षी तक व्यथित हैं। शुक-सारिका-संवाद[4] में उसका मार्मिक चित्रण है। 3. एक पद में कौशल्या ने पथिक द्वारा राम के प्रति संदेश भेजा है जिसमें उनके घोड़ों की करुण दशा का विवरण है।[5] 4. राम के आगमन की आतुरतापूर्वक प्रतीक्षा करती हुई कौशल्या काक और क्षेमकरी को संबोधित करके 'सगुन' मनाती हैं।[6]

भक्तिकाव्य में भगवान् की तीन विभूतियों का बहुधा निरूपण किया गया है—सौंदर्य, शील और शक्ति। तुलसी ने अपनी रामविषयक सभी रचनाओं में ऐश्वर्य के तीनों ही रूपों का चित्रण किया है, तथापि उद्देश्यानुसार विभूतिविशेष को अपेक्षाकृत कम या अधिक महत्त्व दिया है। 'मानस' में कवि की दृष्टि राम के शील और शक्ति पर मुख्यतया केंद्रित रही है, 'गीतावली' में उनके सौंदर्य पर। बालक, किशोर और प्रौढ़ राम के सौंदर्य-दर्शन में उसका मन अतिशय तन्मयता के साथ रमा है।

'गीतावली' का वस्तु-विभाजन यथारीति सात कांडों में हुआ है, किंतु उसका उत्तरकांड अन्य कृतियों के उत्तरकांड से बहुत भिन्न है। उसके अंतर्गत हिंडोले, दीपमालिका और वसंत-विहार का वर्णन उसकी निजी विशेषता है। अपने अन्य काव्यों में तुलसी ने इस प्रकार के माधुर्य को गौरव नहीं दिया। इस माधुरी ने अधीती आलोचकों को इतना प्रभावित किया है कि कोई-कोई विद्वान् इस निरूपण को दास्य-भक्त तुलसी के अवचेतन मन में निहित मधुरा भक्ति का मर्यादित प्रकाशन मानते हैं। सीता-त्याग, लव-कुश और कैकेयी की चर्चा ऊपर की जा चुकी है। कृति के अंतिम पद में रामकथा का सारसंग्रह भी अवेक्षणीय है।

रस की दृष्टि से 'गीतावली' माधुर्य-विशिष्ट रसों की रचना है। कोमल भावों के परिणामस्वरूप उसके अधिकांश गीत वत्सल, शृंगार अथवा भक्तिरस के व्यंजक हैं। कुछेक पदों में करुण-रस की व्यंजना है। एकाध पदों में वीररस है, किंतु वह भक्ति का अंग बनकर आया है। ओज-विशिष्ट रौद्र, वीभत्स और भयानक का अभाव है। अद्भुत, हास्य और शांत भी नहीं हैं। शांतरसात्मक प्रतीत होने वाले पदों में वस्तुतः भक्तिरस है। गीतिकाव्य कोमल भावों की अभिव्यंजना के अधिक अनुकूल पड़ता है। ऐसा प्रतीत होता है कि 'मानस' आदि के रचना-काल में कवि के रामकथा-संबंधी जो भाव गीतों के माध्यम से व्यक्त हुए थे उन्हीं का संग्रह 'गीतावली' है।

1. रामाज्ञाप्रश्न, षष्ठ सर्ग, सप्तक 7
2. कवितावली, 7/6; रामचरितमानस, 1/16/2, 7/25/3
3. गीतावली, 2/89
4. वही, 2/66-67
5. वही, 2/87
6. वही, 6/19-20

'गीतावली' का वात्सल्य-वर्णन तुलसी-साहित्य में सर्वश्रेष्ठ है। सूरदास को छोड़कर कोई दूसरा कवि बालरूप-चित्रण और वात्सल्य-व्यंजना की इस पराकाष्ठा पर नहीं पहुँच सका। उसमें संयोग और वियोग की विविध अवस्थाओं की मनोहारिणी निदर्शना है। अपनी पालित-पोषित संतान के प्रति जननी-जनक के उमड़ते हुए वात्सल्य का उच्छलन प्रायः देखने में आता है, किंतु पर-संतान के प्रति सौतेली माताओं और असंबंधी नर-नारियों का स्नेहातिरेक इस स्वार्थमय विश्व में अत्यंत दुर्लभ है। 'गीतावली' में वात्सल्य के इस पक्ष का भी उद्घाटन किया गया है।[1]

तुलसी की सभी महत्त्वपूर्ण कृतियों में उनकी अलंकारप्रियता परिलक्षित होती है। 'गीतावली' में अलंकारों का संगुंफन उन्होंने अपेक्षाकृत अधिक अभिरुचि के साथ किया है। राम की शोभा पर टिकी हुई उनकी दृष्टि मानो आगे बढ़ना ही नहीं चाहती है। उनका रूपांकन करते समय कवि ने आलंकारिक बिंब-योजना की चित्रावली-सी सजा दी है।[2] सौंदर्य-चित्रण में अलंकारों के लालित्य-विधान की प्रचुरता नितांत स्वाभाविक है। 'मानस' में रूपकों का वैशिष्ट्य है, और 'गीतावली' में उत्प्रेक्षाओं का।

भाव-पक्ष

'गीतावली' के भाव-पक्ष के तीन विभाग किए जा सकते हैं—1 कथावस्तु; 2. भावों, विभावों, अनुभावों, वस्तुओं और प्राकृतिक दृश्यों का वर्णन; 3. भक्तिदर्शन का निरूपण। सातवें अध्याय[3] में प्रसंगानुसार 'गीतावली' के भाव-पक्ष की भी समीक्षा की गई है। प्रस्तुत प्रकरण में उसके कुछ महत्त्वपूर्ण पक्षों की विचार-चर्चा अपेक्षित है।

कथावस्तु : 'गीतावली' की कथा के विषय कांडानुसार इस प्रकार हैं—1. राम-जन्म की बधाई, लाड़-प्यार, विश्वामित्र के साथ राम-लक्ष्मण का गमन, अहल्या का उद्धार, जनकपुर में पदार्पण, फुलवारी में सीता-राम का परस्पर-दर्शन, धनुर्भंग, विवाह, बारात की वापसी; 2. अभिषेक की तैयारी, राम-वनगमन, पंथ-कथा, चित्रकूट-वर्णन, कौशल्या की विरहव्यथा, दशरथ-मरण, भरत का आगमन, चित्रकूट को प्रस्थान, भरत-राम-मिलन, राम-विधुरा अयोध्या; 3. राम का वन-विहार, मारीच-वध, सीता-हरण, जटायु-रावण-युद्ध, राम की वियोग-वेदना, जटायु-मिलन, शबरी से भेंट; 4. सीता की खोज के लिए वानरों का प्रस्थान; 5. अशोक-वाटिका में हनुमान, रावण से भेंट, सीता से विदा, राम के पास प्रत्यागमन, लंका पर चढ़ाई, रावण की मंत्रणा, विभीषण-शरणागति, सीता-त्रिजटा-संवाद; 6. मंदोदरी द्वारा रावण को उपदेश, अंगद का दूतकर्म, लक्ष्मण-मूर्च्छा, विजयी राम, अयोध्या में राम का आगमन, राज्याभिषेक; 7. रामराज्य, राम की रूपमाधुरी, हिंडोला, अयोध्या की शोभा, दीपमालिका, वसंत-विहार, आनंदोत्सव, राम की न्यायनिष्ठता, सीता-निर्वासन, लव-कुश जन्म, कथासारसंग्रह।

'गीतावली' में वर्णित कथा और उसके अंतिम गीत में निवद्ध कथासार का अंतर अवेक्षणीय है। कथासार में ताड़का, सुबाहु, परशुराम, जयंत, विराध, शूर्पणखा, खरदूषण, कबंध, सुग्रीव-मैत्री, ताल-वेध, बालि-वध और रावण-वध का उल्लेख है, लेकिन 'गीतावली' के इतिवृत्त में उन प्रसंगों का वर्णन नहीं है। इसके दो मुख्य कारण हैं—एक यह कि 'गीतावली' में कवि की दृष्टि राम के सौंदर्य पर केंद्रित है, शक्ति पर नहीं। दूसरा यह कि ओजस्वी प्रसंगों के लिए गीत उपयुक्त माध्यम नहीं था। 'कवितावली' की भाँति 'गीतावली' का किष्किंधाकांड नितांत उपेक्षित है। उपर्युक्त अंतर

1. गीतावली, 1/11, 14 34, 42
2. वही, 1/23, 26, 7/3-12
3. देखिए—पृ. 243-258

के प्रतिकूल, 'गीतावली' के कथानक में वर्णित दो महत्त्वपूर्ण प्रसंग सीता-निर्वासन और लव-कुश-चरित कथासार में सर्वथा उपेक्षित हैं। इसका कारण कवि की भक्तिभावना है। भक्तिपरक पद में अपने आराध्य का अप्रिय चरित अवांछनीय प्रतीत हुआ।

ताड़का आदि के उपर्युक्त प्रसंग (जो 'गीतावली' में उपेक्षित हैं) 'मानस' में वर्णित हैं। आश्चर्य की बात है कि 'मानस' और 'कवितावली' का हृदयस्पर्शी केवट-प्रसंग गीतिकाव्य के उपयुक्त होते हुए भी 'गीतावली' में विस्तृत हो गया है। 'मानस'-गत जनक की चित्रकूट-यात्रा, और सेतुबंध के उपरांत राम द्वारा शिवलिंग की स्थापना का 'गीतावली' में अभाव कोई खटकनेवाली बात नहीं है। दूसरी ओर, 'मानस' में उपेक्षित अनेक प्रसंग 'गीतावली' में वर्णित हैं—1. विश्वामित्र के साथ गए हुए राम-लक्ष्मण का समाचार न मिलने पर सुमित्रा आदि की चिंता[1]; 2. वनवासी राम के वियोग में कौशल्या का बारंबार व्यथित होना[2]; 3. शुक-सारिका-संवाद[3]; 4. निषादराज की पत्रिका[4]; 5. शबरी के प्रति राम का मातृ-स्नेह[5]; 6. अशोक-वाटिका में सीता-मुद्रिका-संवाद[6]; 7. अपनी माता, भाई कुबेर, और शिव की अनुमति से विभीषण का राम की शरण में जाना[7]; 8. लक्ष्मण की मूर्च्छा का समाचार सुनकर सुमित्रा द्वारा शत्रुघ्न को सहायता के लिए जाने का आदेश[8]; 9. राम-राज्याभिषेक के पश्चात् हिंडोले, दीपमालिका, वसंत-विहार और आनंदोत्सव[9]; 10. सीता-वनवास और लव-कुश-चरित[10]। 'रामाज्ञाप्रश्न' तथा 'जानकीमंगल' के सदृश और 'मानस' के विसदृश 'गीतावली' में राम-परशुराम की भेंट बारात के लौटते समय मानी गई है। यह घटना-क्रम एवं सीता-वनवास-वर्णन वाल्मीकि-'रामायण' और 'अध्यात्मरामायण' के अनुसार हैं। 'मानस' का घटना-क्रम नाटकों से प्रभावित है कवि को अपने उद्देश्य और काव्यरूप की दृष्टि से इस प्रकार का परिवर्तन करने की स्वतंत्रता है। तुलसी ने उसका उपयोग किया है।

भाव आदि का निरूपण : 'गीतावली' में शांत, अद्भुत, हास्य, भयानक और बीभत्स रस नहीं हैं। रौद्र और वीर की व्यंजना अवश्य हुई है, किंतु उनका पर्यवसान भक्ति में किया गया है। अंगद-रावण-संवाद में रावण की दीप्तिमयी उक्ति है :

तैं मेरो मरम कछू नहिं पायो।
रे कपि कुटिल ढीठ पसु पाँवर मोहि दास ज्यों डाटन आयो॥
भ्राता कुंभकरन रिपुघातक सुत सुरपतिहि बंदि करि ल्यायो।
निज भुजबल अति अतुल कहौं क्यों कंदुक ज्यों कैलास उठायो॥...
जो तरिहै भुज बीस घोरनिधि ऐसो को त्रिभुवन में जायो।
सुनि दससीस बचन कपिकुंजर बिहँसि ईसमायहि सिर नायो।
तुलसिदास लंकेस कालबस गनत न कोटि जतन समुझायो॥[11]

---

1. गीतावली, 1/101
2. वही, 2/51-55, 2/83-88
3. वही, 2/66-67
4. वही, 2/89
5. वही, 3/17/4, 8
6. वही, 5/3-4
7. वही, 5/26-28
8. वही, 6/13
9. वही, 7/18, 7/20, 7/21-22
10. वही, 7/25-36
11. वही, 6/3

उपर्युक्त सारे गीत में उद्धत रावण के क्रोध की स्वाभाविक एवं मार्मिक अभिव्यक्ति है, परंतु अंतिम दो पंक्तियों में भक्ति का पुट है। इसी प्रकार लक्ष्मण-मूर्च्छा के प्रसंग में हनुमान के उत्साह का ओजस्वी वर्णन है :

जौ हौं अब अनुसासन पावौं।
तौ चंद्रमहि निचोरि चैल ज्यों आनि सुधा सिर नावौं॥
कै पाताल दलौं ब्यालावलि अमृतकुंड महि लावौं।
भेदि भुवन करि भानु बाहिरो तुरत राहु दै तावौं॥...
तुम्हरिहि कृपा प्रताप तिहारेहि नेकु बिलंब न लावौं।
दीजै सोइ आयसु तुलसीप्रभु जेहि तुम्हरे मन भावौं॥[1]

यहाँ भी गीत का उपसंहार भक्ति में हुआ है। अंतिम पंक्ति में प्रपत्ति का प्रथम प्रकार 'भगवान् के अनुकूल बने रहने का संकल्प' स्पष्ट है।

'गीतावली' में वत्सल, शृंगार, करुण और भक्ति इन चार रसों की उत्कृष्ट योजना पाई जाती है। वात्सल्य का क्षेत्र व्यापक है।[2] लवकुश के बाल-वर्णन में रसात्मकता नहीं है, किंतु राम के संबंध से किया गया अधिकांश वात्सल्य-निरूपण सरस है। अधिक वर्णनात्मक गीत निस्संदेह नीरस हैं।[3] बालकांड में बाल्य-जीवन की विभिन्न दशाओं और वात्सल्य की विविध मानसिक स्थितियों का चित्रांकन है। वात्सल्य के दोनों पक्षों—संयोग[4] और वियोग[5] को कवि ने समान महत्त्व दिया है। कवित्व की दृष्टि से कौशल्या की विरह-वेदना का चित्रण अत्यंत उत्कृष्ट है। प्रायः सभी पद हृदयद्रावक हैं। कहीं से भी उदाहरण दिए जा सकते हैं :

हाथ मींजिबो हाथ रह्यो।
लगी न संग चित्रकूटहु तें ह्याँ कहा जात बह्यो॥
पति सुरपुर सिय राम लषन बन मुनिब्रत भरत गह्यो॥
हौं रहि घर मसान पावक ज्यों मरिबोइ मृतक दह्यो॥
मेरोइ हिय कटोर करिबे कहँ बिधि कहुँ कुलिस लह्यो।
तुलसी बन पहुँचाइ फिरी सुत क्यों कछु परत कह्यो॥[6]

शृंगार के भी दोनों पक्ष—संयोग[7] और वियोग[8] मर्यादित रीति से सुंदरतापूर्वक अंकित हैं। कर्तव्य से अनुप्राणित और काम (सेक्स) से मुक्त रति की व्यंजना भी तुलसी के भाव-निरूपण की महत्त्वपूर्ण विशेषता है :

रहहु भवन हमरे कहे कामिनि।
सादर सासु चरन सेवहु नित जो तुम्हरे अति हित गृहस्वामिनि॥
राजकुमारि कठिन कंटक मग क्यों चलिहौ मृदु पद गजगामिनि।
दुसह बात बरषा हिम आतप कैसे सहिहौ अगनित दिन जामिनि॥
हौं पुनि पितु आग्या प्रमान करि ऐहौं बेगि सुनहु दुतिदामिनि।
तुलसिदास प्रभु बिरह बचनसुनि सहि न सकी मुरछित भइ भामिनि॥[9]

---

1. गीतावली, 6/8
2. देखिए—इस ग्रंथ के पृ. 243-246
3. जैसे : गीतावली, 1/2, 4-6
4. गीतावली, 1/6-46, 1/109-10
5. वही, 1/99-101, 2/51-58, 2/83-87, 6/17-20
6. वही, 2/84; और देखिए : 2/51-58, 85-87 आदि
7. यथा : गीतावली, 1/71-72, 1/105-6
8. जैसे : गीतावली, 3/9-10, 5/10, 5/19-20
9. गीतावली, 2/5

अंतिम पंक्ति से सीता के जिस दांपत्य-प्रेम की व्यंजना हो रही है वह पतिव्रता के धर्म से अनुप्राणित है, विलासिनी के काम से नहीं। पहली पंक्ति में प्रयुक्त 'कामिनी' शब्द 'प्रिये' का वाचक है। राम के रति-भाव व्यंजक इस पद से भावक की सहानुभूति और करुणा उद्‌बुद्ध होती है, कामवासनारूपा रति मात्र नहीं।

शोक की अभिव्यक्ति के चार मुख्य स्थल हैं—दशरथ-मरण, जटायु-मिलन, लक्ष्मण-मूर्च्छा और सीता-त्याग[1]। अंतिम स्थल पर अपने आराध्य की कठोरता के चित्रण में तुलसी की प्रतिभा कुंठित-सी हो गई है। अन्य प्रसंगों में कहीं-कहीं भक्ति का पुट लगा दिया गया है। भक्ति से अस्पृष्ट पदों में करुण की व्यंजना मार्मिक है, जैसे :

मो पै तौ न कछू ह्वै आई।
ओर निबाहि भली विधि भायप चल्यो लखन सो भाई॥
पुर पितु मातु सकल सुख परिहरि जेहि बन बिपति बँटाई॥
ता सँग हौं सुरलोक सोक तजि सक्यो न प्रान पटाई॥
जानत हौं या उर कठोर तें कुलिस कठिनता पाई॥
सुमिरि सनेह सुमित्रासुत को दरकि दरार न जाई॥
तातमरन तियहरन गीधबध भुज दाहिनी गँवाई।
तुलसी मैं सब भाँति आपने कुलहि कालिमा लाई॥[2]

इन भावों के अतिरिक्त, पात्रों की विभिन्न अंतर्वृत्तियों का भी 'गीतावली' में स्थान-स्थान पर चित्रण हुआ है।[3] भावानुरूप आलंबन के रूप और आश्रय के अनुभावों की निबंधना की गई है।[4] सोहिलोमंगल, नामकरण-संस्कार, अयोध्या आदि के वस्तु-वर्णन में काव्योचित रमणीयता का अभाव है।[5] प्रकृति-वर्णन की दृष्टि से चित्रकूट का चित्रांकन अनुपेक्षणीय है। उसका उद्‌दीपन-रूप में चित्रण रूढ़िबद्ध है; आलंबन-रूप में चित्रण भक्तिदर्शन-मिश्रित है। क्रमशः उदाहरण है[6] :

1. (i) मलयानिल सीतल सुरभि मंद। बह सहित सुमन रस रेनु बृंद॥
मनु छिरकत फिरत सबनि सुरंग। भ्राजत उदार लीला अनंग॥
(ii) बिरहिन पर नित नइ परै मारि। डाँड़ियत सिद्ध साधक प्रचारि॥
2. जलजुत बिमल सिलनि झलकत नभ बन प्रतिबिंब तरंग।
मानहु जगरचना बिचित्र बिलसति बिराट अँग अंग॥
मंदाकिनिहि मिलत झरना झरि झरि भरि भरि जल आछे॥
तुलसी सकल सुकृत सुख लागे मानौ रामभगति के पाछे॥

एकाध अलंकार-बोझिल और प्रयास-साधित पदों में प्रकृति-सौंदर्य दब-सा गया है।

भक्तिदर्शन : 'गीतावली' में तुलसी का काव्य कवित्व प्रधान है। वह 'रामचरितमानस' या 'विनयपत्रिका' की भाँति दार्शनिक अथवा भक्तिरसप्रधान काव्य नहीं है तथापि उसमें कवि की भक्ति भावना का तिरोभाव नहीं हुआ है। कितने ही पदों में भक्तिदर्शन का न्यूनाधिक निदर्शन किया गया है[7] :

---

1. क्रमशः, गीतावली, 2/56-59, 3/12-16, 6/6-7, 7/30-31
2. गीतावली, 6/6
3. माँ की लालसा : 1/89; ग्रामवधुओं की प्रसन्नता : 2/24; भरत का संकोच : 2/73-74 आदि
4. गीतावली, 1/34, 1/77, 2/35, 5/17-20 आदि
5. वही, 1/2, 1/6, 7/19
6. वही, 2/48/4, 2/49/6; 2/50/6; देखिए : 2/43-50
7. वही, 1/1/11, 1/25/6, 1/88/3, 2/28/3, 3/13/4, 5/10/5, 5/17/4, 5/35/3, 7/38/1

1. जो सुखसिंधु सुकृत सीकर तें सिव बिरंचि प्रभुताई॥
सोइ सुख अवध उमँगि रह्यो दस दिसि कौन जतन कहौं गाई॥
2. दसरथगृह सोइ उदार भंजन संसारभार
लीलाअवतार तुलसिदास त्रासहारी।
3. गाँठि बिनु गुन की कठिन जड़चेतन की
छोरी अनायास साधु सोधक अपान को।
4. रूप सोभा प्रेम के से कमनीय काय हैं।
मुनिबेष किए कैधौं ब्रह्म जीव माय हैं॥
5. तुलसी प्रभु झूठे जीवन लगि समय न धोखो लैहौं।
6. तुलसिदास प्रभु मोहजनित भ्रम भेदबुद्धि कब बिसरावहिंगे।
7. तुलसिदास दुखसुखातीत हरि सोच करत मानहु प्राकृत जन।
8. सील सहस हिमभानु तेज सतकोटि भानु हू के भानु हैं॥
भगतनि को हित कोटि मातुपितु अरिन्ह को कोटि कृसानु हैं॥
9. अति उदार अवतार मनुजबपु धरे ब्रह्म अज अबिनासी।

इन पंक्तियों से तुलसी की दार्शनिक विचारधारा का संकेत मात्र मिलता है। बहुत से गीतों की अंतिम पंक्तियों में उन्होंने अपनी रामभक्तिनिष्ठता का निवेदन किया है।[1] अनेक पद भक्तिरस के उत्कृष्ट उदाहरण हैं[2] :

1. दीनहित बिरद पुराननि गायो।
आरतबंधु कृपालु मृदुलचित जानि सरन हौं आयो।
तुम्हरे रिपु को अनुज बिभीषन बंस निसाचर जायो।...
कर पंकज सिर परसि अभय कियो जन पर हेतु दिखायो।
तुलसिदास रघुबीर भजन करि को न परमपद पायो॥
2. सुमिरत श्रीरघुबीर की बाँहैं।...
करि आईं करिहैं करती हैं तुलसिदास दासनि पर छाहैं॥

'गीतावली' में दर्शन के जो संक्षिप्त सूत्र मिलते हैं उनसे सिद्ध है कि उसमें भी तुलसी का सिद्धांत वही है जो 'मानस' आदि में। उनके आधार पर उसकी व्यवस्थित अवधारणा की जा सकती है।

कला-पक्ष

'गीतावली' के गीत राग-निबद्ध हैं। यथास्थान गीतों के शीर्ष पर राग का उल्लेख कर दिया गया है। उसमें प्रयुक्त राग हैं—आसावरी, जैतश्री, बिलावल, केदारा, सोरठ, धनाश्री, कान्हरा, कल्याण, ललित, विभास, नट, टोड़ी, सारंग, मलार, गौरी, मारू, भैरव, वसंत और रामकली। संभवतः इसी आधार पर एकाध आलोचकों ने यह धारणा बनाई है कि स्तोत्रपरक किंतु अपेक्षाकृत कम संगीतात्मक पदों को 'विनयपत्रिका' नाम से अभिहित किया गया, और जिनमें संगीतात्मकता अधिक थी उन्हें 'गीतावली' के नाम से[3]। उनकी यह मान्यता अतिरंजित है। 1. 'विनयपत्रिका' में स्तोत्र-शैली के पद अधिक नहीं हैं। 2. उसके आत्मनिवेदनात्मक गीत तुलसी-साहित्य में ही नहीं, संपूर्ण हिंदी-साहित्य में बेजोड़ हैं। 3. उनमें जो हृदयद्रावकता है वह 'गीतावली' में नहीं पाई जाती।

---

1. गीतावली, 1/12, 32, 57; 2/36, 50, 82; 3/13, 16, 17; 5/29, 32, 37, 38; 6/8
2. वही, 5/44, 7/13; और देखिए—5/29-30, 45-46, 7/15
3. देखिए—तुलसीदास और उनका काव्य, पृ. 262

4. संगीतज्ञ-समाज में भी 'विनयपत्रिका' के गीत 'गीतावली' की अपेक्षा अधिक समादृत हैं।
5. 'विनयपत्रिका' के विसदृश 'गीतावली' की विशेषता उसकी कथात्मकता है।

प्रगीत-तत्त्व : प्रगीत-काव्य के मुख्य तत्त्व हैं—1. संगीतात्मकता, 2. रागात्मक अनुभूति की इकाई और प्रभावान्विति, 3. आत्माभिव्यक्ति, 4. संक्षिप्तता, 5. भाव-व्यंजना और 6. जीवन की आंशिक अभिव्यक्ति। 'गीतावली' में इन तत्त्वों का सन्निवेश है। 1. संगीत की दृष्टि से उसके रागों का उल्लेख ऊपर किया गया है। 'गीतावली' में भगवान् राम की लीला का वर्णन है, अतः वे राग अधिकतर प्रातःकालीन अथवा सायंकालीन हैं। उनका चुनाव करते समय कवि ने भावों की उपयुक्तता का ध्यान रखा है; उदाहरण के लिए, मधुर भाव की व्यंजना में 'आसावरी'[1] का और ओजस्वी भाव की व्यंजना में 'मारू'[2] का प्रयोग किया है। शब्द-योजना में लय का प्रवाह है। 2. एक गीत में एक अनुभूति का चित्रण किया गया है और वह घनीभूत प्रभाव उत्पन्न करने में समर्थ है।[3] 3. कथात्मक गीति-काव्य होने के कारण 'गीतावली' में कवि की आत्माभिव्यक्ति कम पाई जाती है। विभिन्न पात्रों की आत्माभिव्यक्ति निस्संदेह हृदयस्पर्शी है।[4] 4. उसके अधिकांश गीत संक्षिप्त हैं। उनमें किसी विशिष्ट भावानुभूति का मार्मिक निरूपण है। हाँ, वर्णनात्मक लंबे गीतों में सरसता की कमी है। 5. भाव-व्यंजना पर विचार किया जा चुका है। 6. गीत मुक्तक-रचना है, इसलिए उसमें जीवन का खंड-चित्र ही प्रस्तुत किया जा सकता है। 'गीतावली' के गीतों में रामकथा-संबंधी अंशों का चित्रांकन किया गया है। अपनी वर्णनात्मकता के बावजूद, कतिपय पदों को छोड़कर, शेष कृति एक सफल प्रगीतकाव्य है।

शब्दार्थ-नियोजन : 'गीतावली' की भाषा साहित्यिक ब्रजभाषा है। ब्रजभाषा का माधुर्य सुप्रसिद्ध है। गीत-रचना के क्षेत्र में वह मँज चुकी थी। तुलसी ने अपने गीतिकाव्य में इस लोकप्रिय ललित भाषा का साधिकार प्रयोग किया। शब्द-चयन में उनकी दृष्टि संकीर्ण नहीं रही है। तद्भव और अर्धतत्सम शब्दों के अतिरिक्त **चामीकर, कृकाटिका, कलिंदनंदिनी, हृदि, उरसि** आदि तत्सम; **बजार, सिरताज, खसम, जहाज, कसम** आदि अरबी-फारसी; तथा **अगहुँड़, गोड़, मोखे, माँगी, माठ** आदि प्रादेशिक शब्दों का निस्संकोच व्यवहार किया गया है। आवश्यकतानुसार उन्होंने शब्द गढ़े भी हैं, जैसे—**बिलँबिय, दुखवहु, मुकुतावहिंगे, चरची** आदि।[5] शब्दों में अपेक्षित अर्थ-व्यंजकता है; वाक्य-रचना परिपुष्ट है; मुहावरों का प्रयोग विरल है, किंतु सटीक है।[6] भाषा का प्रवाह आद्योपांत अनवरुद्ध है।

माधुर्य-गुण 'गीतावली' की विशिष्टता है। भावों की नैसर्गिक सुकुमारता के अनुरूप उसमें कर्णकटु शब्दों तथा दीर्घ समासों का तिरस्कार और कोमल-कांत-पदावली से गुंफित उपनागरिकता वृत्ति की अतिशयता है; उदाहरण के लिए[7] :

---

1. सजनी हैं कोउ राजकुमार।
   पंथ चलत मृदु पदकमलनि दोउ सील रूप आगार।—गीतावली, 2/29/1
2. जौ हौं अब अनुसासन पावौं।
   तौ चंद्रमहि निचोरि चैल ज्यों आनि सुधा सिर नावौं।—गीतावली, 5/8/1
3. जैसे : गीतावली, 1/28, 2/15, 2/77, 5/2, 6/5 आदि
4. यथा : गीतावली, 2/71, 2/84, 5/44 आदि
5. गीतावली, 2/13/2, 2/47/18, 5/10/4, 7/27/1
6. देखे नरनारि कहैं साग खाइ जाए माइ बाहु पीन पाँवरनि पीना खाइ पोखे हैं॥
   हाथ मींजिबो हाथ रह्यो
   लगी न संग चित्रकूटहु तें ह्याँ कहा जात बह्यो॥—गीतावली, 1/95/3, 2/84/1
7. गीतावली, 1/104/1-2, 1/105/1, 5

1. **मन में मंजु मनोरथ हो री।...**
   पन परिताप चाप चिंता निसि सोच संकोच तिमिर नहि थोरी।
   रबिकुल रबि अवलोकि सभा सर हितचित बारिज बन बिकसो री॥
2. **राजति राम जानकी जोरी।**
   स्याम सरोज जलद सुंदर बर दुलहिनि तड़ित बरन तन गोरी॥...
   मुदित जनक रनिवास रहसबस चतुर नारि चितवहिं तृन तोरी॥
   गान निसान बेदधुनि सुनि सुर बरसत सुमन हरष कहै को री॥

तुलसी की अन्य कृतियों की भाँति 'गीतावली' में भी प्रसाद गुण सर्वत्र पाया जाता है। लालित्यपरक रचना होने के कारण उसमें परुषा वृत्ति और ओज की न्यूनता है। दीप्ति-प्रधान भावों की व्यंजना में भी परुष वर्णों का प्रयोग नगण्य है।[1]

मार्मिक स्थलों पर ध्वनि-वक्रोक्ति की चमत्कारपूर्ण निबंधना मिलती है[2] :

1. **मूरति की सूरति कही न परै तुलसी पै**
   जानै सोई जाके उर कसकै करक सी।
2. **गहि न जाति रसना काहू की कहौ जाहि जोइ सूझै।**
   दीनबंधु कारुण्यसिंधु बिनु कौन हिये की बूझै॥
3. **सुनि खग कहत अंब मौंगी रहि समुझि प्रेमपथ न्यारो।**
   गए ते प्रभुहि पहुँचाइ फिरे पुनि करत करम गुन गारो॥
4. **भरतदसा सुनि सुमिरि भूपगति देखि दीन पुरबासी।**
   तुलसी राम कहति हौं सकुचति ह्वैहै जग उपहाँसी॥

'गीतावली' में विभिन्न अलंकारों की सुंदर योजना हुई है।[3] तुलसी की सामान्य प्रवृत्ति के अनुसार अनुप्रास और सादृश्यमूलक अलंकारों की बहुलता है। उत्प्रेक्षा का स्थान अन्यतम है उसका एक नमूना देखिए :

आँगन फिरत घुटुरुवनि धाए।...
भ्रू सुंदर करुनारसपूरन लोचन मनहु जुगल जलजाए॥
भाल बिसाल ललित लटकन बर बालदसा के चिकुर सोहाए।
मनु दोउ गुर सनि कुज आगे करि ससिहि मिलन तम के गन आए।
उपमा एक अभूत भई तब जब जननी पट पीत ओढ़ाए।
नील जलद पर उडुगन निरखत तजि सुभाव मनो तड़ित छपाए॥
अंग अंग पर मारनिकर मिलि छबिसमूह लै लै जनु छाए।
तुलसिदास रघुनाथ रूप गुन तौ कहौं जौ बिधि होहिं बनाए॥[4]

'गीतावली' के भाव-पक्ष और कला-पक्ष के सम्यक् उद्घाटन के लिए विस्तृत समीक्षा अपेक्षित है। यह संक्षिप्त दिग्दर्शन पर्याप्त नहीं है। इससे इतना स्पष्ट है कि उसमें 'रामचरितमानस' और

---

1. गवन जु पै राम रन रोपे।
   को सहि सकै सुरासुर समरथ बिसिख कालदसननि तें चोखे॥—गीतावली, 5/12/1
   पावहुगे निज करम जनित फल भले ठौर हठि बैर बढ़ायो॥
   वानर भालु चपेट लपेटनि मारत तव ह्वैहै पछितायो॥—गीतावली, 6/4/3
2. गीतावली, 1/44/2, 2/62/3, 2/66/5, 2/85/3
3. जैसे, रूपक : 1/18/1-3; उपमा : 1/95/3; पर्यायोक्ति : 1/110/3; संदेह : 2/28/3-4 आदि
4. गीतावली, 1/26

'विनयपत्रिका' की-सी महत्ता एवं रसात्मकता न होने पर भी वह उत्कृष्ट कोटि की काव्य-कृति है।

विनयपत्रिका

प्रमुख विशेषताएँ

1. रूप-रचना : 'विनयपत्रिका' का अर्थ है—प्रार्थनापत्र, अरजी। यह अरजी तुलसी ने भगवान् राम की सेवा में भेजी है। उनके राम सम्राटों के भी सम्राट् हैं।[1] अतएव उनके दरबार में अरजी पेश करने का तौर-तरीका भी उनकी लोकोत्तर गरिमा के अनुरूप होना चाहिए। तुलसी के सामने मुगल-सम्राटों का आदर्श था। शाहंशाह के पास अरजी पहुँचा देना और उस पर अनुकूल सही करा लेना साधारण काम नहीं था। गैर-सिफारिशी अरजियाँ प्रायः दाखिलदफ्तर हो जाती थीं। सफलता के लिए मुसाहिबों की सिफारिश आवश्यक थी। जो महलसरा (अंतःपुर) तक कोशिश पहुँचा लेता था उसकी लक्ष्य-सिद्धि निश्चित थी। अपने युग की इस पद्धति के आधार पर तुलसी ने 'विनयपत्रिका' का रूपक बाँधा है।

राजा-महाराजाओं की सात ड्योढ़ियों की चर्चा प्रायः की जाती है। 'विनयपत्रिका' में भी सात ड्योढ़ियाँ हैं। इन सातों परिसरों पर अधिकारी तैनात हैं—गणेश, सूर्य, शिव, दुर्गा, गंगा, यमुना और हनुमान।[2] यह बात ध्यान देने योग्य है कि "छठी ड्योढ़ी के अनंतर दो वन हैं। एक का नाम **आनंदवन (काशी)** और दूसरे का नाम **चित्रवन या चित्रकूट** है। इन वनों का भी यथास्थान वर्णन किया गया है।"[3] सात ड्योढ़ियों के पार भगवान् राम का राजमहल है। वहाँ तीन विशिष्ट अंगरक्षक हैं— लक्ष्मण, भरत और शत्रुघ्न।[4] 'राजचक्र को साधकर', गणेश से शत्रुघ्न तक सभी राम-सेवकों को स्तुतियों द्वारा प्रसन्न करके, प्रार्थी तुलसीदास अंतःपुर में प्रवेश करते हैं। वे जगजननी जानकी से भी सिफारिश करने की प्रार्थना करते हैं। इन सभी स्तुत्य जनों के प्रति किए गए निवेदन के अंत में अविरल राम-भक्ति का वरदान माँगते हैं। सबकी कृपा से वे महाराज राम के सम्मुख उपस्थित होते हैं। बहुविध विनय के पश्चात् उनका साक्षात् निवेदन है :

बिनयपत्रिका दीन की बापु आपु ही बाँचो।
हिये हेरि तुलसी लिखी सो सुभाय सही करि बहुरि पूँछिये पाँचो।।[5]

अंततोगत्वा राम की स्वीकृति और हस्ताक्षर का क्रम भी बादशाही है :

मारुतिमन रुचि भरत की लखि लषन कही है।
कलिकालहु नाथ नाम सों परतीति प्रीति एक किंकर की निबही है।।
सकल सभा सुनि लै उठी जानी रीति रही है।
कृपा गरीबनिवाज की देखत गरीब को साहब बाँह गही है।।
बिहँसि राम कह्यो सत्य है सुधि मैं हूँ लही है।
मुदित माथ नावत बनी तुलसी अनाथ की परी रघुनाथ सही है।।[6]

राम के ईश्वरीय स्वरूप और 'विनयपत्रिका' के वर्ण्य विषय से स्पष्ट है कि यह पत्रिका भौतिक नहीं है, आध्यात्मिक है; व्यक्ति, देश और काल की सीमा के परे है। विभिन्न पदों में तुलसी

---

1. महाराजनि के महाराज : कवितावली, 7/16, 126: राम सों बड़ो है कौन : विनयपत्रिका, 72/2
2. पद 1, 2, 3-14, 15-16, 17-20, 21, 25-36
3. हिंदी-साहित्य का अतीत, पृ. 306
4. क्रमश : पद 37-38, 39, 40
5. विनयपत्रिका, 277/3
6. विनयपत्रिका, 279

ने अपने जिस दैन्य एवं जिन कमजोरियों का वर्णन किया है वे भवचक्र में पड़े हुए सभी देशों तथा सभी कालों के जीव मात्र की कमजोरियाँ हैं।[1] तुलसी ही नहीं, संपूर्ण जगत् कलिकाल से पीड़ित है। यहाँ लक्षणा द्वारा कलिकाल का अर्थ है—कलिकालीन अत्याचारी लोग। और जीव के कष्टकारक मानस रोग तथा उन उत्पीड़कों के विरुद्ध फरियाद करने के लिए सार्वजनिक प्रतिनिधि के रूप में तुलसीदास प्रार्थनापत्र लेकर राजराजेश्वर राम के दरबार में उपस्थित हुए हैं। अतएव 'विनयपत्रिका' केवल तुलसी की व्यक्तिगत अनुभूति तक सीमित न होकर क्रांतदर्शी कवि द्वारा साक्षात्कृत लोक-मानस की समष्टिपरक अभिव्यक्ति है।

'विनयपत्रिका' की व्यवस्थित योजना से प्रभावित कतिपय आलोचक उसे मुक्तक-रचना मानने में संकोच करते हैं। डॉ. विमलकुमार जैन आदि को उसमें 'खंडकाव्य का आभास' मिलता है[2], और डॉ. रामकुमार वर्मा के अनुसार वह 'संग्रह-ग्रंथ' न होकर 'एक सम्यक् ग्रंथ' है।[3] वस्तुतः 'विनयपत्रिका' मुक्तक-संग्रह है। कहा जा चुका है कि उसका एक पूर्वरूप था—'रामगीतावली', जिसमें 176 गीत थे। उन गीतों के संकलनकाल तक कवि के मन में अरजीवाली कल्पना नहीं आई थी। पुनःसंपादन करते समय उसने 'विनयपत्रिका' की योजना की; 'रामगीतावली' के पाँच गीत अनुपयुक्त होने के कारण 'गीतावली' में समाविष्ट किए गए; शेष गीतों के क्रम में भी परिवर्तन किया गया; और 108 नए गीत जोड़े गए।[4] इस प्रकार 279 गीतों का नया संग्रह तैयार हुआ। उसके प्रथम तिरसठ और अंतिम तीन गीतों में ही क्रम माना जा सकता है; अन्य गीतों के क्रम मानने का कोई तर्कसंगत आधार नहीं है। उसके बीच-बीच में ऐसे भी पद हैं जो वर्णनात्मक होने के कारण 'विनय' के प्रकार से नितांत भिन्न हैं।[5] इन सब कारणों से 'विनयपत्रिका' को मुक्तक-रचना मानना ही समीचीन है, यद्यपि उसका निष्पादन व्यवस्थापूर्वक योजनानुसार किया गया है।

2. स्मार्त-भावना : तुलसीदास स्मार्त वैष्णव थे। स्मार्त-धर्म की दो महत्त्वपूर्ण विशेषताएँ हैं—वर्णाश्रमधर्म-निष्ठा, और गणेश, सूर्य, शिव, दुर्गा तथा विष्णु इन पाँच देवों की उपासना। पहली विशेषता तुलसी की सभी प्रमुख कृतियों में सम्यक् रूप से अभिव्यक्त हुई है, किंतु पंचदेवों का योजनाबद्ध स्तवन 'विनयपत्रिका' में ही मिलता है।[6] इसके अतिरिक्त, राम के भरत आदि पार्षदों की व्यवस्थित वंदना भी उसकी निजी विशेषता है।

3. मनोमयी सृष्टि : 'योगवासिष्ठ' आदि में विस्तार से बतलाया गया है कि विश्व मनोनिर्मित है। उसके इस रूप का विशद निरूपण केवल 'विनयपत्रिका' में है।[7]

4. सांख्य-मत : तुलसी ने सांख्य-योग और वेदांत का समन्वय किया है। अन्य कृतियों में भी इसके संकेत विद्यमान हैं, परंतु सांख्य-तत्त्वों का उल्लेख करते हुए विष्णु रूप जगत् का उपस्थापन 'विनयपत्रिका' में ही मिलता है।[8]

5. मनोवैज्ञानिक रूपक : इस कृति में वपुष-ब्रह्मांड और संसारकांतार के सांग-रूपकों द्वारा

---

1. एहि बिधि सकल जीव जग रोगी। सोक हरष भय प्रीति बियोगी॥

—रामचरितमानस, 7/122/1

2. तुलसीदास और उनका साहित्य, पृ. 204-06; तुलसीदास और उनके काव्य, पृ. 225
3. हिंदी-साहित्य का आलोचनात्मक इतिहास, पृ. 418
4. देखिए—तुलसीदास, पृ. 220-23
5. जैसे : पद 135, 136
6. विनयपत्रिका, 1-16, 49
7. योगवासिष्ठ, 3/91/4, 6/1/114/17 आदि; विनयपत्रिका, 124
8. विनयपत्रिका, 54

जीवन की प्रवृत्तियों का चित्रात्मक शैली में मनोवैज्ञानिक वर्णन है[1] जिसका सादृश्य तुलसी-साहित्य में अन्यत्र नहीं है। प्रथम रूपक की तुलना बनारसीदास की 'घटरामायण' वाली कविता और तुलसी साहब के 'घटरामायन' से की जा सकती है।

6. हरिशंकरी स्तुति : तुलसीयुगीन हिंदू-समाज में जिन विभिन्न देवी-देवताओं की उपासना प्रचलित थी उनमें विष्णु और शिव का स्थान सर्वोपरि था। उन्होंने समन्वयवादी दृष्टि से उनचासवें पद में विष्णु और शिव की साथ-साथ स्तुति की है। इन दोनों देवों का युगपत् स्तवन उनकी किसी दूसरी रचना में नहीं है।

7. दशावतार-वंदना : पौराणिक परंपरा में भगवान् के बहुसंख्यक अवतारों में से दस अवतार मुख्य माने जाते हैं। 'विनयपत्रिका' का बावनवाँ पद ही तुलसी-साहित्य का ऐसा स्थल है जहाँ दशावतार-वंदना की गई है, और वह भी क्रमिक रूप से।

8. पुरुषकार-सिद्धांत[2] : 'विनयपत्रिका' के आरंभिक पदों में इस सिद्धांत की व्यवस्थित व्यंजना हुई है। अन्य रचनाओं में इसका प्रतिपादन नहीं पाया जाता। यहाँ पर सभी देवी-देवताओं से तुलसी ने रामभक्ति और रामकृपा का वरदान माँगा है, 'पुरुषकारपरा' सीता से सिफारिश करने की साग्रह प्रार्थना की है (पद 41-42)। अरजी के रूपक ने इस भावना की अभिव्यक्ति को उपयुक्त अवसर प्रदान किया है।

9. अनौपचारिक सख्य : सूर के खरेपन की तुलना में तुलसी चापलूस समझे जाते हैं। 'विनयपत्रिका' में ऐसे पद्य भी उपलब्ध हैं जिनमें उन्होंने विश्वास-विशिष्ट सख्य-भाव से राम को खरी-खोटी भी सुनाई है।[3]

10. निर्गुणभक्ति और शांतरस : 'रामचरितमानस' में निर्गुण-ब्रह्म का प्रतिपादन सगुण-राम के गुणीभूत है, और शांतरस स्वतंत्र न होकर भक्तिरसपर्यवसायी है। 'विनयपत्रिका' के अनेक पदों में निर्गुण राम का, निर्गुण-भक्ति का और शुद्ध शांतरस का भी निरूपण है।[4]

11. मानसी आरती : तुलसी को अनावश्यक कर्मकांड का बाह्याडंबर पसंद नहीं था।[5] अतएव उन्होंने पूजा के मानसिक पक्ष पर बल दिया है। सैंतालीसवें पद में मानसी आरती का सांग-चित्रांकन 'विनयपत्रिका' का अपना वैशिष्ट्य है।

12. षोडशोपचार-पूजन : आगे चलकर[6] होली, फाग और चाँचरि के रूपक की पृष्ठभूमि में षोडशोपचार-पूजन की मानसिक साधना पर बल दिया गया है। भव-संतरण और 'भगतिरस' के साधनों का ऐसा व्यवस्थित और विस्तृत उपस्थापन 'रामचरितमानस' आदि में कहीं नहीं है।

13. भक्ति की कठिनता : पग-पग पर भक्ति को सरल-सुगम बतानेवाले तुलसी ने 'विनयपत्रिका' में उसकी कठिनाई का कुछ विस्तार से निर्देश किया है।[7] इस आभासित विरोध का तात्पर्य यह है कि रामकृपा के अधिकारी और श्रद्धावान् मर्मज्ञ के लिए वह सरल है, किंतु विषयासक्त अभिमानी के लिए कठिन है।

14. प्रपत्तिवाद : तुलसी की भक्ति स्वरूपतः प्रपत्त्यात्मक है। परंतु प्रपत्ति या शरणागति

1. विनयपत्रिका, 58, 59
2. देखिए—तुलसी-दर्शन-मीमांसा, पृ. 288-89
3. विनयपत्रिका, 106/3, 112/2, 241/5, 258/4
4. वही, 111, 167 आदि
5. छठ दम सील बिरति बहु कर्मा।—रामचरितमानस, 3/36/1
6. विनयपत्रिका, 203; तुलना कीजिए : सूरसागर, 3533; 'गोविंदस्वामी', 1188
7. पद 167; देखिए—तुलसी-दर्शन-मीमांसा, पृ. 187-88

की दृष्टि से 'विनयपत्रिका' उनके साहित्य में अन्यतम है। उसके आत्मनिवेदनात्मक पदों में भक्तिरस का अत्यंत मर्मस्पर्शी प्रवाह है। अतः भगवद्‌जन-प्रेमी संत-समाज में उसका विशेष आदर है।

15. कलि-वर्णन : 'रामचरितमानस' और 'कवितावली' की भाँति 'विनयपत्रिका' में भी कराल कलिकाल की कुत्सित करनी का सजीव वर्णन है[1] जिसमें रूढ़िबद्ध कलि-प्रभाव का ही नहीं, समसामयिक समाज की दुरवस्था का भी चित्रण है। लोक की दयनीय दशा का मार्मिक विवरण प्रस्तुत करके कवि ने भगवान् की करुणा को उद्दीप्त करने का प्रयास किया है।

16. जीव की लोक-यात्रा : एकमात्र 'विनयपत्रिका' ही तुलसी की ऐसी कृति है जिसमें जीव की संपूर्ण जीवन-यात्रा का, गर्भ से लेकर वृद्धावस्था तक की विभिन्न स्थितियों का, विषयवैराग्य-प्रेरक व्यवस्थित वर्णन किया गया है।[2]

17. रामचरितसारसंग्रह : 'रामचरितमानस' के काकभुशुंडि-गरुड़-संवाद और 'गीतावली' के अंतिम पद में रामकथा का संक्षिप्त निर्देश है। उसी प्रकार 'विनयपत्रिका' के तैंतालीसवें पद में रामचरित का सार और पचासवें में उसका सांकेतिक उल्लेख है।

18. आत्मकहानी : तुलसी के आत्मचरित की दृष्टि से भी 'विनयपत्रिका' अनुपेक्षणीय है। उसकी अनेकानेक पंक्तियाँ उनके जन्म, माता-पिता, मूल-नाम, बालजीवन की दुर्दशा, आधिभौतिक बाधाओं आदि का स्पष्ट संकेत करती हैं।[3]

भक्तिदर्शन[4]

'विनयपत्रिका' में 'रामचरितमानस' की भाँति गीताओं और प्रवचनों की योजना का अवकाश न होने के कारण दार्शनिक सिद्धांतों का व्याख्यात्मक शैली में प्रतिपादन संभव नहीं था। अतएव तुलसी ने प्रायः स्तुतियों के क्रम में उन सिद्धांतों का संक्षिप्त रूप से निदर्शन किया है। भक्तिदर्शन के मुख्य प्रतिपाद्य विषय हैं—भगवान् राम, राम की शक्ति माया, जगत्, जीव और जीव के मोक्ष-साधन-ज्ञान तथा भक्ति।

ब्रह्म राम : राम सच्चिदानंदस्वरूप और साथ ही सत्य-ज्ञान-आनंद के मूल हैं; सर्वव्यापक होते हुए भी अवतार-लीला के लिए शरीरविशेष के द्वारा प्रकट होते हैं :[5]

1. **सच्चित ब्यापकानंद परब्रह्म पद बिग्रहब्यक्त लीलावतारी।**
2. **सच्चिदानंद आनंदकंदाकरं बिस्वबिश्राम रामाभिरामं।**
3. **नित्य निर्मम नित्यमुक्त निर्मान हरि ज्ञानघन सच्चिदानंदमूलं।**

वे विश्व के कर्ता, पालक एवं संहारक हैं। ब्रह्मा-विष्णु-शिव उन्हीं की शक्ति के प्रतीक हैं और उन्हीं की शक्ति से शक्तिमान् हैं[6] :

1. **बिस्वधृत बिस्वहित अजित गोतीत सिव बिस्वपालनहरन बिस्वकर्ता।**
2. **बिस्वपोषनभरन बिस्वकारनकरन सरन तुलसीदास त्रासहंता।**
3. **हरिहि हरिता बिधिहि बिधिता सिवहि सिवता जो दई।**

उनका स्वरूप अनिर्वचनीय है। वे तत्त्वतः निर्गुण और सगुण दोनों हैं; प्राकृत गुणें से रहित और दिव्य गुणों से युक्त हैं; विरोधी गुणों के आश्रय हैं[7] :

1. रामचरितमानस, 7/97-7/102; कवितावलीं, 7/83-87, 169-77; विनयपत्रिका, 139
2. विनयपत्रिका, 136
3. वही, 135/1; 227/1, 275/2; 76/1; 226/3, 227/3; 8
4. देखिए—तुलसी-दर्शन-मीमांसा, पृ. 42-334
5. विनयपत्रिका, 43/1, 51/1, 53/6; देखिए : 55/1
6. वही, 61/8, 55/9, 135/3
7. वही, 50/8; 56/3; 53/3, 7

1. अमल अनवद्य अद्वैत निर्गुन सगुन ब्रह्म सुमिरामि नरभूपरूपं।
2. बरद बनदाभ बागीस बिस्वातमा बिरज बैकुंठमंदिर बिहारी।
ब्यापक ब्योम बंदारु बामन बिभो ब्रह्मबिद ब्रह्म चिंतापहारी॥
3. अजित निरुपाधि गोतीतमब्यक्त बिभुमेकमनवद्यमजमद्वितीयं।
प्राकृतं प्रगट परमातमा परमहित प्रेरकानंद बंदे तुरीयं॥...
सिद्धसाधकसाध्य बाच्यबाचकरूप मंत्रजापकजाप्य सृष्टिस्रष्टा।
परमकारन कंजनाभ जलदाभतनु सगुन निर्गुन सकलदृश्यद्रष्टा॥

ब्रह्म राम देवों तथा सज्जनों की रक्षा, पृथिवी के भार-हरण, धर्म-संस्थापन एवं भक्तों के कल्याण के लिए विभिन्न प्रकार के अवतार धारण करते हैं[1] :

1. जब जब जगजाल ब्याकुल करम काल सब खल भूप भये भूतलभरन।
तब तब तनु धरि भूमिभार दूरि करि थापे मुनि सुर साधु आश्रम बरन॥
2. बिकल ब्रह्मादि सुर सिद्ध संकोचबस बिमलगुनगेह नरदेहधारी।
3. भूमिभरभारहर प्रगट परमात्मा ब्रह्म नररूप धर भक्तहेतू।

राम की माया : तुलसी ने 'रामचरितमानस' में बतलाया है कि राम की शक्ति का नाम 'माया' है; उनके साथ वह भी सीता के रूप में अवतार लेती है; उसके दो रूप हैं—विद्या और अविद्या। विद्या-माया सृष्टि और कल्याण का हेतु है; अविद्या-माया मोहकारिणी है।[2] सांख्य-योग की प्रकृति वैष्णव-वेदांतियों की 'माया' के अंतर्भूत है। त्रिगुणात्मिका प्रकृति, काल, कर्म, स्वभाव आदि माया द्वारा संचालित हैं; और जीव-समष्टि को वशीभूत कर रखनेवाली माया राम की वशवर्तिनी है[3] :

1. करम काल सुभाउ गुन दोष जीव जग माया तें सो सभै भौंह चकित चहति।
ईसनि दिगीसनि जोगीसनि मुनीसनि हू छोड़ति छोड़ाये तें गहाये तें गहति॥
2. जाकी माया बस बिरंचि सिव नाचत पार न पायो।
3. देव दनुज मुनि नाग मनुज सब माया बिबस बिचारे।
4. 'जाकी बिषम माया गुनमई', 'जेहि किए जीवनिकाय बस'।

विषम माया (अविद्या) के बंधन की निवृत्ति के लिए राम की 'दाया' आवश्यक है :

माधव असि तुम्हारि यह माया।
करि उपाय पचि मरिय तरिय नहिं जब लगि करहु न दाया॥[4]

जगत्[5] : डॉ. माताप्रसाद गुप्त का कथन है कि "निर्गुण राम को उनकी लीला से उनकी माया जब ढक लेती है तो उसकी संज्ञा 'मूल प्रकृति' होती है। राम के क्षुभित होने पर इस 'मूल प्रकृति' से 'महत्तत्त्व' उत्पन्न होता है।"[6] यह कथन तुलसी-सम्मत नहीं है। उनके राम न तो माया द्वारा आच्छादित होते हैं, और न क्षुभित। वस्तुतः राम के द्वारा क्षुभित माया ही विश्व-रचना करती है।[7] सृष्टि-प्रक्रिया के वर्णन में तुलसी ने वैष्णव-वेदांत और सांख्य का समन्वय किया है। उसमें दो बातें मुख्य हैं—1. माया राम की अभिन्न शक्ति है और जगत् राम का अविकृत-परिणाम है; 2. माया ही

1. विनयपत्रिका, 248/2; 43/1; 52/7
2. देखिए—तुलसी-दर्शन-मीमांसा, पृ. 81-86
3. विनयपत्रिका, 246/3; 98/3; 101/3; 136/4
4. वही, 116/1
5. विस्तृत विवेचन के लिए, देखिए—तुलसी-दर्शन-मीमांसा, पृ. 146-72
6. तुलसीदास, पृ. 448
7. देखिए—तुलसी-दर्शन-मीमांसा, पृ. 153-55

प्रकृति के रूप में जगत् का उपादान-कारण बनकर विश्व का निर्माण करती है। रचना का क्रम है—प्रकति से महत्तत्त्व; उससे अहंकार; उससे मन, इंद्रियाधिष्ठाता देवता, दस इंद्रियाँ, पाँच तन्मात्र और पाँच महाभूत उत्पन्न हुए। फिर ब्रह्मांडों की रचना हुई। निम्नांकित पंक्तियों से तुलसी का यह समन्वित सिद्धांत स्पष्ट है :

प्रकृति महत्तत्त्व सब्दादि गुन देवता ब्योम मरुदग्नि अमलांबु उर्बी।
बुद्धि मन इंद्रिय प्रान चित्तातमा काल परमानु चिच्छक्ति गुर्बी॥
सर्बमेवात्र त्वद्रूप भूपालमनि ब्यक्तमब्यक्त गतभेद बिष्नो।
भुवन भवदंस कामारिबंदित पदद्वंद्व मंदाकिनी जनक जिष्नो॥
आदिमध्यांत भगवंत त्वं सर्बगतमीस पस्यंति ये ब्रह्मबादी॥
यथा पटतंतु घटमृत्तिका सर्वस्रग दारुकरि कनककटकांगदादी॥[1]

दूसरी पंक्ति में तुलसी ने न्याय-वैशेषिकि और शैव-शाक्त मतों को भी सांकेतिक रूप से समेट लिया है। उनके अनुसार विश्व राम से निर्मित, शासित, अनुस्यूत और व्याप्त है; विश्व रामरूप है; राम विश्वरूप हैं : **अचरचररूप हरि सरबगत सरबदा बसत, प्रकृति-स्वामी, बिस्वबिग्रह, हरिरूप चराचर, अचरचररूप गोपाल, अगजगरूप भूप सीतबरु।**[2] उनकी दृष्टि में जगत् को सत्य मानने वाले सांख्ययोगी, असत्य समझनेवाले विज्ञानवादी बौद्ध और सत्सासत्य द्विविध तत्त्वों की कल्पना करनेवाले नैयायिक-वैशेषिक अनीश्वरवादी होने के कारण भ्रांत हैं :

कोउ कह सत्य झूठ कह कोऊ जुगल प्रबल कोउ मानै।
तुलसिदास परिहरै तीनि भ्रम सो आपन पहिचानै॥

'विनयपत्रिका' के टीकाकारों और तुलसी के आलोचकों ने इन पंक्तियों में गलती से मीमांसकों, अद्वैतवेदांतियों और विशिष्टाद्वैतवादियों पर आक्षेप मान लिया है।[3] वस्तुतः इन निगमानुयायी दर्शनों को तुलसी निंद्य नहीं समझते हैं।

एक ओर तो उन्होंने जगत् को रामरूप कहकर उसकी सत्यता द्योतित की है, (54/3), और दूसरी ओर उसे स्पष्ट रूप से 'असत', 'झूठ' या 'मृषा' कहा है[4] :

1. **श्रुति गुरु साधु सुमृति सम्मत यह दृश्य असत दुखकारी।**
2. **तुलसिदास सब बिधि प्रपंच जग जदपि झूठ श्रुति गावै।**
3. **जद्यपि मृषा सत्य भासै जब लगि नहिं कृपा तुम्हारी।**
4. **अर्थ अबिद्यमान जानिय संसृति नहिं जाइ गोसाईं।**

अनेक प्रकार के उपमानों की योजना करके उन्होंने जगत् का मिथ्यात्व समझाया है[5] :

1. **जग नभबाटिका रही है फल फूलि रे।**
2. **बूड़ यो मृगबारि खायो जेवरी को साँप रे।**
3. **स्रग महँ सर्प बिपुल भयदायक प्रगट होइ अबिचारे।**
4. **जो जग मृषा तापत्रय अनुभव होइ कहहु केहि लेखे।**
   कहि न जाय मृगबारि सत्य भ्रम तें दुख होइ बिसेखे।
   सुभग सेज सोवत सपने बारिधि बूड़त भय लागै।

---

1. विनयपत्रिका, 54/2-4
2. विनयपत्रिका, 47/2, 49/3, 50/3, 142/2, 203/15, 205/3
3. स्पष्टीकरण के लिए देखिए—तुलसी-दर्शन-मीमांसा, पृ. 168-69
4. विनयपत्रिका, 120/4, 121/5, 120/1, 120/2
5. वही, 66/4, 73/2, 122/3, 121/2-3

परस्पर-विरोधी प्रतीत होनेवाली उक्तियों का समाधान यह है कि जगत् प्रवाह-रूप से सत्य है; किंतु उसका दृश्मान रूप परिवर्तनशील होने के कारण असत्य है। पूर्वोक्त **दृश्य असत दुखकारी** में तुलसी के सिद्धांत की कुंजी विद्यमान है। **तुलसिदास जग आपु सहित जब लगि निरमूल न जाई**[1] का तात्पर्य यह है कि ज्ञान का उदय होने पर जग का दृश्यमान रूप तिरोहित हो जाता है और वह राम-रूप में दिखाई देने लगता है। जगत् राम का लीला-विलास है। यह तथ्य जीव की समझ में तब आता है जब रामभक्ति के जल से उसका मनोमल धुल जाता है :

रघुपति भगति बारि छालित चित बिनु प्रयास ही सूझै।
तुलसिदास कह चिद बिलास जग बूझत बूझत बूझै॥[2]

विश्व मानसी रचना है। वह राम के संकल्प से सृष्ट है। इसीलिए ब्रह्मा को 'बुद्धि' की संज्ञा दी गई है। उसका आभासमान रूप जीव की मनोवृत्ति का परिणाम है।[3]

जीव[4] : जीव राम का अंश है; सच्चिदानंदस्वरूप है। परंतु राम की भाँति सर्वशक्तिमान्, सर्वज्ञ या सर्वव्यापी नहीं है। राम सर्वरूप, सर्ववासी, जीव की गति-अगति के संचालक, स्वतंत्र, ईश और मायापति हैं; जीव एकदेहवासी, राम के अधीन, परतंत्र, ग्रंथि-बद्ध एवं मायावश है।[5] वह कर्त्ता और भोक्ता है। राम से अलग होने पर अर्थात् संसार-प्रवाह में पड़कर वह माया के कारण अपने सहज स्वरूप को भूल जाता है, और अनात्म शरीर को आत्मस्वरूप मान बैठता है। भौतिक सुख की मृगतृष्णा में पड़कर वह नाना प्रकार के दारुण दुःख सहता है[6] :

1. **जिब जब तें हरि तें बिलगान्यो। तब तें देह गेह निज जान्यो॥**
   मायाबस स्वरूप बिसरायो। तेहि भ्रम तें दारुन दुख पायो॥
2. **आनँद सिंधु मध्य तव बासा। बिनु जाने कस मरसि पियासा॥**
   मृग भ्रम बारि सत्य जिय जानी। तहँ तू मगन भयो सुख मानी॥
3. **तैं निज करम डोरि दृढ़ कीन्हीं। अपने करनि गाँठि गहि दीन्हीं॥**
   तेहि ते बरबस पर्‍यो अभागे। ता फल गरभबास दुख आगे॥

जीव का मन स्वभावतः विषयासक्त रहता है। आत्मनिवेदनात्मक पदों में तुलसी ने विषयी जीव की विविध प्रवृत्तियों का विषद निरूपण किया है।[7]

मोक्ष-साधन[8] : मायाधीन विषयप्रवृत्त जीव के क्लेश के मूलतः दो कारण हैं—अज्ञान और अभक्ति। तदनुसार मुक्ति के उपाय हैं—ज्ञान और भक्ति। विवेक अथवा भक्ति के बिना जीव का निस्तार नहीं हो सकता[9] :

1. **बिनु बिबेक संसार घोर निधि पार न पावै कोई।**
2. **तुलसिदास भवरोग रामपदप्रेम हीन नहिं जाई।**
3. **छुटै न बिपति भजे बिनु रघुपति श्रुति संदेहु निबेरो।**

---

1. विनयपत्रिका, 122/5
2. वही, 124/5
3. रामचरितमानस, 6/15; विनयपत्रिका, 124/1-4
4. विस्तृत विवेचन के लिए देखिए—तुलसी-दर्शन-मीमांसा, पृ. 95-145
5. विनयपत्रिका, 54/3, 55/7, 112/13, 136/1-3, 145/5, 177/3-4
6. विनयपत्रिका, 136/1-3
7. जैसे : विनयपत्रिका, 88-92, 122-24, 245
8. देखिए—तुलसी-दर्शन-मीमांसा, पृ. 173-334
9. विनयपत्रिका, 115/5, 81/5, 87/4

विवेक और भक्ति की उपलब्धि के लिए करुणामय भगवान् की कृपा अनिवार्य है[1] :

1. तुलसिदास हरि गुरु करुना बिनु बिमल बिबेक न होई।

2. बिनु सतसंग भगति नहिं होई। ते सब मिलैं द्रवै जब सोई॥

मोक्ष-शास्त्रियों ने भव-नाश के अनेक साधन बतलाए हैं—यज्ञ, वैराग्य, योग, ज्ञान आदि। उपयोगी होने पर भी वे सुकर और अमोघ नहीं हैं[2] :

1. जोग जाग जप बिराग तप सुतीरथ अटत।
बाँधिबे को भवगयंद रेनु की रज बटत॥

2. जोग मख बिबेक बिरति बेदबिदित करम।
करिबे कहँ कटु कठोर सुनत मधुर नरम॥

3. करम धरम श्रमफल रघुबर बिनु
राख को सो होम है ऊसर कैसो बरिसो।

4. जप तप तीरथ जोग समाधी। कलि मति बिकल न कछु निरुपाधी॥

उपर्युक्त साधन झूठे नहीं हैं, किंतु मोहनिवृत्ति के लिए रामकृपा ही अमोघ उपाय है :

ज्ञान भगति साधन अनेक सब सत्य झूठ कछु नाहीं।
तुलसिदास हरिकृपा मिटै भ्रम यह भरोस मन माहीं॥[3]

मुक्ति-साधनों के सामान्यतः तीन वर्ग किए गए हैं—कर्म, ज्ञान, भक्ति। कर्म के लिए ज्ञान आवश्यक है; अज्ञान-प्रेरित कर्म उलटे बंधनकारक होता है[4] :

1. जनम अनेक किए नाना बिधि करम कीच चित सान्यो।
होइ न बिमल बिबेकनीर बिनु बेद पुरान बखान्यो॥

2. करम कीच जिय जानि सानि चित चाहत कुटिल मलहि मल धोयो।

3. करतहुँ सुकृत न पाप सिराहीं। रकतबीज जिमि बाढ़त जाहीं॥

पापों का कारण मन की मलिनता है, और तुलसी के अनुसार सभी प्रकार के मलों का मूल कारण अभक्ति है। कर्म और ज्ञान के द्वारा चित्त-शुद्धि होती है, किंतु वे मल का आत्यंतिक नाश करने में असमर्थ हैं। उसका रामबाण उपाय रामभक्ति है :

सब प्रकार मलभार लाग निज नाथ चरन बिसराये।
तुलसिदास ब्रत दान ज्ञान तप सुद्धिहेतु श्रुति गावै।
राम चरन अनुराग नीर बिनु मल अति नास न पावै॥[5]

वादविवाद में न पड़कर तुलसी गुरुनिर्दिष्ट रामभक्ति को ही श्रेयस्कर मानते हैं[6] :

1. बहुमत मुनि बहु पंथ पुराननि जहाँ तहाँ झगरो सो।
गुरु कह्यो रामभजन नीको मोहिं लगत राजडगरो सो॥

2. छमत बिमत न पुरानमत एकमत नेति नेति नेति नित निगम करत॥
औरन की कहा चली एकै बात भलै भली रामनाम लिये तुलसी हू से तरत।

3. नाना पथ निरबान के नाना बिधान बहु भाँति।
तुलसी तू मेरे कहे जपु रामनाम दिनराति॥

---

1. विनयपत्रिका, 115/5, 136/10
2. वही, 129/3, 131/2, 264/3, 128/2
3. वही, 116/5
4. वही, 88/3; 245/3; 128/3
5. वही, 82/3-4
6. वही, 173/5; 251/4; 192/4

मूल बात यह है कि जिसने जीव को मोहशृंखला से बाँधा है वही मुक्त कर सकता है[1] :

1. तुलसिदास येहि जीव मोहरजु जोइ बाँध्यो सोइ छोरै।

2. तुलसिदास प्रभु मोहशृंखला छुटिहि तुम्हारे छोरे।

'विनयपत्रिका' के विभिन्न पदों में तुलसी ने प्रेमरूपा भक्ति के विविध साधनों का उल्लेख किया है। उनके छः मुख्य वर्ग किए जा सकते हैं—कृपा, सज्जनधर्म, राम से रागात्मक संबंध, विषय-वैराग्य, ज्ञान और नवधा भक्ति। संतों, द्विजों, देवों, गुरु और भगवान् की कृपा आवश्यक है।[2] पुरुषकाररूपा सीता की कृपा का विशेष महत्त्व है, क्योंकि वे राम की प्रिया हैं। इसीलिए तुलसी ने उनसे साग्रह निवेदन किया है[3] :

1. कबहुँक अंब अवसर पाइ।
मेरिऔ सुधि द्याइबी कछु करुन कथा चलाइ॥

2. कबहुँ समय सुधि द्याइबी मेरी मातु जानकी।

परोपकार आदि सज्जन-धर्म हैं।[4] रागात्मक वृत्तियों के उदात्तीकरण का श्रेयस्कर उपाय यह है कि सभी भौतिक संबंधों का भगवान् पर आरोप कर दिया जाए। तुलसी ने राम के प्रति उन सभी संबंधों की कल्पना की है जो उन्हें वांछनीय जँचे[5] :

1. सखा न सुसेवक न सुतिय न प्रभु आप
माय बाप तुही साँचो तुलसी कहत।

2. बहुत नात रघुनाथ तोहिं मोहिं अब न तजे बनि आवै।
जनक जननि गुरु बंधु सुहृद पति सब प्रकार हितकारी।

3. तात मात गुरु सखा तू सब बिधि हितु मेरो।

विषय-लोलुप मन के प्रसंग में वैराग्य की चर्चा बारंबार की गई है। एक पद में 'योग-वासिष्ठ' की सात ज्ञान-भूमियाँ भी अवेक्षणीय हैं।[6] 'पत्रिका' में विनय की भी सात भूमिकाएँ बतलाई गई हैं—दीनता, मानमर्षता, भयदर्शना, भर्त्सना, आश्वासन, मनोराज्य और विचारणा।[7] निम्नलिखित पद में विरति-विवेक और नवधा भक्ति के विशिष्ट रूपों का सारगर्भित निर्देश किया गया है :

जौ मन भज्यो चहै हरि सुरतरु।
तौ तज बिपय बिकार सार भज अजहूँ जो मैं कहौं सोइ करु॥
सम संतोप बिचार बिमल अति सतसंगति ये चारि दृढ़ करि धरु।
काम क्रोध अरु लोभ मोह मद राग द्वेप निसेष करि परिहरु॥
श्रवन कथा मुख नाम हृदय हरि सिर प्रनाम सेवा कर अनुसरु।
नयननि निरखि कृपा समुद्र हरि अग जग रूप भूप सीताबरु॥
इहै भगति बैराग्य ज्ञान यह हरितोषन यह सुभ ब्रत आचरु।
तुलसिदास सिवमत मारग यहि चलत सदा सपनेहुँ नाहिंन डरु॥[8]

सत्संग से विपय-वैराग्य; उससे **शम** (मानसिक शांति); उससे **संतोष**; उससे **ज्ञान**; उससे

---

1. विनयपत्रिका, 102/5; 114/5
2. द्विज देव गुरु हरि संत बिनु संसार पार न पाइए।—विनयपत्रिका, 136/12
3. विनयपत्रिका, 41/1, 42/1
4. वही, 172
5. वही, 256/3, 113/3-4, 79/3
6. देखिए—तुलसी-दर्शन-मीमांसा, पृ. 258
7. वैजनाथजी : विनयपत्रिका सटीक, पृ. 2; तुलसी के भक्त्यात्मक गीत, पृ. 175
8. विनयपत्रिका, 205; और देखिए—पद 155, 172-73, 203

मनोविकारों का अत्यंताभाव; उससे श्रवण कीर्तन, स्मरण, पादसेवन, अर्चन, वंदन आदि[1] **नवधा भक्तियों** का उन्मेष, उससे **सर्वात्मभाव**, और तब **अविरल हरिभक्ति** का उदय होता है।[2] यह भक्ति-मार्ग शिव-सम्मत है, आगम-विहित है; और यही है :

श्रुति सम्मत हरिभगति पथ संजुत बिरति बिबेक।[3]

प्रपत्ति-सिद्धांत

आरंभ में ही याद दिला देना आवश्यक है कि तुलसी प्रपत्ति को अलग से मोक्ष-साधन नहीं मानते। उनकी भक्ति स्वयं प्रपत्त्यात्मक है। उन्होंने 'भागवतपुराण' और 'अध्यात्मरामायण' दोनों की नवधा[4] भक्तियों के विभिन्न रूपों का 'विनयपत्रिका' में स्थान-स्थान पर निरूपण किया है। 'भागवत' की नवधा भक्ति के अंतर्गत जिसे **आत्मनिवेदन** कहा गया है[5] वही पाँचरात्र-आगम और विशिष्टाद्वैतवाद आदि में सिद्धांततः प्रतिपादित **शरणागति** अथवा **प्रपत्ति** है।[6] वह एक मानसिक स्थिति है जिसमें अपने को अतिदीन एवं निराश्रित समझनेवाला भक्त सर्वतोभावेन अपने सर्वस्व को भगवान् के प्रति महाविश्वासपूर्वक समर्पित कर देता है।[7] इसका मनोवैज्ञानिक रहस्य यह है कि भगवान को आत्मसमर्पण कर देने के बाद भक्त चिंतामुक्त हो जाता है। वह निर्लिप्त रहकर कर्म करता है; सफलता से इतराता नहीं है, असफलता से कुंठित नहीं होता; हर्ष-विषाद के द्वंद्व से ऊपर उठ जाता है। यह चित्तमुक्ति ही मुक्ति है।

'विनयपत्रिका' रामशरणागत तुलसी का अमायिक[8] आत्मनिवेदन है। वह **प्रपत्ति-काव्य** है। उसमें प्रपत्ति के विविध रूपों की अतिशय मर्मस्पर्शी निबंधना हुई है। पांचरात्र आगम में शरणागति के दो प्रकार बतलाए गए हैं—मानसिक और कार्मिक।[9] वस्तुतः पहला प्रकार ही यथार्थ शरणागति है, दूसरा प्रकार उसी की क्रियारूपा अभिव्यक्ति मात्र है। रामानंद के अनुसार प्रपन्न दो प्रकार के हैं—1. **दृप्त**, जो स्वकर्मानुसार प्राप्त दुःखादि को शरीर की स्थिति तक भोगते हुए शरीरांत में मोक्ष का विश्वास रखते हैं; और **2. आर्त**, जो संसार दुःख को सहन नहीं कर सकते और अविलंब ही भगवत्प्राप्तिरूप मुक्ति चाहते हैं।[10] तुलसी ने अपने ढंग से इन दोनों प्रपत्ति-भावनाओं की व्यंजना की है। क्रमशः उदाहरण हैं[11] :

1. तुलसिदास रघुनाथ कृपा को जोवत पंथ खर्‌यो।

2. माधव अब न द्रवहु कहि लेखे।
प्रनतपाल पन तोर मोर पन जिअहुँ कमलपद देखे॥

---

1. सख्य : 112/2, 241/5; दास्य : 107/6, 113/2; आत्मनिवेदन : 114/4, 117/5
2. तुलना करके देखिए—रामचरितमानस, 2/128/2-2/131, 3/16/1-6, 3/35/4-3/36/4
3. रामचरितमानस, 7/100, दोहावली, 555
4. देखिए—तुलसी-दर्शन-मीमांसा, पृ. 297-334
5. भागवतपुराण, 7/5/23
6. अहिर्बुध्न्यसंहिता, 37/30-31, यतींद्रमतदीपिका, पृ. 99
7. भक्तिचंद्रिका, पृ. 149; 'शरणागतिगद्यम्' स्तोत्ररत्नावली, भाग 2, पृ. 112; पांचरात्र-विष्वक्सेनसंहिता, कल्याण, साधनांक, पृ. 63
8. तुलसिदास प्रभु कृपा करहु अब मैं निज दोष कछू नहिं गोयो।

   —विनयपत्रिका, 245/4
9. देखिए—भागवत-संप्रदाय, पृ. 131-33
10. वैष्णवमताब्जभास्कर, श्लोक 135-37
11. विनयपत्रिका, 239/7, 113/1-2

स्मरण रखना चाहिए कि उपर्युक्त **आर्त-प्रपन्न** 'गीता'-प्रतिपादित **आर्त-भक्त** से कुछ भिन्न है, क्योंकि वह निष्काम है; उसकी एकमात्र कामना भगवत्प्राप्ति है। आर्त-भक्त सकाम होता है—जो साधक रोग आदि से आपद्ग्रस्त है, जो प्रतिष्ठाहीन एवं ऐश्वर्यभ्रष्ट होने के कारण पुनः उसकी प्राप्ति का अभिलाषी है, वह **आर्त** है।[1] 'विनयपत्रिका' के जिन पदों में मानस-रोग या भव-रोग से पीड़ित तुलसी ने उससे मुक्ति दिलाने के लिए राम से प्रार्थना की है उनमें ज्ञानतत्त्वनिरूपण होने पर भी आर्तभक्ति मानी जा सकती है।[2] इसके प्रतिकूल, जिन पदों में कवि ने राम और रामभक्ति को ही परमप्राप्य माना है उनमें ज्ञानी की भक्ति है।[3]

शास्त्रकारों ने प्रपत्ति या शरणागति की छः विधाएँ बतलाई हैं :

आनुकूल्यस्य संकल्पः प्रातिकूल्यस्य वर्जनम्॥
रक्षिष्यतीति विश्वासो गोप्तृत्ववरणं तथा॥
आत्मनिक्षेपकार्पण्ये षड्विधा शरणागतिः।[4]

'विनयपत्रिका' में इन सभी विधाओं की प्रकृष्ट निबंधना हुई है।

1. आनुकूल्यस्य संकल्पः—अनुकूलता का संकल्प। यह भक्त की वह मनोदशा है जिसमें भक्त भगवान् के अनुकूल बने रहने की अभिव्यक्ति करता है; जैसे :

जानकीजीवन की बलि जैहौं।...
नातो नेह नाथ सों करि सब नातो नेह बहैहौं।
यह छरभार ताहि तुलसी जग जाको दास कहैहौं॥[5]

2. प्रातिकूल्यस्य वर्जनम्—भगवान् के प्रतिकूल व्यक्ति, भाव, चर्चा आदि से सर्वदा पराङ्मुख रहना। इसी भावना के उच्च्य सोपान पर पहुँचकर तुलसी ने कहा है :

जाके प्रिय न राम बैदेही।
तेहि छाँड़िए कोटि बैरी सम जद्यपि परम सनेही॥[6]

3. रक्षिष्यतीति विश्वासः—भक्त का यह अडिग विश्वास है कि भगवान रक्षक हैं, वे सदा से भक्तों की रक्षा करते आए हैं और करते रहेंगे। इस महाविश्वास के साथ ही वह भगवान् को भक्ति के आलंवनरूप में ग्रहण करता है :

हैं काके द्वै सीस ईस के जो हठि जन की सीवँ चरै।
तुलसिदास रघुबीर बाहुबल सदा अभय काहू न डरै॥[7]

4. गोप्तृत्वे वरणम्—रक्षक-रूप में भगवान् का वरण। भक्त भगवान् के रक्षक-रूप की कल्पना मात्र से संतुष्ट नहीं होता; वह अपने रक्षक के रूप में उसका वस्तुतः वरण भी करता है। मानव मात्र का स्वभाव है कि वह त्राण के लिए किसी समर्थ की शरण में जाता है; भगवान् तो सर्व-समर्थ हैं :

ताहि तें आए सरन सबेरें।...
तुम सम ईस कृपालु परम हित पुनि न पाइहौं हेरें।

---

1. गीता, 7/16 पर शांकरभाष्य और रामानुजभाष्य
2. विनयपत्रिका, 60, 117, 125, 147
3. वही, 85, 98, 103, 172, 174
4. अहिर्बुध्न्यसंहिता, 37/28-29
5. विनयपत्रिका, 104
6. वही, 174/1
7. वही, 137/6

यह जिय जानि रहौं सब तजि रघुबीर भरोसे तेरें।
तुलसिदास यह बिपति बागुरौ तुम्हहिं सो बनै निबेरें।।[1]

5. आत्मनिक्षेपः—आत्मसमर्पण। भगवान को रक्षक-रूप में वरण कर लेनेवाला भक्त मनसा-वाचा-कर्मणा अपने को तथा अपने सर्वस्व को भगवान् के चरणों में समर्पित कर देता है। उसकी यह चित्तावस्था 'आत्मनिक्षेप' है :

अब रघुनाथ सरन आयौ जन भवभय बिकल डर्‍यो।।...
तुलसिदास निज भवनद्वार प्रभु दीजै रहन पर्‍यो।।[2]

आत्मनिक्षेप के साथ-साथ दैन्य की व्यंजना सर्वथा अनिवार्य एवं स्वाभाविक है।

6. कार्पण्यम्—इसका अर्थ है—अत्यंत दीनता। तुलसी-जैसा दासभक्त अपने को हीनतम और भगवान् को महत्तम मानकर उसके प्रति आत्मनिवेदन करता है। अपने दैन्य-निवेदन में तुलसी ने कहीं तो अपनी हीनता, असमर्थता, पाप आदि पर ही विशेष बल दिया है, और कहीं अपनी दीनता की तुलना में भगवान् की महिमा का भी गान किया है।

माधव मो समान जग माहीं।
सब बिधि हीन मलीन दीन अति लीन बिषय कोउ नाहीं।।
तुम सम हेतुरहित कृपालु आरतहित ईस न त्यागी।
मैं दुख सोक बिकल कृपालु केहि कारन दया न लागी।।[3]

प्रपत्ति की इन विधाओं में परस्पर-विरोध नहीं है। भावविशेष की प्रधानता के आधार पर पद्यविशेष में किसी विशिष्ट विधा की सत्ता स्वीकार की जाती है। वस्तुस्थिति यह है कि प्रपत्ति एक अखंड मनोदशा है, शरणागत भक्त के मन में एक का उदय होने पर अन्य विधाओं का उन्मेष अपने-आप हो जाता है। इसीलिए तुलसी ने एक ही पद में अनेक विधाओं की सहज अभिव्यक्ति की है।

काव्य-सौंदर्य

'विनयपत्रिका' भक्तिरस का असाधारण काव्य है। दार्शनिक और साहित्यिक दोनों दृष्टियों से वह तुलसी की बहुत ही प्रौढ़ एवं उत्कृष्ट कृति है। परंतु, उसे 'रामचरितमानस' से भी 'श्रेष्ठतर' काव्य-ग्रंथ कहना अतिशयोक्ति है। 'मानस' में जो रसभाव-व्यंजना का वैविध्य है, शब्दार्थ-वैचित्र्य की जो व्यापकता है, लालित्य-विधायिनी युक्तियों की जो बहुमुखी निबंधना है, वह विनय के आत्मनिवेदनात्मक पदों में संभव नहीं है। उसकी विषय-परिधि संकुचित है; उसका काव्यरूप परिमित है। 'मानस' के समकक्ष न होने पर भी वह तुलसी की उत्तम रचना है। विनय-काव्य की दृष्टि से वह अप्रतिम है; उसकी एकतान भक्तिरसमयता और संगीतात्मकता 'मानस' से बढ़कर है। उसका आध्यात्मिक आत्मनिवेदन कवित्वमयी शैली में प्रस्तुत किया गया है। उसमें काव्य-तत्त्वों का मंजुल सन्निवेश है।

रस-भाव-व्यंजना : 'विनयपत्रिका' में मुख्यतया निबद्ध रस भक्तिरस है। कुछ आलोचकों की धारणा इससे भिन्न है। पं. चंद्रबली पांडे का कथन है कि वह 'वास्तव में शांतरस का ही ग्रंथ है'; उसमें 'सभी रस जहाँ-तहाँ दिखाई दे जाते हैं', 'किंतु जो भाव आदि से अंत तक बना रहता है वह निर्वेद ही है'; **'विनय** में निर्वेद का राज्य है'।[4] इस प्रसंग में उन्होंने तुलसी के 'मूल उपदेश' का ज्ञापक उदाहरण दिया है :

---

1. विनयपत्रिका, 187
2. वही, 91/4-5
3. वही, 114/1-2
4. तुलसीदास, पृ. 249, 250, 251

लाभ कहा मानुषतनु पाए।...
सुरदुरलभ तनु धरि न भजे हरि मद अभिमान गँवाए॥
गई न निजपरबुद्धि सुद्ध ह्वै रहे न राम लय लाए।
तुलसिदास बीते यह अवसर का पुनि के पछताए॥[1]

'भजे हरि' और 'राम लय लाए' से स्वयंसिद्ध है कि इस पद का अभिव्यंग्य भक्तिरस है। रामविषयक रति स्थायी भाव है, निर्वेद उसका संचारी होकर आया है। पांडेजी ने 'निर्वेदस्थायी' शांत और 'ईश्वररतिस्थायी' भक्तिरस को अभिन्न मान लिया है। एकाध आलोचकों ने 'विनयपत्रिका' में भक्तिरस का परिपाक मानते हुए भी उसके कतिपय भक्तिरसव्यंजक पदों को शांतरस के उदाहरण-रूप में उद्धृत किया है, जैसे :

मन पछितैहै अवसर बीते।
दुरलभ देह पाइ हरिपद भजु करम बचन अरु ही ते॥...
बुझै न काम अगिनि तुलसी कहुँ बिषयभोग बहु घी ते॥[2]

यहाँ भी निर्वेद भक्ति का पोषक है। अतः पूरे पद का व्यंग्य शांत नहीं, भक्तिरस है।

'विनयपत्रिका' को सभी रसों की कृति मानना युक्तिसंगत नहीं है। जिन पदों में हास, जुगुप्सा आदि भावों की सशक्त व्यंजना हुई है उनमें भी स्वतंत्र रूप से हास्य, बीभत्स आदि रसों की योजना नहीं पाई जाती; उदाहरण के लिए[3] :

1. **बावरो रावरो नाह भवानी।**
   दानि बड़ो दिन देत दए बिनु बेद बड़ाई भानी॥...
2. **सोनित पुरीष जो मूत्र मल कृमि कर्दमावृत सोवई।**
   कोमल शरीर गँभीर बेदन सीस धुनि धुनि रोवई॥

पहले उद्धरण में भवानी के प्रति ब्रह्मा की उक्ति हास्यव्यंजक है; किंतु उसकी निबंधना का उद्देश्य शिव की व्याजस्तुति है। इसलिए स्तुति प्रधान है। दूसरे उद्धरण में गर्भस्थ जीव की जुगुप्सनीय अवस्था का चित्रण है। उस दुर्दशा का मूल कारण अभक्ति है। उक्त पद के पहले ही पद्य में कवि ने इस तथ्य का निर्देश कर दिया है : **श्रीराम बिनु बिश्राम मूढ़ बिचारु लखि पायो कहूँ।** अतएव उसका भी लक्ष्य भक्ति का उद्बोधन है। इस प्रकार हास और जुगुप्सा का विनिवेश भक्तिव्यंजना में सहायक मात्र है।

'विनयपत्रिका' में एकाध स्थलों पर शांत की अभिव्यक्ति मानी जा सकती है[4] :

1. **केसव कहि न जाइ का कहिए।...**
   कोउ कह सत्य झूठ कह कोऊ जुगल प्रबल कोउ मानै।
   तुलसिदास परिहरै तीनि भ्रम सो आपन पहिचानै॥
2. **सकल दृश्य निज उदर मेलि सोवै निद्रा तजि जोगी।**
   सोइ हरिपद अनुभवै परम सुख अतिसय द्वैत बियोगी॥
   सोक मोह भय हरष दिवस निसि देस काल तहँ नाहीं।
   तुलसिदास यहि दसा हीन संसय निरमूल न जाहीं॥

यहाँ भी यह तर्क किया जा सकता है कि तुलसी का प्रतिपाद्य भक्ति है; वह विवेक-संयुक्त है; अतः

---

1. विनयपत्रिका, 201
2. वही, 198
3. वही, 5, 136/3
4. वही, 111, 167

शम का निरूपण भक्ति का अंग बनकर आया है। इसके उत्तर में कहा जा सकता है कि कवि ने भावों का जिस रूप में चित्रण किया है उसमें शम अधिक प्रभावशाली है, भक्ति गौण है; इसलिए इन उद्धरणों में भक्ति को शम का अंग मानना चाहिए।

एकाध पदों को शांतरसात्मक मान लेने से 'विनयपत्रिका' के भक्त्यात्मक स्वरूप में कुछ अंतर नहीं पड़ता। वह **विनय की पत्रिका** है, आद्योपांत भक्ति से ओतप्रोत है। आश्रय स्वयं तुलसीदास हैं। आरंभिक पदों में गणेश, सूर्य, शिव आदि का आलंबन-रूप में चित्रण किया गया है; किंतु उनसे भी रामभक्ति की याचना की गई है। वे साधन हैं। प्रकृत 'विनयपत्रिका' के आलंबन राम ही हैं। संसार की असारता, त्रासदायकता आदि का मर्मस्पर्शी वर्णन उद्दीपन-विभाव के रूप में किया गया है[1] :

1. **जग नभबाटिका रही है फल फूलि रे।**
   धुवाँ के से धौरहर देखि तू न भूलि रे॥
2. **मैं तोहिं अब जान्यो संसार।...**
   ज्यों कदलीतरु मध्य निहारत कबहुँ न निकसत सार॥
3. **संसार कांतार अति घोर गंभीर घन गहन तरु कर्मसंकुल मुरारी।...**
   त्राहि रघुबंसभूषन कृपा कर कठिन काल बिकराल कलिकाल त्रस्तं॥

भक्तिरस के संदर्भ में यह ध्यान देने योग्य है कि अंतिम उद्धरण में अंकित उद्दीपन-विभावों का कार्य दोहरा है—एक ओर वे जीव के भक्तिभाव के उद्दीपक हैं, और दूसरी ओर भगवान् की करुणा या अनुकंपा के। किसी-किसी आलोचक ने **संसार** को राम का **प्रतिनायक** माना है। संसार राम का प्रतिद्वंद्वी कैसे हो सकता है !

आलंबन राम के सौंदर्यांकन को 'विनयपत्रिका' के अनुपयुक्त समझकर तुलसी ने उनके दीन-उद्धारक, करुणामय, शोकसंतापहारी, पापनाशक, शरणागतपालक और भक्त-वत्सल रूप पर ही विशेष ध्यान दिया है[2] :

1. **दीन उद्धरन रघुबर्य करुनाभवन समन संताप पापौघहारी।**
2. **अखिल संसार उपकार कारन सदयहृदय तपनिरत प्रनतानुकूलं॥**
3. **ऐसी हरि करत दास पर प्रीति।**
   निज प्रभुता बिसारि जन के बस होत सदा यह रीति॥

जहाँ राम का रूपचित्रण किया गया है वहाँ भी भक्ति-दृष्टि से ही :

श्री रामचंद्र कृपालु भजु मन हरन भवभय दारुनं।
नवकंज लोचन कंज मुख कर कंज पद कंजारुनं॥...
मम हृदय कंज निवास कुरु कामारि खल दल गंजनं॥[3]

यह पद 'विनयपत्रिका' के कितने ही पाठकों को आनंदविभोर कर देता है। परंतु, तत्वान्वेषी काव्यसमीक्षक को दूसरी पंक्ति में 'कंज' की बारंबार आवृत्ति खटक जाती है। इसे कीर्तनप्रेमी भक्त के केंद्रबिंदु से देखिए। इस पंक्ति के पद-लालित्य से उसकी भक्तिरसानुभूति तीव्रतर हो जाती है।

विनय के पदों में भक्तिरस के उपचायक **संचारी भावों** की व्यंजना अत्यंत हृदयस्पर्शी है। भक्ति के लिए निर्वेद अनिवार्य है। विषयों से विरक्त मन ही राम में अनुरक्त हो सकता है। अतएव आत्मनिवेदन के क्रम में विभिन्न स्थलों पर मन के बंधनकारक विषयों का दोषदर्शन करके निर्वेद की अभिव्यक्ति की गई है; उदाहरणार्थ :

---

1. विनयपत्रिका, 66/4, 188/1-2, 59/2-9
2. वही, 59/1, 60/1, 98/1
3. वही, 45

काहे को फिरत मूढ़ मन धायो।...
बिषयहीन दुख मिले बिपति अति सुख सपनेहुँ नहिं पायो।
उभय प्रकार प्रेतपावक ज्यों धन दुखप्रद श्रुति गायो॥...
तुलसिदास हरि भजहि आस तजि काल उरग जग खायो॥[1]

'विनयपत्रिका' के भक्तिरस का प्राणतत्त्व दैन्य-निवेदन है। समूचे भक्ति-साहित्य में तुलसी के हृदयद्रावक कार्पण्य का प्रतिमान नहीं मिलता। दास्य-भक्ति के इस आवश्यक अंग का मार्मिक निरूपण कवि ने विनय के प्रायः सभी ललित पदों में अतिशय तन्मयता के साथ किया है। कुछ ही पंक्तियाँ यहाँ पर उद्धृत की जा सकती हैं[2] :

1. **कबहूँ मन बिश्राम न मान्यो।...**
निज हित नाथ पिता गुरु हरि सों हरषि हृदय नहिं आन्यो।
तुलसिदास कब तृषा जाय सर खनतहि जनम सिरान्यो॥
2. **मो सम कुटिल मौलिमनि नहिं जग तुम सम हरि न हरन कुटिलाई।**
हौं मन बचन कर्म पातकरत तुम कृपालु पतितन गतिदाई।
हौं अनाथ प्रभु तुम अनाथहित चित यह सुरति कबहुँ नहिं जाई॥

दैन्य-निरूपक पदों में कवि ने अपने निरहंकार हृदय को निश्छल-भाव से खोलकर रख दिया है। उसकी हार्दिक अभिव्यंजना में सहृदय मात्र के चित्त का प्रतिबिंब झलकता है। यही कारण है कि जवानी में शृंगार का गुणगान करनेवाले आलोचक भी बुढ़ापे की छाया के समीप आने पर 'विनयपत्रिका' की श्लाघा किए बिना नहीं रह सकते।

शृंगार आदि रसों के 'श्रम' से भिन्न संचारी **श्रम** का द्रुतिकारक चित्रण देखिए[3] :

1. **हारि पर्‌यो करि जतन बहुत बिधि तातें कहत सबेरो।**
तुलसिदास यह त्रास मिटै जब हृदय करहु तुम डेरो॥
2. **जतन अनेक किए सुखकारन हरिपद बिमुख सदा दुख पायो।**
अब थाक्यो जलहीन नाव ज्यों देखत बिपतिजाल जग छायो।...
अब तजि रोष करहु करुना हरि तुलसिदास सरनागत आयो॥

इसी प्रकार भक्ति के सहायक-रूप में तर्क, त्रास, हर्ष आदि की भी सुंदर निबंधना हुई है।[4] बहुत से पदों में विषयी जीव की मनोवृत्तियों का मनोहारी चित्रण किया गया है। पाँचों ज्ञानेंद्रियों की विषय-प्रवृत्ति का स्वाभाविक चित्रांकन द्रष्टव्य है :

यों मन कबहूँ तुमहिं न लाग्यो।
ज्यों छल छाँड़ि सुभाव निरंतर रहत बिषय अनुराग्यो॥
ज्यों चितई परनारि सुने पातक प्रपंच घर घर के।
त्यों न साधु सुरसरि तरंग निरमल गुनगन रघुबर के॥
ज्यों नासा सुगंधरस बस रसना षटरस रति मानी।
राम प्रसाद माल जूठन लगि त्यों न ललकि ललचानी॥
चंदन चंदबदनि भूषन पट ज्यों चह पाँवर परस्यो॥
त्यों रघुपतिपद पदुम परस को तनु पातकी न तरस्यो॥[5]

---

1. विनयपत्रिका, 199
2. वही, 88, 242/1-2
3. वही, 143/8, 243/4-5
4. वही, 94/2, 92/5, 279/2-3
5. वही, 170/1-4

ध्वनि-वक्रोक्ति : इस दृष्टि से भी 'विनयपत्रिका' श्रेष्ठ काव्य है। पूर्वोक्त रस और भाव ध्वनि के अंतर्गत हैं। अधिकांश पदों में ध्वनि का चमत्कार विद्यमान है। व्यंजना-शक्ति की सफलता के निदर्शन के लिए कुछ उक्तियाँ ली जा सकती हैं :

नाहिंन नरक परत मो कहँ डर जद्यपि हौं अति हारो।
यह बड़ि त्रास दास तुलसी प्रभु नामहु पाप न जारो ॥[1]

राम की कृपा-प्राप्ति के निमित्त कवि ने युक्तिपूर्ण उक्ति का सहारा लिया है। ध्वनि यह है कि अपने नाम की लाज रखने के लिए मेरा उद्धार करो। भक्त लोग भगवान् को प्रतिरक्षात्मक कार्यवाही के लिए ललकारते आए हैं। इसी प्रकार की चुनौती है :

तुलसी कही है साँची रेख बार बार खाँची।
ढील किए नाम महिमा की नाव बोरिहौं ॥[2]

'रेखा खींचना', 'ढील करना' और 'नाव बोरना' मुहावरे हैं। इन मुहावरों में रूढ़ा लक्षणा का सशक्त प्रयोग है। उस पर आश्रित अत्यंततिरस्कृतवाच्यध्वनि प्रभावशाली है। 'कही है साँची' भी व्यंग्यपूर्ण है : मेरी बात को झूठ मत समझो, सावधान हो जाओ, मुझे अपना करके अपने यश की रक्षा करो।

संसारी जीव घृणास्पद शरीर को आत्मस्वरूप मानकर विषयासक्त रहता है :

कृमि भस्म बिट परिनाम तनु तेहि लागि जग बैरी भयो।
परदार परधन द्रोहपर संसार बाढ़ै नित नयो ॥[3]

जुगुप्सित शरीर के प्रति जीव के अनुराग की आलोचना का तात्पर्य है—कुत्सित देह की ममता त्यागकर, विषय-विमुख होकर, राम में प्रीति करो जिससे जन्म-मरण के चक्र में पिसना न पड़े।

कहीं-कहीं पर अतिगूढ़ व्यंग्य प्रबुद्ध पाठकों को भी चक्कर में डाल देता है :

कोउ कह सत्य झूठ कह कोऊ जुगल प्रबल कोउ मानै।
तुलसिदास परिहरै तीनि भ्रम सो आपन पहिचानै।[4]

अभिधा द्वारा **कोउ** के अभीष्टार्थ की कोई प्रतीति नहीं होती। व्यंग्यार्थ को ग्रहण करने के लिए तुलसी-रचित पद के स्रोत **महिम्नस्तोत्र** और उस पर लिखित **मधुसूदनीव्याख्या** का अध्ययन आवश्यक है। उपर्युक्त उद्धरण में तीन बार 'कोउ' का प्रयोग किया गया है। क्रम से उन तीनों का ध्वनितार्थ है—सांख्य-योग-दर्शन को माननेवाले, क्षणिकविज्ञानविवर्तवादी बौद्ध, और नैयायिक-वैशेषिक।[5] उक्त तीन मतों का **भ्रम** क्या है? उस 'भ्रम' की निर्भ्रांत धारणा के लिए सांख्य आदि की तत्त्व-मीमांसा और इतिहास की जानकारी अपेक्षित है। वे दर्शन मूलतः अनीश्वरवादी हैं। सांख्य-योग के अनुसार जगत् प्रकृति का विकार है; बौद्ध उसे 'विज्ञान' का विवर्त मानते हैं; न्याय-वैशेषिक के अनुसार वह नित्यानित्य तत्त्वों का परिणाम है। वे जगत् को ईश्वर-रचित और ईश्वर-रूप नहीं मानते; इसलिए भ्रांत हैं। 'आपन पहिचानै' में **प्रत्यभिज्ञान** का स्वरूप क्या है? 'आपन' के दो अर्थ हैं—निज को, और जो अपना है उसको। चराचर-रूप राम के स्वामित्व और अपने दासत्व की अनुभूति उस प्रत्यभिज्ञान की मुख्य विशेषता है[6] :

---

1. विनयपत्रिका, 94/6
2. वही, 258/4
3. वही, 136/7
4. वही, 111/4
5. देखिए—तुलसी-दर्शन-मीमांसा, पृ. 168-169
6. विनयपत्रिका, 47/2, 113/2

1. **अचरचररूप हरि सरबगत सरबदा बसत इति बासना धूप दीजै।**
2. **जब लगि मैं न दीन दयालु तैं मैं न दास तैं स्वामी।**
   तब लगि जो दुख सहेउँ कहेउँ नहिं जद्यपि अंतरजामी॥

कहीं-कहीं पर अभिधामूला व्यंजना की दुरूहता कम क्लेशकारिणी नहीं है :

बुद्धि मन इंद्रिय प्रान चित्तातमा काल परमानु चिच्छक्ति गुर्बी।[1]

'चित्तातमा' में **आत्मा** शब्द अनेकार्थक है। उसके अनभीष्ट वाच्यार्थ का नियंत्रण व्यंजना द्वारा होता है। प्रस्तुत प्रसंग में उसका अर्थ है—**अहंकार**। यह अर्थ-निर्णय सांख्य-दर्शन, 'भागवत' आदि के अध्ययन पर आश्रित है। इस प्रकार की क्लिष्ट व्यंजना काव्य-दोष है। परंतु, इस प्रकार के प्रयोग केवल दार्शनिक प्रसंगों में एकाध स्थलों पर ही हुए हैं।

अनेक पदों में काकुवक्रोक्ति का चित्ताकर्षक विधान पाया जाता है :

बाबरो रावरो नाह भवानी।...
निज घर की बर बात बिलोकहु हौ तुम परम सयानी।
सिव की दई संपदा देखत श्री सारदा सिहानी॥[2]

इस पद में ब्रह्मा पार्वती से शिव की निंदा कर रहे हैं, किंतु वह व्याजस्तुति है। उक्ति की वास्तविक रमणीयता उसकी भंगिमा में है। बात बड़ी आत्मीयता से कही जा रही है। नारी-मनोविज्ञान का पूरा उपयोग किया गया है। घर सँभालने की चिंता, ऐश्वर्य की कामना और समान स्तर की स्त्रियों के प्रति ईर्ष्या नारी-जाति की स्वाभाविक विशेषताएँ हैं। **बावले** पति की **सयानी** पत्नी ही अपनी घर-गृहस्थी को बर्बाद होने से बचा सकती है। जिन पदों में तुलसी ने राम को खरी-खोटी सुनाई है उनमें मार्मिक वक्रोक्ति का प्रकर्ष द्रष्टव्य है।[3]

गुण-वृत्ति : 'विनयपत्रिका' आत्मनिवेदन-भक्ति की रचना है। तदनुरूप उसमें माधुर्य-गुण की अतिशयता है। स्तोत्र-शैली में लिखे गए आरंभिक पदों में ओज-गुण का सन्निवेश हुआ है। कतिपय दार्शनिक स्थलों को छोड़कर प्रायः सर्वत्र ही प्रसाद-गुण व्याप्त है। तीन उदाहरण हैं[4] :

1. **चंडभुजदंडखंडनि बिहंडनि महिष मुंडमदभंग करि अंग तोरे।**
   सुंभनिःसुंभकुंभीसरनकेसरिनि क्रोधबारीस अरिबृंद बोरे॥
2. **कबहिं देखाइहौ हरि चरन।**
   समन सकल कलेस कलिमल सकलमंगलकरन॥...
   दरस आस पियास तुलसीदास चाहत मरन॥
3. **परम कठिन भवब्याल ग्रसित हौं त्रसित भयो अति भारी।**
   चाहत अभय भेक सरनागत खगपतिनाथ बिसारी॥

पहले उद्धरण में **ओज** है; उसको उत्कर्ष प्रदान करनेवाली **परुषा** वृत्ति है। दूसरे में **माधुर्य** है; उसके अनुरूप **उपनागरिका** वृत्ति की कोमल-कांत पदावली है। **प्रसाद** तीनों में है। अंतिम दो पंक्तियों में कोमला वृत्ति का विन्यास है।

अलंकार-योजना : 'कला-पक्ष' के अंतर्गत समीक्षित तुलसी की अलंकार-योजना की विशेषताएँ 'विनयपत्रिका' में भी पाई जाती हैं। आरंभिक स्तोत्रों में अनुप्रास और रूपक का मोह अवेक्षणीय है। कवि ने लंबे साँग रूपकों का बंधान खूब बाँधा है : कहीं अनायास और कहीं सायास। वन, कामधेनु

---

1. विनयपत्रिका, 54/2
2. वही, 5/1-2
3. वही, 106/1-3, 112/2
4. वही, 15/4; 218/1-5; 92/5

और कल्पवृक्ष के रूप में क्रमशः शिव, काशी एवं चित्रकूट का चित्रण तुलसी की क्लिष्ट-कल्पना का उदाहरण है।[1] मानसिक आरती, वपुष-ब्रह्मांड, संसार-कांतार और जीवन-डोले के विस्तृत सांग-रूपक यद्यपि बहुत कवित्वमय नहीं है तथापि उनमें दर्शन का जटिल विषय कलात्मक ढंग से हृदयग्राह्य शैली में प्रस्तुत किया गया है।[2] 'विनयपत्रिका' के अलंकार-विन्यास का मनोहर उत्कर्ष विनय-पदों की सहज भावधारा में स्वाभाविक रूप से संक्षिप्ततया निबद्ध अलंकारों की सटीकता में द्रष्टव्य है[3] :

अनुप्रास : 1. सुजन सुभाव सराहत सादर अनायास साँसति बितई है।
2. अब तुलसिहि दुख देति दयानिधि दारुन आसपिसाची।

यमक : 1. हरति सब आरती आरती राम की।
2. हरि परिहरि सोइ जतन करत मन मोर अभागी।

रूपक : 1. जनम अनेक किए नाना बिधि करमकीच चित सान्यो।
2. अंजनकेससिखा जुवती तहँ लोचनसलभ पठावौं।
3. पावककाम भोगघृत तें सठ कैसे परत बुझायो।

उपमा : 1. बेधत नहिं श्रीखंड बेनु इव सारहीन मन पापी।
2. उभय प्रकार प्रेतपावक ज्यों धन दुखप्रद श्रुति गायो।
3. सुधा सो सलिल सूकरी ज्यों गहडोरिहौं।

उत्प्रेक्षा : पट पीत मानहु तड़ित रुचि सुचि नौमि जनकसुतावरं।

विभावना : सून्य भीति पर चित्र रंग नहिं तनु बिनु लिखा चितेरे।

परिकरांकुर : तुलसिदास भवब्याल ग्रसित तव सरन उरगरिपुगामी।

विरोधाभास : मंत्र जो जाइ जपहि जो जपि भे अजर अमर हर अचइ हलाहलु।

मानवीकरण : दुख दीनता दुखी इनके दुख जाचकता अकुलानी।

ये अलंकार स्वतःस्फूर्त, भावोत्कर्षक एवं लालित्य-विधान में सहायक हैं।

भाषा-शैली : 'विनयपत्रिका' की साहित्यिक ब्रजभाषा प्रौढ़, प्रांजल, सुव्यवस्थित और अर्थगौरव-संपन्न है। शब्द-भांडार समृद्ध है। तत्सम और अर्धतत्सम शब्दों की प्रचुरता है। आरंभिक स्तोत्रों की भाषा अतिशय संस्कृतनिष्ठ है :

तेन तप्तं हुतं दत्तमेवाखिलं तेन सर्वं कृतं कर्मजालं।
येन श्रीरामनामामृतं पानकृतमनिसमनवद्यमवलोक्यकालं॥[4]

ब्रजभाषा की कृति में तद्भव शब्दों का प्रयोग स्वाभाविक है। अन्य बोलियों से भी शब्द ग्रहण किए गए हैं। **बागत, पनवारो, दिहल** आदि।[5] अरबी-फारसी से गृहीत शब्दों का स्वच्छंद व्यवहार है : **खलल, दिरमानी, दादि, सतरंज, गरीबी, मिसकीनता** आदि।[6] देशज शब्दों के चयन में भी संकोच नहीं है : **खेहर, फोकट, आउबाउ** आदि।[7] वांछित अर्थ के द्योतन के लिए तुलसी ने सभी स्रोतों से उपयुक्त शब्दावली ग्रहण की है। व्यंजना की प्रभविष्णुता के लिए मुहावरों और कहावतों

1. विनयपत्रिका, 14. 22. 23
2. वही, 47. 58. 59. 189
3. क्रमशः, विनयपत्रिका, 139/11. 163/4: 48/1. 110/2: 88/4. 142/2. 199/4; 117/4. 199/5. 258/4: 45/2: 111/2: 117/5: 24/6: 5/4
4. विनयपत्रिका, 46/8
5. वही, 68/2, 94/3. 189/2
6. वही. 95/2. 122/1. 139/9. 246/4. 262/3
7. वही, 100/1, 176/2. 261/2

का सटीक प्रयोग किया है : **होइ न बाँको बार, निज जाँघ उघारे, बिनु मोल बिकाउँ, कोढ़ में की खाजु, गरैगी जीह, दूध नह्यो हौं, माखी घीय की, पेट खलायो; मिलै न मथत बारि घृत बिनु छीर, सावन के अंधहि ज्यों सूझत रंग हरो, गोपद बूड़िबे जोग करम करौं बातनि जलधि थहावौं, दूध को जर्‌यो पियत फूँकि-फूँकि मह्यो हौं आदि।**[1]

भाषा पर तुलसी का निर्बाध अधिकार है। अतएव उनकी समर्थ वाग्धारा कहीं अवरुद्ध नहीं होती। इच्छानुसार उन्होंने दीर्घसमासा, मध्यमसमासा और असमासा पदावली का समुचित विन्यास किया है। शब्दशक्तियों के यथायोग्य विनियोग द्वारा शब्द और अर्थ के काव्योचित सामंजस्य का सफलता से निर्वाह किया है। एकाध आलोचकों ने 'विनयपत्रिका' में संवाद-शैली के सौंदर्य का भी उल्लेख किया है। यह तर्कसंगत नहीं है। संवाद में एक से अधिक वक्ता होते हैं। यहाँ तुलसी अकेले हैं। संबोधित शिव, मन, राम आदि की ओर से किसी उत्तर की योजना नहीं की गई है। राम ने केवल सही की है। अरजी संवाद नहीं हो सकती। 'विनयपत्रिका' तुलसी का आत्मनिवेदन है; किंतु वह एकालाप या आकाशभाषित नहीं है, क्योंकि भगवान् राम आदि उनके मानस-नेत्रों के समक्ष विराजमान हैं।

प्रगीत-तत्त्व[2] : 'विनयपत्रिका' उत्तम प्रगीतकाव्य का उत्कृष्ट नमूना है। उसके पद स्थूल रूप से तीन वर्गों में रखे जा सकते हैं—स्तोत्र-शैली के पद, छंद-शैली के पद और टेक-युक्त गीत-शैली के पद।[3] मुख्यतया तीसरी शैली के पदों में ही 'विनयपत्रिका' का प्रकृत रूप और गौरव है। संपूर्ण कृति में प्रगीतकाव्य के तत्त्वों का प्रकर्ष पाया जाता है। **1. संगीतात्मकता :** 'पत्रिका' में प्रयुक्त राग हैं : आसावरी, कल्याण, कान्हरा, केदारा, जैतश्री, टोड़ी, धनाश्री, नट, वसंत, बिलावल, विहाग, भैरव, भैरवी, मलार, मारू, रामकली, ललित, विभास, सारंग और सोरठ। वे भावानुकूल हैं; राग और ताल का निर्वाह है। **2. आत्मप्रधानता :** 'पत्रिका' कलि-पीड़ित लोक के प्रतिनिधि तुलसी का आत्मनिवेदन है, विषयिनिष्ठ है, उसमें स्वानुभूति का प्रभावशाली प्रकाशन है। **3. भाव की इकाई :** उसके प्रत्येक गीत में भाव विशेष की सुगठित निबंधना है जो घनीभूत प्रभाव उत्पन्न करने में समर्थ है। **4. आवेग का परिणाम :** 'विनयपत्रिका' (अरजी के रूप) की कल्पना बाद में की गई है। उसके अधिकांश पद समय-समय पर आवेग के क्षणों में लिखे गए थे। विकलहृदय-कवि के भाव गीतों के माध्यम से फूट पड़े थे। 'विनयपत्रिका' की योजना को कार्यान्वित करने के लिए उसने कुछ और गीत रचकर संग्रह को निष्पन्न किया। **5. संक्षिप्त आकार :** एकाध अपवादों को छोड़कर उसके सभी पद संक्षिप्त हैं। स्वतःस्फूर्त भावों की आवेगपूर्ण अभिव्यक्ति ने स्वभावतः लघु गीतों का आकार धारण किया है। **6. विविधता :** यद्यपि सारी 'विनयपत्रिका' में भक्ति का एकतान प्रवाह है तथापि उसके अनेक पदों में विभिन्न आराध्य देवों की स्तुतियाँ हैं; विभिन्न स्थलों पर मन की प्रवृत्तियों, जीव की लोकयात्रा, कलि की करनी आदि के वर्णन में विषय-वैविध्य है। **7. कलात्मकता :** 'विनयपत्रिका' का कलापक्ष अत्यंत समृद्ध है। अतः उस पर मुग्ध कुछ आलोचक उसे तुलसी की सर्वश्रेष्ठ कृति मानते हैं। **8. मार्मिक अभिव्यंजना :** 'विनयपत्रिका' तुलसी के आकुल अंतर की चित्तस्पर्शी पुकार है। उसकी हृदयद्रावकता उसका सबसे बड़ा गुण है।

विनयपत्रिका तुलसीदास की भक्तिभावना की परम परिणति है। अतएव भक्तजन उसे तुलसी के भक्ति सिद्धांत का **ब्रह्मसूत्र** मानते हैं। काव्य-रसिक समालोचक के सौंदर्यपरक साहित्यिक मानदंड

---

1. विनयपत्रिका, 137/1, 147/1, 153/3, 219/2, 229/1, 260/3, 263/3, 276/3; 196/2, 226/2, 260/3
2. देखिए—तुलसीदास का प्रगीतकाव्य; तुलसी के भक्त्यात्मक गीत
3. क्रमशः उदहारण : विनयपत्रिका, 53-61; 64-82; 83-106

से भी वह कालजयी गौरवग्रंथ है। आत्मनिवेदन की जो तन्मयता, प्रपत्त्यात्मक दैन्य की जो पराकाष्ठा, उसमें दिखाई देती है वह अतुल्य है। भक्त के अमायिक कार्पण्य और भगवान् के मानातीत ऐश्वर्य का जो विशद चित्र जिस उदात्तता एवं उत्कृष्टता की भव्य पटभूमि पर उसमें अंकित हुआ है वह अपनी महिमा और लालित्य में अनूठा है। काव्यशास्त्र की दृष्टि से उसका महत्तम योगदान यह है कि भक्तिरस-विरोधी आचार्यों की रूढ़िग्रस्त मान्यता को चुनौती देकर भक्ति को रस-कोटि में सुप्रतिष्ठित करने के लिए अकेली **विनयपत्रिका** ही पर्याप्त है।

कवितावली

प्रमुख विशेषताएँ

1. 'कवितावली' मुक्तक-काव्य-संग्रह है। उसके नाम में प्रयुक्त 'अवली' शब्द संकलन-वाचक है।

2. भाषा की दृष्टि से भी उसका अपना वैशिष्ट्य है। पूर्वी ब्रजभाषा में रचित तुलसी की कृतियों में 'कवितावली' सर्वश्रेष्ठ है।

3. वह कवि के द्वारा कवित्त-शैली में रचित एकमात्र कृति है। "प्राचीन काल में घनाक्षरी, सवैया और छप्पय ये तीन छंद 'कबित्त' कहे जाते थे। 'पृथ्वीराजरासो' में तथा अन्यत्र भी छप्पय के लिए 'कबित्त' शब्द व्यवहृत है। सवैये के लिए 'कबित्त' शब्द हस्तेलेखों में बहुधा आता है। इसमें घनाक्षरी, सवैया और छप्पय के अतिरिक्त झूलना भी कबित्त के नाम पर संकलित है। 'हनुमानबाहुक' की भी यही स्थिति है।"[1] तुलसी के पूर्ववर्ती हिंदी-कवियों ने कबित्त-सवैया-शैली का प्रचुर व्यवहार किया था, परंतु 'कवितावली' ही इस शैली की पहली कृति है जिसे हिंदी-साहित्य के इतिहास में गौरवपूर्ण पद प्राप्त हुआ। आगे चलकर, तुलसी के परवर्ती रीति-शृंगार काल में, इस शैली ने असाधारण प्रतिष्ठा प्राप्त कर ली।

4. 'कवितावली' का विभाजन 'रामायण' की पद्धति पर सात कांडों में किया गया है। उनमें से उत्तरकांड पूरी कृति के आधे से भी अधिक है। अरण्य और किष्किधा कांड में केवल एक-एक पद्य हैं। उसके परिशिष्ट-रूप में 'हनुमानबाहुक' भी संलग्न है।

5. उसमें विषय का वैविध्य और विस्तार है। वह केवल रामकथा और राम-भक्ति तक ही परिसीमित नहीं है। उत्तरकांड में कृष्णचरित-संबंधी पाँच कबित्त भी संकलित हैं।[2] अनेक देवी-देवताओं की स्तुतियाँ भी हैं। 'हनुमानबाहुक' का वैशिष्ट्य स्वयंसिद्ध है। अपनी विशेषता के कारण ही वह अलग से पुस्तिका-रूप में उपलब्ध है। उसमें की गई हनुमत्स्तुति कवि के संपूर्ण साहित्य में अद्वितीय है। राजा राम के आचरण की दो घटनाएँ ध्यानाकर्षक हैं।[3] पहली घटना है राम के द्वारा नारी-शिरोमणि सीता का निर्वासन। इसकी चर्चा कवि ने 'गीतावली' और 'रामाज्ञाप्रश्न' में की है, किंतु 'रामचरितमानस' आदि में नहीं। दूसरी घटना है राम के द्वारा धर्म-धुरंधर लक्ष्मण का परित्याग। इसका संकेत तुलसी ने 'कवितावली' में ही किया है।

6. भारतवर्ष की श्रेष्ठता का उल्लेख तुलसी ने अपने समूचे साहित्य में केवल एक बार किया है और वह स्थल 'कवितावली' के उत्तरकांड का 33वाँ पद्य है।

7. तुलसी की आत्मचरितात्मक उक्तियों की दृष्टि से 'कवितावली' का स्थान अन्यतम है।

---

1. हिंदी-साहित्य का अतीत, पृ. 296
2. कवितावली, 7/131-35
3. वही, 7/6

उसके अनेक पद्यों[1] में उन्होंने अपने बचपन से लेकर अंतिम समय तक की जीवन-स्थितियों पर यत्किंचित् प्रकाश डाला है। तुलसी के अधूरे प्रामाणिक जीवनवृत्त के आकलन में इन पद्यों का योगदान अनुपेक्षणीय है।

8. इसमें किया गया कलियुग-वर्णन[2], और उसके ब्याज से युगीन परिस्थितियों का निदर्शन, विशद एवं चित्ताभिभावी है। 'रामचरितमानस', 'दोहावली' और 'विनयपत्रिका' में भी कलियुग के प्रभाव का प्रभावशाली चित्रण है। 'मानस' में काकभुशुंडि के द्वारा पूर्व कल्प के किसी कलियुग का विस्तृत वर्णन कराया गया है। उसमें कलिकाल के दोषों के साथ ही उसके गुणों का भी उद्घाटन है। 'दोहावली' का संक्षिप्त वर्णन कुछ तटस्थ दृष्टि से किया गया है।[3] 'विनयपत्रिका' के संक्षिप्त वर्णन में स्वानुभव का पुट है।[4] 'कवितावली' के वर्णन में विस्तार के साथ ही लोकपीड़ा से प्रेरित समानुभूति की मार्मिकता है, विशेषकर महामारी के प्रसंग में।[5]

9. 'कवितावली' में अनेक प्रसंगों की निबंधना 'रामचरितमानस' आदि के तत्संवादी प्रसंगों की तुलना में कहीं अधिक रमणीयता के साथ हुई है। उसके प्रारंभिक सात सवैयों में बाल-लीला का चित्रांकन इयत्ता की दृष्टि से 'रामचरितमानस' और 'गीतावली' के बालवर्णनों की तुलना में कम होते हुए भी ईदृक्ता की दृष्टि से उत्कृष्ट है। उसका सुंदरकांड तो अप्रतिम है। उसमें जो काव्यचमत्कार है वह 'गीतावली' या 'रामचरितमानस' तक के सुंदरकांड में नहीं है।

10. तुलसी दास्यभक्तिनिष्ठ कवि हैं। उनके मर्यादापुरुषोत्तम राम परम गंभीर हैं। अतएव 'रामचरितमानस'-जैसे विशाल ग्रंथ में भी किसी पात्र ने कहीं पर उनसे हँसी-मजाक नहीं किया, ससुराल में कौतुक-विनोद के अवसर पर सीता की सहेलियों ने भी नहीं। 'गीतावली' में वसंत-विहार के प्रकृत अवसर पर भी इसकी योजना नहीं की गई। केवल दो कृतियों में कवि ने उसे अतिसीमित स्थान दिया है। 'बरवैरामायण' के दो छंदों में सखियों ने राम को लक्ष्य करके हास्य-व्यंग्य किया है।[6] 'कवितावली' ही ऐसी कृति है जिसमें एक स्थल पर सीता ने राम से हँसी-मजाक किया है।[7] इस प्रसंग में यह भी स्मरणीय है कि तुलसी की सीता ने अन्यत्र कहीं भी, किसी भी पात्र से, हँसी-मजाक नहीं किया है।

11. 'कवितावली' की सर्वाधिक महत्त्वपूर्ण विशेषता है उसकी आद्योपांत सरसता। निवृत्तिमार्गी भक्तिमान् भावक तो प्रत्येक भक्तिभावमयी उक्ति में भक्तिरस की प्रतीति कर लेता है, किंतु प्रवृत्तिमार्गी लोकसामान्य काव्यरसिक की दृष्टि उससे भिन्न है, और काव्य के विषय में वही प्रमाण है। 'रामचरितमानस' में बहुत सी ऐसी पंक्तियाँ पाई जाती हैं जो रसज्ञ आलोचकों को नीरस जँचती हैं। 'विनयपत्रिका' में दर्जनों ऐसे पद विद्यमान हैं जो सामान्य काव्यप्रेमियों को रसानुभूति कराने में असमर्थ हैं। परंतु 'कवितावली' में कुछेक कबित्त ही ऐसे मिलेंगे जो सहृदयों को हृदयग्राही न प्रतीत हों।

12. समन्वयवादी तुलसी ने भारतीय काव्याचार्यों के सभी मानों को उचित सम्मान दिया है, तथापि वे मुख्यतया रसवादी हैं। उन्होंने अपनी रचनाओं में शास्त्र-सम्मत ग्यारह रसों की निबंधना की है। रस-वैविध्य की दृष्टि से उनकी दो कृतियाँ अन्यतम हैं : 'रामचरितमानस' और 'कवितावली'।

---

1. कवितावली, 7/83-87, 96-105, 169-71, 174, 177
2. वही, 7/96-103
3. दोहावली, 545-62
4. विनयपत्रिका, 139
5. कवितावली, 7/169-71, 174, 177
6. बरवैरामायण, 1/17-18
7. कवितावली, 2/28; तुलना करके देखिए—हनुमन्नाटक, 3/19

'रामचरितमानस' के प्रकरण में इस तथ्य का सप्रमाण विवेचन किया जा चुका है कि उसमें केवल भक्तिरस ही स्वतंत्र है, वही अंगी रस है, अन्य सभी रस उसके अंग और पोषक बनकर आए हैं, अतएव परतंत्र हैं। 'कवितावली' ही ऐसी कृति है जिसमें ग्यारह रसों की उनके शुद्ध (अमिश्रित) रूप में काव्योचित अभिव्यंजना हुई है।

काव्य-रूप

'कवितावली' निर्बंध काव्य है। भारतीय काव्यशास्त्रियों ने काव्य के लक्षण का निरूपण करते हुए उसकी परिभाषा के अंतर्गत उसके स्वरूपाधायक तत्त्व, उसकी अंतरात्मा, पर ही बल दिया है। उसके बाह्य रूप के संबंध में पूरी छूट दी गई है। उसकी पद्यमयता, गद्यमयता गद्यपद्यमयता, श्रव्यता अथवा दृश्यता का उल्लेख नहीं किया गया है। इसका स्पष्ट कारण यही है कि ये बाह्य रूप काव्य के काव्यत्व के विधायक या निषेधक नहीं हैं। किसी भी रूप में उसकी रचना की जा सकती है और वह अपनी रमणीयता से सहृदयों को आह्लादित कर सकता है।

बंध के केंद्रबिंदु से काव्य के तीन प्रकार हैं—1. प्रबंध, 2. निबंध या एकार्थ और 3. निर्बंध या मुक्तक। **प्रबंध**-काव्य वह काव्य है जिसमें कथा की व्यवस्थित योजना की गई हो। कई पद्यों में लिखित वह साधारण कविता **निबंध**-काव्य है जिसमें कथात्मकता या वर्णनात्मकता हो। प्रबंध और निबंध के बंधन से मुक्त पद्य **निर्बंध** काव्य है। इन तीनों रूपों की विशेषताओं को दृष्टि में रखते हुए 'कवितावली' के काव्य-रूप की सम्यक् अवधारणा की जा सकती है।

1. कथा का अविच्छिन्न प्रवाह प्रबंध-काव्य की अनिवार्य विशेषता है। 'कवितावली' में राम-कथा का अटूट प्रवाह नहीं है। केवल बिखरे हुए खंडचित्र ही अंकित हैं। बालकांड में बालरूप की झाँकी है, फिर धनुर्यज्ञ का आंशिक चित्र है, वर-वधू के रूप में राम-सीता की एक झलक है, और परशुराम के कोप-प्रसाद का असंबद्ध निदर्शन है। रामजन्म, विश्वामित्र-प्रसंग और मिथिला-गमन की कोई चर्चा नहीं है। अयोध्या-कांड में भी कथा का अभाव है। राम की वन-यात्रा और वन-वास की कतिपय फुटकल झाँकियाँ हैं। कैकेयी के वरदान और भरत के चित्रकूट-गमन-जैसे हृदयस्पर्शी स्थलों के खंडचित्र तक नहीं हैं। अरण्यकांड में भी कथा-सरीखी वस्तु नहीं मिलती। सूर्पणखा के नाक-कान काटने और सीता-हरण की घटनाएँ राम-रावण-संग्राम की भूमिका हैं। उनका आख्यान तो दूर रहा, निर्देश भी नहीं किया गया। किष्किंधाकांड, सच पूछिए तो, 'कवितावली' में है ही नहीं; अतः उस कांड में कथा के प्रवाह का प्रश्न ही नहीं उठता। उसके एकाकी कवित्त में चित्रित घटना (हनुमान द्वारा समुद्र-लंघन) भी वस्तुतः सुंदरकांड की है। सुदंरकांड में मार्मिक स्थलों का वर्णन अवश्य है, किंतु क्रमबद्ध कथानक का उपन्यास नहीं है। लंकाकांड की भी यही अवस्था है। उत्तरकांड में विषयों की इतनी विविधता है कि कथा-सूत्र के लिए गुंजाइश नहीं है। रामचरित के उत्तरार्ध के अनुपेक्षणीय अंश (राम का प्रत्यागमन, सिंहासनारोहण, रामराज्य-स्थापन आदि) अनाख्यात ही रह गए हैं। ऐसी दशा में 'कवितावली' को राम-कथा का आख्यानक-काव्य नहीं कहा जा सकता। यदि किसी पाठक को उसमें कथा-प्रवाह का आभास मिलता है तो उसका कारण पाठक के अवचेतन मन में विद्यमान रामकथा की धारणा है न कि 'कवितावली' की प्रबंधात्मकता।

2. प्रबंध-काव्य के पद्य परस्पर-सापेक्ष होते हैं। उनमें पूर्वापर-संबंध होता है।[1] विभिन्न सर्ग भी शृंखला-बद्ध होते हैं। पूर्ववर्ती सर्ग की अंतिम अथवा परवर्ती सर्ग की आरंभिक उक्ति के माध्यम से उनकी कड़ी जुड़ी रहती है। 'कवितावली' में ऐसा नहीं है। उसके कवित्तों में, एकाध अपवादों को

---

1. अ[illegible]ज्ञतार्थसंबंधः प्रबंधो दुरुदाहरः।—शिशुपालवध, 2/73

छोड़कर[1], परस्पर-संबद्धता या सापेक्षता नहीं है; उन पद्यों की अर्थ-प्रतीति के लिए पूर्वापर-संबंध की अपेक्षा नहीं है। 'कवितावली' के सातों कांडों तथा 'हनुमानबाहुक' में शृंखला की कड़ी नहीं है। सात कांडों की रामायण-कथा सर्वविदित है। उसके विविध अंशों का आश्रय लेकर रचे गए फुटकल पद्य उस मूल-कथा के क्रम से ही संकलित कर दिए गए हैं। रामचरित से अभिज्ञ पाठक को अपने संस्कार के कारण इस कृति में कथा-रस की-सी अनुभूति होने लगती है। राम-कथा से अनभिज्ञ भावक निश्चय ही प्रबंध-रस की अनुभूति नहीं कर सकता।

3. प्रबंधकाव्य में कथा-नायक, प्रतिनायक, नायिका आदि पात्रों का व्यवस्थित चरित्र-चित्रण होता है। पात्रों के व्यापार ही उनके व्यक्तित्व-विकास के बोधक होते हैं। अतएव उनके चरित्रांकन के लिए उनकी कर्म-परंपरा का क्रमबद्ध वर्णन अपेक्षित है। 'कवितावली' में एक भी पात्र ऐसा नहीं है जिसके कार्य-कलाप का सुसंबद्ध निरूपण करके उसके चरित्र का आलेखन किया गया हो। तथापि 'कवितावली' के पाठक को विभिन्न पात्रों की चरित्र-भावना में तनिक भी कठिनाई नहीं होती। बात यह है कि राम, रावण, सीता आदि पात्रों की संकल्पना भारतीय जन-मानस में बचपन से ही बसी हुई है। यह भावना विस्मृति के आवरण से आच्छादित रहती है। 'कवितावली' के प्रकीर्ण कबित्तों को पढ़ते समय यह आवरण क्षीण हो जाता है और सहृदय अनायास ही अपनी प्रतिभा के द्वारा रिक्तस्थानीय घटनाओं की पूर्ति करके पात्रविशेष के व्यापक चरित्र का बिंब-विधान कर लेता है।

4. रस का वैशिष्ट्य भी अवेक्षणीय है। रसवादी आचार्य रस को ध्वनिरूप मानते हैं। प्रबंध-काव्य में किसी विशिष्ट रस की व्यंजना प्रबंध-ध्वनि के रूप में की जाती है। अपने काव्य के रसात्मक प्रभाव की निष्पन्नता के लिए रससिद्ध कवि रसविशेष की निबंधना मुख्य रूप में करता है; यदि अन्य रसों का निवेश करता है तो गौण रूप में। इनमें पोष्य-पोषक-संबंध या अंगांगिभाव होता है। 'कवितावली' में कोई रस प्रबंध-ध्वनि के रूप में अभिव्यक्त नहीं हुआ है। शब्दांतर से, उसमें अंगी रस नहीं है। माना कि 'कवितावली' भक्तिप्रधान कृति है, परंतु भक्ति को उसका अंगी रस नहीं माना जा सकता। उसमें भक्ति अनुस्यूत नहीं है। तीसरे और चौथे कांड भक्ति से बिल्कुल ही शून्य हैं। पहले, दूसरे, पाँचवें और छठे कांडों के कुछेक पद्य ही भक्ति के अभिव्यंजक हैं। हाँ, उत्तरकांड में भक्ति की अतिशयता पाई जाती है; परंतु कथानक के अभाव और आराध्य देवी-देवताओं एवं परिस्थितियों के वैविध्य के कारण वह भी मुक्तक है।

5. कहीं-कहीं पर दो-तीन पद्यों में पूर्वापर संबंध है, उनकी एक इकाई-सी बन गई है।[2] परंतु इन गिने-चुने पद्यों की परस्पर-सापेक्षता धारावाहिक कथा-प्रबंध का अंग नहीं है; वे इकाइयाँ अपने पूर्ववर्ती पद्यों से असंबद्ध हैं। विषय-परिवर्तन करते समय कवि ने आगंतुक वस्तु के संबंध में किसी प्रकार की अवतरणिका नहीं दी है। प्रबंध-काव्य में ऐसे अवसरों पर कथावस्तु की शृंखला मिलाने के लिए किसी-न-किसी प्रकार की अवतरणिका अपेक्षित है। इन पद्यों के आधार पर 'कवितावली' को 'प्रबंधोन्मुख मुक्तक काव्य' भी नहीं कहा जा सकता; क्योंकि वह प्रबंधोन्मुखता या सापेक्षता दस प्रतिशत कवित्तों में भी नहीं पाई जाती और नब्बे प्रतिशत से अधिक पद्य परस्पर-निरपेक्ष हैं।

6. 'कवितावली' के अनेक पद्यों में एक ही वस्तु वर्णित है।[3] यह भी उनकी मुक्तता का परिचायक है। इसका सादृश्य 'सूरसागर' के पदों में द्रष्टव्य है।

7. अनेक पद्यों में समस्या-पूर्ति का-सा चमत्कार पाया जाता है। दो-दो कवित्तों के अंत में निबद्ध **जग में फलु कौन जिएँ, अवधेस के बालक चारि सदा तुलसी मन मंदिर में बिहरैं, जरि**

---

1. जैसे : कवितावली, 2/21-2/22, 5/20-5/21, 5/26-5/27
2. वही, 1/19-20 या 5/19-20
3. उदाहरणार्थ : कवितावली, 1/9-10, 1/15-16, 2/18-19

जाइ सो जीवनु जानकीनाथ जियै जग में तुम्हारो बिनु है, आखर दू की, जय जय जय जानकिरमन, और **जग होत भले को भलाई भलाई**—ये उक्तियाँ[1] 'समस्या'-जैसी प्रतीत होती हैं। यह विधान मुक्तक-रचना-प्रवृत्ति का सूचक है।

8. 'कवितावली' कुछेक पद्यों में लिखित छोटा-मोटा कथात्मक या वर्णनात्मक काव्य नहीं है, इसलिए उसे निबंध की संज्ञा भी नहीं दी जा सकती।

9. वस्तुतः 'कवितावली' निर्बंधकाव्य है। उसके संकलनात्मक स्वरूप के कारण ही कृष्ण-विषयक पद्य (7/131-35) भी उसमें संगृहीत हुए हैं।

10. 'कवितावली' मुक्तक कवित्तों का संग्रह है। तदनुसार कुछ प्रतियों में 'हनुमानबाहुक' भी उसके परिशिष्ट-रूप में उसके साथ संकलित है।

11. 'कवितावली' का रचना-विधान निर्बंध या मुक्तक-काव्य के लक्षणों से ही विशिष्ट है। 'मुक्त' शब्द के दो मुख्य अर्थ हैं—प्राप्तमोक्ष (जिसे बंधन से छुटकारा मिल गया है) और नंदित। **क** (कन्) प्रत्यय लगाकर उससे संज्ञा बनाई गई है : **मुक्तक**।[2] मुक्तक-काव्य में उक्त दोनों अर्थों का तात्पर्य निहित है। मुक्तक वह पद्य-रचना है जो निर्बंध हो, परतः निरपेक्ष और स्वतः पर्यवसित हो, जिसके प्रतिपाद्य अर्थ की प्रतिपत्ति के लिए पूर्वापर-संदर्भ की आवश्यकता न हो, और जो स्वतंत्र रूप से चमत्कारकारी हो, अर्थात्, रसानुभूति कराने में समर्थ हो। संस्कृत-आचार्यों ने प्रबंधहीन पद्यबद्ध काव्य का विभिन्न प्रकार से वर्गीकरण और विवेचन किया है।[3] उसके प्रकारों के लक्षण संस्कृत-प्राकृत के लक्ष्य ग्रंथों पर आश्रित हैं। आगमनात्मक विधि से हिंदी के मुक्तक-काव्य, विशेषकर 'कवितावली', का अध्ययन करके प्राचीन काव्य-शास्त्रियों का अनुसरण करते हुए हम मुक्तक के छः प्रकार मान सकते हैं—एकपद्यमय, युग्मक, विशेषक, कलापक, कुलक और पर्यायबंध। जो एक ही पद्य में परिपूर्ण हो वह मुक्तक एकपद्यमय है। संस्कृत के आचार्यों ने एक पद्यमय निर्बंध काव्य को ही 'मुक्तक' नाम दिया है।[4] यह मुक्तक का परंपरागत संकुचित अर्थ है। उसका प्रयोग विस्तृत अर्थ में भी किया जा सकता है। 'मुक्तक' और 'निर्बंध' पर्यायवाची शब्द हैं। अतः प्रत्येक निर्बंध रचना मुक्तक है। तदनुसार 'युग्मक' आदि भी मुक्तक ही हैं। 'कवितावली' के अधिकांश कबित्त इसी प्रकार के हैं। शेष दशांश अन्य पाँच प्रकारों के अंतर्गत मान्य हैं। दो पद्यों में परिसमाप्त मुक्तक 'युग्मक' है।[5] इसी भाँति तीन पद्यों का समूह 'विशेषक'[6] और चार पद्यों की इकाई 'कलापक'[7] है। जो मुक्तक-काव्य पाँच या पाँच से अधिक पद्यों में पूर्ण हो वह 'कुलक' है।[8] 'पर्यायबंध' वह निर्बंध-काव्य है जिसमें एक ही विषय का वर्णन अनेक पद्यों में किया जाए। 'कवितावली' के बालकांड में बाल-क्रीड़ा, सुंदरकांड में लंकादहन और उत्तरकांड में कलियुग, सीतावट तथा चित्रकूट के वर्णन इसके उदाहरण हैं।

राजशेखर ने मुक्तककाव्य में प्रतिपादित अर्थ की पाँच विधाएँ मानी हैं[9] : **1. शुद्ध-मुक्तक :** जिसमें इतिवृत्त-रहित अर्थ का निरूपण हो; **2. चित्र-मुक्तक :** जिसमें इतिवृत्त-रहित अर्थ का विस्तृत

---

1. कवितावली, 1/2, 6; 1/3-4; 7/40-41; 7/88-89; 7/113-14; 7/130-31
2. मुक्तकमन्येनानालिंगितं तस्य संज्ञायां कन्।—ध्वन्यालोकलोचन, 3/7
3. देखिए—अग्निपुराण, 337/36; ध्वन्यालोक, 3/7, उस पर वृत्ति और लोचन; काव्यमीमांसा, पृ. 46-47; साहित्यदर्पण, 6/314-15
4. अग्निपुराण, 337/36
5. कवितावली, 1/15-16, 2/3-4, 2/21-22
6. वही, 5/20-22
7. जैसे : कवितावली, 1/18-21
8. क्रमशः उदाहरण—कवितावली, 6/10-14,6/17-29
9. काव्यमीमांसा, पृ. 46-47

वर्णन हो; **3. कथोत्थ-मुक्तक :** जिसमें अतीत इतिवृत्त का वर्णन हो; **4. संविधानकभू-मुक्तक :** जो संभावित इतिवृत्त पर आधारित हो; **5. आख्यानकवान्-मुक्तक :** जिसमें वर्णित इतिवृत्त सर्वथा कवि-कल्पित हो। 'कवितावली' इन पाँचों प्रकार के मुक्तकों का संग्रह है।[1]

भक्तिदर्शन

'कवितावली' में दार्शनिक सिद्धांतों का निरूपण तुलसी का लक्ष्य नहीं है। परंतु वे दार्शनिक-भक्त कवि हैं, अतएव विभिन्न स्थलों पर उनके भक्तिदर्शन की भी स्वाभाविक अभिव्यंजना हुई है। उत्तरकांड में भी भक्ति-भाव की प्रधानता है, दार्शनिक सिद्धांत का निरूपण अभीष्ट नहीं है। तुलसी के भक्तिदर्शन के सूत्र सांकेतिक रूप में ही पाए जाते हैं।

राम निर्गुण-सगुण रूप हैं; निर्गुण-रूप की अपेक्षा उनका सगुण-रूप अधिक श्रेयस्कर है[2] :

1. **अंतरजामिहु तें बड़े बाहेरजामि हैं रामु जे नाम लिये तें।...**
   पैज परे प्रहलादहु को प्रगटे प्रभु पाहन तें न हिये तें॥
2. **प्रीति प्रतीति बढ़ी तुलसी तब तें सब पाहन पूजन लागे।**

वे विश्व के रचयिता, पालक और संहारक हैं; सर्वशक्तिमान् एवं सभी शक्तियों के मूल स्रोत हैं; करुणानिधान, सज्जनरंजन, पापनाशक, संकटमोचन, सेवकसुखदायक और प्रणतपालक हैं[3] :

1. **जो करता भरता हरता सुरसाहेब साहेब दीन दुनी को।**
2. **ईसन के ईस महाराजन के महाराज**
   देवन के देव देव प्रानहू के प्रान हौ।
   कालहू के काल महाभूतन के महाभूत
   कर्महू के करम निदान के निदान हौ।
   निगम को अगम सुगम तुलसी हू से को
   एते मान सीलसिंधु करुनानिधान हौ।
   महिमा अपार काहू बोल को न पारावार
   बड़ी साहिबी में नाथ बड़े सावधान हौ॥

वे धर्म-संस्थापन, लोकमंगल और भूमि-भार-हरण के लिए अवतार लेते हैं :

धरम के सेतु जगमंगल के हेतु भूमिभार हरिबे को अवतार लियो नर को।[4]

राम से भिन्न प्रतीयमान जगत् का दृश्यमान रूप मिथ्या है :

झूठो है झूठो है झूठो सदा जगु संत कहंत जे अंत लहा है।...
जानकीजीवनजान न जान्यो तौ जान कहावत जान्यो कहा है॥[5]

अज्ञान और अभक्ति के कारण विषयों में फँसा हुआ जीव असंख्य कष्ट झेलता है।[6]

जीव की दुःख-निवृत्ति के अनेक साधन बतलाए गए हैं—धर्म-कर्म, वैराग्य, योग, ज्ञान, भक्ति आदि। भक्ति ही अमोघ साधन है :

---

1. क्रमशः उदाहरण : कवितावली, 7/12, 7/13, 7/128, 2/23, 7/145
2. कवितावली, 7/129, 128
3. वही, 7/146, 7/126; और देखिए, 7/111-14
4. वही, 7/122
5. वही, 7/39
6. वही, 7/30-32, 39

जाइ सो जीवनु जानकीनाथ जियै जग में तुम्हारो बिनु है, आखर दू की, जय जय जय जानकिरमन, और जग होत भले को भलाई भलाई—ये उक्तियाँ[1] 'समस्या'-जैसी प्रतीत होती हैं। यह विधान मुक्तक-रचना-प्रवृत्ति का सूचक है।

8. 'कवितावली' कुछेक पद्यों में लिखित छोटा-मोटा कथात्मक या वर्णनात्मक काव्य नहीं है, इसलिए उसे निबंध की संज्ञा भी नहीं दी जा सकती।

9. वस्तुतः 'कवितावली' निर्बंधकाव्य है। उसके संकलनात्मक स्वरूप के कारण ही कृष्ण-विषयक पद्य (7/131-35) भी उसमें संगृहीत हुए हैं।

10. 'कवितावली' मुक्तक कबित्तों का संग्रह है। तदनुसार कुछ प्रतियों में 'हनुमानबाहुक' भी उसके परिशिष्ट-रूप में उसके साथ संकलित है।

11. 'कवितावली' का रचना-विधान निर्बंध या मुक्तक-काव्य के लक्षणों से ही विशिष्ट है। 'मुक्त' शब्द के दो मुख्य अर्थ हैं—प्राप्तमोक्ष (जिसे बंधन से छुटकारा मिल गया है) और नंदित। **क** (कन्) प्रत्यय लगाकर उससे संज्ञा बनाई गई है : **मुक्तक**।[2] मुक्तक-काव्य में उक्त दोनों अर्थों का तात्पर्य निहित है। मुक्तक वह पद्य-रचना है जो निर्बंध हो, परतः निरपेक्ष और स्वतः पर्यवसित हो, जिसके प्रतिपाद्य अर्थ की प्रतिपत्ति के लिए पूर्वापर-संदर्भ की आवश्यकता न हो, और जो स्वतंत्र रूप से चमत्कारकारी हो, अर्थात्, रसानुभूति कराने में समर्थ हो। संस्कृत-आचार्यों ने प्रबंधहीन पद्यबद्ध काव्य का विभिन्न प्रकार से वर्गीकरण और विवेचन किया है।[3] उसके प्रकारों के लक्षण संस्कृत-प्राकृत के लक्ष्य ग्रंथों पर आश्रित हैं। आगमनात्मक विधि से हिंदी के मुक्तक-काव्य, विशेषकर 'कवितावली', का अध्ययन करके प्राचीन काव्य-शास्त्रियों का अनुसरण करते हुए हम मुक्तक के छः प्रकार मान सकते हैं—एकपद्यमय, युग्मक, विशेषक, कलापक, कुलक और पर्यायबंध। जो एक ही पद्य में परिपूर्ण हो वह मुक्तक एकपद्यमय है। संस्कृत के आचार्यों ने एक पद्यमय निर्बंध काव्य को ही 'मुक्तक' नाम दिया है।[4] यह मुक्तक का परंपरागत संकुचित अर्थ है। उसका प्रयोग विस्तृत अर्थ में भी किया जा सकता है। 'मुक्तक' और 'निर्बंध' पर्यायवाची शब्द हैं। अतः प्रत्येक निर्बंध रचना मुक्तक है। तदनुसार 'युग्मक' आदि भी मुक्तक ही हैं। 'कवितावली' के अधिकांश कबित्त इसी प्रकार के हैं। शेष दशांश अन्य पाँच प्रकारों के अंतर्गत मान्य हैं। दो पद्यों में परिसमाप्त मुक्तक 'युग्मक' है।[5] इसी भाँति तीन पद्यों का समूह 'विशेषक'[6] और चार पद्यों की इकाई 'कलापक'[7] है। जो मुक्तक-काव्य पाँच या पाँच से अधिक पद्यों में पूर्ण हो वह 'कुलक' है।[8] 'पर्यायबंध' वह निर्बंध-काव्य है जिसमें एक ही विषय का वर्णन अनेक पद्यों में किया जाए। 'कवितावली' के बालकांड में बाल-क्रीड़ा, सुंदरकांड में लंकादहन और उत्तरकांड में कलियुग, सीतावट तथा चित्रकूट के वर्णन इसके उदाहरण हैं।

राजशेखर ने मुक्तककाव्य में प्रतिपादित अर्थ की पाँच विधाएँ मानी हैं[9] : **1. शुद्ध-मुक्तक :** जिसमें इतिवृत्त-रहित अर्थ का निरूपण हो; **2. चित्र-मुक्तक :** जिसमें इतिवृत्त-रहित अर्थ का विस्तृत

---

1. कवितावली, 1/2, 6; 1/3-4; 7/40-41; 7/88-89; 7/113-14; 7/130-31
2. मुक्तकमन्येनानालिंगितं तस्य संज्ञायां कन्।—ध्वन्यालोकलोचन, 3/7
3. देखिए—अग्निपुराण, 337/36; ध्वन्यालोक, 3/7, उस पर वृत्ति और लोचन; काव्यमीमांसा, पृ. 46-47; साहित्यदर्पण, 6/314-15
4. अग्निपुराण, 337/36
5. कवितावली, 1/15-16, 2/3-4, 2/21-22
6. वही, 5/20-22
7. जैसे : कवितावली, 1/18-21
8. क्रमशः उदाहरण—कवितावली, 6/10-14,6/17-29
9. काव्यमीमांसा, पृ. 46-47

मर्यादावादी भक्त-कवि तुलसी की विशेष अभिरुचि नहीं है। कुछ ही स्थलों पर काव्यधर्म से अनुप्राणित होकर उन्होंने शृंगार का निबंधन किया है। उनकी कवि-प्रतिभा का कौशल इस बात में है कि जहाँ कहीं उन्होंने इस रस का स्पर्श किया है, उसे चमत्कारपूर्ण बना दिया है। 'कवितावली' में उसके दोनों ही पक्षों—संयोग और विप्रलंभ की मनोहारी व्यंजना हुई है। पहले का चित्रण एक ही पद्य में है; उसके विषय सीता-राम हैं। दूसरे का वर्णन तीन पद्यों में है; उसके विषय गोपी-कृष्ण हैं।[1] उन दोनों प्रसंगों में क्रमशः सीता और गोपियों की मनोदशा का तलस्पर्शी निरूपण है।

3. वीर-रस के परंपराप्रथित चारों रूप धर्मवीर, दानवीर, दयावीर और युद्धवीर 'कवितावली' में देखे जा सकते हैं।[2] उत्साहपूर्ण संग्राम में विभावानुभावों के रंजनकारी चित्रण का यथोचित अवकाश रहता है। अतः वीररस का प्रकृत निदर्शन और उत्कर्ष लंकाकांड में पाया जाता है। **4. करुण**-रस की मार्मिक व्यंजना तीन प्रसंगों में हुई है। राम के वन-गमन पर शोक-संतप्त कौशल्या-सुमित्रा के संवाद में शुद्ध-करुणरस है।[3] लक्ष्मण-मूर्च्छा के अवसर पर राम के विलाप-वर्णन[4] में तुलसी की भक्ति का पुट होने पर भी शोक का निरूपण हृदयद्रावक है। इसी प्रकार 'हनुमानबाहुक' के अनेक पद्यों में दैन्य-पुष्ट करुण की द्रुतिकारिणी व्यंजना है।[5] **5. अद्भुत**-रस का चित्रण धनुर्भंग और लंकादहन के प्रसंगों में भी है, परंतु उसका उत्कृष्टतर चमत्कारकारी रूप द्रोणाचल को लेकर आकाश-मार्ग से जाते हुए हनुमान के अलौकिक व्यापार में मिलता है।[6] **6. हास्य**-रस का केवल एक पद्य है; राम से सीता द्वारा किया गया हास्य अतिशय मर्यादित होने पर भी अपनी ध्वन्यात्मकता के कारण हृदयहारी है।[7] **7. रौद्र**-रस की मार्मिक योजना क्रोधांध परशुराम की उक्तियों में द्रष्टव्य है।[8] **8-9. भयानक** और **बीभत्स** की प्रभावशाली अभिव्यक्ति क्रमशः लंकादहन और युद्ध के प्रसंगों में मिलती है।[9]

10. वत्सल-रस के दो रूप हैं—शुद्ध और मिश्रित। 'कवितावली' के आरंभिक सवैयों में शुद्ध और भक्तिमिश्रित वात्सल्य दोनों की उत्कृष्ट व्यंजना हुई है।[10] **11. भक्तिरस** की कुछ-न-कुछ अभिव्यक्ति 'अरण्य' और 'किष्किंधा' को छोड़कर 'कवितावली' के सभी कांडों में हुई है, तथापि उसका भरपूर आपूर उत्तरकांड में है। उसके भी दो रूप हैं—शुद्ध और मिश्रित। रामपरक अधिकांश पद्यों में शुद्ध भक्तिरस है, क्योंकि उसमें किसी अन्य स्थायी भाव का मिश्रण नहीं है।[11] महामारियों के वर्णन में शोक-मिश्रित भक्ति की व्यंजना है।[12] 'हनुमानबाहुक' में करुण-मिश्रित भक्तिरस की व्यंजना अत्यंत मार्मिक है :

आपने ही पाप तें त्रिताप तें कि साप तें बढ़ी है बाहुबेदन कही न सहि जाति है।
औषध अनेक जंत्र मंत्र टोटकादि किए बादि भए देवता मनाए अधिकाति है।

---

1. संयोग : कवितावली, 1/17; विप्रलंभ : कवितावली, 7/133-35
2. क्रमशः उदाहरण : कवितावली, 2/1; 5/32; 7/7; 6/14, 34
3. कवितावली, 2/3
4. वही, 6/52
5. जैसे : हनुमानबाहुक, 36
6. कवितावली, 1/10, 5/17, 6/54; देखिए—इस ग्रंथ का पृ. 252
7. वही, 2/28; तुलना कीजिए : हनुमन्नाटक, 3/19
8. वी, 1/20
9. वही, 5/6, 6/49-51; देखिए : इस ग्रंथ का पृ. 298
10. शुद्ध-वात्सल्य : 1/5; भक्तिमिश्रित वात्सल्य : 1/6
11. जैसे : कवितावली, 7/37
12. कवितावली, 7/169-77

करतार भरतार हरतार कर्मकाल को है जगजाल जो न मानत इताति है।
चेरो तेरो तुलसी तू मेरी कह्यो रामदूत ढील तेरी बीर मोहि पीर तें पिराति है ॥[1]

आलंबन भगवान् की महिमा का गान और आश्रय भक्त की दीनता का निवेदन—ये दो तत्त्व भक्तिरस के अभीष्ट निष्पादन के लिए आवश्यक हैं। भक्तकवि ने कहीं राम का गुणानुवाद करके, कहीं अपनी तुच्छता प्रदर्शित करके, और कहीं दोनों का एक-साथ विन्यास करके भक्तिरस का उद्रेक किया है।[2]

ध्वनि-वक्रोक्ति : उपरिनिर्दिष्ट रसात्मक वाक्य असंलक्ष्यक्रमव्यंग्य ध्वनि के उदाहरण हैं। व्यंग्य-रूप में संचारी भावों की निबंधना 'कवितावली' में स्थान-स्थान पर मिलती है। एक उदाहरण लीजिए :

पुर तें निकसीं रघुबीरबधू धरि धीर दए मग में डग द्वै।
झलकीं भरि भाल कनीं जल की पुट सूखि गए मधुराधर वै।
फिरि बूझति हैं चलनो अब केतिक पर्नकुटी करिहौ कित ह्वै।
तिय की लखि आतुरता पिय की अँखियाँ अति चारु चलीं जल च्वै ॥[3]

प्रस्तुत पद्य में सीता के श्रम और राम की करुणा की व्यंजना निपुणता से की गई है। दोनों के अनुभावों का चित्रण भी हृदयस्पर्शी है। कवि ने पात्रों की अंतःप्रकृति की परख का भी उत्तम परिचय दिया है।

सहृदय ग्राम-वधूटियों के प्रसाद-युक्त विषाद की सहजाभिव्यक्ति कितनी मार्मिक है[4] :

1. **पाँयन तौ पनहीं न पयादेहि क्यों चलिहैं सकुचात हियो है।**
2. **आँखिन में सखि राखिबे जोग इन्हें किमि कै बनबास दियो है।**

उनके प्रश्न पर सीता की मति, लज्जा और संकोच की व्यंजना भी द्रष्टव्य है :

सुनि सुंदर बैन सुधारस साने सयानी हैं जानकी जानी भली।
तिरछे करि नैन दै सैन तिन्हें समुझाइ कछू मुसुकाइ चली ॥[5]

सीता ने यह सूचित कर दिया कि राम पति हैं : इसमें संलक्ष्यक्रमव्यंग्य ध्वनि है। लक्ष्मण, केवट, तुलसी और गोपियों की वचन-वक्रता में बेहद चुटीलापन है[6] :

1. **टूट्यो सो न जुरैगो सरासनु महेस जू को**
   रावरी पिनाक में सरीकता कहाँ रही।
2. **परसें पगधूरि तरै तरनी घरनी घर क्यों समुझाइहौं जू।**
3. **राम गरीबनेवाज भए हौ गरीबनेवाज गरीब नेवाजी।**
4. **जानी है जानपनी हरि की अब बाँधियैगी कछु मोटि कला की।**

गुण-वृत्ति : एक-दो अपवादों[7] को छोड़कर 'कवितावली' में सर्वत्र ही प्रसाद गुण पाया जाता है। बालकांड के आरंभिक पद्यों और अयोध्याकांड में माधुर्य की विशेषता है। लंकादहन और युद्ध-वर्णन में ओज का प्रकर्ष है। औचित्यानुसार उपनागरिका, परुषा और कोमला वृत्तियों की संघटना की गई है।[8]

---

1. हनुमानबाहुक, 30
2. क्रमशः उदाहरण : कवितावली, 7/7, 7/88, 7/26
3. कवितावली, 2/11, और देखिए—2/12
4. वही, 2/19, 20
5. वही, 2/22
6. वही, 1/19, 2/6, 7/95, 7/134
7. वही, 1/7, 7/105
8. वृत्तियों के क्रमशः उदाहरण : कवितावली, 1/5, 6/44, 2/13

अलंकार-योजना : 'कवितावली' अलंकारों से पूर्णतया मंडित है। कबित्त-शैली की मुक्तक-रचना होने के कारण उसमें अतिनिरूढ़ता का दोष नहीं आने पाया है। एकाध पद्यों में प्रयत्नसाधित अलंकारों की क्लिष्ट-कल्पना मिलती है।[1] अन्यथा सर्वत्र ही वे यथाप्रसंग, भावानुकूल, मर्यादित और उपयुक्त होने के कारण शोभावर्धक हैं। भक्ति-निरूपण के प्रसंगों में भी वे रसोत्कर्ष के हेतु हैं। तुलसी ने अपनी सामान्य प्रवृत्ति के अनुसार अनुप्रास, रूपक, उत्प्रेक्षा और उपमा के विनियोजन में विशेष अभिरुचि दिखलाई है। निम्नांकित उदाहरणों से 'कवितावली' के अलंकार-विन्यास की रमणीयता की झलक मिल जाएगी[2] :

1. अनुप्रास : I. सजनी ससि में समसील उभै नव नील सरोरुह से बिकसे।
ii. तीतर तोम तमीचर सेन समीर को सूनु बड़ो बहरी है।
2. लाटानुप्रास : करुनाकर की करुना करुनाहित नामसुहेत जो देत दगाई।
3. यमक : i. तीखे तुरंग कुरंग सुरंगनि साजि चढ़े छँटि छैल छबीले।
ii. सीस बसै बरदा बरदानि चढ़्यो बरदा घरन्यो बरदा है।
4. ध्वन्यर्थव्यंजना : I. जहाँ तहाँ बुबुक बिलोकि बुबुकारी देत...
II. लपट झपट झहराने हहराने बात भहराने भट...
5. रूपक : i. बिषय परनारि निसा तरुनाई सो पाइ पस्यो अनुरागहि रे।
ii. दारिददसानन दबाई दुनी दीनबंधु दुरितदहन देखि तुलसी हहा करी।
6. उत्प्रेक्षा : i. श्रमसीकर साँवरि देह लसै मनो रासि महातम तारकमै।
ii. सोनित छींट छटानि जटे तुलसी प्रभु सोहैं महाछबि छूटी।
मानो मरक्कतसैल बिसाल में फैलि चलीं बर बीरबहूटी॥
7. उपमा : कागर कीर ज्यों भूषनचीर सरीर लस्यो तजि नीर ज्यों काई।...
राजिवलोचन रामु चले तजि बाप को राज बटाउ की नाई॥
8. संदेह : गौरी कि गंग बिहंगिनिबेष कि मंजुल मूरति मोदभरी है।
9. प्रतीप : लोचन लोल चलैं भृकुटीं कल कामकमानहु सो तृन तोरैं।
10. भ्रम : अवलोकि अलौकिक रूप मृगींमृग चौंकि चकैं चितवैं चित दै।
न डगैं न भगैं जिय जानि सिलीसुख पंच धरे रतिनायक है॥

तुलसी की कवि-प्रतिभा उपमामूलक अलंकारों की योजना में विशेष रूप से प्रतिफलित हुई है। अर्थांतरसंक्रमित ध्वनि से युक्त अप्रस्तुत-विधान का लालित्य देखिए :

तुलसी अब राम को दास कहाइ हियें धरु चातक की धरनी।
करि हंस को बेपु बड़ो सब सों तजि दे बक बायस की करनी॥[3]

लक्ष्य कीजिए : उपमान-रूप में चार पक्षियों की योजना का अर्थवैचित्र्य कितना चमत्कारपूर्ण है ! उनमें से दो उत्कृष्ट हैं, दो निकृष्ट हैं; तुला संतुलित है।

चित्रात्मकता : रूप, व्यापार, दृश्य आदि के वर्णन में तुलसी की चित्रात्मक शैली का सौंदर्य भी सभी प्रसंगों में विद्यमान है। राम की बाल-लीला, वन-यात्रा, लंका-दहन और युद्ध के चित्रण में इसका वैशिष्ट्य अवेक्षणीय है।[4]

---

1. कवितावली, 5/24-25
2. वही, 1/1, 6/29; 7/93; 6/32, 7/145; 5/6,5/8; 7/31,7/97; 2/13, 6/51; 2/2; 7/180; 2/26; 2/27
3. वही, 7/32
4. यथा : कवितावली, 1/5, 2/25, 5/5, 6/35

छंद-विधान : 'कला-पक्ष' के अंतर्गत कहा जा चुका है कि तुलसी ने छंदों का प्रयोग विषय और भाव के औचित्यानुसार किया है। **कवितावली-हनुमानबाहुक** में प्रयुक्त छंद हैं—सवैया, घनाक्षरी (मनहरण), रूपघनाक्षरी, छप्पय और झूलना। छप्पय[1] और झूलना[2] की योजना नियमतः दीप्तिप्रधान भावों अथवा स्तुतियों के संदर्भ में की गई है। सवैया और घनाक्षरी की उपयोगिता व्यापक है। अतः उनका नियोजन दीप्ति और द्रुति दोनों की व्यंजना के लिए किया गया है। तारतमिक दृष्टि से सवैया माधुर्य के अधिक अनुकूल है और घनाक्षरी ओज के। यही कारण है कि अयोध्याकांड में सवैयों का नियोजन अपेक्षाकृत अधिक है और सुंदरकांड में एक भी सवैया नहीं है। सवैया-छंद के अनेक रूप प्रयुक्त हुए हैं। 'कवितावली' के छंदों में लय और अंत्यानुप्रास का सौंदर्य प्रायः सर्वत्र पाया जाता है। कुछेक पद्यों[3] में गति-भंग, यति-भंग, अधम-तुकांत या शब्द-मरोड़ के होने से कृति की उत्कृष्टता नष्ट नहीं होती।

भाषा-शैली : कवितावली की भाषा साहित्यिक ब्रजभाषा है। विशेषता यह है कि उसमें 'तुलसीदास ने ब्रजी का केवल ढाँचा भर लिया है, उसमें बहुप्रचलित मुहावरे और शब्द अन्य देशों के भी रख दिए हैं। भाषा की धारा ऐसी बढ़िया है कि तुलसीदास के इस प्रयत्न पर ध्यान ही नहीं जाता। विशृंखलता तो कहीं पाई ही नहीं जाती।'[4] तुलसी की भाषा के जो गुण पहले बताए गए हैं[5] वे 'कवितावली' में भी पाए जाते हैं : सटीक-शब्द-प्रयोग, शब्द-निर्माण, शब्दशक्तियों का उचित नियोजन, संपन्न शब्द-भांडार, मुहावरे और कहावतें, व्याकरण-व्यवस्था, प्रांजलता एवं धारावाहिकता। मुहावरेबंदिश और लोकोक्तिनिबंधना की प्रचुरता उसकी भाषा का महत्त्वपूर्ण वैशिष्ट्य है। कुछेक उदाहरणों से उसकी अभिव्यंजना-शक्ति का वैभव आँका जा सकता है[6] :

1. **लघु आनन उत्तर देत बड़ो** लरिहै मरिहै **करिहै कछु साको।**
2. **पात भरी सहरी** सकल सुत वारे-बारे केवट की जाति कछू **बेद न पढ़ाइहौं।**
3. **मींजि मींजि हाथ धुनैं माथ** दसमाथतिय...
   बयो लुनियत सब याही **दाढ़ीजार** को।
4. भट भारी भारी राउरे के **चाउर से काँड़िगो।...**
   सहित समाज **गढ़ राँड़ कैसो भाँड़िगो।**
5. आपने **चना चबाइ हाथ चाटियतु है।...**
   मसक की पाँसुरीं पयोधि पाटियतु है।
6. **कोढ़ में की खाजु** सी सनीचरी है मीन की।...
   महाराज आजु जौं **न देत दादि** दीन की॥

इस संक्षिप्त पर्यालोचन का निष्कर्ष यह है कि 'कवितावली' में शब्द का लालित्य है, भाषा की समर्थता है, अर्थ का सौंदर्य है, भाव का उत्कर्ष है, विचार की उदात्तता है। वह उत्तम काव्य-कृति है। केवल 'कवितावली' के आधार पर भी तुलसीदास का प्रौढ़ कवित्व असंदिग्ध है।

---

1. कवितावली, 1/11, 6/47, 7/110-17, 149-52, हनुमानबाहुक, 1-2
2. कवितावली, 6/4, 17-21, 44-46, हनुमानबाहुक, 3
3. मेरे जान जब तें हौं जीव ह्वै जनम्यो जग तब ते बेसाह्यो दाम लोभ मोह काम को।
   ईस न गनेस न दिनेस न धनेस न सुरेस सुर गौरि गिरापति नहिं जपने।
   जड़ना बस ते न कहैं कछु वै।...सो मही पसु पूँछ बिपान न द्वै।
   भई आस सिथिल जगन्निवास टील की।—कवितावली, 7/70, 77, 40, 52
4. आचार्य विश्वनाथप्रसाद मिश्र : कवितावली, अंतर्दर्शन, पृ. 7
5. देखिए—इस ग्रंथ के पृ. 297-301, 306-7, 919-26
6. कवितावली, 1/20, 2/8, 5/12, 6/24, 7/99, 7/177

11. तुलसी-साहित्य की प्रासंगिकता

तुलसीदास का रचना-काल सोलहवीं शती ई. का उत्तरार्द्ध और सत्रहवीं शती का प्रथम चरण है। तब से कितने ही युग बीत गए, कितनी ही पीढ़ियाँ बदल गईं। वे पुराने लोग नहीं रहे। नए लोगों की सोच और मानसिकता में कालानुसार परिवर्तन हुआ है, उनकी जीवन-पद्धति में बदलाव आ गया है। राजनीतिक क्षेत्र में जनवादी चेतना के विस्फोटक प्रभाव से साहित्य-समीक्षा में सामाजिक दृष्टि को अपेक्षाकृत अधिक तरजीह दी जाने लगी है। अतः, प्रगतिवादी चेतना से अनुप्राणित आलोचकों का स्वाभाविक प्रश्न है—आधुनिक संदर्भ में तुलसी-साहित्य की प्रासंगिकता क्या है ? इस प्रश्न के औचित्य पर प्रश्न-चिह्न नहीं लगाया जा सकता।

प्रस्तुत प्रश्न का स्वगुणार्थ मुख्यतया 'आधुनिक' और प्रासंगिकता' शब्दों पर निर्भर है। उनका तात्पर्य तरल और परिवर्तनशील है। 'प्रासंगिकता' का अर्थ है—उपयुक्तता, सार्थकता, यानी वर्तमान जीवन की समस्याओं का समाधान और आशाओं-आवश्यकताओं की पूर्ति की क्षमता। कालानुसार प्रसंग अथवा परिस्थिति के बदलाव के साथ ही प्रासंगिकता की अवधारणा में भी बदलाव अनिवार्य है। बहुत सी बातें जो अभी प्रासंगिक लगती हैं वे पचास या सौ साल बाद अप्रासंगिक हो जाएँगी। 'आधुनिक' का व्युत्पत्तिपरक अर्थ है—वर्तमानकालिक, समसामयिक या समकालीन। व्यापक अर्थ में वह पुरातन के विरुद्ध नूतन भाव-बोध, नई विचारधारा और नवीन जीवन-शैली के संवाहक कालखंड का बोधक है। इसी आधार पर भारतेंदु युग से लेकर अब तक के विभिन्न युगों की समष्टि को आधुनिक काल कहा जाता है। संकुचित अर्थ में वह केवल प्राश्निक आलोचक की समकालीनता का द्योतक है। प्रश्नकर्ता आलोचक आज भी हैं और भविष्य में भी होते रहेंगे। उनकी अनंत परंपरा चलती रहेगी एवं उनके 'आधुनिक संदर्भ' बदलते रहेंगे। फलतः प्रासंगिकता का आशय भी बदलता रहेगा। और उक्त प्रश्न बारंबार दुहराया जाता रहेगा। इसलिए इस प्रश्न का समाधान ऐसा होना चाहिए जो सभी युगों के आलोचकों के समसामयिक संदर्भ में सटीक बैठे और उन्हें ग्राह्य प्रतीत हो।

यह कहना एकांत सत्य नहीं है कि नई पीढ़ी या वर्तमान समाज परंपरा-प्रतिष्ठित मूल्यों का सर्वथा विरोधी है। वस्तुतः पुरानी और नई पीढ़ी का दृष्टि-भेद जीवन-मूल्यों के सापेक्ष महत्त्व-निर्धारण में है। मूल्य का अर्थ है—साध्य। प्रयोजन, उद्‌देश्य, लक्ष्य, प्राप्य आदि उसके समशील शब्द हैं। शास्त्रों में उसी को पुरुषार्थ कहा गया है। वे संख्या में चार माने गए हैं—धर्म, अर्थ, काम और मोक्ष। भक्त्याचार्यों द्वारा स्वीकृत परमपुरुषार्थ-रूपा भक्ति को मोक्ष के अंतर्गत रखा जा सकता है क्योंकि भक्ति स्वयं मुक्ति है। 'धर्मार्थकाममोक्ष' समास के द्वारा प्राचीनों ने अर्थ तथा काम को धर्म एवं मोक्ष के मध्य सन्निविष्ट करके यह इंगित किया है कि वे धर्म और मोक्ष के गुणीभूत हैं; अर्थात् उनकी सार्थकता इस बात में है कि वे धर्म और मोक्ष की सिद्धि के लिए सफल साधन बनें। अब इस दृष्टि का विपर्यास हो गया है। अधुना, अर्थ और काम ही जीवन के महत्त्वपूर्ण मूल्य माने जा रहे हैं। उनकी सिद्धि के निमित्त उचित-अनुचित रीति से धर्म और मोक्ष का उपयोग किया जा रहा है।

प्रगतिवाद की झोंक में यह भूलना नहीं चाहिए कि तुलसी-साहित्य कविता है। स्वरूपतः, कविता अनुभूति की शब्दमयी रमणीय अभिव्यंजना है। जीवन के उत्कर्ष की दिशा में वह केवल कांतासम्मित उपदेश के द्वारा भावक का चित्त-संस्कार करती है। कविता का मुख्य उद्देश्य है आनंदानुभूति। उसके काव्यत्व का मानदंड सौंदर्य है। अमंगल-निवारण या हित-साधन उसका गौण प्रयोजन है, जो उसके श्रेष्ठत्व का निकष है। तारतम्यानुसार इस दोहरी कसौटी पर ही तुलसी की कविता को परखना समीचीन है। यह सही है कि कविता जीवन का दर्पण है और राजनीति भी जीवन का अंग है। लेकिन यह भी उतना ही सही है कि कविता राजनीति-विज्ञान, अर्थशास्त्र, इतिहास या समाजशास्त्र नहीं है। इसलिए कविता की आलोचना में आर्थिक-राजनीतिक दृष्टि का धक्कामार प्रवेश अवांछनीय है। पाश्चात्य समीक्षा के अनुसार कविता एक कला है; किन्तु वह ललित कला है, उपयोगी कला नहीं। उसके कलात्व का अस्तित्व चित्र आदि की भाँति उसके लालित्य में है, दस्तकारी आदि के समान उसकी उपयोगिता में नहीं। उसमें रोटी-कपड़ा-मकान की समस्या का समाधान ढूँढ़ना न्याय्य नहीं है।

तुलसी-साहित्य में मिथकीय प्रख्यात इतिवृत्त की निबंधना है। फलतः उसमें तीन युगों का प्रतिबिंब द्रष्टव्य है—निबद्ध पात्रों का युग, तुलसी का अपना युग और पाठकों का युग। यह कवि की त्रिकालदर्शिता है। उसमें कुछ बातें ऐसी हैं जो केवल पहले या दूसरे युग में सार्थक थीं। उनके अतिरिक्त मानव-जीवन के विविध पक्षों से संबद्ध बहुत कुछ ऐसा भी है जिसकी सार्थकता विभिन्नकालीन पाठकों के सभी युगों में देखी जा सकती है। पहले दो युगों की उपेक्षा करके मात्र तीसरे को समीक्षा का केंद्र-बिंदु बना लेना बौद्धिक असंतुलन का परिचायक है। तुलसी रूढ़िवादी हैं तो प्रगतिशील भी हैं। उनकी परंपरानिष्ठता और संरक्षणशीलता सांस्कृतिक अनुरक्षण की भावना से प्रेरित है, और प्रगतिशीलता युगधर्म के बदलाव का परिणाम है। कारणों को ध्यान में रखकर ही उनके कार्यों का मूल्यांकन विधेय है। अपनी प्रतिबद्धता के चश्मे से तुलसी की प्रतिबद्धता का आलोचन समीचीन नहीं है। तुलसी-साहित्य के विभिन्न प्रसंगों में ऐसी बातें भी कही गई हैं जो परस्पर विरोधाभासित हैं। उन्हें उन संदर्भों से काटकर देखना-परखना उचित नहीं है। उनके ध्वनितार्थ को छानकर ही कवि की मान्यता का सही परिप्रेक्ष्य में आकलन किया जा सकता है।

प्रासंगिकता को लेकर तुलसी-साहित्य पर अनेक आक्षेप किए गए हैं—1. यह विज्ञान और मानववाद का युग है। आज का संघर्षशील मनुष्य अपनी शक्ति, आत्मविश्वास और बुद्धि-वैभव से उन्नति के शिखर पर चढ़ रहा है। वही साहित्य का विषय है। इसके विपरीत, तुलसी का प्रतिपाद्य ईश्वर और उसकी अवतार-लीला है। ईश्वर मन की कल्पना मात्र है। बुद्धि-तर्क से उसकी सत्ता प्रामाणिक नहीं होती। उस कल्पित ईश्वर का तथाकथित अलौकिक चरित पाठक के लिए आदर्श या अनुकरणीय नहीं हो सकता। 2. भौतिक जीवन की कष्ट-निवृ के लिए, यथार्थ उपायों की उपेक्षा करके, कल्पित देवी-देवताओं की उपासना अज्ञान एवं अंधविश्वास का परिणाम है। वह समाज को अधोगामी बनाती है। देव-वंदना की निरर्थकता का एक उदाहरण तुलसी की हनुमत्स्तुति है। 'जब तुलसी भयंकर बाहुपीड़ा से ग्रस्त हुए थे तब उन्हें किसी योग्य चिकित्सक के पास जाना चाहिए था। *हनुमानबाहुक* की रचना के द्वारा असह्य शारीरिक रोग के निवारण की आशा हास्यास्पद है।' 3. कल्पित भगवान् के प्रति भक्ति और तर्क-विवेक के स्थान पर श्रद्धा-विश्वास की स्थापना मानव की क्षमता एवं अस्मिता का अवमूल्यन है। भक्ति की भावना पाठक के मन में दास्य तथा दैन्य की प्रवृत्ति का पोषण करती है, उसके स्वाभिमान को क्षति पहुँचाती है और उसकी मनीषा का यथोचित विकास नहीं होने

देती। भक्तिजनित हीनतानुभूति समाज के लिए विनाशकारी है।

4. तुलसी का मोक्ष-सिद्धांत समाजवाद और यथार्थवाद के इस युग में उपेक्षणीय है। यह वैयक्तिक मुक्ति पर केंद्रित है। उसमें सामाजिक या सामुदायिक मुक्ति का कोई प्रावधान नहीं है। आज हमें ऐसे मोक्ष की आवश्यकता है जो वास्तविकता की भूमि पर प्रतिष्ठित हो और जिसमें सारे समाज को गरीबी, अशिक्षा, अन्याय, अत्याचार, संत्रास, कुंठा आदि से छुटकारा मिल सके। 5. तुलसी का दैववाद या भाग्यवाद मनुष्य को पुरुषार्थ-विमुख करता है, मानव की कर्मण्यता और जीवन-संग्राम की निष्पन्नता में बाधक है। 6. पुनर्जन्म, परलोक, स्वर्ग, नरक आदि की अवधारणाएँ अलीक, निस्सार एवं अनुपादेय है। 7. उनके साहित्य में अतिमानवीय तत्त्वों का समावेश तथा असंभव घटनाओं का वर्णन आधुनिक बुद्धिवादी को अस्वाभाविक और अविश्वसनीय प्रतीत होता है। 8. परंपरानिष्ठ तुलसी पग-पग पर वेद-पुराण की दुहाई देते हैं। वे पुरानी रूढ़ियाँ अब ध्वस्त हो चुकी हैं। सांस्कृतिक चेतना में क्रान्तिकारी बदलाव आ गया है। वर्तमान समाज प्रगति के मार्ग पर तेज़ी से आगे बढ़ रहा है। ऐसी स्थिति में, समय की धारा के विपरीत, रूढ़िवाद और पुराणवाद प्रतिगामी कदम है। आज देश अगली शताब्दी में जाने को आकुल है और तुलसी उसे सोलहवीं शती की ओर पीछे धकेलना चाहते हैं। 9. बदली हुई परिस्थितियों में तुलसी की धार्मिक-सामाजिक मान्यता अपनी सार्थकता खो चुकी है। उनका संकीर्ण और कालभुक्त धार्मिक सिद्धांत संप्रति अव्यवहार्य है। उनके द्वारा बहुशः समर्थित, वैषम्यपूर्ण वर्णाश्रम-व्यवस्था और ब्राह्मणशाही के दिन कब के लद चुके हैं। वर्तमान जनतंत्र में सभी नागरिकों के संवैधानिक अधिकार समान हैं। तुलसी ने नारी की निंदा और शूद्र की अवमानना करके उनके प्रति अन्याय किया है। आज का समाज उसे बर्दाश्त नहीं कर सकता।

10. समकालीन परिवेश में तुलसी का आर्थिक दृष्टिकोण उपेक्षणीय है। वे अर्थ को अनर्थकारी मानकर उसका तिरस्कार करते हैं। वास्तविकता यह है कि आज मानव-समुदाय के जीवन-चक्र की धुरी अर्थ है। भोजन-वस्त्र, आवास-विकास, शिक्षा-दीक्षा, यातायात, समाज-सुधार, राष्ट्र-रक्षा आदि सब उसी पर आश्रित हैं। आज हमें ऐसे साहित्य की आवश्यकता है जो दलित, पीड़ित, शोषित, सर्वहारा जन-समुदाय के प्रति सहानुभूति जगाने और उनके जीवन-स्तर को ऊपर उठाने में समर्थ हो। 11. तुलसी का राजनीतिक बोध सामंती और पूँजीवादी है। वे राजतंत्र के पृष्ठपोषक हैं। उनके राम महाराजाओं के भी महाराज हैं। तुलसी राष्ट्रभक्ति की उपेक्षा करके राजभक्ति पर बल देते हैं। लोकतंत्र और राष्ट्रवाद के इस युग में तुलसी-समर्थित राजतंत्र और राजभक्ति नितांत अप्रासंगिक है।

उपर्युक्त आक्षेपों पर तटस्थ भाव से संक्षिप्त विचार-चर्चा अपेक्षित है—1. (क) निस्संदेह यह विज्ञान और मानववाद का युग है। परंतु यह धारणा भ्रामक है कि विज्ञान एवं आस्तिकता, अथवा मानववाद और ईश्वरवाद, एक-दूसरे के विलोम हैं। विज्ञान का लक्ष्य आध्यात्मिक अनुभव नहीं है। उसका विषय भौतिक जगत् है। वह उसी के विश्लेषण एवं अनुसंधान पर बल देता है, किंतु ईश्वर-विरोधी नहीं है। आइन्स्टीन, इर्विन श्रोडिंगर, नील्स बोर, राइन कोर्ट, माइकल टाल्बोट, फ्रिट्जौफ काप्रा, बीरबल साहनी, दौलत सिंह कोठारी आदि लब्धप्रतिष्ठ वैज्ञानिकों की आस्तिकता इसका ज्वलंत प्रमाण है। (ख) सृष्टि के मूलतत्त्व की खोज करते हुए वैज्ञानिक जिस बिंदु तक आगे बढ़े हैं। उससे अनुमान किया जा सकता है कि एक दिन वे भी वहीं पहुँचेंगे जहाँ शंकराचार्य पहले पहुँच चुके हैं। तुलसी वैज्ञानिकता के विरुद्ध नहीं हैं। उन्होंने अयोध्या, जनकपुर, लंका आदि का जो वर्णन किया है। वह वैज्ञानिक उत्कर्ष का सूचक है।

(ग) अभिमानी मनुष्य के अंतःकरण में ईश्वर के प्रत्यय का आरंभ तब होता है जब उसके अपने सामर्थ्य और अहंकार का अंत हो जाता है। अपनी शक्ति की निष्फलता से कुंठाग्रस्त होने पर, आत्मत्राण की आशा से, वह संसार-चक्र का संचालन करनेवाली महाशक्ति को याद करता है, जिसे आस्तिकों ने ईश्वर, राम आदि की संज्ञा दी है। सार्वजनिक मंच से ईश्वर के अस्तित्व का खंडन करनेवाले भी विपत्ति के विकट थपेड़ों से व्यग्र होने पर उद्धार के लिए उपासना-गृह में जाकर प्रार्थना करते हुए देखे जा सकते हैं। अभिप्राय यह है कि जब व्यक्ति की बुद्धि काम नहीं देती तब वह ईश्वर तथा उसकी सर्वशक्तिमत्ता में विश्वास करने लगता है। इस संबंध में एक रोचक किंवदंती उल्लेखनीय है।

कहते हैं कि विलायत के कोई प्रबुद्ध नास्तिक भारत-दर्शन के लिए आए। उन्होंने सारा देश घूमकर देखा। जब लौटने लगे तब उनके भारतीय मित्र ने पूछा, 'आपको हमारा देश कैसा लगा और आप किस बात से सर्वाधिक प्रभावित हुए ?' विदेशी सज्जन ने मित्रता निभाते हुए उत्तर दिया, 'आपका देश बहुत अच्छा है। मैं सभी जगहों में गया—नगरों एवं गाँवों में, विद्यालयों तथा प्रार्थना-भवनों में, सरकारी कार्यालयों एवं असरकारी संस्थानों में, अस्पतालों और कचहरियों में, कारखानों तथा खेत-खलिहानों में, बाजारों एवं आश्रमों में, संपन्न सत्ताधारियों के बँगलों और विपन्न जनता की झोंपड़-पट्टियों में। मैंने नजदीक से देखा कि सर्वत्र ही निरंकुश भ्रष्टाचार का बोलबाला है। फिर मजबूरन सोचने लगा कि भयंकर भ्रष्टाचार में आकंठ मग्न इस अभागे देश को कौन चला रहा है। अंततः इस निष्कर्ष पर पहुँचा हूँ कि निश्चय ही कोई अदृश्य ईश्वर है जो उसे अनायास चला रहा है। इस चमत्कार ने मुझे अभिभूत कर दिया है। अब मैं आस्तिक हो गया हूँ।'

(घ) निर्गुण-निराकार ईश्वर आर्त और अर्थार्थी जनों के किसी काम का नहीं है। इसलिए मनुष्य ऐसे सगुण-साकार ईश्वर की आकांक्षा करता है जो उसके काम आ सके, उसे संकट से उबार ले। संरक्षक ईश्वर पर विश्वास करके वह विपत्तिकाल में भी आश्वस्त रहता है।[1] इसीलिए तुलसी ने सगुण राम और उनकी अवतार-लीला का प्रतिपादन किया है। अवतारवाद के मूल में यही मनोवैज्ञानिक रहस्य निहित है। क्रांतिकारी कहे जानेवाले अवतार-विरोधी कबीर ने भी विवश होकर अवतार के इस वैशिष्ट्य को स्वीकार किया है।[2] (ङ) यह अभ्युक्ति सोलहों आने सही है कि ईश्वर बुद्धि-तर्क से अवगम्य नहीं है। यही तुलसी का भी मत है।[3] वह केवल अनुभवगम्य है।[4] यदि आधुनिक आलोचक को राम का ईश्वरत्व किसी भी प्रकार स्वीकार्य न हो तो वह तुलसी की प्रतीक-योजना[5] से भी संतोष-लाभ कर सकता है। रावण मोह, अन्याय, अत्याचार आदि का, और राम चैतन्य, न्याय, सदाचार आदि के प्रतीक हैं। रावण पर राम की विजय मोह पर ज्ञान की, अन्याय पर न्याय की, कदाचार पर सदाचार

---

1. सुमिरत श्री रघुबीर की बाहैं...
   करि आईं करिहैं करती हैं तुलसिदास दासनि पर छाहैं।—गीतावली, 7/13
   कुमया कछु हानि न औरन की जो पै जानकीनाथ मया करिहैं।—कवितावली, 7/47
2. नरस्यंध प्रगट कियो भगति भेज; प्रहिलाद उबार्‌यो अनेक बार।—कबीर ग्रंथावली, पृ. 214
   राजन कौन तुमारे आवै।
   ऐसो भाव बिदुर को देख्यो ओहु गरीब मोहि भावै॥—वही, पृ. 319
3. मन समेत जेहि जान न बानी। तरकि न सकहिं सकल अनुमानी।—रामचरितमानस, 1/341/4
4. अनुभवगम्य भजहिं जेहि संता।—रामचरितमानस, 3/13/6
   जे ब्रह्म अजमद्वैतमनुभवगम्य मनपर ध्यावहीं।—वही, 7/13/छंद 6
5. पात्रों की प्रतीकात्मकता के लिए द्रष्टव्य : विनयपत्रिका, पद 58

की और असद्वृत्तियों पर सद्वृत्तियों की विजय है। इसी का मंगलमय संदेश संप्रेषित करने के लिए विजयदशमी का लोकप्रिय पर्व प्रतिवर्ष धूम-धाम से मनाया जाता है। जब 'बुद्धिजीवी' समीक्षक को मुक्तिबोध के 'ब्रह्मराक्षस' की प्रतीकात्मकता मान्य है तब फिर तुलसी के पात्रों में प्रतीकात्मकता न मानने का कोई औचित्य नहीं है।

(च) तुलसी सही मायने में मानववादी और मानवतावादी हैं। मनुष्य की श्रेष्ठता और समर्थता में उनका दृढ़ विश्वास है।[1] यह मानववाद है। उन्होंने मानव-धर्म की श्रेयस्करता[2], राम आदि पात्रों के लोकहितकारी आचरण और पीड़ितों के प्रति सहानुभूति[3] की निबंधना करके मनुष्य के मनुष्यत्व का प्रतिष्ठापन किया है। वह मानवतावाद है। (छ) तुलसी ने जहाँ एक ओर वाल्मीकि के महामानव राम का ईश्वरीकरण किया है वहीं दूसरी ओर पुराणों के ईश्वर राम का मानवीकरण भी किया है। उन्होंने राम के ईश्वरत्व का वर्णन पारमार्थिक दृष्टि से किया है, किंतु व्यावहारिक दृष्टि से उनके मानवत्व का भी प्रभावशाली चित्रण किया है। काव्य-नायक राम के नर-चरित्र में सत्य, स्नेह, त्याग, करुणा, शौर्य, तेजस्विता, विनम्रता आदि उत्तम मानवीय गुणों का निदर्शन मिलता है।

राम का ईश्वरत्व अतिमानवीय है, परंतु उत्साह, साहस, धैर्य, कर्मठता, सुशीलता, शिष्टाचार आदि से संपन्न उनका मनुष्योचित जीवन-वृत्त हमारे लिए अवश्य अनुकरणीय है। एक दृष्टांत लीजिए—बिजली से चलती हुई रेलगाड़ी के डिब्बे में कोई सूट-धारी नवयुवक विक्षिप्त-सा छटपटा रहा था। पास ही बैठे महात्माजी ने उठकर स्नेहपूर्वक पूछा, 'बेटा, इतने परेशान क्यों हो ?' युवक ने उत्तर दिया, 'मेरी पत्नी प्लेटफार्म पर छूट गई और यह जंजीर भी काम नहीं दे रही है।' साधु ने कहा, 'वत्स, लगता है कि तुमने रामचरितमानस नहीं पढ़ा।' नौजवान आग-बबूला हो गया, 'मेरी पत्नी बिछुड़ गई है और तुम्हें मजाक सूझ रहा है !' महात्माजी ने शांत भाव से समझाया, 'तुलसीदास ने कहा है—*रामसखा तब नाव मँगाई, प्रिया चढ़ाइ चढ़े रघुराई।*[4] यदि तुम राम का अनुसरण करते तो पहले पत्नी को गाड़ी में चढ़ाते और फिर स्वयं चढ़ते। तब यह दशा न होती।' जानकी-हरण का प्रतिकार राम के पुरुषार्थ का उत्कृष्ट उदाहरण है। अपहरण की समस्या उनके सामने भी खड़ी हुई थी। उन्होंने किसी प्रकार का समझौता किए बिना अपने दृढ़ संकल्प, बुद्धि-कौशल और सैनिक-पराक्रम से रावण-सरीखे दिग्विजयी आतंककारी का विनाश करके सीता का उद्धार किया। विभिन्न परिस्थितियों में अभिव्यक्त, राम की मानव-सहज संवेदनाएँ आज भी सहृदय-संवेद्य हैं।

2. देवी-देवता ईश्वर की विशिष्ट शक्ति के ही प्रतीक हैं। ईश्वर की भाँति उनकी परिकल्पना का आधार भी मनोवैज्ञानिक है। उनकी आराधना त्रस्त, व्याकुल एवं हताश मनुष्य के मनोबल को बढ़ाकर उसे आश्वस्त करती है और धैर्यपूर्वक कष्ट-सहन की शक्ति देती है। रोग-निवारण में रोगी के आत्मविश्वास का योगदान महत्त्वपूर्ण है। *हनुमानबाहुक* पर किया गया आक्षेप समीक्षक के अज्ञान का परिणाम है। तुलसी ने बड़े ही पारदर्शी शब्दों में कहा है :

आपने ही पाप ते त्रिताप ते कि सापते बढ़ी है बाँहबेदन कही न सहि जाति है
औषध अनेक जंत्र मंत्र टोटकादि किए बादि भए देवता मनाए अधिकाति है।

---

1. बड़े भाग मानुप तन पावा।—रामचरितमानस-7/43/4; नर तन सम नहि कवनिउ देही।—वही, 7/121/5: नर तनु भव बारिधि कहुँ बेरो।—वही, 7/44/4
2. देखिए : तुलसी-दर्शन मीमांसा, पृ. 196-204
3. विनयपत्रिका, 139/3-6, कवितावली, 7/96-97, 169-70, रामचरितमानस, 7/101, छंद
4. रामचरितमानस, 2/151/2

करतार भरतार हरतार कर्म काल को है जगजाल जो न मानत इताति है।
चेरो तेरो तुलसी तू मेरो कह्यो रामदूत ढील तेरी बीर मोहिं पीरते पिराति है॥[1]

जाहिर है कि सबसे पहले वे वैद्यों-हकीमों के पास गए। चिकित्सकों द्वारा बताई गई अनेक दवाइयों का सेवन किया लेकिन उनसे कोई लाभ नहीं हुआ। मरता क्या न करता! फिर उन्होंने यंत्र-मंत्र, टोटका आदि का सहारा लिया। वह भी व्यर्थ सिद्ध हुआ। तब उन्होंने देवताओं की मनौतियाँ कीं। उनसे पीड़ा के शान्त होने की बात तो दूर रही, वह और बढ़ती गई। उक्त सभी उपायों के निष्फल हो जाने पर वे संकटमोचन हनुमान के शरणार्थी हुए। उनकी मर्म-वेदना की पराकाष्ठा पद्य के अंतिम चरण में द्रष्टव्य है। तुलसी ने देवाराधन को मंगल-विधायक और अमंगल-निवारक मानकर उसमें आस्था जताई है। अंधविश्वास को उन्होंने भी व्यक्ति और समाज के लिए अहितकर माना है। अतएव भूत-प्रेत-पूजा की निंदा की है:

तुलसी परिहरि हरि हरहिं पाँवर पूजहिं भूत।
अंत फजीहति होहिंगे गनिका के से पूत॥
लही आँखि कब आँधरें बाँझ पूत कब ल्याइ।
कब कोढ़ी काया लही जग बहराइच जाइ॥[2]

3. (क), दुःख-निवृत्ति के लिए भक्ति की साधनता मनोवैज्ञानिक आवश्यकता है। मानव-मन स्वभावतः रागात्मक है। विषय-राग क्लेशों का जनक है। उनके निवारणार्थ मन का विषय-विमुख होना आवश्यक है। योग, ज्ञान आदि उपाय कष्ट-साध्य एवं विघ्न-संकुल हैं। मन को शून्य में टिकाना दुस्साध्य है। उसको विषयाशक्ति से हटाकर ईश्वरानुरक्ति में लगा देना अपेक्षाकृत कम कठिन है, क्योंकि वह मन के रागात्मक स्वभाव के अनुकूल है। भक्ति साधन भी है और साध्य भी। इसलिए उसमें असफलता का प्रश्न नहीं उठता। आधुनिक विज्ञान ने मनुष्य को ऐश्वर्य-भोग के अनंत साधन दिए हैं, उसे अद्‌भुत शक्तिमत्ता प्रदान की है लेकिन उसके मन की सुख-शांति छीन ली है। महत्त्वाकांक्षा, पदार्थ-लिप्सा, प्रलोभन, सत्ता-मोह, झूठ-फरेब, पाखंड, द्वंद्व, तनाव, कुंठा, संत्रास, अनास्था, संशय, अजनबीपन आदि के आवर्त में मनुष्य चक्कर खा रहा है। उसकी मानसिक समस्या और वेदना का समाधान विज्ञान के पास नहीं है। मन को स्वस्थ और शांत करने की शक्ति भक्ति में ही है।

(ख) सामान्यतः प्रचलित 'हीनतानुभूति' अन्य प्राणियों की तुलना में अपने को अयोग्य और निर्बल समझने की मानसिक वृत्ति है। भक्ति इससे भिन्न है, ईश्वर-विषयक मनोवृत्ति है। भक्त का दैन्य उसकी अस्मिता या स्वाभिमान का नहीं, उसके अहंकार का विगलन है। लौकिक प्रभुओं के स्वार्थ-लोलुप अंधभक्तों का श्वान-समान आचरण जरूर निंदनीय है, किंतु ईश्वर के प्रति आत्मनिवेदन उदात्तीकृत मानव-हृदय के निष्काम परमप्रेम का निदर्शक है। भक्ति स्व-केंद्रित ही नहीं है, सामाजिक दृष्टि से उसकी परिणति सर्वात्मभाव में होती है।[3] (ग) भक्ति कर्म-पथ में अवरोधक नहीं है। तुलसीदास का निर्भ्रांत कथन है :

घर कीन्हें घर जात है घर छाँड़े घर जाइ।
तुलसी घर बन बीचहीं राम प्रेमपुर छाइ॥[4]

आशय यह है कि गृहस्थी में रहकर अनासक्त भाव से कर्म करते हुए राम की भक्ति

1. हनुमानबाहुक, 30
2. दोहावली, 65, 496
3. निज प्रभुमय देखहिं जगत केहि सन करहिं बिरोध।—रामचरितमानस, 7/112
4. दोहावली, 256

करो। वस्तुतः भक्ति मनुष्य के आत्मविश्वास को दृढ़ करके उसे कर्तव्य-कर्म की प्रेरणा देती है। तुलसी ने हनुमान-मंदिरों और अखाड़ों की स्थापना की और रामलीला का प्रचलन किया। यह सब उनकी कर्मनिष्ठ सामाजिक चेतना का प्रतिफलन था।

4. पारिभाषिक अर्थ में मोक्ष भव-बंधन और तज्जनित क्लेशों से मुक्ति का बोधक है। मनुष्य के सुख-दुःख[1] एवं बंधन-मोक्ष[2] का कारण मन है। तत्त्वतः, मन की मुक्ति ही मुक्ति है। मन व्यक्ति की अंतरिंद्रिय है। समस्त समाज का मन एक नहीं है। 'लोक-मन' या 'जन-मानस' का प्रयोग लाक्षणिक है। वह बहुत से व्यक्तियों की मन-समष्टि का लक्षक है। चूँकि मन का अधिष्ठान व्यक्ति है, इसलिए मन पर आश्रित मुक्ति भी वैयक्तिक ही है। यदि सभी व्यक्ति काम, क्रोध, लोभ आदि मानस-रोगों[3] से मुक्त हो जाएँ तो समस्त समाज मुक्त हो जाएगा। व्यावहारिक दृष्टि से समाज की मुक्ति का तात्पर्य है—सामुदायिक कल्याण। तुलसीदास उसके विषय में भी जागरूक हैं। उनके राम के जन्म का हेतु ही जगमंगल है।[4] उनकी *विनयपत्रिका* केवल आर्त कवि की ही नहीं, समग्र संतप्त समाज की विनय-पत्रिका है।

अनेक स्थलों पर उन्होंने दीन-दुखी जनों के प्रति हार्दिक सहानुभूति व्यक्त की है।[5] सार्वजनिक हित उनकी कविता का अन्यतम प्रयोजन है।[6] लोक-सुख में ही उनका स्वांतःसुख है।

5. दैववाद और पुरुषार्थवाद का विवाद बहुत पुराना है। वसिष्ठ, व्यास और याज्ञवल्क्य ने दोनों में सामंजस्य स्थापित करते हुए संयोगवाद पर बल दिया है।[7] तुलसी भी समन्वयवादी हैं।[8] प्रसंगानुसार उन्होंने ईश्वरवाद या भाग्यवाद का अनेकशः उल्लेख किया है।[9] और अन्यत्र पुरुषार्थ या कर्म की महत्ता प्रतिपादित की है।[10] उनमें से किसी एक पर अनन्य निर्भरता अहितकर है। मात्र भाग्य का भरोसा मनुष्य को पुरुषार्थ-विमुख कर सकता है। पुरुषार्थ में एकांत निष्ठा उसे सफलता मिलने पर घमंड का और असफलता की अवस्था में कुंठा का शिकार बना सकती है। दोनों ही स्थितियाँ अवांछनीय हैं। अतः उनका समन्वय अभीष्ट है। कर्म ही प्रधान है।[11] मनुष्य कर्म करने में स्वतंत्र है, लेकिन फल भोगने में ईश्वराधीन है।[12] इस मान्यता का आधार भी मनोवैज्ञानिक है। निर्लिप्त होकर कर्तव्य-बुद्धि से ईश्वर-समर्पित कर्म करनेवाला व्यक्ति सफलता से मदमत्त, अथवा असफलता से निराशाग्रस्त नहीं होता। इस प्रकार वह अकर्मण्यता, घमंड और कुंठा के दुष्परिणाम से बचा रहता है।

6. आज भी भारत की अधिसंख्य जनता आस्तिक है। वह ईश्वर, पुनर्जन्म आदि में

---

1. धम्मपद, 1/1-2
2. मन एवं मनुष्याणां कारणं बंधमोक्षयोः।—विष्णुपुराण, 6/7/28
3. रामचरितमानस, 7/121/14-7/122/1
4. राम जनमु जग मंगल हेतू।—रामचरितमानस, 2/254/2
5. रामचरितमानस, 7/101/छंद, कवितावली, 7/84-86, 96-97, 170, 174-77
6. कीरति भनिति भूति भलि सोई। सुरसरि सम सब कहँ हित होई॥—रामचरितमानस, 1/14/5
7. क्रमशः योगवासिष्ठ, 2/6/35, महाभारत, शांति, 139/82, याज्ञवल्क्यस्मृति, 1/351
8. पुरुषारथ पूरब करम परमेस्वर परधान।—दोहावली, 468
9. रामचरितमानस, 1/52/4, दोहावली, 450 आदि
10. रामचरितमानस, 2/92/2, विनयपत्रिका, 136/3 आदि
11. करम प्रधान बिस्व करि राखा। जो जस करइ सो तस फल चाखा।—रामचरितमानस, 2/219/2
12. सुभ अरु असुभ करम अनुहारी। ईसु देइ फलु हृदयँ बिचारी॥
    करई जो करमु पाव फल सोई।—रामचरितमानस, 2/77/4

विश्वास रखती है। यह धारणा प्राचीन तो है किंतु जीर्ण नहीं है। जीवन के अनेक जटिल प्रश्नों का समाधान केवल जन्मांतरवाद के आधार पर ही किया जा सकता है। परलोक और स्वर्ग-नरक की कल्पना सत्कर्म को प्रोत्साहित और दुष्कर्म को निरुत्साहित करने के उद्देश्य से की गई है। 'स्वर्ग-नरक' प्रतीकात्मक भी हैं, जो मनुष्य द्वारा अर्जित पुण्य-पाप के फल-भोग की भूमियों के सूचक हैं। इसी भूतल पर कर्मानुसार कहीं कोई स्वर्ग का सुख भोग रहा है और कहीं कोई नरक की यातना झेल रहा है।

7. इसमें संदेह नहीं कि तुलसी-साहित्य में अतिमानवीय-असंभव घटनाओं का वर्णन है। मिथकीय कथानक में उनका समावेश स्वाभाविक है। यह भी याद रखना चाहिए कि तुलसीदास कवि थे। कवि की कृति में भाव तथा विचार के साथ कल्पना का विनियोग उपेक्षित एवं महत्त्वपूर्ण है। मिथकीय कथानक में उसका अतिरेक स्वाभाविक है। काव्यों में संभव का ही नहीं, संभाव्य का भी चित्रण होता है। उसमें अतिशयोक्तियों की योजना कौतूहल और चमत्कार की सृष्टि करती है। काव्यगत अत्युक्तियाँ अपने प्रकृत रूप में ग्रहणीय हैं। वास्तविकता या लोक-सत्य के अतिक्रमण में ही उनकी सार्थकता है। यदि दूरदर्शन से प्रसारित धारावाहिक 'स्टार ट्रेक' यथार्थवादी आलोचक की वैज्ञानिक बुद्धि को मुग्ध कर सकता है तो मिथकीय इतिवृत्त पर आश्रित तुलसी-साहित्य की अत्युक्तियाँ पूर्वाग्रहमुक्त काव्य-रसिकों को भी मनोहर प्रतीत हो सकती हैं।

8. यह सच है कि तुलसी ने अपने कथ्य की पुष्टि के उद्देश्य से वेद, पुराण आदि का बारंबार हवाला दिया है। वेद आदि का लक्ष्यार्थ है—ऋषि-मुनियों द्वारा प्रणीत आप्त ग्रंथ। आधुनिकता-प्रेमी पाठकों को उनकी पुराण-निष्ठा असंगत लगती है। परंतु, उस छोटे से 'बुद्धिजीवी'-मंडल के बाहर *रामचरितमानस* आदि के पाठकों का एक बृहत्तर जन-समुदाय भी है जो उन ग्रंथों को आप्त मानता है। समाज और लोकतंत्र के हिसाब से बहुमत का आदर किया जाना चाहिए। इस प्रसंग में एक ऐतिहासिक तथ्य ध्यान आकृष्ट किए बिना नहीं रहता। प्राचीनकाल में वेदों की खिल्ली उड़ाते हुए भौतिकतावादी नास्तिक चार्वाकों ने उन्हें भाँड़ों, धूर्तों और निशाचरों की रचना कहा था।[1] समाज ने उनके भ्रामक कथन को अनर्थकारी प्रलाप मानकर तिरस्कृत कर दिया। फलतः उनकी कोई भी कृति अनुरक्षित नहीं रह सकी। नवीनता की वकालत करते हुए कालिदास ने शिष्टतापूर्वक कहा था :

पुराणमित्येव न साधु सर्वं न चापि काव्यं नवमित्यवद्यम्।
सन्तः परीक्ष्यान्यतरद्भजन्ते मूढः पर प्रत्ययनेयबुद्धिः॥[2]

पहली पंक्ति के भाव को उलटकर इस प्रकार भी कहा जा सकता है :

नवीनमित्येव न साधु सर्वं न चापि पौराणिकमित्यवद्यम्।

आशय यह है कि कोई वस्तु पुरानी अथवा नई होने मात्र से प्रशंसनीय या निंदनीय नहीं होती; समझदार लोग उसकी परीक्षा करके उसे अपनाते या त्यागते हैं :

संत हंस गुन गहहिं पय परिहरि बारि बिकार।[3]

तुलसी ने आस्था और विश्वास का समर्थन करते हुए परीक्षा[4] और विवेक[5] के महत्त्व को

---

1. त्रयो वेदस्य कर्तारो भंडधूर्तनिशाचराः।—सर्वदर्शनसंग्रह, पृ. 11
2. मालविकाग्निमित्र, 1/2
3. रामचरितमानस, 1/6
4. रामचरितमानस, 1/52/1, 1/77, 2/15/3
5. रामचरितमानस, 1/31/2, 7/100, दोहावली, 367

भी स्वीकार किया है। वेद-शास्त्र और इतिहास-पुराण में उनकी श्रद्धा है लेकिन वह अंधश्रद्धा नहीं है। उन्होंने उनके विवादास्पद और संदिग्ध मतों की उपेक्षणीयता का भी निर्देश किया है।[1] निश्चय ही वे राष्ट्र की सांस्कृतिक संपत्ति हैं। तुलसी ने उसके संरक्षण का प्रयास किया है। काल के प्रवाह में परिस्थितियों के परिवर्तन के साथ समाज की सांस्कृतिक चेतना में भी परिवर्तन होता है। परंपरा के कुछ अंश नए युग में अपनी सार्थकता खो देते हैं और उनके स्थान पर प्रगति के नवीन आयाम जुड़ जाते हैं। जिजीविषु समाज देश-काल के अनुसार चलने को बाध्य है। तुलसी को भी देश-काल और युग-धर्म का अनुसरण मान्य है।[2] साथ ही उन्हें इस तथ्य का भी ध्यान है कि अपनी सांस्कृतिक परंपरा से कट जाने के बाद समाज कहीं का नहीं रहता। अतएव उस धरोहर के प्रति वे श्रद्धावान् हैं। माना कि वर्तमान संदर्भ में उसका कुछ अंश अग्राह्य है, लेकिन बहुत कुछ ग्रहणीय भी है। इस संबंध में तुलसी ने सुसमीक्षकों को यह समीचीन सुझाव भी दे दिया है कि वे अनुपादेय के परिहारपूर्वक उपादेय को ग्रहण करें।[3]

तुलसीदास पोंगा पुराणवादी नहीं थे। वे प्रगतिशील, युगचेता और लोकवादी भी थे। उन्होंने लोकमत एवं वेदमत का,[4] लौकिक रीति तथा वैदिक रीति का,[5] साथ-साथ उल्लेख करके दोनों की सापेक्ष महत्ता और अपनी समन्वय-भावना का परिचय दिया है। उसमें भी लोक को प्राथमिकता दी गई है। उनके साहित्य में लोक-जीवन से गृहीत उक्तियों, उपमानों, नीतियों आदि का विशाल मधुकोश विद्यमान है। वे अपरिवर्तनवादी नहीं थे। परंपरा-प्रतिष्ठित देववाणी संस्कृत की उपेक्षा करके, सनातनी पंडितों के घोर विरोध की परवाह न करते हुए, पुराण और महाकाव्य की रूढ़िबद्ध लीक से हटकर, युग की आकांक्षा के अनुरूप, अपने बुद्धि-विवेक के बल से[6] जन-भाषा में *रामचरितमानस* का निर्माण उनकी प्रगतिमुखी मानसिकता और लोकधर्मी चेतना का अकाट्य प्रमाण है।

9 (क) तुलसी की धर्म-भावना पर किए गए आक्षेप का मुख्य कारण यह है कि 'धर्म' को सांप्रदायिकता अथवा वर्ण-धर्म के संकुचित अर्थ में ग्रहण किया गया है। वस्तुतः धर्म उस कर्तव्य-कर्म का बोधक है जो मनुष्य के अभ्युदय और निःश्रेयस दोनों का साधक है।[7] तुलसी का धर्म-बोध सांप्रदायिक या संकीर्ण नहीं है। इसीलिए उन्होंने 'हिंदू'-धर्म का मंडन अथवा इस्लाम आदि का खंडन नहीं किया। उनका धर्म वर्णाश्रम-धर्म की परिधि में परिसीमित भी नहीं है। उन्होंने व्यापक धरातल पर सार्वजनिक और सार्वकालिक मानव-धर्म (सत्य, अहिंसा, परोपकार, क्षमा, धृति, दम, इंद्रिय-निग्रह, धी, दया, शिष्टाचार आदि) का बहुशः निरूपण किया

1. बहु मत मुनि बहु पंथ पुराननि जहाँ तहाँ झगरो सो।—विनयपत्रिका, 173/5
   छ-मत बिमत न पुरान मत एक मत।—वही, 251/4
2. दोहावली, 414, रामचरितमानस, 7/104/1
3. रामचरितमानस, 1/6
4. लोक बेद मत मंजुल कूला।—रामचरितमानस, 1/39/6
   लोक वेद सम्मत सब कहई।—वही, 2/207/2
   करव साधुमत लोकमत नृपनय निगम निचोरि।—वही, 2/258
5. करि लौकिक वैदिक सब रीतीं।—रामचरितमानस, 1/320/1
   करि लोक बेद विधान कन्यादानु नृप भूपन कियो।—वही, 1/324/छंद 3
   लोकवेद विधि कीन्ह लीन्ह जल कुस कर।—पार्वतीमंगल, 144
6. जस कछु बुधि विवेक बल मेरें।—रामचरितमानस, 1/31/2
7. धर्मः अभ्युदयनिःश्रेयसहेतुः...।—सांख्यतत्त्वकौमुदी, 23

है।[1] उसमें प्रथम तीन का स्थान अन्यतम है।[2] धर्म का यह लोकसंग्रही रूप आधुनिक ही नहीं, प्रत्येक युग के संदर्भ में प्रासंगिक है।

(ख) यह बात सभी को स्वीकार्य है कि तुलसी-साहित्य में प्रतिपादित वर्णाश्रम-व्यवस्था आधुनिक संदर्भ में अस्वीकार्य है। परंतु उसके मूल में निहित सिद्धांत, किसी सीमा तक, आज भी उपादेय है। समाज के सुचारु संचालन और जीवन के समुचित विकास के लिए व्यक्तियों के कर्तव्य और कार्यकाल का विभाजन आवश्यक है। यदि सेना से पुलिस का काम लिया जाता रहेगा अथवा छात्र-जीवन को राजनीतिज्ञों की कूटनीति घेरे रहेगी तो देश और समाज के व्यवस्थित उत्कर्ष का मार्ग अवरुद्ध हो जाएगा। वर्तमान जनतंत्र में समानाधिकार का दावा मात्र अर्धसत्य है। सभी को योग्यतानुपाती न्याय नहीं मिलता है, सेवा-निवृत्ति और पेंशन के नियमों में समानता नहीं है, सभी को अपने क्षेत्र से चुनाव में खड़े होने का अधिकार नहीं है, आर्थिक-सामाजिक दृष्टि से सभी समुदायों की स्त्रियों के अधिकार समान नहीं हैं। सूत्र-रूप में—समान नागरिक-संहिता का अभाव है।

आधुनिक जातिवाद प्राचीन वर्ण-व्यवस्था की संतान है। ध्यान देने योग्य है कि तुलसी ने तो केवल चार ही वर्षों की चर्चा की है, किंतु आधुनिक 'समानाधिकारवादी' लोकतंत्र में जातिवाद रक्तबीज के समान बढ़ रहा है। उसका एक अवेक्षणीय नमूना आरक्षण-सिद्धांत है। उसके संदर्भ में 'अगड़ी' जातियों, पिछड़ी जातियों, अनुसूचित जातियों और जनजातियों की निश्चित संख्या बता पाना मुश्किल है। इस असीम जातिवाद की तुलना में ससीम वर्ण-भेद का जहरीलापन कहीं कम है। सामाजिक विषमता का निवारण, समता का स्थापन एवं सामुदायिक कल्याण का प्रसार अयोग्य के आरक्षण अथवा जातिविशेष के पक्षपोषण से नहीं, अपितु योग्यतानुपाती न्याय और सर्वोदय-सिद्धांत के कार्यान्वयन से ही संभव है।

(ग) ब्राह्मणशाही निस्संदेह अप्रासंगिक है। शील-गुण-हीन विप्र को पूजनीय एवं गुण-ज्ञान-प्रवीण शूद्र को अनादरणीय कहना[3] आपत्तिजनक है। परंतु तुलसी का उद्देश्य बुरा नहीं है। उन्होंने ब्राह्मणों को जो इतना महत्त्व दिया है उसका हेतु स्वार्थ-सिद्धि या परंपरा-निष्ठा मात्र नहीं है। वह युग की आवश्यकता से प्रेरित है। तत्कालीन विशृंखलित एवं पराजित हिंदू-जाति के संगठन की जरूरत थी। अपने परंपरागत सामाजिक नेतृत्व के कारण ब्राह्मण ही उसका केंद्र हो सकता था। इसलिए तुलसी ने उसे गौरव दिया। यह उनकी ब्राह्मण-भावना का केवल एक पक्ष है। दूसरी ओर, उनके वसिष्ठ ने पौरोहित्य तक की निंदा की है।[4] तुलसी ने कर्त्तव्य-भ्रष्ट ब्राह्मण को शोचनीय और निंद्य माना है।[5] यही नहीं, धर्म-विमुख एवं आदर्श-च्युत ब्राह्मण को दंडित करने में उन्हें कोई संकोच नहीं है। परशुराम तथा रावण श्रेष्ठ ब्राह्मण-कुल में उत्पन्न और ब्रह्मबल के निधान थे, लेकिन सच्चे ब्राह्मणत्व से हीन हो गए थे। तुलसी ने इन अपराजेय ब्राह्मणों को क्षत्रिय-कुमारों द्वारा पराजित कराया है। यदि वे सचमुच ब्राह्मणवादी

---

1. देखिए : तुलसी-दर्शन-मीमांसा, पृ. 196-208
2. धरमु न दूसर सत्य समाना।—रामचरितमानस, 2/95/3
   परम धरम श्रुति बिदित अहिंसा।—वही, 7/121/11
   परहित सरिस धरम नहिं भाई।—वही, 7/41/1
3. पूजिय विप्र सील गुन हीना। सूद्र न गुन गन ज्ञान प्रबीना॥—रामचरितमानस, 3/34/1
4. उपरोहिती कर्म अति मंदा।—वही, 7/48/3
5. सोचिय विप्र जो बेद बिहीना। तजि निज धरम बिषय लयलीना॥
   विप्र निरच्छर लोलुपकामी। निराचार सठ बृषली स्वामी॥—वही, 2/172/2, 7/100/4

होते तो ऐसा विषय चुनते जिसमें ब्राह्मण की विजय-पताका फहराई जा सकती।

उन्होंने जिस शूद्र को अपूज्य कहा है वह शीलहीन और कर्मभ्रष्ट जन का सूचक है। इसके विपरीत, जन्मना शूद्र होने पर भी निषाद और शबरी अपने श्रेष्ठकर्म के फलस्वरूप महनीय-कोटि में प्रतिष्ठित हैं। क्षत्रिय-राजकुमार राम ने वर्ण का खयाल न करके उनको असाधारण आदर दिया है।[1] निषाद को तो राम और ब्राह्मण-शिरोमणि वसिष्ठ ने गले से लगा लिया है।[2] और तो और, चांडाल-पक्षी काकभुशुंडि भी दुर्लभ सम्मान के आसन पर विराजमान है। शूद्रक के प्रति किए गए व्यवहार को अनुचित मानकर ही तुलसी ने उसकी परंपरागत प्रासंगिक कथा को मार्यादा-विशिष्ट *रामचरितमानस* में स्थान नहीं दिया।

(घ) तुलसी-साहित्य से प्रमाणित है कि उनके अनुत्तम पात्रों (रावण, समुद्र)[3] ने ही नहीं बल्कि उत्तम पात्रों (राम, शंकर, भरत, पार्वती, शबरी, अनसूया, काकभुशुंडि)[4] और स्वयं कवि ने[5] भी नारी की निंदा की है। ये निंदापरक वाक्य काम की आलंबनरूपा युवती के प्रति वैराग्य-भाव जगाने के लिए आध्यात्मिक दृष्टि से कहे गए हैं,[6] अथवा कथ्य को कवित्वमय ढंग से प्रभावशाली बनाने के लिए।[7] क्रांतिकारी कहे जानेवाले समाज-सुधारक कबीर ने भी नारी की निंदा की है।[8] तुलसी के उत्तमर्ण पुराणों में नारीनिंदापरक श्लोक भरे पड़े हैं। *योगवासिष्ठ* और *अहिर्बुध्न्यसंहिता* में तो एक-एक अध्याय का प्रतिपाद्य ही नारी-निंदा है। *प्रश्नोत्तरी, चाणक्यनीति* आदि में भी नारी को निंदनीय माना गया है। उन सबमें आलोचना का स्वर अपेक्षाकृत अधिक कर्कश है और एकाध स्थलों पर अश्लील भी हो गया है। तुलसी की विशेषता इस बात में है कि उन्होंने अपनी वाणी को संयत और श्लील रखा है।

दूसरों ने भी निंदा की है—इस आधार पर तुलसी बरी नहीं हो जाते। परंतु, यह उनकी नारी-संबंधी दृष्टि का मात्र एक पक्ष है जो दार्शनिक चेतना से अनुप्राणित है। उसका दूसरा पक्ष भी है। काम-विषयक प्रमदा से इतर नारी-रूप—माता, कन्या आदि उनकी दृष्टि में अनिंद्य हैं। पिता, पति और पुत्र की अधीनता में ही जीवन बितानेवाली नारी-जाति के प्रति उन्होंने मार्मिक समवेदना व्यक्त की है :

कत बिधि सृजी नारि जग माहीं। पराधीन सपनेहुँ सुख नाहीं।[9]

पुरुष-पात्रों की तुलना में उनके नारी-पात्रों का चरित्र कहीं उज्ज्वल है। कौशल्या, सुमित्रा, सीता, तारा तथा मंदोदरी का चरित्र दशरथ, राम, बालि और रावण की अपेक्षा अधिक प्रशस्य है। प्रायः आलोचित कैकेयी और मंथरा तक हमारी सहानुभूति की अधिकारिणी हैं। कैकेयी को राम के राज्याभिषेक की पूर्वसूचना तक नहीं दी गई। इस अपमान से उसके क्षत्रियोचित तेज का जागृत हो जाना स्वाभाविक था। मंथरा उसकी सेविका थी। उसने वही किया जो उसे करना चाहिए था। ताड़का और सूर्पणखा इसलिए दंडित हुई हैं क्योंकि उन्होंने सामाजिक

---

1. रामचरितमानस, 2/88/2, 3/34
2. हरषि उठाइ लियो उर लाई।—रामचरितमानस, 6/121/6
   रामसखा रिपि बरबस भेंटा। जनु महि लुठत सनेह समेटा॥—वही, 2/243/3
3. क्रमशः रामचरितमानस, 6/16/1-2, 5/59/3
4. क्रमशः वही, 3/43-3/44, 1/51/3, 2/162/2, 1/57, 3/35/2, 3/5, 3/17/3
5. दोहावली, 266, 269, विनयपत्रिका 60/7
6. जैसे : जप तप नेम जलासय झारी। होइ ग्रीषम सोखै सब नारी॥—रामचरितमानस, 3/44/1
7. यथा : जद्यपि नीति निपुन नरनाहू। नारि-चरित जलनिधि अवगाहू॥—वही, 2/27/4
8. कबीर-ग्रंथावली, साखी, 20/1-2, 8, 10, 15
9. रामचरितमानस, 1/102/3

मर्यादा का उल्लंघन किया था। आधुनिक समय में सीता, सुमित्रा, कौशल्या आदि नामों की लोकप्रियता से उनकी प्रासंगिकता सूचित होती है। तुलसी-साहित्य की शीलवती नारियों का आदर्श चरित्र नैतिक मूल्यों के ह्रास के इस युग में महिलाओं के लिए अनुकरणीय है।

10. तुलसी ने अर्थ की विगर्हणा आध्यात्मिक दृष्टि से की है, क्योंकि वह मोक्ष-साधना में बाधक है।[1] वित्त की एषणा से व्याकुल तथा उसके मद से मत्त मनुष्य की मति भ्रष्ट हो जाती है। और, धन से ही मनस्तुष्टि संभव नहीं है। यदि ऐसा होता तो धन-कुबेर पूँजीपति परेशान न रहते। व्यावहारिक दृष्टि से, दरिद्रता को सबसे बड़ा कष्ट मानकर[2] और धन को साधनों का साधन बतलाकर[3] उन्होंने लोक-जीवन में अर्थ की आवश्यकता और महत्ता को असंदिग्ध रूप से स्वीकार किया है। उन्होंने जन-समुदाय के आर्थिक विकास की कोई योजना नहीं प्रस्तुत की, क्योंकि वह कवि का कार्य नहीं है। उसका दायित्व राजनेताओं और अर्थशास्त्रियों पर है। कवि-कर्म की सार्थकता आर्थिक स्थिति के जीवंत चित्रण और उसके द्वारा ध्वनित संदेश में है। कलिकाल के वर्णन में तुलसी ने जनता की शोचनीय आर्थिक अवस्था का जो चित्रांकन किया है[4] वह आधुनिक संदर्भ में भी बिल्कुल सटीक बैठता है। दीन-दुखी विपन्न जनों के प्रति उनके मन में गहरी सहानुभूति है। दारिद्र्य-रूपी दशानन से आक्रांत और संतप्त जनता की दयनीय दशा को देखकर उनका भावुक मन हाहाकार कर उठा था :

खेती न किसान को भिखारी को न भीख बलि बनिक को बनिज न चाकर को चाकरी।
जीविकाबिहीन लोग सीद्यमान सोच बस कहैं एक एकन सों कहाँ जाई का करी।
बेद हू पुरान कही लोक हू बिलोकियत साँकरे सबै पै राम रावरे कृपा करी।
दारिद दसानन दबाई दुनी दीनबंधु दुरित दहन देखि तुलसी हहा करी।।[5]
दीनदयालु दुरित दारिद दुख दुनी दुसह तिहुँ ताप तई है।[6]

आर्थिक दशा का यह निरूपण साधारण जनता की दरिद्रता का चित्र है। आज भी सामान्य किसान विपन्न है, बेरोजगारी की कोई सीमा नहीं है, छुटभैया दुकानदार हताश है, नौकरी पाने के लिए विक्षिप्त स्नातकों तक की अपरंपार भीड़ बढ़ती जा रही है, और भिखारियों की अवस्था शोचनीय है। सभी किंकर्तव्यविमूढ़ हैं।

11. (क) हिंदी साहित्य के पूर्वमध्यकाल में अवतीर्ण तुलसी की राजनैतिक चेतना पर सामंती विचारधारा का युगानुरूप प्रभाव अनिवार्य था। उन्होंने राजाओं के चित्रांकन और राजधर्म के सैद्धांतिक निरूपण द्वारा राजतंत्र का समर्थन किया है। परंतु उनका राजतंत्र निरंकुश अथवा समाज-विरोधी नहीं है। वह लोकमत-समर्थित है, जिसमें जन-भावना के प्रति यथेष्ट आदर-भाव है। उदाहरणार्थ राजा होते हुए भी दशरथ पंचों के अनुमोदन से ही राम का तिलक करना चाहते हैं[7] और राम जनता के विचार-स्वातंत्र्य का सम्मान करते हुए उन्हें प्रतिवाद करने की छूट देते हैं।[8] राम के राजराजत्व का निरूपण[9] तुलसी ने लौकिक प्रभुओं की चमचागिरी

---

1. सुत बित लोक ईषना तीनी। केहि कै मति इन्ह कृत न मलीनी।।—रामचरितमानस, 7/71/3
2. नहिं दरिद्र सम दुख जग माहीं।—रामचरितमानस, 7/121/7
3. कवितावली, 7/87
4. रामचरितमानस, 7/101/छंद, कवितावली, 7/96-97
5. कवितावली, 7/97
6. विनयपत्रिका, 139/1
7. जौं पाँचहि मत लागइ नीका। करहु हरषि हिय रामहिं टीका।।—रामचरितमानस, 2/5/2
8. जौं अनीति कछु भाषौं भाई। तौ मोहि बरजहु भय बिसराई।।—वही, 7/43/3
9. कवितावली, 7/79, 126

के प्रति वितृष्णा उत्पन्न करने के उद्देश्य से किया है। उन्होंने जिस राजभक्ति का अनुमोदन किया है वह जनता के पोषक आदर्श राजा अर्थात् शासक के प्रति निष्ठा है। उनके युग में आधुनिक राष्ट्रभक्ति की अवधारणा अकल्पनीय थी। उन्होंने एक स्थल पर भारत की श्रेष्ठता का सांकेतिक उल्लेख किया है।[1] और दूसरे स्थल पर स्वाधीनता की महत्ता व्यंजित की है।[2] राष्ट्र भावना की अभिव्यक्ति का एक रूप देश की सनातन संस्कृति का गौरव-गान भी है। तुलसी-साहित्य में भारतीय संस्कृति की प्रतिष्ठा हुई है। इससे कवि की राष्ट्रीयता ध्वनित होती है।

तुलसी-प्रतिपादित राजधर्म आज भी प्रासंगिक है। आधुनिक संदर्भ में 'राजा' शब्द सत्ताधारी शासक का लक्षक है और 'प्रजा' का तात्पर्य है शासित जनता। भरत के समक्ष राम ने राजधर्म का निचोड़ इस प्रकार प्रस्तुत किया है :

मुखिया मुखु सों चाहिए खान पान कहुँ एक।
पालइ पोषइ सकल अंग तुलसी सहित बिबेक॥[3]

'मुखिया' का अर्थ है—किसी समुदाय का व्यवस्थापक मुख्य या प्रधान व्यक्ति। वर्तमान राजनीतिक संदर्भ में वह मुख्यमंत्री, प्रधानमंत्री आदि सभी सत्ताधारियों का द्योतक है। आज के स्वार्थी एवं अविवेकी शासकों को तुलसी ने स्पष्टतया चेताया है कि निजी हित की आसक्ति को त्यागकर जनता की समस्याओं को सुलझाना और विवेकपूर्वक उसका पालन-पोषण करना उनका परम कर्तव्य है।

तुलसी ने जो बात राजतंत्र के सचिवों के विषय में कही है[4] वह वर्तमान युग के सचिवों और मंत्रियों पर समान रूप से लागू होती है। भय से, लोभ से या प्रभुओं को प्रसन्न करने के उद्देश्य से वे भ्रामक राय देते हैं, गलत आख्याएँ प्रस्तुत करते हैं और अनैतिक नीतियाँ अपनाते हैं। उनका ऐसा आचरण देशघाती है। कवि ने अन्यत्र इंगित किया है कि जनता को करों के बोझ से पीड़ित नहीं करना चाहिए और उससे प्राप्त आय को उसी के हित में व्यय करना चाहिए।[5] तुलसी का यह कथन ध्यान देने योग्य है कि वर्तमान शासक, कुचाली, मायावी, भूमिचोर और जन-शोषक हो गए हैं।[6] वे ऐसे शासकों को चेतावनी देते हुए आग्रह करते हैं कि जिनके कुशासन में जनता पीड़ित होती है उनकी दुर्गति अवश्यंभावी है।[7]

(ग) तुलसी की राजनैतिक चेतना का उज्ज्वलतम रूप रामराज्य की परिकल्पना में द्रष्टव्य है। रामराज्य उस आदर्श शासन-व्यवस्था का प्रतीक है जिसमें जनता रोग, शोक, विषमता, द्वेष, वैर, दरिद्रता, दुष्कर्म, अपकार आदि से सर्वथा मुक्त हो और जिसमें सभी नागरिक स्वस्थ,

---

1. भलि भारत भूमि भलें कुल जन्म—कवितावली, 7/33
2. पराधीन सपनेहुँ सुखु नाहीं।—रामचरितमानस, 1/102/3
3. रामचरितमानस, 2/315
4. दोहावली, 524
5. दोहावली, 508
6. क्रमशः विनयपत्रिका, 139/3, कवितावली, 7/85, 7/177, रामचरितमानस, 7/98/1
7. राज करत बिनु काजहीं करहिं कुचालि कुसाज।
   तुलसी ते दसकंध ज्यों जइहैं सहित समाज॥
   राज करत बिनु काजहीं ठटहिं जे कूर कुठाट।
   तुलसी ते कुरुराज ज्यों जइहैं बारह बाट॥—दोहावली, 416-17
   जासु राज प्रिय प्रजा दुखारी। सो नृपु अवसि नरक अधिकारी॥—रामचरितमानस, 2/71/3

प्रसन्न, संपन्न, सुशिक्षित, द्वेषरहित, निर्वैर, कर्तव्यपरायण, परोपकारी और पारस्परिक सौहार्द से युक्त हों।[1] उसमें लोकतंत्र और समाजवाद का मुखौटा नहीं है, अपितु सर्वोदय की सच्ची भावना विद्यमान है। जन-नायक महात्मा गांधी ने स्वतंत्र भारत में रामराज्य के स्थापन की आशा की थी। यह और बात है कि 'राष्ट्रपिता' के तथाकथित अनुयायी उनकी आशा को कार्यान्वित करने में असमर्थ प्रमाणित हुए। आज भी अनेक उत्साही राजनेता रामराज्य लाने का संकल्प दुहरा रहे हैं।

कहा जा सकता है कि रामराज्य का आदर्श कल्पना मात्र है, स्वप्नदर्शी कवि की उन्मेषशालिनी प्रज्ञा का प्रातिभासिक विलास है; उसको वास्तविक जीवन में उतारना असंभव है। यह कथन अंशतः सत्य है। इस प्रसंग में यह समझ रखना जरूरी है कि *आदर्श* और *यथार्थ* परस्पर-विलोम हैं। यथार्थ (रियल) अकाल्पनिक, और जीवन में अनुभूत वस्तु है। इसके विपरीत, आदर्श (आइडियल, आइडिया-संबद्ध) मानस-बिंब एवं अनुभवनीय वस्तु है। पहले में 'जो है' का भाव निहित है और दूसरे में 'जो हो सकता है' या 'जो होना चाहिए' का। अपूर्ण मनुष्य अपनी सीमित शक्ति के अनुसार आदर्श के यथार्थीकरण की दिशा में प्रयत्नशील रहा है। उसके इस सत्प्रयास में मिलनेवाली अधूरी सफलता भी महती उपलब्धि है। रामराज्य की पूर्ण-प्रतिष्ठा भले ही असाध्य हो, उसकी आंशिक संसिद्धि तो की ही जा सकती है। आधुनिक संदर्भ में—महँगाई, तस्करी, अराजकता, भ्रष्टाचार आदि पर कठोर अंकुश लगा देना और अर्थव्यवस्था, शिक्षा, प्रशासन, चरित्र आदि के स्तर को ऊपर उठा पाना असंभव नहीं है।

तुलसी-साहित्य के कुछ अंश समकालीन परिवेश में निस्संदेह अनुपादेय हैं। उन अंशों को छोड़ देने के बाद भी बहुत कुछ शेष रहता है जो किसी भी आधुनिकतावादी कवि के योगदान की तुलना में कहीं अधिक गौरवशाली है। उसमें मानव की सहज संवेदनाओं, उसकी स्वाभाविक प्रवृत्तियों, उसकी आशाओं-आकांक्षाओं, उसकी शक्तियों-सीमाओं, उसके जीवन-संघर्ष-जनित उत्थान-पतन, उसके प्रेय तथा श्रेय और प्रकृति एवं संस्कृति के विविध रूपों का लालित्यपूर्ण चित्रण है। वह विशाल सहृदय-समुदाय का मार्गदर्शक एवं चित्तरंजक है। अतः तुलसी-साहित्य आधुनिक संदर्भ में भी प्रासंगिक है। उसमें *रामचरितमानस* का स्थान अन्यतम है। वह आज भी बहुसंख्य पाठकों-श्रोताओं को रसमग्न करता है, उनके संतप्त मन को शांतिमयी शीतलता देता है; उन्हें आपत्ति-काल में धीरज बँधाता है, प्रभुता की स्थिति में संयत रहना सिखाता है; जीवन-संघर्ष में आत्मविश्वासी, उत्साही और कर्मण्य बनाता है; उन्हें वह निर्मल दृष्टि प्रदान करता है जिसके योग से वे अभ्युदय और निःश्रेयस के प्रशस्त पथ पर अग्रसर हो सकें। वह पहले भी प्रासंगिक था, अब भी है और आनेवाले 'आधुनिक संदर्भों' में भी रहेगा।

---

1. रामचरितमानस, 7/20/4-7/23. दोहावली, 182-185

उपसंहार

तुलसीदास महाकवि थे। वे काव्यस्रष्टा और जीवनद्रष्टा थे। वे प्रबंधकार थे; उन्होंने महाकाव्य लिखा, निबंध-मंगलगीत लिखे। वे मुक्तककार भी थे; उन्होंने प्रगीत-मुक्तक लिखे, अगीत-मुक्तक लिखे। उन्होंने अपनी रम्य रचनाओं से रसात्मक साहित्य की अपूर्व श्रीवृद्धि की। उनके गौरवग्रंथ हिंदी-साहित्य के महार्ह रत्न हैं। सौंदर्य और मंगल का, प्रेय और श्रेय का, कवित्व और दर्शन का, असाधारण सामंजस्य उनके साहित्य की महती विशेषता है।

उन्होंने अपने काव्य के लिए प्रख्यात और महान् विषय चुना—उदात्त रामचरित और राम-भक्ति। राम हमारे जीवन-जगत् के कण-कण में रमे हुए हैं। नामों में 'राम' व्याप्त है। मिलने पर लोग प्रेमपूर्वक 'राम-राम' कहते हैं[1]; घृणा आदि की व्यंजना में भी 'राम-राम' का उच्चारण करते हैं। कष्ट में 'हे राम !' और आवेश में 'हाय राम !' कहते हैं। अमोघ औषधि 'रामबाण' कहलाती है; नमक 'रामरस' है। हार और दुपट्टे 'रामनामी' हैं। संगीत में 'राम' है—रामवीणा, रामकली, रामटोड़ी, रामश्री। नदी-पर्वत में 'राम' है—रामगंगा, रामगिरि। वृक्षों-फलों-तरकारियों में 'राम' है—रामबबूल, रामबाँस, राम-जामुन, रामतरोई। जिसके पिता का पता न हो वह 'रामजना' है। सर्वथा सुखमय शासन 'रामराज्य' है। शव के साथ चलते हुए लोग कहते हैं—राम-नाम सत्य है। प्रश्न उठता है—ऐसे जीवन-व्यापी राम का चरित लिखकर तुलसी लोकप्रिय हो गए तो कौन सी बड़ी बात हो गई ? उत्तर है—हिंदी के हजारों लेखकों ने उसी राम को लेकर रचना की है; कोई तुलसी की छाया नहीं छू सका, और बहुतों का तो नाम तक लोग नहीं जानते। यह तुलसी की महत्ता है कि उन्होंने महान् राम को महत्तर बना दिया; व्यापक राम की, उनके शील-शक्ति-सौंदर्य की, जन-जन को अनुभूति करा दी।

वे धर्मनिष्ठ समाजसुधारक थे। अपने साहित्य में उन्होंने समाज का आदर्श प्रस्तुत किया; ऐसा अद्‌भुत महाकाव्य रचा जो हिंदी-भाषी जनता का धर्मशास्त्र भी बन गया। वे गगनविहारी कवि नहीं थे। उनकी लोकदृष्टि अलौकिक थी। उन्होंने आदर्श-संकल्पना को यथार्थ-जीवन में उतारा। समाज के शक्ति-संवर्धन की आवश्यकता थी। उन्होंने हनुमान के मंदिर बनवाए। "उनके साथ अखाड़ों की योजना हुई। उनके सम्मुख श्रीराम-मंदिर बनने की विधि निश्चित हुई।"[2] वे 'रामचरितमानस' के व्यास बने। उन्होंने 'मानस' की रामलीला का प्रवर्तन किया; 'रामचरितमानस' को पाठ्य-श्रव्य काव्य की परिधि में सीमित न रखकर उसे नाटक का लोकरंजक रूप दिया; जन-जीवन में उत्साह एवं उल्लास का संचार किया। "वे रामभक्ति का जैसा सांस्कृतिक समारोह खड़ा करना चाहते थे वह सचमुच खड़ा हो गया। मुगलों के राज्यकाल में सामाजिक नाटक उनके कट्टर धार्मिक नियमों के कारण नहीं हो सकते थे। धर्म की ओट में तुलसीदास ने ऐसे महानाटक का संभार कर दिया जिससे अनेक दृष्टियों से मनोरंजन के साथ ही जनता का कल्याण होने लगा।"[3]

---

1. 'उद्धव-शतक' की गोपियों का भी उद्धव से निवेदन है :
   नाम कौ बताइ औ जताइ गाम ऊधौ बस स्याम सौं हमारी राम-राम कहि दीजियौ ॥ 95
2. देखिए—हिंदी-साहित्य का अतीत, पृ. 233
3. हिंदी-साहित्य का अतीत, पृ. 235

तुलसीदास ज्ञानी भक्तकवि थे। उन्होंने रस की वह गंगा बहाई जिसमें ब्रह्मानंदरूप रस एवं ब्रह्मानंदसहोदर रस दोनों का अजस्र प्रवाह है; जो विषयी और विरक्त, ग्रामीण और ज्ञानी, विपन्न और संपन्न सभी के लिए समान रूप से सुलभ है। काव्य, धर्म, दर्शन और भक्ति को एकाकार कर देना साधारण प्रतिभा का कार्य नहीं है।

कुछ काव्यकर्ता गोष्ठ-कवि होते हैं। वे अपनी रचनाओं से मित्र-मंडली का मनोरंजन करते हैं, सभ्य श्रोताओं का विनोद करते हैं; कभी-कभी केवल स्वांतःसुखाय पद्य-निर्माण करके परितोष-लाभ करते हैं। उनके कवित्व की मर्यादा यहीं पर समाप्त हो जाती है। कुछ काव्यकर्ता युग-कवि होते हैं। वे अतिसंकुचित घेरे से निकलकर समाज की विस्तृत भूमि पर संचरण करते हैं, युगधर्म का निर्वाह करते हुए लोकप्रियता प्राप्त करते हैं; प्रशंसकों की शक्ति के अनुसार उनका गुणगान होता है। परंतु, उनकी कवितानटी युग के रंगमंच पर कुछ समय तक आह्लादकारी अभिनय करके काल-परिधि में लीन हो जाती है। कुछ विरले कवि विश्वकवि होते हैं। उनकी कविता देश-काल के परिच्छेद से मुक्त होती है। वे अपने देश और युग में तो समादृत होते ही हैं, पर-देश में भी उनका सम्मान होता है, उनकी कीर्ति-पताका युग-युग तक फहरती रहती है। उनकी वाणी का प्रसार अनाहत रहता है। तुलसीदास इसी प्रकार के विश्वकवि हैं।

देश और विदेश में काव्य के बहुतेरे लक्षण बतलाए गए हैं। किसी भी केंद्रबिंदु से देखिए—तुलसीदास बहुत ऊँचे दिखाई देते हैं। लालित्यपरक प्रगीतकाव्यों की वीथी में 'गीतावली' का विशिष्ट स्थान है। कबित्त-सवैया-पद्धति के मुक्तक-साहित्य में 'कवितावली' अत्यंत प्रकृष्ट है। स्वानुभूतिपरक गीतिकाव्य के क्षेत्र में 'विनयपत्रिका' बेजोड़ है। बाह्यार्थनिरूपक प्रबंधों की श्रेणी में 'रामचरितमानस' निराला महाकाव्य है। 'मानस' का प्रेमी पाठक अपनी बहुज्ञता के आधार पर अधिकार के साथ कहता है, "तुलसी का पूर्ववर्ती साहित्य-भांडार अमूल्य ग्रंथरत्नों से भरा पड़ा है। मैं भी उनकी श्रेष्ठता का कायल हूँ, उनके प्रशंसकों का हामी हूँ, उनकी निंदा का विरोधी हूँ। मैंने **रामायण-महाभारत** का पारायण किया है, **भागवत** आदि पुराण बाँचे हैं, **रघुवंश** आदि महाकाव्यों का अध्ययन किया है, **महावीरचरित** आदि नाटक पढ़े हैं। किसी में मंगलविधायक मोक्षधर्म की अतिशयता है, किसी में रसनिष्पादक काव्यधर्म की। किसी की अपरंपार महिमा से अभिभूत हूँ, किसी के अनिंद्य सौंदर्य पर मुग्ध हूँ। परंतु उभयधर्मसमन्वित **रामचरितमानस** का अनुशीलन कर लेने के बाद :

अब न आँखि तर आवत कोऊ।[1]

तुलसी-साहित्य पर सबसे अधिक टीकाएँ रची गई हैं, तुलसीदास पर सबसे अधिक आलोचना-ग्रंथ लिखे गए हैं; तुलसीदास पर सबसे अधिक शोधप्रबंधों का प्रणयन हुआ है। **तुलसी-दर्शन-मीमांसा** और प्रस्तुत **तुलसी-काव्य-मीमांसा** में मैंने भी उनके दर्शन और काव्य का यथाशक्ति विवेचन किया है। इतना-कुछ कह लेने के उपरांत भी बहुत-कुछ कहना शेष रह जाता है; तुलसीदास की **बिमल बिबेक धरम नय साली**[2], शब्दवैचित्र्यमयी, अर्थगौरवशालिनी और विविधवैदग्ध्यमंडित वाणी का स्वरूप ही ऐसा है :

सुगम अगम मृदु मंजु कठोरे। अरथु अमित अति आखर थोरे॥
ज्यों मुखु मुकुर मुकुरु निज पानी। गहि न जाइ अस अद्भुत बानी॥[3]

1. रामचरितमानस, 1/293/3
2. वही, 2/297/4
3. वही, 2/294/2

ग्रंथ-सूची

उपजीव्य ग्रंथ : तुलसीदास की रचनाएँ

कवितावली; सं. इंद्रदेवनारायण; गीता प्रेस, गोरखपुर, सं. 2016

कवितावली; सं. भगवानदीन, विश्वनाथप्रसाद मिश्र, रामनारायणलाल, प्रयाग, सं. 2013

कवितावली; सं. श्रीकांतशरण; पुस्तक-भंडार, पटना-4, सं. 2014

कवितावली; सं. माताप्रसाद गुप्त; हिंदी साहित्य सम्मेलन, प्रयाग, सं. 2010

कृष्णगीतावली; सं. श्रीकांतशरण; सद्‌गुरुकुटी, गोलाघाट, अयोध्या, सं. 2013

कृष्णगीतावली; सं. हनुमानप्रसाद पोद्‌दार, गीता प्रेस, गोरखपुर, सं. 2014

गीतावली; सं. मुनिलाल, गीता प्रेस, गोरखपुर, सं. 2014

गीतावली; सं. श्रीकांतशरण; पुस्तक-भंडार, पटना-4, सं. 2015

जानकीमंगल; 'तुलसी के चार दल', पुस्तक दूसरी, में संकलित

जानकीमंगल; सं. हनुमानप्रसाद पोद्‌दार; गीता प्रेस, गोरखपुर, सं. 2017

तुलसी के चार दल, पुस्तक दूसरी; सं. सद्‌गुरुशरण अवस्थी; इंडियन प्रेस लि. प्रयाग, 1935 ई.

तुलसी-ग्रंथावली, दूसरा खंड, तीसरा संस्करण; सं. रामचंद्र शुक्ल आदि; नागरी-प्रचारिणी सभा, काशी, सं. 2004

दोहावली; सं. श्रीकांतशरण; सद्‌गुरुकुटी, गोलाघाट, अयोध्या, सं. 2012

दोहावली; सं. हनुमानप्रसाद पोद्‌दार; गीता प्रेस, गोरखपुर, सं. 2016

पार्वतीमंगल, 'तुलसी के चार दल', पुस्तक दूसरी, में संकलित

पार्वतीमंगल; सं. हनुमानप्रसाद पोद्‌दार; गीता प्रेस, गोरखपुर, सं. 2017

बरवा (बरवै) रामायण; प्र. यादवेंद्रदत्त, राजा, जौनपुर, सं. 2010

बरवैरामायण, 'तुलसी के चार दल', पुस्तक दूसरी, में संकलित

बरवैरामायण; सं. सुदर्शनसिंह; गीता प्रेस, गोरखपुर, सं. 2016

रामचरितमानस; मानस-पीयूष; सं. अंजनीनंदनशरण; गीता प्रेस, गोरखपुर, सं. 2017

रामचरितमानस; सं. माताप्रसाद गुप्त; साहित्य-कुटीर, प्रयाग, 1949 ई.

रामचरितमानस; विजया-टीका-सहित; सं. विजयानंद त्रिपाठी; मोतीलाल बनारसीदास, नेपालीखपरा, बनारस, सं. 2011

रामचरितमानस; सं. विश्वनाथप्रसाद मिश्र; सर्वभारतीय काशिराज न्यास, रामनगर, वाराणसी, सं. 2018

रामचरितमानस; सं. शंभुनारायण चौबे; नागरी प्रचारिणी सभा, वाराणसी, सं. 2005

रामचरितमानस; सं. सीताराम चतुर्वेदी; अखिल भारतीय विक्रम परिषद्, काशी, वाराणसी, 1972 ई.

रामचरितमानस, सिद्धांत-तिलक-सहित; सं. श्रीकांतशरण; पुस्तक-भंडार, पटना-4, सं. 2016

रामललानहछू; 'तुलसी के चार दल' और 'तुलसी-ग्रंथावली' में संकलित

रामललानहछू; सं. श्रीकांतशरण; पुस्तक भंडार, पटना-4, सं. 2013
रामाज्ञाप्रश्न; गीता प्रेस, गोरखपुर, सं. 2014
रामाज्ञाप्रश्न; सं. श्रीकांतशरण; पुस्तक-भंडार, पटना-4, सं. 2014
विनयपत्रिका; सं. देवनारायण द्विवेदी; ज्ञानमंडल लि. वाराणसी, 1962 ई.
विनयपत्रिका; सं. भगवानदीन; रामनारायणलाल, प्रयाग, सं. 2006
विनयपत्रिका; सं. वियोगीहरि; साहित्य-सेवा-सदन, बनारस; सं. 2007
विनयपत्रिका; सं. श्रीकांतशरण; सद्गुरुकुटी, गोलाघाट, अयोध्या, सं. 2013
विनयपत्रिका; सं. हनुमानप्रसाद पोद्दार; गीता प्रेस, गोरखपुर, सं. 2016
विनयपत्रिका; विनय-पीयूष; सं. अंजनीनंदनशरण; (खंड 1-2) पीयूष धारालय, विट्ठल क्रीड़ाभवन, बड़ौदा, 1947 ई.; (खंड 3-4-5)-करुणानिधानकुंज, ऋणमोचन घाट, अयोध्या, सं. 2020
वैराग्यसंदीपनी; 'तुलसी-ग्रंथावली' में संकलित
वैराग्यसंदीपनी; सं. हनुमानप्रसाद पोद्दार; गीता प्रेस, गोरखपुर, सं. 2009
हनुमानबाहुक; 'तुलसी-ग्रंथावली' में संकलित
हनुमानबाहुक; सं. महावीरप्रसाद मालवीय; गीताप्रेस, गोरखपुर, सं. 2015
हनुमानबाहुक; सं. श्रीकांतशरण; सद्गुरुकुटी, गोलाघाट, अयोध्या, 1950 ई.

प्रमुख सहायक-ग्रंथ

अग्निपुराण; व्यास; प्र. मनसुखराय मोर, 5 क्लाइव रोड, कलकत्ता, सं. 2014
अध्यात्मरामायण; व्यास; गीता प्रेस, गोरखपुर, सं. 2008
अनर्घराघव; मुरारि; चौखंबा विद्याभवन, वाराणसी, सं. 2017
अभिज्ञानशाकुन्तल; कालिदास; सुधाकर प्रेस, बंबई, 1913 ई.
अभिनवभारती, 'नाट्यशास्त्र' पर अभिनवभारती, जिल्द 1; अभिनवगुप्त; ओरियंटल इंस्टीट्यूट, बड़ौदा, 1956 ई.
आनंदरामायण; वाल्मीकि (?); गोपालनारायण आणि कंपनी, बंबई, 1926 ई.
उत्तररामचरित; भवभूति; निर्णयसागर प्रेस, बंबई, 1906 ई.
उत्तरी भारत की संत-परंपरा; परशुराम चतुर्वेदी; भारती-भंडार, प्रयाग, सं. 2008
कबीर-ग्रंथावली, सं. श्यामसुंदरदास, नागरी-प्रचारिणी सभा, काशी; सं. 2008
कबीर-वचनावली; सं. अयोध्यासिंह उपाध्याय; नागरी-प्रचारिणी सभा, काशी, सं. 2003
कल्याण, रामायणांक; गीता प्रेस, गोरखपुर, 1930 ई.
काव्यप्रकाश; मम्मट; आनंदाश्रम प्रेस, पूना, 1921 ई.
काव्यमीमांसा; राजशेखर; ओरियंटल इंस्टीट्यूट, बड़ौदा, 1934 ई.
काव्यादर्श; दंडी; मास्टर खेलाड़ीलाल ऐंड सन्स, बनारस, सं. 1988
काव्यालंकार; भामह; चौखंबा संस्कृत सीरीज़, बनारस, 1928 ई.
काव्यालंकारसूत्र; वामन; आत्माराम ऐंड सन्स, दिल्ली, सं. 2011
केशव-ग्रंथावली; सं. विश्वनाथप्रसाद मिश्र, हिंदुस्तानी एकेडेमी, इलाहाबाद, 1954 ई.
गीता, शांकरभाष्य-सहित; गीता प्रेस, गोरखपुर, सं. 2008
गीता, रामानुजभाष्य-सहित; गीता प्रेस, गोरखपुर, सं. 2008
गोसाईं तुलसीदास; विश्वनाथप्रसाद मिश्र; वाणी-वितान प्रकाशन, ब्रह्मनाल, वाराणसी, सं. 2022

गोस्वामी तुलसीदास; रामचंद्रशुक्ल; नागरी-प्रचारिणी सभा, काशी, सं. 2008
गोस्वामी तुलसीदास; रामदत्त भारद्वाज; भारती साहित्य मंदिर, दिल्ली, 1962 ई.
गोस्वामी तुलसीदास; शिवनंदनसहाय; बिहार-राष्ट्रभाषा-परिषद्, सं. 2017
गोस्वामी तुलसीदास; श्यामसुंदरदास; हिंदुस्तानी एकेडमी, इलाहाबाद, 1952 ई.
गोस्वामी तुलसीदास की समन्वय-साधना, प्रथम संस्करण; ब्यौहार राजेंद्र सिंह; नागरी-प्रचारिणी सभा, काशी
घटरामायन; तुलसी साहब; बेलवेडियर प्रिंटिंग वर्क्स, इलाहाबाद, 1961 ई.
चंद्रालोक; जयदेव; गुजराती प्रिंटिंग प्रेस, बंबई, 1934 ई.
तुलसी; सं. उदयभानुसिंह; राधाकृष्ण प्रकाशन, दिल्ली, 1965 ई.
तुलसी; रामबहोरी शुक्ल; हिंदी-भवन, इलाहाबाद, 1949 ई.
तुलसी; सं. राममूर्ति त्रिपाठी; लोकभारती प्रकाशन, इलाहाबाद, 1976 ई.
तुलसी : आधुनिक वातायन से; रमेश कुंतल मेघ; भारतीय ज्ञानपीठ प्रकाशन, नेताजी सुभाष मार्ग, दिल्ली, 1967 ई.
तुलसी की जीवन-भूमि; चंद्रबली पांडे; नागरी-प्रचारिणी सभा, काशी, पं. 2011
तुलसी के काव्य का मनोवैज्ञानिक विश्लेषण; अंबिकाप्रसाद वाजपेयी; गुरुकुल कांगड़ी विश्वविद्यालय, हरिद्वार, 1968 ई.
तुलसी के काव्य में औचित्य-विधान; लक्ष्मीनारायण पाठक; तक्षशिला प्रकाशन, अंसारी रोड, दरियागंज, दिल्ली, 1979 ई.
तुलसी के चार दल, पुस्तक पहली; सद्गुरुशरण अवस्थी; इंडियन प्रेस, प्रयाग, 1935 ई.
तुलसी के भक्त्यात्मक गीत; वचनदेव कुमार; हिंदी-साहित्य-संसार, दिल्ली, 1964 ई.
तुलसी-ग्रंथावली; प्रथम-संस्करण; नागरी-प्रचारिणी सभा, काशी
तुलसी-दर्शन; बलदेवप्रसाद मिश्र; हिंदी-साहित्य-सम्मेलन, प्रयाग सं. 2005
तुलसी-दर्शन-मीमांसा; उदयभानु सिंह; लखनऊ विश्वविद्यालय, सं. 2018
तुलसीदास; चंद्रबली पांडे; शक्ति-कार्यालय, दारागंज, प्रयाग, सं. 2005
तुलसीदास; माताप्रसाद गुप्त; हिंदी-परिषद्, प्रयाग विश्वविद्यालय, 1953 ई.
तुलसीदास और उनका काव्य; रामनरेश त्रिपाठी; राजपाल ऐंड संस, दिल्ली, 1958 ई.
तुलसी और उनका युग; राजपति दीक्षित; ज्ञानमंडल लि. बनारस, सं. 2009
तुलसीदास और उनके काव्य; रामदत्त भारद्वाज; सूर्य प्रकाशन, दिल्ली, 1964 ई.
तुलसीदास का कथाशिल्प; राँगेय राघव; साहित्य प्रकाशन, दिल्ली, 1959 ई.
तुलसीदास का प्रगीतकाव्य; विनयकुमार; ओरियंटल बुक डिपो, दिल्ली, 1962 ई.
तुलसीदास की अलंकार-योजना; अप्रकाशित शोधप्रबंध; नरेंद्रकुमार; दिल्ली वि.वि.
तुलसीदास की कारयित्री प्रतिभा का अध्ययन; श्रीधर सिंह; हिंदी प्रचारक प्रकाशन, वाराणसी, 1968 ई.
तुलसीदास की भाषा; देवकीनंदन श्रीवास्तव; लखनऊ विश्वविद्यालय, सं. 2014
तुलसीदास : चिंतन-अनुचिंतन; सं. इंद्रजीत पांडेय, जुगलकिशोर जैथलिया; सेठ सूरजमल जालान पुस्तकालय, चित्तरंजन एवेन्यू, कलकत्ता, सं. 2037
तुलसीदास : जीवनी और विचारधारा; राजाराम रस्तोगी; अनुसंधान, प्रकाशन, कानपुर, सं. 2020
तुलसीदास : हिज़ माइंड ऐंड आर्ट; सं. नगेन्द्र; नेशनल पब्लिशिंग हाउस, दरियागंज, दिल्ली,- 1977 ई.

तुलसी-प्रतिभा; सं. इंद्रनाथ मदान; लोकभारती प्रकाशन, इलाहाबाद, 1971 ई.
तुलसी : संदर्भ और दृष्टि; केशवप्रसाद सिंह, वासुदेव सिंह; हिंदी प्रचारक संस्थान, वाराणसी, 1974 ई.
तुलसी : संदर्भ और समीक्षा; सं. त्रिभुवन सिंह; तुलसी शोध संस्थान, काशी हिंदू विश्वविद्यालय, वाराणसी, 1976 ई.
तुलसी-सतसई; सं. रामचंद्र द्विवेदी; सरस्वती-भंडार, पटना, सं. 1985
तुलसी-साहित्य-रत्नाकर; रामचंद्र द्विवेदी; सत्साहित्य-प्रकाशक-मंडल, पटना, सं. 1986
ध्वन्यालोक; आनंदवर्धन; चौखंबा संस्कृत सीरीज़, बनारस, सं. 1997
ध्वन्यालोकलोचन; अभिनवगुप्त; उपर्युक्त चौखंबा...
नाट्यदर्पण; रामचंद्र गुणचंद्र; ओरियंटल इंस्टीट्यूट, बड़ौदा, 1929 ई.
पदमावत; जायसी, सं. वासुदेवशरण अग्रवाल; साहित्य-सदन, चिरगाँव, सं. 2012
प्रसन्नराघव; जयदेव; चौखंबा विद्याभवन, बनारस, 1956 ई.
भक्तिरसायन; मधुसूदन सरस्वती; अच्युतग्रंथमाला, काशी, 1950 ई.
भागवतपुराण; व्यास; गीता प्रेस, गोरखपुर, सं. 2006
मनुस्मृति; मनु; निर्णयसागर प्रेस, बंबई, 1946 ई.
महाभारत, प्र. सं.; व्यास; गीता प्रेस, गोरखपुर
महावीरचरित; भवभूति; निर्णयसागर प्रेस, बंबई, 1892 ई.
महिम्नस्तोत्र; पुष्पदंत; निर्णयसागर प्रेस, बंबई, 1937 ई.
मानस की रामकथा; परशुराम चतुर्वेदी; किताब महल, इलाहाबाद, 1953 ई.
मानस की रूसी भूमिका; अनु. केसरीनारायण शुक्ल, विद्यामंदिर, लखनऊ, 1955 ई.
मानस-दर्शन; श्रीकृष्ण लाल; आनंद पुस्तक-भवन, बनारस, सं. 2006
मानस-पीयूष; अंजनीनंदनशरण; देखिए : पूर्वोक्त 'रामचरितमानस'
मानस-मीमांसा; रजनीकांत शास्त्री; किताब महल, इलाहाबाद, 1949 ई.
मानस में रामकथा; बलदेवप्रसाद मिश्र; बंगीय हिंदी-परिषद् कलकत्ता, 1952 ई.
मूल्य-मीमांसा; गोविंदचंद्र पांडे; राजस्थान हिंदी ग्रंथ अकादमी, तिलक नगर, जयपुर, 1973 ई.
याज्ञवल्क्यस्मृति; याज्ञवल्क्य; निर्णयसागर प्रेस, बंबई, 1949 ई.
योगवासिष्ठ; वाल्मीकि (?); निर्णयसागर प्रेस, बंबई
रघुवंश; कालिदास; निर्णयसागर प्रेस, बंबई, 1948 ई.
राम-कथा; कामिल बुल्के; हिंदी-परिषद्; प्रयाग विश्वविद्यालय, 1950 ई.
रामचरितमानस का तुलनात्मक अध्ययन; शिवकुमार शुक्ल, अनुसंधान-प्रकाशन, कानपुर, 1964 ई.
रामचरितमानस का शास्त्रीय अध्ययन; गजकुमार पांडेय; अनुसंधान-प्रकाशन, कानपुर, 1963 ई.
रामचरितमानस की भूमिका; रामदास गौड़; हिंदी-पुस्तक-एजेंसी, बनारस, 1950 ई.
रामचरितमानस के साहित्यिक स्रोत; सीताराम कपूर; अप्रकाशित शोधप्रबंध, आगरा
रामचरितमानस पर पौराणिक प्रभाव; विजयबहादुर अवस्थी; दिल्ली पुस्तक सदन, बैंग्लो रोड, दिल्ली, 1974 ई.
रामचरितमानस : वाग्वैभव; अंबाप्रसाद 'सुमन'; विज्ञानभारती, वज़ीरनगर, नई दिल्ली, 1973 ई.
रामायण; वाल्मीकि-रामायण; गीता प्रेस, गोरखपुर, सं. 2017
लोकवादी तुलसीदास; विश्वनाथ त्रिपाठी; राधाकृष्ण प्रकाशन, अंसारी रोड, दरियागंज, दिल्ली,

1974 ई.

वाल्मीकि और तुलसी : साहित्यिक मूल्यांकन; रामप्रकाश अग्रवाल; प्रकाशन प्रतिष्ठान, मेरठ, 1966 ई.

वाल्मीकि-रामायण एवं रामचरितमानस का तुलनात्मक अध्ययन; विद्या मिश्र; लखनऊ विश्वविद्यालय, 1963 ई.

विनय-पीयूष; अंजनीनंदनशरण (देखिए **विनयपत्रिका**)

विश्वकवि तुलसी और उनके काव्य; रामप्रसाद मिश्र; सूर्य प्रकाशन, नई सड़क, दिल्ली, 1973 ई.

साहित्यदर्पण; विश्वनाथ, सं. सत्यव्रत सिंह; चौखंबा विद्याभवन, वाराणसी, 1957 ई.

सूरसागर; सूरदास; नागरी-प्रचारिणी सभा, काशी, सं. 2021

हनुमन्नाटक; हनुमान (?); मास्टर खेलाड़ीलाल एंड संस, काशी, 1944 ई.

हिंदी-साहित्य; हजारीप्रसाद द्विवेदी; अत्तरचंद कपूर एंड संस, दिल्ली, 1952 ई.

हिंदी-साहित्य का अतीत; विश्वनाथप्रसाद मिश्र; वाणी-वितान, वाराणसी, सं. 2015

हिंदी-साहित्य का आलोचनात्मक इतिहास; रामकुमार वर्मा; रामनारायणलाल, इलाहाबाद, 1954 ई.

हिंदी-साहित्य का इतिहास; रामचंद्र शुक्ल; इंडियन प्रेस, प्रयाग, सं. 1997

हिंदी-साहित्य की भूमिका; हजारीप्रसाद द्विवेदी; हिंदी-ग्रंथ-रत्नाकर, बंबई, 1940 ई.

नामानुक्रमणिका

●●●